Ster Woordenboek **Duits-Nederlands**

Ster Woordenboeken

Nederlands
Nederlands voor de basisschool

Engels-Nederlands
Nederlands-Engels

Frans-Nederlands
Nederlands-Frans

Spaans-Nederlands
Nederlands-Spaans

Nederlands-Duits

Duits-Nederlands

Ster Woordenboek
Duits – Nederlands

Derde druk

Onder redactie van J.V. Zambon

Van Dale Lexicografie

Utrecht – Antwerpen

Aan deze druk werkten mee: M.C.G.M. Jansen (uitgever), F.K. Gildemacher (projectleider), R.J.H.M. Ermers (reeksredacteur), H.W.E. Luijten (productie-coördinator).
Vormgeving binnenwerk: P.M. Noordzij
Omslagontwerp: K. van Laar
Zetwerk: PlantijnCasparie, Heerhugowaard
Druk: Clausen&Bosse, Leck, Duitsland

© Van Dale Lexicografie bv

Bibliografische gegevens

Ster Woordenboek Duits-Nederlands
Derde druk, onder redactie van J.V. Zambon.
Utrecht – Antwerpen; Van Dale Lexicografie
Vorige druk: Wolters' Ster Woordenboek Duits-Nederlands, tweede druk
ISBN 90-6648-684-8
NUGI 503
Depotnr. D/2001/0108/806
R. 8684802

Voorwoord

Dit is het deel Duits-Nederlands van de serie Ster Woordenboeken. Deze serie is in het bijzonder bedoeld voor leerlingen in de eerste leerjaren van het voortgezet onderwijs in Nederland en het secundair onderwijs in België.

In deze geheel vernieuwde druk is de keuze van de trefwoorden dan ook op deze groep afgestemd: opgenomen zijn díé woorden waarvan een leerling de kans loopt om ze tegen te komen. Denk maar eens aan *Handy, sich einloggen, Datenautobahn, Seifenoper* en *Rinderwahn*.
Er is bij de behandeling van de trefwoorden gestreefd naar eenvoud, maar daarbij is simplificatie vermeden; de Ster Woordenboeken willen volwassen woordenboeken zijn. Ze zijn zeker ook zeer geschikt voor anderen dan leerlingen in het voortgezet onderwijs.

Omdat voor velen de Duitse grammatica een probleem vormt, is in het woordenboek veel aandacht besteed aan het geven van grammaticale informatie. De trefwoorden zijn voorzien van de noodzakelijke informatie over geslacht, verbuiging, vervoeging en het gebruik van de naamvallen. Bovendien is achter in het boek een grammaticaal overzicht opgenomen dat vervoegings- en verbuigingstabellen bevat. Vanuit het woordenboek wordt door middel van hoog gezette verwijzingscijfers veelvuldig naar relevante gedeelten in het overzicht verwezen. Deze cijfers corresponderen met de tabelnummers in het grammaticale overzicht. Ook informatie over de naamvallen is op deze manier gemakkelijk te vinden.

De Ster woordenboeken Duits volgen de nieuwe Duitse spelling. Omdat de gebruiker ongetwijfeld nog geconfronteerd zal worden met materiaal van vóór de spellinghervorming, is een aantal trefwoorden ook in de oude spelling opgenomen, met een verwijzing naar de nieuwe spelling.

Verdere bijzonderheden over de inrichting van het woordenboek zijn te vinden in de Wegwijzer.

Utrecht – Antwerpen, voorjaar 2001
De uitgever

Lijst van afkortingen

aanw vnw	aanwijzend voornaamwoord		*m*	mannelijk
aardr	aardrijkskundig		*med*	medisch
afk	afkorting		*meetk*	meetkunde
algem	algemeen		*mijnb*	mijnbouw
anat	anatomie		*muz*	muziek
apoth	apotheek, farmacie		*myth*	mythen en sagen
astrol	astrologie			
			N-Dui	Noord-Duitsland
Belg	Belgisch, in België		*nvl*	naamval
betr vnw	betrekkelijk voornaamwoord			
bez	bezittelijk		*o*	onzijdig
bijb	bijbel(s)		*onbep vnw*	onbepaald voornaamwoord
biol	biologie		*ond*	onderwijs
bn	bijvoeglijk naamwoord		*ongev*	ongeveer
boekh	boekhouden		*onpers*	onpersoonlijk
bouwk	bouwkunde		*Oostenr*	Oostenrijk(s)
bw	bijwoord			
			plantk	plantkunde
comp	computer			
			r-k	rooms-katholiek
DDR	(de voormalige) Duitse Democratische Republiek		*scheepv*	scheepvaart
dierk	dierkunde		*scheldw*	scheldwoord
			sp	sport
econ	economie		*spoorw*	spoorwegen
elektr	elektriciteit, elektronica		*st*	sterk werkwoord
ev	enkelvoud		*sterrenk*	sterrenkunde
fig	figuurlijk		*taalk*	taalkunde
			techn	technisch
geol	geologie		*telw*	telwoord
godsd	godsdienst(ig)		*theat*	theater, toneel
			tr	transitief, overgankelijk
hist	historisch		*tw*	tussenwerpsel
hulpww	hulpwerkwoord		*typ*	typografie, drukkunst
iem(s)	iemand(s)		*v*	vrouwelijk
intr	intransitief, onovergankelijk		*vd*	van de
			verk	verkorting
jur	juridisch		*vero*	verouderd
			vh	van het
landb	landbouw		*vrag vnw*	vragend voornaamwoord
lett	letterlijk		*vw*	voegwoord
luchtv	luchtvaart		*vz*	voorzetsel
lw	lidwoord			

wdkd	wederkerend
wisk	wiskunde
ww	werkwoord
Z-Dui	Zuid-Duitsland
zw	zwak werkwoord
Zwits	Zwitsers, in Zwitserland

Wegwijzer

De gebruikte afkortingen worden verklaard in de *Lijst van afkortingen* op de voorgaande pagina's.

De trefwoorden zijn vet gedrukt	**steil** steil
Onder de klinkers in de beklemtoonde lettergreep staat een streepje	**sattblau** diepblauw
Van sommige woorden wordt de uitspraak gegeven. Het gaat daarbij meestal om woorden die uit een andere taal zijn overgenomen	**surfen** [su:fən] surfen
Direct na het trefwoord kan nog een tweede trefwoord komen. Dat heeft dan precies dezelfde betekenis als het eerste trefwoord	**stet, stetig** gestaag, constant, continu
Trefwoorden die gelijk geschreven worden, maar in betekenis niets met elkaar te maken hebben, worden voor aan de regel genummerd met 1, 2 enz.	**¹steinreich** vol stenen, stenig **²steinreich** schatrijk, steenrijk
Van trefwoorden die afkortingen zijn, wordt eerst de (Duitse) uitschrijving gegeven	**St. 1** *afk van Sankt* Sint (*afk* St.); **2** *afk van Stück* stuk; **3** *afk van Stunde* uur
Hoog gezette cijfertjes verwijzen naar onderdelen van het grammaticaal overzicht achter in het boek. Zo wordt verwezen naar het gebruik van de naamvallen (1 t/m 4), de verbuigingen en het meervoud van de zelfstandige naamwoorden (5 t/m 41) en naar de vervoegingen van sterke en onregelmatige werkwoorden (121 t/m 320). Bij de verwijzingen naar de naamvallen wordt dikwijls een plusteken gebruikt. In het voorbeeld hiernaast betekent *über*⁺⁴ dat *über* de vierde naamval (accusatief) regeert	**Säge** v^{21} zaag **segelfliegen**^{159} zweefvliegen **spötteln** spotten: ~ *über*⁺⁴ de draak steken met
Grammaticale gegevens waarnaar niet verwezen kan worden in het overzicht achter in het boek, worden direct na het trefwoord gegeven. In het voorbeeld hiernaast betekent dit dat *Spekulatius* in de 2e naamval (genitief) en in het meervoud niet verandert. *Saal* heeft de naamvalsuitgangen die in het grammaticale overzicht achter in het boek onder 6 worden gegeven, maar het meervoud wijkt af van het daar gegeven patroon	**Spekulatius** *m (2e nvl -; mv -)* speculaas **Saal** m^6 *(mv Säle)* zaal
Zelfstandig gebruikte bijvoeglijke naamwoorden worden gekenmerkt door de tussen haakjes staande uitgang (r) of (s)	**Standesbeamte(r)** m^{40a} ambtenaar van de burgerlijke stand **Stadtinnere(s)** o^{40c} binnenstad, centrum
Een indeling met Romeinse cijfers wordt gegeven bij trefwoorden die tot meer dan één grammaticale categorie gerekend kunnen worden. De grammaticale gegevens (meestal de woordsoort) staan dan achter het Romeinse cijfer vermeld	**schälen I** *tr* **1** schillen; **2** *(ei, noten)* pellen; **3** wegsnijden; **II** *sich* ~ vervellen **Schlamperei I** v^{20} slordigheid; **II** v^{28} janboel

Vertalingen die zeer dicht bij elkaar liggen, worden gescheiden door een komma

Is het verschil wat groter, dan staat tussen de vertalingen een puntkomma; vaak wordt dan ook tussen haakjes een verklaring van dit kleine verschil in betekenis gegeven

Wanneer het trefwoord duidelijk verschillende betekenissen heeft, worden de vertalingen genummerd met 1, 2 enz.

Soms is bij de vertaling een toelichting nodig, een beperking van het gebruik van een woord, een vakgebied, een korte verklaring. Deze toelichting staat cursief tussen haakjes

De vertaling kan worden gevolgd door voorbeelden en uitdrukkingen. Deze staan cursief; het trefwoord wordt weergegeven door het teken ~. Voorbeelden en uitdrukkingen worden altijd gevolgd door een vertaling

Als een voorbeeldzin of uitdrukking meer dan één betekenis heeft, worden de vertalingen onderscheiden met a), b) enz.

Soms wordt een trefwoord alleen in één of meer uitdrukkingen gegeven, zonder dat het zelf vertaald wordt. De uitdrukking volgt dan direct na een dubbelepunt

Alternatieve vormen worden tussen haakjes gezet en ingeleid met of

Voorbeelden of uitdrukkingen die niet duidelijk aansluiten bij een van de betekenissen van het trefwoord, worden achteraan behandeld en van de (genummerde) betekenissen gescheiden door het teken ||

In de nieuwe Duitse spelling worden vele woorden anders gespeld dan voorheen, waarvan hiernaast enkele voorbeelden; zo worden *Schiffahrt* en *Schlägel* nu geschreven als *Schifffahrt* en *Schlegel*. Ook een groot aantal samenstellingen met werkwoorden wordt in de nieuwe spelling los geschreven; *sitzenbleiben* wordt nu geschreven als *sitzen bleiben*, dat in het woordenboek is te vinden bij het trefwoord *sitzen*

säbeln snijden, hakken

spärlich karig, schaars, schraal; spaarzaam *(van verlichting)*; dun *(van haar)*

Sattel m^{10} **1** zadel; **2** inzinking, pas *(in gebergte)*

Satz I m^6 **1** *(taalk)* zin; **2** stelling, these; **3** deel *(van symfonie, sonate)*; **4** *(muz)* zetting; **5** *(muz)* periode; **6** *(computer)* record; **7** nest *(schalen)*; serie *(postzegels)*; set *(gereedschap)*; stel *(gewichten)*; **8** sprong; **9** bezinksel; **10** *(sp)* set; **11** tarief, percentage; II m^{19} **1** *(typ)* (het) zetten; **2** *(typ)* zetsel

Schabernack m^5 lelijke poets, (kwajongens)streek: *jmdm einen ~ spielen* iem een poets bakken

selbständig zelfstandig, onafhankelijk: *sich ~ machen: a)* een eigen zaak beginnen; *b) (fig)* weglopen, ervandoor gaan

Stegreif: *aus dem ~* onvoorbereid

säumig langzaam, traag: *ein ~er Schuldner* (of: *Zahler*) een wanbetaler

Saft m^6 **1** sap; **2** vleesnat; **3** *(fig)* kracht, energie || *(inform)* roter ~ bloed; *ohne ~ und Kraft* zonder pit, slap

Schiffahrt *oude spelling voor* Schifffahrt, *zie* Schifffahrt
Schlegel *oude spelling voor* Schlägel, *zie* Schlägel
sitzenbleiben *oude spelling voor* sitzen bleiben, *zie* sitzen

a

A *afk van Austria* Oostenrijk

a. *afk van am:* ~ *Rhein* aan de Rijn

Aachen *o*³⁹ Aken

Aal *m*⁵ aal, paling

aalen I *intr* peuren, paling vissen; **II** *sich* ~ lekker languit liggen

Aas *o*²⁹ *(mv ook Äser)* **1** kadaver, aas; **2** kreng, loeder; **3** handige jongen, kei ‖ *kein* ~ niemand

Aasgeier *m*⁹ *(ook fig)* aasgier

ab I *vz*⁺³,ˢᵒᵐˢ⁺⁴ vanaf: ~ *heute* vanaf vandaag; ~ *erstem* (of: ~ *ersten*) *Oktober* vanaf 1 oktober; *Kinder* ~ *zwölf Jahren* (of: *Jahre*) kinderen van 12 jaar en ouder; *(handel)* ~ *Werk* af fabriek; **II** *bw* af: ~ *sein:* a) eraf zijn; b) niet meer kunnen; *Hut* ~! daar neem ik mijn petje voor af!; *links* ~ linksaf; ~ *und an,* ~ *und zu* nu en dan, soms; *ich bin sehr* ~ ik ben doodmoe

abändern veranderen, wijzigen

Abänderung *v*²⁰ verandering, wijziging

abarbeiten I *tr* **1** afwerken, afmaken, voltooien; **2** *(een schuld)* door te werken voldoen; **3** wegwerken, verwijderen ‖ *ein abgearbeiteter Mensch* een afgetobde man, vrouw; *abgearbeitete Hände* werkhanden; **II** *sich* ~ zich afsloven, zich doodwerken

Abart *v*²⁰ variëteit

abarten afwijken

abartig gestoord, abnormaal, afwijkend

Abbau *m*¹⁹ **1** *(mijnb)* winning, ontginning; **2** demontage, (het) afbreken; **3** *(chem, biol)* afbraak; **4** *(van personeel)* afvloeiing, inkrimping, ontslag; **5** *(van lonen, prijzen)* verlaging; **6** *(van krachten)* achteruitgang; **7** (het) geleidelijke opheffen, afschaffen

abbauen I *tr* **1** *(mijnb)* winnen, ontginnen; **2** afbreken, demonteren; **3** *(chem, biol)* afbreken; **4** *(personeel)* doen afvloeien, inkrimpen, ontslaan; **5** *(lonen, prijzen)* verlagen; **6** geleidelijk opheffen, afschaffen; **II** *intr* achteruitgaan

abbeißen¹²⁵ afbijten

abbeizen afbijten, wegbijten

abbekommen¹⁹³ **I** *tr* **1** krijgen, ontvangen; **2** *(iets ergens)* afkrijgen; *(schoenen)* uitkrijgen; **II** *intr* gewond raken; beschadigd worden

abberufen²²⁶ **1** terugroepen: *einen Botschafter* ~ een ambassadeur terugroepen; *Gott hat ihn* ~ God heeft hem tot zich geroepen; **2** overplaatsen; ontslaan

abbestellen afbestellen; afzeggen, opzeggen

abbezahlen afbetalen

abbiegen¹²⁹ **I** *intr* **1** afslaan, inslaan; **2** *(van de koers)* afwijken; **3** *(mbt een straat)* een bocht maken; **II** *tr* **1** buigen, krommen; **2** een andere wending geven

Abbiegespur *v*²⁰ voorsorteerstrook

Abbild *o*³¹ evenbeeld, kopie; weerspiegeling

abbilden afbeelden, voorstellen

Abbildung I *v*²⁸ (het) afbeelden; **II** *v*²⁰ afbeelding, beeld; afspiegeling

abbinden¹³¹ **I** *tr* **1** losmaken, losbinden, afdoen; **2** afbinden; **3** *(een vloeistof)* binden, verdikken; **II** *intr* *(mbt cement)* hard worden

Abbitte *v*²¹ vergiffenis: ~ *tun* vergiffenis vragen

abbitten¹³²: *jmdm etwas* ~ iem om vergiffenis voor iets vragen

abblasen¹³³ **1** afblazen; **2** afgelasten

abblättern 1 afbladderen, afschilferen; **2** de bladeren verliezen, *(mbt bloem)* uitvallen

abblenden *(licht, koplamp)* afdekken, dimmen

Abblendlicht *o*³¹ dimlicht

abblitzen geen succes hebben, afgewezen worden: *sie hat ihn* ~ *lassen* zij heeft hem een blauwtje laten lopen

abblocken *(sp)* blokkeren, blokken, afweren; *(fig)* verhinderen

abbrausen I *intr* wegscheuren; **II** *tr (onder de douche)* afspoelen; **III** *sich* ~ zich douchen

abbrechen¹³⁷ **I** *tr* **1** afbreken; plukken; **2** demonteren, slopen; **3** voortijdig beëindigen, stoppen met; **4** afbreken, opbreken; **II** *intr* plotseling ophouden

abbremsen *(ook fig)* (af)remmen

abbrennen¹³⁸ **I** *intr* afbranden, opbranden; **II** *tr* **1** afbranden, platbranden; **2** *(vuurwerk)* afsteken; **3** *(kanon)* afvuren

abbringen¹³⁹ **1** *(iem ergens van)* afbrengen; **2** afkrijgen van

abbröckeln 1 afbrokkelen, kruimelen; **2** *(mbt koersen, prijzen)* dalen

Abbruch *m*¹⁹ **1** (het) afbreken, afbraak, sloop: ~ *tun* schade berokkenen, afbreuk doen; **2** (het) afbreken, (het) verbreken

Abbrucharbeiten *mv* *v*²⁰ sloopwerkzaamheden

abbuchen afschrijven, afboeken

abbürsten afborstelen, wegborstelen

abbüßen 1 boeten, boete doen voor; **2** *(een straf)* uitzitten; **3** weer goed maken

abdampfen I *tr* laten verdampen; **II** *intr* **1** verdampen, uitdampen; **2** vertrekken

abdämpfen *(geluid)* dempen; *(licht)* temperen

abdanken ontslag nemen, aftreden, afstand doen van de troon

Abdankung *v*²⁰ **1** ontslag; **2** aftreden

abdecken 1 wegnemen, afhalen; **2** *(een bed)* afhalen, *(een tafel)* afruimen; **3** *(het dak)* eraf rukken; **4** bedekken, afdekken, toedekken; **5** *(sp)* dekken; **6** *(schulden)* voldoen, aflossen; **7** *(risico)* dekken; **8** *(behoefte)* voorzien in

abdichten (af)dichten, afsluiten, isoleren

Abdichtung v^{20} (af)dichting, tochtstrip, pakking

abdrängen verdringen, wegdringen

abdrehen I tr **1** uitdraaien, uitdoen, afzetten; **2** afdraaien: *jmdm die Gurgel* (of: *den Hals*) ~ iem ruïneren; **3** (film) afdraaien; **II** intr **1** zich afwenden; **2** van richting veranderen

abdrosseln (benzine-, gastoevoer) afsluiten: *den Motor* ~ gas minderen

Abdruck I m^5 (foto, typ) afdruk, druk, editie; **II** m^6 afdruk (in gips, van vinger e.d.); **III** m^{19} (het) afdrukken

abdrucken afdrukken

abdrücken 1 (een wapen) afdrukken, (af)vuren, (af)schieten; **2** afduwen; **3** afknijpen: *jmdm die Luft* ~ iems keel dichtknijpen; **4** (een kind) knuffelen, tegen zich aan drukken; **5** afdrukken, een afdruk maken

abdüsen met een straalvliegtuig vertrekken

abebben afnemen, bedaren, verminderen

Abend m^5 **1** avond: *heute* ~ vanavond; *gestern* ~ gisteravond; *morgen* ~ morgenavond; *gegen* ~ tegen de avond; *am* ~ (of: *des* ~s) 's avonds; *eines* ~s op zekere avond; *zu* ~ *essen* het avondeten gebruiken; *der Heilige* ~ kerstavond; **2** westen || (inform) er *kann mich am* ~ *besuchen* hij kan de pot op

Abendbrot o^{39} avondeten, avondmaaltijd

Abenddämmerung v^{20} avondschemering, (Belg) valavond

abendländisch westers

abendlich in de avond, avond-

Abendmahl o^{29} avondeten; (godsd) laatste avondmaal: (prot) *das (heilige)* ~ het (Heilig) Avondmaal

abends 's avonds

Abenteuer o^{33} avontuur

abenteuerlich avontuurlijk; zonderling, vreemd

aber I vw maar, echter: (inform) ~, ~! foei dan toch!; ~ *nein!* nee toch!, natuurlijk niet!; *nun* ~! wat nu!; *oder* ~ ofwel; ~ *dennoch* toch; ~ *ja!* ja, natuurlijk!; *du bist* ~ *groß geworden!* wat ben jij groot geworden!; *das war* ~ *ein Genuss!* dat was nog eens heerlijk!; **II** bw nog eens: ~ *und abermals* telkens opnieuw

Aber o^{33} maar, bezwaar: *es ist ein* ~ *dabei* er is een maar bij

Aberglaube m^{18} (geen mv) bijgeloof

abergläubisch bijgelovig

aberhunderte, Aberhunderte mv o^{29} vele honderden

aberkennen^{189} (bij vonnis) ontzeggen

Aberkennung v^{20} ontzegging (bij vonnis)

abermalig herhaald, tweede

abermals nog eens, weer

abertausende, Abertausende mv o^{29} vele duizenden

Aberwitz m^{19} waanzin, dwaasheid

aberwitzig waanzinnig, dwaas

abessen^{152} **I** intr afeten; **II** tr opeten, leegeten

abfackeln affakkelen

abfahren^{153} **I** intr **1** vertrekken, wegrijden, wegvaren: *fahr ab!* maak dat je wegkomt!; **2** sterven; **3** (op slee, ski's) afdalen; **4** afgepoeierd worden: *jmdn* ~ *lassen* iem afpoeieren; **II** tr **1** afvoeren; **2** afrijden; **3** (film, radio, tv) starten

Abfahrt v^{20} **1** vertrek, afvaart; **2** (sp) afdaling; **3** (sp) helling; **4** afrit (ve autoweg); **5** afvoer, transport

Abfahrtslauf m^6 (sp) afdaling, afdalingswedstrijd

Abfahrtsplan m^6 dienstregeling

Abfahrtsrennen o^{35} (sp) afdalingswedstrijd

Abfall I m^{19} **1** helling, glooiing; **2** afval, ontrouw; **3** vermindering, (het) teruglopen, daling; **II** m^6 (meestal mv) afval

Abfalleimer m^9 afvalemmer; vuilnisbak

abfallen^{154} **1** schuin aflopen; **2** (af)vallen, naar beneden vallen; **3** afvallig, ontrouw worden; **4** (vooral sp) afvallen, achteropraken; **5** (mbt materiaal, geld) overblijven; **6** in kracht afnemen; **7** afvallen, vermageren

abfällig afkeurend, ongunstig: ~ *beschieden werden* een weigerend antwoord krijgen

Abfallprodukt o^{29} afvalproduct

Abfallverwertung v^{28} afvalverwerking

abfälschen (sp) onopzettelijk van richting veranderen, effect geven

abfangen^{155} **1** (iem) opvangen, opwachten; **2** (iem) tegenhouden; aanhouden; **3** (een brief) onderscheppen; **4** stutten, schragen; **5** (sp) opvangen; **6** (voertuig) onder controle krijgen

abfärben 1 de kleur verliezen; **2** (mbt kleuren) afgeven: ~ *auf*$^{+4}$ invloed hebben op

abfassen beschrijven, opstellen, redigeren

abfegen I tr (af)vegen; **II** intr wegstuiven

abfertigen 1 verzendklaar maken; (trein, vliegtuig) laten vertrekken; **2** (sp) inmaken; **3** (klanten) bedienen, helpen; **4** (mbt douane) controleren; **5** (aanvraag) behandelen; **6** (iem) afschepen, afpoeieren

abfeuern (een schot) lossen; (een vuurwapen) afschieten, afvuren

abfinden^{157} **I** tr (gedeeltelijk) schadeloosstellen; tevredenstellen; **II** *sich* ~ zich schikken: *sich mit*$^{+3}$ *etwas* ~ zich in iets schikken; *sich mit jmdm* ~ met iem een schikking treffen

Abfindung v^{20} schadeloosstelling; schikking

abflachen I tr vlak maken, afschuinen; **II** *sich* ~ **1** platter worden; afnemen; **2** (mbt niveau, peil) dalen

abflauen afnemen, minder worden: *die Konjunktur flaut ab* de conjunctuur daalt

abfliegen^{159} **I** intr wegvliegen, vertrekken, starten; **II** tr **1** per vliegtuig evacueren; **2** vanuit de lucht inspecteren

abfließen^{161} wegvloeien, wegstromen

Abflug m^6 **1** (het) wegvliegen; **2** vertrek, start

Abfluss I m^6 afvoer; **II** m^{19} (het) weglopen, (het) wegstromen: *der* ~ *von Geld ins Ausland* het wegvloeien van geld naar het buitenland

Abflussrohr o^{29} afvoerpijp

Abfolge v^{21} reeks, volgorde

abfordern eisen: *jmdm etwas* ~ iets van iem eisen

abfragen 1 *(een les)* overhoren; **2** *(door te vragen)* te weten komen; **3** *(comp)* opvragen

Abfuhr v^{20} **1** afvoer; **2** smadelijke nederlaag, afgang; **3** terechtwijzing

abführen I *tr* **1** *(een arrestant)* opbrengen; *(na verhoor)* afvoeren; **2** *(water)* afvoeren; **3** *(vd goede weg, vh onderwerp)* afbrengen; **4** *(geld)* afdragen; **II** *intr* laxeren

Abführmittel o^{33} laxeermiddel

abfüllen vullen; (af-, over)tappen: *auf* (of: *in) Flaschen* ~ bottelen

Abgabe I v^{21} **1** afgifte, (af)levering; **2** verkoop; **3** *(meestal mv)* belastingen, heffingen, rechten; **II** v^{28} **1** *(sp)* (het) afgeven *(van de bal);* de afgegeven bal; **2** *(sp)* verlies *(ve punt, set, titel);* **3** (het) lossen *(van schot);* **4** (het) geven *(van advies): die* ~ *der Stimmen* het stemmen; **5** afgifte *(van warmte, energie)*

abgabenfrei vrij van belasting

abgabenpflichtig belastingplichtig

Abgang I m^{19} **1** vertrek, (het) weggaan; (het) opstappen; aftocht; (het) afgaan *(vh toneel);* verzending *(van goederen);* (het) verlaten *(vd school): der natürliche* ~ het natuurlijk verloop; **2** afzet, verkoop; **3** afgang, ontlasting; **II** m^6 **1** miskraam; **2** dood, (het) overlijden, sterfgeval

Abgangsprüfung v^{20} eindexamen

Abgas o^{29} verbrandingsgas, uitlaatgas

abgeben^{166} **I** *tr* **1** afgeven, overhandigen; indienen; **2** *(schoolwerk)* inleveren; **3** *(boeken)* teruggeven; **4** *(bagage, kleren)* in bewaring geven; **5** afstaan; *(sp)* verliezen, inleveren; **6** *(warmte)* uitstralen; *(sp)* afgeven, afspelen *(de bal): einen Schuss* ~ een schot lossen; **7** verkopen; **8** *(functie)* neerleggen; **9** *(verklaring)* afleggen; *(advies)* uitbrengen, *(belofte)* doen; **10** *(stem)* uitbrengen; **11** *(een rol)* spelen ‖ *er wird einen tüchtigen Offizier* ~ hij zal een flink officier worden; **II** *sich* ~ (met *mit*$^{+3}$) zich inlaten, bemoeien (met)

abgebrannt *(fig)* blut, platzak; *zie ook* abbrennen

abgebrüht 1 afgestompt; **2** geslepen

abgedroschen alledaags, afgezaagd

abgefeimt doortrapt, geraffineerd

abgegriffen 1 afgedragen, versleten; **2** beduimeld, stukgelezen *(boek);* **3** afgezaagd, banaal

abgehärmt door zorgen en verdriet verteerd: ~ *aussehen* er afgetobd uitzien

abgehen^{168} **I** *tr* inspecteren; **II** *intr* **1** weggaan; *(toneel)* afgaan; van school gaan; **2** aftrek vinden; **3** verzonden worden; **4** het lichaam verlaten; **5** *(mbt een schot)* afgaan; **6** *(sp)* afspringen; **7** sterven; **8** afzien van, opgeven; **9** ontbreken, missen

abgekämpft moe gestreden; bekaf, doodmoe

abgekartet afgesproken, bekonkeld: *ein* ~*es Spiel* doorgestoken kaart

abgeklärt helder, bezonken *(oordeel);* gelouterd, rijp *(mens)*

abgelebt 1 afgeleefd, oud; **2** verouderd

abgelegen afgelegen, afgezonderd

abgelten^{170} betalen, vereffenen, afdoen

abgemacht: ~*!* akkoord!, afgesproken!

abgemessen afgemeten, beheerst, stijf

abgeneigt afwijzend, afkerig van

abgenutzt, abgenützt versleten, afgedragen

Abgeordnetenhaus o^{32} huis van afgevaardigden

Abgeordnete(r) m^{40a}, v^{40b} afgevaardigde

abgerissen 1 onsamenhangend; afgebroken, hortend *(van woorden e.d.);* **2** haveloos, in lompen gekleed; **3** afgedragen, versleten *(kleren)*

Abgesandte(r) m^{40a}, v^{40b} (af)gezant, afgevaardigde

abgeschabt kaal, afgesleten; sjofel

abgeschieden 1 eenzaam, afgelegen; **2** overleden, dood

Abgeschiedene(r) m^{40a}, v^{40b} overledene, dode

Abgeschiedenheit v^{28} afzondering

abgeschlossen 1 afgezonderd, geïsoleerd; **2** gesloten, besloten; **3** afgerond, volmaakt

abgeschmackt smakeloos, laf, afgezaagd

abgesehen: *es auf etwas, jmdn* ~ *haben* het op iets, iem gemunt hebben

Abgesondertheit v^{28} afzondering

abgespannt doodmoe, afgemat

abgestanden 1 verschaald *(bier);* bedorven, niet fris *(lucht);* **2** nietszeggend, afgezaagd

abgestumpft afgestompt, ongevoelig

abgetakelt afgetakeld, verlopen

abgewinnen^{174} winnen van; veroveren op: *ich kann diesem Spiel keinen Geschmack* ~ ik kan geen aardigheid vinden in dat spel

abgewirtschaftet: ~ *haben* afgedaan hebben

abgewöhnen afwennen, afleren

abgießen^{175} afgieten, een afgietsel maken van

Abglanz m^{19} **1** weerschijn, weerglans; **2** afstraling, glimp

abgleiten^{178} **1** afglijden; **2** *(fig)* afdwalen; **3** verminderen, slechter worden; dalen

Abgott m^8 afgod *(ook fig)*

Abgötterei v^{28} afgoderij: ~ *treiben* aan afgoderij doen

abgöttisch afgodisch, hartstochtelijk

abgraben^{180} afgraven, weggraven

abgrämen, sich door verdriet verteerd worden

abgrasen 1 afgrazen, kaal vreten; **2** afgrazen, afzoeken

abgreifen^{181} **1** beduimelen; **2** betasten

abgrenzen afgrenzen, afbakenen

Abgrenzung v^{20} begrenzing, afbakening

Abgrund m^6 *(ook fig)* afgrond, kloof, diepte

abgründig 1 onpeilbaar; **2** ondoorgrondelijk, mysterieus; **3** onvoorstelbaar, buitengewoon; **4** heel, zeer

abgucken afkijken; spieken

Abgunst v^{28} afgunst

Abguss m^6 **1** afgietsel; **2** gootsteen

abhaben^{182} **1** *(hoed, bril)* af hebben; *(sluiting)* los hebben; **2** krijgen: *er will etwas* ~ hij wil er wat van hebben; *er hat sein(en) Teil ab* hij heeft zijn portie, zijn straf te pakken

abhaken 1 afhaken; **2** een haakje zetten bij

ab

abhalten[183] 1 (iem, iets) weghouden, op een afstand houden: *ein Kind ~* een kind zijn behoefte laten doen; **2** afweren, tegenhouden, bescherming bieden tegen; **3** *(iem van iets)* afhouden, weerhouden; **4** *(conferentie e.d.)* houden; *(parade)* afnemen

Abhaltung v^{20} zie abhalten

abhandeln 1 kopen van; **2** afdingen; **3** *(een onderwerp, thema)* (uitputtend) behandelen

abhanden: *~ kommen* kwijt-, zoekraken

Abhandlung v^{20} **1** behandeling; **2** verhandeling; artikel, opstel

Abhang m^6 helling, glooiing

abhängen I *st, intr*[184] afhankelijk zijn; **II** *zw, tr* **1** *(schilderij)* van de haak nemen; **2** afkoppelen, loskoppelen; **3** de telefoon opleggen, ophangen; **4** (iem) achter zich laten, (iem) overtreffen; **5** (iem) laten schieten, laten vallen: *sie hat ihn abgehängt* zij heeft hem de bons gegeven; **6** *(sp)* afschudden

abhängig afhankelijk

Abhängigkeit v^{20} afhankelijkheid

abhärmen, sich tobben (over)

abhärten harden, stalen

abhauen I *st, tr*[185] afhouwen, afhakken, afslaan; *(werk van medeleerling)* overschrijven; **II** *zw, intr* ervandoor gaan, hem smeren

abheben[186] **I** *tr* **1** afnemen, wegnemen, afbeuren, aftillen; **2** *(telecom)* de hoorn van de haak nemen; **3** *(geld van rekening)* opnemen; **4** onderstrepen, wijzen op; **II** *intr (mbt vliegtuig)* opstijgen; **III** *sich ~* loslaten: *sich ~ von*[+3] zich aftekenen tegen

Abhebung v^{20} opname

abhelfen[188+3] **1** verhelpen, afhelpen: *dem Übel ~* het kwaad verhelpen; **2** voorzien in

abhetzen afjakkeren, afbeulen

Abhilfe v^{28} hulp, uitkomst, (het) uit de weg ruimen van een misstand: *für ~ sorgen* (of: *~ schaffen*) uitkomst brengen

abhold[+3] ongenegen tot, wars van, afkerig van

abholen 1 afhalen; **2** *(inform)* arresteren

abholzen 1 vellen, kappen; **2** ontbossen

abhorchen 1 afluisteren; **2** beluisteren

abhören 1 afluisteren; **2** beluisteren; **3** luisteren naar; **4** overhoren

Abi o^{36} *verk van Abitur (pop)* eindexamen *(vh vwo)*

abirren afdwalen

Abitur o^{29} eindexamen *(vh vwo); (Belg)* maturiteitsexamen: *sein ~ machen* (of: *bauen*) eindexamen doen

Abiturient m^{14} eindexamenkandidaat

abjagen I *tr* afpakken: *jmdm etwas ~ iem iets afhandig maken; **II** *sich ~* zich afjakkeren

abkämmen uitkammen *(ook fig)*

abkanzeln: *jmdn ~* iem zijn vet geven

abkapiteln zie abkanzeln

abkapseln afsluiten, inkapselen: *sich ~ gegen*[+4] (of: *von*[+3]) zich afsluiten voor

abkassieren[320] **I** *tr* geld innen (van); **II** *intr* afrekenen (met)

abkaufen 1 kopen: *jmdm etwas ~* iets van iem kopen; **2** geloven: *niemand wird uns dies ~* niemand zal dit willen geloven

Abkehr v^{28} afwending, (het) zich afkeren (van)

abkehren afwenden, afkeren (van)

abklappern *(de stad, winkels)* aflopen

abklären ophelderen, duidelijk maken

Abklatsch m^5 (slechte) imitatie; kopie

abklatschen 1 (slecht) namaken, kopiëren; **2** *(door in de handen te klappen)* onderbreken; **3** *(sp) (de bal)* (met de handen) tegenhouden

abklingen[191] *(mbt geluid)* wegsterven, zwakker worden; *(mbt onweer, ziekte)* afnemen, minder worden

abklopfen 1 afkloppen; *(muur)* afbikken; *(kleding)* afkloppen, uitkloppen; **2** *(bij het dirigeren)* aftikken; **3** *(med)* bekloppen; *(fig)* onderzoeken

abknabbern afknabbelen, afbijten

abknallen 1 afvuren; **2** doodschieten

abknicken I *tr* **1** afbreken; **2** een einde maken aan; **3** knakken; **II** *intr* een knik maken

abknöpfen 1 losknopen, afknopen; **2** *(fig)* aftroggelen

abknutschen *(inform)* knuffelen, vrijen met

abkochen 1 koken; **2** *(med)* (uit)koken, steriliseren; **3** *(kruiden)* aftrekken

abkommandieren[320] detacheren: *an die Front ~* naar het front sturen

abkommen[193] **1** afkomen, zich verwijderen: *vom Weg ~* de weg kwijtraken, verdwalen; *vom Thema ~* van zijn onderwerp afdwalen; **2** *(sp)* wegkomen, starten; **3** in onbruik raken

Abkommen o^{35} overeenkomst, verdrag, akkoord, schikking

Abkömmling m^5 afstammeling, nakomeling

abkoppeln 1 afkoppelen; **2** loskoppelen

abkratzen I *tr* afkrabben, afschrappen; **II** *intr* **1** ervandoor gaan; **2** de pijp uitgaan

abkriegen I *tr* **1** krijgen: *etwas ~* slaag, een oplawaai, straf, een standje krijgen; **2** *(iets ergens)* afkrijgen, *(schoenen)* uitkrijgen, *(een vlek)* eruit krijgen; **II** *intr* beschadigd worden; gewond raken

abkühlen I *tr* afkoelen; **II** *sich ~* afkoelen, koeler worden

Abkühlung v^{20} afkoeling, verkoeling

abkündigen afkondigen

Abkunft v^{28} oorsprong, afkomst

abkuppeln afkoppelen, loskoppelen

abkürzen afkorten, bekorten, inkorten

Abkürzung v^{20} afkorting, bekorting

abladen[196] **1** afladen, lossen; **2** *(iem ergens)* afzetten; **3** afwentelen (op)

Ablage v^{21} **1** archief; **2** archiefstuk; **3** garderobe

ablagern I *tr* **1** *(slib, zand)* afzetten; **2** *(puin)* deponeren, storten; **3** *(goederen)* opslaan; **II** *intr* belegen (oud) worden; **III** *sich ~ (mbt stoffen)* neerslaan, zich afzetten, bezinken

Ablagerung I v^{20} neerslag, afzetting, bezinksel; **II** v^{28} (het) storten; (het) opslaan

Ablass I m^6 **1** afloop; **2** korting; **3** *(r-k)* aflaat; **II** m^{19}

(het) uitstromen, (het) uitwateren

ablassen[197] **I** *tr* **1** aftappen; **2** laten leeglopen; *(stoom)* laten ontsnappen; **3** *(trein)* laten vertrekken; *(duiven)* loslaten, *(ballon)* oplaten; **4** eraflaten; **5** korting geven; **II** *intr* afzien van, opgeven

Ablauf I *m*[6] **1** afvoer *(ve wasbak e.d.)*; **2** verloop *(van gebeurtenissen e.d.); (radio, tv)* volgorde *(vh programma)*; **3** *(sp)* start; **II** *m*[19] **1** (het) weglopen, (het) wegvloeien; **2** (het) verlopen *(ve tijdsduur, termijn)*

ablaufen[198] **I** *intr* **1** beginnen te lopen, *(sp)* starten; **2** *(mbt water)* weglopen, aflopen, *(mbt de vloed)* afnemen; **3** *(scheepv)* van stapel lopen; **4** *(mbt een weg)* afbuigen; **5** *(mbt vat)* leeglopen; **6** *(mbt film, uurwerk)* aflopen; **7** *(mbt congres)* aflopen; **8** *(mbt verdrag, termijn)* aflopen; **II** *tr* **1** afpoeieren: *jmdn ~ lassen* iem afschepen; **2** *(de stad)* aflopen; **3** *(schoenen)* aflopen

ablauschen afluisteren, bespieden

ableben sterven, overlijden

Ableben *o*[39] overlijden, dood

ablecken aflikken

ablegen I *tr* **1** uitdoen, uittrekken, afleggen, afdoen: *bitte legen Sie ab!* doet u alstublieft uw jas uit!; *abgelegte Kleider* afgedankte kleren; **2** *(iets)* neerzetten, neerleggen; **3** opbergen; **4** *(fouten)* afleren; **5** *(eed, belofte, bekentenis)* afleggen; **II** *intr (mbt schip)* afvaren || *es auf*[+4] *etwas ~* het op iets aanleggen

Ableger *m*[9] **1** loot, stek; **2** uitloper; **3** spruit, kind; **4** *(handel)* filiaal

ablehnen 1 afwijzen, weigeren, bedanken voor, van de hand wijzen, afslaan, verwerpen: *dankend ~* bedanken voor; *etwas glatt ~* iets beslist weigeren; **2** *(een rechter, getuige)* wraken, niet erkennen; **3** afwijzend staan tegenover

Ablehnung *v*[20] afwijzing; *zie ook* ablehnen

ableiern 1 opdreunen; **2** *(muziek)* afdraaien; **3** *(leuzen, verhalen)* tot vervelens toe herhalen: *abgeleiert* afgezaagd

ableisten vervullen: *seine Wehrpflicht ~* zijn dienstplicht vervullen

ableiten 1 *(water)* afvoeren; *(bliksem)* afleiden; *(een rivier)* verleggen; **2** *(toorn)* afwenden; **3** *(iem van iets)* afbrengen; **4** afleiden

Ableitung I *v*[28] **1** (het) afvoeren, (het) afleiden, (het) verleggen; **2** (het) afwenden; **II** *v*[20] afleiding

ablenken 1 van richting doen veranderen; **2** afleiden; **3** *(iem vh rechte pad)* afbrengen; **4** *(iem)* afleiding bezorgen; **5** afwenden; **6** *(een stoot)* afweren

Ablenkungsmanöver *o*[33] afleidingsmanoeuvre

ablesen[201] **1** voorlezen, aflezen; **2** *(gasmeter, thermometer)* aflezen, de stand opnemen; **3** aflezen, opmaken: *etwas von jmds Gesicht ~* iets op iems gezicht lezen

ableugnen ontkennen, loochenen

ablichten (foto)kopiëren

Ablichtung *v*[20] fotokopie

abliefern (af)leveren, overhandigen

ablisten aftroggelen

ablöschen 1 doven, blussen; **2** *(wat op papier staat)* afvloeien; **3** uitvegen; **4** *(cul)* blussen

ablösen I *tr* **1** losmaken; **2** *(iem)* aflossen: *ein Jahr löst das andere ab* het ene jaar volgt op het andere; **3** aflossen, betalen: *eine Hypothek ~* een hypotheek aflossen; **II** *sich ~* elkaar aflossen; loslaten

Ablösesumme *v*[21] transfersom

abluchsen 1 aftroggelen; **2** ontfutselen

Abluft *v*[28] verbruikte lucht

abmachen 1 afhalen, afnemen, afdoen, losmaken: *den Preis ~* het prijsje er afhalen; **2** *(mil)* uitdienen; **3** *(straf)* uitzitten; **4** regelen, schikken; **5** verwerken: *etwas mit*[+3] *sich allein ~* iets alleen verwerken; **6** afspreken, overeenkomen

Abmachung *v*[20] schikking, regeling, afspraak, overeenkomst

abmagern 1 vermageren; **2** afslanken

Abmarsch *m*[6] afmars, aftocht

abmarschieren[320] afmarcheren

abmatten afmatten

abmelden I *tr* **1** afmelden; **2** opzeggen; **3** *(sp)* buiten spel zetten; **II** *sich ~* zich afmelden

abmessen[208] *(ook fig)* afmeten, opmeten: *der Schaden ist noch nicht abzumessen* de schade is nog niet te overzien

Abmessung I *v*[28] (het) (af)meten, opmeten; **II** *v*[20] afmeting, grootte

abmontieren[320] demonteren

abmühen, sich zich afmatten

Abnahme *v*[21] **1** (het) afnemen, verwijdering: *~ eines Armes* amputatie van een arm; **2** afzet, afname: *~ finden* aftrek vinden; **3** afneming, vermindering, daling

abnehmen[212] **I** *tr* **1** afhalen, afnemen, verwijderen; *(hoed)* afnemen; *(med)* afzetten, amputeren; **2** in beslag nemen, afnemen; **3** *(een prijs)* rekenen, vragen; **4** *(om zelf te dragen)* overnemen; **5** uit handen nemen: *jmdm eine Arbeit ~* voor iem een werk(je) doen; **6** overnemen: *jmdm die Verantwortung ~* de verantwoordelijkheid van iem overnemen; **7** aanvaarden; **8** *(vingerafdruk)* nemen; **9** *(examen, eed)* afnemen; **II** *intr* **1** *(mbt de maan)* afnemen; *(mbt dagen)* korten; *(mbt prijzen)* dalen; **2** afvallen

Abnehmer *m*[9] afnemer, koper, klant

Abneigung *v*[20] afkeer, antipathie, tegenzin

abnorm abnormaal

Abnormität *v*[20] abnormaliteit, onregelmatigheid, *(ziekelijke)* afwijking

abnötigen afdwingen

abnutzen, abnützen I *tr* (af-, ver)slijten; **II** *sich ~* (af-, ver)slijten

Abnutzung, Abnützung *v*[20] (het) (af)slijten, slijtage

Abonnement *o*[36] abonnement

Abonnent *m*[14] abonnee

abonnieren[320] zich abonneren op: *eine Zeitung ~* zich op een krant abonneren

abordnen afvaardigen

Abordnung *v*[20] afvaardiging, delegatie

Ab

¹**Abort** m^5 wc, toilet

²**Abort** m^5 (med) abortus, miskraam

abpassen 1 afwachten, afmikken; **2** opwachten; **3** (af)passen, passend maken

abpfeifen^{214} (sp) affluiten

Abpfiff m^5 (sp) (het) affluiten; eindsignaal

abplagen, sich zich afsloven, zwoegen

Abprall m^5 (het) terugspringen, terugkaatsing, (het) afstuiten

abprallen afstuiten, terugspringen, terugkaatsen

Abpraller m^9 (sp) terugspringende bal

abpressen 1 afpersen: jmdm Geld ~ iem geld afpersen; jmdm den Atem ~ iems keel dichtsnoeren; **2** (uit)persen

abpumpen 1 wegpompen; **2** lenen van: jmdm 10 Mark ~ van iem 10 mark lenen

abputzen afpoetsen, afvegen, schoonmaken

Abputzer m^9 uitbrander

abquälen, sich zich afsloven, zwoegen

abqualifizieren^{320} diskwalificeren

abquetschen afklemmen

abrackern, sich zich afsloven

abraten^{218} afraden: jmdm von^{+3} etwas ~ iem iets afraden, ontraden

Abraum m^{19} **1** puin; **2** waardeloze grondmassa

abräumen afruimen, opruimen, wegruimen

abrechnen 1 aftrekken; **2** afrekenen

Abrechnung v^{20} **1** aftrek, mindering; **2** afrekening; **3** vereffening

Abrede v^{21} afspraak: etwas in ~ stellen iets ontkennen, betwisten

abreiben^{219} I tr **1** afwrijven, wegwrijven; **2** (af)raspen; **3** afdrogen; II intr (ver)slijten

Abreibung I v^{20} **1** pak slaag; **2** standje; II v^{28} (het) (af)wrijven

Abreise v^{21} vertrek

abreisen vertrekken

Abreißblock m^{13}, m^6 blocnote

abreißen^{220} I tr **1** aftrekken, afscheuren, afbreken; **2** (bril, muts) snel afnemen, snel afzetten; **3** afbreken, slopen; **4** (ver)slijten; II intr **1** (mbt knoop) losraken; **2** (mbt veter) kapot gaan; **3** (mbt telefoonverbinding, contacten) verbroken worden; **4** ophouden

Abreißkalender m^9 scheurkalender

abreiten^{221} I tr **1** afrijden, afjakkeren; **2** (te paard) inspecteren; II intr wegrijden

abrennen^{222} I intr wegrennen, weghollen; II tr aflopen

abrichten africhten, dresseren

Abrieb m^{19} slijtage

abriegeln (ver)grendelen, (fig) afsluiten

abringen^{224} dwingen tot, afdwingen

abrinnen^{225} afvloeien, weglopen

Abriss I m^5 **1** schets, beknopt overzicht; **2** strook (van kaartje); II m^{19} (het) afbreken, slopen

Abrissarbeiten mv v^{20} sloopwerkzaamheden

abrollen I tr afrollen, ontrollen; (film) afdraaien; II intr **1** wegrijden; **2** verlopen; **3** (sp) (af)rollen

abrücken I tr wegzetten, wegschuiven; II intr **1** weg-

gaan, vertrekken; **2** ervandoor gaan; **3** wegschuiven; **4** (fig) zich distantiëren (van)

Abruf m^5 **1** (het) wegroepen, (het) weggeroepen worden; terugroeping; **2** afroep, (het) opvragen

abrufen^{226} **1** wegroepen; **2** (diplomaat) terugroepen: abgerufen werden sterven; **3** afroepen, opvragen; **4** (banktegoeden) opnemen; **5** (namen) afroepen

abrunden 1 afronden; **2** (fig) vervolmaken

abrüsten 1 ontwapenen; **2** de bewapening verminderen

Abrüstung v^{20} ontwapening

abrutschen 1 uitglijden; **2** afglijden (van); **3** wegglijden; **4** (luchtv) afglijden; **5** (mbt cijfers, peil, prestaties) dalen

absacken I tr in zakken doen; II intr **1** (mbt schip) zinken; **2** (luchtv) hoogte verliezen; **3** (mbt grond) verzakken; **4** verzwakken, slechter, minder worden; **5** op het slechte pad geraken

Absage v^{21} afzegging, afgelasting

absagen 1 afzeggen, afgelasten; **2** afzweren; **3** (telecom) afkondigen

Absatz m^6 **1** hak (ve schoen); **2** overloop (ve trap); **3** alinea, lid van een wetsartikel; **4** hoofdstuk; **5** onderbreking (in rede); **6** (handel) afzet; **7** (geol) afzetting

absatzfähig goed verkoopbaar, gewild

Absatzmarkt m^6 markt, afzetgebied

Absatztrick m^{13} (sp) hakje

absaugen^{229} afzuigen, wegzuigen

absausen wegstuiven

abschaben afkrabben

abschaffen 1 afschaffen, wegdoen; (personeel) ontslaan; **2** opheffen

abschalten I tr uitschakelen, afzetten; II intr **1** zich geheel ontspannen; **2** niet meer opletten, niet meer luisteren

abschatten 1 schakeren, nuanceren; **2** verduisteren

abschätzen 1 schatten, taxeren, ramen; **2** beoordelen, onderzoeken

Abschätzer m^9 taxateur, schatter

abschätzig geringschattend, afkeurend

Abschaum m^{19} schuim

abscheiden^{232} I tr (af)scheiden; II intr sterven, overlijden; zie ook abgeschieden

Abscheu m^{19}, v^{28} afschuw, afkeer, hekel: ~ vor^{+3} etwas haben een hekel aan iets hebben; (großen) ~ erregend (grote) afschuw wekkend

abscheuern 1 afschuren, wegschuren; **2** afboenen; **3** afschaven; **4** (kleding) (ver)slijten

abscheuerregend afschuwwekkend

abscheulich afschuwelijk

abschicken afzenden, wegzenden, verzenden; afvaardigen

abschieben^{237} **1** wegschuiven: die Schuld ~ de schuld afschuiven; **2** wegwerken, lozen: jmdn ~ iem lozen; **3** uitwijzen: jmdn über die Grenze ~ iem over de grens zetten

Abschied m^5 **1** afscheid; **2** ontslag: jmdm den ~ ge-

ben iem ontslaan
abschießen[238] **1** afschieten, afvuren; **2** (af)schieten, neerhalen: *ein Flugzeug* ~ een vliegtuig neerhalen; *einen Panzer* ~ een tank kapotschieten || *jmdn* ~ iem wegwerken, iem lozen
abschinden[239], **sich** zich afbeulen
abschirmen afschermen, beschermen
abschlachten afslachten, uitmoorden
Abschlag m^6 **1** prijsverlaging; **2** korting; **3** *(sp)* uittrap, uitworp; **4** voorschot, afbetaling
abschlagen[241] **1** afslaan, afhakken; **2** *(sneeuw)* afkloppen; **3** *(steigers)* afbreken, *(kamp)* opbreken; **4** *(aanval)* afslaan, *(gevaar)* afweren; **5** afslaan, weigeren; **6** *(van prijs)* afdoen; **7** vellen: *den Wald* ~ het bos kappen; **8** *(sp)* uittrappen, uitslaan
abschlägig weigerend, afwijzend
Abschlagszahlung v^{20} afbetaling, termijnbetaling
abschleifen[243] **I** *tr* **1** (af)slijpen, wegslijpen; **2** *(fig)* afwennen; **3** (aan)slijpen; **II** *sich* ~ **1** (af)slijten; **2** *(fig)* zich aanpassen; **3** minder worden
Abschleppbetrieb, **Abschleppdienst** m^5 sleepdienst, takelbedrijf
abschleppen I *tr* **1** (af)slepen, wegslepen; **2** meeslepen; **II** *sich* ~ sjouwen
Abschleppseil o^{29} sleepkabel
Abschleppwagen m^{11} takelwagen
abschleudern afwerpen
abschließen[245] **I** *tr* **1** afsluiten, op slot doen; **2** wegsluiten; **II** *intr* **1** voltooien; **2** *(deur, lening, koop)* sluiten; **3** *(balans)* afsluiten; **4** sluiten, overeenkomen; **5** eindigen, sluiten: *mit jmdm* ~ de relatie met iem beëindigen; **III** *sich* ~ zich afzonderen, zich afsluiten
abschließend ten slotte; samenvattend
Abschluss I m^6 **1** transactie; **2** afsluiting, balans; **3** akkoord *(bij cao-onderhandelingen)*; **4** examen: *seinen* ~ *machen* eindexamen doen; **5** (af)sluiting, (af)sluiter; **II** m^{19} **1** (het) sluiten, beëindigen: *etwas zum* ~ *bringen* iets beëindigen; *zum* ~ *kommen* (of: *gelangen*) tot een einde komen; **2** (het) afsluiten *(ve contract)*
Abschlussbericht m^5 eindrapport
Abschlussprüfung v^{20} eindexamen
Abschlusszeugnis o^{29a} einddiploma
abschmecken 1 proeven; **2** op smaak afmaken
abschmieren I *tr (auto)* doorsmeren; **2** *(schoolwerk)* overschrijven; **II** *intr (luchtv)* neerstorten
abschnallen I *tr* **1** afgespen; **2** *(schaatsen)* afbinden; **II** *intr* afhaken, opgeven
abschnappen I *tr* te pakken krijgen; **II** *intr* **1** ophouden; **2** *(inform)* sterven
abschneiden[250] **1** afsnijden *(ook fig)*; **2** (af)knippen; **3** *(de mogelijkheid)* ontnemen, beroven van; **4** *(een gesprek)* afbreken, een einde maken aan: *jmdm das Wort* ~ iem in de rede vallen || *gut bei*[+3] *etwas* ~ het er goed afbrengen
Abschnitt m^5 **1** strook, bon, coupon; **2** hoofdstuk, paragraaf; **3** periode; **4** segment *(van bol, cirkel)*; **5** cesuur; **6** deel van een gebied, sector

abschnüren 1 afsnoeren, afbinden; **2** belemmeren; **3** afgrendelen
abschöpfen 1 afscheppen; **2** afromen
abschotten afschermen
abschrauben afschroeven, losschroeven
abschrecken 1 afschrikken: ~*des Beispiel* afschrikwekkend voorbeeld; **2** *(eieren)* laten schrikken; **3** *(metaal)* harden
Abschreckung v^{20} afschrikking, intimidatie
abschreiben[252] **1** afschrijven, kopiëren; **2** *(bedrag)* aftrekken; **3** *(handel)* afschrijven
Abschreibung v^{20} afschrijving; (het) aftrekken
abschreiten[254] **1** afpassen, afmeten; **2** inspecteren
Abschrift v^{20} afschrift; kopie
abschuften, sich zich afsloven
Abschuss m^6 **1** (het) schieten *(van wild)*; (het) neerschieten, (het) neerhalen; **2** afschot, geschoten wild; **3** lancering
Abschussbasis v *(mv -basen)* lanceerbasis
abschüssig hellend, aflopend, steil
Abschussrampe v^{21} lanceerplatform
abschütteln 1 afschudden; **2** uitschudden, uitkloppen; **3** *(vervolgers)* van zich afschudden; **4** *(juk)* afwerpen
abschwächen I *tr* **1** verzwakken, verminderen; **2** afzwakken, verzachten; **II** *sich* ~ afnemen, verminderen
Abschwächung v^{20} **1** verzwakking, vermindering; **2** afzwakking, verzachting
abschweifen afdwalen
Abschweifung v^{20} afdwaling
abschwenken zwenken, afbuigen: *von der Straße* ~ van de weg afslaan
abschwindeln aftroggelen
abschwören[260] *(geloof, alcohol)* afzweren
Abschwung m^6 **1** afzwaai, afsprong; **2** recessie, economische achteruitgang
absegeln 1 afzeilen, wegzeilen; **2** weggaan
absegnen goedkeuren, zijn zegen geven aan
absehbar afzienbaar, te overzien: *in* ~*er Zeit* binnen afzienbare tijd
absehen[261] **I** *tr* **1** afzien, afkijken; **2** zien aan, lezen op, aflezen van; **3** overzien; **4** munten (op): *man hat es auf mich abgesehen* men heeft het op mij gemunt; **II** *intr* **1** afzien van, intrekken; **2** buiten beschouwing laten
abseilen 1 aan een touw neerlaten; **2** met touw afzetten
absein *oude spelling voor ab sein, zie ab*
abseitig 1 afgelegen, geïsoleerd; **2** onnatuurlijk, afwijkend
abseits I *bw* **1** terzijde, afzijdig, achteraf: *sich* ~ *halten* zich afzijdig houden; **2** *(sp)* buitenspel; **II** vz^{+2} terzijde van, ver van
Abseits o *(2e nvl -; mv -) (sp)* buitenspel
Abseitsstellung v^{20} *(sp)* buitenspelpositie
absenden[263] afzenden, uitzenden, (ver)zenden
Absender m^9 afzender
abservieren[320] **1** *(tafel)* afruimen; **2** ontslaan; **3**

(iem) onschadelijk maken; 4 *(sp)* inmaken

absetzbar 1 afzetbaar; 2 verkoopbaar: *leicht ~ ge-wild*; 3 *(fiscaal)* aftrekbaar

absetzen I *tr* 1 *(bril)* afzetten, afnemen; 2 *(koffer)* neerzetten; 3 *(ve paard)* afwerpen; 4 afgelasten, niet door laten gaan; 5 afbreken, stoppen met: *etwas von der Tagesordnung ~* iets van de agenda afvoeren; 6 *(handel)* verkopen; 7 *(fiscaal)* aftrekken; 8 ontslaan, afzetten; 9 *(med)* afzetten, amputeren; 10 *(boot)* afzetten, afduwen; 11 *(met kant)* afzetten; II *intr* ophouden: *ohne abzusetzen* zonder onderbreking; III *sich ~* 1 zich afzetten, bezinken, neerslaan; 2 stilletjes vertrekken; 3 *(mil)* zich terugtrekken

absichern 1 beveiligen, beschermen; 2 afzetten

Absicht v^{20} bedoeling, plan: *ich habe die ~* ik ben van plan; *in der ~* met het doel, met de bedoeling; *mit ~* met opzet

absichtlich opzettelijk, met opzet, expres

absichtslos zonder opzet, onopzettelijk

absichtsvoll opzettelijk

absinken[266] 1 wegzinken; 2 dalen; 3 afzakken

absitzen[268] I *tr* 1 *(straf)* uitzitten; 2 *(tijd)* slijten, uit-dienen; II *intr* 1 *(van een rijdier)* afstijgen; 2 *(van een fiets)* afstappen; 3 *(sp)* afspringen

absolut absoluut

Absolution v^{20} absolutie

Absolutismus m^{19a} absolutisme

Absolvent m^{14} abituriënt, afgestudeerde

absolvieren[320] 1 voltooien, slagen: *eine Prüfung ~* voor een examen slagen; 2 *(een school e.d.)* aflopen, doorlopen: *ein Training ~* een training volgen; 3 *(studie)* afmaken, voltooien

absonderlich eigenaardig, vreemd

absondern I *tr* afzonderen, (af)scheiden; II *sich ~* zich afzonderen; zich afscheiden

Absonderung v^{20} afzondering, (af)scheiding

absorbieren[320] absorberen

Absorption v^{20} absorptie

abspalten I *tr*[270] afslijten, afsplitsen; II *sich ~* zich afsplitsen

abspannen 1 *(paarden)* uitspannen; 2 *(een voer-tuig)* afkoppelen; 3 *(spieren, veer)* ontspannen; 4 *(met kabels)* vastzetten

abspecken vermageren, afslanken

abspenstig: *~ machen* afhandig maken

absperren 1 (af)sluiten; 2 afzonderen; 3 afzetten, versperren; 4 *(stroom, water)* afsluiten

Absperrung v^{20} 1 afsluiting; 2 versperring, blokka-de; 3 *(door politie)* afzetting

abspiegeln afspiegelen, weerspiegelen

Abspiel o^{39} 1 *(het)* doorgeven *(vd bal)*; 2 pass

abspielen I *tr* 1 afspelen, uitspelen; 2 *(muz)* van het blad spelen; 3 *(bal)* afspelen, passen, doorgeven; II *sich ~* (zich af)spelen

absplittern afsplinteren, afspringen

Absprache v^{21} afspraak

absprechen[274] I *tr* 1 afspreken, overeenkomen; 2 ontzeggen, betwisten; 3 ontzeggen, weigeren; II *sich ~* met elkaar afspreken

abspringen[276] 1 (af)springen, wegspringen; 2 springen van, springen uit; omlaagspringen; 3 los-springen; 4 afstuiten; 5 afspringen, afhaken: *von ei-ner Partei ~* uit een partij treden

abspritzen 1 afspuiten; 2 bespuiten; 3 een spuitje geven

Absprung m^6 1 *(het)* springen, sprong; 2 *(het)* om-laagspringen; 3 *(het)* afspringen

abspulen 1 afhaspelen; 2 *(tekst)* opdreunen; 3 af-draaien

abspülen afspoelen, schoonspoelen

abstammen (af)stammen, afkomstig zijn

Abstammung v^{20} afstamming, afkomst, herkomst

Abstand m^6 1 afstand, tussenruimte: *(fig) ~ neh-men von*[+3] zich distantiëren van; *er ist mit ~ der Beste* hij is verreweg de beste; 2 tussenpoos

abstatten 1 *(bezoek)* afleggen, brengen; 2 *(dank)* betuigen: *jmdm seinen Glückwunsch ~* iem geluk-wensen; 3 *(verslag)* uitbrengen, geven, doen

abstauben, abstäuben 1 afstoffen; 2 *(iem)* de mantel uitvegen; 3 gappen, pikken

Abstauber m^9 1 *(sp)* gelukstreffer; 2 goaltjesdief

abstechen[277] 1 slachten, doodsteken; 2 *(turf)* ste-ken, *(graszoden)* afsteken || *~ gegen*[+4] (of: *von*[+3]) af-steken tegen, contrasteren met

Abstecher m^9 1 uitstapje *(tijdens reis)*; 2 *(het)* af-dwalen *(van thema)*

abstecken 1 afbakenen, vastleggen; 2 losspelden; 3 *(jurk)* afspelden

abstehen[279] 1 *(mbt planten)* doodgaan; 2 afzien, af-stand doen; 3 (af)staan || *sich die Beine ~* staan tot men niet meer kan; *zie ook* abgestanden

abstehlen[280] ontstelen

Absteige v^{21} pied-à-terre

absteigen[281] 1 *(van een fiets)* afstappen; *(van een paard)* afstijgen; *(van een berg)* afdalen: *~de Linie* neerdalende lijn; 2 *(vero)* afstappen: *in einem Hotel ~* zijn intrek nemen in een hotel; 3 *(sp)* degraderen

Absteigequartier o^{29} 1 pied-à-terre; 2 nachtverblijf

Absteiger m^9 *(sp)* degraderende club, gedegradeer-de club

Abstellbahnhof m^6 remise

abstellen 1 neerzetten; 2 *(auto)* wegzetten, parke-ren, stallen; 3 *(gas)* uitdoen; *(motor, radio)* afzetten; *(kraan)* dichtdraaien; *(klok)* stilzetten; *(machine)* stopzetten; 4 beschikbaar stellen; 5 overplaatsen; 6 *(leiding)* afsluiten; 7 een einde maken aan || *~ auf*[+4] afstemmen op

Abstellgleis o^{29} zijspoor, dood spoor

Abstellkammer v^{21} bergruimte, rommelkamer

Abstellplatz m^6 parkeerplaats

Abstellraum m^6 bergruimte, rommelkamer

abstempeln afstempelen, bestempelen

absterben[282] 1 *(af)sterven*; 2 gevoelloos worden; 3 uitsterven; 4 *(mbt motor)* afslaan

Abstieg I m^{19} *(het)* afdalen; II m^5 1 neergang, ach-teruitgang; 2 *(sp)* degradatie; 3 afdaling

abstiegsgefährdet: *der Verein ist ~* de club dreigt te degraderen

abstimmen I *intr (verkiezing)* stemmen; II *tr (telecom)* afstemmen; 2 *(fig)* afstemmen; 3 controleren; III *sich ~* afspreken: *sich mit jmdm ~* met iem afspreken

Abstimmung v^{20} 1 stemming: *etwas zur ~ bringen* iets in stemming brengen; 2 *(telecom)* afstemming; 3 controle

Abstinent m^{14} geheelonthouder

Abstinenz v^{28} geheelonthouding

Abstinenzler m^{9} geheelonthouder

abstoppen I *intr* stoppen; II *tr* 1 tot stilstand brengen; 2 *(motor)* afzetten; 3 *(productie)* stopzetten; 4 *(met stopwatch)* de tijd opnemen

Abstoß m^{6} 1 (het) afstoten, afduwen; 2 *(sp)* doeltrap

abstoßen^{285} I *tr* 1 afstoten, afduwen; 2 afkomen (van), *(schulden)* betalen; *(waren)* snel verkopen; 3 afstoten, beschadigen, *(vel)* schaven; 4 (iem) afstoten; 5 *(een bal)* uitschieten; II *intr* wegvaren

abstoßend stuitend *(gedrag)*; afstotend

abstottern *(in termijnen)* afbetalen

abstrahlen 1 afstralen, uitzenden; 2 zandstralen

abstrampeln, sich 1 zich doodfietsen; 2 zich afsloven

abstreichen^{286} 1 afstrijken, afhalen; *(modder van schoenen)* afvegen; *(bier)* afschuimen; 2 aftrekken, afdoen; 3 afzoeken: *ein Gelände ~* een terrein afzoeken

abstreifen I *tr* 1 afdoen, uitdoen, uittrekken, afleggen; 2 afhalen, verwijderen; 3 vegen: *sich die Füße ~* zijn voeten vegen; 4 afzoeken; II *intr* afdwalen: *vom Wege ~* afdwalen

abstreiten^{287} 1 betwisten; 2 ontkennen

Abstrich m^{5} 1 neerhaal; 2 (het) afgestrekene; 3 *(med)* uitstrijkje; 4 aftrek, korting: *~e am Budget machen* in de begroting schrappen

abstrus duister, verward

abstufen 1 trapsgewijs bouwen; 2 rangschikken, schakeren; 3 *(loon, belasting)* in groepen indelen

Abstufung v^{20} 1 rangschikking; indeling; 2 schakering, nuance

abstumpfen afstompen *(ook fig)*

Abstumpfung v^{28} afstomping, ongevoeligheid

Absturz m^{6} 1 val; 2 afgrond

abstürzen 1 neerstorten; 2 steil afhellen

abstützen 1 stutten; 2 *(fig)* steunen

absuchen afzoeken, doorzoeken

absurd ongerijmd, onzinnig, absurd

Abszess m^{5} abces

Abt m^{6} abt

abtanzen I *intr* weggaan; II *tr (schoenen)* afdansen

abtasten betasten, aftasten

abtauen ontdooien

Abtei v^{20} abdij

Abteil o^{29} 1 coupé; 2 gedeelte, stuk

Abteilung v^{20} 1 afdeling, indeling, verdeling; 2 afgescheiden ruimte

abtippen overtikken, overtypen

Äbtissin v^{22} abdis

abtönen schakeren, nuanceren

Abtönung v^{20} 1 schakering; 2 nuance

abtöten 1 doden; 2 vernietigen

Abtrag m^{19} nadeel, afbreuk: *jmdm ~ tun* iem benadelen

abtragen^{288} 1 *(heuvel)* afgraven; 2 *(gebouw)* slopen; 3 *(med)* verwijderen; 4 *(tafel)* afruimen; 5 naar beneden brengen; 6 *(schuld)* aflossen; 7 *(kleding)* verslijten, afdragen; 8 *(geld)* afdragen

abträglich schadelijk, nadelig

Abtransport m^{5} (het) wegvoeren, afvoer

abtransportieren^{320} wegvoeren, afvoeren

abtreiben^{290} I *tr* 1 doen afdrijven, afdrijven; 2 aborteren; 3 *(vee)* naar het dal drijven; II *intr* afdrijven, wegdrijven

Abtreibung v^{20} *(med)* abortus

abtrennen 1 lostornen, losknippen; 2 afscheiden; 3 afscheuren

Abtrennung v^{20} (af)scheiding; *zie ook* abtrennen

abtreten^{291} I *tr* 1 afstampen: *sich die Schuhe* (of: *die Füße*) *~* zijn voeten vegen; 2 verslijten; 3 afstaan, overdragen: *eine Forderung ~* een vordering overdragen; 4 aftrappen; II *intr* 1 aftreden; 2 *(vh toneel)* afgaan; 3 weggaan, vertrekken, *(mil)* inrukken

Abtretung v^{20} (het) afstaan, overdracht

Abtritt m^{5} 1 (het) aftreden, (het) heengaan, dood; 2 toilet, wc

Abtrockentuch o^{32} (af)droogdoek

abtrocknen I *tr* afdrogen; droogmaken; II *intr* droog worden, drogen

abtropfen druipen; uitdruipen: *Salat ~ lassen* sla laten uitlekken

abtrotzen afdwingen

abtrumpfen 1 aftroeven; 2 de les lezen

abtrünnig^{+3} afvallig (van), ontrouw (aan)

Abtrünnige(r) m^{40a}, v^{40b} afvallige

abtun^{295} 1 afdoen, uitdoen; 2 zich afmaken van; 3 *(fig)* afleggen; 4 met minachting behandelen; 5 afdoen, regelen

abtupfen afbetten

aburteilen berechten, vonnissen, veroordelen

Aburteilung v^{20} berechting, veroordeling

abverlangen 1 eisen: *jmdm etwas ~* van iem iets eisen; 2 *(prijs)* vragen

abwägen^{303} afwegen, overwegen

Abwägung v^{20} (het) afwegen, overweging

abwählen 1 niet herkiezen; 2 *(een schoolvak)* laten vallen

abwälzen afwentelen, afschuiven: *die Kosten auf die Preise ~* de kosten in de prijzen doorberekenen

abwandeln variëren, wijzigen

Abwand(e)lung v^{20} variatie, wijziging

abwandern I *intr* wegtrekken, (heen)gaan; *(sp)* van club veranderen; II *tr* trekken: *eine Gegend ~ door* een streek trekken

Abwanderung v^{20} (het) (weg)trekken; *zie ook* abwandern

Abwärme v^{28} afvalwarmte

abwarten afwachten, wachten op

abwärts afwaarts, benedenwaarts, naar beneden;

bergafwaarts: ~ *gehen* achteruitgaan

Abwasch *m*[19] afwas || *das ist ein* ~ dat gaat in één moeite door

Abwaschbecken *o*[35] gootsteen

abwaschen[304] 1 afwassen, afspoelen; 2 de vaat doen; 3 *(schande)* uitwissen

Abwasser *o*[34] rioolwater, afvalwater

Abwasserkläranlage *v*[21], **Abwasserklärwerk** *o*[29] waterzuiveringsinstallatie

abwechseln afwisselen; aflossen

abwechselnd (af)wisselend, beurtelings

Abwechslung *v*[20] (af)wisseling, variatie

abwechslungsreich vol afwisseling

Abweg *m*[5] dwaalweg, zijweg, verkeerde weg: *(fig) auf ~e führen* op het verkeerde pad brengen

abwegig 1 onjuist, verkeerd; 2 vreemd, eigenaardig

Abwehr *v*[28] 1 afweer, tegenstand; 2 *(mil en sp)* verdediging; 3 contraspionage

Abwehrdienst *m*[5] contraspionagedienst

abwehren 1 afweren, afslaan; 2 afwijzen; 3 verdrijven

Abwehrspieler *m*[9] verdediger

abweichen I *zw* 1 losweken; 2 losraken; II *st*[306] afwijken, verschillen

abweichend afwijkend, verschillend

Abweichung *v*[20] 1 afwijking; 2 verschil

abweisen[307] afslaan; afwijzen, van de hand wijzen, weigeren

Abweisung *v*[20] afwijzing, weigering

abwenden[308] afwenden: *den Blick* ~ de blik afkeren; *die Gefahr* ~ het gevaar bezweren; *seine Hand von jmdm* ~ zijn handen van iem aftrekken

abwerfen[311] 1 afwerpen, afgooien; naar beneden gooien; 2 opbrengen, afwerpen, opleveren: *Bomben* ~ bommen werpen; *Ballast* ~ ballast droppen; *das Geschäft wirft nicht viel ab* de zaak brengt niet veel op

abwerten devalueren: *~de Kritik* afkeurende kritiek

Abwertung *v*[20] devaluatie

abwesend 1 afwezig, absent; 2 verstrooid

Abwesende(r) *m*[40a], *v*[40b] afwezige

Abwesenheit *v*[20] afwezigheid, verstrooidheid: *in* ~ *verurteilen* bij verstek veroordelen

abwickeln afwikkelen

Abwick(e)lung *v*[20] afwikkeling, regeling, liquidatie

abwiegen[312] (af)wegen

abwimmeln (iem) afpoeieren, afschepen; (iets) afwimpelen

abwinden[313] afwinden, afhaspelen

abwinken I *tr* afwenken: *ein Rennen* ~ een race afvlaggen; II *intr* een afwijzend gebaar maken

abwirtschaften I *intr* te gronde gaan: *die Monarchie hat abgewirtschaftet* de monarchie heeft afgedaan; II *tr* te gronde richten

abwischen afvegen, schoonmaken

abwohnen *(een huis)* uitwonen

abwracken slopen

Abwurf *m*[6] 1 (het) afwerpen: *der* ~ *von Bomben* het

werpen van bommen; 2 *(sp)* uitgooi

abwürgen 1 wurgen; *(fig)* de kop indrukken; 2 *(motor)* laten afslaan

abzahlen afbetalen, *(Belg)* afkorten

abzählen aftellen

Abzahlung *v*[20] afbetaling

abzapfen aftappen: *jmdm Geld* ~ iem geld uit de zak kloppen

abzäunen omheinen, afrasteren

Abzeichen *o*[35] 1 onderscheidingsteken, (ken)teken; *(mil)* distinctief; 2 speldje, insigne

abzeichnen I *tr* 1 natekenen; 2 *(stukken)* paraferen, ondertekenen; II *sich* ~ zich aftekenen

abziehen[318] I *tr* 1 aftrekken, uittrekken, weghalen: *den Hut vor jmdm* ~ de hoed voor iem afnemen; 2 *(dier)* villen; *(bonen)* afhalen; 3 *(bed)* afhalen; 4 *(vuurwapen)* afschieten; 5 afleiden; 6 geven: *eine Fete* ~ een fuifje geven; 7 botttelen; 8 *(geld)* aftrekken; 9 kopiëren, een afdruk maken van; 10 *(mil)* terugtrekken; II *intr* 1 weggaan, afmarcheren, wegtrekken; 2 *(sp)* uithalen, plotseling hard schieten

abzielen (met *auf*[-4]) doelen op, beogen

abzischen, **abzittern** *(inform)* 'm smeren

Abzug *m*[6] 1 *(mil)* aftocht, terugtocht; 2 afvoer(pijp), afvoerkanaal; 3 aftrek, mindering; korting: *nach* ~ *der Kosten* na aftrek van de kosten; *in* ~ *bringen* in mindering brengen; 4 *(mv)* inhoudingen; 5 trekker *(van geweer)*; 6 *(foto)* afdruk

abzüglich: ~ *der Kosten* na aftrek van, verminderd met de kosten

abzugsfähig *(fiscaal)* aftrekbaar

abzugsfrei belastingvrij

Abzweig *m*[5] aftakking

abzweigen I *intr* afbuigen, zich afsplitsen; II *tr* afsplitsen: *Geld* ~ geld achteroverdrukken

Abzweigung *v*[20] 1 splitsing, aftakking; 2 zijweg, zijstraat, zijarm, zijspoor; *(fig)* tak

abzwicken afknijpen, afknippen

abzwingen[319] afdwingen

ach *tw* ach!, och!: *ach ja!* o ja!, ja, natuurlijk!; ~ *was!*, ~ *wo!* helemaal niet!, kom nou!

Ach *o*[36]: ~ *und Weh schreien* ach en wee roepen; *mit* ~ *und Krach* ternauwernood, op het nippertje

Achillesferse *v*[21] achillishiel: *das ist seine* ~ dat is zijn zwakke plek

Achse *v*[21] as, spil: *per* ~ per wagen; *er ist dauernd auf* ~ (of: *auf der* ~) hij is voortdurend op reis

Achsel *v*[21] 1 schouder, oksel: *die* ~*n* (of: *mit den* ~*n*) *zucken* de schouders ophalen; 2 *(plantk)* oksel || *etwas auf die leichte* ~ *nehmen* iets gemakkelijk opnemen; *jmdn über die* ~ *ansehen* neerkijken op iem

Achselgrube, **Achselhöhle** *v*[21] okselholte

Achselzucken *o*[39] (het) schouderophalen

achselzuckend schouderophalend

acht acht: *wir waren unser* ~ (of: *zu* ~*(en)*) we waren met z'n achten

Acht I *v*[20] 1 *(cijfer)* acht; 2 lijn acht *(van tram, bus)*; II *v*[28] 1 (rijks)ban: *jmdn in die* ~ *erklären* iem in de ban doen; 2 aandacht, oplettendheid: *außer* ~ (of:

aus der ~) lassen buiten beschouwing laten; *nimm dich in ~!* kijk uit!; ~ *geben* oppassen, uitkijken; ~ *geben auf*[+4] letten op; *auf jmdn ~ haben* op iem letten

achtbar achtenswaardig, respectabel

achtel achtste: *ein ~ Liter* een achtste liter

Achtel *o*[33] achtste (deel): *ein ~ Wein* een achtste liter wijn

achten I *tr* 1 achten, achting betonen; 2 *(leeftijd, de wet)* eerbiedigen; **II** *intr* acht slaan op, letten op: *auf die Enkel ~* op de kleinkinderen letten

ächten 1 in de ban doen, vogelvrij verklaren; 2 uitstoten, uitsluiten, boycotten, *(maatschappelijk)* doodverklaren

achtenswert achtenswaardig, achtbaar

Achter *m*[9] 1 achtriemsgiek, acht; *(figuurrijden)* acht; 2 acht *(cijfer, getal)*; 3 slag in het wiel

Achterbahn *v*[20] achtbaan

Achterschiff *o*[29] achterschip

achtgeben, achthaben *oude spelling voor* Acht geben, Acht haben, *zie* Acht

achtlos achteloos

achtsam 1 oplettend; 2 behoedzaam

Achtsamkeit *v*[28] 1 oplettendheid; 2 behoedzaamheid

Achtstundentag *m*[5] achturige werkdag

Achtung *v*[28] 1 achting, aanzien, eerbied; ~ *vor dem Gesetz* eerbied voor de wet; *alle ~!* daar neem ik mijn petje voor af!; ~ *gebietend* imponerend; 2 oplettendheid: ~! attentie!, voorzichtig!, opgepast!

Ächtung *v*[20] 1 (het) vogelvrij verklaren; 2 verbanning, uitsluiting, boycot, uitstoting

achtunggebietend *oude spelling voor* Achtung gebietend, *zie* Achtung

achtungsvoll eerbiedig, respectvol

achtzig tachtig: *auf ~ kommen* (of: *sein*) hels worden, woedend zijn

achtziger 1 van (uit) het jaar tachtig; 2 tussen '80 en '90: *die ~ Jahre* de jaren tachtig

Achtziger *m*[9] tachtiger: *er ist in den ~n* hij is in de tachtig

Achtzigerjahre *mv o*[29]: *die ~* de jaren tachtig

ächzen zuchten, steunen, kreunen; kraken

Acker *m*[10] akker, veld, land

Ackerbau *m*[19] landbouw, akkerbouw

Ackerbauer *m*[15] landbouwer

Ackergerät *o*[29] landbouwgereedschap

ackern I *tr* (be)ploegen, het land bebouwen; **II** *intr* ploeteren

a.d. *afk van an der* aan de

a.D. *afk van außer Dienst* buiten dienst

ADAC *afk van Allgemeiner Deutscher Automobil-Club*

Adamsapfel *m*[10] adamsappel

Adamskostüm *o*[29] adamskostuum: *im ~* in adamskostuum, naakt

adäquat adequaat, overeenkomstig

addieren[320] optellen

Addition *v*[20] optelling

ade *tw* vaarwel, adieu!

Ade *o*[36] vaarwel

Adel *m*[19] 1 adel; 2 adellijke titel

adeln 1 adelen, in de adelstand verheffen; 2 adelen, veredelen

Adept *m*[14] adept, ingewijde; volgeling

Ader *v*[21] ader: *jmdn zur ~ lassen* iem aderlaten; *keine ~ für*[+4] *etwas haben* ergens geen aanleg voor hebben

aderig, ädrig geaderd

adern, ädern aderen, marmeren

Adjektiv *o*[29] bijvoeglijk naamwoord

adjektivisch bijvoeglijk

Adjutant *m*[14] adjudant

Adler *m*[9] adelaar, arend

Adlerblick *m*[5] arendsblik

adlig adellijk, van adel, edel

Administration *v*[20] 1 administratie, bestuur, beheer; 2 *(DDR)* bureaucratie

administrativ 1 administratief; 2 *(DDR)* bureaucratisch

Admiral *m*[5], *m*[6] admiraal

Admiralität *v*[20] admiraliteit

adoptieren[320] adopteren, aannemen

Adoption *v*[20] adoptie

Adoptiveltern *mv* pleegouders

Adressat *m*[14] geadresseerde, *(Belg)* bestemmeling

Adressbuch *o*[32] adresboek; *(comp)* notebook

Adresse *v*[21] adres: *bei jmdm an die falsche* (of: *verkehrte*) ~ *kommen* bij iem aan het verkeerde adres zijn

Adressenverzeichnis *o*[29a] adressenlijst; adressenbestand

adressieren[320] 1 adresseren; 2 richten; 3 *(sp)* afgeven

adrett keurig; smaakvol

Adria *v*[28], **Adriatisches Meer** *o*[39] *(2e nvl -n -(e)s)* Adriatische Zee

Advent *m*[5] advent

Adverb *o* *(2e nvl -s; mv Adverbien)* bijwoord

Aerodynamik *v*[28] aërodynamica

Affäre *v*[21] affaire, onaangename kwestie, zaak

Affe *m*[15] 1 aap; 2 sukkel; 3 *(mil)* ransel; 4 stuk in de kraag, roes: *so ein blöder ~!* zo'n stommeling!; *einen ~n an jmdm gefressen haben* gek op iem zijn; *einen ~n haben* (of: *sitzen haben*) dronken zijn

Affekt *m*[5] affect, gemoedsbeweging

affektiert geaffecteerd, gemaakt, aanstellerig

affenartig aapachtig, als (van) een aap

Affenhitze *v*[28] grote hitte, ondraaglijke hitte

Affenliebe *v*[28] apenliefde

Affenschande *v*[28] grof schandaal

Affentheater *o*[39] *(fig)* poppenkast

affig aanstellerig, geaffecteerd, ijdel

affirmativ affirmatief, bevestigend

affirmieren[320] bevestigen

After *m*[9] *(anat)* anus, aars

AG *afk van Aktiengesellschaft* naamloze vennootschap *(afk* NV)

Ag

Agenda v (mv Agenden) **1** agenda; **2** zakagenda
Agent m[14] agent, vertegenwoordiger
Agentur v[20] agentschap, agentuur
Agglomerat o[29] agglomeraat
Agglomeration v[20] agglomeratie
Aggregat o[29] aggregaat
Aggression v[20] agressie
aggressiv agressief
Aggressivität I v[20] agressieve daad; **II** v[28] agressiviteit
agieren[320] **1** ageren, handelen, te werk gaan; **2** (theat) spelen; **3** gesticuleren
agil vlug, behendig, beweeglijk
Agitation v[20] **1** agitatie; **2** politieke propaganda
Agitator m[16] agitator
agitieren[320] **1** agiteren; **2** propaganda maken
Agrarerzeugnis o[29a] landbouwproduct
Agrarstaat m[16] landbouwstaat
Agroingenieur m[5] landbouwkundig ingenieur
Agronom m[14] landbouwkundige
Ahn m[14], m[16] voorvader, stamvader, voorouder
ahnden vergelden, straffen, wreken
Ahndung v[20] vergelding, straf, wraak
ähneln: jmdm ~ (ge)lijken op iem
ahnen vermoeden, een vermoeden, voorgevoel hebben van: mir ahnt nichts Gutes ik voorzie niet veel goeds
ähnlich bn **1** dergelijk, gelijksoortig, overeenkomstig: etwas Ähnliches iets dergelijks, zoiets; so oder so ~ zo of zoiets dergelijks; und Ähnliches en dergelijke; **2** gelijkend: jmdm ~ sein (of: sehen) (op) iem lijken; das sieht ihm ~ dat is net iets voor hem; **3** (meetk) gelijkvormig
Ähnlichkeit v[20] overeenkomst, gelijkenis
Ahnung v[20] voorgevoel, vermoeden: keine (blasse) ~ von[+3] etwas haben geen (flauwe) notie van iets hebben; hast du eine ~! jij snapt er ook niets van!; keine ~! geen flauw idee!
ahnungslos argeloos, zonder enig vermoeden
Ahnungslosigkeit v[28] argeloosheid
ahnungsvoll vol (bange) voorgevoelens
Ahorn m[5] (plantk) esdoorn, ahorn
Ähre v[21] (plantk) aar
Aidskranke(r) m[40a], v[40b] aidspatiënt(e)
Akademie v[21] academie, hogeschool
Akademiker m[9] academicus
akademisch academisch
akklimatisieren[320], **sich** acclimatiseren
Akkord m[5] **1** (muz) akkoord, samenklank; **2** (jur) akkoord, overeenkomst, vergelijk; **3** (vero) overeenstemming: einen ~ abschließen een akkoord sluiten; **4** stukloon, akkoordloon: im (of: in, auf) ~ arbeiten in akkoordloon werken
Akkordarbeit v[28] akkoordwerk
Akkordeon o[36] accordeon
Akkreditiv o[29] **1** geloofsbrief; **2** accreditief
Akku m[13] accu
akkumulieren[320] accumuleren, opstapelen
akkurat I bn nauwgezet, accuraat; **II** bw precies

Akkusativ m[5] accusatief, vierde naamval
Akkusativobjekt o[29] lijdend voorwerp
Akrobat m[14] acrobaat
Akt m[5] **1** handeling, daad; **2** plechtigheid: der ~ der Taufe de doopplechtigheid; **3** geslachtsdaad, coïtus; **4** (jur) proces; **5** bedrijf (ve toneelstuk), akte (ve opera); **6** nummer (in circus); **7** naakt (in de kunst)
Akte v[21] (proces)stuk, akte: etwas zu den ~n legen: a) iets bij de stukken voegen; b) (fig) iets als afgedaan beschouwen
Aktenkoffer m[9] diplomatenkoffertje
Aktentasche v[21] aktetas
Aktenzeichen o[35] dossiernummer
Akteur m[5] acteur, speler; handelende persoon
Aktie v[21] (bewijs van) aandeel
Aktiengesellschaft v[20] naamloze vennootschap, maatschappij op aandelen
Aktieninhaber m[9] aandeelhouder
Aktienkapital o[29] (mv ook -ien) aandelenkapitaal
Aktion v[20] actie: in ~ treten in actie komen
Aktionär m[5] aandeelhouder
Aktionsbereich m[5] actieradius
Aktionskomitee o[36] actiecomité
aktiv actief, werkzaam
Aktiv o[29] (taalk) actieve vorm, bedrijvende vorm
Aktiva mv actief (vermogen), activa (mv)
Aktive(r) m[40a], v[40b] actief lid, actief sportbeoefenaar
aktivieren[320] **1** als actief op de balans zetten; **2** tot meer activiteit brengen, activeren; (chem) actief maken
Aktivismus m[19a] activisme
Aktivist m[14] activist
Aktivität v[20] activiteit
Aktivsaldo m[13] (mv ook -salden en -saldi) actief saldo, batig saldo
Aktstudie v[21] naaktstudie
aktualisieren[320] actualiseren
Aktualität v[20] actualiteit
aktuell actueel
akupunktieren[320] acupunctuur toepassen
Akupunktur v[20] acupunctuur
Akustik v[28] **1** akoestiek; **2** geluidsleer
akustisch akoestisch
akut acuut, plotseling opkomend
Akzent m[5] accent
akzentuieren[320] accentueren
Akzept o[29] **1** aanneming, acceptatie: das ~ einholen de wissel laten accepteren; **2** geaccepteerde wissel, accept
akzeptabel acceptabel, aannemelijk
akzeptieren[320] aannemen, accepteren
Alarm m[5] alarm
Alarmanlage v[21] alarminstallatie
alarmbereit in alarmtoestand: in höchster ~ in hoogste staat van paraatheid
Alarmbereitschaft v[28] (mil) alarmtoestand
alarmieren[320] **1** alarmeren; **2** doen schrikken
Alb m[16] **1** boze geest; **2** nachtmerrie
Albdruck m[6], **Albdrücken** o[39] nachtmerrie

albern onnozel, dom; dwaas, zot, mal: *~es Geschwätz* dom geklets; *~es Zeug* onzin

Albernheit v^{20} kinderachtigheid; gekheid

Albtraum m^6 nachtmerrie

Album o (2e nvl -s; mv **Alben**) album

Alge v^{21} alg, zeewier

Algebra v^{28} algebra

algebraisch algebraïsch

Alibi o^{36} alibi

Aliment o^{29}, **Alimentation** v^{20} alimentatie

Alinea o^{36} alinea

Alkohol m^5 alcohol

Alkoholeinfluss m^{19}, **Alkoholeinwirkung** v^{28}: *unter ~ stehen* onder invloed verkeren

alkoholfrei alcoholvrij

Alkoholiker m^9 alcoholist

Alkoholismus m^{19a} alcoholisme

Alkoholkonsum m^{19} alcoholverbruik

alkoholsüchtig aan alcohol verslaafd

Alkoholsüchtige(r) m^{40a}, v^{40b} alcoholist(e)

all[68] al(les), allemaal: *all und jeder* iedereen; *alles Schöne* al het mooie; *alle drei Tage* om de drie dagen; *wer kommt denn alles?* wie komen er allemaal?; *er war alles andere als zufrieden* hij was allesbehalve tevreden; *bei all und jeder Gelegenheit* bij elke gelegenheid; *bei allem* ondanks alles; *in aller Frühe* heel vroeg in de morgen; *alles in allem* alles bij elkaar genomen; *trotz allem* ondanks alles; *Freiheit über alles* vrijheid bovenal; *zu allem Unglück* tot overmaat van ramp

All o^{39} al, heelal

allabendlich iedere avond (plaatsvindend)

allbekannt welbekend, alombekend

alle op, verbruikt: *das Brot, mein Geld ist ~* het brood, mijn geld is op; *ich bin (ganz) ~* ik ben doodmoe, ik kan niet meer; *~ werden* opraken

alledem dat al(les): *trotz ~* ondanks alles

Allee v^{21} laan, *(Belg)* lei

allein 1 alleen, eenzaam: *~ stehend* alleenstaand; **2** maar, echter; **3** alleen, slechts: *ich wollte ihm helfen, ~ ich konnte es nicht* ik wilde hem helpen, maar ik kon het niet; *~ selig machend* alleenzaligmakend || *von ~* vanzelf; *etwas von ~ wissen* iets uit zichzelf weten

Alleinbesitz m^{19} alleenbezit

Alleinbesitzer m^9 enige bezitter

Alleinerbe m^{15} enig(e) erfgenaam

Alleinflug m^6 solovlucht

Alleingang m^6 (het) zijn eigen weg gaan, soloprestatie: *im ~* alleen

Alleinherrschaft v^{28} alleenheerschappij

alleinig enig, uitsluitend

alleinseligmachend, alleinstehend *oude spelling voor* allein selig machend, allein stehend, *zie* allein

Alleinstehende(r) m^{40a}, v^{40b} alleenstaande

allemal 1 telkens; **2** in ieder geval: *ein für ~ zie* Mal II

allenfalls 1 desnoods, zo nodig; **2** hoogstens, op z'n hoogst; **3** misschien, eventueel

allenthalben overal, alom, allerwegen

allerart allerlei

allerdings: *~!* zeker!, inderdaad!, zeg dat wel!; *er hatte seine Lektion ~ gelernt, aber ...* hij had zijn les wel(iswaar) geleerd, maar ...

allererst allereerst

allergisch allergisch: *~ gegen* allergisch voor

allerhand allerhande, allerlei: *er weiß ~* hij weet heel wat; *das ist allerhand!* dat is niet mis!

allerhöchst allerhoogst

allerlei allerlei, allerhande: *das ist ~* dat is wel sterk

Allerlei o^{36} allegaartje, mengelmoes

allerletzt allerlaatst

allermeist allermeest

allerorten, allerorts overal

allerschlimmst allerergst

allerseits aan alle kanten, allerwegen

Allerweltskerl m^5 duivelskunstenaar, kei

allesamt allemaal, allen tezamen

Allesfresser m^9 omnivoor

Alleskönner m^9 iem die alles kan

allgegenwärtig alomtegenwoordig

allgemein algemeen: *im Allgemeinen* in het algemeen, over het algemeen; *~ bildend* algemeen vormend; *~ gültig* algemeen geldend; *~ verständlich* voor allen begrijpelijk

Allgemeinbefinden o^{39} algemene gezondheidstoestand

allgemeinbildend *oude spelling voor* allgemein bildend, *zie* allgemein

Allgemeinbildung v^{28} algemene ontwikkeling

allgemeingültig *oude spelling voor* allgemein gültig, *zie* allgemein

Allgemeinheit I v^{28} **1** algemeenheid; **2** gemeenschap, openbaarheid; **II** v^{20} vage beschouwing, gemeenplaats

allgemeinverständlich *oude spelling voor allgemein verständlich; zie* allgemein

Allgewalt v^{28} almacht

Allianz v^{20} alliantie, verbond

Alliierte(r) m^{40a}, v^{40b} **1** geallieerde; **2** bondgenoot

Alliteration v^{20} alliteratie, stafrijm

alljährlich jaarlijks, (van) elk jaar

Allmacht v^{28} almacht, alvermogen

allmächtig almachtig, alvermogend

allmählich langzamerhand, allengs, geleidelijk

allmonatlich maandelijks

Allradantrieb m^5 aandrijving op alle wielen

allseitig veelzijdig, algemeen

allseits van alle kanten, overal

Alltag I m^5 werkdag; **II** m^{19} dagelijks leven, dagelijkse sleur

alltäglich 1 daags, doordeweeks; **2** alledaags, gewoon; **3** dagelijks

Alltäglichkeit I v^{28} alledaagsheid; **II** v^{20} banaliteit, alledaagsheid

Alltagsleben o^{39} (het) dagelijkse leven

Alltagsmensch m^{14} alledaags mens

Alltagstrott m^{19} dagelijkse sleur

allwissend alwetend
Allwissenheit v^{28} alwetendheid
allwöchentlich (van) iedere week, wekelijks
allzu al te: ~ *viel* al te veel
Alm v^{20} bergweide, alpenweide
Almanach m^5 almanak
Almosen o^{35} aalmoes
Alp v^{20} bergweide, alpenweide
Alpdruck m^6, **Alpdrücken** o^{39} nachtmerrie
Alpe v^{21} bergweide, alpenweide
Alphabet o^{29} alfabet, abc
alphabetisch alfabetisch
alphabetisieren^{320} alfabetiseren
alpin van de Alpen, in de Alpen, alpen-, alpine
Alptraum m^6 nachtmerrie
als 1 als: *nicht so reich ~ er* niet zo rijk als hij; *er ist zu klug, ~ dass er etwas sagt* hij is te verstandig om iets te zeggen; *verschiedene Getreide, ~ da sind …* verschillende granen als (zoals) daar zijn …; *dies dient ~ Nachricht* dit dient ter (te uwer) informatie; **2** dan: *röter ~ Blut* roder dan (als) bloed; *er hat mehr ~ er braucht* hij heeft meer dan hij nodig heeft; **3** als, alsof: *er tat, ~ wenn* (of: *~ ob)* hij deed alsof; **4** toen, dat: *~ wir ihn sahen* toen wij hem zagen; *eines Tages, ~* op een keer, toen; op een dag, dat; **5** daar, aangezien || *er war alles andere ~ zufrieden* hij was allesbehalve tevreden
alsbald dadelijk, meteen, terstond; spoedig daarna, weldra
also 1 dus; **2** aldus, zo; **3** dus, dat wil zeggen; **4** nu dan: *~, auf Wiedersehen!* nou, tot ziens dan! || *na ~!* daar zie je het nou!
alt^{58} oud: *(inform) mein Alter Herr* mijn oude heer *(mijn vader); (inform) meine Alte Dame* mijn moeder; *(inform) mein Alter:* a) mijn vader; b) mijn man; *(inform) meine Alte:* a) mijn moeder; b) mijn vrouw; *der Alte* de ouwe; *die Alte:* a) de oude vrouw; b) het moederdier
Alt I m^5 alt, altstem; **II** m^{19} altpartij
altangesehen gunstig bekendstaand
altansässig vanouds gevestigd
Altar m^6 altaar
altbacken oudbakken
Altbau m (2e nvl -(e)s; mv -ten) oud huis, oude huizen (mv); oud gebouw, oude gebouwen (mv)
altbekannt vanouds bekend
altbewährt vanouds beproefd
Altenheim o^{29} bejaardentehuis
Altenwohnheim o^{29} serviceflat
Alter o^{33} **1** ouderdom, leeftijd: *in meinem ~* op mijn leeftijd; *er ist* (of: *steht) in meinem ~* hij is van mijn leeftijd; *im ~ von 19 Jahren* op negentienjarige leeftijd; **2** ouderdom: *im hohen ~* op hoge leeftijd; **3** oude mensen
Alte(r) m^{40a}, v^{40b} *ziё* alt
altern I *intr* oud worden, verouderen: *er ist* (of: *hat) stark gealtert* hij is erg oud geworden; **II** *tr* oud maken
Alternative v^{21} alternatief, keus

Altersbeschwerde v^{21} ouderdomskwaal
Altersfürsorge v^{28} bejaardenzorg
Altersgenosse m^{15} leeftijdsgenoot
Altersheim o^{29} bejaardentehuis
Altersrente v^{21}, **Altersruhegeld** o^{31} ouderdomspensioen
Altersschwäche v^{21} ouderdomszwakte, verval van krachten
Altersstufe v^{21} leeftijdsgroep
Altertum o^{39} klassieke Oudheid
Altertümer *mv* o^{32} antiquiteiten
altertümlich oud, antiek; ouderwets
Altertumsforschung v^{28} oudheidkunde, archeologie
Älteste(n) m^{40a}, v^{40b} **1** oudste, ouderling; **2** oudste zoon, oudste dochter
althergebracht, **altherkömmlich** traditioneel
altklug vroegrijp, wijsneuzig
ältlich oudachtig, ouwelijk
Altmetall o^{29} oud metaal; schroot
altmodisch ouderwets
Altöl o^{29} afgewerkte olie
Altpapier o^{39} oud papier
Altstadt v^{25} oude binnenstad
Altwaren *mv* v^{21} tweedehands goederen
Altweibergeschwätz o^{39}, **Altweibergewäsch** o^{39}, **Altweiberklatsch** m^{19} kletskoek
Alu o^{39}, **Aluminium** o^{39} aluminium
am *verk van an dem: die Stadt war ~ Verhungern* de stad verhongerde; *er ist ~ Schreiben* hij schrijft, hij is aan het schrijven
a.M. *afk van am Main* aan de Main
Amateur m^5 amateur
amateurhaft amateuristisch, stumperig
Ambition v^{20} ambitie
ambitiös ambitieus
ambivalent ambivalent
Amboss m^5 aambeeld, aanbeeld
ambulant ambulant; rondtrekkend: *~er Handel* ambulante handel, straathandel, (het) venten; *~er Patient* lopend patiënt
Ambulanz v^{20} **1** ambulance; **2** ambulancewagen; **3** verbandkamer; **4** polikliniek
Ameise v^{21} mier
Ameisenhaufen m^{11} mierenhoop
Amen o^{35} (zelden *mv*) amen: *das ist so sicher wie das ~ in der Kirche* dat is zo zeker als 2 × 2 vier is
Amerikaner m^9 Amerikaan
amerikanisch Amerikaans
Ameublement o^{36} ameublement
Amnestie v^{21} amnestie
amnestieren^{320} amnestie verlenen
amoralisch amoreel
Amortisation v^{20} **1** amortisatie, schulddelging; **2** amortisatie, ongeldigverklaring
amortisieren^{320} **I** *tr* amortiseren, delgen; **II** *sich ~* rendabel zijn
Ampel v^{21} **1** (hang)lamp; **2** verkeerslicht
Amphibie v^{21} amfibie

Amphibienfahrzeug o^{29} amfibievoertuig

Amphibienflugzeug o^{29} amfibievliegtuig

Ampulle v^{21} ampul

Amputation v^{20} amputatie

amputieren^{320} amputeren

Amsel v^{21} merel

Amt o^{32} **1** ambt, post, betrekking, functie: *im ~ sein* in functie zijn; *das ist nicht meines ~es* dat is mijn taak niet; *von ~s wegen* ambtshalve; **2** kantoor, bureau, dienst, bestuur, instantie, ministerie; **3** *(r-k)* gezongen mis

amtieren^{320} **1** een ambt bekleden, in functie zijn: *der ~de Weltmeister* de huidige wereldkampioen; **2** fungeren

amtlich ambtelijk, officieel, ambts-, dienst-

Amtsantritt m^5 ambtsaanvaarding

Amtsbereich m^5, **Amtsbezirk** m^5 ressort, ambtsgebied

Amtsenthebung, **Amtsentsetzung** v^{20} ontzetting uit een ambt, ontslag

Amtsgericht o^{29} kantongerecht, *(Belg)* vrederecht

amtshalber ambtshalve

Amtsperson v^{20} functionaris

Amtsrichter m^9 kantonrechter, *(Belg)* vrederechter

Amtsschimmel m^{19} bureaucratie: *den ~ reiten* zich overdreven precies aan de voorschriften houden; *hier wiehert der ~* het gaat er hier bureaucratisch aan toe

Amtsschreiben o^{35} officieel schrijven

Amtssitz m^5 **1** bestuurszetel; **2** dienstgebouw

Amtssprache I v^{21} officiële taal, *(Belg)* bestuurstaal; II v^{28} ambtelijke taal

Amtsträger m^9 functionaris

Amtswohnung v^{20} dienstwoning

Amtszeichen o^{35} *(telecom)* kiestoon

Amulett o^{29} amulet, talisman

amüsant amusant

amüsieren^{320} amuseren

an I $vz^{+3,+4}$ **1** aan: *bis ~ den Abend* tot (aan) de avond; *er hängt ~ seinem Bruder* hij is aan zijn broer gehecht; *gesund ~ Leib und Seele* naar lichaam en ziel gezond; *das liegt mir am Herzen* dat ligt mij na aan het hart; *am Rhein* aan de Rijn; *es liegt mir nichts ~ der Sache* er is me niets aan gelegen; **2** bij: *er wohnt am Dom* hij woont bij de domkerk; *am Ofen sitzen* bij de kachel zitten; *sich ~ den Ofen setzen* bij de kachel gaan zitten; **3** in: *wir loben ~ ihm den großen Fleiß* wij prijzen in hem zijn grote vlijt; *jmdm ~ Kenntnissen nachstehen, gleichstehen, überlegen sein* in kennis bij iem achterstaan, met iem gelijk staan, boven iem staan; *am Leben sein* in leven zijn; *~ einem Ort wohnen* in een plaats wonen; *der Schnee schmilzt ~ der Sonne* de sneeuw smelt in de zon; *wenn ich ~ Ihrer Stelle wäre* als ik in uw plaats was; **4** jegens: *redlich ~ jmdm handeln* eerlijk jegens iem handelen; **5** met: *an Krücken gehen* met krukken lopen; **6** langs: *er kam ~ meinem Hause vorbei* hij kwam langs mijn huis; **7** op: *am*

Abend op de avond, 's avonds; *~ der Börse* op de beurs; *Kritik üben* ~$^{+3}$ kritiek uitoefenen op; *der Mord ~ L.* de moord op L.; *~ Ort und Stelle* ter plaatse; *am Sonntag* op zondag; *sich ~ jmdm rächen* zich op iem wreken; *~ und für sich* op zichzelf (beschouwd); **8** tegen: *sich ~ die Wand lehnen* tegen de muur leunen; **9** tot: *sich ~ jmdn wenden* zich tot iem wenden || *jmdm ~ die Hand gehen* iem een handje helpen; *ich bin ~ der Reihe* het is mijn beurt; *Sie sind am Zuge!* u moet spelen, het is uw beurt!; *es liegt nur ~ ihm* het hangt alleen van hem af; *er schreibt am schönsten* hij schrijft het mooist; *sich ~ jmdn erinnern* zich iem herinneren; II *bw: Licht ~!* licht aan!; *von Anfang ~* vanaf het begin; *von Jugend ~* van kindsbeen af; *von heute ~* van nu af; *~ sein* aan zijn; *~ die tausend Mann* ongeveer duizend man

Anachronismus *m* (2e nvl -; mv -men) anachronisme

anal anaal

Analogie v^{21} analogie, overeenkomst: *in ~ zu*$^{+3}$ naar analogie van

Analphabet m^{14} analfabeet

Ananas *v (mv -(se))* ananas

Anarchie v^{21} anarchie

Anästhesie v^{21} anesthesie, narcose

Anästhesist m^{14} anesthesist, narcotiseur

Anatomie v^{28} anatomie

anbacken^{121} I *tr* even bakken; II *intr* aanbakken, vastbakken

anbahnen I *tr* voorbereiden, de weg banen voor: *eine Verständigung ~* een toenadering teweegbrengen; *eine Verbindung ~* een relatie aanknopen; II *sich ~* ontstaan, beginnen

anbändeln, **anbandeln**: *mit jmdm ~* met iem ruzie zoeken; *mit einem Mädchen ~* met een meisje flirten

Anbau I m^{19} **1** teelt, (het) verbouwen; **2** (het) bouwen; II *m* (2e nvl -(e)s; mv -ten) aanbouw, nieuw gedeelte (ve gebouw)

anbauen 1 telen, verbouwen; **2** aanbouwen, bijbouwen

Anbaufläche v^{21} bebouwde oppervlakte, areaal

Anbauküche v^{21} aanbouwkeuken

Anbeginn m^{19} begin

anbehalten^{183} *(zijn jas)* aanhouden

anbei ingesloten, bijgaand

anbeißen^{125} **1** (aan)bijten: *der Fisch beißt an* de vis bijt, ik krijg beet; **2** *(fig)* toehappen

anbelangen betreffen, aangaan

anberaumen *(tijdstip)* vaststellen, bepalen; *(vergadering)* beleggen, uitschrijven

anbeten aanbidden

Anbeter m^9 aanbidder; vereerder

Anbetracht: *in ~ dieser Sache* met het oog op deze zaak

anbetreffen^{289} betreffen, aangaan

Anbetung v^{28} aanbidding

anbezahlen aanbetalen

an

anbiedern, sich: *sich bei jmdm* ~ lief en aardig tegen iem doen, met iem aanpappen

anbieten[130] aanbieden: *zum Verkauf* ~ te koop bieden

Anbieter *m*[9] aanbieder

anbinden[131] I *tr* **1** vastbinden; **2** *(een schip)* vastleggen, meren; **II** *intr (met iem)* ruzie zoeken

anblasen[133] **1** aanblazen, aanwakkeren; **2** (iem) afblaffen, uitkafferen

Anblick aanblik: *bei diesem* ~ toen we dat zagen

anblicken aanzien, aankijken

anblinzeln met knipperende ogen aankijken; knipogen tegen

anbraten[136] even braden, aanbraden

anbrausen aanstormen

anbrechen[137] I *intr* aanbreken, beginnen, komen; **II** *tr* aanbreken, openen, aansnijden

anbrennen[138] I *tr* aansteken; **II** *intr* vlam vatten, ontbranden; aanbranden

anbringen[139] **1** aanbrengen, bevestigen, plaatsen; **2** komen aanzetten met; **3** (iem) onderbrengen; **4** verkopen, kwijtraken; **5** *(klacht, verzoek, wens)* uiten, tonen, kenbaar maken

Anbruch I *m*[19] (het) aanbreken, begin; **II** *m*[6] scheur

anbrüllen brullen tegen, afblaffen

Andacht I *v*[20] korte godsdienstoefening, (morgen-, avond)wijding, *(r-k)* lof; **II** *v*[28] gebed, meditatie; concentratie

andächtig 1 vroom, devoot: ~ *beten* devoot bidden; **2** plechtig; **3** geboeid, aandachtig: ~ *zuhören* aandachtig luisteren

andauern voortduren, aanhouden

andauernd voortdurend, aanhoudend

Andenken *o*[35] **1** herinnering, gedachtenis, aandenken; **2** aandenken, souvenir

ander ander: *am* ~*en Tage* de volgende dag; *ein Mal übers* ~*e* telkens weer, keer op keer; *alles* ~ *als schön* allesbehalve mooi; *der eine oder* ~*e* deze of gene; *die Frau ist in* ~*en Umständen* de vrouw is in verwachting; *einer um den* ~*n* om de beurt; *einen Tag um den* ~*en, um den* ~*en Tag* om de andere dag; *unter* ~*em* onder andere; *zum* ~*en* ten tweede; *etwas* ~*es* iets anders; ~*er Ansicht* (of: ~*en Sinnes*) *werden* van mening veranderen; *sich eines* ~*en besinnen* zich bedenken; *auf der* ~*en Seite* aan de andere kant

änderbar veranderbaar, te veranderen

anderenfalls anders, in het andere geval

andererseits aan de andere kant, anderzijds

andermal: *ein* ~ een andere keer

ändern I *tr* veranderen, wijzigen, vermaken: *ich kann es nicht* ~ ik kan er niets aan doen; **II** *sich* ~ veranderen, anders worden: *daran lässt sich nichts* ~ daar is niets aan te veranderen

anders anders, op een andere wijze, verschillend: ~ *als sonst* anders dan anders; *irgendwo* ~ ergens anders, elders; *es wird noch ganz* ~ *kommen* het zal nog wel heel anders worden; *sich* ~ *besinnen* zijn plannen veranderen

andersartig andersoortig, van andere soort

anderseits *zie* andererseits

andersgläubig andersdenkend, andersgezind

andersherum andersom, omgekeerd

anderswie anders, op een andere wijze

anderswo ergens anders, elders

anderthalb anderhalf: ~ *Stunden* anderhalf uur

Änderung *v*[20] verandering, wijziging

anderweitig I *bn* ander; **II** *bw* elders, ergens anders

andeuten 1 te kennen geven, aanduiden; **2** zinspelen op; **3** aangeven; **4** aankondigen; **II** *sich* ~ zich aftekenen, zichtbaar worden

Andeutung *v*[20] **1** aanduiding; **2** zinspeling, toespeling; **3** (het) vluchtig aangeven

andeutungsweise terloops, vaag

andonnern I *intr* met veel lawaai naderen; **II** *tr* toebrullen: *jmdn* ~ *tegen* iem tekeergaan ‖ *wie angedonnert* als door de bliksem getroffen

Andrang *m*[19] (aan)drang; toevloed, drukte

andrehen 1 *(licht)* aandraaien, *(radio)* aanzetten, *(kraan)* opendraaien; **2** vastdraaien; **3** *(inform)* aansmeren

andrerseits *zie* andererseits

andringen[143] opdringen, aanstormen

androhen: *jmdm etwas* ~ iem met iets dreigen

Androhung *v*[20] bedreiging

andrücken 1 aandrukken; **2** *(licht)* aanknippen

aneignen, sich 1 zich eigen maken; **2** zich (onrechtmatig) toe-eigenen

Aneignung *v*[20] **1** (het) zich eigen maken; **2** (onrechtmatige) toe-eigening

aneinander aan elkaar, samen, aaneen: ~ *geraten* slaags raken

aneinandergeraten oude spelling voor *aneinander geraten; zie* aneinander

Anekdote *v*[21] anekdote

anekeln doen walgen, afkeer inboezemen: *das ekelt mich an* daar walg ik van

anempfehlen[147] aanbevelen, aanraden

anerkannt erkend

anerkennen[189] **1** erkennen; **2** goedkeuren: *(sp) ein Tor nicht* ~ een doelpunt afkeuren; ~*d mit dem Kopf nicken* goedkeurend, instemmend knikken; **3** respecteren

Anerkennung *v*[20] **1** erkenning, legitimatie; **2** waardering; **3** instemming, goedkeuring

anerziehen[318] door de opvoeding bijbrengen, aankweken: *das ist ihm anerzogen* daar is hij in opgevoed

anessen[152], **sich** door te veel eten krijgen: *sich einen Bauch* ~ een buikje krijgen

anfachen 1 *(vuur)* aanblazen; **2** *(hartstocht)* opwekken; **3** *(oorlog)* ontketenen

anfahren[153] I *tr* **1** *(goederen met voertuig)* brengen, aanvoeren; *(drank)* ~ *lassen* laten aanrukken; **2** (iem) afsnauwen, uitvaren tegen; **3** (iem) aanrijden; **4** *(een plaats)* aandoen; **II** *intr* **1** beginnen te rijden, optrekken; **2** komen aanrijden, komen aanvaren

Anfahrt v^{20} **1** (het) komen aanrijden, aankomst; **2** rijtijd; **3** toegangsweg, oprit

Anfall I m^6 **1** aanval, beroerte; **2** (fig) aanval, vlaag; **II** m^{19} opbrengst

anfallen^{154} **I** tr **1** aanvallen, overvallen; **2** (fig) overvallen, bekruipen: *Fieber fällt jmdn an* iem krijgt een koortsaanval; **3** toesnauwen; **II** intr ontstaan, voorkomen: *die ~den Nebenprodukte* de hierbij verkregen bijproducten; *alle ~den Arbeiten* alle voorkomende werkzaamheden

anfällig 1 (med) vatbaar; **2** (fig) gevoelig

Anfälligkeit v^{20} **1** (med) vatbaarheid; **2** (fig) gevoeligheid

Anfang m^6 aanvang, begin: *im ~, zu ~, am ~* in het begin; *von ~ an* van het begin af (aan); *von ~ bis Ende* van het begin tot het einde; *~ am ...* met ingang van ...; *~ Januar* begin januari; *sie ist ~ zwanzig* zij is even in de twintig; *den ~ machen* een begin maken; *seinen ~ nehmen* beginnen, aanvangen; *aller ~ ist schwer* alle begin is moeilijk; *die ersten Anfänge* het eerste begin

anfangen^{155} beginnen, aanvangen: *wieder von vorn ~* van voren af aan beginnen; *er fing damit an, dass er ...* hij begon te ...; *von Politik ~* over politiek beginnen; *er fängt immer wieder davon an* hij begint er telkens weer over; *es ungeschickt* (of: *verkehrt*) *~ het* verkeerd aanleggen

Anfänger m^9 beginneling

anfänglich aanvankelijk, in het begin

anfangs aanvankelijk, eerst, in het begin: *gleich ~ al* meteen

Anfangsbuchstabe m^{18} beginletter

Anfangsgehalt o^{32} aanvangssalaris; (Belg) beginwedde

Anfangszeit v^{20} aanvangstijd

anfassen I tr **1** aanvatten, aanpakken, aangrijpen; aanraken; **2** aanpakken, bejegenen; **3** aanpakken, ter hand nemen; **II** intr: *mit ~* een handje helpen

anfauchen 1 blazen tegen, sissen tegen; **2** uitvallen, uitvaren tegen, toesnauwen

anfechten^{156} **1** (een testament) aanvechten, betwisten; **2** verontrusten

anfertigen vervaardigen, fabriceren

Anfertigung v^{20} vervaardiging, fabricage

anfeuchten bevochtigen

anfeuern (fig) aanvuren, aanwakkeren

anflehen smeken, bidden, aanroepen

anfliegen^{159} **I** intr **1** (komen) aanvliegen; naderen; **2** verschijnen; **II** tr (vliegveld) aandoen: *Amsterdam ~* naar Amsterdam vliegen || *ein Gedanke flog ihm an* een idee kwam plotseling bij hem op; *es fliegt ihm alles an* alles waait hem aan

Anflug m^6 **1** (luchtv) nadering, (het) aanvliegen; **2** zweem, vleugje, tikje

anfordern 1 (dringend) vragen; **2** (stukken) opvragen; **3** opeisen, vorderen

Anforderung v^{20} **1** (dringend) verzoek; **2** (het) opvragen; **3** eis: *hohe ~en an jmdn stellen* hoge eisen aan iem stellen

Anfrage v^{21} informatie, vraag

anfragen 1 informeren, vragen; **2** interpelleren: *bei jmdm wegen etwas ~* bij iem naar iets informeren

anfreunden, sich (haben) **1** bevriend raken (met); **2** wennen (aan), vertrouwd raken (met)

anfühlen I tr voelen, betasten: *jmdm etwas ~ aan* iem iets merken; **II** sich ~ aanvoelen

Anfuhr v^{20} aanvoer, toevoer

anführen 1 aanvoeren, leiden; **2** (redenen, voorbeelden) geven, noemen: *etwas zu seiner Entschuldigung ~* iets als excuus aanvoeren; **3** citeren, aanhalen; **4** voor de gek houden

Anführer m^9 commandant, aanvoerder

Anführung v^{20} **1** bevel, leiding; **2** citaat

Anführungsstriche mv m^5, **Anführungszeichen** mv o^{35} aanhalingstekens

Angabe v^{21} **1** aangifte, opgave, informatie; gegeven; **2** opschepperij, bluf; **3** (sp) service, geserveerde bal, serve

angaffen aangapen

angeben^{166} **I** tr **1** opgeven, noemen, vermelden; **2** aangeven, bepalen: *das Tempo ~* het tempo bepalen; **3** aanduiden; **4** verraden; **II** intr **1** opscheppen; **2** (sp) serveren

Angeber m^9 **1** opschepper; **2** verrader

Angeberei v^{20} opschepperij, bluf

angeberisch opschepperig

angeblich zogenaamd; naar men zegt

Angebot o^{29} **1** aanbod, aanbieding, offerte: *~ und Nachfrage* vraag en aanbod; **2** eerste bod; **3** aanbod, keuze

angebracht passend, gepast, opportuun

Angedenken o^{39} herinnering, nagedachtenis

angegriffen vermoeid, uitgeput

angeheitert aangeschoten

angehen^{168} **I** tr **1** aanvallen, de strijd aanbinden met; **2** ter hand nemen, aanpakken, beginnen: *eine Kurve ~* een bocht ingaan; **3** vragen, verzoeken; **4** betreffen, aangaan: *was mich angeht* wat mij betreft; *das geht dich nichts an!* dat gaat je niets aan!; *das geht dich einen Dreck* (of: *den Teufel*) *an!* dat gaat je geen donder aan!; **II** intr **1** opkomen, optreden: *gegen*$^{+4}$ *etwas ~* tegen iets vechten; **2** beginnen; **3** (mbt licht, vuur) aangaan; **4** wortel schieten || *sobald es angeht* zodra het mogelijk is; *es geht nicht an!* dat kun je niet maken!; *der Verlust geht noch an* het verlies valt nog wel mee

angehend beginnend, aankomend: *~er Arzt* beginnend arts

angehören toebehoren, behoren aan, tot, bij

Angehörige(r) m^{40a}, v^{40b} **1** bloedverwant, familielid; **2** lid, aanhanger, medewerker: *meine Angehörigen* mijn verwanten, mijn familie; *Angehörige der Polizei* politieambtenaren

Angeklagte(r) m^{40a}, v^{40b} verdachte, beklaagde

Angel v^{21} **1** scharnier, hengsel; **2** (vis)haak; **3** hengel; **4** doorn, angel (ve degen, mes)

angelegen: *sich etwas ~ sein lassen* zich bekommeren om, zich interesseren voor

Angelegenheit v^{20} aangelegenheid, zaak, probleem: *ich komme in wichtigen ~en* ik kom voor belangrijke zaken

angelegentlich 1 intensief, grondig; **2** belangstellend *(informeren);* **3** dringend *(verzoeken);* **4** nadrukkelijk *(aanbevelen)* || *sich ~ bemühen* heel veel moeite doen

angeln 1 hengelen *(eig en fig): er angelt nach Komplimenten* hij vist naar complimenten; **2** vissen

Angelpunkt m^5 draaipunt, hoofdzaak: *der ~ des Problems* de kern van het probleem

Angelschein m^5 visakte, *(Belg)* visverlof

angemessen 1 passend, geschikt, gepast, behoorlijk; **2** beantwoordend aan, evenredig aan: *das Honorar ist der Arbeit ~* het salaris is in overeenstemming met het werk

angenehm aangenaam, prettig, verheugend: *~e Reise!* goede reis!; *~e Ruhe!* welterusten!; *ein ~er Mensch* een sympathiek persoon

angeregt levendig, geanimeerd

Angeschuldigte(r) m^{40a}, v^{40b} verdachte

angesehen gezien, geacht, vooraanstaand

Angesicht o^{31} **1** (aan)gezicht, gelaat; **2** (het) zien, aanblik

angesichts^{+2} **1** in het gezicht van; **2** ten aanzien (van), met het oog op

angespannt 1 geconcentreerd, ingespannen; **2** gespannen, bedenkelijk, kritiek

Angestellte(r) m^{40a}, v^{40b} bediende, employé, employee: *die Angestellten* het personeel

angestrengt ingespannen, geconcentreerd

angetan: *er hat es ihr ~* zij is weg van hem; *er war von ihr ~* hij was weg van haar; *(nicht) danach ~ sein* (of: *(nicht) dazu ~ sein)* (niet) gunstig, geschikt zijn om, voor

Angetraute(r) m^{40a}, v^{40b} *(iron)* wederhelft

angetrunken aangeschoten

angewandt toegepast

angewiesen: *auf jmdn, etwas ~ sein* op iem, iets aangewezen zijn

angewöhnen: *sich etwas ~* zich iets aanwennen; *jmdm etwas ~* iem aan iets wennen

Angewohnheit v^{20} (slechte) gewoonte

angezeigt geraden, raadzaam, gepast

angleichen^{176} aanpassen, gelijkmaken

Angler m^9 hengelaar, visser

angliedern aansluiten, inlijven

anglotzen aangapen

angreifen^{181} **1** *(tegenstander)* aanvallen; **2** *(mening)* bestrijden; **3** aantasten: *angegriffen aussehen* er slecht uitzien; **4** *(voorraden, reserves)* aanspreken; **5** aanpakken, beginnen

Angreifer m^9 aanvaller, agressor

angrenzen (met *an*$^{+4}$) grenzen aan

Angriff m^5 **1** aanval, offensief; **2** (hevige) kritiek: *(sp) einen ~ starten* een offensief beginnen || *etwas in ~ nehmen* met iets beginnen

angriffslustig vechtlustig, agressief

Angst v^{25} angst, vrees, schrik, ongerustheid: *in ~*

sein in angst zitten; *es mit der ~ zu tun kriegen* (of: *bekommen)* bang worden

ängstigen beangstigen, verontrusten: *sich vor jmdm* (of: *um jmdn), vor einer Sache* (of: *um eine Sache) ~ zich* over iem, over iets ongerust maken

ängstlich 1 angstig, bang; **2** beschroomd, schuchter; **3** angstvallig, uiterst nauwgezet

angucken aankijken, bekijken

angurten de (veiligheids)gordel omdoen

anhaben^{182} **1** *(kleren, schoenen)* aanhebben, dragen; **2** deren: *keiner kann ihm etwas ~* niemand kan hem iets maken

anhaften 1 (vast)kleven, (vast)plakken; **2** *(fig)* aankleven, eigen zijn

Anhalt m^5 houvast, aanknopingspunt

anhalten^{183} **I** *intr* **1** stilhouden, stoppen; **2** aanhouden, voortduren; **3** (met *um*$^{+4}$) verzoeken: *um eine Stelle ~* solliciteren naar een baan; **II** *tr* **1** stilzetten, stoppen, tot stilstand brengen: *den Schritt ~* blijven staan; *den Atem ~* de adem inhouden; **2** aansporen; **3** arresteren

anhaltend aanhoudend, voortdurend

Anhalter m^9 lifter: *per ~ fahren* (of: *reisen)* liften

Anhaltspunkt m^5 aanknopingspunt, houvast

anhand^{+2}: *~ des Buches, ~ von Unterlagen* aan de hand van het boek, aan de hand van gegevens

Anhang m^6 **1** aanhangsel, bijvoegsel; **2** aanhang, vrienden, aanhangers; **3** familie

anhängen I *st, intr*^{184} **1** hangen aan, gehecht zijn aan; **2** aanhanger zijn van, toegedaan zijn; **3** behoren bij, eigen zijn aan; **II** *zw, tr* **1** (op)hangen; **2** aankoppelen; **3** toevoegen, bijvoegen: *noch 3 Tage Urlaub ~* er nog 3 dagen vakantie aan vastknopen; **4** in de schoenen schuiven: *jmdm einen Prozess ~* iem een proces aandoen; **5** aanpraten, aansmeren; **III** *sich ~* zich aansluiten (bij), zich voegen (bij)

Anhänger m^9 **1** aanhanger, volgeling; **2** hanger *(sieraad);* **3** aanhangwagen; **4** label

anhänglich aanhankelijk, trouw

Anhängsel o^{33} **1** aanhangsel; **2** hanger *(sieraad)*

anhang(s)weise als, bij wijze van aanhangsel

Anhauch m^{19} adem, ademtocht; *(fig)* zweem, waas, vleugje

anhauchen 1 beademen, ademen tegen, op; **2** uitvaren tegen: *jmdn ~* iem uitkafferen || *idealistisch angehaucht* een beetje idealistisch

anhäufen op(een)hopen, opstapelen

anheben^{186} **I** *tr* **1** even optillen, optrekken; **2** *(lonen, prijzen)* verhogen; **II** *intr* beginnen, aanvangen

Anhebung v^{20} verhoging

anheften bevestigen, vastmaken, opspelden

anheim: *~ fallen* ten deel, te beurt vallen, toevallen

anheimeln weldadig, prettig aandoen

anheimelnd gezellig, behaaglijk, vertrouwd

anheimfallen *oude spelling voor* anheim fallen, *zie* anheim

anheizen 1 aanmaken, aansteken; **2** versterken, aanwakkeren

anherrschen uitvaren tegen, toesnauwen

anheuern aanmonsteren

Anhieb m^{19}: *auf (den ersten)* ~ direct, onmiddellijk, bij de eerste poging

anhimmeln dwepend aankijken; dwepen met

Anhöhe v^{21} hoogte, heuvel, verhevenheid

anhören I *tr* 1 aanhoren; (aandachtig) luisteren naar; 2 aanhoren, horen aan: *jmdm* ~, *dass er erkältet ist* aan iem horen, dat hij verkouden is; II *sich* ~ klinken, lijken: *es hört sich an, als ob es regnet* het lijkt net of het regent

Anhörung v^{20} hoorzitting, hearing

animieren^{320} animeren

Anis m^5 anijs

ankämpfen: *gegen*$^{+4}$ *etwas* ~ tegen iets vechten, strijden; optornen *(tegen de storm)*

Ankauf m^6 (aan-, in)koop, aanschaf

ankaufen aankopen, kopen, aanschaffen

Anker m^9 anker *(alle bet)*: *den ~ auswerfen* het anker uitwerpen, laten vallen; ~ *werfen* (of: *vor ~ gehen*) voor anker gaan

ankern 1 voor anker gaan; 2 voor anker liggen

anketten ketenen, aan de ketting leggen

Anklage v^{21} aanklacht, beschuldiging: *unter ~ stellen* in staat van beschuldiging stellen; *unter ~ stehen* beschuldigd worden

Anklagebank v^{25} beklaagdenbank

anklagen 1 aanklagen: *jmdn des Diebstahls* ~ iem wegens diefstal aanklagen; 2 beschuldigen, verwijten, aanklagen

Anklagepunkt m^5 punt van aanklacht

Ankläger m^9 (aan)klager

Anklageschrift v^{20} akte van beschuldiging

anklammern I *tr* bevestigen, vastmaken: *Wäsche* ~ wasgoed ophangen; II *sich* ~ (met *an*$^{+4}$) zich vastklampen, zich vastklemmen (aan)

Ankleidekabine v^{21} kleedhokje; paskamer

ankleiden (aan)kleden

anklicken aanklikken

anklingen^{191} 1 doorklinken, te bespeuren zijn, hoorbaar zijn; 2 herinneren aan

anklopfen aankloppen: *an die* (of: *der) Tür* ~ op de deur kloppen

anknipsen aanknippen, aandoen

anknüpfen I *intr* (aan)knopen: ~ *an*$^{+4}$ aanknopen bij; II *tr (gesprek, onderhandelingen)* aanknopen, beginnen

Anknüpfungspunkt m^5 aanknopingspunt

ankommen^{193} I *intr* 1 aankomen, arriveren; 2 een baan krijgen, aangesteld worden; 3 succes hebben, goed aanslaan *(ve boek, film)*; 4 tegen iem (iets) op kunnen: *gegen jmdn anzukommen suchen* proberen tegen iem op te kunnen; 5 komen aanzetten; 6 aankomen, afhangen van: *es kommt auf dich an!* het hangt van jou af!; II *tr* 1 bekruipen, overvallen:

Angst kam mich an angst bekroop mij; 2 moeite kosten: *es kommt mich schwer an* het valt mij zwaar || *es auf*$^{+4}$ *etwas ~ lassen* het op iets laten aankomen; *es kommt darauf an* het hangt er van af; *auf ein paar Gulden kommt es mir nicht an* ik kijk niet op een paar gulden; *bei jmdm gut, schlecht ~* bij iem aan het juiste, verkeerde adres zijn; *damit kommt er bei mir nicht an!* daarmee hoeft hij bij mij niet aan te komen

Ankömmling m^5 (pas) aangekomene, nieuweling

ankotzen 1 kotsen op, over; 2 doen kotsen, doen walgen: *es kotzt mich an* ik walg ervan; 3 uitschelden, uitkafferen

ankreiden 1 *(schuld)* opschrijven; 2 (hoogst) kwalijk nemen

ankreuzen aankruisen

ankriegen aankrijgen

ankündigen I *tr* aankondigen, aanzeggen; II *sich* ~ zich aankondigen

Ankündigung v^{20} aankondiging

Ankunft v^{25} (aan)komst: *die ~ einer Tochter* de geboorte van een dochter

ankurbeln aanzwengelen

anlächeln glimlachen naar, tegen

anlachen aanlachen, toelachen: *jmdn ~* iem toelachen, tegen iem lachen

Anlage v^{21} 1 aanleg, (het) aanleggen; 2 park, plantsoen; 3 fabriek, installatie: *die elektrische ~* de elektrische installatie; *militärische ~n* militaire installaties; 4 opzet, ontwerp, plan; 5 aanleg: *eine ~ zur Musik* een aanleg voor muziek; *gute ~n haben* begaafd zijn; 6 (geld)belegging; 7 bijlage: *als ~* (of: *in der ~)* ingesloten

Anlageberater m^9 beleggingsadviseur

Anlagekapital o^{29} belegd kapitaal

anlanden I *tr* naar de wal, aan land brengen; II *intr* 1 aanleggen, meren; 2 aanslibben

anlangen I *intr* (aan)komen, bereiken; II *tr* betreffen, aangaan

Anlass m^6 1 aanleiding, beweegreden: *ohne allen ~* zonder enige aanleiding; 2 reden; 3 gelegenheid: *aus ~*$^{+2}$ bij gelegenheid van

anlassen^{197} I *tr* 1 starten, aanzetten; 2 *(kleding)* aan laten; 3 aan laten: *das Licht ~* het licht laten branden; II *sich* ~ beginnen, starten

Anlasser m^9 starter *(ve motor)*

Anlassfarbe v^{21} aanloopkleur

anlässlich^{+2} bij gelegenheid (van)

anlasten ten laste leggen, aanwrijven

Anlauf m^6 1 *(sp)* aanloop; 2 begin, start; 3 poging; 4 aanval, bestorming

anlaufen^{198} I *tr (haven)* aandoen; II *intr* 1 *(mbt motor)* beginnen te lopen, starten; 2 beginnen; 3 (aan)lopen, oplopen (tegen): *gegen Vorurteile ~* vooroordelen bestrijden; 4 *(sp)* een aanloop nemen; 5 oplopen; stijgen; 6 *(mbt bril, glas)* beslaan; 7 *(mbt kleuren)* aanlopen; 8 (op)zwellen

anläuten 1 *(sp)* de bel luiden (voor); 2 *(regionaal)* opbellen

anlegen I *tr* **1** *(geweer)* aanleggen: *auf jmdn ~ op iem mikken;* **2** aanleggen: *das Baby ~* de baby aanleggen, de borst geven; **3** aantrekken, aandoen: *den Sicherheitsgurt ~* de veiligheidsgordel aandoen; **4** ontwerpen, opzetten, aanleggen: *groß angelegt* groots opgezet; *ein breit angelegter Roman* een breed opgezette roman; **5** munten: *er hat es auf mich angelegt* hij heeft het op mij gemunt; **6** *(geld)* beleggen, investeren; betalen, uitgeven; II *intr (mbt schip)* aanleggen, meren; III *sich ~ ruzie zoeken*

Anleger *m⁹* belegger, investeerder

anlehnen I *tr* **1** plaatsen; **2** op een kier laten staan: *die Tür war angelehnt* de deur stond op een kier; II *sich ~ an⁺⁴* **1** leunen tegen; **2** tot voorbeeld nemen

Anlehnung *v²⁰* (met *an⁺⁴*) **1** navolging, (het) aanleunen; **2** (het) steunen op, steun

Anleihe *v²¹* **1** lening: *eine ~ aufnehmen* (of: *machen*) een lening sluiten; **2** (het) overnemen (van), ontlenen (aan): *eine ~ machen bei⁺³* overnemen van *(componist of schrijver)*

anleinen aanlijnen; vastbinden

anleiten 1 leren, instrueren; **2** aansporen

Anleitung *v²⁰* **1** instructie, onderricht: *unter ~* (of: *unter der ~) des Lehrers* onder leiding van de leraar; **2** gebruiksaanwijzing, handleiding

anlernen I *tr* (iem) opleiden, inwerken; II *sich ~ zich* aanleren, zich eigen maken

anliegen²⁰² (met *an⁺³*) **1** aansluiten: *eng* (of: *knapp*) *~ (mbt kleren)* glad (of: nauwsluitend) zitten; **2** na aan het hart liggen, *(voor iem)* van groot belang zijn; **3** te doen zijn

Anliegen *o³⁵* wens, verzoek, verlangen

anliegend 1 aangrenzend, naburig; **2** ingesloten *(in brief)*, bijgaand

Anlieger *m⁹* aanwonende: *~ frei!* alleen bestemmingsverkeer!

anlocken aanlokken, aantrekken

anlügen beliegen, voorliegen

Anm. *afk van Anmerkung* opmerking; aantekening

anmachen 1 bevestigen, vastmaken; **2** *(vuur)* aansteken, aanmaken; **3** *(licht)* aandoen, *(radio)* aanzetten; **4** *(sla)* aanmaken, aanmengen; **5** stimuleren, meeslepen; **6** proberen te versieren

anmahnen aanmanen

Anmahnung *v²⁰* aanmaning

anmalen I *tr* schilderen, verven; II *sich ~ zich* (opvallend) opmaken, schminken

Anmarsch *m¹⁹* **1** opmars; **2** aantocht: *einen langen ~ haben* ver van het werk wonen

anmarschieren³²⁰ **1** aanmarcheren, oprukken; **2** zich aanmatigen

anmaßen, sich zich aanmatigen

anmaßend aanmatigend, arrogant

Anmaßung *v²⁰* aanmatiging, arrogantie

Anmeldeformular *o²⁹* aanmeldingsformulier, inschrijvingsbiljet

anmelden 1 aankondigen, aandienen, aanmelden; **2** aangeven, laten inschrijven, opgeven; **3** naar voren brengen, uiten

Anmeldepflicht *v²⁸* aanmeldingsplicht

Anmeldung *v²⁰* **1** aanmelding, aankondiging; **2** aangifte, inschrijving; **3** (het) naar voren brengen, uiting

anmerken 1 zien: *jmdm etwas ~* aan iem iets merken, zien; *sich nichts ~ lassen* niets laten merken; **2** opmerken; **3** noteren, aantekenen

Anmerkung *v²⁰* opmerking; aantekening

anmieten huren

anmustern aanmonsteren

Anmut *v²⁸* bevalligheid, lieftalligheid, gratie

anmuten aandoen: *das mutet mich seltsam an* dat maakt op mij een vreemde indruk

anmutig liefelijk, lieftallig, bekoorlijk, gracieus

annageln (vast)spijkeren, vastnagelen

annähern I *tr⁺³* nader brengen: *Standpunkte einander ~* standpunten nader tot elkaar brengen; II *sich ~ naderen (ook fig)*, benaderen

annähernd bij benadering, ongeveer

Annäherung *v²⁰* **1** (het) naderen; **2** toenadering

Annäherungspolitik *v²⁰* toenaderingspolitiek

Annäherungsversuch *m⁵* poging tot toenadering

annäherungsweise bij benadering, ongeveer

Annahme *v²¹* **1** (het) aannemen, (het) in ontvangst nemen; **2** (het) aannemen, aanvaarding, goedkeuring; **3** adoptie: *~ an Kindes statt* adoptie; **4** (het) aannemen, aanstelling; **5** vermoeden, veronderstelling; **6** inleveradres

annehmbar *(voorstel)* acceptabel, aanvaardbaar; *(prijs)* behoorlijk

annehmen²¹² I *tr* **1** *(geschenk)* aannemen, in ontvangst nemen; *(erfenis, vonnis)* aanvaarden; *(voorstel, wet)* aannemen, goedkeuren; **2** *(weddenschap)* aangaan; **3** *(manieren)* overnemen; **4** *(een leerling)* toelaten; *(arbeiders)* aannemen; **5** adopteren, aannemen; **6** *(iets)* veronderstellen; **7** opnemen; **8** *(sp)* aannemen; II *sich ~⁺²* zich bekommeren om

annehmlich 1 aangenaam; **2** acceptabel

Annehmlichkeit *v²⁰* genoegen, gemak

annektieren³²⁰ annexeren

anno anno: *~ dazumal* in het jaar nul

Annonce *v²¹* annonce, advertentie

annoncieren³²⁰ annonceren, adverteren

annullieren³²⁰ annuleren, nietig verklaren

anöden 1 vervelen; **2** lastig vallen

anomal anomaal, onregelmatig, afwijkend

anonym anoniem

anordnen 1 ordenen, rangschikken, inrichten; **2** bepalen, voorschrijven

Anordnung *v²⁰* **1** ordening, rangschikking; **2** bepaling, voorschrift

anormal abnormaal, ongewoon, afwijkend

anpacken aanpakken *(ook fig)*, vastgrijpen || *der Hund packt an* de hond bijt

anpassen I *tr⁺³* aanpassen; II *sich ~⁺³* zich aanpassen

Anpassung *v²⁰* aanpassing

anpassungsfähig in staat zich aan te passen

Anpassungsfähigkeit *v²⁰*, **Anpassungsvermö-**

gen o^{35} aanpassingsvermogen

anpfeifen^{214} 1 *(sp)* het aanvangssignaal geven (voor); 2 uitkafferen

Anpfiff m^5 1 *(sp)* beginsignaal; 2 uitbrander

anpflanzen 1 planten; 2 verbouwen, telen; 3 *(tuin)* beplanten

anpöbeln 1 grof beledigen; 2 lastig vallen

anpochen (aan)kloppen

Anprall m^{19} schok, botsing, stoot

anprallen *(met an*$^{+4}$*)* (aan)botsen (tegen); *(mbt regen)* kletteren (tegen)

anprangern aan de kaak stellen

anpreisen^{216} aanprijzen, roemen

anprobieren^{320} (aan)passen

anpumpen geld lenen, te leen vragen

Anrainer m^9 buurman; aanwonende

anraten^{218} (aan)raden, aanbevelen

anrechnen 1 aanrekenen, berekenen, in rekening brengen; 2 in mindering brengen, aftrekken; 3 *(diensttijd)* meetellen; 4 aanrekenen, beschouwen

Anrechnung v^{20} 1 (het) berekenen, (het) in rekening brengen; 2 mindering, aftrek: *unter ~ der Untersuchungshaft* onder aftrek van het voorarrest; 3 (het) meetellen *(vd diensttijd)*

Anrecht o^{29} recht: *~ auf*$^{+4}$ recht op

Anrede v^{21} 1 aanspreekvorm, aanspreektitel; 2 aanspreking; (het) aanspreken

anreden (iem) aanspreken: *sie redete mich auf meine Nachbarin hin an* ze sprak me aan over mijn buurvrouw

anregen 1 inspireren; 2 opwekken, prikkelen, stimuleren; *~de Mittel* stimulerende middelen; 3 aansporen, aanzetten, bewegen

Anregung v^{20} 1 opwekking, prikkeling; 2 initiatief, impuls, stoot; aansporing; 3 voorstel; 4 (het) op gang brengen

anreichern 1 verzamelen, opslaan, ophopen; 2 verbeteren, verrijken: *angereichertes Uran* verrijkt uranium

anreihen 1 *(kralen)* aanrijgen; 2 toevoegen

Anreise v^{21} 1 heenreis; 2 aankomst

anreisen 1 reizen (naar); 2 aankomen

anreißen^{220} 1 een scheur in iets maken; 2 *(voorraad)* aanbreken, *(pakje)* openen; 3 *(motor)* starten; 4 *(klanten)* lokken; 5 *(kwestie)* aansnijden

Anreiz m^5 prikkel, aansporing, stimulans

anreizen aansporen, prikkelen, stimuleren

anrempeln: *jmdn ~*: a) opzettelijk tegen iem aanlopen; b) tegen iem uitvaren, iem beledigen

anrennen^{222} 1 *(met an*$^{+4}$*)* aanlopen (tegen), aanbotsen (tegen); 2 bestormen, stormlopen: *gegen das Schicksal ~* tegen het noodlot strijden

anrichten 1 *(spijzen)* (toe)bereiden, klaarmaken; 2 *(schade, verwarring)* aanrichten, veroorzaken

anrollen 1 beginnen te rijden: *der Zug rollte an* de trein zette zich in beweging; 2 komen aanrijden

anrüchig 1 berucht, ongunstig bekend staand; 2 aanstootgevend

anrucken I *intr* zich met een schok in beweging zet-

ten; II *tr* met rukken trekken aan

anrücken I *tr* bijschuiven, schuiven (naar); II *intr* aanrukken, naderen

Anruf m^5 1 aanroep; 2 telefoontje

Anrufbeantworter m^9 antwoordapparaat

anrufen^{226} 1 (aan)roepen, toeroepen; 2 een beroep doen op; 3 opbellen, telefoneren

anrühren 1 beroeren, aanraken: *Reserven ~* reserves aanspreken; 2 ontroeren, treffen; 3 *(beslag)* aanmaken

Ansage v^{21} 1 aankondiging, bekendmaking; 2 *(sp)* (tactische) aanwijzing

ansagen I *tr* 1 aankondigen; bekendmaken: *im Rundfunk ~* omroepen; 2 *(brief)* dicteren; II *sich ~* zijn bezoek aankondigen

Ansager m^9 omroeper, nieuwslezer

ansammeln I *tr* verzamelen, vergaren, ophopen; II *sich ~* zich verzamelen, zich ophopen

Ansammlung v^{20} verzameling, op(een)hoping; oploop, samenscholing

ansässig woonachtig, gevestigd; inheems

Ansatz m^6 1 (het) aanzetten; 2 *(techn)* aanzetstuk, verlengstuk; 3 mondstuk; 4 begin *(ve blad, wortel, buikje)*; 5 taxatie, raming, schatting; 6 vorming; 7 aanslag, tandsteen; 8 bezinksel

Ansatzpunkt m^5 aanknopingspunt

anschaffen I *tr* aanschaffen, kopen: *sich Kinder ~* kinderen krijgen; II *intr* 1 tippelen; 2 stelen, gappen

Anschaffer m^9 dief

Anschaffung v^{20} aanschaf; aankoop

anschalten inschakelen, aanzetten

anschauen 1 aankijken; 2 bekijken: *sich die Stadt ~* de stad bezichtigen

anschaulich aanschouwelijk, duidelijk

Anschauung I v^{28} (het) aanschouwen, beschouwen; II v^{20} opvatting, zienswijze, mening: *aus eigener ~ wissen* uit eigen ervaring weten

Anschein m^{19} schijn, indruk: *dem ~ nach* (of: *allem ~ nach*) naar het schijnt; *es hat den ~ als ob ...* het schijnt, dat ...; *sich den ~ geben* doen alsof

anscheinen^{233} beschijnen

anscheinend naar het schijnt, kennelijk

anschicken, sich zich gereedmaken; op het punt staan

anschieben^{237} 1 vooruit duwen, *(auto)* aanduwen; 2 schuiven (naar, tegen)

anschießen^{238} I *tr* 1 aanschieten; 2 *(voetbal)* tegen iem aanschieten; 3 *(sp)* het startschot geven; II *intr* toesnellen

Anschiss m^5 uitbrander

Anschlag m^6 1 bekendmaking, mededeling; 2 aanslag, overval; 3 (het) aanslaan; 4 aanslag *(ook muz, mil, techn)*; 5 *(handel)* raming, schatting

Anschlagbrett o^{31} mededelingenbord

anschlagen^{241} I *tr* 1 bekendmaken, meedelen; 2 *(kinderspel)* aftikken; 3 aanslaan: *eine Taste ~* een toets aanslaan; 4 slaan; 5 *(sp)* aanslaan; 6 schatten; II *intr* 1 *(mbt hond)* aanslaan; 2 *(sp)* aantikken; 3 baten, succes hebben; 4 dik maken; 5 botsen, stoten, slaan (tegen)

Anschlagtafel v^{21} mededelingenbord

anschließen[245] I *tr* 1 vastmaken, vastleggen; 2 aansluiten, verbinden; 3 toevoegen: *eine Bemerkung ~* er een opmerking aan toevoegen; II *intr* 1 *(mbt kleding)* aansluiten; 2 grenzen

anschließend in aansluiting daarop, daarna

Anschluss m^6 1 aansluiting, verbinding: *seinen ~ verpassen* zijn aansluiting missen; 2 contact: *im ~ an: a)* in aansluiting op; *b)* in navolging van; 3 aansluiting, inlijving

Anschlusstor o^{29}, **Anschlusstreffer** m^9 (sp) doelpunt, waardoor de achterstand nog maar één punt is

Anschlusszug m^6 aansluitende trein

anschmiegen, sich *(mbt kleding)* nauw sluiten: *sich ~ an*[+4] dicht aankruipen tegen

anschmieren I *tr* 1 bekladden; 2 bedriegen: *jmdm etwas ~* iem iets aansmeren; II *sich ~* 1 zich besmeuren; 2 een wit voetje trachten te halen

anschnallen I *tr* aangespen, *(schaatsen)* onderbinden, aanbinden; II *sich ~* de veiligheidsgordel aandoen

Anschnallgurt m^5 veiligheidsgordel

anschnauzen uitkafferen, afbekken

Anschnauzer m^9 uitbrander, snauw

anschneiden[250] 1 *(brood)* aansnijden; 2 ter sprake brengen; 3 *(sp) (bal)* effect geven; 4 *(foto, film)* gedeeltelijk in beeld brengen; 5 *(sp, verkeer)* de binnenbocht nemen, (de bocht) afsnijden

anschreiben[252] 1 schrijven op: *an die Tafel ~* op het bord schrijven; 2 *(verschuldigd bedrag)* opschrijven; 3 aanschrijven

anschreien[253]: *jmdn ~* tegen iem schreeuwen

Anschrift v^{20} adres

anschuldigen beschuldigen

anschwärzen zwart maken *(ook fig)*

anschwellen I *zw, tr* 1 *(zeilen)* doen bollen; 2 doen zwellen; 3 *(fig)* opblazen; II *st, intr*[256] 1 aanzwellen, luider worden; 2 (op)zwellen, opzetten; 3 toenemen, (aan)zwellen

anschwemmen aanspoelen, aanslibben

anschwindeln beliegen, voorliegen

ansehen[261] I *tr* 1 aankijken, aanzien: *jmdn von oben (herab) ~* op iem neerkijken; *ich werde mir die Sache mal ~* ik zal die zaak eens bekijken; 2 bekijken, bezichtigen; 3 aanzien, zien aan: *man sieht ihm sein Alter nicht an* je zou niet zeggen dat hij al zo oud is; 4 beschouwen, achten: *etwas als (:of für) seine Pflicht ~* iets als zijn plicht beschouwen; II *sich ~* er uitzien: *etwas sieht sich gut, schlecht an* iets ziet er goed, slecht uit; *es sah sich an, als ...* het zag ernaar uit dat ...

Ansehen o^{39} 1 aanzien, achting: *in hohem ~ stehen* hoog in aanzien zijn; 2 aanzien, uiterlijk, voorkomen

ansehenswert bezienswaardig

ansehnlich 1 aanzienlijk: *ein ~er Betrag* een aanzienlijk bedrag; 2 statig, groot

ansein *oude spelling voor* an sein, *zie* an II

ansetzen I *intr* 1 beginnen; 2 beginnen, inzetten: *zum Reden ~* beginnen te spreken; 3 aanzetten, aanbranden; II *tr* 1 zetten tegen: *die Feder ~* de pen op het papier zetten; 2 aanzetten, aanbrengen; 3 krijgen: *die Pflanze setzt Knospen an* de plant krijgt knoppen; *Eisen setzt Rost an* ijzer roest; *Fett ~* dik worden; 4 vaststellen, bepalen; 5 ramen, taxeren; 6 inzetten, inschakelen: *(sp) einen Spieler auf einen anderen ~* een speler met mandekking belasten; 7 mengen, bereiden

Ansicht v^{20} 1 mening, opvatting: *nach meiner ~* (of: *meiner ~ nach)* mijns inziens; 2 afbeelding, prent: *~ von Delft* gezicht op Delft; 3 aanzicht: *vordere ~* vooraanzicht ‖ *zur ~* ter inzage

Ansichtskarte v^{21} ansicht(kaart)

Ansichtssache v^{28}: *das ist ~* daarover kan men van mening verschillen

ansiedeln I *tr* een woonplaats geven; onderbrengen; II *sich ~* zich vestigen, gaan wonen

Ansiedlung v^{20} vestiging, nederzetting

Ansinnen o^{35} eis, voorstel

ansonsten 1 overigens, verder; 2 anders

anspannen 1 aan-, voor-, inspannen; 2 aanspannen, strakker spannen; 3 inspannen, spannen

Anspiel o^{29} 1 begin van het spel: *das ~ haben* uitkomen, beginnen; 2 (het) aanspelen

anspielen I *intr* 1 zinspelen, een toespeling maken; 2 *(bij schaakspel)* openen; *(voetbal)* aftrappen; II *tr* 1 beginnen te spelen; 2 *(sp)* aanspelen, passen naar

Anspielung v^{20} zinspeling, toespeling

anspitzen (aan)punten, slijpen: *jmdn ~* iem aansporen, aanzetten

Ansporn m^{19} aansporing, prikkel

anspornen 1 de sporen geven; 2 aansporen

Ansprache v^{21} toespraak

ansprechen[274] I *tr* 1 aanspreken; 2 toespreken: *die Bürger ~* de burgers toespreken; 3 aanspreken, zich wenden tot: *jmdn um*[+4] *etwas ~* iem om iets vragen; *dadurch fühle ich mich nicht angesprochen* dat gaat mij niets aan; 4 aansnijden, ter sprake brengen; II *intr (mbt boek, lezing, schilderij)* aanspreken, in de smaak vallen

ansprechend innemend, prettig, aangenaam

anspringen[276] I *intr* 1 *(mbt motor)* aanslaan; 2 aanspringen (tegen); 3 *(fig)* reageren; II *tr* bespringen: *Angst sprang ihn an* angst bekroop hem

Anspruch m^6 1 aanspraak, eis: *~ auf*[+4] *etwas erheben* aanspraak op iets maken; *jmds Hilfe in ~ nehmen* een beroep doen op iems hulp; *Ansprüche stellen* eisen stellen; *etwas nimmt viel Zeit in ~* iets neemt veel tijd in beslag; 2 aanspraak, recht

anspruchslos zonder pretenties, bescheiden

anspruchsvoll veeleisend, pretentieus

anspülen aanspoelen

anstacheln prikkelen, aanzetten, aansporen

Anstalt v^{20} 1 inrichting, instituut; 2 psychiatrisch ziekenhuis; kliniek voor alcoholici, drugsverslaafden; 3 bedrijf ‖ *(keine) ~en machen* (geen) aanstalten maken

Anstand m^{19} **1** fatsoen: *den ~ wahren* zijn fatsoen houden; **2** bezwaar: *(keinen) ~ an etwas nehmen* (geen) bezwaar tegen iets hebben

anständig 1 fatsoenlijk, net, correct; **2** behoorlijk: *ein ~er Preis* een behoorlijke prijs; **3** behoorlijk, flink

Anständigkeit v^{28} netheid, fatsoen

anstandshalber fatsoenshalve

anstandslos zonder (enig) bezwaar

anstarren aankijken, aanstaren

anstatt^{+2} in plaats van

anstechen^{277} prikken in, steken in

anstecken I *tr* **1** vastspelden, opspelden; **2** *(ring)* aandoen; **3** in brand steken; **4** besmetten, infecteren, aansteken: *~de Krankheit* besmettelijke ziekte; **II** *sich ~* besmet worden

Ansteckung v^{20} besmetting

anstehen^{279} **1** in de rij staan; **2** aarzelen: *nicht ~, etwas zu tun* niet aarzelen iets te doen; **3** op afhandeling wachten: *~de Fragen* kwesties, die afgehandeld moeten worden

ansteigen^{281} *(mbt weg, berg, temperatuur)* stijgen, oplopen; *(mbt water)* wassen, *(mbt omzet, verkeer)* toenemen

anstelle^{+2} in plaats van

anstellen I *tr* **1** aanstellen, benoemen; **2** aan het werk zetten; **3** doen, regelen, organiseren, op touw zetten: *was hat er wieder angestellt?* wat heeft hij weer uitgehaald?; **4** *(machine, radio e.d.)* aanzetten: *den Hahn ~* de kraan opendraaien; **5** doen, uitvoeren, *(onderzoek)* instellen: *Vermutungen ~* vermoeden; **6** zetten, stellen; **II** *sich ~* **1** in de rij gaan staan; **2** zich gedragen, zich aanstellen

Anstellerei v^{20} aanstellerij

Anstellung v^{20} aanstelling; baan

Anstieg I m^{19} **1** stijging; **2** verhoging, toename, vermeerdering; **II** m^5 **1** (het) beklimmen, klim; **2** pad naar de top *(ve berg)*

anstieren aanstaren

anstiften 1 aanstichten, veroorzaken; **2** overhalen, aanzetten: *jmdn zum Verrat ~* iem tot verraad aanzetten

Anstifter m^9 aanstichter, aanstoker

Anstiftung v^{20} aanstichting, aanzetting, ophitsing

anstimmen inzetten, aanheffen

Anstoß m^6 **1** stoot, schok; **2** stoot, impuls: *den ~ zu etwas geben* de (eerste) stoot tot iets geven; **3** aanstoot, ergernis: *~ bei jmdm erregen* iem aanstoot geven; **4** aftrap *(bij voetbal)*

anstoßen^{285} **I** *tr* **1** (aan)stoten; **2** aanzetten; **3** *(voetbal)* trappen tegen; aftrappen; **II** *intr* **1** stoten, botsen; **2** aanstoot geven; **3** *(met glazen)* klinken; **4** grenzen aan: *das ~de Zimmer* de aangrenzende kamer

anstößig onbetamelijk, aanstoot gevend

anstrahlen bestralen, verlichten

anstreichen^{286} **1** schilderen, verven; **2** aanstrepen, onderstrepen; **3** *(lucifer)* aanstrijken

Anstreicher m^9 schilder

anstrengen I *tr* **1** inspannen; **2** vermoeien; **3** *(jur)* aanhangig maken; **II** *sich ~* zich inspannen

anstrengend inspannend, vermoeiend

Anstrengung v^{20} **1** inspanning: *vergebliche ~en* vergeefse moeite; **2** vermoeienis

Anstrich I m^5 kleur, verf, tint; **II** m^{19} **1** *(fig)* tintje, cachet, zweem; **2** verflaag; **3** (het) schilderen, verfje

Ansturm m^6 aanval, stormloop *(ook fig)*

anstürmen: *gegen etwas ~: a)* op iets aanstormen; *b) (fig)* tegen iets stormlopen

antasten 1 (voorzichtig) aanraken: *ein Thema ~* een onderwerp even aanroeren; **2** *(iems eer, rechten)* aantasten; **3** *(voorraad)* aanspreken

Anteil m^5 **1** (aan)deel, portie; **2** aandeel; **3** deelneming, belangstelling: *~ nehmen an: a)* deelnemen aan; *b)* zich interesseren voor

anteilig evenredig

Anteilnahme v^{28} **1** deelneming, medewerking; **2** deelneming, belangstelling

Antenne v^{21} antenne

Antialkoholiker m^9 geheelonthouder

Antibabypille, Anti-Baby-Pille v^{21} anticonceptiepil

antik antiek

Antike I v^{28} klassieke Oudheid; **II** v^{21}: *die ~n* de kunstwerken uit de klassieke Oudheid

antippen 1 aantikken; **2** *(fig)* aanstippen, aanroeren: *bei jmdm ~* iem polsen

Antiquar m^5 **1** antiquaar; **2** antiquair

antiquarisch 1 antiquarisch; **2** tweedehands

Antiquitätenhändler m^9 antiquair, handelaar in antiek

Antisemitismus m^{19a} anti-semitisme

antizipieren^{320} anticiperen

Antlitz o^{29} gelaat, gezicht

Antrag m^6 **1** verzoek, rekest, aanvraag: *ein ~ auf* een aanvraag tot; **2** aanvraagformulier; **3** voorstel, motie: *auf ~ von* op voorstel van; **4** (huwelijks)aanzoek

antragen^{288} aanbieden

Antragsformular o^{29} aanvraagformulier

Antragsteller m^9 iem die een verzoek indient, aanvrager, rekestrant

antreffen^{289} aantreffen

antreiben^{290} **I** *tr* **1** aandrijven, voortdrijven; **2** *(machine)* aandrijven, in beweging brengen; **3** drijven naar, aandrijven; **II** *intr* (komen) aandrijven, aanspoelen

antreten^{291} **I** *tr* **1** *(functie, regering, terugtocht)* aanvaarden; **2** beginnen: *wann können Sie die Stelle ~?* wanneer kunt u in dienst treden?; **3** *(motor)* aantrappen; **4** *(aarde)* aanstampen; **II** *intr* **1** *(op het werk)* komen, verschijnen; **2** *(mil)* aantreden; **3** *(sp)* aantreden, uitkomen; **4** *(sp)* versnellen, demarreren

Antrieb m^5 **1** aandrijving; **2** drang; prikkel, impuls: *aus eigenem* (of: *freiem) ~* eigener beweging

antrinken^{293} een beetje drinken van: *eine angetrunkene Flasche* een aangebroken fles; *sich Mut ~* zich moed indrinken

Antritt *m*[19] **1** aanvaarding; **2** begin: ~ *eines Amtes* indiensttreding

antun[295] I *tr* **1** bewijzen, betonen: *jmdm die Ehre ~ iem* de eer bewijzen; **2** aandoen: *jmdm etwas ~ iem* iets aandoen; *sich etwas ~* de hand aan zichzelf slaan; II *sich ~* aantrekken

Antwort *v*[20] antwoord: *zur ~ geben* ten, tot, als antwoord geven

antworten antwoorden

anvertrauen (toe)vertrouwen: *sich jmdm ~* vertrouwen in iem stellen

anvisieren[320] **1** mikken op; **2** *(afstand)* peilen; **3** *(fig)* nastreven, op het oog hebben

Anwachs *m*[19] **1** aanwas, toename; **2** *(jur)* aanwas

anwachsen[302] **1** aangroeien, vastgroeien; **2** wortel schieten; **3** aangroeien, toenemen

Anwalt *m*[6] **1** advocaat, procureur; **2** verdediger, pleitbezorger; **3** gevolmachtigde

Anwaltschaft *v*[28] **1** advocaatschap; **2** balie, advocatuur

anwandeln bekruipen; opkomen

Anwandlung *v*[20] lichte aanval *(van ziekte);* opwelling, bevlieging

anwärmen (even) verwarmen; opwarmen

Anwärter *m*[9] **1** kandidaat, aspirant; **2** pretendent *(naar de kroon);* **3** *(sp)* favoriet

Anwartschaft *v*[20] **1** (voor)uitzicht, aanspraak; **2** recht van opvolging *(bij een vacature)*

anwehen I *tr* **1** toewaaien; **2** *(bladeren)* opwaaien; II *intr* (komen) aanwaaien

anweisen[307] **1** opdragen; **2** onderrichten, instrueren; **3** *(geld)* overmaken; **4** *(kamer)* toewijzen, *(plaats)* aanwijzen

Anweisung *v*[20] **1** aanwijzing, opdracht, bevel; toewijzing: *die ~en des Arztes* de voorschriften van de dokter; **2** handleiding, gebruiksaanwijzing; **3** cheque; **4** overschrijving

anwendbar aanwendbaar, bruikbaar; toepasselijk, van toepassing

anwenden[308] **1** aanwenden, gebruiken; **2** toepassen

Anwendung *v*[20] **1** aanwending, gebruik; **2** toepassing: ~ *finden* toepassing vinden

anwerben[309] (aan)werven, in dienst nemen

anwerfen[311] **1** (aan)werpen tegen; **2** *(motor)* aanzetten

anwesend aanwezig, tegenwoordig

Anwesende(r) *m*[40a], *v*[40b] aanwezige

Anwesenheit *v*[28] aanwezigheid

anwettern uitkafferen

anwidern doen walgen, tegenstaan: *das widert mich an* daar walg ik van

Anwohner *m*[9] aanwonende, buur

Anwuchs *m*[6] aanwas, groei; aanplant

anwurzeln wortel schieten

Anzahl *v*[28] aantal

anzahlen een aanbetaling doen, aanbetalen

Anzahlung *v*[20] aanbetaling

anzapfen 1 *(vat)* aanslaan, aansteken; **2** *(telefoon,* stroom, boom) aftappen

Anzeichen *o*[35] (ken)teken, aanwijzing; voorteken, symptoom

Anzeige *v*[21] **1** advertentie: *eine ~ aufgeben* (of: *einrücken)* een advertentie opgeven, plaatsen; **2** kennisgeving; **3** aangifte *(bij de politie),* klacht: ~ *erstatten* aangifte doen; **4** stand; **5** proces-verbaal

anzeigen 1 aangeven, aanwijzen; **2** kennis geven van, aankondigen, laten weten; **3** aangifte doen van, aangeven

Anzeiger *m*[9] **1** aangever; **2** (nieuws- en advertentie)blad; **3** meter, wijzer, verklikker

Anzeigetafel *v*[21] scorebord

anzetteln *(fig)* op touw zetten, aanstichten, *(complot)* smeden: *Intrigen ~* intrigeren

anziehen[318] I *tr* **1** *(kleding)* aantrekken; **2** *(vocht)* opnemen; **3** aantrekken: *die Blicke ~* de blikken op zich vestigen; **4** *(knieën, schouders)* optrekken; **5** *(deur)* tot op een kier sluiten; **6** *(publiek, kopers)* trekken; **7** aanhalen, citeren; **8** *(ketting, snaar)* spannen, *(handrem)* aantrekken; **9** *(schroef)* aandraaien; II *intr* **1** *(mbt prijzen)* stijgen, *(mbt koersen)* aantrekken; **2** *(mbt trein)* zich in beweging zetten

anziehend aantrekkelijk, bekoorlijk

Anziehung *v*[20] aantrekking(skracht)

Anziehungskraft *v*[25] aantrekkingskracht

Anzug I *m*[6] kostuum, pak; II *m*[19] *(sp)* garnituur, keus || *im ~ sein* naderen, op komst zijn

anzüglich 1 hatelijk; **2** dubbelzinnig, schuin

anzünden 1 ontsteken, aanmaken *(vuur);* **2** *(licht)* opsteken, aansteken

anzweifeln in twijfel trekken, betwijfelen

Apartment *o*[36] appartement

Apartmenthaus *o*[32] appartementengebouw, flatgebouw

Apfel *m*[10] **1** appel; **2** appelboom

Apfelkuchen *m*[11] appelgebak

Apfelmus *o*[39] appelmoes

Apfelsaft *m*[6] appelsap

Apfelsine *v*[21] sinaasappel

Apfelstrudel *m*[9] appelgebak

Apostel *m*[9] apostel

Apostroph *m*[5] apostrof, weglatingsteken

Apotheke *v*[21] **1** apotheek; **2** *(fig)* dure zaak

Apothekenhelferin *v*[22] apothekersassistente

apothekenpflichtig alleen in apotheken te verkrijgen

Apotheker *m*[9] apotheker

Apparat *m*[5] **1** apparaat, toestel; **2** telefoon: *bleiben Sie bitte am ~!* blijft u a.u.b. aan het toestel!

Apparatur *v*[20] apparatuur

Appartement *o*[36] appartement

Appell *m*[5] **1** appel, beroep; **2** appel, verzameling van de troepen; **3** appel, oproep

appellieren[320] (met *an*[+4]) een beroep doen op

Appetit *m*[5] eetlust: ~ *auf*[+4] trek in; *ich habe ~ nach Meeresluft* ik verlang naar zeelucht; *guten ~!* eet smakelijk!

appetitanregend 1 de eetlust opwekkend; **2** smakelijk, lekker
appetitlich appetijtelijk
applaudieren³²⁰ applaudisseren
Applaus *m*⁵ applaus: *jmdm ~ spenden* voor iem applaudisseren
Apposition *v*²⁰ appositie, bijstelling
appretieren³²⁰ appreteren, opmaken
Aprikose *v*²¹ abrikoos
April *m*⁵ *(2e nvl ook -)* april
Aprilwetter *o*³⁹ maartse buien, *(lett)* aprilweer
Aquädukt *m*⁵, *o*²⁹ aquaduct
Aquaplaning *o*³⁹, *o*³⁹ᵃ aquaplaning
Aquarell *o*²⁹ aquarel
Aquarium *o (2e nvl -s; mv Aquarien)* aquarium
Äquator *m*¹⁶ equator
äquivalent *bn* equivalent, gelijkwaardig
Araber *m*⁹ Arabier; *(paard)* arabier
Arabien *o*³⁹ Arabië
arabisch Arabisch
Arbeit *v*²⁰ **1** arbeid, werk, bezigheid, *(mv)* werkzaamheden: *das kostet* (of: *macht, verursacht) viel ~ dat kost, veroorzaakt veel moeite; öffentliche ~en* publieke werken; *an die ~ gehen, sich an die ~ machen* aan het werk gaan; *bei der ~ sein* aan het werk zijn; **2** bewerking, uitvoering: *etwas in ~ geben* iets laten maken; *das Kleid ist in ~* de jurk is in de maak; **3** taak, opgave, tentamen, proefwerk; **4** werkstuk, studie, geestesproduct; **5** baan: *bei jmdm in ~ sein* (of: *stehen)* bij iem in dienst zijn
arbeiten I *intr* arbeiden, werken, bezig zijn: *an einer Sache ~* aan iets werken; *das Holz arbeitet* het hout werkt; *das Schiff arbeitet* het schip stampt; **II** *tr* **1** arbeiten, bewerken: *der Schrank ist gut gearbeitet* de kast is goed gemaakt; **2** *(hond)* africhten, *(paard)* afrijden; **III** *sich ~* zich werken: *sich zu Tode ~* zich doodwerken
Arbeiter *m*⁹ arbeider, werkman
Arbeitermangel *m*¹⁹ tekort aan arbeiders
Arbeiterschaft *v*²⁸ (de gezamenlijke) arbeiders
Arbeitgeber *m*⁹ werkgever, patroon
Arbeitnehmer *m*⁹ werknemer
Arbeitsablauf *m*⁶ arbeidsproces
arbeitsam arbeidzaam, werkzaam
Arbeitsamt *o*³² arbeidsbureau
Arbeitsausfall *m*⁶ werkverlet
Arbeitsausschuss *m*⁶ werkcomité, werkgroep
Arbeitsbedingung *v*²⁰ arbeidsvoorwaarde
Arbeitsbeschaffung *v*²⁸ werkverschaffing
Arbeitsbewilligung *v*²⁰, **Arbeitserlaubnis** *v*²⁴ werkvergunning
arbeitsfähig in staat om te werken
Arbeitsgemeinschaft *v*²⁰ werkgemeenschap; samenwerkingsverband
Arbeitsgenehmigung *v*²⁰ werkvergunning
Arbeitsgericht *o*²⁹ rechtbank voor arbeidszaken, *(Belg)* arbeidsgerecht
Arbeitsgruppe *v*²¹ werkgroep
Arbeitskraft *v*²⁵ werkkracht

arbeitslos werk(e)loos
Arbeitslosengeld *o*³¹, **Arbeitslosenhilfe** *v*²⁸, **Arbeitslosenunterstützung** *v*²⁸ werkloosheidsuitkering, *(Belg)* stempelgeld, werklozensteun
Arbeitslosenversicherung *v*²⁰ werkloosheidsverzekering
Arbeitslosenzahl *v*²⁰, **Arbeitslosenziffer** *v*²¹ werkloosheidscijfer
Arbeitslose(r) *m*⁴⁰ᵃ, *v*⁴⁰ᵇ werkloze, *(Belg)* stempelaar
Arbeitslosigkeit *v*²⁸ werkloosheid
Arbeitsmarkt *m*⁶ arbeidsmarkt
Arbeitsplatz *m*⁵ arbeidsplaats
arbeitsscheu werkschuw
Arbeitsstelle *v*²¹ **1** betrekking, werkkring; **2** afdeling
Arbeitsstunde *v*²¹ arbeidsuur, manuur
Arbeitsteilung *v*²⁸ werkverdeling
arbeitsunfähig arbeidsongeschikt
Arbeitsverhältnis *o*²⁹ᵃ **1** arbeidscontract, arbeidsovereenkomst; **2** arbeidsvoorwaarde
Arbeitsvermittlung *v*²⁸ **1** arbeidsbemiddeling; **2** arbeidsbureau
Arbeitsvertrag *m*⁶ arbeidscontract
Arbeitswillige(r) *m*⁴⁰ᵃ, *v*⁴⁰ᵇ werkwillige
Arbeitszeit *v*²⁰ werktijd: *gleitende ~* glijdende, variabele werktijd
Arbeitszeitverkürzung *v*²⁸ arbeidstijdverkorting
Arbeitszimmer *o*³³ werkvertrek, werkkamer
Arbitrage *v*²¹ arbitrage
Archäologe *m*¹⁴ archeoloog
archäologisch archeologisch
Arche *v*²¹ ark(e)
Archipel *m*⁵ archipel
Architekt *m*¹⁴ architect
architektonisch architectonisch
Architektur *v*²⁰ architectuur
Archiv *o*²⁹ archief
Archivar *m*⁵ archivaris
ARD *afk van Arbeitsgemeinschaft der öffentlich-rechtlichen Rundfunkanstalten der Bundesrepublik Deutschland* omroeporganisatie in de BRD
arg⁵⁸ **1** erg, ernstig; groot; *(inform)* zeer, heel: *ein ~er Fehler* een grove fout; *er treibt es zu ~* hij maakt het te bont; **2** slecht: *Arges von jmdm denken* kwaad van iem denken; *es liegt im Argen* het is er slecht mee gesteld
Ärger *m*¹⁹ ergernis, ontstemming, wrevel
ärgerlich 1 ergerlijk; **2** onaangenaam, hinderlijk, vervelend; **3** boos, nijdig
ärgern I *tr* **1** ergeren, boos maken; **2** plagen; **II** *sich ~* zich ergeren, zich kwaad maken
Ärgernis *o*²⁹ᵃ **1** ergernis, aanstoot; **2** onaangenaamheid
Arglist *v*²⁸ arglist, boosaardigheid, valsheid
arglistig arglistig, boosaardig
arglos argeloos
Arglosigkeit *v*²⁸ argeloosheid
Argument *o*²⁹ argument

Argumentation v^{20} argumentatie
argumentieren^{320} argumenteren
Argwohn m^{19} argwaan, achterdocht
argwöhnen achterdocht koesteren, vermoeden
argwöhnisch argwanend, achterdochtig
Arie v^{21} aria
Aristokrat m^{14} aristocraat
Aristokratie v^{21} aristocratie
aristokratisch aristocratisch
arm^{58} **1** arm *(ook fig)*, behoeftig; **2** beklagenswaardig: *der Arme, ein Armer* de arme, een arme; *der Ärmste!* de stumper!
Arm m^5 arm: *einer Dame den ~ bieten* (of: *reichen*) een dame een arm geven; *jmdn auf den ~ nehmen* iem voor de gek houden; *jmdm unter die ~e greifen* iem een handje helpen
Armatur v^{20} **1** armatuur; **2** (water)kraan; **3** instrumenten
Armaturenbrett o^{31} instrumentenbord, dashboard
Armband o^{32} armband
Armbanduhr v^{20} polshorloge
Armbinde v^{21} **1** mitella; **2** (arm)band
Armee v^{21} leger
Ärmel m^9 mouw: *die ~ hochkrempeln* de mouwen opstropen
Ärmelkanal m^{19} Kanaal
ärmellos zonder mouwen
Armenfürsorge v^{28}, **Armenpflege** v^{28} armenzorg
Armgelenk o^{29} armgewricht
Armhöhle v^{21} oksel
Armlehne v^{21} armleuning
Armleuchter m^9 **1** armluchter; **2** sukkel
ärmlich armoedig, armelijk, armzalig
armselig armzalig, ellendig, armoedig
Armsessel m^9, **Armstuhl** m^6 armstoel, leunstoel
Armut v^{28} armoede, behoeftigheid, gebrek
Armutszeugnis o^{29a} *(jur)* bewijs van onvermogen; *(fig)* brevet van onvermogen
Aroma o^{36} *(mv ook -ta en Aromen)* aroma, geur
aromatisch aromatisch, geurig
arrangieren^{320} arrangeren, organiseren: *sich mit jmdm ~* met iem een akkoord sluiten; *Blumen ~* bloemen schikken
Arrest m^5 **1** arrest, hechtenis: *(mil) leichter ~* licht arrest; *mittlerer* (of: *geschärfter*) *~* verzwaard arrest; *strenger ~* streng arrest; **2** beslag: *~ auf*$^{+4}$ *etwas legen, etwas mit ~ belegen* beslag op iets leggen
arrogant arrogant
Arroganz v^{28} arrogantie
Arsch m^6 *(plat)* gat, kont, reet
Arschloch o^{32} *(plat)* reet, gat: *du ~!* rotzak!
Art v^{20} **1** manier, wijze: *auf diese ~* op deze manier; *die ~ und Weise, wie ...* de manier waarop ...; **2** aard, natuur, manier van doen: *die Verhältnisse waren nicht der ~, dass ...* de omstandigheden waren niet zó dat ...; *das ist keine ~* dat is geen manier; *er hat keine ~* hij heeft geen manieren; *aus der ~ schlagen* ontaarden; *nach ~ der Chinesen* op de manier van de Chinezen; **3** soort, ras: *aller ~ van al-*

lerlei soort
arten aarden: *~ nach*$^{+3}$ aarden naar
Arterie v^{21} arterie, slagader
Arterienverkalkung v^{20} aderverkalking
Artgenosse m^{15} soortgenoot
artig zoet, lief
Artikel m^9 **1** artikel; **2** lidwoord
Artikulation v^{20} articulatie
artikulieren^{320} **I** *tr* **1** articuleren; **2** onder woorden brengen, formuleren; **II** *sich ~* tot uitdrukking komen, zich uiten
Artillerie v^{21} artillerie
Artischocke v^{21} artisjok
Artist m^{14} artiest
Arznei v^{20}, **Arzneimittel** o^{33} geneesmiddel
Arzt m^6 arts, dokter
Arzthelferin v^{22} doktersassistente
Ärztin v^{22} (vrouwelijke) arts
ärztlich geneeskundig, medisch: *~es Attest* doktersattest; *sich ~ behandeln lassen* zich onder (geneeskundige) behandeling stellen; *in ~er Behandlung stehen* onder behandeling zijn; *~e Hilfe in Anspruch nehmen* doktershulp inroepen
Asbest m^5 asbest
Asche v^{21} **1** as; **2** kleingeld
Aschenbahn v^{20} sintelbaan
Aschenbecher m^9, **Ascher** m^9 asbak(je)
Aschermittwoch m^5 Aswoensdag
Asiat m^{14} Aziaat
asiatisch Aziatisch
Asien o^{39} Azië
asozial asociaal
Aspekt m^5 aspect
Asphalt m^5 asfalt
asphaltieren^{320} asfalteren
Aspiration v^{20} aspiratie
Ass o^{29} **1** *(kaartspel)* aas; **2** uitblinker, topper; **3** *(tennis, golf)* ace
Assessor m^{16} assessor
Assimilation v^{20} assimilatie
assimilieren^{320} assimileren
Assistent m^{14} assistent
Assistentin v^{22} assistente
Assistenz v^{20} assistentie
assistieren^{320} assisteren
Assortiment o^{29} assortiment
Assoziation v^{20} associatie
assoziieren^{320} associëren
Ast m^6 **1** (dikke) tak; **2** tak *(ve bloedvat, zenuw)*; **3** knoest, kwast *(in hout)*; **4** rug; **5** *(inform)* bochel, bult
Aster v^{21} aster
Ästhetik v^{28} esthetica
ästhetisch esthetisch
Asthma o^{39} astma
Asthmatiker m^9 astmalijder
astrein **1** zonder kwasten *(in hout)*; **2** *(fig)* zuiver, onberispelijk; **3** gaaf, tof
Astrologe m^{15} astroloog, sterrenwichelaar

Astrologie v^{28} astrologie
Astronaut m^{14} astronaut, ruimtevaarder
Astronautik v^{28} astronautiek, ruimtevaart
Astronom m^{14} astronoom
Astronomie v^{28} astronomie
Asyl o^{29} asiel: *um ~ bitten* asiel vragen
Asylant m^{14} asielzoeker, asielaanvrager
Asylantrag m^6 asielaanvraag
Asylbewerber m^9 *zie* Asylant
Atem m^{19} **1** adem: *~ holen* (of: *schöpfen*) ademhalen; *außer ~ kommen* (of: *geraten*) buiten adem raken; *jmdm den ~ verschlagen* iem sprakeloos maken; *wieder zu ~ kommen* weer op adem komen; *nach ~ ringen* naar lucht snakken; **2** ademhaling
atemberaubend adembenemend
atemlos ademloos, buiten adem
Atemnot v^{28} benauwdheid, ademnood
Atempause v^{21} adempauze
atemraubend adembenemend
Atemzug m^6 ademtocht, ademhaling: *in einem* (of: *im gleichen, im selben*) *~ tegelijk*
Äther m^{19} ether
Athlet m^{14} atleet
Athletik v^{28} atletiek
Athletin v^{22} atlete
athletisch atletisch
Atlantik m^{19} Atlantische Oceaan
atlantisch Atlantisch
Atlas m^5 (*2e nvl -(ses); mv -se en Atlanten*) atlas
atm, Atm. *afk van* Atmosphäre atmosfeer
atmen ademen, ademhalen; in-, uitademen
Atmosphäre v^{21} **1** atmosfeer, dampkring; **2** stemming, sfeer; **3** omgeving, milieu
atmosphärisch atmosferisch
Atmung v^{20} ademhaling
Atom o^{29} atoom
Atomabfall m^6 radioactief afval
Atomantrieb m^{19} kernvoortstuwing
atomar atomair, atoom-, kern-
Atomaufrüstung v^{28} kernbewapening
atombetrieben aangedreven door kernenergie
Atombombe v^{21} atoombom
Atomenergie v^{21} kernenergie, atoomenergie
Atomforschung v^{20} kernonderzoek
atomgetrieben *zie* atombetrieben
Atomkraft v^{28} atoomkracht
Atomkraftwerk o^{29} kerncentrale
Atommeiler m^9 kernreactor
Atommüll m^{19} atoomafval
Atomrüstung v^{28} kernbewapening
Atomspaltung v^{20} kernsplitsing
Atomstrom m^{19} atoomstroom
Atomunterseeboot o^{29} atoomduikboot
Atomversuch m^5 kernproef, atoomproef
Atomwaffe v^{21} kernwapen
atomwaffenfrei kernwapenvrij
Attaché m^{13} attaché
Attacke v^{21} **1** attaque, (ruiter)aanval; **2** *(med)* attaque, beroerte

attackieren ^{320} attaqueren, aanvallen
Attentat o^{29} aanslag
Attentäter m^9 dader van de (een) aanslag
Attest o^{29} attest, attestatie, bewijs: *ärztliches ~* doktersattest
Attitude, Attitüde v^{20} attitude
Attraktion v^{20} attractie, *(Belg)* animatie
attraktiv attractief
Attrappe v^{21} **1** zeer goede nabootsing; **2** lege verpakking, dummy; **3** schijn
Attribut o^{29} attribuut
ätzen 1 etsen; **2** (uit)bijten, branden; **3** *(fig)* bijten, krenken
ätzend bijtend
auch ook, eveneens: *wenn ... ~ al ...* (ook); *und wenn ~!* dat doet er niet toe!; *wer ... ~ wie ... ook; wie ... ~ hoe ... ook; so ... ~ hoe ... ook; nicht nur ..., sondern ~ ... niet alleen ... maar ook ...; wer ~ immer* wie ook; *was ~ (immer)* wat ook; *welche ~ seine Pläne sein mögen* wat voor plannen hij ook moge hebben; *er tat es, wenn ~ zögernd* hij deed het al was het ook aarzelend; *vielen Dank ~!* dank u wel!
Audienz v^{20} audiëntie, gehoor
audiovisuell audiovisueel
Aue v^{21} **1** weide, beemd; **2** rivierland
auf I $vz^{+3,+4}$ **1** aan: *~ beiden Augen blind sein* aan beide ogen blind zijn; *~ dieser Seite* aan deze kant; *ich gebe nichts ~ sein Urteil* ik hecht geen waarde aan zijn oordeel; **2** op: *~ das Äußerste gefasst* op het ergste voorbereid; *~ Ihre Gesundheit* op uw gezondheid; *~ Reisen* op reis; *~ die Straße gehen* de straat opgaan; *die Tür geht ~ die Straße* de deur komt op de straat uit; *sich ~ den Weg machen* op weg gaan; *~ Ihren Wunsch* op uw verzoek; *alle bis ~ einen* allen op één na; *~s beste* (of: *~s Beste*) uitstekend; **3** in: *~ alle Fälle* (of: *~ jeden Fall*) in alle geval; *~ Lateinisch* in het Latijn; *~ Ihr Schreiben* naar aanleiding van uw schrijven; **4** langs: *~ gesetzlichem Wege* langs wettelijke weg; **5** per; **6** met: *~ einen Blick* met één oogopslag; **7** naar: *einen Brief ~ die Post bringen* een brief naar de post brengen; *~s Land reisen* naar buiten gaan; *es geht ~ zien Uhr* het loopt naar tienen; **8** onder: *~ welchen Namen ist er eingeschrieben?* onder welke naam staat hij ingeschreven?; **9** van: *~ eine Sache verzichten* van een zaak afzien; **10** voor: *~ eine Woche* voor een week; **11** tot: *~ Wiedersehen!* tot ziens; **12** over: *ein Viertel ~ zehn* kwart over negen; **13** tegen: *es geht hart ~ hart* het gaat hard tegen hard || *~ dem Lande wohnen* buiten wonen; *sich ~ die Beine machen* weglopen; *das hat nichts ~ sich* dat heeft niets te betekenen; *~s freundlichste* (of: *~s Freundlichste*) zeer vriendelijk; **II** *bw* op, naar boven: *~ und ab* (of: *~ und nieder*) op en neer, heen en weer || *von Jugend ~* (of: *von klein ~*) van jongs af; *die Tür ist ~* de deur is open; *~ und davon* ervandoor
aufarbeiten 1 wegwerken; **2** *(materiaal)* geheel verwerken, opgebruiken; **3** opknappen; **4** *(fig)* verwer-

ken

aufatmen 1 diep ademhalen; 2 *(fig)* herademen

aufbahren opbaren

Aufbau I *m*[19] 1 (op)bouw; 2 bouw; 3 wederopbouw; II *m (2e nvl -(e)s; mv -ten)* opbouw *(ve schip)*, carrosserie *(ve auto)*

aufbauen I *tr* 1 opbouwen, oprichten; opstellen; 2 naar voren schuiven, promoten; II *intr* steunen, berusten: ~ *auf*[+3] berusten op; III *sich* ~ 1 gaan staan; 2 ontstaan: *sich* ~ *auf*[+3] berusten op

aufbäumen, sich steigeren; zich oprichten; zich verzetten, in opstand komen

aufbauschen doen bollen; *(fig)* opblazen

Aufbauten *mv (scheepv)* opbouw

aufbegehren 1 opkomen; 2 zich verzetten

aufbehalten[183] 1 *(hoed)* ophouden; 2 *(paraplu)* openhouden

aufbekommen[193] 1 openkrijgen; 2 *(eten, hoed, huiswerk)* opkrijgen

aufbereiten 1 *(water)* zuiveren; 2 gereedmaken voor gebruik; 3 *(splijtstof)* opwerken; 4 *(cijfermateriaal)* verwerken

aufbessern verbeteren; *(salaris)* verhogen

aufbewahren bewaren

Aufbewahrung I *v*[28] (het) bewaren: *etwas zur ~ geben* iets in bewaring geven; II *v*[20] *(spoorw)* (bagage)depot

aufbieten[130] 1 oproepen, een beroep doen op; 2 *(militairen, politie)* inzetten; 3 *(invloed, middelen)* gebruiken, aanwenden: *alle Kräfte* ~ alle krachten inspannen || *ein Brautpaar* ~ een bruidspaar afkondigen

Aufbietung *v*[28] 1 oproep, appel; 2 inzet; 3 huwelijksafkondiging; *zie ook* aufbieten

aufbinden[131] 1 *(planten)* opbinden; 2 *(boeken)* binden; 3 *(strik, veter)* losmaken; 4 vastbinden; 5 *(haar)* opsteken || *damit hast du dir was aufgebunden!* daarmee heb je je wat op de hals gehaald!; *jmdm etwas* ~ iem iets wijsmaken

aufblähen I *tr* 1 doen bollen; 2 opblazen, *(neusgaten)* opensperren; II *sich* ~ 1 zwellen; 2 *(fig)* gewichtig doen

aufblasen[133] I *tr* opblazen; II *sich* ~ opscheppen

aufbleiben[134] 1 opblijven; 2 openblijven

aufblenden 1 opflitsen; 2 *(mbt auto)* groot licht inschakelen: *mit aufgeblendeten Scheinwerfern* met groot licht

Aufblick *m*[5] blik, (het) opkijken

aufblicken opkijken: *zu jmdm* ~ naar iem opzien

aufblitzen 1 opflitsen; 2 *(mbt gedachte)* plotseling opkomen

aufbrausen opbruisen, *(fig)* opstuiven

aufbrausend opvliegend

aufbrechen[137] I *tr* 1 *(straat)* opbreken; *(slot)* openbreken; *(brief)* openen; 2 omploegen; II *intr* 1 *(mbt bloem)* opengaan, *(mbt gezwel)* doorbreken; 2 *(mbt controverse)* aan het daglicht treden; 3 weggaan, vertrekken

aufbrennen[138] I *tr* 1 inbranden; 2 *(met snijbrander)*

openbranden; II *intr* 1 plotseling beginnen te branden, oplaaien; 2 in vlammen opgaan

aufbringen[139] 1 *(geld)* opbrengen; 2 in zwang brengen, invoeren; 3 *(gerucht)* verspreiden; 4 openkrijgen; 5 aanbrengen; 6 *(iem)* woedend maken

Aufbruch I *m*[19] vertrek, (het) opbreken: *sich zum* ~ *rüsten* zich voor het vertrek gereedmaken; II *m*[6] scheur, barst, spleet || *Afrika ist im* ~ Afrika ontwaakt

aufbrühen *(koffie, thee)* zetten

aufbrummen *(straf)* opleggen, geven

aufbürden *(last)* te dragen geven: *sich*[3] *zu viel* ~ te veel hooi op zijn vork nemen; 2 *(fig)* op de hals schuiven, belasten: *jmdm die Verantwortung für etwas* ~ iem voor iets verantwoordelijk stellen

aufdecken 1 de bedekking wegnemen, *(fundamenten)* blootleggen, *(bed)* openleggen; 2 *(kaarten)* openleggen; 3 aan het licht brengen, onthullen

aufdrängen: *jmdm etwas* ~ iem iets opdringen

aufdrehen 1 *(ten)* opendraaien, losdraaien: *das Radio* ~ de radio hard zetten; 2 *(klok)* opwinden; II *intr* 1 gas geven; 2 *(sp)* het tempo opvoeren

aufdringlich opdringerig

aufdrucken opdrukken

aufdrücken 1 opendrukken, openduwen; 2 openen; 3 opdrukken, drukken op

aufeinander op elkaar, tegen elkaar; opeen: ~ *beißen (tanden)* op elkaar klemmen; ~ *geraten* (of.: *prallen*, ~ *stoßen): a)* tegen elkaar botsen; *b) (fig)* botsen; ~ *treffen: a)* tegen elkaar botsen; *b) (sp)* tegen elkaar uitkomen

aufeinanderbeißen *oude spelling voor* aufeinander beißen, *zie* aufeinander

Aufeinanderfolge *v*[21] opeenvolging

aufeinandergeraten, aufeinanderprallen, aufeinanderstoßen, aufeinandertreffen *oude spelling voor* aufeinander geraten, prallen, stoßen, treffen, *zie* aufeinander

Aufenthalt *m*[5] 1 verblijf; 2 verblijfplaats, woonplaats; 3 oponthoud, vertraging

Aufenthaltsbewilligung *v*[20], **Aufenthaltserlaubnis** *v*[24], **Aufenthaltsgenehmigung** *v*[20] verblijfsvergunning

Aufenthaltsort *m*[5] 1 verblijfplaats; 2 woonplaats

Aufenthaltsraum *m*[6] 1 kantine; 2 recreatiezaal

auferlegen *(belasting, straf)* opleggen

auferstehen[279] opstaan, verrijzen

Auferstehung *v*[20] opstanding, verrijzenis

auferwecken opwekken, doen verrijzen

Auferweckung *v*[20] opwekking

aufessen[152] opeten

auffahren[153] I *tr* 1 *(materiaal)* aanvoeren; 2 *(kanon)* in stelling brengen: *(fig) schweres* (of: *grobes*) *Geschütz* ~ met grof geschut beginnen; 3 *(spijzen, dranken)* laten aanrukken; 4 *(weg)* stukrijden; II *intr* 1 botsen tegen, rijden op, *(mbt schip)* lopen op; 2 voorrijden; 3 *(mbt kanon)* in stelling komen, *(mbt tanks)* naar voren gaan; 4 *(uit de slaap)* opschrikken, *(van vreugde)* opspringen, *(van schrik)* opvlie-

gen; **5** *(ten hemel)* opstijgen || *dicht* ~ vlak achter
iem (gaan) rijden

auffahrend opvliegend, driftig

Auffahrt v^{20} **1** weg, tocht naar boven; **2** oprit *(ve autoweg, brug)*, oprijlaan; **3** (het) voorrijden

Auffahrunfall m^6 kop-staartbotsing

auffallen[154] **1** opvallen, in het oog vallen; **2** vallen op, neerkomen; **3** *(mbt licht)* (in)vallen

auffallend, auffällig opvallend

auffangen[155] **1** opvangen; **2** *(brief)* onderscheppen, *(spion)* grijpen; **3** *(slag)* pareren, *(aanval)* afslaan

auffassen 1 opvatten, opnemen; **2** begrijpen

Auffassung v^{20} opvatting, mening

auffinden[157] vinden

auffischen opvissen, ophalen, *(drenkelingen)* oppikken; *(meisje)* opscharrelen

aufflackern opflikkeren, opvlammen

aufflammen 1 opvlammen; **2** *(mbt hartstochten)* oplaaien; **3** vlammen schieten

aufflattern opfladderen

auffliegen[159] **1** opvliegen, omhoogvliegen; **2** *(mbt bende)* opgerold worden; **3** *(mbt raam)* openvliegen; **4** mislukken, mislopen

auffordern 1 uitnodigen, vragen; **2** aanmanen, dringend verzoeken; **3** ten dans vragen

Aufforderung v^{20} **1** uitnodiging; **2** verzoek; aanmaning; eis

aufforsten (her)bebossen

auffrischen I *tr* **1** opknappen, vernieuwen; **2** *(voorraden)* aanvullen; **3** *(kennis)* opfrissen; **4** *(kennismaking)* hernieuwen; **II** *intr (mbt wind)* toenemen

aufführen I *tr* **1** opvoeren, spelen; **2** bouwen, oprichten; **3** vermelden, noemen; **II** *sich* ~ zich gedragen

Aufführung I v^{20} **1** opvoering, uitvoering: *zur* ~ *gelangen* opgevoerd, uitgevoerd worden; **2** bouw, (het) oprichten; **3** (het) vermelden, (het) noemen; **II** v^{28} gedrag

auffüllen 1 *(tank)* (bij)vullen, *(voorraad)* aanvullen; **2** opscheppen

Auffüllung v^{20} (het) (bij)vullen; *zie* auffüllen

Aufgabe v^{21} **1** afgifte; **2** (het) opgeven *(ve bestelling)*; **3** opdracht, taak; **4** opgave, werk, *(mv)* huiswerk; **5** thema, vraagstuk, som; **6** opheffing, liquidatie; **7** opgave, (het) opgeven

Aufgang m^6 **1** trap, opgang; **2** weg naar boven; **3** opgang, opkomst *(vd zon)*; **4** *(sp)* opsprong

aufgeben[166] **I** *intr* opgeven, ophouden met; **II** *tr* **1** *(bestelling)* opgeven; **2** opdragen, bevelen; **3** *(eten)* opscheppen; **4** opheffen, liquideren: *den Geist* ~ de geest geven; **5** opgeven; als verloren beschouwen

Aufgebot o^{29} **1** oproep(ing) *(van erfgerechtigden, schuldeisers)*; **2** afkondiging van voorgenomen huwelijk: *das* ~ *bestellen* in ondertrouw gaan; **3** inzet, ingezet materieel; **4** *(sp)* team, ploeg

aufgebracht kwaad, nijdig

aufgehen[168] **1** *(mbt zon)* opkomen, opgaan; **2** *(mbt deeg)* rijzen; **3** *(mbt gedachten, vermoeden, zaad)* opkomen; **4** *(mbt deur, wond)* opengaan; **5** *(mbt de-*

ling) opgaan

aufgehoben *zie* aufheben

aufgekratzt vrolijk, opgewekt

aufgelegt: *gut* ~ *sein* goed gemutst zijn; *zu*[+3] *etwas* ~ *sein* zin in iets hebben; *ein* ~*er Schwindel* een duidelijk bedrog

aufgeregt opgewonden, druk

aufgeschlossen openstaand, open(hartig): ~ *für*[+4] open voor, ontvankelijk voor

aufgeweckt bijdehand, pienter

aufgießen[175] *(koffie, thee)* opgieten, zetten

aufgreifen[181] **1** oppakken, opvatten: *eine Frage (wieder)* ~ een kwestie oprakelen; **2** (iem) oppakken, aanhouden

aufgrund[+2] op grond van

Aufguss m^6 **1** aftreksel; **2** *(fig)* aftreksel, weergave

aufhaben[182] **1** *(eten, hoed, huiswerk)* ophebben; **2** *(ogen, mond, winkel)* open hebben

aufhalsen op de hals laden: *sich*[3] *etwas* ~ zich iets op de hals halen

aufhalten[183] **I** *tr* **1** stuiten, tegenhouden, tot staan brengen; **2** openhouden; **II** *sich* ~ **1** zich ophouden, verblijven, *(ergens)* zijn; **2** zich bezighouden: *sich bei*[+3] *etwas* ~ stilstaan bij iets

aufhängen[184] **1** ophangen; **2** *(telecom)* de hoorn op de haak leggen || *jmdm etwas* ~: *a)* iem iets wijsmaken; *b)* iem iets aansmeren; *c)* iem iets op de hals schuiven

Aufhänger m^9 **1** lus; **2** *(fig)* aanleiding

Aufhängung v^{28} ophanging

aufhäufen I *tr* ophopen, opstapelen; **II** *sich* ~ zich ophopen

aufheben[186] **1** oprapen, optillen; *(sluier)* oplichten, *(jurk)* opnemen; **2** bewaren; **3** *(ogen, faillissement)* opheffen; *(zitting)* sluiten; *(vonnis)* vernietigen || *gut aufgehoben sein* goed geborgen zijn

Aufheben o^{39} drukte, ophef: *viel* ~ (of: *viel Aufhebens) machen von*[+3] veel drukte, ophef maken van

Aufhebung v^{20} opheffing, vernietiging

aufheitern I *tr* opvrolijken; **II** *sich* ~ opklaren

aufhelfen[188+3] **1** ophelpen, op de been helpen; **2** verbeteren, vergroten

aufhellen I *tr* **1** licht(er) maken, ophelderen; **2** *(fig)* opvrolijken; **3** *(misdrijf)* ophelderen; **II** *sich* ~ opklaren: *das Rätsel hat sich aufgehellt* het raadsel is opgelost

aufhetzen 1 *(wild)* opjagen; **2** *(honden)* ophitsen; **3** opstoken, opruien, aanzetten (tot)

aufheulen luid (beginnen te) huilen; *(mbt sirene)* luid (beginnen te) loeien

aufholen I *intr* de achterstand inhalen; **2** in koers stijgen; **II** *tr* **1** *(achterstand)* inhalen; **2** *(leemte)* aanvullen; **3** *(zeil)* hijsen; **4** *(anker)* lichten

aufhorchen scherp (toe)luisteren, de oren spitsen: ~ *lassen* de aandacht trekken

aufhören ophouden, stoppen, uitscheiden

aufkaufen opkopen

Aufkäufer m^9 opkoper

aufkeimen opkomen, ontkiemen *(ook fig)*

aufklappen I *tr* 1 openklappen, openen; 2 *(kraag)* opzetten, *(bed)* opklappen; II *intr* opengaan

aufklaren *(mbt het weer)* opklaren

aufklären I *tr* 1 verklaren, duidelijk maken; 2 ophelderen; 3 *(misverstand)* uit de weg ruimen; 4 inlichten, voorlichten: *Jugendliche ~* jongeren seksuele voorlichting geven; 5 *(mil)* verkennen; 6 onderzoeken; II *sich ~* 1 duidelijk worden; 2 *(mbt gezicht, weer)* opklaren

Aufklärer m^9 1 *(mil)* verkenner; verkenningsvliegtuig; 2 *(hist)* aanhanger van de verlichting

aufklärerisch 1 voorlichtend; 2 verlicht

Aufklärung I v^{28} rationalisme, verlichting; II v^{20} 1 verklaring; 2 opheldering; 3 *(seksuele)* voorlichting; 4 *(mil)* verkenning

aufkleben (op)plakken; (op)kleven

Aufkleber, **Aufklebezettel** m^9 1 sticker; 2 etiket

aufknacken *(noot)* kraken; *(safe)* openbreken

aufknöpfen openknopen, losknopen

aufknüpfen 1 opknopen; 2 losknopen

aufkochen I *tr* 1 aan de kook brengen; 2 opwarmen; II *intr* beginnen te koken

aufkommen[193] 1 opkomen, opstaan; *(mbt zieke)* herstellen; 2 komen opzetten; *(mbt wind)* opsteken; 3 *(mbt gerucht)* ontstaan; 4 *(mbt twijfel, vermoeden)* opkomen; 5 in de mode komen, ingang vinden; 6 *(sp)* achterstand inlopen, terugkomen; 7 *(met für*[+4]*)* opkomen voor, instaan voor

Aufkommen o^{35} 1 herstel; 2 opbrengst, inkomsten *(van belastingen); zie* aufkommen

aufkratzen 1 openkrabben, openschrammen; 2 opmonteren

aufkrempeln opstropen, oprollen

aufkreuzen 1 *(scheepv)* laveren; 2 *(inform)* komen aanzetten, opduiken

aufladen[196] 1 (op)laden: *sich³ etwas ~: a)* iets op de rug nemen; *b)* iets op zich nemen; 2 *jmdm etwas ~* iem iets op de hals schuiven

Auflage v^{21} 1 oplage, druk; 2 productie, geproduceerde hoeveelheid; 3 voorwaarde; 4 opdracht, bevel; 5 bedekking, dun laagje; 6 steun

auflassen[197] 1 *(deur)* openlaten; 2 *(hoed)* ophouden; 3 *(kind)* laten opblijven; 4 *(ballon)* oplaten, *(postduiven)* lossen; 5 *(jur)* overdragen

auflauern[+3] loeren op, opwachten

Auflauf m^6 1 oploop; 2 soufflé

auflaufen[198] I *intr* 1 *(mbt schip)* stranden; 2 botsen, oplopen, oprijden tegen; 3 *(mbt gewas)* opkomen; 4 oplopen, toenemen; 5 *(mbt water)* stijgen || *(sp) zur Spitze ~* naar de kop oprukken; II *sich ~* zich stuklopen

aufleben 1 opleven, herleven; 2 *(fig)* opleven, levendig worden; 3 *(mbt strijd)* opnieuw ontbranden || *neu ~ lassen* doen herleven

auflegen 1 neerleggen, leggen op: *den Hörer ~* de hoorn op de haak leggen; *eine Schallplatte ~* een plaat opzetten; *Schminke ~* zich opmaken; 2 *(lasten)* opleggen; 3 gaan produceren; 4 *(een lening)* uitschrijven, *(aandelen)* uitgeven; 5 ter inzage leg-

gen; 6 *(schip)* opleggen; 7 *(boek)* drukken: *neu ~* herdrukken

Auflegung v^{20} (het) (op)leggen; *zie* auflegen

auflehnen I *tr* leunen op; II *sich ~* in verzet, in opstand komen

Auflehnung v^{20} verzet, opstand

auflesen[201] 1 oprapen; 2 *(ziekte)* oplopen

aufleuchten opflikkeren, opvlammen; *(fig)* stralen

aufliegen[202] 1 liggen (op); 2 *(mbt plicht)* rusten (op); 3 openliggen; 4 ter inzage liggen

auflisten een lijst maken van

auflockern 1 loswerken; 2 losser maken; 3 opvrolijken, afwisselen; 4 *(bedden)* (op)schudden || *aufgelockerte Bewölkung* licht bewolkt

auflodern 1 opvlammen, oplaaien; 2 in vlammen opgaan

auflösen I *tr* 1 oplossen *(ook chem);* 2 *(haar, riem)* losmaken; 3 ontcijferen, oplossen; 4 *(leger, parlement)* ontbinden; *(vereniging, zaak)* opheffen: *(wisk) die Klammern ~* de haken wegwerken; II *sich ~* 1 losraken, losgaan; 2 oplossen, uiteenvallen; 3 opgelost worden

Auflösung v^{20} 1 oplossing, ontknoping; 2 ontbinding *(ve leger, parlement);* opheffing *(ve vereniging, zaak);* 3 (het) optrekken *(vd mist);* 4 verwarring

aufmachen I *tr* 1 openmaken, losmaken; 2 *(zaak)* openen; 3 opmaken; *(theat)* aankleden: *eine Zeitung mit Schlagzeilen ~* een krant van vette koppen voorzien; *etwas groß ~* veel aandacht aan iets besteden; 4 *(rekening)* opmaken; II *sich ~* 1 zich op weg begeven; 2 zich gereedmaken; 3 zich opmaken *(met cosmetica);* 4 *(mbt wind)* opsteken

Aufmachung v^{20} 1 opmaak, presentatie; 2 *(typ)* opmaak; 3 blikvanger; 4 kleding

Aufmarsch m^6 1 opmars; 2 (het) opmarcheren

aufmarschieren[320] opmarcheren: *~ lassen (ook)* laten aanrukken

aufmerksam oplettend, aandachtig: *jmdn auf*[+4] *etwas ~ machen* iem op iets attent maken; 2 voorkomend, beleefd

Aufmerksamkeit v^{20} 1 oplettendheid; 2 attentie

aufmöbeln 1 opknappen; 2 (iem) opmonteren, opkikkeren; 3 *(kennis)* opfrissen

aufmucken, **aufmucksen** tegenstribbelen

aufmuntern 1 opmonteren; 2 aanmoedigen

Aufnahme v^{21} 1 opname, ontvangst, onthaal: *freundliche ~ finden* een vriendelijk onthaal vinden; 2 ontvangkamer, afdeling opname; 3 toelating; 4 (het) opnemen *(van vocht);* 5 (het) sluiten *(ve lening);* 6 begin; 7 (het) aanknopen *(van betrekkingen);* 8 (het) opmaken *(ve inventaris, proces-verbaal);* 9 *(foto)* opname; 10 (het) in kaart brengen

Aufnahmefähigkeit v^{28} 1 opnemingsvermogen; 2 capaciteit

Aufnahmeprüfung v^{20} toelatingsexamen

aufnehmen[212] 1 optillen, opnemen, *(telefoon)* van de haak nemen; 2 opnemen, opdweilen; 3 *(steken)* opnemen; 4 *(spoor)* volgen; 5 *(gast, bestelling, lening)* opnemen, *(inventaris, proces-verbaal)* opmaken; **6** *(school)* toelaten, aannemen; **7** kunnen bevatten; **8** begrijpen, leren: *beifällig ~* gunstig ontvangen; **9** beginnen; aangaan, *(lening)* sluiten; **10** *(betrekkingen)* aanknopen; **11** opname(n) maken; **12** in kaart brengen; **13** *(bal)* aannemen; **14** *(studie)* beginnen || *es mit jmdm ~* het tegen iem opnemen

aufnötigen opdringen

aufopfern I *tr* opofferen; **II** *sich ~* zich opofferen

aufpäppeln *(een zieke)* erbovenop helpen

aufpassen I *intr* oppassen, opletten; **II** *tr (hoed)* oppassen

Aufpasser m^9 **1** opzichter; **2** spion; **3** wachter

aufpeitschen opzwepen *(ook fig)*

aufpflanzen I *tr* opstellen, oprichten, plaatsen; **II** *sich ~* zich posteren: *sich vor jmdm ~* breed voor iem gaan staan

aufplatzen openspringen, barsten

aufpolieren[320] **1** glanzend maken, polijsten; **2** *(fig)* glans geven aan; **3** *(kennis)* opfrissen

aufprägen stempelen op, drukken op

Aufprall m^5 botsing, (het) botsen (tegen)

aufprallen 1 botsen, opvliegen (tegen); **2** met een klap neerkomen

Aufpreis m^5 toeslag

aufputschen 1 opruien, ophitsen; **2** stimuleren, oppeppen; **3** *(sp)* opzwepen

Aufputschmittel o^{33} pepmiddel

Aufputz m^{19} opschik, tooi

aufputzen 1 tooien, opschikken, versieren; **2** oppoetsen, mooier maken

aufquellen[217] opzwellen

aufraffen I *tr* **1** *(snel)* pakken, oprapen; **2** *(jurk)* opnemen; **II** *sich ~* **1** *(met moeite)* opstaan, overeind komen; **2** zich vermannen

aufragen oprijzen, omhoogsteken, zich verheffen

aufräumen opruimen: *mit*[+3] *etwas ~* een eind aan iets maken

Aufräumung v^{20} opruiming

aufrechnen 1 in rekening brengen; **2** aanrekenen || *~ gegen*[+4] verrekenen met

Aufrechnung v^{20} *(jur)* verrekening, compensatie; *zie ook* aufrechnen

aufrecht 1 rechtop, overeind; recht; **2** eerlijk, oprecht; **3** onvervaard, moedig

aufrechterhalten[183] handhaven, bewaren

Aufrechterhaltung v^{28} handhaving

aufregen I *tr* opwinden; **II** *sich ~* (met *über*[+4]) zich opwinden (over)

aufregend opwindend

Aufregung v^{20} opwinding, beroering

aufreiben[219] **1** stukwrijven; **2** *(mil)* vernietigen, in de pan hakken; **3** afmatten, uitputten: *~d* uitputtend, enerverend, slopend

aufreißen[220] **1** openrukken, opentrekken: *seine Klappe* (of: *das Maul*) *~* een grote mond opzetten; **2** *(mond, ogen)* wijd openen; **3** openscheuren; *(straat)* opbreken; *(aarde)* omploegen; **4** *(wolken)* uiteendrijven; **5** *(huid)* openhalen; **6** *(techn)* tekenen; **7** *(problemen)* schetsen; **8** *(meisje)* versieren

aufreizen 1 prikkelen; **2** ophitsen, opruien

aufrichten 1 optillen, oprichten, opheffen; **2** *(oren)* spitsen; **3** oprichten, bouwen; **4** *(fig)* opbeuren, doen opleven

aufrichtig oprecht, eerlijk, openhartig

Aufrichtigkeit v^{28} oprechtheid

Aufrichtung v^{28} **1** oprichting; **2** opbeuring

Aufriss m^5 schets, beknopt overzicht

aufrollen 1 oprollen; **2** uitrollen, ontrollen; **3** ter sprake brengen; **4** *(mouwen)* opstropen; **5** *(deur)* openrollen; **6** *(proces)* heropenen

aufrücken 1 aansluiten, opschuiven; **2** bevorderd worden, opklimmen

Aufruf m^5 **1** oproep, appel; **2** *(het)* opgeroepen worden; **3** *(het)* opvragen *(ve computerprogramma)*; **4** dagvaarding

aufrufen[226] **1** oproepen; **2** de naam afroepen van; **3** een beurt geven; **4** *(computerprogramma)* opvragen; **5** dagvaarden

Aufruhr m^5 **1** oproer, opstand; **2** beroering

aufrühren 1 (om)roeren; **2** (weer) ophalen, *(twist)* oprakelen; **3** in beroering brengen

Aufrührer m^9 opstandeling, muiter, rebel

aufrührerisch oproerig, rebels

aufrunden naar boven afronden

aufrüsten I *tr* **1** bewapenen; **2** uitrusten; **II** *intr* de bewapening opvoeren

Aufrüstung v^{20} bewapening; opvoering van de bewapening

aufrütteln wakker schudden

aufsagen *(gedicht, les, dienst)* opzeggen

aufsammeln 1 oprapen; **2** oppakken, inrekenen; **3** vergaren, verzamelen

aufsässig weerbarstig, opstandig

Aufsatz m^6 **1** opstel, (wetenschappelijk) artikel; **2** bovenstuk; **3** opzet *(op orgel)*

aufsaugen[229] opzuigen, absorberen; *(fig)* in zich opnemen

aufschauen opkijken, opzien: *zu jmdm ~* iem bewonderen

aufscheuchen opjagen, (doen) opschrikken

aufschichten opstapelen, ophopen

aufschieben[237] **1** opschuiven, opzijschuiven, omhoogschuiven, omhoogduwen; **2** openschuiven; **3** uitstellen, opschorten

Aufschiebung v^{20} verschuiving, uitstel; *zie ook* aufschieben

Aufschlag m^6 **1** (het) neerkomen, val; **2** toeslag, prijsverhoging; **3** omslag *(ve broek)*, revers, omgeslagen rand *(ve hoed)*; **4** (oog)opslag; **5** *(sp)* service, opslag; **6** *(bosbouw)* opslag

aufschlagen[241] **I** *tr* **1** opslaan; **2** stukslaan; **3** door een val verwonden; **4** *(boek)* openslaan, *(ogen)* opslaan, *(bed)* openleggen; **5** *(kraag)* opzetten, *(rand)* omslaan; **6** *(tent)* opzetten; **7** (de prijs) verhogen; **II** *intr* **1** hard neerkomen; **2** *(deur, raam)* openslaan; **3** oplaaien; **4** stijgen; **5** *(sp)* serveren, opslaan

Aufschlaglinie v^{21} servicelijn *(bij tennis)*

aufschließen[245] **I** *tr* **1** openen, opendoen, openmaken, ontsluiten *(ook fig)*; 2 duidelijk maken, verklaren; 3 *(gelederen)* sluiten; II *intr (sp)* aansluiting vinden, inhalen

aufschluchzen luid snikken

Aufschluss *m*⁶ 1 opheldering, uitsluitsel, inlichting, verklaring; 2 (het) openen

aufschlussreich informatief, leerzaam, instructief; veelzeggend

aufschnallen 1 losgespen; 2 vastgespen

aufschneiden²⁵⁰ I *tr* 1 opensnijden; 2 in stukken snijden; II *intr* opscheppen, pochen

aufschneiderisch snoeverig, opschepperig

Aufschnitt *m*¹⁹ (boterham)beleg; gesneden kaas, worst en vlees

aufschrauben 1 openschroeven, opendraaien; 2 (vast)schroeven op

aufschrecken I *zw, tr* (doen) opschrikken; II *st, intr*²⁵¹ opschrikken, van schrik opspringen

Aufschrei *m*⁵ kreet, gil

aufschreiben²⁵² opschrijven, aantekenen, noteren: *jmdn ~* iem een bekeuring geven

aufschreien²⁵³ schreeuwen, gillen

Aufschrift *v*²⁰ 1 opschrift; 2 inscriptie; 3 adres

Aufschub *m*⁶ uitstel: *ohne ~* onmiddellijk

aufschütteln opschudden

aufschütten 1 op een hoop gooien; 2 opwerpen, bouwen; 3 ophogen; 4 afzetten

aufschwatzen, aufschwätzen aanpraten

aufschwingen²⁵⁹ I *intr* 1 openzwaaien; 2 opzwaaien; II *sich ~* 1 opvliegen; 2 zich zetten (tot); 3 zich opwerken; 4 zich opwerpen

Aufschwung *m*⁶ 1 (hoge) vlucht, opleving, bloei; 2 *(sp)* opzwaai; 3 impuls

aufsehen²⁶¹ opzien, opkijken

Aufsehen *o*³⁹ opzien, sensatie: *~ machen* (of: *erregen)* opzien baren

aufsehend opzienbarend: *das ist sehr ~* dat is heel opzienbarend

Aufseher *m*⁹ opzichter; cipier; suppoost

aufsein *oude spelling voor* auf sein, *zie* auf II

aufseiten *vz*⁺² aan de kant van

aufsetzen I *tr* 1 opzetten, zetten op; 2 *(voet)* neerzetten; 3 *(brief, contract)* opstellen; 4 *(sp)* laten stuiten; 5 rechtop zetten; 6 aan de grond zetten; II *intr* landen

aufseufzen zuchten, een zucht slaken

Aufsicht *v*²⁸ opzicht, toezicht, inspectie: *die ~ führen über*⁺⁴ toezicht houden op

Aufsichtführende(r), Aufsicht Führende(r) *m*⁴⁰ᵃ, *v*⁴⁰ᵇ toezichthouder, opzichter

Aufsichtsamt *o*³², **Aufsichtsbehörde** *v*²¹ inspectie, controledienst

Aufsichtsrat *m*⁶ 1 raad van commissarissen; 2 raad van toezicht; 3 commissaris, lid van de raad van toezicht

aufsitzen²⁶⁸ I *(haben)* 1 opblijven; 2 *(in bed)* rechtop zitten; 3 bevestigd zijn op, rusten op; II *(sein)* te paard stijgen, *(op een fiets e.d.)* opstappen

aufsperren 1 opensperren, (wijd) openzetten;

openspalken; 2 openmaken

aufspielen I *intr* 1 *(muz)* spelen, musiceren: *zum Tanz ~* dansmuziek spelen; 2 *(sp)* spelen; II *sich ~* 1 gewichtig doen; 2 zich voordoen (als), zich uitgeven (voor)

aufspießen 1 opprikken; 2 op de hoorns nemen; 3 *(fig)* aan de kaak stellen

aufspringen²⁷⁶ 1 opspringen, omhoogspringen; 2 springen op; 3 *(mbt deur)* openvliegen, *(mbt knop)* openspringen

aufspüren opsporen

aufstacheln 1 opzetten, aanzetten; 2 aansporen

Aufstand *m*⁶ opstand, oproer

aufständisch oproerig, opstandig

Aufständische(r) *m*⁴⁰ᵃ, *v*⁴⁰ᵇ oproerling(e), opstandeling(e)

aufstapeln 1 opstapelen; 2 opslaan

aufstecken 1 opspelden, opsteken, ophangen; 2 *(ring)* aandoen, *(kaars)* op de kandelaar zetten; 3 *(plan, studie)* opgeven

aufstehen²⁷⁹ I *(sein)* 1 opstaan; 2 opkomen, ontstaan; 3 in opstand komen; II *(haben)* 1 openstaan; 2 op de grond staan

aufsteigen²⁸¹ 1 opstijgen; *(mbt zon)* opgaan; 2 *(mbt ochtend)* aanbreken, *(mbt onweer)* komen opzetten; 3 *(mbt gedachte)* opkomen; 4 promotie maken; 5 *(sp)* promoveren; 6 opstappen, stappen op *(fiets, tractor);* stijgen op *(rijdier);* 7 *(mbt bergen)* oprijzen

Aufsteiger *m*⁹ 1 promoverende ploeg; 2 iem die carrière gemaakt heeft

aufstellen 1 opstellen, opzetten, oprichten, neerzetten, plaatsen: *jmdn als Kandidaten ~* iem kandidaat stellen; 2 *(leger)* opstellen; 3 *(bewijzen, getuigen)* aanvoeren; 4 *(elftal)* samenstellen; 5 *(balans)* opmaken, *(programma)* maken, opstellen, *(regel, wet)* formuleren: *eine Behauptung ~* beweren; *eine Vermutung ~* vermoeden; 6 *(kraag)* opzetten; 7 *(sp)* behalen: *einen Rekord ~* een record vestigen

Aufstellung *v*²⁰ (het) opstellen; *zie* aufstellen

Aufstieg *m*⁵ 1 (het) opstijgen *(ve ballon),* start *(ve raket);* 2 klim, (het) beklimmen; 3 naar boven lopende weg; 4 *(fig)* carrière, opkomst; 5 promotie

Aufstiegschance *v*²¹, **Aufstiegsmöglichkeit** *v*²⁰ promotiekans

aufstöbern 1 opjagen; 2 opsporen

aufstoßen²⁸⁵ I *tr* 1 *(deur)* openduwen; 2 *(glas)* hard neerzetten; 3 openstoten, kapotstoten; II *intr* 1 stoten; 2 boeren, oprispen; 3 *(mbt eten)* opbreken

aufstrahlen 1 helder, fel schijnen; 2 schitteren; 3 *(fig)* stralen

aufstreben 1 oprijzen, zich verheffen; 2 *(fig)* opkomen, opbloeien

aufstrebend dynamisch

aufstreichen²⁸⁶ smeren op

Aufstrich *m*⁵ 1 beleg; 2 ophaal *(ve letter)*

aufstülpen 1 zetten op; 2 *(muts)* opzetten

aufstützen leunen op: *die Arme* (of: *sich) ~* met de armen leunen op; *sich im Bett ~* zich in bed opricht-

ten; *einen Kranken* ~ een zieke overeind helpen
aufsuchen 1 bezoeken, opzoeken: *den Arzt* ~ naar
de dokter gaan; 2 opzoeken, zoeken naar; 3 oprapen
auftakeln I *tr* optuigen; II *sich* ~ zich opdirken
Auftakt *m*⁵ 1 *(muz)* opslag, opmaat; 2 *(fig)* inleiding, voorspel; 3 begin
auftanken tanken; *(ook fig)* bijtanken
auftauchen 1 opduiken, boven water komen; 2 opdoemen; 3 komen opdagen; 4 *(mbt gedachten)* opkomen, (op)rijzen
auftauen *(ook fig)* ontdooien
aufteilen verdelen, opdelen; indelen
auftischen 1 opdienen; 2 *(fig)* opdissen
Auftrag *m*⁶ 1 opdracht: *im* ~ *(onder brieven)* namens, voor deze; 2 order, bestelling; 3 taak
auftragen²⁸⁸ 1 *(spijzen)* opdienen; 2 aanbrengen: *Puder* ~ zich poederen; 3 *(kleren)* afdragen; 4 opdragen, de opdracht geven || *(fig) dick* ~ overdrijven
Auftraggeber *m*⁹ opdrachtgever
Auftragsbestätigung *v*²⁰ orderbevestiging
auftreiben²⁹⁰ I *tr* 1 opjagen; 2 doen (op)rijzen, doen
(op)zwellen; 3 opzoeken, opscharrelen; II *intr*
(op)zwellen
auftreten²⁹¹ I *tr* opentrappen, stuktrappen; II *intr* 1
lopen; 2 optreden; 3 *(mbt acteur)* opkomen; 4 plotseling de kop opsteken
Auftrieb *m*⁵ 1 opwaartse druk; 2 stijgkracht; 3 impuls, nieuwe moed, kracht, elan
Auftritt *m*⁵ 1 (het) optreden; 2 scène, toneel; 3 opstapje
auftun²⁹⁵ I *tr* 1 opendoen, openen; 2 *(eten)* opscheppen; 3 *(bril, hoed)* opzetten; 4 ontdekken; II *sich* ~ 1
opengaan; *(mbt afgrond)* gapen; 2 geopend worden
aufwachen ontwaken
aufwachsen³⁰² (op)groeien
Aufwand *m*¹⁹ 1 (het) aanwenden, gebruik, inzet; 2
kosten, uitgaven; 3 luxe, verspilling, verkwisting
aufwändig duur, kostbaar, luxueus
aufwärmen I *tr* 1 opwarmen; 2 *(fig)* ophalen; II *sich*
~ zich warmen; *(sp)* zich warmlopen
aufwarten 1 aanbieden, voorzetten: *mit etwas* ~
iets aanbieden; 2 te bieden hebben
aufwärts opwaarts, naar boven, stroomopwaarts:
von 10 Mark ~ vanaf 10 mark
Aufwärtsbewegung *v*²⁰ opwaartse beweging, stijgende lijn, stijging
Aufwartung *v*²⁰ bediening || *jmdm seine* ~ *machen*
iem zijn opwachting maken
Aufwasch *m*¹⁹ afwas, vaat
aufwaschen³⁰⁴ de vaat doen
aufwecken wekken, wakker maken
aufweichen I *tr* 1 weken, week maken; 2 *(fig)* ondermijnen; II *intr* week worden
aufweisen³⁰⁷ 1 wijzen op; 2 *(gebreken, sporen)* vertonen || *etwas aufzuweisen haben* op iets kunnen
bogen
aufwenden³⁰⁸ aanwenden, besteden: *Mühe* ~
moeite doen; *alle Kräfte* ~ al zijn krachten inspannen; *Zeit* ~ tijd besteden; *alles* ~ alles in het werk
stellen
aufwendig duur, kostbaar, luxueus
Aufwendung *v*²⁰ 1 aanwending; 2 *(mv)* uitgaven,
kosten; *zie ook* aufwenden
aufwerfen³¹¹ 1 opengooien; 2 opgooien, omhooggooien; 3 *(dam)* opwerpen; 4 *(probleem)* aan de
orde stellen || *sich* ~ *zu* zich opwerpen als
aufwerten revalueren; opwaarderen
Aufwertung *v*²⁰ revaluatie; verhoging
aufwickeln 1 opwinden, oprollen, opwikkelen; 2
loswikkelen, openmaken
Aufwiegelei *v*²⁰ opruiing
aufwiegeln opruien
aufwiegen³¹² opwegen tegen
Aufwiegler *m*⁹ opruier
aufwieglerisch opruiend, demagogisch
Aufwind *m*⁵ 1 *(luchtv)* thermiek; 2 *(fig)* opleving;
impuls: *im* ~ *sein* in de lift zitten
aufwirbeln I *tr* (doen) opwaaien, opjagen: *Staub* ~
stof doen opwaaien; II *intr* opdwarrelen
aufwischen opnemen, opdweilen
aufwühlen 1 omwroeten, omwoelen; 2 *(een weg)*
stukrijden; 3 loswoelen
aufzählen 1 voortellen; 2 opsommen
aufzeichnen 1 tekenen; 2 vastleggen, opnemen; 3
opslaan
aufzeigen I *tr* aantonen, aanwijzen; II *intr (pop)* de
vinger opsteken
aufziehen³¹⁸ I *tr* 1 optrekken, *(een brug)* ophalen,
(vlag, zeil) hijsen; 2 *(uurwerk)* opwinden; 3 opplakken; 4 *(snaar)* spannen: *einen Reifen* ~ een band
monteren; *gelindere Saiten* ~ water in de wijn doen;
5 openen, opentrekken; 6 grootbrengen, opvoeden,
opkweken; 7 op touw zetten, organiseren; II *intr:*
ein Gewitter zieht auf een onweer komt opzetten; III
sich ~ opklaren
Aufzug *m*⁶ 1 lift; 2 (het) opmarcheren, (het) optrekken; 3 nadering; 4 kleding, uiterlijk; 5 *(theat)* bedrijf; 6 optocht, stoet
aufzwingen³¹⁹ I *tr (iem iets)* opdringen; II *sich* ~
zich opdringen
Auge *o*³⁸ oog *(ook van aardappel, dobbelsteen, op
soep):* *aus den* ~*n, aus dem Sinn* uit het oog, uit het
hart; *jmdn nicht aus den* ~*n lassen* iem in het oog
houden; *etwas im* ~ *behalten* iets in het oog houden; *das fällt* (of: *springt*) *in die* ~*n* (of: *ins* ~) dat
valt, springt in het oog; *etwas ins* ~ *fassen* iets bezien, beschouwen; iets op het oog hebben; *mit bloßem* ~ met het blote oog; *jmdm etwas vor* ~*n stellen*
(of: *halten, führen*) iem iets onder het oog brengen
äugeln 1 lonken; 2 *(plantk)* enten
Augenarzt *m*⁶ oogarts
Augenblick *m*⁵ ogenblik: *im* ~ op het ogenblik; *im
letzten* ~ op het nippertje
augenblicklich 1 onmiddellijk; 2 op het ogenblik,
momenteel
Augenbraue *v*²¹ wenkbrauw
augenfällig in het oog lopend, duidelijk

Augenfehler m^9 oogafwijking
Augenhöhle v^{21} oogholte, oogkas
Augenlid o^{31} ooglid
Augenmaß o^{39}: *ein gutes ~ haben* iets goed *(op het oog)* kunnen schatten; *nach ~* op het oog; *politisches ~* politiek inzicht
Augenmerk o^{39} aandacht
Augenschein m^{19} waarneming: *in ~ nehmen* in ogenschouw nemen
augenscheinlich klaarblijkelijk, blijkbaar
Augenweide v^{28} lust voor het oog
Augenwinkel m^9 ooghoek
Augenwischerei v^{20} *(inform)* bedrog, nep
Augenzeuge m^{15} ooggetuige
¹August m^5 August(us): *der dumme ~* de clown
²August m^5 *(2e nvl ook -)* augustus
Auktion v^{20} veiling, auctie
aus I vz^{+3} uit, van, omwille van: *~ einer Laune heraus* bij wijze van gril; *~ Eisen* van ijzer; *~ Erfahrung* uit ervaring; *~ diesem Grunde* om die reden; *~ Leibeskräften* uit alle macht; *~ ihm wird nichts* van hem komt niets terecht; *~ Versehen* bij vergissing; II *bw* uit: *von Berlin ~* vanuit Berlijn; *von Haus ~* van huis uit; *weder ~ noch ein wissen* geen raad meer weten; *~ sein* voorbij zijn, uit zijn; *die Kalbsleber ist ~* er is geen kalfslever meer; *von mir ~* wat mij betreft
Aus o^{39a}: *der Ball ging* (of: *rollte) ins ~* de bal ging uit
ausarbeiten uitwerken, samenstellen, opstellen
ausatmen uitademen
ausbaden: *etwas ~ müssen* voor iets moeten opdraaien, iets moeten bezuren
Ausbau m^{19} 1 demontage: *der ~ des Motors* de demontage van de motor; 2 uitbreiding, vergroting; 3 *(fig)* ontwikkeling; 4 verbouwing
ausbauen 1 demonteren, halen uit; 2 uitbreiden: *das Straßennetz ~* het wegennet uitbreiden; 3 vergroten, verbeteren; 4 verbouwen
ausbedingen^{141}: *sich etwas ~* iets bedingen; *sich das Recht ~* zich het recht voorbehouden
ausbeißen^{125}, **sich** stukbijten: *(fig) sich die Zähne an*$^{+3}$ *etwas ~* zijn tanden op iets stukbijten
ausbekommen^{193} uitkrijgen
ausbessern repareren, herstellen, verstellen
Ausbesserung v^{20} reparatie, herstel
ausbeulen 1 uitdeuken; 2 uitlubberen
Ausbeute v^{21} opbrengst, rendement
ausbeuten 1 exploiteren, ontginnen; 2 gebruik maken van, benutten; 3 uitbuiten
Ausbeutung v^{20} 1 exploitatie, ontginning; 2 uitbuiting; 3 misbruik; *zie ausbeuten*
ausbilden I *tr* vormen, ontwikkelen; opleiden; II *sich ~* zich vormen, zich ontwikkelen: *sich in Gesang ~* zich in het zingen bekwamen
Ausbilder m^9 opleider, instructeur
Ausbildung v^{20} ontwikkeling, vorming; opleiding
Ausbildungsbeihilfe v^{20}, **Ausbildungsförderung** v^{20} studietoelage
Ausbildungsplatz m^6 opleidingsplaats

Ausbildungsvertrag m^6 leerovereenkomst, *(Belg)* leercontract
ausbitten^{132}: *sich etwas ~: a)* iets vragen, om iets verzoeken; *b)* iets lenen; *c)* iets eisen; *sich Ruhe ~* stilte eisen
ausbleiben^{134} uitblijven, wegblijven
Ausblick m^5 uitzicht
ausblicken uitkijken, uitzien
ausbluten I *(sein)* leegbloeden, doodbloeden; II *(haben)* ophouden te bloeden
ausbooten 1 ontschepen; 2 debarkeren: *(fig) jmdn ~* iem aan de dijk zetten
ausborgen (uit)lenen
ausbrechen^{137} I *tr* 1 uitbreken, (los)breken; 2 uitbraken; II *intr* 1 uitbreken, ontsnappen; 2 *(mbt oorlog, ziekte)* uitbreken; 3 *(mbt vulkaan)* uitbarsten; 4 *(mbt auto)* slippen
Ausbrecher m^9 uitbreker
ausbreiten I *tr* 1 uitspreiden; 2 uitbreiden, vergroten; 3 verspreiden, uitstrooien; 4 uitstallen; 5 uiteenzetten; II *sich ~* zich uitbreiden, zich uitstrekken
ausbrennen^{138} I *tr* uitbranden; II *intr* uitbranden, opbranden
ausbringen^{139} 1 uitbrengen; 2 uitkrijgen
Ausbruch m^6 1 uitbraak; 2 *(mil)* doorbraak; 3 (het) uitbreken *(ve oorlog)*; 4 uitbarsting
ausbrüten uitbroeden *(ook fig)*
ausbügeln 1 *(kreukels)* wegstrijken; 2 strijken, oppersen; 3 *(fig)* herstellen
Ausbund m^6 toonbeeld, model, type
ausbündig buitengewoon
ausbürgern het staatsburgerschap ontnemen
Ausdauer v^{28} volharding, uithoudingsvermogen
ausdauern volhouden, het uithouden
ausdauernd volhardend, met volharding; *(plantk)* overblijvend
ausdehnen I *tr* 1 (doen) uitzetten; 2 *(verblijf)* verlengen; 3 *(macht)* uitbreiden: *ausgedehnte Praxis* grote praktijk; II *sich ~* 1 zich uitbreiden; 2 zich uitstrekken; 3 duren
Ausdehnung v^{20} 1 uitbreiding; 2 uitzetting; 3 verlenging; 4 omvang, grootte; *(wisk)* dimensie
ausdenken^{140} I *tr* 1 bedenken; 2 uitdenken, doordenken; II *sich ~* zich voorstellen, verzinnen
ausdorren uitdrogen, verdorren
ausdörren I *tr* uitdrogen; droog maken; II *intr* uitdrogen, verdorren
ausdrehen 1 uitdraaien, uitzetten; 2 *(ergens)* uitdraaien
Ausdruck I m^6 1 uitdrukking; 2 (gelaats)uitdrukking; 3 uitdrukkingswijze, stijl; 4 kenmerk, symbool; II m^5 *(comp)* print, (computer)uitdraai, afdruk
ausdrucken 1 *(typ)* afdrukken, drukken; 2 printen
ausdrücken I *tr* 1 uitpersen, uitknijpen, uitdrukken; 2 uitdrukken, formuleren; II *sich ~* zich uiten, zich uitdrukken
ausdrücklich uitdrukkelijk, nadrukkelijk
ausdrucksvoll sprekend, expressief

Ausdrucksweise v^{21} manier waarop men zich uitdrukt, uitdrukkingswijze

ausdünnen uitdunnen

ausdunsten, ausdünsten uitwasemen, uitdampen, uitzweten

Ausdunstung, Ausdünstung v^{20} uitdamping, transpiratie, uitwaseming

auseinander uit elkaar, uiteen, van elkaar: ~ *fallen* uiteenvallen; ~ *gehen: a)* uit elkaar gaan, scheiden; *b)* uit elkaar vallen, losraken; *c)* dik worden; *sie ist sehr ~ gegangen* ze is zeer dik geworden; *d) (mbt meningen)* uiteenlopen; *sich ~ leben* (van elkaar) vervreemden; ~ *machen: a)* uit elkaar nemen; *b) (inform)* openen, openvouwen; *c)* spreiden; ~ *setzen* uiteenzetten, verklaren; *(jur) Besitz ~ setzen* gemeenschappelijk bezit verdelen, boedel scheiden; *sich mit*$^{+3}$ *etwas ~ setzen* zich intensief met iets bezighouden; *sich mit jmdm ~ setzen* met iem een discussie aangaan

auseinanderfallen, auseinandergehen *oude spelling voor* auseinander fallen, gehen, *zie* auseinander

auseinanderleben, sich *oude spelling voor* sich auseinander leben, *zie* auseinander

auseinandermachen, auseinandersetzen *oude spelling voor* auseinander machen, setzen, *zie* auseinander

Auseinandersetzung v^{20} **1** uiteenzetting, verklaring; **2** bespreking, discussie; **3** conflict, woordenwisseling, ruzie: *es kam zu ~en* het kwam tot woorden; *blutige ~en* bloedige vechtpartijen

auserkoren uitverkoren

auserlesen I tr^{201} uitverkiezen; **II** *bn* uitgelezen, buitengewoon

ausersehen^{261} uit(ver)kiezen, voorbestemmen

auserwählen uitkiezen, verkiezen, uitverkiezen

Auserwählte(r) m^{40a}, v^{40b} uitverkorene; geliefde

Auserwählung v^{20} uitverkiezing

ausfahren^{153} **I** tr **1** gaan rijden met; **2** *(weg)* stukrijden: *die Kurve ~* de buitenbocht nemen; **3** *(wedstrijd)* houden; **4** bezorgen; **5** de capaciteit volledig benutten; **6** *(landingsgestel)* uitklappen; *(anker)* uitwerpen; *(antenne)* uitschuiven; **II** *intr* **1** uitrijden, wegrijden; uitvaren, wegvaren; vertrekken; **2** uit rijden gaan

Ausfahrt v^{20} **1** (het) uitvaren, vertrek; **2** (het) naar buiten rijden *(van auto);* **3** uitrit; **4** havenuitgang; **5** afrit

Ausfall m^6 **1** uitval *(ook bij het schermen);* **2** uitslag, uitkomst, resultaat; **3** (het) uitvallen, (het) vervallen; **4** (het) verminderen, verlies, tekort

ausfallen^{154} **1** *(mbt haar, tanden, letter, licht, motor)* uitvallen; **2** vervallen

ausfallend, ausfällig grof, beledigend

Ausfallstraße v^{21} uitvalsweg

ausfertigen 1 opstellen, (uit)schrijven; **2** *(een pas)* afgeven; **3** ondertekenen: *Gesetze ~* wetten ondertekenen, uitvaardigen

Ausfertigung v^{20} **1** (het) opstellen, (het) (uit)schrij-

---

ven: *in zweifacher ~* in duplo; **2** afgifte *(van pas);* **3** *(jur)* afschrift; **4** ondertekening *(van wet door staatshoofd)*

ausfinden^{157} vinden: *sich ~ in*$^{+3}$ zich thuis voelen in, overweg kunnen met

ausfindig: ~ *machen* opsporen, ontdekken

ausfliegen^{159} **I** *intr* **1** uitvliegen, wegvliegen; **2** een luchtruim verlaten; **3** *(inform)* een uitstapje maken; **II** *tr* met een vliegtuig naar elders brengen, evacueren

ausflippen 1 zijn toevlucht tot drugs nemen; **2** de maatschappij de rug toekeren; **3** overstuur raken; **4** buiten zichzelf zijn

Ausflucht v^{25} uitvlucht, voorwendsel

Ausflug m^6 **1** (het) uitvliegen; **2** uitstapje, tochtje, excursie; **3** vlieggat *(ve bijenkorf)*

Ausflügler m^9 dagrecreant, dagjesmens

Ausfluss m^6 **1** afvoer, uitloop; **2** (het) weglopen, uitstromen; **3** *(med)* afscheiding; **4** gevolg, uitvloeisel

ausfransen rafelen

ausfressen^{162} **1** uit(vr)eten, leeg(vr)eten; **2** *(fig)* uithalen, uitvoeren

Ausfuhr v^{20} uitvoer, export

ausführbar uitvoerbaar, mogelijk, doenlijk

Ausfuhrbewilligung v^{20} uitvoervergunning

ausführen 1 (iem) mee uit nemen, uitgaan met: *den Hund ~* de hond uitlaten; **2** uitvoeren, exporteren; **3** uitvoeren, realiseren: *einen Auftrag, Befehl ~* een opdracht, bevel uitvoeren; **4** *(een ontwerp)* uitwerken; **5** *(strafschop)* nemen; **6** uiteenzetten, verklaren

Ausführende(r) m^{40a}, v^{40b} uitvoerende

Ausfuhrgenehmigung v^{20} uitvoervergunning

ausführlich uitvoerig, in detail

Ausfuhrsperre v^{21} uitvoerverbod

Ausführung v^{20} **1** uitvoering, verwezenlijking: *zur ~ gelangen* (of: *kommen)* uitgevoerd worden; **2** uitvoering, kwaliteit; **3** uitwerking *(van ontwerp);* **4** (het) uitvoeren *(van bevel, werk): die ~ eines Freistoßes* het nemen van een vrije trap; **5** uiteenzetting

ausfüllen 1 vullen; *(sloot)* dempen, *(gat)* dichten: *Lücken in der Gesetzgebung ~* leemten in de wetgeving aanvullen; **2** invullen; **3** *(betrekking)* vervullen, *(ambt)* bekleden ‖ *die Hausarbeit füllt sie nicht aus* de huishouding bevredigt haar niet

Ausgabe v^{21} **1** (het) uitgeven, (het) verdelen, verdeling; **2** afgifte; **3** uitgifte *(van aandelen);* **4** uitgave *(van geld, boek);* **5** output *(van computer);* **6** loket; **7** *(bevel)* uitvaardiging; **8** oplage; **9** editie; **10** uitvoering

Ausgang m^6 **1** (het) uitgaan; wandeling: ~ *haben* vrij hebben; **2** uitgang *(van gebouw);* **3** eind *(van dorp, tijdperk);* **4** afloop, einde; **5** uitgangspunt *(van gesprek)*

Ausgangspunkt m^5 uitgangspunt

Ausgangssperre v^{21} uitgaansverbod

ausgären^{164} **1** uitgisten; **2** *(fig)* rijpen

ausgeben^{166} **I** tr **1** uitreiken, verstrekken, afgeven: *eine* (of: *einen) Runde ~* een rondje geven; **2** *(aan-*

delen, boeken, geld) uitgeven; **3** *(bevel)* uitvaardigen; **4** *(instructies)* geven; **5** *(comp)* uitprinten, afdrukken; **II** *sich ~* zich geven: *sich ~ für*[+4] zich uitgeven voor

ausgebrannt uitgeput

Ausgeburt *v*[20] **1** voortbrengsel, product, uitwas; **2** *(ongunstig)* toppunt

ausgefallen apart, origineel

ausgeglichen 1 harmonisch, evenwichtig, gelijkmatig; **2** *(mbt wedstrijd)* gelijkopgaand

ausgehen[168] **1** uitgaan, naar buiten gaan: *auf Abenteuer ~* op avontuur uitgaan; **2** opraken: *der Artikel ist ausgegangen* het artikel is uitverkocht; *der Atem ging ihm aus* hij raakte buiten adem; *mein Geld ist mir ausgegangen* mijn geld is op; *die Haare gehen ihr aus* haar haar valt uit; *der Vorrat geht aus* de voorraad raakt op; **3** *(met von*[+3]*)* uitgaan van; **4** *(mbt vuur, licht)* uitgaan; *(mbt motor)* afslaan; **5** *(mbt kleding)* uitgaan; **6** uitgaan, eindigen || *das ~de Mittelalter* de late Middeleeuwen; *frei ~* vrijuit gaan; *gut, schlecht ~* goed, slecht aflopen

ausgekocht uitgekookt, geraffineerd

ausgelassen uitgelaten, doldwaas

ausgelernt uitgeleerd, volleerd

ausgemacht 1 zeker, vaststaand: *eine ~e Sache* een uitgemaakte zaak; **2** uitgesproken; **3** zeer, buitengewoon

ausgenommen uitgezonderd, met uitzondering van, behalve

ausgerechnet juist, net

ausgeschlossen uitgesloten, onmogelijk

ausgeschnitten uitgesneden, gedecolleteerd

ausgesprochen 1 uitgesproken; **2** bepaald

ausgesucht 1 uitgezocht, uitgelezen, select; **2** zeer groot, buitengewoon

ausgewachsen volgroeid

ausgewogen harmonisch, evenwichtig

Ausgewogenheit *v*[28] harmonie

ausgezeichnet uitstekend, voortreffelijk

ausgiebig overvloedig, uitgebreid, rijkelijk

ausgießen[175] **1** uitgieten, uitstorten, leeggieten; **2** *(gietend)* blussen; **3** *(techn)* volgieten

Ausgleich *m*[5] **1** vergelijk, schikking, vereffening: *zum ~* (of: *als ~*) ter vereffening; **2** compensatie, vergoeding; **3** *(sp)* handicap, voorgift; **4** gelijkmaker *(doelpunt)*

ausgleichen[176] **I** *tr* **1** *(twist)* bijleggen, uit de weg ruimen; **2** met elkaar in overeenstemming brengen; **3** compenseren, goedmaken; **4** *(rekening)* vereffenen; **5** *(grond)* gelijkmaken, nivelleren; **II** *intr (sp)* gelijkmaken; **III** *sich ~* vereffend worden, tegen elkaar opwegen, elkaar opheffen

Ausgleichsfonds *m* *(2e nvl -; mv -)* egalisatiefonds, *(Belg)* compensatiekas

Ausgleichsgeschäft *o*[29] compensatietransactie

Ausgleichsstor *o*[29], **Ausgleichstreffer** *m*[9] *(sp)* gelijkmaker

ausgleiten[178] **1** uitglijden; **2** ten einde glijden

ausgliedern losmaken; buiten beschouwing laten

ausgraben[180] **1** uitgraven, opgraven; **2** graven

Ausgrabungsort *m*[5] opgraving

ausgrenzen losmaken, buitensluiten

Ausguck *m*[5] uitkijk: *~ halten* op de uitkijk staan

ausgucken 1 bekijken; **2** uitkijken

Ausguss *m*[6] **1** gootsteen; **2** afvoerbuis

aushaben[182] **1** *(boek, schoenen)* uit hebben; **2** leeggedronken, leeggegeten hebben || *wann habt ihr heute aus?* hoe laat zijn jullie vandaag klaar op school?

aushaken loshaken; uit de hengsels lichten

aushalten[183] **I** *intr* het uithouden, het volhouden; **II** *tr* **1** doorstaan, verduren, bestand zijn tegen; **2** *(ongunstig)* onderhouden

aushandeln overeenkomen, tot stand brengen

aushändigen overhandigen

Aushang *m*[6] openbare bekendmaking

aushängen I *st, intr*[184] *(mbt bekendmaking)* aangeplakt, opgehangen zijn; **II** *zw, tr* aanplakken, ophangen

Aushängeschild *o*[31] **1** uithangbord; **2** *(fig)* dekmantel

ausharren volhouden, het uithouden, volharden

aushauchen uitademen, uitblazen

ausheben[186] **1** *(boom)* uitgraven; **2** *(kanaal)* graven; **3** *(nest)* uithalen; **4** *(aarde)* afgraven; **5** *(maag)* leegpompen; **6** *(deur)* uit de hengsels lichten; **7** *(bende)* oprollen; **8** ontwrichten

aushebern *(maag)* leegpompen

Aushebung *v*[20] **1** (het) uitgraven, (het) graven; **2** (het) oprollen, arrestatie; **3** lichting

aushecken uitbroeden, uitdenken, verzinnen

aushelfen[188] helpen, bijspringen; *(voor iem)* invallen

Aushilfe *v*[21] hulp, bijstand; invaller, noodhulp: *zur ~* als noodhulp

Aushilfskraft *v*[25] noodhulp, invaller

aushöhlen uithollen; *(fig)* ondermijnen

ausholen 1 *(bij klap)* uithalen; **2** *(bij vertellen)* breedvoerig zijn: *(weit) ausholende Schritte* (zeer) grote stappen

aushorchen: *jmdn ~* iem uithoren

aushungern uithongeren

auskämmen uitkammen; kammen

auskennen[189], *sich* de weg weten, thuis zijn in, verstand hebben van

ausklammern buiten beschouwing laten

Ausklang *m*[6] einde, slot

ausklarieren[320] uitklaren

auskleiden 1 uitkleden, ontkleden; **2** betimmeren, bekleden

ausklingen[191] **1** ophouden te klinken; **2** wegsterven; **3** *(fig)* eindigen

ausklügeln uitkienen

auskneifen[192] ertussenuit knijpen, 'm smeren

ausknobeln 1 dobbelen om; **2** uitkienen

auskochen 1 uitkoken; **2** uitdenken

auskommen[193] **1** uitkomen; **2** *(mbt brand)* uitbreken; **3** overweg kunnen: *mit jmdm ~* het met iem

kunnen vinden; **4** rondkomen, uitkomen
Auskommen o^{39} inkomen: *ein gutes ~ haben* goed kunnen leven || *mit ihm ist kein ~* niemand kan het met hem vinden
auskömmlich voldoende, behoorlijk
auskosten: *etwas ~* ten volle van iets genieten; *etwas ~ müssen* iets moeten doorstaan
auskratzen I *tr* uitkrassen, wegkrassen; uitkrabben; **II** *intr* ervandoor gaan
auskugeln *(arm)* ontwrichten
auskundschaften 1 verkennen; **2** opsporen
Auskunft v^{25} **1** inlichting(en), informatie(s): *~ über etwas*[4] *erteilen, einholen* inlichtingen omtrent iets geven, inwinnen; **2** *(loket, afdeling)* Inlichtingen
Auskunftei v^{20} informatiebureau
Auskunftsbüro o^{36}, **Auskunftsstelle** v^{21} informatiebureau; *(toerisme)* VVV-kantoor
auskurieren[320] grondig genezen, geheel genezen
auslachen I *tr* uitlachen, lachen om; **II** *sich ~* naar hartenlust lachen
ausladen[196] **I** *tr* uitladen, lossen; **II** *intr* uitsteken, uitspringen || *die Gäste wieder ~* de gasten afzeggen
Auslage v^{21} **1** uitgestalde artikelen; **2** etalage; **3** *(sp)* uitgangspositie; **4** *(mv)* gemaakte onkosten
Ausland o^{39} **1** buitenland; **2** vreemde
Ausländer m^9 buitenlander
Ausländerin v^{22} buitenlandse
ausländisch 1 buitenlands; **2** exotisch
Auslandsbeziehungen *mv* v^{20} buitenlandse betrekkingen
Auslandsgespräch o^{29} internationaal (telefoon)gesprek
Auslandsreise v^{21} buitenlandse reis
Auslandsschutzbrief m^5 internationale reis- en kredietbrief
auslassen[197] **1** laten ontsnappen: *seine schlechte Laune an jmdm ~* z'n slechte humeur op iem afreageren; *seine Wut an jmdm ~* zijn woede op iem koelen; **2** *(woord)* weglaten; **3** zich laten ontgaan; **4** overslaan; **5** *(kleding)* uitleggen; **6** uitlaten, niet aandoen
auslasten 1 volledig benutten; **2** op volle kracht laten draaien; **3** het laadvermogen volledig benutten; **4** in beslag nemen
Auslastung v^{20} volledige belasting, volledige benutting
Auslauf m^6 **1** uitloop, monding, uitweg; **2** (kippen)ren; **3** vertrek, (het) uitlopen *(ve schip);* **4** *(sp)* uitloop(baan); **5** ruimte
auslaufen[198] **1** *(scheepv)* uitlopen, vertrekken; **2** weglopen, lekken; **3** leeglopen; **4** *(mbt kleur)* doorlopen; **5** *(sp)* uitlopen; **6** eindigen, aflopen; **7** tot stilstand komen; **8** *(mbt model)* niet meer gemaakt worden
Ausläufer m^9 **1** uitloper *(ve gebergte);* **2** loot, spruit *(ve plant)*
ausleeren 1 leeggieten; **2** legen
auslegen 1 uitstallen; **2** ter inzage leggen; **3** neerleggen; **4** poten, zaaien; **5** *(kabel)* leggen; **6** beleggen,

bekleden; **7** *(met ivoor, hout)* inleggen; **8** *(geld)* voorschieten; **9** uitleggen, verklaren
Ausleger m^9 uitlegger, interpreet
Ausleihe v^{21} **1** (het) uitlenen; **2** uitleenbureau, *(Belg)* bedieningspost
ausleihen[200] (uit)lenen: *sich bei* (of: *von) jmdm ein Buch ~* een boek van iem lenen
auslernen zijn leertijd, schooltijd voltooien: *man lernt nie aus* men raakt nooit uitgeleerd
Auslese v^{21} **1** keus, selectie; **2** elite, puikje; **3** *(mbt wijn)* eerste kwaliteit
auslesen[201] **1** uitlezen; **2** uitkiezen, uitzoeken
ausliefern 1 uitleveren; **2** afleveren
Auslieferung v^{20} **1** uitlevering; **2** aflevering
Auslieferungsantrag m^6, **Auslieferungsbegehren** o^{35} verzoek tot uitlevering
ausliegen[202] **1** uitgestald zijn; **2** uitgezet zijn; **3** ter inzage liggen
auslöffeln uitlepelen, oplepelen, leeglepelen
auslöschen 1 blussen, doven; **2** *(gas, licht)* uitdoen; **3** *(sporen)* uitwissen
auslosen loten, door het lot aanwijzen
auslösen 1 *(techn)* op gang brengen, in werking stellen: *(foto) den Verschluss ~* de sluiter openen; **2** *(fig)* (ver)wekken, teweegbrengen, veroorzaken; **3** *(uitspraak)* uitlokken
Auslöser m^9 *(foto)* ontspanner
Auslösung v^{20} **1** (het) in werking stellen; **2** reiskostenvergoeding; *zie ook* auslösen
ausloten 1 *(diepte, muren)* loden, peilen; **2** *(fig)* doorgronden
ausmachen 1 uitdoen, uitmaken, doven, afzetten; **2** afspreken, overeenkomen; **3** uitvechten; **4** vormen, uitmaken; **5** bedragen; **6** waarnemen; **7** bepalen
ausmalen I *tr* **1** beschilderen; **2** kleuren; **3** *(fig)* schilderen, beschrijven; **II** *sich ~* zich voorstellen
Ausmaß o^{29} **1** omvang, afmeting; **2** mate, maat
ausmerzen 1 schrappen, verwijderen; **2** vernietigen, verdelgen
ausmessen[208] (op)meten
ausmisten uitmesten
ausmünden uitmonden, uitlopen, uitkomen
ausmustern 1 *(mil)* afkeuren; **2** uitsorteren, afdanken, buiten gebruik stellen
Ausnahme v^{21} uitzondering
Ausnahmezustand m^6 uitzonderingstoestand: *den ~ verhängen über*[+4] de uitzonderingstoestand afkondigen voor
ausnahmslos zonder uitzondering
ausnahmsweise bij (wijze van) uitzondering
ausnehmen[212] **I** *tr* **1** uitnemen, halen uit; leeghalen; schoonmaken, *(vis)* van ingewanden ontdoen; *(nest)* uithalen; **2** uitsluiten, uitzonderen; **II** *sich ~* staan, klinken, een ... indruk maken: *das nimmt sich hübsch aus* dat ziet er aardig uit || *jmdn ~* iem geld afhandig maken
ausnutzen, ausnützen 1 gebruiken, benutten, (ten volle) gebruik maken van, profiteren van, exploiteren; **2** uitbuiten

Ausnutzung, Ausnützung v^{28} (het) gebruiken; *zie ook* ausnutzen, ausnützen

auspacken 1 uitpakken; **2** (uitvoerig) vertellen; **3** bekennen, alles verraden; **4** ongezouten de waarheid zeggen

ausplaudern rondvertellen, verklappen

ausplündern uitplunderen, leegplunderen

auspolstern 1 bekleden; **2** (op)vullen

ausposaunen uitbazuinen, rondbazuinen

ausprägen I *tr (goud)* aanmunten, *(penning)* slaan; **II** *sich* ~ **1** tot uitdrukking komen, zich uiten; **2** zich ontwikkelen ‖ *ausgeprägt* geprononceerd, uitgesproken

auspressen 1 uitpersen; **2** *(fig)* uitbuiten; **3** *(fig)* uithoren, uitvragen

ausproben, ausprobieren[320] (uit)proberen; beproeven, testen

Auspuff m^5 **1** uitlaat; **2** uitstoot

auspusten uitblazen

Ausputzer m^9 *(sp)* ausputzer, laatste man

ausquetschen 1 uitpersen; **2** ondervragen, uithoren

ausradieren 1 wegkrabben, uitgommen; **2** *(mil)* met de grond gelijk maken; **3** uitroeien, uit de weg ruimen

ausrangieren[320] afdanken

ausrasten 1 *(techn)* losspringen; **2** over zijn toeren raken

ausrauben 1 beroven; **2** leegplunderen

ausräumen 1 (uit-, ont)ruimen, legen; **2** leegroven; **3** uit de weg ruimen

ausrechnen uitrekenen, berekenen: *sich etwas* ~ *iets berekenen, nagaan; *sich etwas* ~ *können* iets kunnen nagaan

Ausrede v^{21} uitvlucht, smoesje

ausreden I *intr* uitspreken, uitpraten; **II** *tr* uit het hoofd praten: *jmdm etwas* ~ iem iets uit het hoofd praten

ausreichen voldoende zijn, toereikend zijn

ausreichend voldoende

Ausreise v^{21} vertrek uit het land, uitreis

ausreisen (uit)reizen, het land verlaten

ausreißen[220] **I** *tr* uitrukken; uitscheuren; **II** *intr* **1** losscheuren, uitscheuren; **2** weglopen; **3** deserteren; **4** *(sp)* ontsnappen

Ausreißer m^9 **1** wegloper, vluchteling; **2** *(mil)* deserteur; **3** *(sp)* vluchter

ausrenken verrekken, ontwrichten

ausrichten 1 *(peloton)* richten; **2** *(techn)* zuiver stellen; **3** *(boodschap)* overbrengen, mededelen, *(groeten)* doen; **4** voorbereiden, organiseren; **5** uitrichten, bereiken, tot stand brengen; **6** richten, afstemmen, oriënteren

Ausrichtung v^{28} **1** (het) richten; **2** (het) zuiver stellen; **3** (het) oriënteren; **4** (het) overbrengen; **5** (het) voorbereiden, (het) organiseren; **6** ontsluiting; *zie* ausrichten

ausrollen I *tr* plat rollen; uitrollen, afrollen; **II** *intr* uitlopen; tot stilstand komen

ausrotten uitroeien, verdelgen

ausrücken 1 uitrukken; **2** 'm smeren

Ausruf m^5 **1** uitroep, kreet; **2** (het) afroepen, (het) omroepen

ausrufen[226] **1** uitroepen, uitschreeuwen; **2** uitroepen, proclameren; **3** afroepen, omroepen; **4** te koop aanbieden

Ausrufezeichen o^{35} uitroepteken

ausruhen I *intr* uitrusten; **II** *sich* ~ uitrusten

ausrüsten uitrusten, toerusten

Ausrüstung v^{20} uitrusting, toerusting

ausrutschen uitglijden; *(mbt hand)* uitschieten; *(fig)* een misstap begaan

aussäen *(ook fig)* zaaien

Aussage v^{21} **1** mening, oordeel, uitspraak; **2** verklaring, getuigenis; **3** zeggingskracht

aussagen verklaren; getuigen, uitdrukken

Aussagepflicht v^{20} plicht om te getuigen

Aussatz m^{19} melaatsheid, lepra

Aussätzige(r) m^{40a}, v^{40b} melaatse

ausschachten (uit)graven

ausschalten *(ook fig)* uitschakelen

Ausschank m^6 **1** (het) schenken *(van drank)*; **2** café, kroeg; **3** tapkast, buffet

Ausschau v^{28} (het) uitzien: ~ *halten nach*[+3] uitzien, uitkijken naar

ausschauen uitkijken, uitzien

ausscheiden[232] **I** *tr* **1** afscheiden, uitscheiden; **2** uitzoeken, uitsorteren; **II** *intr* **1** niet in aanmerking komen; **2** uittreden, aftreden; **3** *(de dienst)* verlaten; **4** *(sp)* uitgeschakeld worden, uitvallen

Ausscheidung v^{20} **1** (het) afscheiden, uitscheiden; **2** (het) uitscheiden; **3** ontlasting, urine: ~*en* uitwerpselen; **4** *(sp)* voorronde

ausschenken 1 schenken, tappen; **2** *(koffie)* inschenken, *(soep)* opscheppen

ausscheren 1 de file verlaten, uitwijken; **2** *(mbt aanhangwagen)* uitzwenken

ausschiffen I *tr* **1** ontschepen; **2** lossen; **3** *(fig)* de laan uitsturen; **II** *sich* ~ ontschepen

ausschildern 1 bewegwijzeren; **2** door verkeersborden aangeven

ausschimpfen een uitbrander geven

ausschlachten 1 *(slachtvee)* schoonmaken; **2** *(de huid)* afstropen; **3** alle bruikbare onderdelen halen uit *(een oude auto)*; **4** *(een affaire)* uitbuiten

ausschlafen I *intr* uitslapen; **II** *sich* ~ uitslapen

Ausschlag m^6 **1** *(med)* uitslag; **2** (het) uitslaan, uitslag *(van wijzer)*; **3** *(fig)* doorslag: *den* ~ *geben* de doorslag geven

ausschlagen[241] **I** *tr* **1** *(een tand)* uitslaan; **2** bekleden, stofferen, voeren; **3** afslaan, van de hand wijzen, weigeren; **4** uitslaan, doven; **II** *intr* **1** *(mbt wijzer)* uitslaan; **2** *(plantk)* uitlopen, uitbotten

ausschlaggebend doorslaggevend

ausschließen[245] uitsluiten, buitensluiten

ausschließlich I *bw* uitsluitend, alleen; **II** *bn* uitsluitend, bijzonder, exclusief; **III** *vz*[+2] behalve, buiten

ausschlüpfen uitkomen

au

ausschlürfen uitslurpen; leegdrinken

Ausschluss m^6 uitsluiting: *unter ~ der Öffentlichkeit* met gesloten deuren

ausschmücken versieren, (op)tooien; *(verhaal)* opsmukken

ausschneiden[250] **1** uitsnijden, wegsnijden; **2** uitknippen; **3** snoeien

Ausschnitt m^5 **1** opening, gat; **2** decolleté; **3** knipsel; **4** stuk, fragment; **5** sector *(van cirkel)*

ausschöpfen 1 scheppen uit; **2** leegscheppen; **3** uitputten; **4** *(onderwerp)* volledig behandelen

ausschrauben (uit)schroeven

ausschreiben[252] **1** *(rekening)* uitschrijven, *(volmacht)* schrijven; **2** *(formulier)* invullen; **3** voluit schrijven, *(getal)* in letters schrijven; **4** *(vergadering)* uitschrijven; **5** *(beloning, prijs)* uitloven; **6** *(handel)* aanbesteden

Ausschreibung v^{20} (het) uitschrijven: *öffentliche ~* openbare aanbesteding; *zie* ausschreiben

ausschreien[253] **1** schreeuwend venten met, schreeuwend te koop aanbieden; **2** uitschreeuwen

Ausschreitung v^{20} **1** gewelddadigheid; **2** uitspatting: *~en* ongeregeldheden

Ausschuss m^6 **1** commissie, comité; **2** uitschot, bocht

ausschütteln uitschudden

ausschütten 1 (uit)schudden; uitstorten, uitgieten; **2** uitkeren, uitbetalen

ausschwärmen (uit)zwermen

ausschweifend 1 overdreven, mateloos; **2** losbandig

Ausschweifung v^{20} **1** mateloosheid, overdrijving; **2** losbandigheid, uitspatting

ausschweigen[255], **sich** zwijgen als het graf

ausschwenken I *tr (hijskraan)* naar buiten draaien; **II** *intr* uitzwenken

ausschwingen[259] **I** *intr* **1** uitslingeren, uitzwaaien; **2** ophouden, eindigen; **II** *tr* heen en weer zwaaien ‖ *nach links ~* een bocht naar links maken *(bij het skiën)*

aussehen[261] **1** uitzien, uitkijken; **2** eruitzien: *es sieht nach Regen aus* het ziet er naar uit, dat het gaat regenen; *(inform)* so *siehst du aus!* dat had je gedacht!; *sehe ich danach aus?* (of: *sehe ich so aus?)* zie je me daarvoor aan?

Aussehen o^{39} **1** schijn; **2** uiterlijk, voorkomen

aussein *oude spelling voor* aus sein, *zie* aus

außen (van) buiten, aan de buitenkant: *von ~* van buiten, uitwendig

außen-, **Außen-** buiten-, buitenlands

Außenbahn v^{20} *(sp)* buitenbaan

aussenden[263] (uit)zenden, (uit)sturen

Außendienst m^5 buitendienst

Außenhandel m^{19} buitenlandse handel

Außenminister m^9 minister van Buitenlandse Zaken

Außenpolitik v^{28} buitenlandse politiek

außenpolitisch van de (in de) buitenlandse politiek, wat de buitenlandse politiek betreft

Außenseite v^{21} buitenzijde, buitenkant

Außenseiter m^9 buitenstaander, outsider

Außenspiegel m^9 zijspiegel, buitenspiegel

Außenstände *mv* m^6 uitstaande gelden, uitstaande vorderingen; openstaande posten

Außenstehende(r) m^{40a}, v^{40b} buitenstaander

Außenstürmer m^9 *(sp)* vleugelspeler, buitenspeler

Außenviertel o^{33} buitenwijk

außer I $vz^{+3, zelden +2}$ buiten; behalve: *~ Atem* buiten adem; *~ Betrieb* buiten bedrijf; *~ Bett (van zieke)* op; *~ Dienst (a.D.)* buiten dienst, gepensioneerd; *~ sich* van zijn stuk; *~ Landes sein* in het buitenland zijn; **II** *vw* behalve; tenzij: *~ dass* behalve dat; *~ wenn* tenzij

äußer buitenst, uiterlijk, uitwendig, buiten-: *der ~e Schein* de uiterlijke schijn; *eine ~e Verletzung* een uitwendige verwonding

außerdem bovendien, daarenboven

Äußere(s) o^{40c} uiterlijk, voorkomen; uitwendige, buitenkant

außergewöhnlich buitengewoon, bijzonder

außerhalb I vz^{+2} buiten; **II** *bw* buiten: *~ wohnen* buiten de stad wonen

außerirdisch 1 buitenaards; **2** bovenaards

Außerkraftsetzung v^{20} buitenwerkingstelling

äußerlich 1 uiterlijk, uitwendig; **2** oppervlakkig

Äußerlichkeit v^{20} uiterlijkheid

äußern 1 *tr* uiten, te kennen geven, uitspreken; **II** *sich ~* **1** zich openbaren; **2** zich uiten

außerordentlich buitengewoon, uitzonderlijk

außerparlamentarisch buitenparlementair

außerschulisch buitenschools

äußerst uiterst, laatst: *der ~e Preis* de uiterste, laagste prijs; *in ~er Verlegenheit* in de grootste verlegenheid; *aufs Äußerste* (of: *aufs ~e) erschrocken* hevig geschrokken

außerstande niet in staat

Äußerste(s) o^{40c} uiterste, ergste: *sein Äußerstes tun* zijn uiterste best doen; *aufs Äußerste gefasst* op het ergste voorbereid

Äußerung v^{20} **1** uiting, teken; **2** uitlating

aussetzen I *tr* **1** *(boot)* uitzetten; **2** *(aan gevaar)* blootstellen; **3** *(een kind)* te vondeling leggen; **4** *(beloning, prijs)* uitloven, uitschrijven; **5** onderbreken, schorsen; **6** uitstellen, opschorten; **7** aan land brengen; **II** *intr* ophouden, stokken, afslaan, uitvallen: *der Atem setzt aus* de adem stokt; *der Motor setzt aus* de motor slaat af; *an*[+3] *etwas, an jmdm etwas auszusetzen haben* iets aan te merken hebben op iets, op iem

Aussetzung v^{20} **1** (het) uitzetten; **2** uitloving; **3** aanmerking; *zie ook* aussetzen

Aussicht v^{20} **1** uitzicht, (ver)gezicht; **2** (voor)uitzicht, kans, verwachting: *er hat gute ~en* hij heeft goede vooruitzichten; *in ~ stellen* in het vooruitzicht stellen

aussichtslos uitzichtloos, hopeloos

aussichtsreich veelbelovend

aussieben 1 uitzeven, uitziften; **2** selecteren

aussiedeln expatriëren, evacueren
Aussiedler m^9 1 emigrant; 2 evacué
Aussiedlung v^{20} verdrijving, evacuatie
aussöhnen I *tr (met elkaar)* verzoenen; II *sich ~* zich verzoenen
Aussöhnung v^{20} verzoening
aussortieren^{320} uitsorteren, uitselecteren
ausspähen I *tr* bespieden, bespioneren; II *intr* uitzien, uitkijken
ausspannen I *tr* 1 (strak) spannen; 2 uitspannen, losmaken; 3 lenen, meenemen; 4 afhandig maken; II *intr* uitrusten, rust nemen
aussparen uitsparen, overslaan
aussperren buitensluiten; *(stakers)* uitsluiten
Aussperrung v^{20} buitensluiting; uitsluiting
ausspielen I *intr (bij het kaarten)* uitkomen; II *tr* 1 *(sp) (mbt beker, kampioenschap)* spelen om; 2 *(sp)* omspelen; 3 *(personen)* uitspelen; 4 *(theat)* tot in de details goed spelen
Ausspielung v^{20} trekking *(van loterij, lotto)*
ausspinnen^{272} uitspinnen, uitwerken
ausspionieren^{320} 1 ontdekken; 2 uithoren
Aussprache v^{21} 1 uitspraak; 2 discussie
aussprechbar uitspreekbaar, uit te spreken
aussprechen^{274} I *intr* uitspreken *(ten einde spreken)*; II *tr* 1 *(woord)* uitspreken; 2 uiten; 3 *(een vonnis)* vellen; III *sich ~* 1 zich uiten, zich uitlaten; 2 zijn hart uitstorten; 3 uit te spreken zijn: *sich für, gegen*$^{+4}$ *etwas ~* zich voor, tegen iets verklaren; *sich über jmdn, etwas ~* over iem, iets zijn mening geven
Ausspruch m^6 uitspraak, gezegde
ausspucken 1 (uit)spuwen; 2 betalen, dokken; 3 opbiechten, bekennen
ausspülen 1 (uit-, om)spoelen; 2 uithollen
ausstaffieren^{320} 1 van kleren voorzien; 2 meubileren, inrichten; 3 uitdossen
Ausstand m^6 staking: *in den ~ treten* het werk neerleggen; *im ~ sein* staken
Ausständige(r) m^{40a}, v^{40b}, **Ausständler** m^9 staker
ausstatten inrichten, meubileren, stofferen ‖ *~ mit*$^{+3}$ uitrusten met, voorzien van, geven
Ausstattung v^{20} 1 inrichting; 2 uitzet; 3 uitrusting; 4 uitvoering, afwerking
ausstechen^{277} 1 uitsteken, *(sloot)* graven; 2 uitsnijden, graveren; 3 overtreffen, verdringen
ausstehen^{279} I *intr* 1 uitgestald zijn; 2 op zich laten wachten, ontbreken; II *tr (honger)* lijden; *(angst)* uitstaan: *jmdn nicht ~ können* iem niet kunnen uitstaan; *~de Forderungen* uitstaande vorderingen
aussteigen^{281} 1 uitstappen; 2 *(mbt piloot)* uit het vliegtuig springen; 3 gaan uit; 4 *(sp)* opgeven, de strijd staken ‖ *(sp) jmdn ~ lassen* iem passeren
ausstellen 1 *(posten)* uitzetten; 2 uitzetten, uitdoen, uitschakelen; 3 uitstallen, tentoonstellen; 4 (uit)schrijven; 5 afgeven
Aussteller m^9 1 exposant, inzender; 2 persoon die iets afgeeft, instantie die iets afgeeft
Ausstellung v^{20} 1 tentoonstelling; 2 (het) uitzetten; 3 afgifte

Ausstellungsgegenstand m^6 tentoongesteld voorwerp
aussterben^{282} uitsterven; verdwijnen
Aussteuer v^{21} uitzet
Ausstieg m^5 1 (het) uitstappen; 2 uitgang
ausstopfen 1 (op)vullen; 2 *(dier)* opzetten
Ausstoß m^6 capaciteit, productie
ausstoßen^{285} 1 uitstoten, uitsteken; 2 *(een kreet, zucht)* slaken, *(klanken)* uitstoten; 3 produceren
ausstrahlen 1 uitstralen *(ook fig)*; 2 *(telecom)* uitzenden; 3 goed verlichten
Ausstrahlung v^{20} 1 uitstraling *(ook fig)*; 2 *(telecom)* uitzending
ausstrecken I *tr* uitstrekken, uitsteken; II *sich ~* zich uitstrekken
ausstreichen^{286} 1 uitstrijken, uitsmeren; 2 gladstrijken; 3 *(voegen)* vullen; 4 *(woord)* doorhalen; 5 insmeren
Ausstrich m^5 *(biol)* uitstrijkje
ausströmen I *intr* uitstromen; uitstralen; II *tr* verspreiden
aussuchen uitzoeken
Austausch m^{19} (uit)wisseling, ruil
austauschbar verwisselbaar, omwisselbaar
austauschen (om-, ver)wisselen, (om)ruilen
Austauschmotor m^{16}, m^5 ruilmotor
austeilen uitdelen, verdelen, uitreiken, geven
Auster v^{21} oester
austesten testen, uitproberen
austilgen 1 uitwissen; 2 verdelgen, uitroeien
austoben I *intr* uitrazen, uitwoeden; II *sich ~* uitrazen
Austrag m^6 1 (het) uitvechten; 2 (het) houden *(van een wedstrijd)*: *zum ~ bringen* uitvechten; *(sp) die Meisterschaft kommt zum ~* er wordt om het kampioenschap gespeeld
austragen^{288} 1 bezorgen, rondbrengen; 2 *(een wedstrijd)* spelen; 3 uitvechten; 4 *(een gerucht)* verspreiden; 5 *(een kind)* uitdragen; 6 doorhalen
Austräger m^9 bezorger, besteller
Austragung v^{20} 1 (het) uitvechten; 2 *(sp)* (het) spelen
austreiben^{290} I *tr* 1 uitdrijven, drijven uit; 2 *(vee)* naar de weide drijven; II *intr* uitbotten, uitlopen
austreten^{291} I *tr* 1 *(vuur)* uittrappen; 2 *(schoenen)* aftrappen, uitlopen; 3 *(treden)* uitlopen, uitslijten; II *intr* 1 bedanken, uittreden; 2 *(uit de rij)* uittreden; 3 naar het toilet gaan; 4 te voorschijn komen, vrijkomen, ontsnappen; 5 *(mbt rivier)* buiten de oevers treden
austricksen 1 *(sp)* handig omspelen; 2 *(fig)* te slim af zijn
austrinken^{293} opdrinken; leegdrinken
Austritt m^5 1 (het) uitgaan, (het) uittreden, (het) verlaten, (het) ontsnappen; 2 (het) opzeggen van het lidmaatschap
austrocknen I *tr* (uit)drogen; droogleggen; II *intr* uitdrogen, verdrogen
austüfteln uitdenken, uitdokteren, uitpluizen

austun[295] **1** uitdoen, uittrekken; **2** doven, uitmaken

ausüben uitoefenen, beoefenen

Ausübung v^{20} uitoefening

ausufern *(sein)* **1** buiten de oevers treden; **2** *(fig)* ontaarden

Ausverkauf m^6 uitverkoop

ausverkaufen uitverkopen

Auswahl v^{28} **1** *(handel)* keuze, assortiment; **2** keur; **3** *(sp)* selectie

auswählen (uit)kiezen, uitzoeken

Auswanderer m^9 emigrant

auswandern 1 emigreren; **2** uitwijken

Auswanderung v^{20} emigratie

auswärtig 1 buitenlands: *Minister des Auswärtigen* minister van Buitenlandse Zaken; *das Auswärtige Amt* het ministerie van Buitenlandse Zaken; **2** elders gevestigd, van buiten *(de stad)*

auswärts 1 naar buiten; **2** in een andere plaats: ~ *essen* buitenshuis eten; *(sp)* ~ *spielen* een uitwedstrijd spelen

Auswärtsspiel o^{29} *(sp)* uitwedstrijd

auswaschen[304] **1** uitwassen; **2** uitspoelen, *(door water)* uithollen, eroderen

auswechselbar verwisselbaar, vervangbaar

auswechseln (uit)wisselen, verwisselen, vervangen

Auswechselspieler m^9 *(sp)* wisselspeler

Ausweg m^5 uitweg, redding

ausweglos hopeloos, uitzichtloos

ausweichen[306+3] **1** uitwijken; **2** ontwijken, mijden: *eine ~de Antwort* een ontwijkend antwoord

Ausweis m^5 **1** legitimatiebewijs; *(Belg)* identiteitskaart; **2** *(bank)* staat, overzicht

ausweisen[307] **I** *tr* **1** uitwijzen; **2** bewijzen, aantonen; **3** voorzien in: *jmdn aus dem Land* ~ iem uitwijzen; **II** *sich* ~ zich legitimeren

Ausweiskontrolle v^{21} legitimatiecontrole, *(Belg)* identiteitscontrole

Ausweispapiere *mv* o^{29} legitimatiepapieren

Ausweisung v^{28} uitwijzing *(uit een land)*

ausweiten 1 uitrekken; **2** oprekken; **3** uitbreiden

Ausweitung v^{20} uitbreiding, vergroting

auswendig van buiten, uit het hoofd: ~ *lernen* van buiten leren

auswerfen[311] **1** *(het anker)* uitwerpen; **2** *(bloed, vuur)* spuwen, uitbraken; **3** *(geld)* uittrekken, uitkeren; **4** produceren; **5** uitgooien

auswerten 1 gebruik maken van, productief maken, in praktijk brengen; **2** evalueren

auswickeln uitpakken, loswikkelen

auswirken, sich zich doen gevoelen, een invloed hebben, gevolgen hebben

Auswirkung v^{20} uitwerking

auswischen 1 schoonmaken, aanvegen; **2** uitvegen, wegvegen || *jmdm eins* ~ iem te grazen nemen

Auswuchs m^6 **1** *(med)* woekering, gezwel; **2** *(fig)* uitwas, wantoestand

auszahlen I *tr* **1** uitbetalen; **2** het loon uitbetalen; **II** *sich* ~ renderen, lonend zijn

auszehren I *tr* uitteren; **II** *sich* ~ wegteren, wegkwijnen

auszeichnen I *tr* **1** (iem) onderscheiden; **2** *(waren)* prijzen; **3** kenmerken, doen uitblinken; **II** *sich* ~ zich onderscheiden; *zie ook* ausgezeichnet

Auszeichnung v^{20} **1** onderscheiding *(ook fig)*; **2** (het) prijzen: *eine Prüfung mit* ~ *bestehen* met lof voor een examen slagen

Auszeit v^{20} *(sp)* time-out

ausziehbar uitschuifbaar, uittrekbaar

ausziehen[318] **I** *tr* **1** uittrekken, *(kies)* trekken; **2** uitkleden *(ook fig)*; **3** uittrekken, excerperen; **4** *(kruiden)* aftrekken; **5** *(vierkantswortel)* trekken; **6** *(tafel)* uittrekken, uitschuiven; **II** *intr* **1** uitrijden, er op uit trekken; **2** (ver)trekken

Auszubildende(r) m^{40a}, v^{40b} leerling(e) *(met een leerovereenkomst)*, *(Belg)* leergast

Auszug m^6 **1** uittocht; **2** (het) uittrekken; **3** (het) verlaten, (het) ontruimen *(van woning)*; **4** uittreksel, excerpt; **5** aftreksel, extract; **6** uitschuifbaar deel *(van toestel)*; schuifblad, schuifla; *(foto)* balg; **7** *(muz)* bewerking

authentisch authentiek, echt, betrouwbaar

Auto o^{36} auto

Autobahn v^{20} autosnelweg

Autobahnauffahrt v^{20} oprit van de autosnelweg

Autobahnausfahrt v^{20} afrit van de autosnelweg

Autobahndreieck o^{29} splitsing van de autosnelweg

Autobahngebühr v^{20} tol *(op autosnelweg)*

Autobahnkreuz o^{29} ongelijkvloerse kruising

Autobahnrasthof m^6, **Autobahnraststätte** v^{20} motel *(aan autosnelweg)*

Autobahnzubringer m^9 (toegangs)weg naar de autosnelweg

Autobus m^5 (2e nvl -ses; mv -se) autobus

Autobushaltestelle v^{21} bushalte

autochthon autochtoon

Autochthone m^{15} autochtoon, oorspronkelijke bewoner

Autofähre v^{21} autoveer(boot)

Autofahren o^{39} (het) autorijden

Autofahrer m^9 automobilist

Autofahrt v^{20} autorit

autofrei autovrij, autoloos

Autofriedhof m^6 autokerkhof

Autogas o^{29} LPG

Autohilfe v^{28} wegenwacht

Autoindustrie v^{21} auto-industrie

Autoknacker m^9 autokraker

Autokratie v^{21} autocratie

autokratisch autocratisch

Automarke v^{21} automerk

Automat m^{14} automaat

Automatik v^{20} *(techn)* automatic, automatische bediening

Automation v^{28} automatie, automatisering

automatisch automatisch

automatisieren[320] automatiseren

Automatismus m (2e nvl -; mv -men) automatisme

Automechaniker m^9 automonteur

Automobil o^{29} automobiel
Automobilausstellung v^{20} autotentoonstelling
Autopilot m^{14} *(luchtv)* automatische piloot
Autor m^{16} auteur, schrijver
Autoradio o^{36} autoradio
Autoreifen m^{11} autoband
Autoreisezug m^6 autoslaaptrein
Autorennen o^{35} autorace
Autorennfahrer m^9 autocoureur
autorisieren[320] autoriseren
autoritär autoritair, eigenmachtig
Autorität v^{20} 1 autoriteit, gezag; 2 deskundige
Autoschlange v^{21} file
Autoschlosser m^9 automonteur
Autostopp m^{19}: ~ *machen, mit* ~ (of: *per* ~) *fahren*
  liften
Autostraße v^{21} autoweg
Autotelefon o^{29} autotelefoon
Autounfall m^6 auto-ongeluk
Autoverkehr m^{19} autoverkeer
Autoverleih m^5 autoverhuur, autoverhuurbedrijf
Autowerkstatt v (*mv -stätten*) garagebedrijf
Autozubehör o^{39} autoaccessoires *(mv)*
Autozug m^6 autoslaaptrein
avancieren[320] 1 bevorderd worden; 2 opklimmen
Aversion v^{20} aversie, afkeer
Axt v^{25} aks, (grote) bijl
Azubi m^{13}, v^{27} *verk van Auszubildende(r); zie* Auszu-
  bildende(r)

b

B *afk van Bundesstraße* rijksweg

babbeln 1 brabbelen; **2** babbelen, kletsen

Baby o^{36} baby

Bach m^6 beek

Backblech o^{29} bakplaat

Backbord o^{39} bakboord

Backe v^{21}, **Backen** m^{11} **1** wang; **2** bil ‖ *au Backe! goeie genade!*

backen I *zw, intr (mbt sneeuw e.d.)* plakken, vastkleven; **II** *st, tr* ^{121} bakken; braden

Backenbart m^6 bakkebaard

Backenzahn m^6 kies

Bäcker m^9 bakker

Backerei v^{28} *(ongev)* (het) bakken

Bäckerei v^{20} **1** bakkerij, bakkerswinkel; **2** (het) bakken; **3** bakkersvak

Bäckergeselle m^{15} bakkersknecht, *(Belg)* bakkersgast

Bäckermeister m^9 meester-bakker

Backfisch m^5 **1** gebakken vis, bakvis; **2** *(fig)* bakvis

Backhendl o^{37} *(mv -n) (Oostenr)*, **Backhuhn** o^{32} gebraden kip

Backofen m^{12} bak(kers)oven

Backpulver o^{33} bakpoeder

Backstein m^5 baksteen

Bad o^{32} **1** bad, zwembad; **2** badkamer; **3** badplaats, kuuroord

Badeanstalt v^{20} zwembad

Badeanzug m^6 badpak, zwempak

Badehaube v^{21} badmuts

Badehose v^{21} zwembroek

Badekabine v^{21} badhokje, badcel

Badekappe v^{21} badmuts

Bademantel m^{10} badjas, badmantel

Bademeister m^9 badmeester

Bademütze v^{21} badmuts

baden baden, zwemmen: *mit seinen Plänen ~ gehen* met zijn plannen geen succes hebben; *jmdn ~* iem in het bad doen; *~ gehen* gaan zwemmen

Badeort m^5 badplaats, kuuroord

Baderaum m^6 badkamer

Badetuch o^{32} baddoek, badlaken

Badewanne v^{21} badkuip

Badezeug o^{39} badgoed

Badezimmer o^{33} badkamer

BAföG, Bafög o^{39}, o^{39a} *afk van Bundesausbildungs-*

förderungsgesetz **1** studiefinancieringsregeling; **2** studiebeurs

Bagage v^{21} **1** bagage; **2** gespuis

Bagatelle v^{21} bagatel, kleinigheid

bagatellisieren ^{320} bagatelliseren

Bagger m^9 baggermolen; dragline

Baggerer, Baggerführer m^9 draglinemachinist, baggeraar

baggern baggeren

Bahn v^{20} **1** trein, tram, spoor, spoorwegen: *zur ~ bringen* naar de trein, het station brengen; *sich auf die ~ setzen* in de trein, tram stappen; *per ~* per spoor; **2** spoorbaan, trambaan; **3** baan *(van planeet)*, loop, weg; **4** rijstrook; **5** baan *(van stof, zeil)* ‖ *sich ~ brechen* veld winnen; *(fig) auf die schiefe* (of: *abschüssige*) *~ geraten* op een hellend vlak raken

Bahnanschluss m^6 spoorverbinding

Bahnbeamte(r) m^{40a} spoorwegbeambte

bahnbrechend baanbrekend

Bahndamm m^6 spoordijk

bahnen: *sich einen Weg ~* zich een weg banen; *jmdm einen Weg ~* voor iem een weg banen

Bahnfahrt v^{20} treinreis

Bahngleis o^{29} spoor, rails *(mv)*

Bahnhof m^6 station

Bahnhofsgaststätte v^{21} stationsrestauratie

Bahnhofshalle v^{21} stationshal

bahnlagernd *bw* station restante

Bahnlinie v^{21} spoorlijn

Bahnpolizei v^{28} spoorwegpolitie

Bahnsteig m^5 perron

Bahnstrecke v^{21} baanvak, sectie

Bahnüberführung v^{20} spoorwegviaduct

Bahnübergang m^6 overweg: *(un)gesicherter ~* (on)bewaakte overweg

Bahnunterführung v^{20} spoorwegtunnel

Bahre v^{21} (draag)baar

Bai v^{20} baai, inham, bocht

Bajonett o^{29} bajonet

Bakterie v^{21} bacterie

Balance v^{21} evenwicht

balancieren ^{320} balanceren

bald ^{65} **1** gauw, spoedig, weldra: *bis ~!* (of: *auf ~!*) tot ziens!; *möglichst ~* (of: *so ~ wie möglich*) zo spoedig mogelijk; **2** gauw, gemakkelijk, licht; **3** bijna, haast: *ich hätte ~ was gesagt* ik had haast wat gezegd ‖ *~ …, ~ nu eens …*, dan weer

Baldachin m^5 baldakijn

baldig spoedig

baldigst, baldmöglichst zo spoedig mogelijk

Balg I m^6 vel, huid; **II** m^6, m^8, o^{30}, o^{32} bengel

balgen, sich 1 stoeien; **2** vechten

Balken m^{11} balk

Balkon m^5, m^{13} balkon

Balkonzimmer o^{33} balkonkamer

Ball m^6 **1** bal: *~ spielen* ballen; *(fig) am ~ sein* (of: *bleiben*) niet opgeven; **2** bol; **3** bal

ballen I *tr* ballen: *die Faust ~* de vuist ballen; **II** *sich ~* zich samenballen; pakken

ba

ballern 1 bonzen; **2** schieten, knallen

Ballett o^{29} ballet

Balletttänzer m^9 balletdanser

Ballführung v^{20} balcontrole

Balljunge m^{15} ballenjongen

Ballon m^5, m^{13} **1** ballon; **2** glazen fles, kolf; **3** *(inform)* kop, test

Ballonfahrer m^9 ballonvaarder

Ballspiel o^{29} balspel

Ballung v^{21} opeenhoping, concentratie

Ballungsgebiet o^{29}, **Ballungsraum** m^6 agglomeratie, dichtbevolkt gebied

Balsam m^5 balsem

Bambus m^5 (2e nvl -ses; mv -se) bamboe

Bammel m^{19} *(inform)* angst

bammeln bungelen, bengelen

banal banaal

Banalität v^{20} banaliteit

Banane v^{21} banaan

¹Band I m^6 (boek)deel, band; **II** o^{32} **1** band, lint: *(fig) am laufenden ~* aan de lopende band; *auf ~ nehmen* (of: *aufnehmen*) op de (geluids)band opnemen; **2** band *(om vat, van gewricht)*; **3** (scharnier)hengsel; **III** o^{29} band: *die ~e der Freundschaft* de banden van de vriendschap

²Band [bɛnt, bænd] v^{27} *(muz)* band

Bandage v^{21} bandage, zwachtel, verband: *mit harten ~n kämpfen* verwoed vechten

Bandaufzeichnung v^{20} **1** bandopname; **2** video-opname

Bande v^{21} **1** bende, troep; **2** (biljart)band; **3** *(bij ijshockey)* balustrade

Bandenführer m^9 bendeleider, bendehoofd

Bänderriss m^6 scheuring van de gewrichtsbanden

Bänderzerrung v^{20} verrekking van de gewrichtsbanden

bändigen *(dier)* temmen, in bedwang houden; *(hartstocht)* beteugelen

Bändiger m^9 temmer

Bandit m^{14} bandiet, schurk

Bandmaß o^{29} meetlint, rolbandmaat

Bandsäge v^{21} lintzaag

Bandscheibe v^{21} tussenwervelschijf

Bandscheibenschaden m^{12}, **Bandscheibenvorfall** m^6 hernia

Bandwurm m^6, m^8 lintworm

bang(e)^{59} bang, angstig: *~ um jmdn sein* zich over iem ongerust maken

Bange v^{28} *(N-Dui)* angst: *(keine) ~ haben* (niet) bang zijn

bangen zich ongerust maken: *(sich) um jmdn ~* zich over iem ongerust maken

Bangigkeit v^{20} angst

Bank I v^{25} (zit-, zand)bank; **II** v^{20} (geld)bank || *durch die ~* zonder uitzondering; *auf die lange ~ schieben* op de lange baan schuiven

Bankangestellte(r) m^{40a}, v^{40b} bankemployé, bankemployee

Bankautomat m^{14} geldautomaat

Banker m^9 *(inform)* bankier

¹Bankett o^{29} banket, feestmaal

²Bankett o^{29}, **Bankette** v^{21} zijkant van weg, berm: *~ nicht befahrbar!* zachte berm!

Bankhaus o^{32} bank(iersfirma)

Bankier [bangkje:] m^{13} bankier

Bankkaufmann m (2e nvl -s; mv -leute) bankemployé

Bankkonto o^{36} (mv ook -ten, -ti) bankrekening

Banknote v^{21} bankbiljet

Bankräuber m^9 bankrover

bankrott bn bankroet, failliet

Bankrott m^5 bankroet, faillissement: *~ machen* (of: *gehen*) failliet gaan

Bankscheck m^{13} cheque, *(Belg)* bankcheque

Banküberfall m^6 bankoverval

Bann m^5 **1** (kerkelijke) ban; **2** rechtsgebied; **3** ban, betovering: *jmdn in seinen ~ schlagen* iem betoveren

bannen 1 verbannen; **2** in de ban doen; **3** betoveren, boeien; **4** *(geesten)* bezweren

Banner o^{33} banier, vaandel, vlag

Bannkreis m^5 invloed, invloedssfeer

bar 1 naakt: *mit ~rem Haupt* met ontbloot hoofd; **2** zuiver; klinkklaar *(onzin)*: *(fig) für ~e Münze nehmen* blindelings geloven; **3** baar, contant *(geld)*: *etwas in ~ zahlen* iets contant betalen; *gegen ~* contant

Bär I m^{14} beer *(zoogdier, mannelijk varken)*: *jmdm einen ~en aufbinden* iem iets op de mouw spelden; **II** m^5, m^{16} heiblok

Baracke v^{21} barak

Barbar m^{14} barbaar

Barbarei v^{20} barbaarsheid, wreedheid, ruwheid; gebrek aan beschaving

barbarisch 1 barbaars; **2** *(fig)* vreselijk

bärbeißig kribbig, nors

Bardame v^{21} barmeisje, barjuffrouw

Bärendienst m^5: *jmdn einen ~ leisten* iem een slechte dienst bewijzen

Bärenhunger m^{19} honger als een paard

Bärenkälte v^{28} Siberische kou

Bärenmütze v^{21} berenmuts

bärenstark beresterk

Barett o^{29}, o^{36} baret

barfuß barrevoets, blootsvoets

barfüßig blootsvoets, barrevoets

Bargeld o^{39} contant geld

bargeldlos zonder contant geld; giraal: *~er Verkehr* giroverkeer

barhaupt, barhäuptig blootshoofds

Barhocker m^9 barkruk

Barkauf m^6 koop à contant

Barkeeper m^9 barkeeper

Barleistung v^{20} betaling in contanten

barmherzig barmhartig

Barmherzigkeit v^{28} barmhartigheid

Barmixer m^9 barkeeper

barock barok

Barock *m*[19], *o*[39] barok
Baron *m*[5] 1 baron; 2 magnaat
Baronin *v*[22] *(gehuwd)* barones
Barras *m*[19a] 1 militaire dienst: *beim ~ sein* in dienst zijn; 2 kuch
Barren *m*[11] 1 brug *(turntoestel);* 2 baar
Barriere *v*[21] barrière; *(Zwits)* slagboom
Barrikade *v*[21] barricade
barrikadieren[320] barricaderen
barsch bars, nors
Barsch *m*[5] baars
Barschaft *v*[20] contanten *(mv),* contant geld
Bart *m*[6] baard *(alle bet); (van dieren)* snorharen: *der ~ ist ab!* nou is het genoeg geweest!
bärtig baardig, gebaard
Bartwuchs *m*[6] baardgroei
Barvermögen *o*[35] vermogen in geld
Barzahlung *v*[20] contante betaling
Basalt *m*[5] basalt
Basar *m*[5] bazaar, fancy-fair, rommelmarkt
Baseball *m*[19] baseball, honkbal
Basel *o*[39] Bazel
basieren[320] *(met auf*[+3]*)* gebaseerd zijn (op), steunen (op)
Basilika *v (mv Basiliken)* basiliek, basilica
Basilikum *o*[39] basilicum
Basis *v (mv Basen)* basis, grondslag
Basisgruppe *v*[21] actiegroep
Baskenmütze *v*[21] alpino(pet)
Basketball I *m*[19] basketbal; II *m*[6] basketbal
Bass *m*[6] bas
Bassin *o*[36] bassin
Bassist *m*[14] bassist
Bastelei *v*[20] knutselarij, (het) knutselen
basteln 1 knutselen; 2 sleutelen; 3 maken
Bastelraum *m*[6] hobbyruimte
Bastion *v*[20] bastion
Bastler *m*[9] knutselaar
Bataillon *o*[29] bataljon
Batist *m*[5] batist
Batterie *v*[21] 1 batterij; 2 accu
Batteriegerät *o*[29] apparaat op batterijen
Batzen *m*[11] kluit, brok, klomp: *ein ~ Geld* een hoop geld
Bau I *m*[19] 1 bouw, aanleg: *im* (of: *in) ~ sein* in aanbouw zijn; *auf dem ~ arbeiten* bouwvakker zijn; 2 bouw, structuur; 3 *(mil)* arrest; 4 *(mil)* bak; II *m*[5] 1 mijngang; 2 hol, huis; III *m (2e nvl -(e)s; mv -ten)* bouwwerk, gebouw
Bauabschnitt *m*[5] bouwfase
Bauarbeiter *m*[9] bouwvakarbeider, bouwvakker
Bauart *v*[20] 1 bouw, constructie, type; 2 bouwwijze, stijl
Bauch *m*[6] buik *(ook van voorwerpen);* binnenste: *einen ~ ansetzen* een buikje krijgen; *sich den ~ halten* (of: *sich vor Lachen den ~ halten)* z'n buik vasthouden van het lachen; *sich den ~ voll schlagen* zijn buik vol eten
Bauchfell *o*[29] buikvlies

Bauchhöhle *v*[21] buikholte
bauchig, bäuchig buikig, corpulent
Bauchlandung *v*[20] buiklanding
bäuchlings op de buik
Bauchmuskel *m*[17] buikspier
Bauchredner *m*[9] buikspreker
Bauchschmerzen *mv m*[16] buikpijn
Bauchschuss *m*[6] buikschot
Bauchspeicheldrüse *v*[21] alvleesklier
Bauchtanz *m*[6] buikdans
Bauchtänzerin *v*[22] buikdanseres
Bauchweh *o*[39] buikpijn
bauen 1 bouwen *(alle bet),* construeren, maken; 2 *(kanaal, weg)* aanleggen; 3 *(gewassen)* verbouwen || *das Examen ~ examen* doen; *Mist ~* alles verkeerd doen; *einen Unfall ~* een ongeluk veroorzaken
Bauer I *m*[15], *m*[17] 1 boer, landman; 2 pion *(schaakstuk),* boer *(speelkaart);* II *o*[33], *m*[9] (vogel)kooi
Bäuerin *v*[22] boerin
bäuerisch *zie* bäurisch
bäuerlich boeren-
Bauernbrot *o*[29] boerenbrood
Bauernfrau *v*[20] boerin
Bauernfrühstück *o*[29] gebakken aardappels met eieren en spek
Bauernhof *m*[6] boerderij
baufällig bouwvallig, vervallen
Baufirma *v (mv Baufirmen)* aannemersbedrijf
Bauflucht *v*[20], **Baufluchtlinie** *v*[21] rooilijn
Baugelände *o*[33] bouwterrein
Baugenehmigung *v*[20] bouwvergunning
Baugerüst *o*[29] stelling, steiger
Baugewerbe *o*[33] bouwnijverheid, bouw
Baugrube *v*[21] bouwput
Bauherr *m*[14] *(2e, 3e, 4e nvl ev -n)* opdrachtgever, bouwheer
Baukasten *m*[12] bouwdoos
Baukastensystem *o*[29] 1 aanbouwsysteem; 2 systeembouw
Baukunst *v*[28] bouwkunst
Bauland *o*[39] bouwgrond
baulich architectonisch, bouw-, bouwkundig
Baulichkeit *v*[20] gebouw, bouwwerk; opstal
Baulöwe *m*[15] projectontwikkelaar
Baum *m*[6] 1 boom; 2 *(inform)* kerstboom || *Bäume ausreißen können* zeer veel aankunnen
Baumaterial *o (2e nvl -s; mv -materialien)* bouwmateriaal
Baumeister *m*[9] bouwmeester, architect
baumeln slingeren, bengelen, bungelen
bäumen *sich* steigeren; *(fig)* in opstand komen
Baumgrenze *v*[21] boomgrens
baumhoch *zo* hoog als een boom
Baumkrone *v*[21] boomkruin
baumlang zo lang als een boom, stakerig
baumlos boomloos
Baumschule *v*[21] boomkwekerij
Baumstamm *m*[6] boomstam
Baumstock, Baumstrunk, Baumstumpf *m*[6]

boomstomp, boomstronk
Baumwoll... katoen..., katoenen ...
Baumwolle v^{28} katoen
baumwollen katoenen
Bauordnung v^{20} bouwverordening
Bauplan m^6 bouwplan, bouwtekening
Bauplatz m^6 bouwterrein
bäurisch boers, lomp, onbehouwen
Bausatz m^6 bouwpakket
Bausch m^5, m^6 prop, dot, verdikking: *in ~ und Bogen* in zijn geheel, alles bij elkaar
bauschen I *tr* opblazen, opbollen; II *intr* bollen; III *sich ~* bollen, bol gaan staan
Bauschreiner m^9 timmerman *(bouwvakker)*
Bausparer m^9 bouwspaarder
Bausparkasse v^{21} bouwkas, bouwspaarkas
Bausparvertrag m^6 contract voor bouwsparen
Bausperre v^{21} bouwstop, bouwverbod
Baustein m^5 1 bouwsteen; 2 *(fig)* hoeksteen
Baustelle v^{21} bouwterrein: *Achtung, ~!* werk in uitvoering!
Baustil m^5 bouwstijl
Baustoff m^5 1 bouwstof; 2 bouwmateriaal
Bauteil I o^{29} geprefabriceerd element, onderdeel; II m^5 deel van gebouw
Bauunternehmer m^9 aannemer
Bauwirtschaft v^{28} bouwnijverheid
Bauxit m^5 bauxiet
Bayer m^{15} Beier
bayerisch Beiers
Bayern o^{39} Beieren
bayrisch Beiers
Bazille v^{21}, **Bazillus** m *(2e nvl -; mv -len)* bacil
beabsichtigen beogen, van plan zijn
beachten 1 letten op, nota nemen van; 2 in acht nemen: *die Spielregeln ~* zich aan de spelregels houden
beachtenswert opmerkelijk
beachtlich belangrijk, aanzienlijk
Beachtung v^{28} (het) letten op, inachtneming: *~ finden* de aandacht trekken
beackern 1 bebouwen; 2 bestuderen, doorwerken || *jmdn ~* iem bepraten
Beamtenschaft v^{28} ambtenarenkorps
Beamte(r) m^{40a} ambtenaar, *(Belg)* bediende
beamtet in overheidsdienst
Beamtin v^{22} ambtenares
beängstigen verontrusten, beangstigen
Beängstigung v^{20} 1 zorg, angst; 2 bangmakerij
beanspruchen 1 aanspraak maken op, eisen, opeisen; 2 in beslag nemen, belasten; 3 gebruik maken van
Beanspruchung v^{20} 1 eis, (het) aanspraak maken op; 2 inbeslagneming; 3 *(techn)* belasting
beanstanden 1 bezwaar hebben tegen, bezwaar maken tegen, aanmerking maken op; 2 afkeuren
Beanstandung v^{20} 1 bezwaar, protest, reclamatie; 2 afkeuring; 3 kritiek
beantragen 1 verzoeken om, aanvragen; 2 *(jur)* ei-

sen; 3 voorstellen
beantworten beantwoorden
Beantwortung v^{20} beantwoording, antwoord
bearbeiten 1 bewerken; 2 behandelen
Bearbeiter m^9 1 bewerker; 2 bevoegd ambtenaar, medewerker
beargwöhnen 1 wantrouwen; 2 verdenken
Beat m^{19}, m^{19a} *(muz)* beat
beatmen beademen
Beatmung v^{20} beademing
beaufsichtigen toezicht uitoefenen op, controleren, surveilleren
Beaufsichtigung v^{20} toezicht, controle, surveillance
beauftragen belasten met, opdragen
Beauftragte(r) m^{40a}, v^{40b} gevolmachtigde
bebauen bebouwen
Bebauung v^{20} bebouwing
Bebauungsplan m^6 bestemmingsplan
beben beven, sidderen, (t)rillen: *~ vor jmdm* beven voor iem; *~ um*[4] in angst zitten over
Beben o^{35} 1 (het) beven; 2 aardbeving
bebildern illustreren, verluchten
Becher m^9 1 beker; 2 *(plantk)* beker, dop
Becken o^{35} bekken *(alle bet)*, kom, bassin
Beckenhöhle v^{21} *(anat)* bekkenholte
bedacht bedachtzaam, omzichtig: *~ sein auf*[4] bedacht zijn op
Bedacht: *ohne ~* onbezonnen; *mit ~, voll ~* weloverwogen
bedächtig 1 bedachtzaam, omzichtig; 2 bedaard, langzaam
bedachtsam bedachtzaam, behoedzaam
bedanken, sich bedanken, danken: *sich bei jmdm für etwas ~* iem voor iets (be)danken; *dafür bedanke ich mich* daar dank ik voor
Bedarf m^{19} behoefte, benodigde, vraag: *(je) nach ~* al naargelang; *seinen ~ decken* zich van het benodigde voorzien; *bei ~* indien nodig
Bedarfsartikel mv m^9 benodigdheden
Bedarfsfall: *im ~* zo nodig; *für den ~* ingeval er behoefte aan bestaat
Bedarfsgüter mv o^{32} gebruiksgoederen
bedauerlich betreurenswaardig; beklagenswaardig
bedauern 1 betreuren: *ich bedaure, dass ...* het spijt mij, dat ...; 2 beklagen, medelijden hebben met
Bedauern o^{39} 1 spijt; 2 medelijden
bedauernswert, bedauernswürdig betreurenswaard(ig); beklagenswaard(ig), te beklagen
bedecken bedekken: *(weerk) bedeckt* bedekt, zwaar bewolkt
Bedeckung v^{20} 1 (het) bedekken; 2 bedekking; overdekking, afdak
bedenken[140] I *tr* 1 nadenken over, overwegen; 2 denken aan, bedenken; II *sich ~* zich bedenken, zich beraden, nadenken
Bedenken I o^{39} overweging, bedenking, (het) nadenken; II o^{35} *(meestal mv)* bedenking, twijfel, bezwaar: *~ haben* (of: *tragen*) bedenkingen hebben,

aarzelen
bedenkenlos 1 zonder enig bezwaar; **2** zonder scrupules
bedenklich bedenkelijk, twijfelachtig, zorgelijk
bedeuten 1 betekenen; **2** duidelijk maken
bedeutend 1 van belang, belangrijk; **2** beduidend, aanzienlijk
bedeutsam 1 van belang, belangrijk; **2** beroemd; **3** uitstekend
Bedeutung v^{20} **1** betekenis; **2** belang
bedeutungslos onbetekenend, onbelangrijk
bedeutungsvoll 1 belangrijk; **2** veelbetekenend
bedienen I tr **1** bedienen; **2** *(klanten)* helpen; **3** besturen; **4** *(bij voetbal)* de bal toespelen; **II** $sich$ ~ **1** zich bedienen, opscheppen; **2** *(met 2e nvl)* gebruik maken van
Bedienung v^{20} **1** bediening; **2** kelner, verkoper
bedingen I st, tr^{141} bedingen; **II** zw, tr **1** (ver)eisen, veronderstellen; **2** veroorzaken, teweegbrengen || *bedingt sein durch* afhangen van, afhankelijk zijn van
bedingt 1 afhankelijk, gebonden; **2** voorwaardelijk, betrekkelijk, beperkt: ~*e Entlassung* voorwaardelijke invrijheidstelling
Bedingung v^{20} voorwaarde, conditie: *unter der* ~ op voorwaarde
bedingungslos onvoorwaardelijk
bedrängen 1 *(stad)* bedreigen; **2** lastig vallen, in het nauw brengen; **3** kwellen
Bedrängnis v^{24}, **Bedrängung** v^{20} benarde omstandigheden, benardheid, nood
bedrohen (iem) bedreigen
bedrohlich dreigend, gevaarlijk
Bedrohung v^{20} bedreiging
bedrucken bedrukken
bedrücken 1 verdrukken, onderdrukken; **2** beklemmen, bezwaren, deprimeren
Bedrücktheit v^{28} neerslachtigheid
bedürfen^{145+2} nodig hebben, behoeven
Bedürfnis o^{29a} **1** behoefte, verlangen; **2** *(mv)* benodigdheden
Bedürfnisanstalt v^{20} openbaar toilet, urinoir
bedürfnislos eenvoudig, bescheiden
bedürftig behoeftig, armoedig
Beefsteak o^{36} biefstuk: *deutsches* ~ gehakt(bal)
beehren I tr **1** vereren; **2** met een bezoek vereren; **II** $sich$ ~ de eer hebben
beeiden, beeidigen onder ede bevestigen, bezweren; beëdigen
beeifern, sich zich beijveren
beeilen, sich zich haasten, haast maken
beeindrucken indruk maken op: *beeindruckt sein* onder de indruk zijn
beeinflussen invloed uitoefenen op, van invloed zijn op
beeinträchtigen benadelen, schaden, afbreuk doen aan, belemmeren
beenden, beendigen beëindigen, een einde maken aan, besluiten, afmaken, voltooien

Beendigung, Beendung v^{20} beëindiging, voltooiing, einde
beengen 1 benauwen; **2** beperken
beerdigen begraven, ter aarde bestellen
Beerdigung v^{20} begrafenis, teraardebestelling
Beerdigungsunternehmen o^{35} begrafenisonderneming
Beere v^{21} bes
Beet o^{29} (bloem)bed, (bloem)perk
Beete v^{21} biet
befähigen bekwamen, geschikt maken, in staat stellen
befähigt bekwaam, geschikt; **2** begaafd
Befähigung v^{20} **1** geschiktheid, bekwaamheid; **2** begaafdheid, aanleg
befahrbar 1 berijdbaar; **2** bevaarbaar
befahren^{153} **1** berijden, rijden op, rijden in; **2** bevaren, varen op
Befall m^{19} aantasting *(door schimmels enz)*
befallen^{154} overvallen, bekruipen: *Angst befiel ihn* angst maakte zich van hem meester; *von einer Krankheit* ~ *werden* een ziekte krijgen, ziek worden
befangen 1 schuchter, verlegen; **2** bevooroordeeld, partijdig
befassen I tr belasten: *jmdn mit etwas* ~ iem met iets belasten; **II** $sich$ ~ mit^{+3} zich bezighouden met
Befehl m^5 bevel, order: *zu* ~, *Herr Oberst!* tot uw orders, kolonel!
befehlen^{122} **1** bevelen, gelasten; **2** (het) bevel voeren over; **3** ontbieden
befehlerisch gebiedend, bevelend
befehligen *(mil)* commanderen, aanvoeren
Befehlshaber m^9 bevelhebber, commandant
Befehlsverweigerung v^{20} insubordinatie
befestigen 1 bevestigen, vastmaken; **2** versterken, verstevigen; **3** *(een weg)* verharden
Befestigung v^{20} **1** bevestiging; **2** versterking, versteviging; **3** verharding; **4** fortificatie, versterking(swerk)
befeuchten bevochtigen
befeuern 1 stoken; **2** onder vuur nemen, beschieten; **3** bekogelen; **4** *(fig)* aanvuren
befinden I tr^{157} vinden, bevinden, oordelen; houden voor: *für nötig* ~ nodig vinden; **II** $sich$ ~ zich bevinden, zijn: *sich im Irrtum* ~ zich vergissen
Befinden o^{39} **1** gezondheidstoestand; **2** inzicht, mening
befindlich aanwezig, voorhanden, zich bevindend: *im Bau* ~ in aanbouw zijnde
befingern (met de vingers) betasten
beflecken 1 bevlekken; **2** *(fig)* bezoedelen
befleißigen, sich streven naar, zich toeleggen op; zijn best doen
beflissen 1 ijverig; **2** opzettelijk
beflügeln 1 bevleugelen; **2** aansporen
befolgen *(voorbeeld, raad)* opvolgen; naleven, in acht nemen
Beförderer m^9 **1** transportbedrijf, vervoerbedrijf; **2** bevorderaar, beschermer

befördern 1 vervoeren, transporteren, verzenden: *jmdn an die Luft* (of: *ins Freie*) ~ iem de deur uit zetten; **2** *(in rang)* bevorderen; **3** bevorderen, begunstigen

Beförderung I v^{28} transport, vervoer, verzending; **II** v^{20} bevordering, promotie

befragen (onder)vragen: *jmdn nach*$^{+3}$ (of: *um*$^{+4}$, *über*$^{+4}$, *wegen*$^{+2}$) *etwas* ~ iem naar iets vragen; *ein Buch* ~ een boek raadplegen; *sich über*$^{+4}$ *etwas* ~ naar iets informeren

Befragte(r) m^{40a}, v^{40b} ondervraagde

Befragung v^{20} **1** ondervraging; **2** enquête

befreien 1 bevrijden, verlossen, vrijmaken; **2** vrijstellen, ontheffen; **3** ontdoen

Befreier m^9 bevrijder, redder

Befreiung v^{20} **1** bevrijding, verlossing; **2** vrijstelling, dispensatie

Befreiungsschlag m^6 icing *(ijshockeyterm)*

befremden bevreemden, verwonderen

Befremdung v^{28} bevreemding

befreunden, sich 1 vriendschap sluiten, bevriend raken; **2** zich vertrouwd maken (met), gewend raken (aan)

befrieden 1 vrede brengen; **2** kalmeren

befriedigen 1 (iem) bevredigen, tevredenstellen; **2** *(honger)* stillen

befriedigend 1 *(ond)* ruim voldoende; **2** bevredigend

Befriedigung v^{28} **1** bevrediging; **2** voldoening

befristen een termijn bepalen voor: *befristet: a)* aan een termijn gebonden; *b)* tijdelijk

befruchten 1 bevruchten; **2** inspireren

Befugnis v^{24} bevoegdheid, recht

befugt bevoegd, gerechtigd

befühlen bevoelen, betasten

befummeln friemelen aan, betasten

Befund m^5 bevinding, *(med)* uitslag, diagnose

befürchten vrezen, duchten

Befürchtung v^{20} vrees

befürworten een goed woordje doen voor, bepleiten, voorstaan

Befürworter m^9 verdediger, voorstander

begabt begaafd, getalenteerd

Begabte(r) m^{40a}, v^{40b} begaafde, talent

Begabung v^{20} **1** begaafdheid, talent; **2** talent, talentvol persoon

begeben, sich 1 zich begeven, gaan; **2** gebeuren, voorvallen, geschieden; **3** *(met 2e nvl)* afzien van, afstand doen van

Begebenheit v^{20} gebeurtenis, voorval

begegnen^{+3} *(sein)* **1** ontmoeten, tegenkomen; **2** aantreffen, vinden; **3** overkomen, gebeuren; **4** het hoofd bieden, bestrijden, opkomen tegen; **5** behandelen, bejegenen

Begegnung v^{20} **1** ontmoeting, samenkomst; **2** kennismaking, confrontatie; **3** bejegening, behandeling; **4** ontmoeting, wedstrijd

begehbar begaanbaar

begehen^{168} **1** begaan, lopen op: *eine Grenze* ~ langs

een grens patrouilleren; **2** *(een feest)* vieren; **3** plegen, bedrijven, begaan

begehren 1 verlangen, eisen; **2** begeren

Begehren o^{35} begeerte, wens, verlangen

begehrenswert begerenswaard(ig)

begehrlich begerig

begeistern I *tr* verrukken, bezielen, in geestdrift brengen; **II** *sich* ~ geestdriftig worden

begeisternd bezielend

begeistert geestdriftig, enthousiast, verrukt

Begeisterung v^{28} geestdrift, enthousiasme

Begier v^{28}, **Begierde** v^{21} begeerte, verlangen

begierig begerig, verlangend: ~ *nach*$^{+3}$ (of: *auf*$^{+4}$) begerig naar

begießen^{175} **1** begieten, (be)sproeien; **2** drinken op

Beginn m^{19} begin, aanvang

beginnen^{124} *(haben)* beginnen, aanvangen

beglaubigen 1 bekrachtigen, bevestigen; **2** waarmerken; **3** legaliseren; **4** *(diplomaat)* accrediteren

Beglaubigung v^{20} **1** (het) waarmerken, legalisatie; **2** gerechtelijke bekrachtiging; **3** (het) accrediteren

Beglaubigungsschreiben o^{35} geloofsbrief

begleichen^{176} **1** vereffenen, betalen; **2** uit de weg ruimen, uit de wereld helpen

begleiten begeleiden; escorteren: *von Erfolg begleitet sein* succes hebben

Begleiter m^9 begeleider

Begleiterscheinung v^{20} begeleidend verschijnsel, bijkomend verschijnsel

Begleitschreiben o^{35} begeleidend schrijven

Begleitumstände *mv* m^6 bijkomende omstandigheden

Begleitung v^{20} begeleiding, gevolg; escorte: *in* ~$^{+2}$ vergezeld (van)

beglücken gelukkig maken, verblijden

beglückwünschen: *jmdn zu*$^{+3}$ *etwas* ~ iem met iets gelukwensen, feliciteren

begnadet begenadigd

begnadigen gratie verlenen

Begnadigung v^{20} gratie

Begnadigungsgesuch o^{29} gratieverzoek

begnügen, sich: *sich mit*$^{+3}$ *etwas* ~ genoegen met iets nemen

Begonie v^{21} begonia

begraben^{180} begraven, bedelven; *(eis, hoop)* opgeven

Begräbnis o^{29a} begrafenis

begradigen recht maken, *(rivier)* normaliseren

begreifen^{181} **I** *tr* **1** begrijpen, bevatten; **2** zien, opvatten; **II** *sich* ~: *es begreift sich, dass* … het spreekt vanzelf dat …

begreiflich begrijpelijk, te begrijpen: *jmdm etwas* ~ *machen* iem iets duidelijk maken

begrenzen 1 begrenzen; **2** beperken

Begrenztheit v^{20} begrensdheid, beperktheid

Begrenzung v^{20} **1** begrenzing; **2** grens

Begriff m^5 **1** begrip: *ist Ihnen der Name ein* ~? zegt de naam u iets?; *er ist schwer von* ~ hij is traag van begrip; **2** voorstelling, opvatting, idee ‖ *im* ~ *sein*

(of: *stehen*) op het punt staan
begriffen: *im Aufbruch ~ sein* op het punt staan te vertrekken; *in der Arbeit ~* aan het werk; *im Bau ~* in aanbouw
begrifflich abstract, theoretisch; als begrip
Begriffsbestimmung v^{20} begripsbepaling, definitie
begriffsstutzig traag van begrip
begründen 1 motiveren, met redenen omkleden, staven: *in*[+3] (of: *durch*[+4]) *etwas begründet sein* zijn oorzaak in iets vinden; *begründete Ansprüche* gerechtvaardigde aanspraken; **2** funderen, baseren; **3** de grondslag leggen van, voor
Begründer m^9 stichter, grondlegger
Begründung v^{20} **1** motivering, grond; **2** oprichting, stichting
begrüßen 1 begroeten, verwelkomen; **2** toejuichen, begroeten
begrüßenswert zeer toe te juichen
begucken bekijken
begünstigen 1 begunstigen, bevoordelen; **2** steunen; **3** medeplichtig zijn aan
Begünstigung v^{20} begunstiging (*ook jur*)
begutachten rapport, advies uitbrengen over
Begutachter m^9 **1** adviseur; **2** expert
Begutachtung v^{20} advies, rapport
begütert gegoed, vermogend
begütigen kalmeren, tot bedaren brengen
behaart behaard, harig
Behaarung v^{20} beharing
behäbig 1 log, dik en traag; **2** gemakkelijk; **3** langzaam; op z'n gemak
behaftet (*met iets*) behept: *mit Kopfweh ~ sein* last van hoofdpijn hebben
behagen behagen, bevallen
Behagen o^{39} behagen, welgevallen
behaglich behaaglijk, gezellig; gemakkelijk
behalten[183] **1** (be)houden; **2** bij zich houden: *etwas für*[+4] *sich ~* iets voor zich houden
Behälter m^9 **1** reservoir, tank, container; **2** fles; **3** (gas)houder; **4** laadkist; **5** tas, zak
Behälterschiff o^{29} containerschip
behämmert niet goed snik, getikt
behänd(e) behendig, handig, vlug
behandeln 1 behandelen; **2** bewerken
Behandlung v^{20} **1** behandeling; **2** bewerking
behängen behangen, bedekken, bekleden
beharren volharden, blijven bij: *auf seinen Plänen ~* bij zijn plannen blijven
beharrlich volhardend, standvastig
Beharrlichkeit v^{28} volharding, standvastigheid
behaupten I *tr* **1** beweren: *steif und fest ~* bij hoog en bij laag volhouden; **2** staande houden, handhaven; **II** *sich ~* **1** zich staande houden, zich handhaven; **2** (*sp*) standhouden, winnen || *sich ~ gegen*[+4] (*ook*) trotseren
Behauptung v^{20} **1** bewering: *eine ~ aufstellen* iets beweren; **2** (*wisk*) stelling; **3** handhaving
Behausung v^{20} behuizing, woning, verblijf

beheben[186] uit de weg ruimen; herstellen, verhelpen
beheimatet: *~ sein* woonachtig zijn
beheizen verwarmen; stoken
Behelf m^5 **1** noodoplossing, hulpmiddel, redmiddel; **2** surrogaat
behelfen[188]**, sich** zich behelpen
Behelfsausfahrt v^{20} tijdelijke afrit
Behelfsbrücke v^{21} noodbrug
behelfsmäßig voorlopig, provisorisch
behelligen lastig vallen, hinderen
behend(e) *oude spelling voor* behänd(e), *zie* behänd(e)
beherbergen 1 herbergen, huisvesten; **2** herbergen, plaats bieden aan
beherrschen 1 heersen over; **2** beheersen, beteugelen; **3** zich verheffen boven
Beherrschung v^{28} **1** beheersing; **2** zelfbeheersing
beherzigen ter harte nemen
beherzt moedig, dapper, flink, kordaat
behexen beheksen, betoveren
behilflich: *jmdm bei*[+3] *etwas ~ sein* iem bij iets behulpzaam zijn
behindern hinderen, belemmeren: (*med*) *behindert* gehandicapt
Behinderte(r) m^{40a}, v^{40b} gehandicapte
Behinderung v^{20} **1** (het) hinderen; **2** belemmering; **3** handicap, gebrek
Behörde v^{21} **1** overheid, instantie: *die zuständige ~* de bevoegde instantie; **2** (*mv*) autoriteiten; **3** bureau, kantoor
behördlich van overheidswege, officieel
behördlicherseits van overheidswege
behüten behoeden, bewaren; bewaken
Behüter m^9 (be)hoeder, beschermer
behutsam behoedzaam, voorzichtig
bei vz[+3] **1** bij: *~m Bahnhof* bij het station; *er ist nicht ~ sich* hij is niet bij zijn positieven; **2** op: *~ hellem Tage* op klaarlichte dag; **3** per: *~ Frau W.: a*) per adres mevrouw W.; *b*) (*telefoon*) met het huis van mevrouw W.; **4** in: *~ guter Gesundheit sein* in goede gezondheid verkeren; **5** aan: *~m Lesen sein* aan het lezen zijn; **6** in: *~ Laune sein* in een goede bui zijn; **7** met: *~ verschlossenen Türen* met gesloten deuren; *~ alledem* met dat al || *~ Nacht* 's nachts; *~ weitem* verreweg
beibehalten[183] (be)houden, bewaren, vasthouden aan; handhaven
Beibehaltung v^{28} behoud, (het) bewaren; handhaving: *unter ~*[+2] met behoud van
Beiblatt o^{32} bijlage, bijblad
beibringen[139] **1** (*iem iets*) bijbrengen, leren; **2** (*iem iets*) vertellen; **3** (*nederlaag, wond*) toebrengen; **4** (*medicijn*) geven, toedienen; **5** aanvoeren, bijeenbrengen, overleggen, leveren
Beichte v^{21} biecht (*ook fig*)
beichten biechten (*ook fig*)
Beichtstuhl m^6 biechtstoel
beide[68] beide: *alle ~* allebei, alle twee; *~s ist richtig*

het is allebei goed

beiderseitig 1 wederzijds, onderling; 2 aan beide zijden

beiderseits I *bw* 1 aan beide kanten; 2 wederzijds; II *vz*⁺² aan weerszijden van

beieinander bij elkaar, bijeen, samen

Beifahrer *m*⁹ 1 bijrijder; 2 (naast de bestuurder zittende) passagier

Beifall *m*¹⁹ 1 bijval, instemming; 2 applaus

beifällig instemmend, goedkeurend

Beifallsbezeigung *v*²⁰ bijvalsbetuiging

Beifall(s)klatschen *o*³⁹ applaus

beifügen bijvoegen, toevoegen, insluiten

Beifügung *v*²⁰ toevoeging

Beigabe *v*²¹ 1 toevoeging; 2 *(muz)* toegift

beige beige

beigeben¹⁶⁶ toevoegen, meegeven: *klein ~ een toontje lager zingen*

Beigeordnete(r) *m*⁴⁰ᵃ, *v*⁴⁰ᵇ wethouder; *(Belg)* schepen

Beigeschmack *m*¹⁹ bijsmaak

beigesellen, sich zich voegen bij

Beiheft *o*²⁹ 1 supplement; 2 apart nummer

Beihilfe I *v*²¹ *(financiële)* hulp, steun, ondersteuning: *staatliche ~* staatssubsidie; II *v*²⁸ *(jur)* medeplichtigheid: *~ zum Mord* medeplichtigheid aan moord

Beiklang *m*⁶ 1 bijgeluid; 2 *(fig)* ondertoon

beikommen¹⁹³ 1 (tegen iem) opgewassen zijn, (iem) aankunnen: *ihm ist nicht beizukommen* je kunt geen vat op hem krijgen; 2 oplossen, onder de knie krijgen

Beil *o*²⁹ bijl

Beilage *v*²¹ 1 bijlage; 2 bijgerecht

beiläufig 1 terloops; 2 achteloos

Beiläufigkeit *v*²⁰ 1 bijkomstigheid; 2 nonchalance, onverschilligheid

beilegen 1 toevoegen, insluiten; 2 geven, toekennen; 3 *(ruzie)* bijleggen

beileibe: *~ nicht!* om de dooie dood niet!

Beileid *o*³⁹ rouwbeklag, deelneming: *jmdm sein ~ ausdrücken* (of: *aussprechen)* iem zijn deelneming betuigen, condoleren

Beileidsschreiben *o*³⁵ condoleantiebrief

beiliegen²⁰² bijgevoegd, ingesloten zijn

beiliegend ingesloten, bijgaand

beimengen bijmengen, toevoegen aan

beimessen²⁰⁸⁺³ toekennen, toeschrijven, hechten aan

beimischen bijmengen, bijvoegen

Bein *o*²⁹ 1 been, poot: *sich³ die ~e nach*⁺³ *etwas ablaufen* zich voor iets de benen uit het lijf lopen; *jmdm ein ~ stellen (ook fig)* iem beentje lichten; *sich³ die ~e vertreten* de benen strekken; 2 poot *(van stoel);* 3 broekspijp; 4 been, bot ‖ *jmdm ~e machen: a)* iem achter de broek zitten; *b)* iem wegjagen; *(fig) jmdm auf die ~e helfen* iem er bovenop helpen; *etwas auf die ~e stellen* iets op poten zetten; *wieder auf die ~e kommen (ook fig)* weer opkrabbe-

len; *sich auf die ~e machen* op weg gaan

beinah(e) bijna, haast

Beiname *m*¹⁸ bijnaam

Beinbruch *m*⁶ beenbreuk

beinern 1 benen, van been; 2 benig

beinhalten omvatten, inhouden, behelzen

Beinschoner, Beinschützer *m*⁹ *(sp)* beenbeschermer

beiordnen toevoegen aan

beipacken bijvoegen, insluiten

beipflichten instemmen met, gelijk geven

Beirat *m*⁶ adviescollege

beirren van de wijs brengen, in de war brengen

beisammen bijeen, bij elkaar, samen

beisammenhaben¹⁸² bij elkaar hebben

Beisammensein *o*³⁹ *(het)* bijeenzijn, samenzijn

Beischlaf *m*¹⁹ bijslaap: *den ~ ausüben* (geslachts)gemeenschap hebben

Beisein *o*³⁹ bijzijn, tegenwoordigheid

beiseite 1 opzij, naar de kant; 2 terzijde, afzijdig: *Scherz* (of: *Spaß) ~! zonder* gekheid!; *~ schaffen: a)* (iem) uit de weg ruimen; *b)* (iets) achteroverdrukken; *~ stehen* achterblijven, niet meedoen

beisetzen begraven, bijzetten

Beisetzung *v*²⁰ begrafenis, bijzetting

beisitzen²⁶⁸ *(proces)* bijwonen, bijzitter zijn

Beisitzer *m*⁹ bijzitter

Beispiel *o*²⁹ voorbeeld: *zum ~* bijvoorbeeld

beispielgebend, beispielhaft voorbeeldig

beispiellos ongekend, weergaloos

beispielsweise bijvoorbeeld

beispringen²⁷⁶: *jmdm ~* iem bijspringen

beißen¹²⁵ I *tr* en *intr* bijten; II *sich ~* vloeken: *die Farben ~ sich* de kleuren vloeken

Beistand I *m*¹⁹ bijstand, hulp; II *m*⁶ *(jur)* raadsman

beistehen²⁷⁹ (iem) bijstaan, helpen

beisteuern bijdragen, een bijdrage leveren

beistimmen instemmen met

Beistrich *m*⁵ komma

Beitrag *m*⁶ 1 bijdrage; 2 premie *(van sociale verzekering);* 3 contributie

beitragen²⁸⁸ (met *zu*⁺³) bijdragen (tot)

Beitragsbemessungsgrenze *v*²¹ premiegrens

beitragspflichtig premieplichtig

Beitragssatz *m*⁶ 1 premietarief; 2 hoogte van de bijdrage

beitreiben²⁹⁰ invorderen, innen

beitreten²⁹¹⁺³ toetreden tot; zich aansluiten bij, lid worden van

Beitritt *m*⁵ toetreding, (het) zich aansluiten, (het) lid worden van

Beitrittsgebühr *v*²⁰ inschrijvingsgeld

beiwohnen⁺³ bijwonen, aanwezig zijn

Beiwort *o*³² bijvoeglijk naamwoord

Beize *v*²¹ 1 beits *(voor hout);* 2 marinade

beizeiten bijtijds, tijdig, op tijd

beizen 1 beitsen; 2 marineren

bejahen 1 een bevestigend antwoord geven op; 2 beamen, instemmen met: *das Leben ~* positief

staan tegenover het leven
bejahend bevestigend
bejahrt bejaard, op leeftijd
Bejahung v^{20} bevestiging; instemming
bejammern bejammeren, betreuren
bejammernswert, bejammernswürdig beklagenswaardig, betreurenswaardig
bejubeln bejubelen
bekämpfen bestrijden, bevechten
bekannt bekend: ~ *geben* bekendmaken; ~ *machen* bekendmaken; *jmdn mit jmdm* ~ *machen* iem aan iem voorstellen
Bekanntenkreis m^5 kennissenkring
Bekannte(r) m^{40a}, v^{40b} kennis
Bekanntgabe v^{21} bekendmaking, kennisgeving
bekanntgeben *oude spelling voor* bekannt geben, *zie* bekannt
Bekanntheit v^{28} bekendheid
bekanntlich zoals men weet, zoals bekend is
bekanntmachen *oude spelling voor* bekannt machen, *zie* bekannt
Bekanntmachung v^{20} bekendmaking, kennisgeving, publicatie
Bekanntschaft v^{20} 1 kennismaking; 2 relatie; 3 kennissenkring, kennis; 4 bekendheid, kennis: *jmds* ~ *machen* met iem kennis maken
bekehren I *tr* bekeren; II *sich* ~ zich bekeren
bekennen[189] I *tr* 1 bekennen, toegeven; 2 belijden; II *sich* ~ belijden: *sich zu einer Religion* ~ een godsdienst belijden; 2 bekennen te zijn, uitkomen voor: *sich als* (of: *für*) *schuldig* ~ schuld bekennen; *sich zu jmdm* ~ het voor iem opnemen, iems zijde kiezen
Bekenner m^9 belijder; aanhanger
Bekenntnis o^{29a} 1 belijdenis; 2 bekentenis; 3 instemming (met)
Bekenntnisfreiheit v^{28} godsdienstvrijheid
Bekenntnisschule v^{21} confessionele school
beklagen I *tr* beklagen, betreuren; II *sich* ~ klagen, zich beklagen
beklagenswert beklagenswaardig
Beklagte(r) m^{40a}, v^{40b} *(jur)* gedaagde
bekleckern I *tr* bemorsen, morsen op, knoeien op; II *sich* ~ *(op zijn kleren)* morsen, knoeien
beklecksen besmeuren, bekladden
bekleiden 1 kleden: *bekleidet sein mit*[+3] aan hebben, dragen; 2 bekleden
Bekleidung v^{20} 1 kleding; 2 bekleding
beklemmen beklemmen, benauwen
Beklemmung v^{20} beklemdheid, benauwdheid
beklommen 1 bedrukt; 2 benauwd, beklemd
bekloppt getikt, niet goed snik, gek
bekommen[193] I *tr* (ver)krijgen, ontvangen: *Angst* ~ bang worden; *Risse* ~ scheuren, barsten; *einen Schrecken* ~ schrikken; II *intr* bekomen: *die Reise ist ihm schlecht* ~ de reis heeft hem geen goed gedaan; *wohl bekomm's!* wel bekome het u!
bekömmlich licht (verteerbaar), gezond
beköstigen de kost geven, onderhouden

bekräftigen bekrachtigen; bevestigen
bekreuzigen, sich een kruis(teken) maken
bekritzeln volkrabbelen
bekrönen bekronen *(vooral bouwk)*; kronen
bekümmern I *tr* 1 (iem) verdriet doen, bedroeven; 2 bezorgd maken; 3 aangaan; II *sich* ~ *um*[+4] zich bekommeren om
bekümmert bedroefd; bezorgd
bekunden I *tr* 1 laten blijken, tonen; 2 *(jur)* verklaren; II *sich* ~ blijken, tot uiting komen
Bekundung v^{20} verklaring, uiting
belächeln glimlachen om
beladen[196] 1 (be)laden; 2 *(fig)* overladen
Belag m^6 1 (vloer)bedekking; 2 voering *(van rem)*; 3 garnering; 4 beleg *(van boterham)*; 5 aanslag *(op ruit, tong)*; 6 wegdek
Belagerer m^9 belegeraar
belagern belegeren *(ook fig)*
Belagerung v^{20} beleg, belegering
Belang m^5 belang: *von* ~ van belang
belangen ter verantwoording roepen: *jmdn gerichtlich* ~ iem gerechtelijk vervolgen; *was mich belangt* wat mij betreft
belanglos onbelangrijk, zonder belang
belassen[197] (zo) laten
belasten 1 belasten, bezwaren: *einen Angeklagten* ~ voor de verdachte bezwarende verklaringen afleggen; 2 debiteren
belästigen lastig vallen, hinderen
Belästigung v^{20} hinder, last, (het) lastig vallen
Belastung v^{20} 1 belasting; 2 vracht, last; 3 *(handel)* debitering
belauern bespieden, beloeren
belaufen[198] I *tr* 1 lopen over; 2 *(winkels)* aflopen; II *sich* ~ bedragen, belopen
belauschen 1 afluisteren; 2 bespieden
beleben I *tr* doen herleven, de levensgeesten weer opwekken, stimuleren; II *sich* ~ 1 levend, levendig worden; 2 drukker worden
belebt 1 levend; 2 levendig, druk
Belebtheit v^{28} levendigheid, drukte
Belebung v^{20} (het) doen herleven; *zie* beleben
Beleg m^5 bewijs, (bewijs)stuk, document
belegen 1 leggen op, bedekken, beleggen: *mit Bomben* ~ bombarderen; *jmdn mit einer Strafe* ~ iem een straf opleggen; *mit Abgaben* ~ belasting leggen op; 2 bezetten, innemen; 3 reserveren, bespreken, *(Belg)* voorbehouden; 4 bewijzen; 5 zich laten inschrijven voor *(college)*
Belegschaft v^{20} (gehele) personeel
belegt 1 belegd: *ein ~es Brötchen* een belegd broodje; 2 *(telecom)* in gesprek; 3 bezet: *alle Betten sind* ~ alle bedden zijn bezet; *zie ook* belegen
belehren 1 onderrichten; 2 inlichten; 3 de les lezen: *sich* ~ *lassen* met zich laten praten, rede verstaan
Belehrung v^{20} terechtwijzing, les, lering
beleibt zwaarlijvig, gezet, corpulent
beleidigen beledigen, krenken
Beleidigung v^{20} belediging

beleuchten 1 belichten, verlichten, beschijnen; **2** *(fig)* belichten

Beleuchtung v^{20} **1** belichting, verlichting; **2** (het) belichten

Belgien o^{39} België

Belgier m^9 Belg

belgisch Belgisch

belichten 1 belichten; **2** verlichten

Belichtung v^{20} **1** belichting; **2** verlichting

belieben believen, wensen, willen

Belieben o^{39} believen, welgevallen, goeddunken: *nach ~* naar believen

beliebig naar believen; willekeurig

beliebt geliefd, gezien, populair; gewild

Beliebtheit v^{28} populariteit, geliefdheid

beliefern leveren aan: *~ mit* voorzien van

bellen 1 blaffen; **2** hard hoesten; **3** bulderen

belohnen belonen

Belohnung v^{20} beloning

belüften ventileren

Belüftung v^{28} ventilatie

belügen^{204} beliegen, voorliegen

belustigen vermaken, amuseren

belustigend vermakelijk, amusant

Belustigung I v^{28} vermaak; **II** v^{20} attractie

bemächtigen, sich^{+2} **1** zich meester maken van; **2** (iem) overmeesteren

bemalen beschilderen

bemängeln (be)kritiseren, aanmerkingen maken op

bemannen bemannen

Bemannung v^{20} bemanning

bemänteln 1 goedpraten; **2** verdoezelen

bemerkbar merkbaar, zichtbaar, waarneembaar: *sich ~ machen: a)* te bemerken zijn, zich doen gevoelen; *b)* de aandacht trekken

bemerken 1 bemerken, opmerken; **2** zeggen

bemerkenswert opmerkelijk, opvallend

Bemerkung v^{20} **1** opmerking; **2** aantekening

bemessen^{208} **I** *tr* (af-, op)meten, opnemen, vaststellen, bepalen, berekenen; **II** *sich ~* vastgesteld worden: *sich ~ nach*$^{+3}$ berekend worden naar

bemitleiden medelijden hebben met

bemitleidenswert beklagenswaardig

bemittelt bemiddeld, in goede doen

bemühen I *tr* **1** hulp inroepen, hulp inschakelen; **2** lastig vallen; **3** aanhalen; **II** *sich ~* **1** moeite doen, zijn best doen; **2** zich begeven: *wollen Sie sich hierher bemühen?* wilt u zo goed zijn hier te komen?; **3** trachten te bereiken, trachten te verkrijgen

Bemühen o^{39} inspanning, streven, moeite: *vergebliches ~* vergeefse moeite

bemüht 1 ingespannen: *~ sein* zijn best doen; **2** gewild, geforceerd

Bemühung v^{20} poging, moeite, inspanning

bemuttern bemoederen

benachbart naburig, nabijgelegen

benachrichtigen 1 op de hoogte brengen, berichten; **2** waarschuwen

Benachrichtigung v^{20} **1** bericht, inlichting; **2** waarschuwing

benachteiligen benadelen, achterstellen

benebeln benevelen

benehmen^{212} **I** *tr* benemen, wegnemen; **II** *sich ~* zich gedragen

Benehmen o^{39} gedrag, manier van doen

beneiden benijden: *jmdn um*$^{+4}$ (of: *wegen*$^{+2}$) *etwas ~* iem om iets benijden

beneidenswert benijdenswaardig

benennen^{213} **1** benoemen, noemen; **2** aanwijzen

Benennung I v^{20} **1** benaming, naam; **2** aanwijzing; **II** v^{28} (het) noemen

Bengel m^9 **1** kwajongen; **2** jongetje

benommen verdoofd, versuft, beneveld

Benommenheit v^{28} verdoving, versuftheid

benoten een cijfer geven

benötigen nodig hebben

Benotung v^{20} **1** (het) geven van een cijfer, van cijfers; **2** cijfer, cijfers

benutzen, benützen 1 gebruiken, gebruik maken van; **2** waarnemen, benutten

Benutzer m^9 gebruiker

benutzerfreundlich gebruikersvriendelijk

Benutzung, Benützung v^{28} **1** gebruikmaking, benutting; **2** gebruik

Benzin o^{29} benzine

Benziner m^9 auto met benzinemotor

Benzinkanister m^9 jerrycan

beobachten 1 gadeslaan, waarnemen, observeren; **2** constateren, bemerken; **3** in acht nemen

Beobachter m^9 waarnemer *(ook mil)*

Beobachtung v^{20} **1** waarneming, observatie; **2** bevinding; **3** (het) in acht nemen

bepflastern plaveien, bestraten

bequatschen 1 (iets) bespreken; **2** (iem) overreden, overhalen

bequem 1 gemakkelijk, comfortabel, gerieflijk; prettig, aangenaam; **2** gemakzuchtig

bequemen, sich 1 ongaarne besluiten; **2** zich verwaardigen; **3** zich voegen

bequemlich gerieflijk, gemakkelijk

Bequemlichkeit I v^{20} gemak, comfort, gerieflijkheid; **II** v^{28} gemakzucht

bequemlichkeitshalber gemakshalve

berappen betalen, dokken

beraten^{218} **I** *tr* **1** (iem) raden, raad geven, adviseren; **2** behandelen, bespreken; **II** *intr* overleggen, beraadslagen; **III** *sich ~* overleg plegen, beraadslagen

beratend raadgevend, adviserend

Berater m^9 raadgever, adviseur

beratschlagen beraadslagen

Beratung v^{20} **1** bespreking, beraadslaging; **2** advies; **3** adviesbureau

Beratungsstelle v^{21} **1** adviesbureau; **2** consultatiebureau

berauben beroven

Beraubung v^{20} beroving

berauschen I *tr* dronken maken, bedwelmen; **II** *sich*

~ **1** in vervoering raken; **2** zich bedrinken
berauschend 1 bedwelmend; **2** koppig *(van wijn)* ‖
nicht ~ niet bijzonder
berechenbar berekenbaar
berechnen berekenen
Berechnung v^{20} berekening
berechtigen 1 (iem) het recht geven, de bevoegdheid geven; **2** rechtvaardigen
berechtigt 1 gerechtigd, bevoegd; **2** gerechtvaardigd; **3** geldig
Berechtigte(r) m^{40a}, v^{40b} rechthebbende
berechtigterweise terecht
Berechtigung v^{20} **1** recht, bevoegdheid; **2** grond, ge-
grondheid
bereden 1 bespreken, bepraten; **2** *(iem tot iets)*
overhalen, overreden, bepraten
beredsam (wel)bespraakt, welsprekend
Beredsamkeit v^{28} welsprekendheid
beredt welsprekend, (wel)bespraakt
Bereich m^5 **1** gebied, terrein, domein; **2** bereik: *im ~
der Möglichkeiten* binnen het bereik van het moge-
lijke; **3** sector
bereichern verrijken
Bereicherung v^{20} verrijking
bereifen van banden voorzien
bereift berijpt
Bereifung v^{20} (de) banden
bereinigen 1 *(misverstanden, moeilijkheden)* uit de
weg ruimen; *(geschil)* bijleggen, beslechten; *(kwestie)* regelen, oplossen; **2** *(schuld)* vereffenen, betalen
Bereinigung v^{20} (het) uit de weg ruimen; *zie ook* bereinigen
bereisen bereizen, reizen door
bereit 1 gereed, klaar; **2** bereid
bereiten I *zw* **1** bereiden, gereedmaken, klaarmaken: *sich zu*$^{+3}$ *etwas* ~ zich op iets voorbereiden; **2**
(schande, verdriet) aandoen; **3** bezorgen; **4** veroorzaken; **II** *st*^{221} *(paard)* berijden
bereithalten^{183} gereedhouden
bereits reeds, al
Bereitschaft v^{20} **1** gereedheid, *(mil)* paraatheid: ~
haben: a) (mil) paraat zijn; *b) (van arts)* dienst hebben; **2** bereidheid, bereidwilligheid; **3** parate eenheid der politie
Bereitschaftsarzt m^6 dienstdoend arts
Bereitschaftsdienst m^5 parate hulpdienst, *(Belg)*
urgentiedienst
Bereitschaftspolizei v^{28} mobiele eenheid, oproerpolitie
bereitstellen klaarzetten, gereedzetten, gereedhouden; *(geld)* beschikbaar stellen
Bereitung v^{20} bereiding
bereitwillig bereidwillig
Bereitwilligkeit v^{28} bereidwilligheid
bereuen berouwen, berouw hebben over
Berg m^5 **1** berg; **2** hoop, stapel ‖ *er ist über alle ~e* hij
is ervandoor; *zu ~* stroomopwaarts
bergab 1 bergaf(waarts); **2** stroomafwaarts

bergan bergopwaarts, stroomopwaarts
Bergarbeiter m^9 mijnwerker
bergauf 1 bergopwaarts; **2** stroomopwaarts
Bergbahn v^{20} bergspoor
Bergbau m^{19} mijnbouw
bergen^{126} **1** bergen, in veiligheid brengen; **2** verber-
gen; **3** bevatten
Bergfahrt v^{20} **1** vaart stroomopwaarts; **2** bergtocht
Bergführer m^9 berggids
Berggipfel m^9 bergtop
bergig bergachtig
Bergmann m *(ze nvl -(e)s; mv -leute)* mijnwerker
Bergpass m^6 bergpas
Bergsport m^{19} alpinisme, bergsport
Bergsteiger m^9 bergbeklimmer
Bergtour v^{20} bergtocht
Bergung v^{20} berging
Bergwanderung v^{20} bergtocht
bergwärts 1 bergwaarts; **2** stroomopwaarts
Bergwerk o^{29} mijn
Bericht m^5 **1** verslag, rapport: ~ *erstatten* verslag
doen, verslag uitbrengen; **2** bericht
berichten 1 berichten, mededelen, melden; **2** ver-
slag doen, rapport uitbrengen
Berichter m^9 **1** verteller; **2** verslaggever
Berichterstatter m^9 **1** verslaggever, correspondent;
2 rapporteur
berichtigen verbeteren, corrigeren
Berichtigung v^{20} verbetering, correctie
beriechen^{223} **I** *tr* beruiken; **II** *sich* ~ heel voorzichtig
contact hebben
berieseln 1 bevloeien; **2** besproeien
Berlin o^{39} Berlijn
Berliner I m^9 Berlijner; **II** *bn* Berlijns
berlinerisch Berlijns
Bernhardiner m^9 bernardshond
Bernstein m^{19} barnsteen
bersten^{127} barsten, springen
berüchtigt berucht
berücksichtigen rekening houden met, in aanmerking nemen
Berücksichtigung v^{20} (het) rekening houden met:
unter (of: *in*) ~ *der Umstände* de omstandigheden
in aanmerking genomen
Beruf m^5 beroep: *einen* ~ *ausüben, im* ~ *stehen* een
beroep uitoefenen
berufen^{226} **I** *tr* **1** benoemen, aanstellen, beroepen; **2**
bijeenroepen; **II** *sich* ~ *auf*$^{+4}$ zich beroepen op; **III**
bn **1** geroepen; **2** bevoegd
beruflich voor het beroep, beroepsmatig, beroeps-:
die ~*e Fortbildung* de voortgezette beroepsopleiding; ~ *verreisen* voor zijn beroep op reis gaan
Berufsausbildung v^{28} beroepsopleiding
Berufsberater m^9 beroepskeuzeadviseur
Berufsberatung v^{20} beroepsvoorlichting, *(Belg)*
beroepsoriëntering
Berufsfachschule v^{21} school voor lager beroepsonderwijs
Berufsfahrer m^9 **1** chauffeur; **2** testrijder

berufsmäßig beroepshalve, beroepsmatig

Berufsschule v^{21} technische school, streekschool; *(Belg)* beroepsschool

Berufsspieler m^9 *(sp)* professional

berufstätig in een beroep werkzaam

Berufsverkehr m^{19} spitsverkeer

Berufswahl v^{20} beroepskeuze

Berufung v^{20} 1 uitnodiging, beroep; 2 roeping; 3 (het) zich beroepen (op): *unter ~ auf*[+4] met een beroep op; 4 hoger beroep: *(jur) ~ einlegen* in hoger beroep gaan

beruhen berusten: *~ auf*[+3] berusten op; *etwas auf sich ~ lassen* iets laten rusten

beruhigen I *tr* geruststellen, kalmeren, tot bedaren brengen; **II** *sich ~* kalmeren

beruhigend geruststellend

Beruhigung v^{20} geruststelling; kalmering

Beruhigungsmittel o^{33} kalmerend middel

berühmt beroemd, vermaard

Berühmtheit v^{20} beroemdheid

berühren I *tr* 1 aanraken; 2 *(meetk)* raken; 3 even bezoeken, aandoen; 4 even noemen, aanstippen, ter sprake brengen; 5 indruk maken op; **II** *sich ~* elkaar (aan)raken

Berührung v^{20} 1 aanraking, contact; 2 (het) noemen, (het) aanroeren; 3 *(meetk)* (het) raken

besagen 1 zeggen, luiden; 2 betekenen

besagt genoemd

besamen bevruchten

Besamung v^{20} bevruchting

besänftigen sussen, kalmeren

Besatz m^6 1 belegsel, garnering; 2 wildstand

Besatzer m^9 *(mil)* bezetter

Besatzung v^{20} 1 bezetting; 2 bezettingstroepen; 3 garnizoen; 4 bemanning

besaufen[228], **sich** zich bedrinken

beschädigen beschadigen, havenen

Beschädigung v^{20} 1 beschadiging; 2 letsel

beschaffen I *tr* 1 verschaffen, bezorgen; 2 verwerven, (ver)krijgen; **II** *bn* van die aard, geaard: *wie ist es damit ~?* hoe is het daarmee gesteld?

Beschaffenheit v^{28} gesteldheid, aard; hoedanigheid, toestand, kwaliteit

Beschaffung v^{28} aanschaffing; *zie* beschaffen

beschäftigen I *tr* 1 bezighouden; 2 in dienst hebben, tewerkstellen; **II** *sich ~* zich bezighouden

beschäftigt 1 *(met iets)* bezig: *die Wollindustrie war gut ~* de wolindustrie had veel werk; *sehr ~ sein* het zeer druk hebben; 2 *(bij iem)* werkzaam

Beschäftigte(r) m^{40a}, v^{40b} 1 werknemer; 2 *(mv)* personeel

Beschäftigung v^{20} 1 bezigheid, werk; 2 baan, betrekking; 3 werkgelegenheid, bezetting; 4 bedrijvigheid *(in industrie)*

Beschäftigungslage v^{21} 1 bedrijvigheid *(in de industrie)*; 2 werkgelegenheidssituatie

Beschäftigungstherapeut m^{14} bezigheidstherapeut

beschämen beschamen, beschaamd maken

beschatten 1 beschaduwen, overschaduwen; 2 (iem) schaduwen; 3 *(sp)* dekken, bewaken

Beschatter m^9 1 achtervolger; 2 bewaker

beschauen bekijken

beschaulich 1 beschouwend; 2 rustig, stil

Bescheid m^5 antwoord, inlichtingen: *~ geben* antwoorden *(op vraag)*, inlichtingen verstrekken; *jmdm ~ sagen: a)* iem waarschuwen; *b)* iem zijn mening zeggen; *~ wissen* op de hoogte zijn

bescheiden I *tr*[232] 1 schenken: *es war ihm nicht beschieden* het was hem niet gegeven; 2 een beslissing meedelen: *jmdn abschlägig ~* iem afwijzen; 3 (iem) ontbieden; **II** *sich ~ (met mit*[+3]*)* zich tevredenstellen (met), genoegen nemen (met); **III** *bn* 1 bescheiden; 2 matig

Bescheidenheit v^{28} bescheidenheid

bescheinen[233] beschijnen, bestralen

bescheinigen 1 *(schriftelijk)* verklaren; 2 bevestigen

Bescheinigung v^{20} verklaring, attest

bescheißen[234] *(inform)* belazeren *(plat)*, bedonderen

beschenken ten geschenke geven

Beschenkte(r) m^{40a}, v^{40b} begiftigde

bescheren 1 met Kerstmis geven, schenken; 2 ten deel laten vallen; 3 bezorgen, opleveren

Bescherung v^{20} 1 (het) geven van geschenken *(op kerstavond)*; 2 kerstgeschenk; 3 geschenk ‖ *eine schöne ~!* een mooie geschiedenis!; *da haben wir die ~! (plat)* daar heb je het gelazer!

bescheuert 1 getikt; 2 onaangenaam; 3 suf

beschichten met een laag bedekken

beschießen[238] 1 beschieten; 2 *(nat)* bombarderen; 3 *(fig)* bestoken

beschildern bewegwijzeren

beschimpfen uitschelden, beledigen

Beschimpfung v^{20} belediging; (het) uitschelden

Beschiss m^{19} bedrog, verlakkerij

beschissen ellendig, belabberd, rot

beschlafen[240] 1 een nachtje slapen over; 2 slapen met, gemeenschap hebben met

Beschlag m^6 1 (metalen) beslag; 2 beslag, hoefijzers; 3 aanslag *(van vocht)* ‖ *mit ~ belegen, in ~ nehmen* in beslag nemen

beschlagen[241] **I** *tr* 1 *(paarden)* beslaan; 2 bekleden; **II** *intr* 1 *(mbt ruit, spiegel)* beslaan; 2 *(mbt kaas e.d.)* beschimmelen

Beschlagnahme v^{21} beslag, inbeslagneming

beschlagnahmen in beslag nemen

beschleichen[242] 1 besluipen; 2 bekruipen

beschleunigen 1 bespoedigen; 2 accelereren, versnellen; 3 *(nat)* versnellen

Beschleunigung v^{20} 1 versnelling; 2 acceleratie; 3 spoed, haast

beschließen[238] 1 besluiten; 2 *(een voorstel, wetsontwerp)* aannemen; 3 besluiten, eindigen

Beschluss I m^6 besluit, beslissing: *einen ~ fassen* een besluit nemen; **II** m^{19} slot, einde: *zum ~* tot besluit

beschlussfähig in staat besluiten te nemen
beschmieren besmeren, smeren op; besmeuren; *(papier)* bekladden
beschmutzen vuilmaken; *(fig)* bezoedelen
beschneiden[250] 1 *(boom, heg)* snoeien, knippen; 2 gelijksnijden, afsnijden; 3 *(fig)* beknotten, besnoeien; 4 *(lonen)* verlagen || *jmdn* ~ iem besnijden
beschnüffeln, beschnuppern besnuffelen
beschönigen vergoelijken
Beschönigung v^{20} vergoelijking
beschranken van slagbomen voorzien
beschränken I *tr* beperken; **II** *sich* ~ *auf*[+4] zich bepalen tot, zich beperken tot
beschränkt 1 beperkt, bekrompen; 2 behoeftig
Beschränkung v^{20} beperking
beschreiben[252] *(cirkel, papier)* beschrijven
beschreiten[254] 1 lopen op; 2 betreden
beschriften van een opschrift, onderschrift, nummer, tekst voorzien
Beschriftung v^{20} opschrift, onderschrift
beschuldigen beschuldigen: *jmdn eines Dinges* ~ iem van iets beschuldigen
Beschuldigte(r) m^{40a}, v^{40b} verdachte
Beschuldigung v^{20} beschuldiging
beschummeln *(inform)* beduvelen, beetnemen
Beschuss m^{19} beschieting: *unter* ~ *nehmen* onder vuur nemen
beschützen beschutten, beschermen
Beschützer m^9 1 beschermer; 2 beschermheer
beschwatzen, beschwätzen bepraten, overhalen; bespreken, praten over
Beschwerde v^{21} 1 moeite, inspanning; 2 kwaal, last, gebrek, ongemak; 3 klacht, beklag: ~ *führen* klagen, reclameren
Beschwerdeführer m^9 klager, reclamant
beschweren 1 iets zwaars leggen op, verzwaren; 2 *(fig)* belasten, drukken op: *sich bei jmdm über*[+4] *etwas* ~ bij iem over iets klagen
beschwerlich vermoeiend, moeizaam, moeilijk: *jmdm* ~ *fallen: a)* iem lastig vallen; *b)* iem moeilijk vallen
Beschwerlichkeit v^{20} moeite, ongemak, last
beschwichtigen tot bedaren brengen, kalmeren, sussen, stillen
beschwindeln 1 beliegen; 2 bedriegen
beschwingt 1 enthousiast; 2 opgewekt
beschwipst *(fig)* aangeschoten
beschwitzt bezweet
beschwören[260] bezweren
Beschwörer m^9 bezweerder
Beschwörung v^{20} bezwering
beseelen bezielen *(ook fig)*
besehen[261] bekijken; beschouwen
beseitigen 1 verwijderen, opruimen; 2 vermoorden, liquideren; 3 verhelpen
Besen m^{11} 1 bezem; 2 stoffer
besessen bezeten
besetzen 1 bezetten; 2 bemannen; 3 *(met bont, kant)* afzetten; 4 *(huis)* kraken

besetzt bezet; *(telefoon)* in gesprek
Besetztzeichen o^{35} *(telefoon)* bezettoon
Besetzung v^{20} 1 (het) bezetten, bezetting; 2 opstelling, ploeg, team
besichtigen 1 bezichtigen; 2 inspecteren
Besichtigung v^{20} 1 bezichtiging; 2 inspectie
besiedeln 1 koloniseren; 2 gaan wonen in, bevolken
besiegeln bezegelen
besiegen overwinnen
besinnen[267], **sich** 1 nadenken, rustig overleggen: *ohne sich zu* ~ zonder zich te bedenken; 2 zich herinneren: *sich auf*[+4] *etwas* ~ zich iets herinneren; 3 zich bezinnen: *sich anders* ~ tot andere gedachten komen
besinnlich 1 bedachtzaam; 2 beschouwelijk
Besinnung v^{28} 1 bewustzijn; 2 bezinning; 3 (het) zich bezinnen (op)
besinnungslos 1 bewusteloos, buiten kennis; 2 buiten zichzelf *(van angst)*
Besitz m^5 bezit: *von*[+3] *etwas* ~ *ergreifen* iets in bezit nemen; *(fig)* ~ *von jmdm ergreifen* zich van iem meester maken
besitzanzeigend: ~*es Fürwort* bezittelijk voornaamwoord
besitzen[268] bezitten, hebben
Besitzer m^9 bezitter; eigenaar
Besitzergreifung v^{28} inbezitneming
besitzlos zonder bezit, onvermogend
Besitznahme v^{28} inbezitneming
Besitztum o^{32}, **Besitzung** v^{20} eigendom, bezitting
besoffen bezopen, dronken
besolden bezoldigen, salariëren
Besoldung v^{20} bezoldiging, salariëring, loon, salaris, soldij
besonder bijzonder: *im Besonderen* in het bijzonder
Besonderheit v^{20} bijzonderheid
besonders 1 vooral, in het bijzonder; 2 afzonderlijk, apart; 3 bijzonder, buitengewoon
besonnen bezonnen, bedachtzaam
Besonnenheit v^{28} bezonnenheid
besorgen 1 zorgen voor, verzorgen, doen: *den Haushalt* ~ het huishouden doen; 2 zorgen voor, kopen; 3 *(een opdracht)* uitvoeren; 4 *(doelpunt)* maken
Besorgnis v^{24} bezorgdheid, ongerustheid
besorgt bezorgd, ongerust
Besorgung v^{20} 1 boodschap, inkoop; 2 (het) doen *(van werk, zaken)*; zie besorgen
bespannen 1 bespannen; 2 bekleden
bespielen bespelen, spelen in, spelen op: *eine Schallplatte* ~ een plaat opnemen
bespitzeln bespioneren
bespötteln, bespotten bespotten
besprechen[274] 1 bespreken, spreken over; 2 recenseren, bespreken
Besprechung v^{20} bespreking
bespritzen 1 bespatten; 2 besproeien
besprühen besproeien, bespuiten

be

besser beter: *(etwas) Besseres* iets beters; *sich zum Besseren wenden* zich ten goede keren; *jmdn eines Besseren belehren* iem uit de droom helpen; *sich eines Besseren besinnen* van gedachte veranderen

bessern I *tr* verbeteren, beter maken; II *sich* ~ 1 zijn leven beteren, beter worden; 2 *(mbt prijzen e.d.)* stijgen

Besserung v^{20} verbetering; beterschap

Besserwisser m^9 betweter

best *zie* beste

Bestand I m^6 1 bestand; 2 *(waren)* voorraad, inventaris; 3 opstand, bomen *(in een bos)*; II m^{19} 1 (het) bestaan, (het) voortbestaan; 2 bestendigheid: ~ *haben, von ~ sein* duurzaam zijn, van lange duur zijn

beständig 1 bestendig, duurzaam, vast: *~er Druck* constante druk; 2 voortdurend; 3 bestand (tegen)

Beständigkeit v^{28} bestendigheid, duurzaamheid; (het) bestand zijn

Bestandsaufnahme v^{21} inventarisatie

bestärken (ver)sterken, stijven, bevestigen

bestätigen bevestigen, bekrachtigen

Bestätigung v^{20} bevestiging, bekrachtiging

bestatten begraven, ter aarde bestellen

Bestattung v^{20} begrafenis, teraardebestelling

Bestattungsinstitut o^{29}, **Bestattungsunternehmen** o^{35} begrafenisonderneming

bestäuben 1 bestrooien; 2 *(plantk)* bestuiven

bestaunen verbaasd kijken naar

beste beste: *das Beste* het beste; *sein Bestes tun* zijn best doen; *am ~n* het best(e); *aufs Beste, aufs ~: a)* zo goed mogelijk; *b)* prima; *zum Besten haben* (of: *halten)* voor de gek houden

bestechen^{277} 1 omkopen; 2 (iem) voor zich innemen, betoveren; imponeren

bestechend 1 uitstekend; 2 innemend

bestechlich omkoopbaar, corrupt

Bestechung v^{20} omkoping, corruptie

Bestechungsgelder *mv* o^{31} steekpenningen

Besteck o^{29} 1 bestek, couvert; 2 set instrumenten; 3 *(scheepv)* bestek

bestehen^{279} I *intr* 1 bestaan; 2 (het) er goed afbrengen, *(concurrentie, onderzoek)* doorstaan; II *tr* slagen voor *(examen)* || *(fig) auf*$^{+3}$ *etwas* ~ op iets staan, aan iets vasthouden

bestehlen^{280} bestelen

besteigen^{281} 1 bestijgen, beklimmen; 2 stappen in, stappen op

bestellen 1 (techn) bestellen; reserveren; 2 afspreken (met), ontbieden: *jmdn zu sich*^{3} ~ iem bij zich ontbieden; 3 benoemen; 4 *(boodschap)* overbrengen; *(groeten)* doen, *(krant, post)* bezorgen; 5 *(akker)* bebouwen, bewerken || *es ist gut mit ihm* (of: *um ihn) bestellt* het gaat goed met hem

Besteller m^9 besteller

Bestellung v^{20} 1 bestelling, order; 2 benoeming; 3 boodschap, bericht; 4 bestelling, bezorging; 5 bewerking, bebouwing

bestenfalls in het gunstigste geval

bestens uitstekend, zeer goed; zeer hartelijk: *ich danke* ~ ik dank u zeer

besteuern belasten, belasting heffen op

Besteuerung v^{20} belasting, belastingheffing

besticken borduren

Bestie v^{21} beest *(ook fig)*, roofdier

bestimmbar bepaalbaar, definieerbaar

bestimmen 1 bepalen, vaststellen; 2 *(plantk)* determineren; 3 definiëren, omschrijven; 4 beschikken, beslissen; 5 bestemmen; benoemen

bestimmt I *bw* beslist, zeker; II *bn* 1 duidelijk, precies; 2 beslist, vastbesloten; 3 bepaald

Bestimmtheit v^{28} 1 beslistheid; 2 zekerheid

Bestimmung v^{20} 1 bepaling; 2 (het) determineren; 3 bestemming, doel; 4 beschikking, lot

Bestimmungsort m^5 plaats van bestemming

Bestimmwort o^{32} bepalend woord

Bestleistung v^{20} record

bestmöglich zo goed mogelijk

bestrafen (be)straffen

Bestrafung v^{20} bestraffing, straf

bestrahlen beschijnen; *(med)* bestralen

Bestreben o^{39} (het) streven, poging

bestreben, sich streven naar, trachten: *er ist bestrebt, seine Kunden zufrieden zu stellen* hij tracht zijn klanten tevreden te stellen

Bestrebung v^{20} poging, (het) streven

bestreichen^{286} bestrijken, besmeren

bestreiken platleggen

bestreiten^{287} 1 betwisten, bestrijden, tegenspreken; 2 betalen, dragen; 3 verzorgen; 4 *(sp)* deelnemen aan

bestreuen bestrooien

bestürmen 1 bestormen; 2 *(fig)* overstelpen

Bestürmung v^{20} bestorming

bestürzen ontstellen, doen schrikken

bestürzt ontsteld, ontdaan

Bestürzung v^{28} ontsteltenis, ontzetting

Besuch m^5 bezoek, visite: *auf* (of: *zu)* ~: *a)* op bezoek; *b)* te logeren; *jmdm einen ~ abstatten, bei jmdm einen ~ machen* iem een bezoek brengen; *mein ~ in Amsterdam* mijn bezoek aan Amsterdam

besuchen bezoeken, komen opzoeken

Besucher m^9 bezoeker

Besuchszeit v^{20} bezoekuur, bezoekuren

besudeln bezoedelen *(ook fig)*, besmeuren

betagt oud, bejaard

betasten betasten, bevoelen

betätigen I *tr* 1 *(techn)* in werking stellen, bedienen; 2 in praktijk brengen, in daden omzetten; II *sich* ~ werkzaam zijn, actief zijn

Betätigung v^{20} 1 *(techn)* (het) in werking stellen, bediening; 2 activiteit; 3 bezigheid

betäuben 1 verdoven, bedwelmen: *~der Lärm* oorverdovend lawaai; *ein ~der Duft* een bedwelmende geur; 2 suf maken

Betäubung v^{20} verdoving, bedwelming

beteiligen laten delen: *jmdn am Gewinn* ~ iem in de winst laten delen; *an*$^{+3}$ *etwas beteiligt sein* aan

iets deelnemen, meedoen, betrokken zijn bij iets; *die beteiligten Kreise* de betrokken kringen
Beteiligte(r) m^{40a}, v^{40b} **1** belanghebbende, betrokkene; **2** deelnemer
Beteiligung v^{20} **1** deelneming; **2** aandeel; **3** belangstelling
beten bidden; *(na het eten)* danken
beteuern betuigen, verzekeren, bezweren
Beteuerung v^{20} betuiging, verzekering
betexten van een tekst voorzien
betiteln betitelen; *(inform)* noemen
Beton m^{13}, m^5 beton
betonen de nadruk leggen op, beklemtonen: *etwas* ~ iets onderstrepen
betont nadrukkelijk, opvallend; demonstratief
Betonung v^{20} **1** nadruk, klem(toon), accent; **2** accentuering
betören 1 verleiden, verblinden; **2** betoveren
betr. *afk van betreffend, betreffs* met betrekking tot
Betr. *afk van Betreff* onderwerp
Betracht m^{19}: *außer* ~ *bleiben* niet in aanmerking komen; *außer* ~ *lassen* buiten beschouwing laten; *in* ~ *ziehen* in aanmerking nemen; *in* ~ *kommen* in aanmerking komen
betrachten 1 beschouwen; **2** bekijken: *genau betrachtet* welbeschouwd
Betrachter m^9 **1** waarnemer; **2** kijker
beträchtlich aanmerkelijk, aanzienlijk
Betrachtung v^{20} beschouwing, overdenking: *bei genauerer* ~ bij nadere beschouwing; *~en anstellen über*$^{+4}$ *etwas* iets overpeinzen
Betrag m^6 bedrag, som: *im* ~*e von*$^{+3}$ ten bedrage van
betragen^{288} **I** *tr* bedragen; **II** *sich* ~ zich gedragen
Betragen o^{39} gedrag
betrauen: *jmdn mit*$^{+3}$ *etwas* ~ iem iets toevertrouwen, opdragen
betrauern betreuren; rouwen over
Betreff m^5 onderwerp *(van brief): in* ~*$^{+2}$ betreffend, wat betreft
betreffen^{289} **1** betreffen, aangaan; **2** overkomen, treffen; **3** kwetsen, raken
betreffend 1 bevoegd; **2** desbetreffend
betreffs^{+2} wat betreft, inzake
betreiben^{290} **1** *(een zaak, handel)* drijven, *(een bedrijf, beroep)* uitoefenen, *(Belg)* uitbaten; *(politiek, proces)* voeren; *(verbouwing)* uitvoeren; *Sport* ~ aan sport doen; **2** *(elektrisch, met stoom)* aandrijven
Betreiben o^{39}: *auf sein* ~ op aandringen van hem
betreten I *st*^{291} betreden; **II** *bn* verlegen, bedremmeld, beduusd, onthutst
betreuen 1 verzorgen, zorgen voor; **2** begeleiden
Betreuer m^9 **1** *(sp)* verzorger; **2** begeleider
Betreuung v^{28} **1** verzorging; **2** begeleiding
Betrieb I m^5 bedrijf, onderneming; **II** m^{19} **1** dienst, werking, bedrijf: *in* ~ *sein* in bedrijf zijn; *in* ~ *setzen* in bedrijf stellen; *außer* ~ *sein* buiten dienst, buiten werking zijn; **2** bedrijvigheid, drukte: *reger*

~ *druk* verkeer; **3** exploitatie; **4** aandrijving
betrieblich bedrijfs-
betriebsam actief, bedrijvig, nijver
Betriebsanleitung v^{20} handleiding
betriebsfähig, betriebsfertig bedrijfsklaar
Betriebsgeheimnis o^{29a} fabrieksgeheim
Betriebskapital o^{39} bedrijfskapitaal
Betriebslehre v^{28} bedrijfseconomie, bedrijfsleer, *(Belg)* handelswetenschappen
Betriebsleitung v^{20} bedrijfsleiding
Betriebsrat m^6 ondernemingsraad
Betriebsunfall m^6 bedrijfsongeval, *(Belg)* werkongeval
Betriebswirt m^5 bedrijfseconoom, *(Belg)* handelsingenieur
Betriebswirtschaft, Betriebswirtschaftslehre v^{28} bedrijfseconomie
betrinken^{293}, *sich* zich bedrinken
betroffen 1 onthutst, ontsteld; **2** getroffen
Betroffene(r) m^{40a}, v^{40b} betrokkene: *der vom Unfall Betroffene* de door het ongeval getroffene
Betroffenheit v^{28} ontsteltenis
betrüben bedroeven
betrüblich bedroevend, droevig
Betrübnis v^{24} droefenis, droefheid
betrübt bedroefd, treurig
Betrug m^{19} bedrog, oplichterij
betrügen^{294} bedriegen, oplichten
Betrüger m^9 bedrieger, oplichter
Betrügerei v^{20} bedriegerij, bedrog
betrügerisch bedrieglijk, frauduleus
betrunken beschonken, dronken
Bett o^{37} **1** bed: *ins* ~ (of: *zu* ~*) gehen* naar bed gaan; **2** bedding, bed; **3** dekbed
Bettbezug m^6 dekbedovertrek
Bettcouch v^{20} slaapbank
Bettdecke v^{21} **1** (bedden)deken; **2** sprei
Bettelei v^{20} bedelarij, gebedel
betteln bedelen: ~ *gehen* uit bedelen gaan
betten 1 naar bed brengen; **2** voorzichtig leggen: *(fig) weich gebettet sein* op rozen zitten
Bettgestell o^{29} ledikant
bettlägerig bedlegerig
Bettler m^9 bedelaar
Bettstatt *v (mv -stätten)*, **Bettstelle** v^{21} ledikant
Betttuch o^{32} (bedden)laken
Bettüberzug m^6 dekbedovertrek
Bettwäsche v^{28} lakens en slopen
Bettzeug o^{39} beddengoed
betucht welgesteld, bemiddeld
betulich 1 zorgzaam; **2** rustig, op z'n gemak
betupfen 1 deppen, betten; **2** bestippen
Beuge v^{21} **1** knieholte, binnenkant van de elleboog; **2** *(sp)* buiging; **3** kromming
beugen 1 buigen, krommen; **2** *(het recht)* verkrachten; **3** *(taalk)* verbuigen; vervoegen; **4** *(lichtstraal)* breken; **5** *(fig) jmdn* ~ iem kleinkrijgen
Beugung v^{20} **1** buiging; **2** *(jur)* rechtsverdraaiing; **3** *(taalk)* verbuiging; vervoeging; **4** breking

Beule *v²¹* **1** buil, bult; **2** bluts, deuk

beunruhigen verontrusten, ongerust maken

Beunruhigung *v²⁰* verontrusting

beurkunden *(schriftelijk)* vastleggen; *(door notaris e.d.)* een akte opmaken van

beurlauben: *jmdn ~: a)* iem verlof geven; *b)* iem op non-actief stellen

beurteilen beoordelen

Beurteiler *m⁹* beoordelaar

Beurteilung *v²⁰* beoordeling

Beute *v²⁸* **1** buit; **2** prooi

Beutel *m⁹* **1** buidel, beurs, portemonnee; **2** zak

bevölkern I *tr* bevolken; II *sich ~* volstromen

Bevölkerung *v²⁰* bevolking

bevollmächtigen volmacht geven, machtigen

Bevollmächtigte(r) *m⁴⁰ᵃ*, *v⁴⁰ᵇ* gemachtigde

Bevollmächtigung *v²⁰* volmacht

bevor voordat, voor, eer, alvorens

bevormunden bevoogden, als voogd optreden over

Bevormundung *v²⁰* voogdijschap, curatele; bevoogding

bevorraten bevoorraden

Bevorratung *v²⁰* bevoorrading

bevorrechtigt 1 bevoorrecht; **2** preferent

bevorschussen een voorschot geven (op)

bevorstehen²⁷⁹ op komst zijn, ophanden zijn, te wachten staan: *ihm steht etwas bevor* hem staat iets te wachten; *die ~den Wahlen* de aanstaande verkiezingen

bevorteilen bevoordelen

bevorzugen 1 verkiezen, de voorkeur geven aan; **2** voortrekken, bevoorrechten

bewachen bewaken

bewachsen³⁰² begroeien, groeien op

Bewachung *v²⁰* bewaking

bewaffnen (be)wapenen

Bewaffnung *v²⁰* bewapening

bewahren 1 behoeden; **2** behouden, bewaren: *die Fassung ~* zijn kalmte bewaren

bewähren, sich 1 betrouwbaar blijken te zijn, voldoen; **2** zich waarmaken

bewahrheiten, sich waar blijken te zijn

bewährt beproefd, deugdelijk, betrouwbaar

Bewährung *v²⁰* **1** bewijs van geschiktheid: *auf ~ entlassen* voorwaardelijk in vrijheid stellen; *drei Monate Gefängnis mit ~* drie maanden voorwaardelijk; *ohne ~* onvoorwaardelijk; **2** (het) zich waarmaken

Bewährungsfrist *v²⁰* proeftijd

Bewährungshelfer *m⁹* reclasseringsambtenaar

Bewährungsprobe *v²¹* proef

bewalden bebossen

bewältigen 1 aankunnen, de baas worden, onder de knie krijgen; *(problemen)* oplossen; *(moeilijkheden)* overwinnen; *(het verleden)* verwerken: *eine Portion nicht ~ können* een portie niet op kunnen; **2** verwerken

Bewältigung *v²⁰* **1** (het) aankunnen; **2** (het) verwer-

ken; *zie ook* bewältigen

bewandert ervaren, bedreven; *(op een bepaald gebied)* goed thuis, doorkneed

bewandt: *damit ist es so ~* dat zit als volgt in elkaar

Bewandtnis *v²⁴* gesteldheid: *es hat damit folgende ~* het is er zo mee gesteld

bewässern irrigeren, bewateren, bevloeien

Bewässerung *v²⁰* bevloeiing, irrigatie

bewegen I *zw, tr* **1** bewegen, in beweging brengen; **2** ontroeren, treffen: *das bewegt mich seit langem* dat houdt me al lange tijd bezig; II *zw sich ~* zich bewegen; III *st, tr¹²⁸* bewegen, overhalen

Beweggrund *m⁶* beweegreden, motief

beweglich 1 beweegbaar: *~e Habe* roerende goederen; **2** levendig, beweeglijk; **3** roerend

Beweglichkeit *v²⁸* **1** beweegbaarheid; **2** beweeglijkheid, levendigheid

bewegt 1 bewogen; **2** onrustig, roerig

Bewegtheit *v²⁸* bewogenheid, ontroering

Bewegung *v²⁰* **1** beweging; **2** ontroering

Bewegungsfreiheit *v²⁸* bewegingsvrijheid

bewegungslos roerloos, bewegingloos

beweinen bewenen, betreuren

Beweis *m⁵* bewijs, *(fig)* blijk: *den ~ beibringen* het bewijs leveren; *unter ~ stellen* bewijzen

beweisen³⁰⁷ **1** bewijzen; **2** doen blijken

Beweisführung *v²⁰* bewijsvoering

bewenden: *es bei⁺³* (of: *mit⁺³*) *etwas ~ lassen* het bij iets laten

Bewenden *o³⁹*: *damit hat es sein ~* daarbij blijft het

bewerben³⁰⁹, *sich* solliciteren: *sich ~ um⁺⁴* solliciteren naar, dingen naar

Bewerber *m⁹* **1** mededinger; **2** sollicitant, kandidaat, gegadigde; **3** aanbidder

Bewerbung *v²⁰* **1** sollicitatie; **2** aanzoek

Bewerbungsschreiben *o³⁵* sollicitatiebrief

bewerfen³¹¹ **1** bekogelen; **2** *(muur)* bepleisteren

bewerkstelligen bewerkstelligen

bewerten 1 waarderen, beoordelen; **2** taxeren, schatten

Bewertung *v²⁰* **1** taxatie, schatting; **2** waardering, beoordeling

bewilligen toestaan, toewijzen, goedkeuren: *einen Kredit ~* een krediet verlenen

Bewilligung *v²⁰* **1** (het) toestaan, toewijzing, goedkeuring; **2** vergunning

bewillkommnen verwelkomen

bewirken veroorzaken, bewerken

bewirten gastvrij ontvangen, onthalen

bewirtschaften 1 exploiteren, beheren; **2** rantsoeneren; **3** *(land)* bewerken, bebouwen

Bewirtung *v²⁰* **1** ontvangst, onthaal; **2** traktatie; **3** bediening

bewohnen bewonen

Bewohner *m⁹* bewoner

bewölken, sich bewolken, betrekken

bewölkt bewolkt, betrokken

Bewölkung *v²⁸* bewolking

Bewölkungsauflockerung *v²⁸* opklaring(en)

Bewunderer m^9 bewonderaar

bewundern bewonderen

bewundernswert, bewundernswürdig bewonderenswaardig

Bewunderung v^{20} bewondering

bewusst bewust: *sich einer Sache ~ sein* zich van iets bewust zijn

bewusstlos bewusteloos, buiten kennis: *~ werden* buiten kennis raken

Bewusstlosigkeit v^{28} bewusteloosheid

Bewusstsein o^{39} bewustzijn, besef: *zu* (of: *zum*) *~ kommen* bijkomen; *etwas kommt jmdm zu* (of: *zum*) *~* iem wordt zich ergens van bewust

bezahlen betalen: *sich bezahlt machen* de moeite lonen

Bezahlung v^{20} betaling

bezähmen bedwingen, beheersen

bezaubern bekoren, betoveren

bezaubernd charmant, bekoorlijk; betoverend

bezeichnen 1 merken, aangeven, markeren; **2** noemen, aanduiden, beschrijven; **3** karakteriseren, typeren

bezeichnend tekenend, kenmerkend

Bezeichnung v^{20} **1** aanduiding, markering; **2** benaming, naam

bezeigen te kennen geven, betuigen, (be)tonen

Bezeigung v^{20} betuiging, betoning

bezeugen getuigen, verklaren, verzekeren

bezichtigen betichten, beschuldigen

beziehen³¹⁸ I *tr* **1** overtrekken, betrekken: *ein Bett frisch ~* een bed verschonen; **2** *(viool, racket)* bespannen; **3** *(huis)* betrekken; **4** *(goederen)* betrekken, krijgen; *(loon)* ontvangen; **5** *(krant)* geabonneerd zijn op; II *sich ~ (mbt lucht)* betrekken: *sich ~ auf* betrekking hebben op, slaan op; *ich beziehe mich auf Ihre Erklärung* ik beroep mij op uw verklaring

Bezieher m^9 **1** koper, afnemer; **2** ontvanger; **3** abonnee

Beziehung v^{20} **1** betrekking, relatie; **2** samenhang, verband: *in dieser ~* in dit opzicht

beziehungsweise 1 of liever gezegd; **2** respectievelijk

beziffern I *tr* **1** becijferen; **2** nummeren; II *sich ~ auf*⁺⁴ bedragen, belopen

Bezirk m^5 **1** district, *(Belg)* arrondissement; **2** wijk *(van stad)*; **3** rayon; **4** gebied

bezug: *in ~ auf oude spelling voor* in Bezug auf, *zie* Bezug II

Bezug I m^6 overtrek, sloop, bekleding; II m^{19} **1** betrekking: *in ~ auf etwas* met betrekking tot iets; *mit ~ auf ihn* met betrekking tot hem; **2** uitkering; (het) betrekken *(van waren);* **3** abonnement; **4** (de) snaren *(van viool);* bespanning *(van tennisracket)* || *Bezüge* inkomsten, salaris; *~ nehmen auf*⁺⁴ verwijzen naar; *mit ~* (of: *unter ~*) *auf*⁺⁴ met referte aan

bezüglich I *bn* **1** betrekkelijk: *~es Fürwort* betrekkelijk voornaamwoord; **2** betrekking hebbend; II *vz*⁺² met betrekking tot

Bezugnahme v^{28} betrekking, verwijzing: *unter ~ auf*⁺⁴ onder verwijzing naar

Bezugspreis m^5 **1** abonnementsprijs; **2** inkoopprijs

bezuschussen subsidiëren

bezw. *afk van beziehungsweise* respectievelijk

bezwecken bedoelen, beogen

bezweifeln betwijfelen

bezwingen³¹⁹ **1** bedwingen, overwinnen; **2** *(berg)* beklimmen

Bezwinger m^9 veroveraar; overwinnaar

Bf. *afk van Bahnhof* station

bfr *afk van belgischer Franc* Belgische frank (*afk* BEF)

BI *afk van Bürgerinitiative* actiegroep

Bibel v^{21} bijbel, Schrift

Biber I m^9 bever; II m^{19}, o^{39} bever(bont)

Bibliothek v^{20} bibliotheek

Bibliothekar m^5 bibliothecaris

Bibliothekarin v^{22} bibliothecaresse

biblisch bijbels

bieder 1 braaf, rechtschapen; **2** zeer naïef

Biedermann m^8 **1** brave kerel, rechtschapen man; **2** burgermannetje

Biedermeier o^{39} biedermeiertijd, biedermeierstijl, biedermeier

biegbar buigbaar

biegen¹²⁹ I *tr* **1** buigen, krommen; **2** *(taalk)* verbuigen; vervoegen; II *sich ~* (zich) buigen, bukken

biegsam buigzaam, lenig, soepel

Biegsamkeit v^{28} buigzaamheid, lenigheid, soepelheid

Biegung v^{20} **1** buiging; **2** kromming, bocht; **3** *(taalk)* verbuiging; vervoeging

Biene v^{21} **1** bij; **2** *(inform)* meisje

Bienenstich m^5 **1** bijensteek; **2** soort gebak

Bienenstock m^6 bijenkast

Bienenzüchter m^9 bijenhouder, imker

Bier o^{29} bier: *(inform) das ist nicht mein ~* dat is mijn zaak niet

Bierdeckel m^9 biervitje

Bierdose v^{21} bierblikje

Biest o^{31} **1** beest; **2** *(fig)* kreng, bruut; **3** *(fig)* kreng, rotding

bieten¹³⁰ **1** bieden, aanbieden: *jmdm den Arm ~* iem een arm geven; *jmdm die Hand ~* iem de hand reiken; **2** *(ver)tonen* || *das lasse ich mir nicht ~!* dat neem ik niet!

Bikini m^{13} bikini

Bilanz v^{20} balans: *die ~ ziehen* (of: *aufstellen*) de balans opmaken

Bild o^{31} **1** afbeelding, foto, plaat, portret, prent, schilderij; **2** beeld: *sich ein ~ von*⁺³ *etwas machen* zich een voorstelling van iets maken; **3** tafereel; **4** aanblik, gezicht || *(fig) im ~e sein* op de hoogte zijn; *jmdn über etwas ins ~ setzen* iem van iets op de hoogte brengen

Bildband m^6 plaatwerk

Bildbericht m^5 fotoreportage

bilden I *tr* **1** vormen; **2** ontwikkelen, vormen, opleiden; **3** vormen, modelleren; **II** *sich ~* zich vormen, zich ontwikkelen, ontstaan

bildend 1 (uit)beeldend: *die ~en Künste* de beeldende kunsten; **2** vormend

Bilderbuch *o*³² prentenboek

Bilderrätsel *o*³³ **1** rebus; **2** zoekplaatje

Bildersprache *v*²⁸ beeldspraak

Bildfläche *v*²¹ doek, vlak; *(telecom)* beeldvlak: *(fig) auf der ~ erscheinen* op het toneel verschijnen

Bildfunk *m*¹⁹ beeldtelegrafie

Bildgeschichte *v*²¹ stripverhaal

bildhaft aanschouwelijk, beeldend, plastisch

Bildhauer *m*⁹ beeldhouwer

Bildhauerei *v*²⁸ beeldhouwkunst

bildhübsch beeldschoon, beeldig

bildlich 1 figuratief; **2** figuurlijk

Bildnis *o*²⁹ᵃ beeltenis, portret; *(op munten)* beeldenaar

Bildröhre *v*²¹ *(telecom)* beeldbuis

Bildschirm *m*⁵ *(telecom)* beeldscherm

Bildschirmtext *m*¹⁹, **Bildschirmzeitung** *v*²⁸ teletekst

bildschön beeldschoon; prachtig

Bildung *v*²⁰ **1** vorming; vorm; **2** ontwikkeling; beschaving; opleiding

Bildungsanstalt *v*²⁰ onderwijsinstelling

Bildungslücke *v*²¹ hiaat in de ontwikkeling, hiaat in de kennis

Bildungspolitik *v*²⁰ onderwijsbeleid

Bildungsstätte *v*²¹ vormingscentrum

Bildungsstufe *v*²¹ ontwikkelingsniveau

Bildungssystem *o*²⁹ onderwijssysteem, onderwijsstelsel

Bildungsweg *m*⁵: *der zweite ~* het tweedekansonderwijs, het volwassenenonderwijs

Bildungswesen *o*³⁹ onderwijssector

Billard [biljart] *o*²⁹ biljart: *~ spielen* biljarten

Billardstock *m*⁶ (biljart)keu

Billett *o*²⁹, *o*³⁶ **1** kaart(je); **2** briefje

billig 1 goedkoop *(ook fig)*; **2** redelijk, rechtvaardig, billijk

billigen billijken, goedkeuren

Billigkeit *v*²⁸ **1** goedkoopheid; **2** redelijkheid

Billigung *v*²⁰ billijking, goedkeuring

Billigwaren *mv* *v*²¹ goedkope artikelen

Billion *v*²⁰ biljoen

bimmeln bellen, tingelen, luiden

Binde *v*²¹ **1** verband; **2** draagverband, mitella; **3** ooglap; **4** band *(om de mouw);* **5** stropdas

Bindegewebe *o*³³ bindweefsel

Bindeglied *o*³¹ schakel, verbinding

Bindemittel *o*³³ bindmiddel

binden¹³¹ **I** *tr* binden, verbinden, vastbinden; *(stropdas)* strikken; **II** *sich ~* zich (ver)binden, zich hechten

Binder *m*⁹ **1** das; **2** bindmiddel

Bindestrich *m*⁵ koppelteken

Bindewort *o*³² voegwoord

Bindfaden *m*¹² touw

Bindung *v*²⁰ **1** verbinding, band; **2** *(chem, psych)* binding; **3** *(sp)* skibinding

binnen *vz*⁺³·ᶻᵉˡᵈᵉⁿ⁺² binnen, in: *~ kurzem* binnenkort

Binnengewässer *mv* *o*³³ binnenwateren

Binnenhandel *m*¹⁹ binnenlandse handel

Binnenmarkt *m*⁶ **1** binnenlandse markt; **2** interne markt *(vd EU)*

Binnenschiff *o*²⁹ binnenschip

Binse *v*²¹ *(plantk)* bies: *in die ~n gehen* naar de maan gaan, mislukken

Binsenwahrheit, Binsenweisheit *v*²⁰ waarheid als een koe

biodynamisch macrobiotisch

Bioladen *m*¹² winkel voor macrobiotische producten

Biologie *v*²⁸ biologie

biologisch biologisch

Birke *v*²¹ berk

Birnbaum *m*⁶ **1** perenboom; **2** perenhout

Birne *v*²¹ **1** peer; **2** perenboom; **3** gloeilamp; **4** *(inform)* hoofd, kop

bis I *vz*⁺⁴ **1** tot: *~ kommenden Sonntag* tot a.s. zondag; **2** à: *zwei ~ drei Tage* twee à drie dagen; **II** bijwoordelijk samen met ander voorzetsel tot: *~ zum Bahnhof* tot (aan) het station; *alle ~ auf einen* allen op één na; **III** *vw* **1** tot(dat): *warten Sie, ~ ich komme* wacht tot ik kom; **2** voordat: *tu es nicht, ~ ich es dir sage* doe het niet voordat ik het je zeg

Bisamratte *v*²¹ bisamrat, muskusrat

Bischof *m*⁶ bisschop *(ook drank)*

bisher tot nu toe, tot dusver, tot nog toe

bisherig: *das ~e Wetter* het weer tot nu toe

bislang tot nu toe

Bison *m*¹³ bizon

Biss *m*⁵ **1** beet; **2** inzet, vuur

bisschen beetje

Bissen *m*¹¹ beet, hap, brok, stuk

bissig 1 bijtachtig; **2** bits, vinnig; **3** *(sp)* fel

Bistum *o*³² bisdom

bisweilen soms, somtijds

Bit *o* (2e nvl -(s); mv -(s) (comp)) bit

Bittbrief *m*⁵ verzoekschrift, rekest

bitte alstublieft, alsjeblieft: *~, können Sie mir sagen …* neemt u mij niet kwalijk, kunt u mij ook zeggen *…; wünschen Sie noch Tee? (ja,) ~!* wilt u nog thee? heel graag!; *(bij deur) ~!* gaat uw gang!; *danke schön! ~!* bedankt! tot uw dienst!; *wie ~?* pardon?; *(aan telefoon) ja, ~?* hallo!; *(na) ~!* zie je wel!

Bitte *v*²¹ verzoek

bitten¹³²⁺⁴ **1** vragen, verzoeken: *jmdn um etwas ~* iem om iets verzoeken; *wenn ich ~ darf!* als ik u verzoeken mag!, alstublieft!; **2** uitnodigen: *jmdn zum Essen ~* iem ten eten vragen; **3** smeken || *da muss ich doch sehr ~!* dat gaat te ver!; *(aber) ich bitte Sie!* hoe kunt u zoiets zeggen!; *dürfte ich um das Salz ~?* zou u me het zout even willen aangeven?; *darf ich um Ihren Namen ~?* mag ik uw naam weten?

bitter 1 bitter *(ook fig)*; **2** *(mbt kou)* snijdend

Bitterkeit v^{20} bitterheid; verbittering
bitterlich enigszins bitter; bitter
Bitternis v^{24} **1** bittere smaak; **2** bitterheid
Bittgesuch o^{29}, **Bittschrift** v^{20} verzoekschrift, rekest, *(Belg)* smeekschrift
Biwak o^{29}, o^{36} bivak
biwakieren^{320} bivakkeren
bizarr bizar, zonderling
Bizeps m^5 *(2e nvl ook -)* biceps
BKA m^{19a} *afk van Bundeskriminalamt* Duitse federale recherche
blaffen, bläffen 1 blaffen; **2** *(fig)* snauwen
blähen I *intr* opzwellen, opzetten; winden veroorzaken; **II** *tr* opblazen, doen zwellen; **III** *sich* ~ **1** zwellen, bollen, bol gaan staan; **2** *(fig)* opscheppen
Blähung v^{20} wind, *(mv)* winderigheid
Blamage v^{21} blamage
blamieren^{320} **I** *tr* blameren; **II** *sich* ~ zich blameren
blank 1 blank, blinkend, glimmend; **2** *(mbt ogen)* stralend; **3** bloot, naakt; *(mbt sabel)* blank; **4** *(mbt munt)* klinkend || ~ *sein* blut zijn
blanko blanco
Blase v^{21} **1** blaas, blaar; **2** luchtbel, gasbel, bobbel; **3** *(anat)* blaas; **4** bende
blasen^{133} blazen: *ich blase ihm was!* hij kan naar de maan lopen!
Blasenentzündung v^{20} blaasontsteking
Bläser m^9 *(mijnb, muz)* blazer
blasiert geblaseerd, blasé
Blasinstrument o^{29} blaasinstrument
Blaskapelle v^{21} blaaskapel
Blasphemie v^{21} blasfemie, godslastering
Blasrohr o^{29} blaaspijp
blass^{59} bleek, vaal: ~*e Augen* fletse ogen; ~*e Erinnerung* vage herinnering
Blässe v^{28} bleekheid
Blatt o^{32} **1** blad *(van plant, boom e.d.)*; **2** blad, vel; **3** blad *(ve roer, zaag, tafel)*; **4** krant, blad; **5** *(sp)* kaart: *ein gutes ~ haben* goede kaarten hebben; *das steht auf einem anderen ~: a)* dat is een heel andere zaak; *b)* daar hebben wij het nu niet over; *das ~ hat sich gewendet* de situatie is veranderd
blättern I *intr* **1** bladeren; **2** bladderen; **II** *tr* neertellen
Blattern *mv* v^{21} pokken
Blätterteig m^{19} bladerdeeg, feuilletee
Blätterwerk o^{39} gebladerte, loof
Blattgemüse o^{33} bladgroente
blattlos bladerloos
Blattsalat m^5 kropsla
blau 1 blauw; **2** *(inform)* dronken || *Fahrt ins Blaue* tochtje met onbekende bestemming
blauäugig 1 blauwogig; **2** *(fig)* naïef
bläuen 1 blauw kleuren; **2** wasgoed met blauwsel behandelen; **3** afranselen
bläulich blauwachtig
Blaulicht o^{31} (blauw) zwaailicht
blaumachen spijbelen; niet werken
Blausäure v^{28} blauwzuur

Blech o^{29} **1** blik; **2** plaatstaal; **3** *(muz)* koper; **4** bakblik; **5** *(iron)* onderscheiding; **6** onzin; **7** geld
Blechbüchse v^{21} blikken bus, blik
Blechdose v^{21} **1** trommeltje; **2** blikje
blechen dokken, over de brug komen
blechern 1 blikken, van blik; **2** holklinkend
Blechschaden m^{12} blikschade, plaatschade
Blechtrommel v^{21} blikken trommel
blecken *(de tanden)* laten zien
Blei I o^{29} **1** lood; **2** peillood; **II** m^5, o^{29} *(inform)* potlood; **III** m^5 brasem
Bleibe v^{21} *(inform)* onderdak, woning
bleiben^{134} **1** blijven: *am Leben* ~ in leven blijven; **2** resteren, overblijven; **3** sneuvelen || *das bleibt abzuwarten* dat moeten we afwachten; *etwas* ~ *lassen* iets (achterwege) laten
bleibenlassen *oude spelling voor* bleiben lassen, *zie* bleiben
bleich bleek, vaal
bleichen I *tr*^{135} bleken, blonderen; **II** *intr* verbleken, verschieten
Bleichmittel o^{33} bleekmiddel
bleiern 1 loden; **2** loodzwaar; **3** loodgrijs
bleifrei loodvrij
bleihaltig loodhoudend
Bleirohr o^{29} loden pijp
bleischwer loodzwaar
Bleistift m^5 potlood
Bleistiftabsatz m^6 naaldhak
Bleistiftspitzer m^9 potloodslijper
Bleivergiftung v^{20} loodvergiftiging
Blende v^{21} **1** diafragma; **2** *(mil)* blindering; **3** oogklep *(voor paard)*; **4** strook, bies
blenden 1 blind maken; **2** verblinden; **3** *(raam)* blinderen; **4** imponeren
blendend 1 verblindend: ~ *weiß* stralend wit; **2** schitterend: *sie ist eine* ~*e Erscheinung* ze is buitengewoon mooi
Blendung v^{20} **1** (het) blind maken; **2** (het) verblind worden; **3** (oog)verblinding
Blesse v^{21} bles
bleuen *oude spelling voor* bläuen, *zie* bläuen 3
Blick m^5 **1** blik, oogopslag: *auf den ersten* ~ op het eerste gezicht; *mit einem* ~ met één oogopslag; **2** uitzicht
blicken blinken, kijken, zien: *das lässt tief* ~ dat geeft te denken; *sich nicht* ~ *lassen* zich niet laten zien
Blickfang m^6 blikvanger
Blickfeld o^{31} gezichtsveld: *ins* ~ *rücken* onder de algemene aandacht brengen
Blickpunkt m^5 **1** oogpunt; **2** belangstelling: *im* ~ *stehen* in de belangstelling staan
Blickrichtung v^{20} **1** richting; **2** gerichtheid
Blickwinkel m^9 gezichtshoek
blind 1 blind: *auf einem Auge* ~ aan één oog blind; ~*er Alarm* loos alarm; **2** dof, mat
Blinddarm m^6 blinde darm
Blindekuh: ~ *spielen* blindemannetje spelen

Blindenanstalt v^{20} blindeninstituut
Blindenführer m^9 geleider van een blinde
Blindenheim o^{29} blindeninstituut
Blindenhund m^5 blindengeleidehond
Blindenschrift v^{20} brailleschrift
Blinde(r) m^{40a}, v^{40b} blinde
Blindflug m^6 vlucht alleen op instrumenten
Blindgänger m^9 1 blindganger; 2 nul
blindgläubig goedgelovig, lichtgelovig
Blindheit v^{28} blindheid (ook fig)
blindlings blindelings
blinken 1 schitteren; 2 glanzen; 3 lichtsignalen geven; 4 knipperen
Blinker m^9 knipperlicht, clignoteur
blinkern 1 fonkelen, schitteren; 2 (met de ogen) knipperen
Blinkfeuer o^{39} 1 schitterlicht (van vuurtoren); 2 knipperlicht
Blinkleuchte v^{21} knipperlicht, clignoteur
Blinklicht o^{31} knipperlicht (bij kruispunt)
Blinkzeichen o^{35} lichtsignaal
blinzeln 1 (met de ogen) knipperen; 2 knipogen
Blitz m^5 bliksem(straal): wie ein ~ aus heiterem Himmel als een donderslag bij heldere hemel
Blitzableiter m^9 bliksemafleider
blitzartig bliksemsnel
Blitzbesuch m^5 bliksembezoek
blitzblank zeer schoon, kraakhelder
blitzen 1 bliksemen; 2 (foto) flitsen; 3 streaken
Blitzgerät o^{29} (foto) flitsapparaat
Blitzkrieg m^5 bliksemoorlog
Blitzlicht o^{31} (foto) flitslicht
blitzsauber brandschoon, kraakhelder
Blitzschlag m^6 blikseminslag
blitzschnell bliksemsnel
Blitzstrahl m^{16} bliksemstraal, bliksemschicht
Block m^6, m^{13} 1 blok; 2 huizenblok; 3 schrijfblok
Blockade v^{21} blokkade
Blockflöte v^{21} blokfluit
blockfrei niet-gebonden: die ~en Staaten de niet-gebonden landen
blockieren^{320} blokkeren (ook sp)
blöd(e) 1 zwakzinnig, idioot; 2 dom, stom: ein blöder Hund een stommeling; 3 vervelend
Blödelei v^{20} onzin, gekheid
blödeln onzin vertellen, gekheid maken
blöderweise stom genoeg
Blödhammel m^9, m^{10} stommeling
Blödheit v^{20} 1 zwakzinnigheid; 2 onzin
Blödian m^5, Blödling m^5, Blödmann m^8 sufferd
Blödsinn m^{19} onzin: ~ machen een stomme streek uithalen
blödsinnig zwakzinnig, idioot, stom
blöken 1 (mbt schapen) blaten; 2 (mbt koeien) loeien
blond blond, licht(gekleurd): ~es Bier pils
blondieren^{320} blonderen
bloß 1 bloot, naakt: mit ~en Füßen blootsvoets; mit ~em Kopf blootshoofds; 2 enkel, louter, alleen

maar: der ~e Gedanke alleen de gedachte al; 3 toch: was die sich ~ erzählen! wat die elkaar vertellen!; tue das ~ nicht doe dat liever niet
Blöße v^{21} 1 bloootheid, naaktheid; 2 open plek (in bos); 3 (fig) zwakke plek || sich eine ~ geben zich blootgeven
bloßlegen blootleggen
bloßliegen^{202} blootliggen
bloßstellen I tr 1 blootstellen; 2 in verlegenheid brengen; II sich ~ zich blootgeven
blubbern 1 (mbt golven) klotsen, klokken, borrelen; 2 mompelen
Bluejeans, Blue Jeans mv spijkerbroek
Bluff m^{13} bluf
bluffen bluffen: jmdn ~ iem overbluffen
blühen 1 bloeien (ook fig); 2 te wachten staan: ihm blüht etwas hem staat iets te wachten
blühend 1 bloeiend; 2 blakend (van gezondheid); 3 fleurig
Blümchen o^{35} bloempje
Blume v^{21} 1 bloem (ook fig); 2 boeket (van wijn); 3 schuimkraag (op bier)
Blumenarrangement o^{36} bloemstuk
Blumenbeet o^{29} bloembed, bloemperk
Blumenkasten m^{12} bloembak
Blumenkohl m^5 bloemkool
blumenreich rijk aan bloemen; (fig) bloemrijk
Blumenstand m^6 bloemenstalletje
Blumenstrauß m^6 ruiker, boeket
Blumentopf m^6 bloempot
Blumenzucht v^{28} bloementeelt
Blumenzwiebel v^{21} bloembol
blumig 1 (fig) bloemrijk; 2 naar bloemen ruikend; 3 met een heerlijke geur (wijn)
Bluse v^{21} 1 bloes; 2 (inform) meisje
Blut o^{39} bloed: das macht böses ~ dat zet kwaad bloed; bis aufs ~ tot het uiterste; das liegt jmdm im ~ dat zit iem in het bloed
¹blutarm bloedarm
²blutarm doodarm
Blutarmut v^{28} bloedarmoede
Blutbad o^{32} bloedbad
Blutblase v^{21} bloedblaar
Blutdruck m^{19} bloeddruk: gesteigerter (of: vermehrter) ~ verhoogde bloeddruk
blutdürstig bloeddorstig
Blüte v^{21} 1 bloesem, (fig) bloem; 2 bloei || wunderliche ~n treiben tot excessen leiden
bluten 1 bloeden; 2 (inform) betalen
Blütenstaub m^{19} stuifmeel
Blutentnahme v^{21} bloedafname
blütenweiß helderwit, sneeuwwit
Bluterguss m^6 bloeduitstorting
Blütezeit v^{20} bloeitijd(perk)
Blutfleck m^5, Blutflecken m^{11} bloedvlek
Blutgefäß o^{29} bloedvat
Blutgruppe v^{21} bloedgroep
Bluthund m^5 bloedhond (ook fig)
blutig bloedig; bebloed: ~er Ernst bittere ernst; ~er

Laie volslagen leek

blutjung piepjong

Blutkörperchen o^{35} bloedlichaampje

Blutkreislauf m^6 bloedsomloop

Blutlache v^{21} bloedplas

blutleer, blutlos bloedeloos

Blutprobe v^{21} bloedonderzoek; bloedproef

Blutrache v^{28} bloedwraak

blutrot bloedrood

blutrünstig bloeddorstig

Blutsauger m^9 bloedzuiger *(ook fig)*

Blutschande v^{28} bloedschande, incest

Blutspender m^9 donor, bloedgever

blutstillend bloedstelpend

Bluttransfusion v^{20}, **Blutübertragung** v^{20} bloedtransfusie

Blutung v^{20} 1 bloeding; 2 menstruatie

blutunterlaufen bloeddoorlopen

Blutuntersuchung v^{20} bloedonderzoek

Blutvergießen o^{39} bloedbad

Blutvergiftung v^{20} bloedvergiftiging

Blutverlust m^5 bloedverlies

Bö v^{20} (wind)vlaag, windstoot, rukwind

Boa v^{27} boa *(slang en bont)*

Bob m^{13} bobslee

Bock m^6 bok: *keinen ~* (of: *null ~*) *auf etwas haben* geen zin hebben in iets

bocken 1 koppig, weerbarstig zijn; 2 haperen, niet werken

bockig koppig, weerbarstig

Bocksprung m^6 bokkensprong; haasje-over

Bockwurst v^{25} gekookte worst, kookworst

Boden m^{12} 1 bodem, grond: *zu ~ werfen* op de grond werpen, omverwerpen; 2 vloer; 3 zolder; 4 grondslag || *~* (of: *an ~) gewinnen* veld winnen; *(fig) ~* (of: *an ~) verlieren* terrein verliezen; *zu ~ schicken* neerslaan, vloeren

Bodenbelag m^6 vloerbedekking

Bodenbeschaffenheit v^{28} grondgesteldheid, bodemgesteldheid

Bodenfläche v^{21} grondoppervlakte, oppervlakte

Bodenhaftung v^{20} wegligging *(van auto)*

Bodenheizung v^{20} vloerverwarming

Bodenkammer v^{21} zolderkamer

bodenlos 1 bodemloos; 2 *(fig)* ongehoord

Bodennebel m^{19} laaghangende mist

Bodenorganisation v^{20} *(luchtv)* gronddienst

Bodenpersonal o^{39} *(luchtv)* grondpersoneel

Bodenreform v^{20} hervorming van het grondbezit

Bodensatz m^6 bezinksel, grondsop

Bodenschätze *mv* m^6 bodemschatten

bodenständig eigen, nationaal, autochtoon

Bodenstation v^{20} grondstation

Bodenverhältnisse *mv* o^{29a} bodemgesteldheid

Bodenwelle v^{21} 1 golving van de grond, terreinplooi; 2 oneffenheid van de bodem

Böe v^{21} (wind)vlaag, windstoot, rukwind

Bogen m^{11} 1 boog, kromming; 2 strijkstok; 3 handboog; 4 blad papier, vel || *er hat den ~ heraus* (of:

spitz) hij is erachter; *den ~ überspannen* te ver gaan

Bogenbrücke v^{21} boogbrug

bogenförmig 1 boogvormig; 2 gewelfd

Bogengewölbe o^{33} booggewelf

Bogenschießen o^{39} (het) boogschieten

Bogenweite v^{21} spanwijdte, spanning

Bohle v^{21} *(dikke)* plank

böhmisch Boheems: *das kommt mir ~ vor* dat komt mij vreemd voor

Bohne v^{21} boon: *nicht die ~* totaal niet(s)

bohnen boenen, wrijven *(met was)*

Bohnenstange v^{21} bonenstaak *(ook fig)*

bohnern boenen, wrijven *(met was)*

Bohnerwachs o^{39} boenwas

Bohrarbeiten *mv* v^{20} boorwerkzaamheden

bohren 1 boren: *in der Nase ~* in de neus peuteren; 2 aandringen

Bohrer m^9 1 boor; 2 boorder

Bohrinsel v^{21} booreiland

Bohrloch o^{32} boorgat

Bohrmaschine v^{21} boormachine

Bohrturm m^6 boortoren

Bohrung v^{20} 1 boring; 2 boorgat

böig 1 winderig; 2 *(scheepv)* buiig

Boiler m^9 boiler

Boje v^{21} boei, ankerboei

Bollwerk o^{29} 1 bolwerk, bastion; 2 kade

Bolzen m^{11} 1 bout; 2 pen, pin; 3 wig

bolzengerade kaarsrecht

Bombardement o^{36} bombardement

bombardieren^{320} bombarderen, bestoken

Bombe v^{21} 1 bom; 2 bolhoed; 3 *(sp)* keihard schot, kanonschot

Bombenangriff m^5 bomaanval

Bombenattentat o^{29} bomaanslag

Bombenerfolg m^5 reuzesucces

bombengeschädigt door bommen beschadigd

Bombengeschäft o^{29} zeer lucratieve zaak

bombensicher 1 bomvrij; 2 absoluut zeker

Bombenstimmung v^{20} reuzestemming

Bomber m^9 1 bommenwerper; 2 *(sp)* goalgetter

bombig kolossaal, reusachtig

Bon m^{13} bon, tegoedbon

Bonbon m^{13}, o^{36} 1 snoepje; 2 *(fig)* iets aparts

Bonze m^{15} bonze, bons

Boom [boe:m] m^{13} boom, hausse, opleving

boomen een boom beleven

Boot o^{29} boot, sloep, schuit, bootje

Bootshaus o^{32} boothuis, botenhuis

Bootslänge v^{21} bootlengte

Bootsmann m *(2e nvl -(es); mv -leute)* bootsman

Bootsrolle v^{21} sloepenrol

Bootsverleih I m^{19} verhuur van boten; II m^5 botenverhuurbedrijf

Bord I m^5 boord: *an ~* aan boord; *über ~* overboord; II o^{29} plank *(aan de muur)*

Bordell o^{29} bordeel

Bordfunk m^{19} boordradio

Bordingenieur m^5 boordwerktuigkundige

Bordkanone v^{21} boordkanon, boordgeschut

Bordkante v^{21} trottoirband

Bordkarte v^{21} *(luchtv)* instapkaart

Bordmechaniker m^9, **Bordmonteur** m^5 boordwerktuigkundige

Bordstein m^5 trottoirband

borgen lenen: *sich bei* (of: *von*) *jmdm etwas* ~ iets van iem lenen

Borke v^{21} 1 schors; 2 korst

borniert geborneerd, bekrompen

Borniertheit I v^{28} geborneerdheid; II v^{20} kleingeestigheid

Börse v^{21} 1 *(econ)* beurs; 2 beurs, portemonnee

Börsenbericht m^5 beursbericht

Börsensturz m^6 beurskrach

Börsenzettel m^9 koerslijst

Borste v^{21} 1 borstel *(van varken)*; 2 haar *(van borstel, kwast)*; 3 *(mv)* haar *(van mens)*

Borstenvieh o^{39} *(inform)* varkens

borstig 1 borstelig, stekelig; 2 stug

Borte v^{21} rand, boordsel, galon

bösartig boosaardig, kwaadaardig

Bösartigkeit v^{28} boosaardigheid, kwaadaardigheid

Böschung v^{20} 1 berm; 2 talud, glooiing

böse *bn* 1 boos, kwaad; 2 slecht; 3 ondeugend: ~ *dran sein* er slecht aan toe zijn; *ein* ~*r Finger* een ontstoken vinger; *ein* ~*s Kind* een ondeugend Kind; ~*s Wetter* slecht weer; *jmdm* (of: *mit jmdm, auf jmdn*) ~ *sein* kwaad op iem zijn

Böse(s) o^{40c} kwaad: *Böses tun* kwaad doen

Bösewicht m^5, m^7 1 booswicht; 2 stouterd

boshaft boosaardig, kwaadaardig

Boshaftigkeit v^{20} 1 hatelijkheid, boosaardigheid; 2 sarcasme

Bosheit v^{20} 1 boosheid; 2 slechtheid; 3 hatelijkheid, boosaardigheid

Boss m^5 boss, baas

böswillig kwaadwillig, boosaardig

Botanik v^{28} botanie, plantkunde

Botaniker m^9 botanicus, plantkundige

botanisch botanisch, plantkundig

Bote m^{15} bode; voorbode

Botschaft v^{20} 1 ambassade; 2 tijding

Botschafter m^9 ambassadeur

Bottich m^5 kuip, tobbe

Boulevard m^{13} boulevard

Boulevardblatt o^{32}, **Boulevardzeitung** v^{20} boulevardblad, roddelblad

Bouquet o^{36} boeket *(alle bet)*

Boutique v^{21}, *zelden* v^{27} boetiek

Bowle v^{21} bowl *(kom en drank)*

Bowling o^{36} *(sp)* bowling

Box v^{20} 1 box; 2 pit *(bij autorace)*

boxen boksen, stompen

Boxer m^9 1 *(sp)* bokser; 2 boxer *(hond)*

Boxkampf m^6 bokswedstrijd

Boykott m^5, o^{13} boycot

boykottieren ^{320} boycotten

brach *(ook fig)* braak

Brachfeld o^{31}, **Brachflur** v^{20} braakland

brachliegen ^{202} *(ook fig)* braak liggen

brackig 1 brak, zilt; 2 bedorven, rot

Brackwasser o^{33} brak water

Bramsegel o^{33} bramzeil

Branche v^{21} branche, bedrijfstak

Branchenverzeichnis o^{29a} gouden gids

Brand m^6 1 brand, vuur; *(fig)* gloed: *in* ~ *setzen* (of: *stecken*) in brand steken; *einen* ~ *legen* (of: *anlegen*) brandstichten; 2 *(med)* koudvuur, gangreen

Brandblase v^{21} brandblaar

Brandbombe v^{21} brandbom

Brandbrief m^5 brandbrief, maanbrief

branden 1 *(mbt golven)* breken, slaan; 2 woeden; 3 *(mbt verkeer)* razend druk zijn

Brandgasse v^{21} brandgang

Brandgeruch m^6 brandlucht

brandheiß 1 zeer actueel; 2 dringend

Brandherd m^5 brandhaard

brandig *(alle bet)* branderig

Brandkatastrophe v^{20} rampzalige brand

Brandmal o^{29}, *zelden* o^{32} 1 brandmerk; 2 *(fig)* schandvlek; 3 wijnvlek

Brandmalerei v^{20} brandschilderkunst

brandmarken brandmerken *(ook fig)*

brandneu gloednieuw

Brandopfer o^{33} 1 brandoffer; 2 slachtoffer van een brand

brandrot vuurrood

Brandschaden m^{12} brandschade

brandschatzen brandschatten

Brandschatzung v^{20} brandschatting

Brandstifter m^9 brandstichter

Brandstiftung v^{20} brandstichting

Brandung v^{20} branding

Brandwunde v^{21} brandwond

Branntwein m^5 brandewijn

Brasilien o^{39} Brazilië

Brasse v^{21} 1 brasem; 2 bras *(aan het zeil)*

braten ^{136} braden; bakken: *auf dem Rost* ~ roosteren

Braten m^{11} gebraden vlees, braadstuk: *(fig) ein fetter* ~ een buitenkansje

bratfertig panklaar

Bratfett o^{29} braadvet, bakvet

Bratfisch m^5 1 gebakken vis; 2 bakvis

Brathähnchen o^{35} gebraden kippetje, braadkip

Brathuhn o^{32} gebraden kip, braadkip

Bratkartoffeln mv v^{21} gebakken aardappelen

Bratpfanne v^{21} braadpan, koekenpan

Bratrost m^5 braadrooster

Bratsche v^{21} altviool

Bratspieß m^5 braadspit

Bratwurst v^{25} braadworst

Brauch m^6 gebruik, gewoonte, traditie

brauchbar bruikbaar, te gebruiken

Brauchbarkeit v^{28} bruikbaarheid

brauchen 1 nodig hebben, behoeven; 2 hoeven: *Sie* ~ *nicht zu arbeiten* u hoeft niet te werken; 3 gebruiken

Brauchtum o^{32} gebruiken en gewoonten

Braue v^{21} wenkbrauw

brauen brouwen *(ook fig): Nebel ~ im Tal* het wordt mistig in het dal

Brauer m^9 brouwer

Brauerei v^{20} brouwerij

braun 1 bruin; **2** *(ongunstig)* nationaal-socialistisch

braunäugig met bruine ogen, bruinogig

Bräune v^{28} **1** bruine kleur; **2** angina

bräunen I *tr* bruinen, bruin branden: *Zwiebeln in Butter ~* uien in boter fruiten; **II** *intr* bruin worden; **III** *sich ~* bruin worden

Braunkohle v^{21} bruinkool

bräunlich bruinachtig

Brause v^{21} **1** douche: *unter die ~ gehen* een douche nemen; **2** sproeier; **3** (prik)limonade

Brausebad o^{32} douche

Brausekopf m^6 driftkop

brausen I *intr* **1** bruisen, loeien; **2** *(mbt applaus)* daveren; **3** suizen, gieren; **4** stuiven; **II** *tr* douchen

Braut v^{25} **1** bruid; **2** verloofde, meisje

Brautausstattung v^{20} uitzet

Bräutigam m^5, m^{13} **1** bruidegom; **2** verloofde

Brautkleid o^{31} bruidsjapon, trouwjapon

Brautpaar o^{29} bruidspaar

brav 1 zoet, gehoorzaam, braaf; **2** net, degelijk; **3** netjes, braaf

Bravour v^{20} **1** bravoure; **2** bravourestuk

Bravur *zie* Bravour

BRD *afk van Bundesrepublik Deutschland* Duitse Bondsrepubliek

brechbar breekbaar

Brechbarkeit v^{28} breekbaarheid

Brechbohne v^{21} slaboon, sperzieboon

brechen[137] **I** *tr* **1** breken: *(wisk) gebrochene Zahl* gebroken getal, breuk; **2** *(akker)* ploegen, omploegen; **3** *(bloemen)* plukken; **4** *(bloed, gal)* opgeven; braken, overgeven; **5** *(papier)* vouwen; **6** (ver)breken, schenden: *die Ehe ~* echtbreuk plegen; **II** *intr* breken: *in die Knie ~* in elkaar zakken; **III** *sich ~* breken: *sich Bahn ~* veld winnen

Brecher m^9 breker *(een golf)*

Brechmittel o^{33} braakmiddel

Brechreiz m^5 braakneiging

Brechstange v^{21} breekijzer

Brechung v^{20} **1** breking; **2** klankverandering

Brei m^5 **1** brij, pap; **2** moes; **3** puree

breit breed: *die ~e Öffentlichkeit* het grote publiek; *die ~e Masse des Volkes* de grote massa; *~ gefächert* zeer gevarieerd; *sich ~ machen: a)* veel plaats innemen; *b)* gewichtig doen; *c)* om zich heen grijpen

breitbeinig wijdbeens

Breite v^{21} **1** breedte, wijdte: *in die ~ gehen: a)* uitweiden; *b)* breed, dik worden; **2** gebied, streek: *in unseren ~n ist das nicht üblich* bij ons is dat niet de gewoonte; **3** baan *(van behang, stof);* **4** breedsprakigheid

breiten I *tr* (uit)spreiden, uitslaan; **II** *sich ~* zich uitbreiden, zich uitstrekken

Breitengrad m^5 breedtegraad

Breitenkreis m^5 breedtecirkel

Breitensport m^{19} volkssport

breitgefächert *oude spelling voor* breit gefächert, *zie* breit

breitmachen, sich *oude spelling voor* sich breit machen, *zie* breit

breitrandig breedgerand

breitschlagen[241] overreden, overhalen

breitschult(e)rig breedgeschouderd

Breitseite v^{21} lange kant, langszij

breitspurig 1 *(spoorw)* met breedspoor; **2** verwaand, opschepperig

breittreten[291] **1** doorzeuren over; **2** rondbazuinen

Bremsbacke v^{21} remblok

Bremsbelag m^6 remvoering

Bremse v^{21} **1** rem; **2** brems, daas

bremsen remmen, afremmen

Bremsflüssigkeit v^{20} remvloeistof

Bremsklotz m^6 remblok

Bremskraftverstärker m^9 rembekrachtiging

Bremslicht o^{31} remlicht

Bremspedal o^{29} rempedaal

Bremsprobe v^{21} remproef

Bremsspur v^{20} remspoor

brennbar brandbaar

Brennbarkeit v^{28} brandbaarheid

brennen[138] **I** *intr* branden: *lichterloh ~ branden* als een fakkel; **II** *tr* **1** branden; **2** stoken: *Branntwein ~* jenever stoken; **3** bakken: *Ziegel ~* pannen bakken; **4** *(vee)* brandmerken || *wo brennt's denn?* wat is er aan de hand?; *auf*[1,4] *etwas ~* op iets gebrand zijn

brennend 1 brandend: *ein ~es Problem* een acuut probleem; **2** buitengewoon, zeer: *etwas ~ gern wollen* iets heel graag willen; *~ nötig* dringend nodig

Brenner m^9 brander

Brennerei v^{20} **1** (brandewijn)stokerij, branderij; **2** (het) branden

Brennessel *oude spelling voor* Brennnessel, *zie* Brennnessel

Brennglas o^{32} brandglas

Brennholz o^{39} brandhout

Brennnessel v^{21} brandnetel

Brennofen m^{12} brandoven; emailleeroven

Brennstoff m^5 brandstof

brenzlig 1 aangebrand, branderig; **2** bedenkelijk, hachelijk, netelig

Bresche v^{21} bres

Brett o^{31} **1** plank; **2** dienblad, presenteerblad; **3** schaakbord, dambord; **4** *(mv)* toneel, (de) planken; **5** *(mv)* ski's || *bei jmdm einen Stein im ~ haben* bij iem een wit voetje hebben

Bretterbude v^{21} houten keet

Bretterzaun m^6 (houten) schutting

Brettspiel o^{29} bordspel

Brief m^5 brief: *offener ~* open brief

Briefbogen m^{11}, m^{12} vel(letje) schrijfpapier

Brieffreund m^5 correspondentievriend

Briefgeheimnis o^{29a} briefgeheim

Briefkarte v^{21} correspondentiekaart
Briefkasten m^{12} **1** brievenbus; **2** lezersrubriek
Briefklammer v^{21} paperclip
Briefkopf m^6 briefhoofd
Briefkurs m^5 laatkoers, verkoopkoers
brieflich per brief, schriftelijk
Briefmarke v^{21} postzegel
Brieföffner m^9 briefopener
Briefpapier o^{39} postpapier
Brieftasche v^{21} portefeuille
Brieftaube v^{21} postduif
Briefträger m^9 brievenbesteller, postbode
Briefumschlag m^6 enveloppe, couvert
Briefverkehr m^{19}, **Briefwechsel** m^9 briefwisseling, correspondentie
Brigade v^{21} **1** brigade; **2** keukenbrigade
Brikett o^{29}, o^{36} briket
brillant schitterend, briljant
Brillant m^{14} briljant
Brillanz v^{28} **1** glans; virtuositeit; **2** *(foto)* beeldscherpte; **3** onvervormde geluidsweergave
Brille v^{21} bril
Brillenetui o^{36}, **Brillenfutteral** o^{29} brillenkoker
Brillengestell o^{29} brilmontuur
Brillenglas o^{32} brillenglas
Brillenträger m^9 brildrager
bringen^{139} **1** brengen; **2** publiceren, uitzenden, brengen; **3** (iets) klaarspelen, in staat zijn tot: *es nicht über sich ~ können* het niet over zijn hart kunnen verkrijgen; **4** opleveren: *Gewinn ~* winst afwerpen || *das bringt nichts!* dat is verloren moeite!; *etwas an sich ~* iets inpikken; *sich nicht aus der Ruhe ~ lassen* zich niet op stang laten jagen; *hinter sich ~* voltooien; *in Gang* (of: *in Fluss*) *~* op gang brengen; *jmdn um etwas ~* iem iets doen verliezen, iem van iets beroven; *jmdm etwas zum Bewusstsein ~* iem iets aan zijn verstand brengen; *jmdn zu*$^{+3}$ *sich ~* iem weer bijbrengen
brisant 1 brisant, explosief; **2** zeer actueel
Brise v^{21} bries: *steife ~* stijve bries
Britannien o^{39} Brittannië
Brite m^{15} Brit
britisch Brits
bröckelig brokkelig, broos, kruimelig
bröckeln brokkelen, kruimelen
Brocken m^{11} brok, hap, stuk: *ein paar ~ Englisch können* een paar woorden Engels kennen
brockenweise broksgewijze
brodeln 1 opstijgen; **2** borrelen, pruttelen, koken; *(fig)* gisten
Brodem m^{19} **1** warme damp; **2** lucht, stank
Brokat m^5 brokaat
Brokkoli *mv* broccoli
Brombeere v^{21} **1** braam(struik); **2** braambes
Bronchie v^{21} bronchië
Bronze v^{21} **1** brons; **2** bronzen voorwerp
bronzefarben, **bronzefarbig** bronskleurig
Bronzezeit v^{28} bronsperiode, bronstijd
Brosche v^{21} broche

Bröschen o^{35} kalfszwezerik
Broschüre v^{21} brochure
Brot o^{29} brood: *ein belegtes ~* een boterham met beleg; *dunkles ~* bruin brood
Brotbelag m^6 broodbeleg
Brotbüchse v^{21} broodtrommeltje
Brötchen o^{35} broodje: *(fig) kleine* (of: *kleinere*) *~ backen* een stapje terug doen
Broterwerb m^5 broodwinning
Brotkrume v^{21} broodkruimel
Brotlaib m^5 (heel) brood: *ein ~* een brood
brotlos 1 brodeloos; **2** niets opbrengend
Brotneid m^{19} broodnijd
Brotrinde v^{21} broodkorst
Brotröster m^9 broodrooster
Brotschnitte v^{21} snee brood
browsen browsen
Browser m^9 browser
Browsing o^{39} (het) browsen
Bruch I m^6 **1** breuk *(ook med, geol, rekenk)*, barst, scheur; **2** (het) breken, schending; **3** steengroeve; **4** *(inform)* inbraak; **II** m^6, o^{30} **1** moeras(land); **2** broek(land) || *~ machen* brokken maken; *zu ~* (of: *in die Brüche*) *gehen: a)* kapotgaan, in duigen vallen; *b) (fig)* mislukken, stranden; *zu ~ fahren* in de prak rijden
bruchfest onbreekbaar
brüchig 1 broos, brokkelig; **2** *(fig)* broos; **3** rauw, schor *(van stem)*
bruchlanden crashen, neerstorten
Bruchlandung v^{20} crash
Bruchstück o^{29} brokstuk, fragment
bruchstückhaft, **bruchstückweise** fragmentarisch
Bruchteil m^5 fractie, klein gedeelte
Bruchzahl v^{20} *(rekenk)* breuk
Brücke v^{21} **1** brug; **2** viaduct; **3** brug *(in gebit, op schip, turntoestel);* **4** klein, smal tapijt
Brückenbau m^{19} bruggenbouw
Brückengeländer o^{33} brugleuning
Brückenkopf m^6 *(mil)* bruggenhoofd
Brückenpfeiler m^9 brugpijler
Bruder m^{10} broer, broeder: *ein warmer ~* een homoseksueel; *ein lustiger ~* een vrolijke klant; *gleiche Brüder, gleiche Kappen* gelijke monniken, gelijke kappen; *das kostet unter Brüdern 100 Gulden* de vriendenprijs is 100 gulden
brüderlich broederlijk
Brüderlichkeit v^{28} broederlijkheid, broederschap
Bruderschaft v^{20} *(r-k)* broederschap
Brüderschaft v^{20} broederschap, vriendschap: *~ trinken* broederschap drinken
Brühe v^{21} **1** (vlees)nat, bouillon; **2** slappe koffie, slappe thee; slootwater; **3** drab
brühen 1 broeien; **2** *(koffie, thee)* zetten
brühheiß kokendheet
Brühwürfel m^9 bouillonblokje
Brüllaffe m^{15} brulaap
brüllen brullen; *(mbt kanon)* donderen

Brummbär m^{14}, **Brummbart** m^6 knorrepot, brombeer

brummeln mompelen

brummen 1 brommen, grommen; **2** gonzen ‖ *der Schädel brummt ihm: a)* hij heeft hoofdpijn; *b)* zijn hoofd loopt om

Brummer m^9 **1** bromvlieg; **2** zware vrachtauto; **3** log persoon; **4** bommenwerper

Brummfliege v^{21} bromvlieg

Brummi m^{13} zware vrachtauto

brummig brommig, knorrig

Brummschädel m^9 zwaar hoofd, kater

Brunch m^{13}, m^5 *(2e nvl ook -)* brunch

brünett bruin(harig)

Brünette v^{21} brunette

Brunft v^{25} bronst(tijd)

Brunnen m^{11} **1** put; **2** bron; **3** mineraalwater, bronwater; **4** fontein

Brunnenwasser o^{33} pompwater, bronwater, putwater

Brunst v^{25} bronst(tijd)

brünstig 1 bronstig, loops; **2** vurig; **3** *(inform)* heet

Brunstzeit v^{20} bronsttijd

brüsk bruusk

brüskieren ^{320} bruuskeren

Brüssel o^{39} Brussel

Brüsseler I m^9 Brusselaar; **II** *bn* Brussels

Brust v^{25} borst *(ook van kledingstuk): 400 Meter ~* 400 meter schoolslag; *aus voller ~* uit volle borst

Brustbein o^{29} borstbeen

Brustbild o^{31} borstbeeld

brüsten, sich een hoge borst opzetten, pochen: *sich mit*$^{+3}$ *etwas ~* zich op iets beroemen

Brustfell o^{29} borstvlies

Brustflosse v^{21} borstvin

Brusthöhle v^{21} borstholte

Brustkasten m^{12}, **Brustkorb** m^6 borstkas

Brustkrebs m^{19} borstkanker

Brustnahrung v^{28} borstvoeding

Brustschwimmen o^{39} schoolslag

Brusttasche v^{21} borstzak

Brüstung v^{20} **1** borstwering; **2** balustrade

Brustwarze v^{21} tepel

Brustwehr v^{20} borstwering

Brut v^{20} **1** (het) broeden; **2** broedsel, (de) jongen *(mv);* **3** *(iron)* kinderen; **4** gespuis, geboefte

brutal 1 bruut, ruw, meedogenloos; **2** geweldig

Brutalität v^{20} bruutheid, ruwheid, meedogenloosheid

brüten 1 broeden: *über*$^{+3}$ *etwas ~* over iets peinzen; **2** broeien

Brüter m^9 **1** broedvogel; **2** kweekreactor: *schneller ~* snellekweekreactor

Brutgebiet o^{29} broedgebied

Bruthenne v^{21} broedkip

Bruthitze v^{28} broeierige hitte: *es herrscht eine ~* het is broeierig heet

Brutkasten m^{12} *(med)* couveuse; *(fig)* broeikas

Brutstätte v^{21} **1** broedplaats, kweekplaats; **2** *(ongunstig)* broeinest

brutto bruto

Bruttobetrag m^6 brutobedrag

Bruttoeinkommen o^{35} bruto-inkomen

Bruttoertrag m^6 bruto-opbrengst

Bruttosozialprodukt o^{29} bruto nationaal product

Brutzeit v^{20} broedtijd

brutzeln 1 bakken, braden; **2** spetteren

BSE v^{28} BSE, gekkekoeienziekte

Bube m^{15} boer *(in het kaartspel)*

bubenhaft jongensachtig

Bubenstreich m^5 kwajongensstreek

Bubenstück o^{29}, **Büberei** v^{20} schurkenstreek

Buch o^{32} boek; draaiboek, scenario ‖ *in die Bücher eintragen* boeken; *~ (of: die Bücher) führen* boekhouden

Buchdruck m^{19} **1** boekdrukkunst; **2** (het) boekdrukken

Buchdrucker m^9 boekdrukker

Buchdruckerei v^{20} boekdrukkerij; boekdrukkunst

Buchdruckerkunst v^{28} boekdrukkunst

Buche v^{21} **1** beuk, beukenboom; **2** beukenhout

Buchecker v^{21} beukennootje

Bucheinband m^6 boekband

buchen I *ww* boeken; **II** *bn* beuken

Buchenholz o^{39} beukenhout

Bucherbord o^{29}, **Bücherbrett** o^{31} boekenplank

Bücherei v^{20} bibliotheek, boekerij

Bücherfreund m^5 boekenliefhebber

Büchergestell o^{29} boekenrek

Büchergutschein m^5 boekenbon

Bücherregal o^{29} boekenrek

Bücherrevisor m^{16} accountant, *(Belg)* bedrijfsrevisor

Bücherschrank m^6 boekenkast

Bücherverbrennung v^{20} boekverbranding

Bücherwurm m^8 **1** boekworm *(insect);* **2** *(fig)* boekenwurm, boekenworm

Buchführer m^9 boekhouder

Buchführung v^{20} boekhouding

Buchhalter m^9 boekhouder

Buchhaltung v^{20} boekhouding

Buchhändler m^9 boekhandelaar

Buchhandlung v^{20} boekhandel, boekwinkel

Büchlein o^{35} boekje

Buchmacher m^9 bookmaker

Buchmesse v^{21} boekenbeurs

Buchprüfer m^9 accountant

Büchse v^{21} **1** (conserven)blik; **2** bus, potje, doosje; **3** collectebus; **4** buks

Büchsenfisch m^{19} vis in blik

Büchsenfleisch o^{39} vlees in blik

Büchsenöffner m^9 blikopener

Buchstabe m^{18} letter: *großer ~* hoofdletter; *kleiner ~* kleine letter

buchstabieren ^{320} spellen

buchstäblich 1 letterlijk; **2** gewoonweg

Bucht v^{20} **1** bocht, inham, baai; **2** bocht, lus; **3** parkeerhaven

buchtig bochtig; met bochten, met inhammen
Buchtitel *m*[9] boektitel
Buchung *v*[20] boeking
Buchverleih *m*[5] leesbibliotheek, uitleen
Buckel *m*[9] 1 bochel, bult, hoge rug; 2 bult, heuvelrug; 3 *(inform)* rug: *einen breiten ~ haben (fig)* een brede rug hebben; 4 hobbel ‖ *er kann mir den ~ runterrutschen* (of: *entlangrutschen, raufsteigen)* hij kan naar de maan lopen
buckelig 1 gebocheld; 2 hobbelig
bücken, sich bukken, buigen; zich buigen
Bückling *m*[5] 1 (diepe) buiging; 2 bokking
buddeln graven, wroeten
Bude *v*[21] 1 kraam *(op kermis, markt);* 2 keet, barak; 3 krot; 4 tent, zaak; 5 *(min)* woning, kamer; 6 *(stud)* kast; 7 kiosk, stalletje ‖ *jmdm die ~ einlaufen* (of: *einrennen)* bij iem de deur platlopen; *die ~ auf den Kopf stellen* de boel op stelten zetten; *die ~ zumachen* de tent sluiten; *das bringt Leben in die ~* dat brengt leven in de brouwerij
Budget [buudzje] *o*[36] budget, begroting
Büfett *o*[29], *o*[36] buffet: *kaltes ~* koud buffet
Büfettdame *v*[21] buffetjuffrouw
Büffel *m*[9] 1 buffel; 2 *(fig)* stommeling, ezel
Büffelei *v*[20] geblok, gezwoeg
büffeln blokken, zwoegen
Bug I *m*[5] *(scheepv)* boeg; **II** *m*[6] 1 schoft *(van paard);* 2 schouder(stuk) *(van kalf)*
Bügel *m*[9] 1 kleerhanger; 2 beugel *(van tas, tram, zaag);* 3 stijgbeugel; 4 veer *(van bril)*
Bügelbrett *o*[35] strijkplank
Bügeleisen *o*[33] strijkijzer, strijkbout
bügelfrei strijkvrij, zelfstrijkend, no-iron
bügeln 1 strijken, persen; 2 *(sp)* inmaken
bugsieren[320] slepen
Bugsierer *m*[9] sleepboot, sleper
buhlen liefkozen, vrijen: *um die Gunst der Menge ~* naar de gunst van de massa dingen
Buhne *v*[21] kribbe, strandhoofd, dam
Bühne *v*[21] 1 toneel, schouwburg: *auf die ~ bringen* opvoeren; *über die ~ gehen: a)* opgevoerd worden; *b) (fig)* verlopen; 2 podium, stellage, plankier; 3 hefbrug, brug *(voor auto)* ‖ *(inform) etwas über die ~ bringen* iets klaarspelen
Bühnenautor *m*[16] toneelschrijver
Bühnenbearbeitung *v*[20] toneelbewerking
Bühnenbild *o*[31] decor
Bühnenbildner *m*[9] decorontwerper
Bühnendekoration *v*[20] decor
Bühnendichter *m*[9] toneelschrijver
Bühnendichtung *v*[20] drama
Bühnenfassung *v*[20] toneelbewerking
Bühnenkünstler *m*[9] acteur, toneelspeler
Bühnenstück *o*[29] toneelstuk
Buhruf *m*[5] boegeroep
Bukett *o*[29], *o*[36] boeket *(ook van wijn)*, ruiker
Bulgare *m*[15] Bulgaar
Bulgarien *o*[39] Bulgarije
Bullauge *o*[38] patrijspoort

Bulldogge *v*[21] buldog
Bulle I *m*[15] 1 stier, bul; 2 onbehouwen kerel; 3 potige vent; 4 smeris; 5 hoge ome; **II** *v*[21] bul, *(pauselijke)* oorkonde
Bullenbeißer *m*[9] 1 buldog; 2 *(fig)* bullebak
Bullenhitze *v*[28] vreselijke hitte
Bully *o*[36] *(hockey)* bully; *(ijshockey)* face-off
bum *tw* bom!, boem!
Bumerang *m*[5], *m*[13] boemerang
Bummel *m*[9] 1 wandeling; 2 kroegentocht
Bummelant *m*[14] treuzelaar; flierefluiter
Bummelei *v*[20] 1 getreuzel; 2 gelanterfant
bummeln 1 *(een eindje)* wandelen, slenteren; 2 boemelen; 3 treuzelen; 4 lanterfanten
Bummelstreik *m*[13] langzaam-aan-actie
Bummelzug *m*[6] boemeltrein, stoptrein
Bummler *m*[9] 1 boemelaar; 2 lanterfant; 3 wandelaar; 4 treuzelaar
Bums *m*[5] 1 klap, bons; 2 ordinaire tent; 3 *(sp)* schot
bumsen 1 bonzen, dreunen; 2 *(voetbal)* knallen, schieten; 3 *(plat)* naaien, *(inform)* neuken
Bumskneipe *v*[21], **Bumslokal** *o*[29] ordinaire tent
Bund I *m*[6] 1 bond, verbond: *der Dritte im ~e* de derde partij, de derde man; *im ~e mit* in vereniging met; 2 centrale regering, bondsregering; 3 leger; 4 band *(van broek, rok);* 5 toets *(van gitaar e.d.);* **II** *o*[29] 1 bundel, bos, bosje; 2 pak *(garen, wol)*
Bündel *o*[33] bosje, pak(je), bundel: *sie ist ein ~ Nerven* ze is één bonk zenuwen; *sein ~ schnüren* zijn boeltje pakken
bündeln bundelen, binden
bündelweise in bundels, in bosjes
Bundes- federaal, bonds-
Bundesanzeiger *m*[9] Staatscourant
Bundesautobahn *v*[20] autosnelweg
Bundesbahn *v*[20] spoorwegen: *Deutsche ~* Duitse Spoorwegen
Bundesbank *v*[20] nationale bank: *Deutsche ~* Duitse nationale bank
Bundesbeamte(r) *m*[40a] federaal ambtenaar
Bundesbehörde *v*[21] federale instantie
Bundesbürger *m*[9], **Bundesdeutsche(r)** *m*[40a], *v*[40b] Duitse(r)
Bundesebene *v*[21]: *auf ~* op federaal niveau
Bundesgenosse *m*[15] bondgenoot
Bundesgerichtshof *m*[6] hoogste federaal gerechtshof
Bundesgrenzschutz *m*[19] federale grenspolitie
Bundeshaus *o*[32] parlementsgebouw, parlement
Bundeskanzler *m*[9] bondskanselier
Bundesland *o*[32] deelstaat
Bundesliga *v*[28] *(sp)* eredivisie
Bundesminister *m*[9] federaal minister, bondsminister
Bundespräsident *m*[14] bondspresident
Bundesrat *m*[19] Bondsraad
Bundesregierung *v*[20] bondsregering, federale regering
Bundesrepublik *v*[20] Bondsrepubliek: *die ~*

Deutschland de Duitse Bondsrepubliek

Bundesstraße v^{21} rijksweg

Bundestag m^{19} Bondsdag

Bundestagsabgeordnete(r) m^{40a}, v^{40b} lid van de Bondsdag

Bundesverfassungsgericht o^{29} constitutioneel hof

Bundeswehr v^{28} Duitse strijdkrachten

bundesweit in de gehele Bondsrepubliek, de gehele Bondsrepubliek betreffend

bündig 1 bondig: *kurz und ~* kort en bondig; **2** overtuigend *(bewijs)*

Bündnis o^{29a} verbond, bondgenootschap

Bunker m^9 **1** bunker; **2** bak, gevangenis; **3** bunker, zandkuil *(golfspel)*

bunkern bunkeren

bunt bont, veelkleurig, geschakeerd; rommelig: *es geht ~ zu* (of: *her)* het gaat er raar toe; *es kommt immer ~er* het wordt hoe langer hoe gekker

Buntdruck m^5 kleurendruk

buntfarbig bont, kleurig

buntscheckig bont, veelkleurig

Buntstift m^5 kleurpotlood

Buntwäsche v^{28} bonte was, bontgoed

Bürde v^{21} last, vracht

Burg v^{20} **1** burcht *(ook fig);* **2** kuil *(op het strand)*

Bürge m^{15} borg

bürgen (voor iem, iets) borg staan, instaan, (iets) garanderen

Bürger m^9 burger

Bürgeranhörung v^{20} hoorzitting

Bürgerbeauftragte(r) m^{40a}, v^{40b} ombudsman, ombudsvrouw

Bürgerentscheid m^5 referendum

Bürgerin v^{22} burgeres

Bürgerinitiative v^{21} actiegroep

bürgerlich 1 burgerlijk, civiel; **2** bekrompen: *Bürgerliches Gesetzbuch (BGB)* Burgerlijk Wetboek; *~e Küche* burgerkost

Bürgermeister m^9 burgemeester

Bürgermeisteramt o^{32} **1** burgemeestersambt; **2** gemeentehuis

Bürgerpflicht v^{20} burgerplicht

Bürgerrecht o^{29} burgerrecht, burgerschap

Bürgerschaft v^{20} **1** burgerij; **2** *(in Bremen, Hamburg)* parlement; **3** gemeenteraad

Bürgersinn m^{19} burgerzin, *(Belg)* civisme

Bürgersteig m^5 stoep, trottoir

Bürgertum o^{39} burgerstand, burgerij

Bürgschaft v^{20} **1** (waar)borg; **2** borgtocht ‖ *~ leisten* (of: *eine ~ übernehmen) für*$^{+4}$ borg staan voor

Büro o^{36} bureau, kantoor: *ins ~ gehen* naar kantoor gaan

Büroangestellte(r) m^{40a}, v^{40b} kantoorbediende, employé, employee, administratieve kracht

Bürobedarf m^{19} kantoorbenodigdheden

Büroklammer v^{21} paperclip

Bürokrat m^{14} bureaucraat

Bürokratie v^{21} bureaucratie

Bursche m^{15} **1** knaap, jongen; **2** jongeman; **3** *(ongunstig)* kerel; **4** lid van een studentencorps; **5** oppasser; **6** knaap, kanjer

burschenhaft jongensachtig

burschikos vlot

Bürste v^{21} **1** borstel; **2** kort stekeltjeskapsel

bürsten borstelen

Bus m^5 *(2e nvl Busses; mv Busse)* (auto)bus

Busch m^6 **1** struik, heester; **2** struikgewas; **3** klein bos; **4** oerwoud; **5** bos *(bloemen, haar)* ‖ *(fig) (bei jmdm) auf den ~ klopfen* (iem) polsen

Büschel o^{33} **1** bos(je); **2** *(meetk)* bundel

büschelweise bij bosjes

buschig 1 dicht, ruig; **2** met struikgewas begroeid

Busen m^{11} **1** boezem, borst; **2** hart; **3** baai

Busenfreund m^5 boezemvriend

Busfahrer m^9 buschauffeur

Busfahrt v^{20} bustocht, busrit

Bushaltestelle v^{21} bushalte

Bussard m^5 buizerd

Buße v^{21} boete, boetedoening

büßen *(voor iets)* boeten: *das sollst du mir ~!* dat zal ik je betaald zetten!

Büßer m^9 boeteling

bußfertig boetvaardig, berouwvol

Bußgeld o^{31} boete

Bußgeldbescheid m^5 bekeuring

Büste v^{21} buste, borstbeeld

Büstenhalter m^9 bustehouder, bh, beha

Butt m^5 bot *(vis)*

Büttenrede v^{21} (grappige) carnavalsspeech

Butter v^{28} boter: *er lässt sich nicht die ~ vom Brot nehmen* hij laat zich de kaas niet van het brood eten; *die Sache ist in ~* (of: *in bester ~)* de zaak is helemaal in orde

Butterblume v^{21} boterbloem

Butterbrot o^{29} boterham

Butterdose v^{21} botervlootje

Buttermilch v^{28} karnemelk, *(Belg)* botermelk

buttern I *intr* boter maken, karnen; **II** *tr* **1** boter smeren op *(brood)*, met boter insmeren, beboteren *(bakvorm);* **2** *(voetbal)* hard schieten

butterweich 1 zo zacht als boter; **2** zacht

BVG afk van *Bundesverfassungsgericht* constitutioneel hof

b.w. *afk van bitte wenden!* zie ommezijde *(afk z.o.z.)*

Byte o^{36} *(2e nvl ook -; mv ook -)* byte

bzw. *afk van beziehungsweise* respectievelijk *(afk resp.)*

C

C *afk van Celsius* Celsius

ca. *afk van circa* circa, ongeveer

Café o³⁶ tearoom, lunchroom

campen [kɛmpən] kamperen

Camper [kɛmpər] m⁹ kampeerder

Camping [kɛmping] o³⁹ (het) kamperen

Campingbus m⁵ (2e nvl -busses; mv -busse) kampeerauto, camper

Campingplatz m⁶ camping

Caravan, Caravan [karavvan, karravan, kɛrəvɛn] m¹³ 1 caravan; 2 stationcar

Cashewnuss [kɛsjoe-] v²⁵ cashewnoot

cbm *afk van Kubikmeter* kubieke meter (*afk* m³)

CD v²⁷ (mv ook -) *afk van compact disk* compact disc (*afk* cd)

CD-Rom v²⁷ (mv ook -) cd-rom

CD-Spieler m⁹ cd-speler

CDU *afk van Christlich-Demokratische Union*

Cellist m¹⁴ cellist

Cello [tsjɛloo, sjɛloo] o³⁶ (mv ook Celli) cello, violoncel

Cellophan o³⁹ cellofaan

Celsius [tsɛlzie.oes] Celsius: 5° ~ 5° Celsius

Chaise [sjɛːzə] v²¹ 1 stoel; 2 sjees

Chalet [sjalɛ, sjalɛ] o³⁶ chalet

Chamäleon [ka-] o³⁶ kameleon

Champagner m⁹ champagne

Champignon [sjampinjong] m¹³ champignon

Champion [tsjɛmpjən, sjãpjõ] m¹³ kampioen

Chance [sjãsə] v²¹ kans

Chanson [sjãsõ] o³⁶ chanson, lied

Chansonier, Chansonnier [sjãsonje] m¹³ chansonnier

Chaos [kaos] o³⁹ᵃ chaos

Chaot m¹⁴ 1 anarchist; 2 chaoot

chaotisch chaotisch

Charakter [karaktər] m⁵ 1 karakter; 2 letter

Charakterfehler m⁹ karakterfout

charakterfest vast van karakter

charakterisieren³²⁰ karakteriseren

Charakteristik v²⁰ karakteristiek

Charakteristikum o (2e nvl -s; mv -ka) kenmerkende eigenschap

charakteristisch karakteristiek

charakterlich karakter-, qua karakter

charakterlos karakterloos

Charakterzug m⁶ karaktertrek

Charge [sjarzjə] v²¹ 1 charge, partij; 2 (mil) rang: höhere ~n hogere officieren

chargieren³²⁰ [sjarzjierən] chargeren

Charisma [ka-] o (2e nvl -s; mv Charismen, Charismata) charisma

charmant [sjarmɔnt] charmant

Charme [sjarm] m¹⁹ charme

Charta [karta] v²⁷, **Charte** [sjartə] v²¹ handvest, charta

Charter [tsjartər, sjartər] m¹³ charter

Charterflug m⁶ chartervlucht

Charterflugzeug o²⁹ chartervliegtuig

Chartergesellschaft v²⁰ chartermaatschappij

chartern (schip, vliegtuig) charteren

Chassis [sjasie] o (2e nvl -; mv -) chassis

Chauffeur [sjofeu:r] m⁵ chauffeur

chauffieren³²⁰ 1 chaufferen; 2 rijden

Chaussee [sjoose, sjose] v²¹ straatweg

Chauvinismus [sjoovienismoes] m¹⁹ᵃ chauvinisme

Chauvinist m¹⁴ chauvinist

chauvinistisch chauvinistisch

Chef [sjɛf] m¹³ 1 chef, baas, hoofd; 2 boss, aanvoerder

Chefarzt m⁶ (med) 1 geneesheer-directeur; 2 chef de clinique

Chefin [sjɛfin] v²² 1 cheffin; 2 (inform) vrouw van de chef

Chefingenieur m⁵ hoofdingenieur

Chefpilot m¹⁴ gezagvoerder

Chefredakteur m⁵ hoofdredacteur

Chefsache v²¹ zeer belangrijke kwestie

Chefsteward m¹³ (luchtv) purser

Chemie [çemie] v²⁸ chemie, scheikunde

Chemiefaser v²¹ kunstvezel

Chemikalien [çemiekaliзən] mv v²¹ chemicaliën

Chemiker m⁹ chemicus, scheikundige

chemisch scheikundig, chemisch

Chemotechniker m⁹ analist

Chicorée [sjikoore] m¹⁹, v²⁸ witlof

Chiffre [sjifrə] v²¹ 1 geheim teken; 2 nummer (in advertenties); 3 getal, cijfer

chiffrieren³²⁰ coderen, in geheimschrift schrijven

Chile [tsjiele, çiele] o³⁹ Chili

China [çiena] o³⁹ China

Chinese [çienezə] m¹⁵ Chinees

chinesisch Chinees

Chinin [çienien] o³⁹ kinine

Chip [tsjip] m¹³ 1 fiche (bij roulette); 2 chip (geroosterd schijfje aardappel); 3 chip (microprocessor)

Chirurg [çieroerk] m¹⁴ chirurg

Chirurgie v²¹ 1 chirurgie; 2 afdeling chirurgie

chirurgisch chirurgisch

Chlor [kloor] o³⁹ (chem) chloor

chlorhaltig chloorhoudend

Choke [tsjook] m¹³ (techn) choke

Cholera [koolera] v²⁸ cholera

Cholesterin [çoolɛsterien, koo-] o³⁹ cholesterol

Cholesterinspiegel m⁹ cholesterolspiegel

Chor [koor] **I** m^6 *(muz)* koor; **II** m^5, m^6, o^{29}, o^{30} koor, priesterkoor
Choral m^6 koraal, koorzang
Choreograf *zie* Choreograph
Choreografie *zie* Choreographie
Choreograph [koo-] m^{14} choreograaf
Choreographie v^{21} choreografie
Chorknabe m^{15} koorknaap
Christ [krist] **I** m^{19a} Christus; **II** m^{14} christen
Christabend m^5 kerstavond *(24 december)*
Christbaum m^6 kerstboom
Christbaumschmuck m^{19} kerstboomversiering
Christblume v^{21} kerstroos
Christdemokrat m^{14} christen-democraat
christdemokratisch christen-democratisch
Christenheit v^{28} christenheid
Christentum o^{39} christendom
Christfest o^{29} kerstfeest
christianisieren[320] kerstenen
Christkind o^{31} kindje Jezus, Kerstkind
christlich christelijk
Christlichkeit v^{28} christelijkheid
Christmesse v^{21} kerstmis, nachtmis
Christmette v^{21} nachtmis; kerkdienst
Christnacht v^{25} kerstnacht
Christrose v^{21} kerstroos
Christus [kristoes] m *(2e nvl Christi; 3e nvl - en Christo; 4e nvl - en Christum; aanspreekvorm - en Christe)* Christus: *vor Christo, vor ~, vor Christi Geburt* vóór Christus
Chrom [kroom] o^{39} chroom
Chromosom [kroomozoom] o^{37} chromosoom
Chronik [kroonik] v^{20} kroniek
chronisch [kroonisj] **1** chronisch; **2** voortdurend
Chronist [kroonist] m^{14} kroniekschrijver
Chronologie v^{21} chronologie
chronologisch chronologisch
Chronometer o^{33} chronometer
Chrysantheme [kruuzantemə] v^{21} chrysant
Cineast [sieneast] m^{14} cineast
circa [tsirka] circa *(afk ca.)*
City [sitie] v^{27} city, binnenstad
clever [klɛvər] clever, slim, gewiekst
Clinch [klintsj, klinsj] m^{19} clinch
Clique [klikə, kliekə] v^{21} **1** kliek; **2** groepje
Clou [kloe:] m^{13} clou
Clown [klaun] m^{13} clown
cm *afk van Zentimeter* centimeter *(afk cm)*
Cockpit [kokpit] o^{36} cockpit
Cocktail [kokteel] m^{13} cocktail
Code m^{13} *zie* Kode
Combo v^{27} *(muz)* combo
Comic [komik] m^{13} strip(verhaal)
Compactdisc, Compact Disc v^{27} compact disc
Computer [kompjoe:tər] m^9 computer
Computerausdruck m^5 computeruitdraai
Computerspiel o^{29} computerspel
Container [kontenər] m^9 container
Containerschiff o^{29} containerschip

Cord m^5, m^{13} ribfluweel, corduroy
Couch [kautsj] v^{27}, v^{20} bank, couch
Couchgarnitur v^{20} bankstel
Couchtisch m^5 salontafel
Coup [koe:] m^{13} coup, slag, stoot: *einen ~ starten* (of: *landen*) zijn slag slaan, een slag toebrengen
Coupé [koepe] o^{36} *(alle bet)* coupé
Courage [koerazjə] v^{28} courage, moed
Cousin [koezɛ̃] m^{13} neef *(zoon van oom of tante)*
Cousine [koezienə] v^{21} nicht *(dochter van oom of tante)*
Creme [krem, krɛːm] v^{27} *(ook fig)* crème
cremefarben, cremefarbig crème
cremig [krɛmiç, krɛːmiç] romig
Crew [kroe:] v^{27} crew, bemanning; groep
CSU *afk van Christlich-Soziale Union*
Curry [ku:rie, kuri] m^{19}, o^{39} kerrie, curry
Cursor [kɔːsər] m^{13} cursor
Cyberspace m *(2e nvl -; mv -)* cyberspace

Cy

d

da I *bw* **1** daar, op die plaats: *~ sein* er zijn; bestaan, leven; wakker zijn; bij bewustzijn zijn; *von ~* van daar; **2** toen: *von ~ an* van toen af; **3** dan ‖ *~ und dort:* a) hier en daar; b) soms, nu en dan; **II** *vw* **1** toen, terwijl; **2** daar, omdat: *jetzt, da ... nu ...*

dabehalten[183] (bij zich) houden

dabei daarbij, erbij: *~ sein:* a) (erbij) zijn, aanwezig zijn; b) bezig zijn; *er bleibt ~* hij blijft erbij; *es ist doch nichts ~* dat is toch niet erg ‖ *ich finde nichts ~* ik zie er niets verkeerds in

dabeihaben[182] **1** bij zich hebben; **2** erbij hebben

dabeisein[262] *oude spelling voor* dabei sein, *zie* dabei

dableiben[134] blijven

Dach *o*[32] **1** dak; **2** kap, dak *(van auto);* **3** *(fig)* kop, hersens

Dachboden *m*[12] zolder

Dacherker *m*[9] dakkapel

Dachfenster *o*[33] dakvenster, dakraam

Dachgepäckträger *m*[9] imperiaal

Dachgeschoss *o*[29] zolderverdieping

Dachgesellschaft *v*[20] holding, holding company

Dachkammer *v*[21] zolderkamertje

Dachorganisation *v*[20] overkoepelende organisatie

Dachrinne *v*[21] dakgoot

Dachs *m*[5] *(dierk)* das: *(fig) junger ~* onervaren jongeman; *ein frecher ~* een brutaaltje

Dachverband *m*[6] overkoepelende organisatie

Dachziegel *m*[9] dakpan

Dackel *m*[9] **1** dashond, teckel; **2** *(fig)* ezel

dadurch, dadurch 1 daardoor, daar door(heen); **2** daardoor, door middel daarvan: *er rettete uns ~, dass er sich selbst aufopferte* hij redde ons door zichzelf op te offeren

dafür, dafür 1 daarvoor, ervoor: *diese Operation muss er selbst ausführen, ~ ist er Chefarzt* deze operatie moet hij zelf verrichten, per slot van rekening is hij chef de clinique; *ich kann nichts ~* ik kan er niets aan doen; **2** daarentegen: *sie ist hässlich, ~ aber reich* ze is lelijk, maar daartegenover staat, dat ze rijk is; **3** met het oog op: *~, dass er erst kurz hier ist, spricht er die Sprache schon sehr gut* als je bedenkt, dat hij nog maar kort hier is, dan spreekt hij de taal zeer goed

dafürkönnen[194] *oude spelling voor* dafür können, *zie* dafür

dagegen, dagegen 1 daartegen, ertegen; ertegen-aan: *ich bin ~* ik ben ertegen; **2** daarentegen; **3** daarbij; daarmee vergeleken; **4** daarvoor

dagegenhalten[183] antwoorden

daheim thuis *(ook fig)*

Daheim *o*[39] tehuis, thuis

daher, daher 1 daarvandaan, vandaar *(van die plaats);* **2** daarom, derhalve

daher- 1 voort-; **2** naderbij

daherkommen[193] **1** er aankomen; **2** zijn

daherreden kletsen

dahin, dahin daarheen, erheen: *das gehört nicht ~:* a) dat hoort daar niet; b) dat heeft daar niets mee te maken; *~ sein* op, verloren, voorbij zijn; *der Brief lautete ~* de brief luidde (als volgt); *eine ~ zielende Eingabe* een verzoekschrift met die strekking; *unsere Meinung geht ~, dass ...* we zijn van mening, dat ...; *~ und dorthin* overal heen; *mir geht's* (of: *steht's) bis ~!* het zit me tot hier!; *wir haben uns ~ geeinigt, dass ...* we zijn het erover eens geworden, dat ...; *~ ist es mit ihm gekommen* zover is het met hem gekomen; *bis ~:* a) tot daar, tot die tijd; b) tot zolang; c) ondertussen

dahinab daar naar beneden

dahinauf daar naar boven

dahinaus daarheen, die kant uit

dahindämmern in een schemertoestand verkeren

dahineilen 1 voortsnellen; **2** voorbijvliegen

dahinein daar naar binnen, daarin

dahinfließen[161] **1** voortstromen; **2** *(fig)* verlopen

dahingegen daarentegen, echter

dahingehen[168] **1** voorbijlopen; **2** verlopen, voorbijgaan; **3** heengaan, overlijden; **4** weglopen

dahingestellt: *es bleibt dahingestellt, ob ...* (of: *wir wollen es dahingestellt sein lassen, ob ...)* we laten in het midden of ...

dahinleben 1 voortleven; **2** vegeteren

dahinraffen *(fig)* wegnemen, wegrukken

dahinscheiden[232] heengaan, overlijden

dahinsiechen wegkwijnen

dahinstehen[279] onbeslist, onzeker zijn

dahinten daar achter

dahinter erachter, daarachter: *es ist etwas ~* daar steekt wat achter; *sich ~ klemmen* (of: *sich ~ knien)* zich inspannen; *~ kommen* erachter komen; *~ stecken:* a) erachter zitten; b) te betekenen hebben; *~ stehen (fig)* erachter staan

dahinterher: *~ sein* er achterheen zitten

dahinterklemmen, sich *oude spelling voor* sich dahinter klemmen, *zie* dahinter

dahinterknien, sich *oude spelling voor* sich dahinter knien, *zie* dahinter

dahinterkommen, dahinterstecken, dahinterstehen *oude spelling voor* dahinter kommen, stecken, stehen, *zie* dahinter

Dahlie *v*[21] dahlia

dalli *tw* vlug!: *~ machen* zich haasten

damalig toenmalig, van toen

damals toen, destijds, toentertijd

Damast *m*[5] damast

Dame v^{21} **1** dame; **2** damspel: ~ *spielen* dammen; **3** dam; **4** *(in schaakspel)* koningin; **5** *(in kaartspel)* vrouw

Damebrett o^{31} dambord

Damenbekleidung v^{28} dameskleding

Damenbinde v^{21} maandverband

Damendoppel o^{33} damesdubbel(spel)

Dameneinzel o^{33} damesenkel(spel)

Damenwäsche v^{28} lingerie

Damespiel o^{29} damspel

Damestein m^5 damsteen

damit, damit I *bw* **1** daarmee, ermee; **2** dus, bijgevolg || *heraus* ~! geef op!, zeg op!; ~ *ging er fort* met die woorden ging hij weg; *er fing* ~ *an, dass er mir gratulierte* hij begon met mij te feliciteren; II *vw* opdat

dämlich dom, stom, suf

Damm m^6 **1** dam; **2** dijk; **3** rijweg || *jmdn wieder auf den* ~ *bringen: a)* iem beter maken; *b)* iem er weer bovenop helpen

Dammbruch m^6 dijkbreuk, damdoorbraak

dämmen 1 afdammen; **2** indammen, beteugelen; **3** verlichten, verzachten; **4** *(het geluid)* dempen; **5** isoleren

dämmerig 1 schemerig; **2** somber

Dämmerlicht o^{39} schemerlicht

dämmern 1 schemeren: *der Morgen dämmert* de ochtend breekt aan; *es dämmert: a)* het schemert; *b)* het begint licht, donker te worden; **2** dommelen || *jetzt dämmert es mir* (of: *bei mir)* nu begint het me duidelijk te worden

Dämmerschlaf m^{19} lichte slaap

Dämmerung v^{20} schemering

Dämmstoff m^5 isolatiemateriaal

Dämon m^{16} demon, kwade genius

dämonisch demonisch, duivels

Dampf m^6 **1** damp; **2** rook; **3** stoom: ~ *ablassen (ook fig)* stoom afblazen; ~ *drauf haben* met hoge snelheid rijden || ~ *hinter etwas machen* vaart achter iets zetten; *jmdm* ~ *machen* iem opjagen

Dampfbügeleisen o^{35} stoomstrijkijzer

dampfen 1 dampen, uitwasemen; **2** stomen

dämpfen 1 *(eten)* stomen, stoven; **2** *(kleding)* oppersen; **3** *(geluid, licht)* dempen, temperen; **4** *(koorts)* verminderen, *(pijn)* verzachten; **5** *(emoties)* beteugelen

Dampfer m^9 stoomboot, stoomschip

Dämpfer m^9 **1** demper; **2** domper

Dampfkessel m^9 stoomketel

Dampfkochtopf m^6 snelkookpan

Dampflok v^{27}, **Dampflokomotive** v^{21} stoomlocomotief

Dampfmaschine v^{21} stoommachine

Dampftopf m^6 snelkookpan

Dampfturbine v^{21} stoomturbine

Dämpfung v^{20} demping, tempering, onderdrukking, verzwakking; *zie ook* dämpfen

Dampfwalze v^{21} stoomwals

Damwild o^{39} damhert

danach, danach 1 daarna, daarop, vervolgens; **2** daarachter, daarna; **3** ernaar, daarnaar: *er sieht (nicht)* ~ *aus* hij ziet er (niet) naar uit; *der Sinn steht mir nicht* ~ (of: *mir ist nicht* ~) mijn hoofd staat er niet naar

Däne m^{15} Deen

daneben 1 daarnaast, ernaast; **2** daarnaast, bovendien; **3** in vergelijking daarmee

danebenbenehmen^{212}, **sich** zich onbehoorlijk gedragen

danebengehen^{168} **1** ernaast gaan, missen; **2** mislukken

danebengreifen^{181} misgrijpen; *(fig)* ernaast zitten

danebenhalten^{183} vergelijken met

danebenhauen^{185} **1** ernaast slaan; **2** *(fig)* de plank misslaan

danebenliegen^{202} ernaast zitten

danebenraten^{218} misraden

danebenschießen^{238} **1** ernaast schieten; **2** *(fig)* ernaast zitten

danebentreffen^{289} **1** missen, niet raken; **2** *(fig)* zich vergalopperen

Dänemark o^{39} Denemarken

danieder terneer, neer, neder

daniederliegen^{202} **1** het bed houden; **2** *(fig)* een kwijnend bestaan leiden, niet floreren

Dänin v^{22} Deense

dänisch Deens

dank $vz^{+2,+3}$ dankzij

Dank m^{19} dank(zegging), dankbaarheid: *jmdm* ~ *sagen* iem dank zeggen; *vielen* ~!, *besten* ~!, *herzlichen* ~! dank u zeer!; *tausend* ~! heel, heel hartelijk bedankt!; *jmdm seinen* ~ *abstatten* (of: *aussprechen)* iem zijn dank betuigen; *jmdm zu* ~ *verpflichtet sein* iem zeer erkentelijk zijn; *(vielen)* ~ *für die Blumen!* dank je feestelijk!

dankbar dankbaar, erkentelijk

Dankbarkeit v^{28} dankbaarheid

danken^{+3} **1** (iem) (be)danken: *danke schön!, danke sehr!, danke bestens!* hartelijk bedankt!; *ja, danke!* graag!; *das danke ich ihm* dat heb ik aan hem te danken; *na, ich danke!* dank je lekker!; **2** te danken hebben aan

Danksagung v^{20} dankbetuiging

dann 1 dan: *bis* ~! tot kijk!; ~ *und wann* nu en dan; **2** dan, toen, daarna; **3** dan, in dat geval; **4** dan, daarbij, verder

dannen: *von* ~ weg

daran, daran daaraan, eraan: *nahe* (of: *dicht)* ~ *sein* op het punt staan; *(fig)* da ist etwas ~ daar zit wel iets in; *jetzt bin ich* ~ nu is het mijn beurt; *er hat recht* ~ *getan* hij heeft juist gehandeld; *ich weiß nicht, wie ich mit ihm* ~ *bin* ik weet niet wat ik aan hem heb; *mir liegt viel* ~ er is mij veel aan gelegen; *er ist gut* ~ hij is goed af; *wir waren schlimm* (of: *übel)* ~ we waren er slecht aan toe

darangeben^{166} eraan geven

darangehen^{168} beginnen

darankommen^{193} aan de beurt komen

daranmachen, sich beginnen

daransetzen I *tr* op het spel zetten: *alles ~* alles in het werk stellen; **II** *sich ~* beginnen

darauf, darauf 1 daarop, erop: *es kommt ~ an* het hangt ervan af; *ich gebe nichts ~* ik hecht er totaal geen waarde aan; *~ los* erop los; **2** daarna, vervolgens || *(fig) ~ wollte ich hinaus* daar wilde ik heen

daraufhin, daraufhin 1 dientengevolge, als gevolg daarvan; **2** met het oog daarop, hiertoe

daraus, daraus daaruit, eruit: *~ wird nichts* daar komt niets van terecht; *ich mache mir nichts ~* ik geef er niet om, ik trek mij er niets van aan

darben gebrek lijden, nood lijden

darbieten[130] **I** *tr* **1** aanbieden; **2** opvoeren; **II** *sich ~* zich vertonen, zich voordoen

Darbietung *v*[20] vertoning, uitvoering, opvoering, nummer

darbringen[139] **1** aanbieden, betuigen; **2** *(offers)* brengen

darein, darein daarin, erin

dareinfinden[157], **sich** zich erin schikken, erin berusten

dareinmischen, sich zich ermee bemoeien

darin, darin 1 daarin, erin; **2** op dit punt

darlegen uiteenzetten, verklaren

Darlegung *v*[20] uiteenzetting, verklaring

Darlehen *o*[35] lening, voorschot

Darm *m*[6] darm

darreichen 1 aanbieden; **2** aanreiken, toereiken; *(hand)* uitsteken, reiken

darstellbar 1 vertoonbaar; **2** speelbaar *(van een rol e.d.)*, uit te beelden

darstellen I *tr* **1** uitbeelden, afbeelden, voorstellen; **2** *(een rol)* spelen; **3** beschrijven, schetsen; **4** *(een onderwerp)* behandelen; **5** betekenen, vormen, zijn || *(inform) etwas ~* iets voorstellen; *~de Künste* beeldende kunsten; **II** *sich ~* **1** zich voordoen, zich presenteren; **2** blijken te zijn

Darsteller *m*[9] *(theat)* speler, acteur

Darstellerin *v*[22] speelster, actrice

Darstellung *v*[28] uitbeelding; afbeelding; voorstelling; beschrijving; *zie ook* darstellen

dartun[295] **1** (aan)tonen; **2** uiteenzetten

darüber, darüber 1 daarover, erover; daarboven, erboven; **2** intussen, ondertussen; **3** daardoor: *~ hinaus* bovendien; *ein Jahr und ~* meer dan een jaar

darum, darum daarom, erom; eromheen: *seien Sie ~ nicht besorgt* wees daarover niet bezorgd; *ich gäbe etwas ~, wenn …* ik gaf er wat voor, als …; *er weiß ~* hij weet ervan; *100 Mark oder ~ herum* 100 mark of zoiets

darunter, darunter 1 daaronder, eronder; **2** daaronder, daarbij; **3** daarbeneden

das I *lw*[66] het, de; **II** *betr vnw*[78] dat, die; **III** *aanw vnw*[76] dit, dat, deze, die

dasein[262] *oude spelling voor* da sein, *zie* da I, 1

Dasein *o*[39] bestaan, leven

Daseinskampf *m*[6] strijd om het bestaan

dasjenige datgene: *~, was* dat(gene), wat

dass dat; opdat; zodat; omdat: *es sei denn, ~* tenzij

daß *oude spelling voor* dass, *zie* dass

dasselbe hetzelfde

dastehen[279] staan, erbij staan, ervoor staan: *jetzt steht er ganz anders da* nu staat hij er heel anders voor

Datei *v*[20] (computer)bestand, file; gegevens

Daten *mv* **1** gegevens, data; **2** datums, data

Datenautobahn *v*[20] elektronische snelweg

Datenbank *v*[20] databank

Datenbestand *m*[6] bestand

Datenverarbeitung *v*[20] informatieverwerking

Datenverarbeitungsanlage *v*[21] computer

datieren[320] dateren

Datierung *v*[20] dagtekening, datering

Dativ *m*[5] *(taalk)* datief, derde naamval

Dativobjekt *o*[29] *(taalk)* datiefobject, meewerkend voorwerp

Dattel *v*[21] dadel

Datum *o (2e nvl -s; mv Daten)* **1** datum, dagtekening: *welches ~?* de hoeveelste?; **2** *(mv)* feiten, gegevens

Dauer *v*[28] **1** duur; **2** duurzaamheid: *eine Stelle auf ~ haben* een vaste baan hebben; *auf ~* (of: *auf die ~*) op de(n) duur; *von ~* duurzaam; *von kurzer ~* van korte duur

Dauerauftrag *m*[6] **1** machtiging tot automatische afschrijving; **2** automatische afschrijving, *(Belg)* domiciliëring

Dauerausstellung *v*[20] permanente tentoonstelling

Dauerbeschäftigung *v*[28] vaste baan

Dauerflug *m*[6] non-stopvlucht

dauerhaft duurzaam, solide

Dauerhaftigkeit *v*[28] duurzaamheid, soliditeit, bestendigheid

Dauerkarte *v*[21] abonnementskaart, seizoenkaart

Dauerlauf *m*[6] langeafstandsloop

dauern I *tr* medelijden hebben met: *du dauerst mich* ik heb medelijden met je; **II** *intr* duren, aanhouden

dauernd 1 blijvend; **2** voortdurend

Dauerparker *m*[9] langparkeerder

Dauerregen *m*[19] aanhoudende regen

Dauerrennen *o*[35] langeafstandsrace

Dauersitzung *v*[20] marathonzitting

Dauerstellung *v*[20] vaste betrekking

Dauerwelle *v*[21] permanent (wave)

Daumen *m*[11] **1** duim: *jmdm* (of: *für jmdn*) *den* (of: *die*) *~ drücken* (of: *halten*) voor iem duimen; **2** *(techn)* nok, tand || *über den ~ peilen* ruw schatten

Daumenschraube *v*[21] duimschroef

Daune *v*[21] donsveer; *(mv)* dons

Daunenbett *o*[37] donzen dekbed

davon, davon daarvan, ervan; daarvandaan: *nichts mehr ~!* praat er niet over!; *was habe ich ~?* wat heb ik eraan?

davoneilen wegsnellen

davonfahren[153] wegrijden, wegvaren

davonfliegen[159] wegvliegen

davongehen[168] 1 weggaan; 2 sterven

davonkommen[193] er afkomen: *mit dem Schrecken* ~ met de schrik vrijkomen

davonlassen[197]: *die Finger* ~ met de vingers er afblijven

davonlaufen[198] 1 weglopen; de benen nemen; 2 *(fig)* uit de hand lopen || *zum Davonlaufen* niet om uit te houden

davonmachen, sich 1 ervandoor gaan; 2 sterven

davontragen[288] 1 *(overwinning)* behalen; 2 *(ziekte)* oplopen, opdoen; 3 wegdragen

davonziehen[318] wegtrekken, heengaan; *(sp)* een voorsprong nemen (op)

davor, davor daarvoor, ervoor

dazu, dazu 1 daartoe, ertoe: *ich bin nicht der Mann* ~ ik ben er de man niet naar; *was sagen* (of: *meinen*) *Sie* ~? wat zegt, denkt u ervan?; *er riet mir* ~ hij raadde het mij aan; *sie wollte sich* ~ *nicht äußern* ze wilde zich er niet over uitlaten; 2 daarvoor, ervoor: *er eignete sich nicht* ~ hij was er niet geschikt voor; 3 daarbij, erbij, bovendien

dazugeben[166] erbij geven

dazugehören erbij behoren

dazugehörig erbij behorend, bijbehorend

dazukommen[193] erbij komen

dazukönnen[194]: *nichts* ~ er niets aan kunnen doen

dazumal toen: *anno* ~ heel lang geleden

dazutun[295] erbij doen

dazuverdienen bijverdienen

dazwischen daartussen, ertussen

dazwischenfahren[153] 1 tussenbeide komen, ingrijpen; 2 in de rede vallen

dazwischenkommen[193] 1 ertussen komen; 2 tussenbeide komen

dazwischenreden 1 *jmdm* ~ iem onderbreken; 2 zich in het gesprek mengen

dazwischentreten[291] tussenbeide komen

DB *afk van Deutsche Bundesbahn* Duitse spoorwegen

DDR *afk van Deutsche Demokratische Republik* Duitse Democratische Republiek *(afk DDR)*

Debatte v^{21} debat, discussie: *zur* ~ *stehen* aan de orde zijn, ter discussie staan; *zur* ~ *stellen* ter discussie stellen

debattieren[320] debatteren

Debet o^{36} debet

debitieren[320] debiteren

Debüt [debuu] o^{36} debuut

Debütant m^{14} debutant

debütieren[320] debuteren

Deck o^{36} 1 *(scheepv)* dek: *alle Mann an* ~! alle hens aan dek!; 2 verdieping, dek *(van bus)*

Deckbett o^{37} dekbed

Deckblatt o^{32} 1 dekblad; 2 *(plantk)* schutblad

Decke v^{21} 1 deken, dekkleed; 2 *(tafel)kleed*; 3 wegdek; 4 zoldering, plafond; 5 *(boek)* band; 6 buitenband || *(mit jmdm) unter einer* ~ *stecken* (met iem) onder één hoedje spelen; *sich nach der* ~ *strecken* de tering naar de nering zetten

Deckel m^9 1 deksel; 2 band *(van boek)*; 3 hoed || *eins auf den* ~ *bekommen* (of: *kriegen)* op zijn donder krijgen

decken I *tr* 1 dekken *(ook fig)*; 2 *(biol)* dekken, paren met; **II** *sich* ~ overeenkomen, congruent zijn

Deckmantel m^{19} dekmantel

Deckung v^{20} 1 dekking *(alle bet)*; 2 gelijkheid, overeenstemming

defekt defect, kapot

Defekt m^5 defect, gebrek

defensiv defensief, verdedigend

Defensive v^{21} verdediging

Defilee o^{38}, o^{36} defilé

defilieren[320] defileren

definieren[320] definiëren

Definition v^{20} definitie

definitiv definitief

Defizit o^{29} deficit, tekort

deftig *(inform)* 1 voedzaam, stevig; 2 ruw, schuin; 3 behoorlijk, flink

Degen m^{11} 1 degen; 2 *(hist)* held

Degeneration v^{20} degeneratie, ontaarding

degenerieren[320] degenereren, ontaarden

degradieren[320] degraderen

dehnbar rekbaar *(ook fig)*, elastisch

dehnen I *tr* 1 (uit)rekken; 2 uitstrekken; 3 slepend spreken; **II** *sich* ~ 1 zich uitrekken, langer worden, uitzetten; 2 zich uitstrekken; 3 lang duren

Dehnung v^{20} rekking, uitzetting, verlenging, rek *(van draad)*

Deich m^5 dijk

Deichsel v^{21} dissel(boom)

dein[69] jouw, uw: *tue das deine* (of: *das Deine)* doe het jouwe (of: uwe); *die deinen, die Deinen* de jouwen, de uwen

deinerseits jouwerzijds, van jouw kant; uwerzijds, van uw kant

deinesgleichen jouws gelijke(n), uws gelijke(n); mensen zoals jij, zoals u

deinetwegen ter wille van jou, van u

deinetwillen: *um* ~ omwille van jou, omwille van u; voor jou, voor u

deinige: *(der, die, das)* ~ (de, het) jouwe; (de, het) uwe; *mein Buch und das* ~ mijn boek en het jouwe

Dekan m^5 *(r-k)* deken

Deklamation v^{20} declamatie

deklamieren[320] declameren

Deklaration v^{20} declaratie

deklarieren[320] declareren

Deklination v^{20} declinatie; verbuiging

deklinieren[320] declineren, verbuigen

dekodieren[320] decoderen

Dekor m^5, m^{13}, o^{29}, o^{36} decor

Dekorateur m^5 1 etaleur; 2 decorateur

Dekoration v^{20} 1 decoratie, versiering; 2 orde, onderscheiding; 3 *(theat)* decors

dekorieren[320] decoreren

Dekret o^{29} decreet, besluit, verordening

Delegation v^{20} delegatie

delegieren[320] delegeren
Delegierte(r) *m*[40a], *v*[40b] afgevaardigde, gedelegeerde
Delfin *zie* Delphin
delikat delicaat *(alle bet)*
Delikatesse I *v*[21] delicatesse, lekkernij; II *v*[28] fijngevoeligheid, kiesheid
Delikt *o*[29] delict, misdrijf, vergrijp
Delle *v*[21] deuk
Delphin I *m*[5] dolfijn; II *o*[39] *(sp)* vlinderslag
Delta *o*[36] *(mv ook Delten)* delta
Deltadrachen *m*[11], **Deltagleiter** *m*[9] *(sp)* deltavlieger, hangglider
dem I *lw*[66] de, het; II *betr vnw*[78] wie, die, waaraan, dat; III *aanw vnw*[76] dit, dat, deze, die, hem: *wie ~ auch sei* hoe het ook zij
demaskieren[320] demaskeren, ontmaskeren
dementieren[320] dementeren, ontkennen
dementsprechend dienovereenkomstig
demgegenüber daartegenover, daarentegen
demgemäß dienovereenkomstig, navenant
demnach dus, bijgevolg, derhalve
demnächst binnenkort, eerstdaags, spoedig
Demo *v*[27] demonstratie
Demokrat *m*[14] democraat
Demokratie *v*[21] democratie
demokratisch democratisch
demokratisieren[320] democratiseren
demolieren[320] 1 vernielen; 2 afbreken
Demonstrant *m*[14] demonstrant
Demonstration *v*[20] demonstratie *(alle bet)*
Demonstrationszug *m*[6] stoet demonstranten, protestmars
demonstrativ demonstratief
demonstrieren[320] demonstreren *(alle bet)*
demontabel demontabel, demonteerbaar
Demontage *v*[21] 1 demontage; 2 ontmanteling, afbraak, sloop
demontieren[320] 1 demonteren; 2 ontmantelen
demoralisieren[320] demoraliseren
Demut *v*[28] deemoed, nederigheid
demütig deemoedig, nederig
demütigen vernederen, deemoedigen
Demütigung *v*[20] vernedering
demzufolge dientengevolge, daardoor
den I *lw* de, het; II *betr vnw* die, dat; III *aanw vnw* deze, die, dit, dat, hem
denen I *aanw vnw*[76] hen, hun, die, diegenen, zij; II *betr vnw*[78] die, wie, welke
Denkart *v*[20] denkwijze
denkbar 1 denkbaar; 2 uiterst, zeer: *die ~ besten Waren* de allerbeste waren
denken[140] I *intr* denken || *ich dächte gar!* och kom!; *denk mal an!: a) (bewonderend, met instemming)* verbeeld je!; *b) (iron)* stel je voor!; *denkste!* dat had je gedacht!; *gedachter Herr* de bewuste heer; II *sich ~* zich (in)denken, zich voorstellen: *das habe ich mir gleich gedacht!* dat heb ik wel gedacht!; *(inform) das hast du dir gedacht!* dat had je gedacht!; *das kann man sich ~!* dat is te begrijpen!

Denker *m*[9] denker, filosoof
Denkfähigkeit *v*[28] denkvermogen
Denkfehler *m*[9] denkfout
Denkmal *o*[32] *(plechtstatig) o*[29] 1 gedenkteken, monument; 2 cultuurmonument
Denkmalspflege *v*[28], **Denkmal(s)schutz** *m*[19] monumentenzorg
Denkweise *v*[21] 1 denkwijze; 2 mentaliteit
denkwürdig gedenkwaardig, heuglijk
Denkwürdigkeit *v*[20] gedenkwaardigheid: *~en* memoires, gedenkschriften
Denkzettel *m*[9] lesje dat iem zal heugen; afstraffing
denn I *vw* 1 want: *er kommt nicht, ~ er ist krank* hij komt niet, want hij is ziek; 2 dan, als: *mehr ~ je* meer dan ooit; II *bw* dan, eigenlijk, toch: *wieso ~?* hoe zo dan?; *es sei ~, dass* tenzij
dennoch nochtans, toch, evenwel
denunzieren[320] aanbrengen, verklikken
Deo *o*[36], **Deodorant** *o*[29], *o*[36] deodorant
Deponie *v*[21] (vuil)stortplaats
deponieren[320] deponeren
Deportation *v*[20] deportatie, verbanning
deportieren[320] deporteren, verbannen
Depositen *mv* deposito's
Depot [depoo] *o*[36] 1 depot, bewaarneming; 2 opslagplaats; 3 pakhuis, magazijn; 4 depot
Depression *v*[20] depressie *(alle bet)*
depressiv depressief
deprimieren[320] deprimeren
Deputation *v*[20] deputatie
der I *lw*[66] de, het; II *betr vnw*[78] die, dat; III *aanw vnw*[76] deze, dit, dat, hij, degene, diegene, hetgeen, datgene
derart zo(danig), dusdanig
derartig zulk, dergelijk, zodanig
derb 1 stevig, solide; 2 stevig, flink; 3 ruw, grof
dereinst 1 eens, later; 2 *(vero)* vroeger
deren I *aanw vnw*[76] van haar, van hen, van deze; haar, hun, er, ervan; II *betr vnw*[78] wier, van wie, waarvan
derenthalben, derentwegen om harentwil, om hunnentwil; om haar, om hen
derentwillen: *um ~* ter wille van haar, hen
derer *aanw vnw* van haar, van hen
dergestalt zodanig, zo, dusdanig
dergleichen 1 dergelijke, zulke; 2 zoiets
derjenige *aanw vnw* degene
dermaßen dermate, zo
derselbe *aanw vnw* dezelfde, hetzelfde
derweil, derweilen I *bw* onderwijl, ondertussen, intussen; II *vw* terwijl
derzeit 1 tegenwoordig; 2 *(vero)* vroeger
des *lw* van de, van het, des
desertieren[320] deserteren
desgleichen desgelijks, evenzo
deshalb daarom, derhalve
Design [diezajn] *o*[36] design, ontwerp
Desinfektion *v*[20] desinfectie
desinfizieren[320] desinfecteren

Despot m^{14} despoot

dessen I *betr vnw*[78] wiens, van wie; waarvan; II *aanw vnw*[76] van hem, van degene; diens, zijn

Dessin [dɛsɛ̃] o^{36} 1 dessin, patroon; 2 tekening, ontwerp

Destillation v^{20} 1 distillatie; 2 distilleerderij

destillieren[320] distilleren

desto des te, zoveel te

destruktiv destructief, vernietigend

deswegen derhalve, daarom

detachieren[320] detacheren

Detail [detaj] o^{36} detail

Detektiv m^5 1 detective; 2 rechercheur

Determinativ o^{29}, **Determinativpronomen** *o (2e nvl -s; mv -mina)*, **Determinativum** *o (2e nvl -s; mv -tiva)* bepalingaankondigend voornaamwoord

determinieren[320] determineren

Detonation v^{20} detonatie, ontploffing

detonieren[320] detoneren, ontploffen

deuten I *tr* verklaren, uitleggen, interpreteren: *jmdm etwas übel ~* iem iets euvel duiden; II *intr* wijzen, duiden: *auf jmdn, etwas ~* naar iem, iets wijzen

deutlich duidelijk; niet mis te verstaan

Deutlichkeit v^{28} duidelijkheid

deutsch Duits: *(fig) mit jmdm ~ sprechen* (of: *reden*) iem onverbloemd zijn mening zeggen

Deutsch o^{41} Duits, (de) Duitse taal: *auf (gut) ~* duidelijk gezegd; *auf ~* (of: *in ~*), *(zu: ~)* in het Duits

Deutsche(r) m^{40a}, v^{40b} Duitse(r)

deutschfeindlich anti-Duits

deutschfreundlich pro-Duits, Duitsgezind

Deutschkunde v^{28} kennis van de Duitse taal en cultuur

Deutschland o^{39}, o^{39a} Duitsland

Deutschlehrer m^9 leraar Duits

deutschsprachig 1 Duits sprekend, Duitstalig; 2 Duits, in de Duitse taal

Deutschstunde v^{21} Duitse les

Deutschtum o^{39} Duitse aard

Deutschunterricht m^{19} onderwijs in de Duitse taal (en letterkunde)

Deutung v^{20} uitleg, verklaring, interpretatie

Devise v^{20} devies, leus

Devisen *mv* v^{21} deviezen *(geldswaarden)*

devot 1 devoot; 2 deemoedig, onderdanig

Dezember m^9 *(2e nvl ook -)* december

dezent 1 decent, discreet, beschaafd; 2 heel fijn, teer, gedempt; 3 onopvallend

Dezernat o^{29} afdeling, tak van dienst

dezimal decimaal

Dezimale, **Dezimalstelle** v^{21} decimaal

Dezimalsystem o^{29} decimaal stelsel

Dezimeter m^9, o^{33} decimeter

dezimieren[320] decimeren

d.h. *afk van das heißt* dat wil zeggen *(afk* d.w.z.)

Dia o^{29} dia

Diabetes m^{19a} diabetes, suikerziekte

Diabetiker m^9 diabeticus, suikerzieke

Diadem o^{29} diadeem

Diagnose v^{21} diagnose

diagnostizieren[320] de, een diagnose stellen (van), diagnosticeren

diagonal diagonaal

Diakonisse v^{21} diacones

Dialekt m^5 dialect

Dialog m^5 dialoog, tweespraak

Diamant m^{14} diamant

Diamantschmuck m^{19} diamanten sieraad

Diameter m^9 diameter

Diapositiv o^{29} diapositief, dia

Diarahmen m^{11} diaraampje

Diät v^{20} dieet: *~ leben* op dieet leven

Diäten *mv* vergoeding, vacatiegeld

dich *(4e nvl van* du) jou, je, u

dicht 1 dicht: *~ an ~* (of: *~ bei ~*) dicht opeen; *(inform) nicht ganz ~ sein* een gaatje in zijn hoofd hebben; *~ bewölkt* zwaarbewolkt; 2 vlak, dicht(bij): *~ neben* vlak naast

dichtbewölkt *oude spelling voor* dicht bewölkt, *zie* dicht

Dichte v^{28} dichtheid

dichten 1 dichten, verzen maken; 2 verzinnen, fantaseren; 3 dichten, dichtmaken

Dichter m^9 1 schrijver; 2 dichter, poëet

dichterisch dichterlijk, poëtisch

dichthalten[183] zwijgen, zijn mond houden

Dichtkunst v^{28} 1 dichtkunst; 2 literatuur, poëzie

dichtmachen 1 sluiten; 2 *(sp)* afgrendelen

Dichtung v^{20} 1 literair werk; 2 dichtkunst, literatuur; 3 fantasie; 4 *(techn)* (het) afdichten, dichten; 5 *(techn)* afsluiting, dichting; 6 *(techn)* pakking

dick dik: *~er Auftrag* grote order; *~er Bauer* rijke boer; *ein ~es Auto* een dure slee; *ein ~er Fehler* een zware fout; *etwas, jmdn ~ haben* iets, iem zat zijn; *~ auftragen* overdrijven; *sich (mit etwas) ~ machen* (met iets) opscheppen

Dickdarm m^6 dikke darm

Dicke v^{21} dikte

Dicke(r) m^{40a}, v^{40b} dikzak

dickfellig dikhuidig *(ook fig)*; onverschillig

Dickhäuter m^9 1 dier met een dikke huid; 2 *(fig)* iem met een dikke huid

Dickicht o^{29} 1 kreupelhout, struikgewas; 2 *(fig)* warwinkel, warnet

Dickkopf m^6 stijfkop

dickköpfig stijfhoofdig, eigenzinnig

dickleibig dik, zwaarlijvig, corpulent

Dickschädel m^9 stijfkop

Dicktuer m^9 opschepper, dikdoener

Didaktik v^{28} didactiek

Didaktiker m^9 didacticus

didaktisch didactisch

die[66] *zie* der

Dieb m^5 dief

Diebesgut o^{32} gestolen goed

Diebin v^{22} dievegge

diebisch 1 diefachtig; 2 heimelijk: *sich ~ freuen* zich enorm verheugen

Diebstahl *m*[6] diefstal

diejenige *aanw vnw* degene

Diele *v*[21] **1** plank; **2** hal, portaal; **3** dancing

dienen[+3] dienen *(ook mil)*: *jmdm, dem Staat ~* iem, de staat dienen; *zu ~! tot uw dienst!; womit kann ich ~?* waarmee kan ik u van dienst zijn?; *zum Spott ~ uitgelachen worden; lass dir das als* (of: *zur*) *Warnung ~! laat dat een waarschuwing voor je zijn!*

Diener *m*[9] dienaar, bediende, knecht

dienlich dienstig, nuttig, van dienst: *jmdm ~ sein* goed voor iem zijn

Dienst *m*[5] dienst: *~ habend* (of: *~ tuend*) dienstdoend, van dienst; *~ am Kunden* service; *General außer ~ (a.D.)* generaal buiten dienst (b.d.); *~ nach Vorschrift* stiptheidsactie; *zu ~en stehen* ten dienste, ter beschikking staan; *was steht zu ~en?* wat is er van uw dienst?

Dienstag *m*[5] dinsdag

Dienstalter *o*[39] diensttijd, anciënniteit

Dienstantritt *m*[5] indiensttreding

Dienstausweis *m*[5] legitimatiebewijs; pasje

dienstbar dienstbaar, gedienstig

dienstbereit 1 dienstwillig, gedienstig; **2** *(van apotheek)* geopend

Dienstbote *m*[15] dienstbode

diensteifrig gedienstig

dienstfrei vrij van dienst

Dienstgrad *m*[5] *(mil)* rang

diensthabend *oude spelling voor* Dienst habend, *zie* Dienst

Dienstleistung *v*[20] **1** dienst, dienstbetoon, hulp; **2** service, dienstverlening

Dienstleistungsbetrieb *m*[5] dienstverlenend bedrijf

dienstlich ambtelijk, officieel, dienst-

Dienstmädchen *o*[35] dienstmeisje

Dienstrang *m*[6] *(mil)* rang

Dienststelle *v*[21] **1** kantoor, bureau; **2** instantie

Dienststunden *mv* *v*[21] diensttijd, werktijd: *~ von … bis …* geopend van … tot …

diensttauglich geschikt voor de dienst

diensttuend *oude spelling voor* Dienst tuend, *zie* Dienst

dienstunfähig, dienstuntauglich ongeschikt voor de dienst, afgekeurd voor de dienst

Dienstverhältnis *o*[29a] **1** dienstverband, (dienst)betrekking; **2** arbeidscontract

Dienstweg *m*[5] officiële weg, ambtelijke weg

dienstwidrig in strijd met de dienstvoorschriften

dienstwillig 1 dienstwillig; **2** behulpzaam

dies dit

diesbezüglich I *bn* desbetreffend, hierop betrekking hebbend; **II** *bw* daaromtrent, hieromtrent

Diesel *m*[9] *(2e nvl ook -)* **1** diesel(motor); **2** diesel(auto); **3** diesel(olie)

dieselbe *aanw vnw zie* derselbe

dieser[68,77] *(diese, dieses, dies)* deze, dit: *~ und jener* deze en gene

diesig nevelig, heiig, wazig

diesjährig van dit jaar

diesmal deze keer

diesseitig 1 aan deze kant, van deze kant; **2** aards, werelds

diesseits *vz*[+2] aan deze kant van

Diesseits *o*[39a] aardse leven, wereld

Dietrich *m*[5] loper *(een sleutel)*

Differential *o*[29] *(wisk)* differentiaal; *(techn)* differentieel

Differenz *v*[20] verschil

Differenzial *zie* Differential

diffus 1 diffuus; **2** vaag, onduidelijk

digital digitaal

Digitaluhr *v*[20] digitale klok, digitaal horloge

Diktat *o*[29] **1** dictaat; **2** dictee

Diktator *m*[16] dictator

diktatorisch dictatoriaal

Diktatur *v*[20] dictatuur

diktieren[320] **1** dicteren; **2** bepalen

Diktiergerät *o*[29] dictafoon

Dilettant *m*[14] **1** dilettant, amateur; **2** prutser

Dimension *v*[20] dimensie, afmeting

Diminutiv *o*[29], **Diminutivum** *o* *(2e nvl -s; mv Diminutiva)* verkleinwoord

DIN *afk van Deutsche Industrie-Norm(en)*

Diner *o*[36] diner

Ding I *o*[29] **1** ding: *vor allen ~en* vooral, in de eerste plaats; *guter ~e sein* opgewekt zijn; **2** voorval, gebeurtenis: *nach Lage der ~e* de omstandigheden in aanmerking genomen; *unverrichteter ~e* onverrichter zake; *es ist ein ~ der Unmöglichkeit* het is volstrekt onmogelijk; *das geht nicht mit rechten ~en zu* dat is niet in de haak; **II** *o*[31] **1** ding: *ein ~ drehen* zijn slag slaan; *krumme ~er machen* slinkse streken uithalen; **2** meisje

dingen[141], *zelden zw* **1** in dienst nemen; **2** huren

dingfest: *jmdn ~ machen* iem arresteren

dinglich 1 reëel, concreet; **2** zakelijk

dinieren[320] dineren

Diözese *v*[21] diocees, bisdom

Dip *m*[13] dipsaus

Diphtherie *v*[21] difterie, difteritis

Diphthong *m*[5] tweeklank, diftong

Diplom *o*[29] **1** *(universitair)* diploma, bul; **2** akte van bekwaamheid; **3** diploma

Diplomarbeit *v*[20] afstudeeropdracht, doctoraalscriptie

Diplomat *m*[14] diplomaat

Diplomatenkoffer *m*[9] diplomatenkoffertje

Diplomatie *v*[28] diplomatie

Diplomchemiker *m*[9] scheikundig ingenieur

Diplomingenieur *m*[5] ingenieur *(opgeleid aan een technische universiteit)*

Diplomkaufmann *m* *(2e nvl -(e)s; mv -leute)* econoom

Diplomlandwirt *m*[5] landbouwkundig ingenieur

dippen dippen, indopen

dir *(3e nvl van* du) (aan) jou, je, (aan) u

direkt I *bn* **1** direct, rechtstreeks: *eine ~e Lüge* een aperte leugen; **2** direct, onmiddellijk; II *bw* **1** direct; **2** bepaald, gewoonweg
Direktflug *m*⁶ rechtstreekse vlucht
Direktion *v*²⁰ **1** directie; **2** directieruimte(n)
Direktor *m*¹⁶ directeur; rector
Direktorin *v*²² directrice; rectrix
Direktsendung, Direktübertragung *v*²⁰ *(telecom)* rechtstreekse uitzending, live-uitzending
Dirigent *m*¹⁴ dirigent
dirigieren³²⁰ **1** dirigeren; **2** leiden
Dirndl I *o*³⁸ *(Z-Dui)* meisje; II *o*³³ dirndljurk
Dirne *v*²¹ *(inform)* hoer, prostituee
Diskette *v*²¹ *(comp)* diskette, floppy, floppydisk
Diskettenlaufwerk *o*²⁹ *(comp)* diskettestation, diskdrive
Disko *v*²⁷ disco(theek)
Diskont *m*⁵ **1** disconto; **2** discontovoet
Diskothek *v*²⁰ discotheek
Diskrepanz *v*²⁰ discrepantie, tegenstrijdigheid
diskret discreet *(alle bet)*
Diskretion *v*²⁸ discretie, kiesheid, tact
Diskrimination *v*²⁰ discriminatie
diskriminieren³²⁰ discrimineren
Diskurs *m*⁵ **1** betoog; **2** gesprek
Diskussion *v*²⁰ discussie, gedachtewisseling
diskutabel acceptabel, het overwegen waard
diskutieren³²⁰ discussiëren
Dispensation *v*²⁰ dispensatie, ontheffing
dispensieren³²⁰ dispenseren
disponieren³²⁰ disponeren, beschikken
Disposition *v*²⁰ **1** dispositie, beschikking: *seine ~en treffen* zijn voorbereidingen treffen; **2** plan, indeling; **3** regeling; **4** aanleg
Disqualifikation *v*²⁰ diskwalificatie
disqualifizieren³²⁰ diskwalificeren
Dissertation *v*²⁰ dissertatie, proefschrift
Dissonanz *v*²⁰ **1** dissonant(ie); **2** *(fig)* wanklank
Distanz *v*²⁰ distantie, afstand: *~ wahren* afstand bewaren
distanzieren³²⁰ I *tr (sp)* achter zich laten, verslaan; II *sich ~* zich distantiëren
Distel *v*²¹ distel
distinguiert gedistingeerd, voornaam
distribuieren³²⁰ distribueren, verdelen
Distribution *v*²⁰ distributie
Distrikt *m*⁵ district, gebied, regio
Disziplin I *v*²⁸ discipline, tucht, orde *(op school)*; II *v*²⁰ discipline, leer, studierichting
disziplinär, disziplinarisch disciplinair
Disziplinarmaßnahme *v*²¹ disciplinaire maatregel
Disziplinarrecht *o*³⁹ tuchtrecht
Disziplinarstrafe *v*²¹ disciplinaire straf
diszipliniert 1 gedisciplineerd; **2** beheerst
divers divers, verschillend
Dividend *m*¹⁴ deeltal; *(van breuk)* teller
Dividende *v*²¹ dividend, winstaandeel
dividieren³²⁰ delen
Division *v*²⁰ **1** *(rekenk)* deling; **2** *(mil)* divisie

d.J. *afk van dieses Jahres* jongstleden
DJH *afk van Deutsche Jugendherberge* Duitse Jeugdherbergcentrale
d.M. *afk van dieses Monats* dezer, van deze maand
DM *afk van Deutsche Mark* Duitse mark
D-Mark *v*²⁸ Duitse mark
doch 1 toch: *pass ~ auf!* let toch op!; **2** maar, echter; **3** *(na een ontkennende vraag of uitspraak)* jawel ‖ *er ging weg, sah er ~, dass ...* hij ging weg, hij zag immers, dat ...; *wären wir ~ zu Hause!* waren we maar thuis!
Docht *m*⁵ pit
Dock *o*³⁶, *o*²⁹ dok
docken 1 *(schepen)* dokken; **2** *(aan elkaar)* koppelen
Docker *m*⁹ dokwerker
Dogge *v*²¹ dog *(een hond)*
Dogma *o (2e nvl -s; mv Dogmen)* dogma
dogmatisch dogmatisch
Dohle *v*²¹ kauw, torenkraai
Doktor *m*¹⁶ **1** doctor: *~ der Medizin (Dr. med.)* doctor in de medicijnen; *~ der Rechte (Dr. jur.)* doctor in de rechten; *seinen ~ machen* (of: *bauen*) promoveren; **2** dokter: *ja Herr ~!* ja dokter!
Doktorand *m*¹⁴ promovendus
Doktorarbeit *v*²⁰ proefschrift
Doktorin *v*²² **1** (vrouwelijke) doctor; **2** (vrouwelijke) arts
Doktrin *v*²⁰ doctrine
Dokument *o*²⁹ document
Dokumentarbericht, Dokumentarfilm *m*⁵ documentaire
dokumentieren³²⁰ I *tr* documenteren; II *sich ~* naar voren komen
Dolch *m*⁵ dolk
Dolchmesser *o*³³ dolkmes
Dolchstich *m*⁵, **Dolchstoß** *m*⁶ dolkstoot
Dolde *v*²¹ bloemscherm
Dollar *m*¹³ *(2e nvl ook -)* dollar
dolmetschen 1 tolken; **2** mondeling vertalen
Dolmetscher *m*⁹ tolk
Dom *m*⁵ **1** dom, kathedraal; **2** *(fig)* koepel
Domäne *v*²¹ domein
dominieren³²⁰ domineren; overheersen
Dominikaner *m*⁹ dominicaan
Domizil *o*²⁹ domicilie, woonplaats, adres
Dompteur *m*⁵ dompteur
Dompteuse *v*²¹ dompteuse
Donner *m*⁹ donder; gebulder *(van kanon)*: *wie vom ~ gerührt* als door de bliksem getroffen; *zie ook* donnern
donnern 1 donderen; **2** razen, tieren; **3** *(mbt geschut)* dreunen, bulderen; **4** *(mbt treinen e.d.)* denderen ‖ *~ in*⁺⁴ kwakken in
Donnerschlag *m*⁶ donderslag
Donnerstag *m*⁵ donderdag
Donnerwetter *o*³³ **1** onweer; **2** *(inform)* gedonder, ruzie
doof 1 dom, stom, onnozel; **2** vervelend
Dope *o*³⁹ dope

dopen *(sp)* dope geven
Doping *o*³⁶ *(sp)* doping
Doppel *o*³³ **1** duplicaat; **2** *(tennis)* dubbel
Doppelbett *o*³⁷ tweepersoonsbed
Doppeldecker *m*⁹ **1** *(luchtv)* tweedekker; **2** dubbel-deksbus, dubbeldekstrein
doppeldeutig 1 voor tweeërlei uitleg vatbaar; **2** dubbelzinnig
Doppelehe *v*²¹ bigamie
Doppelfehler *m*⁹ *(sp)* dubbele fout
Doppelgänger *m*⁹ dubbelganger
Doppelhaus *o*³² tweekapper
Doppelkinn *o*²⁹ onderkin
Doppelleben *o*³⁹ dubbelleven
Doppelpass *m*⁶ *(sp)* een-tweetje
Doppelpunkt *m*⁵ dubbelepunt
doppelseitig 1 dubbelzijdig, aan twee kanten; **2** van twee pagina's
Doppelspiel *o*²⁹ **1** *(tennis)* dubbel; **2** *(fig)* dubbel spel, dubbelhartigheid
Doppelstunde *v*²¹ blokuur
doppelt dubbel; tweemaal: *das ist ~ gemoppelt* dat is dubbelop; *(fig) ~ und dreifach* dubbel en dwars; *~ so viel* tweemaal zoveel
Doppelverdiener *m*⁹ **1** *(alleen mv)* tweeverdieners; **2** iem met twee inkomens
Doppelzimmer *o*³³ tweepersoonskamer
doppelzüngig vals, onoprecht
Dorf *o*³² dorp
Dörfler *m*⁹ dorpeling
Dorfleute *mv* dorpelingen
Dorn I *m*¹⁶, *m*⁸ doorn; **II** *m*⁵ tong *(van gesp)*, stift, doorn
Dornbusch *m*⁶ doornstruik
Dornenhecke *v*²¹ doornhaag
Dornenstrauch *m*⁸ doornstruik
dornig doornig: *~e Frage* netelige kwestie
Dornröschen *o*³⁹ Doornroosje
dörren I *intr* (uit)drogen; **II** *tr* laten (uit)drogen
Dörrfleisch *o*³⁹ gedroogd vlees
Dörrobst *o*³⁹ gedroogde vruchten *(mv)*
Dorsch *m*⁵ kabeljauw
dort daar, ginds: *(telecom) wer ~?* met wie spreek ik?; *~ drüben* daar aan de overkant; *von ~* daarvan-daan
dorther daarvandaan, vandaar
dorthin daarheen, daar
dortig van die plaats, aldaar
Dose *v*²¹ **1** doos, potje; **2** (conserven)blik; **3** dosis; **4** stopcontact
dösen suffen; soezen, dommelen
Dosenbier *o*²⁹ bier in blik
Dosenöffner *m*⁹ blikopener
dosieren³²⁰ doseren
Dosierung *v*²⁰ dosering
dösig 1 suf, sufferig; **2** doezelig
Dosis *v* *(mv Dosen)* dosis; hoeveelheid
Döskopf, Döskopp *m*⁶ sufferd
dotieren³²⁰ **1** doteren; **2** betalen

Dotter *m*⁹, *o*³³ dooier
Dotterblume *v*²¹ dotterbloem
Double *o*³⁶ **1** *(film, muziek)* double; **2** dubbelganger
Doublé *o*³⁶ doublé
downloaden downloaden
Dozent *m*¹⁴ docent, leraar
dozieren³²⁰ **1** doceren; **2** schoolmeesteren
dpa *afk van Deutsche Presse-Agentur* Duits persbu-reau
Dr. *afk van Doktor* doctor; *zie ook* Doktor
Drache *m*¹⁵ draak
Drachen *m*¹¹ **1** vlieger; **2** *(fig)* draak, onuitstaanbaar mens; **3** deltavlieger
Drachenfliegen *o*³⁹ deltavliegen
Drachenflieger *m*⁹ deltavlieger
Draht *m*⁶ **1** draad; **2** telefoonleiding; lijn: *(telecom) heißer ~* hotline || *auf ~ sein* goed opletten, zijn kans waarnemen; *er ist nicht auf ~* hij is niet op dreef
Drahtanschrift *v*²⁰ telegramadres
Drahtauslöser *m*⁹ *(foto)* draadontspanner
Drahtbürste *v*²¹ staalborstel
drahten telegraferen
Drahtesel *m*⁹ stalen ros; fiets
Drahtgeflecht *o*²⁹, **Drahtgitter** *o*³³ kippengaas
drahtig 1 ruig, ruwharig; **2** pezig
Drahtseilbahn *v*²⁰ kabelbaan, kabelspoor
Drahtverhau *m*⁵, *o*²⁹ prikkeldraadversperring
Drahtzaun *m*⁶ afrastering *(van draad)*
drainieren³²⁰ draineren
drakonisch draconisch, zeer streng
drall 1 stevig, flink, struis; **2** bol
Drall *m*⁵ **1** draaiing; **2** neiging
Drama *o* *(2e nvl -s; mv Dramen)* drama *(ook fig)*
Dramatiker *m*⁹ dramaticus, toneelschrijver
dramatisch dramatisch
dramatisieren³²⁰ dramatiseren
dran *zie* daran
dranbleiben¹³⁴ **1** erbij blijven; **2** aan de telefoon blijven; **3** in de gaten blijven houden
Drang *m*⁶ aandrang, drift
drangehen¹⁶⁸ aan de gang gaan, beginnen
Drängelei *v*²⁰ **1** gedrang; **2** gezeur
drängeln 1 dringen; **2** zeuren
drängen I *intr* **1** dringen; **2** aandringen, aansporen: *auf Zahlung ~* op betaling aandringen; **3** opdringen, aanvallend spelen: *es drängt nicht* het heeft geen haast; **II** *tr* **1** dringen, drukken, persen; **2** aandringen, aansporen; *zie ook* gedrängt; **III** *sich ~* (zich) dringen, elkaar verdringen: *sich in den Vordergrund ~ (ook fig)* zich op de voorgrond dringen
Drangsal *v*²³, *o*²⁹ kwelling, lijden, tegenspoed
drangsalieren³²⁰ kwellen, pijnigen
dränieren³²⁰ draineren
drankommen¹⁹³ aan de beurt komen
dranmachen, sich beginnen
drannehmen²¹² een beurt geven
drastisch drastisch; ingrijpend
drauf: *~ und dran sein* op het punt staan
Draufgänger *m*⁹ **1** waaghals; **2** vechtjas

draufgängerisch 1 strijdlustig; **2** onverschrokken

draufgeben[166] toegeven: *jmdm eins ~: a)* iem een tik geven; *b)* iem terechtwijzen

draufgehen[168] **1** eraan gaan; **2** verloren gaan, verbruikt worden

drauflegen erbij leggen

drauflos erop los: *immer ~!* vooruit!

drauflosgehen[168] erop afgaan

draufzahlen 1 erbij leggen; **2** erop toeleggen

draus *zie* daraus

draußen buiten; ver weg; op zee; te velde

drechseln 1 *(techn)* draaien; **2** in elkaar draaien

Dreck *m*[19] drek, vuil, smeerboel: *~ am Stecken haben* boter op zijn hoofd hebben; *einen ~* niets, geen steek; *kümmre dich um deinen eignen ~!* bemoei je met je eigen zaken!; *bei jedem ~* bij iedere kleinigheid; *jmdn in den ~ ziehen* (of: *treten*) iem door de modder halen; *im ~ sitzen* (of: *stecken*) in de puree zitten

Dreckarbeit *v*[20] vuil werk; rotwerk

dreckig smerig, vuil, vies: *es geht ihm ~ het gaat hem beroerd; ~ lachen* gemeen lachen

Drecksarbeit *v*[20] vuil werk, rotwerk

Dreckskerl *m*[5] *(inform)* smeerlap

Dreh *m*[5], *m*[13] *(inform)* **1** draai, draaiing; **2** idee: *er wird schon den richtigen ~ finden* hij zal er wel achter komen; *den (richtigen) ~ heraushaben* de (juiste) slag te pakken hebben

Dreharbeit *v*[20] (film)opname

Drehbank *v*[25] draaibank

drehbar draaibaar

Drehbleistift *m*[5] vulpotlood

Drehbuch *o*[32] *(film)* draaiboek

drehen I *tr* **1** draaien; **2** omdraaien, wenden, keren || *einen Film ~* filmen, een film maken; *jmdm den Rücken ~* iem de rug toe draaien; *was hat er wieder gedreht?* wat heeft hij weer uitgevreten? *ein Ding ~* een kraak zetten; **II** *sich ~* draaien; zich (om)draaien: *(fig) sich ~ und winden* zich in allerlei bochten wringen

Drehmoment *o*[29] *(techn)* koppel

Drehorgel *v*[21] draaiorgel

Drehscheibe *v*[21] **1** draaischijf; **2** *(fig)* knooppunt

Drehtür *v*[20] draaideur

Drehung *v*[20] draaiing, omwenteling

Drehzahl *v*[20] toerental

Drehzahlmesser *m*[9] toerenteller

drei drie

Drei *v*[20] **1** *(het cijfer)* drie; **2** lijn drie *(van tram, bus)*; **3** *(als rapportcijfer)* ruim voldoende

Dreieck *o*[29] driehoek

dreieckig driehoekig

dreieinhalb drieëneenhalf, drieënhalf

Dreieinigkeit *v*[28] drie-eenheid, drie-enigheid

dreierlei drieërlei

dreifach drievoudig

Dreifaltigkeit *v*[20] Drievuldigheid

Dreikäsehoch *m*[13] *(mv ook -)* dreumes

Dreikönige *mv*, **Dreikönigsfest** *o*[29] Driekoningen,

driekoningenfeest

drein *zie* darein

dreinblicken kijken

dreinfinden[157], **sich** zich erin schikken

dreingeben[166], **sich** zich erin schikken

dreinmischen, sich zich ermee bemoeien

dreinreden zich ermee bemoeien: *jmdm ~* zich met iems zaken bemoeien

dreinschauen kijken

dreinschlagen[241] erop los slaan

dreinsehen[261] kijken

Dreirad *o*[32] driewieler

dreisilbig drielettergrepig

Dreisprung *m*[6] *(sp)* hink-stap-sprong

dreißig dertig

dreißiger 1 uit het jaar dertig; **2** tussen '30 en '40: *die ~ Jahre* de jaren dertig

Dreißiger *m*[9] dertiger

dreist brutaal, vrijpostig

Dreistigkeit *v*[20] brutaliteit, vrijpostigheid

Dreistufenrakete *v*[21] drietrapsraket

Dreitausender *m*[9] berg van minstens drieduizend meter

dreiteilig driedelig

Dreiviertelstunde *v*[21] drie kwartier

Dreivierteltakt *m*[19] *(muz)* driekwartsmaat

dreizehn dertien

Dresche *v*[28] slaag, ransel

dreschen[142] **1** dorsen; **2** *(inform)* slaan, (af)ranselen; **3** keihard schieten

Drescher *m*[9] dorser

Dreschmaschine *v*[21] dorsmachine

Dress *m*[5] (sport)kleding

dressieren[320] **1** dresseren; **2** garneren

Dressur *v*[20] **1** dressuur; **2** dressuurnummer

dribbeln dribbelen

Drift *v*[20] **1** drift, stroming; **2** wrakgoed

driften drijven

drillen 1 drillen, boren; **2** *(rekruten, leerlingen)* drillen, africhten

Drilling *m*[5] **1** drieling; **2** drieloopsgeweer

drin erin, daarin: *mehr ist nicht ~* meer zit er niet in; *zie ook* darin

dringen[143] dringen: *in jmdn ~* er bij iem op aandringen; *auf*[4] *etwas ~* op iets aandringen

dringend dringend, urgent, spoedeisend: *das Dringendste* het noodzakelijkste; *dringender Verdacht* ernstige verdenking

Dringlichkeit *v*[28] urgentie, haast, spoed

Drink *m*[13] *(2e nvl ook -)* drankje, glaasje

drinnen 1 (daar)binnen; **2** in het binnenland

drinsitzen[268] **1** erin zitten; **2** in de problemen zitten

drinstecken[278] **1** erin zitten; **2** in de problemen zitten

dritt: *zu ~* met z'n drieën

dritte derde || *an einem ~n Ort* op een neutrale plaats

Drittel *o*[33] derde (deel)

drittens ten derde

drittklassig derderangs
Dr. jur. *afk van doctor juris* doctor in de rechten
Dr. med. *afk van doctor medicinae* doctor in de medicijnen
droben (daar)boven
Droge v^{21} drug: *harte, weiche ~n* hard-, softdrugs
drogenabhängig aan drugs verslaafd
Drogenabhängige(r) m^{40a}, v^{40b} drugsverslaafde
Drogenkonsum m^{19} drugsgebruik
Drogenszene v^{21} drugsscene
Drogerie v^{21} drogisterij
Drogist m^{14} drogist
Drohbrief m^5 dreigbrief
drohen[+3] dreigen: *jmdm ~* iem dreigen
Drohne v^{21} 1 dar; 2 *(fig)* parasiet
dröhnen dreunen, daveren
Drohung v^{20} bedreiging, dreigement: *leere ~en* bangmakerij
drollig 1 grappig, leuk; 2 schattig; 3 raar
Dromedar o^{29} dromedaris
Drops *o, m (2e nvl -; mv -)* zuurtje
Droschke v^{21} 1 huurrijtuig; 2 *(vero)* taxi
Drossel v^{21} 1 lijster; 2 ventiel, klep
drosseln beperken, afremmen: *den Motor ~* gas terugnemen
drüben 1 aan de overkant; 2 daarginds
drüber erboven, erover; *zie ook* darüber
Druck I m^5 *(typ)* druk: *in ~ geben* laten drukken; **II** m^6 druk, pressie
Druckbogen m^{11} blad papier, vel, vel druks
Druckbuchstabe m^{18} drukletter
Drückeberger m^9 iem die zich drukt
drucken *(letters, figuren)* drukken
drücken I *tr* 1 drukken *(ook fig)*; 2 duwen, persen; 3 belasten, wringen: *es drückt mich, dass ... het belast me, dat ...*; 4 *(lonen, prijzen)* drukken, verlagen: *einen Rekord ~* een record verbeteren ‖ *die Schulbank ~* op school zitten; **II** *sich ~* stilletjes verdwijnen: *sich von*[+3] (of: *vor*[+3]) *etwas ~* zich onttrekken aan iets
drückend drukkend, zwaar
Drucker m^9 drukker
Drücker m^9 1 (deur)klink; 2 trekker *(van geweer)*; 3 *(elektr)* drukknop ‖ *am ~ sitzen* (of: *sein*) veel in de melk te brokkelen hebben
Druckerei v^{20} drukkerij
Drückerei v^{20} *(inform)* lijntrekkerij
Druckerschwärze v^{28}, **Druckfarbe** v^{21} drukinkt
Druckknopf m^6 1 drukknoop; 2 *(elektr)* drukknop
Druckluftbremse v^{21} luchtdrukrem
Druckmesser m^9 manometer
Druckmittel o^{33} *(fig)* pressiemiddel
Druckpresse v^{21} drukpers
druckreif persklaar
Drucksache v^{21} drukwerk
Druckschrift v^{20} 1 gedrukt stuk; 2 drukletters
Drucktaste v^{21} *(elektr)* druktoets
drum daarom, erom: *mit allem Drum und Dran* met alles wat erbij hoort; *zie ook* darum

drunten daarginds, daar beneden
drunter daaronder, eronder: *es* (of: *alles) geht ~ und drüber* het wordt een chaos; *zie ook* darunter
Drüse v^{21} klier
Dschungel m^9, o^{33} jungle, rimboe
Dtzd. *afk van* Dutzend dozijn
du *pers vnw* jij, je, u, men: *wenn ich ~ wäre* als ik jou was; *~, komm mal her!* zeg, kom eens hier!
Dübel m^9 plug, deuvel
dübeln met pluggen bevestigen
dubios, dubiös dubieus, twijfelachtig
Dublee o^{36} doublé
ducken I *tr* 1 intrekken; 2 kleineren; **II** *sich ~* 1 zich bukken; 2 zich onderwerpen, gehoorzamen
Duckmäuser m^9 1 stiekemerd, gluiper; 2 stil, schuchter mannetje
dudeln 1 *(mbt draaiorgel)* jengelen; 2 spelen
Dudelsack m^6 *(muz)* doedelzak
Duell o^{29} duel, tweegevecht
duellieren[320], *sich* duelleren
Duett o^{29} *(muz)* duet
Duft m^6 1 geur, reuk; 2 *(iron)* stank; 3 waas, nevelsluier; 4 charme, sfeer
dufte *(inform)* te gek, tof, leuk, fijn
duften 1 geuren; 2 *(iron)* stinken
duftig 1 wazig, nevelig; 2 ragfijn, luchtig
Duftstoff m^5 reukstof
dulden 1 dulden, lijden, verdragen; 2 dulden, toestaan, gedogen
Dulder m^9 dulder
Duldermiene v^{21} martelaarsgezicht
duldsam 1 tolerant; 2 vol geduld
Duldsamkeit v^{28} verdraagzaamheid, tolerantie
Duldung v^{20} (het) dulden
dumm[58] 1 dom, onnozel; 2 dwaas, gek; 3 duizelig; 4 vervelend, naar ‖ *der Dumme sein* de sigaar zijn; *eine ~e Geschichte* een vervelende geschiedenis; *~es Zeug* onzin; *das ist zu ~* dat is al te gek
Dummheit v^{20} 1 domheid, onnozelheid; 2 dwaasheid, stommiteit
Dummkopf m^6 stommeling, ezel
dümmlich dom, onnozel
dumpf dof, gedempt *(van toon, stem)*: *ein ~es Gefühl* een vaag gevoel; *~e Luft* zware, benauwde, muffe lucht; *eine ~e Sehnsucht* een onbestemd verlangen
Dumpfheit v^{28} 1 dofheid; 2 muffigheid; 3 vaagheid
dumpfig bedompt, muf
Düne v^{21} duin
Dung m^{19} mest
Düngemittel o^{33} bemestingsmiddel
düngen (be)mesten
Dünger m^9 mest
Düngerhaufen m^{11} mesthoop
Düngung v^{20} 1 bemesting; 2 mest
dunkel 1 donker, duister *(ook fig)*: *im Dunkeln tappen* in het duister tasten; *eine dunkle Stimme* een zware stem; 2 onduidelijk, onbegrijpelijk: *eine dunkle Ahnung* een vaag voorgevoel; 3 zwak, vaag

(van herinnering); **4** moeilijk te begrijpen

Dunkel *o*[39] donker, duisternis

Dünkel *m*[19] verwaandheid, eigendunk

dunkelfarbig donker van kleur, donkerkleurig

dünkelhaft verwaand, laatdunkend

Dunkelheit *v*[28] **1** duisternis; **2** donkere kleur

Dunkelkammer *v*[21] *(foto)* donkere kamer

Dunkelmann *m*[8] louche figuur

dunkeln donker worden

Dunkelziffer *v*[21] onbekend aantal

dünken[144] **I** *tr* dunken, voorkomen: *mich* (of: *mir*) *dünkt* mij dunkt; **II** *sich* ~ zich verbeelden

dünn dun, fijn, spichtig, mager: ~ *lächeln* flauwtjes glimlachen; *~e Suppe* waterige soep; *~e Resultate* magere resultaten; ~ *besiedelt* dunbevolkt

dünnbesiedelt *oude spelling voor* dünn besiedelt, *zie* dünn

Dünndarm *m*[6] dunne darm

dünn(e)machen, sich ervandoor gaan

Dunst *m*[6] **1** damp, uitwaseming, wasem; **2** nevel; **3** stank, lucht || *jmdm blauen ~ vormachen* iem iets op de mouw spelden

dunsten 1 dampen, uitwasemen; **2** stinken

dünsten I *tr* stoven; **II** *intr* dampen, uitwasemen

Dunstglocke, Dunsthaube *v*[21] smog

dunstig 1 dampig, nevelig; **2** bedompt

Dunstkreis *m*[5] **1** dampkring; **2** atmosfeer

Dünung *v*[20] deining

düpieren[320] duperen

Duplikat *o*[29] duplicaat

Dur *o*[39a] *(muz)* grote terts

durch I *vz*[+4] **1** door, doorheen; **2** door, door middel van, via, tengevolge van: ~ *Feuer zerstört* door vuur verwoest; **3** gedurende: ~ *25 Jahre* 25 jaar lang || ~ *die Post* per post; ~ *Urkunde* bij akte; **II** *bw* door: ~ *sein: a)* erdoor, erlangs, voorbij zijn; het achter de rug hebben *(ook fig); b) (fig)* door zijn, kapot zijn; *c)* rijp zijn, gaar zijn; *bei jmdm unter ~ sein* bij iem eruit liggen; *es ist schon 9 Uhr ~* het is al over negenen

durchackern grondig doornemen

durcharbeiten 1 doorwerken; **2** *(deeg)* kneden

durchaus, durchaus 1 volledig, volstrekt; **2** beslist, absoluut, met alle geweld: ~ *nicht* volstrekt niet

durchbeißen[125] **I** *tr* doorbijten; **II** *sich* ~ zich erdoor slaan

durchbekommen[193] **1** erdoor krijgen; **2** doorkrijgen

durchbiegen[129] doorbuigen

durchbilden trainen, ontwikkelen

durchblättern, durchblättern doorbladeren

durchbläuen afranselen

durchbleuen *oude spelling voor* durchbläuen, *zie* durchbläuen

Durchblick *m*[5] **1** doorkijk; **2** *(fig)* overzicht

durchblicken 1 kijken door; **2** begrijpen || *etwas ~ lassen* iets laten doorschemeren

durchbluten doorbloeden

durchbohren *(mbt dolk, ogen)* doorboren

durchboxen I *tr* (iets) erdoor drukken; **II** *sich* ~ **1** zich een weg banen door; **2** zich slaan door

durchbraten[136] goed gaar braden

¹durchbrechen[137] **I** *tr (stok, muur)* doorbreken; **II** *intr* **1** zakken door; **2** *(bij aanval)* doorbreken; *(mbt tanden)* doorkomen

²durchbrechen[137] breken door, doorbreken: *die Blockade* ~ de blokkade breken

durchbrennen[138] **1** doorbranden; **2** *(fig)* ervandoor gaan

durchbringen[139] **I** *tr* **1** over de grens brengen; **2** *(wet, zieke, kandidaat)* erdoor krijgen, erdoor helpen; **3** *(geld)* verkwisten; **II** *sich* ~ zich erdoor slaan, zijn brood verdienen

Durchbruch *m*[6] **1** doorbraak, (het) doorbreken; **2** (het) doorkomen *(van tanden)*

durchdacht doordacht, weloverwogen

durchdenken[140] doordenken, overwegen

durchdrehen I *tr* draaien door; **II** *intr* doordraaien, over zijn toeren raken

¹durchdringen[143] doordringen: *~de Kälte* doordringende kou; *mit einer Ansicht* ~ een opvatting ingang doen vinden

²durchdringen[143] dringen door; doordringen, vervullen: *von*[+3] *etwas durchdrungen sein* van iets doordrongen zijn

durchdrücken 1 drukken door, persen door; **2** voorzichtig wassen; **3** *(fig)* erdoor krijgen, erdoor drukken

durcheinander door elkaar, dooreen, overhoop: ~ *sein* overstuur zijn

Durcheinander *o*[39] verwarring, wanorde, warboel, chaos

¹durchfahren[153] **1** (aan één stuk) doorrijden; **2** doorvaren, doorrijden

²durchfahren[153] **1** *(fig)* schieten door: *ihn durchfuhr ein heftiger Schreck* een hevige schrik voer hem door de leden; **2** *(een traject)* afleggen; **3** rijden door

Durchfahrt *v*[20] doorvaart, doortocht, doorrit

Durchfahrtsstraße *v*[21] weg voor doorgaand verkeer

Durchfall *m*[6] **1** *(med)* diarree; **2** mislukking, fiasco; **3** (het) afgewezen worden, (het) zakken

durchfallen[154] **1** vallen door; **2** *(mbt toneelstuk e.d.)* een fiasco worden; **3** *(voor een examen)* zakken; **4** niet gekozen worden

durchfechten[156] **I** *tr* erdoor halen, tot een goed einde brengen; uitvechten; **II** *sich* ~ zich erdoor slaan

durchfinden, sich de weg vinden: *(sich) nicht mehr ~* er niet meer uit wijs kunnen

¹durchfliegen[159] **1** vliegen door; **2** doorvliegen; **3** *(voor een examen)* zakken

²durchfliegen[159] **1** *(een afstand)* vliegen door; **2** *(een boek, brief)* doorvliegen; **3** vliegen door

durchforschen onderzoeken, bestuderen

durchfragen, sich vragend de weg vinden

durchfrieren[163] **1** tot op de bodem bevriezen; **2** verkleumen: *ganz durch(ge)froren* door en door ver-

kleumd
Durchfuhr v^{20} doorvoer, transito
durchführbar uitvoerbaar
durchführen 1 doorvoeren; **2** realiseren, uitvoeren; **3** doen, verrichten, houden, organiseren
Durchführung v^{20} verwezenlijking; uitvoering; verrichting; (het) houden: *zur ~ bringen* uitvoeren; *zie ook* durchführen
Durchgang m^6 **1** doorgang, doortocht, passage; **2** *(sp)* manche, ronde, serie, speelhelft; **3** ronde *(bij verkiezingen)* || *(pol) im ersten ~* in eerste lezing
durchgängig algemeen, doorgaans, geregeld
Durchgangsstraße v^{21} weg voor het doorgaand verkeer
Durchgangsverkehr m^{19} doorgaand verkeer
durchgehen[168] **I** *intr* **1** gaan door, erdoor gaan; **2** (aan één stuk) doorgaan, doorlopen; **3** aangenomen worden, geaccepteerd worden; **4** ervandoor gaan; **II** *tr* doornemen, nazien || *jmdm etwas ~ lassen* van iem iets door de vingers zien
durchgehend 1 *(van rijtuig, trein)* doorgaand; **2** *(van werktijd)* ononderbroken: *~ geöffnet* de hele dag geopend
durchgreifen[181] **1** erdoor grijpen; **2** doortasten, krachtig optreden
durchgreifend doortastend: *~e Änderungen* ingrijpende veranderingen
durchhalten[183] volhouden
durchhauen[185] **I** *tr* **1** doorhouwen, doorhakken; **2** afranselen; **II** *sich ~* **1** *(fig)* zich erdoor slaan; **2** zich een weg banen
durchhelfen[188] **I** *intr*⁺³ (iem) erdoor helpen; **II** *sich ~* zich redden
durchhixen doorhalen
¹**durchkämpfen I** *tr* doorzetten; **II** *intr* doorvechten; **III** *sich ~* **1** zich (vechtend) een weg banen; **2** *(fig)* zich erdoorheen slaan
²**durchkämpfen** doorworstelen
durchkommen[193] **1** erdoor komen; **2** *(mbt berichten)* doorkomen; **3** succes hebben, *(voor een examen)* slagen
¹**durchkreuzen** doorstrepen
²**durchkreuzen 1** doorkruisen; **2** verijdelen
Durchlass m^6 **1** doorgang, doorlaat; **2** (het) doorlaten
durchlassen[197] **1** doorlaten; **2** erdoor laten, toelaten; **3** door de vingers zien
durchlässig lek, poreus
Durchlauf m^6 **1** *(comp)* programmarun; **2** *(sp)* manche
¹**durchlaufen**[198] **I** *tr* doorlopen, stuklopen; **II** *intr* **1** lopen door; **2** *(mbt vloeistoffen)* doorlopen
²**durchlaufen**[198] **1** *(een school)* doorlopen; **2** *(een afstand)* lopen, afleggen; **3** lopen door
Durchlauferhitzer m^9 geiser
durchleben doormaken, beleven
durchlesen[201] doorlezen
durchleuchten 1 doorlichten, met licht doordringen; **2** *(fig)* onder de loep nemen, kritisch bekijken;

3 *(med)* doorlichten
Durchleuchtung v^{20} *(med)* (het) doorlichten
durchliegen[202] **I** *tr* doorliggen, stukliggen; **II** *sich ~* (zich) doorliggen
durchlochen perforeren, ponsen
durchlöchern 1 gaten maken in, doorboren, perforeren; **2** *(fig)* uithollen, verzwakken
durchmachen I *tr* **1** *(opleiding, school)* volgen, doorlopen; **2** doormaken, meemaken, doorstaan; **II** *intr* (aan één stuk) doorgaan
Durchmarsch I m^6 doormars; **II** m^{19} *(inform)* diarree
durchmessen[208] **1** lopen door; **2** afleggen
Durchmesser m^9 middellijn, diameter
durchnässen doorweken
durchnehmen[212] **1** doornemen; behandelen; **2** over de hekel halen
durchorganisieren[320] grondig organiseren
durchpauken *(fig)* **1** erdoor drukken; **2** er instampen
durchpeitschen 1 *(met de zweep)* afranselen; **2** *(fig)* erdoor jagen
durchplanen tot in de details plannen
durchqueren lopen door, trekken door
durchrasseln *(inform)* zakken
durchrechnen narekenen, doorrekenen
durchregnen doorregenen
Durchreiche v^{21} doorgeefluik
Durchreise v^{21} doorreis
¹**durchreisen 1** reizen door; **2** doorreizen
²**durchreisen** doorreizen, reizen maken door
Durchreisende(r) m^{40a}, v^{40b} iem op doorreis
durchreißen[220] **I** *tr* doorscheuren, stukscheuren; **II** *intr* scheuren
durchringen[224], sich: *sich ~ zu* na innerlijke strijd komen tot
durchs *verk van durch das* door het
Durchsage v^{21} bericht, mededeling
durchsagen doorgeven, omroepen
durchsägen doorzagen
durchschalten doorschakelen, doorverbinden
¹**durchschauen 1** kijken door; **2** *(fig)* begrijpen
²**durchschauen** doorzien, doorgronden
durchschießen[238] **1** met een schot doorboren; **2** *(mbt gedachte)* flitsen door
Durchschlag m^6 **1** *(techn)* drevel; **2** keukenzeef, vergiet; **3** doorslag *(bij het typen)*
¹**durchschlagen**[241] **I** *intr* **1** doorslaan, vocht doorlaten; **2** *(elektr)* *(mbt zekeringen)* doorslaan; **3** doorwerken, zijn uitwerking hebben; **II** *tr* **1** doorslaan; **2** zeven; **III** *sich ~* zich erdoor(heen) slaan
²**durchschlagen**[241] *(mbt projectiel)* doorboren
durchschlagend doorslaand, overtuigend
durchschleusen 1 sluizen, schutten; **2** loodsen door
durchschlüpfen 1 kruipen door, glippen door; **2** ontkomen
¹**durchschneiden**[250] doorsnijden, doorknippen
²**durchschneiden**[250] **1** doorsnijden, doorknippen; **2**

D-Zug

(fig) doorsnijden; *(golven)* doorklieven
Durchschnitt *m*[5] 1 doorsnede, profiel; 2 gemiddelde: *im ~* gemiddeld
durchschnittlich 1 gemiddeld; 2 middelmatig
Durchschnitts... gemiddeld(e), doorsnee...
Durchschnittsalter *o*[33] gemiddelde leeftijd
Durchschnittsarbeitnehmer *m*[9] modale werknemer
Durchschrift *v*[20] doorslag, kopie
durchsehen[261] 1 *intr* 1 kijken door; 2 begrijpen, doorzien; II *tr* nakijken, controleren; *(vluchtig)* doorkijken
durchsein *oude spelling voor* durch sein, *zie* durch
[1]**durchsetzen** I *tr* doorzetten, doordrijven, gedaan krijgen; *(wet)* erdoor krijgen; II *sich ~* 1 zich handhaven, succes hebben; 2 *(mbt opvatting e.d.)* terrein winnen
[2]**durchsetzen** vermengen, doormengen
Durchsicht *v*[28] 1 doorkijk; 2 (het) doorkijken, controle *(van boeken e.d.)*
durchsichtig doorzichtig *(ook fig)*, duidelijk
durchsickern 1 doorsijpelen, sijpelen door; 2 *(fig)* uitlekken, bekend worden
Durchspiel *o*[29] *(sp)* doorbraak
durchspielen I *intr* doorspelen; II *tr* doornemen; III *sich ~ (sp)* doorbreken
durchsprechen[274] *(een plan)* doorspreken
durchstarten 1 *(mbt vliegtuig)* doorstarten; 2 (flink) gas geven
[1]**durchstechen**[277] steken door, prikken door
[2]**durchstechen**[277] doorsteken, doorboren
durchstehen[279] doorstaan, doormaken
durchstellen *(telecom)* doorverbinden
Durchstich *m*[5] 1 (het) doorsteken; 2 doorsteek
[1]**durchstoßen**[285] I *tr* stoten door, duwen door; II *intr (vooral mil)* doorstoten, doorbreken
[2]**durchstoßen**[285] stoten door, *(mil)* doorbreken
[1]**durchstreichen**[286] doorhalen, doorstrepen
[2]**durchstreichen**[286] zwerven door
durchstreifen zwerven door
durchströmen stromen door
durchsuchen doorzoeken; fouilleren
Durchsuchungsbefehl *m*[5] bevel tot huiszoeking
durchtelefonieren[320] telefonisch doorgeven
durchtrainieren[320] zeer hard trainen
durchtränken doordrenken
durchtreten[291] 1 *(het gaspedaal)* intrappen; 2 doorlopen, verslijten
durchtrieben sluw, geslepen, doortrapt
durchwachen wakend doorbrengen
durchwachsen 1 doorregen; 2 middelmatig
Durchwahl *v*[28] *(telecom)* 1 (het) doorkiezen; 2 doorkiesmogelijkheid
durchwählen *(telecom)* doorkiezen
Durchwahlnummer *v*[21] doorkiesnummer
durchwärmen, durchwärmen door en door verwarmen, warm maken
durchweg, durchwegs zonder uitzondering
[1]**durchweichen** doorweekt, kletsnat worden

[2]**durchweichen** doorweken
durchwinden[313], **sich** zich wringen door
durchwollen[315] erdoor willen
durchwühlen 1 doorwoelen; 2 doorzoeken
[1]**durchziehen**[318] I *tr* 1 halen door, trekken door; 2 ten einde brengen, uitvoeren; II *intr (ergens)* doortrekken, doorreizen
[2]**durchziehen**[318] 1 trekken door; 2 doorsnijden; 3 *(fig)* lopen door; 4 vervullen
durchzucken schieten door, flitsen door
Durchzug I *m*[6] doortocht; II *m*[19] tocht, trek: *~ machen* het laten doorwaaien
dürfen[145] mogen, toestemming hebben: *dürfte ich Sie bitten?* zou ik u mogen, mag ik u verzoeken?; *das dürfte wohl falsch sein* dat kon weleens verkeerd zijn; *das darf doch nicht wahr sein* dat kan toch niet waar zijn
dürftig 1 armoedig, behoeftig, schamel, schraal, karig: *~e Nachrichten* schaarse berichten; 2 gebrekkig, onvoldoende, armzalig
Dürftigkeit *v*[28] 1 armoede, behoeftigheid; 2 gebrekkigheid
dürr dor, droog, verdord; (uit)gedroogd, schraal; mager; *(fig)* pover, armetierig
Dürre *v*[21] dorheid, droogte; *zie ook* dürr
Durst *m*[19] dorst *(ook fig)*, begeerte, zucht (naar)
dursten dorst hebben, dorst lijden
dürsten dorst hebben: *mich dürstet, es dürstet mich* ik heb dorst
durstig 1 dorstig; 2 begerig
durstlöschend, durststillend dorstlessend
Dusche *v*[21] douche
duschen douchen
Duschraum *m*[6] doucheruimte
Düse *v*[21] 1 sproeier; 2 straalpijp
Dusel *m*[19] 1 mazzel; 2 duizeligheid, sufheid
duselig doezelig, soezerig, suf
duseln doezelen, soezen
düsen *(sein)* snel vliegen, snel rijden, snel lopen
Düsenjäger *m*[9] straaljager
Dussel *m*[9] sufferd, slaapkop
dusselig 1 dom, stom; 2 *(regionaal)* suf, versuft
dusslig 1 dom, stom; 2 *(regionaal)* suf, versuft
düster 1 donker, duister; 2 somber, triest; 3 vaag; 4 akelig
Dutzend *o*[29] dozijn: *~e* (of: *dutzende*) *(von) Menschen* tientallen mensen
Dutzendware *v*[21] ramsj, ongeregeld goed
dutzendweise bij tientallen
duzen met jij en jou aanspreken, tutoyeren
Duzfreund *m*[5] goede vriend, intieme vriend
DV *afk van Datenverarbeitung* informatieverwerking
Dynamik *v*[28] 1 dynamica; 2 dynamiek
dynamisch dynamisch
Dynamit *o*[39] dynamiet
Dynamo *m*[13] dynamo
D-Zug *m*[6] D-trein

DZ

e

Ebbe v^{21} eb
eben I *bn* 1 effen, glad; 2 vlak, plat: *zu ~er Erde* gelijkvloers, parterre; II *bw* 1 juist, net, precies; 2 net nog; 3 inderdaad, zeker; 4 (zo)juist, (zo)net, zoëven; 5 nu eenmaal; 6 bepaald: *nicht ~ schön* niet bepaald mooi
Ebenbild o^{31} evenbeeld
ebenbürtig 1 van gelijke stand, van gelijke geboorte, van gelijke afkomst; 2 gelijkwaardig
Ebene v^{21} 1 vlakte; 2 *(meetk)* plat vlak; 3 *(fig)* terrein, gebied; niveau
ebenerdig gelijkvloers
ebenfalls eveneens, evenzo, insgelijks
ebenmäßig gelijkmatig, regelmatig, symmetrisch
ebenso even, evenzo
Eber m^9 beer *(mannelijk varken)*
ebnen effenen
Echo o^{36} echo
Echse v^{21} hagedis
echt echt, waar, zuiver, onvervalst
Echtheit v^{28} echtheid; *zie ook* echt
Eck o^{29} hoek *(ook ve doel)*
Eckball m^6 *(sp)* hoekbal, corner
Eckbank v^{25} hoekbank
Ecke v^{21} 1 hoek, straathoek; 2 *(wisk)* hoek; 3 *(sp)* hoekbal, corner; *(boksen)* hoek; 4 *(regionaal)* afstand, stuk
Eckfahne v^{21} *(sp)* hoekvlag
eckig 1 hoekig; 2 *(fig)* onbeholpen, ruw
Ecklohn m^6 cao-loon, basisloon
Eckpfeiler m^9 1 hoekpilaar; 2 *(fig)* hoeksteen
Eckstoß m^6 *(sp)* hoekschop, corner
Eckzahn m^6 hoektand
edel edel
Edelholz o^{32} fijn hout
Edelkoralle v^{21} bloedkoraal
Edelmut m^{19} edelmoedigheid
edelmütig edelmoedig
Edelstahl m^{19} roestvrij staal
Edelstein m^5 edelsteen
Edeltanne v^{21} zilverspar
Edelwild o^{39} rood wild
Edition v^{20} editie, uitgave
EDV *afk van elektronische Datenverarbeitung* elektronische informatieverwerking
EDV-Anlage v^{21} computer

Efeu m^{19} *(plantk)* klimop
Effekt m^5 effect, uitwerking
Effekten *mv* effecten
effektiv 1 effectief, werkelijk; 2 effectief, doeltreffend; 3 absoluut
effektuieren ^{320} effectueren, uitvoeren
effizient efficiënt, doelmatig
Effizienz v^{20} efficiëntie, doelmatigheid
EG v^{28} *afk van Europäische Gemeinschaft* Europese Gemeenschap *(afk EG)*
egal 1 egaal, gelijk; 2 *(inform)* onverschillig: *es ist mir ~* het is mij om het even
egalisieren ^{320} egaliseren, effenen: *(sp) einen Rekord ~* een record evenaren
Egge v^{21} *(landb)* eg, egge
eggen eggen
Egoismus m *(2e nvl -; mv Egoismen)* egoïsme
Egoist m^{14} egoïst
eh *bw* eertijds: *seit ~ und je* sinds mensenheugenis; *wie ~ und je* zoals altijd
ehe eer(dat), voor(dat), alvorens
Ehe v^{21} huwelijk, echt
Eheanbahnung v^{20} huwelijksbemiddeling
ehebrechen ^{137} echtbreken
Ehebrecher m^9 echtbreker
ehebrecherisch overspelig
Ehebruch m^6 echtbreuk, overspel
Ehebund m^{19}, **Ehebündnis** o^{29a} echtverbintenis
ehedem eertijds, voorheen, vroeger
Ehefrau v^{20} echtgenote, eega
Ehegatte m^{15} 1 echtgenoot; 2 *(mv)* echtelieden
Ehegattin v^{22} echtgenote, eega
Eheleute *mv* echtelieden
ehelos ongehuwd
Ehelosigkeit v^{28} ongehuwde staat
ehemalig voormalig, vroeger, gewezen, oud
ehemals eertijds, vroeger
Ehemann m^8 echtgenoot, man
Ehepaar o^{29} echtpaar
Ehepartner m^9 huwelijkspartner
eher 1 eerder, vroeger; 2 eerder, liever; 3 veeleer
Ehering m^5 trouwring
ehern 1 ijzeren, metalen; 2 *(fig)* onverbiddelijk
Ehescheidung v^{20} echtscheiding
Eheschließung v^{20} huwelijksvoltrekking
ehest: *am ~en: a)* het eerst, het vroegst; *b)* het liefst; *c)* het gemakkelijkst
Ehestand m^{19} huwelijk, gehuwde staat: *in den ~ treten* huwen, in het huwelijk treden
ehestens op zijn vroegst
Ehestifter m^9 huwelijksbemiddelaar
ehrbar eerbaar
Ehre v^{21} eer: *auf ~* op mijn eer; *bei meiner ~* op mijn eer; *in ~n halten* in ere houden; *in allen ~n* in alle eer en deugd; *er hat mit ~n bestanden* hij is met lof geslaagd
ehren eren, vereren, eer bewijzen
ehrenamtlich ere-, honorair, onbezoldigd
Ehrendoktor m^{16} doctor honoris causa

Ehrengeleit o[29] eregeleide, ere-escorte
Ehrenmal o[32], o[29] gedenkteken, monument
Ehrenmitglied o[31] erelid
ehrenrührig beledigend, krenkend
Ehrentor o[29] *(sp)* enige tegendoelpunt bij een neder-
  laag
Ehrentribüne v[21] eretribune
ehrenvoll eervol
ehrenwert achtbaar, respectabel
Ehrenwort o[39] erewoord
ehrerbietig eerbiedig, met respect
Ehrerbietung v[28] eerbied, respect
Ehrfurcht v[28] eerbied, ontzag
ehrfürchtig, ehrfurchtsvoll eerbiedig
Ehrgeiz m[5] eerzucht, ambitie
ehrgeizig eerzuchtig, ambitieus
ehrlich eerlijk
Ehrlichkeit v[28] eerlijkheid
ehrlos eerloos
Ehrlosigkeit v[28] eerloosheid
Ehrsucht v[28] eerzucht
ehrsüchtig eerzuchtig
Ehrung v[20] eerbetoon, huldiging; eerbewijs
ehrwürdig eer(bied)waardig
Ei o[31] **1** ei: *Eier ablegen (mbt vissen)* kuit schieten; **2**
  (sp) bal, ei; **3** *(inform)* bom; **4** *(mv, inform)* geld,
  mark; **5** *(meestal mv, inform)* ballen
Eibe v[21] *(plantk)* taxus
Eiche v[21] eik, eikenboom
Eichel v[21] eikel
eichen I *bn* eiken; **II** *ww* ijken
Eichenholz o[32] eikenhout
Eichhorn o[32], **Eichhörnchen** o[35], **Eichkätzchen** o[35],
  Eichkatze v[21] *(dierk)* eekhoorn
Eid m[5] eed
eidbrüchig: ~ *werden* de eed breken
Eidechse v[21] *(dierk)* hagedis
Eidotter o[33], m[9] eierdooier
Eierbecher m[9] eierdopje
Eierkuchen m[11] omelet
Eierlikör m[5] advocaat
Eierschale v[21] eierdop
Eierschaum, Eierschnee m[19] (stijf)geklopt eiwit
Eifer m[19] ijver, geestdrift, vuur
eifern 1 streven (naar); **2** ijveren (voor, tegen): ~ *ge-*
  gen[+4] zich kanten tegen
Eifersucht v[25] naijver, jaloezie
eifersüchtig jaloers
eifrig ijverig, vurig, enthousiast: ~ *reden* druk pra-
  ten
Eigelb o[29] eigeel
eigen 1 eigen; zelf; **2** kenmerkend
Eigen o[39] eigendom, bezit: *sich*[3] *etwas zu ~ machen*
  zich iets eigen maken
Eigenart I v[28] eigen aard, bijzonder karakter; **II** v[20]
  eigenaardigheid
eigenartig eigenaardig, merkwaardig, vreemd
Eigenbedarf m[19] eigen behoefte: *für den* ~ voor eigen gebruik

Eigenbrötler m[9] eenzelvig persoon; zonderling
eigenbrötlerisch eenzelvig; zonderling
Eigenheim o[29] eigen huis
Eigenheit v[20] eigenaardigheid
eigenmächtig eigenmachtig
Eigennutz m[19] eigenbelang, eigenbaat
eigennützig baatzuchtig, egoïstisch
eigens speciaal; uitdrukkelijk; uitsluitend
Eigenschaft v[20] eigenschap, hoedanigheid
Eigenschaftswort o[32] bijvoeglijk naamwoord
Eigensinn m[19] koppigheid, stijfhoofdigheid
eigensinnig eigenzinnig, koppig
eigenstaatlich 1 de eigen staat betreffend; **2** soeverein
eigenständig zelfstandig, onafhankelijk
Eigensucht v[28] zelfzucht, egoïsme
eigensüchtig zelfzuchtig, egoïstisch
eigentlich I *bn* eigenlijk, werkelijk, echt; **II** *bw* eigenlijk, welbeschouwd
Eigentor o[29] schot in eigen doel
Eigentum o[39] eigendom
Eigentümer m[9] eigenaar
eigentümlich, eigentümlich 1 kenmerkend, karakteristiek; **2** eigenaardig, merkwaardig
Eigentumswohnung v[20] koopflat, eigen woning
eigenwillig 1 eigenzinnig; **2** zelfstandig
eignen I *intr* eigen zijn; **II** *sich* ~: *sich* ~ *für*[+4] (of:
  zu[+3]), *sich* ~ *als* geschikt zijn voor
Eignung v[28] geschiktheid
Eilbote m[15] koerier: *durch Eilboten* per expresse
Eilbrief m[5] expresbrief
Eile v[28] haast, spoed
eilen 1 *intr* **1** ijlen, zich haasten, snellen; **2** haast hebben; **II** *sich* ~ zich haasten
eilig 1 gehaast, haastig, vlug: *er hat es* ~ hij heeft
  haast; **2** dringend
eiligst ijlings
Eilsendung v[20] spoedzending
Eimer m[9] emmer: *im* ~ *sein (inform)* naar de maan
  zijn
ein[67] **I** *telw* één: *es ist* ~ *Uhr* het is één uur; ~ *für al-*
  lemal voorgoed, definitief; *jmds Ein und Alles sein*
  voor iem alles betekenen; *in* ~*em fort* aan één stuk
  door; **II** *vnw* **1** *(onbepaald)* één, éne: *wir sind* ~*er*
  Meinung we hebben één en dezelfde mening; **2** iemand, men; je: *so* ~*er zo* iemand; *du bist mir einer*
  je bent me er een, ene; **III** *lw* een, ene; **IV** *bw* in, naar binnen: *weder* ~ *noch aus wissen* geen raad weten
Einakter m[9] eenakter
einander elkaar, elkander
einarbeiten 1 inwerken; **2** verwerken (in)
einäschern 1 cremeren; **2** in de as leggen
Einäscherungshalle v[21] crematorium
einatmen inademen
Einbahnstraße v[21] straat met eenrichtingsverkeer
Einband m[6], **Einbanddecke** v[21] (boek)band
einbändig in één band, eendelig
Einbau I *m* (2e nvl -s; mv -ten) ingebouwd deel; **II**
  m[19] (het) inbouwen

einbauen 1 inbouwen, plaatsen; 2 invoegen, inpassen

Einbauküche v^{21} inbouwkeuken

einbegriffen: *(mit)* ~ inbegrepen

einbehalten[183] inhouden, niet (uit)betalen

einberufen[226] 1 bijeenroepen; 2 oproepen

Einberufungsbefehl m^5 oproep voor militaire dienst

einbetten inbedden

Einbettzimmer o^{33} eenpersoonskamer

einbeziehen[318] 1 (met *in*[+4]) betrekken in; 2 meetellen, meerekenen

Einbeziehung v^{28}: *unter* ~ *von* meegerekend

einbiegen[129] inslaan, afslaan: *in eine Straße* ~ een weg inslaan

einbilden, sich 1 zich inbeelden; 2 zich verbeelden, zich laten voorstaan

Einbildung v^{20} 1 fantasie; 2 inbeelding; 3 verbeelding, verwaandheid, arrogantie

einbinden[131] 1 inbinden; 2 inpakken

einbläuen instampen, hardhandig in het geheugen prenten

einblenden I *tr (telecom)* 1 *(naam, ondertiteling)* in het beeld projecteren; 2 invoegen, inlassen; 3 overschakelen (naar); II *sich* ~ de uitzending hervatten, overschakelen (naar)

einbleuen *oude spelling voor* einbläuen, *zie* einbläuen

Einblick m^5 1 inkijk (in); 2 inzage; 3 inzicht (in); kijk (op)

einbrechen[137] I *intr* 1 inbreken; 2 binnendringen, binnenvallen; 3 invallen, aanbreken; 4 inzakken, instorten; 5 *(inform)* een zware nederlaag lijden; II *tr (deur)* openbreken

Einbrecher m^9 inbreker

einbringen[139] 1 inbrengen, binnenbrengen: *die Ernte* ~ de oogst binnenhalen; 2 *(voortvluchtigen)* oppakken; 3 *(wetsontwerp)* indienen; 4 *(winst)* opbrengen

einbrocken inbrokk(el)en: *jmdm etwas* ~ iem een koopje leveren; *sich etwas* ~ zich iets op de hals halen

Einbruch m^6 1 (het) inbreken, inbraak; 2 (het) binnendringen; 3 *(mil)* bres, penetratie; 4 (het) aanbreken, invallen; 5 (het) inzakken, instorten

einbürgern I *tr* inburgeren, naturaliseren; II *sich* ~ ingeburgerd raken

Einbürgerung v^{20} inburgering, naturalisatie

Einbuße v^{21} verlies, schade

einbüßen verliezen, inboeten

einchecken inchecken

eincremen met crème insmeren

eindämmen 1 indammen, indijken; 2 *(fig)* indammen; beteugelen

eindecken I *tr* afdekken, bedekken; II *sich* ~ zich van een voorraad voorzien

eindeichen indijken, inpolderen

eindeutig ondubbelzinnig, duidelijk

eindosen inblikken

eindrängen afstormen (op), bestormen

eindringen[143] 1 indringen, binnendringen, doordringen; 2 binnenvallen; 3 bedreigen

eindringlich nadrukkelijk, krachtig

Eindringling m^5 indringer

Eindruck m^6 indruk *(ook fig)*

eindrücken I *tr* 1 indrukken, induwen; 2 drukken in; II *sich* ~ een spoor achterlaten

eindrucksvoll indrukwekkend

eineinhalb anderhalf

Einelternfamilie v^{21} eenoudergezin

einen verenen, verenigen

einengen 1 (in zijn bewegingsvrijheid) beperken; 2 beperken, begrenzen

Einer m^9 1 *(rekenk)* eenheid; 2 *(sp)* eenpersoonskano

einerlei, einerlei 1 om het even, onverschillig; 2 hetzelfde, eender

Einerlei, Einerlei o^{39} eentonigheid, sleur

einerseits aan de ene kant, enerzijds

einesteils eensdeels, enerzijds

einfach 1 enkel(voudig): *eine* ~*e Fahrkarte* een enkeltje; 2 eenvoudig, simpel; 3 eenvoudig, gewoon; 4 gewoon(weg), eenvoudig(weg)

Einfachheit v^{28} eenvoud

einfädeln I *tr (draad)* insteken; *(film)* inleggen; II *sich* ~ *(in het verkeer)* invoegen

einfahren[153] I *intr* binnenrijden, binnenkomen, binnenvaren; *(mijnb)* afdalen; II *tr* 1 binnenbrengen; 2 *(auto)* inrijden; 3 *(landingsgestel)* intrekken

Einfahrt v^{20} 1 (het) binnenrijden, binnenvaren; 2 inrit, oprijlaan; 3 afslag, oprit

Einfall m^6 inval, (het) invallen

einfallen[154] 1 invallen; te binnen schieten: *was fällt Ihnen denn ein!* wat denkt u wel!; *sich etwas* ~ *lassen* een oplossing bedenken; 2 instorten; 3 invallen, naar binnen vallen *(mbt licht)*; 4 invallen, plotseling beginnen; 5 *(een land)* binnenvallen

einfallslos fantasieloos; saai

einfallsreich fantasievol, fantasierijk

Einfallstraße v^{21} invalsweg

Einfalt v^{28} 1 eenvoud; 2 onnozelheid

einfältig onnozel, naïef

Einfältigkeit v^{28} onnozelheid, naïviteit

Einfamilienhaus o^{32} eengezinswoning

einfangen[155] 1 vangen, te pakken krijgen; 2 weergeven, vastleggen

einfassen 1 invatten, inlijsten, omlijsten; 2 (om)boorden

Einfassung v^{28} 1 (het) invatten; 2 omlijsting

einfetten invetten

einfeuchten invochten

einfinden[157]**, sich** verschijnen

einfliegen[159] I *intr* invliegen, binnenvliegen; II *tr* per vliegtuig aanvoeren

einflößen 1 te drinken geven; toedienen; 2 *(vrees)* inboezemen

Einflugschneise v^{21} aanvliegroute

Einfluss m^6 invloed

Einflussbereich m^5 invloedssfeer
einfordern invorderen, opeisen
einförmig eenvormig, eentonig
einfressen[162], **sich** invreten
einfrieden, einfriedigen omheinen
Einfriedigung, Einfriedung v^{20} 1 (het) omheinen; 2 omheining, haag, muur
einfrieren[163] I *intr* in-, vast-, bevriezen; verstarren; II *tr* 1 diepvriezen, invriezen; 2 *(lonen)* bevriezen; *(onderhandelingen)* stopzetten
einfügen I *tr* invoegen, inzetten; II *sich ~ in*[+4] zich schikken in, zich aanpassen aan
einfühlen, sich zich inleven: *sich ~ in*[+4] zich inleven in, aanvoelen
Einfuhr v^{20} invoer, import
Einfuhrbeschränkung v^{20} invoerbeperking
einführen 1 inbrengen, invoeren: *Daten in einen Computer ~* gegevens in een computer invoeren; 2 invoeren, importeren; 3 invoeren, in zwang brengen
Einfuhrlizenz v^{20} invoervergunning
Einführung v^{20} 1 (het) invoeren; 2 introductie
Einfuhrzoll m^6 invoerrecht
einfüttern 1 voeren; 2 *(comp)* invoeren
Eingabe I v^{21} verzoekschrift; II v^{28} 1 *(comp)* invoer, input; 2 toediening *(van een medicament)*
Eingang I m^6 1 ingang; deur; poort; 2 toegang; 3 begin; inleiding *(ve tekst);* 4 *(mv)* ingekomen post, ingekomen stukken; II m^{19} (het) binnenkomen, ontvangst *(van geld, brieven)*
eingangs aan het begin
eingeben[166] 1 *(medicament)* toedienen; 2 *(in computer)* invoeren; 3 *(verzoekschrift)* indienen
eingebildet verwaand, arrogant
eingeboren 1 inheems; 2 aangeboren
Eingeborene(r) m^{40a}, v^{40b} inboorling
Eingebung v^{20} ingeving, inval
eingefleischt 1 onverbeterlijk; 2 verstokt
eingehen[168] I *intr* 1 ingang vinden, opgenomen worden; 2 *(mbt brieven, geld)* binnenkomen; 3 *(inform)* begrijpen: *es geht ihm nicht ein, dass ...* hij begrijpt niet dat ...; 4 (in)krimpen; 5 *(mbt planten, dieren)* wegkwijnen, sterven; 6 *(mbt bedrijf)* ophouden te bestaan; 7 *(sp)* de boot ingaan; 8 ingaan (op); II *tr (huwelijk, verplichtingen)* aangaan; *(risico's)* op zich nemen
eingehend grondig, nauwkeurig, uitvoerig
Eingekochte(s), Eingemachte(s) o^{40c} inmaak
eingemeinden *(bij grotere gemeente)* inlijven
eingenommen ingenomen
eingeschlossen ingesloten, inbegrepen
eingeschnappt beledigd, gepikeerd
Eingeständnis o^{29a} bekentenis
eingestehen[279] bekennen, toegeven
eingetragen ingeschreven, geregistreerd
Eingeweide o^{33} ingewanden *(mv); (fig)* binnenste
Eingeweihte(r) m^{40a}, v^{40b} ingewijde, insider
eingewöhnen I *tr* laten wennen; II *sich ~* wennen
eingipsen *(med)* in het gips zetten

eingleisig enkelsporig
eingliedern opnemen, inpassen, integreren
Eingliederung v^{20} integratie
eingraben[180] 1 ingraven; 2 planten; 3 *(ook fig)* inprenten
eingreifen[181] 1 ingrijpen; 2 *(techn)* pakken, grijpen
eingrenzen begrenzen
Eingriff m^5 1 inbreuk; 2 *(med)* ingreep
einhaken I *tr* inhaken, met een haak bevestigen; II *intr* reageren; III *sich ~* inhaken, een arm geven
Einhalt m^{19}: *jmdm, einer Sache ~ gebieten* (of: *tun)* iem, iets een halt toeroepen
einhalten[183] I *intr* inhouden, ophouden, stoppen; II *tr* nakomen, zich houden aan
einhandeln I *tr (door handel, ruil)* verkrijgen; II *sich ~* 1 zich op de hals halen; 2 *(ziekte)* oplopen
einhändig eenhandig, met één hand
einhängen 1 (in)hangen; 2 de hoorn op de haak leggen, *(de telefoon)* ophangen
einheimisch autochtoon, inheems, inlands
Einheimische(r) m^{40a}, v^{40b} autochtoon, ingezetene; *(mv ook)* inheemsen, inlanders
Einheit v^{20} eenheid *(ook mil, meetk)*
einheitlich uniform
Einheitlichkeit v^{28} uniformiteit
einheizen 1 stoken, verwarmen; 2 zuipen; 3 ongezouten de waarheid zeggen
einhellig eenstemmig, eensgezind
einhergehen[168] 1 rondlopen; 2 voortlopen: *~ mit*[+3] gepaard gaan met
einholen 1 inhalen; 2 (in)kopen; 3 *(inlichtingen)* inwinnen
Einholnetz o^{29} boodschappennet
einhüllen inhullen, inwikkelen, hullen (in)
einig I *bn* 1 eensgezind, eens; 2 verenigd; II *onbep vnw, telw* 1 enig, wat, een beetje; 2 enige, enkele, een paar: *~e wenige* slechts een paar; 3 heel wat
einigen I *tr* verenigen; II *sich ~* het eens worden, tot overeenstemming komen
einigermaßen 1 enigszins; 2 tamelijk, nogal
Einigkeit v^{28} eensgezindheid, eendracht
Einigung v^{20} 1 overeenstemming; 2 eenmaking, eenwording
einimpfen inenten, vaccineren
Einimpfung v^{20} inenting, vaccinatie
einkalkulieren[320] meerekenen, incalculeren
einkapseln inkapselen
einkassieren[320] 1 incasseren; 2 inpikken
Einkauf m^6 (het) inkopen, inkoop
einkaufen (in)kopen
Einkäufer m^9 inkoper
Einkaufsabteilung v^{20} inkoopafdeling
Einkaufsbummel m^{19} (het) winkelen
Einkaufscenter o^{33} *zie* Einkaufszentrum
Einkaufstasche v^{21} boodschappentas
Einkaufswagen m^{11} winkelwagen(tje)
Einkaufszentrum o *(2e nvl -s; mv -zentren)* winkelcentrum
Einkehr v^{28} inkeer, (zelf)bezinning

einkehren 1 komen; 2 weerkeren
einklammern tussen haakjes zetten
Einklang m^6 harmonie, overeenstemming
einkleben inplakken, inlijmen
einkleiden 1 kleden, van kleren voorzien; 2 *(fig)* inkleden
einklemmen 1 (af)knellen; 2 (in)klemmen
einkochen inkoken, inmaken
einkommen[193] 1 *(mbt geld)* binnenkomen; 2 finishen; 3 verzoeken: ~ *um*[+4] verzoeken om
Einkommen o^{39} inkomen, inkomsten
Einkommensgrenze v^{21} inkomensgrens
Einkommensschwache(n) mv^{40} minima, *(Belg)* minstbedeelden
einkratzen inkrassen, inkerven
einkreisen 1 omcirkelen; 2 omsingelen
Einkünfte mv^{25} inkomsten
einladen[196] 1 (in)laden; 2 uitnodigen
einladend aanlokkelijk, verleidelijk
Einladung v^{20} 1 (het) (in)laden; 2 uitnodiging
Einlage v^{21} 1 bijlage; 2 tussenvoering; 3 *(cul)* soepballetje, soepgroente; 4 inlegwerk; 5 steunzool, inlegzool; 6 *(med)* noodvulling; 7 intermezzo; 8 inleg
einlagern *(goederen)* opslaan
Einlass I m^{19} toegang, toelating; II m^6 ingang, poortje, deur
einlassen[197] I *tr* 1 binnenlaten; 2 *(water)* laten lopen (in); 3 inleggen, inzetten; II *sich* ~: *sich mit jmdm* ~ zich met iem inlaten; *sich in* (of: *auf) etwas* ~ ingaan op iets
Einlauf I m^6 1 *(sp)* volgorde van binnenkomst; 2 opening, gat; II m^{19} *(sp)* 1 (het) finishen; 2 finish
einlaufen[198] I *intr* 1 *(sp)* het speelveld opkomen; 2 *(sp) (de laatste ronde)* ingaan; 3 *(mbt trein)* binnenkomen, *(mbt schip)* binnenlopen; 4 *(mbt water)* stromen in; 5 krimpen; II *tr* inlopen; III *sich* ~ *(sp)* zich warm lopen
einlegen 1 doen in, leggen in: *ein Tonband* ~ een (geluids)band opzetten; *den Rückwärtsgang* ~ *(auto)* in zijn achteruit zetten; 2 *(cul) (vruchten)* inleggen; 3 met inlegwerk versieren; 4 *(geld)* inleggen, storten; 5 *(haar)* in model brengen; 6 *(pauze)* inlassen; 7 *(hoger beroep, protest)* aantekenen
einleiten 1 aanzwengelen, beginnen, instellen; 2 inleiden; 3 lozen
Einleitung v^{20} 1 inleiding; 2 begin
einlenken I *intr* 1 *(een weg)* inslaan; 2 bijdraaien; II *tr (auto)* sturen in, insturen
einlesen[201] I *tr (gegevens in een computer)* inlezen; II *sich* ~ zich inlezen
einleuchten duidelijk zijn
einleuchtend helder, duidelijk, plausibel
einliefern 1 *(arrestant)* opbrengen; 2 inleveren, afgeven, brengen
Einlieferung v^{20} 1 inlevering; 2 opsluiting; 3 afgifte; 4 (het) binnenbrengen
einliegend bijgaand, ingesloten, inliggend
einlochen gevangenzetten, opsluiten
einloggen, sich inloggen

einlösen 1 verzilveren, inwisselen, innen; 2 *(pand)* inlossen; 3 *(belofte)* nakomen
einmachen inmaken
einmal *bw* 1 eenmaal, één keer: *auf* ~: *a)* plotseling; *b)* tegelijk; 2 ooit, eens; 3 *(versterkend)* nu eenmaal; 4 *(beperkend)* eens
Einmaleins o^{39a} 1 tafels (van vermenigvuldiging); 2 *(fig)* allereerste beginselen
einmalig 1 eenmalig; 2 uniek
Einmarsch m^6 (het) binnenrukken, intocht
einmarschieren[320] marcherend binnentrekken, binnenrukken
einmischen, sich zich mengen in, zich bemoeien met
Einmischung v^{20} inmenging
einmütig eensgezind, eenstemmig
einnähen 1 innaaien; 2 *(een jurk)* innemen
Einnahme I v^{21} *(meestal mv)* inkomsten; II v^{28} 1 (het) innemen; 2 inbezitneming
Einnahmequelle v^{21} bron van inkomsten
einnehmen[212] 1 *(geld)* ontvangen, innen; 2 gebruiken; 3 innemen, inladen; 4 innemen, veroveren; 5 bezetten, bekleden; 6 *(ruimte)* innemen; 7 *(voor, tegen zich)* innemen
einnehmend innemend; bekoorlijk
einnicken indutten, indommelen
Einöde v^{28} afgelegen streek, eenzaamheid
einordnen I *tr* rangschikken, ordenen; II *sich* ~ 1 *(in het verkeer)* voorsorteren; 2 zich aanpassen
einparken parkeren
einpauken inpompen, instampen
einpferchen opeenpakken; samendringen
einplanen in een planning opnemen, plannen
einprägen 1 indrukken, instempelen; 2 inprenten
einprägsam gemakkelijk te onthouden
einrahmen inlijsten, omlijsten
einräumen 1 inruimen, opbergen; 2 toegeven; 3 *(krediet)* verlenen, verstrekken
Einräumung I v^{28} verlening, verstrekking; II v^{20} toegeving, concessie
Einrede v^{21} tegenspraak, tegenwerping
einreden I *tr* aanpraten, wijsmaken; II *intr* inpraten (op)
einreiben[219] inwrijven
einreichen 1 aanbieden, indienen; 2 *(inform)* voorstellen
Einreiher m^9 colbert met één rij knopen
Einreise v^{21} (het) binnenkomen, inreis
Einreiseerlaubnis v^{24}, Einreisegenehmigung v^{20} visum, inreisvergunning
einreisen *(een land)* binnenkomen, inreizen
einreißen[220] I *tr* 1 afbreken; 2 inscheuren; II *intr* 1 inscheuren; 2 om zich heen grijpen
einrenken 1 *(med)* zetten, in het lid draaien; 2 *(inform)* in orde brengen
einrennen[222] inrennen, stuk rennen: *offene Türen* ~ een open deur intrappen; *jmdm die Bude* ~ iems deur platlopen
einrichten I *tr* 1 *(een woning)* inrichten; 2 *(med)*

(gebroken arm) zetten; **3** *(techn)* instellen; **4** regelen; **5** oprichten, opzetten; **6** *(muz)* arrangeren, bewerken; **II** *sich ~* **1** zich voorbereiden (op), rekenen (op); **2** zijn woning inrichten

Einrichtung I v^{28} **1** (het) inrichten *(ve woning);* **2** *(med)* (het) zetten *(ve arm);* **3** oprichting; **4** *(muz)* arrangement; **II** v^{20} **1** inrichting; **2** installatie, voorziening; **3** instelling, lichaam, organisatie; **4** gebruik, gewoonte

einrücken I *intr* **1** *(mil)* binnentrekken; **2** *(mil)* opkomen; **II** *tr* **1** *(techn)* inschakelen, koppelen; **2** *(een regel)* inspringen; **3** *(in een krant)* opnemen, plaatsen

eins I *telw* één: *(sp) zwei zu ~* twee tegen één; *~ a* (of: *Ia)* prima, eersterangs; **II** *bn* één; hetzelfde: *jmdm ~ sein* iem om het even zijn

Eins v^{20} **1** *(het cijfer)* één; **2** *(als rapportcijfer)* tien, uitstekend; **3** lijn een *(van tram, bus)*

einsam eenzaam, alleen

Einsamkeit v^{20} eenzaamheid

einsammeln inzamelen, bijeenbrengen

einsargen kisten

Einsatz I m^6 **1** *(bij kleding)* tussenzetsel; **2** inzetstuk; **3** inzet, inleg *(bij spel);* **II** m^{19} (het) inzetten, inzet

einsatzbereit **1** bereid zich in te zetten; **2** klaar voor gebruik; **3** *(mil)* paraat

Einsatzbereitschaft v^{28} **1** bereidheid om zich in te zetten; **2** *(mil)* paraatheid

einsatzfähig **1** inzetbaar; **2** *(mil)* operationeel

einsatzfreudig enthousiast; *(sp)* strijdlustig

Einsatzgruppe v^{21}, **Einsatzkommando** o^{36} eenheid, commando(groep)

einschalten I *tr* **1** inschakelen, aanzetten, aandoen; **2** inlassen, invoegen; **II** *sich ~ (met woorden)* ingrijpen, zich mengen in

Einschaltquote v^{21} *(telecom)* kijkdichtheid, luisterdichtheid

einschärfen inscherpen, inprenten

einschätzen **1** (in)schatten, taxeren; **2** *(belasting)* aanslaan

Einschätzung v^{20} (in)schatting, taxatie

einschicken (in)zenden

einschieben ^{237} **1** inschuiven, schuiven in; **2** inlassen, invoegen

Einschienenbahn v^{20} monorail

einschießen ^{238} I *tr* **1** inschieten, stukschieten; **2** *(een wapen)* inschieten; **3** *(sp)* in het doel schieten; **4** *(geld)* inleggen; **II** *sich ~* zich inschieten

einschiffen I *tr* inschepen; **II** *sich ~* zich inschepen

einschlafen ^{240} **1** inslapen; **2** *(mbt ledematen)* slapen

einschläfern **1** in slaap doen vallen, slaperig maken; **2** onder narcose brengen; **3** pijnloos doden; **4** in slaap sussen

Einschlag m^6 **1** inslag, (het) inslaan; **2** inslagkrater; **3** inslag, karakter(trek)

einschlagen ^{241} I *tr* **1** slaan in, inslaan; **2** inslaan, stukslaan; **3** *(bomen)* kappen; **4** inpakken; **5** *(een weg)* inslaan, ingaan, nemen; **II** *intr* **1** inslaan; **2** *(fig)* indruk maken, succes hebben, inslaan, aanslaan

einschlägig desbetreffend

einschleusen I *tr* binnenloodsen, binnensmokkelen; **II** *sich ~* ongemerkt binnenkomen

einschließen ^{245} **1** insluiten, opsluiten, wegsluiten; **2** omsingelen

einschließlich I *bw: bis zum … ~* (of: *bis ~ …)* tot en met …; **II** *vz* $^{+2}$ inclusief, met inbegrip van

Einschluss m^6 **1** (het) insluiten; **2** *(geol)* insluitsel: *mit* (of: *unter)* ~ $^{+2}$ inclusief, met inbegrip van

einschmeicheln: *sich bei jmdm ~* zich bij iem in de gunst dringen

einschmuggeln binnensmokkelen

einschnappen **1** dichtspringen; **2** *(fig)* beledigd zijn

einschneiden ^{250} I *intr* insnijden, inknippen; **II** *tr* **1** snijden in, knippen in; **2** *(film)* monteren

einschneidend diepgaand, ingrijpend

Einschnitt m^5 **1** insnijding *(ook fig)*, snee, keep; **2** gat; **3** cesuur ‖ *bedeutender* ~ gewichtig moment

einschränken beperken, beknotten

Einschränkung v^{20} beperking: *mit, ohne* ~ onder, zonder voorbehoud

Einschreib(e)brief m^5 aangetekende brief

einschreiben ^{252} **1** inschrijven, registreren; **2** aantekenen

einschreiten ^{254} ingrijpen, optreden

einschrumpfen **1** verschrompelen; **2** *(fig)* kleiner worden

einschüchtern intimideren

Einschüchterung v^{20} intimidatie

einschulen op een school doen

einschütten ingieten, instorten

einschwenken **1** indraaien; **2** bijdraaien

einschwören ^{260} beëdigen

einsegnen **1** inzegenen, inwijden; **2** aannemen

einsehen ^{261} **1** inzien, inkijken; **2** inzien, begrijpen

Einsehen o^{39}: *ein ~ haben* begrip hebben

einseifen **1** inzepen; **2** inpakken, beetnemen

einseitig eenzijdig *(ook fig)*, partijdig

einsenden ^{263} (in)zenden

Einsendeschluss m^6 sluiting van de inzendingstermijn

einsetzen I *tr* **1** zetten in, inzetten; **2** aanstellen, benoemen; **3** *(bij het spel)* inzetten; **4** inschakelen, inzetten; **5** *(zijn leven)* op het spel zetten; **II** *intr* inzetten, beginnen

Einsetzung v^{20} **1** (het) inzetten; **2** aanstelling, benoeming

Einsicht v^{20} **1** inzage; **2** inzicht; **3** inkijk: *haben Sie doch ~!* wees toch redelijk!

einsichtig **1** verstandig; **2** begrijpelijk

einsichtsvoll verstandig, oordeelkundig

Einsiedler m^9 kluizenaar

einsilbig **1** eenlettergrepig; **2** weinig spraakzaam

einsinken ^{266} **1** wegzakken; **2** instorten

einsitzen ^{268} *(in de gevangenis)* zitten

einspannen **1** inspannen, voorspannen: *(fig) jmdn ~* iem voor zijn karretje spannen; **2** spannen, zetten in

ei

einsparen besparen, bezuinigen

Einsparung v^{20} besparing, bezuiniging

Einsparungsmaßnahme v^{21} bezuinigingsmaatregel

einspeichern opslaan; *(computer)* invoeren

einspeisen 1 brengen in, voeren in; 2 *(computer)* invoeren

einsperren opsluiten

einspielen 1 *(muz)* inspelen; 2 een opname maken van; 3 opbrengen

einsprechen^{274} I *tr* inspreken; II *intr: auf jmdn ~ iem toespreken

einspringen^{276} 1 invallen, inspringen; 2 bijspringen, helpen; 3 in het slot springen

einspritzen 1 injecteren; 2 inspuiten

Einspruch m^6 protest, verzet, bezwaar: *~ gegen*$^{+4}$ *etwas erheben* bezwaar tegen iets maken

einspurig 1 eensporig; 2 met één rijbaan

einst 1 eens, eertijds; 2 eens, mettertijd

Einstand m^6 1 *(Z-Dui)* indiensttreding; 2 *(sp)* eerste wedstrijd; 3 *(tennis)* deuce

einstecken 1 steken in, doen in; 2 vastzetten, opsluiten; 3 in zijn zak steken *(ook fig)*

einstehen^{279} instaan, borg staan (voor)

einsteigen^{281} 1 instappen, stappen in: *in ein Geschäft ~* tot een zaak toetreden; *in die Politik ~* de politiek ingaan; *(sp) hart ~* hard inkomen; 2 naar binnen klimmen

einstellen I *tr* 1 (neer)zetten; 2 aanstellen, in dienst nemen; 3 zetten, stallen; 4 *(techn)* instellen, afstellen; 5 stopzetten, staken, beëindigen || *den Weltrekord ~* het wereldrecord evenaren; II *sich ~* 1 komen, verschijnen; 2 zich voordoen; 3 zich instellen

einstellig van één cijfer

Einstellplatz m^6 carport, parkeerplaats

Einstellung v^{20} 1 instelling, mentaliteit, houding; 2 aanstelling; 3 staking, beëindiging, stopzetting; 4 afstelling, instelling

Einstellungsgespräch o^{29} sollicitatiegesprek

Einstellungsstopp m^{13} vacaturestop, *(Belg)* wervingsstop

Einstieg m^5 1 toegang; 2 ingang; 3 toegankelijkheid

einstig vroeger

einstimmig 1 eenstemmig; 2 met algemene stemmen

Einstimmigkeit v^{28} eenstemmigheid

einstmals eens

einstöckig van één verdieping

einstreichen^{286} 1 insmeren; 2 *(geld)* opstrijken

einstufen inschalen, indelen

Einsturz m^6 instorting, (het) instorten

einstürzen I *intr* instorten; II *tr* doen instorten

einstweilen 1 onderhand; 2 voorlopig

einstweilig voorlopig

eintasten intoetsen

eintauchen I *tr* (in)dopen; II *intr* (in)duiken

Eintausch m^{19} (in)ruil, inwisseling

eintauschen inruilen, inwisselen

einteilen indelen, verdelen

Einteilung v^{20} indeling, verdeling

eintönig eentonig

Eintönigkeit v^{28} eentonigheid

Eintopf m, **Eintopfgericht** o^{29} stamppot

Eintracht v^{28} eendracht, eensgezindheid

einträchtig eendrachtig, eensgezind

Einträchtigkeit v^{28} eendracht

Eintrag m^6 aantekening, boeking: *~ tun* benadelen, afbreuk doen

eintragen^{288} 1 inschrijven, boeken, registreren: *eingetragene Marke* gedeponeerd merk; 2 naar binnen brengen; 3 opleveren

einträglich winstgevend, voordelig

Eintragung v^{20} 1 inschrijving, boeking, registratie; 2 notitie

eintreffen^{289} 1 aankomen; 2 uitkomen, gebeuren

eintreiben^{290} innen, invorderen

eintreten^{291} I *tr* 1 intrappen, in elkaar trappen; 2 trappen in; II *intr* 1 binnentreden, binnenkomen; 2 toetreden (tot); 3 verdedigen: *für einen Plan ~* een plan verdedigen; 4 beginnen, intreden, zich voordoen, gebeuren

eintrichtern 1 ingieten; 2 *(iem iets)* bijbrengen, leren

Eintritt m^5 1 (het) binnentreden, binnenkomen; 2 intrede, aanvang: *bei ~ der Dunkelheit* bij het invallen van de duisternis; 3 toegang, entree: *~ frei* entree gratis

Eintrittsgeld o^{31} entree(prijs), toegangsprijs, *(Belg)* inkom

Eintrittskarte v^{21} toegangskaart

eintrocknen indrogen, opdrogen

eintröpfeln in(in)druppelen

einüben 1 instuderen; 2 inslijpen; aanleren

einverleiben inlijven, annexeren

Einverleibung v^{20} inlijving, annexatie

Einvernehmen o^{39} verstandhouding

einverstanden: *~ sein mit*$^{+3}$ het eens zijn met, akkoord gaan met; *~!* akkoord!

Einverständnis o^{29a} instemming; goedkeuring: *sein ~ erklären* zijn goedkeuring geven

Einwand m^6 tegenwerping, bedenking: *Einwände erheben* (of: *machen, vorbringen*) bedenkingen maken, bezwaren opperen

Einwanderer m^9 immigrant, *(Belg)* inwijkeling

einwandern immigreren, *(Belg)* inwijken

Einwanderung v^{20} immigratie

einwandfrei 1 onberispelijk; 2 overtuigend

einwärts binnenwaarts, naar binnen

einwechseln inwisselen, inruilen

Einwegflasche v^{21} wegwerpfles

einweichen weken, in de week zetten

einweihen 1 inwijden; 2 plechtig in gebruik nemen; 3 voor de eerste keer dragen, gebruiken

einweisen^{307} 1 brengen, plaatsen; 2 installeren; 3 instrueren; wegwijs maken, inwerken; 4 dirigeren, sturen

Einweisung v^{20} 1 overbrenging, plaatsing; 2 installatie; 3 (het) instrueren; 4 (het) dirigeren

einwenden[308] inbrengen (tegen), tegenwerpen
Einwendung v^{20} tegenwerping, bedenking
einwerfen[311] **1** ingooien, stukgooien; **2** tegenwerpen
einwickeln inpakken, (in)wikkelen: *(inform) jmdn* ~ iem inpalmen, iem inpakken
einwilligen toestemmen, inwilligen, toestaan: ~ *in*[+4] akkoord gaan met
Einwilligung v^{20} toestemming, verlof
einwirken inwerken, invloed hebben
Einwirkung v^{20} (in)werking, invloed
einwöchig één week durend
Einwohner m^9 **1** inwoner; **2** bewoner
Einwohnermeldeamt o^{32} bevolkingsbureau
Einwurf m^6 **1** (het) inwerpen; **2** *(sp)* ingooi; **3** gleuf *(van brievenbus);* **4** tegenwerping
Einzahl v^{20} enkelvoud
einzahlen betalen, storten
Einzahlung v^{20} betaling, storting
Einzahlungsbeleg m^5 stortingsbewijs
Einzel o^{33} enkelspel
Einzel- afzonderlijk, speciaal
Einzelfall m^6 op zichzelf staand geval
Einzelgänger m^9 eenzelvig iemand
Einzelhaft v^{28} eenzame opsluiting
Einzelhandel m^{19} detailhandel
Einzelheft o^{29} los nummer
Einzelheit v^{20} bijzonderheid, detail: *auf ~en eingehen* in details treden
einzeln alleenstaand, apart, enkel, afzonderlijk, één voor één: *~e Höfe* hier en daar een boerderij; *jeder ~e Besucher* iedere bezoeker (afzonderlijk); *im Einzelnen auf etwas eingehen* in bijzonderheden op iets ingaan
Einzelperson v^{20} individu
Einzelpreis m^5 prijs per stuk
Einzelradaufhängung v^{20} onafhankelijke wielophanging
Einzelspiel o^{29} **1** *(sp)* enkelspel; **2** solospel
Einzelteil o^{29} onderdeel, afzonderlijk deel
Einzelverkauf m^6 detailverkoop
Einzelzimmer o^{33} eenpersoonskamer
einziehen[318] **I** *tr* **1** intrekken, binnenhalen; **2** intrekken, ongeldig verklaren; **3** innen; **4** verbeurd verklaren, in beslag nemen; **5** zetten in, maken in; **6** oproepen; **7** inademen || *Erkundigungen ~* inlichtingen inwinnen; **II** *intr* **1** *(mbt vloeistof)* intrekken; **2** binnentrekken; *(huis)* betrekken
einzig I *bn* **1** enig, enkel; **2** enig in zijn soort, uniek; **II** *bw* enig, enkel
einzigartig uniek, uitzonderlijk
Einzug m^6 **1** (het) innen; **2** intocht; **3** (het) betrekken *(van huis)*
Einzugsgebiet o^{29} **1** verzorgingsgebied, regio; **2** stroomgebied
einzwängen klemmen in, persen in
Eis o^{39} **1** ijs: ~ *laufen* schaatsen; **2** ijsje
Eisbahn v^{20} ijsbaan
Eisbein o^{29} varkenspoot(je): *Erbsensuppe mit ~* erwtensoep met kluif
Eisdiele v^{21} ijssalon
Eisen o^{35} **1** ijzer; **2** hoefijzer; **3** golfstok || *etwas zum alten ~ werfen* (of: *legen*) iets afschaffen; *zum alten ~ gehören* (of: *zählen*) afgedankt zijn
Eisenbahn v^{20} **1** spoorweg, spoorbaan; **2** spoorwegen || *es ist (die) höchste ~* het is de hoogste tijd
Eisenbahnangestellte(r) m^{40a}, v^{40b}, **Eisenbahner** m^9 spoorbeambte
Eisenbahnlinie v^{21} spoorlijn
Eisenbahnwagen m^{11} wagon
Eisenbeton m^{13}, m^5 gewapend beton
Eisenblech o^{29} plaatstaal
Eisenerz o^{29} ijzererts
Eisenhütte v^{21}, **Eisenhüttenwerk** o^{29} hoogoven, ijzersmelterij
eisern **1** ijzeren; **2** *(fig)* ijzeren, stalen, zeer sterk; **3** *(fig)* ijzeren, onverbiddelijk, zeer streng || *die ~e Ration* het noodrantsoen
Eisfeld o^{31}, **Eisfläche** v^{21} ijsvlakte
Eisgang m^6 ijsgang, (het) kruien
eisig **1** ijskoud, ijzig; **2** *(fig)* ijzig, ongenaakbaar
eiskalt **1** ijskoud; **2** *(fig)* ijskoud, onbewogen
Eiskübel m^9 ijsemmer, koeler
Eiskunstlauf m^{19} (het) kunstrijden op de schaats
Eislauf m^{19} (het) schaatsen(rijden)
Eisläufer m^9 schaatser, schaatsenrijder
Eissalat m^5 ijsbergsla
Eisschnelllauf m^{19} hardrijden op de schaats
Eisscholle v^{21} ijsschol, schots
Eiszacke v^{21}, **Eiszapfen** m^{11} ijspegel
eitel **1** ijdel, verwaand; **2** louter, enkel
Eitelkeit v^{20} ijdelheid
Eiter m^{19} etter, pus
Eiterbeule v^{21} *(ook fig)* etterbuil, abces
eiterig *zie* eitrig
eitern etteren, dragen
eitrig etterend, etterig
Eiweiß o^{29} eiwit
eiweißhaltig eiwithoudend
Ejakulation v^{20} ejaculatie, zaadlozing
EKD *afk van Evangelische Kirche in Deutschland* Evangelische Kerk in Duitsland
Ekel I m^{19} tegenzin, afkeer, walging: ~ *vor*[+3] afkeer van, tegenzin in; **II** o^{33} mispunt
ekelerregend walgelijk
ekelhaft weerzinwekkend, walgelijk; **2** *(inform)* heel, erg, verschrikkelijk
ekeln met walging vervullen, tegenstaan: *ich ek(e)le mich vor*[+3] ..., *es ekelt mich* (of: *mir*) *vor*[+3] ... ik walg van ...
eklig **1** weerzinwekkend, walgelijk; **2** erg, akelig
Ekstase v^{21} extase, verrukking
Ekzem o^{29} eczeem
elastisch **1** elastisch; **2** flexibel
Elastizität v^{28} **1** elasticiteit, spankracht; **2** flexibiliteit
Elch m^5 eland
Elefant m^{14} olifant

Eleganz v^{28} elegantie
elektrifizieren ^{320} elektrificeren
Elektrifizierung v^{20} elektrificatie
Elektriker m^9 elektricien
elektrisch elektrisch
Elektrizität v^{28} elektriciteit
Elektrizitätserzeugung v^{28} elektriciteitsopwekking
Elektrizitätsversorgung v^{28} elektriciteitsvoorziening
Elektrizitätswerk o^{29} elektrische centrale
Elektroartikel m^9 elektrisch artikel
Elektrogerät o^{29} elektrisch apparaat
Elektroherd m^5 elektrisch fornuis
Elektromechaniker m^9 elektricien
Elektronenrechner m^9 elektronische rekenmachine
Elektronik v^{28} **1** elektronica; **2** elektronische uitrusting
elektronisch elektronisch
Elektrorasierer m^9 elektrisch scheerapparaat
Elektrozeitnahme v^{21} elektronische tijdopneming
Element o^{29} element *(alle bet)*
elementar 1 elementair; **2** fundamenteel
Elementarbuch o^{32} leerboek voor beginners
Elementarkraft v^{25} natuurkracht
Elementarschule v^{21} basisschool
Elementarunterricht m^{19} basisonderwijs
elend I *bn* **1** ellendig, jammerlijk; **2** laag, gemeen; **3** *(inform)* zeer groot, enorm; **4** armzalig, ellendig; **5** ellendig, ziek; **II** *bw* zeer, enorm, erg
Elend o^{39} **1** ellende, nood, armoede; **2** ellende, ongeluk, leed
Elendsquartier o^{29} krotwoning
Elendsviertel o^{33} krottenwijk, achterbuurt
elf elf
Elf v^{20} **1** *(het cijfer)* elf; **2** lijn elf *(van tram, bus)*; **3** elftal
Elfenbein o^{39} ivoor
elfenbeinern ivoren
Elfer m^9 strafschop
Elferrat m^6 raad van elf
Elfmeter m^9 strafschop
Elfmetermarke v^{21} strafschopstip
Elfmeterschießen o^{39}: *durch ein* ~ door het nemen van strafschoppen
eliminieren ^{320} elimineren
Ellbogen m^{11} elleboog
Ellbogenfreiheit v^{28} armslag
Elle v^{21} **1** *(anat)* ellepijp; **2** *(vero)* el
Ellenbogen m^{11} *zie* Ellbogen
Ellipse v^{21} ellips
Elsass o *(2e nvl -(es))* de Elzas
Elster v^{21} ekster
elterlich ouderlijk: ~*e Gewalt* ouderlijke macht
Eltern *mv* ouders
Elternausschuss m^6, **Elternbeirat** m^6 oudercommissie
Elternhaus o^{32} ouderlijk huis

Elternliebe v^{28} ouderliefde
elternlos ouderloos
Elternteil m^5 ouder
Email o^{36}, **Emaille** v^{21} email
E-mail v^{27} e-mail
Emanze v^{21} *(inform)* **1** geëmancipeerde vrouw; **2** feministe
Emanzipation v^{20} emancipatie
emanzipatorisch op emancipatie gericht
emanzipieren ^{320} emanciperen
Emblem o^{29} embleem, zinnebeeld
Emigrant m^{14} emigrant
Emigration v^{20} emigratie
emigrieren ^{320} emigreren
emittieren ^{320} **1** emitteren, uitgeven; **2** emitteren, uitstralen; **3** emitteren, lozen, uitstoten
Emotion v^{20} emotie
emotional, emotionell emotioneel
Empfang m^6 **1** ontvangst; **2** receptie
empfangen ^{146} ontvangen, krijgen
Empfänger m^9 **1** ontvanger; **2** ontvangtoestel
empfänglich ontvankelijk; vatbaar
Empfänglichkeit v^{28} ontvankelijkheid; vatbaarheid
Empfangnahme v^{28} ontvangst
Empfängnis v^{24} bevruchting, conceptie
Empfängnisverhütung v^{20} anticonceptie
Empfängnisverhütungsmittel o^{33} anticonceptiemiddel, voorbehoedmiddel
Empfangsbescheinigung v^{20} ontvangstbewijs, reçu
Empfangsbestätigung v^{20} ontvangstbevestiging
Empfangsdame v^{21} receptioniste
Empfangszimmer o^{33} ontvangkamer, salon
empfehlen ^{147} **I** *tr* aanbevelen, aanraden; **II** *sich* ~ **1** zich aanbevelen; **2** weggaan: *es empfiehlt sich* het verdient aanbeveling
empfehlenswert aanbevelenswaardig
Empfehlung v^{20} **1** aanbeveling, raad; **2** groet, compliment
Empfehlungsbrief m^5, **Empfehlungsschreiben** o^{35} aanbevelingsbrief
empfinden ^{157} **1** (ge)voelen; **2** ervaren; **3** opvatten
Empfinden o^{39} gevoelen, gevoel
empfindlich 1 gevoelig; **2** vatbaar: ~ *gegen* $^{+4}$ vatbaar voor; **3** lichtgeraakt, prikkelbaar: ~ *kalt* flink koud
Empfindlichkeit v^{28} **1** gevoeligheid; **2** vatbaarheid; **3** geprikkeldheid
empfindsam 1 sentimenteel; **2** fijngevoelig
Empfindsamkeit v^{20} **1** sentimentaliteit; **2** fijngevoeligheid
Empfindung v^{20} gevoel, gewaarwording
empor omhoog, in de hoogte, op(waarts)
emporarbeiten, sich zich omhoogwerken, zich opwerken
Empore v^{21} galerij
empören I *tr* woedend, kwaad maken; **II** *sich* ~ **1** in opstand komen; **2** verontwaardigd worden
empörend stuitend, weerzinwekkend

empörerisch opstandig, oproerig

emporfahren[153] **1** opspringen, opvliegen; **2** naar boven rijden

emporhalten[183] omhooghouden

emporheben[186] opheffen

emporkommen[193] **1** omhoogkomen, opkomen; **2** carrière maken

Emporkömmling *m*[5] parvenu

emporragen uitsteken, oprijzen

emporschauen omhoogzien, opzien: *zu jmdm ~ naar*, tegen iem opzien

emporsehen[261] *zie* emporschauen

emporstehen[279] omhoogstaan

emporsteigen[281] **1** opstijgen, opklimmen; **2** carrière maken

empört verontwaardigd

Empörung *v*[20] **1** oproer, opstand; **2** verontwaardiging

emsig ijverig, nijver, vlijtig, naarstig

Emsigkeit *v*[28] naarstigheid, ijver, vlijt

Ende *o*[38] eind(e), slot: *ein ~ Bindfaden* een stukje touw; *meine Geduld ist zu ~* mijn geduld is op; *der Weg nimmt kein ~* er komt geen eind aan de weg; *am ~* ten slotte; *kein ~ finden* niet tot een eind komen; *letzten ~s* ten slotte; *ein tragisches ~ nehmen* tragisch eindigen; *zu ~ bringen* (of: *führen*) afmaken; *zu ~ gehen* ten einde lopen

enden 1 eindigen, ophouden; **2** aflopen, eindigen; **3** sterven, eindigen

Endergebnis *o*[29a] eindresultaat

endgültig definitief, voorgoed

Endivie *v*[21] andijvie

Endkampf *m*[6] **1** eindstrijd; **2** *(sp)* finale

endlich 1 (uit)eindelijk; **2** *(wisk)* eindig; **3** vergankelijk

endlos eindeloos, zonder einde

Endphase *v*[21] slotfase

Endpunkt *m*[5] eindpunt

Endrunde *v*[21] finale

Endspiel *o*[29] **1** *(sp)* finale; **2** eindspel *(bij schaken)*

Endung *v*[20] *(taalk)* uitgang

Endverbraucher *m*[9] consument

Energie *v*[21] energie

Energiebedarf *m*[19] energiebehoefte

Energiekrise *v*[21] energiecrisis

Energiequelle *v*[21] energiebron

energiesparend energiebesparend

Energieversorgung *v*[20] energievoorziening

energisch energiek

eng *bn* **1** eng, nauw; **2** beperkt: *in ~en Verhältnissen leben* bekrompen leven; **3** innig; **4** dicht bij elkaar

engagieren[320] [āgazjïerən] engageren

Enge *v*[21] **1** engte, nauw, nauwe doorgang; **2** bekrompenheid

Engel *m*[9] engel

engherzig enghartig, kleinzielig

England *o*[39] Engeland

Engländer *m*[9] **1** Engelsman; **2** Engelse sleutel

englisch Engels: *auf Englisch* op z'n Engels

engmaschig fijnmazig, met fijne mazen

Engpass *m*[6] **1** nauwe pas, smal weggedeelte; **2** knelpunt, bottleneck

engstirnig bekrompen, geborneerd

Enkel *m*[9] **1** kleinkind; **2** kleinzoon

Enkelin *v*[22] kleindochter

Enkelkind *o*[31] kleinkind

Enkelsohn *m*[6] kleinzoon

Enkeltochter *v*[26] kleindochter

enorm enorm

Ensemble [āsãbəl] *o*[36] ensemble

entarten ontaarden

entbehren ontberen, missen

entbehrlich overbodig

Entbehrung *v*[20] ontbering, gemis

entbieten[130] ontbieden

entbinden[131] **I** *tr* **1** ontslaan, ontheffen (van); **2** verlossen: *sie wurde von einem Sohn entbunden* zij heeft het leven geschonken aan een zoon; **II** *intr* bevallen, baren

Entbindung *v*[20] **1** ontslag, ontheffing; **2** verlossing, bevalling

Entbindungsabteilung *v*[20] kraamafdeling

Entbindungsanstalt *v*[20], **Entbindungsheim** *o*[29] kraamkliniek

entblättern I *tr* ontbladeren; **II** *sich ~* **1** de bladeren verliezen; **2** zich uitkleden

entblößen 1 ontbloten; **2** beroven

entdecken 1 ontdekken; **2** *(vero)* meedelen

Entdecker *m*[9] ontdekker

Entdeckung *v*[20] ontdekking

Ente *v*[21] **1** eend; **2** *(fig)* canard; **3** *(inform)* urinaal

entehren onteren, schenden

enteignen onteigenen

Entenbraten *m*[11] gebraden eend

enterben onterven

Enterich *m*[5] woerd, mannetjeseend

entfachen ontsteken, doen ontvlammen

entfahren[153] ontsnappen, ontglippen

entfallen[154] **1** vallen uit; **2** vervallen: *~ auf*[4] vallen op ‖ *der Name ist mir ~* de naam is mij ontschoten

entfalten I *tr* ontvouwen, ontplooien *(ook fig)*, ontwikkelen, tentoonspreiden; **II** *sich ~* **1** zich ontplooien, zich ontwikkelen; **2** ontluiken

Entfaltung *v*[20] ontwikkeling, ontplooiing

entfernen I *tr* verwijderen; **II** *sich ~* zich verwijderen, weggaan

entfernt 1 ver, verwijderd; veraf: *aus (weit) ~en Zeiten* uit verre tijden; *ich bin weit davon ~, dir zu glauben* ik geloof jou absoluut niet; *wir sind ~ verwandt* we zijn in de verte familie van elkaar; *nicht im Entferntesten* (of: *nicht ~*) in de verste verte niet; **2** gering

Entfernung *v*[20] **1** verwijdering; **2** afstand, verte; **3** afwezigheid

entfesseln ontketenen *(ook fig)*

entflammen I *tr* **1** doen ontbranden, ontsteken; **2** doen ontvlammen; **II** *intr* ontvlammen

entflechten[158] **1** losmaken, ontvlechten; *(een kar-*

tel) ontbinden; **2** ontwarren

Entflechtung v^{20} losmaking: ~ *der Kartelle* dekartellisatie, ontbinding der kartels

entfliegen[159] wegvliegen

entfliehen[160] **1** (ont)vluchten, ontsnappen; **2** snel voorbijgaan

entfremden 1 vervreemden; **2** aan zijn bestemming onttrekken

Entfremdung v^{20} vervreemding

entführen 1 ontvoeren, schaken; **2** kapen

Entführung v^{20} **1** ontvoering, schaking; **2** kaping

entgegen vz^{+3} **1** tegemoet; **2** tegen, in strijd met, in tegenspraak met

entgegenarbeiten[+3] tegenwerken

entgegenbringen[139] **1** *(naar iem)* toebrengen; **2** *(liefde)* koesteren voor; *(vertrouwen)* schenken: *jmdm, etwas*[3] *Interesse* ~ belangstelling tonen voor iem, iets

entgegeneilen[+3] tegemoet snellen

entgegengehen[168+3] tegemoet gaan *(ook fig)*; tegemoet lopen

entgegengesetzt tegen(over)gesteld

entgegenkommen[193+3] tegemoet komen *(ook fig)*: ~*des Auto* tegenligger

Entgegennahme v^{28} ontvangst

entgegennehmen[212] in ontvangst nemen, aannemen, aanvaarden

entgegensehen[261+3] tegemoet zien

entgegensetzen[+3] tegenoverstellen

entgegenstehen[279+3] **1** in de weg staan; **2** bemoeilijken; **3** in strijd zijn met

entgegenstellen I *tr*[+3] tegenoverstellen; **II** *sich* ~[+3] de doortocht belemmeren

entgegentreten[291+3] **1** tegemoet treden; **2** tegenkomen; **3** optreden tegen

entgegenwirken[+3] tegenwerken

entgegnen antwoorden

Entgegnung v^{20} antwoord, reactie

entgehen[168] ontgaan, ontsnappen

entgeistert verbijsterd, versuft, wezenloos

Entgelt o^{29} **1** vergoeding; **2** beloning

entgelten[170] **1** ontgelden; **2** vergoeden

entgleisen ontsporen *(ook fig)*

Entgleisung v^{20} ontsporing *(ook fig)*

enthalten[183] **I** *tr* bevatten, inhouden, behelzen: *das ist darin (mit)* ~ dat is erbij inbegrepen; **II** *sich* ~ zich onthouden: *ich konnte mich nicht* ~, *ihn zu tadeln* ik kon niet nalaten hem te berispen

enthaltsam matig, sober

Enthaltsamkeit v^{28} matigheid, soberheid

Enthaltung I v^{28} matigheid, soberheid; onthouding; **II** v^{20} blanco stem

enthaupten onthoofden

entheben[186] **1** *(iem van eed)* ontheffen, bevrijden; **2** *(iem uit een ambt)* ontslaan

Enthebung v^{20} ontheffing, vrijstelling

entheiligen ontheiligen, ontwijden

enthüllen 1 onthullen; **2** ontmaskeren

Enthusiasmus m^{19a} enthousiasme

entjungfern ontmaagden

entkalken ontkalken

entkeimen I *intr* ontkiemen; **II** *tr* ontsmetten, kiemvrij maken

entkleiden 1 ontkleden, uitkleden *(ook fig)*; **2** *(met 2e nvl)* ontdoen van, beroven van

entkolonialisieren[320] dekoloniseren

Entkolonialisierung v^{20} dekolonisatie

entkommen[193] ontkomen, ontsnappen

entkorken ontkurken

entkräften verzwakken, uitputten; *(bewijzen)* ontzenuwen, weerleggen

entladen[196] **1** ontladen *(ook elektr)*; **2** lossen

Entladung v^{20} ontlading

entlang $vz^{+3, +4}$ langs

entlarven ontmaskeren

entlassen[197] ontslaan: *die Schüler wurden aus der Schule* ~ de leerlingen gingen van school

Entlassung v^{20} **1** ontslag; **2** afdanking *(van troepen)*; **3** invrijheidstelling

entlasten 1 ontlasten; **2** dechargeren; **3** *(voor een som geld)* crediteren

Entlastung v^{20} **1** ontlasting; **2** decharge

Entlastungszeuge m^{15} getuige à decharge

entlauben ontbladeren

entlaufen[198] weglopen (bij)

entledigen I *tr*[+2] ontdoen van; **II** *sich* ~ **1** zich ontdoen van; **2** zich kwijten van

entleeren ledigen, legen

entlegen 1 afgelegen, eenzaam; **2** ongewoon, vreemd

entlehnen 1 lenen (van, uit); **2** ontlenen (aan)

entleihen[200] **1** lenen; **2** ontlenen (aan)

entlohnen (uit)betalen

entlüften ventileren; ontluchten

Entlüftung v^{20} **1** ventilatie; **2** ontluchting; **3** ventilatiesysteem

Entlüftungshaube v^{21} afzuigkap

entmilitarisieren[320] demilitariseren

entmündigen onder curatele stellen

entmutigen ontmoedigen

Entnahme v^{21} **1** (het) nemen, halen uit; **2** onttrekking

entnehmen[212] halen, nemen (uit): *jmdm Blut* ~ iem bloed afnemen; *dem (of: daraus) entnehme ich* daaruit maak ik op

entpuppen, sich zich ontpoppen *(ook fig)*

enträtseln ontraadselen, ontcijferen

entreißen[220] ontrukken, wegrukken

entrichten betalen, voldoen

entringen[224] ontworstelen, ontwringen

entrinnen[225] **1** weglopen, wegvloeien: *die Zeit entrinnt* de tijd vervliegt; **2** ontlopen, ontsnappen aan

entrücken ontrukken, wegrukken, wegnemen: *entrückt: a)* in vervoering; *b)* afwezig

Entrückung v^{20} **1** (het) wegnemen, (het) ontrukken, wegrukken; **2** geestvervoering, geestverrukking

entrüsten I *tr* boos maken; **II** *sich* ~ boos, verontwaardigd worden

Entrüstung v^{20} verontwaardiging

entsaften uitpersen

Entsafter m^9 vruchtenpers, sapcentrifuge

entsagen 1 berusten, zich schikken, resigneren; **2** *(met 3e nvl)* afstand doen van

Entsagung v^{20} **1** afstand, afzwering, verzaking; **2** zelfverloochening

entschädigen (iem) schadeloosstellen

Entschädigung v^{20} schadeloosstelling, schadevergoeding

entschärfen 1 onschadelijk maken; **2** *(fig)* minder scherp maken, depolariseren

Entscheid m^5 **1** beslissing; **2** uitspraak

entscheiden[232] I *tr en intr* beslissen; II *sich* ~ en besluit, een beslissing nemen: *sich für jmdn* ~ zijn keuze op iem laten vallen

entscheidend beslissend, afdoend

Entscheidung v^{20} beslissing

Entscheidungskampf m^6 **1** beslissend gevecht; **2** beslissingswedstrijd

Entscheidungslauf m^6 *(sp)* serie

Entscheidungsspiel o^{29} beslissingswedstrijd

entschieden beslist, stellig, bepaald

Entschiedenheit v^{28} beslistheid, vastberadenheid

entschlafen[240] ontslapen, sterven

entschließen[245], **sich** besluiten

Entschließung v^{20} **1** besluit; **2** resolutie

entschlossen (vast)besloten, beslist

Entschlossenheit v^{28} vastberadenheid, beslistheid

Entschluss m^6 besluit, beslissing

entschlüsseln 1 ontraadselen; **2** decoderen

entschlusslos besluiteloos

entschuldigen I *tr* verontschuldigen; II *sich* ~ zich verontschuldigen: ~ *Sie!* pardon!

Entschuldigung v^{20} verontschuldiging

entschwinden[258] verdwijnen

entseelt ontzield, dood

entsenden[263] zenden, uitzenden; (iem) afvaardigen

entsetzen I *tr* **1** *(mil)* ontzetten; **2** ontstellen, ontzetten; II *sich* ~ ontsteld, ontzet zijn

Entsetzen o^{39} ontzetting, ontsteltenis

entsetzlich ontzettend, verschrikkelijk

entseuchen ontsmetten, desinfecteren

entsinnen[267], **sich** zich herinneren

entsorgen van afvalstoffen vrijmaken

Entsorgung v^{28} (het) verwijderen, opruimen, opslaan van afvalstoffen

entspannen I *tr* ontspannen; II *sich* ~ zich ontspannen

entspinnen[272], **sich** zich ontspinnen, ontstaan

entsprechen[274+3] overeenstemmen met, beantwoorden aan, stroken met: *den Anforderungen* ~ aan de eisen voldoen

entsprechend I *bn, bw* **1** passend, adequaat, gepast: *eine ~e Entschädigung* een redelijke vergoeding; **2** daaraan beantwoordend, daarbij passend; **3** bevoegd, daarvoor aangewezen; II *vz*+3 overeenkomstig

Entsprechung v^{20} **1** overeenkomst, analogie; **2** *(taalk)* equivalent

entstammen afstammen van, stammen uit

entstehen[279] ontstaan

Entstehung v^{20} (het) ontstaan

Entstehungsgeschichte v^{21} ontstaansgeschiedenis

entstellen misvormen, mismaken, ontsieren; *(een tekst)* verminken; *(de waarheid)* verdraaien

Entstellung v^{20} misvorming, verdraaiing, verminking

entstören ontstoren, storingvrij maken

enttäuschen teleurstellen, ontgoochelen

Enttäuschung v^{20} teleurstelling, ontgoocheling, tegenvaller

entwachsen[302] ontspruiten uit; ontgroeien

entwaffnen ontwapenen

Entwaffnung v^{20} ontwapening

entwalden ontbossen

entwarnen het signaal 'veilig' geven

entwässern I *intr* uitwateren; II *tr* afwateren, droogleggen; *(med)* draineren

entweder, entweder: ~ ... *oder* of ... of

entweichen[306] ontsnappen

entweihen ontwijden

entwenden[308] wegnemen, ontvreemden

entwerfen[311] ontwerpen

entwerten 1 in waarde verminderen; **2** *(trein-, strippenkaart)* knippen, afstempelen

Entwerter m^9 stempelautomaat

Entwertung v^{20} **1** ontwaarding, waardevermindering; **2** (het) afstempelen

entwickeln I *tr* **1** ontwikkelen *(ook foto)*; **2** uiteenzetten; II *sich* ~ zich ontwikkelen

Entwickler m^9 ontwikkelaar *(ook foto)*

Entwicklung v^{20} ontwikkeling, vorming

Entwicklungshelfer m^9 ontwikkelingswerker, *(Belg)* coöperant

Entwicklungshilfe v^{28} ontwikkelingshulp

entwinden[313] **1** ontrukken; **2** ontwringen

entwirren ontwarren

entwischen ontsnappen

entwöhnen 1 ontwennen, afwennen; **2** spenen, niet meer zogen

Entwurf m^6 ontwerp, plan, schets

entziehen[318] I *tr* (iem, iets) onttrekken, ontnemen, afnemen, beroven van; *(het rijbewijs)* intrekken; II *sich* ~ zich onttrekken aan

Entziehung v^{20} **1** onttrekking; intrekking; **2** ontwenningskuur

Entziehungsanstalt v^{20} ontwenningskliniek

Entziehungskur v^{20} *(med)* ontwenningskuur

entziffern ontcijferen

entzücken verrukken, bekoren, betoveren

Entzücken o^{39} verrukking, vervoering

entzückend verrukkelijk, snoezig

Entzückung v^{20} verrukking, geestvervoering

Entzugserscheinungen *mv* v^{20} ontwenningsverschijnselen

entzündbar ontvlambaar, ontbrandbaar

entzünden I *tr* ontsteken *(ook med)*, aansteken, in

brand steken; **II** *sich* ~ **1** ontvlammen, vuur vatten, ontbranden; **2** ontstaan

Entzündung v^{20} ontsteking

entzwei stuk, in (aan) stukken, kapot

entzweigehen[168] stukgaan

Enzian m^5 gentiaan

Enzyklopädie v^{21} encyclopedie

Epidemie v^{21} epidemie

Epigone m^{15} epigoon, navolger

Epik v^{28} epiek

Epiker m^9 episch dichter

Epilepsie v^{21} epilepsie, vallende ziekte

Epileptiker m^9 epilepticus

Epilog m^5 epiloog, narede

Epiphania v^{28}, **Epiphanias** o^{39a}, **Epiphanienfest** o^{29} driekoningenfeest

episch episch, verhalend

Episode v^{21} episode

Epistel v^{21} **1** epistel; **2** *(inform)* strafpreek

epochal 1 karakteristiek voor een tijdperk; **2** baanbrekend, opzienbarend

Epoche v^{21} tijdperk: ~ *machend: a)* een nieuw tijdperk inluidend; *b)* opzienbarend

epochemachend *oude spelling voor* Epoche machend, *zie* Epoche

Epos *o (2e nvl -; mv Epen)* epos

Equipe [ekip] v^{21} equipe, ploeg

er[82] hij

erachten achten, menen, houden voor

Erachten o^{39} mening, inzicht: *meines* ~s (of: *nach meinem* ~) mijns inziens, volgens mij

erarbeiten 1 met werken verdienen; **2** zich door studie eigen maken; **3** *(een plan)* uitwerken

Erbanteil m^5 erfdeel

erbarmen I *tr* medelijden inboezemen; **II** *sich* ~ zich ontfermen: *sich jmds* (of: *sich über jmdn*) ~ zich over iem ontfermen

Erbarmen o^{39} erbarming, medelijden

erbarmenswert deerniswekkend

erbärmlich 1 erbarmelijk, ellendig; **2** verschrikkelijk; **3** laag, verachtelijk

Erbarmung v^{20} erbarming, ontferming

erbarmungslos meedogenloos

erbauen 1 (op)bouwen; **2** *(fig)* stichten: *von*[+3] (of: *über*[+4]) *etwas nicht erbaut sein* niet blij zijn met iets

Erbauer m^9 bouwer, stichter

erbaulich stichtelijk, verheffend

Erbauung v^{20} stichting

Erbe I m^{15} erfgenaam; **II** o^{39} erfenis

erben 1 erven; **2** overerven; **3** overnemen

erbeuten buitmaken; *(fig)* veroveren

Erbfehler m^9 erfelijk gebrek, familiegebrek

erbieten[130]**, sich** zich aanbieden, zich bereid verklaren

Erbin v^{22} erfgename

erbitten[132] verzoeken, vragen (om)

erbittern verbitteren

erbittert verwoed, verbitterd

erblassen 1 bleek worden; **2** sterven

erbleichen I *zw* verbleken; **II** *st*[148] sterven

erblich erfelijk

Erblichkeit v^{28} erfelijkheid

erblicken zien; beschouwen als

erblinden 1 blind worden; **2** dof worden

erblühen opbloeien, tot bloei komen

Erbmasse v^{21} **1** boedel; **2** *(biol)* erfmassa, (de) genen

erbosen I *tr* boos maken; **II** *sich* ~ boos worden, zich boos maken

Erbpacht v^{20} erfpacht

erbrechen[137] **I** *tr* **1** openbreken; **2** uitbraken; **II** *sich* ~ braken, overgeven

Erbrecht o^{29} erfrecht

erbringen[139] **1** *(het bedrag)* opbrengen; **2** *(bewijs)* leveren; **3** *(winst)* opleveren

Erbschaft v^{20} erfenis, nalatenschap

Erbschaftsmasse v^{21} boedel

Erbschaftssteuer v^{21} successierechten *(mv)*

Erbse v^{21} erwt

Erbsensuppe v^{21} erwtensoep, snert

Erbteil o^{29} **1** erfdeel; **2** geërfde eigenschap

Erdarbeiten *mv* v^{20} grondwerk

Erdball m^{19} aardbol

Erdbeben o^{35} aardbeving

Erdbeere v^{21} aardbei

Erdboden m^{19} aardbodem, aarde, grond

Erde v^{21} **1** aarde, grond, bodem, aardbol; **2** aarde, aardleiding

erden *(elektr)* aarden

erdenkbar denkbaar, te bedenken, mogelijk

erdenken[140] uitdenken, bedenken, verzinnen

erdenklich denkbaar, te bedenken, mogelijk

Erdgas o^{39} aardgas

Erdgasvorkommen o^{35} gasbel, gasveld

Erdgeschoss o^{29} benedenverdieping, parterre, begane grond: *im* ~ beneden

erdichten verdichten, verzinnen

erdichtet gefingeerd, fictief

Erdichtung v^{20} verzinsel; (het) verzinnen

Erdkabel o^{33} grondkabel

Erdkugel I v^{28} aardbol; **II** v^{21} globe

Erdkunde v^{28} aardrijkskunde, geografie

Erdleitung v^{20} aardleiding

Erdmasse v^{21} aardmassa, grondmassa

Erdnuss v^{25} aardnoot, pinda

Erdnussbutter v^{28} pindakaas

Erdöl o^{39} aardolie

Erdölbohrung v^{20} olieboring

Erdölfeld o^{31} olieveld

Erdölvorkommen o^{35} **1** aanwezigheid van aardolie; **2** vindplaats van aardolie; **3** hoeveelheid aardolie

Erdreich o^{39} aardrijk, bodem, grond

erdreisten, sich zich verstouten

erdrosseln 1 wurgen; **2** *(fig)* smoren

erdrücken 1 platdrukken, bedelven; **2** dooddrukken; **3** *(fig)* wegdrukken

Erdrutsch m^5 aardverschuiving

Erdsatellit m^{14} aardsatelliet

Erdteil m^5 werelddeel

erdulden dulden, doorstaan, verdragen
Erdumfang *m*[19] omtrek van de aarde
Erdumlaufbahn *v*[20] baan om de aarde
Erdung *v*[20] **1** aarding; **2** aarde
ereifern, sich zich boos maken, zich opwinden
ereignen, sich gebeuren, voorvallen
Ereignis *o*[29a] gebeurtenis, voorval
ereilen achterhalen, overvallen
Erektion *v*[20] erectie
Eremit *m*[14] heremiet, kluizenaar
erfahren I *ww*[153] **1** vernemen, te weten komen; **2** ondervinden, ervaren; **3** ondergaan; **II** *bn* ervaren, rijk aan ondervinding
Erfahrenheit *v*[28] ervarenheid
Erfahrung *v*[20] ervaring, ondervinding: *aus* ~ bij ervaring; *in* ~ *bringen* te weten komen
Erfahrungsaustausch *m*[19] (het) uitwisselen van ervaringen
erfassen 1 aanvatten, (aan)grijpen; **2** beseffen, begrijpen; **3** *(fig)* omvatten, zich uitstrekken tot; **4** registreren; **5** zich meester maken van
Erfassung *v*[20] **1** besef, begrip; **2** registratie
erfinden[157] **1** uitvinden; **2** bedenken, verzinnen
Erfinder *m*[9] uitvinder
erfinderisch vindingrijk, vernuftig
Erfindung *v*[20] **1** (uit)vinding; **2** verdichtsel
Erfindungsgabe *v*[28], **Erfindungskraft** *v*[28] vindingrijkheid, vernuft, fantasie
Erfolg *m*[5] succes, welslagen: ~ *versprechend* veelbelovend
erfolgen gebeuren, plaatshebben
erfolglos zonder resultaat, vergeefs
erfolgreich succesvol
erfolgversprechend *oude spelling voor* Erfolg versprechend, *zie* Erfolg
erforderlich vereist, noodzakelijk
erfordern vergen, vereisen
Erfordernis *o*[29a] eis, vereiste
erforschen navorsen, onderzoeken
Erforscher *m*[9] onderzoeker
Erforschung *v*[20] onderzoek, exploratie
erfragen door vragen te weten komen: *Näheres zu* ~ *bei*[+3] nadere inlichtingen bij
erfrechen, sich de brutaliteit hebben
erfreuen I *tr* verheugen, verblijden; **II** *sich* ~[+2] zich verheugen in, genieten: *sich* ~ *an*[+3] genieten van
erfreulich verblijdend, heuglijk, verheugend
erfreulicherweise gelukkig
erfrieren[163] bevriezen, doodvriezen
erfrischen verfrissen, verkwikken
Erfrischung *v*[20] verfrissing
Erfrischungsraum *m*[6] kantine, lunchroom
erfüllen I *tr* **1** *(verzoek)* inwilligen; **2** *(belofte, verdrag, verplichtingen)* nakomen; **3** *(hoop)* verwezenlijken; **4** *(zijn plicht)* vervullen; **II** *sich* ~ uitkomen, vervuld worden
Erfüllung *v*[20] vervulling, verwezenlijking, nakoming; *zie* erfüllen
ergänzen volledig maken, aanvullen

ergänzend aanvullend
Ergänzung *v*[20] aanvulling, completering
ergaunern bijeenstelen
ergeben[166] **I** *tr* opleveren, tot resultaat hebben, leiden tot; **II** *sich* ~ **1** blijken, voortkomen, ontstaan: *daraus ergibt sich, dass* … daaruit blijkt dat …; **2** zich overgeven: *sich dem Trunk* ~ aan de drank raken; **III** *bn* **1** toegedaan, genegen; **2** berustend
Ergebenheit *v*[28] **1** toegenegenheid, gehechtheid; **2** berusting
Ergebnis *o*[29a] uitslag, uitkomst, resultaat
Ergebung *v*[28] gelatenheid, berusting, overgave
ergehen[168] **I** *intr* *(mbt bevelen)* uitgaan; uitgevaardigd worden: ~ *lassen* uitvaardigen; **II** *sich* ~ **1** zich vertreden; **2** uitweiden: *sich* ~ *in*[+3] uitvoerig spreken over || *etwas über sich* ~ *lassen* iets over zich heen laten gaan; *wie wird es ihm* ~? hoe zal het hem (ver)gaan?
ergiebig vruchtbaar, rijk, winstgevend: *sehr* ~ *sein* veel opleveren
ergießen[175] **I** *tr* uitgieten, uitstorten; **II** *sich* ~ **1** zich uitstorten; **2** uitlopen, uitmonden
ergötzen vermaken, amuseren
ergötzlich vermakelijk
ergreifen[181] **1** *(de gelegenheid)* (aan)grijpen; *(wapens)* opnemen; **2** aangrijpen, roeren; **3** pakken, arresteren; **4** *(de vlucht, maatregelen, het woord)* nemen
ergreifend aandoenlijk, roerend
Ergreifung *v*[28] **1** (het) overnemen; **2** arrestatie
ergriffen aangedaan, ontroerd
Ergriffenheit *v*[28] ontroering, bewogenheid
ergründen doorgronden, naspeuren
Erguss *m*[6] **1** *(med)* uitstorting; **2** ontboezeming
erhaben verheven, groots
Erhabenheit *v*[20] verhevenheid, grootsheid
Erhalt *m*[19] **1** ontvangst; **2** (het) bewaren
erhalten[183] **I** *tr* **1** (be)houden, bewaren: *jmdn am Leben* ~ iem in het leven houden; **2** krijgen, ontvangen; **3** onderhouden; **II** *sich* ~ (blijven) bestaan, bewaard blijven
erhältlich verkrijgbaar, te koop
Erhaltung *v*[28] **1** instandhouding, behoud, handhaving; **2** onderhoud, verzorging
erhängen ophangen
erhärten **I** *tr* **1** hard maken; **2** staven, bewijzen; **II** *intr* hard worden
erheben[186] **I** *tr* **1** *(ogen, zijn glas)* opheffen; **2** *(zijn stem)* verheffen; **3** *(belasting)* heffen; **4** *(klacht)* indienen; **5** *(gegevens)* verzamelen; **6** *(aanspraak)* maken; **7** *(protest)* aantekenen; **8** *(schade)* vaststellen; **II** *sich* ~ **1** zich verheffen, opstaan *(ook fig)*, overeind komen, oprijzen, verrijzen; **2** in opstand komen
erheblich aanzienlijk, belangrijk
Erhebung I *v*[28] (het) verheffen; **II** *v*[20] **1** verheffing, heuvel; **2** heffing, invordering, inning; **3** opstand; **4** enquête
erheitern I *tr* opvrolijken, amuseren; **II** *sich* ~ **1** op-

klaren; **2** vrolijk worden

erhellen I *tr* **1** verlichten; **2** duidelijk maken: *daraus erhellt* daaruit blijkt; **II** *sich* ~ opklaren

erhitzen I *tr* verhitten *(ook fig);* **II** *sich* ~ heet worden; *(fig)* zich opwinden

erhöhen 1 ophogen; **2** verhogen, vergroten, vermeerderen: *die Preise* ~ de prijzen verhogen

Erhöhung v^{20} **1** verhoging; **2** vermeerdering, vergroting; **3** heuvel

erholen, sich 1 herstellen, genezen: *sich von dem Schreck* ~ van de schrik bekomen; **2** zich ontspannen, uitrusten; **3** weer stijgen

erholsam verkwikkend, verfrissend

Erholung v^{28} herstel; ontspanning, rust

erhören verhoren

erinnern I *tr* herinneren; **II** *sich* ~ zich herinneren: *sich an eine Sache* (of: *sich einer Sache*[2]) ~ zich iets herinneren

Erinnerung v^{20} **1** herinnering; **2** aanmaning

Erinnerungsvermögen o^{39} herinneringsvermogen

erkalten koud worden; *(fig)* bekoelen

erkälten, sich kou vatten

Erkaltung v^{28} afkoeling; bekoeling

Erkältung v^{20} verkoudheid, kou

erkennbar (her)kenbaar, zichtbaar, te onderscheiden

erkennen[189] I *tr* **1** zien, onderscheiden; **2** herkennen; **3** inzien, beseffen; **II** *intr* vonnissen: ~ *auf*[+4] veroordelen tot || *zu* ~ *geben* te kennen geven

erkenntlich 1 duidelijk; **2** erkentelijk

Erkenntlichkeit I v^{28} erkentelijkheid; **II** v^{20} bewijs van erkentelijkheid

Erkenntnis v^{24} **1** inzicht, besef; **2** kennis

Erkennung v^{28} herkenning

Erkennungsdienst m^5 identificatiedienst

Erker m^9 erker

erklärbar verklaarbaar

erklären I *tr* verklaren, uitleggen; **II** *sich* ~ **1** zich verklaren, zijn mening geven: *ein erklärter Gegner* een uitgesproken tegenstander; **2** verklaarbaar zijn

erklärlich verklaarbaar, begrijpelijk

Erklärung v^{20} verklaring, uitleg

erklecklich aanzienlijk, belangrijk

erkranken ziek worden: *erkrankt sein an*[+3] lijden aan

Erkrankung v^{20} ziekte, (het) ziek zijn

erkunden *(mil)* verkennen, te weten komen

erkundigen, sich informeren: *sich* ~ *nach*[+3] inlichtingen inwinnen over

Erkundigung v^{20} inlichting, informatie

Erkundung v^{20} *(mil)* verkenning

erlahmen 1 verlammen; **2** verflauwen

erlangen (ver)krijgen, behalen, verwerven

Erlass m^5 **1** decreet, besluit; **2** kwijtschelding

erlassen[197] **1** uitvaardigen; **2** kwijtschelden

erlauben veroorloven, toestaan, gedogen: ~ *Sie?* staat u mij toe?, mag ik?

Erlaubnis v^{24} toestemming, vergunning

erläutern toelichten, verklaren, becommentariëren

Erläuterung v^{20} verklaring, toelichting

Erle v^{21} els, elzenboom

erleben beleven, ondervinden

Erlebnis o^{29a} gebeurtenis, ervaring: ~*se* wederwaardigheden, lotgevallen

erledigen I *tr* **1** afhandelen, afdoen; **2** *(twijfel)* een einde maken aan; **3** *(formaliteiten)* vervullen; **4** *(bevel, bestelling)* uitvoeren; **5** *(tegenstander)* uitschakelen: *jmdn* ~: *a)* iem doden; *b)* iem te gronde richten; **II** *sich* ~ in orde komen: *der Fall hat sich erledigt* de zaak is afgedaan

Erledigung v^{20} afdoening, afhandeling, afwikkeling; *zie* erledigen

erlegen doden, neerschieten

erleichtern 1 verlichten, vergemakkelijken; **2** lichter maken, beroven: *jmdn um etwas* ~ iem van iets beroven; **3** oplichten

Erleichterung v^{20} verlichting; vergemakkelijking; opluchting; faciliteit

erleiden[199] **1** *(een nederlaag, pijn)* lijden; **2** *(veranderingen)* ondergaan; *(vertraging)* ondervinden: *Verletzungen* ~ gewond worden

erlernen (aan)leren

erleuchten verlichten *(ook fig)*

Erleuchtung v^{20} verlichting, inzicht, ingeving

erliegen[202] het onderspit delven, bezwijken: *einer Krankheit* ~ aan een ziekte bezwijken; *zum Erliegen kommen* tot stilstand komen

Erlös m^5 opbrengst

erlöschen[150] **1** uitgaan, uitdoven; **2** *(mbt geslacht)* uitsterven; **3** aflopen, vervallen, ophouden te bestaan; **4** verflauwen, zwakker worden

erlösen redden, bevrijden, verlossen

Erlöser m^9 **1** bevrijder; **2** Verlosser, Heiland

Erlösung v^{20} **1** bevrijding; **2** verlossing

ermächtigen machtigen

Ermächtigung v^{20} machtiging, volmacht

ermahnen vermanen, aanmanen, aansporen

Ermahnung v^{20} vermaning

Ermangelung, Ermanglung v^{28}: *in* ~ *eines Besseren* bij gebrek aan beter

ermäßigen matigen; verlagen

Ermäßigung v^{20} **1** matiging, verlaging; **2** korting

ermessen[208] begrijpen, beseffen, overzien

Ermessen o^{39} oordeel, goeddunken: *nach menschlichem* ~ menselijkerwijs gesproken

ermitteln 1 vaststellen, opsporen; **2** berekenen; **3** een onderzoek instellen

Ermittlung v^{20} **1** vaststelling, opsporing; **2** onderzoek

Ermittlungsrichter m^9 rechter van instructie

ermöglichen mogelijk maken

ermorden vermoorden

Ermordung v^{20} (het) vermoorden, moord

ermüden I *tr* vermoeien; **II** *intr* moe worden

Ermüdung v^{20} vermoeidheid, moeheid

ermuntern 1 opmonteren; **2** aanmoedigen

Ermunterung v^{20} **1** aanmoediging; **2** opmontering

ermutigen aanmoedigen

ersetzen

ernähren I *tr* voeden: *eine Familie* ~ een gezin onderhouden; II *sich* ~ in zijn onderhoud voorzien
Ernährer *m*⁹ kostwinner
Ernährung *v*²⁸ 1 voeding, voedsel; 2 (het) voeden, (het) gevoed worden; 3 onderhoud
ernennen²¹³ benoemen, *(Belg)* affecteren
Ernennung *v*²⁰ benoeming, *(Belg)* affectatie
Ernennungsurkunde *v*²¹ akte van benoeming, *(Belg)* aanstellingsbesluit
erneuern I *tr* 1 vernieuwen; 2 *(schilderij)* restaureren; 3 *(vriendschap)* hernieuwen; II *sich* ~ (weer) nieuw worden, zich vernieuwen
Erneuerung *v*²⁰ vernieuwing
erneut 1 vernieuwd, nieuw; 2 opnieuw
erniedrigen 1 verminderen, verlagen; 2 vernederen
Erniedrigung *v*²⁰ 1 vermindering, verlaging; 2 vernedering
ernst ernstig
Ernst *m*¹⁹ ernst: *es ist mir* ~! ik meen het in ernst!; *das ist nicht Ihr* ~! dat meent u niet!; *im* ~ in ernst, ernstig; *in allem* ~ in alle ernst; *tierischer* ~ gebrek aan humor
Ernstfall *m*⁶ ernstig geval: *im* ~ in geval van nood
ernsthaft ernstig, serieus
ernstlich ernstig, serieus
Ernte *v*²¹ oogst *(ook fig)*
Erntedankfest *o*²⁹ oogstfeest
Ernteertrag *m*⁶ opbrengst van de oogst
ernten oogsten, inzamelen; *(aardappelen)* rooien
ernüchtern ontnuchteren *(ook fig)*
Ernüchterung *v*²⁰ ontnuchtering
erobern veroveren
Eroberung *v*²⁰ verovering
eröffnen 1 *(een tentoonstelling, winkel, testament, rekening)* openen; 2 meedelen, te kennen geven || *den Konkurs* ~ de faillissementsprocedure beginnen
Eröffnung *v*²⁰ 1 opening; 2 mededeling
erörtern (uitvoerig) bespreken
Erörterung *v*²⁰ uiteenzetting, betoog
Erosion *v*²⁰ erosie
Erotik *v*²⁸ erotiek
erotisch erotisch
erpicht *(met auf*⁺⁴*)* verzot op, belust op
erpressen afpersen: *jmdn* ~ iem chanteren
Erpresser *m*⁹ afperser, chanteur
Erpressung *v*²⁰ afpersing, chantage
erproben beproeven, op de proef stellen
erquicken verkwikken, laven, verfrissen
erquicklich verkwikkend, verfrissend
Erquickung *v*²⁰ verkwikking, verfrissing
erraten²¹⁸ raden
errechnen uitrekenen, berekenen
erregbar prikkelbaar, gevoelig, lichtgeraakt
Erregbarkeit *v*²⁸ prikkelbaarheid
erregen veroorzaken, doen ontstaan, wekken; *(aanstoot)* geven; *(opzien)* baren; *(medelijden, verbazing)* wekken; *(eetlust)* opwekken; *(ergernis)* veroorzaken

Erreger *m*⁹ *(med)* veroorzaker, verwekker
erregt opgewonden, levendig, opgewekt
Erregtheit *v*²⁸ opgewondenheid, opwinding
Erregung *v*²⁰ 1 opwinding, opgewondenheid, agitatie; emotie; 2 veroorzaking
erreichbar bereikbaar, te bereiken
erreichen bereiken, reiken tot, reiken aan
errichten oprichten, stichten, vestigen
Errichtung *v*²⁸ oprichting, stichting, vestiging
erringen²²⁴ *(door inspanning)* verwerven, verkrijgen, behalen, bevechten
erröten blozen, rood worden
Errungenschaft *v*²⁰ verworvenheid, aanwinst
Ersatz *m*¹⁹ 1 vergoeding, schadeloosstelling: *jmdm* ~ *leisten* iem schadeloosstellen; 2 vervanging, surrogaat; 3 *(mil)* reservetroepen *(mv)*; 4 vervanger; *(sp)* reserve
Ersatzanspruch *m*⁶ schadeclaim, eis tot schadeloosstelling
Ersatzdienst *m*⁵ *(mil)* vervangende dienst
Ersatzkasse *v*²¹ ziekenfonds voor vrijwillig verzekerden
Ersatzleistung *v*²⁰ schadeloosstelling
Ersatzreifen *m*¹¹ reserveband
Ersatzteil *o*²⁹ reserveonderdeel
Ersatztruppen *mv v*²¹ reservetroepen
ersatzweise als vergoeding, ter vervanging
ersaufen²²⁸ 1 verdrinken; 2 onderlopen
erschaffen²³⁰ scheppen, doen ontstaan
erschallen²³¹ (weer)klinken
erscheinen²³³ 1 verschijnen, komen opdagen; 2 verschijnen, zich vertonen; 3 voorkomen, lijken
Erscheinung *v*²⁰ 1 verschijning, (droom)gezicht; 2 verschijning, gestalte; 3 verschijnsel
erschießen²³⁸ doodschieten: *(fig) erschossen sein:* a) totaal verbouwereerd zijn; b) bekaf zijn
Erschießung *v*²⁰ (het) doodschieten
erschlaffen verslappen, verzwakken *(ook fig)*
Erschlaffung *v*²⁸ verslapping, verzwakking
erschlagen²⁴¹ doodslaan, doden: *ich bin* ~: a) ik ben verbluft; b) ik ben doodmoe
erschließen²⁴⁵ 1 ontsluiten, openen; 2 afleiden, opmaken
erschöpfen I *tr (zijn krachten, middelen, een thema)* uitputten; II *sich* ~ uitgeput raken
Erschöpfung *v*²⁰ uitputting, (het) uitputten
erschrecken I *zw* doen schrikken, verschrikken; II *st*²⁵¹ schrikken, ontstellen
erschreckend schrikwekkend
erschrocken geschrokken
Erschrockenheit *v*²⁸ verschriktheid, ontsteldheid
erschüttern 1 schokken; 2 doen schudden, doen trillen; 3 schokken, ontstellen
Erschütterung *v*²⁰ 1 schok; 2 (het) schudden, (het) trillen; 3 ontsteltenis
erschweren bemoeilijken
erschwinglich op te brengen, betaalbaar
ersehen²⁶¹ zien, besluiten
ersetzen vervangen; vergoeden, restitueren

er

ersichtlich duidelijk (te zien): *daraus wird* ~ hieruit blijkt

ersinnen[267] verzinnen, bedenken

erspähen in het oog krijgen, ontdekken

ersparen (be)sparen, opzijleggen

Ersparnis *v*[24] **1** besparing; **2** gespaarde geld

erst I *telw* eerst: *fürs Erste* vooreerst; **II** *bw* **1** eerst; vooraf; **2** pas: *eben* ~ pas, net; *jetzt* ~ *recht!* nu juist!; *wäre ich doch* ~ *da!* was ik er maar (al)vast!

erstarken aansterken, sterker worden

erstarren verstarren, verstijven, stollen

erstarrt verstijfd, verstard, gestold

Erstarrung *v*[20] verstijving, verstarring

erstatten terugbetalen, vergoeden || *Anzeige* ~ aangifte doen *(bij de politie); Bericht* ~ verslag uitbrengen

Erstattung *v*[20] **1** teruggave, vergoeding, restitutie; **2** (het) uitbrengen *(van verslag)*

Erstaufführung *v*[20] première

erstaunen I *tr* verbazen, verwonderen; **II** *intr* zich verbazen, verbaasd zijn

Erstaunen *o*[39] verbazing, verwondering: *in* ~ *(ver)setzen* verbaasd doen staan

erstaunlich verbazingwekkend

erstechen[277] doodsteken

erstehen[279] **I** *tr* weten te bemachtigen, kopen; **II** *intr* verrijzen, opstaan: *daraus* ~ *mir Schwierigkeiten* daaruit ontstaan voor mij moeilijkheden

Erstehung *v*[20] opstanding, verrijzenis

ersteigen[281] beklimmen, bestijgen

ersteigern (op een veiling) kopen

Ersteigung *v*[20] bestijging, beklimming

erstellen **1** oprichten, bouwen; **2** uitwerken

erstens ten eerste, op de eerste plaats

erstere: *Ersterer, Erstere, Ersteres* de eerstgenoemde

ersticken I *tr* doen stikken, smoren, verstikken; **II** *intr* stikken

Erstickung *v*[20] verstikking

erstklassig eersteklas, prima

erstmalig (voor) de eerste keer, voor het eerst plaatsvindend

erstmals voor de eerste maal

erstrangig **1** belangrijk; **2** eersteklas

erstreben streven naar, najagen

erstrebenswert begerenswaardig; waard dat men ernaar streeft

erstrecken, sich 1 zich uitstrekken; **2** betrekking hebben

erstürmen stormenderhand nemen

ersuchen verzoeken

Ersuchen *o*[35] verzoek

ertappen betrappen

erteilen 1 geven; **2** verlenen

ertönen (weer)klinken

Ertrag *m*[6] **1** opbrengst, oogst; **2** winst

ertragen[288] verdragen, dulden, uithouden

erträglich (ver)draaglijk, uit te houden

ertragreich winstgevend, productief

ertränken *tr* verdrinken

ertrinken[293], *intr* verdrinken

erübrigen I *tr* overhouden, besparen; **II** *sich* ~ overbodig zijn

erwachen wakker worden, ontwaken

erwachsen I *tr*[302] **1** opgroeien; **2** ontstaan: *daraus* ~ *Schwierigkeiten* daaruit vloeien moeilijkheden voort; **II** *bn* volwassen

Erwachsenenbildung *v*[28] volwasseneneducatie

Erwachsene(r) *m*[40a], *v*[40b] volwassene

erwägen[303] overwegen

Erwägung *v*[20] overweging: *in* ~ *ziehen* in overweging nemen

erwählen (ver)kiezen

erwähnen (terloops) vermelden, gewag maken van

erwähnenswert vermeldenswaard(ig)

Erwähnung *v*[20] (ver)melding

erwärmen I *tr* verwarmen; **II** *sich* ~ warm worden: *sich* ~ *für*[+4] warmlopen voor

erwarten verwachten, afwachten

Erwartung *v*[20] afwachting, verwachting: *in* ~[+2] in afwachting van

erwartungsvoll vol verwachting, hoopvol

erwecken 1 wekken, wakker maken; **2** wekken, veroorzaken

erwehren, sich[+2] afweren, zich van het lijf houden: *ich kann mich des Eindrucks nicht* ~, *dass* … ik kan me niet aan de indruk onttrekken dat …

erweichen I *tr* weken, week maken; vertederen; **II** *intr* week worden

Erweis *m*[5] bewijs

erweisen[307] **I** *tr* bewijzen; **II** *sich* ~ zich betonen, blijken

erweitern 1 verwijden; **2** *(macht, kennis)* uitbreiden; *(de oplage)* vermeerderen

Erweiterung *v*[20] **1** verwijding; **2** uitbreiding

Erwerb *m*[5] **1** (het) verwerven, (het) verkrijgen; **2** verdienste, loon; **3** aankoop; **4** broodwinning

erwerben[309] **1** verkrijgen, verwerven; **2** verdienen; **3** (aan)kopen

Erwerbsausfall *m*[6] inkomstenderving

erwerbsfähig in staat de kost te verdienen, valide, volwaardig

Erwerbsfähigkeit *v*[28] geschiktheid om de kost te verdienen, volwaardigheid

Erwerbslosenfürsorge *v*[28] **1** sociale dienst; **2** sociale bijstand

Erwerbslose(r) *m*[40a], *v*[40b] werk(e)loze

Erwerbsquelle *v*[21] bron van bestaan

erwerbstätig een beroep uitoefenend

erwerbsunfähig arbeidsongeschikt

Erwerbszweig *m*[5] bedrijfstak, branche

erwidern 1 antwoorden; **2** *(een groet, bezoek)* beantwoorden

Erwiderung *v*[20] **1** antwoord; **2** (het) beantwoorden

erwiesenermaßen zoals gebleken is

erwischen betrappen; gevangen nemen; te pakken krijgen: *den Zug* ~ de trein halen

erwünscht gewenst, aangenaam, welkom

erwürgen wurgen

Erz o^{29} **1** erts; **2** brons
erzählen vertellen, verhalen
Erzähler m^9 verteller, verhaler
Erzählung v^{20} vertelling, verhaal
Erzbischof m^6 aartsbisschop
Erzbistum o^{32} aartsbisdom
erzdumm oliedom, aartsdom
erzeigen I *tr (genade, een gunst)* betonen; *(een weldaad)* bewijzen; **II** *sich ~ zich* (be)tonen, zich doen kennen (als)
Erzengel m^9 aartsengel
erzeugen 1 verwekken; **2** voortbrengen, produceren, *(energie)* opwekken; **3** veroorzaken, doen ontstaan
Erzeuger m^9 **1** verwekker, vader; *(mv ook)* ouders; **2** producent
Erzeugerland o^{32} land van oorsprong
Erzeugnis o^{29a} voortbrengsel, product
Erzeugung v^{20} **1** verwekking; **2** voortbrenging, productie
erzfaul aartslui
Erzfeind m^5 aartsvijand
Erzförderung v^{20} ertswinning
Erzherzog m^6, m^5 aartshertog
erziehen [318] **1** opvoeden; **2** *(plantk)* kweken
Erzieher m^9 opvoeder, pedagoog
Erzieherin v^{22} opvoedster, pedagoge
erzieherisch opvoedkundig, pedagogisch
Erziehung v^{28} opvoeding, vorming
Erziehungsanstalt v^{20}, **Erziehungsheim** o^{29} opvoedingsinrichting
erzielen behalen, bereiken
Erzlügner m^9 aartsleugenaar
erzürnen vertoornen; boos maken
Erzvorkommen o^{35} vindplaats van erts
erzwingen [319] (af)dwingen, afpersen
es [82], *pers vnw* **1** het; **2** er: *~ gibt* er is, er zijn; *~ war einmal* er was eens; *da schleicht ~ heran* daar komt iets aansluipen; *~ heult der Sturm* de storm loeit
Esche v^{21} **1** es; **2** essenhout
eschen essenhouten, essen
Esel m^9 *(dierk, fig)* ezel
Eselei v^{20} domheid, stommiteit
Eselsbrücke v^{21} ezelsbrug
Eskalation v^{20} escalatie
eskalieren escaleren
Eskimo m^{13} *(2e nvl ook -; mv ook -)* eskimo
eskortieren [320] escorteren
Espe v^{21} ratelpopulier, esp(enboom)
Esperanto o^{39}, o^{39a} Esperanto
Essay [ɛse, ɛse] m^{13}, o^{36} essay, verhandeling
essbar eetbaar
Essbesteck o^{29} couvert
Essecke v^{21} eethoek
essen [152] eten
Essen o^{35} eten, maal, maaltijd, spijs
Essenz v^{20} **1** essentie; **2** aftreksel, essence
Esser m^9 eter: *ein starker ~* een flinke eter
Essig m^5 azijn

Esslöffel m^9 eetlepel
Esslust v^{28} eetlust
Essstäbchen o^{35} eetstokje
Esszimmer o^{33} eetkamer
etablieren [320] **I** *tr* stichten, oprichten; **II** *sich ~ zich* vestigen
etabliert vaststaand, gevestigd
Etage [etaʒə] v^{21} **1** etage; **2** etagewoning
Etagenbett o^{37} stapelbed
Etagenwohnung v^{20} flat
Etappe v^{21} **1** *(mil, sp)* etappe; **2** *(fig)* fase
etappenweise in etappes, bij gedeelten
Etat [eta] m^{13} begroting, budget
Etatjahr o^{29} begrotingsjaar
etepetete preuts, gemaakt, overgevoelig
Ethik v^{28} ethiek, ethica, zedenleer
ethisch ethisch
ethnisch etnisch
Ethos o^{39a} ethos, zedelijke houding
Etikett o^{29}, o^{37}, o^{36} etiket
Etikette v^{21} etiquette
etikettieren [320] etiketteren
etliche enige, sommige; ettelijke: *~s zu erzählen wissen* allerlei, van alles weten te vertellen
Etui [ɛtvi:, ɛttuiɛ] o^{36} **1** etui; **2** smal bed
etwa 1 ongeveer, plusminus: *das ist in ~ dasselbe* dat is ongeveer hetzelfde; **2** misschien, soms; **3** bijvoorbeeld
etwaig mogelijk, eventueel
etwas wat, iets, een beetje, een weinig: *nein, so ~!* wel, heb je van je leven!
euch I *pers vnw*[82] (aan, voor) u, jullie; **II** *wdkd vnw* je; elkaar: *ihr irrt ~ jullie* vergissen je; *kennt ihr ~?* kennen jullie elkaar?
euer I *bez vnw*[80] jullie; **II** *pers vnw*[82] (van) jullie
Eule v^{21} uil *(vogel en vlinder)*
Eulenspiegel m^9 schalk, grappenmaker
Euphemismus m *(2e nvl -; mv -men)* eufemisme
euerseits van jullie kant
eurige *(der, die, das)* (die, dat) van jullie: *unsere Tochter und die ~* onze dochter en die van jullie; *das Eurige, das ~* het uwe; *die Eurigen, die eurigen* de uwen
Euro m^{13} *(2e nvl ook -; mv ook -)* euro
Eurocheque m^{13} eurocheque
Eurochequekarte v^{21} eurochequebetaalpas
Europa o^{39} Europa
Europäer m^9 Europeaan
europäisch Europees: *Europäische Gemeinschaft (EG)* Europese Gemeenschap (EG)
Europameister m^9 *(sp)* Europees kampioen
Europameisterschaft v^{20} *(sp)* Europees kampioenschap
Europaparlament o^{39} europarlement
Eurovision v^{28} Eurovisie
Euter m^9, o^{33} uier
ev. 1 *afk van eventuell* eventueel *(afk* ev.); **2** *afk van evangelisch* protestants *(afk* prot.)
e.V., E.V. *afk van eingetragener Verein, Eingetrage-*

ner Verein geregistreerde vereniging
Evakuation *v²⁰* evacuatie
evakuieren³²⁰ evacueren
Evakuierte(r) *m⁴⁰ᵃ, v⁴⁰ᵇ* evacué
Evakuierung *v²⁰* evacuering
Evaluation *v²⁰* evaluatie
evaluieren³²⁰ evalueren
Evaluierung *v²⁰* evaluatie
evangelisch 1 evangelisch; **2** protestants
Evangelium *o (2e nvl -s; mv -lien)* evangelie
eventuell eventueel, mogelijk
Evolution *v²⁰* evolutie
evtl. *afk van eventuell* eventueel *(afk ev., evt.)*
E-Werk *o²⁹ verk van Elektrizitätswerk* elektrische centrale
ewig eeuwig: *auf ~* voor eeuwig
Ewigkeit *v²⁰* eeuwigheid
exakt exact, nauwkeurig
Examen *o³⁵ (mv ook Examina)* examen: *ein ~ ablegen* (of: *machen*) een examen doen; *ins ~ gehen* (of: *steigen*) examen gaan doen; *im ~ stehen* examen aan het doen zijn
Examinand *m¹⁴* examinandus
Examinator *m¹⁶* examinator
examinieren³²⁰ examineren
exekutieren³²⁰ executeren, uitvoeren
Exekution *v²⁰* executie, terechtstelling
exekutiv executief, uitvoerend
Exekutive, Exekutivgewalt *v²⁸* uitvoerende macht
Exempel *o³³* exempel, voorbeeld: *ein ~ statuieren* een voorbeeld stellen
Exemplar *o²⁹* exemplaar
exerzieren³²⁰ exerceren
Exerzierplatz *m⁶* exercitieveld
Exhibitionismus *m¹⁹ᵃ* exhibitionisme
Exhibitionist *m¹⁴* exhibitionist
Exil *o²⁹* ballingschap; verbanningsoord
existentiell existentieel
Existenz *v²⁰* existentie, bestaan
Existenzbedingung *v²⁰* bestaansvoorwaarde
Existenzberechtigung *v²⁰* bestaansrecht
existenzfähig levensvatbaar
existenziell *zie* existentiell
Existenzkampf *m⁶* strijd om het bestaan
Existenzminimum *o³⁹* bestaansminimum
existieren³²⁰ bestaan, existeren
exklusiv 1 exclusief, chic; **2** exclusief, uitsluitend
exklusive *vz⁺²,ˢᵒᵐˢ⁺³* exclusief, niet inbegrepen
Exklusivität *v²⁸* exclusiviteit
Exkurs *m⁵* uitweiding, excursie
Exkursion *v²⁰* excursie, uitstapje
exorbitant exorbitant
expandieren³²⁰ expanderen, uitzetten
Expansion *v²⁰* expansie
Expansionspolitik *v²⁸* expansiepolitiek
expansiv expansief
expedieren³²⁰ expediëren, versturen
Expedition *v²⁰* expeditie
Experiment *o²⁹* experiment

experimentell experimenteel
experimentieren³²⁰ experimenteren
Experte *m¹⁵* expert, deskundige
Explikation *v²⁰* explicatie, verklaring
explizieren³²⁰ expliceren, uitleggen
explodieren³²⁰ ontploffen, exploderen
Exploration *v²⁰* exploratie, onderzoek
explorieren³²⁰ exploreren, onderzoeken
Explosion *v²⁰* explosie, ontploffing
explosiv licht ontplofbaar, explosief
Export *m⁵* export, uitvoer
Exporteur *m⁵* exporteur
Exportgeschäft I *o²⁹* exportzaak; **II** *o³⁹* exporthandel
Exporthandel *m¹⁹* exporthandel
exportieren³²⁰ exporteren
Expressionismus *m¹⁹ᵃ* expressionisme
Expressionist *m¹⁴* expressionist
expressiv expressief, sprekend
exquisit exquis, uitgelezen
extern extern
extra 1 extra, bijzonder; **2** speciaal; **3** expres; **4** apart
Extraausgabe *v²¹* **1** extra-uitgave; **2** extra-editie
extrem extreem
Extrem *o²⁹* uiterste
Extremismus *m (2e nvl -; mv -mismen)* extremisme
Extremist *m¹⁴* extremist
Extremität *v²⁰* **1** extremiteit, uiterste; **2** *(mv)* ledematen, extremiteiten
exzellent excellent
Exzellenz *v²⁰* excellentie
exzentrisch excentriek *(ook fig)*
Exzeption *v²⁰* exceptie, uitzondering
exzeptionell exceptioneel
Exzess *m⁵* exces
Ez. *afk van Einzahl* enkelvoud *(afk enk.)*

f

Fa. *afk van Firma* firma (*afk* fa.)

Fabel *v*²¹ **1** fabel; **2** verzinsel, fabel

fabelhaft fabelachtig, ongelofelijk: *das ist ja ~!* dat is enorm!; *ein ~er Kerl* een fantastische vent

Fabrik *v*²⁰ fabriek

Fabrikanlage *v*²¹ fabrieksgebouw(en), fabrieksinstallatie(s), fabriekscomplex

Fabrikant *m*¹⁴ fabrikant

Fabrikat *o*²⁹ fabrikaat

Fabrikation *v*²⁰ fabricage

Fabrikbesitzer *m*⁹ fabrikant

fabrizieren³²⁰ fabriceren

fabulös fabelachtig

-fach -voudig

Fach *o*³² **1** vak: *ein Mann vom ~* een vakman; **2** *(theat)* genre

Facharbeiter *m*⁹ geschoolde arbeider

Facharzt *m*⁶ specialist

Fachausdruck *m*⁶ vakterm

Fachberater *m*⁹ vakkundig adviseur

Fachbereich *m*⁵ **1** vakgebied; **2** *(ond)* vakgroep

fächeln 1 zacht waaien; **2** waaieren; **3** koelte toewaaien

Fächer *m*⁹ waaier

Fachgebiet *o*²⁹ vakgebied

Fachgelehrte(r) *m*⁴⁰ᵃ, *v*⁴⁰ᵇ vakgeleerde

fachgemäß, **fachgerecht** vakkundig

Fachgeschäft *o*²⁹ speciaalzaak

Fachhochschule *v*²¹ school voor hoger beroepsonderwijs

Fachkenntnisse *mv v*²⁴ vakkennis

fachkundig vakkundig, vakbekwaam, *(Belg)* stielvaardig

Fachoberschule *v*²¹ school voor middelbaar beroepsonderwijs

fachsimpeln altijd over zijn vak praten

Fachverband *m*⁶ bedrijfschap; federatie

Fachwerk *o*³⁹ vakwerk *(constructie)*

Fackel *v*²¹ fakkel, flambouw, toorts

fackeln aarzelen, treuzelen

fad, fade 1 laf, flauw, smakeloos; **2** flauw, vervelend: *~s Zeug* flauwiteiten

fädeln 1 rijgen; **2** *(een draad)* in de naald doen; **3** ritselen, voor elkaar krijgen

Faden I *m*¹² draad *(ook fig)*; **II** *m*¹¹ vadem

Fadennudeln *mv v*²¹ vermicelli

fadenscheinig 1 kaal, tot op de draad versleten; **2** *(fig)* weinig steekhoudend, twijfelachtig

Fadheit I *v*²⁰ flauwiteit; **II** *v*²⁸ flauwe smaak

Fagott *o*²⁹ fagot

fähig 1 bekwaam, talentvol, knap; **2** in staat (tot)

Fähigkeit I *v*²⁰ bekwaamheid, capaciteit, talent; **II** *v*²⁸ (het) in staat zijn, vermogen

fahl vaal, grauw

Fähnchen *o*³⁵ **1** vaantje, vlaggetje, vlagje; **2** goedkoop jurkje

fahnden speuren: *nach jmdm ~* iem opsporen, zoeken

Fahndung *v*²⁰ speurwerk, opsporing

Fahndungsdienst *m*⁵ recherche, opsporingsdienst

Fahne *v*²¹ **1** vlag, vaandel; **2** *(typ)* drukproef; **3** *(mbt alcohol)* kegel: *eine ~ haben* naar sterkedrank ruiken

Fahnenflucht *v*²⁸ desertie, *(Belg)* vaandelvlucht

Fähnrich *m*⁵ vaandrig

Fahrausweis *m*⁵ **1** kaartje, plaatsbewijs; **2** *(Zwits)* rijbewijs

Fahrbahn *v*²⁰ rijbaan, rijweg

Fahrbereich *m*⁵ actieradius

fahrbereit 1 rijklaar; **2** startklaar

Fähre *v*²¹ (veer)pont; veer

fahren¹⁵³ **I** *tr* **1** varen, rijden: *Schlitten ~* sleetje rijden; *Ski ~* skiën, skilopen; **2** *(goederen)* rijden, vervoeren; **3** *(een voertuig)* rijden, besturen; **4** *(techn)* bedienen: *die Kamera ~* de camera bedienen; *eine Schicht ~* een ploegendienst draaien; **II** *intr* **1** varen, rijden; **2** reizen; **3** vertrekken; **4** schieten, vliegen, slaan, springen: *der Blitz fuhr in den Baum* de bliksem sloeg in de boom; *in die Höhe ~* opspringen; *in die Hosen ~* zijn broek aanschieten; *jmdm an die Kehle ~* iem naar de strot vliegen; **III** *sich ~* rijden: *dieser Wagen fährt sich gut* deze auto rijdt goed; *hier fährt es sich schlecht* het is hier moeilijk rijden

Fahrer *m*⁹ chauffeur, bestuurder

Fahrerflucht *v*²⁸ (het) doorrijden na een ongeval, *(Belg)* vluchtmisdrijf

Fahrerlaubnis *v*²⁴ **1** rijvaardigheidsbewijs; **2** rijbewijs

Fahrgast *m*⁶ passagier, reiziger

Fahrgeld *o*³¹ reisgeld

Fahrgemeinschaft *v*²⁰ carpool

Fahrgestell *o*²⁹ **1** onderstel; **2** landingsgestel; **3** chassis

fahrig onrustig, gejaagd, nerveus

Fahrkarte *v*²¹ kaartje, plaatsbewijs

Fahrkilometer *m*⁹ afgelegde kilometer

fahrlässig slordig, achteloos, nonchalant: *~e Tötung* dood door schuld

Fahrlässigkeit *v*²⁰ slordigheid, nonchalance, nalatigheid

Fahrlehrer *m*⁹ rij-instructeur

Fahrplan *m*⁶ dienstregeling, spoorboekje

Fahrpreis *m*⁵ ritprijs, vervoerprijs

Fahrprüfung *v*²⁰ rijexamen

Fahrrad *o*³² rijwiel, fiets

Fahrradfahrer *m*[9] fietser
Fahrrinne *v*[21] vaargeul
Fahrschein *m*[5] kaartje, reisbiljet
Fahrscheinentwerter *m*[9] stempelautomaat
Fährschiff *o*[29] veerboot, (veer)pont
Fahrschule *v*[21] autorijschool; *(inform)* rijles
Fahrschüler *m*[9] leerling van een autorijschool
Fahrspur *v*[20], **Fahrstreifen** *m*[11] rijstrook
Fahrstuhl *m*[6] 1 lift; 2 rolstoel
Fahrstunde *v*[21] rijles, autorijles
Fahrt I *v*[20] tocht, reis, rit; **II** *v*[28] 1 (het) rijden, rit;
vaart, (het) varen; 2 vaart, snelheid || in ~ *kommen*
(of: *geraten): a)* op gang komen; *b)* kwaad worden;
eine ~ ins Blaue een tochtje met onbekende bestemming
Fährte *v*[21] spoor *(van wild)*
Fahrtenbuch *o*[32] rijtijdenboekje
Fahrtenschreiber *m*[9] tachograaf
Fahrtüchtigkeit *v*[20] 1 rijvaardigheid; 2 (het) vervoerstechnisch in orde zijn
Fahrverbot *o*[29] rijverbod
Fahrverhalten *o*[39] rijgedrag
Fahrwasser *o*[39] vaarwater
Fahrweise *v*[1] rijstijl
Fahrzeug *o*[29] 1 vaartuig; 2 voertuig
Fahrzeugbrief *m*[5] *(ongev)* kentekenbewijs
Fahrzeugpark *m*[13] wagenpark
Fakt *m*[13], *m*[16], *o*[36], *o*[37] feit
faktisch factisch, feitelijk, in feite
Faktor *m*[16] factor *(ook rekenk)*
fakturieren[320] factureren
Fakultät *v*[20] faculteit
fakultativ facultatief
Falke *m*[15] valk: *(fig) ~n und Tauben* haviken en duiven
Fall *m*[6] 1 val, (het) vallen, ondergang: *der ~ Trojas*
de val van Troje; *zu ~ kommen* ten val komen; 2
naamval; 3 geval: *der ~ Müller* de zaak Müller; *auf
jeden ~* (of: *auf alle Fälle)* in ieder geval
Falle *v*[21] 1 val, valstrik: *jmdm eine ~ stellen* iem een
strik spannen; 2 *(inform)* bed: *in die ~ gehen: a)* in
de val lopen; *b)* naar bed gaan
fallen[154] 1 vallen: *eine Erbschaft fällt an jmdn* een
erfenis valt iem toe; 2 dalen, zakken: *das Barometer
fällt* de barometer daalt; *ein Weg fällt* een weg helt
(af); 3 sneuvelen
fällen vellen, omhouwen, neerslaan; 2 vellen, uitspreken
Fallgrube *v*[21] valkuil
fällig 1 vervallen, betaalbaar: *~e Zinsen* verschenen
rente; 2 *(mbt vordering)* opeisbaar: *der Beitrag ist ~*
de contributie moet betaald worden || *der Zug ist
bald ~* de trein moet weldra aankomen
Fälligkeitstag *m*[5] vervaldag
Fälligkeitstermin *m*[5] vervaldatum
Fallobst *o*[39] afgevallen fruit
Fallrückzieher *m*[9] *(sp)* omhaal
falls voor het geval dat, indien
Fallschirm *m*[5] valscherm, parachute

Fallschirmjäger *m*[9] *(mil)* parachutist
Fallschirmspringen *o*[39] (het) parachutespringen
Fallschirmspringer *m*[9] parachutist
Fallstrick *m*[5] valstrik
Fallstudie *v*[21] case, casestudy
Fallsucht *v*[28] epilepsie, vallende ziekte
falsch 1 vals, onjuist; onecht; vervalst: *~er Saum*
loze zoom; *~ schwören* een valse eed afleggen; 2
fout, verkeerd: *~ liegen* het mis hebben; *(telecom)*
~ verbunden verkeerd verbonden
fälschen vervalsen
Falschfahrer *m*[9] spookrijder
Falschheit *v*[28] 1 valsheid, onechtheid; 2 onjuistheid;
3 onbetrouwbaarheid
fälschlich, fälschlicherweise vals, valselijk, ten
onrechte
Falschmünzer *m*[9] valsemunter
Falschparker *m*[9] foutparkeerder
Fälschung *v*[20] 1 vervalsing; 2 (het) vervalsen
Faltboot *o*[29] vouwboot
Falte *v*[21] vouw, plooi, rimpel: *~n schlagen* (of: *werfen)* in plooien vallen
falten I *tr* (op-, samen)vouwen, plooien; *(het voorhoofd)* fronsen; **II** *sich ~* rimpelen
faltenlos zonder plooien, vouwen, rimpels
Falter *m*[9] vlinder
faltig 1 geplooid; 2 gerimpeld; 3 gekreukt
familiär 1 het gezin betreffend, familiaal; 2 familiair; 3 vrijpostig
Familie *v*[21] gezin, familie: *keine ~ haben* geen
(vrouw en) kinderen hebben
Familienanschluss *m*[19]: *mit ~* met huiselijk verkeer
Familienname *m*[18] achternaam, familienaam
Familienoberhaupt *o*[32] gezinshoofd
Familienplanung *v*[20] gezinsplanning
Familienstand *m*[19] burgerlijke staat
Familientreffen *o*[35] familiereünie
Familienzuwachs *m*[6] gezinsuitbreiding
famos fameus, prachtig, reusachtig
Fan *m*[13] fan
Fanatiker *m*[9] fanaticus; fanatiekeling
fanatisch fanatiek
Fanatismus *m*[19a] fanatisme
Fang *m*[6] 1 vangst, buit; 2 klauw
fangen[155] **I** *tr* 1 vangen, pakken, grijpen, betrappen;
2 *(vlam)* vatten; **II** *sich ~* 1 in de val lopen; 2 herstellen, het evenwicht hervinden
Fänger *m*[9] 1 vanger, jager; 2 *(sp)* catcher
Fangfrage *v*[21] strikvraag
fangsicher klemvast *(van keeper)*
Fantasie *v*[21] 1 fantasie; 2 *(mv)* koortsdromen, drogbeelden
fantasieren[320] 1 fantaseren; 2 ijlen
Fantast *m*[14] fantast, dromer
fantastisch fantastisch
Farbaufnahme *v*[21] kleurenfoto
Farbbild *o*[31] kleurenfoto
Farbe *v*[1] 1 kleur, tint: *die ~ wechseln: a)* van kleur
verschieten; *b)* van partij veranderen; 2 verf

färben I *tr* verven, kleuren; **II** *sich* ~ een kleur krijgen

farbenblind kleurenblind

farbenfreudig, farbenfroh kleurrijk, fleurig

Farbfernsehen o^{39} kleurentelevisie

Farbfernseher m^9 kleurentelevisietoestel

Farbfilm m^5 kleurenfilm

farbig kleurig, gekleurd, bont

Farbige(r) m^{40a}, v^{40b} kleurling(e)

farblos kleurloos, bleek, saai

Farbstift m^5 kleurpotlood

Farbstoff m^5 kleurstof

Farbton m^6 tint

Färbung v^{20} **1** schakering, nuance, tint; **2** (het) kleuren, (het) verven; **3** *(fig)* richting, tendens

Farn m^5, **Farnkraut** o^{32} varen

Fasan m^5, m^{16} fazant

Fasching m^5, m^{13} *(Z-Dui)* carnaval

Faschismus m^{19a} fascisme

Faschist m^{14} fascist

faschistisch fascistisch

Faselei v^{20} geleuter, geklets

faseln leuteren, zwammen

Faser v^{21} vezel, draad(je)

faserig draderig, vezelig

fasernackt spiernaakt

Faserplatte v^{21} board

Fass o^{32} vat, ton: *(fig) ein* ~ *ohne Boden* een bodemloze put

Fassade v^{21} **1** façade, voorgevel; **2** façade, schijn: *die* ~ *wahren* de schijn redden; **3** gezicht

Fassadenkletterer m^9 geveltoerist

fassbar 1 te vatten, begrijpelijk; **2** concreet

fassen I *tr* **1** pakken, grijpen; **2** laden, innemen; **3** kunnen bevatten; **4** vatten, begrijpen; **5** vatten, inlijsten; *(edelstenen)* zetten; *(werktuigen)* klemmen, pakken || *Vertrauen zu jmdm* ~ vertrouwen in iem krijgen; **II** *sich* ~ zich beheersen, kalm worden: *sich kurz* ~ kort zijn; *sich ein Herz* (of: *sich Mut*) ~ de stoute schoenen aantrekken

fasslich te vatten, begrijpelijk, duidelijk

Fasson [fasō, fasoon] v^{27} **1** vorm; **2** snit, coupe: *keine* ~ *mehr haben* uit zijn fatsoen zijn; *aus der* ~ *geraten* dik worden; *jeder nach seiner* ~ ieder op zijn manier

Fassonschnitt m^{19} gedekt model *(van haren)*

Fassung v^{20} **1** vatting, zetting *(ve edelsteen);* **2** montuur *(van bril);* **3** *(elektr)* fitting; **4** formulering; **5** redactie, versie; **6** kalmte, zelfbeheersing: *jmdn aus der* ~ *bringen* iem van zijn stuk brengen

Fassungskraft v^{28} bevattingsvermogen, begripsvermogen

fassungslos van zijn stuk, in de war, van streek

Fassungsvermögen o^{39} inhoud, volume, capaciteit

Fasswein m^5 wijn van het vat

fast bijna, haast

fasten vasten

Fasten *mv* **1** vasten; **2** vastentijd

Fastnacht v^{28} Vastenavond

Fastnachtszeit v^{20} carnavalstijd

faszinieren ^{320} fascineren, betoveren

fatal 1 fataal, noodlottig; **2** onaangenaam

fauchen 1 *(mbt katten, locomotieven)* snuiven, blazen, sissen; **2** snauwen

faul 1 (ver)rot, bedorven; **2** twijfelachtig, bedenkelijk, verdacht: *eine ~e Sache* een vies zaakje; *die Sache ist* ~ er zit een luchtje aan; **3** lui: *auf der ~en Haut liegen* luilakken || *~e Ausreden* smoesjes

Fäule v^{28} verrotting, bederf

faulen (ver)rotten, bederven

faulenzen luieren, luilakken

Faulenzer m^9 **1** luilak, luiaard; **2** luie stoel

Faulenzerei v^{20} geluier

Faulheit v^{28} luiheid, gemakzucht

Fäulnis v^{28} verrotting, bederf, ontbinding

Faulpelz m^5 luilak, luiwammes

Fauna v *(mv Faunen)* fauna

Faust v^{25} vuist: *das passt wie die* ~ *aufs Auge: a)* dat slaat als een tang op een varken; *b)* dat sluit als een bus; *auf eigene* ~ op eigen houtje

faustdick zo dik als een vuist: *er hat es* ~ *hinter den Ohren* hij heeft het achter zijn ellebogen

fausten *(sp):* den Ball ~ de bal wegstompen

Fausthandschuh m^5, **Fäustling** m^5 want

Faustpfand o^{32} vuistpand

Faustrecht o^{39} vuistrecht, recht van de sterkste

Faustregel v^{21} vuistregel

favorisieren ^{320} **1** favoriet verklaren; **2** begunstigen

Favorit m^{14} favoriet, gunsteling

Fax o *(2e nvl -; mv -(e))* **1** fax(bericht); **2** fax(apparaat)

faxen faxen

Faxen *mv* v^{21} (flauwe) grappen, onzin

Faxgerät o^{29} fax, faxapparaat

Fäzes *mv* fecaliën, uitwerpselen

Fazit o^{29}, o^{36} **1** conclusie; **2** resultaat

FDP *afk van Freie Demokratische Partei*

Februar m^5 *(2e nvl ook -)* februari

fechten ^{156} schermen

Fechter m^9 schermer

Feder v^{21} **1** veer, pluim: *(fig) ~n lassen müssen* een veer moeten laten; **2** pen; **3** *(techn)* veer

Federball I m^{19} badminton; **II** m^6 shuttle

Federballspiel o^{29} badminton

Federbett o^{37} veren dekbed

federführend bevoegd, verantwoordelijk

Federhalter m^9 penhouder

Federkissen o^{35} veren kussen

federleicht (zo) licht als een veer

Federlesen o^{39}: *nicht viel ~(s) mit etwas machen* met iets korte metten maken; *ohne viel ~(s)* zonder omhaal, zonder drukte

Federmatratze v^{21} springveren matras

federn veren, meegeven

Federstrich m^5 pennenstreek

Federung v^{20} vering, (het) veren

Federvieh o^{39} pluimvee, gevogelte

Fee v^{21} fee

Feed-back, Feedback [fiedbæk] o^{36} feedback
feenhaft toverachtig, feeëriek
Fegefeuer o^{39} vagevuur
fegen I *tr* vegen; **II** *intr* vliegen, stuiven
Fehde v^{21} vete, vijandschap, strijd
fehl verkeerd, mis: *das ist hier ~ am Ort* (of: *am Platz*) dat is hier niet op zijn plaats
Fehl m^{19}, o^{39} fout, gebrek
Fehlanzeige v^{21} mededeling dat iets niet klopt: *(inform) ~!* mis!
Fehlbestand, Fehlbetrag m^6 tekort
Fehleinschätzung v^{20} verkeerde beoordeling
fehlen 1 falen, missen, mankeren: *weit gefehlt!* helemaal mis!; **2** verkeerd handelen; **3** ontbreken: *er fehlt mir* ik mis hem; *das hat mir gerade noch gefehlt!* dat ontbrak er nog maar aan! ‖ *es fehlte nicht viel, und …* het scheelde weinig, of …
Fehlentscheidung v^{20} foutieve beslissing
Fehler m^9 **1** fout, gebrek; **2** fout, misslag
fehlerfrei 1 zonder fouten; **2** zonder gebreken
fehlerhaft fout, verkeerd, foutief, gebrekkig
fehlerlos foutloos, zonder gebreken
Fehlgeburt v^{20} miskraam
fehlgehen^{168} **1** verkeerd lopen; **2** missen, niet raken; **3** *(fig)* (het) mis hebben, zich vergissen
Fehlgriff m^5 misgreep
Fehlkauf m^6 miskoop
fehlleiten in de verkeerde richting sturen
Fehlmeldung v^{20} valse melding
Fehlpass m^6 *(sp)* foutieve pass
Fehlschlag m^6 **1** misslag; **2** mislukking, fiasco
fehlschlagen^{241} mislukken
Fehlschluss m^6 verkeerde gevolgtrekking
Fehlschuss m^6 misschot
Fehlstart m^{13}, m^5 **1** *(sp)* valse start; **2** *(luchtv)* mislukte start
Fehltritt m^5 misstap
Fehlurteil o^{29} **1** verkeerd oordeel; **2** onjuist vonnis
Feier v^{21} **1** feest; **2** plechtigheid, viering
Feierabend m^5 **1** rust(tijd na het werk); **2** einde van de werktijd: *~ machen* ophouden met werken; *für mich ist ~* ik houd ermee op
feierlich plechtig
Feierlichkeit v^{20} plechtigheid
feiern 1 vieren; **2** vieren, huldigen, eren
Feierstunde v^{21} plechtigheid
Feiertag m^5 feestdag: *gesetzliche ~e* algemeen erkende feestdagen
feig, feige laf, lafhartig
Feige v^{21} vijg
Feigheit v^{28} laf(hartig)heid
Feigling m^5 lafaard
feilbieten^{130} te koop aanbieden
Feile v^{21} vijl: *er legt die letzte ~ an* hij brengt de laatste verbeteringen aan
feilen vijlen
feilschen (af)dingen, marchanderen
fein 1 fijn, dun, niet grof; **2** fijn, fijngevoelig; **3** voornaam, deftig, chic; **4** *(inform)* fijn, prettig

Feind m^5 vijand
feindlich vijandelijk; vijandig
Feindschaft v^{20} vijandschap, vijandigheid
feindschaftlich, feindselig vijandig
Feindseligkeit I v^{28} vijandigheid; **II** v^{20} *(mv)* vijandelijkheden
feinfühlig 1 fijngevoelig; **2** *(techn)* gevoelig
Feinfühligkeit v^{28}, **Feingefühl** o^{39} fijngevoeligheid
feingliedrig fijngebouwd, slank
Feinheit v^{20} **1** fijnheid; **2** fijne nuance; **3** toespeling, zinspeling; **4** voornaamheid, deftigheid
Feinkost v^{28} delicatessen *(mv)*
Feinkostgeschäft o^{29}, **Feinkosthandlung** v^{20}, **Feinkostladen** m^{12} delicatessezaak
Feinmechaniker m^9 instrumentmaker
Feinschmecker m^9 fijnproever, lekkerbek
feinsinnig fijngevoelig, fijnzinnig
feist vet, dik
feixen grijnzen, grinniken
Feld o^{31} **1** veld: *das ~ der Wissenschaft* het terrein van de wetenschap; **2** akker, stuk land; **3** (slag)veld; **4** vlak; **5** *(sp)* groep, peloton
Feldbereinigung v^{20} ruilverkaveling
Feldflasche v^{21} veldfles
Feldforschung v^{20} fieldwork
Feldfrüchte *mv* v^{25} veldgewassen
Feldhuhn o^{32} veldhoen, patrijs
Feldjäger m^9 lid van de militaire politie
Feldmaus v^{25} veldmuis
Feldsalat m^5 veldsla
Feldstecher m^9 veldkijker
Feldverweis m^5 *(sp)* (het) uit het veld sturen
Feld-Wald-und-Wiesen- huis-, tuin- en keuken-; heel gewoon, alledaags
Feldwebel m^9 *(mil)* **1** sergeant-majoor, opperwachtmeester; **2** kenau
Feldweg m^5 landweg
Feldzug m^6 veldtocht
Felge v^{21} velg
Fell o^{29} vel, huid, vlies: *ihm* (of: *ihn*) *juckt das ~* hij vraagt om een pak slaag
Fels m^{14}, **Felsen** m^{11} rots(gesteente)
felsenfest rotsvast, onwrikbaar
felsig rotsig; vol rotsen, rotsachtig
Felswand v^{25} rotswand
Feminismus m^{19a} feminisme
Feministin v^{22} feministe
feministisch feministisch
Fenster o^{33} venster, raam ‖ *weg vom ~ sein* uitgerangeerd zijn
Fensterbank v^{25} vensterbank
Fensterbriefumschlag m^6 vensterenveloppe, *(Belg)* vensteromslag
Fensterleder o^{33} zemen lap, zeemlap
Fensterrahmen m^{11} raamkozijn
Fensterscheibe v^{21} vensterruit
Ferien *mv* vakantie: *in die ~ gehen* met vakantie gaan; *~ machen* vakantie houden
Feriengast m^6 vakantieganger

Ferienheim o^{29} vakantietehuis
Ferienreise v^{21} vakantiereis
Ferienwohnung v^{20} vakantiehuis(je)
Ferkel o^{33} **1** big(getje); **2** *(inform)* viezerik
fern I *bn* ver(af), ver(re), in de verte: ~ *halten* verre houden; *sich ~ halten* zich afzijdig houden; mijden; **II** vz^{+3} ver van: ~ *der Heimat* ver van het vaderland
fernab ver verwijderd, in de verte
Fernbedienung v^{20} afstandsbediening
fernbleiben^{134+3} verre blijven van
Ferne v^{21} verte, afstand, verschiet: *aus der* ~ van verre; *das liegt noch in weiter* ~ dat is nog veraf
ferner I *bw* verder, in de toekomst; **II** *bn* verder, nader; **III** *vw* verder, bovendien
fernerhin voortaan, in het vervolg, verder
Fernfahrer m^9 chauffeur voor lange afstanden
Fernflug m^6 langeafstandsvlucht
ferngelenkt draadloos bestuurd
Ferngespräch o^{29} interlokaal telefoongesprek
ferngesteuert met afstandsbesturing
Fernglas o^{32} verrekijker
fernhalten *oude spelling voor* fern halten, *zie* fern I
Fernheizung v^{20} afstandsverwarming, stadsverwarming, wijkverwarming
fernher van verre
fernhin tot in de verte
Fernkopie v^{21} faxbericht, fax
Fernkurs m^5 **1** schriftelijke cursus; **2** radio-, televisiecursus
Fernlaster m^9, **Fernlastwagen** m^{11} vrachtauto voor lange afstanden
Fernlenkung v^{20} draadloze besturing
Fernlenkwaffe v^{21} geleid projectiel
Fernlicht o^{39} groot licht
Fernmeldeamt o^{32} telefoon- en telegraafkantoor
Fernmeldewesen o^{39} telecommunicatie
fernmündlich telefonisch
Fernost *m* (het) verre Oosten: *in* ~ in het verre Oosten
Fernrohr o^{29} **1** verrekijker; **2** telescoop
Fernschreiben o^{35} telexbericht, telex
Fernschreiber m^9 telexapparaat, telex
fernschriftlich per telex
Fernschule v^{21} instituut voor afstandsonderwijs
Fernsehanstalt v^{20} televisieomroep
Fernsehapparat m^5 televisietoestel
Fernsehaufzeichnung v^{20} **1** ampexopname; **2** video-opname
fernsehen^{261} naar de televisie kijken
Fernsehen o^{39} televisie: *im* ~ op de televisie
Fernseher m^9 **1** televisietoestel; **2** televisiekijker
Fernsehfilm m^5 televisiefilm
Fernsehgebühr v^{20} kijkgeld
Fernsehgerät o^{29} televisietoestel
Fernsehsender m^9 televisiezender
Fernsehsendung v^{20} televisie-uitzending
Fernsehübertragung v^{20} televisie-uitzending
Fernsprechamt o^{32} telefoonkantoor
Fernsprechanschluss m^6 telefoonaansluiting

Fernsprecher m^9 telefoon, telefoontoestel
Fernsteuerung v^{20} draadloze besturing
Fernstraße v^{21} grote interlokale verkeersweg
Fernstudium *o (2e nvl -s; mv -studien)* afstandsonderwijs, teleonderwijs
Fernuniversität v^{20} open universiteit
Fernunterricht m^{19} afstandsonderwijs, teleonderwijs
Fernverkehrsstraße v^{21} grote interlokale verkeersweg
Ferse v^{21} hiel, hak
fertig 1 klaar, gereed, af: *(sp) auf die Plätze,* ~, *los!* op uw plaatsen, klaar, af!; ~ *bringen* klaarkrijgen, klaarspelen; ~ *machen* klaarmaken, afmaken; *jmdn ~ machen: a)* iem murw maken; *b)* iem op zijn nummer zetten; ~ *stellen* voltooien, afmaken; *mit*$^{+3}$ *etwas* ~ *werden* met iets klaarkomen, iets klaarspelen; **2** vaardig; **3** uitgeput: *er ist (fix und)* ~ hij kan niet meer
fertigbringen *oude spelling voor* fertig bringen, *zie* fertig 1
fertigen vervaardigen
Fertigerzeugnis o^{29a} eindproduct
Fertiggericht o^{29} kant-en-klaarmaaltijd
Fertighaus o^{32} geprefabriceerde woning
Fertigkeit v^{20} vaardigheid, routine, handigheid
fertigmachen, fertigstellen *oude spelling voor* fertig machen, stellen, *zie* fertig 1
Fertigstellung v^{20} voltooiing
Fertigung v^{20} fabricage, productie
Fertigware v^{21} eindproduct
Fessel v^{21} **1** boei, keten, kluister; **2** enkel
Fesselballon m^{13} kabelballon
fesseln boeien, kluisteren *(ook fig)*
fest 1 vast, stevig, samenhangend; **2** stevig, flink: ~ *arbeiten* flink werken; **3** bestendig, standvastig; **4** vast, definitief; **5** energiek
Fest o^{29} feest
Festakt m^5 feestelijke plechtigheid
Festangebot o^{29} vaste offerte
festbinden^{131} vastbinden
feste stevig, flink: *immer ~!* erop los!
Festessen o^{35} feestmaal
festfahren^{153} **I** *intr* vastlopen: *der Wagen ist festgefahren* de auto zit vast; *die Verhandlungen sind festgefahren* de onderhandelingen zijn vastgelopen; **II** *sich* ~ vastlopen
Festfreude v^{21} feestvreugde
Festgabe v^{21} feestgeschenk
festhalten^{183} **1** vasthouden; **2** vastleggen; **3** constateren
festigen 1 bevestigen, versterken, verstevigen; **2** stabiliseren
Festigkeit v^{28} **1** vastheid, stevigheid; **2** stabiliteit; **3** vastberadenheid
Festigung v^{20} bevestiging, stabilisering
Festland o^{32} vasteland, continent
festländisch vastelands-, continentaal
festlegen I *tr* **1** vastleggen, vaststellen; **2** beleggen:

Geld ~ geld vastzetten; **II** *sich* ~ zich vastleggen

festlich feestelijk: ~ *begehen* vieren

Festlichkeit v^{20} feest, feestelijkheid

festmachen 1 vastmaken; **2** (af)meren; **3** vastleggen: *ein Geschäft* ~ een transactie afsluiten; **4** vaststellen, bepalen

festnageln vastspijkeren

Festnahme v^{21} gevangenneming, arrestatie

festnehmen[212] gevangennemen, arresteren

Festplatte v^{21} *(comp)* harde schijf

festsetzen 1 *(een prijs, dag)* vaststellen, bepalen; **2** vastzetten, gevangenzetten

Festsetzung v^{20} **1** vaststelling, bepaling; **2** opsluiting

festsitzen[268] **1** vastzitten; **2** aan de grond zitten; **3** niet verder kunnen

Festspiel o^{29} *(mv)* festival

feststehen[279] vaststaan

feststellen 1 vastzetten; **2** vaststellen, constateren; *(de schade)* opnemen

Feststellung v^{20} vaststelling, constatering: *eine* ~ *machen* constateren

Festtag m^5 **1** feestdag; **2** *(mv)* festival

Festung v^{20} vesting

festverzinslich met een vaste rente, vastrentend

Festzug m^6 optocht

Fete v^{21} *(inform)* feest, fuif

fett *bn* **1** vet; **2** dik

Fett o^{29} vet: *jmdm sein* ~ *geben* iem z'n vet geven, iem flink de waarheid zeggen

Fettablagerung v^{20} vetafzetting; vetlaag

Fettansatz m^6 vetvorming

fetten (in)vetten, smeren

Fettflecken m^{11} vetvlek

fettig vet(tig)

Fettnäpfchen o^{35} *(fig) bei jmdm ins* ~ *treten* het bij iem verbruien

Fetzen m^{11} **1** vod, lap, lor; **2** flard, stukje, snipper; **3** poetslap || *er arbeitet, dass die* ~ *fliegen* hij werkt dat de stukken eraf vliegen

feucht vochtig, nat, klam

Feuchtigkeit v^{28} vocht(igheid)

feuchtkalt waterkoud, kil

Feuer o^{33} **1** vuur, brand: ~ *legen* brandstichten; **2** vuur, enthousiasme; **3** vuur, schittering

Feueralarm m^5 brandalarm

feuerbeständig vuurvast, bestand tegen vuur

Feuerbestattung v^{20} crematie

Feuereinstellung v^{20} (het) staakt het vuren

feuerfest vuurvast

Feuergefahr v^{28} brandgevaar

feuergefährlich licht brandbaar

Feuerlöschapparat m^5, **Feuerlöscher** m^9 brandblusapparaat

Feuermelder m^9 brandmelder

feuern I *intr* **1** vuren, schieten; **2** stoken; **II** *tr* **1** stoken; **2** *(inform)* smijten; **3** *(sp)* hard schieten, knallen; **4** *(inform)* ontslaan

Feuerprobe v^{21} vuurproef

Feuersbrunst v^{25} vuurzee

Feuerschaden m^{12} brandschade

Feuerschiff o^{29} lichtschip

feuersicher brandvrij

Feuerung I v^{28} **1** verwarming, (het) stoken; **2** brandstof; **II** v^{20} **1** stookinstallatie; **2** verbrandingsruimte

Feuerversicherung v^{20} brandverzekering

Feuerwaffe v^{21} vuurwapen

Feuerwehr v^{20} **1** brandweer; **2** *(inform)* brandweerlieden || *wie die* ~ razend snel

Feuerwehrmann m^8 *(mv ook -leute)* brandweerman

Feuerwerk o^{29} vuurwerk *(ook fig)*

Feuerwerkskörper m^9 stuk vuurwerk

Feuerzeug o^{29} aansteker *(voor rokers)*

feurig vurig *(ook fig)*; fonkelend

ff. *afk van folgende (Seiten)* volgende (bladzijden)

FF *afk van französischer Franc* Franse frank

Fiasko o^{36} fiasco

Fibel v^{21} **1** eerste leesboekje; **2** handleiding

Fiber I v^{21} (spier)vezel; **II** v^{28} fiber

Fiche v^{27} fiche, speelpenning

Fichte v^{21} spar, fijnspar

ficken *(plat)* naaien, *(inform)* neuken

fidel fideel, vrolijk

Fieber o^{33} koorts

Fieberanfall m^6 koortsaanval

fieberfrei koortsvrij

fieberhaft, fieberig koortsig, koortsachtig

fieberkrank ziek van de koorts, koortslijdend

Fiebermesser m^9 koortsthermometer

fiebern koorts hebben: ~ *vor*[+3] *etwas* koortsachtig verlangen zijn van iets; ~ *nach*[+3] koortsachtig verlangen naar

Fieberthermometer o^{33} koortsthermometer

fiebrig koortsachtig, koortsig

fiedeln *(muz)* fiedelen, krassen

fies *(inform)* **1** vies, walgelijk, onsympathiek; **2** vervelend, lastig

Figur v^{20} **1** gestalte, figuur; **2** afbeelding, beeld(je); **3** (schaak)stuk

figürlich figuurlijk, oneigenlijk; **2** qua figuur

Fiktion v^{20} fictie, verdichting

fiktiv fictief

Filet [fiele] o^{36} filet

Filiale v^{21} filiaal

Filialleiter m^9 filiaalchef

Film m^5 **1** film, laagje; **2** film: *einen* ~ *drehen* een film opnemen, draaien; **3** filmbedrijf

Filmaufnahme v^{21} filmopname

filmen 1 filmen; **2** voor de film spelen

Filmkamera v^{27} filmcamera

Filmkassette v^{21} filmcassette

Filmschauspieler m^9 filmacteur, filmspeler

Filmstar m^{13} filmster

Filmverleih m^{19} **1** filmverhuur; **2** filmverhuurkantoor

Filter m^9, o^{33} filter

Filteranlage v^{21} filtreerinrichting

filtern, filtrieren[320] filtreren, filteren

Filz m^5 **1** vilt, bierviltje; **2** vrek, duitendief
filzen I *intr* **1** vilten, vervilten; **2** gierig zijn; **II** *tr* **1** doorzoeken, fouilleren; **2** bestelen; **III** *bn* vilten
Filzschreiber m^9 viltstift
Fimmel m^9 **1** manie, tic; **2** idee-fixe: *der hat doch einen ~! die is toch gek!*
Finale o^{33}, o^{36} finale
Finalist m^{14} finalist
Finanz v^{28} **1** geldwezen; **2** financiers
Finanzamt o^{32} belastingdienst, belastingkantoor
Finanzbeamte(r) m^{40a} belastingambtenaar
Finanzen *mv* financiën
finanziell financieel
finanzieren^{320} financieren
Finanzierung v^{20} financiering
Finanzlage v^{28} financiële positie
Finanzminister m^9 minister van Financiën
Finanzspritze v^{21} financiële injectie
Finanzwesen o^{39} geldwezen, financiewezen
Findelkind o^{31} vondeling
finden^{157} **I** *tr* vinden, treffen, oordelen; **II** *sich* ~ **1** berusten; **2** gevonden worden; **3** tot bezinning komen
Finder m^9 vinder
Finderlohn m^{19} beloning voor de vinder
findig vindingrijk, slim
Findling m^5 **1** vondeling; **2** zwerfsteen
Finger m^9 vinger: *der kleine* ~ de pink; *er rührt keinen* ~ hij steekt geen hand uit; *keinen ~ krumm machen* niets uitvoeren
Fingerabdruck m^6 vingerafdruk
fingerfertig vingervlug, vlug
Fingerglied o^{31} kootje
Fingerhut m^6 **1** vingerhoed; **2** *(plantk)* vingerhoedskruid
fingern I *intr* vingeren, friemelen, plukken; **II** *tr* **1** opvissen, opdiepen; **2** klaarspelen, fiksen; **3** jatten
Fingernagel m^{10} vingernagel
Fingerspitze v^{21} vingertop
Fingerspitzengefühl o^{39} feeling, intuïtief gevoel
Fingerzeig m^5 vingerwijzing, wenk, hint
fingieren^{320} verzinnen, fingeren
Fink m^{14} vink
Finne I v^{21} mee-eter, pukkel; **II** m^{15} Fin
finnisch Fins
Finnland o^{39} Finland
finnländisch Fins
finster (zeer) donker, duister, somber: *ein ~er Geselle* een onguur personage; *im Finstern tappen* in het duister tasten, onzeker zijn
Finsternis v^{24} **1** duisternis, donkerheid; **2** *(sterrenk)* verduistering
Finte v^{21} **1** *(sp)* schijnstoot, schijnbeweging; **2** *(fig)* truc, afleidingsmanoeuvre
Firlefanz I m^{19} **1** goedkoop spul, prullaria *(mv);* **2** onzin, nonsens; **II** m^5 kwibus, kwast
Firma *v (mv Firmen)* **1** firma; **2** firma(naam)
Firmament o^{29} firmament, uitspansel
firmen *(r-k)* het vormsel toedienen
Firmeninhaber m^9 eigenaar van de firma, firmant

Firmenname m^{18} firma(naam)
Firmenzeichen o^{35} handelsmerk, firmamerk
Firmung v^{20} vormsel
Firn m^5, m^{16} firn, eeuwige sneeuw
Firnis m *(2e nvl -ses; mv -se)* vernis *(ook fig)*
firnissen vernissen
First m^5 nok, (dak)vorst
Fisch m^5 vis || *großer* (of: *dicker*) ~: *a)* zware jongen; *b)* belangrijke figuur; *faule ~e* smoesjes
Fischdampfer m^9 trawler
fischen I *intr* vissen; **II** *tr* **1** vissen; **2** *(fig)* opdiepen, vangen
Fischer m^9 visser
Fischerei v^{28} visserij, (het) vissen
Fischfang m^6 visvangst
Fischhändler m^9 vishandelaar, visboer
Fischotter m^9 visotter
Fischstäbchen o^{35} visstick
Fischsuppe v^{21} vissoep
fiskalisch fiscaal
Fiskus m *(2e nvl -; mv -se en Fisken)* fiscus
Fistel v^{21} **1** *(med)* fistel; **2** *(muz)* falset
fit fit
Fittich m^5 vlerk, wiek: *jmdn unter seine ~e nehmen* iem onder zijn hoede nemen
Fitting o^{36} fitting
Fittness v^{28} fitheid
fix **1** vlug, snel: *mach ~! vlug!;* **2** *(van loon, prijzen)* vast || *~e Idee* idee-fixe; *~ und fertig: a)* kant-en-klaar; *b)* uitgeput, doodop; *c)* failliet
fixen *(drugs)* spuiten
Fixer m^9 spuiter *(van drugs)*
fixieren^{320} fixeren
Fixierung v^{20} (het) fixeren
Fixstern m^5 vaste ster
Fjord m^5 fjord
FKK v^{28} *afk van Freikörperkultur* nudisme
fl., Fl. *afk van Florin* florijn *(afk* fl)
flach 1 plat *(bord, hak);* **2** vlak *(land);* **3** laag, ondiep *(water);* **4** oppervlakkig, banaal
Fläche v^{21} **1** (zij)vlak, oppervlak; **2** vlakte, oppervlakte
Flächenbrand m^6 uitgestrekte bos-, heidebrand
Flächeninhalt m^5 oppervlak
Flächennutzungsplan m^6 bestemmingsplan
flächentreu op schaal (weergegeven)
Flachheit v^{20} **1** vlakheid; **2** oppervlakkigheid
Flachland o^{39} laagland, vlakte
Flachs m^{19} **1** *(plantk)* vlas; **2** *(inform)* gekheid
flachsen gekheid maken
flackern flikkeren, flakkeren
Fladen m^{11} **1** vla, vlaai; **2** (pannen)koek
Flagge v^{21} vlag: *unter ausländischer* ~ onder buitenlandse vlag; *~ zeigen* kleur bekennen
flaggen vlaggen
Flaggenmast m^5, m^{16}, **Flaggenstange** v^{21}, **Flaggenstock** m^6 vlaggenstok
Flak *verk van Flug(zeug)abwehrkanone* **I** v^{27} *(mv ook -)* luchtdoelgeschut; **II** v^{28} luchtafweer

flambieren[320] flamberen
Flame m[15] Vlaming
flämisch Vlaams
Flamme v[21] vlam *(ook fig)*
flammen vlammen, branden
Flammenmeer o[29] vlammenzee
Flammenwerfer m[9] vlammenwerper
Flandern o[39] Vlaanderen
Flanell m[5] flanel
flanellen flanellen
flanieren[320] flaneren
Flanke v[21] 1 flank, zijde; 2 *(sp)* voorzet
flanken *(sp)* voorzetten
Flankenangriff m[5] aanval vanaf de flank
flankieren[320] flankeren, begeleiden
Flasche v[21] 1 fles: *auf ~n ziehen* bottelen; 2 katrol, blok; 3 mislukkeling, prutser
Flaschenhals m[6] 1 flessenhals; 2 *(fig)* flessenhals, knelpunt, bottleneck
Flaschenpfand o[39] statiegeld
Flaschenzug m[6] takel
flatterhaft wispelturig
flatterig 1 onregelmatig, onrustig; 2 wispelturig
flattern 1 fladderen, wapperen, dwarrelen; 2 trillen, beven; 3 slingeren
flattrig *zie* flatterig
flau 1 flauw *(van beurs, wind, handel)*; 2 zwak, mat, slap: *mir ist ~* ik voel me slap
Flauheit v[28] slapte, matheid, flauwheid
Flaum m[19] 1 dons, veertjes; 2 dons, haartjes; 3 *(plantk)* fluwelige huid
Flausen mv v[21] 1 smoesjes, kletspraatjes; 2 malle, gekke ideeën
Flaute v[21] 1 *(scheepv)* zwakke wind, windstilte; 2 slapte, malaise; 3 inzinking
Flechte v[21] 1 vlecht; 2 huiduitslag; 3 korstmos
flechten[158] vlechten
Fleck m[5] 1 plek, plaats; 2 vlek, smet || *er kommt nicht vom ~* hij schiet niet op; *vom ~ weg* onmiddellijk, meteen
flecken 1 vlekken, vlekken maken; 2 opschieten, vorderen
Flecken m[11] 1 vlek, smet; 2 dorp, vlek
fleckenlos vlekkeloos, smetteloos
fleckig gevlekt, vlekkerig, vuil
Fledermaus v[25] vleermuis
Flegel m[9] 1 vlegel, dorsvlegel; 2 vlegel, lomperd
Flegelei v[20] vlegelachtigheid
flegelhaft, flegelig vlegelachtig
flegeln, sich onbehouwen gaan zitten
flehen smeken
flehentlich smekend, dringend
Fleisch o[39] vlees
Fleischbrühe v[21] bouillon
Fleischer m[9] slager
Fleischerei v[20] slagerij
Fleischergeselle m[15] slagersknecht, *(Belg)* beenhouwersgast
fleischig vlezig

fleischlich vleselijk, zinnelijk
Fleischware v[21] vleeswaar
Fleischwolf m[6] vleesmolen
Fleiß m[19] vlijt, ijver
fleißig 1 vlijtig, ijverig; 2 geregeld, vaak
flektieren[320] flecteren, verbuigen, vervoegen
flennen grienen, huilen
fletschen *(de tanden)* laten zien
flexibel 1 flexibel, soepel; 2 verbuigbaar, vervoegbaar
Flexibilität v[28] flexibiliteit
Flexion v[20] 1 flexie, verbuiging, vervoeging; 2 *(med)* buiging, flexie
flicken lappen, verstellen, repareren
Flicken m[11] lap
Flickzeug o[39] reparatiebenodigdheden
Flieder m[9] *(plantk)* sering
Fliege v[21] 1 *(dierk)* vlieg; 2 vlinderdasje, strikje; 3 snorretje, sikje
fliegen[159] 1 vliegen; 2 de laan uitgestuurd worden || *er flog am ganzen Körper* hij trilde over zijn hele lichaam
Fliegenfänger m[9] vliegenvanger
Fliegenfenster o[33] hor, horretje
Fliegenklappe, Fliegenklatsche v[21] vliegenmepper
Fliegenpilz m[5] vliegenzwam
Flieger m[9] 1 vliegenier, vlieger; 2 soldaat bij de luchtmacht; 3 *(sp)* sprinter *(wielrenner)*
Fliegeralarm m[5] luchtalarm
Fliegerbombe v[21] vliegtuigbom
Fliegerhorst m[5] vliegbasis
fliehen[160] I *tr* (ver)mijden, (iets, iem) schuwen; II *intr* vluchten
Fliehkraft v[28] middelpuntvliedende kracht
Fliese v[21] tegel; muurtegel, vloertegel
fliesen betegelen
Fliesenleger m[9] tegelzetter
Fließarbeit v[28] lopendebandwerk
Fließband o[32] lopende band
Fließbandarbeit v[28] lopendebandwerk
fließen[161] 1 stromen, vloeien; 2 *(mbt elektrische stroom, neus)* lopen || *~ aus*[+3] (voort)vloeien uit
fließend 1 stromend *(water)*; 2 vloeiend, vlot, gemakkelijk: *~e Grenzen* moeilijk te trekken grenzen
Fließheck o[29], o[36] fastback *(van auto)*
Flimmer m[9] 1 zwak schijnsel, flikkering; 2 glimmer; 3 klatergoud
Flimmerkiste v[21] *(inform)* televisietoestel
flimmern flikkeren, glinsteren: *mir flimmerte es vor den Augen* het schemerde me voor de ogen
flink rap, behendig, kwiek
Flinte v[21] geweer *(met schroot geladen)*: *die ~ ins Korn werfen* het bijltje erbij neerleggen
flippig vlot, tof, te gek
flirren 1 flikkeren; 2 trillen
Flirt [flu:rt, flirt] m[13] flirt
flirten [flu:rtən, flirtən] flirten
Flittchen o[35] *(inform)* hoertje

Flitter m^9 **1** lovertje; **2** klatergoud
Flitterwochen mv v^{21} wittebroodsweken
flitzen 1 flitsen, schieten, vliegen; **2** streaken
Flitzer m^9 **1** snel autootje; **2** streaker
Flocke v^{21} vlok
flocken vlokken
Floh m^6 **1** (dierk) vlo; **2** (mv; inform) geld: *tausend Flöhe* duizend mark
Flohmarkt m^6 luizenmarkt, rommelmarkt
Floppydisk, Floppy Disk v^{27} floppydisk
Flor m^5 **1** keur, uitgelezen groep; **2** bloei; weelde van bloemen
Florenz o^{39} Florence
Florett o^{29} floret
florieren^{320} floreren, bloeien
Florist m^{14} **1** bloemist; **2** florist
Floskel v^{21} frase
Floß o^{30} **1** (hout)vlot; **2** dobber, drijver
Flosse v^{21} **1** vin; (sp) zwemvlies; **2** stabilisatievlak, horizontaal stabilo (van vliegtuig); **3** (inform) poot
Flöte v^{21} fluit
flöten 1 fluiten; **2** flemen || (inform) ~ *gehen: a)* verloren gaan; *b)* stukgaan
flötengehen oude spelling voor flöten gehen, zie flöten
Flötenton m^6 fluittoon: *jmdm (die) Flötentöne beibringen* iem mores leren
flott 1 flink, goed, vlot: *~e Geschäfte machen* goede zaken doen; ~ *vorankommen* flink opschieten; **2** vlot (in de omgang); **3** vlot, modieus (van kleding) || *ein ~es Leben* een leventje van plezier; *das Auto ist wieder* ~ de auto is weer in orde; *er ist wieder* ~ hij heeft weer geld
Flotte v^{21} vloot
Flottenbasis v (mv -basen) vlootbasis
flottmachen 1 (een schip) vlot krijgen; **2** (een auto) weer in orde maken
flottweg vlotweg
Fluch m^6 vloek, verwensing, vervloeking
fluchen vloeken: *jmdm* ~ iem vervloeken; *auf* (of: *über*) *jmdn* ~ op iem schelden
Flucht v^{20} **1** vlucht (ook fig): *die* ~ *ergreifen* op de vlucht slaan; **2** zwerm; **3** (rooi)lijn; **4** reeks, rij: *eine* ~ *von Zimmern* een reeks (ineenlopende) kamers
fluchtartig halsoverkop
flüchten I intr vluchten; **II** tr in veiligheid brengen; **III** sich ~ vluchten, zich in veiligheid brengen
Fluchtgefahr v^{28} gevaar van ontvluchting
Fluchthelfer m^9 helper bij het vluchten
flüchtig 1 voortvluchtig; **2** lichtvoetig; **3** voorbijgaand, vergankelijk; **4** vluchtig, oppervlakkig; **5** vluchtig (blik, olie)
Flüchtigkeit v^{20} **1** onnauwkeurigheid; **2** vergankelijkheid, onbestendigheid; **3** vluchtigheid, oppervlakkigheid; **4** vluchtigheid
Flüchtigkeitsfehler m^9 slordigheidsfout
Fluchtkapital o^{39} naar het buitenland overgebracht kapitaal
Flüchtling m^5 vluchteling, voortvluchtige

Flüchtlingslager o^{33} vluchtelingenkamp
Fluchtlinie v^{21} rooilijn
Fluchtversuch m^5 ontsnappingspoging
Flug m^6 **1** vlucht, (het) vliegen; **2** vlucht, vliegreis; **3** zwerm; **4** sprong (bij het schansspringen)
Flugabwehr v^{28} luchtafweer
Flugball m^6 (tennis) volley
Flugbegleiter m^9 steward
Flugbegleiterin v^{22} stewardess
Flugbereich m^5 actieradius, vliegbereik
Flugblatt o^{32} pamflet, vlugschrift
Flügel m^9 **1** vleugel; **2** wiek
flügellahm vleugellam
Fluggast m^6 passagier (in vliegtuig)
flügge 1 in staat om te vliegen; **2** (fig) zelfstandig
Fluggesellschaft v^{20} luchtvaartmaatschappij
Flughafen m^{12} luchthaven
Flugkapitän m^5 (luchtv) gezagvoerder
Fluglehrer m^9 vlieginstructeur
Flugleiter m^9 verkeersleider
Flugleitung v^{20} verkeersleiding
Fluglinie v^{21} **1** luchtvaartlijn, traject; **2** luchtvaartmaatschappij
Fluglotse m^{15} verkeersleider
Flugplan m^6 vliegdienstregeling
Flugplatz m^6 vliegveld
flugs fluks, dadelijk, onmiddellijk
Flugsand m^{19} stuifzand
Flugschein m^5 **1** vliegticket; **2** vliegbrevet
Flugschneise v^{21} luchtcorridor
Flugschreiber m^9 vluchtrecorder
Flugsicherung v^{20} luchtverkeersbeveiliging
Flugsteig m^5 slurf, pier, aviobrug
Flugstrecke v^{21} vliegtraject
Flugverkehr m^{19} luchtverkeer
Flugzeug o^{29} vliegtuig
Flugzeugentführer m^9 vliegtuigkaper
Flugzeugentführung v^{20} vliegtuigkaping
Flugzeugführer m^9 piloot
Flugzeughalle v^{21} hangar, vliegtuigloods
Flugzeugkatastrophe v^{21} vliegramp
Flugzeugträger m^9 vliegdekschip
Fluktuation v^{20} fluctuatie, schommeling
fluktuieren^{320} fluctueren
Flunder v^{21} bot (een vis)
Flunkerei v^{20} **1** opschepperij; **2** sterk verhaal
flunkern opscheppen, overdrijven
Fluor o^{39} fluor
fluoridieren, fluorieren, fluorisieren^{320} fluorideren
Flur I v^{20} **1** veld, beemd; **2** bouwland; **II** m^5 gang, vestibule, hal
Flurbereinigung v^{20} ruilverkaveling
Flurbuch o^{32} kadaster
Flurschaden m^{12} veldschade
Fluss I m^6 rivier, stroom; **II** m^{19} stroom, stroming || *in ~ kommen* (of: *geraten*) op gang komen; *im ~ sein* in beweging zijn, lopen; *das Gespräch in ~ bringen* het gesprek op gang brengen

flussab, flussabwärts stroomaf, stroomafwaarts
flussauf, flussaufwärts stroomop(waarts)
Flussbett o^{37} rivierbedding
flüssig 1 vloeibaar: ~e Nahrung vloeibaar voedsel; **2** vloeiend, vlot: ~er Stil vlotte stijl; **3** (handel) contant: ~e Gelder contanten
Flüssiggas o^{29} vloeibaar gas
Flüssigkeit v^{20} **1** vloeistof; **2** vlotheid (van stijl)
Flussschifffahrt v^{28} riviervaart, binnenvaart
flüstern fluisteren || das kann ich dir ~! daar kun je donder op zeggen!
Flüsterton m^6: im ~ fluisterend
Flüstertüte v^{21} (inform) megafoon
Flut v^{20} vloed; (fig) vloed, stroom: eine ~ von Licht stromen licht; Ebbe und ~ eb en vloed
fluten I intr golven, stromen; **II** tr (scheepv) laten vollopen
Flutkatastrophe v^{21} overstromingsramp
Flutlicht o^{39} floodlight, strijklicht
flutschen I (sein) wegfloepen, glippen; **II** (haben) gesmeerd lopen
Flutwelle v^{21} vloedgolf
Fock v^{20} (scheepv) fok, fokkenzeil
Föderalismus m^{19a} federalisme
Föderation v^{20} federatie
föderativ federatief
Föderativstaat m^{16} bondsstaat, federale staat
Fohlen o^{35} **1** veulen; **2** (sp) jeugdspeler
Föhn m^5 **1** föhn (warme, droge valwind); **2** haardroger, föhn
föhnen 1 (mbt föhn) waaien; **2** föhnen, met een föhn drogen
Föhre v^{21} grove den
Folge v^{21} **1** gevolg, resultaat: einem Befehl ~ leisten een bevel opvolgen; einer Bitte ~ leisten aan een verzoek voldoen; **2** reeks, vervolg; **3** aflevering; **4** toekomst: in der ~ (of: für die ~) in het vervolg
Folgeerscheinung v^{20} nawerking, nasleep, gevolg
folgen[+3] **I** (sein) volgen: wie folgt als volgt; **II** (haben) gehoorzamen
folgend volgend: er las Folgendes hij las het volgende; im Folgenden hieronder; Folgendes (of: das Folgende) het volgende
folgendermaßen op de volgende wijze, als volgt
folgenlos zonder gevolg(en)
folgenreich rijk aan gevolgen
folgenschwer met ernstige gevolgen
folgerecht, folgerichtig juist, logisch, consequent
Folgerichtigkeit v^{28} juistheid, consequentie
folgern afleiden, opmaken, concluderen
Folgerung v^{20} gevolgtrekking, conclusie: daraus ergeben sich wichtige ~en dat heeft belangrijke consequenties
folglich bijgevolg, dus, derhalve
folgsam gehoorzaam, volgzaam
Folgsamkeit v^{28} gehoorzaamheid
Folie v^{21} **1** folie; **2** achtergrond
Folklore, Folklore v^{28} folklore
folkloristisch folkloristisch

Folter v^{21} **1** pijnbank; **2** foltering, pijniging, marteling; **3** kwelling
Folterer m^9 pijniger, beul
foltern folteren, martelen, pijnigen
Fond [fõ] m^{13} **1** grondslag, basis; **2** achtergrond; **3** achterbank
Fonds [fõ] m (2e nvl -; mv -) **1** fonds, kapitaal, reserve; **2** fonds, staatspapier, effect
Fondue [fõduu] o^{36}, v^{27} fondue
fönen oude spelling voor föhnen, zie föhnen
Fono... zie Phono...
Fontäne v^{21} fontein
foppen voor de gek houden, foppen
forcieren^{320} forceren
Förde v^{21} (N-Dui) fjord, golf, inham
Förderband o^{32} lopende band, transportband
Förderer m^9 **1** bevorderaar, beschermer, begunstiger; **2** transporteur, laadbrug
förderlich bevorderlijk, nuttig, voordelig
fordern 1 vorderen, eisen, verlangen; **2** (prijzen) vragen; **3** (sp) tot een uiterste krachtsinspanning dwingen
fördern 1 bevorderen, steunen, vooruithelpen; **2** (mijnb) delven; (olie) winnen; **3** transporteren: zutage (of: zu Tage) ~ aan het licht brengen
Förderstufe v^{21} brugperiode, brugjaar
Förderturm m^5 schachttoren
Forderung v^{20} **1** vordering, eis, claim; **2** (handel) vordering; **3** uitdaging
Förderung v^{20} **1** bevordering, bescherming, steun; **2** (mijnb) winning, productie
Förderungsmaßnahme v^{21} stimulerende maatregel
Förderungsmittel mv o^{33} stimulerende middelen
Forelle v^{21} forel
Forellenzucht v^{28} forellenkweek
Form v^{20} vorm: (sp) in ~ sein in vorm zijn
formal formeel
Formalität v^{20} formaliteit
Format o^{29} formaat: er hat ~ hij is een persoonlijkheid
formatieren^{320} (comp) formatteren
Formation v^{20} formatie
formbeständig vormvast
Formblatt o^{32} formulier, model
Formel v^{21} **1** formule; **2** formulering
formelhaft 1 geijkt (van uitdrukking); **2** in een formule
formell 1 vormelijk; **2** formeel
formen vormen, formeren
Formenlehre v^{28} vormleer
Formfehler m^9 fout tegen de vorm, vormfout
Formfrage v^{21} formele kwestie
Formgebung v^{20} vormgeving
formgerecht in de vereiste vorm
Formgestalter m^9 vormgever, ontwerper
formidabel formidabel, geducht
formieren^{320} **I** tr formeren, opstellen; **II** sich ~ zich opstellen, zich aaneensluiten

förmlich 1 formeel, officieel; **2** vormelijk, stijfdeftig; **3** letterlijk, gewoonweg

Förmlichkeit v^{20} vormelijkheid, formaliteit

formlos 1 vorm(e)loos; **2** niet in een voorgeschreven vorm; **3** *(fig)* ongedwongen

Formular o^{29} formulier

formulieren^{320} formuleren

Formung I v^{20} vormgeving; **II** v^{28} vorming

formvollendet volmaakt (van vorm)

forsch 1 krachtig, fors; **2** energiek, resoluut

forschen onderzoeken, onderzoek verrichten

Forscher m^9 (wetenschappelijk) onderzoeker, *(Belg)* vorser

Forschung v^{20} onderzoek, research

Forschungsinstitut o^{29} researchinstituut

Forschungsreisende(r) m^{40a}, v^{40b} ontdekkingsreiziger

Forschungsstätte v^{21} researchinstituut

Forst m^5, m^{16} *(geëxploiteerd)* bos, woud

Förster m^9 bosbouwkundige, houtvester

Försterei v^{20} boswachterij, houtvesterij

Forstverwaltung v^{20} bosbeheer

Forstwirtschaft v^{28} bosbouw

fort *bw* **1** weg: ~ *mit dir!* maak dat je wegkomt!; **2** voort, verder, vooruit: *und so* ~ enzovoort, en zo verder; *in einem* ~ aan één stuk door; **3** afwezig, weg

Fort [foor] o^{36} *(mil)* fort

fortan voortaan, in het vervolg

fortbegeben^{166}, **sich** weggaan, vertrekken

Fortbestand m^{19} voortbestaan

fortbestehen^{279} voortbestaan, blijven bestaan, voortduren

fortbewegen voortbewegen

fortbilden 1 verder ontwikkelen; **2** bijscholen

Fortbildung v^{20} **1** verdere ontwikkeling; **2** bijscholing

Fortbildungskurs m^5 bijscholingscursus

fortbleiben^{134} wegblijven

fortbringen^{139} **1** wegbrengen; **2** van de plaats krijgen

fortdauern voortduren

fortdürfen^{145} weg mogen, mogen weggaan

fortfahren^{153} **I** *intr* **1** wegrijden, wegvaren, weggaan; **2** voortgaan, doorgaan: *er fuhr fort in seiner Erzählung* hij ging voort met zijn verhaal; *er fuhr fort zu lesen* hij las door; **II** *tr* wegbrengen

fortfliegen^{159} wegvliegen

fortführen 1 wegvoeren, wegbrengen; **2** *(de zaken)* voortzetten

Fortgang m^{19} **1** vertrek, (het) weggaan; **2** voortgang, (het) voortduren, verloop

fortgehen^{168} **1** (weg)gaan, vertrekken; **2** doorgaan, verder gaan

fortgeschritten gevorderd

Fortgeschrittene(r) m^{40a}, v^{40b} gevorderde

fortgesetzt aanhoudend, voortdurend

forthelfen^{188+3} voorthelpen, weghelpen

fortjagen I *tr* wegjagen; **II** *intr* wegdraven, wegrennen, wegracen

fortkommen^{193} **1** wegkomen; **2** wegraken; **3** vooruitkomen; **4** gedijen

Fortkommen o^{39} **1** carrière; **2** (het) voortkomen, (het) vooruitkomen; **3** levensonderhoud: *sein* ~ *finden* in zijn levensonderhoud voorzien

fortlaufen^{198} **1** weglopen; **2** doorlopen, doorgaan

fortleben voortleven, blijven leven

fortlegen wegleggen

fortmachen I *intr* **1** doorgaan; **2** (weg)gaan; **II** *sich* ~ maken dat men wegkomt

fortpflanzen I *tr* voortplanten; **II** *sich* ~ zich voortplanten

Fortpflanzung v^{20} voortplanting

fortreißen^{220} **1** wegrukken, wegtrekken; **2** meesleuren, meeslepen; **3** afpakken

fortschaffen wegbrengen, wegdoen

fortschicken 1 wegsturen; **2** verzenden

fortschieben^{237} wegschuiven, wegduwen

fortschreiten^{254} voortgaan; vorderen

Fortschritt m^5 vordering, vooruitgang

fortschrittlich vooruitstrevend, progressief

fortsetzen voortzetten, vervolgen

Fortsetzung v^{20} voortzetting, vervolg: ~ *folgt* wordt vervolgd

fortstehlen^{280}, **sich** wegsluipen

forttragen^{288} wegdragen, wegbrengen

forttreiben^{290} **1** wegdrijven; **2** wegjagen; **3** doorgaan

fortwährend aanhoudend, voortdurend

fortwirken blijven werken, doorwerken

fortziehen^{318} **I** *tr* wegtrekken; **II** *intr* vertrekken, wegtrekken

Forum o *(2e nvl -s; mv Foren, Fora)* forum

fossil 1 fossiel; **2** versteend

Fossil o *(2e nvl -s; mv -ien)* fossiel *(ook fig)*

Foto o^{36} foto

Fotoapparat m^5 fototoestel

Fotograf m^{14} fotograaf

fotografieren^{320} fotograferen

Fotokopie v^{21} fotokopie

fotokopieren^{320} fotokopiëren

Foul o^{36} *(sp)* overtreding

Foulelfmeter m^9 *(sp)* strafschop wegens een overtreding in het strafschopgebied

foulen *(sp)* onsportief aanvallen, onderuithalen

Foulspiel o^{29} *(sp)* overtreding

fr *afk van Franc* frank

Fr. 1 *afk van Franken* (Zwitserse) frank; **2** *afk van Frau* mevrouw

Fracht v^{20} **1** vracht; **2** vracht(kosten)

Frachtbehälter m^9 container

Frachtbrief m^5 vrachtbrief

Frachter m^9 vrachtboot

frachtfrei vrachtvrij, franco

Frachtführer m^9 vervoerder, vrachtrijder

Frachtrate v^{21}, **Frachtsatz** m^6 vrachttarief

Frack m^6, m^{13} rok(kostuum)

Frage v^{21} **1** vraag; **2** vraagstuk, kwestie: *etwas in* ~

stellen iets in twijfel trekken; *es kommt in ~* het komt in aanmerking; *das kommt nicht in ~* daar is geen sprake van; *ohne ~* ongetwijfeld

Fragebogen m^{11}, **Frageliste** v^{21} vragenlijst

fragen[+4] **I** *tr* vragen, informeren: *dieser Artikel ist stark* (of: *sehr*) *gefragt* er is veel vraag naar dit artikel; **II** *sich ~* zich afvragen: *es fragt sich* het is de vraag

Fragestellung v^{20} **1** vraagstelling; **2** probleem, probleemstelling

Fragestunde v^{21} *(pol)* vragenuurtje

Fragezeichen o^{35} vraagteken

fraglich 1 onzeker, twijfelachtig; **2** desbetreffend: *das ~e Haus* het huis in kwestie

fraglos ongetwijfeld, stellig

Fragment o^{29} fragment

fragwürdig 1 twijfelachtig, dubieus; **2** ongunstig bekend staand, verdacht, obscuur

Fraktion v^{20} fractie

Fraktionschef m^{13}, **Fraktionsführer** m^9 fractieleider

Fraktionsmitglied o^{31} fractielid

Fraktionsvorsitzende(r) m^{40a}, v^{40b} fractievoorzitter, -voorzitster

Fraktur v^{20} **1** fractuur, breuk; **2** gotische (druk)letter

Franc [frã] *m (2e nvl -; mv -s)* frank *(munt in België, Luxemburg, Frankrijk)*

Franken I o^{39} Frankenland; **II** m^{11} (Zwitserse) frank

frankieren^{320} frankeren

franko franco

Frankreich o^{39} Frankrijk

Franse v^{21} **1** franje; **2** haarsliert

Franzose m^{15} Fransman

Französin v^{22} Française

französisch Frans

Französisch o^{41} Frans

Fräse v^{21} frees *(werktuig)*

fräsen frezen

Fraß m^5 **1** voer, vreten; **2** slecht eten

Fratze v^{21} **1** tronie; **2** grimas: *~n schneiden* (of: *ziehen)* gekke bekken trekken; **3** gezicht; **4** masker

Frau v^{20} **1** vrouw; **2** vrouw, echtgenote; **3** mevrouw: *gnädige ~* mevrouw

Frauenarzt m^6 vrouwenarts, gynaecoloog

Frauenbewegung v^{28} **1** vrouwenbeweging; **2** feminisme

Frauenhaus o^{32} blijf-van-mijn-lijfhuis, *(Belg)* vluchthuis

Frauenmannschaft v^{20} damesploeg, damesteam

Frauenzimmer o^{33} vrouwspersoon, mens

Fräulein o^{35} juffrouw, jongedame

fraulich vrouwelijk

frech 1 brutaal, vrijpostig, onbeschaamd; **2** koket, vlot

Frechdachs m^5 *(iron)* brutaaltje, boefje

Frechheit v^{20} onbeschaamdheid, brutaliteit

Freesie v^{21} fresia

frei 1 vrij: *im Freien schlafen* in de open lucht, buiten slapen; *ins Freie gehen* naar buiten gaan; *unter* *~em Himmel* onder de blote hemel; *an der ~en Luft* in de open lucht; *eine ~e Arbeitsstelle* een vacante betrekking; *~er Eintritt* gratis entree; **2** franco: *~ Haus* franco huis

Freibad o^{32} openluchtzwembad

freibekommen^{193} vrij krijgen

Freiberufler m^9 persoon die een vrij beroep uitoefent; zelfstandige

freiberuflich zelfstandig, freelance

Freibetrag m^6 belastingvrij bedrag

Freibeuter m^9 **1** vrijbuiter; **2** kaper

freibleibend vrijblijvend

Freibrief m^5 vrijbrief

Freidenker m^9 vrijdenker

Freier m^9 aanstaande, vrijer

Freiexemplar o^{29} presentexemplaar

Freifahrkarte v^{21}, **Freifahrschein** m^5 gratis kaartje, gratis reisbiljet, vrijbiljet

Freigabe v^{28} (het) vrijlaten: *die ~ der Preise* het vrijlaten van de prijzen; *zie ook* freigeben

freigeben^{166} **1** in vrijheid stellen, vrijlaten; **2** vrijgeven, openstellen; **3** vrij(af) geven; **4** loslaten, opgeven: *den Ball ~* het spel laten hervatten

freigebig vrijgevig, royaal, gul

Freigebigkeit v^{28} vrijgevigheid, gulheid

Freihafen m^{12} vrijhaven

freihalten^{183} vrijhouden

Freihandel m^{19} vrijhandel

freihändig 1 uit de vrije hand *(tekenen, schieten)*; **2** *(handel)* onderhands

Freiheit v^{20} vrijheid: *ich nehme mir die ~* ik neem de vrijheid

freiheitlich vrijheidlievend

Freiheitsentzug m^{19} gevangenisstraf, hechtenis, vrijheidsstraf

Freiheitsstrafe v^{21} vrijheidsstraf

Freikarte v^{21} vrijkaart(je)

Freikörperkultur v^{28} *(FKK)* nudisme

Freilandgemüse o^{33} groente van de koude grond

freilassen^{197} vrijlaten, in vrijheid stellen

Freilassung v^{20} vrijlating, invrijheidstelling

Freilauf m^6 *(techn)* vrijloop

freilegen blootleggen *(ook fig)*, opgraven

freilich 1 natuurlijk, ja zeker, heus; **2** wel(iswaar); **3** maar, echter

Freilichtbühne v^{21} openluchttheater

Freilichtmuseum o *(2e nvl -s; mv -museen)* openluchtmuseum

freimachen I *tr* **1** frankeren; **2** ontbloten; **II** *intr* vrij nemen; **III** *sich ~* **1** zich vrijmaken; **2** zich uitkleden *(bij een arts)*

Freimarke v^{21} frankeerzegel, postzegel

Freimaurer m^9 vrijmetselaar

freimütig vrijmoedig, openhartig

freischaffend zelfstandig, freelance

freisprechen^{274} vrijspreken

Freispruch m^6 *(jur)* vrijspraak

freistehen^{279} **1** (iem) vrijstaan; **2** *(mbt huis)* leegstaan

freistellen 1 *(iem iets)* overlaten; **2** *(iem vh werk, van militaire dienst)* vrijstellen; **3** *(arbeidskrachten)* ontslaan
Freistoß m^6 *(sp)* vrije trap
Freistunde v^{21} vrij uur
Freitag m^5 vrijdag
Freitod m^{19} suïcide, zelfmoord
Freiübung v^{20} *(sp)* vrije oefening
Freiumschlag m^6 gefrankeerde enveloppe
freiweg ronduit; zonder aarzeling
freiwillig vrijwillig
Freiwillige(r) m^{40a}, v^{40b} vrijwillig(st)er, volontair(e)
Freizeichen o^{35} *(telecom)* kiestoon
Freizeit v^{20} vrije tijd
Freizeitbeschäftigung, Freizeitgestaltung v^{20} vrijetijdsbesteding
Freizeitkleidung v^{28} vrijetijdskleding
Freizeitsport m^{19} recreatiesport
freizügig 1 vrij in de keuze van de woonplaats; vrij om zich te vestigen waar men wil; **2** geen vaste woonplaats hebbend; **3** vrij, liberaal; **4** vrij, ongebonden; **5** royaal
Freizügigkeit v^{28} **1** recht om zich te vestigen waar men wil; **2** vrijheid; *zie ook* freizügig
fremd 1 vreemd, buitenlands, onbekend; **2** andermans, van een ander
fremdartig vreemd(soortig), ongewoon
Fremde v^{28} buitenland
Fremdenbett o^{37} **1** hotelbed; **2** logeerbed
Fremdenführer m^9 **1** gids, reisleider; **2** *(boek)* reisgids
Fremdenhass m^{19} vreemdelingenhaat
Fremdenheim o^{29} pension
Fremdenverkehr m^{19} vreemdelingenverkeer, toerisme
Fremdenverkehrsverein m^5 vereniging voor vreemdelingenverkeer
Fremdenzimmer o^{33} kamer, hotelkamer
Fremde(r) m^{40a}, v^{40b} vreemdeling, vreemde
Fremdfinanzierung v^{20} externe financiering
Fremdkörper m^9 **1** vreemd voorwerp; **2** *(fig)* indringer
fremdländisch 1 buitenlands; **2** uitheems
Fremdsprache v^{21} vreemde taal
fremdsprachig 1 een vreemde taal sprekend; **2** in een vreemde taal
Fremdwort o^{32} vreemd woord
frequent 1 frequent; **2** *(med)* versneld
frequentieren ^{320} frequenteren, vaak bezoeken, druk gebruiken
Frequenz v^{20} frequentie *(ook elektr)*
Fressalien *mv* etenswaar, bikkesementen
Fresse v^{21} bek, muil, smoel: *halt die ~!* hou je kop!
fressen ^{162} vreten, (op)eten || *er frisst seinen Kummer in sich* hij kropt zijn verdriet op; *ihn frisst der Neid* hij wordt door nijd verteerd; *der Wagen frisst Benzin* de auto vreet benzine; *jmdn gefressen haben* iem niet kunnen uitstaan; *er hat es gefressen* hij heeft het begrepen

Fressen o^{35} vreten, eten, voer: *das war ein gefundenes ~ für ihn* dat was een kolfje naar zijn hand
Fressgier v^{28} vraatzucht
fressgierig vraatzuchtig
Fresskorb m^6 **1** *(inform)* mand met levensmiddelen; **2** *(inform)* picknickmand
Freude v^{21} vreugde, blijdschap, plezier, genoegen: *das macht mir keine ~* ik heb er geen plezier in
Freudenausbruch m^6 uitbarsting van vreugde
Freudensprung m^6 vreugde-, luchtsprong
Freudentaumel m^9 roes van vreugde
freudestrahlend stralend van vreugde
freudig blij, heuglijk, vrolijk
freuen I *tr* verheugen, plezier doen: *es freut mich* het doet me plezier; **II** *sich ~* zich verheugen, blij zijn: *sich über*$^{+4}$ *etwas ~* zich over iets verheugen; *sich ~ auf*$^{+4}$ zich verheugen op; *sich ~ an*$^{+3}$ genieten van; *freut mich sehr!* aangenaam!
Freund m^5 **1** vriend; **2** liefhebber
Freundesdienst m^5 vriendendienst
Freundeskreis m^5 vriendenkring
Freundin v^{22} **1** vriendin; **2** geliefde
freundlich vriendelijk: *~ zu jmdm sein* vriendelijk voor iem zijn
Freundlichkeit v^{20} **1** vriendelijkheid; **2** dienst
Freundschaft v^{20} vriendschap
freundschaftlich vriendschappelijk
Freundschaftsbeweis m^5 bewijs van vriendschap
Freundschaftsspiel o^{29}, **Freundschaftstreffen** o^{35} *(sp)* vriendschappelijke wedstrijd
Frevel m^9 misdaad, misdrijf, vergrijp
frevelhaft misdadig, slecht
freveln een misdaad begaan, zondigen
Freveltat v^{20} misdaad, euveldaad
Frevler m^9 **1** misdadiger; **2** boosdoener
Friede m^{18}, **Frieden** m^{11} vrede, rust: *lass mich in Frieden* laat me met rust
Friedensabschluss m^6 (het) sluiten van de vrede
Friedensbewegung v^{20} vredesbeweging
Friedensforscher m^9 polemoloog
Friedensforschung v^{28} polemologie
Friedensunterhandlung, Friedensverhandlung v^{20} vredesonderhandeling
Friedensvertrag m^6 vredesverdrag
friedfertig vreedzaam, vredelievend
Friedfertigkeit v^{28} vreedzaamheid, vredelievendheid
Friedhof m^6 kerkhof
friedlich 1 vredelievend, vreedzaam; **2** vredig
Friedlichkeit v^{28} vreedzaamheid, vredigheid
friedlos rusteloos
friedvoll vredig, vreedzaam
frieren ^{163} **I** *(haben)* **1** koud zijn, het koud hebben: *ich friere, mich friert, es friert mich* ik ben koud, ik heb het koud; **2** vriezen: *es friert Stein und Bein* het vriest, dat het kraakt; **II** *(sein)* bevriezen
Friese m^{15} Fries
Friesin v^{22} Friezin, Friese
friesisch Fries

fr

Frikad͟elle v²¹ platte en ronde gehaktbal
Frikad͟elle v²¹ 1 gestoofd vlees; 2 gehaktbal
Frikass͟ee o³⁶ fricassee
Frikti͟on v²⁰ frictie, wrijving
frisch I bn 1 vers *(van levensmiddelen);* 2 fris, vers *(water);* 3 fris, koel *(water, weer);* II bw pas, vers: ~ *gestrichen!* nat!; ~ *rasiert* pas geschoren || *ein ~es Hemd* een schoon overhemd; *ein Bett ~ beziehen* een bed verschonen; *sich ~ machen* zich opknappen
frisch͟auf! kom op!, komaan!
Fr͟ische v²⁸ 1 frisheid, koelte; 2 fitheid, kracht; 3 versheid; 4 frisheid
Fr͟ischfleisch o³⁹ vers vlees
frisch-fr͟öhlich opgewekt
Fr͟ischhaltebeutel m⁹ plastic zakje
Fr͟ischhaltefolie v²¹ huishoudfolie
Fr͟ischhaltepackung v²⁰ vacuümverpakking
Fr͟ischluft v²⁸ frisse lucht
Fr͟ischmilch v²⁸ verse melk
Fris͟eur [friez͟eu:r] m⁵ kapper
Fris͟euse v²¹ kapster
fris͟ieren³²⁰ 1 kappen; 2 *(een balans)* flatteren; 3 *(een motor)* opvoeren
Fris͟ör *zie* Friseur
Fris͟öse *zie* Friseuse
Frist v²⁰ 1 termijn; 2 uitstel
fr͟isten verlengen, rekken
fristgem͟äß, fristger͟echt met inachtneming van de gestelde termijn, binnen de gestelde termijn
fristl͟os onverwijld, onmiddellijk: ~ *entlassen* op staande voet ontslaan
Fris͟ur v²⁰ kapsel
Frit͟euse *oude spelling voor* Fritteuse, *zie* Fritteuse
frit͟ieren³²⁰ *oude spelling voor* frittieren, *zie* frittieren
Fr͟itte v²¹ friet
Fritt͟euse v²¹ frituurpan, friteuse
fritt͟ieren³²⁰ frituren
froh vrolijk, blij, vergenoegd, opgeruimd: ~ *gelaunt* blij gestemd
fr͟öhlich vrolijk, blij
Fr͟öhlichkeit v²⁸ vrolijkheid, plezier, genoegen
frohl͟ocken 1 juichen, jubelen; 2 leedvermaak hebben
Fr͟ohmut m¹⁹ blijmoedigheid, opgeruimdheid
fr͟ohmütig blijmoedig, opgeruimd
Fr͟ohnatur v²⁰ 1 vrolijke, opgewekte aard; 2 opgewekt mens
Fr͟ohsinn m¹⁹ vrolijkheid, blijmoedigheid
fromm⁵⁹ 1 vroom; 2 mak; 3 schijnheilig
fr͟ömmeln (overdreven) vroom doen
fr͟ommen baten, helpen
Fr͟ommheit, Fr͟ömmigkeit v²⁸ vroomheid
fr͟önen⁺³ zich overgeven aan, verslaafd zijn aan; *(lusten)* botvieren
Fronl͟eichnam m¹⁹, **Fronleichnamsfest** o²⁹ Sacramentsdag
Front v²⁰ 1 front *(ook mil);* 2 front, voorzijde, voor-gevel
front͟al frontaal
Front͟alzusammenstoß m⁶ frontale botsing
Fr͟ontantrieb m⁵ voorwielaandrijving
Fr͟ontmotor m¹⁶, m⁵ voorin geplaatste motor
Fr͟ontscheibe v²¹ voorruit
Frosch m⁶ 1 kikvors, kikker; 2 slof *(van strijkstok);* 3 voetzoeker; 4 wig, klamp
Fr͟oschschenkel m⁹ kikkerbilletje
Fr͟oschtest m⁵, m¹³ *(med)* kikkerproef
Frost m⁶ 1 vorst, kou; 2 rilling, huivering
fr͟ostbeständig vorstbestendig, winterhard
Fr͟osteinbruch m⁶ koude-inval
fr͟östeln *(van kou)* huiveren, rillen
Fr͟östeln o³⁹ koude rilling, huivering
fr͟ostempfindlich vorstgevoelig
fr͟ostig 1 zeer koud; 2 koel, koud, ijzig
Fr͟ostschutzmittel o³³ antivries(middel)
Fr͟ostwetter o³⁹ vriezend weer, vorst
Frott͟é, Frott͟ee m¹³, o³⁶ *(2e nvl ook -)* badstof
frott͟ieren³²⁰ wrijven, (stevig) afdrogen
Frott͟ierhandtuch o³² badhanddoek
fr͟otzeln 1 plagen, jennen; 2 spotten
Frucht v²⁵ vrucht
fr͟uchtbar 1 *(ook fig)* vruchtbaar; 2 vruchtdragend; 3 productief
Fr͟uchtbarkeit v²⁸ vruchtbaarheid, productiviteit
Fr͟uchtbaum m⁶ vruchtboom, fruitboom
fr͟uchten helpen, baten
Fr͟uchtfleisch o³⁹ vruchtvlees
Fr͟uchtjoghurt, Fr͟uchtjogurt m¹³, v²⁷, o³⁶ *(2e nvl ook -; mv ook -)* vruchtenyoghurt
fr͟uchtlos vruchteloos, nutteloos
Fr͟uchtsaft m⁶ vruchtensap
früh vroeg(tijdig): *von ~ auf* van kindsbeen af; *am ~en Morgen* vroeg in de morgen; *heute ~* vanmorgen vroeg; *~er oder später* vroeg of laat
Fr͟ühe v²⁸ vroegte: *in aller ~* in alle vroegte
fr͟üher 1 vroeger, eertijds; 2 voormalig, vorig: *der ~e Minister* de voormalige minister
fr͟ühestens op z'n vroegst
Fr͟ühgeburt v²⁰ 1 vroeggeboorte, te vroege geboorte; 2 te vroeg geboren kind
Fr͟ühgemüse o³³ vroege groente
Fr͟ühjahr o²⁹ voorjaar
Fr͟ühling m⁵ lente, voorjaar
Fr͟ühlingsrolle v²¹ loempia
fr͟ühmorgens 's morgens vroeg
fr͟ühreif vroegrijp, voorlijk
Fr͟ührente v²¹ vervroegd pensioen, VUT
Fr͟ührentner m⁹ vutter
Fr͟ühschoppen m¹¹ biertje, borreltje 's morgens
Fr͟ühsommer m⁹ voorzomer
Fr͟ühstück o²⁹ ontbijt
fr͟ühstücken ontbijten
fr͟ühzeitig 1 vroeg(tijdig); 2 voortijdig
Frust m¹⁹, **Frustration** v²⁰ frustratie
frustr͟ieren³²⁰ frustreren
FS 1 *afk van Fernschreiben* telex(bericht); 2 *afk van*

Fernschreiber telex(apparaat)

Fuchs m^6 **1** vos *(ook bont): ein alter, ein schlauer ~* een oude, een slimme vos; **2** vos *(een paard);* **3** eerstejaars student

fuchsen I *tr* ergeren, dwarszitten; **II** *sich ~* zich ergeren

Fuchsie v^{21} fuchsia

fuchsig woedend, ongeduldig, razend

Fuchsjagd v^{20} vossenjacht

Fuchsschwanz m^6 **1** vossenstaart; **2** handzaag

fuchsteufelswild woest, woedend

Fuchtel v^{28} strenge tucht, knoet: *unter jmds ~ stehen* bij iem onder de plak zitten

fuchteln zwaaien

fuchtig kwaad, nijdig, woest

Fug m^{19}: *mit ~ (und Recht)* met recht, terecht

Fuge v^{21} **1** voeg, reet, spleet; **2** *(muz)* fuga

fugen *(hout)* verbinden, *(een muur)* voegen

fügen I *tr* **1** voegen, verbinden; **2** samenvoegen, invoegen, passen; **3** beschikken; **II** *sich ~* zich voegen, zich schikken

fügsam gehoorzaam, meegaand, gedwee

Fügsamkeit v^{28} gehoorzaamheid, meegaandheid, gedweeheid

Fügung v^{20} **1** beschikking: *eine ~ des Schicksals* een lotsbeschikking; **2** *(taalk)* woordgroep

fühlbar voelbaar, tastbaar

fühlen I *tr* (ge)voelen, gewaarworden; tasten; **II** *sich ~ zich* voelen

Fühler m^9, **Fühlerfaden** m^{12}, **Fühlhorn** o^{32} (voel)spriet, voeldraad, voelhoorn, voeler

Fühlung v^{20} voeling, contact: *~ mit jmdm (auf)nehmen* met iem contact opnemen; *in ~ bleiben* in verbinding blijven

Fühlungnahme v^{21} contact, (het) contact zoeken

Fuhre v^{21} **1** (wagen)lading; **2** rit; **3** vracht

führen I *intr* **1** leiden, de leiding hebben; **2** voeren, leiden: *die Straße führt zum Bahnhof* de straat loopt naar het station; **II** *tr* **1** *(blinde, hond, kind)* (ge)leiden, voeren: *einen Graben um*$^{+4}$ *etwas ~* een gracht om iets graven; *eine Mauer um*$^{+4}$ *etwas ~* een muur om iets bouwen; *ein Geschäft ~* een zaak leiden; **2** *(gesprek, proces, titel)* voeren, houden; **3** *(een naam)* dragen; **4** brengen, voeren: *den Löffel zum Mund ~* de lepel naar de mond brengen; **5** leiden, besturen, commanderen; **6** *(trein, vliegtuig, voertuig)* besturen; **7** *(bezem, pen, zwaard)* voeren, hanteren; **8** *(een ambt)* uitoefenen, bekleden; **9** hebben, meedragen: *er führt den Pass immer bei sich* hij heeft zijn pas altijd bij zich; *Buch ~* boekhouden; *(das) Protokoll ~* notuleren; **10** verkopen, in het assortiment hebben: *diesen Artikel ~ wir nicht* dit artikel verkopen we niet; **III** *sich ~* zich gedragen; zich houden: *der Schüler hat sich tadellos geführt* de leerling heeft zich onberispelijk gedragen

führend leidend, toonaangevend, vooraanstaand

Führer m^9 **1** leider, gids; **2** (reis)gids; **3** aanvoerder

Führerschein m^5 rijbewijs

Führerscheinentzug m^{19} (het) intrekken van het rijbewijs

Führersitz m^5 bestuurdersplaats

Fuhrpark m^{13} wagenpark

Führung v^{20} **1** leiding, bestuur, bevel; **2** leiding, leidende positie; **3** gedrag; **4** (het) besturen *(ve voertuig);* **5** rondleiding *(in museum e.d.);* **6** (het) voeren *(ve proces, titel);* **7** (het) bijhouden *(vd boeken);* **8** *(techn)* geleiding; **9** (het) hanteren *(ve camera)*

Führungskraft v^{25} leidinggevende employé

Führungsspitze v^{21} topleiding

Führungstor o^{29}, **Führungstreffer** m^9 doelpunt waarmee men de leiding neemt

Führungszeugnis o^{29a} **1** bewijs van goed gedrag; **2** getuigschrift

Fuhrunternehmen o^{35} transportbedrijf

Fuhrunternehmer m^9 vervoerder

Fuhrwerk o^{29} **1** wagen; **2** vrachtauto

Fülle v^{28} **1** overvloed, menigte, rijkdom; **2** volheid; **3** gevuldheid; **4** zwaarlijvigheid

füllen I *tr* **1** (op)vullen, volmaken; **2** *(in zakken, vaten)* doen: *Wein in Flaschen ~* wijn bottelen; **II** *sich ~* zich vullen, vol raken, vollopen

Füllen o^{35} veulen

Füller m^9 vulpen

Füllfederhalter m^9 vulpen(houder)

Füllgewicht o^{29} gewicht bij verpakking

füllig gevuld, volslank

Füllung v^{20} **1** (het) vullen; **2** *(tand)* vulling; **3** *(cul)* vulling, vulsel; **4** (deur)paneel

fummeln 1 frunniken, friemelen: *~ an*$^{+3}$ prutsen, friemelen aan; **2** *(sp)* te veel dribbelen; **3** vrijen, frunniken

Fund m^5 vondst, (het) vinden; ontdekking

Fundament o^{29} fundament, grondslag, basis

fundamental fundamenteel

Fundamentalismus m^{19a} fundamentalisme

Fundamt o^{32}, **Fundbüro** o^{36} bureau voor gevonden voorwerpen

Fundgegenstand m^6 gevonden voorwerp

Fundgrube v^{21} *(fig)* rijke bron, rijke vindplaats

Fundi m^{13} *(pol)* fundamentalist

fundieren^{320} **1** funderen; **2** motiveren

Fundierung v^{20} fundering; *zie ook* fundieren

fündig rijk *(aan bodemschatten)* || *~ werden* iets ontdekken, vinden

Fundort m^5 vindplaats

Fundsache v^{21} gevonden voorwerp

Fundstätte, **Fundstelle** v^{21} vindplaats

fünf vijf

Fünf v^{20} **1** *(het cijfer)* vijf; **2** lijn vijf *(van tram, bus);* **3** *(als rapportcijfer)* onvoldoende

Fünfer m^9 **1** vijfmarkstuk; vijfpfennigstuk; **2** vijf getallen goed *(bij lotto);* **3** *(tram, bus)* lijn vijf; **4** vijf

Fünfkampf m^{19} *(sp)* vijfkamp

Fünfmarkstück o^{29} vijfmarkstuk

Fünfmeterraum m^6 *(sp)* doelgebied

fünfstellig van vijf cijfers

Fünftel o^{33} vijfde (deel)

fünfzehn vijftien
fünfzig vijftig
fünfziger 1 van (uit) het jaar vijftig; 2 tussen '50 en '60: *die ~ Jahre* de jaren vijftig
Fünfziger m^9 1 *(inform)* vijftigpfennigstuk; 2 vijftiger; 3 *(inform)* briefje van 50 mark
Fünfzigerjahre *mv* o^{29}: *die ~* de jaren vijftig
fungieren[320] fungeren
Funk m^{19} 1 radiotelefonie, mobilofoon; 2 radio
Funkanlage v^{21} radiozendinstallatie
Funke m^{18} vonk, sprank
funkeln fonkelen, schitteren, blinken
funkelnagelneu (spik)splinternieuw
funken I *intr* fonkelen, vonken; II *tr* (draadloos) seinen
Funken m^{11} *zie* Funke
Funkgerät o^{29} radiozendinstallatie, mobilofoon
Funkhaus o^{32} omroepgebouw
Funkkontakt m^5 radiocontact
Funkmeldung v^{20} radiobericht
Funksprechgerät o^{29} mobilofoon
Funkspruch m^6 radiobericht
Funkstreifenwagen m^{11} surveillancewagen met mobilofoon
Funktion v^{20} functie
funktional functioneel
Funktionär m^5 functionaris
funktionell functioneel
funktionieren[320] 1 fungeren, dienst doen; 2 functioneren, werken
Funkturm m^5 zendmast, radiomast
Funkverkehr m^{19} radioverkeer
Funkwerbung v^{20} ether-, radioreclame
für *vz*[+4] voor, bestemd voor, ten behoeve van: *ein Mittel ~ Kopfweh* een middel tegen hoofdpijn; *Jahr ~ Jahr* jaar in, jaar uit; *Wasser ~ Wein* water in plaats van wijn; *~s Erste* voorlopig; *~ sich: a)* op zichzelf; *b)* voor zich alleen; *an und ~ sich* op zichzelf (beschouwd); *das hat viel ~ sich* daar is veel voor te zeggen; *das Für und Wider* het voor en tegen
Fürbitte v^{21} voorspraak
Furche v^{21} 1 voor; 2 groef, rimpel
furchen 1 voren trekken; 2 rimpelen, fronsen
Furcht v^{28} vrees, angst, bezorgdheid: *jmdn in ~ versetzen* (of: *jmdm ~ einjagen*) iem vrees aanjagen; *~ einflößend* (of: *~ erregend*) angstaanjagend
furchtbar vreselijk, verschrikkelijk, ontzettend: *~ gern* heel graag
Furchtbarkeit v^{20} verschrikkelijkheid
furchteinflößend angstaanjagend
fürchten I *tr* vrezen, bang zijn voor; II *sich ~* (met *vor*[+3]) bang zijn (voor), vrezen
fürchterlich vreselijk, verschrikkelijk, erg
furchterregend angstaanjagend
furchtlos onbevreesd, onverschrokken
furchtsam vreesachtig, bang(ig)
füreinander voor elkaar
Furie v^{21} furie

Fürsorge v^{21} 1 zorg; 2 sociale zorg; 3 sociale dienst; 4 *(inform)* bijstandsuitkering, steun
Fürsorger m^9 sociaal werker
Fürsprache v^{21} voorspraak: *~ für jmdn einlegen* een goed woordje doen voor iem
Fürsprecher m^9 voorspraak, voorspreker
Fürst m^{14} vorst, heerser
Fürstenhaus o^{32} vorstenhuis; dynastie
Fürstentum o^{32} vorstendom
Fürstin v^{22} vorstin
fürstlich vorstelijk
Furt v^{20} doorwaadbare plaats
Furunkel m^9, o^{33} *(med)* steenpuist
Fürwort o^{32} voornaamwoord
Furz m^6 *(plat)* wind, scheet
furzen *(plat)* een wind, scheet laten
Fusel m^9 foezel, slechte jenever
füsilieren[320] fusilleren
Fusion v^{20} fusie, samensmelting
fusionieren[320] fuseren, een fusie aangaan
Fuß m^6 voet, been, poot *(van dieren, meubels)*; voetstuk, sokkel: *stehenden ~es* op staande voet; *auf freiem ~ sein* zich op vrije voeten bevinden; *sich die Füße nach*[+3] *etwas ablaufen* (of: *wund laufen)* zich voor iets de benen uit het lijf lopen; *gut, schlecht zu ~ sein* goed, slecht ter been zijn
Fußball m^6 voetbal: *~ spielen* voetballen
Fußballen m^{11} bal van de voet
Fußballer m^9 *(inform)* voetballer
Fußballfan m^{13} voetbalsupporter
Fußballfeld o^{31} voetbalveld
Fußballmannschaft v^{20} voetbalelftal, ploeg
Fußballplatz m^6 voetbalveld
Fußballspiel o^{29} voetbalwedstrijd
Fußballspieler m^9 voetbalspeler, voetballer
Fußballverband m^5 voetbalbond
Fußballverein m^5 voetbalvereniging, voetbalclub
Fußbank v^{25} voetenbank
Fußboden m^{12} vloer
Fußbodenbelag m^6 vloerbedekking
Fussel v^{21}, m^9, m^{17} pluisje, draadje
fußen (met *auf*[+3]) steunen op, berusten op
Fußgänger m^9 voetganger
Fußgängerschutzweg m^5, **Fußgängerübergang** m^6, **Fußgängerüberweg** m^5 voetgangersoversteekplaats
Fußgängerzone v^{21} voetgangersgebied
Fußgelenk o^{29} voetgewricht
Fußnote v^{21} voetnoot
Fußpfad m^5 voetpad
Fußpflege v^{28} voetverzorging, pedicure
Fußreise v^{21} voetreis, voettocht
Fußstapfe v^{21}, **Fußstapfen** m^{11} voetstap
Fußsteig m^5 trottoir
Fußtritt m^5 trap, schop; *(fig)* trap
Fußweg m^5 voetpad
futsch 1 weg, verdwenen, foetsie; 2 kapot
Futter I o^{39} voer, eten; II o^{33} 1 voering(stof); 2 lijstwerk *(om deuren en vensters)*

Futteral o^{29} foedraal, koker, hoes
futtern eten, bikken, vreten
füttern 1 voeren, voer geven, eten geven; **2** voeren,
van voering voorzien; **3** *(in computer)* invoeren
Fütterrübe v^{21} voederbiet
Fütterung v^{20} **1** (het) voeren; **2** voering
Futur o^{29} *(taalk)* toekomende tijd
Futurologe m^{15} futuroloog

g

g *afk van Gramm* gram *(afk* g)
Gabe I *v²¹* **1** gave, gift, geschenk, aalmoes; **2** gave, talent; II *v²⁸ (med)* **1** dosis; **2** (het) toedienen, toediening
Gabel *v²¹* **1** vork; vertakking, splitsing; **2** gaffel; vork; **3** (telefoon)haak
gabeln I *tr* op de vork steken, oppikken; II *sich ~* zich splitsen, zich vertakken
Gabelstapler *m⁹* heftruck, vorkheftruck
Gabelung *v²⁰* splitsing, vertakking
gackeln, gackern, gacksen kakelen, snateren *(ook fig)*
gaffen gapen, met open mond staan kijken
Gaffer *m⁹* gaper
Gag [gɛk] *m¹³* **1** *(theat)* gag; **2** geestigheid, grap
Gage *v²¹* gage, honorarium
gähnen geeuwen, gapen
Gala *v²⁸* gala
galant **1** galant, hoffelijk; **2** amoureus
Galeere *v²¹ (scheepv)* galei
Galerie *v²¹* galerij
Galgen *m¹¹* galg *(ook techn)*
Galgenfrist *v²⁰* uitstel van executie
Galgenhumor *m¹⁹* galgenhumor
Galle *v²¹* gal
Gallenblase *v²¹* galblaas
Gallert *o²⁹* gelatine, gelei, dril
gallertartig geleiachtig
gallig gallig; bitter
Galon *m¹³*, **Galone** *v²¹* galon, tres
Galopp *m⁵, m¹³* galop
galoppieren³²⁰ galopperen
galvanisieren³²⁰ galvaniseren
gammeln **1** liggen rotten; **2** rondhangen
Gammler *m⁹* leegloper; hippie, nozem
Gämse *v²¹* gems
gang: *~ und gäbe sein* algemeen gebruikelijk zijn
¹Gang *m⁶* **1** gang, wijze van lopen; **2** gang, tocht: *einen ~ machen müssen* een boodschap moeten doen; **3** *(techn)* versnelling: *den ersten ~ einlegen* in de eerste versnelling zetten; **4** werking, (het) lopen *(van machine)*; **5** gang *(bij diner)*; ronde *(bij sport)*; **6** verloop; **7** gang *(in huis)*
²Gang [gɛng] *v²⁷* gang, bende
Gangart *v²⁰* gang, manier van lopen; *(sp)* manier van spelen, spel

gangbar 1 begaanbaar; **2** gangbaar
Gängelband *o³²* leiband: *jmdn am ~ führen* iem aan de leiband laten lopen
gängeln aan de leiband laten lopen
gängig 1 gangbaar, courant; **2** begaanbaar; **3** goed lopend
Gangschaltung *v²⁰ (techn)* schakeling: *ein Fahrrad mit ~* een fiets met versnelling
Ganove *m¹⁵* schavuit, schurk, boef
Gans *v²⁵* gans *(ook fig)*
Gänseblümchen *o³⁵* madeliefje
Gänsebraten *m¹¹* gebraden gans
Gänsefüßchen *o³⁵* aanhalingsteken
Gänsehaut *v²⁸ (fig)* kippenvel
Gänserich *m⁵* gent, mannetjesgans
ganz I *bn* **1** heel, gaaf, ongeschonden; *~e 50 Gulden kosten* niet meer dan 50 gulden kosten; **2** (ge)heel; **3** geheel en al; II *bw* tamelijk, betrekkelijk, nogal: *das Wetter war ~ schön* het weer was tamelijk mooi; *eine ~e Menge* een flinke hoeveelheid || *~e Arbeit leisten* voortreffelijk werk verrichten; *~ gut* heel goed; *~ gewiss* zeer zeker; *~ und gar* geheel en al
Ganze(s) *o⁴⁰ᶜ* **1** geheel, totaliteit: *im Ganzen* (of: *im großen Ganzen)* over het geheel; **2** zaak, kwestie, alles
Ganzheit *v²⁸* geheel, totaal, totaliteit
ganzjährig het hele jaar door
gänzlich geheel, volkomen, totaal; geheel en al
ganztägig de hele dag: *~ geöffnet* de hele dag open
Ganztagsarbeit, Ganztagsbeschäftigung *v²⁸* volle baan, volledige betrekking, baan voor hele dagen
gar I *bn* gaar; II *bw* **1** helemaal, volstrekt: *das ist doch ganz und ~ nicht wahr* dat is toch volstrekt niet waar; **2** *(Z-Dui, Oostenr, Zwits)* zeer, heel: *~ gut* zeer goed; **3** toch || *am Ende bist du ~ böse?* uiteindelijk ben je nog boos ook?; *oder ~* of zelfs
Garage *v²¹* garage
Garant *m¹⁴* garant, borg
Garantie *v²¹* garantie, waarborg, borgstelling: *~ geben* (of: *leisten)* garantie geven
Garantiefrist *v²⁰* garantietermijn, garantietijd
garantieren³²⁰ garanderen, waarborgen
Garantieschein *m⁵* garantiebewijs
Garantiezeit *v²⁰* garantietijd, garantietermijn
Garaus *m (inform)*: *jmdn den ~ machen* iem van kant maken, vermoorden
Garbe *v²¹* **1** schoof; **2** salvo, vuur
Garde *v²¹* garde
Garderobe *v²¹* **1** garderobe; **2** kleedkamer
Garderobefrau, Garderobenfrau *v²⁰* garderobejuffrouw
Garderobenmarke *v²¹* kaartje van de vestiaire, garderobepenning
Garderobenständer *m⁹* kapstok
Gardine *v²¹* vitrage, gordijn
Gardinenstange *v²¹* gordijnroede; gordijnrail
gären¹⁶⁴ gisten *(ook fig)*
Garküche *v²¹* gaarkeuken
Garn *o²⁹* **1** garen; **2** net: *jmdn ins ~ locken* iem in de

val lokken

Garnele v^{21} garnaal

garnieren[320] garneren

Garnierung v^{20} 1 garnering; 2 (het) garneren

Garnison v^{20} garnizoen

Garnitur v^{20} 1 garnituur, stel, set; 2 garnering; 3 keus

garstig 1 walgelijk, akelig; 2 naar, vervelend

Garten m^{12} tuin, hof

Gartenanlage v^{21} plantsoen

Gartenarchitekt m^{14} tuinarchitect

Gartenbau m^{19} tuinbouw

Gartenbaubetrieb m^5 tuinderij

Gartenfest o^{29} tuinfeest

Gartenhaus o^{32} tuinhuisje

Gartenkresse v^{21} (plantk) sterren-, tuinkers

Gartenkunst v^{25} tuinarchitectuur

Gartenlaube v^{21} prieel, tuinhuisje

Gartenmöbel mv o^{33} tuinmeubelen

Gartenschlauch m^6 tuinslang

Gartenzwerg m^5 tuinkabouter (ook fig)

Gärtner m^9 tuinman, tuinier, tuinder

Gärtnerei v^{20} tuinderij, bloemisterij

gärtnern tuinieren

Gärung v^{20} gisting; (het) gisten; (fig) onrust

Gas o^{29} gas: (fig) jmdm das ~ abdrehen iem de das omdoen; aufs ~ treten: a) gas geven; b) (fig) zich haasten

Gasanschluss m^6 gasaansluiting

gasbeheizt met gas verwarmd

gasförmig gasvormig

Gasgeruch m^{19} gaslucht

Gashahn m^6 gaskraan

Gasheizung v^{20} gasverwarming

Gasherd m^5 gasfornuis

Gaskocher m^9 gaskomfoor, gasstel

Gasmaske v^{21} gasmasker

Gasofen m^{12} gaskachel

Gaspedal o^{29} gaspedaal

Gasse v^{21} 1 steeg; straat; 2 (sp) opening, ruimte (tussen twee spelers); 3 doorgang

Gassenbube m^{15} straatjongen

Gast m^6 gast; logé

Gastarbeiter m^9 gastarbeider

Gästezimmer o^{33} zie Gastzimmer

gastfrei gastvrij

Gastfreiheit v^{28} gastvrijheid

Gastfreund m^5 gastheer

gastfreundlich gastvrij, hartelijk, gul

Gastfreundlichkeit v^{28}, **Gastfreundschaft** v^{28} gastvrijheid

Gastgeber m^9 1 gastheer; 2 (sp) thuisclub

Gastgeberin v^{22} gastvrouw

Gastgewerbe o^{39} horecabedrijf, horecasector

Gasthaus o^{32} 1 restaurant; 2 hotel

Gasthof m^6 hotel

gastieren[320] 1 als gast optreden; 2 (sp) een uitwedstrijd spelen

gastlich gastvrij

Gastronomie v^{28} gastronomie

Gastspiel o^{29} 1 gastvoorstelling; 2 gastrol; 3 uitwedstrijd

Gaststätte v^{21} restaurant; horecabedrijf

Gaststättengewerbe o^{39} horecasector

Gastwirt m^5 1 eigenaar van een restaurant; 2 caféhouder

Gastwirtschaft v^{20} (eenvoudig) restaurant

Gastzimmer o^{33} 1 gelagkamer; 2 logeerkamer; 3 hotelkamer

Gasuhr v^{20} gasmeter

Gaswerk o^{29} gasbedrijf, gasfabriek

Gatte m^{15} man, echtgenoot

Gatter o^{33} 1 hek, hekwerk; 2 poortje

Gattin v^{22} vrouw, echtgenote

Gattung v^{20} 1 soort, klasse; 2 geslacht; 3 soort, genre

Gattungsbezeichnung v^{20}, **Gattungsname** m^{18} soortnaam

GAU m^{19}, m^{19a} afk van größter anzunehmender Unfall ernstigste storing die men zich in een kerncentrale kan voorstellen

gaukeln 1 dartelen, spelen; 2 goochelen; 3 bedriegen

Gaukler m^9 1 goochelaar, kunstenmaker; 2 bedrieger

Gaul m^6 1 knol; 2 paard

Gaumen m^{11} gehemelte, verhemelte

Gaumenkitzel m^{19} streling van het gehemelte

Gauner m^9 bedrieger, oplichter, boef

Gaunerei v^{20} oplichterij, bedrog

Gaunersprache v^{21} dieventaal, Bargoens

Gaunerstreich m^5 boevenstreek

Gaze v^{21} gaas

Gazelle v^{21} gazelle

Geächtete(r) m^{40a}, v^{40b} 1 balling; 2 paria

Geächze o^{39} gesteun, gekreun, gezucht

geartet geaard, van … natuur, van … aard

Gebäck o^{29} 1 gebak; 2 koekjes; 3 baksel

Gebärde v^{21} 1 gebaar; 2 manier van doen

gebärden, sich zich gedragen

Gebärdenspiel o^{39} gebarenspel

Gebärdensprache v^{21} gebarentaal

gebären[165] baren, ter wereld brengen

Gebärmutter v^{26} baarmoeder

Gebäude o^{33} 1 gebouw; 2 stelsel, systeem

Gebein o^{29} gebeente: seine ~e: a) zijn gebeente; b) zijn stoffelijk overschot

geben[166] I tr 1 geven: alles wieder von sich ~ overgeven; es jmdm ~: a) iem de waarheid vertellen; b) iem een pak slaag geven; 2 worden: er wird einen guten Techniker ~ hij zal een goed technicus worden; 3 zijn: zwei mal zwei gibt vier twee keer twee is vier; 4 (onpers) es gibt[+4] er is, er zijn; es gibt einen Gott er is één God; es gibt Regen we krijgen regen; es gibt noch ein Unglück, wenn … we krijgen nog een ongeluk, als …; was gibt es? wat is er?; das gibt es bei uns nicht: a) dat hebben we niet; b) dat doen we niet; II sich ~ 1 zich schikken: sich in etwas ~ zich in iets schikken; 2 zich gedragen: sie gab sich unbefangen ze gedroeg zich onbevangen; **3** zich voordoen: *wenn sich die Gelegenheit gibt* als de gelegenheid zich voordoet; **4** verdwijnen: *die Schmerzen werden sich bald ~* de pijn zal spoedig verdwijnen; **5** in orde komen

Geber m^9 gever, schenker

Geberland o^{32} donorland

Gebet o^{29} gebed

Gebetbuch o^{32} gebedenboek

Gebettel o^{39} gebedel

Gebiet o^{29} gebied, terrein, domein

gebieten ^{130} **I** *tr* gebieden, bevelen; **II** *intr* **1** het bevel voeren; meester zijn; **2** beschikken

Gebieter m^9 gebieder, heer, meester

gebieterisch gebiedend, bevelend, dwingend

Gebilde o^{33} maaksel, schepping, product

gebildet beschaafd, ontwikkeld

Gebildete(r) m^{40a}, v^{40b} beschaafd mens, ontwikkeld mens, intellectueel

Gebimmel o^{39} gebeier, gelui

Gebinde o^{33} boeket, krans, bloemstuk

Gebirge o^{33} gebergte

gebirgig bergachtig

Gebirgsdorf o^{32} bergdorp

Gebirgskette v^{21}, **Gebirgszug** m^6 bergketen

Gebiss o^{29} gebit; bit

Gebläse o^{33} **1** aanjager; **2** compressor; **3** ventilator, fan

Geborgenheit v^{28} geborgenheid

Gebot o^{29} **1** gebod, bevel; **2** eis; **3** bod || *zu ~(e) stehen* ten dienste staan

Gebotsschild o^{31} gebodsbord

Gebratene(s) o^{40c} gebakken, gebraden spijzen

Gebrauch m^6 **1** gebruik: *außer ~ kommen* in onbruik raken; **2** gebruik, gewoonte, zede

gebrauchen gebruiken

gebräuchlich gebruikelijk, gewoon

Gebrauchsanleitung v^{20}, **Gebrauchsanweisung** v^{20} gebruiksaanwijzing

gebrauchsfertig gebruiksklaar

Gebrauchsgegenstand m^6 gebruiksvoorwerp

Gebrauchswert m^5 gebruikswaarde

Gebrauchtwagen m^{11} tweedehands auto

Gebrechen o^{35} gebrek, *(lichamelijk)* ongemak

gebrechlich 1 zwak *(van ouderdom);* **2** broos

Gebrechlichkeit v^{28} **1** zwakheid; **2** broosheid

gebrochen 1 gebroken; **2** gestoord

Gebrüder *mv* gebroeders

Gebrüll(e) o^{39} **1** gebrul; **2** geloei

Gebühr v^{20} **1** (het) verschuldigde, bijdrage, vergoeding: *nach ~* passend; *über ~* overmatig, meer dan nodig; **2** kosten; **3** verschuldigd recht, leges, tarief, porto

gebühren I *intr* toekomen, passen; **II** *sich ~* passen, betamen

gebührend passend, gepast, behoorlijk

Gebühreneinheit v^{20} *(telecom)* gesprekseenheid

gebührenfrei kosteloos, vrij van rechten

Gebührenordnung v^{20} vastgestelde tarieven

gebührenpflichtig niet kosteloos, aan rechten onderhevig

Gebührensatz m^6 tarief

Gebundenheit v^{28} gebondenheid, verplichting

Geburt v^{20} **1** geboorte, bevalling: *vor, nach Christi ~* voor, na Christus; **2** afkomst

Geburtenbeschränkung v^{20} geboortebeperking

Geburtenkontrolle v^{28} geboorteregeling

geburtenschwach met een laag geboortecijfer

geburtenstark met een hoog geboortecijfer

Geburtenzahl v^{20}, **Geburtenziffer** v^{21} geboortecijfer

gebürtig geboortig, afkomstig

Geburtsanzeige v^{21} **1** geboorteaankondiging; **2** geboorteaangifte

Geburtsfehler m^9 aangeboren gebrek

Geburtshelfer m^9, **Geburtshelferin** v^{22} verloskundige

Geburtshilfe v^{28} **1** verloskundige hulp; **2** verloskunde

Geburtsjahr o^{29} geboortejaar

Geburtsort m^5 geboorteplaats

Geburtstag m^5 geboortedag; verjaardag

Geburtstagsgeschenk o^{29} verjaarsgeschenk

Geburtstagskind o^{31} jarige

Geburtswehen *mv* v^{21} weeën

Gebüsch o^{29} bosje, struikgewas, struiken

Gedächtnis o^{29a} **1** geheugen; **2** nagedachtenis, herinnering

Gedächtnisausfall m^6 black-out

Gedächtnisfeier v^{21} herdenkingsplechtigheid

Gedächtnisrede v^{21} herdenkingsrede

Gedächtnisschwund m^{19} geheugenverlies

Gedächtnisstütze v^{21} geheugensteuntje

Gedanke m^{18} gedachte: *mir kam der ~* de gedachte kwam bij me op; *sich mit dem ~n tragen* met het plan rondlopen; *seine ~n sammeln* zich concentreren

Gedankenarbeit v^{28} geestelijke arbeid

Gedankenaustausch m^{19} gedachtewisseling

gedankenlos gedachteloos, onnadenkend

gedankenreich rijk aan gedachten, ideeën; vol gedachten, ideeën

Gedankenstrich m^5 gedachtestreep

gedankenvoll 1 peinzend, in gedachten verzonken; **2** vol gedachte

Gedankenwelt v^{20} gedachtewereld

Gedärm o^{29}, **Gedärme** o^{33} ingewanden

Gedeck o^{29} **1** couvert; **2** menu

Gedeih m^{19}: *auf ~ und Verderb: a)* in voor- en tegenspoed; *b)* onvoorwaardelijk *(uitgeleverd)*

gedeihen ^{167} **1** gedijen, tieren; **2** vorderen

gedeihlich 1 voorspoedig; **2** vruchtbaar

gedenken ^{140} **1** gedenken, herdenken, denken aan; **2** denken, van plan zijn

Gedenken o^{39} gedachtenis, herinnering

Gedenkfeier v^{21} herdenkingsplechtigheid

Gedenkminute v^{21} minuut stilte

Gedenkrede v^{21} herdenkingsrede

Gedenkstätte v^{21} gedenkplaats
Gedenkstein m^5 gedenksteen
Gedicht o^{29} gedicht, vers
Gedichtform v^{20} dichtvorm: *in ~* in verzen
Gedichtsammlung v^{20} bundel gedichten
gediegen 1 gedegen; 2 degelijk, flink *(karakter);* 3 eigenaardig, vreemd
gedient: *~er Soldat* oud-soldaat, veteraan
Gedränge o^{39} 1 gedrang: *(fig) ins ~ kommen* (of: *geraten)* in het nauw komen; 2 *(sp)* scrum
gedrängt 1 dicht opeen, gedrongen: *~ voll* propvol; 2 compact, beknopt, bondig, kernachtig
gedrückt gedrukt, bedrukt, neerslachtig
gedrungen gedrongen
Geduld v^{28} geduld: *sich in ~ fassen* geduld oefenen; *da riss mir die ~* (of: *ging mir die ~ aus)* toen was mijn geduld op
gedulden, sich geduld hebben
geduldig geduldig
gedunsen (op)gezwollen, opgeblazen, opgezet
geehrt geëerd, geacht
geeignet geschikt: *~ sein für*[+4] (of: *zu*[+3]*)* geschikt zijn voor
Gefahr v^{20} gevaar: *auf die ~ hin, alles zu verlieren* op gevaar af alles te verliezen; *(handel) auf Ihre ~* voor uw risico
gefährden in gevaar brengen, bedreigen
Gefährdung v^{20} bedreiging, gevaar
Gefahrenstelle v^{21} gevaarlijke plaats
Gefahrenzulage v^{21} gevarentoeslag
gefährlich gevaarlijk
Gefährlichkeit v^{28} gevaar(lijkheid)
gefahrlos ongevaarlijk, niet gevaarlijk
Gefährte m^{15} metgezel, makker, kameraad
gefahrvoll zeer gevaarlijk, gevaarvol
Gefälle o^{33} 1 verval *(van rivier);* 2 helling; 3 (niveau)verschil
gefallen[154] bevallen, aanstaan, behagen: *sich etwas ~ lassen* zich iets laten welgevallen
Gefallen I m^{11} genoegen, plezier: *jmdm einen ~ erweisen* (of: *tun)* iem een plezier doen; II o^{39} behagen, genoegen: *~ haben* (of: *finden) an*[+3] plezier hebben in
gefällig 1 gedienstig, vriendelijk, voorkomend; 2 prettig, aangenaam; 3 bevallig
Gefälligkeit v^{20} 1 gedienstigheid, vriendelijkheid; 2 dienst, plezier; 3 bevalligheid
gefälligst alsjeblieft
gefallsüchtig behaagziek, koket
gefangen gevangen: *~ nehmen: a)* gevangen nemen, arresteren; *b) (fig)* boeien; *~ sitzen* gevangenzitten
Gefangenenaufseher m^9 gevangenbewaarder, cipier
Gefangenenfürsorge v^{28} reclassering
Gefangenenlager o^{33} gevangen(en)kamp
Gefangenenwärter m^9 gevangenbewaarder
Gefangene(r) m^{40a}, v^{40b} gevangene
Gefangennahme v^{28} gevangenneming

gefangennehmen *oude spelling voor* gefangen nehmen, *zie* gefangen
Gefangenschaft v^{28} gevangenschap
gefangensitzen *oude spelling voor* gefangen sitzen, *zie* gefangen
Gefängnis o^{29a} gevangenis
Gefängnisstrafe v^{21} gevangenisstraf
Gefängniswärter m^9 gevangenbewaarder
Gefasel o^{39} geleuter, gebazel
Gefäß o^{29} 1 vat *(ook biol);* 2 kom, schaal, bak
Gefäßerweiterung v^{20} vaatverwijding
gefasst kalm, bedaard, rustig: *auf das Schlimmste ~* op het ergste voorbereid; *sich auf*[+4] *etwas ~ machen* zich op iets voorbereiden
Gefecht o^{29} 1 gevecht, strijd; 2 discussie: *Argumente ins ~ führen* argumenten aanvoeren
Gefechtsstand m^6 commandopost
gefeit (met *gegen*[+4]*)* gevrijwaard van, immuun voor
Gefieder o^{33} gevederte, pluimage
gefiedert gevederd, gepluimd
Geflacker o^{39} geflakker, geflikker
Geflatter o^{39} gefladder, gewapper
Geflecht o^{29} vlechtwerk, netwerk; web
gefleckt gevlekt, gestippeld
Geflimmer o^{39} geflikker, gefonkel
geflissentlich opzettelijk, expres
Geflügel o^{39} gevogelte; pluimvee
Geflügelhändler m^9 poelier
Geflügelschere v^{21} wildschaar
geflügelt gevleugeld
Geflügelzucht v^{28} pluimveefokkerij
Geflüster o^{39} gefluister
Gefolge o^{33} gevolg: *im ~ haben* tot gevolg hebben
Gefolgschaft v^{20} 1 gehoorzaamheid, trouw: *~ leisten* gehoorzamen; 2 aanhangers, volgelingen
gefragt (veel)gevraagd, gewenst: *dieser Artikel ist stark ~* er is veel vraag naar dit artikel
gefräßig gulzig, vraatzuchtig
Gefräßigkeit v^{28} gulzigheid, vraatzucht
Gefreite(r) m^{40a} soldaat 1e klasse
gefrieren[163] 1 bevriezen; 2 invriezen
Gefrierfach o^{32} vriesvak
Gefrierfleisch o^{39} diepgevroren vlees
Gefrierpunkt m^5 vriespunt
Gefrierschrank m^6 diepvrieskast
Gefriertruhe v^{21} diepvrieskist
Gefüge o^{33} 1 samenstel, bouw, structuur, constructie; 2 bestel
gefügig buigzaam, plooibaar, meegaand
Gefühl o^{29} gevoel(en), gewaarwording
gefühllos gevoelloos, ongevoelig
Gefühllosigkeit v^{20} gevoelloosheid
gefühlsbetont met gevoel
Gefühlsduselei v^{20} sentimentaliteit
gefühlskalt ongevoelig, koud
gefühlsmäßig gevoelsmatig, intuïtief
Gefühlsregung v^{20} emotie, gevoelsopwelling
gefühlvoll gevoelvol, gevoelig
gefurcht gegroefd, gerimpeld, gefronst

Gegacker o^{39} gekakel, gesnater

gegeben 1 gegeven; 2 geschikt: *der ~e Mann* de geschikte man; *zu ~er Zeit* te zijner tijd

gegebenenfalls zo nodig, eventueel

Gegebenheit v^{20} feit, gegeven

gegen I vz^{+4} 1 tegen, jegens, voor; 2 tegen, in strijd met; 3 tegen, à: *~ bar* tegen contante betaling, à contant; 4 tegen, vergeleken bij; 5 tegen, naar: *~ Süden* naar het zuiden; II *bw* ongeveer: *~ hundert Mann* ongeveer honderd man

Gegenangriff m^5 tegenaanval

Gegenargument o^{29} tegenargument

Gegenbehauptung v^{20} tegengestelde bewering

Gegenbeweis m^5 tegenbewijs

Gegenbild o^{31} 1 pendant, tegenhanger; 2 evenbeeld, kopie

Gegend v^{20} 1 (land)streek, landschap; 2 buurt, omgeving; 3 richting

Gegendienst m^5 wederdienst: *zu ~en bereit* tot wederdienst bereid

gegeneinander tegen elkaar, voor elkaar, tegenover elkaar: *~ halten* tegen elkaar houden

gegeneinanderhalten *oude spelling voor* gegeneinander halten, *zie* gegeneinander

Gegenfahrbahn v^{20} andere weghelft

Gegenforderung v^{20} tegenvordering, tegeneis, *(Belg)* wedereis

Gegenfrage v^{21} wedervraag

Gegengewicht o^{29} 1 contragewicht; 2 tegenwicht *(ook fig)*

Gegenklage v^{21} *zie* Gegenforderung

Gegenleistung v^{20} tegenprestatie, wederdienst

Gegenrevolution v^{20} contrarevolutie

Gegenrichtung v^{21} tegen(over)gestelde richting

Gegensatz m^6 tegenstelling; contrast

gegensätzlich tegen(over)gesteld

Gegenschlag m^6 1 tegenaanval; 2 *(sp)* counter: *zu einem ~ ausholen* tot een tegenaanval overgaan

Gegenseite v^{21} 1 overkant, tegenoverliggende zijde; 2 tegenpartij

gegenseitig wederzijds, wederkerig, onderling

Gegenseitigkeit v^{28} wederkerigheid

Gegenstand m^6 1 voorwerp, ding; 2 onderwerp, thema, object

gegenständlich 1 concreet; 2 realistisch

gegenstandslos 1 ongegrond; 2 overbodig; niet steekhoudend; 3 abstract

Gegenstoß m^6 1 tegenstoot; 2 *(mil)* tegenaanval

Gegenstück o^{29} 1 pendant, tegenhanger; 2 tegendeel, tegenovergestelde

Gegenteil o^{29} tegendeel: *im ~* integendeel

gegenteilig tegen(over)gesteld

Gegentor o^{29} tegendoelpunt

gegenüber I vz^{+3} 1 tegenover; 2 in vergelijking met; II *bw* aan de overkant

Gegenüber o^{33} overbuur(man, -vrouw)

gegenübersehen^{261}, *sich* zich geplaatst zien tegenover, staan tegenover

gegenüberstehen^{279} I *intr* tegenover (iets) staan; II

sich ~ tegenover elkaar staan

gegenüberstellen tegenover elkaar plaatsen: *jmdn jmdm ~* iem met iem confronteren

Gegenüberstellung v^{20} 1 (het) tegenover elkaar plaatsen; 2 confrontatie

Gegenverkehr m^{19} 1 tegemoetkomend verkeer; 2 verkeer in beide richtingen

Gegenvorschlag m^6 tegenvoorstel

Gegenwart v^{20} 1 tegenwoordigheid, aanwezigheid; 2 tegenwoordige tijd, heden

gegenwärtig 1 tegenwoordig, huidig; thans, nu; 2 aanwezig, present: *das ist mir nicht mehr ~* (of: *das habe ich nicht mehr ~*) dat staat mij niet meer voor de geest

gegenwartsbezogen eigentijds

Gegenwartskunde v^{28} maatschappijleer

gegenwartsnah(e) eigentijds, actueel

Gegenwind m^5 tegenwind

Gegenzug m^6 1 trein uit de tegenovergestelde richting; 2 tegenzet; 3 *(sp)* tegenaanval

Gegner m^9 tegenstander, tegenpartij, vijand

gegnerisch van de tegenpartij, vijandelijk

Gegrübel o^{39} gepieker

Gehabe o^{39} 1 aanstellerij, gedoe; 2 gedrag

Gehaben o^{39} gedrag, manier van doen

gehabt bekend: *wie ~* zoals gebruikelijk

Gehalt I m^5 gehalte; II o^{32} salaris, bezoldiging, wedde

gehalten 1 gehouden, verplicht; 2 gematigd, beheerst, kalm

gehaltlos 1 zonder inhoud, waardeloos, onbeduidend; 2 weinig voedzaam

gehaltreich 1 waardevol, van waarde; 2 rijk aan inhoud; 3 voedzaam

Gehaltsabrechnung v^{20} salarisspecificatie

Gehaltsabzug m^6 inhouding op het salaris

Gehaltsanspruch m^6 1 recht op salaris; 2 verlangd salaris

Gehaltsaufbesserung v^{20} salarisverhoging

Gehaltsauszahlung v^{20} uitbetaling van het salaris

Gehaltserhöhung v^{20} salarisverhoging, opslag

Gehaltsstufe v^{21} salarisschaal, *(Belg)* weddeschaal

Gehaltszulage v^{21} salaristoeslag

Gehänge o^{39} 1 versiering; 2 (oor)hanger(s); 3 guirlande; 4 zaakje *(mannelijke geslachtsdelen)*; 5 (hang)borsten

geharnischt geharnast; *(fig)* scherp, fel

gehässig hatelijk

Gehässigkeit v^{20} hatelijkheid

Gehäuse o^{33} 1 koker, omhulsel; 2 kast, huis; 3 klokhuis; 4 (slakken)huis; 5 goal, doel

gehbehindert slecht ter been

Gehege o^{33} 1 omheinde ruimte, afgesloten terrein; 2 park, wildbaan, verblijf ‖ *jmdm ins ~ kommen* (of: *geraten*) in iems vaarwater komen

geheim 1 geheim; 2 verborgen: *~ halten* geheimhouden; *im Geheimen* heimelijk

Geheimdienst m^5 geheime dienst

geheimhalten *oude spelling voor* geheim halten, *zie*

geheim
Geheimnis o^{29a} geheim
Geheimniskrämerei, Geheimnistuerei v^{28} geheimzinnigheid, geheimzinnig gedoe
geheimnisvoll geheimzinnig
Geheimwaffe geheim wapen
Geheiß o^{39} bevel: *auf sein* ~ op zijn bevel
gehen[168] gaan, lopen: *meine Meinung geht dahin, dass ...* mijn mening is, dat ...; *der Teig geht* het deeg rijst; *es geht ein starker Wind* het waait flink; *ach geh!* ach kom!; *schlafen* ~ gaan slapen; *es geht auf zwölf* het loopt tegen twaalven; *das geht auf mich* dat slaat op mij; *das Fenster geht auf die Straße* het raam ziet op de straat uit; *in sich* ~ in zichzelf keren; *mit jmdm* ~ met iem gaan; *miteinander* ~ met elkaar gaan, verkering hebben; *vor sich* ~ gebeuren, plaatshebben, zich afspelen
Gehen o^{39} (het) lopen: *im* ~ onder het lopen
Gehetze o^{39} gejaag, gejakker
geheuer: *nicht* ~ niet pluis, niet in de haak; *mir ist da nicht* ~ ik voel mij daar niet op mijn gemak
Geheul o^{39} gehuil, geloei
Gehilfe m^{15} **1** assistent, hulp, bediende; **2** helper; **3** medeplichtige
Gehirn o^{29} hersens *(ook fig)*, brein
Gehirnerschütterung v^{20} hersenschudding
Gehirngeschwulst v^{25} hersentumor
Gehirnhautentzündung v^{20} hersenvliesontsteking
Gehirnschlag m^6 beroerte, attaque
Gehirnverletzung v^{20} hersenletsel
Gehirnwäsche v^{21} hersenspoeling
gehoben 1 hoger, hoog; **2** verheven, plechtig: *in* ~*er Stimmung* in een opgewekte stemming
Gehöft o^{29} hoeve, hofstede
Gehölz o^{39} **1** bosje; **2** struikgewas
Gehör o^{39} gehoor: *nach dem* ~ *spielen* op het gehoor spelen
gehorchen gehoorzamen, luisteren naar
gehören I *intr* **1** (toe)behoren, horen, toekomen; **2** nodig zijn: *dazu gehört Mut* daar is moed voor nodig; **II** *sich* ~ (be)horen, passen, betamen
gehörgeschädigt gehoorgestoord, slechthorend
gehörig 1 passend, vereist, naar behoren; **2** behoorlijk, flink; **3** toebehorend
gehörlos gehoorloos, doof
Gehörorgan o^{29} gehoororgaan
gehorsam gehoorzaam
Gehorsam m^{19} gehoorzaamheid: ~ *leisten* gehoorzamen
Gehsteig m^5 stoep, trottoir
Gehweg m^5 **1** trottoir; **2** voetpad
Geier m^9 gier
Geifer m^{19} **1** speeksel; **2** *(fig)* gal, venijn
geifern 1 kwijlen; **2** razen, venijn spuwen
Geige v^{21} viool
geigen viool spelen
Geigenbogen m^{11} strijkstok
Geigenspieler, Geiger m^9 violist
Geigerzähler m^9 geigerteller

geil 1 *(inform)* geil, wellustig, *(inform)* heet: *auf etwas, jmdn* ~ *sein* op iets, iem tuk zijn; **2** *(jeugdtaal)* fantastisch, tof, geweldig
Geisel v^{21} gijzelaar, gegijzelde
Geiselnahme v^{21} gijzeling
Geiselnehmer m^9 gijzelhouder, gijzelnemer
Geiß v^{20} *(Z-Dui, Oostenr, Zwits)* geit
Geißblatt o^{39} kamperfoelie
Geißel v^{21} **1** gesel; **2** *(fig)* gesel, plaag
geißeln geselen, kastijden
Geist I m^{19} **1** geest, bewustzijn, verstand: *den* ~ (of: *seinen* ~) *aufgeben* de geest geven; **2** vernuft, scherpzinnigheid; **3** geest, ideeën, stemming; **II** m^7 geest; **III** m^5 geest, distillaat
Geisterbeschwörung v^{20} geestenbezwering
Geistererscheinung v^{20} geestverschijning
Geisterfahrer m^9 spookrijder
geisterhaft spookachtig
geistern rondwaren, spoken
Geisterstunde v^{21} spookuur
geistesabwesend verstrooid, afwezig
Geistesabwesenheit v^{20} verstrooidheid
Geistesarbeit v^{20} geestesarbeid, hersenarbeid
Geistesblitz m^5 lumineus idee, ingeving
Geistesgegenwart v^{28} tegenwoordigheid van geest
geistesgestört geestelijk gestoord
geisteskrank geestesziek, krankzinnig
Geisteskrankheit v^{20} krankzinnigheid
geistesschwach zwak van geest, zwakzinnig
Geistesstärke v^{28} geestkracht
Geistesverfassung v^{28} geestesgesteldheid, gemoedstoestand
geistesverwandt geestverwant
Geistesverwirrung, Geisteszerrüttung v^{28} verstandsverbijstering
Geisteszustand m^{19} geestestoestand
geistig 1 onstoffelijk; **2** geestelijk, verstandelijk, intellectueel || ~*e Getränke* alcoholische dranken
geistlich geestelijk, religieus, godsdienstig, stichtelijk: ~*e Musik* gewijde muziek
Geistliche(r) m^{40a} geestelijke
Geistlichkeit v^{28} geestelijkheid
geistlos geesteloos, onbenullig; saai
geistreich 1 scherpzinnig, vol esprit, geestrijk; **2** geestig, grappig
geisttötend geestdodend
geistvoll geestvol, diepzinnig
Geiz m^{19} gierigheid, inhaligheid
geizen: *mit dem Geld* ~ zuinig met het geld omgaan; *mit jeder Minute* ~ geen minuut verloren laten gaan; *nach Ehre* ~ naar eer hunkeren
Geizhals m^6 gierigaard, vrek
geizig gierig
Geizkragen m^{11} vrek
Gejauchze o^{39} gejuich, gejubel
Gejohle o^{39} gejoel
Gejubel o^{39} gejuich, gejubel
Geklatsch(e) o^{39} **1** handgeklap; **2** geklets, geroddel
Geklirr(e) o^{39} gekletter, gerammel, gerinkel

Geknatter(e) o^{39} geknetter

Geknister o^{39} **1** geknetter, geknapper *(van vuur)*; **2** geritsel

gekonnt (vak)kundig, knap

Gekrächz(e) o^{39} gekras

Gekreisch(e) o^{39} gekrijs

Gekritzel o^{39} gekrabbel

gekünstelt gekunsteld, gemaakt

Gelächter o^{33} gelach

Gelage o^{33} feestmaal, gelag

gelähmt verlamd, kreupel

Gelände o^{33} **1** terrein; **2** bouwterrein, *(Belg)* werf

Geländefahrzeug o^{29} terreinwagen

Geländelauf m^6 *(sp)* cross-country, veldloop

Geländer o^{33} leuning, balustrade, reling

Geländeritt m^5 *(sp)* terreinrit, veldrit

gelangen geraken, komen: *ans Ziel* (of: *zum Ziel*) ~ het doel bereiken

Gelärm(e) o^{39} lawaai, spektakel

gelassen kalm, bedaard, beheerst

Gelassenheit v^{28} kalmte

Gelatine v^{28} gelatine

geläufig 1 vaardig, vlot; **2** vertrouwd: *das ist mir* ~ dat is mij bekend; *~e Redensart* gangbare uitdrukking

Geläufigkeit v^{28} **1** vaardigheid, vlotheid; **2** gebruikelijkheid, bekendheid

gelaunt geluimd, gehumeurd

Geläute o^{39} gelui

gelb geel

gelblich gelig, geelachtig

Gelblicht o^{39} oranje *(verkeerslicht)*

Gelbsucht v^{28} geelzucht

Geld o^{31} geld: *kleines* ~ kleingeld; *bares* ~ contant geld; *zu ~e kommen* geld krijgen, vermogend worden; *wie kommen wir zu dem* ~? hoe komen we aan het geld?; *zu ~e machen* te gelde maken; *er schwimmt* (of: *er erstickt) im* ~ hij bulkt van het geld; *das läuft ins* ~ dat loopt in de papieren

Geldangelegenheit v^{20} geldkwestie

Geldanlage v^{21} geldbelegging

Geldausgabeautomat, Geldautomat m^{14} geldautomaat, *(Belg)* postomat

Geldbedarf m^{19} geldbehoefte

Geldbetrag m^6 geldbedrag, geldsom

Geldbuße v^{21} (geld)boete

Geldeinwurf m^6 (het) inwerpen van geld; sleuf voor het inwerpen van geld

Geldgeber m^9 geldschieter

Geldkurs m^5 biedkoers

geldlich geldelijk, financieel

Geldmangel m^{19} geldgebrek

Geldreform v^{20} geldzuivering, geldsanering

Geldschrank m^6 brandkast

Geldspende v^{21} gift *(in geld)*

Geldstrafe v^{21} geldboete

Geldstück o^{29} geldstuk

Geldsumme v^{21} geldsom

Geldzuwendung v^{20} geldelijke ondersteuning

Gelee m^{13}, o^{36} gelei

gelegen gelegen, geschikt, van pas

Gelegenheit v^{20} **1** gelegenheid, kans, mogelijkheid; **2** toilet

Gelegenheitsarbeit v^{20} **1** los werk; **2** *(mv)* klusjes, karweitjes

Gelegenheitsarbeiter m^9 los werkman

Gelegenheitskauf m^6 gelegenheidskoopje, occasion

gelegentlich I *bw* bij gelegenheid, toevallig; weleens, zo nu en dan; **II** vz^{+2} ter gelegenheid van

gelehrig, gelehrsam leerzaam, leergierig

Gelehrsamkeit v^{28} geleerdheid

gelehrt geleerd

Gelehrte(r) m^{40a}, v^{40b} geleerde

Gelehrtheit v^{20} geleerdheid

Geleit o^{29} geleide, begeleiding, escorte, konvooi: *jmdm das letzte ~ geben* iem naar zijn laatste rustplaats begeleiden; *freies* (of: *sicheres) ~* vrijgeleide

geleiten (be)geleiden, escorteren

Geleitschiff o^{29} escortevaartuig

Geleitwort o^{29} woord vooraf

Geleitzug m^6 konvooi

gelenk *(vero)* zie gelenkig

Gelenk o^{29} **1** gewricht; **2** *(techn)* scharnier

Gelenkbus m^5 (2e nvl -ses; mv -se) harmonicabus

gelenkig 1 geleed; **2** lenig, soepel

Gelenkigkeit v^{28} lenigheid

Gelenkwelle v^{21} *(techn)* cardanas

gelernt gediplomeerd

Geliebte(r) m^{40a}, v^{40b} geliefde, beminde

geliefert: ~ *sein* verloren, geruïneerd zijn

gelind, gelinde 1 zacht, mild, matig: *gelinde Strafe* lichte straf; ~ *gesagt* zacht uitgedrukt; **2** *(inform)* niet gering, behoorlijk

gelingen[169] (ge)lukken, slagen

Gelingen o^{39} (het) (wel)slagen

Gelispel o^{39} gelispel, gefluister

gell I *bn* schril, schel; **II** *tw* (Z-Dui): ~? niet(waar)?

gellen gillen, galmen, schel klinken: *es gellt mir in den Ohren* mijn oren tuiten

geloben I *tr* plechtig beloven; **II** *sich* ~ zich ernstig voornemen

Gelöbnis o^{29a} gelofte

gelöst los, ontspannen

gelt *tw* (Z-Dui): ~? niet(waar)?

gelten[170] **1** gelden, waard zijn; **2** geldig zijn: *das gilt nicht* dat geldt, telt niet; **3** betreffen: *das gilt mir* dat slaat op mij; **4** *(voor iets)* gehouden worden; doorgaan: *als klug ~* voor slim gehouden worden ‖ *es gilt einen Versuch* het moet geprobeerd worden; *was gilt's?* waarom gewed?; *jetzt gilt's!* nu komt het erop aan!

geltend geldend: *die ~en Ansichten* de heersende meningen; ~ *machen*: *a)* uiten, naar voren brengen; *b)* doen gelden; *sich ~ machen* zich manifesteren, zich uiten

Geltung v^{28} geldigheid, (het) gelden: ~ *haben* (of: *in ~ sein)* gelden; *zur ~ bringen* doen gelden, doen uitkomen; *zur ~ kommen* uitkomen, tot zijn recht komen

Geltungsbedürfnis *o²⁹ᵃ* geldingsdrang

Geltungsbereich *m⁵* geldigheidsgebied

Geltungsdauer *v²⁸* geldigheidsduur

Gelübde *o³³* gelofte

gelüsten begeren, zin hebben, verlangen naar: *mich gelüstet nach* ik heb zin in

Gemach *o³²* (*vero*) *o²⁹* vertrek, kamer

gemächlich kalm, rustig, vredig, bedaard

Gemächlichkeit *v²⁸* kalmte, gemak, rust

Gemahl *m⁵* gemaal, echtgenoot: *Ihr Herr ~* uw man

Gemahlin *v²²* gemalin, echtgenote: *Ihre Frau ~* uw vrouw

Gemälde *o³³* schilderij, schilderstuk

Gemarkung *v²⁰* 1 gemeentegebied; 2 grens

gemasert gevlamd, geaderd (*hout*)

gemäß I *bn* overeenkomstig, passend; II *vz⁺³* volgens, overeenkomstig, naar

gemäßigt gematigd, bescheiden

Gemäuer *o³³* 1 muren; 2 ruïne

gemein 1 algemeen: *das ~e Wohl* het algemeen belang; 2 gemeen(schappelijk); 3 gewoon: *der ~e Mann* de gewone man; 4 gemeen, laag

Gemeinde *v²¹* 1 gemeente; 2 gemeente, parochie

Gemeindeamt *o³²* gemeentesecretarie

Gemeindeglied *o³¹* (*prot*) lidmaat

Gemeindehaus *o³²* (*r-k*) parochiehuis, (*prot*) wijkgebouw

Gemeinderat *m⁶* 1 gemeenteraad; 2 gemeenteraadslid

Gemeindeschwester *v²¹* wijkzuster, wijkverpleegster

Gemeindevorstand *m⁶* 1 gemeentebestuur; 2 burgemeester

Gemeindevorsteher *m⁹* burgemeester

Gemeineigentum *o³⁹* gemeenschappelijk bezit

gemeinfasslich algemeen begrijpelijk

gemeingefährlich gevaarlijk voor de openbare veiligheid

gemeingültig algemeen geldig

Gemeingut *o³⁹* gemeenschappelijk bezit

Gemeinheit *v²⁰* gemeenheid, laagheid

gemeinhin gemeenlijk, gewoonlijk

gemeinnützig het algemeen belang dienend, tot nut van het algemeen

gemeinsam gemeenschappelijk, gemeen

Gemeinsamkeit I *v²⁸* saamhorigheid, verbondenheid; II *v²⁰* overeenkomst

Gemeinschaft *v²⁰* gemeenschap: *in häuslicher ~ leben* in gezinsverband leven

gemeinschaftlich I *bn* gemeenschappelijk; II *bw* samen, gezamenlijk

Gemeinschaftsantenne *v²¹* centraal antennesysteem

Gemeinschaftsgeist *m¹⁹* gemeenschapszin

Gemeinschaftsproduktion *v²⁰* coproductie

Gemeinschaftsraum *m⁶* conversatiezaal, recreatiezaal

Gemeinschaftsschule *v²¹* openbare school

gemeinverständlich algemeen begrijpelijk

Gemeinwesen *o³⁹* 1 gemeente; 2 gewest, regio; 3 gemeenschap, staat

Gemeinwohl *o³⁹* algemeen welzijn, algemeen belang

Gemenge *o³³* 1 mengsel; 2 mengelmoes; 3 drukte, gedrang

gemessen 1 waardig, ernstig, afgemeten; 2 passend

Gemessenheit *v²⁸* waardigheid, ernst

Gemetzel *o³³* bloedbad, slachting

Gemisch *o²⁹* 1 mengsel; 2 gemengde brandstof

gemischt 1 gemengd; 2 ordinair, platvloers

Gemse *oude spelling voor* Gämse, *zie* Gämse

Gemunkel *o³⁹* praatjes, gekonkel

Gemurmel *o³⁹* gemompel

Gemurr(e) *o³⁹* gemor

Gemüse *o³³* groente || *junges ~* jongelui

Gemüsegarten *m¹²* moestuin

Gemüsehändler *m⁹* groenteman

Gemüt *o³¹* gemoed, hart, gevoel

gemütlich 1 gezellig, prettig, behaaglijk; 2 gemoedelijk, ongedwongen

Gemütlichkeit *v²⁸* 1 gezelligheid, behaaglijkheid; 2 gemoedelijkheid

gemütsarm kil, ongevoelig

Gemütsbewegung *v²⁰* gemoedsbeweging

Gemütsmensch *m¹⁴* gevoelsmens

Gemütsregung *v²⁰* gemoedsaandoening

Gemütsverfassung *v²⁰*, **Gemütszustand** *m⁶* gemoedstoestand

Gen *o²⁹* (*biol*) gen

genau juist, precies, net: *es mit⁺³ etwas nicht so ~ nehmen* het met iets niet zo nauw nemen; *~ genommen* strikt genomen; *~!* zo is het!, precies!

genaugenommen *oude spelling voor* genau genommen, *zie* genau

Genauigkeit *v²⁸* nauwkeurigheid, juistheid, stiptheid

genauso net zo: *~ gut* net zo goed, even goed

genausogut *oude spelling voor* genauso gut, *zie* genauso

genehm aangenaam, welkom: *jmdm ~ sein* iem gelegen komen, iem aanstaan

genehmigen I *tr* 1 goedkeuren, toestaan, inwilligen; 2 (*betalingen*) fiatteren; II *sich ~* zich trakteren op: *sich einen ~* er eentje pakken

Genehmigung *v²⁰* inwilliging, goedkeuring; vergunning: *eine ~ einholen* een vergunning aanvragen

geneigt 1 genegen, geneigd, bereid; 2 welwillend, goedgunstig

General *m⁵*, *m⁶* generaal

Generalagent *m¹⁴* hoofdagent

Generalagentur *v²⁰* hoofdagentschap

Generaldirektor *m¹⁶* 1 directeur-generaal, algemeen directeur; 2 president-directeur

generalisieren *³²⁰* generaliseren

Generalprobe *v²¹* generale repetitie

Ge

Generalsekretär m^5 **1** algemeen secretaris; **2** *(pol)* secretaris-generaal

Generalstaatsanwalt m^6 procureur-generaal

Generalstab m^6 generale staf

Generalstäbler m^9, **Generalstabsoffizier** m^5 stafofficier

Generalstreik m^{13} algemene staking

Generalversammlung v^{20} algemene vergadering

Generalvertreter m^9 hoofdvertegenwoordiger, algemeen vertegenwoordiger

Generalvertretung v^{20} hoofdagentschap

Generalvollmacht v^{20} algemene volmacht

Generalvorstand m^6 hoofdbestuur

Generation v^{20} generatie, geslacht

Generationskonflikt m^5 generatieconflict

Generator m^{16} generator

generell algemeen(geldig); in het algemeen

generös genereus, edelmoedig, royaal

genesen^{171} **1** genezen, herstellen; **2** bevallen: *eines Knaben* ~ van een jongen bevallen

Genesung v^{20} genezing, herstel

Genf o^{39} Genève

genial, genialisch geniaal

Genick o^{29} nek: *jmdn am* ~ *packen* iem in z'n nek grijpen

Genickschuss m^6 nekschot

genieren, sich zich generen

genießbar eetbaar, drinkbaar

genießen^{172} **1** genieten: *die Natur* ~ genieten van de natuur; **2** nuttigen, eten, drinken

Genießer m^9 genieter

genießerisch genietend

Genitalien *mv* geslachtsdelen, genitaliën

Genitiv m^5 *(taalk)* genitief, tweede naamval

Genörgel o^{39} gevit, vitterij

Genosse m^{15} **1** kameraad; **2** partijgenoot

Genossenschaft v^{20} coöperatie

genossenschaftlich, Genossenschafts- coöperatief

genug genoeg: *der hat* ~ hij kan niet meer; *nicht* ~ *damit* alsof dat nog niet genoeg was

Genüge v^{28}: *zur* ~ voldoende, genoeg

genügen **1** voldoende, toereikend zijn, volstaan; **2** *(met 3e nvl)* voldoen aan, nakomen

genügend voldoende

genügsam bescheiden, matig, sober

Genügsamkeit v^{28} bescheidenheid, matigheid

Genugtuung v^{20} genoegdoening, voldoening

Genuss m^6 **1** genot; **2** gebruik

genüsslich met genot, smakelijk, prettig

Genussmittel o^{33} genotmiddel

genussreich heerlijk, genotvol

genusssüchtig genotzuchtig, genotziek

Geograf *zie* Geograph

Geografie *zie* Geographie

Geograph m^{14} geograaf

Geographie v^{28} geografie

Geologie v^{28} geologie

Geometrie v^{28} geometrie, meetkunde

Gepäck o^{39} **1** bagage; **2** *(mil)* bepakking

Gepäckabfertigung I v^{20}, **Gepäckannahme** v^{21} bagagebureau; II v^{28} inschrijving van de bagage

Gepäckaufbewahrung I v^{20} bagagedepot; II v^{28} (het) in bewaring nemen van de bagage

Gepäckaufgabe I v^{28} afgifte van de bagage ter verzending; II v^{21} bagagebureau

Gepäcknetz o^{29} bagagenet

Gepäckschließfach o^{32} bagagekluis

Gepäckträger m^9 **1** witkiel, kruier; **2** bagagedrager *(van fiets)*; **3** imperiaal

gepfeffert gepeperd *(ook fig)*

gepflegt verzorgd

Gepflogenheit v^{20} gewoonte, gebruik

Geplapper o^{39} geklets, gebabbel

Geplärr(e) o^{39} geblèr, gehuil

Geplätscher o^{39} geklater, gekletter, gekabbel

Geplauder o^{39} gebabbel, gepraat

Gepolter o^{39} **1** geraas, spektakel; **2** gemopper

Gepräge I o^{33} stempel; II o^{39} karakter, stempel, cachet

Gequassel, Gequatsche o^{39} geklets

gerade I *bn* **1** recht: ~ *Linie* rechte lijn; **2** rechtop; **3** juist, precies: *das* ~ *Gegenteil* juist het tegendeel; **4** even: ~ *Zahl* even getal; II *bw* **1** juist, net; **2** vlak, recht; **3** bepaald; **4** eventjes

Gerade v^{40b} **1** rechte (lijn); **2** *(sp)* rechte stuk *(ve baan)*; **3** *(boksterm)* directe

geradeaus rechtuit; *(fig)* ronduit

geradeheraus ronduit

geradehin onoordacht, lichtvaardig

geradeso juist zo, net zo

geradewegs rechtstreeks, direct

Geradheit v^{28} oprechtheid, rondborstigheid, openheid

geradlinig rechtlijnig

Gerangel o^{39} **1** *(inform)* gestoei; **2** *(fig)* strijd

Geranie v^{21} geranium

Gerät I o^{39} apparatuur; gereedschap; II o^{29} toestel, apparaat

geraten I *bn* geraden, raadzaam; II *intr, st*^{218} **1** gelukken, slagen, uitvallen; **2** (ge)raken, komen, terechtkomen

Geräteturnen o^{39} *(sp)* (het) toestelturnen

Geratewohl, Geratewohl: *aufs* ~ lukraak

geraum geruim: *~e Zeit* geruime tijd

geräumig ruim, royaal

Geräumigkeit v^{28} ruimte, grootte

Geraun(e) o^{39} gefluister

Geräusch o^{29} geruis, geluid

geräuschlos geruisloos, geluidloos

geräuschvoll luidruchtig, druk

Geräusper o^{39} (het) schrapen *(vd keel)*, gekuch

gerben looien, leerlooien: *(fig) jmdn das Fell* ~ iem afranselen

Gerber m^9 (leer)looier

Gerberei v^{20} (leer)looierij

gerecht **1** rechtmatig, gerechtvaardigd, terecht; **2** rechtvaardig, billijk: *jmdm* ~ *werden* iem recht doen wedervaren; *einer Anforderung ~ werden* aan een eis voldoen

Gerechtigkeit v^{28} rechtvaardigheid, gerechtigheid

Gerede o^{39} gepraat, praatjes; achterklap: *ins ~ kommen* in opspraak komen

geregelt geregeld, regelmatig

gereichen strekken, dienen: *zur Ehre ~* tot eer strekken

gereizt geprikkeld, geïrriteerd

Gereiztheit v^{28} geprikkeldheid, irritatie

Gericht I o^{29} 1 gerecht, spijs, schotel; 2 rechtbank, gerecht: *jmdn vor ~ laden* iem dagvaarden; *vor ~ stehen* aangeklaagd zijn; 3 rechtsgebouw; II o^{39} rechtspraak: *das Jüngste* (of: *Letzte*) *~ het Laatste Oordeel

gerichtlich gerechtelijk: *jmdn ~ belangen* iem vervolgen

Gerichtsakten *mv* v^{21} stukken, dossier

Gerichtsarzt m^6 gerechtsarts, *(Belg)* wetsdokter

Gerichtshof m^6 gerechtshof

Gerichtskanzlei v^{20} griffie

Gerichtskosten *mv* proceskosten, gerechtskosten

Gerichtsmediziner m^9 gerechtsarts, *(Belg)* wetsdokter

Gerichtstag m^5 zittingsdag, gerechtsdag

Gerichtstermin m^5 rechtszitting

Gerichtsverfahren o^{35} proces, rechtsgeding

Gerichtsverhandlung v^{20} proces, zitting

Gerichtsvollzieher m^9 deurwaarder

gerieben geslepen, geraffineerd, doortrapt

Geriesel o^{39} 1 gekabbel, gemurmel; 2 geruis

gering gering, onaanzienlijk, klein: *~ schätzen* geringschatten, minachten; *nicht im Geringsten* niet in het minst; *kein Geringerer als ...* niemand minder dan ...

geringfügig onbeduidend, gering, nietig

Geringfügigkeit I v^{28} onbeduidendheid; II v^{20} onbenulligheid, wissewasje

geringschätzen *oude spelling voor* gering schätzen, *zie* gering

geringschätzig geringschattend, minachtend

gerinnen ^{225} stollen, stremmen

Gerinnsel o^{33} bloedstolsel

Gerippe o^{33} 1 geraamte *(alle bet)*; 2 *(plantk)* nervatuur

gerissen geslepen, sluw, gehaaid; *zie ook* reißen

Germane m^{15} Germaan

germanisch Germaans

Germanismus *m (2e nvl -; mv Germanismen) (taalk)* germanisme

gern(e) ^{65} gaarne, graag, met genoegen: *jmdn ~ haben* iem graag mogen, van iem houden; *(iron) der kann mich ~ haben* hij kan naar de maan lopen; *~ geschehen!* graag gedaan!, tot uw dienst!

Geröchel o^{39} gerochel, gereutel

Geröll o^{29}, **Gerölle** o^{33} rolstenen, losse stenen

geronnen geronnen, gestold, gestremd

Gerste v^{28} gerst

Gerte v^{21} 1 twijg, teen, gard; 2 rijzweep

Geruch I m^6 reuk, geur, lucht; II m^{19} reputatie

geruchlos reukloos

Geruchsorgan o^{29} reukorgaan

Geruchssinn m^{19}, **Geruchsvermögen** o^{39} reukzin

Gerücht o^{29} gerucht

geruhen zich verwaardigen, goedvinden

geruhsam rustig en gezellig

Geruhsamkeit v^{28} behaaglijke rust

Gerümpel o^{39} oude rommel

Gerüst o^{29} 1 steiger, stelling; 2 *(fig)* geraamte, ontwerp, grondgedachte, plot

gesammelt 1 verzameld; 2 geconcentreerd; beheerst, bedaard

gesamt geheel, totaal, al(le)

Gesamtausgabe v^{21} volledige uitgave

Gesamtbetrag m^6 totaalbedrag, gehele bedrag

Gesamteindruck m^6 indruk van het geheel; globale indruk, totale indruk

Gesamterbe m^{15} universeel erfgenaam

Gesamtergebnis o^{29a} eindresultaat, -uitslag

Gesamtertrag m^6 totale opbrengst

Gesamtheit v^{28} 1 totaliteit, geheel, totaal; 2 gemeenschap, allen, algemeen

Gesamthochschule v^{21} geïntegreerde universiteit *(integratie van universitair en hoger beroepsonderwijs)*

Gesamtkosten *mv* totale kosten

Gesamtnote v^{21} eindcijfer

Gesamtschule v^{21} scholengemeenschap

Gesamtwert m^5 totale waarde

Gesamtwertung v^{20} algemeen klassement, eindklassement

Gesandte(r) m^{40a}, v^{40b} (af)gezant

Gesandtschaft v^{20} gezantschap

Gesang m^6 zang, gezang, (het) zingen, lied

Gesäß o^{29} zitvlak, achterste

Gesäßtasche v^{21} achterzak

Gesäusel o^{39} gesuizel, gemurmel

Geschädigte(r) m^{40a}, v^{40b} benadeelde, gedupeerde, slachtoffer

Geschäft o^{29} 1 zaak, bedrijf, winkel; 2 handel, transactie, zaak, affaire: *~e machen* zaken doen; 3 bezigheid, werk: *(fig) sein (großes, kleines) ~ machen* (of: *erledigen*) een (grote, kleine) boodschap doen

geschäftig bezig, druk, bedrijvig

Geschäftigkeit v^{28} bedrijvigheid, drukte

geschäftlich 1 zaken-, commercieel, zakelijk: *~ unterwegs sein* voor zaken op reis zijn; 2 zakelijk, onpersoonlijk, formeel

Geschäftsablauf m^6 gang van zaken

Geschäftsabschluss m^6 transactie

Geschäftsbereich m^5 ressort, bevoegdheid: *Minister ohne ~* minister zonder portefeuille

Geschäftsbericht m^5 jaarverslag

Geschäftsbeziehung v^{20} zakenrelatie

Geschäftsbrief m^5 zaken-, handelsbrief

Geschäftsfreund m^5 zakenvriend

geschäftsführend dienstdoend, verantwoordelijk

Geschäftsführer m^9 1 directeur, bedrijfsleider; 2

chef, manager, *(Belg)* zaakvoerder; **3** secretaris *(ve vereniging)*

Geschäftsführung v^{20} **1** directie, bedrijfsleiding; **2** beheer, beleid, management; **3** wijze van werken

Geschäftsgang m^6 gang van zaken

Geschäftsinhaber m^9 eigenaar *(ve zaak)*

Geschäftsjahr o^{29} boekjaar

Geschäftskapital o^{29} bedrijfskapitaal

Geschäftskosten *mv: auf ~* op kosten van de zaak

geschäftskundig ervaren in zaken

Geschäftslage v^{21} **1** stand van zaken; **2** stand: *Laden in bester ~* winkel op zeer goede stand

Geschäftsleute *mv* zakenmensen, -lieden

Geschäftsmann *m (2e nvl -(e)s; mv -leute)* zakenman

geschäftsmäßig zakelijk, voor zaken

Geschäftsordnung v^{20} reglement (van orde), huishoudelijk reglement

Geschäftsreise v^{21} zakenreis

Geschäftsschluss m^6 **1** winkelsluiting; **2** sluitingstijd

Geschäftsstelle v^{21} **1** bureau, kantoor; **2** griffie; **3** secretariaat

Geschäftsstraße v^{21} winkelstraat

Geschäftsstunden *mv* v^{20} **1** kantooruren; **2** openingstijd

Geschäftsträger m^9 zaakgelastigde

geschäftstüchtig bekwaam, handig

Geschäftsverbindung v^{20} zakenrelatie

Geschäftszweig m^5 bedrijfstak, branche

geschätzt geacht, gewaardeerd

geschehen[173] **1** gebeuren, geschieden; **2** overkomen: *etwas ~ lassen* iets toelaten; *ihm geschieht ganz recht* hij krijgt zijn verdiende loon; *es ist um ihn ~* het is met hem gedaan; *gern ~!* graag gedaan!

Geschehen o^{35} gebeuren, gebeurtenis(sen)

Geschehnis o^{29a} gebeurtenis, voorval

gescheit schrander, pienter, intelligent: *aus^{+3} etwas nicht ~ werden* uit iets geen wijs worden; *er ist nicht ganz* (of: *recht*) ~ hij is niet goed wijs

Geschenk o^{29} geschenk, cadeau: *jmdm ein ~ machen* iem iets cadeau doen

Geschichte v^{21} **1** geschiedenis, historie; **2** verhaal, vertelling; **3** geschiedenis, zaak, geval, kwestie, affaire: *das sind alte ~n* dat is ouwe koek; *mach keine ~n!* stel je niet aan!

geschichtlich geschiedkundig, historisch

Geschichtsbewusstsein o^{39} historisch bewustzijn

Geschichtsschreiber m^9 geschiedschrijver

Geschichtsstunde v^{21} geschiedenisles

Geschick I o^{29} lot, noodlot; **II** o^{39} handigheid, bekwaamheid, behendigheid

Geschicklichkeit v^{28} handigheid, bekwaamheid, vaardigheid, behendigheid

geschickt handig, bekwaam, vaardig, behendig

Geschirr o^{29} **1** vaatwerk: *das ~ spülen* (of: *abwaschen)* afwassen; **2** servies; **3** gerei, gereedschap; **4** (paarden)tuig

Geschirrspüler m^9, **Geschirrspülmaschine** v^{21}

vaatwasser, afwasmachine

Geschirrtuch o^{32} theedoek, droogdoek

Geschlecht o^{31} **1** geslacht, sekse: *das dritte ~* de homoseksuelen; **2** generatie

geschlechtlich geslachtelijk, seksueel

Geschlechtsakt m^5 geslachtsdaad

Geschlechtskrankheit v^{20}, **Geschlechtsleiden** o^{35} geslachtsziekte

geschlechtslos geslachtloos

Geschlechtsorgan o^{29} geslachtsorgaan

Geschlechtsteil o^{29}, m^5 geslachtsdeel

Geschlechtsverkehr m^{19} geslachtsgemeenschap, seksuele omgang

Geschlechtswort o^{32} *(taalk)* lidwoord

geschliffen geslepen, gepolijst, gecultiveerd

geschlossen 1 gemeenschappelijk, en bloc, unaniem, gezamenlijk; **2** gesloten, besloten: *~e Ortschaft* bebouwde kom; **3** hecht, harmonisch

Geschlossenheit v^{28} **1** geslotenheid, beslotenheid; **2** hechtheid; **3** eensgezindheid

Geschluchze o^{39} gesnik

Geschmack m^6, m^8 smaak *(ook fig):* ~ *an^{+3}* etwas *finden* plezier in iets hebben

geschmacklich de smaak betreffend, van smaak, qua smaak

geschmacklos 1 smaakloos; **2** *(fig)* smakeloos

Geschmacklosigkeit v^{20} **1** smaakloosheid; **2** *(fig)* smakeloosheid

Geschmack(s)sache v^{21} kwestie van smaak

geschmackvoll smaakvol

Geschmeichel o^{39} gevlei, vleierij, geflikflooi

geschmeidig 1 buigzaam, lenig, soepel; **2** *(fig)* behendig, soepel, diplomatiek

Geschmeidigkeit v^{28} buigzaamheid; soepelheid

Geschmier(e) o^{39} geknoei, geklad

Geschmus(e) o^{39} gevrij, geknuffel

Geschnatter o^{39} gesnater, gekakel

geschniegelt keurig, in de puntjes (gekleed)

Geschöpf o^{29} **1** schepsel, wezen; **2** figuur

Geschoss o^{29} **1** projectiel; **2** *(sp)* schot; **3** verdieping, etage

geschraubt opgeschroefd, geaffecteerd

Geschrei o^{39} geschreeuw, gegil, gekrijs

geschult geschoold

Geschütz o^{29} stuk geschut, kanon

Geschwader o^{33} **1** *(scheepv)* eskader, smaldeel; **2** *(luchtv)* wing, eskader

Geschwafel o^{39} gewauwel, geleuter

Geschwätz o^{39} **1** gebabbel, geklets, geleuter; **2** geroddel, kletspraatjes

geschwätzig praatziek

Geschwätzigkeit v^{28} praatzucht

geschweige: ~ *(denn)* laat staan

geschwind vlug, snel

Geschwindigkeit v^{20} snelheid, vlugheid

Geschwindigkeitsbegrenzung, **Geschwindigkeitsbeschränkung** v^{20} snelheidsbeperking

Geschwindigkeitsmesser m^9 snelheidsmeter

Geschwindigkeitsüberschreitung v^{20} snelheidsovertreding

Geschwirr(e) o^{39} **1** gegons, gezoem; **2** gefladder

Geschwister *mv* broer(s) en zuster(s)

Geschwisterpaar o^{29} broer en zus

geschwollen gezwollen, hoogdravend

Geschworene(r) m^{40a}, v^{40b} gezworene, jurylid

Geschwulst v^{25} gezwel, tumor

Geschwür o^{29} zweer, verzwering

Gesell m^{14}, **Geselle** m^{15} **1** gezel, knecht; **2** makker, kameraad; **3** vent, kerel

gesellen, sich zich voegen (bij), zich aansluiten (bij)

gesellig 1 gezellig; **2** sociaal: *~e Tiere* in kudden levende dieren

Geselligkeit v^{28} **1** gezelligheid; **2** partijtje

Gesellin v^{22} gezellin, kameraad

Gesellschaft v^{20} **1** maatschappij, samenleving; **2** gezelschap: *jmdm ~ leisten* iem gezelschap houden; *eine ~ geben* een feestje, partijtje geven; **3** society; **4** vereniging, sociëteit; **5** maatschappij, vennootschap: *~ mit beschränkter Haftung (GmbH)* besloten vennootschap (BV)

Gesellschafter m^9 **1** (met)gezel; **2** vennoot, firmant, compagnon

Gesellschafterin v^{22} **1** kameraad, gezellin; **2** gezelschapsdame; **3** vennoot, firmante, compagnon

gesellschaftlich 1 maatschappelijk; **2** gemeenschappelijk, gezamenlijk; **3** beschaafd: *~e Bildung* (of: *~er Schliff*) goede manieren

Gesellschaftsabend m^5 party, feestavond

Gesellschaftsanzug m^6 smoking; rok

Gesellschaftsdame v^{21} gezelschapsdame

gesellschaftsfähig 1 correct; **2** maatschappelijk aanvaard, sociaal aanvaard

Gesellschaftskapital o^{29} maatschappelijk kapitaal

Gesellschaftskleidung v^{20} avondkleding

Gesellschaftslehre v^{28} **1** sociologie; **2** maatschappijleer

Gesellschaftsordnung v^{28} maatschappelijk bestel, maatschappelijke orde

Gesellschaftspolitik v^{28} sociale politiek

Gesellschaftsraum m^6 conversatiezaal, salon

Gesellschaftsreise v^{21} groepsreis

Gesetz o^{29} wet: *~ über ... wet op ...*

Gesetzbuch o^{32} wetboek

Gesetzentwurf m^6 wetsontwerp

Gesetzesnovelle v^{21} wetswijziging, -herziening

Gesetzesvorlage v^{21} wetsontwerp

gesetzgebend wetgevend

Gesetzgeber m^9 wetgever

gesetzgeberisch wetgevend

Gesetzgebung v^{20} wetgeving

gesetzlich wettelijk, wettig: *~ geschützt* wettig gedeponeerd

gesetzlos wetteloos

Gesetzlosigkeit v^{28} wetteloosheid, anarchie

gesetzmäßig 1 wettig, wettelijk; **2** wetmatig

Gesetzmäßigkeit v^{28} wetmatigheid

gesetzt bezadigd, bedaard: *im ~en Alter* op gevor-

derde leeftijd ‖ *~ den Fall, dass* gesteld dat

gesetzwidrig onwettig, in strijd met de wet

Gesicht I o^{31} gezicht: *es fällt* (of: *springt*) *ins ~ het loopt in het oog*; *den Tatsachen ins ~ sehen* de feiten onder ogen zien; *das zweite ~ haben* helderziende zijn; **II** o^{29} visioen, (droom)gezicht, verschijning

Gesichtsausdruck m^6 gezichtsuitdrukking

Gesichtsfarbe v^{21} gelaatskleur

Gesichtsfeld o^{31} gezichtsveld

Gesichtskreis m^5 **1** horizon; **2** gezichtskring

Gesichtspunkt m^5 gezichtspunt, oogpunt

Gesichtstäuschung v^{20} gezichtsbedrog

Gesichtswinkel m^9 **1** gezichtshoek; **2** gezichtspunt, oogpunt, optiek

Gesims o^{29} (kroon)lijst, richel

Gesindel o^{39} gepeupel, gespuis

gesinnt gezind

Gesinnung v^{20} gezindheid, gevoelens, instelling: *seine wahre ~ zeigen* zijn ware aard tonen

Gesinnungsgenosse m^{15} geestverwant

gesittet welgemanierd, welopgevoed, beschaafd

Gesittung v^{28} beschaving, welgemanierdheid

gesondert afzonderlijk, separaat, apart

gesonnen van plan, van zins

Gespann o^{29} **1** span, paar, stel; **2** rijtuig, wagen; **3** auto met aanhangwagen

gespannt 1 gespannen; **2** nieuwsgierig: *~ sein auf* ^{t4} benieuwd zijn naar

Gespanntheit v^{28} **1** spanning; **2** gespannen verwachting; **3** gespannenheid

Gespenst o^{31} spook, geest

Gespensterglaube m^{18} *(geen mv)* geloof aan spoken

gespensterhaft spookachtig

gespenstig, gespenstisch spookachtig

Gespinst o^{29} **1** weefsel; **2** web, netwerk

Gespött o^{39} **1** gespot; **2** voorwerp van spot

Gespräch o^{29} gesprek, onderhoud: *das ~ der Stadt sein* overal over de tong gaan

gesprächig spraakzaam

Gesprächigkeit v^{28} spraakzaamheid

Gesprächspartner m^9 gesprekspartner

Gesprächsrunde v^{21} gespreksronde

Gesprächsthema o *(2e nvl -s; mv -themen)* punt van bespreking, onderwerp (van gesprek)

gespreizt 1 wijdbeens; **2** hoogdravend; **3** aanstellerig

Gespür o^{39} gevoel, feeling

Gestade o^{33} oever, kust, strand

Gestalt v^{20} **1** gestalte, gedaante, postuur, figuur, vorm; **2** voorkomen

gestalten I *tr* **1** vormen, vorm geven; **2** maken, organiseren; **II** *sich ~* een vorm aannemen, worden, zich ontwikkelen: *sich zu einem Erfolg ~* een succes worden

Gestalter m^9 **1** schepper, maker; **2** vormgever

gestalterisch 1 creatief; **2** artistiek

gestaltlos vormloos

Gestaltung v^{20} **1** vorming, vormgeving, ontwikkeling, organisatie: *die ~ der Löhne* de loonvorming; **2** gestalte, gedaante

Gestammel o^{39} gestamel, gestotter

gestanden ervaren, doorgewinterd

geständig: *~ sein* bekennen

Geständnis o^{29a} bekentenis

Gestank m^{19} stank

gestatten 1 toestaan, goedvinden: *~ Sie?* pardon!; **2** mogelijk maken, in staat stellen

Geste v^{21} geste, gebaar

gestehen ^{279} **1** bekennen; **2** toegeven, erkennen: *offen gestanden* eerlijk gezegd

Gestehungskosten *mv* kostprijs

Gestein o^{29} gesteente, steen; rots

Gestell o^{29} **1** onderstel, voet(stuk), stellage, rek, statief; **2** lijst, raam; **3** frame; **4** chassis *(van auto)*; **5** montuur *(ve bril)*

gestern gisteren: *~ Morgen* gistermorgen

gestikulieren ^{320} gesticuleren, gebaren

Gestirn o^{29} gesternte, ster(renbeeld), hemellichaam

Gestöber o^{33} sneeuwjacht

gestochen zuiver, precies, keurig

Gestöhn(e) o^{39} gesteun, gekreun, gekerm

Gestolper o^{39} gestruikel, gestrompel

Gestotter o^{39} gestotter, gestamel

Gestrampel o^{39} **1** getrappel; **2** gezwoeg

gestreift gestreept, met strepen

gestreng gestreng, streng

gestrichelt 1 gearceerd; **2** gestippeld: *~e Linie* stippellijn

gestrig van gisteren: *am ~en Tag* gisteren

Gestrüpp o^{29} kreupelhout, struikgewas

Gestümper o^{39} gepruts, geknoei, gestuntel

Gestüt o^{29} stoeterij, stal

Gesuch o^{29} verzoek, rekest, verzoekschrift

gesucht 1 gezocht *(ook fig)*; **2** gevraagd, gewild

Gesumm(e) o^{39} gegons, gebrom, gezoem

gesund ^{59} gezond: *aber sonst bist du ~?* ben je wel helemaal goed wijs?

gesunden I *intr* gezond worden, herstellen; **II** *tr* gezond maken; saneren

Gesundheit v^{28} gezondheid: *bei guter ~ sein* in goede gezondheid zijn

gesundheitlich 1 gezondheids-, hygiënisch; **2** wat de gezondheid betreft

Gesundheitsamt o^{32} geneeskundige dienst

Gesundheitsattest o^{29} medisch attest

Gesundheitsbehörde v^{21} geneeskundige dienst

gesundheitshalber gezondheidshalve

Gesundheitspflege v^{28} gezondheidszorg

gesundheitsschädigend, gesundheitsschädlich schadelijk voor de gezondheid

Gesundheitszeugnis o^{29a} medische verklaring

Gesundheitszustand m^6 gezondheidstoestand

gesundmachen, sich er financieel bovenop komen

gesundschrumpfen *(een bedrijf)* afslanken, saneren

Gesundung v^{28} **1** herstel, genezing; **2** sanering

Getäfel o^{39} lambrisering, betimmering

Getose, Getöse o^{39} geraas, gebulder, lawaai

getragen gedragen, plechtig

Getrampel o^{39} getrappel, gestampvoet

Getränk o^{29} drank(je): *geistiges* (of: *starkes, alkoholisches*) *~* sterkedrank

getrauen, sich wagen, durven

Getreide o^{33} graan, koren

getrennt gescheiden, los, apart, separaat

getreu trouw, getrouw

getreulich (ge)trouw

Getriebe o^{33} **1** *(techn)* transmissie, overbrenging; **2** versnelling(sbak); **3** gedoe, drukte

getrost getroost, gerust, rustig

getrösten, sich $^{+2}$ vertrouwen, hopen op

Getto o^{36} getto

Getue o^{39} gedoe, drukte

Getümmel o^{39} drukte, gewoel, gedrang

getüpfelt, getupft gestippeld

Getuschel o^{39} gefluister, gesmoes

geübt geoefend

Geübtheit v^{28} geoefendheid

Geviert o^{29} vierkant, kwadraat

Gewächs o^{29} **1** gewas; **2** plant, aanplant; **3** wijn(soort); **4** gezwel, tumor; **5** type mens

gewachsen: *einer Sache, jmdm ~ sein* tegen iets, iem opgewassen zijn; *zie ook* wachsen

Gewächshaus o^{32} broeikas, kas, warenhuis

gewagt gewaagd, gedurfd, riskant

gewählt verzorgd, keurig

gewahr: *~ werden* $^{+4, ook +2}$ gewaarworden, waarnemen, zien, bespeuren, opmerken

Gewähr v^{28} (waar)borg, garantie, zekerheid, borgtocht: *ohne ~* onder voorbehoud; *für* $^{+4}$ *etwas ~ leisten* (of: *die ~ übernehmen*) iets garanderen

gewahren gewaarworden, waarnemen, bespeuren, zien, opmerken

gewähren 1 toestaan, inwilligen: *gewährt!* okay!; **2** verlenen, verschaffen, geven || *jmdn ~ lassen* iem laten begaan

gewährleisten waarborgen, garanderen, instaan voor

Gewährleistung v^{20} **1** waarborg, garantie; **2** *(jur)* vrijwaring

Gewahrsam m^{19} **1** bewaring, hoede: *(jur) in (sicherem) ~ haben* onder zijn hoede hebben; *in (sicheren) ~ nehmen* in bewaring nemen; *in (sicheren) ~ bringen* in zekerheid brengen; **2** hechtenis: *jmdn in (polizeilichen) ~ bringen* (of: *nehmen*) iem in hechtenis nemen

Gewährsmann m^8 *(mv ook -leute)* zegsman

Gewährung v^{20} **1** inwilliging; **2** verlening; **3** verschaffing; *zie ook* gewähren

Gewalt v^{20} **1** geweld: *höhere ~* force majeure, overmacht; *sich ~ antun* zich geweld aandoen; **2** macht, gezag, autoriteit; **3** dwang; **4** hevigheid, kracht || *die ~ über sein Fahrzeug verlieren* de macht over het stuur verliezen; *er hat sich in der ~* hij weet zich te beheersen

Gewaltakt m^5 gewelddaad

Gewalthaber m^9 machthebber

Gewaltherrschaft v^{20} despotisme, dwingelandij

Gewaltherrscher m^9 despoot, dwingeland

gewaltig 1 geweldig, reusachtig, kolossaal; **2** machtig; **3** hevig, verschrikkelijk; **4** heel, erg

gewaltsam gewelddadig, met geweld

Gewaltsamkeit v^{20} gewelddadigheid

Gewalttat v^{20} gewelddaad, geweldsmisdrijf

gewalttätig gewelddadig

Gewand o^{32} **1** gewaad, kleed; **2** (fig) kleedje

gewandt 1 handig, behendig, vlug; **2** vlot

Gewandtheit v^{28} **1** handigheid, behendigheid; **2** gemak, vlotheid

gewärtig: einer Sache² ~ sein iets verwachten, voorbereid zijn op iets

gewärtigen (ver)wachten

Gewäsch o^{39} gepraat, gewauwel, geklets

Gewässer o^{33} water

Gewebe o^{33} **1** weefsel; **2** web, netwerk

geweckt levendig, opgewekt; pienter, vlug

Gewehr o^{29} geweer

Geweih o^{29} gewei, hoorns

Gewerbe o^{33} **1** beroep, ambacht; **2** bedrijf, nering, nijverheid: Handel und ~ handel en nijverheid; ein ~ ausüben (of: betreiben) een bedrijf uitoefenen; **3** bedrijfstak, branche

Gewerbeaufsichtsamt o^{32} arbeidsinspectie

Gewerbebetrieb m^5 (industrieel) bedrijf

Gewerbegebiet o^{29} industrieterrein, -gebied

Gewerbeschule v^{21} school voor lager huishoud- en nijverheidsonderwijs, lagere technische school

Gewerbesteuer v^{21} bedrijfsbelasting

gewerbetreibend een bedrijf uitoefenend

Gewerbezweig m^5 bedrijfstak

gewerblich 1 als beroep, beroeps-; **2** industrieel, bedrijfs-: ~e Zwecke commerciële doeleinden

gewerbsmäßig als beroep, beroeps-

Gewerkschaft v^{20} vakbond, vakvereniging

Gewerkschafter, Gewerkschaftler m^9 **1** vakbondslid; **2** vakbondsman

gewerkschaftlich vakbonds-, van de vakbond(en)

Gewerkschaftsbund m^6 vakcentrale, vakverbond: Deutscher ~ (DGB) Duits Vakverbond

gewichst slim, uitgeslapen, gewiekst

Gewicht o^{29} gewicht (ook fig), zwaarte: auf⁺⁴ etwas ~ legen waarde aan iets hechten; (fig) ins ~ fallen zwaar wegen

gewichten 1 op zijn waarde schatten, waarderen; **2** (statistiek) wegen

Gewichtheber m^9 gewichtheffer

gewichtig gewichtig, belangrijk

gewiegt handig, ervaren, doorkneed

gewillt: ~ sein van zins zijn, van plan zijn

Gewimmel o^{39} gewriemel, gekrioel

Gewimmer o^{39} gejank, gekerm, geklaag

Gewinde o^{33} (schroef)draad

Gewinn m^5 **1** winst, voordeel: ~ bringend winstgevend, lucratief; **2** prijs (in loterij)

Gewinnanteil m^5 **1** winstaandeel, dividend; **2** tantième

Gewinnausschüttung v^{20} winstuitkering

Gewinnbeteiligung v^{20} winstdeling, aandeel in de winst, (Belg) deelgerechtigdheid

gewinnbringend winstgevend, lucratief: äußerst ~ anlegen uiterst winstgevend beleggen

Gewinnchance v^{21} winstkans

gewinnen[174] **1** winnen; **2** (overwinning, voordeel) behalen; **3** krijgen, verkrijgen: Geschmack an etwas ~ plezier in iets krijgen; **4** (rijkdom, eer) verwerven; **5** (haven, kust) bereiken; **6** (goud, kolen) winnen ‖ für so etwas ist er nicht zu ~ voor zoiets is hij niet te vinden

gewinnend innemend

Gewinner m^9 winnaar

Gewinnliste v^{21} trekkingslijst

Gewinnmarge, Gewinnspanne v^{21} winstmarge

gewinnsüchtig winzuchtig, hebzuchtig

Gewinnung v^{20} winning

Gewinsel o^{39} gejank, gekerm, gejammer

Gewirr o^{29}, **Gewirre** o^{33} **1** verwarring, warboel, wirwar, chaos; **2** geroezemoes, gegons

gewiss zeker, bepaald: ein ~er Ort een zekere plaats (toilet); ich bin meiner Sache ~ ik ben zeker van mijn zaak

Gewissen o^{35} geweten: jmdm ins ~ reden op iems gemoed werken; jmdm etwas aufs ~ binden iem iets op het hart drukken; ich mache mir kein ~ daraus ik maak er geen gewetenszaak van

gewissenhaft nauwgezet, stipt, consciëntieus

Gewissenhaftigkeit v^{28} nauwgezetheid, stiptheid

gewissenlos gewetenloos

Gewissensbiss m^5 (gewetens)wroeging

Gewissensfreiheit v^{28} gewetensvrijheid

Gewissensruhe v^{28} gemoedsrust

gewissermaßen in zekere zin, zogezegd, tot op zekere hoogte

Gewissheit v^{20} zekerheid

Gewitter o^{33} onweer

gewitterig zie gewittrig

gewittern onweren (ook fig)

Gewitterneigung v^{28} kans op onweer

Gewitterregen m^{11}, **Gewitterschauer** m^9 onweersbui

gewittrig onweersachtig

gewitzt gewiekst, handig

gewogen 1 gewogen; **2** (toe)genegen, welgezind

Gewogenheit v^{28} (toe)genegenheid, welgezindheid

gewöhnen I tr (ge)wennen; **II** sich ~ (met an⁺⁴) (ge)wennen (aan)

Gewohnheit v^{20} gewoonte, gebruik

gewohnheitsgemäß gewoontegetrouw

gewohnheitsmäßig uit gewoonte, routinematig

Gewohnheitstier o^{29} gewoontedier

gewöhnlich 1 gewoon, normaal, alledaags; **2** ordinair; **3** meestal, gewoonlijk

Gewöhnlichkeit v^{28} **1** alledaagsheid, gewoonheid; **2** platheid

Ge

gewohnt gewoon, gewend

Gewöhnung v^{28} gewenning, (het) wennen

Gewölbe o^{33} gewelf

gewollt gewild, gekunsteld

Gewühl o^{39} **1** gewoel, gedrang, drukte; **2** *(sp)* scrimmage, gedrang

gewürfelt geruit

Gewürz o^{29} specerij, kruiden, kruiderij

Gewürzessig m^5 kruidenazijn

Gewürzgurke v^{21} augurkje, pickle

Gewürznelke v^{21} kruidnagel

gezackt getand, puntig

gezahnt, gezähnt getand, gekarteld

Gezänk, Gezanke o^{39} gekibbel, getwist

Gezeiten *mv* getijden, eb en vloed

Gezeitenwechsel m^9 kentering *(vh getijde)*

Gezeter o^{39} **1** geschreeuw; **2** geweeklaag

gezielt gericht

geziemend betamelijk, passend, gepast

geziemen I *intr* passen, betamen; **II** *sich ~* (be)horen, passen, betamen

geziert aanstellerig, gemaakt, geaffecteerd

Geziertheit v^{28} aanstellerij, gekunsteldheid

Gezirp(e) o^{39} gesjirp, getjilp

Gezisch(e) o^{39} gesis, geblaas

Gezischel o^{39} gefluister

Gezwitscher o^{39} getjilp, gekweel

gezwungen gedwongen

gezwungenermaßen noodgedwongen

ggf. *afk van gegebenenfalls* eventueel

Gicht v^{28} jicht

Giebel m^9 **1** puntgevel, topgevel; **2** fronton; **3** kokkerd, grote neus

Giebelhaus o^{32} puntgevelhuis

Gier v^{28} **1** begerigheid, begeerte, hebzucht; **2** gretigheid, gulzigheid

gierig 1 begerig; **2** gulzig, gretig

Gierigkeit v^{28} **1** begerigheid; **2** gulzigheid

Gießbach m^6 stortbeek, bergbeek

gießen ^{175} gieten, schenken, (be)sproeien

Gießerei v^{20} gieterij(bedrijf)

Gießkanne v^{21} gieter

Gift o^{29} **1** gif, vergif; **2** giftigheid

giften I *tr* kwaad maken, ergeren; **II** *intr* tekeergaan; **III** *sich ~* zich ergeren

Giftgas o^{29} gifgas

giftig 1 (ver)giftig; **2** venijnig; **3** *(sp)* verbeten

Giftigkeit v^{28} **1** vergiftigheid; **2** giftigheid, venijnigheid; **3** *(sp)* verbetenheid

Giftpilz m^5 giftige paddestoel

Giftschlange v^{21} gifslang

Gigant m^{14} gigant, reus

gigantisch gigantisch, reusachtig

gilben geel worden

Gilde v^{21} *(hist en fig)* gilde

Ginster m^9 brem

Gipfel m^9 **1** top, kruin; **2** toppunt, hoogtepunt: *das ist (doch) der ~!* dat is het toppunt!; **3** *(pol)* topconferentie

Gipfelkonferenz v^{20} topconferentie

Gipfelleistung v^{20} **1** topprestatie; **2** record

gipfeln het hoogtepunt bereiken, culmineren

Gipfeltreffen o^{35} topconferentie

Gips m^5 **1** gips, pleister; **2** gipsverband

Giraffe v^{21} giraffe

Giralgeld [zjieral-] o^{31} giraal geld

Girlande v^{21} guirlande, slinger

Giro [zjie:roo] o^{36} **1** giro; **2** endossement

Girokonto [zjie:roo-] o^{36} *(mv ook -konti, -konten)* girorekening

girren kirren

Gischt m^5, v^{20} schuim

Gitarre v^{21} gitaar

Gitter o^{33} **1** hek; **2** traliewerk; **3** rooster, raster

gitterartig tralieachtig, als een hek

Gitterstab m^6 tralie, spijl

Gittertor o^{29} (tralie)hek

Gittertür v^{20} traliedeur, traliehek

Gitterzaun m^6 traliehek

Gladiole v^{21} gladiool, zwaardlelie

Glanz m^{19} glans, schittering, luister: *mit ~* met glans, glansrijk

glänzen glanzen, schitteren, (uit)blinken

glänzend 1 schitterend, uitstekend; **2** glanzend, blinkend

Glanzfarbe v^{21} glansverf; lak

Glanzleistung v^{20} schitterende prestatie

Glanzparade v^{21} *(sp)* schitterende redding

Glanzpunkt m^5 hoogtepunt, glanspunt

glanzvoll 1 schitterend; **2** glansrijk

Glanzzeit v^{20} bloeiperiode, bloeitijd

Glas o^{32} **1** glas: *ein ~ Marmelade* een potje jam; **2** verrekijker; **3** bril

glasartig glasachtig

Glasauge o^{38} glazen oog

Glaser m^9 glaszetter

Glaserkitt m^5 stopverf

gläsern 1 glazen, van glas; **2** glazig

Glasfabrik v^{20} glasfabriek, glasblazerij

Glasfaser v^{21} glasvezel

Glasfenster o^{33} glasraam, ruit

Glasgeschirr o^{29} glaswerk

glasig 1 glazig, star; **2** glazig, doorschijnend

Glaskugel v^{21} **1** glazen bol; **2** kerstbal

Glasperle v^{21} glasparel, (glazen) kraal

Glasscheibe v^{21} (venster)ruit

Glastür v^{20} glazen deur

Glasur v^{20} glazuur

Glaswerk o^{29} **1** glaswerk; **2** glasfabriek

Glasziegel m^9 glazen dakpan

glatt ^{59} **1** glad, glibberig; **2** vlak, effen, glad: *~er Stoff* effen stof || *(med) ein ~er Bruch* een ongecompliceerde breuk; *ein ~er Geschäftsmann* een slimme zakenman; *eine ~e Landung* een vlotte landing; *eine ~e Lüge* een duidelijke leugen; *das ist ja ~er Unsinn* dat is klinkklare onzin; *etwas ~ ablehnen* iets zonder meer van de hand wijzen; *jmdm ~ überlegen sein* iem veruit de baas zijn; *jmdm etwas ~ ins*

Gesicht sagen iem iets recht in zijn gezicht zeggen

Glätte *v*²⁸ **1** gladheid, glibberigheid; **2** vlakheid, effenheid; **3** gladheid, huichelachtigheid

Glatteis *o*³⁹ ijzel

glätten I *tr* **1** gladmaken, gladstrijken, gladschaven; **2** *(fig)* schaven, polijsten; **3** *(fig)* tot bedaren brengen; II *sich* ~ **1** glad worden; **2** bedaren

Glattheit *v*²⁸ *zie* Glätte

glattmachen betalen, vereffenen

glattweg gladweg, gewoonweg

Glatze *v*²¹ kaal hoofd, kale kruin

Glatzkopf *m*⁶ **1** kaalkop; **2** kaal hoofd

Glaube *m*¹⁸, **Glauben** *m*¹¹ geloof: *im guten* (of: *in gutem*) ~*n* te goeder trouw

glauben geloven, menen: *ich glaube, ja* ik geloof van wel; *das will ich* ~ dat zou ik menen; *das kannst du mir* ~! neem dat maar van mij aan!

Glaubensbekenntnis *o*²⁹ᵃ geloofsbelijdenis

Glaubensgemeinschaft *v*²⁰ geloofsgemeenschap

Glaubenslehre *v*²¹ geloofsleer

glaubhaft geloofwaardig, aannemelijk

Glaubhaftigkeit *v*²⁸ geloofwaardigheid

gläubig 1 gelovig, vroom; **2** goedgelovig

Gläubiger *m*⁹ schuldeiser, crediteur

Gläubige(r) *m*⁴⁰ᵃ, *v*⁴⁰ᵇ gelovige

glaublich: *das ist kaum* ~ dat is niet te geloven

glaubwürdig geloofwaardig, betrouwbaar

Glaubwürdigkeit *v*²⁸ geloofwaardigheid

gleich I *bn* gelijk, (de)zelfde, hetzelfde: ~ *alt* even oud; *es ist mir* ~ het is mij onverschillig; *Gleiches mit Gleichem vergelten* met gelijke munt betalen; II *bw* **1** dadelijk, onmiddellijk; **2** ineens, gelijk; **3** maar liefst: *bis* ~! tot zo! ‖ *wie hieß doch* ~ *der Pianist?* hoe heette de pianist ook al weer?; III *vz*⁺³ (zo)als, net als: ~ *einem Adler* (net) als een adelaar

gleichalterig, gleichaltrig van gelijke leeftijd

gleichartig gelijksoortig

gleichbedeutend van gelijke betekenis, synoniem: ~ *sein mit*⁺³ gelijkstaan met

gleichberechtigt gelijkgerechtigd

Gleichberechtigung *v*²⁸ gelijkheid, rechtsgelijkheid, gelijkstelling

gleichen¹⁷⁶ gelijken, lijken op

gleichermaßen in gelijke mate, evenzeer, even

gleichfalls evenzo, eveneens: ~! insgelijks!

gleichförmig 1 van gelijke vorm, gelijkvormig; **2** eentonig

Gleichförmigkeit *v*²⁸ gelijkvormigheid

gleichgeschlechtlich 1 van hetzelfde geslacht; **2** homoseksueel

Gleichgewicht *o*³⁹ evenwicht

gleichgültig 1 onverschillig: *es ist mir* ~ het is me om het even; **2** onbelangrijk

Gleichgültigkeit *v*²⁸ **1** onverschilligheid; **2** onbelangrijkheid

Gleichheit *v*²⁰ gelijkheid

Gleichklang *m*⁶ harmonie, overeenstemming

gleichkommen¹⁹³ **1** evenaren; **2** gelijkstaan met

gleichmäßig 1 gelijkmatig, regelmatig; **2** gelijk,

evenredig

gleichmütig gelijkmoedig, kalm, bedaard

gleichnamig gelijknamig

Gleichnis *o*²⁹ᵃ gelijkenis, parabel

gleichsam als het ware

Gleichschaltung *v*²⁰ gelijkschakeling

Gleichschritt *m*¹⁹: *im* ~ in de pas; *im* ~, *marsch!* voorwaarts, mars!

gleichsetzen gelijkstellen: *sich* ~ *mit*⁺³ zich identificeren met

Gleichsetzung *v*²⁸ gelijkstelling

gleichstellen: *jmdn (mit) jmdm* ~ iem met iem gelijkstellen

Gleichstellung *v*²⁰ gelijkstelling, gelijkheid

Gleichstrom *m*⁶ gelijkstroom

gleichtun²⁹⁵: *es jmdm* ~ iem evenaren, op kunnen tegen iem

Gleichung *v*²⁰ vergelijking

gleichviel onverschillig, om het even

gleichwertig gelijkwaardig

gleichwie evenals, zoals, als

gleichwohl *bw* toch, evenwel, nochtans

gleichzeitig 1 gelijk(tijdig); **2** tegelijkertijd, tevens

gleichziehen³¹⁸ **1** inhalen, op hetzelfde peil komen, volgen; **2** *(sp)* de gelijkmaker scoren, de achterstand inlopen

Gleis *o*²⁹ **1** spoor, rails; **2** spoor, perron ‖ *wieder ins (rechte)* ~ *bringen* weer in orde brengen

Gleisanschluss *m*⁶ spooraansluiting

gleiten¹⁷⁸ **1** glijden: ~*de Arbeitszeit* variabele werktijd; **2** glippen, slippen

Gleitzeit *v*²⁰ **1** variabele werktijd; **2** (variabele) werkuren

Gletscher *m*⁹ gletsjer

Glied *o*³¹ **1** lid, kootje; **2** lid, lidmaat *(van kerk)*; **3** geslacht; **4** schakel; **5** gelid: *der Schreck fuhr ihm in die* (of: *durch alle*) ~*er* de schrik sloeg hem om het hart

Gliederarmband *o*³² schakelarmband

Gliederkette *v*²¹ schakelketting

Gliederlähmung *v*²⁰ verlamming

gliedern I *tr* verdelen, indelen, onderverdelen; II *sich* ~ ingedeeld worden, ingedeeld zijn

Gliederpuppe *v*²¹ ledenpop, marionet

Gliederung *v*²⁰ **1** indeling; **2** structuur, bouw, opbouw; **3** formatie

Gliedmaße *v*²¹ lidmaat: ~*n* ledematen

glimmen¹⁷⁹ **1** smeulen; **2** gloeien

glimmern glimmen, glanzen

glimpflich vrij goed, mild: ~ *davonkommen* er schappelijk afkomen

glitschen glijden, glippen, slippen

glitscherig, glitschig, glitschrig glad, glibberig

glitzern glinsteren, fonkelen, flonkeren

global 1 wereldomvattend, mondiaal; **2** over het geheel genomen, globaal

Globus *m* (2e nvl - en -ses; mv Globen en Globusse) globe, aardbol

Glocke *v*²¹ **1** klok, bel; **2** stolp; **3** ballon *(van lamp)*

Glockengeläut(e) *o*³⁹ klokgelui, klokkenspel

Gl

Glockengießer m^9 klokkengieter

Glockenschlag m^6 klokslag

Glockenspiel o^{29} klokkenspel, carillon

Glockenturm m^6 klokkentoren

Glorie v^{21} 1 glorie, roem, glans, luister; 2 krans

Glorienschein m^5 aureool

glorifizieren[320] verheerlijken, roemen

glorreich luisterrijk, glorierijk

Glosse v^{21} 1 glosse, kanttekening; 2 kort commentaar

Glotzauge o^{38} uitpuilend oog, koeienoog

Glotze v^{21} (inform) kastje, kijkkast (tv)

glotzen 1 grote ogen opzetten; 2 kastje kijken

Glotzkasten m^{12}, **Glotzkiste** v^{21} kijkkast

Glück o^{39} geluk, voorspoed, fortuin: *ich kann von ~ sagen* (of: *reden*) ik kan van geluk spreken; *zum ~* gelukkig; *sein ~ machen* fortuin maken

glücken gelukken, lukken

gluckern 1 klotsen; 2 klokken

glücklich I *bn* gelukkig, voorspoedig, gunstig; II *bw* 1 gelukkig; 2 eindelijk

glücklicherweise gelukkig

Glücksbote m^{15} geluksbode

glückselig gelukzalig, dolgelukkig

glucksen 1 (mbt vloeistoffen) klokken; 2 hikken

Glücksfall m^6 gelukkig toeval, bof

Glückskind o^{31} gelukskind

Glückspilz m^5 geluksvogel

Glückssache v^{28} kwestie van geluk

Glücksspiel o^{29} kansspel, hazardspel

Glücksstern m^5 gelukkig gesternte

Glückstreffer m^9 toevalstreffer

Glückwunsch m^6 gelukwens, felicitatie

Glühbirne v^{21} gloeilamp

glühen I *tr* gloeien (gloeiend maken); II *intr* gloeien, branden (ook fig)

Glühwein m^5 warme wijn

Glut v^{20} 1 (vuur)gloed, hitte; 2 vuur, brand; 3 gloed, hartstocht

glutrot vuurrood, roodgloeiend

Glyzerin o^{39} glycerol, glycerine

GmbH *afk van Gesellschaft mit beschränkter Haftung* besloten vennootschap (afk BV)

Gnade v^{21} genade, gunst, gratie

Gnadenfrist v^{20} laatste uitstel

Gnadengesuch o^{29} gratieverzoek

gnadenlos genadeloos, hardvochtig

gnadenreich genadig, genaderijk

Gnadenstoß m^6 genadestoot, genadeslag

gnädig genadig; minzaam: *~e Frau!* mevrouw!

Gnom m^{14} gnoom, kabouter, aardmannetje

Gokart m^{13} (2e nvl ook -) (sp) skelter

Gold o^{39} goud

Goldader v^{21} goudader

Goldbarren m^{11} staaf goud, baar goud

goldehrlich (zo) eerlijk als goud, goudeerlijk

golden gouden, (fig ook) gulden: *das goldene Zeitalter* de gouden eeuw; *~e Regel* gulden regel; (meetk) *der goldene Schnitt* de gulden snede

Goldfisch m^5 1 goudvis; 2 rijke huwelijkskandidaat

Goldgräber m^9 goudzoeker, gouddelver

Goldgrube v^{21} goudmijn (ook fig)

goldig 1 gouden; 2 lief, schattig; 3 aardig

Goldjunge m^{15} 1 schat van een jongen; 2 (sp) winnaar van een gouden medaille

Goldkind o^{31} schat (van een kind)

Goldmünze v^{21} gouden munt

Goldregen m^{11} 1 onverwachte rijkdom; 2 (plantk) goudenregen

Goldring m^5 gouden ring

Goldschmuck m^{19} gouden sieraad

Goldstück o^{29} 1 goudstuk; 2 iem uit duizenden

Goldwaage v^{21} goudschaal(tje)

Golf I m^5 golf, bocht, boezem; II o^{39} golf(spel)

Golfer m^9 golfspeler

Golfplatz m^6 golfbaan, golfterrein

Golfschläger m^9 club, golfstok

Gondel v^{21} gondel

Gondelbahn v^{20} kabelbaan

gondeln 1 gondelen; 2 reizen, trekken; 3 lopen

Gong m^{13}, o^{36} gong

gönnen gunnen

Gönner m^9 begunstiger, beschermer, mecenas

gönnerhaft minzaam, neerbuigend

Gönnermiene v^{21} neerbuigende minzaamheid

Gör o^{37}, **Göre** v^{21} 1 kind; 2 blaag, wicht

Gosse v^{21} goot (in straat): (fig) *jmdn* (of: *jmds Namen*) *durch die ~ ziehen* (of: *schleifen*) iem door de modder halen

Gotik v^{28} gotiek

gotisch gotisch

Gott I m^{19} God: *um ~es willen!* (inform) in godsnaam!; *leider ~es* jammer genoeg; II m^8 (myth) god

Götterbild o^{31} afgodsbeeld, godenbeeld

gottergeben berustend, onderdanig

Götterspeise v^{21} 1 godenspijs, ambrozijn; 2 gelatinepudding

Gottesdienst m^5 godsdienstoefening, (kerk)dienst

Gottesfurcht v^{28} godsvrucht, vroomheid

gottesfürchtig godvruchtig, vroom

Gotteshaus o^{32} godshuis, kerk

Gotteslästerung v^{20} godslastering

Gotteslohn m^{19}: *um (einen) ~* voor niets, pro Deo

Gottheit v^{20} 1 godheid; 2 goddelijkheid

Göttin v^{22} godin

göttlich goddelijk

gottlob *tw* goddank!

gottlos goddeloos

Gottlose(r) m^{40a}, v^{40b} goddeloze, atheïst

Gottlosigkeit v^{20} goddeloosheid

gottvergessen (inform) 1 godvergeten; 2 godverlaten

gottverlassen van God verlaten: *eine ~e Gegend* een (god)verlaten, eenzame streek

Götze m^{15} afgod, afgodsbeeld

Götzenbild o^{31} afgodsbeeld

Gouverneur [goevɛrnø:r] m^5 gouverneur

Grab o^{32} graf: *jmdn zu ~e tragen* iem ten grave dragen; *einen Wunsch zu ~e tragen* een wens opgeven

graben[180] 1 (uit)graven; delven; 2 spitten; 3 graveren: *ins Gedächtnis gegraben* in het geheugen gegrift

Graben *m*[12] 1 sloot; 2 gracht; 3 *(mil)* loopgraaf; 4 *(geol)* trog; slenk; 5 *(fig)* kloof

Grabenkrieg *m*[5] loopgravenoorlog

Grabesstille *v*[28] doodse stilte

Grabmal *o*[29], *o*[32] grafmonument

Grabstätte *v*[21] graf

Grabstein *m*[5] grafsteen

Gracht *v*[20] gracht, *(Belg)* rei

grad *zie* gerade

Grad *m*[5] 1 graad: *in gewissem* (of: *bis zu einem gewissen*) *~e* tot op zekere hoogte; 2 rang, titel, graad

Gradation *v*[20] 1 gradatie; 2 graadverdeling

grade *zie* gerade

Gradmesser *m*[9] *(fig)* graadmeter

Graf *m*[14] graaf

Grafik *zie* Graphik

Grafiker *zie* Graphiker

Gräfin *v*[22] gravin

Grafit *zie* Graphit

gräflich grafelijk

Grafologe *zie* Graphologe

Grafschaft *v*[20] graafschap

gram: *jmdm ~ sein* boos op iem zijn

Gram *m*[19] verdriet, hartzeer, smart

grämen I *tr* verdrieten; II *sich ~* kniezen, treuren, tobben

gramerfüllt zeer verdrietig, zeer bedroefd

grämlich nors, nurks, zuur

Gramm *o*[29] gram

Grammatik *v*[20] grammatica, spraakkunst

grammatikalisch grammaticaal

gramvoll diepbedroefd

Granat *m*[5] 1 garnaal; 2 granaat(steen)

Granate *v*[21] 1 granaat; 2 *(sp)* keihard schot

grandios grandioos

Granit *m*[5] graniet

Grapefruit *v*[27] grapefruit, pompelmoes

Graphik *v*[20] 1 grafiek, grafische kunst; 2 grafisch kunstwerk

Graphiker *m*[9] graficus, grafisch kunstenaar

Graphit *m*[5] grafiet

Graphologe *m*[15] grafoloog, handschriftkundige

grapschen grijpen, graaien

Gras *o*[32] 1 gras; 2 *(inform)* marihuana, stuff ‖ *ins ~ beißen* in het zand bijten

grasen 1 grazen, weiden; 2 zoeken

Grashüpfer *m*[9] sprinkhaan

Grasmäher 1 grasmaaier; 2 grasmaaimachine

grassieren[320] 1 *(mbt ziektes)* woeden, heersen; 2 *(mbt gerucht)* de ronde doen

grässlich afschuwelijk, afgrijselijk, akelig: *~ dumm* vreselijk dom

Grat *m*[5] 1 kam *(van berg)*; 2 braam *(op mes)*; 3 graat, scherpe kant *(van gewelf)*

Gräte *v*[21] graat *(van vis)*

Gratifikation *v*[20] gratificatie, beloning

grätig 1 graterig; 2 knorrig, prikkelbaar

gratinieren[320] gratineren

gratis gratis

Grätsche *v*[1] *(sp)* 1 spreidsprong; 2 spreidstand

Gratulation *v*[20] gelukwens, felicitatie

gratulieren[320] feliciteren: *jmdm zu*[+3] *etwas ~* iem met iets gelukwensen, feliciteren

grau grijs, grauw: *alles ~ in ~ malen* pessimistisch zijn

Graubrot *o*[29] bruinbrood

Gräuel *m*[9] 1 gruwel; 2 gruweldaad

Gräuelmärchen *o*[35] gruwelsprookje

Gräueltat *v*[20] gruweldaad

grauen I *intr* aanbreken, dagen: *der Morgen graut* het begint licht te worden; II *sich ~* huiveren, gruwen, griezelen: *ich graue mich vor ihm* ik griezel van hem

Grauen I *o*[39] afgrijzen, huivering: *ein ~ erregender Anblick* een huiveringwekkende aanblik; II *o*[35] schrikbeeld, gruwel

grauenerregend, grauenhaft, grauenvoll huiveringwekkend, afgrijselijk

graulen I *tr* verjagen; II *sich ~* huiveren

graulich 1 angstig, bang; 2 griezelig

gräulich 1 grijsachtig; 2 gruwelijk, afschuwelijk

Graupe *v*[21] gort, gepelde gerst

Graupel *v*[21] fijne hagelkorrel

graupeln fijn hagelen

Graus *m*[19] 1 afschuw; 2 verschrikking, ontsteltenis

grausam 1 wreed(aardig), onmenselijk; 2 bar *(van kou, winter)*; 3 *(inform)* vreselijk

Grausamkeit *v*[28] wreedheid

grausen I *onpers ww* huiveren, griezelen: *mir* (of: *mich) graust vor*[+3] ik huiver (of: griezel) van; II *sich ~* huiveren, griezelen

Grausen *o*[39] huivering, afgrijzen

grausig huiveringwekkend, afgrijselijk

Grauzone *v*[21] onduidelijk overgangsgebied

gravieren[320] graveren

gravierend 1 belastend, verzwarend; 2 ernstig

Gravitation *v*[28] gravitatie, zwaartekracht

gravitätisch deftig, statig, plechtstatig

Grazie *v*[21] 1 gratie, bevalligheid; 2 schoonheid

grazil 1 slank, teer, broos; 2 tenger

graziös gracieus, bevallig

greifbar 1 grijpbaar, tastbaar; 2 beschikbaar, disponibel; 3 concreet

greifen[181] grijpen, pakken, vatten: *Greifen spielen* krijgertje spelen; *diese Methode greift nicht* deze methode werkt niet; *(sp) hinter sich ~ müssen* de bal uit het net moeten halen; *ins Leere ~* misgrijpen; *zum Greifen nahe* vlakbij

Greifer *m*[9] grijper

greis *bn* oud, bejaard, grijs

Greis *m*[5] grijsaard, oude man, bejaarde

Greisenalter *o*[39] hoge ouderdom, hoge leeftijd

Greisin *v*[22] oude vrouw, grijze vrouw

grell 1 fel, schel *(van licht)*; 2 schel, scherp, doordringend, schril *(van geluid)*

Gremium *o (2e nvl -s; mv Gremien)* college

Grenzabfertigung v^{20} grenscontrole

Grenzbeamte(r) m^{40a} douane(beambte)

Grenze v^{21} grens: *einer Sache ~n setzen* aan iets paal en perk stellen; *über die grüne ~ gehen* illegaal de grens over gaan; *sich in ~n halten* binnen de perken blijven

grenzen *(met an*$^{+4}$*)* grenzen aan

grenzenlos grenzeloos, onbegrensd

Grenzer m^9 **1** grensbewoner; **2** grenswacht, douane(beambte)

Grenzfall m^6 grensgeval

Grenzgänger m^9 grensganger, grensarbeider

Grenzland o^{32} **1** grensland; **2** grensgebied

Grenzlinie v^{21} **1** grenslijn; **2** *(sp)* zijlijn, lijn

Grenzschutz m^{19} **1** grenspolitie; **2** grensbewaking

Grenzübergang m^6 grensovergang

Grenzübergangsstelle v^{21} grenspost

Grenzzwischenfall m^6 grensincident

Gretchenfrage v^{21} **1** netelige vraag; **2** hamvraag

Greuel *oude spelling voor* Gräuel, *zie* Gräuel

Greuelmärchen *oude spelling voor* Gräuelmärchen, *zie* Gräuelmärchen

Greueltat *oude spelling voor* Gräueltat, *zie* Gräueltat

greulich *oude spelling voor* gräulich, *zie* gräulich

Grieche m^{15} Griek

Griechenland o^{39} Griekenland

griechisch Grieks

Griesgram m^5 brompot, knorrepot

griesgrämig brommerig, knorrig

Grieß m^5 **1** gruis; **2** gries(meel)

Grießmehl o^{39} griesmeel

Griff m^5 **1** (hand)greep; **2** knop, handvat, gevest, hengsel; **3** klauw *(van roofvogel)*; **4** hals *(van muziekinstrument)* || *einen guten ~ tun* een goede keus doen; *etwas im ~ haben: a)* de slag van iets te pakken hebben; *b)* iets onder controle hebben; *etwas in den ~ bekommen* (of: *kriegen*) iets onder de knie krijgen

griffbereit bij de hand, voor het grijpen

griffig **1** handzaam; **2** stroef; **3** stevig

Grill m^{13} grill: *Hähnchen vom ~* kip van het spit

Grille v^{21} **1** krekel; **2** gril, kuur; **3** hersenschim

grillen **I** *tr en intr* barbecueën, grillen; **II** *sich ~* zich bruin laten bakken

grillenhaft, grillig **1** nukkig; **2** zonderling

Grimasse v^{21} grimas, grijns

grimmig **1** grimmig, woedend; **2** vreselijk

grinsen grijnzen

Grippe v^{21} griep

Grippewelle v^{21} griepgolf, griepepidemie

Grips m^5 verstand, hersens

grob^{58} **1** grof, ruw; **2** grof, algemeen, vaag; **3** grof, ongemanierd, onbehouwen: *jmdn ~ anfahren* iem bars toesnauwen; **4** onstuimig, ruw, woelig: *~e See* ruwe zee

Grobheit v^{20} grofheid, ruwheid, lompheid

Grobian m^5 lomperd, vlegel

grobkörnig grofkorrelig

grobschlächtig grof, ruw, lomp

grölen **1** schreeuwen, brullen; **2** hard zingen

Groll m^{19} wrok, verbittering

grollen **1** *(met mit*$^{+3}$*)* een wrok hebben, koesteren (tegen); **2** mokken; **3** *(mbt donder)* rollen

Grönland o^{39} Groenland

Grönländer m^9 Groenlander

Gros I o^{29a} gros; **II** o^{39a} **1** *(mil)* gros; **2** merendeel

Groschen m^{11} **1** tienpfennigstuk: *er hat keinen ~* hij heeft geen cent; **2** *(Oostenr)* $\frac{1}{100}$ schilling || *der ~ fällt* hij begrijpt het eindelijk

groß^{60} groot: *~ schreiben: a)* belangrijk vinden; *b)* oude spelling voor großschreiben, *zie* großschreiben: *~ und breit erzählen* uitvoerig vertellen; *im Großen (und) Ganzen* over het geheel genomen; *sich nicht ~ freuen* zich niet erg verheugen

großartig **1** groots, geweldig, enorm; **2** arrogant, aanmatigend

Großartigkeit v^{28} **1** grootsheid; **2** opschepperij

Großaufnahme v^{21} close-up

Großbank v^{20} grote bank

Großbritannien o^{39} Groot-Brittannië

großbritannisch Brits

Großbuchstabe m^{18} hoofdletter

Größe v^{21} **1** grootte, uitgestrektheid, omvang; **2** grootsheid; **3** maat *(van kleding, schoenen);* **4** grootheid *(ook wisk)*

Großeinkauf m^6 inkoop in het groot

Großeinsatz m^6 grootscheepse actie

Großeltern *mv* grootouders

Großenkel m^9 achterkleinkind, achterkleinzoon

Größenordnung v^{20} orde van grootte

großenteils grotendeels

Größenverhältnis o^{29a} proportie, verhouding

Größenwahn, Größenwahnsinn m^{19} grootheidswaan(zin)

größer **1** vrij groot, nogal groot; **2** groter

Großfahndung v^{20} grootscheepse opsporingsactie

Großfeuer o^{33} hevige brand, uitslaande brand

Großhändler m^9 groothandelaar, grossier

Großhandlung v^{20} groothandel, grossierderij

großherzig **1** edelmoedig, grootmoedig; **2** tolerant, ruimdenkend

Großherzog m^6 groothertog

Grossist m^{14} grossier, groothandelaar

großjährig meerderjarig

Großjährigkeit v^{28} meerderjarigheid

Großmacht v^{25} grote mogendheid

Großmaul o^{32} praatjesmaker, opschepper

Großmut v^{28} grootmoedigheid, edelmoedigheid

großmütig grootmoedig, edelmoedig

Großmutter v^{26} grootmoeder

Großneffe m^{15} achterneef

Großnichte v^{21} achternicht

Großonkel m^9 oudoom

Großpapa m^{13} opa

Großraum m^6 **1** grote ruimte; **2** groot gebied; **3** agglomeratie

Großraumflugzeug o^{29} jumbojet
großräumig 1 zich over een grote oppervlakte uit-
strekkend; 2 ruim
Großrechner m^9 mainframe
großschnauzig, großschnäuzig grootsprakig,
snoevend
großschreiben met een hoofdletter schrijven
Großsprecher m^9 grootspreker, snoever
Großsprecherei v^{20} grootsprekerij, praatjes
großsprecherisch opschepperig
großspurig arrogant, verwaand
Großstadt v^{25} 1 grote stad; 2 *(in Duitsland)* stad van
meer dan 100.000 inwoners
Großstädter m^9 grotestadsbewoner
großstädtisch grootsteeds
Großtante v^{21} oudtante
Großteil m^5 grootste deel: *ein ~* een groot gedeelte
größtenteils grotendeels
größtmöglich zo groot mogelijk, optimaal
Großtuer m^9 opschepper, pocher, snoever
Großtuerei v^{28} opschepperij, gepoch
großtuerisch opschepperig
großtun ^{295} opscheppen: *sich ~ mit* $^{+3}$ opscheppen
over
Großunternehmen o^{35} grote onderneming
Großvater m^{10} grootvader
großziehen ^{318} 1 grootbrengen; 2 opfokken, opkweken
großzügig 1 grootscheeps, breed opgezet; 2 weids,
ruim, royaal, ruimdenkend
Großzügigkeit v^{28} royale manier van doen, gulheid
Grotte v^{21} grot, hol
Grube v^{21} 1 kuil, gat, put; 2 hol; 3 *(bijb)* graf; 4
(mijnb) mijn
Grübelei v^{20} gepeins, gepieker, getob
grübeln peinzen, tobben, piekeren
Grubenarbeiter m^9 mijnwerker
Grübler m^9 1 peinzer; 2 piekeraar
grüblerisch 1 peinzend; 2 tobberig
Gruft v^{25} groeve, graf(kelder)
grün 1 groen; 2 *(fig)* groen, erg jong, onervaren ‖
Grüner Donnerstag Witte Donderdag; *~ Minna* ge-
vangenwagen; *jmdn ~ und blau schlagen* iem bont
en blauw slaan
Grün o^{39} groen
Grünanlage v^{21} plantsoen, park
Grund m^6 1 reden, motief, grond: *~ zu* $^{+3}$ *etwas geben* aanleiding tot iets geven; *aus diesem ~e* om
deze reden; 2 grond, bodem: *~ und Boden* grond,
landerijen; 3 diepte, dal; 4 onderlaag; 5 basis, fundament, grondslag: *den ~ zu etwas legen* de grondslag leggen van iets; 6 achtergrond, ondergrond ‖
auf ~ des Paragraphen 5 krachtens artikel 5; *auf ~
des Gesetzes* op grond van de wet; *einer Sache auf
den ~ gehen* een zaak grondig onderzoeken; *im ~e
(genommen)* eigenlijk; *mit gutem ~ behaupten* terecht beweren; *zu ~e gehen* te gronde gaan; *zu ~e
legen* als grondslag nemen; *zu ~e liegen* ten grondslag liggen

Grundausbildung v^{20} basisopleiding
Grundbedingung v^{20} eerste voorwaarde
Grundbesitz m^{19} grondbezit
Grundbesitzer m^9 grondbezitter
Grundbuch o^{32} 1 kadaster; 2 hypotheekregister
grundehrlich door en door eerlijk, doodeerlijk
gründen I *tr* 1 grondvesten; 2 stichten; oprichten; 3
baseren: *gegründet sein auf* $^{+3, +4}$ gebaseerd zijn op;
II *intr* berusten, gebaseerd zijn; III *sich ~ auf* $^{+4}$ steu-
nen, berusten, gebaseerd zijn op
Gründer m^9 stichter, grondlegger, grondvester, op-
richter
Gründeraktie v^{21} oprichtersaandeel
grundfalsch totaal verkeerd
Grundfarbe v^{21} grondverf
Grundgebühr v^{20} 1 basistarief, vastrecht *(voor elektriciteit, gas)*; 2 abonnementskosten *(van telefoon)*
Grundgedanke m^{18} grondgedachte
Grundgehalt o^{32} basissalaris
Grundgesetz o^{29} grondwet
grundhässlich foeilelijk
grundieren ^{320} gronden
grundig gronderig, grondig
Grundkurs m^5 1 elementaire cursus; 2 verplicht vak
Grundlage v^{21} grondslag, grondbeginsel, grond,
basis
grundlegend fundamenteel
Grundlegung v^{20} grondlegging, fundering
gründlich 1 grondig, degelijk; 2 *(inform)* danig, be-
hoorlijk
Gründlichkeit v^{28} grondigheid, degelijkheid
Grundlinie v^{21} 1 grondlijn, basis; 2 hoofdlijn; 3 *(sp)*
baseline, achterlijn
grundlos 1 grondeloos; 2 ongegrond; 3 zonder re-
den; 4 bodemloos
Grundlosigkeit v^{28} ongegrondheid
Grundmauer v^{21} fundament
Gründonnerstag m^5 Witte Donderdag
Grundrecht o^{29} grondrecht
Grundregel v^{21} grondregel, beginsel
Grundriss m^5 1 plattegrond; 2 schets, overzicht: *die
deutsche Geschichte im ~* de Duitse geschiedenis in
hoofdlijnen
Grundsatz m^6 beginsel, principe
grundsätzlich principieel, in beginsel
Grundschule v^{21} basisschool *(vierjarig)*
Grundschüler m^9 leerling van de basisschool
grundsolid(e) oerdegelijk
Grundstein m^5 1 eerste steen; 2 basis
Grundsteuer v^{21} grondbelasting
Grundstock m^6 basis, kern, grondkapitaal
Grundstoff m^5 1 element; 2 grondstof
Grundstück o^{29} perceel; stuk (bouw)grond
Gründung v^{20} 1 stichting, oprichting, vestiging; 2
fundering
grundverschieden totaal verschillend
Grundwasser o^{39} grondwater
Grundzahl v^{20} 1 grond(ge)tal; 2 hoofdtelwoord
Grundzug m^6 hoofdtrek, hoofdlijn

Gr

grünen 1 groenen, groen worden; **2** *(fig)* ontbloeien, ontwaken

Grüne(r) m^{40a}, v^{40b} lid van de milieupartij

Grünkohl m^5 boerenkool

grünlich groenachtig

Grünschnabel m^{10} melkmuil

Grünspan m^{19} kopergroen

Grünstreifen m^{11} (midden)berm

grunzen knorren, grommen

Grünzeug o^{39} **1** kruiden; **2** sla, groente; **3** jongelui, jongeren

Gruppe v^{21} groep

Gruppenaufnahme v^{21}, **Gruppenbild** o^{31} groepsfoto

Gruppenführer m^9 **1** groepsleider; **2** groepscommandant

gruppenweise groepsgewijs, in groepen

gruppieren^{320} groeperen

Gruppierung v^{20} groepering

Gruselfilm m^5 griezelfilm

Gruselgeschichte v^{21} griezelverhaal

gruselig griezelig

gruseln griezelen: *mich* (of: *mir*) *gruselt es, ich grusle mich* ik griezel

Gruß m^6 groet

grüßen groeten: *grüß dich!* dag!, hallo!; *(Z-Dui) grüß Gott!* goeiemorgen!, goeiemiddag!, goeienavond!

Grütze v^{21} grutten, gort, gortepap: *er hat ~ im Kopf* hij heeft hersens; *rote ~* watergruwel

gucken 1 kijken, zien; **2** bekijken; **3** uitsteken

Guckkasten m^{12} kijkkast

Guckloch o^{32} kijkgat

Guerilla I v^{27} guerrilla; **II** m^{13} guerrillastrijder

Gulasch m^5, m^{13}, o^{29}, o^{36} goulash

Gulden m^{11} gulden

gülden gulden, gouden

Gully m^{13}, o^{36} rioolkolk, rioolput

gültig geldig, gangbaar, wettig, deugdelijk

Gültigkeit v^{28} geldigheid

Gültigkeitsdauer v^{28} geldigheidsduur

Gummi I m^{13}, o^{36} rubber, gummi; **II** m^{13} **1** condoom; **2** (vlak)gom, (vlak)gum; **III** o^6 elastiek(je)

Gummiband o^{32} elastieken band

Gummidichtung v^{20} rubberpakking

gummieren^{320} gommen, gommeren

Gummiknüppel m^9 gummiknuppel

Gummireifen m^{11} rubberband

Gummistiefel m^9 rubberlaars

Gunst v^{28} gunst, genegenheid: *zu Gunsten*$^{+2}$ ten gunste van, ten bate van

Gunstbeweis m^5, **Gunstbezeigung** v^{20} gunstbewijs, gunstbetoon

günstig gunstig, welgezind

Günstling m^5 gunsteling

Gurgel v^{21} keel: *jmdm an die ~ fahren* (of: *springen*) iem naar de keel vliegen

gurgeln 1 gorgelen; **2** kelig spreken

Gurke v^{21} **1** komkommer, augurk: *saure ~ augurk in het zuur*; **2** *(inform)* kokkerd *(neus)*

Gurkensalat m^{19} komkommersla

gurren kirren, koeren

Gurt m^5 **1** gordel, riem, buikriem; **2** patroongordel; **3** (veiligheids)gordel; **4** *(bouw)* gording

Gurtband o^{32} tailleband

Gürtel m^9 **1** gordel, riem, ceintuur; **2** zone, gordel: *den ~ enger schnallen* de buikriem aanhalen

Gürtellinie v^{21} **1** taille; **2** lijn, carrosserielijn

Gürtelreifen m^{11} radiaalband

Gürtelrose v^{28} *(med)* gordelroos

gürten 1 met een gordel vastmaken; **2** de (veiligheids)gordel omdoen

gürten omgorden, aangorden

Guss m^6 **1** (het) gieten; **2** gietsel, gietstuk; **3** gesmolten suiker, gesmolten chocola; glazuur; **4** stortbui, straal

Gusseisen o^{39} gietijzer

gusseisern van gietijzer, gietijzeren

Gussregen m^{11} stortregen

Gussstein m^5 gootsteen

gut^{60} goed: *~ gelaunt* goedgehumeurd; *~ situiert* welgesteld; *~ unterrichtet* goed geïnformeerd; *des Guten zu viel tun* overdrijven; *alles Gute!* het ga je goed!; *alles schön und ~* alles goed en wel; *kurz und ~* kort en bondig; *die ~e Stube* de mooie kamer; *im Guten abmachen* in der minne schikken; *schon ~!* (het is) goed!; *damit ~!* afgesproken!; *lassen Sie (das) ~ sein!* praat er maar niet meer over!; *es sich ~ sein lassen* een gemakkelijk leventje leiden; *~ und gern* vast en zeker; *alles hat sein Gutes* alles heeft zijn goede kant; *jmdm ~ sein* veel met iem op hebben; *eine ~e Stunde* ruim een uur; *(iron) da kam er aber ~ an!* maar toen was hij aan het verkeerde adres!; *du hast ~ lachen* jij kunt makkelijk lachen

Gut o^{32} **1** goed: *bewegliche Güter* roerende goederen, roerend goed; **2** bezitting, landgoed, boerderij; **3** want

gutachten een advies, rapport uitbrengen

Gutachten o^{35} **1** advies, rapport, expertise; **2** *(med)* attest

Gutachter m^9 expert, deskundige, adviseur

gutartig goedaardig, ongevaarlijk

Gutdünken o^{39} goeddunken

Güte v^{28} **1** goede hoedanigheid, deugdelijkheid, kwaliteit: *Ware erster ~* goederen van prima kwaliteit; **2** goedheid, vriendelijkheid: *liebe ~!* (of: *du meine ~!*) lieve deugd!; *in ~* in der minne, langs minnelijke weg

Güteklasse v^{21} kwaliteitsklasse

Güterabfertigung v^{20} **1** expeditie(kantoor); **2** goederenkantoor

Güterbeförderung v^{20} goederenvervoer

Güterstand m^6 huwelijkse voorwaarden *(mv)*

Güterverkehr m^{19} goederenverkeer, goederentransport, goederenvervoer

Güterzug m^6 goederentrein

Gütezeichen o^{35} kwaliteitsmerk

gutgelaunt *oude spelling voor* gut gelaunt, *zie* gut

gutgläubig goedgelovig, te goeder trouw
Guthaben o^{35} tegoed
gutheißen[187] goedkeuren, billijken
gutherzig goedhartig, goedig
Gutherzigkeit v^{28} goedhartigheid
gütig goedig, vriendelijk, welwillend
gütlich minnelijk, vriendelijk: *etwas ~ beilegen* iets in der minne schikken; *sich ~ tun* zich te goed doen; *ein ~er Vergleich* een minnelijke schikking
gutmachen 1 goedmaken; **2** verdienen, winnen
gutmütig goedmoedig, goedig
Gutmütigkeit v^{28} goedmoedigheid
gutnachbarlich van (of: als) goede buren
Gutsbesitzer m^9 landheer, landeigenaar
Gutschein m^5 bon, waardebon, tegoedbon
gutschreiben[252] crediteren
Gutschrift v^{20} **1** creditering; **2** creditnota; **3** tegoed
gutsituiert *oude spelling voor* gut situiert, *zie* gut
Gutsverwalter m^9 rentmeester, administrateur
gutunterrichtet *oude spelling voor* gut unterrichtet, *zie* gut
gutwillig gewillig, van goede wil
Gymnasialbildung v^{20} gymnasiale opleiding, vwo-opleiding
Gymnasialdirektor m^{16} rector van een gymnasium, van een atheneum
Gymnasiallehrer m^9 leraar aan een gymnasium, aan een atheneum
Gymnasiast m^{14} gymnasiast, leerling van een atheneum
Gymnasium *o (2e nvl -s; mv Gymnasien)* gymnasium, atheneum
Gymnastik v^{28} gymnastiek
Gynäkologe m^{15} gynaecoloog, vrouwenarts

Gy

h

ha *afk van Hektar* hectare

Haar *o*²⁹ haar: *sich das ~ machen* zijn haar doen; *sich die ~e machen lassen* zijn haar laten doen; *jmd kein ~ krümmen* iem geen haar krenken; *etwas an den ~en herbeiziehen* iets met de haren erbij slepen; *kein gutes ~ an jmdm lassen* geen draad aan iem heel laten; *auf ein ~, aufs ~* precies; *sich aufs ~ gleichen* als twee druppels water op elkaar lijken; *sich in den ~en liegen* elkaar in het haar zitten; *sich in die ~e geraten* (of: *fahren, kriegen*) elkaar in het haar vliegen; *um kein ~ besser* geen haar beter; *um ein ~ wäre er gefallen* het scheelde niets of hij was gevallen; *(inform) jmdm die ~e vom Kopf fressen* iem de oren van het hoofd eten

Haarausfall *m*⁶ haaruitval

Haarbreit *o*³⁹: *(um) kein ~* geen duimbreed

Haarbürste *v*²¹ haarborstel

Haaresbreite *v*: *um ~* ternauwernood; *nicht um ~* geen haarbreed

Haarfarbe *v*²¹ 1 haarverf; 2 haarkleur

Haarfestiger *m*⁹ haarversteviger

haargenau haarfijn, uiterst nauwkeurig

haarig 1 harig, behaard, ruig; 2 hachelijk

Haarkamm *m*⁶ kam

haarklein haarfijn, haarklein, heel precies

Haarlack *m*⁵ haarlak

Haarnadelkurve *v*²¹ haarspeldbocht

Haarpflege *v*²¹ haarverzorging

haarscharf heel nauwkeurig, exact: *~ an jmdm vorbeifahren* rakelings langs iem heen rijden

Haarschleife *v*²¹ haarlint, haarstrik

Haarschnitt *m*⁵ kapsel

Haarschopf *m*⁶ kuif, haarbos

Haarspalterei *v*²⁰ haarkloverij, muggenzifterij

Haarspange *v*²¹ haarspeld

Haarspray *m*¹³, *o*³⁶ haarspray

Haarsträhne *v*²¹ haarsliert, haarlok

haarsträubend vreselijk, verschrikkelijk

Haartracht *v*²⁰ haardracht, kapsel

Haarwuchs *m*¹⁹ 1 haargroei; 2 haardos

Habe *v*²⁸ have, bezitting, eigendom: *mein ganzes Hab und Gut* mijn hele hebben en houden

haben¹⁸² I tr hebben: *ich habe noch eine Stunde zu fahren* ik moet nog een uur rijden; *zu ~ sein* te koop, verkrijgbaar zijn; *für etwas zu ~ sein* ergens voor te vinden zijn; *was hat es mit dem Hund auf sich? wat is er met de hond aan de hand?; das hat nichts auf sich* dat heeft niets te betekenen; *dich hat's wohl!* je bent niet goed wijs!; *(inform) hier alles wie gehabt* hier verder geen nieuws; *~ Sie Dank!* dank u zeer!; *das hat viel für sich* daar is veel voor te zeggen; *da ~ wir's!* daar heb je het nou!; *viel von*⁺³ *etwas ~* veel aan iets hebben; II *hulpww* heben: *ich habe gearbeitet* ik heb gewerkt; III *sich ~* zich aanstellen

Haben *o*³⁹ credit, tegoed

Habenichts *m*⁵ arme drommel

Habgier *v*²⁸ hebzucht, inhaligheid

habgierig hebzuchtig, inhalig

habhaft: *einer Sache ~ werden* iets te pakken krijgen

Habicht *m*⁵ havik

habilitieren³²⁰, **sich** (het) doceerrecht verkrijgen

Habseligkeiten *mv v*²⁰ bezit, hebben en houden

Habsucht *v*²⁸ hebzucht

habsüchtig hebzuchtig

Hackbraten *m*¹¹ gebraden gehakt

Hacke *v*²¹ 1 (het) hakken; 2 hak, houweel; 3 hiel, hak

hacken 1 hakken *(ook fig)*; 2 *(de grond)* ophakken; 3 *(computer)* kraken ‖ *auf jmdn ~* op iem afgeven

Hacken *m*¹¹ hiel, hak

Hackfleisch *o*³⁹ gehakt

Hackordnung *v*²⁰ *(dierk, ook fig)* pikorde

Häcksel *m*¹⁹, *o*³⁹ hakstro, haksel

Hader *m*¹⁹ 1 twist, ruzie; 2 onvrede, wrok

hadern 1 twisten, ruzie maken; 2 onvrede hebben, in opstand komen

Hafen *m*¹² haven *(ook fig)*

Hafenanlagen *mv v*²¹ havenwerken

Hafenarbeiter *m*⁹ havenarbeider

Hafengebühren *mv v*²⁰ havengeld

Hafenkapitän *m*⁵ havenmeester, *(Belg)* havenkapitein

Hafenmeister *m*⁹ havenmeester

Hafenmole *v*²¹ havenhoofd, pier

Hafenstadt *v*²⁵ havenstad

Hafer *m*¹⁹ haver

Haferbrei *m*⁵, **Haferschleim** *m*¹⁹ havermoutpap

Haff *o*³⁶, *o*²⁹ haf *(strandmeer)*

Haft *v*²⁸ 1 hechtenis, arrest, detentie; 2 gevangenisstraf

Haftanstalt *v*²⁰ gevangenis

haftbar aansprakelijk, verantwoordelijk: *jmdn für etwas ~ machen* iem voor iets aansprakelijk stellen

Haftbefehl *m*⁵ arrestatiebevel

haften 1 kleven, plakken, hechten; 2 (vast)kleven, vastzitten, blijven zitten: *im Gedächtnis ~ bleiben* heugen, in herinnering blijven; 3 grip hebben *(autobanden)* ‖ *~ für*⁺⁴ borg staan voor, instaan voor; aansprakelijk zijn voor

Haftentlassung *v*²⁰ invrijheidstelling

Haftglas *o*³² contactlens

Häftling *m*⁵ arrestant; gevangene, gedetineerde

Haftpflicht *v*²⁰ wettelijke aansprakelijkheid *(afk WA)*

haftpflichtig wettelijk aansprakelijk
Haftpflichtversicherung v^{20} WA-verzekering,
  (Belg) BA-verzekering
Haftrichter m^9 rechter van instructie, rechter-com-
  missaris
Haftschale v^{21} contactlens
Haftstrafe v^{21} hechtenis, gevangenisstraf
Haftsumme v^{21} waarborgsom
Haftung v^{28} **1** verbinding, contact, grip; **2** aanspra-
  kelijkheid
Hagebutte v^{21} rozenbottel
Hagedorn m^5 meidoorn, haagdoorn
Hagel m^{19} hagel; schroot
hageln hagelen *(ook fig)*
Hagelschaden m^{12} hagelschade
Hagelschauer m^9 hagelbui
hager (lang en) mager, schraal, pezig
Häher m^9 meerkol, Vlaamse gaai
Hahn m^6 **1** haan *(ook van geweer);* **2** kraan *(aan een
  vat, aan een leiding)*
Hähnchen o^{35} *(dierk)* haantje: *(cul) ein halbes ~* een
  halve kip
Hahnenfuß m^6 hanenpoot
Hahnenkamm m^6 hanenkam *(ook plantk)*
Hahnenschrei m^5 hanengekraai
Hai, Haifisch m^5 haai
Hain m^5 (heilig) bos, woud, bosschage
Häkchen o^{35} haakje
häkeln **I** *intr* vasthaken, blijven haken; **II** *tr* haken;
  III *sich* ~ elkaar plagen, steken onder water geven
Häkelnadel v^{21} haakpen, haaknaald
haken **I** *tr* **1** haken; **2** *(sp)* (pootje) haken, laten strui-
  kelen; **II** *intr* blijven haken
Haken m^{11} **1** haak(je); **2** moeilijkheid, bezwaar: *die
  Sache hat einen ~* er schuilt een addertje onder het
  gras; **3** plotselinge wending; **4** *(boksen)* hoekstoot
Hakenkreuz o^{29} hakenkruis, swastika
halb half: *nur ~ bei der Sache sein* er niet met zijn
  gedachten bij zijn; *auf ~em Wege* halverwege; *das
  ist ~ so schlimm* dat is helemaal niet zo erg; *etwas ~
  tun* met de pet ernaar gooien; *~ und ~* half en half,
  bijna; *~ und ~ (of: halbe-halbe) machen* samsam
  doen; *(sp) er spielt ~ links* hij is linksbinnen; *(sp) er
  spielt ~ rechts* hij is rechtsbinnen
Halb..., halb... half..., halve ...
halbamtlich officieus
Halbbruder m^{10} halfbroer
halber vz^{+2} wegens, om, ter wille van
Halbfabrikat o^{29}, **Halbfertigware** v^{21} halffabrikaat
halbherzig halfslachtig, aarzelend
halbieren^{320} halveren
Halbinsel v^{21} schiereiland
Halbjahr o^{29} halfjaar
halbjährlich halfjaarlijks
Halbleiter m^9 *(elektr)* halfgeleider
Halblinke(r) m^{40a}, v^{40b} *(sp)* linksbinnen
halblinks *oude spelling voor* halb links, *zie* halb
halbmast halfstok: *die Flagge ~ (of: auf ~) setzen* de
  vlag halfstok hangen

halbpart voor de helft: ~ *machen* samsam doen
Halbpension v^{28} halfpension
Halbrechte(r) m^{40a}, v^{40b} *(sp)* rechtsbinnen
halbrechts *oude spelling voor* halb rechts, *zie* halb
Halbschlaf m^{19} dommel(ing), toestand tussen waken en slapen
Halbschranke v^{21} *(spoorw)* halve slagboom
Halbschuh m^5 lage schoen
Halbschwester v^{21} halfzuster
halbseitig **1** van een halve bladzijde; **2** *(med)* half-
  zijdig, aan één zijde
halbstaatlich *bn* semi-overheids-, *(Belg)* parasta-
  taal
Halbstarke(r) m^{40a} nozem
halbstündig een half uur durend
halbstündlich om het halve uur
halbtags: ~ *arbeiten* halve dagen werken
Halbtagsarbeit, Halbtagsbeschäftigung v^{20} betrekking voor halve dagen
halbwegs 1 halfweg, halverwege; **2** enigszins
halbwüchsig halfvolwassen, onvolwassen
Halbwüchsige(r) m^{40a}, v^{40b} nog niet geheel volwassene; jongere
Halbzeit v^{20} *(sp)* **1** speelhelft; **2** rust, pauze
Halbzeitergebnis o^{29a} *(sp)* ruststand
Halbzeitpfiff m^5 *(sp)* rustsignaal
Halde v^{21} **1** (berg)helling; **2** hoop, heuvel *(kolen);* **3**
  steenberg *(bij mijn);* **4** grote voorraad: *auf ~* in
  voorraad
Hälfte v^{21} helft: *zur ~* voor de helft
Halfter **I** m^9, o^{33} halster; **II** v^{21}, o^{33} holster *(voor pi-
  stool)*
Hall m^5 **1** klank, galm; **2** echo
Halle v^{21} **1** hal; **2** lobby *(van een hotel);* **3** loods; **4** sta-
  tionshal
hallen (weer)klinken, galmen, schallen
Hallenbad o^{32} overdekt zwembad
Hallenfußball m^{19} zaalvoetbal
Hallenhandball m^{19} zaalhandbal
Hallenhockey o^{39} zaalhockey
Hallenschwimmbad o^{32} overdekt zwembad
Hallensport m^{19} zaalsport
hallo *tw* hé daar!, hallo!
Hallo o^{36} lawaai, drukte, opschudding
Halluzination v^{20} hallucinatie
Halm m^5 halm
Hals m^6 hals *(ook fig)*, nek; keel: *bis zum ~ (of: über
  den ~) in Arbeit stecken* tot over zijn oren in het
  werk zitten; *einer Flasche den ~ brechen* een fles
  soldaat maken; *~ über Kopf* halsoverkop; *man hat
  ihm die Polizei auf den ~ geschickt* (of: *gehetzt)* men
  heeft de politie op z'n dak gestuurd; *das Wasser
  steht ihm bis zum ~* het water reikt hem tot (aan) de
  lippen; *jmdm den ~ abschneiden* iem *(economisch)*
  de nek omdraaien; *das kann ihm* (of: *ihn) den ~
  kosten* dat kan hem zijn kop kosten; *sich³ jmdn vom
  ~(e) halten* iem op een afstand houden; *sich³ etwas
  vom ~(e) schaffen* zich van iets ontdoen; *er hat es in
  den falschen ~ bekommen* het is hem in het verkeer-

Ha

de keelgat geschoten
Halsabschneider *m*[9] *(ongunstig)* afzetter
Halsband *o*[32] **1** halsband; **2** collier
halsbrecherisch halsbrekend, levensgevaarlijk
Halsentzündung *v*[20] keelontsteking
Halskette *v*[21] halsketting
Halskrankheit *v*[20] keelaandoening, keelziekte
Hals-Nasen-Ohren-Arzt *m*[6] keel-, neus- en oorarts
Halsschmerzen *mv m*[16] keelpijn
Halsschmuck *m*[5] halssieraad, halssnoer
halsstarrig *(ongunstig)* halsstarrig, hardnekkig
Halstuch *o*[32] sjaal, das, halsdoek
Hals- und Beinbruch: *jmdm ~ wünschen* iem succes, veel geluk wensen
Halsweh *o*[39] keelpijn
Halsweite *v*[21] halswijdte
Halswirbel *m*[9] halswervel
halt I *bw (Z-Dui, Oostenr, Zwits)* nu eenmaal, immers, toch; **II** *tw* halt!, stop!
Halt *m*[5], *m*[13] **1** houvast, steun(punt): *Mensch ohne inneren ~* onevenwichtig mens; *den ~ verlieren* het evenwicht verliezen; **2** (het) stoppen, (het) stilstaan: *jmdm, einer Sache ~ gebieten* iem, iets een halt toeroepen; *~ machen* stoppen, halt houden
haltbar 1 houdbaar; **2** duurzaam, stevig
Haltbarkeit *v*[28] houdbaarheid
Haltebucht *v*[20] parkeerhaven
Haltegriff *m*[5] **1** handvat, handgreep *(bijv in bus)*; **2** *(sp)* houdgreep
Haltegurt *m*[5] veiligheidsgordel
halten[183] **I** *tr* **1** houden, tegenhouden: *einen Ball ~* een bal stoppen; **2** bevatten, inhouden: *das Fass hält 100 Liter* het vat heeft een inhoud van 100 liter; **3** houden, zorgen, verzorgen: *Hühner ~* kippen houden; *jmdm die Treue ~* iem trouw blijven; *eine Zeitung ~* op een krant geabonneerd zijn; *große Stücke* (of: *viel*) *auf jmdn ~* veel met iem ophebben; *~ für* aanzien, houden voor; *es für gut ~, dass* het raadzaam achten dat; *ich halte dies für sehr wahrscheinlich* ik acht dit zeer waarschijnlijk; *wofür hältst du mich?* wat denk je wel van me?; *von jmdm nicht viel ~* geen hoge dunk hebben van iem; **II** *itr* **1** houden, stevig zijn, solide zijn: *seine Freundschaften ~ nie lange* zijn vriendschappen zijn nooit van lange duur; **2** stilstaan, stoppen ‖ *an sich ~* zich beheersen; *sehr auf*[4] *etwas ~* zeer op iets gesteld zijn; *auf sich ~* zichzelf respecteren; *zu jmdm ~* achter iem staan; **III** *sich ~* **1** zich houden, zich staande houden: *sich aufrecht ~* rechtop staan, lopen; **2** standhouden, zich handhaven: *die Kartoffeln ~ sich nicht* de aardappelen blijven niet lang goed; *er hielt sich immer an ihrer Seite* hij bleef steeds aan haar zijde; *diese Theorie lässt sich nicht ~* deze theorie is niet houdbaar; *Sie müssen sich an Ihre Versicherung ~* u moet zich tot uw verzekering wenden; *wir müssen uns immer (nach) links ~* wij moeten steeds links aanhouden
Halter *m*[9] **1** houder, eigenaar; **2** houder, klem; **3** handgreep, handvat

Halterung *v*[20] houder, klem
Haltestelle *v*[21] halte, bushalte, tramhalte
Halteverbot *o*[29] stopverbod
haltlos 1 onevenwichtig, labiel, losgeslagen; **2** onhoudbaar *(van bewering)*
Haltlosigkeit *v*[28] **1** onevenwichtigheid, labiliteit; **2** onhoudbaarheid
haltmachen *oude spelling voor* Halt machen, *zie* Halt
Haltung *v*[20] **1** houding; **2** (het) houden
Halunke *m*[15] schurk; *(iron)* vlegel
hämisch geniepig, boosaardig, vals, gemeen
Hammelfleisch *o*[39] schapenvlees
Hammelkeule *v*[21] schapenbout
Hammer *m*[10] **1** hamer; **2** *(muz)* hamertje; **3** *(sp)* slingerkogel; **4** grove fout; **5** keihard schot ‖ *die CD ist ein ~* die cd is grandioos, te gek
hämmern 1 hameren, kloppen; **2** bonzen; **3** hameren, rammen; **4** knallen
Hammerwerfen *o*[39] *(sp)* (het) kogelslingeren
Hämorrhoiden, Hämorriden *mv v*[21] aambeien
Hampelmann *m*[8] **1** hansworst; **2** marionet
Hamster *m*[9] hamster
hamstern hamsteren
Hand I *v*[25] hand: *etwas hat ~ und Fuß* iets zit goed in elkaar; *beide Hände voll zu tun haben* zijn handen vol hebben; *Hände hoch!* handen omhoog!; *keine ~ vor Augen sehen können* geen vinger uitsteken; *freie ~ haben* de vrije hand hebben; *die öffentliche ~* de staat, het rijk, de overheid; *eine ~ voll* een handvol; *~ an sich legen* de hand aan zichzelf slaan; *jmdm etwas an die ~ geben* iem iets aan de hand doen; *jmdm an die ~ gehen* iem een handje helpen; *das liegt auf der ~* het ligt voor de hand; *aus zweiter ~* tweedehands; *~ in ~ gehen mit*[3] gepaard gaan met; *jmdm etwas in die ~ versprechen* iem ergens de hand op geven; *etwas in die ~ nehmen* iets ter hand nemen; *etwas mit der linken ~ machen* (of: *erledigen*) ergens zijn hand niet voor omdraaien; *unter der ~ verkaufen* onderhands verkopen; *etwas geht jmdm gut von der ~* iets gaat iem goed af; *zu Händen (von) Herrn Schmidt* ter attentie van de heer Schmidt; *jmdm zur ~ gehen* iem behulpzaam zijn; **II** *v*[28] *(sp)* hands
Handarbeit *v*[20] **1** handwerk, handwerkje; **2** hand(en)arbeid; **3** handwerkles
Handarbeiter *m*[9] handarbeider
Handball I *m*[19] handbalspel; **II** *m*[6] handbal
Handballen *m*[11] bal van de hand, handbal
Handbesen *m*[11] stoffer, handveger
Handbewegung *v*[20] handbeweging, geste
Handbreit *v* (2e *nvl* -; *mv* -) handbreed(te)
Handbremse *v*[21] handrem
Handbuch *o*[32] handboek
Händchen *o*[35] handje: *~ halten* elkaars handen verliefd vasthouden
Händedruck *m*[6] handdruk
Händeklatschen *o*[39] handgeklap, applaus
Handel I *m*[19] **1** handel, (het) zakendoen: *~ mit Käse* handel in kaas; *~ treibend* handeldrijvend; **2** trans-

actie, zaak; **II** m^{10} *(meestal mv)* ruzie, twist: *Händel suchen* ruzie zoeken

handeln I *intr* **1** handelen; **2** behandelen: *das Buch handelt von*[+3] het boek gaat over; **3** (ver)handelen, verkopen: *mit*[+3] *etwas* ~ ergens in handelen; **4** afdingen; **II** *sich* ~ gaan (om): *es handelt sich um* het gaat om

Handelsabkommen o^{35} handelsverdrag

Handelsbeschränkung v^{20} handelsbeperking

Handelsbeziehungen *mv* v^{20} handelsbetrekkingen

Handelsbilanz v^{20} handelsbalans

handelseinig, handelseins: ~ *sein*, ~ *werden* het (over een zaak, koop) eens zijn, worden

Handelsfirma *v (2e nvl -; mv -firmen)* handelsfirma

Handelsflotte v^{21} handelsvloot, koopvaardijvloot

Handelsgericht o^{29} handelsrechtbank, *(Belg)* handelskamer

Handelsgesellschaft v^{20} handel(s)maatschappij: *offene* ~ vennootschap onder firma

Handelskammer v^{21} Kamer van Koophandel

Handelskorrespondenz v^{28} handelscorrespondentie

Handelsmarine v^{21} koopvaardijvloot

Handelsmarke v^{21} handelsmerk

Handelspartner m^9 handelspartner

Handelsrecht o^{39} handelsrecht

handelsrechtlich volgens (of: van) het handelsrecht

Handelsregister o^{33} handelsregister

Handelsreisende(r) m^{40a}, v^{40b} handelsreiziger, vertegenwoordiger

Handelsspanne v^{21} winstmarge

handelsüblich in de handel gebruikelijk

Handelsunternehmen o^{35} handelsonderneming

Handelsverbindung v^{20} handelsrelatie, handelsbetrekking

Handelsvertrag m^6 handelsverdrag

handeltreibend *oude spelling voor* Handel treibend, *zie* Handel

Handfeger m^9 stoffer, handveger

Handfertigkeit v^{20} handvaardigheid, handigheid

Handfessel v^{21} handboei

handfest stevig; potig, robuust: ~*er Beweis* afdoend bewijs; ~*e Mahlzeit* stevig maal

Handfeuerlöscher m^9 brandblusser

Handfeuerwaffe v^{21} handvuurwapen

Handfläche v^{21} vlakke hand, handpalm

handgearbeitet met de hand vervaardigd

Handgeld o^{39} handgeld

Handgelenk o^{29} handgewricht, pols: *aus dem* ~ *(heraus)* zonder moeite, voor de vuist weg

handgemacht met de hand vervaardigd

Handgemenge o^{33} handgemeen

Handgepäck o^{39} handbagage

handgeschrieben met de hand, eigenhandig geschreven

Handgranate v^{21} handgranaat

handgreiflich duidelijk, evident, tastbaar || ~ *werden* handtastelijk worden

Handgreiflichkeit I v^{28} evidentie, duidelijkheid; **II** v^{20} handtastelijkheid

Handgriff m^5 **1** handgreep, kunstgreep, manipulatie; **2** (hand)greep

Handhabe v^{21} **1** houvast, basis; **2** aanleiding

handhaben 1 hanteren, behandelen; **2** *(de wet)* toepassen, *(het recht)* uitoefenen

Handhabung v^{20} **1** hantering; **2** toepassing

Handicap, Handikap o^{36} handicap

Handkuss m^6 handkus: *etwas mit* ~ *annehmen, tun* iets graag aannemen, doen

Handlanger m^9 **1** ongeschoold arbeider, opperman; **2** handlanger, knecht

Händler m^9 handelaar, koopman

handlich gemakkelijk (te hanteren), handig

Handlung v^{20} handeling, daad, actie

Handlungsfreiheit v^{28} vrijheid van handelen

Handlungsreisende(r) m^{40a}, v^{40b} handelsreiziger, vertegenwoordiger

Handlungsweise v^{21} handelwijze, (het) optreden

Handreichung v^{20} **1** ondersteuning, hulp, handreiking; **2** aanbeveling, richtlijn

Handrücken m^{11} handrug

Handschelle v^{21} handboei

Handschlag m^6 handslag: *keinen* ~ *tun* geen klap uitvoeren

Handschrift v^{20} **1** handschrift; **2** manuscript, hand(schrift)

handschriftlich 1 met de hand geschreven; **2** schriftelijk

Handschuh m^5 handschoen

Handspiel o^{39} *(sp)* hands

Handstreich m^5 overrompeling, coup

Handtasche v^{21} handtas

Handteller m^9 handpalm

Handtuch o^{32} handdoek

Handumdrehen o^{39}: *im* ~ in een ommezien

Handvoll *oude spelling voor* Hand voll, *zie* Hand I

Handwerk o^{29} **1** ambacht, vak, handwerk; **2** broodwinning, beroep

Handwerker m^9 handwerksman, ambachtsman, werkman

handwerklich 1 het handwerk betreffend, ambachtelijk, als handwerk; **2** vakkundig

Handwerksmeister m^9 meester, baas

Handy o^{36} gsm, zaktelefoon, draagbare telefoon

Handzeichen o^{35} **1** teken met de hand; **2** kruisje *(als handtekening)*

hanebüchen ongehoord, schandalig, grof

Hanf m^{19} hennep

Hang I m^{19} hang, neiging; **II** m^6 helling

Hängebrücke v^{21} hangbrug

Hängelampe v^{21} hanglamp

Hängematte v^{21} hangmat

hängen I *st, intr* **1** hangen: *der Prozess hängt* het proces is hangende; ~ *bleiben: a)* blijven hangen, blijven steken, blijven plakken; *b) (op school)* blijven zitten; *c) (sp)* afgestopt worden; ~ *lassen: a)* laten hangen; *b)* in de steek laten; **2** (over)hellen; **II**

zw, tr (op)hangen; **III** *zw sich* ~ **1** zich ophangen; **2** (achter)volgen

hängenbleiben, hängenlassen *oude spelling voor* hängen bleiben, lassen, *zie* hängen I, 1

Hängepartie v^{21} afgebroken partij, hangpartij

Hänger m^9 **1** swagger; **2** aanhangwagen

Hanglage v^{21} ligging op een helling

hänseln plagen, voor de gek houden, pesten

Hanswurst m^5 hansworst, harlekijn

Hantel v^{21} *(sp)* halter

hanteln *(sp)* met (de) halters oefenen, halteren

hantieren^{320} bezig zijn: ~ *mit*$^{+3}$ gebruiken

hapern haperen, mankeren

Häppchen o^{35} hapje

Happen m^{11} hap, beet

happig overdreven; hoog; exorbitant

Hardware [hadwe:r] v^{27} hardware

hären *bn* haren, van (geiten)haar

Harfe v^{21} harp

Harke v^{21} hark

harken harken, aanharken, bijeenharken

Harlekin m^5 harlekijn

härmen, sich treuren, veel verdriet hebben

harmlos 1 eenvoudig; **2** onschuldig, onschadelijk, ongevaarlijk; **3** argeloos, naïef

Harmlosigkeit v^{28} onschuld, naïviteit; *zie* harmlos

Harmonie v^{21} harmonie, overeenstemming, goede verstandhouding, evenwichtigheid

harmonieren^{320} harmoniëren

Harmonika v^{36} *(mv ook -ken)* harmonica

harmonisch harmonisch; harmonieus

Harn m^5 urine

Harnisch m^5 harnas

Harpune v^{21} harpoen

harpunieren^{320} harpoeneren

harren^{+2} *(met ongeduld)* wachten op

harsch 1 hard, ruw; **2** bars, onvriendelijk

Harsch m^{19} met een ijslaagje bedekte sneeuw

hart^{58} **1** hard, ruw, hevig: ~ *gekochte* (of: ~ *gesottene) Eier* hardgekookte eieren; **2** hardvochtig, onbarmhartig, streng; **3** moeizaam, zwaar; **4** vlak(bij), dicht: ~ *am Wege* vlak aan de weg || ~*e Drogen* harddrugs

Härte v^{21} **1** hardheid; **2** hardvochtigheid, gestrengheid; **3** onbillijkheid: *soziale* ~*n* sociale onrechtvaardigheden

Härtefall m^6 geval van onbillijkheid, schrijnend geval

Härteklausel v^{21} hardheidsclausule

härten I *tr* hard maken, harden; **II** *intr* hard worden; **III** *sich* ~ zich harden, hard worden

Hartfaserplatte v^{21} hardboard

hartgesotten 1 *(fig)* door de wol geverfd; keihard; **2** hardleers; **3** *oude spelling voor* hart gesotten, *zie* hart 1

hartherzig hardvochtig, onbarmhartig

Hartholz o^{39} hardhout

harthörig 1 hardhorig; **2** *(fig)* Oost-Indisch doof

hartnäckig hardnekkig, halsstarrig, koppig

Härtung v^{28} harding, (het) harden

Harz o^{29} hars

harzig harsachtig

Hasch o^{39} hasj, hasjiesj

Haschee o^{36} hachee, *(Belg)* stoverij

haschen I *tr* vangen, grijpen, pakken; **II** *intr* hasj roken

Haschen o^{39}: ~ *spielen* krijgertje spelen

Hascher m^9 **1** arme drommel; **2** hasjroker

Haschisch m^{19}, m^{19a}, o^{39}, o^{39a} hasj, hasjiesj

Hase m^{15} haas *(ook fig)* || *(fig) ein alter* ~ een oude rot; *falscher* ~ gebraden gehakt

Haselnuss v^{25} hazelnoot

Hasenbraten m^{11} gebraden haas

Hasenfuß m^6 *(fig)* bangerd

hasenfüßig bang

Hasenherz o^{37} *(2e nvl ev -ens; 3e nvl -en; 4e nvl -)* hazenhart, lafaard

Hasenklein o^{39}, **Hasenpfeffer** m^9 hazenpeper

Hasenscharte v^{21} hazenlip

Haspel v^{21}, m^9 **1** haspel; **2** windas, lier

haspeln 1 haspelen; **2** haastig werken

Hass m^{19} haat

hassen 1 haten; **2** verfoeien

hassenswert 1 onuitstaanbaar; **2** verfoeilijk

hasserfüllt vol haat

hässlich 1 lelijk; **2** onaangenaam; gemeen

Hässlichkeit I v^{28} lelijkheid; **II** v^{20} gemeenheid

Hast v^{28} haast, gejaagdheid

hasten (zich) haasten

hastig haastig, gehaast, gejaagd

hätscheln 1 vertroetelen; **2** knuffelen

Hau m^5 klap, slag

Haube v^{21} **1** kap, muts; **2** motorkap *(van auto)*; **3** kuif *(van vogel)*; **4** helm; **5** droogkap || *Mädchen unter die* ~ *bringen* meisjes aan de man brengen; *unter die* ~ *kommen* trouwen

Haubitze v^{21} houwitser

Hauch m^5 **1** adem(haling, -tocht); **2** tochtje, zuchtje; **3** geur; **4** waas; **5** *(fig)* spoor, zweem

hauchdünn ragfijn, zeer dun

hauchen 1 ademen; **2** fluisteren

Haudegen m^{11} houwdegen, ijzervreter

hauen^{185} **I** *intr* *(met wapen)* houwen; slaan; **II** *tr* **1** hakken, slaan: *Bäume* ~ bomen kappen; **2** kapotslaan; **3** slaan, afranselen; **4** gooien; **III** *sich* ~ neervallen, neerploffen

Hauer m^9 **1** slagtand *(ve wild zwijn)*; **2** *(Z-Dui)* wijnboer

Hauerei v^{20} kloppartij

häufeln 1 op hoopjes leggen; **2** aanaarden

häufen I *tr* **1** ophopen, opstapelen; **2** verzamelen, bijeenbrengen; **II** *sich* ~ **1** zich ophopen; **2** steeds talrijker worden

Haufen m^{11} **1** hoop, stapel: *einen* ~ *machen* een hoopje doen; **2** hoop, massa; **3** menigte; **4** *(mil)* troep || *über den* ~ *rennen, fahren* omverrennen, omverrijden; *über den* ~ *schießen* neerschieten; *etwas über den* ~ *werfen* iets doen mislukken

haufenweise bij hopen; talrijk

häufig I *bn* talrijk, veelvuldig; **II** *bw* vaak

Häufigkeit v^{20} veelvuldigheid, frequentie

Häufung v^{20} opeenhoping, cumulatie

Haupt o^{32} **1** hoofd, kop; **2** *(fig)* hoofd, leider

Hauptaltar m^6 hoogaltaar

hauptamtlich als hoofdbetrekking

Hauptanliegen o^{35} voornaamste wens

Hauptbahnhof m^6 centraal station

hauptberuflich als hoofdbetrekking

Hauptdarsteller m^9 hoofdrolspeler

Haupterbe m^{15} voornaamste erfgenaam

Haupterwerbsquelle v^{21} voornaamste bron van inkomsten

Hauptfach o^{32} hoofdvak

Hauptfigur v^{20} hoofdfiguur

Hauptfilm m^5 hoofdfilm

Hauptgeschäft o^{29} hoofdkantoor

Hauptgewicht o^{39} grootste nadruk

Hauptgewinn m^5 hoofdprijs

Häuptling m^5 **1** stamhoofd, opperhoofd; **2** *(iron)* aanvoerder, hoofd

Hauptmann *m (2e nvl -es; mv Hauptleute)* kapitein

Hauptperson v^{20} hoofdpersoon

Hauptquartier o^{29} hoofdkwartier

Hauptreisezeit v^{20} periode van de grootste vakantiedrukte

Hauptrolle v^{21} hoofdrol

Hauptsache v^{21} hoofdzaak

hauptsächlich I *bn* voornaamst, belangrijkst; **II** *bw* hoofdzakelijk

Hauptsatz m^6 **1** hoofdzin; **2** hoofdstelling

Hauptschule v^{21} vijfjarige basisschool na de vierjarige *Grundschule*

Hauptstadt v^{25} hoofdstad

hauptstädtisch hoofdstedelijk

Hauptstraße v^{21} hoofdstraat, hoofdweg

Hauptverkehrsstraße v^{21} hoofdverkeersweg

Hauptverkehrszeit v^{21} spitsuur

Hauptwort o^{32} zelfstandig naamwoord

Haus o^{32} (woon)huis: *nach ~(e) kommen* thuiskomen; *zu ~(e) sein, bleiben* thuis zijn, blijven; **2** handelshuis, zaak, firma; **3** hotel; **4** schouwburg: *ein ausverkauftes ~* een uitverkochte zaal || *altes ~!* ouwe jongen!; *ins ~ stehen* te wachten staan

Hausangestellte v^{40b} dienstmeisje, dienstbode

Hausanschluss m^6 *(telecom)* huisaansluiting

Hausarbeit v^{20} **1** huishoudelijk werk; **2** huiswerk

Hausarzt m^6 huisarts

Hausaufgaben *mv* v^{21} huiswerk

hausbacken 1 *(fig)* alledaags, saai; **2** eigengebakken

Hausbedarf m^{19} huishoudelijke behoefte

Hausbesetzer m^9 kraker

Hausbesetzung v^{20} (het) kraken *(ve huis)*

Hausbesitzer m^9 huiseigenaar

Häuschen o^{35} huisje: *aus dem ~ sein* buiten zichzelf van vreugde zijn; *(inform) aufs ~ gehen* naar de wc gaan

Hausdame v^{21} **1** gezelschapsdame; **2** dame voor de huishouding

hausen 1 huizen; **2** huishouden, tekeergaan

Häuserblock m^6, m^{13} huizenblok

Häuserflucht v^{20} rij huizen

Hausflur m^5 hal, gang (en trappenhuis)

Hausfrau v^{20} huisvrouw, vrouw des huizes

Hausfreund m^5 huisvriend

Hausfrieden m^{19} huisvrede, huiselijke vrede

Hausfriedensbruch m^{19} huisvredebreuk

Hausgebrauch m^{19} **1** huiselijk gebruik; **2** *(fig)* (het) gewone doen

Hausgehilfin v^{22} hulp in de huishouding

hausgemacht eigengemaakt, zelf bereid

Hausgemeinschaft v^{20} **1** (de) huisgenoten; **2** woongemeenschap

Hausgenosse m^{15} huisgenoot

Haushalt m^5 **1** huishouding; **2** begroting; **3** huishouden, gezin

haushalten ^{183} zuinig zijn: *~ mit* $^{+3}$ zuinig zijn met

Haushälterin v^{22} huishoudster

haushälterisch zuinig, spaarzaam

Haushaltsartikel m^9 huishoudelijk artikel

Haushaltsdebatte v^{21} begrotingsdebat

Haushaltshilfe v^{21} hulp in de huishouding

Haushaltsmittel *mv* o^{33} begrotingsgelden

Haushaltsplan m^6 begrotingsontwerp

Haushaltung v^{20} huishouding

Hausherr m^{14} *(2e, 3e, 4e nvl ev -n)* **1** heer des huizes; **2** *(jur)* hoofdbewoner; **3** *(sp)* thuisclub

Hausherrin v^{22} vrouw des huizes

haushoch huizenhoog

hausieren ^{320} **1** venten; **2** *(inform)* overal rondbazuinen

Hausierer m^9 venter

häuslich 1 huiselijk; **2** huishoudelijk

Häuslichkeit v^{28} **1** huiselijkheid; **2** huishoudelijke kwaliteiten

Hausmann m^8 huisman

Hausmarke v^{21} **1** eigen merk; **2** huismerk

Hausmeister m^9 conciërge, huismeester, *(Belg)* huisbewaarder

Hausnummer v^{21} huisnummer

Hausordnung v^{20} regels van het huis

Hausrat m^{19} huisraad

Hausratversicherung v^{20} inboedelverzekering

Hausschlüssel m^9 huissleutel

Hausschuh m^5 pantoffel

Hausstand m^{19} huishouding, gezin: *einen eigenen ~ gründen* een gezin stichten

Haussuchung v^{20} huiszoeking: *~ halten* (of: *machen*) huiszoeking doen

Haustier o^{29} huisdier

Haustür v^{20} huisdeur, voordeur

Hauswirt m^5 huiseigenaar, huisbaas

Haut v^{25} **1** huid, vel, vlies: *nur noch ~ und Knochen* vel over been; **2** velletje *(op melk)*, schil || *seine ~ zu Markte tragen* zijn leven wagen; *sich seiner ~ wehren* van zich afbijten; *sich auf die faule ~ legen* gaan luieren; *ihm ist wohl in seiner ~* hij voelt zich heel

Ha

plezierig; *mit heiler* ~ heelhuids

Hautabschürfung *v*[20] ontvelling, schaafwond

Hautarzt *m*[6] huidarts

Hautausschlag *m*[6] huiduitslag

Hautcreme *v*[27] huidcrème

häuten I *tr* villen; **II** *sich* ~ vervellen

hauteng nauwsluitend, strak

Hautfarbe *v*[21] huidkleur

Hautpflege *v*[28] huidverzorging

Hautübertragung *v*[20] huidtransplantatie

Häutung *v*[20] **1** vervelling; **2** (het) villen

Havarie *v*[21] **1** averij; **2** (machine)schade

Hbf. *afk van Hauptbahnhof* centraal station *(afk* CS)

Hebamme *v*[21] vroedvrouw

Hebebühne *v*[21] hefbrug

Hebel *m*[9] **1** hefboom; **2** hendel ‖ *er setzt alle* ~ *in Bewegung* hij stelt alles in het werk

heben[186] **I** *tr* **1** heffen, opheffen, (op)tillen, opbeuren: *den Zeigefinger* ~ de vinger opsteken; **2** verhogen, verbeteren, vergroten; **3** *(een schat)* opgraven; *(een schip)* lichten; **4** *(de stem)* verheffen ‖ *einen* ~ er eentje *(een borrel)* nemen; **II** *sich* ~ **1** (op)stijgen, omhooggaan, (op)rijzen; **2** beter worden, stijgen, opbloeien

Heber *m*[9] **1** hevel; **2** *(sp)* gewichtheffer; **3** krik

hebräisch Hebreeuws

Hebung I *v*[28] verbetering, verhoging, vergroting, bevordering; **II** *v*[20] **1** (het) lichten *(van schip)*; **2** (het) opgraven *(van een schat)*; **3** *(geol)* (het) rijzen *(vd bodem)*

hecheln 1 hekelen, over de hekel halen; **2** hijgen

Hecht *m*[5] **1** snoek; **2** kerel, vent: *ein toller* ~ een fantastische vent; **3** snoeksprong

hechten een snoeksprong doen, duiken

Hechtsprung *m*[6] *(sp)* snoeksprong, duik

Heck *o*[29], *o*[36] **1** hek; **2** achterschip; **3** achterkant *(van auto);* **4** staart *(van vliegtuig)*

Heckantrieb *m*[5] achterwielaandrijving

Hecke *v*[21] heg, haag

Heckenschere *v*[21] heggenschaar

Heckenschütze *m*[15] sluipschutter

Heckfenster *o*[33] achterruit

Heckmotor *m*[16], *m*[5] achterin geplaatste motor

Heckscheibe *v*[21] achterruit

Hecktür *v*[20] achterklep

Heer *o*[29] **1** leger *(ook fig)*, strijdkrachten; **2** landmacht

Heeresdienst *m*[19] krijgsdienst

Heeresgruppe *v*[21] legergroep

Hefe *v*[28] **1** gist; **2** droesem, bezinksel

Hefekuchen *m*[11] van gistdeeg gemaakte koek

Heft *o*[29] **1** heft, handvat; **2** *(fig)* heft, leiding; **3** schrift, cahier; **4** aflevering, nummer; **5** boekje

heften I *tr* **1** hechten, bevestigen; **2** rijgen; **3** *(een boek)* innaaien; **4** *(de ogen)* vestigen, richten (op); **II** *sich* ~ strak gericht zijn: *sich* ~ *an*[+4] strak gericht zijn op

heftig 1 heftig, hevig; **2** driftig; **3** emotioneel, fel

Heftigkeit *v*[20] **1** heftigheid, hevigheid; **2** drift; **3**

emotionaliteit, felheid

Heftklammer *v*[21] **1** nietje; **2** paperclip

Heftmaschine *v*[21] nietmachine

Heftpflaster *o*[33] hechtpleister

Heftzwecke *v*[21] punaise

Hege *v*[28] *(bosbouw, jagerstaal)* verzorging

Hegemonie *v*[21] hegemonie

hegen 1 *(bossen, wild)* verzorgen, beschermen; **2** verzorgen, koesteren: ~ *und pflegen* liefderijk verzorgen; *Zweifel* ~ twijfel koesteren

Hehl *m*[19], *o*[39] geheim: *ich mache daraus kein* (of: *keinen*) ~ ik maak er geen geheim van

Hehler *m*[9] heler

Hehlerei *v*[20] heling

hehr verheven, groots, indrukwekkend

Heide I *m*[15] heiden; **II** *v*[21] hei(de)

Heidekraut *o*[39] hei(de)

Heideland *o*[39] heide(land)

Heidelbeere *v*[21] blauwe bosbes

Heidenangst *v*[25] doodsangst

Heidenarbeit *v*[28] heidens werk

Heidengeld *o*[39]: *ein* ~ een (hele) hoop geld

Heidenkrach, **Heidenlärm** *m*[19] heidens lawaai

Heidentum *o*[39] heidendom

heidnisch heidens

heikel netelig, hachelijk

heil *bn* **1** heel, gaaf, ongedeerd; **2** genezen, beter: *die* ~*e Welt* de wereld die (nog) in orde is

Heil *o*[39] **1** heil; **2** geluk

Heiland *m*[19] Heiland, Verlosser

Heilanstalt *v*[20] **1** herstellingsoord; **2** inrichting

heilbar geneeslijk

heilbringend 1 gelukbrengend; **2** heilzaam

Heilbutt *m*[5] heilbot

heilen I *tr* genezen, beter maken, helen; **II** *intr* beter worden, genezen

heilfroh dolgelukkig, zielsblij

heilig heilig: *der Heilige Abend* kerstavond (24 december); *die Heilige Schrift* de Heilige Schrift; ~ *sprechen* heilig verklaren

Heiligabend *m*[5] kerstavond (24 december)

heiligen heiligen

Heiligenbild *o*[31] heiligenbeeld

Heiligenschein *m*[5] stralenkrans, aureool

Heilige(r) *m*[40a], *v*[40b] heilige

Heiligkeit *v*[28] heiligheid

heiligsprechen *oude spelling voor* heilig sprechen, *zie* heilig

Heiligsprechung *v*[20] heiligverklaring

Heiligtum *o*[32] heiligdom

Heiligung *v*[20] heiliging

Heilkraft *v*[25] geneeskracht

heilkräftig geneeskrachtig

Heilkunde *v*[28] geneeskunde

heilkundig ervaren in de geneeskunst

Heilkunst *v*[28] heelkunde, geneeskunde

heillos ongelofelijk, enorm: ~ *verschuldet sein* zwaar in de schulden zitten

Heilmethode *v*[21] geneesmethode

Heilmittel o^{33} geneesmiddel
Heilpraktiker m^9 geneeskundige *(erkend, maar zonder artsdiploma)*
Heilquelle v^{21} geneeskrachtige bron
heilsam heilzaam
Heilsarmee v^{28} Leger des Heils
Heilsbotschaft v^{28} blijde boodschap *(het evangelie)*
Heilstätte v^{21} sanatorium
Heilung v^{20} heling, genezing
Heilungsprozess m^5 genezingsproces
Heilverfahren o^{35} geneesmethode, therapie
Heim o^{29} 1 woning, thuis; 2 tehuis; 3 herstellingsoord; 4 clubhuis
Heimarbeit v^{20} 1 thuiswerk; 2 thuis gemaakt product
Heimat v^{20} 1 geboorteland, vaderland, geboortestreek, geboorteplaats; 2 land van herkomst
Heimathafen m^{12} thuishaven
Heimatkunde v^{28} heemkunde
Heimatkunst v^{28} volkskunst
Heimatland o^{32} geboorteland, land waar men thuishoort
heimatlich 1 vaderlands; 2 zoals in de geboortestreek; 3 vertrouwd
heimatlos ontheemd
Heimatlose(r) m^{40a}, v^{40b} ontheemde
Heimatort m^5 woonplaats, domicilie
Heimatroman m^5 streekroman
Heimatvertriebene(r) m^{40a}, v^{40b} ontheemde
heimbringen[139] thuisbrengen
Heimcomputer m^9 homecomputer
heimelig gezellig, knus(jes), intiem
heimfahren[153] naar huis rijden, naar huis varen
Heimfahrt v^{20} thuisreis
heimführen naar huis brengen
heimgeben[166] betaald zetten
heimgehen[168] 1 naar huis gaan; 2 *(fig)* heengaan, overlijden
heimisch 1 inheems, binnenlands, nationaal; 2 vaderlands; 3 eigen, (als) thuis, op zijn gemak
Heimkehr v^{28} terugkeer, thuiskomst
heimkehren naar huis terugkeren, thuiskomen
Heimkehrer m^9 1 repatriant; 2 terugkerende krijgsgevangene
heimkommen[193] thuiskomen
Heimkunft v^{28} thuiskomst
heimlich 1 heimelijk, steels, stiekem; 2 heimelijk, in het geheim, clandestien
Heimlichkeit v^{20} 1 heimelijkheid, geheim: *in aller ~* in het geheim; 2 verborgenheid
Heimlichtuer m^9 stiekemerd
Heimlichtuerei v^{20} stiekem gedoe
Heimreise v^{21} terugreis, thuisreis
heimschicken naar huis sturen
Heimspiel o^{29} thuiswedstrijd
heimsuchen 1 bezoeken, binnendringen; 2 beproeven, teisteren, treffen
Heimsuchung v^{20} bezoeking, beproeving
Heimtrainer m^9 *(sp)* hometrainer

Heimtücke v^{28} valsheid, geniepigheid
heimtückisch 1 vals, geniepig, gemeen; 2 verraderlijk
heimwärts huiswaarts, naar huis
Heimweg m^5 weg naar huis, terugweg: *sich auf den ~ machen* op weg naar huis gaan
Heimweh o^{39} heimwee
Heimwerker m^9 doe-het-zelver
heimzahlen *(fig)* betaald zetten
Heini m^{13} *(inform)* sukkel
Heirat v^{20} huwelijk
heiraten huwen, trouwen
Heiratsantrag m^6 huwelijksaanzoek
Heiratsanzeige v^{21} 1 huwelijksaankondiging; 2 huwelijksadvertentie
heiratsfähig huwbaar
Heiratsurkunde v^{21} trouwakte
heischen eisen, verlangen
heiser hees, schor
Heiserkeit v^{28} heesheid
heiß 1 heet, warm: *(telecom) der ~e Draht* de hotline; 2 vurig, hartstochtelijk: *~ geliebt* vurig bemind || *~e Ware: a)* gestolen goed; *b)* smokkelwaar; *ein ~er Wagen* een snelle auto
heißblütig warmbloedig, driftig
heißen I st, intr[187] 1 heten; luiden: *er heißt Wilfried* hij heet Wilfried; 2 betekenen, beduiden: *das will viel* (of: *schon etwas) ~* dat wil wat zeggen; *was heißt das?* (of: *was soll das ~?*) wat moet dat betekenen?; *das heißt (d.h.)* dat wil zeggen (d.w.z.); *es heißt* men zegt, er wordt gezegd || *wie heißt das auf Englisch?* hoe zegt men dat in het Engels?; II tr 1 noemen: *er hieß mich einen Betrüger* hij noemde mij een bedrieger; 2 bevelen: *er hieß mich bleiben* hij beval mij te blijven
heißhungrig uitgehongerd
Heißsporn m^5 driftkop, heethoofd
Heißwasserspeicher m^9 boiler
heiter 1 helder *(van weer, hemel)*, zonnig; 2 vrolijk, blij, opgeruimd || *(iron) das ist ja ~!* dat is me wat moois!
Heiterkeit v^{28} 1 *(mbt weer, hemel)* helderheid; 2 opgewektheid, blijheid, hilariteit
Heizanlage v^{21} verwarmingsinstallatie
heizen verwarmen, stoken
Heizer m^9 stoker
Heizkörper m^9 1 verwarmingselement; 2 radiator
Heizmaterial o *(2e nvl -s; mv -ien)* brandstof
Heizöl o^{29} huisbrandolie; stookolie
Heizsonne v^{21} straalkachel
Heizung I v^{28} verwarming; II v^{20} verwarmingsinstallatie; radiator
Heizungsanlage v^{21} verwarmingsinstallatie
Heizwert m^5 calorische waarde
Hektar o^{29}, m^5 hectare, bunder
Hektik v^{28} gejaagdheid, jachtigheid
hektisch hectisch, gejaagd, koortsachtig
Held m^{14} held
Heldengedicht o^{29} heldendicht, epos

He

heldenhaft heldhaftig

Heldenmut m^{19} heldenmoed, heldhaftigheid

heldenmütig heldhaftig

Heldenstück o^{29}, **Heldentat** v^{20} heldendaad

helfen[188+3] **1** helpen: *ihm ist nicht zu ~* hij is niet te helpen; *ich kann mir nicht ~, aber … ik* kan er niets aan doen, maar …; **2** baten

Helfer m^9 helper, hulp

Helfershelfer m^9 handlanger, medeplichtige

Helikopter m^9 helikopter

hell 1 helder, hel, licht: *in ~en Flammen* in lichterlaaie; *am ~en Tag* op klaarlichte dag; **2** licht *(van kleur):* *~es Bier* licht bier; **3** helder *(van geluid);* **4** heel groot: *~e Empörung* hevige verontwaardiging; *~e Freude* grote vreugde; **5** helder, pienter

helläugig met heldere ogen

hellblau lichtblauw

Helle v^{28} helderheid, licht

Heller m^9 duit: *keinen roten* (of: *blutigen, lumpigen)* ~ geen rooie duit; *bis auf den letzten ~* tot op de laatste cent

Helle(s) o^{40c} glas licht bier

hellfarbig lichtkleurig, licht van kleur

hellgrau lichtgrijs

hellgrün lichtgroen

hellhörig 1 gehorig: *~ sein* gehorig zijn; **2** goed horend

helllicht klaarlicht: *am* (of: *beim) ~en Tag* op klaarlichte dag

hellrot lichtrood, helderrood

Hellseher m^9 helderziende

hellseherisch helderziend

hellsichtig *(fig)* scherpziend

hellwach 1 klaarwakker; **2** helder van geest

Helm m^5 **1** helm; **2** helm, koepel; **3** roerpen; **4** steel *(van bijl)*

Hemd o^{37} **1** hemd; **2** overhemd

Hemdsärmel m^9 hemdsmouw

hemdsärmelig in hemdsmouwen

hemmen 1 remmen; **2** *(fig)* tegenhouden, stuiten, belemmeren, hinderen

Hemmschuh m^5 **1** remschoen, remblok; **2** *(fig)* hinderpaal, hindernis

Hemmung v^{20} **1** remming, geremdheid; **2** belemmering, storing

hemmungslos ongeremd, onbeheerst

Hengst m^5 hengst

Henkel m^9 hengsel, oor, handvat

henken ophangen

Henker m^9 beul: *(inform) zum ~!* *(inform)* drommels!; *daraus werde der ~ klug!* daar begrijp ik niets van!

Henkersmahl o^{29}, o^{32}, **Henkersmahlzeit** v^{20} galgenmaal

Henne v^{21} hen, kip

her hierheen, hier: *nur ~ damit!* kom op daarmee!; *er soll gleich ~* hij moet dadelijk hier komen; *Geld ~!* hier met je geld!; *von da ~* van die kant; *von oben ~* van boven; *um mich ~* om mij heen; *hin und ~*

heen en weer; *wo kommt er ~?* waar komt hij vandaan? ‖ *von alters ~* van oudsher; *es ist schon lange, einen Monat ~* het is al lang, een maand geleden; *hinter jmdm, etwas ~ sein* achter iem, iets aanzitten

herab naar beneden, neer, omlaag

herabblicken naar beneden kijken: *(fig) ~ auf*[+4] neerkijken op

herabdrücken 1 omlaagdrukken; **2** *(de kosten)* drukken

herablassen[197] **I** *tr* neerlaten, laten zakken; **II** *sich ~* zich verwaardigen

herablassend 1 minzaam, vriendelijk; **2** neerbuigend, uit de hoogte

herabsehen[261] *zie* herabblicken

herabsetzen *(lonen, prijzen)* verminderen, verlagen: *jmdn ~* iem kleineren

Herabsetzung v^{20} **1** vermindering, verlaging, reductie; **2** kleinering

herabsinken[266] dalen, zakken; *(fig)* afzakken

herabwürdigen I *tr* vernederen, kleineren; **II** *sich ~* zich verlagen

herabziehen[318] **I** *tr* neerhalen, naar beneden trekken; *(fig)* (iem) naar beneden halen; **II** *intr* naar beneden gaan, naar beneden trekken

heran hierheen, nader: *nur ~!* kom maar hier!

heranbilden I *tr* opleiden, vormen; **II** *sich ~* zich vormen, zich ontwikkelen

heranfahren[153] aan komen rijden, aan komen varen

herangehen[168]: *an jmdn ~* naar iem toegaan, iem naderen; *an*[+4] *etwas ~* aan iets beginnen, iets aanpakken

herankommen[193] naderkomen, naderen, benaderen: *man kann an ihn nicht ~* hij is ongenaakbaar; *(inform) etwas an sich ~ lassen* iets rustig afwachten

heranlassen[197] dichterbij laten komen

heranmachen, sich 1 aanpakken; **2** aanspreken: *er machte sich an das Mädchen heran* hij probeerde het meisje te versieren

heranreichen (met *an*[+4]) reiken tot: *(fig) nicht ~ an* zich niet kunnen meten met

heranreifen rijpen, zich ontwikkelen

heranschaffen aanbrengen, aanvoeren

herantragen[288] aandragen: *Wünsche ~* wensen voorleggen

herantreten[291] (met *an*[+4]) naderen: *an jmdn ~* iem benaderen, zich tot iem wenden; *an jmdn mit einer Bitte ~* een verzoek tot iem richten

heranwachsen[302] opgroeien

Heranwachsende(r) m^{40a}, v^{40b} jeugdige, jongere

heranwagen, sich 1 in de buurt durven te komen; **2** zich wagen (aan)

heranziehen[318] **I** *tr* **1** aantrekken; **2** erbij halen, erbij betrekken; **3** opkweken, opleiden; **II** *intr* naderen, dichterbij komen

herauf 1 naar boven, omhoog; **2** *(inform)* naar het noorden toe

heraufbeschwören 1 bezweren, oproepen; **2** *(onheil)* stichten, *(conflicten)* veroorzaken

her<u>au</u>fsetzen verhogen

her<u>au</u>fziehen[318] **I** *tr* optrekken, omhoogtrekken; **II** *intr* opkomen, naderen

her<u>au</u>s (naar) buiten, (er)uit: *von innen ~ van binnen uit; ~ mit der Sprache!* spreek op!; *(nur) ~ damit!* voor de dag ermee!

her<u>au</u>sarbeiten I *tr* duidelijk laten uitkomen, uitwerken; **II** *sich ~* zich bevrijden

her<u>au</u>sbekommen[193] **1** (eruit) krijgen, loskrijgen; **2** *(geld)* terugkrijgen; **3** *(geheimen)* uitvissen, erachter komen; *(raadsels)* oplossen

her<u>au</u>sbilden I *tr* ontwikkelen, vormen; **II** *sich ~* zich ontwikkelen, ontstaan

her<u>au</u>sbrechen[137] **I** *tr* **1** breken, uitbreken; **2** uitbraken; **II** *intr* tot uitbarsting komen

her<u>au</u>sbringen[139] **1** naar buiten brengen; **2** eruit krijgen; **3** oplossen; **4** op de markt brengen, uitgeven; **5** uitbrengen

her<u>au</u>sfahren[153] **1** naar buiten rijden, varen; **2** naar buiten, eruit vliegen, eruit stuiven: *es fuhr mir so heraus* het ontviel me zo opeens

her<u>au</u>sfinden[157] **I** *intr* de weg, een uitweg vinden; **II** *tr* ontdekken, vinden; **III** *sich ~* de uitgang, een uitweg vinden

Her<u>au</u>sforderer *m*[9] uitdager

her<u>au</u>sfordern 1 uitdagen; **2** provoceren, uitlokken

Her<u>au</u>sforderung *v*[20] **1** uitdaging; **2** provocatie

Her<u>au</u>sgabe *v*[21] **1** teruggave, restitutie; **2** uitgave

her<u>au</u>sgeben[166] **1** aangeven; **2** teruggeven; **3** terugbetalen; **4** uitgeven, publiceren; **5** *(een wet)* uitvaardigen; **6** *(gevangene)* uitleveren

Her<u>au</u>sgeber *m*[9] **1** uitgever; **2** bewerker

her<u>au</u>sgehen[168] **1** naar buiten gaan; **2** *(mbt vlekken)* eruit gaan ‖ *aus sich ~* ontdooien

her<u>au</u>sgreifen[181] eruit pikken, eruit kiezen

her<u>au</u>shaben[182] **1** eruit hebben; **2** erachter zijn

her<u>au</u>shalten[183] **I** *tr* naar buiten houden; **II** *sich ~* zich erbuiten houden

her<u>au</u>sholen eruit halen; *(fig)* behalen

her<u>au</u>skommen[193] **1** eruit komen, uitkomen, naar buiten komen: *dabei kommt nichts heraus* dat leidt tot niets; **2** uitkomen, verschijnen, bekend worden

her<u>au</u>skriegen *zie* herausbekommen

her<u>au</u>skristallisieren[320] **I** *tr* uitkristalliseren; **II** *sich ~* **1** zich aftekenen; **2** uitkristalliseren

her<u>au</u>smachen I *tr* (eruit) halen, verwijderen; **II** *sich ~* **1** herstellen *(van ziekte);* **2** iets bereiken

her<u>au</u>snehmen[212] **I** *tr* eruit nemen, eruit halen; **II** *sich ~* zich aanmatigen

her<u>au</u>sreißen[220] **1** trekken, rukken, scheuren uit; **2** uit de nood helpen; **3** weer goed maken; **4** bovenmatig prijzen

her<u>au</u>srücken I *tr* naar buiten schuiven: *Geld ~* geld geven; **II** *intr* voor de dag komen: *mit der Wahrheit ~* de waarheid vertellen

her<u>au</u>sschlagen[241] *(geld)* slaan uit, *(voordeel)* halen uit

her<u>au</u>sspringen[276] springen uit: *für ihn springt dabei nichts heraus?* hem levert dit niets op?

her<u>au</u>sstellen I *tr* **1** buiten plaatsen, buiten zetten; **2** (duidelijk) naar voren brengen, benadrukken; **II** *sich ~* blijken: *es stellt sich heraus, dass ...* het blijkt, dat ...

her<u>au</u>sstreichen[286] **1** wegstrepen; **2** ophemelen

her<u>au</u>streten[291] **1** naar buiten stappen; **2** naar voren treden

herb 1 wrang; zurig; bitter: *~er Wein* droge wijn; *ein ~er Wind* een gure wind; **2** *(fig)* bitter, hard, scherp; **3** gesloten, stug, streng

herb<u>ei</u> hierheen, hier naar toe

herb<u>ei</u>bringen[139] **1** hierheen brengen; **2** verschaffen

herb<u>ei</u>eilen toesnellen

herb<u>ei</u>führen teweegbrengen, veroorzaken

herb<u>ei</u>lassen[197], **sich** zich verwaardigen

herb<u>ei</u>schaffen[230] aanvoeren, verschaffen

herb<u>ei</u>sehnen vurig verlangen naar

herb<u>ei</u>strömen toestromen

herb<u>ei</u>wünschen uitzien naar, verlangen naar

herb<u>ei</u>ziehen[318] erbij halen, erbij trekken

herb<u>ei</u>zitieren[320] erbij halen, ontbieden

her<u>be</u>kommen[193] hierheen krijgen: *wo soll ich es ~?* waar moet ik het vandaan halen?

her<u>be</u>mühen I *tr* (hierheen) laten komen; **II** *sich ~* (hierheen) komen

her<u>be</u>ordern ontbieden

H<u>e</u>rberge *v*[21] herberg, logement

her<u>be</u>stellen laten komen, ontbieden

her<u>b</u>ringen[139] (hierheen) brengen

H<u>e</u>rbst *m*[5] herfst, najaar

h<u>e</u>rbstlich herfstachtig, herfst-

H<u>e</u>rd *m*[5] **1** fornuis, oven; **2** haard *(ook fig)*

H<u>e</u>rde *v*[21] **1** kudde; **2** troep, schare

her<u>ei</u>n (naar) binnen

her<u>ei</u>nbrechen[137] **1** invallen, instorten; **2** aanbreken, invallen; **3** (met *über*[+4]) treffen

her<u>ei</u>nfallen[154] **1** naar binnen vallen; **2** *(fig)* erin lopen, bedrogen worden

her<u>ei</u>nkommen[193] binnenkomen

her<u>ei</u>nlassen[197] erin laten, binnenlaten

her<u>ei</u>nlegen 1 erin leggen, erin leggen; **2** beetnemen, erin laten lopen

her<u>ei</u>nplatzen plotseling verschijnen, zomaar binnenvallen

her<u>ei</u>nschauen 1 naar binnen kijken; **2** (bij iem) aankomen, aanlopen

her<u>ei</u>nschneien onverwacht op bezoek komen, langskomen

her<u>ei</u>nstürzen 1 naar binnen vallen; **2** *(fig)* binnen komen hollen

h<u>e</u>rfahren[153] **I** *intr* hierheen rijden, hierheen varen: *hinter jmdm ~* achter iem aanrijden; **II** *tr* hierheen rijden, hierheen varen

h<u>e</u>rfallen[154] *(op het eten)* aanvallen ~ *über jmdn ~: a)* iem aanvallen; *b)* heftig bekritiseren; *mit Fragen über jmdn ~* vragen op iem afvuren

h<u>e</u>rführen I *tr* hierheen brengen; **II** *intr* hierheen leiden

Hergang m^{19} verloop, toedracht

hergeben^{166} 1 geven, verstrekken, opleveren: *sich zu*$^{+3}$ (of: *für*$^{+4}$) *etwas ~* zich lenen tot iets; 2 aangeven; 3 teruggeven; 4 presteren

hergebracht traditioneel, gebruikelijk, oud; *zie ook* herbringen

hergehen^{168} 1 lopen: *hinter jmdm ~* achter iem aanlopen; 2 *(onpers)* (eraan) toegaan: *es geht lustig* (of: *hoch) her* het is een vrolijke boel

hergehören erbij behoren

hergelaufen van de straat opgeraapt

herhaben^{182} vandaan hebben, hebben van

herhalten^{183} I *tr* ophouden: *den Teller ~* het bord ophouden; II *intr* ervoor opdraaien: *er muss immer ~* hij moet het altijd ontgelden

herholen hier(heen) halen: *weit hergeholt* ver gezocht

herhören luisteren

Hering m^5 haring *(ook van tent)*

herkommen^{193} 1 hier(heen) komen; 2 vandaan komen, afkomstig zijn

Herkommen o^{39} 1 afkomst, afstamming, oorsprong; 2 gewoonte, gebruik, traditie

herkömmlich gebruikelijk, traditioneel

Herkunft v^{25} 1 afstamming, afkomst; 2 herkomst; oorsprong

Herkunftsland o^{32} land van herkomst

herlaufen^{198} 1 komen aanlopen; 2 lopen

herleiten afleiden; herleiden

hermachen, sich aanpakken, aanvallen: *sich über jmdn ~* iem overvallen; *sich über*$^{+4}$ *etwas ~* op iets aanvallen

hermetisch hermetisch

hernehmen^{212} vandaan halen, weghalen

Hernie v^{21} hernia

hernieder naar beneden, neer, omlaag

Heroin o^{39} heroïne

heroinsüchtig verslaafd aan heroïne

heroisch heroïsch, heldhaftig, groots

Herr m^{14} *(2e, 3e, 4e nvl ev -n)* 1 heer, meester, eigenaar: *Sehr geehrte Herren!* Mijne heren; 2 meneer: *~ Ober* ober; 3 baas *(van hond)*; 4 *(religie)* Heer, Here

Herrchen o^{35} 1 baasje *(van hond)*; 2 heertje

Herreise v^{21} reis hierheen

Herrenausstatter m^9 herenmodezaak

Herrenbekleidung v^{28} herenkleding

Herrendoppel o^{33} *(tennis)* herendubbel

Herreneinzel o^{33} *(tennis)* herenenkel

herrenlos onbeheerd: *~er Hund* zwerfhond

Herrenwitz m^5 schuine mop

Herrgott m^{19} Heer, God, Onze-Lieve-Heer: *~ noch mal! (inform)* verdorie!

herrichten klaarmaken; opknappen

Herrin v^{22} 1 meesteres, gebiedster; 2 vrouwtje *(eigenares van hond)*

herrisch heerszuchtig, gebiedend, bazig

herrlich 1 heerlijk; 2 prachtig, schitterend

Herrlichkeit v^{20} heerlijkheid, pracht, majesteit

Herrschaft v^{20} heerschappij, macht, bewind: *meine ~en!* dames en heren!

herrschaftlich deftig, voornaam

herrschen heersen, gebieden, regeren

Herrscher m^9 heerser, gebieder

herrschsüchtig heerszuchtig

herrühren afkomstig zijn, vandaan komen

hersagen 1 opzeggen; 2 zo maar zeggen

hersehen^{261} hier(heen) zien, hier(heen) kijken

hersein *oude spelling voor* her sein, *zie* her

herstellen 1 fabriceren, vervaardigen, maken; 2 hier neerzetten

Hersteller m^9 producent, maker, fabrikant

Herstellung v^{28} vervaardiging, fabricage

Herstellungskosten *mv* productiekosten

Herstellungspreis m^5 kostprijs

Herstellungsverfahren o^{35} productiemethode

herüber hierheen, naar deze kant

herübergeben^{166} aangeven, aanreiken

herüberholen hier naar toe halen

herüberkommen^{193} hierheen komen

herüberreichen aanreiken

herum om(heen), rond(om): *um 100 Mark ~* zo'n mark of 100; *um die Stadt ~* om de stad (heen); *um Ostern ~* omstreeks Pasen; *dort ~* in die buurt, daar ergens

herumbalgen, sich plukharen, stoeien

herumblättern bladeren

herumdoktern dokteren

herumfahren^{153} 1 rondrijden, rondvaren, rondreizen; 2 zich plotseling omdraaien

herumfragen rondvragen, op de rij af vragen

herumführen I *tr* rondleiden; II *intr* lopen rond, lopen om

herumgeben^{166} rondgeven, doorgeven

herumgehen^{168} 1 rondlopen, rondgaan; ~ *lassen* doorgeven; 2 *(de ronde doen)* (om iets) heen lopen; 3 *(inform)* voorbijgaan

herumhorchen zijn oor te luisteren leggen

herumirren ronddwalen, ronddolen

herumkommen^{193} 1 *(om iets)* heen komen: *um*$^{+4}$ *etwas nicht ~* ergens niet omheen kunnen; 2 rondgaan, de ronde doen: *viel, weit (in der Welt) ~* veel, ver reizen

herumlaufen^{198} 1 rondlopen; 2 *(om iets)* heen lopen

herumliegen^{202} 1 om iets heen liggen; 2 rondslingeren

herumlümmeln, herumlungern 1 rondhangen; 2 lanterfanten

herumreichen rondgeven, laten rondgaan

herumreißen^{220} 1 omrukken: *das Steuer ~: a)* het stuur omgooien; *b) (fig)* plotseling van koers veranderen; 2 schokken, hevig aangrijpen

herumschlagen^{241} I *tr* om(heen) slaan, om(heen) doen; II *sich ~* ruzie maken, bakkeleien

herumsitzen^{268} rondhangen, zitten te niksen

herumsprechen^{274}, **sich** de ronde doen

herumstehen^{279} 1 staan te niksen; 2 in het rond staan: *um*$^{+4}$ *etwas ~* ergens omheen staan; 3 hier en

daar staan
herumtreiben[290] I *tr* ronddrijven; II *sich* ~ 1 rondscharrelen; 2 rondzwerven, rondhangen, lanterfanten
herumwerfen[311] 1 omwerpen, omgooien; 2 *(zijn spullen)* laten rondslingeren
herumziehen[318] I *intr* 1 rondtrekken, rondzwerven, rondreizen; 2 trekken (om); II *tr* trekken (om), doen (om)
herunter naar beneden, af, neer, omlaag
herunterbringen[139] 1 (naar) beneden brengen; 2 *(voedsel)* doorslikken, naar binnen krijgen; 3 ruïneren, te gronde richten
herunterfallen[154] neervallen, naar beneden vallen: *von der Treppe* ~ van de trap vallen
heruntergehen[168] 1 naar beneden gaan, dalen, zakken; 2 *(de straat)* uitlopen
herunterhandeln afdingen, afpingelen
herunterkommen[193] 1 naar beneden komen; 2 in verval raken, aan lager wal raken, vervallen; 3 verzwakken, achteruitgaan
herunterladen[196] downloaden
herunterlassen[197] neerlaten, laten zakken
herunterleiern *(ongunstig)* opdreunen, afdraaien
heruntermachen 1 (iem) een standje geven; 2 kraken, afmaken
herunterrutschen naar beneden glijden
herunterschlucken *(inform)* slikken, doorslikken
herunterspielen 1 afraffelen; 2 *(fig)* bagatelliseren
hervor naar voren, te voorschijn, voor de dag
hervorbrechen[137] 1 plotseling te voorschijn komen; 2 uitbarsten, losbarsten
hervorbringen[139] 1 voortbrengen, doen ontstaan; 2 uitbrengen; 3 te voorschijn brengen
hervorgehen[168] te voorschijn komen, voortkomen: *daraus geht hervor* daaruit blijkt
hervorheben[186] doen uitkomen, accentueren: *etwas* ~ iets onderstrepen
hervorholen te voorschijn halen
hervorkommen[193] te voorschijn komen, zich vertonen
hervorragen uitsteken (boven), uitblinken
hervorragend 1 (voor)uitstekend; 2 in het oog lopend, uitstekend, uitnemend, voortreffelijk
hervorrufen[226] 1 *(theat)* terugroepen; 2 *(verbazing)* wekken, oproepen
hervorspringen[276] 1 te voorschijn springen; 2 (voor)uitspringen
hervortreten[291] 1 naar voren treden, te voorschijn komen; 2 uitsteken; *(mbt ogen)* uitpuilen; 3 in de publiciteit komen; 4 op de voorgrond treden
hervortun[295], *sich* zich onderscheiden
hervorziehen[318] te voorschijn halen
Herz I *o (2e nvl ev -ens; 3e nvl ev -en; mv -en)* hart: *sich*[3] *ein* ~ *fassen* moed vatten; *jmdm etwas ans* ~ *legen* iem iets op het hart drukken; *jmdm am* ~*en liegen* iem ter harte gaan; *Hand aufs* ~ met de hand op het hart; *von ganzem* ~*en* van ganser harte; *sich*[3] *etwas zu* ~*en nehmen* (zich) iets ter harte nemen; II

mv Herz (zonder lw) (sp) harten
Herzanfall *m*[6], **Herzattacke** *v*[21] hartaanval
herzaubern te voorschijn toveren
Herzbeschwerden *mv v*[21] hartklachten
Herzchen *o*[35] hartje, lieveling, schatje
herzeigen laten zien, tonen
Herzeleid *o*[39] hartenleed, diepe smart
herzen liefkozen, aan het hart drukken
herzensgut ingoed
Herzenslust *v*[28]: *nach* ~ naar hartenlust
Herzenswunsch *m*[6] hartenwens
herzerfreuend hartverkwikkend
herzerschütternd hartverscheurend
Herzfehler *m*[9] hartafwijking
herzförmig hartvormig
Herzgegend *v*[28] hartstreek
herzhaft 1 moedig, dapper; 2 flink, ferm, stevig; 3 hartig, pittig
herziehen[318] I *tr* hierheen trekken, meetrekken: *jmdn zu sich* ~ iem naar zich toe trekken; II *intr* 1 hierheen komen; 2 trekken, lopen; 3 roddelen
herzig lief, schattig, alleraardigst
Herzinfarkt *m*[5] hartinfarct
herzinnig, herzinniglich innig; hartelijk
Herzklappe *v*[21] hartklep
Herzklopfen *o*[39] hartklopping(en)
herzkrank: *er ist* ~ hij heeft het aan het hart
Herzkranzgefäß *o*[29] kransslagader
Herzlähmung *v*[20] hartverlamming
Herzleiden *o*[35] hartkwaal
herzlich hartelijk, oprecht, warm, innig: ~ *gern* heel graag; ~ *langweilig* erg vervelend
Herzlichkeit *v*[28] hartelijkheid
herzlos harteloos, gevoelloos
Herzlosigkeit *v*[20] harteloosheid, gevoelloosheid
Herz-Lungen-Maschine *v*[21] hart-longmachine
Herzog *m*[6], *m*[5] hertog
Herzogin *v*[22] hertogin
herzoglich hertogelijk
Herzogtum *o*[32] hertogdom
Herzschlag *m*[6] 1 hartslag; 2 hartverlamming
Herzschrittmacher *m*[9] *(med)* pacemaker
Herztransplantation *v*[20], **Herzverpflanzung** *v*[20] harttransplantatie
herzzerreißend hartverscheurend
heterogen ongelijksoortig
heterosexuell heteroseksueel
Hetze *v*[28] 1 (het) jachten, gejacht, gejaagdheid; 2 hetze, lastercampagne
hetzen I *tr* 1 opjagen, achtervolgen, *(bitter)* vervolgen; 2 opruien, ophitsen; II *intr* 1 haasten, jachten, jakkeren; 2 stoken
Hetzer *m*[9] opruier, ophitser
Hetzerei *v*[28] 1 ophitserij; 2 gejakker, gejacht
hetzerisch ophitsend, opruiend
Hetzjagd *v*[20] 1 drijfjacht; 2 klopjacht, achtervolging; 3 (het) jachten, gejacht, gejacht
Hetzkampagne *v*[21] hetze, lastercampagne
Heu *o*[39] hooi: ~ *machen* hooien; *Geld wie* ~ geld als

water
Heuchelei v^{20} huichelarij, veinzerij
heucheln huichelen, veinzen
Heuchler m^9 huichelaar, veinzer
heuchlerisch huichelachtig, schijnheilig
Heuer v^{21} *(scheepv)* **1** gage; **2** aanmonstering
heuern aanmonsteren
heulen 1 huilen, loeien, gieren; **2** luid huilen, we-nen, krijsen
Heuler m^9 **1** huiltoon; **2** *(vuurwerk)* gillende keu-kenmeid; **3** jonge zeehond; **4** groot succes
Heulpeter m^9, **Heulsuse** v^{21} huilebalk
Heuschnupfen m^{19} hooikoorts
Heuschrecke v^{21} sprinkhaan
heute 1 heden, vandaag; **2** tegenwoordig, heden ten dage
heutig huidig, hedendaags, tegenwoordig: *die ~e Zeitung* de krant van vandaag; *der ~e Tag* de dag van heden
heutzutage heden ten dage, tegenwoordig, van-daag de dag
Hexe v^{21} heks
hexen toveren; heksen
Hexerei v^{20} hekserij, toverij
hfl *afk van holländischer Gulden* gulden (*afk* fl)
hie: *~ und da: a)* hier en daar; *b)* nu en dan
Hieb m^5 **1** houw, slag, stoot; **2** steek *(onder water);* **3** jaap, snee; **4** *(mv)* slaag ‖ *(inform) auf einen ~* in één keer
hiebfest: *hieb- und stichfest* onweerlegbaar
Hiebwaffe v^{21} slagwapen
hier hier, alhier: *~ und da: a)* hier en daar; *b)* nu en dan; *von ~ an* vanaf nu; *(telecom) ~ P.!* (u spreekt) met P.!; *du bist wohl nicht von ~* je bent getikt
hieran hieraan
hierauf hierop, daarop, toen, daarna
hieraufhin hierop, dientengevolge
hieraus hieruit, daaruit
hierbei hierbij, daarbij
hierdurch 1 hierdoor, daardoor; **2** bij dezen, hierbij, hiermede
hierfür hiervoor, daarvoor
hiergegen 1 hiertegen; **2** in vergelijking hiermee
hierher hier(heen): *bis ~* tot nu toe
hierherum hieromheen, hier ergens
hierhin hier(heen)
hierin hier(in); in dit opzicht
hiermit hiermee; bij dezen
hiernach 1 hierna, daarna, vervolgens; **2** hiernaar; **3** hierop afgaand
hierneben hiernaast
hierüber 1 hierover, hierboven, daarover; **2** onder-tussen
hierum hierom, daarom
hierunter hieronder, daaronder
hiervon hiervan, daarvan, hierdoor, hier vandaan
hiervor hiervoor, daarvoor
hierzu 1 hiertoe, daartoe, hierbij; **2** hierover, daar-over

hierzulande, hier zu Lande hier te lande
hiesig alhier, van hier: *der ~e Bürgermeister* de bur-gemeester alhier
Hilarität v^{28} hilariteit
Hilfe v^{21} hulp, bijstand, ondersteuning, steun: *ärzt-liche ~* medische hulp; *erste ~* eerste hulp; *jmdm ~ leisten* iem hulp verlenen; *mit ~*$^{+2}$ met behulp van; *etwas zu ~ nehmen* zich van iets bedienen
Hilfeleistung v^{20} hulp(verlening)
Hilferuf m^5 hulpgeroep, hulpkreet
hilflos 1 hulpeloos; **2** onbeholpen
Hilflosigkeit v^{28} **1** hulpeloosheid; **2** onbeholpenheid
hilfreich behulpzaam, hulpvaardig
Hilfsarbeiter m^9 ongeschoold arbeider
hilfsbedürftig hulpbehoevend; noodlijdend
Hilfsbedürftigkeit v^{28} hulpbehoevendheid
hilfsbereit bereid om te helpen, hulpvaardig
Hilfsbereitschaft v^{20} hulpvaardigheid
Hilfskraft v^{25} hulpkracht, assistent
Hilfsmaßnahmen *mv* v^{21} hulp(verlening)
Hilfsmittel o^{33} hulpmiddel
Himbeere v^{21} framboos
Himmel m^9 **1** hemel; **2** lucht, firmament, uitspansel
Himmelfahrt v^{28} **1** hemelvaart: *Christi ~* hemel-vaartsdag; **2** *(mil)* levensgevaarlijke opdracht
himmelhoch hemelhoog, tot in de hemel: *~ jauch-zend* uitbundig
himmeln smachtend kijken (naar)
himmelschreiend hemeltergend, ten hemel schrei-end
Himmelsgegend v^{20} windstreek, hemelstreek
Himmelskörper m^9 hemellichaam
Himmelsrichtung v^{20} windstreek
Himmelsstrich m^5 hemelstreek; zone
Himmelszelt o^{39} uitspansel
himmelwärts hemelwaarts
himmlisch hemels, goddelijk, zalig: *eine ~e Geduld* een engelengeduld
hin heen: *nach Norden ~* naar het noorden toe; *bis zur Mauer ~* tot aan de muur; *wo wollen Sie ~?* waar wilt u heen?; *zum Herbst ~* tegen de herfst; *an der Grenze ~* langs de grens; *vor sich ~* voor zich uit; *sie weinte still vor sich ~* zij zat stilletjes te huilen; *~ sein: a)* kapot zijn; *b)* verdwenen zijn; *c)* versleten zijn; *d)* overleden zijn; *e)* weg zijn; *f)* uitgeput zijn; *g)* op de fles zijn ‖ *einmal Köln ~ und zurück* en re-tour Keulen; *~ und wieder* zo nu en dan, af en toe; *~ und her* heen en weer
hinab (naar) beneden, af, omlaag: *den Fluss ~* de ri-vier af, stroomafwaarts
hinablassen^{197} neerlaten
hinan naar boven, op, omhoog
hinarbeiten: *auf*$^{+4}$ *etwas ~* op iets aansturen
hinauf naar boven, omhoog: *den Fluss ~* de rivier op, stroomopwaarts
hinaufarbeiten, sich zich opwerken
hinauffahren^{153} **I** *intr* stroomopwaarts varen; om-hoogrijden, omhooggaan; **II** *tr* naar boven rijden, brengen

hinaufgehen[168] naar boven gaan, omhooggaan, stijgen

hinaufschrauben omhoogschroeven, hoger draaien: *die Preise* ~ de prijzen verhogen

hinaus naar buiten, eruit: *zur Tür* ~ de deur uit; *nach vorn* ~ aan de voorkant; *wo soll* (of: *will*) *das* ~? waar moet dat heen?; *darüber* ~ bovendien, daarenboven; *er ist auf Jahre* ~ *verschuldet* hij zit voor jaren in de schuld

hinausbefördern 1 naar buiten brengen; **2** eruit gooien

hinausbegleiten naar buiten begeleiden

hinausblicken 1 naar buiten kijken; **2** *(op de tuin)* uitzien

hinausekeln wegpesten

hinausfahren[153] naar buiten rijden, varen

hinausgehen[168] naar buiten gaan, eruit gaan: *das geht über meine Kräfte hinaus* dat gaat boven mijn krachten; *mein Zimmer geht auf die Straße hinaus* mijn kamer kijkt op de straat uit

hinauskommen[193] naar buiten, eruit komen: *auf dasselbe* ~ op hetzelfde neerkomen; *über*[+4] *etwas* ~ verder komen dan iets

hinauslaufen[198] **1** naar buiten, eruit lopen; **2** uitlopen, uitmonden

hinausragen uitsteken: *über jmdn, etwas* ~ boven iem, iets uitkomen, uitsteken

hinausschieben[237] **1** naar buiten, eruit schuiven, duwen; **2** uitstellen

hinauswachsen[302]: *über*[+4] *etwas* ~ boven iets uitgroeien, aan iets ontgroeien

hinauswagen, sich zich naar buiten wagen

hinauswollen[315] naar buiten, eruit willen: *ich weiß, worauf Sie* ~ ik weet waar u heen wilt; *hoch* ~ hoge aspiraties hebben

hinausziehen[318] **I** *tr* **1** naar buiten trekken, eruit trekken; **2** uitstellen; **II** *intr* naar buiten gaan, trekken; **III** *sich* ~ **1** zich uitstrekken; **2** uitgesteld worden, zich voortslepen

hinauszögern uitstellen

hinbegleiten erheen begeleiden

hinblättern neertellen

Hinblick *m*[5]: *im* (of: *in*) ~ *auf*[+4] met het oog op

hinblicken ernaar kijken

hinbringen[139] **1** erheen brengen; **2** *(de tijd)* doorbrengen

hindenken[140]: *wo denken Sie hin?* wat denkt u wel?

hinderlich 1 hinderlijk, lastig; **2** belemmerend

hindern storen, hinderen; beletten, verhinderen

Hindernis *o*[29a] *m* hindernis, hinderpaal

Hindernislauf *m*[6] hindernisloop

hindeuten wijzen

hindösen: *vor sich* ~ (zitten, liggen te) suffen

hindurch doorheen, erdoor(heen): *durch den Wald* ~ door het bos heen; *den ganzen Tag* ~ de hele dag door; *Jahre* ~ jaren achtereen

hindurchgehen[168] (erdoor) gaan

hinein naar binnen, erin: *bis tief in den Wald* ~ tot diep het bos in

hineindenken[140], **sich** zich indenken

hineinfinden[157], **sich**: *sich* ~ *in*[+4] zich schikken in, thuisraken in, wennen aan

hineinfressen[162], **sich 1** opvreten; **2** zich vreten in: *den Ärger in sich* ~ zijn woede verkroppen

hineingehen[168] naar binnen gaan, erin gaan

hineinreden 1 zich bemoeien met, zich mengen in; **2** in de rede vallen

hineinziehen[318] naar binnen trekken: *in eine Sache mit hineingezogen werden* betrokken worden in een zaak

hinfahren[153] **I** *tr* erheen rijden, varen, brengen: *ich habe ihn hingefahren* ik heb hem erheen gereden, gevaren, gebracht; **II** *intr* **1** erheen rijden, erheen varen: *ich bin hingefahren* ik ben erheen gereden, gevaren; **2** wegrijden || *mit der Hand über*[+4] *etwas* ~ met de hand over iets strijken

Hinfahrt *v*[20] heenreis, heenrit

hinfallen[154] neervallen

hinfällig 1 *(mensen)* zwak, gebrekkig; *(gebouwen)* vervallen, bouwvallig, wrak; *(beweringen)* ongegrond; **2** *(jur)* vervallen, nietig

Hinfälligkeit *v*[20] **1** zwakheid, broosheid; **2** bouwvalligheid; **3** nietigheid

hinfort voortaan, in het vervolg, van nu af

Hingabe *v*[28] overgave, toewijding

hingeben[166] **I** *tr* (af-, over)geven, afstaan, opofferen; **II** *sich* ~ zich (over)geven, zich wijden: *sich der Hoffnung* ~ zich vleien met de hoop

hingegen daarentegen

hingehen[168] **1** erheen gaan; **2** weggaan; **3** heengaan, overlijden; **4** verstrijken, voorbijgaan; **5** (met *über*[+4]) gaan over: *sein Blick ging über die Landschaft hin* zijn blik ging over het landschap || *das geht gerade noch hin* dat kan er nog net mee door; *so etwas kann ich nicht* ~ *lassen* zoiets kan ik niet laten passeren

hingehören (thuis)horen

hingelangen er komen

hingerissen verrukt; *zie ook* hinreißen

hinhalten[183] **1** toesteken, aanreiken; **2** ophouden, vertragen: *jmdn* ~ iem aan het lijntje houden

hinhauen[185] **I** *tr* **1** neerslaan; **2** neergooien, neersmijten: *den (ganzen) Kram* ~ het bijltje erbij neergooien; **3** op de grond gooien; **4** schokken, verbluffen, verrassen; **5** vluchtig doen, maken; **II** *intr* **1** een succes worden: *(inform) die Sache wird schon* ~ dat zal wel lukken; **2** voldoende zijn; **III** *sich* ~ gaan liggen

hinhorchen, hinhören scherp luisteren

hinken hinken, kreupel zijn; *(fig)* mank gaan

hinkommen[193] er(heen) komen: *wo kommen die Bücher hin?* waar moeten die boeken heen?; *wo ist das Buch hingekommen?* waar is het boek gebleven?; *mit seinem Geld* ~ met zijn geld uitkomen; *wo kämen wir hin, wenn …?* waar blijven we, als …?

hinkriegen voor elkaar krijgen; in orde brengen

hinlänglich voldoende, toereikend

hinlegen I *tr* **1** (neer)leggen; **2** betalen; **II** *sich* ~ gaan liggen

hinnehmen[212] aannemen; aanvaarden, accepteren, zich laten welgevallen

hinreichen I *tr* aanreiken; II *intr* **1** reiken tot; **2** toereikend, voldoende zijn

hinreichend toereikend, voldoende

Hinreise v^{21} heenreis

hinreisen erheen reizen

hinreißen[220] **1** erheen slepen, erheen trekken; **2** in vervoering brengen, enthousiast maken: *sich ~ lassen* zich laten meeslepen

hinrichten terechtstellen

Hinrichtung v^{20} terechtstelling

hinscheiden[232] overlijden, heengaan

hinschicken erheen sturen

hinsehen[261] ernaar kijken; toekijken

hinsein *oude spelling voor* hin sein, *zie* hin

hinsetzen I *tr* neerzetten, plaatsen; II *sich ~ gaan* zitten

Hinsicht v^{20} opzicht: *in ~ auf*[+4] met het oog op

hinsichtlich[+2] met betrekking tot

Hinspiel o^{29} *(sp)* uitwedstrijd

hinstellen I *tr* neerzetten, voorzetten: *etwas ~ als* iets voorstellen als; II *sich ~* **1** gaan staan; **2** zich noemen

hintansetzen op de achtergrond plaatsen, terzijde stellen; veronachtzamen

hinten achter: *von ~* van achteren, van achter

hintendrauf achterop: *was ~ bekommen* voor zijn broek krijgen

hintenherum **1** achterom: *~ erfahren* langs een omweg te weten komen; **2** clandestien

hintenhin aan de achterkant

hintenüber achterover

hinter I *vz*[+3,+4] achter: *etwas ~ sich bringen* iets tot een goed eind brengen; *etwas ~ sich haben* iets achter de rug hebben; II *bn* achterst: *die ~e Seite* de achterkant

Hinterbliebenenfürsorge v^{28}, **Hinterbliebenenrente** v^{21} weduwen- en wezenpensioen; *(Belg)* overlevingspensioen

Hinterbliebene(r) m^{40a}, v^{40b} nabestaande

hinterbringen[139] verklappen, verraden

hinterdrein **1** achterna, er achteraan; **2** achteraf, later, naderhand

hintereinander achter elkaar, achtereen

Hintergedanke m^{18} bijgedachte, bijbedoeling

hintergehen[168] **1** bedriegen; **2** omzeilen

Hintergrund m^6 achtergrond

hintergründig **1** ondoorgrondelijk; **2** achterbaks

Hinterhalt m^5 hinderlaag

hinterhältig achterbaks, stiekem

Hinterhand v^{28} achterhand: *etwas in der ~ haben* iets achter de hand hebben

hinterher **1** achteraf, later, naderhand; **2** achterna, er achteraan

hinterlassen[197] **1** nalaten, vermaken; **2** achterlaten

Hinterlassenschaft v^{20} nalatenschap, erfenis

Hinterlassung v^{28} achterlating, nalating

hinterlegen in bewaring, in depot geven, deponeren, storten

Hinterlegung v^{20} deposito, bewaargeving, (het) deponeren, deponering

Hinterlist v^{20} (arg)list, sluwheid, slinkse streek

hinterlistig (arg)listig, sluw

Hintern m^{11} achterste, achterwerk

Hinterrad o^{32} achterwiel

Hinterreifen m^{11} achterband

hinterrücks **1** verraderlijk; **2** heimelijk

Hinterseite v^{21} achterzijde, achterkant

Hintersinn m^{19} **1** diepere betekenis; **2** bijbedoeling

hintersinnig **1** diepzinnig; **2** dubbelzinnig; **3** zwaarmoedig

Hinterteil o^{29} **1** achterdeel; **2** achterste

Hintertreffen o^{39} achterhoede: *ins ~ geraten* (of: *kommen*) achteropraken, een achterstand oplopen; *im ~ sein, sich im ~ befinden* in een nadelige positie verkeren

hintertreiben[290] tegenwerken, dwarsbomen

Hintertreppenroman m^5 keukenmeidenroman

Hintertür v^{20} achterdeur

hinterziehen[318] ontduiken

Hinterziehung v^{20} ontduiking

hintun[295] neerleggen, neerzetten ‖ *(fig) ich weiß nicht, wo ich ihn ~ soll* ik kan hem niet thuisbrengen

hinüber naar de andere kant, naar de overkant: *~ sein: a)* aan de overkant zijn; *b)* stuk, kapot, bedorven zijn; *c)* dood zijn; *d)* verloren zijn, naar de maan zijn

hinüberbringen[139] naar de overkant brengen

hinübergehen[168] **1** naar de overkant gaan, lopen; **2** overlopen; **3** heengaan, overlijden

hinübergreifen[181] *(fig)* op het terrein komen van, ook betrekking hebben op

hinüberreichen **1** overreiken; **2** zich uitstrekken tot (aan de overkant)

hinüberretten in veiligheid brengen

hinübersein *oude spelling voor* hinüber sein, *zie* hinüber

hinüberwechseln gaan naar

hinunter naar beneden, neer, omlaag

hinweg **1** weg; **2** *(over iets)* heen

hinweggehen[168] **1** heengaan; **2** geen rekening houden (met)

hinweghören doen alsof men (iets) niet hoort

hinwegsehen[261] **1** heenkijken (over); **2** negeren; **3** door de vingers zien

hinwegsetzen: *über*[+4] *etwas ~* over iets heen springen; *sich über*[+4] *etwas ~* zich ergens niets van aantrekken

hinwegtäuschen: *jmdn über*[+4] *etwas ~* iets voor iem verdoezelen

Hinweis m^5 **1** verwijzing, aanwijzing: *unter ~ auf*[+4] met verwijzing naar; **2** opmerking

hinweisen[307] wijzen (naar), verwijzen (naar): *auf*[+4] *etwas ~* ergens op wijzen

hinwelken verwelken, wegkwijnen

hinwerfen[311] **1** neergooien: *den Kram ~* het bijltje erbij neergooien; **2** toegooien; **3** *(een opmerking)* terloops maken; **4** snel op papier zetten

hinziehen[318] **I** *tr* **1** trekken naar; **2** uitstellen, rekken, vertragen; **II** *intr* **1** erheen trekken; **2** zich vestigen; **III** *sich* ~ **1** zich uitstrekken; **2** eindeloos lang duren

hinzu 1 daarheen, erheen; **2** erbij, daarbij

hinzufügen eraan toevoegen *(ook fig)*, erbij doen

hinzugehören erbij (be)horen

hinzukommen[193] erbij komen

hinzusetzen 1 eraan toevoegen; **2** erbij zetten

Hinzutun *o*[39]: *ohne mein* ~ buiten mijn toedoen

hinzuzählen erbij tellen

hinzuziehen[318] consulteren, raadplegen

Hiobsbotschaft *v*[20] jobstijding

Hirn *o*[29] hersenen, brein

Hirnblutung *v*[20] hersenbloeding

Hirngespinst *o*[29] hersenschim

Hirnhaut *v*[25] hersenvlies

hirnlos dom

Hirnschlag *m*[6] attaque, beroerte

Hirntumor *m*[16] hersentumor

hirnverbrannt krankzinnig, dwaas

Hirsch *m*[5] hert

Hirschkalb *o*[32] jong hert

Hirschkuh *v*[25] hinde

Hirse *v*[28] gierst

Hirt *m*[14], **Hirte** *m*[15] herder

Hirtenbrief *m*[5] *(r-k)* herderlijk schrijven

hissen (op)hijsen

Historiker *m*[9] historicus, geschiedkundige

historisch historisch, geschiedkundig

Hitze *v*[28] **1** hitte; **2** *(fig)* vuur, drift, woede

Hitzewelle *v*[21] hittegolf

hitzig 1 heet, koortsig; **2** driftig, heetgebakerd; **3** *(dierk)* bronstig, loops

Hitzkopf *m*[6] driftkop, heethoofd

hitzköpfig driftig, heethoofdig, heetgebakerd

Hitzschlag *m*[6] zonnesteek

Hobby *o*[36] hobby, liefhebberij

Hobel *m*[9] schaaf

hobeln (af)schaven

Hobelspan *m*[6] houtkrul

hoch[60,61] hoog, groot, verheven, voornaam: *hoher Eid* heilige eed; *ein hoher Fünfziger* een man van ver in de vijftig; *sie kamen drei Mann* ~ ze kwamen met drie man sterk; *auf hoher See* in volle zee; *eine hohe Strafe* een zware straf, een hoge boete; ~ *hinauswollen* hogerop willen; *wenn es* ~ *kommt* op zijn hoogst; *das ist mir einfach zu* ~! dat gaat boven mijn pet!; *(wisk) a* ~ *drei* a tot de derde (macht); ~ *achten* hoogachten; ~ *dotiert* goed betaald; ~ *gestellt* hooggeplaatst; ~ *gestellte Persönlichkeiten* hooggeplaatste persoonlijkheden; ~ *gewachsen* lang, rijzig; ~ *qualifiziert* hooggekwalificeerd; ~ *schätzen* hoogschatten, hoogachten

Hoch *o*[36] **1** toast, heildronk: *ein* ~ *auf jmdn ausbringen* op iem toasten; *ein* ~ *dem Jubilar!* (lang) leve de jubilaris!; **2** *(weerk)* hogedrukgebied

hochachten *oude spelling voor* hoch achten, *zie*

hoch

Hochachtung *v*[20] hoogachting, eerbied: *mit vorzüglicher* ~ met de meeste hoogachting

hochachtungsvoll hoogachtend

hochaktuell zeer actueel

Hochamt *o*[32] hoogmis

hochanständig zeer fatsoenlijk

Hochbau I *m* *(2e nvl -(e)s; mv -ten)* hoog bouwwerk; **II** *m*[19] **1** hoogbouw; **2** bovengrondse werken

hochbeinig met lange benen, poten

hochbetagt hoogbedaagd, hoogbejaard

Hochbetrieb *m*[19] grote drukte

Hochblüte *v*[21] bloeitijd, bloeiperiode

hochbringen[139] **1** tot bloei brengen; **2** grootbrengen; **3** nijdig maken

Hochburg *v*[20] centrum, bolwerk

hochdeutsch Hoog-Duits

Hochdeutsch *o*[41] Hoog-Duits

hochdienen, sich zich opwerken

hochdotiert *oude spelling voor* hoch dotiert, *zie* hoch

Hochdruck *m*[19] **1** hoge druk; **2** reliëfdruk: *unter* ~ *arbeiten* onder hoogspanning werken

Hochdruckgebiet *o*[29], **Hochdruckzone** *v*[21] hogedrukgebied

Hochebene *v*[21] hoogvlakte, plateau

hocherfreut zeer verheugd, erg blij

hochfahren[153] **1** naar boven rijden; **2** opvliegen; **3** opschrikken

hochfahrend arrogant

hochfliegend 1 hoogvliegend; **2** vermetel

Hochflut *v*[20] **1** hoge vloed, springvloed; **2** geweldig aanbod, stroom

Hochform *v*[28] *(sp): in* ~ in topvorm

Hochgebirge *o*[33] hooggebergte

Hochgefühl *o*[29] geweldig gevoel (van trots)

hochgehen[168] **1** omhooggaan; **2** *(fig)* opvliegen, opstuiven; **3** gearresteerd worden; **4** exploderen, ontploffen

Hochgenuss *m*[19] intens genot

hochgestellt, hochgewachsen *oude spelling voor* hoch gestellt, gewachsen, *zie* hoch

hochgradig hevig, zeer

hochhalten[183] **1** omhooghouden; **2** *(fig)* hoog houden, in ere houden

Hochhaus *o*[32] **1** torenflat; **2** hoog flatgebouw

hochheben[186] omhoog heffen, hoog optillen; *(zijn arm)* omhoogsteken, opsteken

hochherzig nobel

hochinteressant zeer interessant

hochklappen opklappen, *(zijn kraag)* opzetten

hochkommen[193] **1** omhoogkomen, opkomen; **2** zich opwerken; **3** overeind komen; **4** opknappen, er weer bovenop komen

Hochkonjunktur *v*[20] hoogconjunctuur

hochkrempeln *(mouwen)* opstropen

hochleben: *jmdn* ~ *lassen* 'lang zal hij leven' roepen, zingen; *er lebe hoch!* lang zal hij leven!

Hochleistung *v*[20] geweldige prestatie

Hochleistungssport m^5 topsport
hochmodern zeer modern
hochmodisch zeer modieus
Hochmut m^{19} hoogmoed, trots
hochmütig hoogmoedig, trots
hochnäsig verwaand, aanmatigend
hochnehmen[212] optillen: *jmdn* ~: *a)* iem afzetten; *b)* iem voor de gek houden; *c)* iem arresteren
Hochofen m^{12} hoogoven
hochoffiziell zeer officieel
hochpäppeln er bovenop helpen
hochqualifiziert *oude spelling voor* hoch qualifiziert, *zie* hoch
hochrechnen een berekening van het vermoedelijke eindresultaat maken op basis van eerste gegevens
Hochrechnung v^{20} berekening van het vermoedelijke eindresultaat op basis van eerste gegevens
Hochsaison v^{27}, v^{20} hoogseizoen; topdrukte
hochschätzen *oude spelling voor* hoch schätzen, *zie* hoch
Hochschätzung v^{28} hoogachting
hochschlagen[241] **I** *tr (kraag)* opslaan; **II** *intr (mbt vlammen)* hoog oplaaien
hochschnellen opspringen, opvliegen
hochschrauben 1 omhoogdraaien; 2 *(prijzen)* opdrijven; *(eisen)* opschroeven
Hochschulabschluss m^6 1 diploma van universiteit; 2 diploma van hogeschool
Hochschule v^{21} hogeschool, universiteit, academie
Hochschulreife v^{21} recht op toelating tot het hoger onderwijs
Hochschulwesen o^{39} hoger onderwijs
Hochseefischerei v^{28} zeevisserij
Hochspannung v^{20} hoogspanning
hochspielen opblazen, veel ophef maken van
Hochsprache v^{21} standaardtaal, (het) algemeen beschaafd
Hochsprung m^6 1 (het) hoogspringen; 2 sprong
höchst hoogst, zeer, ten zeerste: *am* ~*en* het hoogst; *aufs höchste* (of: *aufs Höchste*) ten zeerste
Hochstapelei v^{20} oplichterij
Hochstapler m^9 gentleman-oplichter
Höchstbelastung v^{20} maximale belasting
Höchstbetrag m^6 maximum, maximumbedrag
hochsteigen[281] 1 opgaan; 2 opstijgen; 3 opklimmen; 4 naar boven komen
hochstellen 1 (op tafel) zetten; 2 *(kraag)* opzetten
höchstens hoogstens, op zijn hoogst
Höchstfall m^{19}: *im* ~ op zijn hoogst
Höchstform v^{28} topvorm
Höchstgeschwindigkeit v^{20} maximumsnelheid
Höchststimmung v^{20} feestelijke stemming
Höchstleistung v^{20} 1 record; 2 topprestatie; 3 maximumvermogen *(van machine)*
höchstwahrscheinlich hoogstwaarschijnlijk
Hochtour v^{20} tocht door het hooggebergte: *die Industrie arbeitet* (of: *läuft*) *auf* ~*en* de industrie werkt op volle toeren

hochtrabend hoogdravend
Hochwasser o^{33} hoogwater
Hochwassergefahr v^{20} overstromingsgevaar
Hochwasserkatastrophe v^{21} overstromingsramp
hochwertig hoogwaardig, uitstekend
Hochwild o^{39} grof wild
Hochzeit v^{20} 1 bruiloft, huwelijk; 2 hoogtij, bloeitijd
Hochzeitsfeier v^{21}, **Hochzeitsfest** o^{29} bruiloftsfeest, huwelijksfeest
Hochzeitsgesellschaft v^{20} bruiloftspartij
Hochzeitskleid o^{31} bruidskleed, bruidsjapon
Hochzeitsreise v^{21} huwelijksreis
Hochzeitstag m^5 bruiloftsdag, trouwdag
Hochzeitszug m^6 bruiloftsstoet
hochziehen[318] **I** *tr* omhoogtrekken, naar boven trekken; **II** *intr (mbt onweer)* opkomen
hocken 1 gehurkt zitten; 2 *(fig)* zitten, zijn
Hocker m^9 kruk *(om op te zitten)*
Höcker m^9 1 bult, bochel; 2 knobbel
Hockey o^{39} hockey
Hockeyschläger m^9 hockeystick
Hode m^{15}, v^{21}, **Hoden** m^{11} zaadbal, teelbal, testikel
Hodensack m^6 balzak, scrotum
Hof m^6 1 hof; 2 hofhouding; 3 (binnen)plaats; 4 hofstede, hoeve; 5 erf; 6 kring *(om de zon, maan)*
hoffähig beschaafd, goede manieren hebbend
hoffärtig hovaardig, hoogmoedig, ijdel
hoffen hopen, verwachten
hoffentlich hopelijk
Hoffnung v^{28} hoop, verwachting: *der* ~ *Ausdruck geben* de hoop uitspreken; *sich* ~ *auf*[+4] *etwas machen* op iets hopen; *seine* ~ *auf jmdn setzen* zijn hoop op iets vestigen; *guter* ~ *sein* in blijde verwachting zijn
Hoffnungslauf m^6 *(sp)* herkansing
hoffnungslos hopeloos
hoffnungsreich hoopvol
Hoffnungsrunde v^{21} herkansing
hoffnungsvoll 1 hoopvol; 2 veelbelovend
Hofhaltung v^{28} hofhouding
Hofhund m^5 waakhond
hofieren[320] (iem) paaien, het hof maken
höfisch hoofs, ridderlijk
höflich beleefd, hoffelijk, wellevend
Höflichkeit v^{20} beleefdheid, hoffelijkheid
Hofmarschall m^6 hofmaarschalk
hohe *zie* hoch
Höhe v^{21} 1 hoogte: *eine Summe in* ~ *von*[+3] een bedrag ter grootte van; *in die* ~ *gehen* stijgen; 2 heuvel, berg; 3 toppunt: *das ist ja die* ~! dat is het toppunt! || *auf der* ~ *von A.* ter hoogte van A.
Hoheit v^{28} 1 hoogheid, verhevenheid; 2 Hoogheid *(titel)*; 3 soevereiniteit
hoheitlich 1 soeverein; 2 van overheidswege
Hoheitsbereich m^5, **Hoheitsgebiet** o^{29} grondgebied, territorium
Hoheitsgewässer *mv* territoriale wateren
hoheitsvoll statig, verheven
Hoheitszeichen o^{35} nationaal embleem

Höhenflug m^6 **1** hoogtevlucht; **2** *(fig)* hoge vlucht
Höhenlage v^{21} hoogteligging
Höhenluft v^{28} berglucht
Höhenluftkurort m^5 herstellingsoord in de bergen
Höhenunterschied m^5 hoogteverschil
Höhenweg m^5 bergweg
Höhenzug m^6 bergketen
Höhepunkt m^5 hoogtepunt, toppunt
höher hoger: ~*e Schule* vwo-school
hohl hol: ~*er Kopf* leeghoofd
Höhle v^{21} hol, grot; gat, holte
Hohlkopf m^6 leeghoofd, stommeling
Hohlmaß o^{29} inhoudsmaat
Hohn m^{19} hoon, smaad, spot; aanfluiting
höhnen honen
Hohngelächter o^{39} hoongelach
höhnisch honend, smadelijk
hold **1** (toe)genegen, vriendelijk gezind; **2** lief(lijk), bevallig, lieftallig
Holdinggesellschaft v^{20} houdstermaatschappij, holding company, holding
holdselig lieflijk, bekoorlijk, bevallig
holen halen: *sich einen Schnupfen* ~ een verkoudheid oplopen
Holland o^{39} Holland, Nederland
Holländer m^9 **1** Hollander, Nederlander; **2** Hollandse kaas
holländisch Hollands, Nederlands
Hölle v^{21} hel || *jmdm die* ~ *heiß machen* iem het vuur na aan de schenen leggen
Höllenangst v^{25} dodelijke angst
Höllenlärm, Höllenspektakel m^{19} hels lawaai
Höllentempo o^{39} noodgang
höllisch hels, duivels: ~*e Angst* dodelijke angst; ~ *kalt* verduiveld koud
holperig **1** oneffen, hobbelig; **2** stuntelig, stotterend, gebrekkig
holpern **1** strompelen; **2** hobbelen; **3** hakkelen
holprig *zie* holperig
Holunder m^9 vlier
Holz o^{32} **1** hout; **2** *(jagerstaal)* bos; **3** stuk hout, houten voorwerp; **4** houtsoort
Holzart v^{20} houtsoort
Hölzchen o^{35} stokje, houtje
holzen **1** bomen kappen; **2** *(sp)* ruw spelen
Holzer m^9 *(sp)* ruwe speler
Holzerei v^{20} **1** kloppartij; **2** *(sp)* ruw spel
hölzern **1** houten; **2** *(fig)* houterig, stijf
Holzhammer m^{10} houten hamer: *er hat eins mit dem* ~ *abgekriegt* hij is getikt
Holzhammermethode v^{21} grove methode
holzig houtig, stokkerig
Holzklotz m^6, m^8 houtblok
Holzkohle v^{28} houtskool
Holzkopf m^6 ezel, stommeling
Holzschneidekunst v^{25} houtsnijkunst
Holzschnitt m^5 houtsnede
Holzschnitzer m^9 houtsnijder
Holzschuh m^5 klomp

Holzweg m^5: *auf dem* ~ *sein* het mis hebben
Holzwolle v^{28} houtwol
Homo m^{13} homo
homogen homogeen
homonym homoniem, gelijkluidend
Homonym o^{29} homoniem, gelijkluidend woord
Homöopath m^{14} homeopaat
Homöopathie v^{28} homeopathie
homöopathisch homeopathisch
homophil homofiel
Homophilie v^{28} homofilie
Homosexualität v^{28} homoseksualiteit
homosexuell homoseksueel
Honig m^{19} honing
Honigwabe v^{21} honingraat
Honorar o^{29} honorarium
Honoratioren *mv* notabelen
honorieren ^{320} honoreren, belonen, betalen
Hopfen m^{11} hop
hoppeln **1** huppelen; **2** *(mbt voertuig)* hobbelen
Hops m^5 sprong
hopsen springen
Hopser m^9 sprong
Hörapparat m^5 gehoorapparaat
hörbar hoorbaar
Hörbehinderte(r) m^{40a}, v^{40b} slechthorende
Hörbereich m^5 **1** gehoorsafstand; **2** zendbereik
Hörbild o^{31} klankbeeld
horchen (ingespannen) luisteren
Horcher m^9 luisteraar, luistervink
Horde v^{21} **1** horde, bende, troep; **2** latwerk
hören I *intr* **1** horen; **2** luisteren: *auf jmds Rat* ~ naar iems raad luisteren; II *tr* **1** luisteren naar, horen: *Rundfunk* ~ naar de radio luisteren; **2** *(college)* volgen
Hörensagen o^{39}: *vom* ~ van horen zeggen
Hörer m^9 **1** (toe)hoorder; **2** radioluisteraar; **3** hoorn *(van telefoon)*
Hörerschaft v^{20} toehoorders
Hörfolge v^{21} serie radioprogramma's
Hörfunk m^{19} radio, radio-omroep
Hörgerät o^{29} gehoorapparaat
Horizont m^5 horizon, gezichtseinder: *das geht über meinen* ~ dat gaat mijn begrip te boven
horizontal horizontaal, waterpas
Horizontale v^{21} horizontale lijn
Hormon o^{29} *(biol)* hormoon
Horn I o^{32} **1** *(muz, dierk)* hoorn; **2** bergspits; II o^{39} *(stofnaam)* hoorn: *eine Brille aus* ~ een hoornen bril
hornartig hoornachtig
Hörnchen o^{35} **1** hoorntje; **2** *(gebak)* halvemaantje
hörnern hoornen, van hoorn
Hornhaut v^{25} **1** hoornvlies; **2** eelt
hornig **1** hoornachtig; **2** van hoorn, hoornen
Hornisse v^{21} horzel
Hornist m^{14} hoornist, hoornblazer
Hörorgan o^{29} gehoororgaan
Horoskop o^{29} horoscoop

Ho

ho

horrend 1 verschrikkelijk; **2** buitensporig

Horror m^{19} afkeer, afgrijzen, afschuw

Horrorfilm m^5 griezelfilm

Hörsaal m^6 *(mv -säle)* collegezaal

Hörspiel o^{29} luisterspel, hoorspel

Horst m^5 **1** roofvogelnest; **2** *(mil)* vliegbasis; **3** *(geol)* horst

Hort m^5 **1** *(literair)* schat; **2** toevluchtsoord; **3** kinderdagverblijf

horten oppotten, een voorraad aanleggen van

Hörverständnis o^{29a} *(geen mv)* luistervaardigheid

Hörweite v^{21} gehoorsafstand

Höschen o^{35} broekje

Hose v^{21} broek: *sich in die ~n machen* het in zijn broek doen; *die ~n voll haben* het in zijn broek gedaan hebben || *eine tote ~ sein* een fiasco, een flop zijn

Hosenanzug m^6 broekpak

Hosenbein o^{29} broekspijp

Hosenboden m^{12} zitvlak *(van broek)*

Hosenrock m^6 broekrok

Hosenschlitz m^5 gulp

Hosentasche v^{21} broekzak

Hosenträger *mv* m^9 bretels

Hospital o^{29}, o^{32} ziekenhuis

Hospitant m^{14} toehoorder *(aan universiteit)*

hospitieren^{320} als toehoorder college lopen

Hostess v^{20} **1** hostess; **2** stewardess

Hostie v^{21} hostie

Hotel o^{36} hotel

Hotel- und Gaststättengewerbe o^{39} horeca

Hub m^6 **1** *(mbt zuiger)* slag; **2** (het) heffen, (het) tillen

hüben aan deze kant: *~ und drüben* (of: *~ wie drüben)* aan deze en aan gene kant, hier en ginds

Hubraum m^6 cilinderinhoud *(van motor)*

hübsch 1 leuk, knap, mooi; **2** aardig, prettig; **3** behoorlijk, aanzienlijk

Hubschrauber m^9 helikopter

Hubstapler m^9 heftruck

Hucke v^{21} op de rug gedragen last || *jmdm die ~ voll hauen* iem op zijn falie geven

Huf m^5 hoef

Hüfte v^{21} heup

Hügel m^9 **1** heuvel, hoogte; **2** hoop

hügelig, hüglig heuvelachtig

Huhn o^{32} **1** hoen, kip; **2** mens, figuur: *famoses ~* geweldig type

Hühnchen o^{35} hoentje, kippetje: *mit jmdm ein ~ zu rupfen haben* een appeltje met iem te schillen hebben

Hühnerauge o^{38} eksteroog, likdoorn

Hühnerbrühe v^{21} kippenbouillon

Hühnerstall m^6 kippenhok

Hühnersuppe v^{21} kippensoep

Hühnerzucht v^{28} kippenfokkerij

Huld v^{28} **1** minzaamheid, gunst; **2** genade

huldigen^{+3} **1** *(een vorst)* huldigen, de eed van trouw afleggen; **2** (iem) hulde bewijzen; **3** *(een mening)*

toegedaan zijn, aanhangen

Huldigung v^{20} **1** huldiging; **2** eed van trouw

huldreich, huldvoll goedgunstig, genadig

Hülle v^{21} **1** omhulsel: *die fleischliche* (of: *irdische, leibliche)* ~ het lichaam; *die sterbliche* ~ het stoffelijk omhulsel; **2** hoes; **3** enveloppe; **4** kledingstuk: *wärmende ~n* warme kleding || *in ~ und Fülle* (of: *die ~ und Fülle)* in overvloed

hüllen (met *in*$^{+4}$) hullen in

Hülse v^{21} **1** huls; **2** peul, schil, dop

Hülsenfrucht v^{25} peulvrucht

human humaan, menslievend, menselijk

Humanismus m^{19a} humanisme

humanistisch humanistisch

humanitär humanitair, menslievend

Hummel v^{21} hommel: *wilde ~* uitgelaten meisje

Hummer m^9 (zee)kreeft

Humor m^{19} **1** humor; **2** humeur

humoristisch, humorvoll humoristisch

humpeln 1 hompelen; **2** hobbelen *(voertuig)*

Humpen m^{11} grote beker, bokaal

Hund m^5 **1** hond; **2** mens, man; **3** schoft, schurk || *ein dicker ~:* a) een ongelofelijke brutaliteit; b) een stomme fout; *auf den ~ kommen* aan lager wal raken; *vor die ~e gehen* naar de haaien gaan

hundeelend hondsberoerd

Hundefraß m^{19} *(fig)* ellendige kost

Hundehütte v^{21} hondenhok

Hundekuchen m^{11} hondenbrokken, hondenbrood

Hundemarke v^{21} **1** hondenpenning; **2** *(inform)* politiepenning

hundemüde hondsmoe

hundert honderd: *einige ~* (of: *einige Hundert) Bücher* een paar honderd boeken

Hundert I v^{20} getal, cijfer honderd; **II** o^{29} honderd(tal): *~e* (of: *hunderte) von Menschen* honderden mensen; *zu ~en* (of: *zu hunderten)* bij honderden

Hunderter m^9 **1** honderdtal; **2** briefje van honderd

Hundertmarkschein m^5 briefje van 100 mark

hundertste honderdste: *vom Hundertsten ins Tausendste kommen* van de hak op de tak springen

Hundertstel o^{33} honderdste (deel)

Hundestaupe v^{21} hondenziekte

Hundewetter o^{39} hondenweer

Hundezucht v^{28} hondenfokkerij

Hündin v^{22} teef

hündisch 1 honds, vuil, gemeen; **2** slaafs, kruiperig

hundsgemein ingemeen

hundsmiserabel beroerd slecht

hundsmüde hondsmoe

Hüne m^{15} reus

hünenhaft reusachtig

Hunger m^{19} **1** honger; **2** hongersnood

Hungerlohn m^6 hongerloon

hungern honger lijden; *(fig)* hongeren

Hungersnot v^{25} hongersnood

Hungerstreik m^{13} hongerstaking

Hungertod m^{19} hongerdood

hungrig hongerig
Hunne *m*[15] **1** Hun; **2** barbaar
Hupe *v*[21] claxon
hupen claxonneren
hüpfen huppelen
Hürde *v*[21] **1** *(sp)* horde; **2** gevlochten omheining
Hürdenlauf *m*[6] hordeloop
Hure *v*[21] *(inform)* hoer, prostituee
Hurensohn *m*[6] *(scheldw)* schoft
Hurenviertel *o*[33] *(inform)* hoerenbuurt
hurtig vlug, snel, gauw
Hurtigkeit *v*[28] vlugheid, snelheid
Husar *m*[14] huzaar
Husarenstreich *m*[5], **Husarenstück** *o*[29], **Husaren-stückchen** *o*[35] *(fig)* huzarenstuk(je)
husch *tw* vooruit!, vlug!, snel!: *im Husch* (of: *in einem Husch*) in een oogwenk; *komme auf einen Husch herein* wip even binnen
huschen glippen, glijden
hüsteln kuchen
husten hoesten: *auf*[+4] *etwas* ~ maling aan iets hebben; *ich werde dir eins* ~! je kunt me nog meer vertellen!
Husten *m*[11] hoesten: *(den)* ~ *haben* verkouden zijn, hoesten
Hut I *m*[6] hoed: *(inform)* ~ *ab!* daar neem ik mijn petje voor af! || *unter einen* ~ *bringen* op een lijn krijgen; **II** *v*[28] hoede: *auf der* ~ *sein* op zijn hoede zijn
Hutablage *v*[21] hoedenplank
hüten I *tr* hoeden, passen op: *das Bett* ~ het bed houden; *das Haus* ~ ziek thuis blijven; **II** *sich* ~ zich wachten: *sich* ~ *vor*[+3] zich in acht nemen, zich wachten voor
Hüter *m*[9] **1** hoeder, beschermer; **2** *(sp)* keeper
Hütte *v*[21] **1** hut; **2** berghut; **3** hoogoven; **4** glasfabriek
Hüttenbetrieb *m*[5], **Hüttenwerk** *o*[29] hoogovenbedrijf, smelterij
Hütung *v*[20] (het) behoeden, (het) beschermen
hutzelig 1 verschrompeld; **2** gerimpeld
Hutzelmännchen *o*[35] **1** kabouter; **2** verschrompeld oud mannetje
hutzlig 1 verschrompeld; **2** gerimpeld
Hyäne *v*[21] hyena
Hyazinthe *v*[21] hyacint
Hydrant *m*[14] brandkraan
hydraulisch hydraulisch
Hydrotechnik *v*[28] waterbouwkunde
Hydrotherapie *v*[21] hydrotherapie
Hygiene *v*[28] hygiëne, gezondheidsleer
hygienisch hygiënisch
Hymne *v*[21], **Hymnus** *m* (2e nvl -; mv Hymnen) **1** hymne, lofzang; **2** volkslied
Hypnose *v*[21] hypnose
hypnotisieren[320] hypnotiseren *(ook fig)*
Hypokrit *m*[14] hypocriet, huichelaar
Hypothek *v*[20] hypotheek
Hypothekarkredit *m*[5] hypothecair krediet, *(Belg)* woningkrediet

Hypothekenbank *v*[20] hypotheekbank
Hypothekenbrief *m*[5] hypotheekakte
Hypothekengläubiger *m*[9] hypotheeknemer
Hypothekenschuldner *m*[9] hypotheekgever
Hypothekenzins *m*[16] hypotheekrente
Hypothese *v*[21] hypothese, onderstelling

Hy

i

i: *i bewahre!* (of: *i wo!*) geen kwestie van!, niks hoor!

i.A., I.A. *afk van im Auftrag(e)* namens, voor deze

iahen balken

ich *pers vnw* ik

ideal *bn* ideaal

Ideal *o²⁹* ideaal

idealisieren³²⁰ idealiseren

Idealismus *m¹⁹ᵃ* idealisme

Idealist *m¹⁴* idealist

idealistisch idealistisch

Idee *v²¹* 1 (de) idee; 2 idee, denkbeeld: *eine fixe ~* een idee-fixe; 3 idee, gedachte, inval ‖ *eine ~ mehr nach rechts* een tikje meer naar rechts

ideell ideëel

Identifikation *v²⁰* identificatie

identifizieren³²⁰ identificeren

identisch *(met mit⁺³)* identiek (met, aan)

Identität *v²⁸* identiteit

Ideologie *v²¹* ideologie

ideologisch ideologisch

Idiom *o²⁹* idioom, taaleigen

Idiot *m¹⁴* idioot

Idiotie *v²¹* idiotie

idiotisch idioot

Idol *o²⁹* idool, afgod

Idyll *o²⁹*, **Idylle** *v²¹* idylle

idyllisch idyllisch

IG 1 *afk van Interessengemeinschaft* belangengemeenschap; 2 *afk van Industriegewerkschaft* industriebond

Igel *m⁹* egel

Ignoranz *v²⁸* onwetendheid

ignorieren³²⁰ ignoreren, negeren

IHK *afk van Industrie- und Handelskammer* Kamer van Koophandel en Fabrieken

ihm *pers vnw* hem

ihn *pers vnw* hem

ihnen *pers vnw* hun, (aan) hen, ze

Ihnen *pers vnw* u, aan u

ihr I *bez vnw⁸⁰* 1 haar; 2 hun; II *pers vnw⁸²* 1 jullie, gij; 2 (aan) haar

Ihr *bez vnw* uw

ihrer *pers vnw* 1 (van) haar; 2 (van) hen

Ihrer *pers vnw* (van) u

ihrerseits 1 van haar kant; 2 van hun kant

Ihrerseits van uw kant

ihrethalben, ihretwegen ter wille van haar, hen

Ihrethalben, Ihretwegen ter wille van u

ihretwillen: *um ~: a)* om harentwille, voor haar; *b)* om hunnentwille, voor hen

Ihretwillen: *um ~* om uwentwille; voor u

ihrige *(der, die, das)* 1 (de, het) hare; 2 (de, het) hunne

Ihrige *(der, die, das)* (de, het) uwe

i.J. *afk van im Jahre* in het jaar

Ikone *v²¹* icoon

illegal illegaal, onwettig

Illusion *v²⁰* illusie

Illustration *v²⁰* illustratie

illustrieren³²⁰ illustreren

Illustrierte *v⁴⁰ᵇ* geïllustreerd tijdschrift

im *verk van in dem* in de, in het

Imbiss *m⁵* 1 kleine maaltijd; 2 hapje; 3 snackbar

Imbissbar *v²⁷*, **Imbisshalle** *v²¹*, **Imbissstand** *m⁶*, **Imbissstube** *v²¹* snackbar

Imitation *v²⁰* imitatie, nabootsing

imitieren³²⁰ imiteren

Imker *m⁹* imker, bijenhouder

Immatrikulation *v²⁰* inschrijving *(van studenten)*

immatrikulieren³²⁰ inschrijven

immens immens, onmetelijk

immer altijd, immer, steeds, aanhoudend, al maar door: *auf (of: für) ~* voor altijd; *es wird ~ heller* het wordt al lichter en lichter; *was ~ er tun mag* wat hij ook doet; *~ mit der Ruhe!* kalm aan!; *~ wenn er kommt* telkens als hij komt; *~ wieder* telkens weer

immerdar, immerfort almaar, steeds

immerhin 1 tenminste, in ieder geval; 2 desondanks; 3 tenslotte

immerzu voortdurend

Immigrant *m¹⁴* immigrant

Immigration *v²⁰* immigratie

immigrieren³²⁰ immigreren

Immobilien *mv* onroerende goederen, *(Belg)* immobiliën

immun *(pol)* onschendbaar; *(med)* immuun

Imperialismus *m¹⁹ᵃ* imperialisme

impertinent impertinent, onbeschaamd

impfen 1 enten; 2 inenten, vaccineren

Impfling *m⁵* iem die gevaccineerd wordt, is

Impfschein *m⁵* vaccinatiebewijs

Impfstoff *m⁵* entstof, vaccin

Impfung *v²⁰* 1 enting; 2 inenting, vaccinatie

Impfzeugnis *o²⁹ᵃ* vaccinatiebewijs

implizieren³²⁰ impliceren

imponieren³²⁰⁺³ imponeren

Import *m⁵* import, invoer

Importeur *m⁵* importeur

Importhandel *m¹⁹* invoerhandel

importieren³²⁰ importeren

Importwaren *mv v²¹* importartikelen

imposant imposant, indrukwekkend

impotent impotent

Impotenz *v²⁸* impotentie

Impressionismus *m¹⁹ᵃ* impressionisme

impressionistisch impressionistisch
Improvisation v^{20} improvisatie
improvisieren[320] improviseren
Impuls m^5 impuls
impulsiv impulsief
imstand, imstande: ~ *sein* in staat zijn
in I $vz^{+3,+4}$ **1** in: ~ *Assen* in, te Assen; *30 km ~ der Stunde* 30 km per uur; ~ *kurzer Zeit* in korte tijd; *im Zimmer sein* in de kamer zijn; **2** bij: *im Abstreich* bij afslag; *im Voraus* bij voorbaat; **3** op: ~ *einer Abteilung tätig sein* op een afdeling werkzaam zijn; *im Alter von … Jahren* op …jarige leeftijd; *im ersten Stock wohnen* op de eerste verdieping wonen; ~ *freundlichem Ton* op vriendelijk toon; ~ *dieser Weise* op die manier; ~ *jmdn verliebt* op iem verliefd; **4** voor: ~ *Geschäften reisen* voor zaken reizen; **5** met: ~[+3] *etwas begriffen sein* met iets bezig zijn; **6** over: *heute ~ vierzehn Tagen* vandaag over veertien dagen; **7** onder: *etwas ~ Worte fassen* iets onder woorden brengen; **8** naar: ~ *die Schule gehen* naar school gaan; ~ *die Schweiz reisen* naar Zwitserland reizen; **II** *bn: das ist ~* dat is in *(de mode)*
Inangriffnahme v^{21} start, aanpak
Inanspruchnahme v^{21} **1** (het) beslag leggen op, belasting; **2** *(techn)* belasting; **3** gebruikmaking van
Inbegriff m^5 **1** zuivere belichaming; summum, prototype; **2** *(fil)* wezen, zuiver begrip
inbegriffen inbegrepen, inclusief
Inbetriebnahme v^{21} **1** inbedrijfstelling; **2** ingebruikneming
Inbetriebsetzung v^{20} inbedrijfstelling
Inbrunst v^{28} vuur, gloed, innigheid
inbrünstig vurig, innig, hartstochtelijk
indem I *vw* **1** doordat; **2** terwijl; **II** *bw* intussen, ondertussen
indes, indessen I *bw* **1** intussen, ondertussen; **2** evenwel, nochtans; **II** *vw* terwijl
Index m^5 *(mv ook Indizes en Indices)* index
Indianer m^9 indiaan
Indien o^{39} India
Indier m^9 Indiër
Indikation v^{20} indicatie
indirekt indirect, niet rechtstreeks
indisch Indisch
indiskret indiscreet, onbescheiden
Indiskretion v^{20} indiscretie
individualisieren[320] individualiseren
Individualismus m^{19a} individualisme
Individualität v^{20} individualiteit
individuell individueel
Individuum o (2e nvl -s; mv Individuen) individu
Indiz o (2e nvl -es; mv Indizien) indicatie, teken, aanwijzing
indoktrinieren[320] indoctrineren
Indonesien o^{39} Indonesië
Indonesier m^9 Indonesiër
indonesisch Indonesisch
Induktion v^{20} *(elektr, fil)* inductie
industrialisieren[320] industrialiseren

Industrie v^{21} industrie, nijverheid
Industrieanlage v^{21} fabriekscomplex
Industriegewerkschaft v^{20} industriebond
industriell industrieel
Industrielle(r) m^{40a}, v^{40b} industrieel
Industrie- und Handelskammer v^{21} Kamer van Koophandel en Fabrieken
ineinander in elkaar, ineen
infam **1** infaam, schandelijk; **2** vreselijk
Infanterie, Infanterie v^{21} infanterie
Infektion v^{20} infectie, besmetting; ontsteking
infektiös besmettelijk
Infiltrant m^{14} infiltrant
Infiltration v^{20} infiltratie
infiltrieren[320] infiltreren
infizieren[320] infecteren, besmetten
Inflation v^{20} inflatie
inflationär, inflatorisch inflatoir
infolge I vz^{+2} tengevolge van; **II** *bw* (met *von*[+3]) tengevolge van
infolgedessen dientengevolge, daardoor
Informatik v^{28} informatica
Informatiker m^9 informaticus
Information v^{20} informatie: ~*en* inlichtingen
Informationsträger m^9 informatiedrager
informell informeel
informieren[320] I *tr* informeren, inlichten; **II** *sich* ~ zich informeren, zich op de hoogte stellen
Infrastruktur v^{20} infrastructuur
Infusion v^{20} *(med)* infuus
Ingenieur [inzjenieeu:r] m^5 **1** ingenieur; **2** hts'er
Ingredienz v^{20} ingrediënt, bestanddeel
Ingwer m^{19} gember
Inhaber m^9 **1** bezitter, eigenaar, *(Belg)* uitbater; **2** houder, toonder; **3** drager *(van onderscheiding)*
Inhaberaktie v^{21} aandeel aan toonder
inhaftieren[320] in hechtenis nemen
Inhaftierung v^{20} inhechtenisneming
inhalieren[320] inhaleren, inademen
Inhalt m^5 inhoud
inhaltlich wat de inhoud betreft
Inhaltsangabe v^{21} inhoudsopgave
inhaltsleer, inhaltslos **1** leeg; **2** waardeloos
inhaltsreich, inhaltsschwer rijk aan inhoud
Inhaltsverzeichnis o^{29a} inhoud(sopgave); register
inhuman inhumaan, onmenselijk
Initiale v^{21} initiaal, beginletter
Initiative v^{21} **1** initiatief; **2** *(pol)* recht van initiatief; **3** actiegroep
Initiator m^{16} initiatiefnemer
Injektion v^{20} injectie
injizieren[320] inspuiten, injecteren
inkl. *afk van inklusive* inclusief *(afk* incl.)
inklusive[+2] inclusief, met inbegrip van
inkonsequent inconsequent
inkorrekt incorrect, onjuist
Inkraftsetzung v^{28}, **In-Kraft-Treten** o^{39} inwerkingtreding
Inland o^{39} binnenland

inländisch binnenlands, inlands, inheems
Inlandsgeschäft o^{29} binnenlandse handel
Inlandsmarkt m^6 binnenlandse markt
inmitten vz^{+2} te midden van
innehaben^{182} 1 bezitten; 2 *(een ambt, positie)* bekleden, innemen
innehalten^{183} ophouden, onderbreken: *in* (of: *mit*) *der Arbeit* ~ het werk onderbreken
innen binnen, aan de binnenkant, van binnen
Innenarchitekt m^{14} binnenhuisarchitect
Innenausstattung v^{20}, **Inneneinrichtung** v^{20} woninginrichting
Innenhandel m^{19} binnenlandse handel
Innenminister m^9 minister van Binnenlandse Zaken
Innenpolitik v^{20} binnenlandse politiek
innenpolitisch van de binnenlandse politiek, de binnenlandse politiek betreffend
Innenraum m^6 binnenruimte, inwendige ruimte
Innenstadt v^{25} binnenstad
inner 1 binnenst, inwendig, innerlijk: *im ~sten Herzen* in het diepst van het hart; *~e Medizin* interne geneeskunde; 2 binnenlands, intern: *Minister des Inner(e)n* minister van Binnenlandse Zaken
innerbetrieblich binnen het bedrijf
innerdeutsch in, binnen Duitsland
Innereien *mv* inwendige organen en ingewanden *(van dieren)*
Innere(s) o^{40c} binnenste, inwendige, kern: *im Inneren Afrikas* in het hartje van Afrika
innerhalb^{90} 1 vz^{+2} binnen: ~ *eines Jahres* binnen een jaar; II *bw* binnen: ~ *von zwei Jahren* binnen twee jaar
innerlich innerlijk, inwendig
innewerden^{310} zich realiseren
innewohnen^{+3} zich bevinden in, zijn in, eigen zijn (aan)
innig innig, hartelijk, teder
Innovation v^{20} innovatie
Innung v^{20} vakbond
inoffiziell officieus, niet officieel
ins *verk van in das* in de, in het
Insasse m^{15} 1 bewoner, inwoner; 2 inzittende *(van voertuig)*
insbesondere in het bijzonder, vooral
Inschrift v^{20} opschrift, inschrift, inscriptie
Insekt o^{37} insect
Insektenbekämpfungsmittel o^{33} insecticide
Insektenfresser m^9 insecteneter
Insel v^{21} eiland
Inselgruppe v^{21} eilandengroep
Insemination v^{20} inseminatie, bevruchting
Inserat o^{29} advertentie
inserieren^{320} adverteren
insgeheim in het geheim, heimelijk
insgesamt 1 gezamenlijk, samen; 2 in totaal, over het geheel genomen
Insider [insajdər] m^9 insider
¹insofern *bw* in zover(re)

²insofern *vw* voor zover, indien
insoweit I *bw* in zover(re); II *vw* voor zover
Inspektion v^{20} 1 inspectie; 2 beurt *(van auto in garage)*
Inspektor m^{16} 1 *(belastingen)* inspecteur; 2 opzichter
Inspiration v^{20} inspiratie
inspirieren^{320} inspireren
inspizieren^{320} inspecteren
Installateur m^5 installateur
Installation v^{20} installatie
installieren^{320} installeren
instand: ~ *halten* in orde, in goede staat houden; ~ *setzen: a)* in staat stellen; *b)* (weer) in orde brengen, herstellen
Instandhaltung v^{20} onderhoud
inständig 1 dringend, nadrukkelijk; 2 smekend
Instandsetzung v^{20} herstel
Instanz v^{20} 1 instantie, overheidsorgaan; 2 *(jur)* instantie: *in erster* ~ in eerste instantie; *in letzter* ~ in hoogste instantie
Instanzenweg m^5 hiërarchieke weg
Instinkt m^5 instinct
instinktiv, instinktmäßig instinctief
Institut o^{29} instituut, instelling
Institution v^{20} institutie, instelling
instruieren^{320} instrueren, onderrichten
Instrukteur m^5 instructeur
Instruktion v^{20} instructie
instruktiv instructief, leerzaam, leerrijk
Instrument o^{29} instrument
inszenieren^{320} in scène zetten, ensceneren
intakt intact, onaangeroerd, onbeschadigd
Integration v^{20} integratie
integrieren^{320} integreren
Integrität v^{28} integriteit
Intellekt m^{19} intellect, verstand
intellektuell intellectueel, verstandelijk
intelligent intelligent
Intelligenz v^{28} 1 intelligentie; 2 intelligentsia
Intendant m^{14} intendant, toneeldirecteur, leider van radio-omroep, van televisieomroep
Intensität v^{20} intensiteit
intensiv intensief
Intensivpflegestation, Intensivstation v^{20} intensivecareafdeling
Intention v^{20} intentie, bedoeling
Intercity m^{13}, **Intercityzug** m^6 intercity(trein)
interessant interessant, belangwekkend
Interesse o^{38} 1 belangstelling: ~ *an*$^{+3}$ *etwas haben* belangstelling voor iets hebben; 2 belang: *im öffentlichen* ~ in het algemeen belang
Interessenbereich m^5, **Interessengebiet** o^{29} gebied waarvoor iem bijzondere belangstelling heeft, interessesfeer
Interessengemeinschaft v^{20} belangengemeenschap
Interessent m^{14} 1 geïnteresseerde, belangstellende; 2 gegadigde; 3 belanghebbende

interessieren[320] interesseren: *jmdn an einem* (of: *für ein) Geschäft* ~ iem voor een zaak interesseren; *sich* ~ *für*[+4] belangstellen in
interessiert geïnteresseerd, belangstellend: ~ *sein an*[+3] belangstelling hebben voor
Interjektion *v*[20] interjectie, tussenwerpsel
intern intern, inwendig; inwonend
Internat *o*[29] internaat, kostschool
international internationaal
Internet *o*[39], *o*[39a] internet: *im* ~ op het internet
internieren[320] interneren
Internierungslager *o*[33] interneringskamp
Internist *m*[14] internist
interpellieren[320] interpelleren
Interpret *m*[14] **1** verklaarder; **2** vertolker
Interpretation *v*[20] interpretatie
interpretieren[320] interpreteren
Interpunktion *v*[20] interpunctie
intervenieren[320] interveniëren, tussenbeide komen
Intervention *v*[20] interventie
Interview *o*[36] interview
interviewen interviewen
Interviewer *m*[9] interviewer
intim intiem: *ein ~es Lokal* een gezellige gelegenheid
Intimbereich *m*[5] **1** genitale streek; **2** intieme levenssfeer
Intimität *v*[20] intimiteit
intolerant intolerant, onverdraagzaam
Intonation *v*[20] intonatie
intonieren[320] intoneren
Intrigant *m*[14] intrigant
Intrige *v*[21] intrige
Introduktion *v*[20] introductie
introduzieren[320] introduceren
introvertiert introvert
Intuition *v*[20] intuïtie
intuitiv intuïtief
Invalide *m*[15] invalide
Invalidität *v*[28] invaliditeit
Invasion *v*[20] invasie
Inventar *o*[29] **1** inventaris; **2** boedelbeschrijving || *lebendes und totes* ~ levende en dode have
inventarisieren[320] inventariseren
Inventur *v*[20] inventarisatie
investieren[320] **1** investeren: ~ *in*[+3, +4] investeren in; **2** installeren
Investition *v*[20] investering
Investor *m*[16] belegger, investeerder
inwendig inwendig, (van) binnen
inwiefern, inwieweit in hoever(re)
Inzucht *v*[20] inteelt
inzwischen intussen, ondertussen
i.R. *afk van im Ruhestand* gepensioneerd
Irak *m*[19] Irak
Iraker *m*[9] Irakees, Irakiër, Iraki
irakisch Irakees, Iraaks
Iran *m*[19] Iran, Perzië
Iraner *m*[9] Iraniër, Pers

iranisch Iraans, Perzisch
irden aarden, stenen: ~*es Geschirr* aardewerk
irdisch aards
Ire *m*[15] Ier
irgend ook (maar); enigszins: ~ *etwas, oude spelling voor* irgendetwas, *zie* irgendetwas: ~ *jemand, oude spelling voor* irgendjemand, *zie* irgendjemand: *wenn ich* ~ *kann* als ik maar enigszins kan
irgendein een of ander
irgendeiner *zie* irgendwelcher
irgendetwas wat ook, het een of ander
irgendjemand de een of ander, iemand, wie ook
irgendwann eens, ooit
irgendwas het een of ander, wat ook
irgendwelcher, irgendwer de een of ander, iemand, wie ook
irgendwie op de een of andere manier, hoe dan ook; ergens
irgendwo ergens, waar ook
irgendwoher ergens vandaan
irgendwohin ergens heen, waarheen ook
Irin *v*[22] Ierse
irisch Iers
Irland *o*[39] Ierland
Ironie *v*[21] ironie
irrational, irrationell irrationeel
irre **1** geestesziek, gek, gestoord; **2** in de war, onzeker: ~ *werden, oude spelling voor* irrewerden, *zie* irrewerden **3** bijzonder; **4** buitengewoon, ontzettend
Irre *v*[28]: *in die* ~ *führen* op een dwaalspoor brengen
irreal irreëel, onwerkelijk
irreführen op een dwaalspoor brengen, misleiden
Irreführung *v*[20] misleiding
irregehen[168] **1** verdwalen, op de verkeerde weg raken; **2** zich vergissen
irreleiten misleiden
irremachen van de wijs brengen
irren **I** *intr* **1** dwalen, zwerven; **2** niet juist zijn; **3** zich vergissen; **II** *sich* ~ zich vergissen, het mis hebben
Irrenanstalt *v*[20] psychiatrisch ziekenhuis
Irre(r) *m*[40a], *v*[40b] krankzinnige
irrewerden gek worden: *an jmdm* ~ niet weten wat men aan iem heeft
Irrfahrt *v*[20] zwerftocht
Irrgarten *m*[12] doolhof, labyrint
irrig verkeerd, onjuist
irritieren[320] **1** irriteren; **2** van de wijs brengen
Irrlehre *v*[28] dwaalleer
Irrlicht *o*[31] dwaallicht
Irrsinn *m*[19] krankzinnigheid, waanzin
irrsinnig krankzinnig, waanzinnig
Irrtum *m*[8] dwaling, vergissing, abuis: *im* ~ *sein* (of: *sich im* ~ *befinden)* zich vergissen
irrtümlich **1** onjuist; **2** abusievelijk
Irrung *v*[20] vergissing, dwaling, misverstand
Irrweg *m*[5] dwaalweg
Islam *m*[19], *m*[19a] islam
islamisch islamitisch
Islamit *m*[14] islamiet

islamitisch islamitisch
Island o^{39} IJsland
Isolation v^{20} **1** isolatie; **2** isolement
isolieren[320] isoleren, afzonderen
Isolierung v^{20} **1** isolering, isolatie; **2** isolement
Israel o^{39} Israël
Israeli m^{13} *(2e nvl ook -; mv ook -)* Israëli
israelisch Israëlisch
Israelit m^{14} Israëliet
israelitisch Israëlitisch
Italien o^{39} Italië
Italiener m^{9} Italiaan
italienisch Italiaans
i-Tüpfelchen o^{35} puntje op de i

is

j

j [jot] *o (2e nvl -; mv -) (letter en klank)* j

ja 1 ja: *ich glaube* ~ ik denk van wel; **2** immers, toch: *das ist* ~ *richtig, aber … dat is wel waar, maar …; es muss* ~ *sein* het moet immers gebeuren; **3** in ieder geval: ~ *freilich* ja zeker; *tu das* ~ *nicht!* doe dat in geen geval! || *da bist du* ~! daar ben je eindelijk!; *da kommt er* ~ daar is hij al

Jacht *v²⁰ (scheepv)* jacht

Jacke *v²¹* **1** (colbert)jasje; **2** (dames)vest || *jmdm die* ~ *voll hauen* iem een pak slaag geven

Jackenkleid *o³¹* deux-pièces

Jackett *o³⁶, o²⁹* colbertjasje

Jagd *v²⁰* jacht, jachtgebied: *hohe* ~ jacht op grof wild; *niedere* ~ jacht op klein wild

Jagdaufseher *m⁹* jachtopziener, *(Belg)* jachtwachter

jagdberechtigt jachtrecht bezittend

Jagdbomber *m⁹* jachtbommenwerper

Jagdfrevel *m⁹* stroperij

Jagdhund *m⁵* jachthond

Jagdrevier *o²⁹* jachtterrein, jachtveld

Jagdschein *m⁵* jachtakte, *(Belg)* jachtvergunning

jagen I *tr* **1** jagen, vervolgen; **2** jacht maken op; **II** *intr* op jacht gaan, zijn; jachten, rennen

Jäger *m⁹* jager

Jägerei *v²⁸* **1** jachtwezen; **2** jagerij

jäh 1 steil *(van afgrond);* **2** plotseling; **3** heftig *(van toorn)*

Jahr *o²⁹* jaar: *ein Mann in seinen* ~*en* een man van zijn leeftijd

jahraus: ~ *jahrein* jaar in jaar uit

jähren, sich een jaar geleden zijn

Jahresabschluss *m⁶* **1** *(handel)* jaarrekening; **2** afsluiting van het (school)jaar

Jahresbericht *m⁵* jaarverslag

Jahresende *o³⁸* einde van het jaar

Jahresfrist *v²⁰* jaartermijn: *binnen* ~ binnen een jaar; *nach* ~ na verloop van een jaar; *vor* ~ een jaar geleden

Jahresgehalt *o³²* jaarsalaris

Jahreswechsel *m⁹* jaarwisseling: *den Jahreswechsel feiern* oud en nieuw vieren

Jahreszahl *v²⁰* jaartal

Jahreszeit *v²⁰* jaargetijde, seizoen

Jahrfünft *o²⁹* (tijdperk van) 5 jaar, lustrum

Jahrgang *m⁶* **1** jaargang; **2** *(mil)* lichting

Jahrhundert *o²⁹* eeuw

Jahrhundertwende *v²¹* eeuwwisseling

jährlich jaarlijks

Jahrmarkt *m⁶* jaarmarkt; kermis

Jahrtausend *o²⁹* (tijdperk van) 1000 jaar, millennium

Jahrzehnt *o²⁹* (tijdperk van) 10 jaar, decennium

Jähzorn *m¹⁹* drift, opvliegendheid, woede

jähzornig driftig, opvliegend

Jammer *m¹⁹* **1** ellende, verdriet; **2** gejammer, geweeklaag || *es ist ein* ~ het is vreselijk

Jammergeschrei *o³⁹* geweeklaag, gejammer

Jammergestalt *v²⁰* **1** smartelijk figuur; **2** sukkel

Jammerlappen *m¹¹* sukkel

jämmerlich 1 jammerlijk, ellendig, erbarmelijk; **2** armzalig; **3** ontzettend, heel erg

jammern jammeren, klagen

jammerschade (erg) jammer, doodjammer

Jammertal *o³⁹* tranendal

jammervoll jammerlijk, ellendig, erbarmelijk

Januar *m⁵ (2e nvl ook -)* januari

Japan *o³⁹* Japan

Japaner *m⁹* Japanner, Japannees

Japanerin *v²²* Japanse, Japannese

japanisch Japans, Japannees

Jasmin *m⁵* jasmijn

Jastimme *v²¹* **1** stem voor; **2** voorstemmer

jäten wieden

jauchzen juichen, jubelen

Jauchzer *m⁹* juichkreet

jaulen janken, huilen

jawohl ja, jawel

Jazzband *v²⁷* jazzband

je ooit: *warst du* ~ *in Berlin?* ben je ooit in Berlijn geweest? || ~ *Kilogramm* per kilo; *auf* ~ *drei Mann* op elke drie man; ~ *Tag* per dag; ~ *nach den Umständen* al naar de omstandigheden; ~ *nachdem* dat hangt ervan af; ~ *länger,* ~ *lieber* hoe langer hoe liever

Jeans [dzjienz] *mv* spijkerbroek

jedenfalls in ieder geval, stellig

jeder, jede, jedes⁶⁸ ieder, elk, iedereen: *ohne jeden Zweifel* zonder enige twijfel; *ein jeder* iedereen; *er besuchte mich jeden zweiten Tag* hij bezocht mij om de andere dag; *jede 7 Minuten* alle 7 minuten; *jedes Mal* telkens

jedermann ieder(een)

jederzeit steeds, te allen tijde

jedesmal *oude spelling voor jedes Mal, zie* jeder

jedoch echter, maar, evenwel, toch

jeglich elk, ieder

jeher: *von* ~ vanouds, van oudsher

jemals ooit

jemand iemand

jener, jene, jenes⁶⁸,⁷⁷ die, dat, gene, gindse

jenseitig aan de overkant

jenseits *vz⁺²* aan de andere zijde, aan de overkant

Jenseits *o³⁹ᵃ* (de) andere wereld; hiernamaals

Jesuit *m¹⁴* jezuïet

jetten [dzjɛtən] (met een jet) vliegen

jetzig tegenwoordig, van nu, huidig

jetzt nu, thans, tegenwoordig

Jetztzeit v^{28} tegenwoordige tijd, heden

jeweilig van het ogenblik, van dat ogenblik: *die ~e Politik* de politiek van het ogenblik

jeweils 1 telkens, steeds; 2 op een gegeven ogenblik

jobben een tijdelijk baantje hebben

Jobber m^9 iem met een tijdelijk baantje

Joch o^{29} 1 juk *(ook fig)*; 2 bergpas

Jochbein o^{29} jukbeen

Jockei, Jockey m^{13} *(sp)* jockey

Jod o^{39} jodium

Joghurt, Jogurt m, o (2e nvl -(s); mv -(s)), v^{27} yoghurt

Johannisbeere v^{21} aalbes

johlen joelen, schreeuwen

Joint m^{13} 1 joint, stickie; 2 *(jeugdtaal)* sigaret

jonglieren ^{320} jongleren

Joppe v^{21} jopper, jekker

Jordanien o^{39} Jordanië

Jordanier m^9 Jordaniër

jordanisch Jordaans

Jot o (2e nvl -; mv -) j *(letter, klank)*

Journalist m^{14} journalist

Journalistik v^{28} journalistiek

jovial joviaal

Jovialität v^{28} jovialiteit

Jubel m^{19} 1 gejubel, gejuich; 2 feestvreugde

jubeln jubelen, juichen

Jubelpaar o^{29} bruidspaar, jubilerend paar

Jubelruf m^5 jubelkreet, juichkreet

Jubilar m^5 jubilaris

Jubiläum o (2e nvl -s; mv Jubiläen) jubileum

jubilieren ^{320} 1 *(iron)* jubileren; 2 jubelen

juchhe, juchhei, juchheisa tw hoera!

jucken I tr en intr jeuken: *es juckt mich:* a) ik heb jeuk; b) ik heb zin; II *sich* ~ zich krabben

Jucken o^{39} jeuk

Jude m^{15} jood

Jüdin v^{22} jodin

jüdisch joods

Judo o^{39}, o^{39a} judo

Jugend v^{28} jeugd *(ook fig): von ~ an* (of: *auf)* van jongs af aan

Jugendamt o^{32} kinderbescherming, *(Belg)* jeugdbijstand

Jugendarbeit ^{28} 1 kinderarbeid; 2 jeugdzorg

jugendfrei (toegang) voor alle leeftijden

Jugendgericht o^{29} kinderrechtbank, *(Belg)* jeugdrechtbank

Jugendherberge v^{21} jeugdherberg

Jugendhilfe v^{28} kinderbescherming, *(Belg)* jeugdbijstand

Jugendjahre mv o^{29} jeugdjaren

Jugendleiter m^9 jeugdleider, *(Belg)* monitor

Jugendleiterin v^{22} jeugdleidster, *(Belg)* monitrice

jugendlich jeugdig, jong, jeugd-

Jugendliche(r) m^{40a}, v^{40b} jeugdige persoon *(van 14 t/m 17 jaar)*, jongere

Jugendrichter m^9 kinderrechter, *(Belg)* jeugdrechter

Jugendschutz m^{19} kinderbescherming, *(Belg)* jeugdbijstand

Jugendstil m^{19} Jugendstil, art nouveau

Jugendzeit v^{20} (tijd der) jeugd

Jugoslawe m^{15} Joegoslaaf; Joegoslaviër

Jugoslawien o^{39} Joegoslavië

jugoslawisch Joegoslavisch

Juli m^{13} (2e nvl ook -) juli

jung ^{58} jong: *ein jüngerer Mann* een tamelijk jonge man

Junge m^{15} *(volkstaal)* (mv ook Jungs, Jungens) 1 jongen; 2 boer *(in kaartspel)*

Jüngelchen o^{35} jongetje, ventje, kereltje

jungenhaft jongensachtig

Jünger m^9 discipel, volgeling, aanhanger

Jüngerschaft v^{28} discipelen, volgelingen

Junge(s) o^{40c} jong *(van dier)*

Jungfer v^{21} juffrouw, juffer

Jungfernfahrt v^{20} eerste reis *(van schip)*

Jungfrau v^{20} 1 maagd; 2 *(astrol)* Maagd

jungfräulich maagdelijk, rein

Junggeselle m^{15} vrijgezel

Junglehrer m^9 beginnend leraar

Jüngling m^5 jongeman, jongeling

jüngst I bn jongst, laatst; II bw laatst, onlangs

Jungtier o^{29} jong dier, jong

Juni m^{13} (2e nvl ook -) juni

Junior m^{16} junior

Jura: ~ *studieren* rechten studeren

Jurist m^{14} 1 jurist, rechtsgeleerde; 2 rechtenstudent

juristisch juridisch, rechtskundig

Jury, Jury v^{27} jury

Justiz v^{28} justitie

Justizbehörde v^{21} rechterlijke macht

Justizkanzlei v^{20} griffie

Justizrat m^6 raadsheer, rechter *(ook eretitel)*

Justizverwaltung v^{20} rechterlijke macht

Juwel I o^{37}, m^{16} juweel, kleinood; II o^{29} juweel, parel *(van personen)*

Juwelier m^5 juwelier

Jux m^5 scherts, grap

juxen gekheid maken

k

Kabale v^{21} intrige, list
Kabarett o^{36}, o^{29} cabaret
Kabarettist m^{14} cabaretier
Kabel o^{33} kabel
Kabelfernsehen o^{39} kabeltelevisie
Kabeljau m^5, m^{13} kabeljauw
Kabine v^{21} 1 cabine; 2 *(scheepv)* hut; 3 badhokje, kleedhokje
Kabinenbahn v^{20} kabelbaan *(met cabines)*
Kabinett o^{29} kabinet
Kachel v^{21} (geglazuurde) tegel
kacheln betegelen
Kachelofen m^{12} tegel-, faiencekachel
Kacke v^{28} *(inform)* kak, poep: *so eine ~!* wat een shit!
kacken *(inform)* kakken, poepen
Kader m^9 1 kader, leiding; 2 *(sp)* selectie
Kadett m^{14} *(mil)* cadet
Käfer m^9 kever, tor
Kaffee m^{19} koffie: *~ aufbrühen* (of: *kochen*) koffiezetten
Kaffeebohne v^{21} koffieboon
Kaffeemaschine v^{21} koffiezetapparaat
Kaffeeservice o^{33} *(2e nvl ook -)* koffieservies
Kaffeetisch m^5 koffietafel
Kaffeewärmer m^9 theemuts
Kaffein o^{39} cafeïne, coffeïne
Käfig m^5 kooi, hok; kooitje
kahl kaal
Kahlkopf m^6 kaal hoofd, kaalkop
Kahlschlag m^6 kaalslag
Kahn m^6 1 bootje, roeiboot; 2 aak; 3 *(inform)* schuit
Kai m^{13}, m^5 kade, wal
Kaiman m^5 *(dierk)* kaaiman
Kaiser m^9 keizer
Kaiserbrötchen o^{35} rond broodje
kaiserlich keizerlijk
Kaiserreich o^{29} keizerrijk
Kaiserschmarren m^{11} zoete omelet
Kaiserschnitt m^5 *(med)* keizersnede
Kajak m^{13}, o^{36} kajak
Kajüte v^{21} kajuit, hut
Kakao [kakau, kakaoo] m^{13} cacao: *jmdn durch den ~ ziehen* iem belachelijk maken
kakeln kakelen *(ook fig)*
Kakerlak m^{14}, m^{16} kakkerlak
Kaktee v^{21}, **Kaktus** m *(2e nvl -; mv Kakteen)* cactus

Kalamität v^{20} calamiteit
Kalauer m^9 flauwe mop
Kalb o^{32} 1 kalf; 2 kalfsvlees; 3 *(fig)* onnozele hals
kalben kalven
Kalbsbraten m^{11} gebraden kalfsvlees
Kalbsbries o^{29} (kalfs)zwezerik
Kalbsschnitzel o^{33} kalfsschnitzel, kalfslapje
Kalender m^9 kalender, almanak
Kaliber o^{33} kaliber
Kalk m^5 kalk: *bei ihm rieselt (schon) der ~* hij begint af te takelen
kalken kalken, witten
kalkhaltig kalkhoudend
kalkig 1 kalkachtig, krijtwit; 2 kalkhoudend
Kalkstein m^5 kalksteen
Kalkül m^5, o^{29} berekening, overleg
Kalkulation v^{20} calculatie, (prijs)berekening
Kalkulator m^{16} calculator
kalkulieren ^{320} calculeren, berekenen
Kalme v^{21} windstilte, kalmte
Kalorie v^{21} calorie
kalorienarm caloriearm
kalt ^{58} 1 koud, koel, kil: *mir ist ~ ik heb het koud; ~e Miete* kale huur, huur exclusief verwarmingskosten; *~ stellen* op een koele plaats zetten; 2 koel, nuchter; 3 afwijzend, onvriendelijk
kaltblütig 1 koudbloedig; 2 koelbloedig
Kälte v^{21} 1 kou; 2 kilte, koelheid; 3 kilheid
Kälteeinbruch m^6 kou-inval, koudegolf
Kältewelle v^{21} koudegolf
Kaltfront v^{20} koufront
kaltherzig koud, ongevoelig, harteloos
Kaltluft v^{28} koude lucht
kaltmachen koud maken, ombrengen
Kaltmiete v^{21} kale huur, huur exclusief verwarmingskosten
kaltschnäuzig gevoelloos, meedogenloos
kaltstellen uitrangeren; uitschakelen
Kalvinismus m^{19a} calvinisme
Kalzium o^{39} calcium
Kamel o^{29} 1 kameel; 2 *(fig)* stommeling, ezel
Kamera v^{27} camera
Kamerad m^{14} kameraad, makker, maat
Kameradin v^{22} vriendin, kameraad
Kameradschaft v^{20} kameraadschap
kameradschaftlich kameraadschappelijk
Kameramann m^8 *(mv ook -leute)* cameraman
Kamille v^{21} kamille
Kamin m^5 1 schoorsteen; 2 open haard
Kaminfeuer o^{33} haardvuur
Kamm m^6 kam
kämmen kammen
Kammer v^{21} 1 kamer, (zij)kamertje; 2 berging; 3 hut, kajuit; 4 *(pol, jur)* kamer; 5 *(mil)* wapenkamer; 6 kamer *(van hart, schutsluis, vuurwapen)*
Kämmerei v^{20} gemeentekas
Kämmerer m^9 gemeenteontvanger
Kammermusik v^{28} kamermuziek
Kammerorchester o^{33} kamerorkest

Ka

Kammerspiel o^{29} toneelstuk voor een klein theater

Kammgarn o^{29} kamgaren

Kampagne v^{21} campagne

Kampf m^6 1 strijd, gevecht; 2 *(sp)* wedstrijd, match

kampfbereit gevechtsklaar, paraat

kämpfen 1 vechten, strijden; 2 *(sp)* een wedstrijd houden, spelen

Kampfer m^{19} kamfer

Kämpfer m^9 1 strijder, vechter; 2 vechtersbaas; 3 voorvechter, verdediger

kämpferisch 1 strijdlustig; 2 de strijd, het gevecht betreffend

kampffähig in staat om te vechten

Kampfflugzeug o^{29} gevechtsvliegtuig

Kampfhandlung v^{20} gevechtshandeling

Kampfpause v^{21} gevechtspauze

Kampfplatz m^6 arena, strijdperk

Kampfrichter m^9 kamprechter, jurylid

Kampfstoff m^5 *(mil)* ABC-wapen

kampfunfähig niet in staat om te vechten: ~ *machen* buiten gevecht stellen

Kampfverband m^6 gevechtsformatie

Kanada o^{39} Canada

Kanadier m^9 Canadees

kanadisch Canadees

Kanaille v^{21} schoft, schurk, schooier

Kanal m^6 1 kanaal, *(Belg)* rei; 2 gracht; 3 riool

Kanaldeckel m^9 riooldeksel

Kanalisation v^{20} 1 kanalisatie; 2 riolering

kanalisieren ^{320} 1 kanaliseren; 2 van een riool voorzien

Kanarienvogel m^{10} kanarie(vogel)

Kanarisch: ~*e Inseln* Canarische eilanden

Kandare v^{21} gebitstang, bit: *jmdn an der ~ haben* (of: *halten*) iem in toom houden

Kandidat m^{14} kandidaat

Kandidatur v^{20} kandidatuur

kandidieren ^{320} zich kandidaat stellen, kandidaat zijn

Kandis m^{19a}, **Kandiszucker** m^{19} kandij(suiker)

Känguru o^{36} kangoeroe

Känguruh *oude spelling voor* Känguru, *zie* Känguru

Kaninchen o^{35} konijn(tje)

Kaninchenbau m^5 konijnenhol

Kanister m^9 bus, jerrycan, (benzine)tankje

Kännchen o^{35} kannetje

Kanne v^{21} kan, pot, kruik: *es gießt wie mit* (of: *aus*) ~*n* het regent, dat het giet

Kannibale m^{15} 1 kannibaal; 2 *(fig)* onmens

kannibalisch 1 kannibaals; 2 wreed; 3 geweldig

Kanon m^{13} canon

Kanone v^{21} 1 kanon; 2 *(sp)* crack; 3 *(fig)* kei, kopstuk; 4 *(iron)* revolver

Kanonenboot o^{29} kanonneerboot

Kanonendonner m^9 kanongebulder

Kanonenfutter o^{39} kanonnenvlees

Kantate v^{21} *(muz)* cantate

Kante v^{21} 1 *(meetk)* ribbe; 2 scherpe kant; 3 kant, rand, zoom, boord; 4 scherpe bergkam ‖ *auf die*

hohe ~ legen opzijleggen

kanten 1 *(skiën)* kanten; de kanten naar binnen draaien; 2 op z'n kant zetten, kantelen

kantig kantig, met scherpe kanten, hoekig

Kantine v^{21} kantine

Kanton m^5 *(Zwits ook)* o^{29} kanton

Kantor m^{16} cantor, voorzanger

Kantorei v^{20} cantorij, kerkkoor

Kanu o^{36} kano

Kanzel v^{21} 1 kansel *(ook fig);* 2 cockpit

Kanzlei v^{20} 1 kanselarij, griffie, secretarie; 2 kantoor *(van advocaat, notaris)*

Kanzler m^9 kanselier, minister-president

Kap o^{36} kaap

kapabel capabel, geschikt, bekwaam

Kapazität v^{20} 1 capaciteit, vermogen; 2 autoriteit, expert

Kapelle v^{21} 1 kapel; 2 *(hist)* kerkkoor; 3 orkestje

Kapellmeister m^9 1 kapelmeester; 2 dirigent

Kaper m^9 *(hist)* 1 kaperschip; 2 kaper

kapern kapen: *sich einen Mann ~* een man aan de haak slaan

kapieren ^{320} begrijpen, snappen

kapital kapitaal, geweldig, enorm (groot)

Kapital o^{29} *(mv ook -ien)* kapitaal: ~ *aus*$^{+3}$ *etwas schlagen* munt uit iets slaan

Kapitalbuchstabe m^{18} hoofdletter

Kapitalismus m^{19a} kapitalisme

Kapitalist m^{14} kapitalist

kapitalistisch kapitalistisch

kapitalkräftig kapitaalkrachtig

Kapitalmarkt m^6 kapitaalmarkt

Kapitalverbrechen o^{35} zeer ernstig misdrijf

Kapitän m^5 1 *(scheepv)* kapitein; 2 *(luchtv)* gezagvoerder; 3 *(sp)* aanvoerder, captain

Kapitel o^{33} 1 kapittel; 2 hoofdstuk: *(fig) ein trauriges* ~ een droeve zaak

kapiteln kapittelen, de les lezen

Kapitulation v^{20} capitulatie, overgave

kapitulieren ^{320} capituleren

Kaplan m^6 kapelaan

Kappe v^{21} 1 muts, kap, pet; 2 kapje *(van brood);* 3 kap *(van gewelf);* 4 neus, punt *(van schoen);* 5 dop: *es geht* (of: *kommt*) *auf seine* ~ het is voor zijn rekening; *etwas auf seine* ~ *nehmen* iets voor zijn verantwoording nemen

kappen 1 kappen, doorsnijden, afsnijden; 2 snoeien, toppen; 3 castreren

Kapriole v^{21} capriool

Kapsel v^{21} 1 *(med)* kapsel; 2 foedraal, etui, huls; 3 zaaddoos; 4 capsule

kaputt 1 kapot, stuk, defect; 2 moe, uitgeput

Kapuze v^{21} kap, capuchon

Karabiner m^9 1 karabijn; 2 karabijnhaak

Karaffe v^{21} karaf

Karambolage v^{21} 1 *(sp)* carambole; 2 botsing

karambolieren ^{320} 1 caramboleren; 2 botsen

Karat o^{29} karaat

Karawane v^{21} karavaan

Kardan m^5 cardanas
Kardangelenk o^{29} cardankoppeling
Kardanwelle v^{21} cardanas
kardinal kardinaal, fundamenteel
Kardinal m^6 kardinaal
Kardinalfehler m^9 kardinale fout
Kardinalzahl v^{20} 1 hoofdtelwoord; 2 grondgetal
Kardiologe m^{15} cardioloog
Kardiologie v^{28} cardiologie
Karenz v^{20} 1 *(med)* onthouding; 2 wachttijd
Karenzfrist, Karenzzeit v^{20} wachttijd
Karfreitag m^5 Goede Vrijdag
karg ^{59} 1 karig, schraal; ~ *mit Worten* karig met woorden; 2 armelijk, armoedig; 3 sober
kargen zuinig, spaarzaam zijn: *mit* $^{+3}$ *etwas* ~ karig, zuinig met iets zijn
Kargheit v^{28} karigheid; *zie ook* karg
kärglich karig, schamel, armoedig
Karibik v^{28} Caraïbische Zee
kariert geruit: ~ *reden* verward praten
Karies v^{28} cariës, tandbederf
Karikatur v^{20} karikatuur
karikieren ^{320} karikaturiseren
karitativ charitatief, liefdadig
Karkasse v^{21} karkas
Karneval m^5, m^{13} carnaval
Karnevalist m^{14} carnavalsvierder
Karnickel o^{33} 1 konijn(tje); 2 zondebok
Kärnten o^{39} Karinthië
Karo I o *(2e nvl -s; mv Karo)* ruiten *(bij kaartspel)*; II o^{36} ruit, vierkant
Karosse v^{21} 1 karos, koets; 2 carrosserie
Karosserie v^{21} carrosserie, koetswerk
Karotte v^{21} peen, wortel
Karpfen m^{11} karper
Karre v^{21} 1 kar, (krui)wagen; 2 oude rammelkast || *die* ~ *aus dem Dreck ziehen* de zaak opknappen; *die* ~ *war total verfahren* de zaak was hopeloos in de war
Karree o^{36} 1 carré; 2 ribstuk; 3 (huizen)blok
karren kruien; karren
Karren m^{11} *zie* Karre
Karriere v^{21} carrière
Karrierefrau v^{20} carrièrevrouw
Karsamstag m^5 paaszaterdag
Karte v^{21} 1 kaart: ~*n spielen* kaarten; *nach der* ~ *essen* à la carte eten; *alle* ~*n in der Hand haben* alle troeven in handen hebben; *(sp) die gelbe, rote* ~ de gele, rode kaart; 2 (visite)kaartje; 3 ansicht, briefkaart; 4 kaartje, biljet; 5 landkaart
Kartei v^{20} kaartsysteem, cartotheek
Kartell o^{29} kartel
Kartellamt o^{32}, **Kartellbehörde** v^{21} kartelbureau
karten kaarten, kaartspelen
Kartenhaus o^{32} kaartenhuis *(ook fig)*
Kartenspiel o^{29} kaartspel
Kartenspieler m^9 kaartspeler
Kartoffel v^{21} 1 aardappel; 2 *(neus)* kokkerd; 3 *(in kous)* knol, groot gat; 4 knol, groot horloge

Kartoffelbrei m^{19} aardappelpuree
Kartoffelklößchen o^{35} aardappelknoedel
Kartoffelpuffer m^9 aardappelpannenkoek
Kartoffelpüree o^{39} aardappelpuree
Kartoffelsalat m^5 aardappelsalade
Karton m^{13}, m^5 1 karton; 2 kartonnen doos
Kartothek v^{20} cartotheek, kaartsysteem
Karussell o^{29}, o^{36} carrousel, draaimolen
Karwoche v^{21} goede week, stille week
karzinogen carcinogeen, kankerverwekkend
Karzinom o^{29} carcinoom, tumor
kaschieren ^{320} verbergen, verhelen
Käse m^9 1 kaas; 2 onzin, nonsens
Käsebrot o^{29} boterham met kaas
Käseglocke v^{21} kaasstolp
Käsekuchen m^{11} kwarktaart
käsen kazen, kaas maken
Käserei v^{20} 1 kaasmakerij; 2 kaasbereiding
Käserinde v^{21} kaaskorst
Kaserne v^{21} kazerne
Kasernenhof m^6 binnenplaats van de kazerne
käsig 1 kaasachtig; 2 vaalbleek
Kasino o^{36} 1 casino; 2 *(mil)* mess; 3 kantine
Kaskade v^{21} cascade
Kasko m^{13} casco
Kaskoschaden m^{12} blikschade
kaskoversichern een cascoverzekering sluiten
Kaskoversicherung v^{20} cascoverzekering
Kasper m^9 Janklaassen
Kaspertheater o^{33} poppenkast
Kasse v^{21} 1 kas: *die* ~ *führen* de kas houden; ~ *machen* de kas opmaken; 2 kassa; 3 ziekenfonds; 4 spaarbank || *zur* ~ *gebeten werden* moeten betalen; *gegen* (of: *per*) ~ contant; *getrennte* ~ *führen* (of: *haben*) elk voor zichzelf betalen
Kassenarzt m^6 ziekenfondsarts
Kassenbestand m^6 bedrag in kas, kassaldo
Kassenbon m^{13} kassabon
Kassenbrille v^{21} ziekenfondsbril(letje)
Kassenerfolg m^5 kasstuk
Kassenführer m^9 kassier; penningmeester
Kassenpatient m^{14} fondspatiënt, *(Belg)* mutualist
Kassenschlager m^9 kasstuk
Kassensturz m^6 (het) opmaken van de kas: ~ *machen* de kas opmaken
Kassenwart m^5 penningmeester
Kassenzettel m^9 kassabon
Kassette v^{21} 1 cassette; 2 hoes *(voor boek, plaat)*; 3 huls *(voor filmrolletje)*
Kassettenrecorder, Kassettenrekorder m^9 cassetterecorder
Kassettenspieler m^9 cassettespeler
Kassiber m^9 geheim briefje
kassieren ^{320} 1 incasseren, beuren; 2 *(inform)* arresteren; 3 in beslag nemen, inpikken
Kassierer m^9 kassier; penningmeester
Kassiererin v^{22} kassière
Kastanie v^{21} kastanje
Kästchen o^{35} 1 cassette; 2 hokje, vakje

Ka

Kaste v[21] kaste

kasteien, sich zich kastijden, zich tuchtigen

Kastell o[29] fort, citadel

Kasten m[12], *zelden* m[11] **1** kist, bak, krat, doos: *ein ~ Bier* een krat bier; **2** *(Z-Dui, Oostenr, Zwits)* kast; **3** brievenbus; **4** *(sp)* doel; **5** *(sp)* springkast; **6** *(mil)* bak; **7** laadbak; **8** kast *(lelijk gebouw)* || *etwas auf dem ~ haben* iets in z'n mars hebben

kastrieren[320] castreren

Kasus m *(2e nvl -; mv -)* **1** geval; **2** naamval

Kasusendung v[20] naamvalsuitgang

Kat m[13] *verk van Katalysator* **1** katalysator; **2** auto met katalysator

Katalog m[5] **1** catalogus; **2** *(fig)* waslijst

katalogisieren[320] catalogiseren

Katalysator m[16] katalysator

Katalysatorauto o[36] auto met katalysator

katapultieren[320] met een katapult lanceren, katapulteren

Kataster m[9], o[33] kadaster

Katasteramt o[32] kadaster *(het gebouw)*

katastrophal catastrofaal, noodlottig

Katastrophe v[21] catastrofe, ramp

Katastrophendienst m[5] rampendienst

Katastrophenschutz m[19] **1** rampendienst; **2** maatregelen ter voorkoming van rampen

Katechese v[21] catechese, catechisatie

Katechismus m *(2e nvl -; mv -men)* catechismus

Kategorie v[21] categorie, soort, klasse

Kater m[9] *(ook fig)* kater

Kathedrale v[21] kathedraal, domkerk

Katheter m[9] *(med)* catheter

katheterisieren[320] catheteriseren

Katholik m[14] katholiek

Katholikin v[22] katholieke vrouw

katholisch katholiek

Katholizismus m[19a] katholicisme

Kätzchen o[35] katje *(ook plantk)*

Katze v[21] kat, poes: *die ~ aus dem Sack lassen* met iets voor de dag komen

katzenartig katachtig

Katzenauge o[38] **1** kattenoog; **2** katoog *(halfedelsteen)*; **3** reflector

Katzenbuckel m[9] kromme rug

Katzendreck m[19] kattenpoep || *das ist kein ~* dat is niet niks

Katzenjammer m[19] *(fig)* kater, katterigheid

Kauderwelsch o[39] koeterwaals

kauen 1 kauwen: *an den Nägeln ~* op de nagels bijten; **2** *(tabak)* pruimen

kauern I *intr* hurken; **II** *sich ~* (neer)hurken

Kauf m[6] koop, aankoop: *zum ~ anbieten* te koop aanbieden; *etwas in ~ nehmen* iets op de koop toe nemen

kaufen kopen

Käufer m[9] koper, klant

Kaufhalle v[21], **Kaufhaus** o[32] warenhuis

Kaufkraft v[28] koopkracht

kaufkräftig koopkrachtig

Kaufleute mv kooplieden

käuflich 1 te koop: *~ erwerben* aankopen; **2** omkoopbaar

Käuflichkeit v[28] omkoopbaarheid

Kauflust v[28] kooplust

kauflustig kooplustig

Kaufmann m *(2e nvl -(e)s; mv -leute)* koopman, zakenman, handelaar: *er ist ~* hij is in de handel

kaufmännisch commercieel, handels-: *~e Lehre* handelsopleiding; *~er Unterricht* handelsonderwijs; *~er Angestellter* employé

Kaufvertrag m[6] koopcontract

Kaugummi m[13], o[36] kauwgom

kaum 1 nauwelijks, bijna niet; **2** pas, net; **3** vermoedelijk niet

kausal causaal, oorzakelijk

Kautabak m[5] pruimtabak

Kaution v[20] cautie, borgstelling, borgtocht

Kautschuk m[5] rubber

Kauz m[6] uil: *ein wunderlicher ~* een vreemde vogel

Kavalier m[5] **1** gentleman, heer: *ein ~ am Steuer* een heer in het verkeer; **2** aanbidder, cavalier

Kavallerie v[21] cavalerie, ruiterij

Kavallerist m[14] cavalerist

Kaviar m[5] kaviaar

keck 1 koen, gedurfd, stoutmoedig; **2** vrijpostig, brutaal; **3** kwiek, vlot: *ein ~es Hütchen* een vlot hoedje

Keckheit v[20] **1** koenheid, gedurfdheid; **2** vrijpostigheid; *zie ook* keck

Kegel m[9] kegel: *~ schieben* (of: *spielen*) kegelen || *mit Kind und ~* met de hele familie

Kegelbahn v[20] kegelbaan

kegelförmig kegelvormig

Kegelkugel v[21] kegelbal

kegeln 1 kegelen; **2** vallen, tuimelen

Kegler m[9] kegelaar

Kehle v[21] **1** keel, hals, strot: *aus voller ~* luidkeels; *in die falsche ~ bekommen* in het verkeerde keelgat schieten; **2** groef

kehlen *(vissen)* uithalen, *(haring)* kaken

Kehlkopf m[6] strottenhoofd

Kehllaut m[5] keelklank

Kehraus m[19a] slotdans: *(den) ~ machen: a)* ophouden; *b)* opruimen

Kehre v[21] **1** scherpe bocht; **2** draai, wending; **3** *(sp)* (het) keren

kehren I *tr* **1** *(vooral Z-Dui)* vegen; **2** keren, wenden; **II** *intr* **1** keren, wenden; **2** omkeren; **3** terugkeren: *in sich gekehrt* in zichzelf gekeerd; **III** *sich ~* zich keren: *sich ~ an*[+4] zich storen aan, zich bekommeren om

Kehricht m[19], o[39] veegsel, vuilnis, afval: *(inform) das geht ihn einen feuchten ~ an* dat gaat hem geen bliksem aan

Kehrichthaufen m[11] vuilnishoop

Kehrseite v[21] **1** keerzijde; **2** rug, achterwerk

kehrtmachen rechtsomkeert maken

Kehrtwendung v[20] **1** wending; **2** *(fig)* ommezwaai

Keil m[5] **1** wig, spie; **2** wigvormige formatie; **3** geer,

spie *(bij naaiwerk)*
keilen I *tr* 1 aanwerven, winnen; 2 kloven, splijten; 3 duwen; II *sich* ~ 1 vechten; 2 dringen
Keiler m^9 ever(zwijn)
Keilerei v^{20} vechtpartij, kloppartij
keilförmig wigvormig
Keilhose v^{21} skibroek
Keilriemen m^{11} V-snaar
Keim m^5 kiem: ~*e treiben* uitlopen; *etwas im ~ ersticken* iets in de kiem smoren
keimen (ont)kiemen, uitlopen
keimfrei kiemvrij; steriel
kein geen: *keiner* niemand; *keiner (keine, kein(e)s) von beiden* geen van beide(n); ~ *bisschen* helemaal niet, helemaal niets
keinerlei generlei, geen enkel(e)
keinerseits van geen enkele zijde, van niemand
keinesfalls in geen geval, volstrekt niet
keineswegs geenszins, volstrekt niet
keinmal nooit, geen enkele maal
Keks *m, o (2e nvl -(es); mv -(e))* biscuit, biskwietje
Kelch m^5 kelk, beker
Kelle v^{21} 1 troffel; 2 pollepel; 3 soeplepel; 4 *(verkeer, spoorw)* spiegel, pannenkoek
Keller m^9 kelder
Kellerassel v^{21} pissebed
Kellergeschoss o^{29} souterrain
Kellner m^9 kelner, ober
Kellnerin v^{22} kelnerin, serveerster
kellnern als kelner werken
Kelter v^{21} wijnpers, druivenpers
keltern *(wijn)* persen
Kennel m^9 kennel, hondenhok
kennen[189] kennen, herkennen: *ich kenne ihn am Gang* ik herken hem aan zijn gang; *ich kenne den Rummel* dat ken ik; *er kennt sich nicht vor Wut* hij is buiten zichzelf van woede; ~ *lernen* leren kennen
kennenlernen *oude spelling voor* kennen lernen, *zie* kennen
Kenner m^9 kenner
Kennerblick m^5, **Kennermiene** v^{21} kennersblik
kenntlich (her)kenbaar: ~ *sein* te herkennen zijn; ~ *machen* kenbaar maken
Kenntnis v^{24} kennis: *seine ~se sind gering* zijn kennis is gering; *ich habe ihn davon in ~ gesetzt* ik heb hem daarvan in kennis gesteld; ~ *von etwas haben* van iets op de hoogte zijn; ~ *von etwas nehmen* nota van iets nemen; *etwas zur ~ nehmen* iets voor kennisgeving aannemen
Kenntnisnahme v^{28} kennisneming
Kennwort o^{32} 1 titel, opschrift, motto; 2 *(mil)* wachtwoord; 3 codewoord
Kennzahl v^{20} *(telecom)* netnummer
Kennzeichen o^{35} kenteken, kenmerk: *amtliches ~* kenteken *(van motorvoertuig)*
kennzeichnen kenmerken, karakteriseren
kennzeichnend kenmerkend, karakteristiek
Kennziffer v^{21} 1 *(nat, econ)* kencijfer, kengetal; 2 *(telecom)* netnummer

kentern I *(haben) (mbt tij)* kenteren, *(mbt wind)* draaien; II *(sein) (scheepv)* kapseizen
Keramik v^{28} keramiek
Kerbe v^{21} kerf, keep
kerben kerven, inkepen
Kerbholz o^{32} kerfstok: *etwas auf dem ~ haben* iets op z'n kerfstok hebben
Kerker m^9 kerker
Kerl m^5 *(N-Dui)* m^{13} 1 kerel, vent; 2 prachtexemplaar; 3 *(inform)* meid, meisje
Kerlchen o^{35} kereltje, ventje
Kern m^5 1 kern; 2 pit; 3 korrel; 4 hart *(van hout, sla)*
Kernenergie v^{21} kernenergie
Kernexplosion v^{20} kernexplosie
Kernfach o^{32} hoofdvak
Kernfrage v^{21} kernprobleem
Kernfusion v^{20} kernfusie
Kerngehäuse o^{33} klokhuis
kerngesund kerngezond
kernig 1 vol pitten; 2 pittig, kernachtig, krachtig, sterk; 3 sportief
Kernkraft v^{25} kernenergie
Kernkraftwerk o^{29} kerncentrale
kernlos zonder pitten
Kernmannschaft v^{20} kernploeg
Kernphysik v^{28} kernfysica
Kernpunkt m^5 kern, hoofdpunt
Kernreaktor m^{16} kernreactor
Kernspaltung v^{20} kernsplitsing
Kernwaffe v^{21} kernwapen, atoomwapen
Kernwaffenversuch m^5 kernproef
Kerosin o^{39} kerosine
Kerze v^{21} 1 kaars; 2 bougie; 3 *(sp)* steil schot
kerzengerade kaarsrecht
Kerzenleuchter m^9 kandelaar
Kerzenlicht o^{39} kaarslicht
kess 1 aardig, leuk, vlot; 2 elegant; 3 brutaal
Kessel m^5 1 ketel; 2 keteldal; 3 *(mil)* omsingeld gebied
Kette v^{21} 1 keten, ketting; 2 slinger *(van bloemen)*; 3 reeks, aaneenschakeling
ketten ketenen, boeien, binden
Kettenfahrzeug o^{29} rupsvoertuig
Kettenraucher m^9 kettingroker
Kettenreaktion v^{20} kettingreactie
Kettensäge v^{21} kettingzaag
Ketzer m^9 ketter
Ketzerei v^{20} ketterij
keuchen 1 hijgen; 2 hijgend spreken; 3 puffen
Keuchhusten m^{19} kinkhoest
Keule v^{21} 1 knots; 2 bout *(van geslacht vee)*
keusch kuis, rein, zedig
Keuschheit v^{28} kuisheid, reinheid
Kfz *afk van Kraftfahrzeug* motorvoertuig
kg *afk van Kilogramm* kilogram *(afk kg)*
KG *afk van Kommanditgesellschaft* commanditaire vennootschap *(afk CV)*
kichern giechelen
Kick m^{13} *(2e nvl ook -)* 1 *(sp)* trap, schot, kick; 2 kick,

opmontering
kicken 1 voetballen; **2** trappen, schoppen
Kicker *m⁹* voetballer
Kiebitz *m⁵* kieviet
Kiefer I *m⁹* kaak; **II** *v²¹* den, pijnboom
kiefern dennen, grenen
Kiefernholz *o³⁹* grenenhout
Kiefernwald *m⁸* dennenbos
Kiefernzapfen *m¹¹* dennenappel
Kiel *m⁵* **1** schacht *(van veer)*; **2** kiel *(van schip)*
kielholen *(scheepv)* **1** kielen; **2** kielhalen
Kieme *v²¹* kieuw
Kien *m¹⁹* grenenhout
Kies *m⁵* **1** kiezel, grind; **2** *(inform)* poen, geld
Kiesel *m⁹* kiezel, kiezelsteen(tje), kei
Kieselstein *m⁵* kiezelsteen
Kiesgrube *v²¹* grindgroeve
kiesig grindachtig, met grind bedekt
Kif *m¹⁹*, *m¹⁹ᵃ* hasj, marihuana
kiffen hasj, marihuana roken
kikeriki *tw* kukeleku!
Kilo *o³⁶* *(mv ook -)* kilo
Kilogramm *o²⁹* kilogram
Kilometer *m⁹* kilometer
Kilometergeld *o³⁹* kilometervergoeding
Kimm *v²⁸* *(scheepv)* kim, horizon
Kimme *v²¹* **1** vizierkeep; **2** keep, inkeping
Kimono *m¹³* kimono
Kind *o³¹* kind: *von ~ an* (of: *auf)* van jongs af
Kindbett *o³⁷* kraambed
Kinderarbeit *v²⁸* kinderarbeid
Kinderarzt *m⁶* kinderarts
Kinderbeihilfe *v²¹* kinderbijslag
Kindergarten *m¹²* kleuterschool
Kindergärtnerin *v²²* kleuterleidster
Kindergeld *o³⁹* kinderbijslag, kindertoelage
Kinderheim *o²⁹* kindertehuis
Kinderhort *m⁵* kinderdagverblijf, crèche, *(Belg)*
peutertuin
Kinderkriegen *o³⁹*: *das ist zum ~* dat is om gek van
te worden
Kinderkrippe *v²¹* crèche
Kinderlähmung *v²⁸* kinderverlamming
kinderleicht doodgemakkelijk
kinderlieb van kinderen houdend
kinderlos kinderloos
Kindermädchen *o³⁵* kindermeisje
Kinderschutz *m¹⁹* kinderbescherming
kindersicher veilig voor kinderen
Kinderspiel *o²⁹* kinderspel
Kinderstube *v²¹* kinderkamer: *(fig) eine gute ~ gehabt haben* goede manieren hebben
Kindertagesstätte *v²¹* kinderdagverblijf, crèche,
(Belg) peutertuin
Kinderwagen *m¹¹* kinderwagen
Kinderzeit *v²⁰* kindertijd, jeugd
Kinderzulage *v²¹*, **Kinderzuschlag** *m⁶* kinderbijslag
Kindesalter *o³⁹* kinderleeftijd

Kindesbeine: *von ~n an* van kindsbeen af
Kindesmisshandlung *v²⁰* kindermishandeling
kindhaft kinderlijk
Kindheit *v²⁸* kinderjaren: *von ~ an* van kinds af
kindisch 1 kinderachtig; **2** kinds
kindlich kinderlijk, naïef
Kinkerlitzchen *mv* flauwekul, onzin
Kinn *o²⁹* kin
Kinnbart *m⁶* sik
Kinnhaken *m¹¹* hoekslag op de kin *(boksen)*
Kino *o³⁶* **1** bioscoop; **2** filmvoorstelling
Kinobesucher, **Kinogänger** *m⁹* bioscoopbezoeker
Kiosk *m⁵* kiosk
Kippe *v²¹* **1** peuk(je); **2** vuilstortplaats
kippeln wankelen, wiebelen
kippen I *intr* **1** kantelen, (om)kiepen; **2** vallen; **II** *tr* **1**
kantelen, (om)kiepen: *einen ~* er een *(een borrel)*
achteroverslaan; **2** ontslaan: *eine Zigarette ~* een si-
garet uitdrukken
Kipper *m⁹* kieper, kiepwagen
Kippschalter *m⁹* tuimelschakelaar
Kippwagen *m¹¹* kiepwagen, kiepkar, kieper
Kirche *v²¹* kerk
Kirchenälteste(r) *m⁴⁰ᵃ*, *v⁴⁰ᵇ* ouderling
Kirchenamt *o³²* kerkelijk ambt
Kirchenbuch *o³²* kerkregister
Kirchendiener *m⁹* koster
Kirchengemeinde *v²¹* *(r-k)* parochie, *(prot)* ge-
meente
Kirchenrat *m⁶* **1** kerkenraad, consistorie; **2** lid van
de kerkenraad
Kirchenrecht *o³⁹* kerkelijk recht
Kirchensteuer *v²¹* kerkelijke belasting
Kirchentag *m⁵* kerkelijk congres
Kirchenvorstand *m⁶* kerkbestuur, *(Belg)* kerkfa-
briek
Kirchenvorsteher *m⁹* *(r-k)* kerkmeester, *(prot)* ou-
derling
Kirchgang *m⁶* kerkgang
Kirchgänger *m⁹* kerkganger
kirchlich 1 kerkelijk; **2** kerks
Kirchturm *m⁶* kerktoren
Kirmes *v (mv Kirmessen)* kermis
kirre 1 tam, mak; **2** gedwee, handelbaar
Kirsch *m (2e nvl -(e)s; mv -)* kirsch
Kirschbaum *m⁶* kersenboom
Kirsche *v²¹* **1** kers; **2** kersenboom
Kirschkern *m⁵* kersenpit
Kirschwasser *o³³* kirsch
Kissen *o³⁵* kussen
Kissenbezug *m⁶* kussensloop
Kiste *v²¹* **1** kist: *eine ~ Zigarren* een kistje sigaren; **2**
(luchtv) kist, toestel; **3** schip, auto, wagen || *eine
schwierige ~* een moeilijk geval
Kitsch *m⁵* kitsch
kitschig kitscherig, smakeloos, waardeloos
Kitt *m⁵* **1** kit; **2** rommel
Kittchen *o³⁵* bak, nor, gevangenis
Kittel *m⁹* **1** kiel, bloes; **2** stofjas

kitten 1 kitten; **2** lijmen
Kitzel m^9 **1** kriebel; **2** jeuk; **3** *(fig)* streling; **4** lust, verlangen, zin
Kitzelhusten m^{19} kriebelhoest
kitzelig 1 kriebelig, gevoelig *(voor kietelen)*; **2** netelig, lastig
kitzeln 1 kietelen; **2** strelen: *es kitzelt mich, das zu tun* de lust bekruipt me om dat te doen
Kitzler m^9 *(anat)* kittelaar, clitoris
Kiwi I m^{13} kiwi *(vogel);* **II** v^{27} kiwi *(vrucht)*
Kladde v^{21} **1** klad(boek, -schrift); **2** concept
kladderadatsch *tw* krak!, pats!, klets!
klaffen gapen, wijd openstaan
kläffen keffen, blaffen
klagbar vervolgbaar
Klage v^{21} **1** klacht; **2** *(jur)* klacht, eis: ~ *auf Schadenersatz* eis tot schadevergoeding; *persönliche* ~ persoonlijke rechtsvordering; ~ *erheben* een klacht indienen; *eine* ~ *anhängig machen* een zaak aanhangig maken; *die* ~ *fallen lassen* van verdere vervolging afzien
Klagelied o^{31} klaaglied
klagen 1 klagen, zich beklagen, jammeren, treuren; **2** *(jur)* een klacht indienen; **3** *(jur)* een rechtsvordering aanhangig maken: *auf Schadenersatz* ~ schadevergoeding eisen
Kläger m^9 *(jur)* **1** klager; **2** eiser
Klägerin v^{22} *(jur)* **1** klaagster; **2** eiseres
kläglich 1 klaaglijk; **2** beklagenswaardig, treurig, ellendig; **3** armzalig; **4** jammerlijk
klaglos 1 zonder te klagen; **2** zonder klachten
Klamauk m^{19} drukte, herrie, opwinding
klamm 1 stijf van kou; **2** klam
Klamm v^{20} diepe kloof *(met beek)*
Klammer v^{21} **1** wasknijper; **2** beugel *(voor tandregulatie)*; **3** kram, niet; **4** haak(je): *in* ~*n* tussen haakjes
klammern I *tr* **1** hechten, krammen; **2** (vast)klemmen; **II** *sich* ~ zich vastklemmen
klammheimlich stiekem, in het geheim
Klamotten *mv* v^{21} **1** kleren; **2** spullen
Klampfe v^{21} gitaar
Klang m^6 klank, geluid
Klangfarbe v^{21} timbre, klankkleur
klanglich wat de klank betreft
klanglos klankloos, dof
klangvoll 1 klankvol; **2** klinkend
Klappbett o^{37} opklapbed
Klappbrücke v^{21} ophaalbrug, basculebrug
Klappe v^{21} **1** klep; **2** vliegenmepper; **3** schuif *(van kachel);* **4** bed, kooi ‖ *(inform)* halt die ~! houd je mond!
klappen 1 kleppen, slaan, klappen; **2** lukken: *es hat geklappt* het is gelukt
Klappentext m^5 flaptekst
Klapper v^{21} ratel, rammelaar
klapperdürr broodmager
klapperig gammel, wrak
Klapperkasten m^{12} rammelkast
klappern klapperen, klepperen, rammelen

Klapperschlange v^{21} ratelslang
Klappfahrrad o^{32} vouwfiets
Klappfenster o^{33} tuimelraam
Klappmesser o^{33} knipmes
Klapprad o^{32} vouwfiets
klapprig *zie* klapperig
Klaps m^5 klap *(ook fig)*, slag, tik: *(fig) er hat einen* ~ hij is getikt
klapsen slaan, tikken
klar 1 helder, doorzichtig, zuiver; **2** duidelijk: *(na)* ~*!* natuurlijk!; *sich über etwas im Klaren sein* iets duidelijk inzien; ~ *wie dicke Tinte* (of: *wie Kloßbrühe)* zo klaar als een klontje ‖ *alles* ~*!* okay!; *alles* ~*?* gaat het goed?; *ich bin mir darüber nicht* ~*:* a) het is me niet duidelijk; b) ik ben het er met mijzelf niet over eens; ~ *zum Gefecht* gevechtsklaar
Kläranlage v^{21} zuiveringsinstallatie
klären I *tr* **1** klaren; **2** ophelderen; **3** *(een probleem)* oplossen; **4** zuiveren: *Abwasser* ~ afvalwater zuiveren; **II** *intr (sp)* de bal wegwerken; **III** *sich* ~ **1** helder, klaar worden; **2** opgehelderd worden
Klare(r) m^{40a} borrel, klare
klargehen ^{168} in orde komen
Klarheit v^{20} helderheid, duidelijkheid; *zie ook* klar
Klarinette v^{21} klarinet
klarkommen ^{193} overweg kunnen; snappen
klarkriegen in orde brengen, klaarspelen
klarlegen duidelijk maken, aantonen
klarmachen duidelijk maken
Klarsichtpackung v^{20} cellofaanverpakking
klarstellen een misverstand uit de weg ruimen, rechtzetten
Klartext m^5 *(fig)* im ~ duidelijk gezegd
Klärung v^{20} **1** zuivering; **2** opheldering; **3** oplossing
klasse *(inform)* fijn, prima
Klasse v^{21} klas(se) *(alle bet): ein Spieler erster* ~ een eersteklas speler; *eine* ~ *für sich* een klasse apart
Klassenarbeit v^{20} proefwerk, repetitie
Klassenbuch o^{32} klassenboek
Klassenfahrt v^{20} schoolreis(je)
Klassenlehrer m^9 klassenleraar
Klassenlotterie v^{21} klasseloterij
Klassenspiegel m^9 plattegrond *(van klas)*
Klassentreffen o^{35} klassenreünie
Klassenunterschied m^5 klasseverschil
Klassenzimmer o^{33} schoollokaal
klassifizieren ^{320} classificeren
Klassik v^{28} **1** klassieke periode; **2** klassieke stijl; **3** antieke kunst en cultuur
Klassiker m^9 **1** klassiek schrijver; **2** klassiek kunstenaar; **3** klassiek werk
klassisch klassiek
Klassizismus m^{19a} classicisme
Klatsch m^5 **1** klap, tik; **2** geklets, praatjes
klatschen I *intr* **1** *(in de handen)* klappen; **2** roddelen; **3** *(mbt regen)* kletteren; **4** babbelen; **II** *tr* kletsen, smijten
klatschenass kletsnat
Klatscherei v^{20} **1** geklets; **2** kwaadsprekerij

Klatschmohn m^{19} klaproos
klatschnass kletsnat
Klatschspalte v^{21} roddelkolom
Klatschtante v^{21} kletstante
Klaue v^{21} 1 klauw, nagel, poot; 2 hoef
klauen gappen, stelen
Klause v^{21} 1 kluis, cel, hut; 2 kleine, rustige woning; 3 bergpas, bergengte
Klausel v^{21} clausule
Klausner m^9 kluizenaar
Klausur, Klausurarbeit v^{20} schriftelijk tentamen
Klaviatur v^{20} toetsenbord
Klavier o^{29} piano
Klavierbegleitung v^{28} pianobegeleiding
Klavierhocker m^9 pianokruk
Klavierspieler m^9 pianist
Klavierstunde v^{21} pianoles
Klavizimbel o^{33} klavecimbel
Klebeband o^{32} plakband
Klebebild o^{31} plakplaatje
Klebemittel o^{33} plakmiddel
kleben kleven, plakken: *jmdm eine ~* iem er een *(een klap)* geven
Kleber m^9 lijm
Klebestreifen m^{11} plakband
klebrig kleverig, taai
Klebstoff m^5 kleefstof, lijm
kleckern kliederen, morsen, knoeien: *die Arbeit kleckert* het werk vordert langzaam
Klecks m^5 1 (inkt-, verf)vlek; 2 klets, klodder
klecksen 1 vlekken maken; 2 knoeien
Kleckserei v^{20} geklad, geknoei
Klee m^{19} klaver ‖ *jmdn über den grünen ~ loben* iem ophemelen
Kleeblatt o^{32} klaverblad
Kleid o^{31} 1 jurk, japon; 2 kleed; 3 *(mv)* kleding, kleren: *~er machen Leute* de kleren maken de man
kleiden kleden, aankleden: *das kleidet dich nicht* dat staat je niet; *Probleme in Worte ~* problemen in woorden uitdrukken
Kleiderablage v^{21} garderobe
Kleiderbügel m^9 kleerhanger
Kleiderständer m^9 kapstok
Kleidung v^{20} kleding, kleren *(mv)*
Kleidungsstück o^{29} kledingstuk
Kleie v^{21} zemel(en)
klein klein, gering, onbeduidend: *das ist mir ein Kleines* dat is voor mij een kleinigheid; *ein ~ wenig* een klein beetje; *von ~ auf* van jongs af aan; *~ denken* bekrompen denken; *~ von jmdm denken* min over iem denken; *es ~ haben* kleingeld hebben; *~ schreiben, oude spelling voor* kleinschreiben, *zie* kleinschreiben; *~ müssen* moeten plassen
Kleinarbeit v^{20} minutieus werk, peuterwerk
Kleinbahn v^{20} lokaalspoor
Kleinbauer m^{15} keuterboer
Kleinbetrieb m^5 1 kleinbedrijf; 2 kleine boerderij
Kleinbildkamera v^{27} kleinbeeldcamera
Kleinbürger m^9 1 kleine burgerman; 2 *(ongunstig)*

bekrompen burger
kleinbürgerlich kleinburgerlijk
Kleinbus m^5 *(2e nvl -ses; mv -se)* minibus
Kleinchen o^{35} kleintje, dreumes
Kleine(r) m^{40a}, v^{40b}, o^{40c} kleintje, baby: *die ~ het meisje*
Kleingeld o^{39} kleingeld
kleingewachsen klein, klein van postuur
kleingläubig kleingelovig; kleinmoedig
Kleingolf o^{39} *(sp)* midgetgolf, minigolf
Kleinhandel m^{19} kleinhandel, detailhandel
Kleinhändler m^9 kleinhandelaar, detaillist
Kleinigkeit v^{20} kleinigheid, bagatel, beetje
Kleinigkeitskrämer m^9 muggenzifter
kleinkariert *(fig)* kleingeestig, bekrompen
Kleinkind o^{31} kleuter
klein-klein *(sp)*: *~ spielen* het spel te kort houden
Kleinkram m^{19} 1 rommel; 2 onbelangrijke dingen
kleinkriegen kleinkrijgen; kapotmaken
Kleinkunst v^{28} 1 kunstnijverheid; 2 cabaret
kleinlaut schuchter, bedeesd
kleinlich 1 kleingeestig, bekrompen; 2 krenterig, gierig
Kleinmut m^{19} kleinmoedigheid
kleinmütig kleinmoedig, bang
Kleinod o^{29} *(mv ook -ien)* kleinood
kleinschreiben met een kleine letter schrijven
Kleinschreibung v^{28} (het) schrijven met een kleine letter
Kleinstadt v^{25} kleine stad *(minder dan 20.000 inwoners)*, provinciestad
Kleinstädter m^9 provinciaal
kleinstädtisch 1 kleinsteeds; 2 bekrompen
Kleinstlebewesen o^{35} micro-organisme
Kleintier o^{29} klein (huis)dier
Kleinvieh o^{39} kleinvee
Kleinwagen m^{11} kleine auto
Kleister m^9 1 stijfsel, plaksel; 2 *(fig)* dikke brij
kleistern 1 stijfselen; 2 plakken
Klemme v^{21} klem(haak, -schroef); kram
klemmen 1 klemmen; 2 *(inform)* gappen ‖ *sich hinter die Arbeit ~* zich op het werk storten
Klempner m^9 loodgieter
klerikal klerikaal, kerkelijk
Kleriker m^9 clericus, geestelijke
Klerus m^{19a} clerus, geestelijkheid
Klette v^{21} 1 klis, klit; 2 *(fig)* klit
Kletterei v^{20} geklauter, klimpartij
Klettereisen o^{35} klimijzer, klimspoor
Kletterer m^9 klimmer, bergbeklimmer
klettern 1 klauteren, klimmen; 2 stijgen
Kletterpartie v^{21} klauterpartij, klimpartij
Kletterpflanze v^{21} klimplant
Klettverschluss m^6 klittenbandsluiting
klicken klikken
Klient m^{14} cliënt *(van advocaat e.d.)*
Klima o^{36} *(mv ook Klimate)* 1 klimaat; 2 sfeer
Klimaanlage v^{21} airconditioning
klimatisch klimatisch, klimatologisch

Klimbim m^{19} **1** drukte; **2** feest; **3** rommel

klimmen^{190} klimmen, klauteren

klimpern 1 rinkelen; **2** *(op piano)* tingelen; **3** *(op gitaar)* tokkelen

Klinge v^{21} kling, lemmet, staal, degen

Klingel v^{21} bel, schel

klingeln 1 bellen, aanbellen: *das Telefon klingelt* de telefoon gaat; *es klingelt* er wordt gebeld; **2** *(mbt benzinemotor)* pingelen || *endlich hat es bei ihm geklingelt* eindelijk heeft hij het begrepen

klingen^{191} klinken, luiden: *die Ohren ~ mir* mijn oren tuiten

Klinik v^{20} kliniek

klinisch klinisch

Klinke v^{21} **1** deurkruk; **2** pal, hendel

klinken de deurklink, de hendel bewegen

Klinker m^9 klinker *(een steen)*

klipp: *~ und klar* heel duidelijk

Klipp m^{13} clip, klem, broche

Klippe v^{21} klip: *eine ~ umgehen* (of: *umschiffen)* een klip omzeilen *(ook fig)*

klirren rammelen, rinkelen, kletteren: *~der Frost* strenge vorst

Klischee o^{36} cliché

Klischeevorstellung v^{20} stereotiepe voorstelling

Klitoris v *(mv - en Klitorides) (anat)* kittelaar, clitoris

klitschenass kletsnat

klitschig klef, ongaar *(van brood)*

klitschnass kletsnat

klittern samenflansen

Klo o^{36} *verk van Klosett* wc

Kloake v^{21} **1** riool, zinkput; **2** cloaca

Kloben m^{11} **1** houtblok; **2** onbehouwen vent

klobig plomp, lomp

Klon m^5 *(biol)* kloon

klonen, klonieren^{320} kloneren, klonen

klopfen kloppen, slaan, tikken: *es klopft* er wordt geklopt; *der Specht klopft* de specht hamert

Klopfer m^9 (deur)klopper

Klopfjagd v^{20} klopjacht

Klöppel m^9 **1** klepel; **2** klos *(ve kantwerkster)*

klöppeln kantklossen

Klosett o^{29}, o^{36} closet, wc

Klosettbecken o^{35} closetpot

Klosettbürste v^{21} closetborstel

Klosettpapier o^{29} toiletpapier

Kloß m^6 **1** klont, kluit; **2** bal *(van deeg, vlees)*

Klößchen o^{35} balletje

Kloster o^{34} klooster

Klotz m^6 **1** blok *(ook fig);* **2** lomperd, lummel; **3** remschoen

klotzig 1 zeer veel; enorm; **2** lomp, grof

Klub m^{13} **1** club; **2** clubhuis, sociëteit

Klubgarnitur v^{20} bankstel

Klubsessel m^9 clubfauteuil

kluckern klokken *(bij het drinken)*

Kluft I v^{25} kloof *(ook fig)*, spleet; **II** v^{20} pak, uniform, kleding

klug^{58} **1** wijs, verstandig: *nicht ~ werden aus* niet wijs worden uit; *er ist nicht recht ~* hij is niet goed wijs; **2** knap, intelligent

Klügelei v^{20} haarkloverij

Klugheit v^{28} **1** wijsheid, verstand; **2** schranderheid, intelligentie

Klugredner, Klugscheißer, Klugschwätzer m^9 betweter

Klümpchen o^{35} **1** stukje, klontje; **2** klonter

klumpen klonteren

Klumpen m^{11} **1** homp, klomp; **2** kluit *(aarde);* **3** klonter *(bloed);* **4** klont

klümperig, klumpig, klümprig klonterig

Klüngel m^9 kliek

km/h, km/st *afk van Kilometer pro Stunde* kilometer per uur *(afk km/u)*

knabbern knabbelen, knagen

Knabe m^{15} knaap, jongen

knabenhaft jongensachtig

Knäckebrot o^{29} knäckebröd

knacken I *intr* **1** knappen, kraken; **2** slapen; **II** *tr* **1** kraken; **2** *(vlooien)* dooddrukken; **3** *(raadsels)* oplossen

Knacker m^9: *ein alter ~* een oude knar

knackig 1 knapperig; **2** aantrekkelijk, sexy

Knacks m^5 **1** knak; **2** breuk, barst; **3** knauw

knacksen kraken, knakken, knappen

Knackwurst v^{25} knakworst

Knall m^5 **1** knal; **2** klap; **3** slag; **4** schandaal || *(auf) ~ und Fall* op staande voet, op stel en sprong

knallen 1 knallen, ploffen; **2** *(met de zweep)* klappen; **3** schieten || *jmdm eine ~* iem een mep geven

Knallfrosch m^6 voetzoeker

knallhart keihard

knallheiß loeiheet

knallig 1 *(hoed)* opvallend, *(kleuren)* schreeuwend, hard, fel; **2** zeer, erg

Knallkörper m^9 stuk vuurwerk

knapp 1 nauw(sluitend), krap; **2** bondig *(van stijl):* *in ~en Worten* kort gezegd; **3** klein, gering; **4** amper, nauwelijks; **5** krap, schaars, karig: *~ bei Kasse sein* krap bij kas zitten; *jmdn ~ halten* iem kort houden; *~e 100 Schritte* nog geen 100 pas; *~ vor der Abfahrt* vlak voor het vertrek

Knappe m^{15} **1** edel-, schildknaap; **2** mijnwerker

knapphalten *oude spelling voor* knapp halten, *zie* knapp 5

Knappheit v^{28} **1** schaarste; **2** bondigheid

Knappschaft v^{20} **1** (de) mijnwerkers; **2** mijnwerkersbond

Knarre v^{21} **1** ratel; **2** *(inform)* geweer

knarren knarsen, kraken

Knast m^5 **1** knoest; **2** ouwe kerel; **3** bajes

Knaster m^9 **1** tabak; **2** *(fig)* brompot

knattern knetteren, ratelen

Knäuel m^9, o^{33} kluwen *(ook fig)*

Knauf m^6 knop

Knauser m^9 vrek, gierigaard

knauserig gierig, krenterig

knausern gierig zijn, krenterig zijn

knautschen kreuken, verkreukelen

Knautschfalte v^{21} kreuk

Knautschzone v^{21} kreukelzone *(ve auto)*

Knebel m^9 1 knevel; 2 prop; 3 spanstok

knebeln knevelen, aan banden leggen

Knecht m^5 knecht, dienaar, bediende

knechten knechten, onderwerpen

knechtisch slaafs, kruiperig

kneifen[192] 1 knijpen; 2 knellen || *er hat gekniffen* hij heeft zich gedrukt

Kneifer m^9 lorgnet, knijpbril

Kneifzange v^{21} nijptang

Kneipe v^{21} kroeg, tent

kneipen pimpelen, zuipen

Knete v^{28} poen

kneten 1 kneden; 2 masseren

Knick m^5 1 knik; 2 barst, knak; 3 knie *(in buis)*; 4 bocht, buiging

knicken 1 knikken; 2 knakken; 3 buigen

knickerig krenterig, gierig

knickern gierig, krenterig zijn, schrapen

Knicks m^5 revérence, kniebuiging

knicksen een revérence maken

Knie *o (2e nvl -s; mv -)* knie: *(fig) in die ~ gehen* door de knieën gaan; *jmdn auf (of: in) die ~ zwingen* iem eronder krijgen; *etwas übers ~ brechen* iets forceren; *weiche ~* knikkende knieën

Kniebeuge v^{21} kniebuiging

Kniefall m^6 knieval, voetval

Kniehose v^{21} kniebroek

Kniekehle v^{21} knieholte

knien knielen

Kniescheibe v^{21} knieschijf

Knieschoner, Knieschützer m^9 kniebeschermer

Kniestrumpf m^6 kniekous

Kniff m^5 1 kneep; 2 truc, kunstgreep; 3 vouw

kniffelig *zie* knifflig

kniffen vouwen

knifflig 1 lastig, ingewikkeld; 2 netelig

Knips m^5 knip

knipsen 1 knippen; 2 fotograferen

Knirps m^5 1 dreumes, peuter; 2 kriel

knirschen knarsen, kraken: *mit den Zähnen ~* knarsetanden

knistern knetteren, kraken, *(mbt papier)* ritselen

Knitter m^9 kreuk, kreukel

knitterfrei kreukvrij

knitterig verfrommeld, verkreukeld

knittern kreuken

knittrig *zie* knitterig

knobeln 1 dobbelen; 2 knobbelen, piekeren

Knoblauch m^{19} knoflook

Knoblauchzehe v^{21} knoflookteentje

Knöchel m^9 1 enkel; 2 knokkel

Knochen m^{11} been, bot, knook: *er ist nur noch Haut und ~* hij is vel over been; *er hat keinen Mumm in den ~* hij heeft geen fut in zijn lijf; *der Schreck fuhr ihm in die ~* de schrik sloeg hem om het hart

Knochenarbeit v^{20} heel zwaar werk

Knochenbruch m^6 beenbreuk, botbreuk

knochendürr broodmager

knochenhart zo hard als een bikkel

Knochenmark o^{39} beenmerg

knochentrocken kurkdroog

knöchern benen; benig

knochig benig, knokig

Knödel m^9 (meel)bal, knoedel

Knolle v^{21}, **Knollen** m^{11} 1 knol; 2 knobbel; 3 *(regionaal, iron)* bekeuring

Knollengewächs o^{29} knolgewas

Knopf m^6 1 knoop; 2 knop; 3 *(inform)* vent, kerel

knöpfen knopen

Knopfloch o^{32} knoopsgat

Knorpel m^9 kraakbeen

Knorren m^{11} 1 kwast, knoest; 2 stronk

knorrig 1 knoestig; 2 onbehouwen

Knospe v^{21} (blad-, bloem-, vrucht)knop

knospen knoppen krijgen, uitlopen

knoten knopen, een knoop leggen

Knoten m^{11} 1 knoop; 2 knooppunt; 3 knobbel; 4 knot

Knotenpunkt m^5 knooppunt

knotig 1 knoestig; 2 lomp, onbehouwen

Knuff m^6 stoot, stomp

knuffen een stomp, por geven

knüllen verkreuken, verfrommelen; kreuken

Knüller m^9 1 sensationeel artikel, sensationeel boek; 2 succesnummer, kasstuk

knüpfen I *tr* knopen, (ver)binden, *(das)* strikken: *Beziehungen ~* relaties aanknopen; II *sich ~* zich verbinden, verbonden worden

Knüppel m^9 1 knuppel; 2 stuurknuppel; 3 versnellingspook

knüppelhart zeer hard

knüppeln slaan, knuppelen

Knüppelschaltung v^{20} vloerschakeling

knurren 1 knorren; 2 brommen; 3 rommelen

knurrig knorrig, brommerig

knusperig knappend, bros, krokant: *ein ~es Mädchen* een aantrekkelijk meisje

knuspern knabbelen

knusprig *zie* knusperig

Knute v^{21} knoet

knutschen knuffelen

k.o. *afk van knock-out, knockout* knock-out *(afk* k.o.): *ich war ~* ik was uitgeput

koalieren, koalisieren[320] een coalitie aangaan

Koalition v^{20} coalitie, verbond

Kobold m^5 kobold, (boze) kabouter

Kobra v^{27} cobra

Koch m^6 kok

Kochbuch o^{32} kookboek

kochen 1 *(ook fig)* koken; 2 *(koffie)* zetten

Kocher m^9 kook(toe)stel

Köcher m^9 1 (pijl)koker; 2 foedraal

kochfertig panklaar

Kochherd m^5 fornuis

kometenhaft

Köchin v^{22} kokkin
Kochlöffel m^9 pollepel
Kochmütze v^{21} koksmuts
Kochnische v^{21} kooknis, kitchenette
Kochsalz o^{39} keukenzout
Kochtopf m^6 kookpot, kookpan
Kode m^{13} code
Kodein o^{39} codeïne
Köder m^9 (lok)aas, lokmiddel
ködern lokken: *(fig) jmdn ~ iem strikken*
kodieren^{320} coderen
Kodierung v^{20} codering
Kodizill o^{29} codicil
Koexistenz v^{28} coëxistentie
Koffein o^{39} cafeïne
Koffer m^9 1 koffer; 2 *(wegenbouw)* fundering
Kofferradio o^{36} draagbare radio
Kofferraum m^6 bagageruimte *(van auto)*
Kognak m^{13} cognac
Kognakschwenker m^9 cognacglas
Kohl I m^5 *(plantk)* kool; II m^{19} onzin, flauwekul || *das ist aufgewärmter ~ dat weten wij allang*
Kohldampf m^{19} honger: *~ schieben* (of: *haben)* honger lijden
Kohle v^{21} 1 (steen)kool, houtskool; 2 *(inform)* centen, geld
kohlen 1 verkolen; 2 kolen innemen, bunkeren; 3 *(fig)* jokken
Kohlenbergwerk o^{29} kolenmijn
Kohlenförderung v^{20} steenkoolwinning
Kohlengrube v^{21} kolenmijn
Kohlenhalde v^{21} berg steenkool
Kohlenhydrat o^{29} koolhydraat
Kohlenmonoxid, Kohlenmonoxyd o^{39} koolmonoxide
Kohlenrevier o^{29} kolendistrict
Kohlensäure v^{28} koolzuur
Kohlenstoff m^{19} koolstof
Kohlenzeche v^{21} kolenmijn
Kohlepapier o^{39} carbonpapier
Kohlezeichnung v^{20} houtskooltekening
Kohlkopf m^6 *(plantk)* kool
Kohlmeise v^{21} koolmees
Kohlpflanze v^{21} koolplant
kohlrabenschwarz pikzwart
Kohlrabi m^{13} *(ook 2e nvl -; mv -)* koolrabi
Kohlrübe v^{21} koolraap
kohlschwarz pikzwart, gitzwart
Koitus m *(2e nvl -; mv -(se))* coïtus
Koje v^{21} 1 kooi; 2 hokje; 3 bed
Kojote m^{15} coyote
Kokain o^{39} cocaïne
kokett koket
kokettieren^{320} koketteren
Kokon m^{13} cocon
Kokosnuss v^{25} kokosnoot
Kokospalme v^{21} kokospalm, klapperboom
Koks I m^5 cokes; II m^{19} 1 cocaïne; 2 onzin; 3 geld
koksen 1 cocaïne gebruiken; 2 pitten, slapen

Kokser m^9 cocaïneverslaafde
Kolben m^{11} 1 kolf *(ook fig);* 2 distilleerkolf; 3 zuiger *(van machine, motor);* 4 neus, kokker
Kolik v^{20} koliek
Kolk m^5 1 kolk *(diep gat);* 2 veenplas
Kollaborateur m^5 collaborateur, *(Belg)* inciviek
Kollaboration v^{20} collaboratie
kollaborieren^{320} 1 collaboreren; 2 samenwerken
Kollaps, Kollaps m^5 1 *(med)* collaps, flauwte; 2 debacle, catastrofe
Kolleg o^{36} college
Kollege m^{15} collega, confrère *(bij advocaten); (inform)* vriend, makker
kollegial collegiaal
Kollegin v^{22} *(vrouwelijke)* collega
Kollegium o *(2e nvl -s; mv Kollegien)* 1 college; 2 lerarenkorps
Kollekte v^{21} collecte
Kollektion v^{20} collectie
kollektiv collectief
Kollektiv o^{29}, o^{36} collectief
Koller m^9 kolder; woedeaanval
kollidieren^{320} botsen: *mit den Gesetzen ~* in conflict komen met de wetten; *die Vorlesungen ~ (miteinander)* de colleges vallen samen
Kollier [kolje] o^{36} collier
Kollision v^{20} 1 botsing; 2 conflict
Köln o^{39} Keulen
Kölner m^9 Keulenaar
Kölner, kölnisch Keuls: *kölnisch(es) Wasser* eau de cologne
Kölnischwasser o^{33} eau de cologne
kolonial koloniaal
Kolonialismus m^{19a} kolonialisme
Kolonie v^{21} kolonie *(alle bet)*
Kolonisation v^{20} kolonisatie
kolonisieren^{320} 1 koloniseren; 2 ontginnen
Kolonne v^{21} 1 *(mil)* colonne; 2 ploeg *(arbeiders)*
kolorieren^{320} kleuren
Kolorit o^{29}, o^{36} coloriet, kleurschakering
Koloss m^5 kolos
kolossal kolossaal
Kolportage v^{21} colportage
Kolporteur m^5 colporteur
kolportieren^{320} colporteren
Kolumbianer m^9 Colombiaan
kolumbianisch Colombiaans
Kolumbien o^{39} Colombia
Kolumbier m^9 Colombiaan
kolumbisch Colombiaans
Kolumne v^{21} 1 kolom; 2 column, cursiefje
Kolumnist m^{14} columnist
Koma o^{36} *(mv ook Komata)* coma
Kombi m^{13} *(2e nvl ook -)* stationcar
Kombination v^{20} combinatie
kombinieren^{320} combineren
Kombiwagen m^{11} stationcar
Komet m^{14} komeet, staartster
kometenhaft pijlsnel

ko

Komfort m^{19} comfort, gemak
komfortabel comfortabel, gerieflijk
Komik v^{28} komisch effect, (het) komische
Komiker m^9 komiek
komisch 1 komisch, grappig; **2** vreemd, raar
komischerweise merkwaardigerwijs
Komitee o^{36} comité
Komma o^{36} *(mv ook Kommata)* komma
Kommandant m^{14} commandant
Kommandantur v^{20} bureau van de commandant
Kommandeur m^5 **1** commandant *(van bataljon, regiment);* **2** commandeur *(van ridderorde)*
kommandieren ^{320} commanderen, bevelen
Kommanditgesellschaft v^{20} commanditaire vennootschap
Kommando o^{36} commando
Kommandobrücke v^{21} commandobrug
Kommandostelle v^{21} commandopost
kommen ^{193} **1** (aan)komen: *ihm kam ein Gedanke* hij kreeg een idee; *er kommt geflogen, gegangen, geritten* hij komt aanvliegen, aanlopen, aanrijden; *er kam und sagte* (of: *er kam zu sagen)* hij kwam zeggen; *es kam ganz anders* het liep heel anders; *wie es gerade kommt* al naar het uitkomt; *jmdm frech ~* brutaal tegen iem zijn; *kommst du mir so?* begin je op die manier?; *auf seinen Freund lässt er nichts ~* van zijn vriend kan hij geen kwaad horen; *in die Schule ~* op school komen; *das ist wieder im Kommen* dat wordt weer modern; *~ Sie gut nach Hause!* wel thuis!; *ein Gefühl der Verzweiflung kam über mich* ik werd door een gevoel van wanhoop overmeesterd; *um sein Geld, sein Glück, ums Leben ~* zijn geld, zijn geluk, het leven verliezen; *nicht von der Stelle* (of: *vom Fleck) ~* niet opschieten; *zu Kräften* op krachten komen; *wieder zu sich ~* weer tot bewustzijn komen; **2** *(inform)* klaarkomen *(het orgasme bereiken)*
kommend komend, aanstaand: *er galt als der ~e Mann* hij gold als de coming man
Kommentar m^5 commentaar
Kommentator m^{16} commentator
kommentieren ^{320} (be)commentariëren, commentaar geven
Kommerz m^{19} handel, commercie
kommerziell commercieel, handels-
Kommilitone m^{15} medestudent, studiegenoot
Kommilitonin v^{22} medestudente, studiegenote
Kommiss m^{19} militaire dienst
Kommissar, Kommissär m^5 **1** commissaris; **2** inspecteur van politie
Kommissariat o^{29} commissariaat
Kommission v^{20} commissie
Kommissionär m^5 commissionair
Kommode v^{21} commode
Kommodore m^{17}, m^{13} commodore
kommun 1 gemeen(schappelijk); **2** alledaags
kommunal gemeentelijk, gemeente-
Kommunalbehörde v^{21} gemeentelijke overheid
Kommunalverwaltung v^{20} gemeenteadministratie

Kommunalwahl v^{20} gemeenteraadsverkiezing
Kommune v^{21} **1** gemeente; **2** commune
Kommunikation v^{20} communicatie
Kommunion v^{20} *(r-k)* communie
Kommunismus m^{19a} communisme
Kommunist m^{14} communist
kommunistisch communistisch
kommunizieren ^{320} communiceren
Komödiant m^{14} komediant; toneelspeler
Komödie v^{21} komedie; blijspel
Kompagnon m^{13} compagnon
kompakt compact, gedrongen
Kompanie v^{21} compagnie
Komparativ m^5 vergrotende trap
Kompass m^5 kompas
kompatibel compatibel
Kompendium o *(2e nvl -s; mv -dien)* compendium, handboek
Kompensation v^{20} compensatie
kompensieren ^{320} compenseren
kompetent competent, bevoegd
Kompetenz v^{20} **1** competentie, bevoegdheid; **2** deskundigheid
Kompilation v^{20} compilatie
komplett compleet, volledig
komplettieren ^{320} completeren, aanvullen
komplex *bn* complex
Komplex m^5 complex
Komplexität v^{28} complexiteit
Komplikation v^{20} complicatie
Kompliment o^{29} compliment
komplimentieren ^{320} complimenteren
Komplize m^{15} medeplichtige
komplizieren ^{320} ingewikkeld maken
kompliziert ingewikkeld, gecompliceerd
Komplott o^{29} complot
Komponente v^{21} component
komponieren ^{320} componeren
Komponist m^{14} componist
Komposition v^{20} compositie
Kompost m^5 compost
Kompott o^{29} compote
Kompresse v^{21} kompres, gaaskompres
Kompression v^{20} compressie, samenpersing
Kompressionsstrumpf m^6 elastieken kous
Kompressor m^{16} compressor
komprimieren ^{320} comprimeren
Kompromiss m^5, o^{29} compromis
Kompromissler m^9 compromissenmaker
kompromittieren ^{320} compromitteren
Kondensation v^{20} condensatie
Kondensator m^{16} condensator
kondensieren ^{320} condenseren
Kondensmilch v^{28} gecondenseerde melk
Kondition v^{20} conditie
konditionieren ^{320} conditioneren
Konditionstraining o^{36} *(sp)* conditietraining
Konditor m^{16} banketbakker
Konditorei v^{20} banketbakkerszaak; lunchroom

Ko

Kondolenz v^{20} **1** deelneming; **2** rouwbeklag
Kondolenzbrief m^5, **Kondolenzschreiben** o^{35} condoléancebrief
kondolieren^{320} condoleren: *jmdm ~ zu*$^{+3}$ ... iem condoleren met ...
Kondom m^5, o^{29}, m^{13}, o^{36} condoom
Konfekt o^{29} bonbons, pralines
Konfektion v^{28} **1** confectie; **2** confectiekleding
Konferenz v^{20} conferentie
Konferenzzimmer o^{33} conferentiekamer
konferieren^{320} confereren, beraadslagen
Konfession v^{20} **1** confessie, geloofsbelijdenis; **2** kerkgenootschap
konfessionell confessioneel
konfessionslos niet-confessioneel, neutraal
Konfessionsschule v^{21} confessionele school
Konfirmand m^{14} *(prot)* aannemeling
Konfirmandenunterricht m^{19} catechisatie
Konfirmation v^{20} bevestiging, confirmatie
konfirmieren^{320} confirmeren, bevestigen
Konfiskation v^{20} confiscatie
konfiszieren^{320} confisqueren
Konfitüre v^{21} jam (met vruchten)
Konflikt m^5 conflict
Konföderation v^{20} confederatie
konform conform, overeenstemmend, gelijkluidend: *~ gehen* (of: *~ sein*) *mit jmds Vorschlag* akkoord gaan met iems voorstel
Konfrontation v^{20} confrontatie
konfrontieren^{320} confronteren
konfus confuus, verward
Konglomerat o^{29} conglomeraat
Kongregation v^{20} *(r-k)* congregatie
Kongress m^5 congres
Kongresshalle v^{21} congreszaal
Kongressmitglied o^{31} congreslid
Kongressteilnehmer m^9 congresganger
kongruent congruent
Kongruenz v^{20} congruentie
Konifere v^{21} conifeer
König m^5 **1** koning; **2** heer *(in het kaartspel)*
Königin v^{22} koningin
königlich 1 koninklijk; **2** *(fig)* vorstelijk
Königreich o^{29} koninkrijk
Königswürde v^{21} koninklijke waardigheid
Königtum o^{32} **1** koningschap; **2** koninkrijk
konisch conisch
Konjugation v^{20} conjugatie, vervoeging
konjugieren^{320} *(taalk)* vervoegen
Konjunktion v^{20} voegwoord
Konjunktiv m^5 aanvoegende wijs
Konjunktur v^{20} conjunctuur
Konjunkturabschwächung v^{20} recessie
Konjunkturanstieg m^5, **Konjunkturaufschwung** m^6 opleving van de conjunctuur
konjunkturbedingt conjunctuurafhankelijk
konjunkturell conjunctureel
Konjunkturrückgang m^6 dalende conjunctuur; recessie

Konjunkturschwankung v^{20} conjunctuurschommeling
konkret concreet
konkretisieren^{320} concretiseren
Konkurrent m^{14} concurrent
Konkurrenz I v^{28} **1** concurrentie: *jmdm ~ machen* iem beconcurreren; **2** (de) concurrent(en); **II** v^{20} concours, wedstrijd
konkurrenzfähig in staat om te concurreren
Konkurrenzkampf m^6 concurrentiestrijd
konkurrieren^{320} concurreren, wedijveren
Konkurs m^5 bankroet, faillissement, *(Belg)* faling: *~ machen* (of: *in ~ gehen*) failliet gaan; *~ anmelden* zich failliet laten verklaren; *den ~ beantragen* het faillissement aanvragen; *den ~ über jmdn eröffnen* iem failliet verklaren
Konkursverwalter m^9 curator
können^{194} kunnen: *auswendig ~* van buiten kennen; *Französisch ~* Frans kennen
Könner m^9 deskundige, expert; uitblinker
Konsens m^5 consensus, overeenstemming
konsequent consequent
Konsequenz v^{20} consequentie
Konservatismus m^{19a} conservatisme
konservativ conservatief
Konservator m^{16} conservator
Konserven mv v^{21} conserven
Konservenbüchse , **Konservendose** v^{21} conservenblik(je)
konservieren^{320} conserveren
Konservierungsmittel o^{33} conserveringsmiddel, *(Belg)* bewaarmiddel
Konsignation v^{20} consignatie
konsistent consistent
Konsistenz v^{28} consistentie
Konsistorium o *(2e nvl -s; mv -torien)* consistorie
Konsole v^{21} **1** console; **2** kraagsteen
Konsolidation v^{20} consolidatie
konsolidieren^{320} consolideren
Konsonant m^{14} consonant, medeklinker
Konsorte m^{15} medeplichtige; *(mv)* consorten
Konsortium o *(2e nvl -s; mv -tien)* consortium
Konspiration v^{20} conspiratie
konspirieren^{320} conspireren, samenzweren
konstant constant, standvastig
Konstanz v^{28} onveranderlijkheid
konstatieren^{320} constateren
Konstellation v^{20} constellatie
Konsternation v^{20} consternatie
konsternieren^{320} van zijn stuk brengen
konsterniert uit het veld geslagen, in de war
konstituieren^{320} **I** *tr* constitueren; **II** *sich ~* zich constitueren
Konstitution v^{20} constitutie
konstitutionell constitutioneel
konstruieren^{320} construeren
Konstrukteur m^5 constructeur
Konstruktion v^{20} constructie
konstruktiv constructief

ko

Konsul m^{17} consul
Konsulat o^{29} consulaat
Konsultation v^{20} (med) consult, consultatie
konsultieren^{320} consulteren, raadplegen
¹Konsum I m^{13} coöperatieve winkel; II m^{19} coöperatieve vereniging
²Konsum m^{19} consumptie, verbruik
Konsument m^{14} consument, verbruiker
Konsumgüter mv o^{32} consumptiegoederen
konsumieren^{320} consumeren
Kontakt m^5 contact: ~ herstellen contact tot stand brengen; ~ aufnehmen contact opnemen
kontaktarm contactarm
kontakten 1 als contactpersoon optreden; 2 contact opnemen
kontaktfreudig goede contactuele eigenschappen bezittend
Kontaktglas o^{32}, Kontaktlinse v^{21} contactlens
Kontaktschale v^{21} contactlens
kontemplativ contemplatief
Konter m^9 (sp) counter
Konterbande v^{28} contrabande
kontern 1 (sp) counteren; 2 van repliek dienen
Kontinent I m^5 continent; II m^{19} vasteland
kontinental, Kontinental- continentaal
kontinuieren^{320} continueren
kontinuierlich continu, voortdurend
Kontinuität v^{28} continuïteit
Konto o^{36} (mv ook Konten en Konti) rekening, conto: (fig) das geht auf mein ~ dat komt voor mijn rekening; (inform) etwas auf dem ~ haben iets op zijn geweten hebben
Kontoauszug m^6 rekeningafschrift (van bank)
Kontoinhaber m^9 rekeninghouder
Kontokorrent o^{29} rekening-courant
Kontonummer v^{21} rekeningnummer
kontra contra, tegen
Kontrahent m^{14} tegenstander
Kontrakt m^5 contract
Kontraktbruch m^6 contractbreuk
kontraktbrüchig: ~ werden contractbreuk plegen
kontraktlich contractueel, volgens contract
konträr contrair, tegenstrijdig, tegengesteld
Kontrast m^5 contrast
kontrastieren^{320} contrasteren
Kontrollabschnitt m^5 controlestrook
Kontrolle v^{21} controle
Kontrolleur m^5 controleur
kontrollieren^{320} 1 controleren; 2 onder controle hebben; beheersen
kontrovers 1 controversieel; 2 tegenstrijdig
Kontroverse v^{21} controverse
Kontur v^{20} contour, omtrek
Konvention v^{20} conventie, overeenkomst
konventionell conventioneel
Konversation v^{20} conversatie
konversieren^{320} converseren
Konvoi m^{13} konvooi
Konzentrat o^{29} concentraat

Konzentration v^{20} concentratie
Konzentrationslager o^{33} concentratiekamp
Konzentrationsschwäche v^{21} gebrek aan concentratie
konzentrieren^{320} I tr concentreren; II sich ~ zich concentreren
Konzept o^{29} concept, ontwerp, schets; plan, program: aus dem ~ kommen (of: geraten) van de wijs raken
Konzern m^5 concern
Konzert o^{29} concert
Konzerthalle v^{21} concertzaal
konzertieren^{320} concerteren
konzertiert op elkaar afgestemd: ~e Aktion door alle partijen onderschreven actie
Konzertsaal m^6 (mv -säle) concertzaal
Konzession v^{20} concessie
Konzil o^{29} (mv ook Konzilien) concilie
konzipieren^{320} concipiëren
Kooperation v^{20} coöperatie
kooperationsbereit coöperatief
kooperieren^{320} coöpereren
Koordination v^{20} coördinatie
koordinieren^{320} coördineren
Kopf m^6 1 kop, hoofd: mir raucht der ~ ik zit me suf te denken; den ~ für jmdn hinhalten zijn nek voor iem uitsteken; (fig) ihm schwirrt der ~ het duizelt hem; ich weiß nicht, wo mir der ~ steht mijn hoofd loopt om; jmdm den ~ verdrehen iem het hoofd op hol brengen; (fig) jmdm den ~ waschen iem de mantel uitvegen; und Kragen riskieren (of: wagen) alles op het spel zetten; seinen ~ durchsetzen zijn zin doordrijven; ~ hoch! kop op!; ~ an ~ stehen mannetje aan mannetje staan; nicht auf den ~ gefallen sein niet op zijn achterhoofd gevallen zijn; er stellt alles auf den ~: a) hij gooit alles ondersteboven; b) (fig) hij zet alles op zijn kop; c) (fig) hij geeft een totaal verkeerde voorstelling van zaken; aus dem ~ hersagen uit het hoofd opzeggen; das will mir nicht in den ~ dat wil er bij mij niet in; im ~ rechnen uit het hoofd rekenen; von ~ bis Fuß van top tot teen; jmdn vor den ~ stoßen iem kwetsen; 2 krop (sla), struik (andijvie)
Kopf-an-Kopf-Rennen o^{35} nek-aan-nekrace
Kopfarbeit v^{28} hoofdwerk, hersenwerk
Kopfarbeiter m^9 intellectueel, hoofdarbeider
Kopfball m^6 (sp) kopbal
Köpfchen o^{35} kopje, hoofdje: ~ haben bij de pinken zijn
köpfen 1 onthoofden: ein Ei ~ het kopje van een ei afslaan; 2 (sp) koppen; 3 (planten) toppen, kappen; 4 (sla) kroppen
Kopfgeld o^{31} uitgeloofde premie
Kopfhörer m^9 hoofdtelefoon, koptelefoon
Kopfkissen o^{35} hoofdkussen
Kopflaus v^{25} hoofdluis
kopflos 1 paniekerig; overhaast; 2 zonder hoofd || ~e Angst radeloze angst
Kopfnicken o^{39} hoofdknik

Kopfrechnen o^{39} (het) hoofdrekenen
kopfscheu kopschuw, schichtig
Kopfschmerzen mv m^{16} hoofdpijn
Kopfschmuck m^{19} hoofdtooi(sel)
kopfschüttelnd hoofdschuddend
Kopfsprung m^6 duiksprong
Kopfsteinpflaster o^{33} kinderhoofdjes *(plaveisel)*
Kopfstoß m^6 kopstoot
Kopfstütze v^{21} hoofdsteun
Kopftuch o^{32} hoofddoek
kopfüber 1 voorover; 2 *(fig)* halsoverkop
Kopfweh o^{39} hoofdpijn
Kopfweide v^{21} knotwilg
Kopfzahl v^{20} aantal dieren, aantal personen
Kopfzerbrechen o^{39} (het) hoofdbreken
Kopie v^{21} kopie
kopieren^{320} 1 kopiëren; 2 *(foto)* afdrukken
Kopierer m^9 kopieerapparaat
Kopiermaschine v^{21} kopieermachine
Kopilot m^{14} tweede piloot
Koppel I o^{33} koppelriem; **II** v^{21} 1 koppel *(honden, paarden);* 2 omheind stuk land
koppeln koppelen
Kopplung v^{20} koppeling
Kopula v^{27} *(mv ook -lae)* koppelwerkwoord
kopulieren^{320} copuleren
Koralle v^{21} koraal
Koran m^5 koran
Korb m^6 1 korf, mand; 2 beugel *(aan een degen)* || *einen ~ bekommen* (of: *sich einen ~ holen)* een blauwtje lopen; *jmdm einen ~ geben* iem afwijzen
Korbball m^{19} *(sp)* korfbal
Körbchen o^{35} 1 *(inform)* bed; 2 cup *(van bustehouder)*
Korbmöbel mv o^{33} rieten meubels
Kord m^5, m^{13} ribfluweel, corduroy
Kordel v^{21} 1 touwtje; 2 koord
Kordhose v^{21} ribfluwelen broek
Kordon m^{13} kordon
Korea o^{39} Korea
Koreaner m^9 Koreaan
koreanisch Koreaans
Korinthe v^{21} krent
Korinthenbrot o^{29} krentenbrood
Kork m^5 kurk
korken *bn* van kurk, kurken
Korken m^{11} kurk *(stop)*
Korkenzieher m^9 kurkentrekker
Kormoran m^5 aalscholver
Korn I o^{32} 1 (zaad)korrel, zaadje, graantje; 2 korrel, kruimel; **II** o^{39} *(foto)* korrel(ing); **III** o^{29} *(zelden mv)* 1 koren, graan; 2 rogge; 3 (vizier)korrel: *jmdn aufs ~ nehmen: a)* iem op de korrel nemen; *b)* iem in de gaten houden; **IV** m^{19} (koren)brandewijn, jenever
Kornähre v^{21} korenaar
Kornblume v^{21} korenbloem
Kornbranntwein m^5 korenbrandewijn, jenever
Körnchen o^{35} korreltje, greintje
körnen korrelen, granuleren

körnig gekorreld, korrelig
Kornkammer v^{21} koren-, graanschuur
Körper m^9 lichaam
körperbehindert (lichamelijk) gehandicapt
Körperbehinderte(r) m^{40a}, v^{40b}, **Körperbeschädigte(r)** m^{40a}, v^{40b} invalide, gehandicapte
körperlich lichamelijk, fysiek
Körperpflege v^{28} lichaamsverzorging
Körperschaft v^{20} *(jur)* 1 lichaam; vennootschap; genootschap; 2 bestuur(slichaam), (maatschappelijke) instelling, college: *gesetzgebende ~* wetgevend lichaam
Körperschaftssteuer v^{21} vennootschapsbelasting
Körperspray m^{13}, o^{36} deodorant
Körperstrafe v^{21} lijfstraf
Körperteil m^5 lichaamsdeel
Körperverletzung v^{20} *(jur)* (het) toebrengen van lichamelijk letsel
Korporation v^{20} vereniging, corporatie
Korps [koor] o *(2e nvl -; mv -)* 1 *(mil)* korps; 2 corps
korpulent corpulent, gezet, zwaarlijvig
Korpulenz v^{28} corpulentie, zwaarlijvigheid
korrekt correct
Korrektheit v^{28} correctheid
Korrektion v^{20} correctie
Korrektur v^{20} correctie, verbetering
Korrespondent m^{14} correspondent
Korrespondentin v^{22} correspondente
Korrespondenz v^{28} correspondentie
Korridor m^5 corridor, gang
korrigieren^{320} corrigeren, verbeteren
Korrosion v^{20} corrosie
korrupt corrupt
Korruption v^{20} corruptie
Korsett o^{29}, o^{36} korset
Korso m^{13} corso
Koryphäe v^{21} coryfee, ster
Kosak m^{14} kozak
koscher koosjer, kousjer
kosen I *tr* liefkozen, strelen; **II** *intr* minnekozen, vrijen
Kosename m^{18} koosnaam(pje), troetelnaam
Kosmetik v^{28} cosmetiek
Kosmetikerin v^{22} schoonheidsspecialiste
Kosmetikkoffer m^9 beautycase
Kosmonaut m^{14} kosmonaut, ruimtevaarder
Kosmos m^{19a} kosmos, heelal
Kost v^{28} 1 kost, spijs, voedsel; 2 kost, voeding: *~ und Logis* kost en inwoning
kostbar waardevol, kostbaar, duur
Kostbarkeit I v^{20} kleinood; **II** v^{28} kostbaarheid
kosten 1 *(spijs, drank)* proeven; 2 kosten: *sich*^{3} *of 4 eine Sache etwas ~ lassen* veel geld voor iets uitgeven
Kosten mv (on)kosten: *auf ~ seiner Gesundheit* ten koste van zijn gezondheid; *auf seine ~ kommen (fig)* aan zijn trekken komen
Kostenanschlag m^6 kostenbegroting, -raming
Kostenaufwand m^{19} (on)kosten

Ko

Kostenfrage v^{21} geldkwestie

kostenfrei, kostenlos kosteloos, gratis

kostenpflichtig tegen verplichte betaling van de (on)kosten

Kostenpunkt m^5 (de) kosten, prijs

Kostensteigerung v^{20} kostenstijging

Kostenvoranschlag m^6 *zie* Kostenanschlag

köstlich kostelijk

Köstlichkeit I v^{28} kostelijkheid, heerlijkheid; **II** v^{20} lekkernij, delicatesse

Kostprobe v^{21} hapje, proefje

kostspielig kostbaar, duur

Kostüm o^{29} **1** (mantel)pakje; **2** kostuum

Kostümball m^6 gekostumeerd bal

Kot m^{19} **1** uitwerpselen, excrementen; **2** modder, slijk

Kotblech o^{29} spatbord

Kotelett o^{29}, o^{36} kotelet, karbonade

Koteletten *mv* bakkebaarden

Köter m^9 mormel, rothond

Kotflügel m^9 spatbord

kotig 1 *(inform)* vol stront; **2** modderig, vuil

kotzen braken, overgeven, kotsen

Krabbe v^{21} **1** krab; **2** garnaal; **3** dreumes, hummel; **4** leuk grietje

krabbeln I *intr* kruipen; **II** *tr* kriebelen

krach *tw* krak!, pats-boem!, bom!

Krach I m^{19} lawaai, herrie; **II** m^6 **1** klap, dreun, bons; **2** ruzie; **3** krach, debacle, economische ineenstorting

krachen I *intr* **1** dreunen; *(mbt kanonnen)* bulderen; *(mbt schoten)* knetteren; **2** krakend kapotgaan; **3** botsen (tegen); **II** *tr* smijten

Krachsalat m^5 ijsbergsla

krächzen 1 *(mbt vogels)* krassen; *(fig)* hees spreken; **2** kuchen, hoesten

kraft vz^{+2} krachtens, op grond van

Kraft v^{25} **1** kracht, sterkte, macht: *wieder bei Kräften sein* weer gezond zijn; **2** kracht, werking; **3** arbeids-, werkkracht; **4** *(techn)* kracht; **5** *(mv)* (de) strijdkrachten || *in, außer ~ setzen* in, buiten werking stellen

Kraftakt m^5 krachttoer

Kraftanstrengung v^{20} krachtsinspanning

Kraftaufwand m^6 inspanning

Kraftausdruck m^6 krachtterm

Kraftbrühe v^{21} bouillon

Kraftfahrer m^9 chauffeur; automobilist

Kraftfahrzeug o^{29} motorvoertuig

Kraftfahrzeugsteuer v^{21} motorrijtuigenbelasting, *(Belg)* rijtaks

Kraftfutter o^{39} krachtvoer

kräftig krachtig, sterk, stevig, flink

kräftigen (ver)sterken, krachtig maken

Kräftigung v^{20} (ver)sterking

kraftlos 1 krachteloos, zwak; **2** ongeldig

Kraftmeier m^{19} krachtpatser

Kraftmeierei v^{20} krachtvertoon

Kraftprobe v^{21} krachtproef

Kraftprotz m^5, m^{14} krachtpatser

Kraftrad o^{32} tweewielig motorvoertuig

Kraftsport m^{19} krachtsport

Kraftstoff m^5 motorbrandstof

kraftstrotzend potig, fors

Kraftverkehr m^{19} gemotoriseerd verkeer

kraftvoll vol kracht, krachtig, krachtdadig

Kraftwagen m^{11} auto

Kraftwerk o^{29} elektrische centrale

Kragen m^{11} kraag, boord || *jmdm platzt der ~* iem heeft er genoeg van

Kragenweite v^{21} boordwijdte

Krähe v^{21} kraai

krähen kraaien

Krähenfüße *mv* m^6 kraaienpootjes

Krake m^{15} *(dierk)* kraak, achtarmige inktvis

Krakeel m^{19} (ge)krakeel, gekijf

krakeelen kijven, krakelen

krakeln krabbelen

Kralle v^{21} klauw, nagel: *jmdm die ~n zeigen* iem zijn tanden laten zien

krallen I *tr* **1** (vast)grijpen, krampachtig vasthouden; **2** *(vingers)* krommen; **3** jatten; **II** *sich ~* zich vastklampen, zich vastklemmen

krallig 1 met klauwen, nagels; **2** klauwvormig

Kram m^{19} **1** rommel, troep; **2** handel, zaak, santenkraam || *den ganzen ~ hinschmeißen* het bijltje erbij neergooien; *jmdm (nicht) in den ~ passen* (niet) in iems kraam te pas komen

kramen (rond)snuffelen, rommelen

Krampe v^{21} kram

krampen krammen

Krampf I m^6 kramp, stuiptrekking; **II** m^{19} gedoe

Krampfader v^{21} spatader

krampfartig krampachtig

krampfen I *tr* vastklemmen, omknellen; **II** *sich ~* zich krampachtig samentrekken

krampfhaft krampachtig

Kran m^5, m^6 kraan

Kranführer m^9 kraandrijver

Kranich m^5 kraanvogel

krank ^{58} ziek: *~ schreiben, oude spelling voor* krankschreiben, *zie* krankschreiben

kränkeln met de gezondheid sukkelen

kranken lijden: *~ an* $^{+3}$ lijden aan *(ook fig)*

kränken I *tr* krenken, grieven, beledigen; **II** *sich ~* verdriet hebben

Krankenanstalt v^{20} ziekenhuis

Krankenbesuch m^5 ziekenbezoek

Krankenbett o^{37} ziekbed

Krankenhaus o^{32} ziekenhuis

Krankenkasse v^{21} ziekenfonds

Krankenpfleger m^9 verpleger

Krankenpflegerin v^{22} verpleegster

Krankenschein m^5 **1** ziekenfondskaart; **2** verwijskaart, doktersattest

Krankenschwester v^{21} verpleegkundige, verpleegster

Krankenträger m^9 ziekendrager, *(Belg)* ambulan-

cier
Krankenversicherung v^{20} 1 ziekteverzekering; 2 ziekteverzekeringsmaatschappij
Krankenwagen m^{11} ziekenwagen, ambulance
Krankenwärter m^9 verpleger, ziekenverzorger
krankfeiern *(inform)* niet gaan werken onder het voorwendsel van ziekte
krankhaft ziekelijk
Krankheit v^{20} ziekte
Krankheitsbild o^{31} ziektebeeld
Krankheitserreger m^9 ziekteverwekker
krankheitshalber wegens ziekte
kränklich ziekelijk, sukkelend
krankschreiben^{252} 1 ziek verklaren; 2 ziek naar huis sturen
Kränkung v^{20} krenking; *zie ook* kränken
Kranz m^6 krans
Kranzniederlegung v^{20} kranslegging
krass kras, sterk, overdreven
Krater m^9 krater
kratzbürstig weerspannig, vinnig, kattig
Krätze v^{28} schurft
Kratzeisen o^{35} voetenschrapper
kratzen 1 krabben, krassen; 2 kriebelen: *das kratzt mich nicht* dat kan mij niet schelen; 3 prikkelen
Kratzer m^9 1 krab, kras, schram; 2 krabber
Kratzfuß m^6 buiging, strijkage
Kraul o^{39} crawl(slag)
kraulen 1 krauwen, krabben; 2 *(sp)* crawlen
Krauler m^9 crawlzwemmer
kraus 1 kroes, krullend; 2 verward, warrig; 3 gekreukt ‖ *die Stirn ~ ziehen* het voorhoofd fronsen
Krause v^{21} krul, slag *(in haar)*
kräuseln I *tr* 1 krullen, kroezen; 2 fronsen, rimpelen: *die Lippen ~ de* lippen krullen; II *sich ~* 1 rimpelen; 2 kroezen
krausen *zie* kräuseln
Kraushaar o^{39} krulhaar, kroeshaar
kraushaarig kroesharig
Krauskopf m^6 1 krullenbol; 2 warhoofd
Kraut I o^{32} 1 kruid; 2 geneeskrachtig kruid; 3 tabak; II o^{39} loof: *wie ~ und Rüben* wanordelijk, chaotisch
Kräuterkäse m^9 kruidkaas
Kräutertee m^{13} kruidenthee
Krawall I m^5 opstootje, relletje; II m^{19} lawaai
Krawatte v^{21} 1 (strop)das; 2 *(med)* gipskraag
Kreation v^{20} creatie
kreativ creatief
Kreativität v^{28} creativiteit
Kreatur v^{20} creatuur, schepsel
Krebs m^5 1 *(dierk)* (rivier)kreeft; 2 kanker: *~ erregend* (of: *~ erzeugend*) kankerverwekkend
krebsartig kankerachtig
krebserregend, krebserzeugend kankerverwekkend: *stark ~e Stoffe* sterk kankerverwekkende stoffen
Krebsforschung v^{20} kankeronderzoek
Krebsgeschwulst v^{25} kankergezwel
Krebsgeschwür o^{29} kankerzweer

krebsig kankerachtig
krebskrank aan kanker lijdend
Krebskranke(r) m^{40a}, v^{40b} kankerpatiënt
krebsrot zo rood als een kreeft
¹Kredit o^{36} credit
²Kredit I m^5 krediet, lening; II m^{19} krediet, uitstel van betaling: *auf ~* op krediet
Kreditanstalt v^{20} kredietinstelling
Kreditbank v^{20} kredietbank
kreditfähig kredietwaardig, solvent
kreditieren^{320} crediteren
Kreditinstitut o^{29} kredietinstelling
Kreditkarte v^{21} creditcard
Kreditkauf m^6 koop op krediet
Kreditor m^{16} crediteur, schuldeiser
kreditwürdig kredietwaardig, solvent
Kreide v^{21} krijt(je)
kreidebleich doodsbleek, krijtwit
kreiden 1 met krijt markeren, met krijt noteren; 2 *(keu)* krijten
kreieren^{320} creëren, scheppen
Kreis m^5 1 cirkel, kring; 2 kring, groep, laag, milieu; 3 reeks, rij, cyclus; 4 domein, gebied; 5 district; 6 *(techn)* circuit
kreischen 1 krijsen, gillen; 2 *(mbt remmen)* knarsen, gieren, piepen
Kreisel m^9 1 tol; 2 rotonde
Kreiselkompass m^5 gyrostatisch kompas
kreiseln 1 tollen, (rond)draaien; 2 *(voetbal)* rondspelen
Kreiselpumpe v^{21} centrifugaalpomp
Kreiselverdichter m^9 turbocompressor
kreisen cirkelen, (rond)draaien
kreisförmig cirkelvormig, kringvormig
Kreislauf m^6 1 kringloop; 2 bloedsomloop
Kreislaufkollaps m^5 *(med)* collaps
Kreislaufstörung v^{20} circulatiestoornis
Kreislaufversagen o^{39} collaps
Kreissäge v^{21} cirkelzaag
Kreisstadt v^{25} hoofdplaats van een district
Kreisverkehr m^{19} rondgaand verkeer
Krem v^{27}, m^5, m^{13} crème
Kremation v^{20} crematie
Krematorium o (2e nvl -s; mv -torien) crematorium
Kreml m^{19}, m^{19a} Kremlin
Krempe v^{21} hoedrand
Krempel m^{19} rommel
krempeln op-, omslaan; *(mouwen)* opstropen
krepieren^{320} 1 creperen, verrekken; 2 *(mbt projectiel)* ontploffen
Krepppapier o^{39} crêpepapier
Kreppsohle v^{21} crêpezool, spekzool
Kresse v^{21} tuinkers, sterrenkers
kreuz: *~ und quer* kriskras
Kreuz I o^{29} 1 kruis: *jmdn aufs ~ legen* iem bij de neus nemen; 2 *(muz)* kruis, verhogingsteken; II o^{39} 1 kruis, beproeving; 2 klaverblad *(ve autosnelweg)*; III o (2e nvl -es; mv -) *(kaartspel)* klaveren
kreuzen I *intr* kruisen; laveren; II *tr* kruisen; III *sich*

~ 1 elkaar kruisen; 2 indruisen tegen

Kreuzer m^9 *(scheepv)* kruiser

Kreuzfahrer m^9 kruisvaarder

Kreuzfahrt v^{20} 1 kruistocht; 2 *(scheepv)* cruise

Kreuzgelenk o^{29} kruiskoppeling

kreuzigen kruisigen

Kreuzigung v^{20} kruisiging

Kreuzritter m^9 kruisridder

Kreuzschlitzschraube v^{21} kruiskopschroef

Kreuzschlüssel m^9 kruissleutel

Kreuzstich m^5 *(handwerken)* kruissteek

Kreuzung v^{20} kruising

Kreuzverhör o^{29} kruisverhoor

Kreuzweg m^5 1 *(godsd)* kruisweg; 2 kruispunt

kreuzweise kruisgewijs, kruiselings

Kreuzworträtsel o^{33} kruiswoordpuzzel, -raadsel

Kreuzzeichen o^{35} kruisteken

Kreuzzug m^6 kruistocht

kribbelig prikkelbaar, kribbig, nerveus

kribbeln 1 kriebelen; 2 krioelen

kriechen [195] kruipen

Kriecher m^9 kruiper *(ook fig)*

Kriecherei v^{20} kruiperij

kriecherisch kruiperig

Kriechspur v^{20} *(verkeer)* kruipstrook

Krieg m^5 oorlog: *der kalte* ~ de koude oorlog; ~ *führend* oorlogvoerend

kriegen krijgen: *jmdn* ~ iem te pakken krijgen; *den Bus* ~ de bus halen; *es mit der Angst zu tun* ~ bang worden; *lass dich nicht* ~*!* laat je niet snappen! ‖ *es nicht über sich* ~ het niet over zijn hart kunnen verkrijgen

Krieger m^9 krijger, krijgsman, soldaat

kriegerisch 1 oorlogszuchtig, krijgshaftig; 2 oorlogs-, militair

kriegführend *oude spelling voor* Krieg führend, *zie* Krieg

Kriegführung v^{20} oorlogvoering

Kriegsausbruch m^{19} (het) uitbreken van de oorlog

Kriegsbeschädigte(r) m^{40a}, v^{40b} oorlogsinvalide

Kriegsdienst m^5 krijgsdienst

Kriegsdienstverweigerer m^9 dienstweigeraar

Kriegsentschädigung v^{20} herstelbetaling

Kriegserklärung v^{20} oorlogsverklaring

Kriegsfuß m^6: *mit jmdm auf (dem)* ~ *leben* (of: *stehen)* met iem op voet van oorlog staan

Kriegsgefangene(r) m^{40a}, v^{40b} krijgsgevangene

Kriegsgericht o^{29} krijgsraad

kriegsgeschädigt door de oorlog getroffen

Kriegsmarine v^{28} marine, vloot

Kriegsmaschine v^{21} oorlogsapparaat

Kriegsopfer o^{33} oorlogsslachtoffer

Kriegsrat m^6 krijgsraad

Kriegsschaden m^{12} oorlogsschade

Kriegsschauplatz m^6 oorlogstoneel

Kriegsschiff o^{29} oorlogsschip

Kriegsstärke v^{28} oorlogssterkte

Kriegsverbrecher m^9 oorlogsmisdadiger

Kriegsverletzte(r), Kriegsversehrte(r) m^{40a}, v^{40b}

oorlogsinvalide

Kriegszeit v^{20} oorlogstijd

Kriegszustand m^6 oorlogstoestand

Krimi m *(2e nvl -(s); mv -(s))* 1 detectiveroman; 2 detectivefilm; 3 thriller

kriminal strafrechtelijk

Kriminalbeamte(r) m^{40a}, **Kriminale(r)** m^{40a}, **Kriminaler** m^9 rechercheur

Kriminalfilm m^5 detectivefilm, misdaadfilm

kriminalisieren [320] criminaliseren

Kriminalist m^{14} rechercheur

Kriminalität v^{28} criminaliteit

Kriminalkommissar m^5 inspecteur bij de recherche

Kriminalpolizei v^{28} recherche, *(Belg)* opsporingsbrigade

Kriminalroman m^5 detective(roman)

kriminell crimineel

Kriminelle(r) m^{40a}, v^{40b} misdadiger, misdadigster

Krimskrams m^{19}, m^{19a} rommel

Kringel m^9 1 krul; 2 *(cul)* kransje, krakeling

kringeln I *tr* (op)krullen; **II** *sich* ~ zich krullen

Kripo v^{27} *verk van* Kriminalpolizei recherche

Krippe v^{21} 1 kribbe; 2 crèche

Krise v^{21} crisis

kriseln: *es kriselt* er dreigt een crisis

krisenfest bestand tegen crises

Krisenstab m^6 crisisstaf

Kristall I m^5 kristal; **II** o^{39} kristal(glas)

kristallen kristallen

kristallisieren [320] kristalliseren

kristallklar kristalhelder

Kriterium o *(2e nvl -s; mv Kriterien)* criterium

Kritik v^{20} kritiek: *unter aller* (of: *jeder)* ~ schandalig slecht

Kritikaster m^9 criticaster, muggenzifter

Kritiker m^9 criticus

kritiklos kritiekloos, onkritisch

kritisch 1 kritisch; 2 hachelijk, kritiek

kritisieren [320] (be)kritiseren

Krittelei v^{20} vitterij, kleingeestige kritiek

krittelig vitterig

kritteln vitten

Krittler m^9 vitter, criticaster

krittlig vitterig

Kritzelei I v^{28} gekras; **II** v^{20} krabbel

kritzelig kriebelig, onleesbaar

kritzeln kriebelen, krabbelen

kritzlig *zie* kritzelig

Krokette v^{21} kroket(je)

Krokodil o^{29} krokodil

Krokodilstränen *mv* v^{21} krokodillentranen

Krokus m *(2e nvl -; mv -(se))* krokus

Krone I v^{21} 1 kroon *(ook fig)*; 2 krans; 3 *(plantk)* (bloem)kroon; 4 (boom)kruin, top; 5 kruin *(ve dijk)*; 6 kroon *(munteenheid)*; **II** v^{28} kroon, toppunt: *das setzt allem die* ~ *auf!* dat is het toppunt!

krönen 1 kronen; 2 bekronen: *von Erfolg gekrönt* met succes bekroond

Kronenkorken m^{11} kroonkurk

Kronleuchter m^9 (licht)kroon, kroonluchter

Kronprinz m^{14} kroonprins

Kronprinzessin v^{22} kroonprinses

Krönung v^{20} **1** kroning; **2** bekroning

Kronzeuge m^{15} kroongetuige

Kropf m^6 **1** krop *(van vogel)*; **2** struma

Kröte v^{21} **1** *(dierk)* pad; **2** *(fig)* slang, loeder; **3** *(fig)* nest; **4** *(mv)* poen, duiten

Krücke v^{21} **1** kruk: *an ~n gehen* op krukken lopen; **2** kruk, handvat *(ve wandelstok)*

Krug m^6 **1** kruik, kan; **2** *(N-Dui)* kroeg, café

Krume v^{21} **1** kruimel; **2** kruim *(van brood)*

Krümel m^9 **1** kruimel; **2** peuter, dreumes

krümelig 1 kruimelig; **2** vol kruimels

krümeln kruimelen

krumm^{59} **1** krom: *sich ~ und schief lachen* zich krom lachen; **2** krom, verkeerd, slecht: *~e Finger machen* gappen, jatten; *~ gehen* misgaan; *~ nehmen* kwalijk nemen

krümmen I *tr* krommen, buigen; **II** *sich ~* **1** zich krommen, zich buigen, zich kronkelen; **2** *(van pijn)* krimpen: *sich vor Lachen ~* zich krom lachen

krummgehen^{168} *oude spelling voor* krumm gehen, *zie* krumm 2

krummlachen, sich zich krom lachen

krummnehmen *oude spelling voor* krumm nehmen, *zie* krumm 2

Krümmung v^{20} kromming, winding, bocht

Krüppel m^9 verminkte, invalide, gebrekkige: *jmdn zum ~ schlagen* iem ongelukkig slaan

krüppelhaft, krüpplig gebrekkig, mismaakt

Kruste v^{21} **1** korst; **2** roof *(op wond)*; korstje

krustig korstig

Kruzifix o^{29} crucifix, kruisbeeld

Kryptogramm o^{29} cryptogram

Kübel m^9 bak, emmer, kuip, tobbe

Kubik m, o kubieke meter, kubieke centimeter

Kubikmeter o^{33}, m^9 kubieke meter, m^3

Kubus m (2e nvl -; mv - en Kuben) kubus

Küche v^{21} keuken *(ook fig)*: *warme und kalte ~* warme en koude spijzen

Kuchen m^{11} **1** gebak, taart, cake; **2** *(techn)* koek

Küchenabfälle mv m^6 keukenafval

Küchenblech o^{29} bakblik

Küchenchef m^{13} chef-kok

Küchenfee v^{21} keukenprinses

Kuchenform v^{20} cakevorm, bakvorm

Kuchengabel v^{21} gebakvorkje

Küchengerät o^{29} keukenapparaat

Küchenherd m^5 fornuis

Küchenmaschine v^{21} keukenmachine

Kuchenteller m^9 gebakschaal, gebakschoteltje

Küchentisch m^5 keukentafel

Kuckuck m^5 **1** koekoek; **2** deurwaarderszegel || *(das) weiß der ~* Joost mag het weten!; *das Geld ist zum ~* het geld is naar de maan; *zum ~!* voor de drommel!; *geh* (of: *scher*) *dich zum ~!* loop naar de maan!

Kuckucksei o^{31} **1** koekoeksei; **2** koekoeksjong

Kuddelmuddel m^{19}, o^{39} warboel, allegaartje

Kufe v^{21} **1** glij-ijzer *(van slee, van schaats)*; **2** slede *(van helikopter)*

Kugel v^{21} **1** kogel; **2** bol, bal; kerstbal; **3** knikker || *eine ruhige ~ schieben* zich niet inspannen

kugelfest kogelvrij

kugelförmig kogelvormig, bolvormig

Kugelgelenk o^{29} kogelgewricht

kugelig kogelvormig, bolrond

Kugellager o^{33} kogellager

kugeln I *intr* rollen: *das ist zum Kugeln* dat is om je slap te lachen; **II** *sich ~* rollen: *sich vor Lachen ~* zich slap lachen

Kugelschreiber m^9 balpen, ballpoint

kugelsicher kogelvrij

Kugelstoßen o^{39} *(sp)* (het) kogelstoten

Kuh v^{25} koe: *(fig) dumme ~* domme gans; *blöde ~* stom wijf

Kuhblume v^{21} paardenbloem

Kuhfladen m^{11} koeienvlaai

Kuhfuß m^6 breekijzer, koevoet

Kuhhandel m^{19} *(fig)* gesjacher, koehandel

Kuhhaut v^{25} koehuid: *das geht auf keine ~!* dat is ongehoord!

kühl 1 koel, fris; **2** koel(tjes), kil

Kühlanlage v^{21} koelinstallatie

Kühle v^{28} **1** koelheid, frisheid, koelte; **2** koelheid, onhartelijkheid, kilte

kühlen (af)koelen, verfrissen

Kühler m^9 **1** koeler; **2** radiateur

Kühlschrank m^6 koelkast

Kühltruhe v^{21} (diep)vrieskist

Kühlung v^{20} **1** (af)koeling; **2** koelinstallatie

Kühlwasser o^{34} koelwater

Kuhmilch v^{28} koemelk

kühn dapper, koen, gedurfd, gewaagd

Kühnheit v^{20} koenheid; *zie ook* kühn

Kuhstall m^6 koestal

Küken o^{35} **1** kuiken; **2** *(inform)* meisje

kulant coulant

Kulanz v^{28} coulantheid, coulance

Kuli m^{13} **1** koelie; **2** *(inform)* balpen

kulinarisch culinair

Kulisse v^{21} coulisse, (toneel)decor: *einen Blick hinter die ~n werfen* (of: *tun)* achter de schermen kijken; *das ist doch nur ~* dat is maar schijn

Kulleraugen mv o^{38}: *~ machen* grote ogen opzetten

kullern rollen: *sich ~ vor Lachen* zich krom lachen

Kulmination v^{20} culminatie, hoogtepunt

kulminieren^{320} culmineren

Kult m^5 cultus, rite, ceremonie

kultivieren^{320} cultiveren

kultiviert 1 beschaafd; **2** gecultiveerd

Kultur v^{20} **1** cultuur, beschaving; **2** cultuur, verbouw, kweek; **II** v^{20} cultuur, beschavingsvorm

kulturell cultureel

Kulturleben o^{39} cultureel leven

Kulturpflanze v^{21} cultuurplant

Kulturstufe v^{21} trap van beschaving

Kulturvolk o^{32} cultuurvolk, beschaafd volk

Kultus m^{19a} **1** cultus; **2** culturele zaken
Kultusminister m^9 minister van Onderwijs en Wetenschappen
Kümmel m^9 **1** karwij, komijn; **2** kummel *(een likeur)*
Kümmelkäse m^9 komijnekaas
Kummer m^{19} kommer, leed, verdriet
kümmerlich **1** gebrekkig; **2** armzalig, behoeftig
kümmern **I** *tr* aangaan, betreffen: *was kümmert mich das?* wat kan mij het schelen?; **II** *intr* slecht gedijen, verkommeren; **III** *sich ~ um*$^{+4}$ zich bekommeren om, zich bemoeien met, zich bezighouden met
Kümmernis v^{24} zorg, verdriet, leed
kummervoll kommervol, zorgvol, treurig
Kumpan m^5 maat, makker, gabber
Kumpel m^9, m^{13} **1** kompel, mijnwerker; **2** kameraad, makker
kumulieren^{320} cumuleren, ophopen
kund bekend, openbaar
kündbar opzegbaar
Kunde I m^{15} klant, cliënt: *Dienst am ~n* service ‖ *dufter ~* toffe jongen; **II** v^{21} bericht, tijding
künden bekendmaken, verkondigen
Kundendienst I m^{19} (klanten)service; **II** m^5 serviceafdeling
Kundenkartei v^{20} klantenbestand
Kundenkreis m^5 clientèle, klantenkring
Kundgabe v^{21} bekendmaking, kennisgeving
kundgeben^{166} bekendmaken, meedelen
Kundgebung v^{20} manifestatie, betoging
kundig kundig, bekend met, ervaren: *einer Fremdsprache ~ sein* een vreemde taal meester zijn
kündigen opzeggen: *jmdm* (of: *jmdn*) *~ iem* opzeggen (of: ontslaan)
Kündigung v^{20} opzegging, ontslag
Kündigungsfrist v^{20} opzeg(gings)termijn
Kundin v^{22} klant, cliënte
Kundschaft I v^{28} clientèle, klanten; **II** v^{20} informatie, inlichting
Kundschafter m^9 verkenner
kundtun^{295} bekendmaken, kond doen
kundwerden^{310} bekend worden
künftig I *bn* toekomstig, aanstaand; **II** *bw* voortaan, in het vervolg
künftighin voortaan, in het vervolg
Kunst v^{25} **1** kunst; **2** kunststuk, kunstwerk; **3** kunst, kunde, vaardigheid ‖ *mit seiner ~ am Ende sein* aan het eind van zijn Latijn zijn; *was macht die ~?* hoe gaat het?
Kunstakademie v^{21} kunstacademie
Kunstdünger m^9 kunstmest
Kunsteisbahn v^{20} kunstijsbaan
Künstelei v^{20} gemaaktheid, gekunsteldheid
Kunsterzeugnis o^{29a} kunstproduct
Kunstfaser v^{21} kunstvezel
Kunstfreund m^5 kunstminnaar, kunstvriend
Kunstgegenstand m^6 kunstvoorwerp
kunstgemäß, kunstgerecht volgens de regels van de kunst, vakkundig

Kunstgeschichte v^{28} kunstgeschiedenis
kunstgeschichtlich kunsthistorisch
Kunstgewerbe o^{33} kunstnijverheid
kunstgewerblich kunstnijverheids-, *(Belg)* artisanaal
Kunstgriff m^5 kunstgreep
Kunsthalle v^{21} kunstgalerij, museum
Kunsthändler m^9 kunsthandelaar
Kunstkenner m^9 kunstkenner
Künstler m^9 kunstenaar, artiest
künstlerisch artistiek, kunst-, kunstzinnig
künstlich **1** kunstmatig, kunst-: *~es Bein* kunstbeen, prothese; *~e Atmung* kunstmatige ademhaling; *~es Gebiss* kunstgebit; **2** gekunsteld, onnatuurlijk
kunstlos eenvoudig, zonder versieringen
Kunstmaler m^9 kunstschilder
Kunstmarkt m^6 kunstmarkt
kunstreich **1** kunstrijk, kunstig; **2** handig
Kunstreiter m^9 kunstrijder *(te paard)*
Kunstsammlung v^{20} kunstverzameling
Kunstschätze mv m^6 kunstschatten
Kunstseide v^{21} kunstzijde, rayon
kunstsinnig kunstzinnig, artistiek
Kunstspringen o^{39} (het) schoonspringen *(zwemsport)*
Kunststoff m^5 kunststof, plastic
Kunststück o^{29} kunststuk, prestatie
Kunstturnen o^{39} (het) kunstturnen
kunstvoll kunstvol, kunstig, vernuftig
Kunstwerk o^{29} kunstwerk
kunterbunt 1 kakelbont, veelkleurig; **2** ongeordend; kriskras door elkaar
Kupfer I o^{39} **1** koper; **2** koperen vaatwerk; **3** kopergeld; **II** o^{33} kopergravure
Kupfererz o^{29} kopererts
kupferfarben, kupferfarbig koperkleurig
kupfern koperen, van koper
Kupferschmied m^5 koperslager, kopersmid
Kupferstich m^5 (koper)gravure
Kupon m^{13} coupon *(ook van stoffen)*
Kuppe v^{21} **1** ronde bergtop; **2** kop *(van speld)*; **3** vingertop
Kuppel v^{21} koepel
Kuppeldach o^{32} koepeldak
Kuppelei v^{28} koppelarij
kuppeln 1 koppelen, bij elkaar brengen; **2** *(techn)* (aan elkaar) koppelen
Kuppler m^9 koppelaar
Kupplerin v^{22} koppelaarster
Kupplung v^{20} **1** koppeling; **2** koppelingspedaal
Kupplungsautomat m^{14} automatische koppeling
Kupplungspedal o^{29} koppelingspedaal
Kur v^{20} kuur: *eine ~ machen* een kuur doen
Kür v^{20} *(sp)* kür, vrij gekozen figuur
Kurator m^{16} curator
Kurbel v^{21} **1** kruk, zwengel; **2** slinger
Kurbelwelle v^{21} krukas
Kürbis m (2e nvl *-bisses*; mv *-bisse*) pompoen

kuren een kuur doen, kuren
Kurfürst m^{14} *(hist)* keurvorst
Kurfürstentum o^{32} keurvorstendom
Kurgast m^6 (bad)gast in een kuuroord
Kurhaus o^{32} badhotel, kurhaus
Kurie v^{21} *(r-k)* curie
Kurier m^5 koerier, ijlbode
kurieren 320 genezen, beter maken
kurios curieus, zonderling, merkwaardig
Kuriosität v^{20} curiositeit
Kurort m^5 kuuroord
Kurpfuscher m^9 kwakzalver
Kurs m^5 **1** koers; **2** cursus, leergang; **3** *(sp)* parcours; **4** (wissel)koers ‖ *in ~ setzen* in omloop brengen; *hoch im ~ stehen* (hoog) in aanzien zijn
Kursanstieg m^5 koersstijging
Kursbuch o^{32} spoorboekje
Kürschner m^9 bontwerker, pelswerker
kursieren 320 in omloop zijn, circuleren
kursiv cursief, schuin
Kursrückgang m^6 koersdaling
Kursschwankung v^{20} koersschommeling
Kurssteigerung v^{20} koersstijging
Kurssturz m^6 koersval
Kursteilnehmer m^9 cursist
Kursus m *(2e nvl -; mv Kurse)* cursus, leergang
Kurswagen m^{11} *(spoorw)* doorgaand rijtuig
Kurswert m^5 koerswaarde
Kurve I v^{21} **1** curve, kromme *(lijn);* **2** bocht, kromming: *das Auto wurde aus der ~ getragen* de auto vloog uit de bocht; II *mv* v^{21} lichaamsvormen, vrouwelijke rondingen
kurven een bocht nemen, bochten maken
kurvenreich bochtig, vol bochten
Kurventechnik v^{28} *(sp)* bochtenwerk
kurz 58 **1** kort: *ein ~es Gedächtnis haben* kort van memorie zijn; *in kürzester Zeit* in de kortst mogelijke tijd; *sich ~ entschließen* snel besluiten; *seit ~em* sedert kort; *in (of: binnen) ~em* binnenkort; *vor ~em* onlangs; *den Kürzeren ziehen* aan het kortste eind trekken; *~ halten* kort houden; **2** beknopt, bondig: *~ gesagt* om kort te gaan; *sich ~ fassen* het kort maken; **3** kortom ‖ *über ~ oder lang* vroeg of laat
Kurzarbeit v^{20} arbeidstijdverkorting
kurzarbeiten korter werken in verband met arbeidstijdverkorting
kurzärmelig, kurzärmlig met korte mouwen
kurzatmig kortademig
Kürze v^{28} **1** kortheid; **2** korte duur; **3** bondigheid, beknoptheid ‖ *in ~* binnenkort; *in aller ~* in een paar woorden
Kürzel o^{33} afkorting
kürzen **1** (af-, be-, in-, ver)korten, verminderen; **2** *(breuk)* vereenvoudigen; **3** korter maken
Kurze(r) m^{40a} *(inform)* **1** kortsluiting; **2** borreltje
kurzerhand kortweg, zonder meer, resoluut
Kurzfassung v^{20} verkorte versie
Kurzform v^{20} verkorte vorm

kurzfristig 1 op korte termijn; **2** kortlopend
Kurzgeschichte v^{21} kort verhaal
kurzhaarig kortharig
kurzhalten *oude spelling voor* kurz halten, *zie* kurz 1
kurzlebig 1 korte tijd levend; **2** van korte duur
kürzlich I *bn* recent; II *bw* onlangs, kortgeleden
Kurznachrichten *mv* v^{20} nieuws in het kort
Kurzparker m^9 kortparkeerder
Kurzschluss m^6 kortsluiting
Kurzschrift v^{20} stenografie
kurzsichtig 1 bijziend; **2** *(fig)* kortzichtig
Kurzstreckenlauf m^6 *(sp)* korteafstandsloop
kurzum kortom
Kürzung v^{20} **1** ver-, af-, be-, inkorting; **2** verlaging
Kurzwaren *mv* v^{21} fournituren
kurzweg kortweg, zonder meer
Kurzweil v^{28} tijdverdrijf, vermaak
kurzweilig vermakelijk, amusant
Kurzwelle v^{21} *(telecom)* korte golf
Kurzwort o^{32} letterwoord
kusch *tw* koest!; af!
kuscheln, sich behaaglijk gaan liggen, zich neervlijen: *sich ~ an*$^{+4}$ zich aanvlijen tegen
Kuscheltier o^{29} knuffel(dier)
kuschen 1 *(fig)* zich koest houden; **2** *(mbt honden)* stil gaan liggen
Kusine v^{21} nicht *(dochter van oom of tante)*
Kuss m^6 kus, zoen
küssen kussen, zoenen
Kusshand v^{25} kushand: *mit ~ heel graag*
Küste v^{21} kust
Küstengewässer o^{33} kustwateren; territoriale wateren
Küstenschutz m^{19} kustverdediging
Küstenwacht v^{20} *(mil)* kustwacht
Küster m^9 koster
Kutsche v^{21} **1** koets, rijtuig; **2** *(inform)* vehikel
Kutscher m^9 koetsier
kutschieren 320 rijden; toeren, karren
Kutte v^{21} (monniks)pij
Kuttel v^{21} (Z-Dui, Zwits) ingewanden, pens
Kutter m^9 kotter
Kuvert o^{29}, o^{36} couvert
kW *afk van Kilowatt* kilowatt *(afk* kW)
KZ *afk van Konzentrationslager* concentratiekamp

I. *afk van links* links

labberig, labbrig 1 zwak, week, slap; **2** flauw, smaakloos, laf

Labe v^{28} lafenis, verkwikking

laben I *tr* laven, verkwikken, verfrissen; **II** *sich ~* zich verkwikken

labil labiel

Labilität v^{20} labiliteit

Labor o^{29}, o^{36} lab(oratorium)

Laborant m^{14} laborant

Laborantin v^{22} laborante

Laboratorium *o (2e nvl -s; mv -rien)* laboratorium

Labsal o^{29} lafenis, laving, verkwikking

Lache v^{21} **1** plas, poel; **2** lach

lächeln glimlachen

Lächeln o^{39} glimlach, lachje

lachen lachen: *aus vollem Halse* ~ schaterend lachen; *sich bucklig* (of: *krank, krumm, scheckig, schief*) ~ zich ziek lachen; *sich³ einen Ast* (of: *Bruch*) ~ zich een breuk lachen; *das Glück lacht ihm* het geluk lacht hem toe; *sich vor Lachen biegen* dubbel liggen van het lachen; *ich lachte in mich hinein* ik moest in mezelf lachen; *dass ich nicht lache!* laat me niet lachen!; *das wäre ja gelacht* dat zou belachelijk zijn

Lacher m^9 **1** lacher; **2** lach, gelach

lächerlich belachelijk, bespottelijk

Lächerlichkeit v^{28} belachelijkheid

Lachmuskel m^{17} lachspier

Lachs m^5 zalm: *geräucherter* ~ gerookte zalm

Lachsalve v^{21} lachsalvo

Lachsschinken m^{11} fijne lichtgerookte rauwe ham

Lack m^5 lak: *der* ~ *ist ab* het mooie is er af

lacken lakken

Lackfarbe v^{21} lakverf

lackieren ^{320} **1** lakken; **2** *(fig)* verlakken

Lackiererei v^{20} lakkerij

Lackschuh m^5 lakschoen

Ladebühne v^{21} laadperron

Ladefähigkeit v^{28} laadvermogen, capaciteit

Ladegewicht o^{29} laadvermogen, -gewicht

laden ^{196} **1** laden, beladen, inladen; **2** uitnodigen: *nur für geladene Gäste* slechts voor genodigden; **3** *(jur)* oproepen: *jmdn als Zeugen* ~ iem als getuige oproepen; *vor Gericht* ~ dagvaarden

Laden I m^{12} **1** winkel, zaak: *einen* ~ *aufmachen* een

zaak, winkel beginnen; **2** vensterluik, rolluik; **3** *(sp)* doel; **II** m^{19} zaak, aangelegenheid, onderneming: *den* ~ *hinschmeißen* het boeltje erbij neergooien

Ladenangestellte(r) m^{40a}, v^{40b} winkelbediende, verkoper, verkoopster

Ladenbesitzer m^9 winkelier

Ladendieb m^5 winkeldief

Ladendiebstahl m^6 winkeldiefstal

Ladenhüter m^9 winkeldochter *(oude waar)*

Ladeninhaber m^9 winkelier

Ladenkette v^{21} grootwinkelbedrijf, winkelketen

Ladentisch m^5 toonbank

Ladeplatz m^6 laad-, los-, aanlegplaats

Laderampe v^{21} goederen-, laadperron

Laderaum m^6 laadruimte

Ladung v^{20} **1** lading, last; **2** dagvaarding

Lage v^{21} **1** ligging, positie: *Frost in höheren* ~*n* vorst in de hogere gebieden; **2** houding, stand: *400 m* ~*n 400 m wisselslag (zwemmen);* **3** toestand, situatie: *nach* ~ *der Dinge* de omstandigheden in aanmerking genomen; *in der* ~ *sein, etwas zu tun* in staat zijn iets te doen; **4** laag; **5** *(mil)* salvo; **6** rondje *(bier);* **7** *(muz)* toonhoogte, register

Lagebericht m^5 overzicht van de toestand

Lagenschwimmen o^{39} *(sp)* wisselslag

Lagenstaffel v^{20} *(sp)* **1** wisselslagestafette; **2** wisselslagestafetteploeg

Lageplan m^6 situatieschets, -tekening

Lager o^{33} **1** kampement, kamp, legerplaats; **2** leger(stede), rustplaats, bed; **3** opslagruimte, magazijn, pakhuis: *am* (of: *auf*) ~ in voorraad; **4** voorraad; **5** strafkamp, concentratiekamp

Lagerbestand m^6 magazijnvoorraad

Lagerfeuer o^{33} kampvuur

Lagerhalle v^{21}, **Lagerhaus** o^{32} pakhuis, magazijn, entrepot, stem, depot

lagern I *tr* opslaan, (neer)leggen; **II** *intr* **1** in voorraad zijn, opgeslagen liggen; **2** kamperen, legeren, liggen; **3** *(geol)* voorkomen; **III** *sich* ~ **1** gaan zitten, gaan liggen, zich legeren, zich uitstrekken; **2** liggen

Lagerplatz m^6 **1** legerplaats; **2** opslagplaats

Lagerraum m^6 opslagruimte, magazijn

Lagerstätte v^{21} **1** legerstede; **2** vindplaats

Lagerung v^{20} **1** (het) legeren, legering; **2** ligging; **3** (het) opslaan, opslag; **4** (kogel)lager

Lagerverwalter m^9 magazijnmeester

lahm 1 lam, verlamd; **2** kreupel, mank; **3** doodop, loom, moe; **4** zwak, slap, sloom || *ein* ~*er Witz* een flauwe mop; ~*er Geschäftsgang* kwijnende handel; ~ *legen (fig)* lamleggen, verlammen

lahmen kreupel zijn, mank zijn, hinken

lähmen verlammen *(ook fig)*

Lahmheit v^{28} **1** lamheid; **2** kreupelheid; **3** slapheid, lamlendigheid

lahmlegen *oude spelling voor* lahm legen, *zie* lahm

Lähmung v^{20} verlamming

Laib m^5 rond brood, ovaal brood *(vorm): ein* ~ *Brot* een brood; *ein* ~ *Käse* een kaas

Laich m^5 *(vis)*kuit

laichen kuit schieten
Laie m^{15} leek
laienhaft als een leek, dilettantisch
Lakai m^{14} lakei
Lake v^{21} pekel
Laken o^{35} (bedden)laken
lakonisch laconiek
Lakritze v^{21} drop
lallen stamelen, lallen
Lametta o^{39} 1 lamette; 2 *(iron)* lintjes
Lamm o^{32} lam: ~ *Gottes* Lam Gods
Lammfleisch o^{39} lamsvlees
lammfromm zo mak als een lam
Lampe v^{21} lamp
Lampenfieber o^{39} plankenkoorts
Lampenschirm m^5 lampenkap
Lampion m^{13}, o^{36} lampion
lancieren^{320} lanceren, introduceren
Land o^{32} *(dichterlijk)* o^{29} 1 land, staat, gewest; 2 deelstaat: *aus aller Herren Länder(n)* overal vandaan; *außer ~es gehen* naar het buitenland gaan
Landarbeit v^{20} landarbeid, veldarbeid
Landarzt m^6 plattelandsdokter
landauf: ~, *landab* overal (in het land)
Landbevölkerung v^{20} plattelandsbevolking
Landebahn v^{20} landingsbaan
Landeerlaubnis v^{24} toestemming om te landen
landeinwärts landinwaarts
landen I *intr* 1 landen; 2 meren, aanleggen; 3 belanden, terechtkomen; II *tr* 1 aan land zetten; *(een vliegtuig)* aan de grond zetten; 2 droppen, neerlaten, aanvoeren
Landepiste v^{21} landingsbaan
Landeplatz m^6 landingsplaats, -terrein
Ländereien *mv* v^{20} landerijen
Länderkampf m^6 interlandwedstrijd, interland
Länderspiel v^{29}, **Ländertreffen** o^{35} interland(wedstrijd)
Landesbrauch m^6 volksgebruik
Landesebene v^{21}: *auf* ~ op deelstaatniveau
landeseigen 1 inheems, karakteristiek; 2 aan een deelstaat toebehorend; door een deelstaat
Landesfarben *mv* v^{21} nationale kleuren
Landesfürst m^{14} landsheer
Landeshauptmann m^8 *(mv ook -leute)* *(Oostenr)* minister-president van een deelstaat
Landeshauptstadt v^{25} 1 hoofdstad van het land; 2 hoofdstad van een deelstaat
Landeskunde v^{28} kennis van land en volk
Landesmeister m^9 landskampioen
Landesparlament o^{29} parlement van een deelstaat
Landespolitik v^{28} 1 politiek van een deelstaat; 2 politiek met betrekking tot een deelstaat
Landesregierung v^{20} 1 landsregering; 2 deelstaatregering
Landessitte v^{21} volksgebruik
Landessprache v^{21} landstaal
Landestelle v^{21} landingsplaats, -terrein
Landestracht v^{20} nationale klederdracht

landesüblich in een, het land gebruikelijk
landesweit 1 in het hele land; 2 in de hele deelstaat
Landeverbot o^{29} landingsverbod
Landfrau v^{20} boerin, plattelandsvrouw
landfremd vreemd (in het land)
Landgemeinde v^{21} plattelandsgemeente
Landgericht o^{29} arrondissementsrechtbank
Landgewinnung v^{28} landaanwinning
Landgut o^{32} landgoed
Landhaus o^{32} landhuis, villa
Landkarte v^{21} landkaart
Landklima o^{39} landklimaat
landläufig gebruikelijk, gewoon, gangbaar
Landleben o^{39} buitenleven
Landleute *mv* boeren
ländlich landelijk, eenvoudig
Landmann m *(2e nvl -(e)s; mv -leute)* boer
Landmaschine v^{21} landbouwmachine
Landmesser m^9 landmeter
Landmine v^{21} landmijn
Landschaft v^{20} 1 landschap; 2 streek, gewest
landschaftlich 1 landschappelijk; 2 gewestelijk
Landschaftspflege v^{28}, **Landschaftsschutz** m^{19} landschapsbescherming
Landschaftsschutzgebiet o^{29} beschermd natuurgebied
Landser m^9 soldaat
Landsitz m^5 buiten(verblijf), landgoed
Landsmann m *(2e nvl -(e)s; mv -leute)* landgenoot
Landsmännin v^{22} landgenote
Landstraße v^{21} (straat)weg
Landstreicher m^9 landloper, zwerver
Landstreitkräfte *mv* v^{25} landstrijdkrachten, leger
Landstrich m^5 landstreek
Landtag m^5 1 landdag; 2 parlement van een deelstaat; 3 parlementsgebouw van een deelstaat
Landtagsabgeordnete(r) m^{40a}, v^{40b} lid van het deelstaatparlement
Landung v^{20} landing
Landungsbrücke v^{21}, **Landungssteg** m^5 aanlegsteiger
Landungsstelle v^{21} landingsplaats
landwärts landwaarts, naar het land toe
Landweg m^5 1 landweg; 2 weg over land: *auf dem* ~ *zurückkehren* over land terugkeren
Landwirt m^5 landbouwer, boer
Landwirtschaft I v^{20} boerenbedrijf; II v^{28} 1 landbouw; 2 landbouwkunde
landwirtschaftlich landbouw-, landbouwkundig
Landwirtschaftsminister m^9 minister van Landbouw
lang I *bn*^{58} lang: *längere Zeit* tamelijk lang; *vor ~em* (of: *vor -er Zeit*) lang geleden; *seit -em* sedert lang; *seit längerem* sedert geruime tijd; ~ *gezogen* langgerekt; II *vz*$^{+4}$ langs: *er ging den Deich* ~ hij liep langs de dijk; III *bw* langs: *am Deich* ~ langs de dijk
langatmig langdradig
lange *bw (länger, am längsten)* lang, lange tijd: *er braucht* ~ hij heeft lang werk; *das ist noch* ~ *nicht*

genug dat is nog lang niet genoeg

Länge I v^{21} lengte: *der ~ nach durchschneiden* overlangs doorsnijden; *der ~ nach hinfallen* languit neervallen; **II** v^{28} duur: *auf die ~ op den duur; in die ~ ziehen* uitstellen, rekken; *sich in die ~ ziehen: a)* langer duren dan gedacht; *b)* zich voortslepen

langen 1 voldoende zijn: *jetzt langt's mir!* nu is het genoeg!; **2** reiken; **3** halen, grijpen

Langeweile v^{28} verveling: *aus ~* (of: *Langerweile*) uit verveling

Langfinger m^9 langvinger, dief

langfristig 1 langlopend; **2** op lange termijn

langgehen[168] *(inform)* langs iets lopen: *er weiß* (of: *erkennt, sieht), wo es langgeht* hij weet van wanten

langgezogen *oude spelling voor* lang gezogen, *zie* lang

langhaarig langharig, met lange haren

langjährig langjarig, veeljarig, jarenlang

Langlauf m^{19} *(sp)* langlauf, (het) skilopen

Langläufer m^9 langlaufer

langlebig 1 langlevend; **2** duurzaam

länglich langwerpig: *~ rund* ovaal

länglichrund *oude spelling voor* länglich rund, *zie* länglich

Langmut v^{28} lankmoedigheid

langmütig lankmoedig, geduldig

längs I $vz^{+2, soms +3}$ langs; **II** *bw* in de lengte

Längsachse v^{21} lengteas

langsam I *bn* langzaam, traag; **II** *bw* **1** langzaam, traag; **2** langzamerhand

Langschläfer m^9 langslaper, slaapkop

Langspielplatte v^{21} langspeelplaat, elpee

Längsrichtung v^{20} lengterichting

längsschiffs langsscheeps

Längsschnitt m^5 lengtedoorsnede

Längsseite v^{21} lange zijde

längsseits I vz^{+2} langszij; **II** *bw* langszij

längst allang, sedert lang: *~ nicht* lang niet

längstens 1 op zijn langst, hoogstens; **2** op zijn laatst; **3** allang

Langstreckenflug m^6 langeafstandsvlucht

Langstreckenlauf m^6 *(sp)* langeafstandsloop

Langstreckenrakete v^{21} langeafstandsraket

Languste v^{21} langoest

Langweile v^{28} *zie* Langeweile

langweilen I *tr* vervelen; **II** *sich ~* zich vervelen

langweilig vervelend; langdradig, eentonig

Langweiligkeit v^{28} vervelendheid

Langwelle v^{21} *(nat, telecom)* lange golf

langwierig langdurig; moeizaam

Langzeitarbeitslose(r) m^{40a}, v^{40b} langdurig werkloze

Lanze v^{21} lans

lapidar lapidair, kort en kernachtig

Lappalie v^{21} kleinigheid, bagatel

Läppchen o^{35} lapje, vodje

Lappen m^{11} **1** lap, doek; **2** vod, lor; **3** kwab *(van long)*; **4** bankbiljet ‖ *jmdm durch die ~ gehen* iem ontsnappen

läppern slurpen: *es läppert sich* het loopt op

lappig 1 *(van stoffen, papier)* slap; **2** flauw

läppisch flauw, kinderachtig

Laptop m^{13} laptop, schootcomputer

Lärche v^{21} lariks, lork

Larifari o^{39} onzin, geklets

Lärm m^{19} lawaai, drukte, spektakel: *ruhestörender ~* burengerucht; *~ schlagen* alarm slaan

Lärmbelästigung v^{20} geluidshinder

lärmen 1 leven maken, lawaai maken; **2** luid protesteren: *~d* rumoerig

Lärmschutz m^{19} **1** geluidswal, -wand, -muur; **2** bescherming tegen geluidsoverlast

Lärvchen o^{35} **1** (lief) snoetje; **2** (lief) meisje

lasch slap, laks

Lasche v^{21} **1** lipje; **2** lip; **3** *(techn)* las, tussenzetsel

Laschheit v^{20} slapheid, laksheid

Laser [lezər] m^9 laser

Laserstrahl m^{16} laserstraal

lassen[197] laten: *er wusste sich vor Freude nicht zu ~* hij was buiten zichzelf van vreugde; *das Leben ~* het leven laten; *Wasser ~* urineren, wateren; *~ wir das!: a)* laten we er niet meer over praten!; *b)* laten we ermee ophouden; *das lässt sich denken* dat is te begrijpen; *er lässt grüßen* je (u) moet de groeten van hem hebben; *das lässt sich hören* dat is een goed idee; *jmdn hinter sich ~* iem overtreffen; *man muss ihm ~, dass …* men moet hem nageven, dat …; *etwas sein ~* iets laten, van iets afzien; *hier lässt es sich leben* hier is het goed; *von*[+3] *etwas ~* iets opgeven; *einen ~* wind laten; *das lasse ich mir nicht gefallen!* dat neem ik niet!; *es lässt sich nicht leugnen* het valt niet te ontkennen

lässig 1 nonchalant; **2** gemakkelijk; **3** te gek

Lässigkeit v^{28} nonchalance

lässlich vergeeflijk

Lasso m^{13}, o^{36} lasso

Last v^{20} **1** last, vracht, druk; lading: *jmdm zur ~ fallen* (of: *werden*) iem lastig vallen; *jmdm etwas zur ~ legen* iem iets ten laste leggen; *zu ~en* voor rekening van, ten laste van; **2** *(techn)* belasting; **3** last, verplichting: *soziale ~en* sociale lasten; *zu ~en des Verkehrs* ten koste van het verkeer

Lastauto o^{36} vrachtauto

lasten drukken: *~ auf*[+3] drukken op

lastenfrei vrij van lasten, onbezwaard

Laster I o^{33} ondeugd, zonde; **II** m^9 vrachtauto

Lästerer m^9 lasteraar, kwaadspreker

lasterhaft verdorven, slecht

Lasterhaftigkeit v^{28} verdorvenheid, slechtheid

lästerlich (gods)lasterlijk, schandelijk

Lästermaul o^{32} lasteraar

lästern roddelen: *Gott ~* God lasteren

Lästerung v^{20} lastering, smaad

Lastfahrer m^9 vrachtwagenchauffeur

lästig lastig, hinderlijk, naar

Lästigkeit v^{20} lastigheid, hinderlijkheid

Lastkahn m^6 vrachtschip

Lastkraftwagen m^{11} vrachtauto

Lastkraftwagenfahrer m^9 vrachtwagenchauffeur

Lastschriftverfahren o^{39} automatische afschrijving

Lastwagen m^{11} vrachtwagen

Lastzug m^6 vrachtwagencombinatie

Latein o^{39} Latijn

Lateinamerika o^{39} Latijns-Amerika

lateinisch Latijns

Lateinisch o^{41} Latijn

lateral lateraal, zijdelings

Laterne v^{21} lantaarn

Laternenpfahl m^6 lantaarnpaal

Latsche v^{21}, **Latschen** m^{11} 1 slof; 2 uitgelopen schoen

latschig slungelig

Latte v^{21} 1 lat; 2 (mv) ski's || lange ~ lang eind (persoon); eine ~ von Schulden veel schulden

Lattenkiste v^{21} krat (voor verpakking)

Lattenschuss m^6 (sp) schot tegen de lat

Lattenzaun m^6 schutting, hek

Latz m^6 1 slabbetje; 2 klep (aan broek); 3 lijfje

Lätzchen o^{35} slabbetje

Latzhose v^{21} tuinbroek

lau 1 lauw; 2 zacht, aangenaam

Laub o^{39} loof, gebladerte

Laube v^{21} 1 prieel, tuinhuisje; 2 loge (in theater); 3 galerij

Laubengang m^6 1 pergola; 2 galerij

Laubhüttenfest o^{29} Loofhuttenfeest

Laubsäge v^{21} figuurzaag

Laubwald m^8 loofbos

Lauch m^5 (plantk) look, prei

Lauer v^{28}: auf der ~ liegen op de loer liggen

lauern 1 loeren: eine ~de Gefahr een dreigend gevaar; 2 (met ongeduld) wachten

Lauf I m^{19} loop: der obere ~ des Flusses de bovenloop van de rivier; im ~(e) des Tages in de loop van de dag; 100-m-~ 100 meter hardlopen; den Dingen ihren (freien) ~ lassen de zaken op hun beloop laten; seinen Tränen, Gedanken freien ~ lassen aan zijn gedachten, tranen de vrije loop laten; **II** m^6 1 (muz) loopje; 2 (sp) ronde, serie, manche; 3 (geweer)loop

Laufbahn v^{20} loopbaan

Laufbrett o^{31} loopplank

laufen^{198} **I** intr 1 (hard) lopen; 2 lekken, stromen, lopen; 3 geldig zijn; 4 aanstaan (van radio, tv) || ins Geld ~ erin hakken; da läuft ein Film daar draait een film; was läuft hier? wat gebeurt hier?; **II** tr lopen: Ski ~, Schi ~ skiën; **III** sich ~ lopen: hier läuft es sich gut hier kun je goed lopen

laufend 1 lopend: ~es Band lopende band; (fig) am ~en Band zonder onderbreking; 2 voortdurend; doorlopend || auf dem Laufenden sein, bleiben op de hoogte zijn, blijven; jmdn auf dem Laufenden halten iem op de hoogte houden

Läufer m^9 1 loper; 2 (techn) rotor; 3 hardloper; 4 (sp) middenspeler

Lauffeuer o^{33} (fig) lopend vuurtje

Laufgitter o^{33} babybox, box

läufig loops: ~ sein loops zijn

Laufmasche v^{21} ladder (in kous)

Laufpass m^6: jmdm den ~ geben iem de bons geven

Laufschritt m^5 looppas

Laufstall m^6 1 babybox; 2 loopstal (voor vee)

Lauge v^{21} 1 loog; 2 zeepsop

laugen logen

Lauheit v^{28} 1 lauwheid; 2 (fig) onverschilligheid

Laune v^{21} 1 luim, humeur, stemming: bei ~ (of: in ~, guter ~) sein goedgehumeurd zijn; das macht ~ dat brengt de stemming erin; 2 (meestal mv) gril, kuur

launenhaft humeurig, nukkig, wispelturig: ~es Wetter grillig weer

launig grappig, leuk, humoristisch

launisch humeurig, wispelturig

Laus v^{25} luis: es ist ihm eine ~ über die Leber gelaufen hij heeft een pestbui

Lausbub m^{14} kwajongen

lauschen 1 luisteren: der Musik ~ naar de muziek luisteren; 2 afluisteren

lauschig behaaglijk, knus, intiem

Lausebengel m^9, **Lausejunge** m^{15} kwajongen

Lausekerl m^5 schoft, waardeloze vent

lausen luizen: jmdn gehörig ~ iem flink afzetten

lausig onaangenaam, naar: die paar ~en Pfennige die paar onnozele centen; ~ kalt bar koud

laut I bn 1 luid(ruchtig), druk: ~ werden bekend worden; es wurden Stimmen ~ er gingen stemmen op; ~ lesen hardop lezen; 2 gehorig; **II** $vz^{+2, zelden +3}$ luidens, volgens: ~ des Vertrags volgens het contract

Laut m^5 geluid, klank: er gab keinen ~ von sich hij gaf geen kik

Laute v^{21} luit

lauten klinken, luiden: das Urteil lautet auf einen Monat Freiheitsstrafe het vonnis luidt een maand gevangenisstraf; auf den Namen X ~ op naam staan van X

läuten 1 (mbt klok) luiden: die Glocken ~ de klokken luiden; 2 bellen: hat es geläutet? is er gebeld?

lauter I bn 1 louter, zuiver; 2 oprecht, eerlijk; **II** onverbogen bn louter, enkel, alleen

läutern 1 louteren; 2 zuiveren

Läuterung v^{20} 1 loutering; 2 zuivering

lauthals luid(keels)

lautlos stil, geluidloos, onhoorbaar

Lautlosigkeit v^{28} stilte, geluidloosheid

Lautsprecher m^9 luidspreker

Lautsprecheranlage v^{21} geluidsinstallatie

lautstark heel luid, luidruchtig

Lautstärke v^{21} geluidssterkte, volume

lauwarm lauwwarm, lauw

Lava v (mv Laven) lava

lavieren^{320} laveren

Lawine v^{21} lawine

Lawinengefahr v^{20} lawinegevaar

lawinengefährdet met lawinegevaar, waar lawinegevaar bestaat

Lawinenkatastrophe v^{21} lawineramp

lax laks, slap, los
Laxheit v^{20} laksheid
laxieren[320] laxeren
Lazarett o^{29} lazaret, militair hospitaal
leasen [lie:zən] leasen
Leasing [lie:zing] o^{36} leasing, (het) leasen
Lebehoch o^{36} hoera, lang zal hij leven
leben 1 leven; 2 wonen: *seiner* (of: *für seine) Familie* ~ zich helemaal aan zijn gezin wijden; *hier lebt es sich gut* hier kun je goed leven; *leb(e) wohl!* vaarwel!
Leben o^{35} 1 leven: *das ~ lassen* sterven; *am ~ bleiben, sein* in leven blijven, zijn; *mit dem ~ davonkommen* het er levend afbrengen; *ums ~ kommen* omkomen; 2 leven, drukte || *das tue ich für mein ~ gern* dat doe ik dolgraag
lebend levend: *die ~en Sprachen* de levende talen
lebendig 1 levend; 2 levendig, opgewekt
Lebendigkeit v^{28} levendigheid
Lebensalter o^{39} leeftijd
Lebensart v^{20} leefwijze, levenswijze: *er hat keine ~* hij weet zich niet te gedragen
Lebensbejahend optimistisch
Lebensbejahung v^{28} levensaanvaarding, optimisme
Lebensbereich m^5 levenssfeer
Lebensdauer v^{28} levensduur
lebensecht levensecht, realistisch
lebensfähig levensvatbaar
Lebensfreude v^{28} levensvreugde
lebensfroh levenslustig, vrolijk, opgewekt
Lebensführung v^{28} levenswijze, -wandel
Lebensgefahr v^{28} levensgevaar
lebensgefährlich levensgevaarlijk
Lebensgefährte m^{15} levensgezel
Lebensgefährtin v^{22} levensgezellin
Lebenshaltung v^{28} 1 levensonderhoud; 2 levensstandaard
Lebenshaltungskosten *mv* kosten van levensonderhoud
Lebenskraft v^{25} levenskracht, vitaliteit
lebenslang levenslang, zijn (haar) leven lang
lebenslänglich 1 levenslang; 2 voor het leven
Lebenslauf m^6 levensloop
lebenslustig levenslustig, opgewekt
Lebensmittel o^{33} *(meestal mv)* levensmiddel
Lebensmittelgeschäft o^{29} levensmiddelenzaak
lebensnotwendig van levensbelang
Lebensqualität v^{28} kwaliteit van het leven
Lebensregel v^{21} leefregel
Lebensstandard m^{13} levensstandaard
Lebensstil m^5 levensstijl
Lebensumstände *mv* m^6 levensomstandigheden
Lebensunterhalt m^{19} levensonderhoud
Lebensversicherung v^{20} levensverzekering
Lebensweise v^{21} leefwijze, levenswijze
lebenswichtig van levensbelang, absoluut noodzakelijk
Lebenswille m^{18} levenswil

Lebenszeit v^{20} levensduur: *auf ~* voor het (gehele) leven
Leber v^{21} lever: *frisch* (of: *frei) von der ~ weg sprechen* vrijuit spreken
Leberkäse m^{19} leverkaas
Leberwurst v^{25} leverworst
Lebewesen o^{35} levend wezen; organisme
Lebewohl o^{29}, o^{36} vaarwel, afscheid
lebhaft 1 levendig, opgewekt; 2 druk: *~er Verkehr* druk verkeer; *ich bedaure es ~, dass … * het spijt me zeer, dat …
Lebhaftigkeit v^{28} levendigheid; *zie lebhaft*
Lebkuchen m^{11} peper-, honingkoek, taaitaai
leblos levenloos, dood
Lebzeiten *mv* v^{20}: *bei* (of: *zu) ~* tijdens het leven
lechzen snakken, smachten
leck lek
Leck o^{36} lek
lecken I *tr* likken; II *intr* lekken, lek zijn
lecker lekker
Leckerbissen m^{11} lekker hapje, lekkernij
Leder o^{33} 1 leer; 2 vel: *jmdm das ~ gerben* (of: *versohlen)* iem een pak slaag geven; 3 zeem(lap); 4 bal
Lederhandschuh m^5 leren handschoen
ledern I *bn* 1 leren; 2 *(fig)* droog, saai; II *tr* zemen, lappen
Lederriemen m^{11} leren riem
ledig ongehuwd, vrijgezel: *er ist seiner Sorgen ~* hij is van zijn zorgen bevrijd
lediglich enkel (en alleen), slechts
leer leeg: *~ ausgehen* niets krijgen; *~ laufen: a)* onbelast lopen; *b)* stationair lopen; *c)* leeglopen; *~e Behauptungen* nietszeggende beweringen; *~es Gerede* geleuter, gezwam; *~e Hoffnungen* ijdele hoop; *~ Phrasen* holle frasen; *~er Trost* schrale troost; *~e Worte* holle woorden; *~es Zimmer* ongemeubileerde kamer
Leere I v^{28} leegte; II o^{39}: *er starrte ins ~* hij staarde voor zich uit
leeren I *tr* ledigen, legen; *(brievenbus)* lichten; II *sich ~* leeglopen
Leergut o^{39} verpakking, emballage; *(Belg)* leeggoed
Leerlauf m^6 1 (het) stationair draaien *(van motor)*, (het) onbelast lopen *(van machine)*: *im ~* met ontkoppelde motor, in de vrij(loop); 2 *(fig)* nutteloos werk, leegloop
leerlaufen[198] *oude spelling voor leer laufen, zie leer*
Leerung v^{20} 1 (het) legen, lediging; 2 lichting *(van brievenbus)*
Leerzimmer o^{33} ongemeubileerde kamer
legal legaal, wettig
Legalisation v^{20} legalisatie
legalisieren[320] legaliseren
legen I *tr* 1 leggen, neerleggen: *(sp) jmdn ~* iem onderuit halen; 2 *(erwten, aardappels)* poten; II *sich ~* 1 gaan liggen; 2 *(mbt storm, opwinding)* afnemen, bedaren
legendär legendarisch
Legende v^{21} legende

legendenhaft legendarisch

leger [lezjɛːr] **1** ongedwongen; **2** nonchalant; **3** gemakkelijk; **4** oppervlakkig

Legierung v^{20} legering

Legion v^{20} legioen

Legionär m^5 legioensoldaat, legionair

Legislative v^{21} **1** wetgevende vergadering; **2** legislatieve macht

Legislatur v^{20} **1** legislatuur, wetgeving; **2** zittingsperiode

Legislaturperiode v^{21} zittingsperiode

legitim legitiem, wettig; rechtmatig; gegrond

Legitimation v^{20} legitimatie

Legitimationskarte v^{21} legitimatiebewijs

legitimieren^{320} I *tr* **1** legitimeren; **2** wettigen; II *sich* ~ zich legitimeren

Lehm m^5 leem

lehmig **1** lemig; **2** met leem bedekt

Lehne v^{21} leuning

lehnen I *intr* leunen: *der Stock lehnt an der Wand* de stok staat tegen de muur; II *tr* leunen, zetten, plaatsen: *das Fahrrad an (of: gegen) die Wand* ~ de fiets tegen de muur zetten; III *sich* ~ leunen: *sich aus dem Fenster* ~ zich uit het raam buigen

Lehramt o^{32} onderwijs-, leraarsbetrekking

Lehranstalt v^{20} onderwijsinstelling

Lehrbuch o^{32} leerboek

Lehre I v^{21} **1** leer, leerstelling; **2** leer, lering, les; **3** leer(tijd); II v^{28} onderwijs

lehren^{+4} leren, onderwijzen, doceren

Lehrer m^9 **1** leraar, onderwijzer, docent; **2** leermeester

Lehrerkollegium o (2e nvl -s; mv -kollegien) lerarenkorps, docentenkorps, team

Lehrerkonferenz v^{20} leraars-, teamvergadering

Lehrerschaft v^{20} leraren-, docentenkorps, team

Lehrgang m^6 leergang, cursus

Lehrgeld o^{31}: ~ *zahlen* (of: *geben*) leergeld betalen

lehrhaft **1** didactisch, lerend, tot lering strekkend; **2** schoolmeesterachtig

Lehrling m^5 **1** leerling, leerjongen; **2** leerlinge, leermeisje

lehrreich leerrijk, leerzaam

Lehrstelle v^{21} plaats als leerjongen, als leermeisje

Lehrstoff m^5 leerstof

Lehrvertrag m^6 leercontract, leerovereenkomst

Lehrzeit v^{28} leertijd

Lei v^{20} (lei)rots, lei

Leib m^7 **1** lijf, lichaam: *etwas am eigenen* ~ *erfahren* iets aan den lijve ondervinden; *jmdm auf den* ~ *rücken* iem met iets lastig vallen; *einem Übel zu* ~*e gehen* (of: *rücken*) een kwaad te lijf gaan; **2** lijf, buik; **3** romp: *der* ~ *eines Schiffes* de romp van een schip; **4** leven: ~ *und Gut für etwas wagen* zijn leven voor iets wagen

Leibarzt m^6 lijfarts

Leibeigene(r) m^{40a}, v^{40b} lijfeigene

Leibesfrucht v^{25} vrucht, kind in de moederschoot

Leibesfülle v^{28} corpulentie

Leibeskraft v^{25} lichaamskracht: *aus* (of: *nach*) *Leibeskräften* uit alle macht

Leibgericht o^{29} lievelingsgerecht

leibhaftig I *bn* in levenden lijve; II *bw* werkelijk, wis en waarachtig

leiblich **1** lichamelijk, stoffelijk; **2** lijfelijk: *mein* ~*er Bruder* mijn lijfelijke broer

Leibschmerzen *mv* m^{16} buikpijn

Leibwache v^{21} lijfwacht

Leibwächter m^9 lijfwacht

Leibwäsche v^{28} ondergoed

Leibweh o^{39} buikpijn

Leiche v^{21} lijk

Leichenbegängnis o^{29a} begrafenis

Leichenbestattung v^{20} teraardebestelling

leichenblass doodsbleek

Leichenhalle v^{21}, **Leichenhaus** o^{32} mortuarium

Leichenschau v^{28} lijkschouwing

Leichenzug m^6 begrafenisstoet, lijkstoet

Leichnam m^5 lijk

leicht **1** licht: ~ *bekleidet* licht gekleed; ~ *entzündlich* licht ontvlambaar; ~ *verderblich* bederfelijk; ~ *verletzt* licht gewond; ~ *verständlich* gemakkelijk te begrijpen; **2** gemakkelijk: ~ *fallen* gemakkelijk vallen; ~ *nehmen* gemakkelijk opnemen; ~*en Herzens* (of: ~*en Sinnes*) onbezorgd, opgewekt

Leichtathlet m^{14} atleet

Leichtathletik v^{28} atletiek

leichtbekleidet, leichtentzündlich *oude spelling voor* leicht bekleidet, entzündlich, *zie* leicht 1

Leichter m^9 *(scheepv)* lichter

leichtfallen^{154} *oude spelling voor* leicht fallen, *zie* leicht 2

leichtfertig **1** lichtvaardig; **2** lichtzinnig

Leichtfertigkeit v^{28} **1** lichtvaardigheid; **2** lichtzinnigheid

leichtfüßig lichtvoetig, vlug, snel

Leichtgewichtler m^9 *(sp)* lichtgewicht

leichtgläubig lichtgelovig

leichtherzig luchthartig

leichthin licht, luchtigjes, gemakkelijk, losjes

Leichtigkeit v^{28} lichtheid; gemakkelijkheid; nonchalance: *mit* ~ met gemak

leichtlebig zorgeloos, luchthartig

leichtnehmen^{212} *oude spelling voor* leicht nehmen, *zie* leicht 2

Leichtsinn m^{19} lichtzinnigheid

leichtsinnig lichtzinnig, onbezonnen, zorgeloos; roekeloos

leichtverderblich, leichtverletzt, leichtverständlich *oude spelling voor* leicht verderblich, verletzt, verständlich, *zie* leicht 1

leid: *etwas* ~ *sein* ergens genoeg van hebben, *(in bepaalde uitdrukkingen) oude spelling voor* Leid, *zie* Leid

Leid o^{39} **1** leed, smart, droefenis, verdriet: *es tut mir* ~ het spijt me; *er tut mir* ~ ik heb met hem te doen; *du kannst mir* ~ *tun!* ik heb meelij met je!; **2** leed, ongeluk, kwaad: *jmdm ein* ~ *tun* (of: *zufügen*) iem kwaad doen; *jmdm etwas zu ~(e) tun* iem kwaad doen

Leideform *v*[20] *(taalk)* lijdende vorm

leiden[199] **I** *tr* lijden: *Schaden ~* schade lijden; *die Sache leidet keinen Aufschub* de zaak duldt geen uitstel; *ich kann ihn nicht ~* ik kan hem niet uitstaan; *wohl gelitten sein* gezien zijn; **II** *intr* lijden: *er leidet an einer Krankheit* hij lijdt aan een ziekte

Leiden *o*[35] **1** lijden; **2** aandoening, ziekte, kwaal

leidend lijdend, ziekelijk

Leidenschaft *v*[20] hartstocht

leidenschaftlich hartstochtelijk

Leidensgefährte, Leidensgenosse *m*[15] lotgenoot

Leidensgeschichte *v*[21] **1** lijdensgeschiedenis; **2** lijdensverhaal

leider helaas, ongelukkig genoeg: *~ Gottes!* tot mijn grote spijt!, helaas!

leidig naar, ellendig, vervelend

leidlich tamelijk, redelijk, vrij behoorlijk

Leidtragende(r) *m*[40a], *v*[40b] **1** rouwende; **2** gedupeerde

leidvoll droevig, treurig, vol leed

Leidwesen *o*[39] leedwezen, spijt

Leier *v*[21] **1** *(muz)* lier; **2** slinger; **3** liedje: *(fig) die alte ~* het oude liedje

Leierkasten *m*[12] draaiorgel

leiern **1** draaien, zwengelen; **2** *(gedicht)* opdreunen

Leiharbeiter *m*[9] uitzendkracht

Leihauto *o*[36] huurauto

Leihbibliothek, Leihbücherei *v*[20] leesbibliotheek

Leihe *v*[21] **1** lening; **2** lommerd

leihen[200] **1** *(iem iets, iets van iem)* lenen; **2** verlenen: *jmdm seine Aufmerksamkeit ~* iem aandacht schenken

Leihgebühr *v*[20] huurprijs

Leihhaus *o*[32] lommerd

Leihmutter *v*[25] draagmoeder

Leihwagen *m*[11] huurauto, huurwagen

leihweise bij wijze van lening, te leen, in leen

Leim *m*[5] lijm: *aus dem ~ gehen: a)* loslaten, stukgaan; *b) (fig)* kapotgaan, beëindigd worden; *(jmdm) auf den ~ gehen* (of: *kriechen)* er (bij iem) inlopen

leimen lijmen: *jmdn ~* iem erin laten lopen

leimig **1** lijmachtig; **2** kleverig *(ook fig)*

Leine *v*[21] lijn, reep, touw: *jmdn an der ~ haben* (of: *halten)* iem in het gareel laten lopen

leinen *bn* linnen

Leinen *o*[35] linnen

Leinsaat *v*[28], **Leinsamen** *m*[19] lijn-, vlaszaad

Leinwand *v*[25] **1** linnen, lijnwaad; **2** doek *(van schilder);* **3** witte doek *(in bioscoop): auf die ~ bringen* (of: *übertragen)* verfilmen

Leinwandheld *m*[14] filmheld

leis(e) **1** zacht, zachtjes; **2** licht *(van slaap, twijfel);* **3** fijn *(van geur, gehoor);* **4** flauw *(van vermoeden);* **5** zwak, gering *(van hoop, wind)*

Leisetreter *m*[9] **1** slapjanus; **2** stiekemerd

Leiste *v*[21] **1** lijst, richel; **2** zelfkant, rand; **3** *(anat)* lies

leisten I *tr* **1** presteren, tot stand brengen; **2** *(een dienst)* bewijzen; *(hulp)* verlenen ‖ *Widerstand ~* verzet plegen; *einen Eid ~* een eed afleggen; *einen Beitrag ~* een bijdrage leveren; *Gesellschaft ~* gezelschap houden; *eine Zahlung ~* betalen; **II** *sich ~* zich veroorloven: *heute leiste ich mir eine Flasche Wein* vandaag trakteer ik me op een fles wijn

Leisten *m*[11] leest

Leistenbruch *m*[6] liesbreuk

Leistung *v*[20] **1** prestatie; **2** vermogen *(van machine);* **3** (het) afleggen *(van eed);* **4** betaling, bijdrage, uitkering: *soziale ~en* sociale uitkeringen

Leistungsbilanz *v*[20] goederen- en dienstenbalans

Leistungsdruck *m*[19] prestatiedruk

leistungsfähig 1 in staat veel te presteren, sterk, productief; **2** met groot vermogen

Leistungsfähigkeit *v*[28] productievermogen, capaciteit, werkkracht, productiviteit; *(techn)* nuttig vermogen

Leistungskurs *m*[5] (onderwijs in een) keuzevak

Leistungslohn *m*[6] prestatieloon

leistungsorientiert op prestatie gericht

leistungsschwach 1 zwak; **2** *(techn)* met een klein vermogen

Leistungssport *m*[19] wedstrijdsport

Leistungssportler *m*[9] beoefenaar van wedstrijdsport

leistungsstark 1 sterk, uitstekend; **2** *(techn)* met een groot vermogen

Leitartikel *m*[9] hoofdartikel

Leitbild *o*[31] ideaal, voorbeeld

leiten 1 (ge)leiden, voeren, brengen; **2** *(sp)* leiden, fluiten

leitend leidend: *~e Angestellte* leidinggevend personeel; *die ~en Kreise* de toonaangevende kringen

Leiter I *m*[9] **1** leider, directeur, chef; **2** *(elektr)* geleider; **II** *v*[21] ladder

Leitfaden *m*[12] leidraad, beknopte handleiding

leitfähig geleidend

Leitgedanke *m*[18] hoofdgedachte

Leithammel *m*[9], *m*[10] *(ook fig)* belhamel

Leitkegel *m*[9] pylon, verkeerskegel

Leitlinie *v*[21] **1** *(wisk)* richtlijn: *~n der Politik* beleid; **2** onderbroken streep, lijn op de weg

Leitmotiv *o*[29] *(muz)* leidmotief, grondthema

Leitplanke *v*[21] vangrail

Leitsatz *m*[6] grondbeginsel; stelling

Leitspruch *m*[6] motto

Leitstelle *v*[21] centrale, hoofdbureau

Leitung *v*[20] **1** leiding, bestuur, directie; **2** leiding ‖ *die ~ ist besetzt* het toestel is in gesprek; *die ~ ist frei* de lijn is vrij; *(inform) er hat eine lange ~* hij is traag van begrip

Leitwerk *o*[29] **1** besturing, stuurinrichting; **2** *(computer)* besturingsorgaan

Lektion *v*[20] les

Lektor *m*[16] **1** lector *(van uitgeverij);* **2** docent *(aan hogeschool);* **3** *(kerk)* lector, voorlezer

Lektüre *v*[21] lectuur; (het) lezen

Lende v^{21} lende
Lendenbraten m^{11} ossenhaas
Lendenschmerzen mv m^{16} pijn in de lenden
lenkbar 1 bestuurbaar; **2** gewillig, meegaand
lenken (be)sturen, mennen, leiden: *gelenkte Wirt-schaft* geleide economie; *die Aufmerksamkeit auf etwas ~* de aandacht op iets vestigen; *die Aufmerk-samkeit auf sich ~* de aandacht trekken
Lenker m^9 **1** bestuurder; **2** leider; **3** stuur
Lenkflugkörper m^9 geleid projectiel
Lenkrad o^{32} stuurrad; stuur
Lenkradschaltung v^{20} stuurschakeling
lenksam meegaand, gewillig, gedwee
Lenkstange v^{21} stuur *(van fiets)*
Lenkung v^{20} **1** leiding, sturing; **2** besturing, (het) besturen; **3** bestuur, directie; **4** stuurinrichting
Lenz m^5 lente
Leopard m^{14} luipaard
Lepra v^{28} lepra, melaatsheid
Lerche v^{21} leeuwerik
lernbegierig leergierig
lernbehindert moeilijk lerend
lerneifrig leergierig
lernen leren: *ein gelernter Arbeiter* een geschoold arbeider; *kennen ~* leren kennen
Lernende(r) m^{40a}, v^{40b} leerling, leerlinge
Lernprozess m^5 leerproces
Lernschwester v^{21} leerling-verpleegster
Lesart v^{20} **1** versie, lezing; **2** variant, lezing
lesbar leesbaar
Lesbe v^{21}, **Lesbierin** v^{22} lesbienne
lesbisch lesbisch
Lese v^{21} **1** (wijn)oogst; **2** bloemlezing
Lesebrille v^{21} leesbril
Lesebuch o^{32} leesboek
lesen ^{201} **I** *tr* **1** lezen: *ein Gesetz ~* een wet behande-len; **2** lezen, verzamelen, sorteren: *Erbsen ~* erwten lezen; **II** *intr* **1** lezen; **2** college geven: *heute wird nicht gelesen* er is vandaag geen college; **III** *sich ~* te lezen zijn
lesenswert lezenswaardig
Leser m^9 lezer
Leserbrief m^5 ingezonden brief
leserlich leesbaar, duidelijk
Lesestoff m^5 leesstof, lectuur
Lesung v^{20} **1** lezing, behandeling *(van wetsont-werp)*; **2** *(godsd)* les, lezing; **3** lezing, variant
letzt laatst: *mit der ~en Genauigkeit* met de uiterste nauwkeurigheid; *die ~e Ursache* de eigenlijke oor-zaak; *~en Endes* uiteindelijk; *~es Jahr* het afgelo-pen jaar; *die ~e Sorte* de slechtste soort; *bis aufs Letzte* helemaal; *bis ins Letzte* tot in alle details; *bis zum Letzten* tot het uiterste; *sein Letztes (her)geben* zijn uiterste krachten inspannen; *die ~e Neuheit* het nieuwste snufje
Letzt v^{28}: *zu guter ~* ten langen leste, eindelijk
letztenmal: *zum (of: beim) ~* oude spelling voor zum (of: beim) letzten Mal, *zie* Mal II
letztens 1 laatst, onlangs; **2** ten laatste

Letztere(r) m^{40a}, v^{40b} **1** laatstgenoemde; **2** (het, de) laatste *(van twee)*
Letztgenannte(r) m^{40a}, v^{40b} laatstgenoemde
letzthin 1 ten slotte; **2** onlangs, kortgeleden
letztjährig van het laatste jaar
letztlich uiteindelijk
letztmalig laatst, van de laatste maal
letztmals voor de laatste maal, voor het laatst
letztwillig testamentair, bij testament
Leuchtbake v^{21} lichtbaken
Leuchtboje v^{21} lichtboei
Leuchtbuchstabe m^{18} lichtgevende letter
Leuchte v^{21} licht, fakkel, lantaarn, lamp
leuchten lichten, schijnen; schitteren, stralen: *jmdm ~* iem bijlichten
Leuchter m^9 **1** luchter; **2** kandelaar
Leuchtfeuer o^{33} baken, kustvuur
Leuchtreklame v^{21} lichtreclame
Leuchtröhre v^{21} neonbuis
Leuchtschiff o^{29} lichtschip
Leuchtturm m^6 vuurtoren
leugnen loochenen, ontkennen
Leugnung v^{20} loochening, ontkenning
Leumund m^{19} reputatie, naam
Leumundszeugnis o^{29a} bewijs van goed gedrag
Leutchen mv o^{35} luitjes: *liebe ~!* beste mensen!
Leute mv **1** lieden, mensen, volk; **2** *(vero)* personeel; **3** mannen, manschappen
Leutnant m^5, m^{13} tweede luitenant, *(Belg)* onderlui-tenant
leutselig vriendelijk, minzaam
Lex v *(mv Leges)* wet
Lexikon o *(2e nvl -s; mv Lexika en Lexiken)* **1** lexi-con, encyclopedie; **2** *(vero)* lexicon, woordenboek
Lezithin o^{29} lecithine
Liane v^{21} liaan, liane
Libelle v^{21} **1** waterpas; **2** *(dierk)* libel
liberal liberaal, vrijzinnig
Liberale(r) m^{40a}, v^{40b} liberaal
liberalisieren ^{320} liberaliseren
Liberalisierung v^{28} liberalisering, liberalisatie
Liberalismus m^{19a} liberalisme
Libero m^{13} *(sp)* libero, vrije verdediger
licht 1 licht, hel(der), stralend; **2** open, doorzichtig; **3** binnenwerks: *~e Stelle im Wald* open plek in het bos; *~e Höhe* binnenwerkse hoogte; doorrijhoogte
Licht I o^{31} **1** licht *(ook fig)*: *grünes ~ geben* groen licht geven; *das ~ der Welt erblicken* het levenslicht aan-schouwen; **2** glans; **3** hemellicht: *bei ~ besehen* op de keper beschouwd; *jmdn hinters ~ führen* iem misleiden, bedriegen; **II** o^{31}, o^{29} kaars
Lichtanlage v^{21} lichtinstallatie
Lichtbild o^{31} (pas)foto
Lichtblick m^5 *(fig)* lichtpuntje
Lichte v^{28} **1** *(techn)* binnenwerkse breedte; **2** door-rijbreedte
lichtecht lichtecht
lichtempfindlich (licht)gevoelig
lichten I *tr* **1** helder, licht maken; **2** verlichten; **3** *(het*

bos) (uit)dunnen; **4** *(het anker)* lichten; **II** *sich ~* **1**
helder worden; **2** dunner worden
Lichter *m⁹ (scheepv)* lichter
Lichterbaum *m⁶* kerstboom
lichterloh: *~ brennen* in lichte(r)laaie staan
Lichthupe *v²¹* lichtsignaalschakelaar
Lichtjahr *o²⁹* lichtjaar
Lichtmaschine *v²¹* dynamo
Lichtmast *m⁵, m¹⁶* lichtmast
Lichtmesser *m⁹* lichtmeter, fotometer
Lichtpunkt *m⁵* lichtpunt
Lichtschalter *m⁹* lichtschakelaar
Lichtschein *m⁵* lichtschijnsel
Lichtspielhaus *o³², **Lichtspieltheater** *o³³ (vero)* bioscoop
Lichtung *v²⁰* open plek *(in het bos)*
lichtvoll **1** vol licht; **2** *(fig)* helder; **3** gelukkig
Lid *o³¹* (oog)lid
lieb **1** lief: *am ~sten würde ich hier bleiben* het liefst
zou ik hier blijven; *~ behalten* (blijven) houden
van; *~ gewinnen* lief krijgen, gaan houden van; *~
haben* liefhebben, houden van, beminnen; **2** vriendelijk, aardig || *seine ~e Not mit jmdm haben* heel
wat te stellen hebben met iem; *~er Vater!* beste, lieve vader!; *~er Freund!* beste vriend!; *meine Lieben!*
vrienden!; beste mensen!
liebäugeln **1** flirten, lonken; **2** graag willen hebben
liebbehalten *oude spelling voor lieb behalten, zie*
lieb 1
Liebchen *o³⁵* liefje
Liebe *v²¹* liefde: *tun Sie mir die ~!* doet u mij het genoegen!; *~ machen* de liefde bedrijven; *~ auf den
ersten Blick* liefde op het eerste gezicht
Liebelei *v²⁰* flirt, flirtation, avontuurtje
lieben **1** liefhebben, houden van, beminnen: *was
sich liebt, das neckt sich* wie van elkaar houden, plagen elkaar; *die Liebenden* de geliefden; *~ lernen*
gaan waarderen, gaan houden van; **2** de liefde bedrijven || *~d gern* dolgraag
liebenlernen *oude spelling voor lieben lernen, zie*
lieben 1
liebenswert beminnelijk
liebenswürdig vriendelijk, aardig
Liebenswürdigkeit *v²⁰* vriendelijkheid
lieber *bw* **1** liever; **2** beter
Liebesbeziehung *v²⁰* liefdesbetrekking
Liebesbrief *m⁵* liefdesbrief
Liebespaar *o²⁹*, **Liebespärchen** *o³⁵* verliefd paar
Liebesverhältnis *o²⁹ᵃ* (liefdes)verhouding
liebevoll liefdevol
liebgewinnen, liebhaben *oude spelling voor lieb
gewinnen, haben, zie* lieb 1
Liebhaber *m⁹* **1** minnaar; **2** liefhebber; **3** *(vero)*
amateur
Liebhaberei *v²⁰* liefhebberij
liebkosen liefkozen
Liebkosung *v²⁰* liefkozing
lieblich **1** liefelijk, bekoorlijk; **2** mild, zacht
Liebling *m⁵* lieveling

lieblos liefdeloos, harteloos
Liebreiz *m¹⁹* bekoorlijkheid, charme, gratie
Liebschaft *v²⁰* liefdesaffaire, verhouding
Liebste(r) *m⁴⁰ᵃ, v⁴⁰ᵇ* liefste, geliefde
Lied *o³¹* lied: *er kann ein ~ davon singen* hij kan ervan meepraten
liederlich **1** slordig, slonzig; **2** schandelijk, slecht; **3**
losbandig, liederlijk
Liederlichkeit *v²⁰* **1** slordigheid; **2** losbandigheid
Liedermacher *m⁹* liedjesmaker
Lieferant *m¹⁴* leverancier
lieferbar leverbaar
Lieferbedingung *v²⁰* leveringsvoorwaarde
Lieferer *m⁹* leverancier
Lieferfrist *v²⁰* leveringstermijn
liefern leveren: *ins Haus ~* thuisbezorgen; *er ist geliefert* hij is verloren
Lieferort *m⁵* plaats van levering
Liefertermin *m⁵* tijdstip van levering
Lieferung **1** leverantie; **2** levering; **3** aflevering *(ve
boek)*
Lieferungsbedingung *v²⁰* leveringsvoorwaarde
Lieferungsfrist *v²⁰* leveringstermijn
Lieferungszeit *v²⁰* lever(ings)tijd
Lieferwagen *m¹¹* bestelwagen
Liege *v²¹* **1** ligstoel; **2** stretcher
liegen *²⁰²* liggen, gelegen zijn: *wie die Dinge ~* zoals
de zaken staan; *es liegt mir viel daran* er is mij veel
aan gelegen; *(sp) vorn ~* aan kop liggen; *an mir soll
es nicht ~* aan mij zal het niet liggen; *die tägliche
Produktion liegt bei ...* de dagelijkse productie is
ongeveer ...; *das liegt bei ihm* dat ligt aan hem; *das
Zimmer liegt nach dem Garten* de kamer ziet op de
tuin uit; *zur Straße ~* aan de straatkant liggen
Liegenschaft *v²⁰* onroerend goed
Liegeplatz *m⁶* ligplaats, ankerplaats
Liegesitz *m⁵* slaapstoel; *(spoorw)* couchette
Liegestuhl *m⁶* ligstoel
Liegewagen *m¹¹ (spoorw)* ligrijtuig, ligwagen
Liegewiese *v²¹* ligweide
Liese *v²⁸: dumme ~* domme gans
Lift 1 *m⁵, m¹³* lift; **II** *m¹³, o³⁶* facelift
liften I *tr* **1** *(tarieven)* verhogen; **2** faceliften; **3** optillen; **II** *intr* met de skilift gaan
Liga *v (mv Ligen)* **1** liga, verbond; **2** *(sp)* divisie
liieren *³²⁰* liëren, (nauw) verbinden
Likör *m⁵* likeur
lila 1 lila; **2** matig: *es geht mir ~* het gaat me matig
Lila *o³⁹* lila
Lilie *v²¹* lelie
Liliputaner *m⁹* lilliputter
Limit *o²⁹, o³⁶* limiet
limitieren *³²⁰* limiteren
Limo *v, o (2e nvl -; mv -(s))*, **Limonade** *v²¹* limonade
Limone *v²¹* limoen; *(zelden)* citroen
Limousine *v²¹* limousine
lind 1 zacht; **2** zoel
Linde *v²¹* linde
lindern verzachten, verlichten, lenigen

Linderung v^{20} verzachting, leniging
Lineal o^{29} liniaal
linear lineair
Linie v^{21} **1** lijn, streep: *auf die gleiche* (of: *auf eine*) ~ *stellen* op één lijn stellen; **2** linie, evenaar; **3** *(mil)* linie; **4** lijn *(van bus, tram);* **5** (slanke) lijn: *in erster, zweiter* ~ in de eerste, tweede plaats
Linienbus m^5 (2e nvl *-busses; mv -busse)* lijnbus
Linienflug m^6 lijnvlucht
Linienrichter m^9 *(sp)* lijnrechter, grensrechter
linientreu trouw aan de partijlijn
Linienverkehr m^{19} lijnverkeer; lijndienst
linieren, liniieren ^{320} liniëren
link 1 linker: *die ~e Hand* de linkerhand; **2** *(pol)* links; **3** link; onbetrouwbaar
Linke I m^{40a} linksbuiten; II v^{40b} **1** linkerhand; **2** *(boksen)* linkse; **3** *(pol)* linkerzijde, links, linkse partij(en), linkervleugel
linkisch links, onhandig
links I *bw* **1** links; **2** binnenstebuiten; II *vz*$^{+2}$ links van
Linksabbieger m^9 iem die links afslaat, links afslaand verkeer
Linksaußen m^{11} *(sp)* linksbuiten
linkshändig links(handig)
linksherum linksom
Linksruck m^{19} *(pol)* verschuiving naar links
linksseitig aan de linkerzijde, links
linksum linksom
Linoleum o^{39} linoleum
Linse v^{21} **1** *(plantk)* linze; **2** lens
Lippe v^{21} lip
Lippenbekenntnis o^{29a} lippendienst
Lippenstift m^5 lippenstift
liquidieren ^{320} **1** liquideren; afwikkelen, opheffen; **2** (iem) liquideren, uit de weg ruimen; **3** *(kosten)* declareren, in rekening brengen
lispeln lispelen *(ook fig),* suizen, murmelen
List v^{20} list
Liste v^{21} (naam)lijst, register
Listenpreis m^5 catalogusprijs
listig listig
Litanei v^{20} **1** litanie; **2** klaagzang
Liter m^9, o^{33} liter
literarisch literair, letterkundig
Literatur v^{20} literatuur
literweise 1 per liter; **2** met liters
Litfaßsäule v^{21} aanplakzuil
Liturgie v^{21} liturgie
liturgisch liturgisch
Livesendung, Live-Sendung v^{20} directe uitzending
Livree v^{21} livrei
Lizenz v^{20} licentie, vergunning
Lizenzspieler m^9 *(sp)* contractspeler
Lkw, LKW m^{13} (2e nvl *-(s); mv ook -) afk van Lastkraftwagen* vrachtwagen
Lob o^{29} lof, loftuiting
loben loven, prijzen

lobenswert prijzenswaardig, loffelijk
Lobgesang m^6 lofzang
lobhudeln ophemelen
löblich loffelijk
Loblied o^{31} loflied, lofzang
lobpreisen ^{216}, *ook zw* loven, prijzen
Lobrede v^{21} lofrede
Lobspruch m^6 lofrede, loftuiting
Loch o^{32} **1** gat, opening; **2** hole *(golfspel);* **3** hol; **4** krot; **5** *(inform)* bak, gevangenis: *er pfeift auf dem letzten* ~ het loopt met hem op een eind; *aus einem andern* ~ *pfeifen* een andere toon aanslaan; *jmdm ein* ~ (of: *Löcher) in den Bauch fragen* iem honderd uit vragen
lochen doorboren, ponsen, perforeren, *(kaartjes)* knippen
Locher m^9 perforator
löcherig vol gaten
Lochkarte v^{21} ponskaart
Lochung v^{20} **1** perforatie; **2** (het) ponsen; **3** (het) knippen
Lochzange v^{21} kniptang
Locke v^{21} krul, lok
locken lokken, (aan)trekken
Lockenkopf m^6 krullenbol
Lockenwickel, Lockenwickler m^9 krulspeld
locker 1 los, losjes, soepel; **2** *(van houding)* slap; **3** luchtig; **4** los, losbandig: *~e Sitten* losse zeden; *ein ~er Bruder* (of: *Vogel, Zeisig)* een losbol
lockerlassen ^{197} toegeven: *nicht* ~ het niet opgeven
lockermachen: *bei jmdm Geld* ~ van iem geld los weten te krijgen; *die Regierung muss mehr Geld* ~ de regering moet meer geld op tafel leggen
lockern I *tr* los(ser) maken; **2** verslappen, versoepelen; II *sich* ~ **1** losraken, losgaan; **2** losser worden: *der Nebel lockert sich* de mist wordt minder dik
lockig gekruld
Lockruf m^5 lokroep
Lockspeise v^{21} lokspijs, lokaas
Lockung v^{20} (ver)lokking, aantrekking, verleiding
Lockvogel m^{10} lokvogel *(ook fig)*
Loden m^{11} loden *(dichte wollen stof)*
lodern (op)vlammen, (op)laaien
Löffel m^9 **1** lepel; **2** oor *(van haas, konijn): jmdm eins hinter die ~ hauen* (of: *geben)* iem een draai om zijn oren geven
Löffelbagger m^9 shovel
löffeln lepelen
löffelweise bij lepels (vol); lepel voor lepel
Logbuch o^{32} logboek, scheepsjournaal
Loge v^{21} loge
Logik v^{28} logica
Logis o (2e nvl -; *mv -)* logies
logisch logisch
Logistik v^{28} logistiek
logistisch logistiek
logo *(jeugdtaal)* logisch
Logo m^{13}, o^{36} logo
Lohn m^6 **1** loon, arbeidsloon; **2** beloning

Lohnausfall m^6 loonderving
Lohnausgleich m^5 looncompensatie, aanvulling van het ziekengeld
Lohnempfänger m^9 loontrekkende, loontrekker
lohnen I tr 1 (be)lonen; 2 de moeite waard zijn; II $sich$ ~ de moeite waard zijn
lohnend 1 lonend (ook fig), winstgevend; 2 de moeite waard
Lohnerhöhung v^{20} loonsverhoging
Lohnforderung v^{20} looneis
Lohnfortzahlung v^{20} doorbetaling van het loon
Lohnkürzung v^{20} korting, inhouding op het loon
Lohnskala v^{27} (mv ook -skalen) loonschaal; (Belg) barema
Löhnung v^{20} 1 uitbetaling van het loon; 2 loon; 3 soldij, wedde
Lohnwelle v^{21} loongolf
Loipe v^{21} (sp) loipe, langlaufroute
Lok v^{27} verk van Lokomotive locomotief
lokal bn lokaal, plaatselijk
Lokal o^{29} 1 lokaal; 2 gebouw; 3 café, restaurant, gelegenheid
lokalisieren^{320} lokaliseren
Lokalität v^{20} 1 lokaliteit; 2 wc
Lokführer m^9 machinist
Lokomotive v^{21} locomotief
Lokomotivführer m^9 machinist
Lokus m (2e nvl -(ses); mv -(se)) zekere plaats, toilet
London o^{39} Londen
Londoner I m^9 Londenaar; II bn Londens
Lorbeer m^{16} 1 laurier(boom); 2 laurierblad; 3 lauwer: ~en ernten lauweren oogsten
Lore v^{21} lorrie
los los, niet vast: etwas ~ sein van iets af zijn, iets kwijt zijn; was ist ~? wat is er aan de hand?; es ist mit ihm nicht viel ~ hij presteert niet veel; ~! vooruit! schiet op!; (sp) fertig, ~! klaar, af!
Los o^{29} 1 lot, loterijbriefje: das große ~ de hoofdprijs; 2 (nood)lot; 3 partij, kavel
losballern beginnen te schieten
lösbar oplosbaar
losbekommen^{193} loskrijgen
losbinden^{131} losmaken, losbinden
losbrechen^{137} losbreken, (mbt onweer, storm) losbarsten
Löschapparat m^5 brandblusapparaat
Löscharbeit v^{20} (vaak mv) blussingswerk
Löschblatt o^{32} vloeiblad
löschen 1 (brand, kalk) blussen; 2 (licht, vuur) doven, uitdoen; 3 (dorst) lessen; 4 (schuld) aflossen, delgen: eine Hypothek ~ een hypotheek doorhalen; ein Konto ~ een rekening opheffen; 5 (goederen) lossen; 6 afvloeien; 7 (geluidsband e.d.) wissen
Löscher m^9 1 brandblusser; 2 vloeier
Löschgerät o^{29} brandblusapparaat
Löschpapier o^{29} vloeipapier
Löschung v^{20} 1 (het) blussen; 2 (het) lessen; 3 (het) lossen; 4 delging; zie ook löschen
losdonnern 1 wegscheuren; 2 losbarsten

losdrehen losdraaien
lose 1 los, niet vast; 2 niet verpakt, los || ein ~s Mädchen een lichtzinnig meisje
Lösegeld o^{31} losgeld, losprijs
losen loten
lösen I tr 1 losmaken; 2 (verloving) verbreken, uitmaken; (huwelijk) ontbinden; 3 (moeilijkheid) oplossen; 4 (kaartje) nemen, kopen; 5 (chem) oplossen; 6 (schot) lossen; II $sich$ ~ 1 losgaan, losraken; 2 opgelost worden; 3 verbroken worden; 4 zich losmaken; 5 (mbt schot) afgaan; 6 oplossen
losfahren^{153} wegvaren, wegrijden: auf etwas ~ op iets toerijden
losgehen^{168} 1 beginnen; 2 (mbt wapen) afgaan; 3 weggaan; 4 afgaan: auf jmdn ~ op iem afstormen; 5 losraken
loskaufen vrijkopen, loskopen
loskommen^{193} 1 loskomen, losraken; 2 wegkomen: auf jmdn ~ op iem afkomen
loskriegen 1 loskrijgen; 2 kwijtraken
loslassen^{197} 1 loslaten; 2 vrijlaten
loslegen beginnen, van wal steken
löslich oplosbaar: ~er Kaffee oploskoffie
loslösen 1 losmaken; 2 losweken
losmachen I tr losmaken; II $intr$ 1 opschieten; 2 van wal steken
losplatzen 1 uitbarsten, losbarsten; 2 het uitproesten (vh lachen)
losreißen^{220} losscheuren, losrukken
lossagen: sich von^{+3} etwas, von jmdm ~ met iets, met iem breken
losschicken 1 versturen; 2 erop uitsturen
losschießen^{238} I (haben) beginnen te schieten; beginnen: schieß nur los! begin maar!; II (sein) 1 (op iem) toeschieten; 2 wegschieten
losschlagen^{241} I tr 1 losslaan; 2 (waren) van de hand doen, verkopen; II $intr$ aanvallen
lossprechen^{274} 1 vrijspreken (van); 2 de absolutie geven
Lossprechung v^{20} 1 (het) vrijspreken; 2 (r-k) absolutie
lossteuern afstevenen, afgaan (op)
losstürzen 1 (op iem) afstormen; 2 wegstormen
lostrennen lostornen
Losung v^{20} 1 wachtwoord, parool; 2 leus; 3 (handel) dagopbrengst
Lösung v^{20} 1 oplossing (ve som, in de chemie); 2 ontbinding (ve verdrag); 3 (het) losmaken
loswerden^{310} kwijtraken: jmdn ~ van iem afkomen; Waren ~ goederen verkopen
losziehen^{318} erop uittrekken: gegen jmdn ~ tegen iem uitvaren
Lot o^{29} 1 (meetk) loodlijn: im ~ stehen (of: sein) loodrecht staan; 2 schietlood; 3 (scheepv) dieplood; 4 soldeer(sel): (fig) im ~ sein in orde zijn; (fig) etwas ins ~ bringen iets in orde maken
loten loden, peilen
löten solderen
Lötkolben m^{11} soldeerbout

Lotos *m (2e nvl -; mv -) (plantk)* lotus
Lotse *m*[15] loods
lotsen loodsen
Lotterie *v*[21] loterij
Lotto *o*[36] 1 loterij, lotto; 2 kienspel, lotto, bingo
Lounge *v*[27] lounge
Löwe *m*[15] leeuw
Löwenbändiger *m*[9] leeuwentemmer
Löwenmaul *o*[39], **Löwenmäulchen** *o*[35] *(plantk)* leeuwenbek(je)
Löwenzahn *m*[19] paardenbloem
Löwin *v*[22] leeuwin
loyal loyaal
Loyalität *v*[20] loyaliteit
Luchs *m*[5] lynx
luchsen zeer scherp opletten, loeren
Lücke *v*[21] 1 leemte, hiaat, gaping, lacune; 2 opening; 3 bres
Lückenbüßer *m*[9] noodhulp, invaller
lückenhaft onvolledig, gebrekkig
lückenlos volmaakt, volledig
Luder *o*[33] loeder, kreng; *armes ~* arme drommel
Luft *v*[5] 1 lucht: *an die ~ gehen* naar buiten gaan; *in die ~ fliegen* (of: *gehen*) in de lucht vliegen; 2 *(fig)* sfeer, atmosfeer ‖ *seinem Herzen ~ machen* zijn hart luchten; *da ist* (of: *herrscht*) *dicke ~* er heerst daar een gespannen sfeer; *die ~ bleibt mir weg* ik ben gewoon paf; *halt die ~ an!* houd je mond!; *jmdn an die (frische) ~ setzen* (of: *befördern:*): a) iem de deur uitzetten; b) iem op straat zetten, ontslaan
Luftabwehr *v*[28] luchtafweer
Luftalarm *m*[5] luchtalarm
Luftangriff *m*[5] luchtaanval
Luftballon *m*[5], *m*[13] luchtballon
Luftbild *o*[31] luchtopname, luchtfoto
Lüftchen *o*[35] luchtje, briesje, zuchtje wind
luftdicht luchtdicht
Luftdruck *m*[19] luchtdruk
Luftdruckbremse *v*[21] luchtdrukrem
luftdurchlässig lucht doorlatend
lüften 1 luchten, ventileren; 2 *(gordijnen)* omhoogdoen; 3 *(sluier)* optillen; 4 *(geheimen)* prijsgeven; 5 *(hoed)* afnemen
Lüfter *m*[9] ventilator
Luftfahrt *v*[28] luchtvaart
Luftfracht *v*[20] luchtvracht
luftig 1 luchtig *(van kleding)*; 2 winderig
Luftkissen *o*[35] luchtkussen
Luftkissenfahrzeug *o*[29] hovercraft
Luftkrankheit *v*[20] luchtziekte
Luftkurort *m*[5] luchtkuuroord
Luftlandetruppen *mv v*[21] luchtlandingstroepen
luftleer luchtledig
Luftlinie *v*[21]: *in ~ 10 km* hemelsbreed 10 km
Luftloch *o*[32] 1 luchtgat; 2 *(luchtv)* luchtzak
Luftmatratze *v*[21] luchtbed
Luftpirat *m*[14] vliegtuigkaper, luchtpiraat
Luftpost *v*[28] luchtpost

Luftraum *m*[6] luchtruim
Luftsack *m*[6] 1 luchtzak; 2 airbag
Luftschloss *o*[32] luchtkasteel
Luftschutz *m*[19] luchtbescherming
Luftschutzbunker *m*[9], **Luftschutzkeller** *m*[9], **Luftschutzraum** *m*[6] schuilkelder
Luftstreitkräfte *mv v*[25] luchtstrijdkrachten
Luftstützpunkt *m*[5] *(mil)* vliegbasis
Lüftung *v*[20] 1 luchtverversing, ventilatie; 2 (het) oplichten; 3 ontsluiering; *zie ook* lüften
Luftverkehr *m*[19] luchtverkeer
Luftverschmutzung, Luftverunreinigung *v*[20] luchtvervuiling; *(Belg)* luchtbezoedeling
Luftwaffe *v*[21] luchtmacht
Luftweg *m*[5] luchtweg: *auf dem ~* per vliegtuig; *(med) ~e* luchtwegen
Luftwiderstand *m*[6] luchtweerstand
Luftzug *m*[6] tocht, trek
Lug *m*[19]: *~ und Trug* leugen en bedrog
Lüge *v*[21] leugen: *eine fromme ~* een leugentje om bestwil; *jmdn ~n strafen* iem logenstraffen
lugen 1 kijken; 2 te voorschijn komen
lügen[204] liegen, jokken
lügenhaft leugenachtig
Lügenhaftigkeit *v*[28] leugenachtigheid
Lügner *m*[9] leugenaar
lügnerisch leugenachtig, vals
Luke *v*[21] 1 *(scheepv)* luik(gat); 2 dakraam
lukrativ lucratief, winstgevend
Lümmel *m*[9] lummel, vlegel
Lump *m*[14] schoft, smeerlap
lumpen boemelen, fuiven: *sich nicht ~ lassen* zich niet laten kennen, royaal zijn
Lumpen *m*[11] lomp, vod, lor: *jmdn aus den ~ schütteln* iem uitkafferen
Lumpengesindel, Lumpenpack *o*[39] gespuis
Lumperei *v*[20] 1 kleinigheid; 2 gemene streek
lumpig 1 haveloos; 2 ellendig; 3 armzalig
Lunch *m*[5], *m*[13] *(2e nvl ook -)* lunch
Lunge *v*[21] long: *aus voller ~* luidkeels
Lungenentzündung *v*[20] longontsteking
Lungenkrebs *m*[19] longkanker
lungern lanterfanten, rondhangen
Lunte *v*[21] lont: *~ riechen* lont ruiken
Lupe *v*[21] loep, vergrootglas
lupfen, lüpfen oplichten, optillen
Lurch *m*[5] amfibie
Lust *v*[25] 1 plezier, genoegen, genot: *~ an*[+3] *etwas haben* plezier in iets hebben; *~ auf*[+4] *etwas haben* zin in iets hebben; *ich habe keine ~ dazu* ik heb er geen zin in; 2 lust, wellust, begeerte ‖ *ganz wie du ~ hast* net zoals je wilt
Lustbarkeit *v*[20] vermakelijkheid, amusement
Lüster *m*[9] luster, kroon
lüstern 1 begerig; 2 wellustig, wulps, *(inform)* geil: *~ auf*[+4] (of: *nach*[+3]) *etwas sein* tuk op iets zijn
Lustgarten *m*[12] park, lusthof
lustig vrolijk, grappig, plezierig: *sich ~ über jmdn machen* zich vrolijk over iem maken

lu

Lustigkeit v^{20} vrolijkheid, plezier
lustlos lusteloos *(ook beursterm)*
Lustspiel o^{29} blijspel
Lutheraner m^9 lutheraan
lutherisch luthers
lutschen zuigen: *ein Eis* ~ een ijsje likken
Lutscher m^9 1 lolly; 2 speen
Lüttich o^{39} Luik
luxuriös luxueus, weelderig, luxe-
Luxus m^{19a} luxe, weelde, pracht
Luxusartikel m^9 luxeartikel
Lymphe v^{21} lymfe
Lymphknoten m^{11} lymfklier
Lyrik v^{28} lyriek
Lyriker m^9 lyricus, lyrisch dichter
lyrisch lyrisch

m

M *afk van Mark* mark

Mäander m^9 meander

Maar o^{29} maar, mare *(kratermeer)*

machbar realiseerbaar, uitvoerbaar, maakbaar

Mache v^{28} **1** aanstellerij, gemaaktheid; **2** structuur, vorm: *das ist* ~ dat is schijn; *etwas in der* ~ *haben* ergens aan werken

machen I *tr* **1** maken, doen: *jmdm Freude* (of: *Vergnügen*) ~ iem plezier doen; *was ist zu* ~*?* wat te doen?; *so wird's gemacht* zo doe je dat; *nichts zu* ~ niets aan te doen; *mach, dass du fertig wirst!* zorg ervoor, dat je klaar komt!; *Examen* ~ examen doen; *eine Reise* ~ een reis maken; **2** *(bed)* opmaken; **3** *(licht)* aandoen, aansteken; *(vuur)* aanmaken; **4** *(koffie, thee)* zetten; **5** *(muziek)* uitvoeren, maken || *2 und 3 macht 5* 2 en 3 is 5; *das macht zusammen 7 Mark* dat is samen 7 mark; *es jmdm recht* ~ het iem naar de zin maken; *was macht das Studium?* hoe gaat het met de studie?; *(das) macht nichts* dat hindert niet; *wird gemacht!* (of: ~ *wir!*) komt in orde!; *sie hat etwas aus dem Kind gemacht* ze heeft iets van het kind gemaakt; *ins Bett, in die Hose machen* het in zijn bed, zijn broek doen; **II** *sich* ~: *das lässt sich* ~ dat is te doen; *wie geht's?, es macht sich* hoe gaat het?, het gaat nogal; *das Wetter macht sich* het weer wordt goed; *sich an*[+4] *etwas* ~ met iets beginnen; *ich mache mir nichts daraus: a)* ik geef er niets om; *b)* ik trek me er niets van aan

Machenschaft v^{20} kuiperij, intrige

Macher m^9 **1** maker; **2** aanstoker, drijvende kracht; **3** krachtig leider

Machete v^{21} machete

Macht v^{25} **1** macht, vermogen; **2** geweld; **3** gezag: *aus eigener* ~ op eigen gezag; **4** mogendheid

Machtbefugnis v^{24} bevoegdheid, wettig gezag

Machtbereich m^5 invloedssfeer, machtsgebied

Machtentfaltung v^{28} machtsontplooiing

Machtergreifung v^{28} greep naar de macht

Machthaber m^9 machthebber

mächtig machtig, krachtig, sterk, geweldig, imposant, kolossaal: *einer Sprache* ~ *sein* een taal beheersen

machtlos machteloos

Machtlosigkeit v^{28} machteloosheid, onmacht

Machtmissbrauch m^{19} machtsmisbruik

Machtmittel o^{33} machtsmiddel

Machtposition, Machtstellung v^{20} machtspositie

Machwerk o^{29} maakwerk, knoeiwerk

Macke v^{21} **1** mankement, fout; **2** tic, afwijking

Mädchen o^{35} **1** meisje: *sein* ~ zijn meisje, zijn verloofde; **2** (dienst)meisje: ~ *für alles* manusje-van-alles

mädchenhaft meisjesachtig *(ook fig)*

Made v^{21} *(dierk)* made

Mädel o^{33}, o^{36}, o^{38} (dienst)meisje

madig **1** vol maden; **2** *(fruit)* aangestoken || *(fig) jmdn* ~ *machen* iem zwart maken; *jmdm etwas* ~ *machen* iems plezier in iets bederven

Magazin o^{29} **1** magazijn *(ook ve vuurwapen)*; **2** magazine

Magd v^{25} (dienst)meid

Magen m^{12}, m^{11} maag

Magenbeschwerden *mv* v^{21} maagklachten

Magengeschwür o^{29} maagzweer

Magenknurren o^{39} (het) knorren van de maag

Magenkrankheit v^{20} maagkwaal

Magenkrebs m^{19} maagkanker

Magenleiden o^{35} maagkwaal

Magenverstimmung v^{20} indigestie

mager mager, schraal, karig

Magermilch v^{28} taptemelk, ondermelk

Magie v^{28} magie, toverkunst

magisch magisch

Magistrat m^5 magistraat, college van Burgemeester en Wethouders, stadsbestuur; *(Belg)* schepencollege

Magnat m^{14} magnaat

Magnet m^5, m^{14} magneet

magnetisieren^{320} magnetiseren

Magnetismus m^{19a} magnetisme

Magnolie v^{21} magnolia

Mahagoni o^{39} mahonie

Mähdrescher m^9 maaidorser, combine

mähen I *tr* maaien; **II** *intr* blaten

Mäher m^9 **1** maaier; **2** maaimachine

Mahl o^{32}, o^{29} maal(tijd)

mahlen malen

Mahlzeit v^{20} maaltijd: *(gesegnete)* ~*!* eet smakelijk!; *(prost)* ~*!* dat is me wat moois!

Mähmaschine v^{21} maaimachine

Mahnbrief m^5 maanbrief

Mähne v^{21} **1** manen *(van dier)*; **2** lange haren *(van mens)*

mahnen 1 manen, waarschuwen; **2** herinneren; **3** aanmanen

Mahnmal o^{29}, o^{32} gedenkteken

Mahnung v^{20} (aan)maning, herinnering

Mahnverfahren o^{35} gerechtelijke aanmaning

Mai m^5 (2e nvl ook -) mei

Maifeier v^{21} een-meiviering

Maiglöckchen o^{35} lelietje-van-dalen

Mailand o^{39} Milaan

Mailbox v^{20} mailbox

Mais m^5 maïs

Maiskolben m^{11} maïskolf

Majestät v^{20} majesteit
majestätisch 1 majestueus; **2** verheven
Majestätsbeleidigung v^{20} majesteitsschennis
Majonäse v^{21} mayonaise
Major m^5 majoor
majorisieren[320] majoriseren, overstemmen
Majorität v^{20} majoriteit, meerderheid
Majuskel v^{21} hoofdletter
Makel m^9 smet, (schand)vlek
Mäkelei v^{20} vitterij, gekanker
makellos smetteloos, onberispelijk
mäkeln aanmerken, vitten, kankeren
Make-up o^{36} make-up
Makkaroni *mv* macaroni
Makler m^9 makelaar
Maklergebühr v^{20} makelaarsloon, courtage
Makrele v^{21} makreel
makrobiotisch macrobiotisch
mal 1 keer, maal: 2 ~ 9 2 keer 9, 2 maal 9; **2** eens: *es ist nun ~ so* het is nu eenmaal zo; *~ …, ~ …* nu eens …, dan weer …; *komm ~ her* kom eens hier
Mal I o^{29}, o^{32} **1** vlek, merk, (gedenk-, grens-, herkennings)teken, monument; **2** moedervlek; **3** *(sp)* honk; **II** o^{29} maal, keer: *zum letzten ~* voor de laatste keer; *beim letzten ~* bij de laatste keer; *ein für alle ~(e)* eens voor al; *ein ~ über das andere* keer op keer; *mit einem ~(e)* opeens; *von ~ zu ~* telkens
Malaria v^{28} malaria, moeraskoorts
malen I *tr en intr* **1** schilderen *(ook fig)*, afschilderen; **2** *(lippen, wenkbrauwen)* verven; **II** *sich ~* zich weerspiegelen, zich aftekenen
Maler m^9 (kunst)schilder
Malerei v^{20} **1** schilderkunst; **2** (het) schilderen; **3** schilderstuk
malerisch 1 schilderachtig; **2** van een, als schilder
Malheur o^{29}, o^{36} malheur, ongeluk
malnehmen[212] vermenigvuldigen
malochen zwoegen, hard werken
Malteser *bn*: *~-Hilfsdienst* EHBO
malträtieren[320] maltraiteren, mishandelen
Malz o^{39} mout
Malzbier o^{29} moutbier
Malzeichen o^{35} maalteken
Mama v^{27} mama
Mammut o^{29}, o^{36} mammoet
mampfen schrokken, smullen
Mamsell v^{20}, v^{27} **1** buffetjuffrouw; **2** juffrouw
man *vnw* men, je
managen [ˈmænidʒən] **1** managen; **2** fiksen
Managerkrankheit v^{28} managerziekte
manch[68] **1** menig: *~ einer* menigeen; *~es Mal* dikwijls, menigmaal; **2** sommige
mancherlei allerlei, velerlei
manchmal soms, af en toe
Mandant m^{14} cliënt *(ve advocaat)*
Mandarine v^{21} mandarijn *(een vrucht)*
Mandat o^{29} mandaat
Mandel v^{21} amandel
Mandelaugen *mv* o^{38} amandelvormige ogen

Mandoline v^{21} mandoline
Manege v^{21} **1** manege; **2** piste *(van circus)*
Mangan o^{39} mangaan
Mangel I v^{21} mangel; **II** m^{10} mankement, gebrek; **III** m^{19} nood, tekort, gebrek: *aus ~ an* (of: *wegen ~s an*) *Beweisen* bij gebrek aan bewijs
mangelfrei vrij van gebreken
mangelhaft 1 gebrekkig, onvolledig, onvoldoende; **2** onvoldoende *(op rapport)*
mangeln I *intr* ontbreken: *es mangelt mir an Geld* het ontbreekt mij aan geld; **II** *tr* mangelen *(wasgoed)*
Mängelrüge v^{21} *(handel)* reclame, klacht
mangels $vz^{+2, soms +3}$ bij gebrek aan
Mangelware v^{21} schaars artikel
Mango v^{27} *(mv ook Mangonen)* mango
Manie v^{21} manie
Manier v^{20} **1** manier, wijze, trant; **2** gekunsteldheid; **3** stijl
maniriert gemaniëreerd, gekunsteld
manierlich welopgevoed; netjes
Manifestation v^{20} manifestatie
manifestieren[320] **I** *tr* manifesteren; **II** *sich ~* zich manifesteren
Maniküre I v^{21} **1** manicure-etui; **2** manicuurster; **II** v^{28} manicure
maniküren manicuren
Manipulation v^{20} manipulatie
manipulieren[320] manipuleren
Manko o^{36} tekort, manco
Mann I m^8 **1** man: *der ~ auf der Straße* de gewone man; *alle ~ an Deck!* alle hens aan dek; *der schwarze ~* de boeman; **2** echtgenoot: *ihr geschiedener ~* haar ex; **II** m^{16} vazal, leenman
mannbar 1 huwbaar *(ve meisje)*; **2** geslachtsrijp *(ve jongen)*
Männchen o^{35} mannetje: *~ machen* opzitten *(ve dier)*
Männerchor m^6 mannenkoor
Mannesalter o^{39} mannelijke leeftijd: *im besten ~* in de bloei des levens
mannhaft manhaftig, manmoedig
Mannhaftigkeit v^{28} manhaftigheid
mannigfach, mannigfaltig menigvuldig, menigvoudig, velerlei
Mannigfaltigkeit v^{28} menigvuldigheid, verscheidenheid
Männlein o^{35} mannetje
männlich mannelijk
Männlichkeit v^{28} mannelijkheid
Mannsbild o^{31} *(inform)* manspersoon
Mannschaft v^{20} **1** manschappen, bemanning; **2** *(sp)* ploeg, team, elftal; **3** *(algem)* ploeg
Mannschaftsführer m^9 **1** *(sp)* ploegleider; **2** *(sp)* captain
Mannschaftskapitän m^5 *(sp)* aanvoerder, captain
Mannschaftswertung v^{20} *(sp)* ploegenklassement
Manöver o^{33} manoeuvre: *ins ~ ziehen* (of: *rücken*) op manoeuvre gaan

Manövrierfähigkeit v^{28} manoeuvreerbaarheid
Mansarde v^{21} zolderkamer
Manschette v^{21} manchet *(ook techn)*
Mantel m^{10} **1** mantel, overjas; **2** *(techn)* mantel, be-
kleding, omhulsel; **3** buitenband; **4** *(mil)* huls
Manteltarifvertrag m^6 collectieve arbeidsovereen-
komst
Manual o^{29} manuaal
manuell manueel
Manufakturwaren *mv* v^{21} manufacturen
Manuskript o^{29} **1** manuscript; **2** handschrift
Mappe v^{21} **1** map, portefeuille; **2** aktetas
Märchen o^{35} **1** sprookje; **2** leugen, verzinsel
Märchenbuch o^{32} sprookjesboek
märchenhaft sprookjesachtig
Marder m^9 marter
Margarine v^{28} margarine
Marge v^{21} marge, verschil, speelruimte
Margerite v^{21} margriet
marginal marginaal
Marienbild o^{31} Mariabeeld
Marienkäfer m^9 lieveheersbeestje
Marihuana o^{39} marihuana
Marinade v^{21} marinade
Marine v^{21} marine
marinieren ^{320} marineren
Marionette v^{21} marionet
maritim maritiem, zee-
Mark I o^{39} **1** merg: *jmdn bis aufs ~ quälen* iem erg
pesten; *bis ins ~ erschüttert* diep geschokt; *jmdm
das ~ aus den Knochen saugen* iem uitbuiten; **2**
kern, pit *(ook fig)*, kracht; **3** moes van vruchtvlees;
II *v (mv - en Markstücke)* mark *(geldstuk)*; **III** v^{20}
(hist) mark, grensgewest
Marke v^{21} **1** merk(teken): *gesetzlich geschützte ~*
wettig gedeponeerd handelsmerk; **2** plakzegel,
postzegel; **3** kaartje, bon *(voor levensmiddelen)*; **4**
penning, fiche; **5** merk, soort ‖ *das ist eine ~!* dat is
me d'r een!
Markenartikel m^9, **Markenware** v^{21} merkartikel
markerschütternd hartverscheurend
Marketing o^{39}, o^{39a} marketing
markieren ^{320} **1** aangeven, markeren, een teken zetten bij; **2** accentueren, doen uitkomen; **3** *(inform)*
doen alsof: *den Tauben ~ zich doof houden* ‖ *(sp)
einen Spieler ~* een speler dekken; *(sp) ein Tor ~*
scoren
markig pittig, kernachtig, krachtig
Markise v^{21} markies, zonnescherm
Markklößchen o^{35} mergballetje
Markknochen m^{11} mergpijp, mergbeen
Markstein m^5 mijlpaal
Markstück o^{29} mark *(munt)*
Markt m^6 **1** markt; **2** marktplein
Marktanteil m^5 marktaandeel
Marktbude v^{21} marktkraam
Marktforschung v^{20} marktonderzoek
Marktfrau v^{20} marktvrouw
Marktführer m^9 marktleider

marktgängig goed verkoopbaar, gangbaar
Markthändler m^9 marktkoopman
Marktlage v^{28} marktsituatie, marktpositie
Marktlücke v^{21} gat in de markt
Marktordnung v^{20} **1** marktreglement; **2** *(econ)*
marktordening
Marktplatz m^6 marktplein
Marktwirtschaft v^{20} markteconomie
Marmelade v^{21} jam
Marmeladenbrot o^{29} boterham met jam
Marmeladenglas o^{32} jampot
Marmorbild o^{31} marmeren beeld
Marmorbruch m^6 marmergroeve
marmorn marmeren, van marmer
Marmorplatte v^{21} marmeren plaat
Marokkaner m^9 Marokkaan
marokkanisch Marokkaans
Marone v^{21} tamme kastanje
Marotte v^{21} kuur, tic, gril
Marquis [marki:] *m (2e nvl -; mv -)* markies
marsch *tw* mars!: *~, ins Bett!* hup, je bed in!
Marsch I m^6 mars: *jmdn in ~ setzen* iem in actie
brengen; *sich in ~ setzen* zich in beweging zetten; **II**
v^{20} mars, marsland
Marschall m^6 maarschalk
marschbereit, **marschfertig** marsvaardig
Marschflugkörper m^9 *(mil)* kruisraket
marschieren ^{320} marcheren
Marschland o^{32} marsland
Marschroute v^{21} *(ook fig)* marsroute
Marter v^{21} marteling, foltering; kwelling
martern martelen, folteren, kwellen
Martinshorn o^{32} sirene *(van brandweer, politie, zie-
kenauto)*
Märtyrer m^9 martelaar
Märtyrerin v^{22} martelares
Märtyrertum o^{39} martelaarschap
Märtyrin v^{22} martelares
Marxismus m^{19a} marxisme
Marxist m^{14} marxist
marxistisch marxistisch
März m^5 *(2e nvl ook -)* maart
Marzipan o^{29}, m^5 marsepein
Masche v^{21} **1** steek; **2** maas *(van net)*: *die ~n des Ge-
setzes* de mazen van de wet; **3** ladder *(in kous)*; **4**
truc, handigheid: *das ist die ~!* daar zit 'm de kneep
Maschendraht m^{19} ijzergaas, kippengaas
Maschine v^{21} **1** machine: *~ schreiben* typen; **2** mo-
tor, vliegtuig ‖ *ist das eine ~!* dat is me een dikke
tante!
maschinegeschrieben getypt
maschinell machinaal
Maschinenbau m^{19} **1** machinebouw, machinecon-
structie; **2** werktuigbouwkunde
Maschinenbauingenieur m^5 werktuigbouwkun-
dig ingenieur
maschinengeschrieben getypt
Maschinengewehr o^{29} mitrailleur, machinegeweer
Maschinenpark m^{13}, m^5 machinepark

Ma

Maschinenschlosser m^9 machinebankwerker
Maschinenschreiberin v^{22} typiste
Maschinerie v^{21} machinerie
maschineschreiben *oude spelling voor* Maschine
schreiben, *zie* Maschine 1
Maser v^{21} vlam *(in het hout)*
Masern *mv* mazelen
Maske v^{21} masker, mom
Maskenball m^6 gemaskerd bal
maskieren^{320} maskeren
Maskottchen o^{35}, **Maskotte** v^{21} mascotte
maskulin mannelijk, masculien
Masochismus m^{19a} masochisme
Maß o^{29} 1 maat: *Anfertigung nach ~ kleding naar*
maat; 2 graad, mate: *ohne ~ und Ziel* mateloos; *we-*
der ~ noch Ziel kennen geen grenzen kennen; *~ hal-*
ten maathouden, matig zijn; *über jedes ~ hinausge-*
hen alle perken te buiten gaan; *in hohem ~e* in hoge
mate; *über die* (of: *über alle*) *~en* buitengewoon
Massage v^{21} massage
Massaker o^{33} bloedbad, slachting
massakrieren^{320} 1 afmaken, afslachten; 2 *(inform)*
verknoeien
Maßanzug m^6 maatkostuum
Masse v^{21} 1 massa, menigte, boel, hoop; 2 boedel
(bij faillissement)
Massenaufgebot o^{29} massale inzet (van)
Massengrab o^{32} massagraf
massenhaft massaal, in massa
Massenkarambolage v^{21} kettingbotsing
Massenkundgebung v^{20} massademonstratie
Massenmedium o *(2e nvl -s; mv -medien)* massa-
medium
Massenstreik m^{13} algemene staking
Massentierhaltung v^{28} bio-industrie
massenweise bij hopen, massaal
Masseur m^5 masseur
Masseurin v^{22} masseuse
Maßgabe v^{21} mate, maat(staf): *nach ~ seiner Kräfte*
naar de mate van zijn krachten; *nach ~ des Par. 2*
volgens art. 2; *mit der ~* mits
maßgebend beslissend, toonaangevend: *das ist*
nicht ~ dat is geen maatstaf
maßgeblich belangrijk, doorslaggevend
maßgerecht op maat: *(sp) eine ~e Vorlage* een zuivere pass
maßgeschneidert op maat gesneden
maßhalten *oude spelling voor* Maß halten, *zie* Maß
massieren^{320} 1 masseren; 2 *(troepen)* samentrekken, concentreren
massig imposant, omvangrijk, massaal
mäßig matig, sober; middelmatig
mäßigen I *tr* matigen, beteugelen, verminderen; II
sich ~ 1 zich matigen; 2 bedaren
Mäßigung v^{20} matiging
massiv 1 massief; 2 stevig, fors; 3 grof, hevig
Massiv o^{29} (berg)massief
Maßkrug m^6 bierpul *(inhoud één liter)*
Maßliebchen o^{35} madeliefje

maßlos mateloos; verregaand, uiterst
Maßlosigkeit v^{28} mateloosheid
Maßnahme, Maßregel v^{21} maatregel: *~n treffen*
(of: *ergreifen)* maatregelen nemen
maßregeln disciplinair straffen
Maßregelung, Maßreglung v^{20} disciplinaire straf
Maßstab m^6 1 maatstaf, norm; 2 schaal: *etwas in*
kleinerem ~ zeichnen iets op verkleinde schaal teke-
nen; 3 meetlat, meetlint
maßstab(s)gerecht, maßstab(s)getreu op schaal
maßvoll gematigd, matig
Mast I m^5, m^{16} 1 *(scheepv)* mast; 2 mast, paal; II v^{20}
(het) vetmesten
Mastdarm m^6 endeldarm
mästen (vet)mesten
Masturbation v^{20} masturbatie
masturbieren^{320} masturberen
Match [mɛtsj] o^{29}, o^{36}, m^{13} match
Matchball m^6 *(sp)* matchpoint
Material o *(2e nvl -s; mv -ien)* materiaal, materieel
Materialismus m^{19a} materialisme
Materialist m^{14} materialist
materialistisch materialistisch
Materie v^{21} materie
materiell materieel, stoffelijk
Mathe v^{28} *(pop)* wiskunde
Mathematik v^{28} wiskunde
Mathematiker m^9 wiskundige
Matinee v^{21} matinee
Matjeshering m^5 maatjesharing
Matratze v^{21} matras
Matrikel v^{21} inschrijvingsregister
Matrix v *(mv Matrizen, Matrizes en Matrices)* ma-
trix
Matrize v^{21} matrijs
Matrose m^{15} matroos
matsch 1 rot, bedorven; 2 doodmoe, bekaf
Matsch m^{19} 1 modder, blubber; 2 brij, prut
matschig 1 beurs, rot *(fruit);* 2 modderig
Matschwetter o^{39} plensweer
matt 1 mat, moe, zwak; 2 mat, dof *(van verf);* 3
(beurs) flauw, lusteloos: *(sp) jmdn ~ setzen* iem
schaakmat zetten
Matte v^{21} 1 alpenweide; 2 (vloer)mat
mattieren^{320} matteren, dof maken
Mattigkeit v^{28} afmatting, matheid
Mattscheibe v^{21} 1 matglazen plaat; 2 *(inform)*
beeldscherm
Mätzchen o^{35} 1 *(mv)* onzin, gekheid; 2 truc, foefje
Mauer v^{21} muur; *(sp)* muurtje
mauern 1 metselen; 2 *(sp)* uiterst defensief spelen
Mauerstein m^5 bouwsteen
Mauerwerk o^{39} metselwerk
Mauerziegel m^9 baksteen
Maul o^{32} muil, bek, mond, waffel: *ein grobes* (of: *lo-*
ses, ungewaschenes) ~ haben ruw in de mond zijn
Maulbeerbaum m^6 moerbeiboom
Maulbeere v^{21} moerbei
Mäulchen o^{35} mondje, bekje, snoetje

maulen mopperen
Maulesel m^9 muilezel
Maulkorb m^6 muilkorf, muilband
Maultier o^{29} muildier
Maul- und Klauenseuche v^{28} mond- en klauwzeer
Maulwurf m^6 1 *(dierk)* mol; 2 spion, infiltrant
Maure m^{15} Moor
Maurer m^9 metselaar
Maurerarbeit v^{20} metselwerk
Maurerei v^{28} 1 (het) metselen; 2 metselaarsvak
Maurerhandwerk o^{39} metselaarsvak
maurisch Moors
Maus v^{25} 1 muis *(ook deel vd hand; ook van computer);* 2 lieveling, snoesje; 3 *(mv)* geld
mauscheln *(inform)* ritselen, foefelen, vals spelen
Mäuschen o^{35} 1 muisje; 2 lieveling, snoesje
mäuschenstill muisstil, doodstil
Mausefalle, Mäusefalle v^{21} muizenval
mausen gappen, pikken
Mauser v^{28} rui: *in der ~ sein* in de rui zijn
mausern, sich 1 ruien; 2 in zijn voordeel veranderen
mausetot zo dood als een pier, morsdood
mausig: *sich ~ machen* een grote mond hebben
Mausoleum o *(2e nvl -s; mv -leen)* mausoleum
Maut v^{20} *(Z-Dui, Oostenr)* 1 tol; 2 tolkantoor
Mautstelle v^{21} tolkantoor
Mautstraße v^{21} tolweg
m. a. W. *afk van mit anderen Worten* met andere woorden *(afk* m.a.w.)
Max *m: strammer ~* uitsmijter *(eiergerecht)*
maximal maximaal: *(jeugdtaal) das ist ja ~!* dat is super!
Maximalstrafe v^{21} maximumstraf
Maxime v^{21} maxime, grondstelling
Maximum o *(2e nvl -s; mv Maxima)* maximum
Mayonnaise v^{21} mayonaise
Mäzen [mɛtsɛn] m^5 mecenas
MB *afk van Megabyte* megabyte *(afk* mb)
Md. *afk van Milliarde(n)* miljard(en) *(afk* mld)
Mechanik v^{20} 1 mechanica, werktuigkunde; 2 mechaniek; *(fig)* automatisme
Mechaniker m^9 werktuigkundige, monteur
mechanisch mechanisch
mechanisieren^{320} mechaniseren
Mechanisierung v^{20} mechanisatie
Mechanismus I m *(2e nvl -; mv Mechanismen)* mechanisme; **II** m^{19a} mechaniek
Meckerer m^9, **Meckerfritze** m^{15} kankeraar
meckern 1 blaten, mekkeren; 2 kankeren
Medaille v^{21} medaille
Medaillon o^{36} medaillon
Media *mv* media
Medien *mv* media
Medikament o^{29} medicament
Meditation v^{20} 1 meditatie; 2 overpeinzing
meditieren^{320} mediteren
Medium o *(2e nvl -s; mv Medien, Media)* medium
Medizin I v^{20} medicijn, geneesmiddel; **II** v^{28} medicij-

nen, geneeskunde
Mediziner m^9 1 medicus, arts; 2 medisch student
medizinisch geneeskundig, medisch
Medizinmann m^8 medicijnman
Medizinstudent m^{14} medisch student
Meer o^{29} zee
Meeraal m^5 zeepaling
Meerenge v^{21} zee-engte
Meeresboden m^{12}, **Meeresgrund** m^{19} zeebodem
Meeresspiegel m^{19} zeespiegel
Meeresströmung v^{20} zeestroming
Meerfrau v^{20} zeemeermin
Meerrettich m^5 mierikwortel, mierikswortel
Meerschweinchen o^{35} cavia
Meeting o^{36} meeting, openbare bijeenkomst
Megafon, Megaphon o^{29} megafoon
Mehl o^{29} meel
mehlig 1 meelachtig, melig; 2 mul; 3 met meel bedekt; 4 vaalbleek
Mehlschwitze v^{21} bloemsaus, roux
Mehlspeise v^{21} meelkost, meelspijs
Mehlsuppe v^{21} meelpap; meelsoep
mehr meer: *~ oder minder* (of: *~ oder weniger)* min of meer; *immer ~* hoe langer hoe meer
Mehr o^{39}, o^{39a} 1 overschot, surplus; 2 hoger bedrag; 3 *(Zwits)* meerderheid *(van stemmen)*
Mehrarbeit v^{28} meerwerk, overwerk
Mehraufwand m^{19}, **Mehrausgabe** v^{21} hogere uitgave, meerkosten
mehrdeutig dubbelzinnig, voor verschillende uitlegging vatbaar
Mehreinnahme v^{21} hogere inkomsten *(mv)*
mehren I *tr* vermeerderen; **II** *sich ~* toenemen
mehrere verscheidene, enkele: *ich habe noch ~s zu tun* ik heb nog allerlei dingen te doen
mehrerlei velerlei
mehrfach meervoudig, veelvuldig, herhaaldelijk
Mehrheit v^{20} meerderheid
mehrheitlich voor het merendeel, in meerderheid; met meerderheid van stemmen
mehrjährig meerjarig
Mehrkosten *mv* meerkosten, extra kosten
mehrmalig herhaald
mehrmals herhaaldelijk, meermaals
Mehrpreis m^5 meerprijs, hogere prijs
mehrsilbig meerlettergrepig
mehrstöckig van verscheidene verdiepingen
Mehrstufenrakete v^{21} meertrapsraket
mehrstufig met verscheidene fasen, trappen
mehrteilig meerdelig
Mehrung v^{28} vermeerdering
Mehrwahlfragen *mv* multiplechoicevragen
Mehrwegflasche v^{21} fles voor meermalig gebruik
Mehrwert m^{19} meerwaarde, overwaarde
Mehrwertsteuer v^{21} belasting op de toegevoegde waarde *(afk* btw)
Mehrzahl I v^{28} meerderheid: *in der ~ voor het merendeel;* **II** v^{20} meervoud
Mehrzweckgerät o^{29} multifunctioneel apparaat

Mehrzweckhalle v^{21} multifunctionele hal

meiden[206] (ver)mijden, ontwijken

Meile v^{21} mijl

Meilenstein m^5 mijlpaal

Meiler m^9 **1** meiler *(voor houtskool)*; **2** kernreactor

mein[69] mijn: *mein Freund* mijn vriend; *die meinen, die Meinen* de mijnen; *das meine, das Meine* het mijne

Meineid m^5 meineed

meineidig meinedig

meinen 1 menen, denken, geloven: *was ~ Sie dazu?* hoe denkt u daarover?; **2** bedoelen: *wie ~ Sie?* hoe bedoelt u?; *wen ~ Sie?* wie bedoelt u?; *damit sind Sie gemeint!* dat slaat op u!; *das will ich ~!* dat zou ik denken!; **3** zeggen

meiner van mij, mijner, mij

meinerseits mijnerzijds, van mijn kant

meinetwegen 1 mijnentwege, wat mij aangaat: *~!* voor mijn part!; **2** ter wille van mij

meinetwillen: *um ~* om mijnentwille, voor mij

meinige *(der, die, das)* (de, het) mijne: *die meinigen, die Meinigen* mijn familie, de mijnen

Meinung v^{20} mening, gevoelen, oordeel, opinie: *meiner ~ nach* volgens mijn mening; *ich bin der ~* ik ben van mening; *ganz meine ~!* zo zie ik het ook!

Meinungsäußerung v^{20} meningsuiting

Meinungsaustausch m^{19} gedachtewisseling

meinungsbildend opinievormend

Meinungsforscher m^9 opiniepeiler

Meinungsforschung v^{28} opinieonderzoek

Meinungsfreiheit v^{28} vrijheid van meningsuiting

Meinungsumfrage v^{21} opinieonderzoek

Meinungsverschiedenheit v^{20} **1** meningsverschil; **2** onenigheid

Meise v^{21} mees: *(inform) eine ~ haben* niet goed snik zijn

Meißel m^9 beitel

meißeln 1 beitelen; **2** beeldhouwen

meist 1 meest; **2** meestal: *am ~en* het meest

meistens, meistenteils meestal

Meister m^9 **1** meester, baas, patroon: *einer Sache ~ sein, werden* iets onder de knie hebben, krijgen; **2** *(sp)* kampioen

Meisterarbeit v^{20} meesterstuk *(ook fig)*

Meisterbrief m^5 vakdiploma

meisterhaft meesterlijk

Meisterin v^{22} **1** bazin; **2** meesteres; **3** kampioene

meistern de baas worden, onder de knie krijgen, beheersen

Meisterschaft v^{20} **1** meesterschap; **2** *(sp)* kampioenschap

Meistertitel m^{10} **1** meestertitel; **2** *(sp)* kampioenstitel

meistgekauft meest gekocht

Melancholie v^{21} melancholie, zwaarmoedigheid

melancholisch melancholiek, zwaarmoedig

Meldeamt o^{32}, **Meldebehörde** v^{21} bevolkingsbureau

Meldefrist v^{20} aanmeldingstermijn

Meldegänger m^9 ordonnans

melden I *tr* **1** melden, berichten, mededelen; **2** *(bezoek)* aandienen; **3** *(iem bij de politie)* aanmelden; **4** registreren, inschrijven; **5** *(weer)* voorspellen; **II** *sich ~* **1** zich aanmelden; **2** zich melden *(ook mil)*; de vinger opsteken *(in school)*: *sich zu Wort ~* het woord vragen; **3** zich aanmelden, zich opgeven; **4** zich vervoegen, zich presenteren; **5** zich aankondigen; **6** de telefoon aannemen

Meldepflicht v^{20} (aan)meldplicht

Melder m^9 ordonnans

Meldeschluss m^6 sluiting van de aanmeldingstermijn

Meldezettel m^9 inschrijvingsformulier

Meldung v^{20} **1** melding, aanmelding; **2** mededeling, bericht

meliert gemêleerd

Melkanlage v^{21} melkmachine, melkinstallatie

melken[207] **1** melken; **2** geld te leen vragen

Melodie v^{21} melodie

melodisch melodisch, melodieus

Melone v^{21} **1** meloen; **2** bolhoed

Membran v^{20}, **Membrane** v^{21} membraan

Memoiren *mv* memoires, gedenkschriften

Menge v^{21} **1** menigte, massa, hoop; **2** hoeveelheid, kwantiteit: *Geld die ~* een hele hoop geld; **3** *(wisk)* verzameling: *Arbeit gibt es jede ~* er is heel veel werk

mengen I *tr* (ver)mengen; **II** *sich ~* zich (ver)mengen: *sich in*[+4] *etwas ~* zich met iets bemoeien; *sich ~ unter*[+4] zich begeven onder

Mengenlehre v^{28} *(wisk)* verzamelingenleer

mengenmäßig kwantitatief

Mengenrabatt m^5 kwantumkorting

Mennige v^{28} menie

Mensch I m^{14} mens; **II** o^{31} **1** mens; **2** slet

Menschenaffe m^{15} mensaap

Menschenalter o^{39} mensenleeftijd, generatie

menschenfreundlich menslievend

Menschengedenken o^{39}: *seit ~* sinds mensenheugenis

Menschengeschlecht o^{39} mensdom, mensheid, menselijk geslacht

Menschengestalt v^{20} menselijke gestalte

menschenleer leeg, eenzaam, verlaten

Menschenliebe v^{28} mensenliefde

Menschenmasse v^{21} mensenmassa

Menschenmenge v^{21} mensenmenigte

menschenmöglich ter wereld mogelijk: *das Menschenmögliche tun* alles doen, wat menselijkerwijs gesproken mogelijk is

Menschenopfer o^{33} slachtoffer

Menschenrecht o^{29} *(meestal mv)* mensenrecht

Menschenrechtsverletzung v^{20} schending van de rechten van de mens

menschenscheu mensenschuw

Menschenschlag m^{19} slag mensen

Menschenseele v^{21} menselijke ziel: *keine ~* geen sterveling

Menschenskind *tw* mensenkinderen!
Menschensohn *m*[19] *(bijb)* Mensenzoon
menschenunwürdig mensonwaardig
Menschheit *v*[28] mensheid, mensdom
menschlich 1 menselijk, als mens; **2** humaan
Menschlichkeit *v*[28] menselijkheid
Menschwerdung *v*[28] menswording
Menstruation *v*[20] menstruatie
menstruieren[320] menstrueren
Mensur *v*[20] **1** studentenduel; **2** afstand bij het schermen; **3** maatglas
mental mentaal
Mentalität *v*[20] mentaliteit
Mentor *m*[16] mentor, leidsman
Menü *o*[36] menu
Menuett *o*[29], *o*[36] menuet
Meridian *m*[5] meridiaan
merkbar merkbaar, waarneembaar, duidelijk
Merkblatt *o*[32] blad met toelichtingen
merken I *tr* (be)merken; **II** *sich* ~ onthouden: *merk dir das!* onthoud dat goed!; *wohl gemerkt!* let wel!
Merkfähigkeit *v*[28] opmerkingsgave
merklich 1 merkbaar, waarneembaar; **2** aanmerkelijk, beduidend
Merkmal *o*[29] kenmerk, kenteken
merkwürdig merkwaardig, vreemd, zonderling
merkwürdigerweise merkwaardigerwijs
Merkwürdigkeit *v*[20] merkwaardigheid
Merkzeichen *o*[35] merkteken, kenteken
Messband *o*[32] meetlint
messbar meetbaar
Messbuch *o*[32] misboek, missaal
Messe *v*[21] **1** mis; **2** (jaar)beurs; **3** *(scheepv)* mess(room)
Messegelände *o*[33] jaarbeursterrein
messen[208] meten; opnemen: *sich mit jmdm* ~ zich met iem meten
Messer I *m*[9] meter *(persoon en toestel);* **II** *o*[33] mes: *Kampf bis aufs* ~ gevecht op leven en dood; *jmdn ans* ~ *liefern* iem verraden
Messerbänkchen *o*[35] messenlegger
Messergriff *m*[5], **Messerheft** *o*[29] messenheft
Messerklinge *v*[21] lemmet
messerscharf messcherp, vlijmscherp
Messerscheide *v*[21] messchede
Messerspitze *v*[21] mespunt
Messerstecher *m*[9] messentrekker
Messerstecherei *v*[20] messentrekkerij, steekpartij
Messerstich *m*[5] messteek
Messestand *m*[6] stand *(op de jaarbeurs)*
Messgerät *o*[29] meetinstrument
Messgewand *o*[32] *(r-k)* misgewaad
Messing *o*[29] messing, geelkoper
Messinstrument *o*[29] meetinstrument
Messung *v*[20] meting
Messverfahren *o*[35] meetmethode
Metall *o*[29] metaal
Metallarbeiter *m*[9] metaalarbeider, metaalbewerker
Metalldraht *m*[6] metaaldraad

metallen metalen
Metaller *m*[9] metaalarbeider, metaalbewerker
Metallermüdung *v*[20] metaalmoeheid
Metallfassung *v*[20] metalen montuur *(van bril)*
metallisch 1 metaalachtig, metalliek; **2** metalen, van metaal
Metamorphose *v*[21] metamorfose
Metapher *v*[21] metafoor, overdrachtelijke uitdrukking
metaphorisch metaforisch, overdrachtelijk
Metaphysik *v*[28] metafysica
Metastase *v*[21] metastase, uitzaaiing
metastasieren[320] metastaseren, zich uitzaaien
Meteor *m*[5], *o*[29] meteoor
meteorhaft pijlsnel
Meteorit *m*[5], *m*[14] meteoriet, meteoorsteen
Meteorologe *m*[15] meteoroloog
meteorologisch meteorologisch
Meter *m*[9], *o*[33] meter
Meterband *o*[32] meetlint
meterdick 1 een meter dik; **2** meters dik
meterhoch 1 een meter hoog; **2** meters hoog
meterlang 1 een meter lang; **2** meters lang
Metermaß *o*[29] **1** duimstok; **2** meetlint
meterweise bij de meter; heel veel
Methode *v*[21] **1** methode; **2** manier van doen
Methodik *v*[20] methodiek
Metier *o*[36] beroep, vak, metier
Metrik *v*[20] metriek
metrisch 1 metrisch; **2** metriek
Metro *v*[27] metro
Metzger *m*[9] *(regionaal)* slager
Metzgerei *v*[20] *(regionaal)* slagerij
Meuchelmord *m*[5] sluipmoord
Meuchelmörder *m*[9] sluipmoordenaar
meuchlerisch, meuchlings verraderlijk
Meuterer *m*[9] muiter
meutern 1 muiten; **2** protesteren, mopperen
miauen miauwen, mauwen
mich mij, me
mickerig, mickrig armetierig, zwak, min
Mieder *o*[33] **1** korset; **2** keurslijfje
Miederhose *v*[21] panty
Miederwaren *mv v*[21] foundations
Mief *m*[19] **1** *(inform)* stank; benauwde lucht; **2** *(fig)* benauwde, bekrompen atmosfeer
miefen muf ruiken, stinken
Miene *v*[21] gezichtsuitdrukking, gezicht: ~ *machen, etwas zu tun* aanstalten maken om iets te doen; *ohne eine* ~ *zu verziehen* zonder een spier te vertrekken
Mienenspiel *o*[29] mimiek
mies rot, beroerd, ellendig, slecht, miserabel: *mir ist* ~ ik voel me rot
Mietauto *o*[36] **1** taxi; **2** huurauto
Mietbeihilfe *v*[21] huursubsidie
Miete *v*[21] **1** huur, huurprijs: *kalte* ~ huur exclusief verwarming; *warme* ~ huur inclusief verwarming; **2** (het) huren; **3** hoop, stapel, mijt; **4** kuil *(voor*

aardappelen e.d.)

Mieteinnahme *v*²¹ huuropbrengst
mieten huren
Mieter *m*⁹ huurder
Mieterschutz *m*¹⁹ huurbescherming
Mietertrag *m*⁶ huuropbrengst
Mietling *m*⁵ huurling
Mietpreis *m*⁵ huurprijs
Mietskaserne *v*²¹ huurkazerne
Mietvertrag *m*⁶ huurcontract
Mietwagen *m*¹¹ huurauto
Mietwohnung *v*²⁰ huurhuis, huurwoning
Mieze *v*²¹ **1** poes; **2** stuk, griet
Migräne *v*²¹ migraine
Migration *v*²⁰ migratie
Mikrofon, Mikrophon *o*²⁹ microfoon
Mikroprozessor *m*¹⁶ microprocessor, chip
Mikroskop *o*²⁹ microscoop
Mikrowellengerät *o*²⁹, **Mikrowellenherd** *m*⁵ magnetron
Milbe *v*²¹ mijt
Milch *v*²⁸ **1** melk; **2** *(plantk)* melksap; **3** hom
Milchbar *v*²⁷ melksalon, melkbar
Milchbart *m*⁶ melkmuil
Milchbrei *m*⁵ (melk)pap
Milchkuh *v*²⁵ melkkoe
Milchstraße *v*²⁸ melkweg
Milchwirtschaft *v*²⁰ zuivelbedrijf
Milchzahn *m*⁶ melktand
mild, milde 1 mild, zacht; **2** mild, humaan
Milde *v*²⁸ **1** mildheid, zachtheid; **2** clementie
mildern I *tr* **1** *(straf, vonnis, pijn)* verzachten, verlichten; **2** *(een oordeel)* matigen; **3** *(woede)* beteugelen; **II** *sich ~* **1** milder worden, minder worden; **2** zich matigen
Milderung *v*²⁰ verzachting; *zie ook* mildern
Milderungsgrund *m*⁶ verzachtende omstandigheid
Milieu *o*³⁶ milieu
Militär I *o*³⁹ **1** krijgsmacht, leger; **2** militairen, soldaten: *beim ~ sein* in dienst zijn; *zum ~ müssen* in dienst moeten; **II** *m*¹³ hoge officier
Militärakademie *v*²¹ militaire academie
Militärdienst *m*¹⁹ militaire dienst
Militärgericht *o*²⁹ krijgsraad, *(Belg)* auditoraat
Militärgewalt *v*²⁸ **1** militair gezag; **2** militair geweld
militärisch militair
Militarismus *m*¹⁹ᵃ militarisme
Militärzeit *v*²⁸ diensttijd: *seine ~ abdienen* zijn dienstplicht vervullen
Miliz *v*²⁰, **Milizheer** *o*²⁹ **1** (volks)leger; **2** militie
Milliardär *m*⁵ miljardair
Milliarde *v*²¹ miljard
Million *v*²⁰ miljoen
Millionär *m*⁵ miljonair
millionenschwer schatrijk
millionstel, milliontel miljoenste
Millionstel, Milliontel *o*³³ miljoenste
Milz *v*²⁰ milt
mimen 1 spelen; **2** voorwenden, doen alsof men …

is

Mimik *v*²⁸ mimiek, expressie
Mimose *v*²¹ **1** mimosa; **2** gevoelig iemand
mimosenhaft zeer gevoelig, zeer sensibel
Minarett *o*²⁹ minaret
minder I *bw* minder; **II** *bn* **1** minder; **2** gering
minderbegabt zwakbegaafd
Minderbemittelte(r) *m*⁴⁰ᵃ, *v*⁴⁰ᵇ minder draagkrachtige
Minderheit *v*²⁰ minderheid
minderjährig minderjarig
Minderjährigkeit *v*²⁸ minderjarigheid
mindern I *tr* verminderen, minderen; **II** *sich ~* verminderen, afnemen
Minderung *v*²⁰ vermindering
minderwertig minderwaardig, inferieur
Minderzahl *v*²⁸ minderheid
mindest minst, geringst: *nicht das Mindeste* helemaal niets; *nicht im Mindesten* niet in het minst; *zum Mindesten* op z'n minst
mindestens 1 minstens; **2** op zijn minst
Mindestlohn *m*⁶ minimumloon
Mindestmaß *o*²⁹ minimumlengte: *auf das ~ beschränken* tot het minimum beperken
Mindestsatz *m*⁶ minimumtarief
Mine *v*²¹ **1** *(mijnb)* mijn, mijngang; **2** *(mil)* mijn; **3** stift *(van ballpoint, potlood)*
Minenfeld *o*³¹ mijnenveld
Minensuchgerät *o*²⁹ mijndetector
Mineral *o*²⁹ *(mv ook Mineralien)* mineraal, delfstof
mineralisch mineraal
Mineralöl *o*²⁹ minerale olie
Mineralwasser *o*³⁴ mineraalwater, bronwater
Mini I *o*³⁶ mini-jurk; **II** *m*¹³ minirok
Miniatur *v*²⁰ miniatuur
Minigolf *o*³⁹ *(sp)* midgetgolf, minigolf
minimal minimaal, uiterst gering, uiterst laag
Minister *m*⁹ minister
Ministerebene: *auf ~* op ministerieel niveau
ministerial, ministeriell ministerieel
Ministerium *o* (2e nvl -s; *mv* Ministerien) ministerie, departement
Ministerpräsident *m*¹⁴ **1** minister-president, premier; **2** regeringsleider van een Duitse deelstaat
Minne *v*²⁸ hoofse liefde, min, minne
Minorität *v*²⁰ minderheid
minus minus, min
Minus *o*³⁹ᵃ **1** tekort; **2** nadeel, minpunt
Minuskel *v*²¹ kleine letter
Minuspunkt *m*⁵ **1** punt aftrek; **2** *(fig)* minpunt
Minuszeichen *o*³⁵ minusteken, minteken
Minute *v*²¹ minuut: *auf die ~* precies op tijd
Minutenzeiger *m*⁹ grote wijzer
-minutig, -minütig 1 van … minuut, van … minuten; **2** … minuut durend, … minuten durend
minutiös *zie* minuziös
-minutlich, -minütlich om de … minuten
minuziös minutieus
Minze *v*²¹ *(plantk)* munt

Mio. *afk van Million(en)* miljoen(en) *(afk* mln)

mir aan mij, mij: *von ~ aus* wat mij betreft; *~ nichts, dir nichts* zonder zich om iem of iets te bekommeren; *wie du ~, so ich dir* leer om leer

Mirakel o^{33} **1** mirakel, wonder; **2** mirakelspel

mischbar mengbaar

Mischbatterie v^{21} mengkraan

Mischehe v^{21} gemengd huwelijk

mischen I *tr* **1** mengen, vermengen; **2** *(kaarten)* schudden; **3** *(film, tv)* mixen; II *sich ~* zich (ver)mengen: *sich ~ in*$^{+4}$ zich bemoeien met

Mischfutter o^{39} mengvoe(de)r

Mischling m^5 **1** halfbloed; **2** *(biol)* hybride

Mischmasch m^5 mengelmoes, rommeltje

Mischung v^{20} **1** mengsel, melange; **2** mengeling

miserabel miserabel, ellendig

Misere v^{21} misère, ellende

missachten 1 niet letten op, zich niet houden aan; **2** minachten, geringschatten

Missachtung v^{28} minachting

missbehagen mishagen, misnoegen

Missbehagen o^{39} onbehagen

missbilligen afkeuren

Missbilligung v^{20} afkeuring

Missbrauch m^6 misbruik: *~ treiben mit*$^{+3}$ misbruik maken van

missbrauchen misbruiken

missbräuchlich 1 verkeerd; **2** ongeoorloofd

missen missen

Misserfolg m^5 fiasco, mislukking

Missernte v^{21} misoogst

Missetat v^{20} **1** misdaad; **2** ondeugende streek

missfallen^{154} mishagen, niet bevallen

Missfallen o^{39} misnoegen, ontevredenheid

Missgeburt v^{20} **1** misgeboorte, misvormd wezen; **2** *(scheldw)* klier, misbaksel

missgelaunt slecht geluimd, slecht gemutst

Missgeschick o^{29} tegenspoed, ongeluk, pech

missgestaltet misvormd, wanstaltig

missgestimmt slecht gestemd, ontstemd

Missgriff m^5 misgreep, vergissing

Missgunst v^{28} afgunst, nijd

missgünstig afgunstig, jaloers

misshandeln mishandelen

Mission v^{20} missie *(ook fig)*

Missionar m^5 missionaris, zendeling

Missklang m^6 *(fig)* wanklank, dissonant

Misskredit m^{19} diskrediet

misslich hachelijk, netelig

missliebig niet erg gezien, impopulair

misslingen^{209} mislukken

Missmut m^{19} mismoedigheid, wrevel

missmutig mismoedig, wrevelig

missraten^{218} mislukken, slecht uitvallen: *~es Kind* bedorven kind

Missstand m^6 misstand, wantoestand

Missstimmung v^{20} ontstemming, misnoegen

Misston m^6 wanklank

misstrauen^{+3} wantrouwen

Misstrauen o^{39} wantrouwen, argwaan: *~ gegen jmdn haben* (of: *hegen)* wantrouwen tegen iem koesteren

Misstrauensantrag m^6 motie van wantrouwen

Misstrauensvotum o^{39} (aangenomen) motie van wantrouwen

misstrauisch wantrouwend, achterdochtig

missvergnügt misnoegd, ontevreden

Missverhältnis o^{29a} wanverhouding

missverständlich onduidelijk, dubbelzinnig

Missverständnis o^{29a} misverstand

missverstehen^{279} misverstaan, verkeerd verstaan, verkeerd begrijpen

Misswirtschaft v^{28} wanbeheer

Mist m^{19} **1** mest; **2** mesthoop; **3** rommel, troep: *ich habe mit dem ~ nichts zu schaffen* ik heb met dat zaakje niets te maken; *so ein ~!* wat een ellende!; *~ machen* drukte maken; *~ reden* (of: *verzapfen)* onzin vertellen; *~ bauen* er een puinhoop van maken

misten 1 uitmesten; **2** (be)mesten

Mistfink m^{14} **1** viezerik; **2** smeerlap

Mistkerl m^5, **Miststück** o^{29} smeerlap

Mistvieh o^{39} **1** rotbeest; **2** smeerlap

mit I vz^{+3} **1** met: *Sprudel ~* mineraalwater met een smaakje; *Zimmer ~ Frühstück* kamer met ontbijt; **2** bij: *jmdn ~ Namen nennen* iem bij zijn naam noemen; **3** in: *~ Dank annehmen* in dank aannemen; *~ einem Mal(e)* ineens; *~ einem Wort* in één woord; **4** op: *~ zwanzig Jahren* op twintigjarige leeftijd; *jmdn ~ etwas bewirten* iem op iets onthalen; **5** over: *ich bin ~ ihm zufrieden* ik ben tevreden over hem; **6** te; tot: *~ Feuer und Schwert* te vuur en te zwaard; *~ Recht* terecht; *~ knapper Not* ternauwernood; **7** van: *~ einem Sohn niederkommen* van een zoon bevallen; II *bw* mee, mede, ook: *~ dabei sein* ook meedoen; *~ sein* mee zijn, van de partij zijn

mitarbeiten meewerken, samenwerken

Mitarbeiter m^9 medewerker

mitbekommen^{193} **1** meekrijgen; **2** opvangen, getuige zijn van; **3** begrijpen; **4** meemaken

mitbestimmen medezeggenschap hebben, mede bepalen

Mitbestimmung v^{28} medezeggenschap

Mitbewerber m^9 **1** mededinger, concurrent; **2** medesollicitant

Mitbewohner m^9 medebewoner

mitbringen^{139} meebrengen

Mitbringsel o^{33} cadeautje

miteinander met elkaar; **2** samen

mitempfinden^{157} meevoelen, begrijpen

Mitesser m^9 **1** vetpuistje, mee-eter; **2** gast

mitfahren^{153} meerijden, meevaren

Mitfahrer m^9 passagier, meerijder

mitfühlen meevoelen

mitführen meevoeren; bij zich hebben

mitgeben^{166} meegeven

Mitgefühl o^{29} medegevoel, sympathie

mitgehen^{168} **1** meegaan; **2** meegesleept worden, meegenomen worden; **3** zich laten meeslepen: *et-*

was ~ heißen (of: *lassen*) iets gappen, iets meenemen

mitgenommen 1 meegenomen; **2** beschadigd; **3** uitgeput, vermoeid

mitgerechnet meegerekend

Mitgift v^{20} bruidsschat

Mitglied o^{31} lid

Mitgliederschaft v^{28} (de) leden, ledenbestand

Mitgliedsbeitrag m^6 contributie

Mitgliedschaft v^{20} lidmaatschap: *~ in einer Partei* lidmaatschap van een partij

Mitgliedskarte v^{21} lidmaatschapskaart

mithaben[182] bij zich hebben

mithalten[183] **1** meedoen, deelnemen; **2** volhouden, uithouden

mithelfen[188+3] meehelpen, steunen

mithilfe[+2] met behulp van

Mithilfe v^{28} hulp, steun

mithin derhalve, bijgevolg, dus

mithören 1 toevallig horen; **2** meeluisteren

Mitinhaber m^9 **1** mede-eigenaar; **2** firmant

mitkämpfen meevechten, meestrijden

Mitkämpfer m^9 medestrijder

mitkommen[193] **1** meekomen; **2** meegaan; **3** meekunnen, kunnen bijhouden || *da komme ich nicht mehr mit!* dat kan ik niet meer volgen!

mitkönnen[194] **1** mee kunnen; **2** kunnen volgen

mitkriegen 1 meekrijgen; **2** begrijpen; **3** horen

mitlaufen[198] meelopen: *etwas ~ lassen* iets jatten

Mitläufer m^9 meeloper

Mitleid o^{39} medelijden: *ein ~ erregendes Kind* een meelijwekkend kind

Mitleidenschaft v^{20}: *in ~ ziehen: a)* eveneens beschadigen; *b)* mede schade toebrengen

mitleiderregend meelijwekkend: *ein äußerst ~es Geschehen* een uiterst meelijwekkend gebeuren

mitleidig medelijdend

mitleidlos, mitleidslos zonder medelijden

mitleidvoll, mitleidsvoll vol medelijden

mitlesen[201] meelezen

mitmachen I *intr* **1** meemaken, meewerken; **2** functioneren; **II** *tr* **1** meedoen aan, deelnemen aan; **2** meemaken, beleven

Mitmensch m^{14} medemens, naaste

mitmenschlich medemenselijk

mitmischen 1 zich met iets bemoeien; **2** *(inform)* zich volledig inzetten

mitmüssen[211] mee moeten

Mitnahme v^{28} (het) meenemen

mitnehmen[212] **1** meenemen; **2** aangrijpen, aanpakken; **3** havenen *(vooral fig)*

mitnichten volstrekt niet, geenszins

mitrauchen 1 meeroken; **2** passief roken

mitreden meespreken, meepraten

mitsamt vz^{+3} benevens, samen met

mitschneiden[250] (op de band) opnemen

Mitschnitt m^5 (band)opname

mitschreiben[252] opschrijven, bijhouden

Mitschuld v^{28} medeplichtigheid

mitschuldig medeschuldig, medeplichtig

Mitschüler m^9 medescholier, medeleerling

mitschwingen[259] **1** meezwaaien, meeslingeren; **2** meeklinken, meetrillen

mitsein *oude spelling voor* mit sein, *zie* mit II

mitsollen[269] mee moeten

mitspielen meespelen, meedoen: *jmdm übel* (of: *arg, böse, hart*) ~: *a)* iem een lelijke poets bakken; *b)* iem slecht behandelen

Mitspieler m^9 medespeler

Mitsprache v^{28} inspraak

Mitspracherecht o^{39} recht van inspraak

mitsprechen[274] **1** meespreken, meepraten; **2** *(fig)* mede een rol spelen

mittag *(in bepaalde uitdrukkingen) oude spelling voor* Mittag, *zie* Mittag I, 1

Mittag I m^5 **1** twaalf uur, middag: *gegen ~* tegen twaalf uur; *gestern ~* gistermiddag; *heute ~* vanmiddag; *morgen ~* morgenmiddag; **2** middagpauze; **3** zuiden: *die Sonne steht im ~* de zon staat in het zuiden; **II** o^{39} *(inform)* middageten: *zu ~ essen* het middagmaal gebruiken

mittägig gedurende de middag, middag-

mittäglich 1 iedere middag; **2** middag-

mittags 1 tussen de middag; **2** 's middags

Mittagsbrot o^{29} twaalfuurtje

Mittagspause v^{21} middagpauze

Mittäter m^9 medeplichtige, mededader

Mittäterschaft v^{28} medeplichtigheid

Mitte v^{21} **1** midden; **2** centrum, middelpunt

mitteilen I *tr* **1** meedelen; **2** (af)geven; **II** *sich ~* overslaan op: *sich jmdm ~* openhartig over zichzelf praten

mitteilsam mededeelzaam

Mitteilung v^{20} mededeling, kennisgeving

Mittel o^{33} **1** middel; **2** gemiddelde: *im ~* gemiddeld; **3** *(mv)* geldmiddelen; middelen

mittelalt *(van kaas)* belegen

Mittelalter o^{39} Middeleeuwen

mittelalterlich middeleeuws

mittelbar indirect

Mittelbetrieb m^5 middelgroot bedrijf

Mitteldeutschland o^{39} Midden-Duitsland

Mittelding o^{29} tussending

Mittelfeld o^{39} *(sp)* middenveld

mittelfristig van, op middellange termijn

Mittelgebirge o^{33} middelgebergte

Mittelgewichtler m^9 *(sp)* (de) middengewicht

mittelgroß middelgroot

mittelgut van gemiddelde kwaliteit

Mittelklasse v^{21} **1** middenklasse; **2** gemiddelde kwaliteit

Mittellinie v^{21} **1** *(sp)* middenlijn; **2** middenstreep *(ve verkeersweg)*

mittellos zonder middelen, onbemiddeld

Mittellosigkeit v^{28} onbemiddeldheid

mittelmäßig middelmatig

Mittelmäßigkeit v^{28} middelmatigheid

Mittelmeer o^{39} Middellandse Zee

Mittelpunkt m^5 middelpunt
mittels vz^{+2} door middel van, door, per
Mittelschicht v^{20} middenstand, middenklasse
Mittelschule v^{21} school op mavo-, havoniveau
mittelschwer 1 middelmatig zwaar; 2 niet al te moeilijk
Mittelsmann m^8 *(mv ook -leute)*, **Mittelsperson** v^{20} bemiddelaar, tussenpersoon
Mittelstadt v^{25} middelgrote stad
Mittelstand m^{19} middenstand
mittelständisch 1 middenstands-, tot de middenstand behorend; 2 middelgroot
Mittelstreckenläufer m^9 hardloper op de middenafstand
Mittelstreckenrakete v^{21} middellangeafstandsraket
Mittelstreifen m^{11} middenberm
Mittelstufe v^{21} middelste klassen van het voortgezet onderwijs
Mittelstürmer m^9 *(sp)* middenvoor, midvoor
Mittelwert m^5 gemiddelde (waarde)
mitten midden
mittendrin (er) middenin
mittendurch (er) middendoor
Mitternacht v^{25} middernacht
mitternächtlich middernachtelijk
mittler 1 middelst: *der Mittlere Osten* het Midden-Oosten; 2 gemiddeld, middelbaar, middelgroot: *ein Mann ~en Alters* een man van middelbare leeftijd; *die ~e Jahrestemperatur* de gemiddelde jaartemperatuur; *ein ~er Betrieb* een middelgroot bedrijf; *die ~e Reife (ongev)* mavo-, havodiploma
Mittler m^9 bemiddelaar, middelaar
mittlerweile ondertussen, inmiddels
mittschiffs midscheeps
Mittsommer m^9 midzomer
Mittwoch m^5 woensdag
mittwochs ('s) woensdags
mitunter van tijd tot tijd, soms, nu en dan
mitverantwortlich medeverantwoordelijk
Mitwelt v^{28} tijdgenoten, medemensen
mitwirken 1 medewerken; 2 *(theat)* meespelen
Mitwirkende(r) m^{40a}, v^{40b} *(theat)* speler
Mitwirkung v^{28} medewerking
Mitwisser m^9 medeweter, ingewijde
mitwollen ^{315} meewillen
mitzählen meetellen, meerekenen
mitziehen ^{318} I *(haben)* 1 *(sp)* meegaan, volgen; 2 meedoen; II *(sein)* meegaan, meetrekken
mixen mixen, mengen
Möbel o^{33} meubel, meubilair: *altes ~ (fig)* oud meubel(stuk)
Möbelspediteur m^5, **Möbelträger** m^9 verhuizer
Möbelwagen m^{11} verhuiswagen
mobil 1 mobiel; 2 *(inform)* levendig, kwiek: *~ machen* mobiliseren
Mobiliar o^{29} inboedel, huisraad, meubilair
Mobilien *mv* roerende goederen
mobilisieren ^{320} 1 mobiliseren; 2 *(geld, kapitaal)*

losmaken
Mobilisierung v^{20} mobilisatie
Mobilität v^{28} mobiliteit
Mobilmachung v^{20} *(mil)* mobilisatie
Mobiltelefon o^{29} gsm, zaktelefoon, draagbare telefoon
möblieren ^{320} meubileren: *möbliert wonen* op kamers wonen
Modalität v^{20} *(jur, taalk)* modaliteit
Modalverb o^{37} modaal hulpwerkwoord, hulpwerkwoord van wijze
Mode v^{21} mode: *etwas ist ~* (of: *ist in ~*) iets is in de mode; *in ~ kommen, bringen* in de mode komen, brengen
Modeartikel m^9 modeartikel
Model o^{36} fotomodel
Modell o^{29} 1 model, voorbeeld, ontwerp; 2 (foto)model; 3 maquette
modellieren ^{320} 1 modelleren, vormen; 2 boetseren; 3 ontwerpen
modeln 1 vormen, vorm geven; 2 omvormen, veranderen
Modem o^{36}, m^{13} modem
Modenschau v^{20} modeshow
Moder m^{19} verrotting, vermolming
Moderator m^{16} *(telecom)* presentator
moderieren ^{320} *(telecom)* presenteren
moderig muf, bedorven
^{1}**modern** vergaan, vermolmen, (ver)rotten
^{2}**modern** modern, hedendaags
modernisieren ^{320} moderniseren
Modeschau v^{20} modeshow
Modeschöpfer m^9 modeontwerper
Modifikation v^{20} modificatie; verandering, wijziging
modifizieren ^{320} modificeren
modisch naar de mode, modieus
modrig *zie* moderig
Modul o^{29} module
modular modulair
Modulation v^{20} modulatie; (het) moduleren
modulieren ^{320} moduleren; wijzigen
Modus m *(2e nvl -; mv Modi)* modus; manier
Mofa o^{36} lichte bromfiets, snorfiets
Mogelei v^{20} kleine oneerlijkheid, gespiek, gesjoemel
mogeln stechelen, sjoemelen, spieken
mögen ^{210} I *zelfst ww* 1 houden van, lusten, zin hebben in: *Eis mag ich nicht* ik houd niet van ijs; 2 willen; 3 mogen (lijden), aardig vinden: *ich mag ihn sehr* ik mag hem graag; II *hulpww* 1 mogen, kunnen, mogelijk zijn: *das mag sein* 't is mogelijk; *er mag wohl krank sein* hij kan wel ziek zijn; *sie mochten ihn übersehen haben* ze hadden hem misschien over het hoofd gezien; *wer mag ihm das gesagt haben?* wie zou (of: kan, mag) hem dat hebben gezegd?; 2 graag willen: *ich mag nichts wissen* ik wil niets weten; *ich möchte alles erfahren* ik zou graag alles willen horen; *man möchte meinen, dass …*

men zou geneigd zijn te denken dat ...; **3** mogen *(als toegeving)*, laten: *er mag es ruhig tun* laat het hem maar rustig doen; *er mag noch so reich sein* hij mag nog zo rijk zijn; *es möchte besser sein* ... het zou misschien beter zijn ... ‖ *er mag sehen, wie er damit fertig wird* hij moet maar zien, hoe hij dat klaarspeelt

Mogler *m*⁹ sjoemelaar, valsspeler, spieker

möglich mogelijk: *nicht ~!* hoe is het mogelijk!; *wenn ~* zo mogelijk; *~st früh* zo vroeg mogelijk; *so bald wie ~* zo spoedig mogelijk; *das Mögliche* (of: *alles Mögliche*) *tun* al het mogelijke doen; *sein Möglichstes tun* zijn uiterste best doen; *sich ~st beeilen* zich zoveel mogelijk haasten

möglichenfalls als het mogelijk is

möglicherweise mogelijkerwijze, misschien

Möglichkeit *v*²⁰ mogelijkheid; gelegenheid, kans: *nach ~* indien mogelijk; zoveel mogelijk

Mohammedaner *m*⁹ mohammedaan, moslim

mohammedanisch mohammedaans

Mohn *m*⁵ **1** papaver; **2** klaproos; **3** maanzaad

Möhre *v*²¹ wortel, peen

mokieren³²⁰: *sich ~ über*⁺⁴ zich vrolijk maken over, de draak steken met

Mokka, Mokkakaffee *m*¹³ mokka(koffie)

Molch *m*⁵ **1** salamander; **2** *(jongerentaal)* vent

Mole *v*²¹ pier, havenhoofd

Molekül *o*²⁹ molecule

Molkerei *v*²⁰ zuivelfabriek, melkfabriek

Molkereiprodukt *o*²⁹ zuivelproduct

mollig 1 mollig; **2** behaaglijk, aangenaam warm

Moment I *m*⁵ moment, ogenblik: *im ~* op het moment; *~!* (of: *~ mal!*) een ogenblikje!; **II** *o*²⁹ **1** gezichtspunt, kenmerk, factor; **2** *(nat)* moment

momentan 1 huidig; **2** op het ogenblik, momenteel; **3** kortstondig, voorbijgaand

Momentaufnahme *v*²¹ momentopname

Monarch *m*¹⁴ monarch

Monarchie *v*²¹ monarchie

Monat *m*⁵ maand

monatlich maandelijks

Monatsbinde *v*²¹ maandverband

Monatsblutung *v*²⁰ menstruatie

Monatserste(r) *m*⁴⁰ᵃ eerste van de maand

Monatsheft *o*²⁹ maandblad

Monatsrate *v*²¹ maandelijkse termijn

Mönch *m*⁵ monnik

Mond *m*⁵ maan: *hinter* (of: *auf) dem ~ leben* van niets op de hoogte zijn

mondän mondain

Mondfinsternis *v*²⁴ maansverduistering

mondhell door de maan verlicht: *es ist ~* de maan schijnt helder

Mondlicht *o*³⁹ maanlicht

mondlos maanloos

Mondphase *v*²¹ maangestalte

Mondschein *m*¹⁹ maneschijn

monetär monetair

Moneten *mv (inform)* poen, duiten

monieren³²⁰ aanmerkingen maken op, laken

Monitor *m*¹⁶ monitor

Monokel *o*³³ monocle

Monolog *m*⁵ monoloog

Monopol *o*²⁹ monopolie

monopolisieren³²⁰ monopoliseren

Monopolstellung *v*²⁰ *(econ)* monopoliepositie

monoton monotoon, eentonig; vervelend

Monotonie *v*²¹ monotonie, eentonigheid

Monster *o*³³ monster

Monstranz *v*²⁰ *(r-k)* monstrans

monströs monstrueus, monsterachtig

Monstrum *o* (2e nvl -*s*; *mv* Monstren *en* Monstra) monster, gedrocht, monstrum

Monsun *m*⁵ moesson

Monsunregen *m*¹¹ moessonregen

Montag *m*⁵ maandag

Montage *v*²¹ **1** montage; **2** assemblage

Montanindustrie *v*²¹ mijnindustrie

Monteur *m*⁵ monteur

montieren³²⁰ **1** monteren; **2** assembleren

Montur *v*²⁰ werkkleding, uitmonstering, outfit

Moor *o*²⁹ veen, moeras

Moorbad *o*³² modderbad

Moorboden *m*¹² veengrond

moorig veenachtig, moerassig, drassig

Moos I *o*²⁹ mos: *(fig) ~ ansetzen* verouderen, achterhaald zijn; **II** *o*²⁹ (*mv ook Möser*) *(Z-Dui, Zwits)* moeras, veen; **III** *o*³⁹ *(inform)* geld

moosbedeckt met mos begroeid

moosig 1 bemost, met mos begroeid; **2** *(Z-Dui, Zwits)* moerassig

Mop *oude spelling voor* Mopp, *zie* Mopp

Moped *o*³⁶ bromfiets

Mopp *m*¹³ zwabber

moppen zwabberen

Mops *m*⁶ **1** mopshond; **2** dikkerd(je)

mopsen I *tr* pikken, jatten, gappen; **II** *sich ~* zich vervelen

mopsig 1 dik en klein; **2** saai, vervelend

Moral *v*²¹ **1** moraal; **2** moreel

moralisch 1 moreel, zedelijk; **2** deugdzaam

moralisieren³²⁰ moraliseren

Moralist *m*¹⁴ moralist; zedenmeester

Moralpauke *v*²¹, **Moralpredigt** *v*²⁰ zedenpreek

Moräne *v*²¹ morene

Morast *m*⁵, *m*⁶ moeras; modderpoel; modder

morastig moerassig, drassig, modderig

Mord *m*⁵ moord: *der ~ an jmdm* de moord op iem

morden I *intr* moorden; **II** *tr* vermoorden

Mörder *m*⁹ moordenaar

mörderisch 1 moorddadig; **2** vreselijk

Mordfall *m*⁶ geval van moord, moordzaak

Mordkommission *v*²⁰ afdeling moordzaken *(vd politie)*

Mordsdurst *m*¹⁹ enorme dorst

Mordsgaudi *v*²⁸, *o*³⁹ dikke pret, reuzelol

Mordshunger *m*¹⁹ honger als een paard

Mordskerl *m*⁵ reuzekerel, moordvent

mordsmäßig verschrikkelijk, geweldig
Mordsspaß m^{19} reuzeplezier, geweldige lol
Mordsspektakel m^{19} hels lawaai
Mordtat v^{20} moord
Mordverdacht m^{19}: *unter ~ stehen* verdacht worden van moord
Mordversuch m^5 poging tot moord
Mordwaffe v^{21} moordwapen
Morelle v^{21} morel
morgen *bw* morgen: *~ früh* morgenochtend; *~ Abend* morgenavond
Morgen m^{11} **1** morgen, ochtend: *heute ~* vanmorgen; *früh am ~* vroeg in de ochtend; *am frühen ~* in de vroege morgen; **2** morgen *(oude landmaat)*
Morgenandacht v^{20} **1** morgengebed; **2** morgenwijding
Morgenausgabe v^{21} ochtendeditie
Morgendämmerung v^{20} ochtendschemering
morgendlich in de ochtend, morgen-, ochtend-
Morgengrauen o^{39} ochtendschemering
Morgenkaffee m^{19} **1** ontbijt; **2** koffie bij het ontbijt
Morgenmantel m^{10}, **Morgenrock** m^6 ochtendjas
morgens 's morgens, 's ochtends
Morgenstunde v^{21} morgenstond, morgenuur
Morgenzeitung v^{20} ochtendkrant, -blad
morgig *bn* van morgen; komend, toekomstig
Mormone m^{15} mormoon
Morphin, Morphium o^{39} morfine
morsch 1 half vergaan, vermolmd, verrot; **2** gammel, bouwvallig
morsen seinen met morsetekens
Mörser m^9 **1** vijzel; **2** *(mil)* mortier
Mortalität v^{28} mortaliteit, sterfte(cijfer)
Mörtel m^9 mortel, specie
Mörtelkelle v^{21} troffel
mörteln (be)pleisteren
Mosaik o^{37}, o^{29} mozaïek
Moschee v^{21} moskee
Mosel v^{28} *(rivier)* Moezel
Moselwein m^5 moezelwijn
Moskito m^{13} muskiet
Moslem m^{13} moslim, islamiet
moslemisch moslims, islamitisch
Most m^5 **1** most; **2** *(Z-Dui)* vruchtenwijn
Motel o^{36} motel
Motette v^{21} motet
Motiv o^{29} motief
Motivation v^{20} motivatie
motivieren ^{320} motiveren
Motivierung v^{20} **1** motivering; **2** motivatie
Motocross, Moto-Cross o^{39a} *(sp)* motorcross
Motor m^{16}, **Motor** m^5 motor
Motorboot o^{29} motorboot
Motorfahrzeug, Motorfahrzeug o^{29} motorvoertuig
Motorhaube v^{21} motorkap
Motorik v^{28} motoriek
motorisch motorisch
motorisieren ^{320} motoriseren

Motorleistung v^{20} motorvermogen
Motorrad o^{32} motor(fiets)
Motorradrennen o^{35} motorrace
Motorroller m^9 scooter
Motte v^{21} **1** mot; **2** levenslustig meisje
mottenecht, mottenfest motecht
Mottenfraß m^{19} motgaatjes, (de) mot
Mottenkiste v^{21}: *aus der ~* uit de oude doos
Motto o^{36} motto, zinspreuk, devies
motzen *(inform)* mopperen, kankeren
Möwe v^{21} meeuw
MP, MPi *afk van Maschinenpistole* machinepistool
Mrd. *afk van Milliarde(n)* miljard *(afk mld)*
Mucke v^{21} gril, kuur: *die Sache hat ihre ~n* die zaak heeft zijn moeilijkheden
Mücke v^{21} **1** mug, *(regionaal)* vlieg; **2** *(mv)* duiten: *zehn ~n* tien mark
Muckefuck m^{19} slootwater *(koffie)*
mucken *(inform)* tegensputteren, mokken
Mückenstich m^5 muggenbeet
Mucker m^9 *(ongunstig)* stiekemerd, gluiper; stuk chagrijn
Mucks m^5 kik: *keinen ~ sagen* (of: *tun, von sich geben*) geen kik geven
mucksen tegensputteren: *nicht ~* geen kik geven
mucksmäuschenstill muisstil
müde moe, vermoeid: *ich bin es ~!* ik ben het zat!
Müdigkeit v^{28} moeheid, vermoeidheid
Muff I m^{19} *(N-Dui)* muffe lucht, bedompte lucht; **II** m^5 (hand)mof
Muffe v^{21} *(techn)* mof, sok
Muffel m^{13} **1** norse vent, stuk chagrijn; **2** iem die ergens niets van moet hebben
muffelig 1 chagrijnig; **2** muf ruikend
muffeln 1 *(inform)* chagrijnig zijn, mopperen; **2** muf ruiken; **3** voortdurend kauwen
muffig 1 chagrijnig; **2** muf ruikend
mufflig *zie* muffelig
Mühe v^{21} moeite, last: *mit Müh und Not* met grote moeite, ternauwernood; *die ~n der Reise* de vermoeienissen van de reis; *sich ~ geben* (of: *sich ~ machen*) moeite doen
mühelos gemakkelijk, moeiteloos
muhen loeien, bulken
mühen, sich 1 moeite doen, zijn best doen; **2** zich bekommeren
mühevoll moeilijk, moeizaam
Mühewaltung v^{28} moeite
Mühle v^{21} **1** molen; **2** *(inform)* roestbak, oude auto, oud vliegtuig
Mühlenflügel m^9 molenwiek
Mühlenrad o^{32} molenrad
Mühsal v^{23} moeite, last, plaag
mühsam moeizaam, moeilijk, lastig
mühselig moeizaam, moeilijk, met veel moeite
Mühseligkeit v^{20} last, moeite, beslommering
Mulde v^{21} **1** bak, trog, vat; **2** kuil, kom, inzinking; **3** (duin)pan
Müll m^{19} vuilnis, afval

Müllabfuhr v^{20} **1** vuilafvoer; **2** vuilophaaldienst

Müllabladeplatz m^6, **Müllabladestelle** v^{21} vuilstortplaats; vuilnisbelt

Müllbeutel m^9 vuilniszak

Müllbinde v^{21} zwachtel

Mülldeponie v^{21} vuilstortplaats

Mülleimer m^9 vuilnisemmer, vuilnisbak

Müller m^9 molenaar

Müllfahrer m^9 vuilnisman

Müllkasten m^{12} vuilnisbak

Müllkippe v^{21} vuilstortplaats; illegale stortplaats

Müllschlucker m^9 (vuilnis)stortkoker *(in flat)*

Müllverbrennung v^{28} vuilverbranding

Müllverwertung v^{28} vuilverwerking

Müllwagen m^{11} vuilnisauto

Mulm m^{19} **1** houtmolm; **2** humus, teelaarde

mulmig 1 *(mbt teelaarde)* rul; **2** *(regionaal)* vermolmd; **3** bedenkelijk, gevaarlijk

Multi m^{13} multinational

multifunktional multifunctioneel

Multiplikation v^{20} vermenigvuldiging

multiplizieren[320] **I** tr **1** vermenigvuldigen; **2** vermeerderen; **II** *sich* ~ sterk toenemen

Mumie v^{21} mummie

Mumm m^{19} **1** energie, fut; **2** moed, durf

Mumpitz m^{19} onzin, flauwekul

Mumps m^{19} *(med)* bof

Mund m^8 **1** mond: *einige ~ voll: a)* een paar hapjes; *b)* een paar slokjes; **2** opening, ingang, toegang

Mundart v^{20} streektaal, tongval, dialect

mundartlich dialectisch

Mündel o^{33}, m^9 pupil, pleegkind

munden smaken

münden uitmonden, uitlopen: *diese Straßen ~ auf den* (of: *dem*) *Markt* deze straten komen op de markt uit

mundfaul niet erg spraakzaam

mundfertig welbespraakt

mundgerecht 1 hapklaar; **2** smakelijk

Mundgeruch m^6 slechte adem

Mundhöhle v^{21} mondholte

mündig mondig; meerderjarig: ~ *sprechen* mondig verklaren, meerderjarig verklaren

Mündigkeit v^{28} mondigheid

mündigsprechen *oude spelling voor* mündig sprechen, *zie* mündig

mündlich mondeling

Mundschutz m^5 **1** *(med)* mondmasker; **2** *(sp)* mondbeschermer

mundtot monddood: *jmdn ~ machen* iem de mond snoeren

Mündung v^{20} monding, mond

Mundvoll *oude spelling voor* Mund voll, *zie* Mund 1

Mundwerk o^{39} mondwerk, mond

Mundwinkel m^9 mondhoek

Mund-zu-Mund-Beatmung v^{28} mond-op-mondbeademing

Mund-zu-Nase-Beatmung v^{28} mond-op-neusbeademing

Munition v^{28} munitie

munkeln smoezen, kletsen, fluisteren

Münster o^{33} dom(kerk)

munter 1 opgewekt, vrolijk, levendig, monter; **2** flink, gezond; **3** wakker: *schon ~?* al wakker?

Münze v^{21} **1** munt *(gebouw, geldstuk): etwas für bare* ~ *nehmen* iets geloven; *etwas in bare* (of: *klingende*) ~ *umsetzen* munt uit iets slaan; **2** (gedenk)penning

münzen munten, geld slaan

Münzfälscher m^9 valsemunter

Münzsammlung v^{20} muntenverzameling

Münzstätte v^{21} munt *(het gebouw)*

mürbe 1 mals, zacht; **2** *(gebak)* bros; **3** half vergaan, broos; **4** murw

Mürbeteig m^5 zandtaartdeeg

murksen knoeien, prutsen

Murmel v^{21} knikker

murmeln 1 mompelen, prevelen; **2** zacht ruisen, murmelen

Murmeltier o^{29} marmot

murren morren, pruttelen, mopperen

mürrisch nors, korzelig, wrevelig

Mus o^{29} moes, brij

Muschel v^{21} **1** mossel; **2** schelp; **3** hoorn, mond-, hoorstuk *(van telefoon)*

Muse v^{21} muze: *die leichte* ~ de lichte muze

Museum o (2e nvl -s; mv Museen) museum

Museumskatalog m^5 museumcatalogus

Museumswärter m^9 zaalwachter, suppoost

Musical o^{36} musical

Musik I v^{28} muziek: *in ~ setzen* op muziek zetten; **II** v^{28}, *zelden* v^{20} muziekkorps

Musikalien *mv* gedrukte muziek, geschreven muziek

musikalisch muzikaal

Musikant m^{14} muzikant

Musikbox v^{20} jukebox

Musiker m^9 musicus

Musikinstrument o^{29} muziekinstrument

Musikkapelle v^{21} muziekkapel, band

Musikologe m^{15} musicoloog

musisch muzisch, kunstzinnig, met gevoel voor kunst, artistiek

musizieren[320] musiceren

Muskat m^5 nootmuskaat

Muskatblüte v^{21} foelie

Muskateller m^9 muskaatwijn

Muskatnuss v^{25} nootmuskaat

Muskel m^{17} spier

Muskelkater m^9 spierpijn

Muskelkraft v^{25} spierkracht

Muskelriss m^5 gescheurde spier

Muskelschmerz m^{16} spierpijn

Muskelzerrung v^{20} spierverrekking

Muskulatur v^{20} spierstelsel

muskulös gespierd, krachtig, sterk

Müsli o (2e nvl -s; mv -) müsli

Muss o^{39a} (het) moeten, dwang, noodzaak

Muße v^{28} **1** vrije tijd; **2** innerlijke rust: *in* (of: *mit*) ~

op zijn gemak

Mussehe v^{21} gedwongen huwelijk, moetje

müssen^{211} **1** moeten: *muss das sein?* moet dat nou?; *ich muss mal* ik moet even naar de wc; *er müsste denn krank sein* of hij moest ziek zijn; **2** (be)hoeven

Mußestunde v^{21} rustig uurtje, vrije tijd

müßig 1 nietsdoend, werkeloos: ~ *gehen* luieren; ~ *zusehen* werkeloos toezien; **2** nodeloos, nutteloos, zinloos

Müßiggang m^{19} (het) nietsdoen, lediggang

Müßiggänger m^9 leegloper, nietsdoener

müssiggehen *oude spelling voor* müßig gehen, *zie* müßig

Muster o^{33} **1** monster, staal: *nach* ~ op staal, op monster; ~ *ohne Wert* monster zonder waarde; **2** voorbeeld; **3** tekening, dessin; **4** patroon, model

Musterbeispiel o^{29} voorbeeld bij uitnemendheid, schoolvoorbeeld

Musterbetrieb m^5 modelbedrijf

mustergerecht, mustergetreu volgens monster

mustergültig, musterhaft voorbeeldig

Musterknabe m^{15} modelkind; modelmens

Musterkollektion v^{20} monstercollectie

mustern 1 monsteren, grondig onderzoeken, onderzoekend aankijken; **2** (mil) keuren; **3** (de troepen) inspecteren

Musterprozess m^5 proefproces

Musterrolle v^{21} (scheepv) monsterrol

Mustersammlung v^{20} monster-, stalencollectie

Musterschüler m^9 voorbeeldige leerling

Musterung v^{20} **1** monstering, grondig onderzoek; **2** (mil) keuring; **3** (mil) inspectie; **4** patroon, dessin

Mut m^{19} moed: *jmdm* ~ *machen* iem moed geven; *guten* (of: *frischen, ruhigen*) ~*es* welgemoed; *frohen* ~*es* blijmoedig; *zu* ~(*e*) *zie* zumute

Mutation v^{20} mutatie

mutig moedig, dapper

mutlos moedeloos

Mutlosigkeit v^{28} moedeloosheid

mutmaßen vermoeden, gissen

mutmaßlich vermoedelijk

Mutmaßung v^{20} vermoeden

Mutprobe v^{21} bewijs van moed

Muttchen o^{35} moesje, moedertje

Mutter I v^{21} (techn) moer; **II** v^{26} **1** moeder: *leibliche* ~ eigen moeder; **2** matrijs

Mütterberatungsstelle v^{21} consultatiebureau voor zuigelingenzorg

Mutterboden m^{19} teelaarde

Mütterchen o^{35} moedertje; moeder de vrouw; oudje

Muttererde v^{28} teelaarde

Mutterfreuden *mv* v^{21}: ~ *entgegensehen* in blijde verwachting zijn; ~ *genießen* de vreugden van het moederschap genieten

Mutterglück o^{39} moedergeluk

Mutterkuchen m^{11} nageboorte, moederkoek, placenta

Mutterleib m^7 moederschoot

mütterlich 1 moederlijk; **2** van moederszijde

mütterlicherseits van moederszijde

Mütterlichkeit v^{28} moederlijkheid

Muttermal o^{29}, o^{32} moedervlek

Muttermilch v^{28} moedermelk

Mutterschaftsgeld o^{31}, **Mutterschaftshilfe** v^{28} kraamgeld

Mutterschoß m^6 moederschoot

mutterseelenallein moederzielalleen

Muttersprache v^{21} moedertaal

Mutterstelle v^{28}: *bei* (of: *an*) *jmdm* ~ *vertreten* voor iem een tweede moeder zijn

Mutterwitz m^{19} **1** gezond verstand; **2** gezonde humor; **3** gevatheid

Mutti v^{27} **1** mama, mams, moeder; **2** moeke

Mutwille m^{18} (geen mv) **1** moedwil, (boze) opzet; **2** baldadigheid: *an jmdm seinen ~n auslassen* zijn moedwil op iem botvieren

mutwillig moedwillig, met (boze) opzet, baldadig

Mütze v^{21} pet, muts: *etwas* (of: *eins*) *auf die ~ bekommen: a*) een standje krijgen; *b*) een nederlaag lijden

MwSt., Mw.-St. *afk van Mehrwertsteuer* belasting toegevoegde waarde (*afk* btw)

Myrre, Myrrhe v^{21} mirre

Myrte v^{21} mirte

mysteriös mysterieus

Mysterium o (2e nvl -s; mv Mysterien) mysterie

Mystifikation v^{20} mystificatie

mystifizieren^{320} mystificeren

Mystik v^{28} mystiek

Mystiker m^9 mysticus

mystisch mystiek, geheimzinnig

Mythe v^{21} mythe

mythenhaft, mythisch mythisch

Mythos, Mythus m (2e nvl -; mv Mythen) mythe

My

n

Nabel m^9 navel
Nabelschnur v^{25}, Nabelstrang m^6 navelstreng
nach I vz^{+3} **1** na: ~ *dem Essen* na het eten; **2** naar: ~ *Hause gehen* naar huis gaan; ~ *Hause kommen* thuiskomen; **3** volgens: *meiner Ansicht* ~ volgens mij; **4** bij: ~ *dem Gewicht verkaufen* bij het gewicht verkopen; **5** om: *er schickt* ~ *dem Arzt* hij stuurt om de dokter; **6** op: *das Zimmer liegt* ~ *dem Hof* de kamer komt uit op de binnenplaats; **7** over: *ein Viertel* ~ *neun* kwart over negen; **8** van: *dem Namen* ~ *kennen* van naam kennen || *wenn es* ~ *mir ginge* als ik het voor het zeggen had; II *bw* na: *wir ihm* ~ wij hem (achter)na; ~ *und* ~ langzamerhand, geleidelijk aan; ~ *wie vor* nog steeds
nachäffen na-apen, nadoen
nachahmen **1** nadoen, nabootsen; **2** namaken
nachahmenswert navolgenswaardig
Nachahmung v^{20} **1** nabootsing; **2** namaak
nacharbeiten *(een voorbeeld)* namaken: *das Versäumte* ~ het verzuimde inhalen; *etwas mit der Hand* ~ iets met de hand bijwerken
Nachbar m^{15}, m^{17} buur(man)
Nachbarin v^{22} buurvrouw
Nachbarort m^5 naburige plaats
Nachbarschaft v^{20} **1** buren; **2** nabuurschap; **3** buurt, omgeving
nachbehandeln nabehandelen
nachbezahlen nabetalen
nachbilden namaken, kopiëren
Nachbildung v^{20} namaak, kopie
nachbleiben^{134} **1** achterblijven; **2** schoolblijven
nachblicken nakijken, nazien
nachdem nadat
nachdenken^{140} nadenken
nachdenklich **1** nadenkend, peinzend; **2** bedachtzaam, bezonnen
Nachdruck I m^{19} nadruk, klem: *einer Forderung* ~ *verleihen* een eis kracht bijzetten; II m^5 **1** nadruk, (het) nadrukken; **2** heruitgave
nachdrucken nadrukken
nachdrücklich nadrukkelijk, met klem
nacheinander na elkaar
nachempfinden^{157} meevoelen, navoelen
Nachen m^{11} schuitje, bootje
nacherzählen navertellen
Nachfahr m^{14}, Nachfahre m^{15} nakomeling

nachfahren^{153} achternarijden
nachfassen **1** opnieuw beetpakken; **2** dieper doorvragen
Nachfolge v^{21} **1** opvolging; **2** navolging
nachfolgen **1** opvolgen; **2** navolgen, volgen
nachfolgend (na)volgend, onderstaand: *der ~e Verkehr* het achteropkomende verkeer
Nachfolger m^9 opvolger, erfgenaam, erve
nachforschen naspeuren, onderzoeken
Nachforschung v^{20} navorsing, onderzoek(ing)
Nachfrage v^{21} **1** (na)vraag, verzoek om inlichtingen: ~ *halten* navraag doen; **2** *(handel)* vraag
nachfragen navraag doen, informeren
Nachfrist v^{20} **1** uiterste termijn; **2** uitstel
nachfühlen navoelen, meevoelen
nachfüllen bijvullen, aanvullen, bijgieten
nachgeben^{166} I *intr* **1** toegeven; **2** meegeven: *der Boden gibt nach* de bodem geeft mee; **3** *(mbt koers, prijzen)* dalen, zakken; II *tr* onderdoen voor: *er gibt seinem Bruder an Fleiß nichts nach* hij doet, wat zijn ijver betreft, niet onder voor zijn broer
Nachgeburt v^{20} nageboorte
nachgehen^{168} **1** volgen, (achter)nagaan: *es geht mir nach* het laat me niet los; **2** nagaan, onderzoeken, controleren; **3** *(genoegens)* najagen; **4** *(zijn werk)* verrichten, doen; **5** *(mbt apparaten, uurwerk)* achterlopen
nachgerade langzamerhand, geleidelijk aan
nachgiebig **1** toegevend, meegaand; **2** soepel
nachgrübeln piekeren, peinzen
nachgucken nakijken
nachhallen nagalmen
nachhaltig duurzaam, blijvend
nachhängen^{184+3} zich overgeven aan, met weemoed terugdenken aan
nachhelfen^{188} een handje helpen
nachher later, naderhand, daarna: *bis ~!* tot straks!
Nachhilfestunden mv v^{21} bijles(sen)
nachhinken achteraankomen, achterblijven
Nachholbedarf m^{19} tekort, (inhaal)behoefte
nachholen **1** laten nakomen; **2** inhalen
Nachholspiel o^{29} *(sp)* inhaalwedstrijd
Nachhut v^{20} achterhoede
nachjagen najagen, nazitten
Nachklang m^6 **1** naklank, nagalm; **2** nawerking
Nachkomme m^{15} nakomeling, afstammeling
nachkommen^{193} **1** achternakomen, achternalopen; **2** volgen, nakomen: *nicht ~ können* het niet kunnen bijhouden; **3** *(bevel)* opvolgen; *(belofte, verplichting)* nakomen
Nachkommenschaft v^{28} nakomelingschap
Nachkömmling m^5 nakomertje
Nachkriegszeit v^{20} naoorlogse tijd
Nachlass m^5, m^6 **1** nalatenschap, erfenis; **2** nagelaten werken; **3** korting, reductie
nachlassen^{197} I *intr* minder worden, afnemen, zwakker worden; II *tr* **1** vieren: *die Zügel* ~ de teugels vieren; **2** kwijtschelden: *etwas vom Preis* ~ iets van de prijs laten vallen; **3** korting geven

Nachlassenschaft v^{20} nalatenschap
nachlässig 1 nonchalant; 2 onverschillig
Nachlässigkeit I v^{20} slordigheid; II v^{28} nonchalance
nachlaufen[198] nalopen: *einer Illusion* ~ een illusie koesteren
nachlesen[201] nalezen, overlezen
nachmachen namaken, nadoen
nachmalen 1 naschilderen; 2 overschilderen
Nachmittag m^5 middag, namiddag
nachmittags 's middags
Nachnahme v^{21} rembours: *gegen* (of: *mit, per, unter*) ~ *schicken* onder rembours sturen
Nachname m^{18} familienaam
nachprüfen 1 nagaan, controleren; 2 later examineren
Nachprüfung v^{20} 1 controle; 2 herexamen
nachrechnen narekenen
Nachrede v^{21} 1 epiloog, narede; 2 (roddel)praatjes: *üble* ~ *über jmdn führen* van iem kwaadspreken; *(jur) üble* ~ smaad, laster
nachreden napraten: *jmdm übel* (of: *Übles*) ~ kwaadspreken van iem
Nachricht v^{20} bericht, nieuws: *~en* nieuwsuitzending
Nachrichtenagentur v^{20} nieuwsagentschap
Nachrichtendienst 1 nieuwsdienst; 2 persbureau; 3 *(mil)* inlichtingendienst
Nachrichtensatellit m^{14} communicatiesatelliet
Nachrichtensendung v^{20} nieuwsuitzending
Nachrichtensprecher m^9 nieuwslezer
nachrücken 1 opschuiven, aansluiten; 2 promotie maken
Nachruf m^5 in memoriam; gedenkrede
nachrüsten 1 achteraf voorzien van; 2 de bewapening versterken, uitbreiden
nachsagen nazeggen: *jmdm etwas* ~ van iem iets beweren, zeggen, vertellen
nachschauen nakijken, nazien
nachschenken bijschenken
nachschicken nazenden, nasturen
nachschlagen[241] I *tr (een passage in een boek)* naslaan, opzoeken; II *intr* aarden naar
Nachschlagewerk o^{29} naslagwerk
Nachschlüssel m^9 valse sleutel, loper
Nachschrift v^{20} 1 naschrift, postscriptum; 2 dictaat
Nachschub m^6 1 ravitaillering, bevoorrading, aanvoer; 2 materieel
nachsehen[261] 1 nazien, nakijken; 2 *(in een boek iets)* nakijken, opzoeken; 3 *(huiswerk)* nakijken, corrigeren; 4 *jmdm etwas* ~ iets van iem door de vingers zien
Nachsehen o^{39} (het) nakijken: *ich hatte das* ~ ik kon ernaar fluiten
nachsenden[263] nazenden
nachsetzen *(een dief)* achtervolgen
Nachsicht v^{28} toegevendheid, geduld, inschikkelijkheid: ~ *üben* consideratie hebben
nachsichtig toegevend, inschikkelijk, geduldig
nachsinnen[267] nadenken, napeinzen

nachsitzen[268] nablijven, schoolblijven
Nachsommer m^9 nazomer
Nachsorge v^{28} nazorg
Nachspeise v^{21} nagerecht, dessert, toetje
Nachspiel o^{29} naspel: *die Sache wird noch ein* ~ *haben* de zaak zal nog een staartje hebben
nachspielen I *tr* naspelen; II *intr (sp)* tijd bijtellen, in blessuretijd spelen
nachsprechen[274] nazeggen
nachspringen[276] naspringen
nachspülen naspoelen
nachspüren naspeuren
nächst I *bn* 1 naast: *meine ~en Verwandten* mijn naaste verwanten; 2 aanstaand, (eerst)volgend: *der* ~*e Beste* de eerste de beste; *am ~en Tag* de volgende dag; *der Nächste, bitte!* wie volgt!; *fürs Nächste* voorlopig; *zie ook* Nächste(r); II *vz*[+3] 1 naast, na; 2 vlakbij
nächstbest: *die ~e Gelegenheit* de eerste de beste gelegenheid
nachstehen[279] onderdoen voor: *jmdm an*[+3] *Intelligenz* ~ in intelligentie voor iem onderdoen
nachstehend (na)volgend, onderstaand
nachstellen I *tr* 1 *(een klok)* achteruitzetten; 2 *(techn)* bijstellen; II *intr* 1 (iem, iets) achtervolgen, nazitten, belagen; 2 *(een meisje)* nalopen
Nächstenliebe v^{28} naastenliefde
nächstens eerstdaags, binnenkort, spoedig
Nächste(r) m^{40a} naaste, medemens
nacht *(in sommige uitdrukkingen)* oude spelling voor Nacht, *zie* Nacht
Nacht v^{25} nacht: *gestern* ~ gisternacht; *heute* ~ vannacht; *bei* ~ *und Nebel* heimelijk, stilletjes; *des ~s* 's nachts; *eines ~s* op een nacht; *in der* ~ 's nachts; *über* ~ *verschwinden* plotseling verdwijnen; *über* ~ *bleiben* blijven slapen; *bei* ~ 's nachts; *gute* ~! goede nacht!
Nachtasyl o^{29} onderdak (voor daklozen)
Nachteil m^5 nadeel
nachteilig nadelig
Nachtfrost m^6 nachtvorst
Nachtigall v^{20} nachtegaal
nächtigen de nacht doorbrengen
Nachtisch m^5 nagerecht, dessert, toetje
nächtlich nachtelijk
Nachtlokal o^{29} nachtclub
Nachtrag m^6 bijvoegsel, aanhangsel, aanvulling
nachtragen[288] 1 nadragen; 2 achteraf bijvoegen, aanvullen; 3 lang kwalijk nemen
nachträglich achteraf, naderhand
nachtrauern 1 treuren over; 2 met weemoed denken aan
Nachtruhe v^{28} nachtrust
nachts 's nachts, in de nacht
Nachtschicht v^{20} 1 nachtploeg; 2 nachtdienst
Nachtschwärmer m^9 nachtbraker
Nachtschwester v^{21} nachtzuster
nachtsüber 's nachts
Nachttopf m^6 nachtspiegel, po

nachtun[295] nadoen
Nachtwächter *m*[9] 1 nachtwaker; 2 *(fig)* suffer(d)
nachtwandeln slaapwandelen
Nachtzeug *o*[39] nachtgoed
Nachtzug *m*[6] nachttrein
nachvollziehbar te volgen, te begrijpen
nachvollziehen[318] volgen, begrijpen
Nachwahl *v*[20] tussentijdse verkiezing
Nachwehen *mv v*[21] naweeën
Nachweis *m*[5] bewijs
nachweisbar aantoonbaar
nachweisen[307] aantonen, bewijzen: *jmdm eine Arbeitsstelle* ~ iem opgeven, waar een vacature is
nachweislich zoals is aangetoond, zoals is bewezen; aantoonbaar
Nachwelt *v*[28] nageslacht
nachwerfen[311] 1 nagooien; 2 *(een diploma)* cadeau geven; 3 erbij werpen, erbij gooien
nachwirken nawerken
Nachwirkung *v*[20] nawerking
Nachwort *o*[29] narede, epiloog
Nachwuchs *m*[19] 1 *(inform)* kinderen; 2 opgroeiende generatie, komende generatie; 3 jong personeel, jonge vakmensen: *akademischer* ~ jonge academici
Nachwuchsmangel *m*[19] tekort aan jong personeel, aan jonge vakmensen, *(sp)* tekort aan jonge spelers
Nachwuchsspieler *m*[9] *(sp)* jeugdspeler
nachzahlen nabetalen, bijbetalen
nachzählen natellen
Nachzahlung *v*[20] nabetaling
nachzeichnen natekenen
nachziehen[318] I *tr* 1 naslepen; 2 *(schroeven)* aandraaien; 3 *(lijnen)* na-, overtrekken; II *intr* 1 (achter)natrekken; 2 het voorbeeld volgen
Nachzügler *m*[9] 1 achterblijver, treuzelaar, laatkomer; 2 *(fig)* nakomertje
Nacken *m*[11] nek: *den* ~ *beugen* zich onderwerpen; *jmdm den* ~ *beugen* iem onderwerpen
Nackenschlag *m*[6] nekslag *(ook fig)*
nackt 1 naakt, bloot: *mit* ~*em Auge* met het blote oog; 2 kaal *(van boom, tak);* 3 kaal, naakt *(van muur, rots)* || *das* ~*e Leben retten* het vege lijf redden; *die* ~*e Wahrheit* de zuivere waarheid
Nacktheit *v*[28] naaktheid
Nadel *v*[21] 1 naald; 2 speld || *an der* ~ *hängen* aan drugs verslaafd zijn; *(wie) auf* ~*n sitzen* op hete kolen zitten
Nadelbaum *m*[6] naaldboom
Nadelholz *o*[32] naaldhout
Nadelkissen *o*[35] speldenkussen
Nadelloch *o*[32], Nadelöhr *o*[29] oog van de (een) naald
Nadelspitze *v*[21] naaldpunt, speldenpunt
Nadelstich *m*[5] naald(en)steek; 2 speldenprik
Nagel *m*[10] 1 nagel: *sich die Nägel schneiden* zijn nagels knippen; 2 nagel, spijker: *etwas an den* ~ *hängen* iets opgeven, met iets ophouden
nagelfest: *niet- und* ~ spijkervast
Nagelhaut *v*[25] nagelriem

Nägelkauen *o*[39] (het) nagelbijten
Nagellack *m*[5] nagellak
Nagellackentferner *m*[9] remover
nageln 1 spijkeren; 2 met nagels verbinden
nagelneu fonkelnieuw
Nagelschere *v*[21] nagelschaar
nagen knagen *(ook fig)*
Nager *m*[9], Nagetier *o*[29] knaagdier
nah *zie* nahe
Nahaufnahme *v*[21] close-up, opname van dichtbij
nahe[60] na, nabijgelegen, naburig, dichtbij, nabij: ~ *am* (of: *beim) Bahnhof* dicht bij het station; ~ *Freundschaft* nauwe vriendschap; *einer Ohnmacht* ~ *sein* op het punt staan flauw te vallen; *die nähere Umgebung* de nabije omgeving; *sie sind* ~ *Verwandte* ze zijn nauw met elkaar verwant; *dem Weinen* ~ *sein* bijna beginnen te huilen; *die* ~ *Zukunft* de nabije toekomst; *er ist* ~ *an die dreißig* hij is dichtbij de dertig; *wir waren* ~ *daran zu verzweifeln* we waren de wanhoop nabij; *aus* (of: *von) nah und fern* van heinde en ver; ~ *gehen* aan het hart gaan; *jmdm etwas* ~ *legen* iem iets aanraden; *die Vermutung* ~ *legen* doen vermoeden; ~ *liegen (fig)* voor de hand liggen; ~ *stehen*[+3] nauwe relaties onderhouden met; ~ *treten* nader komen
Näharbeit *v*[20] naaiwerk
Nähe *v*[21] nabijheid, buurt: *ganz in der* ~ vlakbij; *in nächster* ~ in de onmiddellijke nabijheid; *aus nächster* ~ van zeer nabij
nahebei dichtbij
nahegehen, nahelegen, naheliegen *oude spelling voor* nahe gehen, legen, liggen, *zie* nahe
nahen naderen
nähen 1 naaien; 2 *(med)* hechten
näher nader: ~ *auf etwas eingehen* nader op iets ingaan; *Näheres, das Nähere* verdere bijzonderheden; *bis auf Näheres* tot nader order; ~ *kommen*[+3] nader komen; ~ *liegen* meer voor de hand liggen; ~ *stehen: a)* overeenkomen met; *b)* een tamelijk nauwe relatie hebben met; ~ *treten* in nader contact komen met iem; *zie ook* nah
Näherin *v*[22] naaister
näherkommen, näherliegen *oude spelling voor* näher kommen, liggen, *zie* näher
nähern, sich[+3] 1 contact zoeken met; 2 (be)naderen, dichterbij komen
näherstehen, nähertreten *oude spelling voor* näher stehen, treten, *zie* näher
nahestehen, nahetreten *oude spelling voor* nahe stehen, treten, *zie* nahe
nahezu bijna, nagenoeg
Nähkasten *m*[12], *zelden m*[11] naaidoos
Nähmaschine *v*[21] naaimachine
Nahost *m*[19] Nabije Oosten; Midden-Oosten
Nährboden *m*[12] voedingsbodem
nähren I *intr* voedzaam zijn; II *tr* 1 voeden: *eine Frau* ~ een vrouw onderhouden; 2 *(verdenking)* koesteren; III *sich* ~ zich voeden
nahrhaft voedzaam

Nährmittel o^{33} voedings-, levensmiddel
Nahrung v^{28} voedsel (ook fig), voeding
Nahrungsmangel m^{19} gebrek aan voedsel
Nahrungsmittel o^{33} voedings-, levensmiddel
Nährwert m^5 voedingswaarde
Naht v^{25} naad
nahtlos zonder naad: ~es Rohr naadloze buis; ~e Strümpfe kousen zonder naad
Nahverkehr m^{19} buurtverkeer, regionaal verkeer
Nähzeug o^{39} 1 naaierei; 2 naaiwerk
Nahziel o^{29} 1 nabijgelegen doel; 2 doel voor de nabije toekomst
naiv naïef
Name m^{18}, **Namen** m^{11} 1 naam: im Namen^{+2}, im Namen von^{+3} in naam van, namens; 2 goede naam, reputatie: sich einen Namen machen naam maken
namenlos 1 naamloos; 2 onuitsprekelijk
namens I bw genaamd; II vz^{+2} namens
Namensaktie v^{21} aandeel op naam
Namensschild o^{31} naambordje
Namensvetter m^{17} naamgenoot
Namenszeichen o^{35} paraaf
Namenszug m^6 handtekening
namentlich 1 voornamelijk, vooral; 2 met naam: ~e Abstimmung hoofdelijke stemming
Namenverzeichnis o^{29a} naamlijst
namhaft 1 van naam, bekend, vermaard: ~ machen noemen; 2 aanzienlijk, belangrijk
nämlich bw namelijk, te weten
Napf m^6 nap, bak, kom
Narbe v^{21} 1 litteken; 2 nerf
Narkose v^{21} narcose
Narkosearzt m^6 anesthesist
Narr m^{14} 1 nar, gek, dwaas: jmdn zum ~en haben (of: halten) iem voor de gek houden; 2 carnavalsvierder ‖ einen ~en an jmdn gefressen haben met iem weglopen, dwepen
narren voor de gek houden, bedriegen
narrenhaft dwaas, gek
Narrenstreich m^5 dwaze streek, zotternij
Närrin v^{22} 1 gekkin, zottin; 2 malle
närrisch 1 gek, dwaas, zot, dol; 2 carnavalesk
Narzisse v^{21} narcis
naschen snoepen
Näschen o^{35} neusje
Nascher, **Näscher** m^9 snoeper
Nascherei v^{20} 1 (het) snoepen; 2 snoep(goed)
naschhaft snoepachtig
Nase v^{21} 1 neus: (fig) jmdm etwas auf die ~ binden iem iets aan zijn neus hangen; (fig) jmdn mit der ~ auf^{+4} etwas stoßen iem met de neus op iets duwen; 2 neus (van auto, schip, vliegtuig); 3 aflopende druppel verf, zakker; 4 vooruitstekend gedeelte, punt ‖ immer der ~ nach steeds rechtdoor; pro ~ per persoon
näseln door de neus spreken
Nasenbein o^{29} neusbeen
Nasenbluten o^{39} 1 neusbloeding; 2 bloedneus
Nasenlänge v^{21} neuslengte

Nasenloch o^{32} neusgat
Nasentropfen mv m^{11} neusdruppels
naseweis waanwijs, wijsneuzig
Nashorn o^{32} neushoorn
nass ^{59} nat
Nass o^{39} 1 water; 2 regen; 3 drank, nat
Nässe v^{28} nat(tig)heid, vochtigheid
nässen 1 nat maken: das Bett ~ het in zijn bed doen; 2 (mbt wond) dragen
nasskalt kil
Nation v^{20} natie, volk: die Vereinten ~en de Verenigde Naties
national nationaal
Nationalhymne v^{21} volkslied
nationalisieren ^{320} 1 nationaliseren; 2 naturaliseren
Nationalismus m^{19a} nationalisme
Nationalität v^{20} nationaliteit
Nationalmannschaft v^{20} (sp) nationaal team
Nationalsozialismus m^{19a} nationaal-socialisme
Nationalsozialist m^{14} nationaal-socialist
Nationalspieler m^9 (sp) international
Natter v^{21} slang; ringslang
Natur v^{20} 1 natuur: das ist ~ dat is echt; 2 gestel, constitutie: eine eiserne ~ een ijzeren gestel; 3 natuur, aard, karakter: es liegt in der ~ der Sache, dass ... het volgt uit de aard van de zaak, dat ...
naturalisieren ^{320} naturaliseren
Naturalisierung v^{20} naturalisatie
Naturalismus m^{19a} naturalisme
naturalistisch naturalistisch
Naturereignis o^{29a}, **Naturerscheinung** v^{20} natuurverschijnsel
Naturerzeugnis o^{29a} natuurproduct
Naturfreund m^5 natuurvriend, -liefhebber
naturgegeben 1 natuurlijk; 2 onafwendbaar
naturgemäß I bn natuurlijk; II bw uit de aard der zaak, uiteraard, natuurlijk
naturgetreu natuurgetrouw
Naturgewalt v^{20} natuurkracht
Naturheilkunde v^{28} natuurgeneeskunde
Naturheilverfahren o^{35} natuurgeneeswijze
Naturkatastrophe v^{21} natuurramp
Naturlandschaft v^{20} natuurlijk landschap, natuurgebied
natürlich I bn natuurlijk; II bw vanzelfsprekend
Naturpark m^5, m^{13} natuurreservaat
Naturprodukt o^{29} natuurproduct
naturrein zuiver, onversneden, onvervalst
Naturschutz m^{19} natuurbescherming
Naturschutzgebiet o^{29} natuurreservaat
naturwidrig tegennatuurlijk, onnatuurlijk
Naturwissenschaft v^{20} natuurwetenschap
Navigation v^{28} navigatie
navigieren ^{320} navigeren, sturen
Nazi m^{13} nazi, nationaal-socialist
Nazismus m^{19a} nazisme, nationaal-socialisme
nazistisch nazistisch, nationaal-socialistisch
Neapel o^{39} Napels
Nebel m^9 mist; nevel

Nebelbank v^{25} mistbank
Nebelglocke v^{21} dichte mist, mistgordijn
Nebelgranate v^{21} rookgranaat, rookbom
nebelhaft 1 nevelachtig; **2** vaag, wazig
Nebelhorn o^{32} misthoorn
nebelig nevelig, mistig
nebeln nevelen, misten
Nebelrückleuchte v^{21} mistachterlicht
Nebelscheinwerfer m^9 mistlamp, breedstraler
Nebelschlussleuchte v^{21} mistachterlicht
Nebelschwaden m^{11} nevelsliert
neben $vz^{+3,+4}$ **1** naast: *sie sitzt ~ ihrem Freund* zij zit naast haar vriend; **2** behalve, benevens, naast; **3** naast, vergeleken met, in vergelijking met
Nebenabsicht v^{20} bijbedoeling
nebenan hiernaast, daarnaast
Nebenausgabe v^{21} **1** regionale editie *(ve krant);* **2** extra uitgave
Nebenausgang m^6 zijuitgang
Nebenbau m *(2e nvl -(e)s; mv -ten)* bijgebouw
Nebenbedeutung v^{20} bijbetekenis
nebenbei 1 bovendien, tevens, daarnaast; **2** ter-loops: *~ bemerkt* tussen haakjes
Nebenberuf m^5 bijbetrekking, bijbaantje
nebenberuflich als bijbetrekking, parttime
Nebenbeschäftigung v^{20} bijbaantje
Nebenbuhler m^9 rivaal
nebeneinander 1 naast elkaar; **2** tegelijkertijd: *~ stellen* naast elkaar zetten, met elkaar vergelijken
nebeneinanderstellen *oude spelling voor* nebenei-nander stellen, *zie* nebeneinander
Nebeneinkünfte mv v^{25}, **Nebeneinnahmen** mv v^{21} bijverdiensten, neveninkomsten
Nebenerwerb m^5 bijverdienste; bijbaan
Nebenfach o^{32} **1** bijvak; **2** zijvak
Nebenfluss m^6 zijrivier
Nebengeräusch o^{29} bijgeluid
Nebengeschmack m^{19} bijsmaak
Nebengleis o^{29} zijspoor
nebenher 1 bovendien, tevens, daarnaast; **2** ter-loops
nebenhin terloops
Nebenklage v^{21} civiele eis
Nebenkläger m^9 civiele partij
Nebenkosten mv bijkomende kosten
Nebenmann m^8 *(mv ook -leute)* buurman
Nebenprodukt o^{29} bijproduct
Nebenraum m^6 **1** zijkamer; **2** bijvertrek
Nebenrolle v^{21} bijrol
Nebensache v^{21} bijzaak
nebensächlich bijkomstig, ondergeschikt, van minder belang: *das ist ~* dat is bijzaak
Nebensatz m^6 *(taalk)* bijzin
Nebenstelle v^{21} filiaal, bijkantoor
Nebenstraße v^{21} zijstraat
Nebenstrecke v^{21} **1** *(spoorw)* zijspoor, zijlijn; **2** se-cundaire weg
Nebenwirkung v^{20} bijwerking
Nebenzimmer o^{33} **1** kamer hiernaast, ernaast; **2** zij-kamer

Nebenzweck m^5 bijbedoeling
neblig nevelig, mistig
nebst vz^{+3} benevens, en, (samen) met
necken plagen, foppen, voor de gek houden
neckisch 1 plagerig, plagend; **2** leuk, vlot
Neffe m^{15} neef *(zoon van broer of zuster)*
Negation v^{20} negatie, ontkenning
negativ, negativ negatief
Neger m^9 neger
Negerin v^{22} negerin
nehmen ^{212} **1** nemen, vatten, (aan)pakken, grijpen; **2** aannemen, accepteren, aanvaarden; **3** nemen, wegnemen, afnemen: *sich^3 das Leben ~* zich van het leven beroven; *das lasse ich mir nicht ~* dat laat ik me niet ontnemen; *etwas an sich ~* iets bij zich ste-ken; zich iets toe-eigenen; **4** nemen, gebruiken; **5** nemen, opnemen; **6** vragen: *hohe Preise ~* hoge prijzen berekenen; **7** nuttigen, gebruiken; **8** opvat-ten: *wie man's nimmt* 't is maar hoe je het bekijkt; **9** *(mil)* veroveren; **10** *(muz)* opnemen: *etwas auf Band ~* iets op de band opnemen
Neid m^{19} nijd, afgunst, naijver
neiden misgunnen, benijden: *jmdm etwas ~* iem iets misgunnen, benijden
neidisch afgunstig: *~ auf^{+4}* afgunstig op
neidvoll jaloers, afgunstig, vol jaloezie
Neige v^{21} rest, bezinksel: *auf die* (of: *zur) ~ gehen* opraken; *ein Glas bis zur* (of: *bis auf die) ~ leeren* een glas tot de laatste druppel leegdrinken; *das Jahr geht zur ~* het jaar loopt ten einde
neigen I *tr* **1** neigen, buigen; **2** schuin houden; **II** *intr* neigen, de neiging hebben: *er neigt zum Geiz* hij heeft neiging tot gierigheid; *man neigt zu der An-nahme …* men is geneigd te veronderstellen …; **III** *sich ~* **1** neigen, (over)hellen; **2** afhellen; **3** nijgen, een buiging maken; *zie ook* geneigt
Neigung v^{20} **1** glooiing, helling; **2** nijging, buiging; **3** neiging, aanleg, drang; **4** genegenheid; **5** voorkeur, voorliefde
nein neen: *aber ~!* wel nee!; *~, so was!* nee maar!
Nelke v^{21} **1** anjelier, anjer; **2** kruidnagel
nennen ^{213} **I** *tr* noemen; **II** *sich ~* zich noemen, heten
nennenswert noemenswaard(ig)
Nenner m^9 *(rekenen)* noemer: *verschiedene Sachen auf einen (gemeinsamen) ~ bringen* verschillende zaken onder één noemer brengen
Nennwert m^5 nominale waarde
Neofaschismus m^{19a} neofascisme
Neofaschist m^{14} neofascist
Neonazi m^{13}, **Neonazist** m^{14} neonazi
Neonröhre v^{21} neonbuis
Nepp m^{19} nep, afzetterij, bedrog
neppen neppen, afzetten, bedriegen
Nerv m^{16} zenuw: *den ~ haben, etwas zu tun* de moed hebben iets te doen; *jmdm auf die ~en gehen* op iems zenuwen werken; *die ~en verlieren* overstuur raken; *die ~en behalten* (of: *bewahren)* zijn kalmte bewaren

nerven: *jmdn* ~ op iems zenuwen werken
Nervenarzt *m*⁶ zenuwarts
nervenaufreibend zenuwslopend
nervenberuhigend zenuwstillend
Nervenbündel *o*³³ 1 zenuwbundel; 2 *(fig)* zenuw-pees
nervenkrank zenuwziek
Nervenschmerz *m*¹⁶ zenuwpijn
nervenschwach met zwakke zenuwen
nervenstärkend zenuw(ver)sterkend
Nervensystem *o*²⁹ zenuwstelsel, zenuwgestel
Nervenzucken *o*³⁹ zenuwtrekking, tic
Nervenzusammenbruch *m*⁶ zenuwinzinking
nervig gespierd, krachtig
nervlich psychisch
nervös nerveus, zenuwachtig
Nervosität *v*²⁸ nervositeit
nervtötend zenuwslopend
Nerz *m*⁵ 1 nerts; 2 nerts(bont); 3 nertsmantel
Nessel *v*²¹ (brand)netel
Nest *o*³¹ 1 nest; 2 nest, bed: *ins* ~ *gehen* naar zijn nest gaan; 3 gehucht, gat
nesteln I *intr* frunniken, frommelen; II *tr* frunnikend los-, vastmaken
nett 1 aardig, leuk, vriendelijk; 2 aardig, flink: *ein* ~*er Profit* een flinke winst; 3 mooi, fraai
netto netto
Nettopreis *m*⁵ nettoprijs
Netz *o*²⁹ 1 net: *jmdm ins* ~ *gehen* in de val lopen; 2 spinnenweb
Netzball *m*⁶ *(sp)* netbal
Netzbetreiber *m*⁹ kabelexploitant
netzen bevochtigen, nat maken
Netzhaut *v*²⁵ netvlies
Netzwerk *o*²⁹ netwerk
neu I *bn* nieuw, modern: *die* ~*en* (of: *die* ~*eren*) *Sprachen* de moderne talen; *der Neue (ein Neuer):* a) de nieuweling; b) de nieuwe wijn; *was gibt es Neues?* is er nog nieuws?; *von* ~*em, aufs Neue* opnieuw; ~ *gebacken* nieuwbakken; ~ *vermählt* pasgehuwd; II *bw* opnieuw: *der Sessel ist* ~ *überzogen* de stoel is opnieuw bekleed
Neuankömmling *m*⁵ nieuwaangekomene, nieuwkomer
neuartig nieuw (in zijn soort), modern
Neuauflage *v*²¹ herdruk, nieuwe druk
Neubau *m (2e nvl -(e)s; mv -ten)* 1 nieuwbouw; 2 huis in aanbouw; 3 nieuw gebouw, nieuw huis
Neubearbeitung *v*²⁰ nieuwe bewerking
Neubildung *v*²⁰ 1 *(med)* nieuwvorming; 2 *(taalk)* neologisme; 3 (het) opnieuw vormen
neuerdings (in) de laatste tijd, sinds kort
Neuerer *m*⁹ hervormer, vernieuwer
neuerlich I *bw* opnieuw; II *bn* nieuw, recent
Neuerung *v*²⁰ vernieuwing, hervorming
neuestens in de laatste tijd
neugebacken *oude spelling voor* neu gebacken, *zie* neu I
neugeboren pasgeboren: *wie* ~ *als* herboren

Neugestaltung *v*²⁰ hervorming, reorganisatie, herstructurering
Neugier, Neugierde *v*²⁸ nieuwsgierigheid
neugierig nieuwsgierig
Neuheit *v*²⁰ 1 nieuwheid, nieuwe; 2 nieuwigheid, nieuw product, nouveauté
Neuigkeit *v*²⁰ 1 nieuwtje, nieuws; 2 nieuwheid; 3 nieuwigheid, nieuw product
Neujahr *o*³⁹ nieuwjaar: *prosit* ~*!* gelukkig nieuwjaar!
Neuland *o*³⁹ 1 nieuw (ontdekt) land; 2 ontginning; 3 *(fig)* onontgonnen gebied
neulich onlangs
Neuling *m*⁵ nieuweling, nieuwkomer
neumodisch modern, nieuwerwets
Neumond *m*¹⁹ nieuwemaan
neun negen
neunmalklug beweterig
neunzehn negentien
neunzig negentig
Neuordnung *v*²⁰ herstructurering, reorganisatie
Neuorientierung *v*²⁸ heroriëntering
Neureiche(r) *m*⁴⁰ᵃ, *v*⁴⁰ᵇ nieuwe rijke
Neurologe *m*¹⁵ neuroloog
Neurologie *v*²⁸ neurologie
Neuschnee *m*¹⁹ verse sneeuw
neusprachlich van de moderne talen: ~*er Unterricht* onderwijs in de moderne talen
neutral 1 neutraal; 2 *(taalk)* onzijdig
Neutralität *v*²⁰ neutraliteit
neuvermählt *oude spelling voor* neu vermählt, *zie* neu I
Neuwert *m*⁵ nieuwwaarde
neuwertig zo goed als nieuw
Neuzeit *v*²⁸ nieuwe tijd, moderne tijd
neuzeitlich modern, hedendaags
Neuzulassung *v*²⁰ eerste registratie *(van auto)*
nicht niet: *wenn* ~, *dann* ... zo niet, dan ...; ~ *doch!* alsjeblieft niet!; ~ *amtlich* officieus; ~ *berechtigt* onbevoegd; ~ *Zutreffendes bitte streichen* doorhalen wat niet van toepassing is
Nichtachtung *v*²⁸ 1 geringschatting, minachting; 2 veronachtzaming
nichtamtlich officieus
Nichtbeachtung *v*²⁸ (het) niet respecteren, (het) negeren, veronachtzaming
Nichtbefolgung *v*²⁸ niet-naleving, veronachtzaming, (het) niet opvolgen
nichtberechtigt *oude spelling voor* nicht berechtigt, *zie* nicht
Nichte *v*²¹ nicht *(dochter van broer of zuster)*
Nichteinmischung *v*²⁰ niet-inmenging
nichtig 1 nietig, ongeldig: ~ *werden* vervallen; *für* ~ *erklären* nietig verklaren; 2 *(mbt hoop)* ijdel; 3 nietig, nietszeggend, onbeduidend
Nichtraucher *m*⁹ 1 niet-roker; 2 *(spoorw)* (coupé) niet-roken
nichts niets: ~ *da!* geen sprake van!; *mir* ~, *dir* ~ zo maar, zonder meer; *für* ~ *und wieder* ~ volkomen

zinloos

Nichts o^{39a} **1** niets; **2** niemendal, bijna niets, kleinigheid; **3** *(fig)* nul

Nichtschwimmer m^9 niet-zwemmer

Nichtschwimmerbecken o^{35} ondiepe

nichtsdestoweniger (desal)niettemin

Nichtsnutz m^5 nietsnut

nichtsnutzig onnut

Nichtstuer m^9 nietsdoener, luiaard, leegloper

Nichtstun o^{39} (het) nietsdoen, (het) luieren

nichtswürdig nietswaardig, schandelijk

Nichtzutreffende(s) o^{40c}: ~ *bitte streichen* doorhalen wat niet van toepassing is

Nickel o^{39} nikkel

nicken 1 knikken; **2** knikkebollen; **3** *(sp)* koppen

Nickerchen o^{35} dutje

nie nooit: ~ *und nimmer* nooit ofte nimmer

nieder I *bn* **1** laag, lager; **2** laag, gemeen; **II** *bw* neer, neerwaarts, omlaag: *auf und* ~ heen en weer

niederbrennen[138] **I** *tr* platbranden; **II** *intr* afbranden

niederfahren[153] **1** neerdalen; **2** naar beneden schieten

niederfallen[154] neervallen

Niedergang m^6 **1** ondergang; **2** verval

niedergehen[168] **1** neergaan; **2** naar beneden komen, dalen, landen; **3** ondergaan; ten einde lopen; **4** *(mbt regen)* neervallen

niedergeschlagen terneergeslagen, neerslachtig, mismoedig

niederhalten[183] **1** laag houden, op de grond houden; **2** onderdrukken

niederhauen[185] **1** neerhouwen; **2** afslachten

niederkämpfen 1 overwinnen, verslaan; **2** *(gevoelens)* onderdrukken, bedwingen

niederkommen[193] **1** neerkomen, naar beneden komen, neervallen; **2** baren: *mit einem Mädchen* ~ van een meisje bevallen

Niederlage v^{21} **1** nederlaag; **2** depot; **3** pakhuis, magazijn

Niederlande *mv* Nederland

Niederländer m^9 Nederlander

niederländisch Nederlands

niederlassen, sich 1 gaan zitten, plaatsnemen, neerstrijken; **2** zich vestigen

Niederlassung v^{20} **1** vestiging, filiaal; **2** nederzetting

niederlegen I *tr* **1** neerleggen: *die Waffen* ~ de wapens neerleggen; **2** opgeven, afstand doen van; **3** noteren, vastleggen; **4** *(een kind)* naar bed brengen; **II** *sich* ~ gaan liggen, naar bed gaan

niedermachen afmaken, afslachten

niedermetzeln afmaken, afslachten

niederprasseln 1 neerkletteren; **2** *(fig)* neerkomen

niederreißen[220] afbreken, slopen *(ook fig)*

niederschießen[238] neerschieten

Niederschlag m^6 **1** neerslag; **2** (het) neerslaan; **3** neerslag, bezinksel; **4** knock-down *(bij boksen)*

niederschlagen[241] **I** *tr* **1** neerslaan *(ook chem)*; **2** tegen de grond slaan; **3** *(een proces)* staken, seponeren; **4** *(jur)* vernietigen, kwijtschelden; **5** smoren, onderdrukken: *Widerstand* ~ verzet breken; **II** *sich* ~ **1** zijn neerslag vinden, tot uitdrukking komen; **2** neerslaan; *zie ook* niedergeschlagen

niederschlagsfrei *(weerk)* zonder neerslag

niederschmettern 1 neersmakken; **2** terneerslaan, ontmoedigen

niederschreiben[252] opschrijven, op papier zetten

Niederschrift v^{20} **1** (het) opschrijven; **2** verslag, protocol, versie

niedersetzen I *tr* neerzetten; **II** *sich* ~ gaan zitten, zich neerzetten

niedersinken[266] neerzinken

niederstimmen afstemmen, verwerpen

niederstrecken I *tr* neerleggen, vellen; **II** *sich* ~ zich uitstrekken, gaan liggen

Niedertracht v^{28} laagheid, gemeenheid

niederträchtig 1 laag, gemeen; **2** vreselijk, bar

Niederträchtigkeit v^{20} laagheid, gemeenheid

Niederung v^{20} **1** laagland, laagvlakte; **2** laagte *(ook fig)*, dieptepunt

niederwärts neerwaarts, naar beneden

niederwerfen[311] **I** *tr* **1** neerwerpen, neergooien; **2** op het ziekbed werpen; **3** overwinnen; **4** onderdrukken; **II** *sich* ~ op de knieën vallen

niedlich aardig, lief, lieftallig, beeldig, schattig

niedrig 1 laag *(ook fig)*, gemeen; **2** eenvoudig

niemals nooit

niemand niemand: ~ *Besseres* geen beter mens

Niere v^{21} nier || *das geht mir an die* ~*n* dat grijpt me erg aan

Nierenentzündung v^{20} nierontsteking

Nierenstein m^5 niersteen

nieseln motregenen

Nieselregen m^{11} motregen

niesen niezen

Niete v^{21} **1** niet *(in loterij)*; **2** klinknagel; **3** mislukkeling; **4** fiasco, flop, mislukking

nieten (vast)klinken

Nietenhose, Niethose v^{21} spijkerbroek

niet- und nagelfest spijkervast

Nikotin o^{39} nicotine

nikotinfrei nicotinevrij

nikotinhaltig nicotine bevattend

Nilpferd o^{29} nijlpaard

nimmer *(vero)* nooit, nimmer

nimmermehr *(vero)* nooit, nimmer(meer)

Nimmerwiedersehen o^{39}: *auf* ~! ik hoop je nooit meer te zien!

nippen nippen

nirgends, nirgendwo nergens

Nische v^{21} nis

Niss v^{23}, **Nisse** v^{21} neet, luizenei

nisten nestelen

Nitrat o^{29} nitraat

Niveau o^{36} niveau, peil

nivellieren[320] nivelleren

Nivellierung v^{20} (het) nivelleren, nivellering

nix *(inform) zie* nichts
nobel 1 nobel, edel; **2** royaal, vrijgevig; **3** *(iron)* luxe, chic, elegant, deftig
Nobelpreis m^5 Nobelprijs
Nobelpreisträger m^9 Nobelprijswinnaar
noch 1 nog: *er wird schon ~ kommen* hij zal nog wel komen; *wie hieß er ~?* hoe heette hij ook alweer?; **2** noch: *weder reich ~ arm* (noch) rijk noch arm
nochmalig herhaald, tweede
nochmals nogmaals, nog eens, opnieuw
Nocken m^{11} nok
Nockenscheibe v^{21} nokschijf, nokkenschijf
Nockenwelle v^{21} nokkenas
Nomade m^{15} nomade
Nominalwert m^5 nominale waarde
Nomination v^{20} benoeming, nominatie
Nominativ m^5 nominatief, eerste naamval
nominieren[320] **1** benoemen; **2** *(sp)* opstellen
Nonne v^{21} non
Nonstopflug, Non-Stop-Flug m^6 non-stopvlucht
Noppe v^{21} nop(je)
Nord m^{19} noord(en)
Norden m^{19} noorden
nordisch 1 noords; **2** *(1933-1945)* Arisch
nördlich I *bn* noordelijk; noorder-: *~e Breite* noorderbreedte; **II** vz^{+2} ten noorden van
Nordlicht o^{31} noorderlicht
Nordost m^{19} noordoost(en)
Nordosten m^{19} noordoosten
nordöstlich I *bn* noordoostelijk; **II** vz^{+2} ten noordoosten van
Nordpol m^{19} noordpool
Nordsee v^{28} Noordzee
Nordwest m^{19} noordwest(en)
Nordwesten m^{19} noordwesten
nordwestlich I *bn* noordwestelijk; **II** vz^{+2} ten noordwesten van
Nordwind m^5 noordenwind
Nörgelei v^{20} gemopper, gekanker, gevit
nörgeln mopperen, kankeren, vitten
Nörgler m^9 mopperaar, kankeraar, vitter
Norm v^{20} norm, richtsnoer, regel
normal normaal
Normal o^{39}, **Normalbenzin** o^{39} normale benzine
normalerweise gewoonlijk, normaliter
normalisieren[320] normaliseren
Normalverbraucher m^9 **1** gemiddelde consument; **2** *(ongunstig)* doorsneemens
normen, normieren[320] normaliseren, standaardiseren
Normierung, Normung v^{20} normalisatie, standaardisering
normwidrig in strijd met de normen
Norwegen o^{39} Noorwegen
Norweger m^9 Noor
norwegisch Noors
Not v^{25} **1** nood: *in ~* (of: *in Nöten) sein* in nood verkeren; *mit genauer* (of: *mit knapper) ~* ternauwernood; **2** noodzaak; **3** moeite || *seine (liebe) ~ mit*

jmdm, etwas haben veel met iem, iets te stellen hebben; *zur ~* desnoods
Notar m^5 notaris
Notariatskanzlei v^{20} notariskantoor
notariell, notarisch notarieel
Notarzt m^6 **1** dienstdoende arts; **2** arts op een ziekenauto
Notausgang m^6 nooduitgang
Notbehelf m^5 hulpmiddel, redmiddel
Notbremse v^{21} noodrem
Notdurft v^{28} behoefte: *seine ~ verrichten* zijn behoefte doen
notdürftig behoeftig, armoedig, gebrekkig
Note v^{21} **1** *(muz)* noot; **2** aantekening, opmerking; **3** *(school, sport)* cijfer; **4** *(diplomatieke)* nota; **5** bankbiljet; **6** *(mv) (geschreven, gedrukte)* muziek: *in ~n setzen* op muziek zetten
Notenbank v^{20} circulatiebank
Notenblatt o^{32} muziekblad
Notenständer m^9 muziekstandaard
Notfall m^6 geval van nood
notfalls desnoods, in geval van nood
notgedrungen noodgedwongen
notieren[320] noteren, aantekenen
Notierung v^{20} **1** notering; **2** *(muz)* notatie
nötig nodig: *ich brauche es ~* ik heb het dringend nodig; *für ~ halten* nodig vinden; *wenn ~* zo nodig
nötigen 1 noodzaken, verplichten, dwingen; **2** dringend verzoeken
nötigenfalls desnoods
Nötigung v^{28} **1** dwang, bedreiging met geweld; **2** dringend verzoek; **3** noodzaak
Notiz v^{20} **1** notitie, aantekening; **2** (kort) bericht; **3** *(handel)* notering || *~ nehmen von*[+3] nota nemen van
Notizblock m^6, m^{13} notitieblok
Notlage v^{21} **1** hachelijke positie; **2** noodsituatie
notlanden een noodlanding maken
Notlandung v^{20} noodlanding
Notoperation v^{20} spoedoperatie
Notruf m^5 **1** *(telecom)* alarmnummer; **2** dringend verzoek om hulp; **3** noodschreeuw *(van dier)*
Notrufnummer v^{21} alarmnummer
Notrufsäule v^{21} praatpaal
Notschrei m^5 noodkreet, noodroep
Notsignal o^{29} noodsein, noodsignaal
Notstand m^6 **1** noodtoestand; **2** noodsituatie
Notstandsgebiet o^{29} rampgebied
Nottür v^{20} nooddeur, nooduitgang
Notwehr v^{28} noodweer
notwendig 1 noodzakelijk; **2** onvermijdelijk
Notwendigkeit v^{20} noodzakelijkheid
Notzeichen o^{35} noodsein, noodsignaal
Novelle v^{21} **1** novelle; **2** wijzigingswet, aanvullende wet
November m^9 *(2e nvl ook -)* november
Novität v^{20} noviteit, nieuwigheid
Nu m^{19}: *im* (of: *in einem) ~* in een oogwenk
Nuance v^{21} nuance, schakering

nuancieren[320] nuanceren
nüchtern 1 nuchter; **2** zakelijk
Nüchternheit v[28] **1** nuchterheid; **2** zakelijkheid
Nucke, Nücke v[21] nuk, kuur, gril
Nudel v[21] **1** knoedel, meelbal; **2** (mv) deegwaren; macaroni, spaghetti, vermicelli; **3** mens, tante, meid
Nudelsuppe v[21] vermicellisoep
nuklear nucleair, kern-
Nuklearkrieg m[5] nucleaire oorlog, kernoorlog
null 1 nul: ~ und nichtig van nul en gener waarde; **2** (pop) geen: ~ Ahnung haben geen idee hebben; ~ Komma nichts nul komma nul
Null v[20] nul; (in sommige gevallen) oude spelling voor null, zie null
Null-Null o (2e nvl -; mv -(s)) nummer 100, toilet, wc
Nulltarif m[5] nultarief; (bij openbaar vervoer) gratis openbaar vervoer
numerieren oude spelling voor nummerieren, zie nummerieren
Nummer v[21] **1** nummer; (sp) rugnummer; **2** maat; **3** (inform) nummertje || ~ null toilet, wc; er ist eine ~ für sich hij is een eigenaardig nummer; das ist eine ~ (of: einige ~n, ein paar ~n) zu groß für ihn hij grijpt te hoog; auf ~ Sicher (of: auf ~ sicher) gehen geen enkel risico nemen
nummerieren[320] nummeren
Nummernscheibe v[21] (telecom) kiesschijf
Nummernschild o[31] nummerbord, -plaat
nun nu; nou: ~ denn! vooruit!; ~ erst recht! juist nu!; von ~ an van nu af aan
nunmehr 1 nu, thans; **2** voortaan
nur alleen, slechts, maar: ~ schade jammer; ~ Geduld! heb maar geduld!; er sagt das ~ so hij zegt dat zo maar; wenn er ~ käme! kwam hij nu maar!; nicht ~ …, (sondern) auch niet alleen …, (maar) ook; was du ~ hast! wat heb je toch?; ~ dass … alleen maar, dat …; ~ zu! vooruit!
Nuss v[25] **1** noot; **2** fricandeau; **3** kop; **4** mens
Nusskern m[5] pit, binnenste van een noot
Nussknacker m[9] notenkraker
Nussschale v[21] notendop
Nüster v[21] neusgat (van mens, paard)
Nut v[20], **Nute** v[21] groef, sponning, sleuf
Nutte v[21] (inform) hoer
Nutz m[19]: sich etwas zu ~e machen zich iets ten nutte maken
nutzbar 1 nuttig, bruikbaar; **2** vruchtbaar
Nutzbarkeit v[28] nut, voordeel
nutzbringend nuttig, winstgevend
Nutzeffekt m[5] nuttig effect, rendement
nutzen, nützen I tr **1** gebruik maken van, exploiteren; **2** benutten; **II** intr helpen, baten, van nut zijn
Nutzen m[11] nut, voordeel, winst, profijt: von etwas ~ haben profijt van iets hebben; von ~ sein nuttig zijn
Nutzfahrzeug o[29] bedrijfsauto, vrachtauto, autobus
Nutzfläche v[21] **1** cultuurgrond; **2** bedrijfsruimte
Nutzgarten m[12] moestuin

Nutzlast v[20] **1** (bouwk) nuttige belasting; **2** nuttige last
Nutzleistung v[20] rendement
nützlich nuttig, voordelig, bruikbaar: du warst mir sehr ~ je hebt me erg geholpen
Nützlichkeit v[28] nuttigheid, nut
nutzlos nutteloos, overbodig
Nutzlosigkeit v[28] nutteloosheid, overbodigheid
nutznießen profiteren
Nutznießung I v[28] vruchtgebruik; **II** v[20] (het) profiteren
Nutztier o[29] nuttig dier
Nutzung v[20] gebruikmaking, gebruik, exploitatie
Nylon o[39], o[39a] nylon

O

Oase v^{21} oase

ob I *vz* 1 *(met 3e nvl)* boven; 2 *(met 2e nvl)* wegens, om; II *vw* 1 of; 2 al, hoewel; 3 alsof: ~ *Groß*, ~ *Klein*, *alle waren krank* hetzij groot, hetzij klein, allen waren ziek; *und* ~! en of!

Obacht v^{28} oplettendheid, zorg: ~ *geben* (of: *haben*) *auf*$^{+4}$ letten, passen op

Obdach o^{39} onderdak, onderkomen

obdachlos dakloos, onbehuisd

Obdachlose(r) m^{40a}, v^{40b} dakloze

Obduktion v^{20} lijkschouwing, sectie

oben *bw* boven: ~ *am Tisch sitzen* aan het hoofd van de tafel zitten; ~ *ohne* topless; *von* ~ *herab* uit de hoogte; ~ *erwähnt* bovengenoemd; ~ *genannt* bovengenoemd

obenan bovenaan

obenauf bovenop: *immer* ~ *sein* altijd goedgehumeurd zijn

obendrein bovendien, daarenboven

obenerwähnt, obengenannt *oude spelling voor* oben erwähnt, genannt, *zie* oben

obenhin oppervlakkig, vluchtig

obenhinaus hogerop, naar boven

ober hoger, bovenst: *der* ~*e Flusslauf* de bovenloop

Ober m^9 ober, kelner

Oberarm m^5 bovenarm

Oberarzt m^6 plaatsvervangend chef-arts

Oberbefehl m^5 opperbevel

Oberbefehlshaber m^9 opperbevelhebber

Oberbegriff m^5 samenvattend begrip

Oberbekleidung v^{20} bovenkleding

Oberbett o^{37} dekbed

Oberbürgermeister m^9 burgemeester *(van grote stad)*

Oberfläche v^{21} oppervlak(te)

oberflächlich oppervlakkig

Obergeschoss o^{29} bovenverdieping

Obergrenze v^{21} bovengrens

oberhalb vz^{+2} boven

Oberhand v^{28} *(fig)* overhand

Oberhaupt o^{32} 1 hoofd *(van kerk, staat, gezin)*; 2 aanvoerder

Oberhemd o^{37} overhemd

Oberherrschaft v^{28} soevereiniteit

Oberin v^{22} 1 directrice *(hoofd verpleging, van tehuis)*; 2 *(r-k)* overste *(van klooster)*

Oberinspektor m^{16} hoofdinspecteur

oberirdisch bovengronds

Oberkante v^{21} bovenkant

Oberkellner m^9 1 eerste kelner; 2 ober, kelner

Oberkiefer m^9 bovenkaak

Oberkleidung v^{20} (boven)kleding

Oberkommando o^{36} opperbevel

Oberkörper m^9 bovenlichaam

Oberlandesgericht o^{29} gerechtshof

Oberlauf m^6 bovenloop

Oberleitung v^{20} 1 hoofdleiding, hoofdbestuur; 2 bovenleiding

Oberleutnant m^{13} eerste luitenant

Oberlicht I o^{39} bovenlicht; II o^{31} bovenraam

Oberliga v *(mv -ligen) (sp)* eerste divisie

Oberlippe v^{21} bovenlip

Oberprima v *(mv -primen)* hoogste klas *(van Duits gymnasium)*

Oberschenkel m^9 dij, dijbeen

Oberschicht v^{20} bovenlaag

Oberschule v^{21} middelbare school

Oberschüler m^9 middelbare scholier

Oberschwester v^{21} hoofdzuster, hoofdverpleegster

Oberseite v^{21} bovenzijde

oberst *bn* opperst, bovenst, hoogst

Oberst m^5, m^{14} kolonel

Oberstock m^6 bovenverdieping

Oberstübchen o^{35}: *er ist nicht (ganz) richtig im* ~ hij is niet goed bij zijn hoofd

Oberstudiendirektor m^{16} rector *(bij het vwo)*

Oberstudienrat m^6 *(oudere)* leraar *(bij het vwo)*

Oberstufe v^{21} bovenbouw

Oberteil m^5, o^{29} bovendeel

Oberwasser o^{39} *(fig)*: ~ *haben* in het voordeel zijn

Oberweite v^{21} bovenwijdte

obgleich ofschoon, hoewel, al

Obhut v^{28} hoede, bescherming

obig bovenstaand, bovengenoemd

Objekt o^{29} object, voorwerp

objektiv objectief, zakelijk

Objektiv o^{29} objectief

objektivieren ^{320} objectiveren

Objektivität v^{28} objectiviteit

obliegen, obliegen ^{202} rusten op, opgedragen zijn aan, berusten bij

Obliegenheit v^{20} verplichting, plicht, taak

obligat obligaat, verplicht

Obligation v^{20} obligatie

obligatorisch obligatoir, verplicht

Obmann m^8 *(mv ook Obleute)* 1 voorzitter; 2 vertrouwensman; 3 voorzitter van de jury

Oboe v^{21} hobo

Obrigkeit v^{20} overheid, regering

obschon ofschoon, hoewel

Observation v^{20} observatie, waarneming

Observatorium o *(2e nvl -s; mv -torien)* observatorium; sterrenwacht

obsiegen, obsiegen zegevieren, overwinnen

obskur obscuur

Obst o^{39} fruit, vruchten
Obstbaum m^6 vruchtboom
Obstgarten m^{12} boomgaard
Obsthändler m^9 fruithandelaar
obstinat obstinaat, koppig, eigenzinnig
Obstkuchen m^{11} vruchtentaart
Obstmesser o^{33} fruitmesje
Obstsaft m^6 vruchtensap
Obstsalat m^5 vruchtenslaatje, -salade
Obstschale v^{21} 1 fruitschaal; 2 vruchtenschil
obszön obsceen, schunnig
Obus m^5 (2e nvl -ses; mv -se) verk van Oberleitungs-
omnibus trolleybus
obwohl, obzwar ofschoon, hoewel
Ochse m^{15} 1 os; 2 stomkop
ochsen blokken, vossen
Ochsenschwanzsuppe v^{21} ossenstaartsoep
Ochsenzunge v^{21} ossentong
od. afk van oder of
Ode v^{21} ode
öde 1 woest; 2 eenzaam, verlaten; 3 vervelend, saai,
geestdodend
Öde v^{21} 1 woestenij; 2 eenzaamheid, verlatenheid; 3
saaiheid, leegte
Ödem o^{29} oedeem
oder of: ~ aber ofwel; du bist doch der gleichen Ansicht, ~? je bent het toch met me eens, nietwaar?
Ofen m^{12} 1 kachel, oven; 2 (inform) auto, motorfiets:
ein heißer ~ een razendsnelle auto, motor ‖ immer
hinter dem ~ hocken altijd thuis zitten
Ofenröhre v^{21} oven (in fornuis)
Ofenschirm m^5 haardscherm
offen 1 open, toegankelijk: auf ~er See in open zee;
ein ~es Haus haben zeer gastvrij zijn; mit ~er Hand
geben vrijgevig zijn; ~e Stelle vacature; für^{+4} (of:
gegenüber^{+3}) etwas ~ sein voor iets openstaan; ~er
Wein: a) wijn uit het vat; b) wijn per glas; der Zug
hielt auf ~er Strecke de trein stopte in het open veld;
~ bleiben: a) open blijven; b) onbeantwoord, blijven; ~ halten openhouden; sich etwas ~ halten zich
iets voorbehouden; ~ lassen openlaten; ~ legen
blootleggen; 2 open, openhartig, eerlijk: ~ gesagt
(of: gestanden) eerlijk gezegd ‖ offene Handelsgesellschaft (OHG) vennootschap onder firma
offenbar, offenbar 1 blijkbaar, klaarblijkelijk; 2
duidelijk
offenbaren I tr openbaren, onthullen; II sich ~ 1
zich openbaren; 2 blijken te zijn
Offenbarung v^{20} openbaring, onthulling
offenbleiben, offenhalten oude spelling voor offen
bleiben, halten, zie offen 1
Offenheit v^{28} open(hartig)heid, oprechtheid
offenherzig openhartig
offenkundig, offenkundig 1 duidelijk; 2 blijkbaar,
klaarblijkelijk
offenlassen, offenlegen oude spelling voor offen
lassen, legen, zie offen 1
offensichtlich, offensichtlich 1 blijkbaar, klaarblijkelijk; 2 duidelijk

offensiv offensief, aanvallend
Offensive v^{21} offensief
öffentlich I bn 1 openbaar (van proces, veiling): der
~e Dienst de overheid; die ~e Hand de overheid;
die ~e Meinung de openbare mening; 2 publiek; II
bw in het openbaar
Öffentlichkeit v^{28} 1 openbaarheid, publiciteit: in
aller ~ publiekelijk; unter Ausschluss der ~ met gesloten deuren; an die ~ treten in de publiciteit komen; 2 publiek: die breite ~ het brede publiek
Öffentlichkeitsarbeit v^{28} public relations
öffentlich-rechtlich publiekrechtelijk
offerieren^{320} 1 offreren; 2 (handel) aanbieden
Offerte v^{21} (handel) offerte, aanbieding
offiziell officieel
Offizier m^5 officier
Offizierskasino o^{36} officiersmess
offline off line
öffnen I tr openen, opendoen; II sich ~ opengaan,
zich openen
Öffner m^9 opener
Öffnung I v^{20} opening; II v^{28} (het) openen, (het)
opengaan
Öffnungszeit v^{20} openingstijd
oft^{65} dikwijls, vaak
öfter, des öfteren, öfters vrij vaak, herhaaldelijk
oftmals dikwijls, vaak, herhaaldelijk
OHG afk van offene Handelsgesellschaft vennootschap onder firma
ohne I tr openen, opendoen; II sich ~ opengaan,
ohne I vz^{+4} zonder, behalve, buiten: ~ weiteres zonder bezwaar; das ist nicht ~! dat is niet gek!; II vw
zonder: ~ zu sprechen zonder te spreken
ohnedies toch al
ohnegleichen zonder weerga, weergaloos
ohnehin toch al, toch nog
Ohnmacht v^{20} 1 machteloosheid, onmacht; 2 flauwte, bewusteloosheid
ohnmächtig 1 machteloos; 2 bewusteloos, buiten
kennis: ~ werden flauw vallen
oho tw oho!: klein, aber ~! klein maar dapper
Ohr o^{37} oor: sich aufs ~ legen (of (inform): hauen) op
één oor gaan liggen; auf den ~en sitzen niet luisteren; schreib dir das hinter die ~en! knoop dat in je
oor!; jmdm eins (of: ein paar) hinter die ~en geben
iem een oorvijg geven; zu ~en kommen ter ore komen ‖ auf einem ~ taub sein aan een oor doof zijn;
jmdm in den ~en liegen iem aan het hoofd zeuren;
die ~en steif halten de moed niet verliezen; jmdn
übers ~ hauen iem bedriegen, afzetten
Öhr o^{29} 1 oog (van naald); 2 oor (van kan); hengsel
Ohrenarzt m^6 oorarts
ohrenbetäubend oorverdovend
Ohrenentzündung v^{20} oorontsteking
Ohrensausen o^{39} oorsuizing
Ohrenschmalz o^{39} oorsmeer
Ohrenschmaus m^{19} genot voor het oor
Ohrenschmerz m^{16} oorpijn
Ohrenschützer mv m^9 oorwarmers
Ohrfeige v^{21} oorvijg

ohrfeigen: *jmdn ~* iem een oorvijg geven; *ich kann mich ~!* ik kan me wel voor mijn kop slaan!

Ohrläppchen o^{35} oorlelletje

Ohrmuschel v^{21} oorschelp

okkult occult, geheim, verborgen

Ökologe m^{15} ecoloog

Ökologie v^{28} ecologie

ökologisch ecologisch

Ökonom m^{14} econoom

Ökonomie I v^{21} economie; **II** v^{28} zuinigheid

ökonomisch 1 economisch; **2** zuinig

Ökosystem o^{29} ecosysteem

Oktanzahl v^{20} octaangetal

Oktober m^9 *(2e nvl ook -)* oktober

Ökumene v^{28} oecumene

ökumenisch oecumenisch

Öl o^{29} olie: *~ fördern* (aard)olie winnen

Ölbaum m^6 olijfboom

Ölbehälter m^9 **1** olievat; **2** olietank, -reservoir

Ölbekämpfung v^{20} oliebestrijding

Ölbild o^{31} olieverfportret, -schilderij

Ölbohrung v^{20} olieboring

ölen oliën; smeren

Ölfarbe v^{21} olieverf

Ölfeld o^{31} olieveld

Ölfeuerung v^{28} oliestook, (het) stoken met olie

Ölfilm m^5 oliefilm, olielaagje

Ölfleck m^5 olievlek

Ölförderung v^{20} oliewinning

Ölgemälde o^{33} olieverfschilderij

Ölgesellschaft v^{20} (aard)oliemaatschappij

Ölheizung v^{20} oliestook

ölig 1 olieachtig, vettig; **2** *(fig)* zalvend, glad

Ölindustrie v^{21} (aard)olie-industrie

Olive v^{21} **1** olijf; **2** olijfboom

Olivenöl o^{29} olijfolie

olivgrün olijfgroen

Ölkonzern m^5 olieconcern

Ölkrise v^{21} oliecrisis

Ölleitung v^{20} **1** olieleiding; **2** oliepijpleiding

Ölmalerei v^{20} olieverfschilderij

Ölmessstab m^6 oliepeilstok

Ölpest v^{28} ernstige olievervuiling

Ölplattform v^{20} boorplatform

Ölquelle v^{21} oliebron

Ölraffinerie v^{21} (aard)olieraffinaderij

Ölsardine v^{21} sardine in olie

Ölstand m^6 oliepeil

Öltank m^{13}, m^5 oliereservoir, olietank

Öltanker m^9 (olie)tanker, (olie)tankschip

Ölung v^{20} (het) oliën, zalving

Ölvorkommen o^{35} (in de grond aanwezige) olievoorraad, vindplaats van olie

Ölwanne v^{21} carter

Ölwechsel m^9 (het) olie verversen

Olympiade v^{21} **1** olympiade; **2** Olympische Spelen

Olympiasieger m^9 olympisch kampioen

olympisch olympisch: *Olympische Spiele* Olympische Spelen

Ölzeug o^{39} oliegoed

Ölzweig m^5 olijftak

Oma v^{27} oma

Omelett o^{29}, o^{36} omelet

Omen o^{35} *(mv ook Omina)* omen, voorteken

Omi v^{27} oma

ominös omineus, onheilspellend

Omnibus m *(2e nvl -busses; mv -busse)* autobus

Onkel m^9 **1** oom; **2** man, snuiter

online on line

OP *afk van Operationssaal* operatiekamer (*afk* OK)

Opa m^{13} opa, grootvader

Oper v^{21} opera

Operateur m^5 **1** chirurg, operateur; **2** filmoperator; **3** computeroperator

Operation v^{20} operatie

Operationssaal m^6 *(mv -säle)* operatiekamer

Operationstisch m^5 operatietafel

operativ operatief

Operette v^{21} operette

operieren ^{320} opereren

Opernglas o^{32}, **Operngucker** m^9 toneelkijker

Opernhaus o^{32} operagebouw

Opernsänger m^9 operazanger

Opfer o^{33} **1** offer; **2** slachtoffer

opferbereit offervaardig

Opferbereitschaft v^{28} offervaardigheid

Opfergabe v^{21} offergave

opfern I *tr* **1** offeren; **2** opofferen; **II** *sich ~* zich opofferen

Opferschale v^{21} offerschaal

Opfersinn m^{19} offervaardigheid

Opferstock m^6 offerblok

opferwillig offervaardig

Opium o^{39} opium

Opiumraucher m^9 opiumschuiver

Opiumsucht v^{28} opiumverslaving

Opponent m^{14} opponent

opponieren ^{320} opponeren

opportun opportuun

Opportunismus m^{19a} opportunisme

Opportunist m^{14} opportunist

Opposition v^{20} oppositie

Oppositionsführer m^9 oppositieleider

Oppositionspartei v^{20} oppositiepartij

optieren ^{320} opteren, kiezen

Optik v^{28} **1** optica; **2** optiek

Optiker m^9 opticien

optimal optimaal

optimieren ^{320} optimaliseren

Optimismus m^{19a} optimisme

Optimist m^{14} optimist

optimistisch optimistisch

Option v^{20} optie

optisch optisch, gezichts-: *~e Täuschung* gezichtsbedrog

Opus o *(2e nvl -; mv Opera)* opus, (kunst)werk

Orakel o^{33} orakel

orakeln orakelen, in orakeltaal spreken

oral oraal; door, via, met de mond
orange oranje(kleurig)
Orange v^{21} sinaasappel
orangefarben, orangefarbig oranje(kleurig)
Orangensaft m^6 jus d'orange, sinaasappelsap
Orangenschale v^{21} sinaasappelschil
Orang-Utan m^{13} orang-oetang
Oratorium o (2e nvl -s; mv Oratorien) oratorium
Orchester o^{33} 1 orkest; 2 orkestbak, -ruimte
Orchidee v^{21} orchidee
Orden m^{11} 1 (klooster-, ridder)orde; 2 orde(teken), lintje, onderscheiding
Ordensband o^{32} ordeband
Ordensbruder m^{10} ordebroeder
Ordenskleid o^{31} ordekleed
Ordensschwester v^{21} kloosterlinge, religieuze
Ordenstracht v^{20} ordekleed
ordentlich 1 ordelievend; 2 geordend, net(jes), ordelijk; 3 behoorlijk, fatsoenlijk, rechtschapen; 4 gewoon; 5 stevig, flink
Order v^{21}, v^{27} order
ordern bestellen, een order plaatsen
Ordinalzahl v^{20} rangtelwoord
ordinär 1 ordinair, onbeschaafd; 2 gewoon
Ordinarius m (2e nvl -; mv Ordinarien) gewoon hoogleraar
ordnen I tr 1 ordenen; 2 regelen, afhandelen; II sich ~ zich opstellen, zich formeren
Ordner m^9 1 ordner; 2 lid van de ordedienst, ordebewaarder, suppoost
Ordnung v^{28} 1 orde: die öffentliche ~ de openbare orde; in ~ gehen in orde komen; in ~! in orde!; der ~ halber (of: wegen) voor de goede orde; 2 (het) ordenen, (het) regelen; 3 systeem, stelsel; 4 voorschrift, verordening
ordnungsgemäß reglementair, zoals voorgeschreven
ordnungshalber voor de goede orde
ordnungsliebend ordelievend
Ordnungspolizei v^{28} geüniformeerde politie
Ordnungsstrafe v^{21} disciplinaire straf; boete
ordnungswidrig in strijd met de voorschriften, tegen de regels
Ordnungswidrigkeit v^{20} (jur) overtreding, strafbaar feit
Ordnungszahl v^{20} rangtelwoord
Ordonanz, Ordonnanz v^{20} (mil) ordonnans
Organ o^{29} 1 orgaan; 2 stem
Organisation v^{20} organisatie
Organisator m^{16} organisator
organisatorisch organisatorisch
organisch organisch
organisieren ^{320} I tr 1 organiseren; 2 (inform) organiseren, versieren; II sich ~ zich organiseren
Organisierte(r) m^{40a}, v^{40b} georganiseerde
Organismus m (2e nvl -; mv -men) organisme
Organist m^{14} organist
Organspender m^9 orgaandonor
Organtransplantation, Organübertragung, Or-

ganverpflanzung v^{20} orgaantransplantatie
Orgasmus m (2e nvl -; mv Orgasmen) orgasme
Orgel v^{21} orgel
Orgelkonzert o^{29} orgelconcert
orgeln orgel spelen
Orgelspiel o^{29} orgelspel
Orgie v^{21} orgie
Orient m^{19} Oriënt, Oosten
Orientale m^{15} oosterling
orientalisch oosters, oriëntaals
orientieren ^{320} I tr oriënteren; II sich ~ zich oriënteren
Orientierung v^{28} oriëntering, oriëntatie
Orientierungssinn m^{19} oriëntatievermogen
Orientierungsstufe v^{21} brugjaar, brugperiode
original 1 origineel, oorspronkelijk, uniek; 2 rechtstreeks, live
Original o^{29} 1 origineel; 2 type, origineel mens
Originalausgabe v^{21} originele uitgave
originalgetreu in overeenstemming met het origineel
Originalität v^{20} originaliteit
originell 1 origineel; 2 eigenaardig
Orkan m^5 orkaan
Ornat m^5 ornaat, ambtsdracht
Ort m^5 1 plaats, plek: an ~ und Stelle ter plaatse; vor ~ ter plaatse; fehl am ~ misplaatst; 2 plaats, dorp, oord, stad
Örtchen o^{35} wc, toilet
orten 1 peilen; 2 de koers, de positie bepalen
Orthografie, Orthographie v^{21} spelling
Orthopäde m^{15} orthopedist, orthopeed
örtlich plaatselijk, lokaal: das ist ~ verschieden dat verschilt van plaats tot plaats
Örtlichkeit v^{20} 1 plaats, terrein, streek; 2 wc
Ortsangabe v^{21} vermelding van plaats
ortsansässig ter plaatse gevestigd, ter plaatse wonend; plaatselijk
Ortsausgang m^6 einde van de bebouwde kom
Ortsbestimmung v^{20} plaats-, positiebepaling
Ortschaft v^{20} plaats(je), dorp: Geschwindigkeit in geschlossenen ~en snelheid binnen de bebouwde kom
ortsfest vast, niet verplaatsbaar, ingebouwd
Ortsgespräch o^{29} (telecom) lokaal gesprek
ortskundig ter plaatse bekend
Ortsname m^{18} plaatsnaam
Ortsnetz o^{29} plaatselijk net
Ortsnetzkennzahl v^{20} (telecom) netnummer
Ortspolizei v^{28} plaatselijke politie
Ortsteil m^5 wijk
ortsüblich ter plaatse gebruikelijk
Ortsverkehr m^{19} lokaal verkeer
Ortung v^{20} positiebepaling
Ossi m^{13} Oost-Duitser
Ost m^{19} oost(en)
Ostasien o^{39} Oost-Azië
Osten m^{19} oosten: der Mittlere ~ het Midden-Oosten; der Nahe ~ het Nabije Oosten; der Ferne ~ het

Verre Oosten
Osterbrauch m^6 paasgebruik
Osterei o^{31} paasei
Osterferien *mv* paasvakantie
Osterfest o^{29} paasfeest
österlich paas-: *die ~e Zeit* de paastijd
Ostermontag m^5 paasmaandag, tweede paasdag
Ostern *o (2e nvl -; mv -)* Pasen: *an (of: zu) ~* met Pasen
Österreich o^{39} Oostenrijk
Österreicher m^9 Oostenrijker
österreichisch Oostenrijks
Ostersonntag m^5 paaszondag, eerste paasdag
Osterwoche v^{21} paasweek, week vóór Pasen
östlich I *bn* **1** oostelijk, oost-; **2** oosters: *~e Völker* oosterse volkeren; **II** vz^{+2} ten oosten van
Östrogen o^{29} oestrogeen
Ostsee v^{28} Oostzee
Ostseite v^{21} oostzijde, oostkant
ostwärts oostwaarts
Ostwind m^5 oostenwind
Otter I m^9 otter; **II** v^{21} adder
Ouvertüre v^{21} ouverture
oval ovaal
Oval o^{29} ovaal
Ovation v^{20} ovatie
Ovulation v^{20} ovulatie
Oxid, Oxyd o^{29} oxide, zuurstofverbinding
Oxidation, Oxydation v^{20} oxidatie
oxidieren, oxydieren [320] oxideren
Ozean m^5 oceaan
Ozeandampfer m^9 oceaanstomer
Ozon m^{19}, o^{39} ozon
Ozonloch o^{32} gat in de ozonlaag
Ozonschicht v^{28} ozonlaag

Oz

p

p. A. *afk van per Adresse* per adres (*afk* p.a.)

paar paar, weinige, enkele: *ein ~ Tage* een paar, enige, enkele dagen

Paar o^{29} paar: *ein ~ Schuhe* een paar schoenen; *ein junges ~* een jong paar

paaren I *tr* 1 *(dieren)* laten paren; 2 paren, verenigen: *es wurden zwei Mannschaften gepaart* er werden twee ploegen gevormd; **II** *sich ~* paren

paarig paarsgewijs

Paarlauf m^{19} *(sp)* (het) kunstrijden voor paren

Paarung v^{20} 1 paring; 2 verbinding, combinatie

paarweise paarsgewijs, twee aan twee

Pacht v^{20} pacht

pachten pachten

Pächter m^9 pachter

Pächterin v^{22} pachtster, pachteres

Pachtgeld o^{31} pachtgeld, pacht

Pachtgut o^{32}, **Pachthof** m^6 pachtboerderij

Pachtzins m^{16} pacht(prijs), pachtsom

Pack I m^5, m^6 pak, bundel, pakket: *mit Sack und ~* met pak en zak; **II** o^{39} gepeupel, gespuis

Päckchen o^{35} pakje, pakket

Packeis o^{39} pakijs

packen I *tr* 1 pakken, inpakken: *Koffer ~* koffers (in)pakken; 2 grijpen, vatten; 3 boeien, aangrijpen, ontroeren; **II** *sich ~* ophoepelen ‖ *~ wir's noch?* halen we het nog?; *hast du's endlich gepackt?* heb je het eindelijk gesnapt?

Packen m^{11} pak, bundel, pakket

packend boeiend, spannend, pakkend

Packer m^9 inpakker, emballeur

Packesel m^9 pakezel

Packpapier o^{29} pakpapier

Packung v^{20} 1 pak(je), doosje; verpakking; 2 *(techn)* pakking; 3 *(med)* kompres; 4 *(sp)* nederlaag, verlies

Packzettel m^9 pakbon

Pädagoge m^{15} pedagoog

Pädagogik v^{28} pedagogie

pädagogisch pedagogisch: *~e Hochschule* pedagogische academie

Paddel o^{33} peddel

Paddelboot o^{29} kano

paddeln peddelen

paffen paffen, roken

Page m^{15} 1 *(hist)* page; 2 piccolo

pah *tw* bah!, poe!

Paket o^{29} pakket, pak(je), bundel

Paketannahme v^{21} loket voor pakketpost

Paketpost v^{28} pakketpost

Pakt m^5 pact, verdrag

paktieren ^{320} 1 een verdrag sluiten; 2 gemene zaak maken, heulen, samenspannen

Palais o *(2e nvl -; mv -)* paleis

Palast m^6 1 paleis; 2 *(inform)* villa, paleis

Palästina o^{39} Palestina

Palästinenser m^9 Palestijn

palästinensisch, palästinisch Palestijns

Palaver o^{33} palaver, eindeloze onderhandelingen; oeverloos geklets

Palette v^{21} 1 palet; 2 pallet, laadbord; 3 *(fig)* assortiment

paletti *(jeugdtaal): alles ~* alles okay

Palisade v^{21} palissade, omheining

Palme v^{21} 1 palm: *jmdn auf die ~ bringen* iem op de kast jagen; 2 zege, overwinning

Palmöl o^{29} palmolie

Palmsonntag m^5 palmzondag

Pampelmuse v^{21} pompelmoes, grapefruit

Pamphlet o^{29} pamflet

Panda m^{13} panda, bamboebeer

Panflöte v^{21} panfluit, pansfluit

panieren ^{320} paneren

Paniermehl o^{39} paneermeel

Panik v^{20} paniek

panikartig paniekachtig, in paniek, paniekerig

panisch panisch

Panne v^{21} 1 panne, pech; 2 defect, storing, mankement

Pannendienst m^5 wegenwacht

Panorama o *(2e nvl -s; mv Panoramen)* panorama

panschen I *tr (wijn)* vervalsen, *(melk)* met water verdunnen; **II** *intr* poedelen, plassen

Panscher m^9 knoeier

Pansen m^{11} pens

Panter, Panther m^9 panter

Pantoffel m^{17} pantoffel: *(fig) den ~ schwingen* de broek aan hebben; *unter dem ~ stehen* onder de pantoffel zitten

Pantomime I v^{21} pantomime; **II** m^{15} pantomimespeler

Panzer m^9 1 pantser; 2 harnas; 3 tank; 4 pantsering, pantserplaten

Panzerabwehrkanone v^{21} antitankgeschut

Panzerabwehrrakete v^{21} antitankraket

Panzerdivision v^{20} tankdivisie

Panzerfaust v^{25} pantservuist

Panzergraben m^{12} tankgracht

Panzergrenadiere *mv* m^5 gemechaniseerde infanterie

panzern pantseren, bepantseren

Panzerschrank m^6 brandkast

Panzersperre v^{21} tankversperring

Panzerung v^{20} pantsering, bepantsering

Papagei m^{14}, m^5 papegaai

Papi m^{13} pappie

Pap**ier** o^{29} **1** papier: *zu ~ bringen, aufs ~ werfen* op papier zetten; **2** papier, stuk, document, akte; **3** waardepapier; **4** *(meestal mv)* legitimatie, pasje, persoonsbewijs
pap**ieren** papieren
Pap**iergeld** o^{39} papiergeld
Pap**iergeschäft** o^{29}, Pap**ierhandlung** v^{20} kantoorboekhandel, papeterie
Pap**ierkorb** m^6 prullenmand, papiermand
Pap**ierkram** m^{19} *(fig)* papierwinkel
Pap**iermaché**, Pap**iermaschee** o^{36} papier-maché
Pap**ierschlange** v^{21} serpentine
Pap**ierschnitzel** m^9 papiersnipper
Pap**ierserviette** v^{21} papieren servet(je)
Pap**ierstreifen** m^{11} strook papier
Pap**iertaschentuch** o^{32} papieren zakdoek(je)
P**appbecher** m^9 kartonnen beker
P**appdeckel** m^9 kartonnen deksel, kartonnetje
P**appe** v^{21} **1** karton; **2** *(regionaal)* pap, brij ‖ *das ist nicht von (of: aus)* ~ dat is niet mis
P**appel** v^{21} populier
p**äppeln** voeren *(van kinderen, zieken)*
p**appen** plakken, kleven
P**appenstiel** m^{19} kleinigheid, bagatel: *für (of: um) einen* ~ voor een prikje; *das ist kein* ~ dat is niet niks
p**appig 1** pappig; **2** kleverig; **3** klef
P**appkarton** m^{13}, m^5 kartonnen doos
P**appmaché**, P**appmaschee** o^{36} papier-maché
P**appschachtel** v^{21} kartonnen doos
P**aprika** m^{13} paprika
P**apst** m^6 paus
p**äpstlich** pauselijk
Par**abel** v^{21} **1** parabel, gelijkenis; **2** *(meetk)* parabool
Par**ade** v^{21} **1** parade; **2** *(sp)* parade, afwerende slag, stoot; **3** *(sp)* save, redding
Par**adebeispiel** o^{29} schoolvoorbeeld
Par**adeiser** m^9 *(Oostenr)* tomaat
parad**ieren** ^{320} paraderen
Parad**ies** o^{29} paradijs
parad**iesisch** paradijselijk
par**adox** paradoxaal, (schijnbaar) tegenstrijdig
Paraff**in** o^{29} paraffine
Paragr**af**, Paragr**aph** m^{14} **1** paragraaf; **2** *(wets)*artikel
parall**el** parallel, evenwijdig: ~ *mit*$^{+3}$ (of: *zu*$^{+3}$) evenwijdig met
Parall**ele** v^{21} parallel
Parallelogr**amm** o^{29} *(meetk)* parallellogram
Parall**elstraße** v^{21} parallelweg
Paral**yse** v^{21} *(med)* paralyse, verlamming
parano**id** paranoïde
P**aranuss** v^{25} paranoot
paraph**ieren** ^{320} paraferen
Paraphr**ase** v^{21} parafrase
paraphras**ieren** ^{320} parafraseren
Paras**it** m^{14} **1** *(biol)* parasiet; **2** *(fig)* klaploper
par**at** paraat, gereed, beschikbaar
Parat**yphus** m^{19a} *(med)* paratyfus

P**ärchen** o^{35} paartje
Parf**um** [parfy̱] o^{36}, Parf**üm** o^{29}, o^{36} parfum
Parfüm**erie** v^{21} parfumerie
parfüm**ieren** ^{320} parfumeren
P**aria** m^{13} paria, verstoteling
par**ieren** ^{320} **1** pareren, afweren; **2** *(een paard)* tot stilstand brengen
P**aris** o^{39} Parijs
Par**iser I** m^9 **1** Parijzenaar; **2** condoom; **II** *bn* Parijs
Parit**ät** v^{28} pariteit, gelijkheid
parit**ätisch** paritair, op voet van gelijkheid
P**ark** m^5, m^{13} **1** park; **2** machine-, wagenpark
P**arka** m^{13}, v^{27} parka
P**arkanlage** v^{21} park, plantsoen
P**arkbucht** v^{20} parkeerhaven
p**arken** parkeren
Park**ett** o^{29}, o^{36} **1** parket; **2** parketvloer
Park**ettboden** m^{12} parketvloer
P**arkhaus** o^{32} parkeergarage
P**arkkralle** v^{21} wielklem, parkeerklem
P**arkleuchte** v^{21}, P**arklicht** o^{31} parkeerlicht
P**arklücke** v^{21} parkeerruimte, gaatje
P**arkplatz** m^6 **1** parkeerplaats; **2** parkeerterrein
P**arkscheibe** v^{21} parkeerschijf
P**arkuhr** v^{20} parkeermeter
P**arkverbot** o^{29} parkeerverbod
Parlam**ent** o^{29} parlement
Parlament**arier** m^9 parlementariër
parlament**arisch** parlementair
Parlam**entsferien** *mv* reces
Parlam**entsgebäude** o^{33} parlementsgebouw
Parlam**entsmitglied** o^{31} parlementslid
Parmes**an** m^{19}, m^{19a} Parmezaanse kaas
Par**odie** v^{21} parodie
parod**ieren** ^{320} parodiëren
Par**ole** v^{21} **1** parool, leus; **2** *(mil)* wachtwoord
P**art I** m^5, m^{13}, m^{16} **1** *(muz)* stem, partij; **2** *(theat)* rol; **II** m^{16} *(handel)* deel, part
Part**ei** v^{20} **1** (politieke) partij; **2** *(jur)* partij, tegenpartij: *in diesem Haus wohnen fünf ~en* in dit huis wonen vijf huurders, gezinnen
Part**eichef** m^{13} partijvoorzitter
Part**eifreund** m^5 partijgenoot
Part**eiführer** m^9 partijleider, partijvoorzitter
Part**eigänger** m^9 *(vaak ongunstig)* partijganger
Part**eigenosse** m^{15} partijgenoot
part**eilich 1** van, door de partij, volgens de partijlijn; **2** partijdig
Part**eilinie** v^{21} partijlijn
part**eilos** partijloos; tot geen partij behorend
part**eimäßig** volgens de partijlijn
Part**eipolitik** v^{28} partijpolitiek
Part**eitag** m^5 **1** partijcongres; **2** partijdag
Part**eiversammlung** v^{20} partijcongres
Part**erre** o^{36} parterre
Part**errewohnung** v^{20} benedenwoning
Part**ie** v^{21} **1** *(sp)* partij, potje; **2** *(handel)* partij; **3** gedeelte, stuk, part; **4** *(muz)* stem, partij; **5** *(theat)* rol
Part**ikel I** v^{21} partikel; **II** o^{33}, v^{21} deeltje, partikel

Pa

Partisan m^{14}, m^{16} partizaan, guerrillastrijder
Partitur v^{20} partituur
Partizip o (2e nvl -s; mv -ien) participium, deelwoord: erstes ~ tegenwoordig deelwoord; zweites ~ verleden deelwoord
Partizipation v^{20} participatie, deelneming
partizipieren^{320} participeren, deelnemen
Partner m^9 partner, deelgenoot
Partnerschaft v^{20} samenwerking, partnerschap
Partnerstadt v^{25} stad waarmee men door een stedenband verbonden is
Party v^{27} party, partijtje, feestje
Parzelle v^{21} perceel, kavel
parzellieren^{320} verkavelen
Pass m^6 1 (berg)pas; 2 pas(poort); 3 (sp) pass
Passabfertigung v^{20} pascontrole
Passage v^{21} passage
Passagier m^5 passagier: blinder ~ blinde passagier, verstekeling
Passagierdampfer m^9 passagiersboot
Passagierflugzeug o^{29} passagiersvliegtuig
Passant m^{14} passant
Passat m^5 passaat(wind)
Passbild o^{31} pasfoto
passen I intr 1 passen (ook fig): zueinander ~ bij elkaar passen; das passt mir nicht in den Kram dat komt ongelegen; 2 bevallen, aanstaan; 3 (sp) een pass geven; II sich ~ passen, horen: das passt sich nicht dat hoort niet
passend 1 passend; 2 gepast
Passform v^{20} pasvorm
Passhöhe v^{21} pashoogte
passieren^{320} I tr 1 passeren; 2 zeven; II intr 1 gebeuren, plaatsvinden; 2 overkomen: ihm ist etwas Schlimmes passiert hem is iets ergs overkomen
Passierschein 1 pasje; 2 entreekaartje
Passion v^{20} passie
passioniert gepassioneerd
Passionsgeschichte v^{21} lijdensverhaal
Passionszeit v^{20} passietijd
passiv, passiv bn 1 passief, lijdend; 2 passief, lijdelijk: ~er Widerstand lijdelijk verzet
Passiv o^{29} (taalk) passief, lijdende vorm
Passiva, Passiven mv passiva, schulden
Passivität v^{28} passiviteit
Passkontrolle v^{21} pascontrole
Passstraße v^{21} weg over een bergpas
Passus m (2e nvl -; mv -) passus, zinsnede
Passwort o^{32} wachtwoord, parool
Passzwang m^{19} verplichting een geldige pas te bezitten
Pasta v (mv Pasten), **Paste** v^{21} pasta
Pastell o^{29} pastel(tekening)
Pastete v^{21} 1 pastei; 2 paté
pasteurisieren^{320} pasteuriseren
Pastille v^{21} pastille
Pastor, Pastor m^{16}, m^5 1 dominee, predikant; 2 pastoor
pastoral pastoraal, herderlijk

Pate m^{15} 1 peetoom; 2 petekind
Patenkind o^{31} petekind
patent bn 1 patent, prima, flink; 2 bruikbaar
Patent o^{29} 1 patent, octrooi: etwas zum ~ anmelden op iets octrooi aanvragen; 2 diploma; 3 benoemingsakte
Patentamt o^{32} Octrooiraad
patentieren^{320} octrooieren
Patentinhaber m^9 octrooihouder
Pater m^9 (mv ook Patres) (r-k) pater
Paternoster I o^{33} paternoster, onzevader; II m^9 paternosterlift
pathetisch pathetisch, hoogdravend
Pathologe m^{15} patholoog
Pathos o^{39a} pathos
Patient m^{14} patiënt
Patientin v^{22} patiënte
Patin v^{22} peettante
Patriarch m^{14} patriarch
Patriot m^{14} patriot
patriotisch patriottisch
Patriotismus m^{19a} patriottisme
Patron m^5 1 patroon, beschermheilige; 2 beschermheer; 3 (iron) kerel, vent
Patronat o^{29} patronaat
Patrone v^{21} patroon
Patronengurt m^5, **Patronengürtel** m^9 patroonriem, patroongordel
Patronenhülse v^{21} patroonhuls
Patronentasche v^{21} patroontas
Patrouille v^{21} patrouille
patrouillieren^{320} patrouilleren
patsch tw pats!, klets!
Patsche v^{21} 1 hand(je); 2 narigheid || in der ~ sein (of: sitzen, stecken) in de narigheid zitten
patschen 1 slaan; 2 poedelen, spartelen
patschenass, patschnass kletsnat
patt (schaken) pat
Patt o^{36} pat(stelling)
patzen knoeien, prutsen
Patzer m^9 1 knoeier, prutser; 2 fout, foutje
patzig brutaal, onbeschoft
Pauke v^{21} 1 pauk, keteltrom; 2 uitbrander || mit ~n und Trompeten durchfallen zakken als een baksteen; auf die ~ hauen: a) (fig) de bloemetjes buiten zetten; b) opscheppen; c) tekeergaan; mit ~n und Trompeten empfangen met overdreven eerbetoon ontvangen
pauken 1 op de pauken slaan; 2 blokken; 3 schermen; 4 slaan, beuken: Englisch ~ Engels erin stampen
Pauker m^9 1 paukenist; 2 schoolmeester; 3 blokker
pauschal alles bij elkaar genomen, globaal
Pauschalbetrag m^6, **Pauschale** v^{21} bedrag ineens, totaalbedrag
Pauschalgebühr v^{20} vast tarief
Pauschalpreis m^5 all-inprijs, totaalprijs
Pauschalreise v^{21} all-inreis, reis all-in
Pauschalsumme v^{21} som, bedrag ineens

Pause I v^{21} **1** pauze; **2** *(muz)* rust; **II** v^{21} kopie

pausenlos onafgebroken

Pausenstand m^6 *(sp)* ruststand

pausieren^{320} pauzeren

Pavian m^5 baviaan

Pavillon m^{13} paviljoen

Pazifik m^{19} Grote Oceaan, Stille Oceaan

Pazifist m^{14} pacifist

pazifistisch pacifistisch

pazifizieren^{320} pacificeren

PC *afk van Personalcomputer* personal computer, pc

Pech I o^{29} pek, pik; **II** o^{39} pech, ongeluk: ~ *haben* pech hebben

pechrabenschwarz, pechschwarz pikzwart

Pechsträhne v^{21} periode van tegenslag: *eine ~ haben* voortdurend pech hebben

Pechvogel m^{10} pechvogel, ongeluksvogel

Pedal o^{29} pedaal

Pedant m^{14} pedant, pietlut

Pedanterie v^{21} pietluttig gedoe

pedantisch overdreven precies, pietluttig

Pediküre v^{21} pedicure

Pegel m^9 peil(schaal)

Pegelhöhe v^{21} peilhoogte, waterstand

Pegelstand m^6 waterstand

peilen peilen: *die Sonne ~* de zon schieten

Peilstange v^{21}, **Peilstock** m^6 peilstok

Peilung v^{20} peiling

Pein v^{20} **1** pijn, smart, lijden; **2** straf

peinigen pijnigen, kwellen

Peiniger m^9 pijniger, beul

Peinigung v^{20} pijniging, kwelling

peinlich 1 pijnlijk, smartelijk; **2** pijnlijk, angstvallig: ~ *genau* angstvallig precies

Peitsche v^{21} zweep

peitschen 1 met de zweep slaan; **2** aandrijven, opzwepen; **3** *(fig)* geselen

Peitschenhieb m^5 zweepslag

pekuniär geldelijk, financieel

Pelikan, Pelikan m^5 pelikaan

Pelle v^{21} **1** vlies, schil: *Kartoffeln in der ~ kochen* aardappels in de schil koken; **2** vel, huid: *jmdm auf die ~ rücken: a)* iem op zijn lip zitten; *b)* iem het vuur na aan de schenen leggen; *jmdm nicht von der ~ gehen* als een klit aan iem hangen

pellen pellen, schillen

Pellkartoffel v^{21} in de schil gekookte aardappel

Peloton o^{36} *(mil, wielrennen)* peloton

Pelz m^5 **1** pels, vacht; **2** bontmantel; **3** lijf ‖ *jmdm auf den ~ rücken* iem het vuur na aan de schenen leggen

pelzig 1 pelsachtig, harig; **2** beslagen *(vd tong);* **3** droog, vezelig

Pelzjacke v^{21} bontjasje

Pelzmantel m^{10} bontmantel, bontjas

Pendel o^{33} slinger

Pendelbus *m (2e nvl -busses; mv -busse)* pendelbus, shuttlebus

Pendeldienst m^5 pendeldienst

pendeln 1 slingeren, schommelen, bungelen; **2** een pendeldienst onderhouden, pendelen

Pendelverkehr m^{19} pendelverkeer

Pendler m^9 **1** pendelaar; **2** forens

penetrant 1 doordringend; **2** opdringerig

penibel 1 zeer nauwkeurig; **2** penibel, pijnlijk

Penis *m (2e nvl -; mv -se en Penes)* penis

Pennbruder m^{10} landloper, zwerver

Penne v^{21} **1** hok, school; **2** logement

pennen maffen, slapen

Penner m^9 **1** landloper; **2** slaapkop

Pension v^{20} **1** pensioen: *in ~ gehen* met pensioen gaan; **2** pension

Pensionär m^5 **1** gepensioneerde; **2** pensiongast

Pensionat o^{29} pensionaat, kostschool

pensionieren^{320} pensioneren

Pensionsalter o^{39} pensioengerechtigde leeftijd

Pensionsanspruch m^6 recht op pensioen

pensionsberechtigt pensioengerechtigd

Pensionspreis m^5 pensionprijs

Pensum *o (2e nvl -s; mv Pensen en Pensa)* **1** werk, taak; **2** pensum, opgegeven lesstof

Pepmittel o^{33} pepmiddel

per vz^{14} per: ~ *Kasse* à contant; ~ *Bahn* per spoor; ~ *sofort* direct

perfekt *bn* perfect, volmaakt: *das Abkommen ist ~* het verdrag is rond

Perfekt o^{29} *(taalk)* perfectum, voltooid tegenwoordige tijd

Perfektion v^{20} perfectie

perfektionieren^{320} perfectioneren

Perfektionist m^{14} perfectionist

Perforation v^{20} perforatie

Perforator m^{16} perforator

perforieren^{320} perforeren

Pergament o^{29} perkament

Periode v^{21} **1** periode; **2** menstruatie

Peripherie v^{21} periferie

Periskop o^{29} periscoop

Perle v^{21} **1** parel *(ook fig);* **2** bolletje, blaasje

perlen parelen *(ook fig)*

Perlenhalsband o^{32}, **Perlenkette** v^{21}, **Perlenkollier** o^{36}, **Perlenschnur** v^{25} parelsnoer

Perlhuhn o^{32} parelhoen

Perlmutt o^{39}, **Perlmutter** v^{28}, o^{39} paarlemoer

perlweiß parelwit

permanent permanent

Permanenz v^{28} permanentie: *in ~* permanent

Permutation v^{20} permutatie

Peroxid, Peroxyd o^{29} peroxide

Perser m^9 **1** Pers; **2** pers *(Perzisch tapijt)*

Perserteppich m^5 Perzisch tapijt

Persien o^{39} Perzië

Persiflage v^{21} persiflage

Person v^{20} **1** persoon, individu: *eine junge ~* een jonge vrouw; *juristische ~* rechtspersoon; *ich für meine ~* ik voor mij; *Angaben zur ~* personalia; **2** figuur, gestalte, personage

Personal o^{39} personeel

Personalabbau m^{19} vermindering van personeel
Personalabteilung v^{20} afdeling van personeelszaken
Personalakte v^{21} personeelsdossier
Personalausweis m^5 legitimatiebewijs, persoonsbewijs, identiteitsbewijs
Personalbeschreibung v^{20} signalement
Personalbestand m^6 personeelssterkte
Personalchef m^{13} personeelschef
Personalcomputer m^9 personal computer
Personaleinsparung v^{20} personeelsinkrimping
Personalien mv personalia
Personalmangel m^{19} personeelsgebrek
Personalpronomen o^{35} (mv ook -pronomina) persoonlijk voornaamwoord
Personenaufzug m^6 personenlift
Personenbeförderung v^{20} personenvervoer
Personenbeschreibung v^{20} persoonsbeschrijving
Personenkraftwagen m^{11} personenauto
Personenkreis m^5 kring van personen
Personenkult m^5 persoonsverheerlijking
Personenname m^{18} persoonsnaam
Personenregister o^{33} persoonsregister
Personenstand m^{19} burgerlijke staat
Personenstandsregister o^{33} register van de burgerlijke stand, bevolkingsregister
Personenverkehr m^{19} reizigersverkeer
Personenwaage v^{21} personenweegschaal
Personenwagen m^{11} 1 personenauto; 2 personenrijtuig
Personenzug m^6 1 personentrein; 2 stoptrein
Personifikation v^{20} personificatie
personifizieren320 personifiëren
persönlich persoonlijk
Persönlichkeit v^{20} 1 persoonlijkheid; 2 persoon
Perspektive v^{21} perspectief
Perücke v^{21} pruik
pervers pervers, verdorven
Perzeption v^{20} perceptie, waarneming
Pessimismus m^{19a} pessimisme
Pessimist m^{14} pessimist
pessimistisch pessimistisch
Pest v^{28} pest (ook fig)
Peter m^9 Peter, Piet: dummer ~ domoor, stommeling; langweiliger ~ saaie piet
Petersilie v^{21} peterselie
Petrochemie v^{28} petrochemie
Petroleum o^{39} petroleum
Petroleumkocher m^9 petroleumstel
Petunie v^{21} petunia
petzen (ver)klikken, verraden
Petzer m^9 verklikker, verrader
Pf afk van Pfennig pfennig
Pfad m^5 pad
Pfadfinder m^9 padvinder
Pfaffe m^{15} priester; (ongunstig) paap
Pfahl m^6 paal, staak, stijl
Pfahlbau m (2e nvl -(e)s; mv -ten) paalwoning
pfählen 1 (een boom) stutten; 2 heien
Pfalz I v^{28} (aardr) (de) Palts; II v^{20} palts, paleis

Pfand o^{32} 1 (onder)pand; 2 statiegeld
Pfandbrief m^5 pandbrief
pfänden panden, beslag leggen op
Pfandgeld o^{31} statiegeld
Pfandhaus o^{32}, **Pfandleihe** v^{21} lommerd
Pfandleiher m^9 pandjesbaas
Pfandrecht o^{29} pandrecht
Pfändung v^{20} panding, beslaglegging
Pfanne v^{21} 1 pan; 2 pan, kom, vallei; 3 kom, gewrichtsholte; 4 dakpan; 5 ondersteek
Pfannkuchen m^{11} pannenkoek
Pfarramt o^{32} pastorie
Pfarrbezirk m^5, **Pfarre** v^{21}, **Pfarrei** v^{20} 1 parochie; 2 gemeente
Pfarrer m^9 1 dominee; 2 pastoor
Pfarrhaus o^{32} pastorie
Pfarrkirche v^{21} parochiekerk
Pfau m^{16} pauw
Pfeffer m^9 peper
Pfefferkorn o^{32} peperkorrel
Pfefferkuchen m^{11} peperkoek
Pfefferminz o^{29} pepermuntje
pfeffern 1 peperen; 2 smijten, gooien
Pfeffernuss v^{25} pepernoot
Pfeife v^{21} 1 pijp; orgelpijp; 2 fluit; 3 sukkel
pfeifen214 1 fluiten: ~des Geräusch fluittoon; 2 fluiten, een fluitsignaal geven: wer hat dir das gepfiffen? wie heeft je dat verraden?; auf^4 etwas ~ maling aan iets hebben
Pfeifenkopf m^6 pijpenkop
Pfeifentabak m^5 pijptabak
Pfeifer m^9 1 fluitist, fluitspeler; 2 fluiter
Pfeifkessel m^9 fluitketel
Pfeil m^5 pijl
Pfeiler m^9 pijler, pilaar, stijl
Pfeilerbrücke v^{21} pijlerbrug
pfeilschnell pijlsnel
Pfeilspitze v^{21} pijlpunt
Pfennig m^5 pfennig
Pfennigabsatz m^6 naaldhak
pferchen opeenpakken
Pferd o^{29} paard: ihm gehen die ~e durch hij verliest zijn zelfbeheersing; das ~ am (of: beim) Schwanz aufzäumen de paarden achter de wagen spannen; mit ihm kann man ~e stehlen hij is overal voor te vinden
Pferdeapfel m^{10} paardenvijg
Pferderennbahn v^{20} renbaan
Pferderennen o^{39} (sp) race, harddraverij
Pferdeschlitten m^{11} arrenslee
Pferdeschwanz m^6 paardenstaart
Pferdestall m^6 paardenstal
Pferdestärke v^{21} paardenkracht
Pferdezucht v^{28} paardenfokkerij
Pferdezüchter m^9 paardenfokker
Pferdsprung m^6 paardsprong (bij turnen)
Pfiff m^5 1 gefluit, fluitsignaal, fluitje; 2 kunstje, kneep, truc; 3 finishing touch
Pfifferling m^5 cantharel: keinen ~ geen zier

Pe

pfiffig slim, leep
Pfingsten o^{35} *(2e nvl ook -)* Pinksteren
Pfingstmontag m^5 tweede pinksterdag
Pfingstsonntag m^5 eerste pinksterdag
Pfirsich m^5 perzik *(vrucht en boom)*
Pflanze v^{21} plant: *(fig) eine kesse* (of: *nette*) ~ een mooi nummer
pflanzen I *tr* planten, poten; II *sich* ~ breeduit gaan zitten
Pflanzenfett o^{29} plantaardig vet
Pflanzenfresser m^9 herbivoor, planteneter
Pflanzengift o^{29} plantengif
Pflanzenkunde v^{28} plantkunde
Pflanzenwelt v^{28} flora, plantenwereld
Pflanzer m^9 1 planter; 2 plantagebezitter
Pflanzgut o^{39} plantgoed, pootgoed
Pflanzkartoffel v^{21} pootaardappel
pflanzlich plantaardig
Pflänzling m^5 stek, loot, pootplant
Pflaster o^{33} 1 pleister; 2 plaveisel, bestrating
pflastern 1 een pleister doen op; 2 bestraten, plaveien
Pflasterstein m^5 straatsteen
Pflasterung v^{20} 1 plaveisel; 2 bestrating
Pflaume v^{21} 1 pruim; 2 *(inform)* vent van niks
Pflaumenbaum m^6 pruimenboom
Pflaumenkuchen m^{11} pruimentaart
Pflaumenmus o^{39} pruimenmoes
Pflege v^{28} 1 verpleging, verzorging; 2 onderhoud || ~ *der Wissenschaften* beoefening van de wetenschappen
pflegebedürftig hulpbehoevend
Pflegebedürftige(r) m^{40a}, v^{40b} hulpbehoevende
Pflegeeltern *mv* pleegouders
Pflegefall m^6 hulpbehoevende persoon
Pflegeheim o^{29} verpleeghuis
Pflegekind o^{31} pleegkind
pflegeleicht weinig onderhoud vragend
Pflegemutter v^{26} pleegmoeder
pflegen I *zw* 1 verplegen, verzorgen; 2 goed onderhouden; 3 beoefenen, beoefenen: *Musik* ~ musiceren; *Sprachen* ~ aan talen doen; 4 plegen, gewoon zijn: *er pflegte zu sagen* hij placht te zeggen; II *st*^{215}: *Rats* ~ beraadslagen; *der Ruhe* ~ rusten
Pflegepersonal o^{39} verplegend personeel
Pfleger m^9 1 verpleger, verzorger; 2 beheerder, bewindvoerder; 3 voogd
Pflegerin v^{22} verpleegster, verzorgster
Pflegesohn m^6 pleegzoon
Pflegestätte v^{21} kweekplaats, bakermat
Pflegetochter v^{26} pleegdochter
Pflegevater m^{10} pleegvader
Pflegling m^5 1 pupil; 2 pleegkind
Pflicht v^{20} 1 plicht; 2 *(scheepv)* plecht; 3 *(sp)* verplichte figuren
pflichtbewusst met plichtsbesef, nauwgezet
Pflichtbewusstsein o^{39} plichtsbesef
Pflichterfüllung v^{28} plichtsbetrachting
Pflichtfach o^{32} verplicht vak

pflichtgemäß plichtmatig, overeenkomstig de plicht
Pflichtkür v^{20} *(kunstrijden)* verplicht programma
Pflichtlauf m^{19}, **Pflichtlaufen** o^{39} *(sp)* verplichte figuren *(kunstrijden)*
Pflichtlektüre v^{21} verplichte lectuur
pflichtmäßig plichtmatig
Pflichtteil m^5 wettelijk erfdeel
Pflichtübung v^{20} verplichte oefening
Pflichtverletzung v^{20} plichtsverzuim
Pflichtversicherte(r) m^{40a}, v^{40b} verplicht verzekerde
Pflichtversicherung v^{20} verplichte verzekering
Pflichtverteidiger m^9 *(jur)* toegevoegd raadsman
Pflock m^6 1 *(houten)* pin, tentharing; 2 paaltje
pflocken, pflöcken vastpinnen
pflücken plukken
Pflug m^6 ploeg *(ook fig)*
pflügen 1 ploegen; 2 *(de golven)* klieven
Pflugschar v^{20} ploegschaar
Pforte v^{21} poort, deur, ingang
Pförtner m^9 portier
Pfosten m^{11} 1 post, stijl; 2 paal
Pfostenschuss m^6 schot tegen de paal
Pfötchen o^{35} 1 pootje; 2 handje *(van kind)*
Pfote v^{21} 1 poot; 2 *(inform)* poot, hand
Pfriem m^5 priem, els
Pfropf m^5 1 prop; 2 bloedprop; 3 dot watten
pfropfen 1 enten; 2 proppen, stoppen; 3 kurken
Pfropfen m^{11} kurk, stop
Pfuhl m^5 poel, modderplas
pfui *tw* foei, bah!: ~ *Teufel!* verdraaid nog aan toe!
Pfund o^{29} pond
pfundig reusachtig, geweldig
Pfundskerl m^5 reuzekerel, prima kerel
pfundweise 1 per pond; 2 bij ponden tegelijk
Pfusch m^{19} *(inform)* knoeiwerk
pfuschen knoeien, slordig werken, beunhazen: *jmdm ins Handwerk* ~: a) beunhazen; b) onder iems duiven schieten
Pfuscher m^9 knoeier, beunhaas
Pfuscherei v^{20} 1 knoeiwerk, knoeierij; 2 beunhazerij
Pfütze v^{21} plas, poel
Phänomen o^{29} fenomeen, verschijnsel
Phantasie v^{21} 1 fantasie; 2 *(mv)* koortsdromen
phantasieren 1 fantaseren; 2 ijlen
Phantast m^{14} fantast, dromer
phantastisch fantastisch
Phantom o^{29} fantoom, schim, drogbeeld
Phantombild o^{31} montagetekening
Pharao *m (2e nvl -s; mv -nen)* farao
Pharmaindustrie v^{21} farmaceutische industrie
Pharmakologie v^{28} farmacologie
Pharmazeut m^{14} farmaceut, apotheker
pharmazeutisch farmaceutisch
Pharmazie v^{21} farmacie
Phase v^{21} fase
Philanthrop m^{14} filantroop
philanthropisch filantropisch

ph

Philatelie v^{28} filatelie
Philatelist m^{14} filatelist
philharmonisch filharmonisch
Philister m^9 filister, bekrompen mens
philisterhaft bekrompen, benepen
Philologe m^{15} filoloog
Philologie v^{21} filologie
philologisch filologisch
Philosoph m^{14} filosoof, wijsgeer
Philosophie v^{21} filosofie, wijsbegeerte
philosophieren^{320} filosoferen
philosophisch filosofisch
Phlegma o^{39} flegma, onverstoorbaarheid
Phlegmatiker m^9 flegmaticus, flegmatiek iem
phlegmatisch flegmatisch, flegmatiek
Phonetik v^{28} fonetiek
phonetisch fonetisch
Phosphat o^{29} fosfaat
Phosphor m^5 fosfor
Photo o^{36} zie Foto
Photo…, photo… zie Foto…, foto…
Phrase v^{21} frase: ~n dreschen holle frasen verkopen
phrasenhaft bombastisch, hol
Physik v^{28} fysica, natuurkunde
physikalisch natuurkundig, fysisch
Physiker m^9 fysicus, natuurkundige
Physiklehrer m^9 natuurkundeleraar
Physiologe m^{15} fysioloog
Physiologie v^{28} fysiologie
Physiotherapeut m^{14} fysiotherapeut
physiotherapeutisch fysiotherapeutisch
Physiotherapie v^{28} fysiotherapie
physisch 1 fysisch, natuurkundig; 2 fysiek, lichamelijk
Pianist m^{14} pianist
picheln pimpelen
Pichler m^9 pimpelaar
Picke v^{21} pikhouweel
Pickel m^9 1 pikhouweel; 2 ijshouweel; 3 pukkel, puist
pickeln (regionaal) uithouwen, hakken
picken pikken, oppikken
Picknick o^{29}, o^{36} picknick
piekfein piekfijn
pieksauber brandschoon
Piep m^5 piep: er hat einen ~ hij is niet goed snik; keinen ~ mehr sagen geen kik meer geven
piepen piepen: bei dir piept's wohl? ben je niet goed snik?
Piepen mv (inform) geld: hundert ~ honderd mark; keine ~ haben geen centen hebben
piepsen piepen
Piepser m^9 1 piep; 2 pieper, semafoon
piesacken plagen, treiteren, pesten
Pietät v^{28} piëteit
Pietismus m^{19a} piëtisme
Pigment o^{29} pigment, kleurstof
Pik I m^5, m^{13} piek, bergspits; II m^{19} wrok: einen ~ auf jmdn haben de pik op iem hebben; III o^{36} schoppen

(in het kaartspel)
pikant pikant
Pike v^{21} piek, spies: von der ~ auf dienen (of: lernen) onderaan beginnen
Pikkolo I m^{13} piccolo, jonge hotelbediende; II o^{36} piccolofluit
Pilger m^9 pelgrim
Pilgerfahrt v^{20} pelgrimstocht, bedevaart
pilgern 1 een bedevaart doen, een pelgrimstocht maken; 2 trekken, te voet gaan
Pille I v^{21} pil; II v^{28} anticonceptiepil
Pilot m^{14} 1 piloot; 2 coureur
Pilotfilm m^5 trailer, trekfilm
Pils o (2e nvl -; mv -), Pilsener, Pilsner o^{33} pils, pilsener
Pilz m^5 1 (plantk) paddestoel; 2 (med) schimmel
Pimmel m^9 piemel, penis
Pinakothek v^{20} pinacotheek, kunstkabinet
pingelig pietluttig
Pinguin m^5 pinguïn
Pinie v^{21} pijnboom
Pinke v^{28} poen, ping-ping, geld
Pinkel m^9 1 onbenul; 2 dandy, fat: feiner ~ ijdele bal
Pinkelbecken o^{35} pisbak, urinoir
pinkeln (inform) plassen, piesen
Pinkelpause v^{21} sanitaire stop
Pinne v^{21} 1 helmstok, roerpen; 2 pin
pinnen (vast)pinnen
Pinnwand v^{25} prikbord
Pinsel m^9 1 penseel, kwast; 2 sukkel, sul; 3 piemel, penis
Pinselei v^{20} geklodder, geklad
pinseln 1 penselen; 2 schilderen, verven
Pinzette v^{21} pincet
Pionier m^5 pionier (ook fig) ‖ ~e genietroepen
Pipeline [pajplajn] v^{27} pijpleiding, pijplijn
Pipi o^{39} plasje: ~ machen een plasje doen
Pirat m^{14} piraat, zeerover
Piraterie v^{21} zeeroverij
Pirsch v^{28} sluipjacht
pirschen op sluipjacht gaan, zijn; sluipen
Piss m^{19}, Pisse v^{28} pis
pissen 1 pissen; 2 (inform) stortregenen
Pistazie v^{21} pistache
Piste v^{21} 1 piste; 2 skipiste; 3 onverharde weg; 4 (luchtv) landingsbaan, startbaan
Pistole v^1 pistool: wie aus der ~ geschossen snel, zonder te aarzelen
pitschenass, pitschepatschenass, pitschnass, pitschpatschnass kletsnat
Pizza v^{27} (mv ook Pizzen) pizza
Pkw, PKW m (2e nvl -(s); mv -(s)) afk van Personenkraftwagen personenauto
placieren oude spelling voor platzieren, zie platzieren
placken, sich zwoegen, hard werken
Plackerei v^{20} gezwoeg, vermoeiend werk
plädieren^{320} pleiten, een pleidooi houden
Plädoyer [plɛdoa̯jɛ] o^{36} pleidooi

Plage v^{21} plaag, kwelling
plagen I tr plagen, kwellen; **II** sich ~ zich aftobben, zwoegen, hard werken
Plagiat o^{29} plagiaat
Plakat o^{29} plakkaat, aanplakbiljet
Plakatsäule v^{21} aanplakzuil
Plakette v^{21} 1 plaquette; 2 badge
plan vlak, plat
Plan m^6 1 plan; 2 ontwerp; 3 plattegrond; 4 veld, strijdperk: auf den ~ treten (of: auf dem ~ erscheinen) ten tonele verschijnen
Plane v^{21} 1 dekzeil; 2 wagenzeil
planen 1 plannen maken, plannen; 2 van plan zijn
Planer m^9 planoloog; (ongunstig) plannenmaker
Planet m^{14} planeet
planetarisch planetair
Planetensystem o^{29} planetenstelsel
plangemäß zie planmäßig
planieren ^{320} egaliseren, vlak maken
Planierraupe v^{21} bulldozer
Planimetrie v^{28} planimetrie
Planke v^{21} 1 dikke plank; 2 schutting
plänkeln 1 schermutselen; 2 kibbelen
planlos systeemloos, zonder een bepaald plan
planmäßig 1 stelselmatig, planmatig; 2 volgens het plan, het programma, de dienstregeling
Planschbecken o^{35} pierenbad, kikkerbad
planschen (in water) plassen, poedelen
Planstelle v^{21} formatieplaats
Plantage v^{21} plantage
Plantschbecken zie Planschbecken
plantschen zie planschen
Planung v^{20} planning, ontwerp
Planwirtschaft v^{28} geleide economie
Plapperei v^{20} geklets, gewauwel
Plapperer m^9 kletsmajoor, kletsmeier
Plapperliese v^{21}, **Plappermaul** o^{32} kletskous
plappern babbelen, kletsen
Plappertasche v^{21} kletskous, babbelkous
plärren blèren, schreeuwen; huilen
plastifizieren ^{320} plastificeren
Plastik I o^{36} plastic; **II** v^{28} 1 plastiek, beeldhouwkunst; 2 beeldende kracht; **III** v^{20} 1 beeldhouwwerk, plastiek; 2 plastische operatie
Plastikbombe v^{21} plasticbom, kneedbom
plastisch plastisch
Platane v^{21} plataan
Plateau o^{36} plateau, hoogvlakte
Platin o^{39} platina
platschen 1 (inform) plonzen; 2 (in water) plassen, poedelen; 3 kletteren, spetteren
plätschern 1 (mbt beek) kabbelen; 2 (mbt een fontein) klateren; 3 (in water) plassen, poedelen
platt vlak, plat: ich war ~ ik was stomverbaasd; einen Platten haben een lekke band hebben
Platt o^{39}, o^{39a} Plat-Duits
plattdeutsch Plat-Duits
Plattdeutsch o^{41} Plat-Duits
Platte v^{21} 1 plaat (van glas, metaal, steen); 2 gedenk-

plaat; 3 gladde rots; 4 grammofoonplaat: ständig die alte ~ steeds hetzelfde verhaal; 5 blad (van tafel); 6 kookplaat; 7 (platte) schotel; 8 kaal hoofd, kale knikker; 9 grafzerk
plätten strijken, persen
Plattenhülle v^{21} platenhoes
Plattenspieler m^9 platenspeler
platterdings (inform) volstrekt, ronduit
Plattfisch m^5 platvis
Plattform v^{20} 1 platform; 2 balkon (van tram) || eine gemeinsame ~ finden een gemeenschappelijk uitgangspunt vinden
Plattfuß m^6 1 platvoet; 2 lege band
Platz m^6 1 plaats, ruimte; 2 zitplaats, staanplaats; 3 positie, betrekking; 4 plein; 5 plaats, stad; 6 (sp) terrein, veld
Platzanweiserin v^{22} ouvreuse
Plätzchen o^{35} 1 plaatsje, plekje; 2 koekje
Platzdeckchen o^{35} placemat
platzen 1 openspringen, barsten, knappen: ~ vor Neugier barsten van nieuwsgierigheid; 2 ontploffen, exploderen: der Reifen ist geplatzt de band is geklapt; 3 niet doorgaan, mislukken: ins Haus ~ onverwachts binnenvallen
Platzherr m^{14} (2e, 3e, 4e nvl ev -n) (sp) thuisclub
platzieren ^{320} **I** tr 1 plaatsen; 2 (handel) plaatsen, beleggen; **II** sich ~ (sp) zich plaatsen
Platzkarte v^{21} plaatsbewijs
Platzkonzert o^{29} openluchtconcert
Platzmangel m^{19} plaatsgebrek
Platzpatrone v^{21} losse flodder
Platzregen m^{11} plasregen, stortregen
Platzverhältnisse mv o^{29a} toestand van het veld
Platzverweis m^5 (sp): jmdm ~ erteilen iem het veld uit sturen
Plauderei v^{20} praatje, causerie
Plauderer m^9 1 causeur, prater; 2 flapuit
Plauderin v^{22} kletskous, babbelaarster
plaudern 1 babbelen, praten; 2 verklappen: aus der Schule ~ uit de school klappen
plazieren oude spelling voor platzieren, zie platzieren
pleite bankroet, failliet
Pleite v^{21} 1 bankroet: ~ machen bankroet gaan; 2 fiasco, mislukking, flop
plemplem niet goed snik
Plenarsitzung, Plenarversammlung v^{20} voltallige vergadering, vergadering in pleno
Plenum o (2e nvl -s; mv Plenen) plenum, plenaire vergadering
Pleonasmus m (2e nvl -; mv -men) pleonasme
Pleuel m^9, **Pleuelstange** v^{21} drijfstang
plissieren ^{320} plisseren
Plombe v^{21} 1 (tand-, kies)vulling; 2 loodje
plombieren ^{320} plomberen
Plötze v^{21} voorn
plötzlich plotseling
plump 1 plomp; onhandig; 2 lomp, onbehouwen, bot

pl

Plumpheit I v^{28} plompheid; onhandigheid; **II** v^{20} lompheid, onbehouwenheid, botheid
plumpsen plompen, neerploffen
Plunder m^{19} (oude) rommel
Plünderer m^9 plunderaar
plündern plunderen
Plünderung v^{20} plundering
Plural I m^{19} meervoud; **II** m^5 meervoudsvorm
Pluralismus m^{19a} pluralisme
plus I vw plus, en; **II** vz^{+2} plus; **III** bw plus
Plus o (2e nvl -; mv -) **1** plus, overschot; **2** plus, pluspunt, positief punt
Plüsch m^5 **1** pluche; **2** badstof
Pluspunkt m^5 pluspunt
Plusquamperfekt o^{29} voltooid verleden tijd
Pneumonie v^{21} longontsteking
Po m^{13} achterste, achterwerk
Pöbel m^{19} gepeupel, plebs
pöbelhaft grof, gemeen, plat, laag
pochen kloppen, slaan || (fig) auf^{+4} etwas ~: a) zich met klem op iets beroepen; b) op iets staan
pochieren ^{320} [posjierən] pocheren
Pocke v^{21} pok: ~n pokken
pockennarbig, pockig pokdalig, mottig
Podest o^{29}, m^5 **1** (regionaal) (trap)portaal, overloop; **2** verhoging, klein podium, platform
Podium o (2e nvl -s; mv Podien) podium
Podiumsdiskussion v^{20}, **Podiumsgespräch** o^{29} forumdiscussie
Poesie v^{21} poëzie
Poet m^{14} poëet, dichter
poetisch poëtisch
Pokal m^5 bokaal, beker
Pokalspiel o^{29} (sp) bekerwedstrijd
Pökel m^9 pekel
Pökelfleisch o^{39} pekelvlees
pökeln pekelen, inpekelen
Poker o^{39}, m^{19} poker (een kaartspel)
Pol m^5 pool
polar polair, pool-
Polareis o^{39} poolijs
Polargebiet o^{29} poolgebied
Polarisation v^{20} polarisatie
polarisieren ^{320} polariseren
Polarisierung v^{20} polarisatie
Polarkreis m^5 poolcirkel
Polarlicht o^{31} poollicht, noorderlicht
Polarstern m^{19} Poolster
Polder m^9 polder
Pole m^{15} Pool
Polemik v^{20} polemiek, pennenstrijd
polemisieren ^{320} polemiseren
Polen o^{39} Polen
Polente v^{28} (dieventaal) politie, smerissen (mv)
Police v^{21} polis
polieren ^{320} **1** polijsten (ook fig); **2** poetsen
Poliklinik v^{20} polikliniek
Polio v^{28} polio, kinderverlamming
Politik v^{20} **1** politiek; **2** beleid

Politiker m^9 politicus
politisch politiek (ook fig)
politisieren ^{320} politiseren
Politologe m^{15} politicoloog
Polizei v^{20} politie: er ist dümmer, als die ~ erlaubt hij is oliedom
Polizeiaktion v^{20} politionele actie
Polizeiamt o^{32} politiebureau
Polizeiaufgebot o^{29} politiemacht
Polizeibeamte(r) m^{40a} ambtenaar van politie
Polizeibehörde v^{21} politie, politieapparaat
Polizeichef m^{13} hoofd van de politie
Polizeigewahrsam m^{19}: in ~ in verzekerde bewaring
polizeilich van de, bij de, door de politie, politie-: ~e Vorschriften politieverordeningen
Polizeipräsidium o (2e nvl -s; mv -präsidien) hoofdbureau van politie
Polizeirevier o^{29} **1** politiewijk; **2** politiepost, politiebureau
Polizeischutz m^{19} politiebescherming
Polizeistreife v^{21} politiepatrouille
Polizeistunde v^{21} sluitingsuur
Polizeiverordnung v^{20} politieverordening
Polizist m^{14} politieagent
Polizistin v^{22} politieagente
Pollen m^{11} pollen (mv), stuifmeel
polnisch Pools
Polohemd o^{37} poloshirt
Polster o^{33} **1** kussen, zitkussen; peluw; **2** (plantk) kussentje; **3** bekleding (van kussen, stoel); schoudervulling; **4** (fig) reserve
Polsterer m^9 stoffeerder
Polstergarnitur v^{20}, **Polstergruppe** v^{21} bankstel
Polstermöbel mv o^{33} gestoffeerde meubelen
polstern 1 stofferen; **2** bekleden, opvullen || er ist gut gepolstert hij zit goed in zijn vet
Polstersessel m^9 fauteuil
Polsterung v^{20} **1** kussen; **2** stoffering
Polterabend m^5 feestavond voor de bruiloftsdag
poltern 1 spektakel maken; **2** stommelen; **3** bulderen, donderen; **4** ratelen, denderen
Polyäthylen o^{29} (chem) polyethyleen
Polyester m^9 (chem) polyester
Polyp m^{14} **1** poliep; **2** (inform) smeris
Pomade v^{21} pommade
Pommes frites patates frites
Pomp m^{19} pracht, praal
pomphaft, pompös pompeus
Pontifikat m^5, o^{29} pontificaat
Ponton m^{13} ponton
Pontonbrücke v^{21} pontonbrug
Pony I o^{36} (dierk) pony; **II** m^{13} pony(haar)
Pop m^{19}, m^{19a} **1** pop; **2** popmuziek
Popmusik v^{28} popmuziek
Popo m^{13} achterste, billen (mv)
populär populair
Popularität v^{28} populariteit
Pore v^{21} porie

Porno *m*[13] porno
Pornografie, Pornographie *v*[28] pornografie
porös poreus
Porree *m*[13] prei
Portal *o*[29] portaal
Portemonnaie *o*[36] portemonnee
Porti *mv zie* Porto
Portier [portje] *m*[13] portier
Portion *v*[20] portie: *(fig)* halbe ~ klein mannetje
portionieren[320] in porties delen
Portmonee *zie* Portemonnaie
Porto *o*[36] *(mv ook* Porti) port, porto
portofrei portvrij, franco
Porträt *o*[36], *o*[29] portret
porträtieren[320] portretteren
Portugal *o*[39] Portugal
Portugiese *m*[15] Portugees
portugiesisch Portugees
Portwein *m*[5] port
Porzellan *o*[29] porselein
porzellanen porseleinen
Posaune *v*[21] 1 bazuin; 2 trombone
posaunen I *intr* bazuin blazen, trombone spelen; II
    tr (fig) rondbazuinen, uitbazuinen
Pose *v*[21] pose, houding
Position *v*[20] 1 positie; 2 *(handel)* post; 3 standpunt
positiv, positiv positief, bevestigend, stellig
Positiv, Positiv I *m*[5] *(taalk)* positief, stellende trap;
    II *o*[29] *(foto)* positief
Positivismus *m*[19a] positivisme
Posse *v*[21] klucht
Possen *m*[11] streek, poets: *jmdm einen ~ spielen* iem
    een poets bakken; *~n reißen: a)* moppen tappen; *b)*
    streken uithalen
Possenmacher, Possenreißer *m*[9] grapjas
Possessiv *o*[29], Possessivpronomen *o*[35] *(mv ook*
    -mina) bezittelijk voornaamwoord
possierlich grappig, komiek, potsierlijk
Post *v*[20] 1 posterijen; 2 postkantoor: *etwas zur (of:*
    auf die) ~ bringen iets op de post doen; *auf die ~*
    (of: zur ~) gehen naar het postkantoor gaan; 3 post
    || *mit gleicher ~ separaat*
postalisch postaal; per post
Postamt *o*[32], Postanstalt *v*[20] postkantoor
Postanweisung *v*[20] postwissel, *(Belg)* postassigna-
    tie
Postauto *o*[36] postauto
Postbeamte(r) *m*[40a] postbeambte
Postbote *m*[15] postbode
Posten *m*[11] 1 (wacht)post, schildwacht: *~ stehen: a)*
    posten; *b) (mil)* op post, op wacht staan; *auf verlo-*
    renem ~ stehen (of: *kämpfen*) voor een verloren
    zaak vechten; 2 politiepost; 3 betrekking; 4 partij
    (waren); 5 post *(van een rekening)*
Poster *m*[9], *m*[13], *o*[33], *o*[36] poster
Postfach *o*[32] postbus, postbox
Postgebühr *v*[20] porto
posthum postuum
postieren[320] posteren, plaatsen

Postkarte *v*[21] 1 briefkaart; 2 ansichtkaart
postlagernd poste restante
Postleitzahl *v*[20] postcode
Postmarke *v*[21] postzegel
Postpaket *o*[29] postpakket
Postscheck *m*[13] postcheque
Postscheckkonto *o*[36] *(mv ook* -konten en -konti)
    (vero) post(giro)rekening
Postscheckverkehr *m*[19] postgiroverkeer
Postschließfach *o*[32] postbus, postbox
Poststempel *m*[9] poststempel
postulieren[320] 1 postuleren; 2 (ver)eisen
postum postuum
postwendend per omgaande
Postwesen *o*[39] posterijen
Postzug *m*[6] posttrein
Postzustellung *v*[20] postbestelling
potent 1 potent; 2 machtig; 3 kapitaalkrachtig
Potentat *m*[14] potentaat, machthebber
potential potentieel, mogelijk
Potential *o*[29] 1 potentiaal; 2 potentieel
potentiell potentieel, mogelijk
Potenz *v*[20] 1 potentie; 2 macht; kracht
potenzial *zie* potential
Potenzial *zie* Potential
potenziell *zie* potentiell
potz: ~ Blitz! *(tw)* drommels!
potztausend *tw (inform)* verdikkeme
Prä *o*[39] pre: *ein ~ haben* een pre hebben
Präambel *v*[21] preambule
Pracht *v*[28] pracht, staatsie, praal: *eine (wahre) ~ sein*
    schitterend zijn
Prachtbau *m (2e nvl -(e)s; mv -ten)* prachtig ge-
    bouw
prächtig 1 prachtig; 2 geweldig, uitstekend
Prachtkerl *m*[5], Prachtmensch *m*[14] fijne vent
Prachtstück *o*[29] prachtstuk
prachtvoll *zie* prächtig
prädestinieren 1 *(godsd)* predestineren, voorbe-
    schikken; 2 voorbestemmen
Prädikat *o*[29] 1 *(taalk)* gezegde; 2 predikaat
Präfekt *m*[14] prefect
Präfix *o*[29] *(taalk)* prefix, voorvoegsel
Prag *o*[39] Praag
prägen 1 *(munten)* slaan; 2 indrukken, afdrukken;
    3 maken, vormen; 4 stempelen; 5 fixeren || *sich*[3] *et-*
    was ins Gedächtnis ~ iets in zijn geheugen prenten
Prager I *m*[9] Prager; II *bn* Praags
pragmatisch pragmatisch
prägnant pregnant
Prägung *v*[20] 1 (het) stempel(en), (het) aanmunten;
    2 *(fig)* karakter, signatuur, stempel; 3 begrip, vorm
prähistorisch prehistorisch, voorhistorisch
prahlen pralen, snoeven, pochen: *~ mit*[3] pochen
    op, zich laten voorstaan op
Prahler *m*[9] praler, snoever, bluffer
prahlerisch blufferig, snoevend
Praktik *v*[20] praktijk
praktikabel bruikbaar, doelmatig

pr

Praktikant *m*¹⁴ stagiair, trainee
Praktikantin *v*²² stagiaire, trainee
Praktiker *m*⁹ 1 man uit de praktijk; 2 huisarts
Praktikum *o (2e nvl -s; mv Praktika)* practicum, stage
praktisch praktisch: ~*er Arzt* huisarts
praktizieren³²⁰ 1 praktiseren, de praktijk uitoefenen; 2 stage lopen, als trainee werken; 3 praktiseren, in praktijk brengen
Prälat *m*¹⁴ *(r-k)* prelaat
Praline *v*²¹ bonbon
prall 1 strak, stevig, vol, rond; 2 fel *(van zon)*
Prall *m*⁵ bons, stoot
prallen 1 botsen, bonzen, stuiten; 2 *(mbt kogels)* afstuiten; 3 *(mbt zon)* fel stralen
Prämie *v*²¹ premie
Prämienzahlung *v*²⁰ premiebetaling
prämieren, prämiieren³²⁰ bekronen
prangen prijken, pralen, schitteren, stralen
Pranger *m*⁹ schandpaal, kaak
Pranke *v*²¹ 1 klauw, poot; 2 poot, grote hand
Präparat *o*²⁹ preparaat
Präparation *v*²⁰ 1 preparatie; 2 voorbereiding
präparieren³²⁰ prepareren
Präposition *v*²⁰ *(taalk)* voorzetsel
Prärie *v*²¹ prairie
Präsens *o (2e nvl -; mv Präsentia en Präsenzien)* presens, tegenwoordige tijd
präsent present, tegenwoordig
Präsentation *v*²⁰ presentatie
Präsentator *m*¹⁶ *(telecom)* presentator
präsentieren³²⁰ presenteren
Präsenz *v*²⁸ aanwezigheid
Präser *m*⁹, Präservativ *o*²⁹ condoom
Präsident *m*¹⁴ president
Präsidentschaft *v*²⁰ presidentschap
präsidial presidentieel
präsidieren³²⁰⁺³ presideren, voorzitten
Präsidium *o (2e nvl -s; mv Präsidien)* 1 presidium; 2 hoofdbureau (van politie)
prasseln 1 knetteren, knapperen; 2 kletteren
prassen brassen, zwelgen
prätendieren³²⁰ I *tr* pretenderen; II *intr* aanspraak maken (op)
Prätention *v*²⁰ pretentie
prätentiös pretentieus
Präteritum *o (2e nvl -s; mv -ta) (taalk)* verleden tijd
präventiv preventief
Praxis *v (mv Praxen)* 1 praktijk; 2 praktijkruimte; 3 praktijkervaring
praxisbezogen, praxisgerecht,, praxisorientiert op de praktijk gericht
Präzedenzfall *m*⁶ precedent
präzis, präzise precies
präzisieren³²⁰ preciseren
Präzision *v*²⁸ precisie, nauwkeurigheid
predigen prediken, preken
Prediger *m*⁹ predikant, prediker: *ein ~ in der Wüste* een roepende in de woestijn

Predigt *v*²⁰ preek *(ook fig)*, predikatie
Preis *m*⁵ 1 prijs: *zum ~e von* tegen de prijs van; *um jeden ~* beslist; *um keinen ~* voor geen geld; *einen ~ aussetzen* een prijs uitloven; 2 prijs, lof
Preisangabe *v*²¹ prijsopgave
Preisanstieg *m*⁵ prijsstijging
Preisauftrieb *m*¹⁹ (algemene) prijsstijging
Preisausschreiben *o*³⁵ prijsvraag
Preisauszeichnung *v*²⁰ (het) prijzen *(van artikelen)*
preisbewusst prijsbewust
Preisbildung *v*²⁰ prijsvorming
Preisdifferenz *v*²⁰ prijsverschil
Preiselbeere *v*²¹ rode bosbes, vossenbes
Preisempfehlung *v*²⁰ adviesprijs
preisen²¹⁶ prijzen, loven, roemen
Preiserhöhung *v*²⁰ prijsverhoging
Preisermäßigung *v*²⁰ prijsverlaging
Preisfrage *v*²¹ 1 prijsvraag; 2 kwestie van prijs
preisgeben¹⁶⁶ prijsgeven, overleveren
preisgekrönt bekroond
Preisgestaltung *v*²⁰ prijsvorming
preisgünstig voordelig
Preislage *v*²¹ prijsniveau, prijsklasse
Preisnachlass *m*⁵, *m*⁶ korting
Preisrückgang *m*⁶ prijsdaling
Preisschild *o*³¹ prijskaartje
Preissenkung *v*²⁰ prijsdaling, prijsverlaging
Preissteigerung *v*²⁰ prijsverhoging, prijsstijging
Preisstopp *m*¹³ prijsstop
Preissturz *m*⁶ plotselinge prijsdaling
Preisträger *m*⁹ prijswinnaar
Preistreiberei *v*²⁸ prijsopdrijving
Preisüberwachung *v*²⁰ prijscontrole
Preisunterschied *m*⁵ prijsverschil
Preisvergleich *m*⁵ prijsvergelijking
Preisverleihung *v*²⁰, Preisverteilung *v*²⁰ prijsuitreiking
Preisverzeichnis *o*²⁹ᵃ prijslijst, prijscourant
preiswert niet duur, goedkoop
prekär precair, bedenkelijk, hachelijk
prellen I *tr* 1 bedriegen, afzetten; 2 *(sp)* stuiteren; 3 hard stoten; II *intr* stuiten, botsen ‖ *sich den Fuß ~* zijn voet kneuzen
Preller *m*⁹ 1 bedrieger; 2 harde klap
Prellung *v*²⁰ kneuzing
Premier *m*¹³ premier, minister-president
Premiere *v*²¹ première
Premierminister *m*⁹ *zie* Premier
preschen 1 rennen; 2 galopperen; 3 stuiven
Presse *v*²¹ pers
Presseagentur *v*²⁰ persagentschap
Pressebericht *m*⁵ persbericht, persverslag
Pressegespräch *o*²⁹ gesprek met de pers
Pressemeldung *v*²⁰ persbericht
pressen 1 persen, uitpersen; 2 pressen, dwingen; 3 drukken
Pressenotiz *v*²⁰ kort persbericht
Pressesprecher *m*⁹ woordvoerder *(tegenover de*

pers)
Pressestelle v^{21} voorlichtingsdienst
Pressholz o^{39} spaanplaat
Presskohle v^{21} briket
Pressluft v^{28} perslucht
Presslufthammer m^{10} pneumatische hamer
Prestige o^{39} prestige
Preuße m^{15} Pruis
Preußen o^{39} Pruisen
prickeln prikkelen, tintelen
Priem m^5 pruim(pje) *(tabak)*
priemen pruimen
Priemtabak m^5 pruimtabak
Priester m^9 priester
Priesterin v^{22} priesteres
priesterlich priesterlijk
prima prima
primär primair
Primas m *(2e nvl -; mv -se en Primaten)* primaat
Primat I m^5, o^{29} **1** primaat; **2** eerstgeboorterecht; **II** m^{14} primaat
Primel v^{21} primula, sleutelbloem
primitiv primitief
Printer m^9 printer
Prinz m^{14} prins
Prinzessbohne v^{21} sperzieboon
Prinzessin v^{22} prinses
Prinzip o^{29} *(mv meestal -ien)* principe, beginsel
prinzipiell principieel, in principe
Prinzipienfrage v^{21} principiële kwestie
Prinzipienreiter m^9 doordrammer
Prinzipienreiterei v^{28} (het) doordrammen
prinzlich prinselijk
Priorität v^{20} prioriteit
Prise v^{21} **1** snuifje; **2** prijs, buit
Prisma o *(2e nvl -s; mv Prismen)* prisma
Prismenfernrohr o^{29}, **Prismenglas** o^{32} prismakijker
Pritsche v^{21} **1** brits; **2** laadbak *(van vrachtauto)*
Pritschenwagen m^{11} platte vrachtauto
privat **1** privé, particulier; **2** privé, persoonlijk
Privatadresse v^{21} privéadres
Privatangelegenheit v^{20} privézaak
Privatbesitz m^{19} particulier bezit
Privatgespräch o^{29} privégesprek
Privatinitiative v^{21} particulier initiatief
Privatklage v^{21} *(jur)* civiele vordering
Privatleben o^{39} privéleven
Privatmann m^8 *(mv meestal Privatleute)* **1** particulier; **2** rentenier
Privatmensch m^{14} particulier
Privatpatient m^{14} particulier patiënt
Privatperson v^{20} particulier
Privatrecht o^{29} *(jur)* privaatrecht
privatrechtlich privaatrechtelijk
Privatsache v^{21} privézaak
Privatschule v^{21} particuliere school
Privatversicherung v^{20} particuliere verzekering
Privatwirtschaft v^{28} particulier bedrijfsleven

privatwirtschaftlich van het, met betrekking tot het particuliere bedrijfsleven
Privileg o^{29} *(mv meestal -ien)* privilege, voorrecht
pro I vz^{+4} per, pro; **II** *bw* pro, voor
probat probaat, beproefd
Probe v^{21} **1** proef: *die ~ aufs Exempel* de proef op de som; *~ laufen* proefdraaien; **2** repetitie; **3** staal, monster, proef(je), proeve; **4** proeve, bewijs, blijk
Probearbeit v^{20} proefwerk
Probebohrung v^{20} proefboring
Probefahrt v^{20} proefrit, proefvaart
Probeflug m^6 proefvlucht
probelaufen *oude spelling voor* Probe laufen, *zie* Probe 1
proben I *intr* repeteren; **II** *tr* instuderen
Probenummer v^{21} proefnummer
Probesendung v^{20} proefzending
Probestück o^{29} proefstuk, staal(tje)
probeweise bij wijze van proef, als proef
Probezeit v^{20} proeftijd
probieren ^{320} **1** proberen, testen; **2** proeven
Probierstube v^{21} proeflokaal
Problem o^{29} probleem, vraagstuk
Problematik v^{28} problematiek
problematisch problematisch
Produkt o^{29} product, voortbrengsel
Produktion v^{20} productie
Produktionsanlage v^{21} fabrieksinstallatie
Produktionskosten *mv* productiekosten
produktiv productief
Produktivität v^{28} productiviteit
Produzent m^{14} producent
produzieren ^{320} **I** *tr* **1** produceren; **2** *(inform)* maken; **II** *sich ~* de aandacht trekken
Prof. *afk van* Professor professor *(afk* prof.*)*
profan profaan
professionell professioneel
Professor m^{16} professor
Professur v^{20} professoraat, leerstoel
Profi m^{13} *(sp)* professional, prof
Profifußballer m^9 prof(voetballer)
Profil o^{29} profiel: *im ~* en profil
profilieren ^{320} **I** *tr* profileren; **II** *sich ~* zich profileren
profiliert **1** geprofileerd; **2** markant
Profit m^5 winst, profijt, voordeel, nut
Profitgier v^{28} winstbejag
profitieren ^{320} profiteren
Profitstreben o^{39}, **Profitsucht** v^{28} winstbejag
Prognose v^{21} prognose
prognostizieren ^{320} prognosticeren, een prognose geven
Programm o^{29} programma
programmäßig *oude spelling voor* programmmäßig, *zie* programmmäßig
Programmhinweis m^5 *(telecom)* programmatip
programmieren ^{320} programmeren
Programmierer m^9 programmeur
Programmiersprache v^{21} programmeertaal
programmmäßig volgens het programma

pr

Progression v^{20} progressie
progressiv progressief
Progressivsteuer v^{21} progressieve belasting
Projekt o^{29} project, ontwerp, plan
Projekte(n)macher m^9 plannenmaker
projektieren[320] projecteren, ontwerpen
Projektil o^{29} **1** projectiel; **2** raket
Projektion v^{20} projectie
Projektionsapparat m^5 projector, projectieapparaat
projizieren[320] projecteren
Proklamation v^{20} proclamatie
proklamieren[320] proclameren
Pro-Kopf-Einkommen o^{39} inkomen per hoofd van de bevolking, gemiddeld inkomen
Prokura v *(mv Prokuren)* procuratie, volmacht: *per ~ per procuratie*
Prokurist m^{14} procuratiehouder
Prolet m^{14} proleet
Proletariat o^{29} proletariaat
Proletarier m^9 proletariër
Prolog m^5 proloog
Prolongation v^{20} prolongatie
prolongieren[320] prolongeren
Promenade v^{21} promenade
pro mille pro mille, per duizend
Promille o *(2e nvl -(s); mv -)* promille
Promillesatz m^6 promillage
prominent prominent, vooraanstaand
Prominente(r) m^{40a}, v^{40b} vooraanstaand persoon, prominent persoon
Prominenz v^{20} **1** prominente, vooraanstaande personen; **2** (het) prominent zijn
Promotion v^{20} promotie
promovieren[320] promoveren
prompt prompt, vlot
Pronomen o^{35} *(mv ook -nomina)* pronomen, voornaamwoord
pronominal pronominaal, voornaamwoordelijk
prononciert geprononceerd
propädeutisch propedeutisch
Propaganda v^{28} **1** propaganda; **2** reclame
Propagandist m^{14} **1** propagandist; **2** reclameman
propagandistisch propagandistisch
propagieren[320] propageren
Propan o^{39}, **Propangas** o^{39} propaangas
Propeller m^9 **1** propeller; **2** scheepsschroef
proper 1 proper, helder; **2** degelijk
Prophet m^{14} profeet
prophezeien[320] profeteren, voorspellen
Prophezeiung v^{20} profetie, voorspelling
prophylaktisch profylactisch, preventief
Prophylaxe v^{21} profylaxe, voorkoming
Proportion v^{20} proportie, verhouding
proportional proportioneel, evenredig
proportioniert geproportioneerd
Proporz m^5 **1** evenredig kiesstelsel; **2** evenredige verdeling *(van zetels, functies e.d.)*
Propst m^6 **1** *(r-k)* proost; **2** *(prot)* eerste geestelijke

Propylen o^{39} *(chem)* propyleen
Prosa v^{28} proza
prosaisch prozaïsch
Prosaist m^{14}, **Prosaschriftsteller** m^9 prozaïst, prozaschrijver
prosit *tw* proost!, gezondheid!, santé!: *~ Neujahr!* gelukkig nieuwjaar!
Prospekt m^5 **1** prospectus, folder; **2** *(theat)* achterwand; **3** stadsgezicht
Prostata v *(mv Prostatae)* prostaat
prostituierte v^{40b} prostituee, publieke vrouw
Prostitution v^{28} prostitutie
Protein o^{29} proteïne, eiwitstof
Protektion v^{20} protectie
Protektionismus m^{19a} protectionisme
Protektorat o^{29} protectoraat
Protest m^5 protest: *~ erheben* (of: *einlegen, anmelden*) protest aantekenen
Protestant m^{14} **1** protestant; **2** protesterende
protestantisch protestants
Protestantismus m^{19a} protestantisme
protestieren[320] protesteren
Protestkundgebung v^{20} protestdemonstratie
Protestler m^9 protesteerder
Prothese v^{21} *(med)* prothese
Protokoll o^{29} **1** protocol; **2** notulen: *(das) ~ führen* de notulen maken, notuleren; **3** proces-verbaal: *ein ~ aufnehmen über*[+4] proces-verbaal opmaken van; *etwas zu ~ geben* iets in het proces-verbaal laten opnemen
Protokollant m^{14} secretaris *(in vergadering)*, notulist
protokollarisch protocollair
Protokollführer m^9 *zie* Protokollant
protokollieren[320] notuleren
Protz m^5, m^{14} **1** opschepper; **2** opschepperij
protzen opscheppen, bluffen
protzenhaft, protzig 1 opschepperig; **2** protserig
Provenienz v^{20} herkomst, oorsprong
provenzalisch Provençaals
Proviant m^5 proviand
proviantieren[320] proviianderen
Provider m^9 provider
Provinz I v^{20} provincie; **II** v^{28} platteland
Provinzbewohner m^9 provinciaal
provinziell provinciaal
Provinzler m^9 provinciaal
Provision v^{20} provisie
provisorisch provisorisch
Provokation v^{20} provocatie
provokativ, provokatorisch provocerend
provozieren[320] provoceren; uitlokken
Prozedur v^{20} procedure
Prozent o^{29} procent, percent: *~e bekommen* korting krijgen
-prozentig van … procent
Prozentsatz m^6 percentage
prozentual percentsgewijs, procentueel
Prozess m^5 proces: *jmdm den ~ machen* (of: *einen ~*

gegen jmdn anstrengen) tegen iem een proces aanhangig maken; *mit jmdm, etwas kurzen ~ machen* met iem, iets korte metten maken
Prozessakte *v*[21] procesakte, processtuk
prozessieren[320] procederen
Prozession *v*[20] *(r-k)* processie
prozessual processueel, proces-
prüde preuts
Prudelei *v*[20] *(regionaal)* prutswerk, knoeiwerk
prudeln 1 knoeien; **2** borrelen, pruttelen
Prüderie *v*[21] preutsheid
prüfen 1 toetsen, onderzoeken, keuren, testen: *schwer geprüft* zwaar beproefd; *Milch auf den Fettgehalt ~* het vetgehalte van melk onderzoeken; *TÜV-geprüft* met keuringsbewijs; *amtlich geprüft* officieel gekeurd; **2** examineren; **3** nagaan, nazien, controleren
Prüfer *m*[9] **1** onderzoeker, toetser, keurder, controleur; **2** examinator
Prüfling *m*[5] **1** examinandus, examenkandidaat; **2** te keuren (onder)deel, werkstuk
Prüfstand *m*[6] proefbank, proefstand
Prüfstein *m*[5] toetssteen
Prüfung *v*[20] **1** onderzoek, examen: *in die ~ gehen* (*inform: steigen*) examen gaan doen; **2** controle, verificatie; **3** beproeving; **4** toetsing, keuring, test
Prüfungsarbeit *v*[20] examenwerk
Prüfungsfach *o*[32] examenvak
Prüfungskandidat *m*[14] examenkandidaat
Prüfungskommissar *m*[5] (rijks)gecommitteerde
Prüfungszeugnis *o*[29a] diploma
Prügel *m*[9] **1** knuppel; **2** *(mv)* slaag, ransel
Prügelei *v*[20] kloppartij, vechtpartij
Prügeljunge, Prügelknabe *m*[15] zondebok
prügeln I *tr* slaan, (af)ranselen; **II** *sich ~* bakkeleien, vechten
Prügelstrafe *v*[21] stokslagen (als straf)
Prunk *m*[19] pronk, pracht, praal
prunken pronken, prijken, pralen
Prunkstück *o*[29] pronkstuk *(ook fig)*
Prunksucht *v*[28] pronkzucht, praalzucht
prunkvoll prachtig, schitterend
prusten proesten
¹PS *o (2e nvl -; mv -) afk van Pferdestärke* paardenkracht *(afk* pk)
²PS *afk van Postskriptum* postscriptum *(afk* PS)
Psalm *m*[16] psalm
Pseudonym *o*[29] pseudoniem, schuilnaam
Psyche psyche, ziel
Psychiater *m*[9] psychiater
Psychiatrie I *v*[28] psychiatrie; **II** *v*[21] **1** psychiatrische kliniek; **2** afdeling psychiatrie
psychisch psychisch
Psychologe *m*[15] psycholoog
Psychologie *v*[28] psychologie
psychologisch psychologisch
Psychopath *m*[14] psychopaat
Psychose *v*[21] psychose
pubertär puberaal

Pubertät *v*[28] puberteit
publik publiek, openbaar
Publikation *v*[20] publicatie
Publikum *o*[39] publiek
publizieren[320] publiceren
Publizist *m*[14] publicist
Publizität *v*[28] publiciteit, bekendheid
Puck *m*[13] puck *(ijshockeyschijf)*
Pudding *m*[5], *m*[13] pudding
Puddingpulver *o*[33] puddingpoeder
Pudel *m*[9] **1** *(hondenras)* poedel; **2** *(sp)* misworp, misschot
pudelnackt spiernaakt
pudelnass kletsnat
pudelwohl kiplekker
Puder *m*[9], *o*[33] poeder
Puderdose *v*[21] poederdoos
pudern poederen
puff *tw* pof!, poef!, paf!
Puff I *m*[5] **1** poef *(om op te zitten)*; **2** pof *(bolstaande plooi)*; **II** *m*[6] **1** stoot, duw, por: *einen ~ vertragen (können)* tegen een stootje kunnen; **2** doffe knal; **III** *m*[13], *o*[36] bordeel
Puffärmel *m*[9] pofmouw
puffen 1 puffen; **2** een por geven; **3** poffen
Puffer *m*[9] **1** buffer; **2** aardappelpannenkoek
Pufferspeicher *m*[9] *(comp)* buffergeheugen
Pufferzone *v*[21] bufferzone
Pulk *m*[13], *m*[5] **1** *(sp)* peloton; **2** formatie; **3** zwerm
Pulle *v*[21] *(inform)* fles: *volle ~ spielen* alles geven wat men kan; *volle ~ fahren* met plankgas rijden
Pulli *m*[13] pullover
Puls *m*[5] **1** pols(slag): *jmdm den ~ fühlen: a)* iems pols voelen; *b) (fig)* iem polsen; **2** impuls
Pulsader *v*[21] polsslagader, slagader
pulsieren[320] pulseren, kloppen, slaan
Pult *o*[29] **1** lessenaar; **2** muziekstandaard
Pulver *o*[33] **1** poeder; **2** (bus)kruit: *(fig) sein ~ trocken halten* zijn kruit drooghouden; **3** (de) poeder, medicament; **4** geld, centen
Pulverdampf *m*[6] kruitdamp
pulverig poeierig, poedervormig
pulverisieren[320] verpulveren
Pulverkaffee *m*[13] oploskoffie
pulvern *(inform)* schieten
Pulverschnee *m*[19] poedersneeuw
Puma *m*[13] poema
pummelig mollig
Pump *m*[19] (het) lenen: *auf ~* op de pof
Pumpe *v*[21] **1** pomp; **2** hart, rikketik
pumpen 1 pompen; **2** lenen, poffen
Pumpstation *v*[20], **Pumpwerk** *o*[29] pompstation
Punkt *m*[5] punt: *der ~ auf dem i* het puntje op de i; *~ 2 Uhr* precies om 2 uur; *in diesem ~* op dit punt; *(sp) nach ~en siegen* winnen op punten; *(fig) der wunde ~* het tere punt; *der springende ~* het punt waarom het gaat
punkten *(sp)* **1** scoren, punten maken; **2** punten toekennen

pu

Punktespiel o^{29} competitiewedstrijd
punktgleich met hetzelfde aantal punten
punktieren [320] **1** punteren, (be)stippelen; **2** (med) een punctie uitvoeren
Punktierung, Punktion v^{20} (med) punctie
pünktlich stipt op tijd; precies: ~ sein op tijd komen
Pünktlichkeit v^{28} stiptheid, nauwgezetheid
Punktsieg m^5 overwinning op punten
Punktspiel o^{29} competitiewedstrijd
Punktum: damit ~! daarmee uit!, afgelopen!
Punktur v^{20} (med) punctie
Punktzahl v^{20} puntenaantal
Punsch m^5, m^6 punch (drank)
Punze v^{21} **1** pons, (stalen) stempel; **2** merk
punzen, punzieren [320] **1** ponsen, stansen; **2** stempelen
Pup m^5 (inform) wind, scheet
pupen een wind laten
Pupille v^{21} pupil
Püppchen o^{35} popje, liefje
Puppe v^{21} **1** pop; **2** poppetje, liefje
Puppenspiel o^{29} poppenspel
Puppenspieler m^9 poppenkastspeler
Puppentheater o^{33} poppenkast
pur puur, zuiver, onvermengd, louter
Püree o^{36} puree, brij
purgieren [320] purgeren
Purgiermittel o^{33} purgeermiddel
Purismus m^{19a} purisme
Purist m^{14} purist
Puritaner m^9 puritein
puritanisch puriteins
Purpur m^{19} purper (kleur, stof, gewaad)
purpurfarben, purpurfarbig purperkleurig
purpurn purperen, purper-
Purzel m^9 dreumes, kereltje
Purzelbaum m^6 buiteling: einen ~ machen (of: schlagen, schießen) een buiteling maken
purzeln duikelen, buitelen
Puste v^{28} lucht, adem: ganz aus der ~ (of: außer ~) sein geheel buiten adem zijn
Pustel v^{21} puistje, pukkel
pusten 1 ademen; **2** blazen; **3** hijgen
Pute v^{21} kalkoen(se hen)
Puter m^9 kalkoen(se haan)
Putsch m^5 putsch, staatsgreep
putschen een staatsgreep uitvoeren
Putschist m^{14} deelnemer aan een staatsgreep
Putz m^{19} **1** opschik; **2** pleisterlaag, -kalk; **3** ruzie
putzen 1 poetsen; **2** schoonmaken; **3** versieren, mooi maken; **4** (kaars, neus) snuiten; **5** (muur) pleisteren
Putzfrau v^{20} schoonmaakster, werkster
putzig koddig, grappig, komiek
Putzlappen m^{11} poetsdoek
Putzmittel o^{33} reinigingsmiddel
Putzsucht v^{28} pronkzucht
Putztuch o^{32} poetsdoek, poetslap
Putzwolle v^{28} poetskatoen

Puzzle o^{36} legpuzzel
Pyjama [puudzjama, puuzjama] m^{13} pyjama
Pyramide v^{21} piramide
pyramidenförmig piramidaal
Pyrenäen mv Pyreneeën
Pyromane m^{15} pyromaan
Pyrrhussieg m^5 Pyrrusoverwinning

q

qm *afk van Quadratmeter* vierkante meter (*afk* m²)
quabbelig 1 kwabbig; 2 week; 3 geleiachtig
quabbeln lillen, trillen
quabbig, quabblig *zie* quabbelig
Quacksalber *m⁹* kwakzalver
Quadrant *m¹⁴* kwadrant
Quadrat *o²⁹* 1 kwadraat, vierkant; 2 (huizen)blok:
  eine Zahl ins ~ erheben een getal tot de tweede
  macht verheffen
quadratisch vierkant: *~e Gleichung* vierkantsver-
  gelijking
Quadratkilometer *m⁹, o³³* vierkante kilometer
Quadratmeter *m⁹, o³³* vierkante meter
Quadratwurzel *v²¹* vierkantswortel
Quadratzahl *v²⁰* vierkant (*getal*), kwadraat
quadrieren³²⁰ in het kwadraat verheffen
Quadrofonie, Quadrophonie *v²⁸* quadrafonie
Quai [ke, kɛ:] *m¹³, o³⁶* kade, wal
quaken kwaken; kletsen
quäken 1 jengelen; 2 jammeren
Qual *v²⁰* kwelling, pijn, verdriet, ellende
quälen I *tr* 1 kwellen, pijnigen; 2 treiteren; 3 zeuren,
  zaniken; II *sich ~* zich af-, uitsloven ‖ *ein gequältes
  Lächeln* een gedwongen lachje
quälend lastig, pijnlijk, martelend
Quäler *m⁹* plager, kwelgeest
Quälerei *v²⁰* 1 plagerij, getreiter; 2 kwelling
quälerisch kwellend
Quälgeist *m⁷* plaaggeest
Qualifikation *v²⁰* 1 kwalificatie; 2 kwalificatiewedstrijd
Qualifikationsspiel *o²⁹* kwalificatiewedstrijd
qualifizieren³²⁰ I *tr* kwalificeren; II *sich ~* zich kwalificeren
qualifiziert gekwalificeerd; bekwaam: *~e Mehrheit*
  gekwalificeerde meerderheid
Qualität *v²⁰* kwaliteit
qualitativ kwalitatief
Qualitätsarbeit *v²⁰* kwaliteitswerk
Qualitätsware *v²¹* kwaliteitsproduct
Qualle *v²¹* kwal
Qualm *m¹⁹* walm, vettige rook
qualmen 1 walmen, dampen; 2 roken
qualmig 1 dampig; 2 rokerig
qualvoll smartelijk, pijnlijk, martelend
Quäntchen *o³⁵* heel klein beetje, greintje

Quantität *v²⁰* kwantiteit, hoeveelheid
quantitativ kwantitatief
Quantum *o (2e nvl -s; mv Quanten)* kwantum
Quarantäne *v²¹* quarantaine
Quark I *m¹⁹* 1 kwark (*een melkspijs*); 2 bagatel; 3 on-
  zin; II *o³⁶ (nat)* quark
Quarkkuchen *m¹¹* kwarktaart
Quart *v²⁰ (muz)* kwart
Quartal *o²⁹* kwartaal
Quarte *v²¹ (muz)* (de) kwart
Quartett *o²⁹* 1 kwartet; 2 kwatrijn
Quartier *o²⁹* kwartier, verblijfplaats: *~ nehmen* zijn
  intrek nemen
Quartiermeister *m⁹* kwartiermeester
Quarz *m⁵* kwarts
Quarzuhr *v²⁰* 1 kwartshorloge; 2 kwartsklok
quasi quasi, zo goed als, als het ware
quasseln (*inform*) kletsen, leuteren
Quasselstrippe *v²¹ (inform)* 1 kletskous, kletsma-
  joor; 2 telefoon
Quatsch *m¹⁹* onzin
quatschen kletsen, leuteren
Quatschkopf *m⁶* kletskous, kletsmeier
Quecke *v²¹ (plantk)* kweek
Quecksilber *o³⁹* kwik(zilver)
quecksilbern kwikzilverachtig
Quellbewölkung *v²⁸* stapelwolken
Quelle *v²¹* bron, wel
quellen I *st, intr*²¹⁷ 1 zwellen, uitzetten: *die Augen
  quollen ihm fast aus dem Kopf* zijn ogen puilden uit;
  2 opwellen, ontspringen, opborrelen; 3 (*mbt rook*)
  opstijgen; II *zw, tr* in de week zetten
Quellenangabe *v²¹* bronvermelding
Quellenforschung *v²⁰* bronnenstudie
Quellensteuer *v²¹* bronbelasting
Quellenstudium *o (2e nvl -s; mv -studien)* bronnen-
  studie
Quellgebiet *o²⁹* brongebied
Quellkartoffel *v²¹* in de schil gekookte aardappel
Quellwasser *o³³* welwater, bronwater
Quellwolke *v²¹* cumulus, stapelwolk
Quengelei *v²⁰* gejengel
quengelig jengelend, zeurderig
quengeln drenzen
Quengler *m⁹* 1 zeurpiet, drammer; 2 mopperaar; 3
  vitter
Quentchen *oude spelling voor* Quäntchen, *zie*
  Quäntchen
quer dwars, schuin: *~ zu* haaks op; *sich ~ legen (fig)*
  gaan dwarsliggen; *~ schießen* tegenwerken, dwars-
  bomen
Querbalken *m¹¹* dwarsbalk
Quere *v²⁸* dwarste, breedte: *der ~ nach durchschneiden* in de dwarste, breedte doorsnijden; *jmdm in
  die ~ kommen* in iems vaarwater komen, iem
  dwarsbomen
Querele *v²¹* conflict, geschil; ruzie
querfeldein het veld in, het land in
Querfeldeinlauf *m⁶* veldloop, cross-country

Querfeldeinrennen o^{35} cyclecross
Querflöte v^{21} dwarsfluit
Querkopf m^6 dwarskop, dwarsdrijver
Querlatte v^{21} **1** dwarslat; **2** (sp) doellat, lat
querlegen, sich oude spelling voor sich quer legen,
  zie quer
Querlinie v^{21} dwarslijn
Querpass m^6 (sp) breedtepass
Querprofil o^{29} dwarsprofiel
querschießen oude spelling voor quer schießen, zie
  quer
Querschiff o^{29} (bouwk) dwarsbeuk, -schip, transept
Querschnitt m^5 **1** dwarsdoorsnede; **2** samenvatting
Querschnitt(s)lähmung v^{20} (med) dwarslaesie
Querstraße v^{21} dwarsstraat
Querstrich m^5 dwarsstreepje
Quersumme v^{21} som van de cijfers
Quertreiber m^9 dwarsdrijver
Querulant m^{14} querulant
Querverbindung v^{20} dwarsverbinding
Quetsche v^{21} **1** (blauwe) pruim, kwets; **2** pers; **3**
  klein bedrijf (boerderijtje, cafeetje)
quetschen I tr **1** kneuzen, platdrukken; **2** persen;
  (aardappels) fijnstampen; (neus tegen raam) plat-
  drukken; **3** drukken; **II** sich ~ zich persen
Quetschkartoffeln mv v^{21} aardappelpuree
Quetschung v^{20} (med) kneuzing
quick kwiek, vlug
quicklebendig springlevend
quieken, quieksen piepen; kraaien
quietschen 1 piepen; **2** gieren, knarsen: vor Vergnügen ~ kraaien van plezier
quietschvergnügt heel vrolijk
Quint v^{20}, **Quinte** v^{21} (muz) kwint
Quintessenz v^{20} kwintessens, kern van de zaak
Quintett o^{29} kwintet
Quirl m^5 **1** garde; **2** (plantk) krans; **3** (luchtv, inform)
  propeller; **4** ventilator; **5** (fig) draaitol
quirlen 1 klutsen, kloppen; **2** kolken; **3** krioelen
quirlig beweeglijk, onrustig
quitt quitte, gelijk
Quitte [kwitə] v^{21} kwee
quittieren ^{320} **1** kwiteren: ~ mit^{+3} beantwoorden
  met; **2** (ambt, functie) neerleggen: den Dienst ~ de
  dienst verlaten
Quittung v^{20} kwitantie: ~ geben kwijting verlenen
Quittungsblock m^{13}, m^6 kwitantieboekje
Quiz o (2e nvl -; mv -) quiz
Quizmaster m^9 quizmaster
Quorum o (2e nvl -s; mv Quoren) quorum
Quote v^{21} quotum, aandeel
Quotenregelung v^{20} regeling, die voorschrijft, dat
  een aantal functies door vrouwen bekleed moet
  worden
Quotient m^{14} quotiënt

Qu

r

Rabatt m^5 rabat, korting
Rabatte v^{21} rabat, border
Rabattmarke v^{21} spaarzegel
Rabatz m^{19} **1** herrie, rumoer, lawaai; **2** luid protest, stennis
Rabbi m^{13} *(ook 2e nvl -; mv -nen)* rabbi, rabbijn
Rabbiner m^9 rabbijn
Rabe m^{15} raaf
Rabeneltern *mv* ontaarde ouders
Rabenmutter v^{26} ontaarde moeder
Rabenvater m^{10} ontaarde vader
rabiat 1 driftig, woedend; **2** gewelddadig
Rache v^{28} wraak: ~ *an jmdm üben* (of: *nehmen*) wraak op iem nemen
Racheakt m^5 wraakoefening
rächen wreken: *sich ~ an*$^{+3}$ zich wreken op
Rachen m^{11} **1** muil; **2** keelholte
Rachenhöhle v^{21} keelholte
Rächer m^9 wreker
Rachgier v^{28} wraakzucht
rachgierig wraakgierig, wraakzuchtig
Rachsucht v^{28} wraakzucht
rachsüchtig wraakgierig, wraakzuchtig
Racker m^9 rakker, bengel, vlegel
Rackerei v^{20} gezwoeg
rackern zwoegen
Racket [rɛkət, rakɛt] o^{36} *(sp)* racket
Rad o^{32} **1** wiel, rad; **2** fiets: ~ *fahren* fietsen
Radar m^5, o^{29} radar
Radarfalle v^{21} snelheidscontrole met verdekt opgestelde radarapparatuur
Radau m^{19} herrie, kabaal
Radaubruder m^{10}, **Radaumacher** m^9 herrieschopper
Raddampfer m^9 raderboot
radebrechen^{137} radbraken *(ook fig)*
radeln fietsen
rädeln 1 kartelen; **2** *(een patroon)* uitraderen
Rädelsführer m^9 raddraaier, belhamel
rädern radbraken
Räderwerk o^{29} raderwerk
radfahren *oude spelling voor* Rad fahren, *zie* Rad I, 2
Radfahrer m^9 wielrijder, fietser
Radfahrweg m^5 rijwielpad, fietspad
Radialreifen m^{11} radiaalband
Radiator m^{16} radiator

radieren^{320} **I** *intr* gommen, uitgommen; **II** *tr* etsen
Radierer m^9 etser
Radiergummi m^{13} gom
Radiernadel v^{21} etsnaald
Radierung v^{20} ets
Radieschen o^{35} radijs
radikal radicaal
Radikalenerlass m^{19} decreet tegen het aanstellen van leden van extremistische organisaties in overheidsdienst
Radikale(r) m^{40a}, v^{40b} radicaal, extremist
Radikalismus m^{19a} radicalisme
Radio o^{36} radio(toestel): ~ *hören* naar de radio luisteren; *im* ~ op de radio, over de radio
radioaktiv radioactief
Radioaktivität v^{28} radioactiviteit
Radioapparat m^5, **Radiogerät** o^{29} radiotoestel
Radiologe m^{15} radioloog
Radius m *(2e nvl -; mv Radien)* **1** *(meetk)* straal; **2** actieradius
Radkappe v^{21} wieldop
Radler m^9 wielrijder, fietser
Radrennbahn v^{20} wielerbaan
Radrennen o^{35} **1** (het) wielrennen; **2** wielerwedstrijd
Radsport m^{19} wielersport
Radsportler m^9 wielrenner
Radstand m^6 wielbasis *(ve auto)*
Radtour, Radwanderung v^{20} fietstocht
Radweg m^5 rijwielpad, fietspad
raffen 1 pakken, grijpen: *das Abendkleid* ~ de avondjapon opnemen; **2** kort samenvatten: *gerafft* beknopt; **3** *(inform)* begrijpen
raffgierig, raffig hebzuchtig
Raffinement o^{36} raffinement
Raffinerie v^{21} raffinaderij
Raffinesse v^{21} **1** sluwheid, geraffineerdheid; **2** finesse
raffinieren^{320} raffineren
raffiniert geraffineerd, sluw, doortrapt
Raffiniertheit v^{20} geraffineerdheid, geslepenheid
Rage v^{28} woede: *in* ~ *kommen* woedend worden; *in* ~ *bringen* woedend maken
ragen oprijzen
Ragout o^{36} ragout
Rah v^{20}, **Rahe** v^{21} *(scheepv)* ra
Rahm m^{19} *(Z-Dui)* room
rahmen inlijsten
Rahmen m^{11} **1** lijst, raam; **2** kozijn; **3** kader, bestek: *den* ~ *überschreiten* buiten het bestek gaan; **4** frame, chassis
Rahmenabkommen o^{35} raamovereenkomst
Rahmenbedingung v^{20} algemene voorwaarde
Rahmenerzählung v^{20} raamvertelling
Rahmengesetz o^{29} raamwet, machtigingswet
Rahmenrichtlinie v^{21} algemene richtlijn
rahmig romig
Rahmkäse m^9 roomkaas
Rahmsoße v^{21} roomsaus

Rain m^5 akkergrens
räkeln *zie* rekeln
Rakete v^{21} **1** raket; **2** vuurpijl: *dreistufige* ~ drietrapsraket
Raketenabschussrampe v^{21} lanceerplatform
Raketenantrieb m^5 raketaandrijving
Rakett o^{29}, o^{36} *(sp)* racket
Rallye v^{27} *(Zwits)* o^{36} rally
Ramadan m^{19}, m^{19a} ramadan
Rammbär m^{16} heiblok
Rammbock m^6 **1** heimachine, heibok; **2** ram
rammdösig 1 versuft; **2** suf, dom
Ramme v^{21} heimachine, heibok
rammeln I *intr* **1** rammelen, schudden; **2** dringen; **II** *sich* ~ **1** vechten; **2** zich stoten ‖ *gerammelt voll* stampvol
rammen 1 heien; **2** rammen
Rammklotz m^6 heiblok
Rampe v^{21} **1** laadperron; **2** oprit; **3** *(opstaande)* rand aan de voorzijde van het podium
Rampenlicht o^{39} *(theat)* voetlicht
ramponieren beschadigen, toetakelen
Ramsch m^5 **1** ramsj, ongeregeld goed; **2** rommel
ramschen ramsjen, tegen afbraakprijzen kopen
Ramschgeschäft o^{29}, **Ramschladen** m^{12} ramsjzaak, dumpwinkel
Ramschware v^{21} ramsjgoed
ran(-) *zie* heran(-)
Rand m^8 **1** rand, zoom, kant; **2** kring *(onder het oog)* ‖ *außer* ~ *und Band* buiten zichzelf, uitgelaten; *mit seiner Weisheit am* ~*e sein* aan het einde van zijn wijsheid zijn; *dies sei nur am* ~*e vermerkt* dit zij slechts terloops vermeld
randalieren^{320} **1** herrie schoppen, tekeergaan; **2** vernielingen aanrichten
Randalierer m^9 **1** herrieschopper; **2** vandaal
Randbemerkung v^{20} kanttekening
Randbezirk m^5 randgebied
rändeln kartelen
rändern randen, van een rand voorzien
Randgruppe v^{21} randgroep
Randstein m^5 trottoirband
randvoll boordevol
Rang m^6 **1** rang, positie: *alles, was* ~ *und Namen hat* de hele elite; *(fig) jmdm den* ~ *ablaufen* iem de loef afsteken; **2** kwaliteit, niveau: *ein Gelehrter von* ~ een prominent geleerde; **3** *(theat)* rang
rangältest oudst in rang, eerstaanwezend
Range I m^{15} kwajongen; **II** v^{21} deugniet
rangeln 1 stoeien; **2** vechten
Rangfolge v^{21} rangorde, volgorde, hiërarchie
rangieren^{320} **I** *tr* rangeren; **II** *intr* komen, staan: *die Mannschaft rangiert an erster Stelle* het elftal staat op de eerste plaats
-rangig van de … rang
Rangliste v^{21} ranglijst
Rangstufe v^{21} trap, graad
rank rank, tenger, slank
Ränke *mv* m^6 listen, intriges, kuiperijen

ranken **I** *intr* ranken schieten, ranken; **II** *sich* ~ zich slingeren, zich (vast)hechten
Rankengewächs o^{29} rankende klimplant
Ränkeschmied m^5 intrigant
ränkesüchtig, ränkevoll intrigerend, vol listen en streken
Ranunkel v^{21} boterbloem, ranonkel
Ranzen m^{11} **1** *(op rug gedragen)* schooltas; **2** *(inform)* buik; **3** *(inform)* rug
ranzig ranzig
rapid(e) vlug, snel
Rappe m^{15} zwart paard
Rappel m^9 vlaag van waanzin
rappelig 1 druk, nerveus; **2** gek
Rappelkasten m^{12}, **Rappelkiste** v^{21} rammelkast
rappeln ratelen, rammelen, klepperen
Rappen m^{11} *(Zwits)* rappen, centime
Raps m^5 raapzaad, koolzaad
Rapunze v^{21}, **Rapunzel** v^{21} veldsla
rar zeldzaam, schaars
Rarität v^{28} rariteit, curiositeit
rasant **1** *(mil)* bestrijkend, rasant; **2** pijlsnel
rasch ras, snel, vlug, rap
rascheln ritselen
rasen 1 razen, woeden; **2** racen, snellen, stuiven
Rasen m^{11} grasveld, gazon; grasmat
rasend 1 razend, enorm; **2** razend, onstuimig
Rasenmäher m^9, **Rasenmähmaschine** v^{21} grasmaaier
Rasenplatz m^6 **1** gazon; **2** *(sp)* veld
Rasensprenger m^9 gras-, tuinsproeier
Rasenstück o^{29} gazon
Raser m^9 snelheidsmaniak
Raserei **I** v^{28} razernij, woede; **II** v^{20} (het) razen, gejaag, gejakker
Rasierapparat m^5 scheerapparaat
rasieren^{320} **1** scheren; **2** met de grond gelijkmaken, wegvagen
Rasierer m^9 elektrisch scheerapparaat
Rasierklinge v^{21} scheermesje
Rasiermesser o^{33} scheermes
Räson v^{28} rede, verstand
Raspel v^{21} rasp
raspeln raspen, schrappen
Rasse v^{21} ras, soort
Rassel v^{21} **1** ratel; **2** rammelaar
Rasselbande v^{21} groep herrieschoppers, groep uitgelaten kinderen
rasseln ratelen; rammelen: *durchs Examen* ~ zakken, stralen, sjezen
Rassendiskriminierung v^{28} rassendiscriminatie
Rassentrennung v^{28} rassenscheiding, apartheid
rasserein raszuiver
rassig 1 van (goed) ras; **2** pittig
rassisch van het ras, ras-
Rassismus m^{19a} racisme
Rassist m^{14} racist
rassistisch racistisch
Rast v^{20} rust, pauze: ~ *machen* uitrusten, pauzeren

Ra

rasten (uit)rusten, stilhouden, pauzeren
Raster I m^9 raster; II o^{33} *(telecom)* raster, testbeeld
Rasthaus o^{32}, **Rasthof** m^6 motel; wegrestaurant
rastlos rusteloos, onvermoeid
Rastlosigkeit v^{28} rusteloosheid, onrust
Rastplatz m^6 parkeerplaats *(langs autosnelweg)*
Raststätte v^{21} wegrestaurant; motel
Rasur v^{20} 1 (het) weggommen; 2 radering; 3 (het) scheren
Rat I m^{19} raad, raadgeving: *jmdn zu ~e ziehen* iem raadplegen; II m^6 1 raadscollege, raad; 2 raadsheer, raadslid
Rate v^{21} 1 termijn *(bij betaling);* 2 percentage
raten[218] 1 raden, gissen; 2 (aan)raden, raad geven, adviseren
Ratengeschäft o^{29} koop op afbetaling
ratenweise in termijnen, op afbetaling
Ratenzahlung v^{20} 1 betaling in termijnen, afbetaling; 2 termijnbetaling
Ratgeber m^9 raadgever, adviseur
Rathaus o^{32} raadhuis
Ratifikation v^{20} ratificatie, bekrachtiging
ratifizieren[320] ratificeren, bekrachtigen
Ration v^{20} rantsoen, portie
rational rationeel
Rationalisierung v^{20} rationalisering
Rationalismus m^{19a} rationalisme
rationell rationeel, doelmatig
rationieren rantsoeneren
ratlos radeloos; wanhopig
Ratlosigkeit v^{28} radeloosheid
ratsam raadzaam, wenselijk
Ratschlag m^6 raad, raadgeving, advies
ratschlagen beraadslagen, bespreken
Rätsel o^{33} raadsel, puzzel: *~ raten* raadsels oplossen
rätselhaft raadselachtig; onbegrijpelijk
rätseln almaar raden, gissen
Ratsherr m^{14} *(2e, 3e, 4e nvl ev -n)* gemeenteraadslid
Ratte v^{21} 1 rat; 2 rotzak, gemene kerel
Rattenfalle v^{21} rattenval
Rattenfänger m^9 rattenvanger
rattern ratelen; *(van motor)* ronken
rau 1 rauw, ruw, bar; 2 ruig, behaard; 3 hees, schor; 4 lomp, onvriendelijk, nors; 5 guur
Raub m^{19} 1 roof; 2 buit, prooi: *ein ~ der Flammen* een prooi der vlammen
Raubbau m^{19} roofbouw: *~ treiben mit*[+3] roofbouw plegen op
rauben 1 roven, stelen; 2 beroven van: *jmdm jede Hoffnung ~* iem alle hoop ontnemen
Räuber m^9 rover
Raubgier v^{28} roofzucht, roofgierigheid
raubgierig roofgierig, roofziek
Raubmord m^5 roofmoord
rauborstig 1 onbehouwen, lomp; 2 *(sp)* ruw
Raubtier o^{29} roofdier
Raubzug m^6 rooftocht
Rauch m^{19} rook
Rauchbombe v^{21} rookbom

rauchen roken
Raucher m^9 roker
Raucherabteil o^{29} rookcoupé
Räucherei v^{20} 1 rokerij; 2 (het) roken
Raucherhusten m^{11} rokershoest
räuchern roken *(van vlees, vis)*
Räucherspeck m^{19} gerookt spek, rookspek
Rauchfahne v^{21} rookpluim
Rauchfleisch o^{39} rookvlees
rauchig rokerig, vol rook
Rauchpilz m^5 paddestoelwolk
Rauchschwaden m^{11} rookwolk
Rauchware v^{21} 1 pelswerk, pelterijen; 2 *(mv)* rookwaar
Rauchwerk o^{39} pelswerk, pelterijen
Rauchwolke v^{21} rookwolk
Räude v^{21} schurft
räudig schurftig
Raufaser v^{21} structuurbehang, -verf
Raufbold m^5 vechtersbaas
Raufe v^{21} ruif
raufen I *tr* (uit)trekken, (uit)rukken, plukken; II *intr* stoeien, ravotten, vechten
Rauferei v^{20} vechtpartij
rauh *oude spelling voor* rau, *zie* rau
rauhborstig *oude spelling voor* rauborstig, *zie* rauborstig
Rauheit v^{20} 1 ruwheid; 2 heesheid; 3 guurheid; *zie ook* rau
Rauhfaser *oude spelling voor* Raufaser, *zie* Raufaser
Rauhreif *oude spelling voor* Raureif, *zie* Raureif
Raum I m^6 1 ruimte, vertrek, kamer, lokaal, lokaliteit; 2 ruimte, regio, gebied; 3 *(scheepv)* ruim; II m^{19} 1 ruimte, heelal; 2 ruimte, plaats; 3 gelegenheid, kans; 4 *(sp)* speelruimte
Raumanzug m^6 ruimtepak
Raumaufteilung v^{20} indeling *(van gebouw)*
Raumausstatter m^9 woninginrichter
räumen 1 ontruimen, vrij maken; 2 (weg-, op)ruimen; 3 leeghalen, leegmaken
Räumer m^9 ruimer
Raumfähre v^{21} ruimteveer
Raumfahrer m^9 kosmonaut, ruimtevaarder
Raumfahrt I v^{28} ruimtevaart; II v^{20} ruimtevlucht
Raumfahrzeug o^{29} ruimtevaartuig
Raumflug m^6 ruimtevlucht
Raumgestaltung v^{28} binnenhuisarchitectuur
Raumkapsel v^{21} ruimtecapsule
Raumlehre v^{28} geometrie
räumlich ruimtelijk, qua ruimte
Räumlichkeit I v^{20} ruimte, vertrek; II v^{28} ruimtelijkheid
Raummangel m^{19} plaatsgebrek
Raumordnung v^{28} ruimtelijke ordening, planologie
Raumpflegerin v^{22} werkster, interieurverzorgster
Raumplanung v^{28} ruimtelijke ordening, planologie
Raumschiff o^{29} ruimteschip
Raumsonde v^{21} ruimtesonde

Ra

Raumstation v^{20} ruimtestation

Räumung v^{20} ontruiming; *zie ook* räumen

raunen 1 ruisen, murmelen; **2** fluisteren

Raupe v^{21} **1** rups; **2** rupsband; **3** gril, kuur

Raupenfahrzeug o^{29} rupsvoertuig

Raureif m^{19} rijp, rijm

raus eruit; *zie ook* heraus, hinaus

Rausch m^6 roes, bedwelming, dronkenschap: *einen* ~ *haben* aangeschoten zijn

rauschen ruisen, bruisen

Rauschgift o^{29} verdovend middel, narcoticum, drug

Rauschgiftsüchtige(r) m^{40a}, v^{40b} drugsverslaafde

Rauschmittel o^{33} *zie* Rauschgift

räuspern, sich de keel schrapen, kuchen

Rausschmeißer m^9 *(inform)* uitsmijter

Raute v^{21} **1** *(meetk)* ruit; **2** *(plantk)* (wijn)ruit

Razzia v^{27} *(mv Razzien)* razzia

Reagenzglas o^{32}, **Reagenzröhrchen** o^{35} reageerbuisje

reagieren^{320} reageren

Reaktion v^{20} reactie

reaktionär reactionair

reaktivieren^{320} **1** reactiveren; **2** weer aanstellen, weer in dienst nemen

Reaktor m^{16} reactor

real reëel, werkelijk, zakelijk

Realeinkommen o^{35} reëel inkomen

Realisation v^{20} **1** realisering, verwezenlijking; **2** realisatie, productie *(ve film e.d.)*

realisieren^{320} **1** realiseren, verwezenlijken; **2** zich realiseren, inzien; **3** te gelde maken

Realisierung v^{28} **1** realisatie, (het) realiseren; **2** (het) te-gelde-maken

Realismus m^{19a} realisme

realistisch realistisch

Realität v^{20} realiteit

Realpolitik v^{20} pragmatische politiek

Realschule v^{21} *(ongev)* mavoschool

Realwert m^5 reële waarde

Reanimation v^{20} reanimatie

Rebe v^{21} **1** wijnrank; **2** wijnstok

Rebell m^{14} rebel, oproerling

rebellieren^{320} rebelleren, in opstand komen

Rebellion v^{20} rebellie, oproer, opstand

rebellisch rebels, oproerig

Rebhuhn o^{32} patrijs, veldhoen

Rebstock m^6 wijnstok

rechen harken

Rechen m^{11} hark

Rechenanlage v^{21} computer

Rechenaufgabe v^{21} rekenopgave, som

Rechenautomat m^{14} rekenmachine: *elektronischer* ~ computer

Rechenbrett o^{31} telraam

Rechenschaft v^{28} rekenschap: *jmdn zur* ~ *ziehen* iem ter verantwoording roepen

Rechenschieber m^9, **Rechenstab** m^6 rekenliniaal, rekenlat

Rechenzentrum o *(2e nvl -s; mv -zentren)* rekencentrum, computercentrum

Recherche v^{21} onderzoek, nasporing

Rechercheur m^5 onderzoeker

recherchieren^{320} navorsen, onderzoeken

rechnen I *intr* **1** rekenen, cijferen: *im Kopf* ~ hoofdrekenen; **2** rekenen, vertrouwen: *auf jmdn* ~ op iem bouwen; **3** rekening houden met; **II** *tr* **1** schatten, ramen, taxeren; **2** meerekenen, meetellen

Rechner m^9 **1** rekenaar; **2** computer

rechnergesteuert computergestuurd

rechnerisch 1 door berekening verkregen; **2** rekenkundig

rechnerunterstützt met behulp van een computer

Rechnung v^{20} **1** berekening; **2** rekening, nota, factuur; **3** rekening: *etwas auf seine* ~ *nehmen* iets voor zijn rekening nemen; *einer Sache* ~ *tragen* rekening houden met iets; *jmdm etwas in* ~ *stellen* iem iets in rekening brengen; **4** *(Zwits)* rekenschap

Rechnungsamt o^{32} Rekenkamer

Rechnungseinheit v^{20} rekeneenheid

Rechnungshof m^6 Rekenkamer, *(Belg)* Rekenhof

Rechnungsjahr o^{29} boekjaar

Rechnungsposten m^{11} post *(op rekening)*

Rechnungsprüfer m^9 accountant

Rechnungsprüfung v^{20} controle van de boekhouding

Rechnungswesen o^{39} bedrijfsadministratie

recht *bn, bw* **1** rechts, rechter-; recht; goed: *das* ~*e Bein* het rechterbeen; **2** *(wisk)* recht: *ein* ~*er Winkel* een rechte hoek; **3** juist, goed; echt, waar, werkelijk: *eine* ~*e Freude* een ware vreugde; *an den Rechten geraten* aan het goede adres komen; *nach dem Rechten sehen* kijken of alles in orde is; *kein* ~*es Vertrauen zu*$^{+3}$ *etwas haben* niet veel vertrouwen in iets hebben; *zur* ~*en Zeit kommen* juist op tijd komen; *es ist mir* ~! mij best!; **4** heel, zeer: ~ *nett* heel vriendelijk; *nun erst* ~! nu juist!; **5** rechtvaardig; **6** ~ *haben*, ~ *behalten* oude spelling voor Recht haben, Recht behalten, *zie* Recht

Recht o^{29} recht: ~ *sprechen* rechtspreken; *öffentliches* ~ publiekrecht; ~ *haben* gelijk hebben; ~ *behalten* gelijk krijgen; *im* ~ *sein* het recht aan zijn kant hebben; *mit* ~ met recht, terecht; *von* ~*s wegen* van rechtswege; *zu* ~ terecht

Rechte v^{40b} **1** rechterhand: *sie saß an* (of: *zu*) *seiner* ~*n* ze zat aan zijn rechterzijde; **2** *(boksen)* rechtse; **3** *(pol)* rechterzijde, rechts, rechtse partij(en)

rechteckig rechthoekig

rechtens 1 rechtens; **2** terecht, met recht

rechtfertigen rechtvaardigen

Rechtfertigung v^{20} rechtvaardiging

rechtgläubig rechtzinnig, orthodox

Rechtgläubigkeit v^{28} rechtzinnigheid, orthodoxie

Rechthaber m^9 betweter

rechthaberisch betweterig, eigenwijs, star

rechtlich 1 juridisch, wettelijk; **2** rechtmatig, wettig

rechtlos rechteloos

Rechtlosigkeit v^{28} rechteloosheid

rechtmäßig rechtmatig, wettig
rechts I *bw* rechts; **II** *vz*[+2] rechts van
Rechtsanwalt *m*[6] advocaat en procureur
Rechtsanwältin *v*[22] advocate
Rechtsanwaltschaft *v*[28] advocatuur, balie
Rechtsaußen *m*[11] *(sp)* rechtsbuiten
Rechtsberater *m*[9] rechtskundig adviseur
Rechtsbeugung *v*[20] rechtsverkrachting
Rechtsbruch *m*[6] rechtsschennis
rechtschaffen 1 rechtschapen; **2** groot, flink
Rechtschaffenheit *v*[28] rechtschapenheid
Rechtschreibung *v*[28] spelling
Rechtsfall *m*[6] rechtszaak, rechtsgeding
Rechtsgang *m*[19] juridische procedure
rechtsgängig rechtsdraaiend
Rechtsgefühl *o*[39] rechtsgevoel
Rechtsgeschäft *o*[29] rechtshandeling
rechtsgültig rechtsgeldig, wettig
rechtshändig rechts, rechtshandig
Rechtshilfe *v*[28] rechtsbijstand, rechtshulp
Rechtsirrtum *m*[8] rechtsdwaling
Rechtskraft *v*[28] rechtskracht
rechtskräftig rechtsgeldig
rechtskundig rechtskundig, rechtsgeleerd
Rechtslage *v*[28] rechtspositie
Rechtsordnung *v*[20] rechtsorde
Rechtsperson *v*[20] rechtspersoon
Rechtspflege *v*[28] rechtspleging, rechtspraak
Rechtsprechung *v*[28] rechtspraak
Rechtssache *v*[21] rechtszaak
Rechtsschutzversicherung *v*[20] rechtsbijstandsverzekering; *(Belg)* tegenverzekering
Rechtsspruch *m*[6] vonnis
Rechtsstaat *m*[16] rechtsstaat
Rechtsstreit *m*[5] rechtsgeding, proces
rechtsum rechtsom
rechtsverbindlich bindend
Rechtsverfahren *o*[35] rechtsgeding, procedure
Rechtsverkehr *m*[19] rechts (rijdend) verkeer
Rechtsverletzung *v*[20] rechtsverkrachting, schending van het recht
Rechtsweg *m*[5] gerechtelijke weg: *auf dem ~* langs gerechtelijke weg
rechtswidrig onwettig, in strijd met het recht, in strijd met de wet
rechtswirksam rechtsgeldig
rechtwinkelig, rechtwinklig rechthoekig
rechtzeitig tijdig, op tijd
Reck *o*[29] rekstok
Recke *m*[15] koene krijger, held
recken I *tr* (uit)rekken, (uit)strekken, (uit)steken; **II** *sich ~* zich uitrekken
Reckstange *v*[21] rekstok
Recorder *m*[9] recorder
Recycling *o*[39] recycling
Redakteur *m*[5] redacteur
Redakteurin *v*[22] redactrice
Redaktion *v*[20] redactie, (het) redigeren
redaktionell redactioneel

Rede *v*[21] 1 rede(voering), voordracht; **2** woord, gesprek, mening: *die ~ bringen auf*[+4] het gesprek brengen op; *es ist nicht der ~ wert* het is de moeite niet waard; **3** rede, stijl, taal || *jmdm ~ (und Antwort) stehen* iem rekenschap geven; *davon ist nicht die ~, davon kann keine ~ sein* daar is geen sprake van; *jmdn zur ~ stellen* iem ter verantwoording roepen
Redefluss *m*[19] woordenvloed, woordenstroom
redegewaltig zeer welsprekend
redegewandt welbespraakt
Redekunst *v*[28] redekunst, welsprekendheid
Redekünstler *m*[9] redenaar
reden spreken, praten, een redevoering houden: *er lässt mit sich ~* er valt met hem te praten; *von sich ~ machen* van zich doen spreken
Redensart *v*[20] 1 uitdrukking, zegswijze; **2** *(mv)* holle frasen, praatjes
Rederei *v*[20] gebabbel, geklets
Redeschwall *m*[19], **Redestrom** *m*[19] woordenvloed, woordenstroom
Redeverbot *o*[29] spreekverbod
Redeweise *v*[21] manier van spreken
Redewendung *v*[20] zinswending; uitdrukking
Redezeit *v*[20] spreektijd
redigieren[320] redigeren
redlich 1 eerlijk, braaf, trouw, rechtschapen; **2** flink, behoorlijk, erg
Redlichkeit *v*[28] eerlijkheid, braafheid
Redner *m*[9] redenaar, spreker
Rednerbühne *v*[21] spreekgestoelte
rednerisch oratorisch, redenaars-
Rednerpult *o*[29] spreekgestoelte
redselig spraakzaam, praatlustig, babbelziek
Redseligkeit *v*[28] spraakzaamheid
Reduktion *v*[20] reductie
reduplizieren[320] redupliceren
reduzieren[320] reduceren
Reede *v*[21] rede, ankerplaats
Reeder *m*[9] reder
Reederei *v*[20] rederij
reell 1 reëel, werkelijk; **2** betrouwbaar, eerlijk
Reep *o*[29] reep, (scheeps)touw
REFA-Fachmann *m* *(2e nvl -(e)s; mv -Fachleute)* arbeidsanalist
Referat *o*[29] 1 referaat, voordracht; **2** verslag; **3** afdeling
Referendar *m*[5] aankomend hoger ambtenaar
Referent *m*[14] 1 referent; **2** ter zake bevoegd ambtenaar, adviseur
Referenz *v*[20] referentie
referieren[320] I *tr* refereren, samenvatten; **II** *intr* een inleiding, een referaat houden
reflektieren[320] reflecteren
Reflektor *m*[16] reflector
Reflex *m*[5] reflex
Reflexion *v*[20] 1 reflectie, terugkaatsing; **2** reflectie, overdenking
reflexiv *(taalk)* reflexief, wederkerend

Reflexiv o^{29}, **Reflexivpronomen** o^{35} *(mv ook -nomina)*, **Reflexivum** o *(2e nvl -s; mv -va)* wederkerend voornaamwoord

Reform v^{20} hervorming

Reformation v^{20} Reformatie, Hervorming

reformieren^{320} reformeren, hervormen

Reformkost v^{28} reformvoeding

Refrain m^{13} refrein

Regal o^{29} 1 (boeken)plank, rek, schap; 2 *(muz)* regaal

rege 1 levendig, druk, bedrijvig; 2 actief

Regel v^{21} 1 regel; 2 menstruatie: *sie hat ihre ~* zij is ongesteld

Regelfall m^{19} normaal geval

regellos regelloos, ordeloos, ongeregeld

regelmäßig 1 regelmatig; geregeld: *~er Kunde* vaste klant; 2 regelmatig, gelijkmatig

Regelmäßigkeit v^{20} regelmatigheid

regeln I *tr* 1 regelen, in orde brengen; 2 regelen, reguleren; II *sich ~* in orde komen

regelrecht 1 volgens de regels; 2 echt, flink

Regelung v^{20} 1 regeling; 2 regulering

Regelverstoß m^6 *(sp)* overtreding van de spelregels

regelwidrig in strijd met de regels

regen I *tr* bewegen, in beweging brengen; II *sich ~* 1 (zich) bewegen, zich verroeren; 2 opkomen, ontstaan

Regen m^{11} regen: *aus dem* (of: *vom*) *~ in die Traufe kommen* van de regen in de drop komen

Regenanlage v^{21} beregeningsinstallatie

Regenbogen m^{11} regenboog

Regeneration v^{20} regeneratie

regenerieren^{320} I *tr* regenereren; II *sich ~* regenereren

Regenfall m^6 regenval

Regenguss m^6 stortbui, stortregen

Regenhaut v^{25} plastic regenjas

Regenmantel m^{10} regenmantel, regenjas

Regenrinne v^{21} dakgoot

Regenschauer m^9 regenbui

Regenschirm m^5 paraplu

Regent m^{14} regent

Regentag m^5 regendag

Regentropfen m^{11} regendruppel

Regenwetter o^{39} regenweer

Regenwurm m^8 regenworm, pier

Regie v^{21} 1 *(theat)* regie; 2 regie, beheer

regieren^{320} regeren

Regierung v^{20} regering, kabinet

Regierungsantritt m^5 aanvaarding van de regering

Regierungsbezirk m^5 district *(van een deelstaat)*

Regierungsbildung v^{20} kabinetsformatie

Regierungschef m^{13} regeringsleider

regierungsfähig in staat om te regeren

Regierungsgewalt v^{28} regeringsmacht, staatsgezag

Regierungssprecher m^9 regeringswoordvoerder

Regierungsumbildung v^{20} kabinetswijziging

Regierungsvorlage v^{21} wetsontwerp van de regering

Regiment I o^{31} *(mil)* regiment; II o^{29} heerschappij, bewind

Region v^{20} streek, gebied, regio: *in höheren ~en schweben* in hoger sferen zijn

regional gewestelijk, regionaal

Regisseur m^5 regisseur

Register o^{33} register

Registratur v^{20} 1 registratie; 2 archief; 3 *(muz)* registratuur

registrieren^{320} registreren

reglementarisch reglementair

reglementieren^{320} reglementeren

Regler m^9 1 regelaar; 2 regulateur

reglos onbeweeglijk, roerloos

Reglung v^{20} *zie* Regelung

regnen regenen

regnerisch regenachtig

Regression v^{20} regressie

regressiv regressief

regsam levendig, bedrijvig, beweeglijk, actief

Regsamkeit v^{28} levendigheid, activiteit

regulär regulier, regulair, geregeld

Regulator m^{16} regulator, regulateur

regulieren^{320} reguleren

Regulierung v^{20} regulering

Regung v^{20} 1 beweging; 2 gevoel, opwelling

regungslos onbeweeglijk, roerloos

Regungslosigkeit v^{28} onbeweeglijkheid

Reh o^{29} *(dierk)* ree

Rehabilitation v^{20} 1 rehabilitatie; 2 revalidatie

rehabilitieren^{320} 1 rehabiliteren; 2 revalideren

Rehbock m^6 reebok

Rehbraten m^{11} gebraden reerug

rehfarben, rehfarbig reekleurig, reebruin

Rehkeule v^{21} reebout

Rehkitz o^{29} reekalf

Rehrücken m^{11} *(cul)* reerug

Reibe v^{21} rasp

Reibekuchen m^{11} aardappelpannenkoekje

reiben^{219} I *tr* 1 wrijven, schuren; 2 raspen, schaven; II *sich ~* wrijving hebben

Reiberei v^{20} wrijving, conflict, geharrewar

Reibkäse m^9 geraspte kaas

Reibung v^{20} wrijving *(ook fig)*

reibungslos 1 zonder wrijving; 2 vlot

reich 1 rijk; 2 kostbaar, prachtig

Reich o^{29} rijk, gebied

reichen I *tr* reiken, aanbieden; II *intr* 1 reiken, zich uitstrekken; 2 toereikend zijn, voldoende zijn || *mir reicht es!* ik heb er genoeg van!

reichhaltig rijk *(van inhoud)*, veelomvattend; goed voorzien, ruim voorzien, uitgebreid

reichlich 1 rijk, overvloedig, rijkelijk; 2 nogal; 3 ruim, meer dan

Reichstag m^5 1 rijksdag; 2 rijksdaggebouw

Reichtum m^8 rijkdom *(ook fig)*

Reichweite v^{21} 1 reikwijdte, draagwijdte: *in ~ sein* binnen het bereik zijn; 2 *(luchtv)* vliegbereik, actieradius; *(telecom)* zendbereik

reif rijp
Reif I m^5 1 ring; 2 diadeem; II m^{19} rijp, rijm
Reife v^{28} rijpheid, rijping
reifen I *intr* rijpen, rijp worden; II *tr* doen rijpen
Reifen m^{11} 1 hoepel; 2 (buiten)band; 3 ring, diadeem
Reifendruck m^6 bandenspanning
Reifenpanne v^{21} bandenpech, lekke band
Reifenwechsel m^9 (het) verwisselen van een band
Reifeprüfung v^{20} eindexamen *(vwo)*
Reifezeit v^{20} 1 rijpingsperiode; 2 puberteit
Reifezeugnis o^{29a} einddiploma *(vwo)*
reiflich rijpelijk, zorgvuldig
Reigen m^{11} rei, rondedans
Reihe v^{21} 1 rij: *in Reih und Glied* in het gelid; 2 reeks, serie; 3 beurt: *an die ~ kommen* aan de beurt komen; *der ~ nach* op volgorde; *an der ~ sein* aan de beurt zijn; 4 *(mv)* geleden
reihen I *tr* 1 (rang)schikken, scharen; 2 rijgen; II *sich ~ an*$^{+4}$ volgen op
Reihenbau m *(2e nvl -(e)s; mv -ten)* 1 *(bouwk)* rijenbouw; 2 rijtjeshuis
Reihenfolge v^{21} volgorde, rangorde
Reihenhaus o^{32} rijtjeshuis
reihenweise 1 in rijen, in serie; 2 bij de vleet
Reiher m^9 reiger
reihum om de beurt: *etwas ~ gehen lassen* iets rond laten gaan
Reim m^5 1 rijm; 2 vers, rijm(pje)
reimen I *tr en intr* rijmen *(ook fig)*; II *sich ~* rijmen, overeenstemmen
reimlos rijmloos, blank
Reimwort o^{32} rijmwoord
rein 1 rein: *etwas ins Reine bringen* iets in het reine brengen; 2 helder, schoon; 3 puur, zuiver: *~er Zufall* puur toeval ‖ *mit jmdm im Reinen sein* met iem overeenstemming bereikt hebben; *~ verrückt* stapelgek; *das ist ~ unmöglich* dat is totaal onmogelijk
rein(-) *zie* herein(-), hinein(-)
Reinemachefrau v^{20} schoonmaakster, werkster
reineweg 1 totaal; 2 gewoon(weg)
Reinfall m^6 miskleun, strop
reinfallen^{154} erin lopen
Reinheit v^{28} reinheid, zuiverheid; *zie* rein
reinigen 1 schoonmaken, reinigen; 2 zuiveren
Reinigung v^{20} 1 reiniging; zuivering; 2 schoonmaak; 3 stomerij
Reinkarnation v^{20} reïncarnatie
reinlich 1 schoon, proper, zindelijk; 2 keurig, netjes, scherp, zorgvuldig, grondig
Reinlichkeit v^{28} zindelijkheid; *zie ook* reinlich
Reinmachefrau v^{20} schoonmaakster, werkster
Reinschrift v^{20} netschrift, net
Reis I m^5 rijst; II o^{31} rijs, twijg, takje, loot
Reisbrei m^5 rijstebrij, rijstepap
Reise v^{21} 1 reis: *auf ~n* (of: *auf der ~*) *sein* op reis zijn; 2 *(bij druggebruik)* trip
Reiseandenken o^{35} souvenir
Reisebericht m^5 reisverslag; reisverhaal

Reisebüro o^{36} reisbureau
Reisebus m^5 *(2e nvl -ses; mv -se)* touringcar
reisefertig reisvaardig
Reiseführer m^9 1 reisgids, gids; 2 reisgids *(boek)*
Reisegefährte m^{15} reisgenoot
Reisegeschwindigkeit v^{20} kruissnelheid
Reisegesellschaft v^{20}, Reisegruppe v^{21} reisgezelschap
Reiseleiter m^9 reisleider
reisen reizen, op reis gaan, op reis zijn
Reisende(r) m^{40a}, v^{40b} 1 reiziger, passagier; 2 (handels)reiziger, vertegenwoordiger
Reiseomnibus m^5 *(2e nvl -ses; mv -se)* touringcar
Reisepass m^6 reispas, paspoort
Reisescheck m^{13} reischeque, travellerscheque
Reiseveranstalter m^9 touroperator
Reiseverkehr m^{19} reizigersverkeer
Reisewelle v^{21} vakantie-uittocht
Reisezeit v^{20} 1 vakantietijd; 2 reistijd
Reiseziel o^{29} 1 reisdoel; 2 vakantiebestemming
Reisezug m^6 reizigerstrein
Reisfeld o^{31} rijstveld
Reisholz, Reisig o^{39} rijshout, sprokkelhout
Reißaus: *~ nehmen* ervandoor gaan
Reißbrett o^{31} tekenbord
reißen^{220} I *intr* 1 scheuren, breken, losgaan; 2 trekken, rukken: *der Hund riss an der Leine* de hond rukte aan zijn riem; II *tr* 1 scheuren, verscheuren, doden; 2 trekken, rukken; 3 *(gewichtheffen)* trekken; *(hoogspringen)* afspringen ‖ *sich um*$^{+4}$ *etwas ~* elkaar iets betwisten, om iets vechten
Reißen o^{39} reumatiek, spierpijn
reißend verscheurend *(van dier)*; snijdend *(van pijn)*; snelstromend, onstuimig *(van rivier)*: *~en Absatz finden, ~ abgehen* gretig aftrek vinden
Reißer m^9 1 kasstuk, succesfilm, succesnummer; 2 bestseller; succesartikel
reißerisch op effect berekend, schreeuwerig
Reißfeder v^{21} trekpen, tekenpen
reißfest scheurvast, trekvast
Reißnagel m^{10} punaise
Reißschiene v^{21} tekenhaak
Reißstift m^5 punaise
Reißverschluss m^6 ritssluiting
Reißzwecke v^{21} punaise
Reitbahn v^{20} manege, rijbaan
reiten^{221} I *intr* rijden, paardrijden; II *tr* berijden, rijden
Reiter m^9 1 ruiter, berijder; 2 ruitertje
Reiterei I v^{20} ruiterij; II v^{28} (het) paardrijden
Reitgerte v^{21}, Reitpeitsche v^{21} rijzweep
Reitschule v^{21} rijschool, manege
Reitsport m^{19} ruitersport
Reiz m^5 1 prikkel(ing); 2 bekoorlijkheid, charme; 3 aantrekkingskracht, attractie
reizbar 1 prikkelbaar; 2 overgevoelig
reizen 1 prikkelen, opwekken; 2 prikkelen, tergen, irriteren; 3 strelen, bekoren; 4 opbieden *(bij kaartspel)*

re

reizend charmant, bekoorlijk, aantrekkelijk, verrukkelijk

reizlos 1 weinig aantrekkelijk; **2** flauw

Reizmittel o^{33} opwekkend middel

Reizung v^{20} **1** prikkeling, prikkel; **2** irritatie

reizvoll bekoorlijk, aantrekkelijk, verrukkelijk

Rekapitulation v^{20} recapitulatie

rekapitulieren^{320} recapituleren

rekeln, sich zich uitrekken

Reklamation v^{20} reclamatie, bezwaar(schrift)

Reklame v^{21} reclame

Reklamefeldzug m^6 reclamecampagne

reklamieren^{320} reclameren

rekonstruieren^{320} reconstrueren

rekonvaleszieren^{320} herstellen

Rekord m^5 record: *einen ~ einstellen* (of: *egalisieren*) een record evenaren

Rekorder m^9 recorder

Rekordhalter, Rekordinhaber m^9 recordhouder

Rekordleistung v^{20} topprestatie, record

Rekordler m^9 recordhouder

Rekrut m^{14} rekruut

rekrutieren^{320} rekruteren

rektal rectaal

Rektifikation v^{20} rectificatie

rektifizieren^{320} rectificeren

Rektor m^{16} **1** rector magnificus; **2** directeur *(van school);* **3** *(r-k)* rector

Relation v^{20} relatie, betrekking

relativ *bn* relatief

relativieren^{320} relativeren

Relativität v^{20} relativiteit

Relativpronomen o^{35} *(mv ook -pronomina)* betrekkelijk voornaamwoord

relevant relevant, van betekenis

Relevanz v^{20} gewicht, belang, relevantie

Religion v^{20} religie, geloof, godsdienst

Religionsbekenntnis o^{29a} geloofsbelijdenis

Religionsgemeinschaft v^{20} geloofsgemeenschap

Religionslehre I v^{28} godsdienstonderwijs; **II** v^{21} geloofsleer

religionslos areligieus, ongodsdienstig

religiös religieus, godsdienstig

Relikt o^{29} overblijfsel, relict

Reling v^{23}, v^{27} *(scheepv)* verschansing, reling

Reliquie v^{21} relikwie

Remedium o *(2e nvl -s; mv -dien en -dia)* remedie

Remigrant m^{14} remigrant

Reminiszenz v^{20} reminiscentie

remis [ramie] *(sp)* remise, onbeslist

Remoulade v^{21} remouladesaus

Rempelei v^{20} **1** *(sp)* (het) hard van de bal zetten *(ve tegenstander);* **2** (het) duwen

rempeln wegduwen: *(sp) jmdn ~ iem* hard van de bal zetten

Rempler m^9 *(sp)* por, duw

Renaissance v^{21} renaissance

Rendite v^{21} rendement

renitent weerspannig

Renitenz v^{20} weerspannigheid, verzet

Rennauto o^{36} raceauto, racewagen

Rennbahn v^{20} renbaan, racebaan

Rennboot o^{29} raceboot

rennen^{222} **I** *intr* rennen, snellen, hollen; **II** *tr* **1** rennen, lopen; **2** stoten

Rennen o^{35} wedren, race: *das ~ gewinnen* (of: *machen)* winnen; *jmdn aus dem ~ werfen* iem uitschakelen

Renner m^9 **1** eersteklas renpaard; **2** succesartikel, topper

Rennfahrer m^9 **1** wielrenner; **2** autocoureur, motorcoureur

Rennrad o^{32} racefiets

Rennstrecke v^{21} *(sp)* circuit

Rennwagen m^{11} raceauto, racewagen

renommiert gerenommeerd, vermaard

renovieren^{320} renoveren

Renovierung v^{20} renovatie, vernieuwing

rentabel rendabel, winstgevend

Rentabilität v^{28} rentabiliteit

Rente v^{21} **1** pensioen, uitkering *(van sociale verzekering);* **2** rente *(van belegging)*, lijfrente

Rentenempfänger m^9 gepensioneerde

Rentenversicherung v^{20} pensioenverzekering

^{1}Rentier o^{29} rendier

^{2}Rentier [rentje] m^{13} **1** rentenier; **2** gepensioneerde

rentieren^{320}, **sich** renderen, lonend zijn

Rentner m^9 **1** gepensioneerde, pensioentrekker; **2** *(zelden)* rentenier

Reorganisation v^{20} reorganisatie

reorganisieren^{320} reorganiseren

Reparationen *mv* v^{20} herstelbetalingen

Reparatur v^{20} reparatie

reparaturanfällig snel defect

Reparaturwerkstatt v *(mv -stätten)* reparatie-inrichting, reparatiewerkplaats

reparieren^{320} repareren

repatriieren^{320} repatriëren

repetieren^{320} **1** repeteren; **2** *(ond)* doubleren

Repetition v^{20} herhaling

Replik v^{20} repliek, weerwoord

replizieren^{320} repliceren, antwoorden

Report m^5 verslag

Reporter m^9 reporter, verslaggever

Repräsentant m^{14} **1** representant, vertegenwoordiger; **2** afgevaardigde

Repräsentantenhaus o^{32} *(pol)* Huis van Afgevaardigden

Repräsentanz I v^{20} *(handel)* vertegenwoordiging; **II** v^{28} representativiteit

Repräsentation v^{20} representatie

repräsentativ representatief

repräsentieren^{320} representeren

Repressalien *mv* v^{21} represailles

Repression v^{20} repressie

Reproduktion v^{20} reproductie

reproduzieren^{320} reproduceren

Reptil o^{29} *(mv ook -ien)* reptiel

Republik v^{20} republiek
Republikaner m^9 republikein
republikanisch republikeins
Reputation v^{20} reputatie
requirieren^{320} rekwireren, vorderen
Requisit o^{37} 1 *(theat)* rekwisiet; 2 vereiste
Reservat o^{29} reservaat
Reserve I v^{21} reserve; II v^{28} gereserveerdheid
Reservetruppen *mv* v^{21} reservetroepen
reservieren^{320} 1 reserveren; 2 bespreken
reserviert gereserveerd, terughoudend
Residenz v^{20} 1 residentie; 2 residentiestad
residieren^{320} resideren
Resignation v^{20} resignatie, berusting
resignieren^{320} resigneren, berusten in
resigniert geresigneerd, berustend
resistent resistent
Resistenz v^{20} 1 weerstand, verzet; 2 weerstandsvermogen
resolut resoluut, doortastend
Resolution v^{20} resolutie, besluit
Resonanz v^{20} resonantie, *(fig)* weerklank, echo: ~ *finden* respons krijgen
resp. *afk van respektive* respectievelijk *(afk* resp.)
Respekt m^{19} respect
respektabel respectabel
respektieren^{320} respecteren
respektierlich respectabel
respektive respectievelijk
respektlos oneerbiedig, zonder respect
Respektlosigkeit v^{20} gebrek aan respect
Respektsperson v^{20} respectabel iemand
Respekttage *mv* m^5 respijtdagen
respektvoll eerbiedig
Ressort o^{36} ressort, ambtsgebied: *das fällt in mein ~* dat behoort tot mijn taak
ressortieren^{320} ressorteren
Ressource v^{21} hulpbron
Rest m^5 rest, overblijfsel, overschot, restant: *die sterblichen* (of: *die irdischen*) *~e* het stoffelijk overschot
Restant m^{14} restant
Restaurant o^{36} restaurant
Restauration v^{20} restauratie, herstel
restaurieren^{320} restaureren, herstellen
Restbestand m^6 restant
Restbetrag m^6 resterend bedrag
restituieren^{320} restitueren, teruggeven
Restitution v^{20} restitutie, teruggave
restlich resterend, overig
restlos volkomen, finaal, totaal
Restposten m^{11} restant
Restriktion v^{20} restrictie, beperking
Resultat o^{29} resultaat, uitkomst
resultieren^{320} resulteren: ~ *aus*$^{+3}$ voortvloeien uit; ~ *in*$^{+3}$ uitlopen op
Resümee o^{36} resumé, samenvatting
resümieren^{320} resumeren, samenvatten
Retorte v^{21} retort, distilleerkolf, -vat

Retortenbaby o^{36} reageerbuisbaby
retournieren^{320} retourneren, terugzenden
retten I *tr* redden: *jmdn vor dem Tod* ~ iem van de dood redden; II *sich* ~ zich redden, zich in veiligheid brengen
Retter m^9 redder
Rettich m^5 rammenas
Rettung v^{20} 1 redding; 2 *(Oostenr)* ambulance
Rettungsdienst m^{19} eerste hulp bij ongelukken
Rettungsgürtel m^9 zwem-, reddingsgordel
rettungslos reddeloos, hopeloos
Rettungsmannschaft v^{20} reddingsploeg
Rettungswagen m^{11} ambulancewagen, ziekenauto
Retusche v^{21} *(foto)* retouche
retuschieren^{320} retoucheren
Reue v^{28} berouw, spijt
reuen berouw, spijt hebben, berouwen: *es reut mich* ik heb er berouw over, het spijt me
reuevoll berouwvol
reuig berouwvol
reumütig berouwvol, boetvaardig
Reuse v^{21} fuik
Revanche v^{21} revanche
Revanchespiel o^{29} revanchewedstrijd
revanchieren^{320}, *sich* zich revancheren: *sich für*$^{+4}$ *etwas ~*: *a)* zich voor iets revancheren, iets terugdoen; *b)* iets vergelden
Reverenz v^{20} reverentie
Revers o *(2e nvl -; mv -)* revers
revidieren^{320} herzien
Revier o^{29} 1 district, gebied, terrein; 2 *(dierk)* territorium; 3 afdelingsbureau *(van politie);* 4 *(mil)* ziekenboeg; 5 jachtgebied
Revision v^{20} 1 cassatie *(van vonnis);* 2 revisie *(van drukproef);* verandering, herziening *(van mening);* 3 controle
Revisor m^{16} accountant
Revolte v^{21} revolte, oproer, opstand
revoltieren^{320} revolteren
Revolution v^{20} revolutie, omwenteling
Revolutionär revolutionair
Revolutionär m^5 revolutionair
revolutionieren^{320} revolteren
Revolver m^9 revolver
Rezensent m^{14} recensent
rezensieren^{320} recenseren
Rezension v^{20} recensie
Rezept o^{29} recept
rezeptfrei zonder recept verkrijgbaar
Rezeption v^{20} receptie
rezeptiv 1 ontvangend, opnemend; 2 ontvankelijk, receptief
rezeptpflichtig alleen op recept verkrijgbaar
Rezeptur v^{20} receptuur
Rezession m^5 recessie
Rezitation v^{20} voordracht
Rezitativ o^{29} *(muz)* recitatief
rezitieren^{320} voordragen, reciteren
R-Gespräch o^{29} collect call

Rhabarber m^{19} rabarber
Rhein m^{19} Rijn
rheinisch van de Rijn, aan de Rijn, Rijn-
Rheinkahn m^6 rijnaak
Rhetorik v^{28} retorica
Rhetoriker m^9 redekunstenaar, retoricus
rhetorisch retorisch
Rheuma o^{39} reumatiek
Rheumatiker m^9 reumapatiënt
rheumatisch reumatisch
Rheumatismus m (2e nvl -; mv -men) reumatiek
Rhythmik v^{28} ritmiek
rhythmisch ritmisch
Rhythmus m (2e nvl -; mv Rhythmen) ritme
Richtblei o^{29} schiet-, paslood
richten I tr 1 (een antenne, het geschut, het oog) richten; 2 (bed, kamer) in orde maken: den Tisch ~ de
tafel dekken; II sich ~ 1 zich richten: sich in die
Höhe ~ zich oprichten; 2 zich schikken: sich nach
den Umständen ~ zich naar de omstandigheden
schikken
Richter m^9 rechter
richterlich rechterlijk
Richtfest o^{29} pannenbier
Richtgeschwindigkeit v^{28} aanbevolen (maximum)snelheid
richtig juist, goed, in orde, waar, echt, werkelijk:
(iron) du bist mir der (of: die) Richtige! je bent me
een mooie!; die Uhr geht ~ de klok loopt gelijk; ~
gehend (van een uurwerk) goed lopend, precies lopend; ~ stellen verbeteren, rechtzetten, rectificeren; und ~! en jawel!
richtiggehend (fig) echt, werkelijk; zie ook richtig
Richtigkeit v^{28} juistheid: damit hat es seine ~ dat is
juist
richtigstellen oude spelling voor richtig stellen, zie
richtig
Richtlinie v^{21} richtsnoer, gedragslijn, richtlijn
Richtpreis m^5 richtprijs
Richtsatz m^6 norm, normbedrag
Richtschnur v^{25} richtlijn; (fig) richtsnoer
Richtstrahler m^9 straalzender
Richtung v^{20} richting: (fig) in dieser ~ in dit opzicht
Richtungsanzeiger m^9 richtingaanwijzer
richtungslos stuurloos, doelloos
Richtwaage v^{21} waterpas
ridikül ridicuul, belachelijk
riechen^{223} I tr ruiken: jmdn nicht ~ können iem niet
kunnen uitstaan; II intr ruiken, geuren, stinken
Riecher m^9 neus
Ried o^{29} 1 riet; 2 rietland, moeras
Riege v^{21} team, ploeg
Riegel m^9 1 grendel, schuif: einer Sache einen ~ vor-
schieben ergens een stokje voor steken; 2 regel,
dwarshout (in vakwerkbouw); 3 reep: ein ~ Schokolade een reep chocolade; 4 schoot, tong (ve slot)
Riemen m^{11} 1 riem (ook roeiriem), gordel; 2 drijf-
riem
Riese m^{15} 1 reus; 2 briefje van duizend

rieseln 1 vloeien, stromen, kabbelen, murmelen; 2
sijpelen, druppelen; 3 neervallen
Riesenarbeit v^{28} reuzenwerk
riesengroß, riesenhaft reusachtig
Riesenschritt m^5 reuzenstap
Riesenslalom m^{13} (sp) reuzenslalom
riesenstark reusachtig sterk
riesig 1 reusachtig, geweldig, kolossaal; 2 fantas-
tisch
Riesin v^{22} reuzin
Riesling m^5 riesling
Riff o^{29} rif, klip
rigoros rigoureus, onverbiddelijk, hard
Rille v^{21} 1 groef(je), voor, geul; 2 gleuf
rillen groeven, canneleren
Rimesse v^{21} remise
Rind o^{31} 1 rund; 2 (inform) rundvlees
Rinde v^{21} 1 schors, bast; 2 korst
Rinderbraten m^{11} 1 gebraden (stuk) rundvlees; 2
rosbief
Rinderfilet o^{36} biefstuk
Rinderwahn m^{19} gekkekoeienziekte
Rinderwahnsinn m^{19} gekkekoeienziekte
Rindfleisch o^{39} rundvlees
Rindsbraten m^{11} zie Rinderbraten
Rindsfilet o^{36}, Rindstück o^{29} biefstuk
Rindvieh o^{39} 1 rundvee; 2 (fig) stom rund
Ring m^5 1 ring; 2 kring, cirkel; 3 schakel, schalm; 4
syndicaat, trust, club; 5 bende; 6 (sp) strijdperk; 7
ringweg, rondweg
Ringbahn v^{20} ringweg, rondweg
Ringbuch o^{32} ringband, multomap
Ringel m^9 1 ringetje, kringetje; 2 krul; 3 krakeling
ringelig krullend, gekruld
Ringellocke v^{21} gekrulde lok, pijpenkrul
ringeln I tr krullen; II sich ~ 1 (zich) krullen; 2 (mbt
rook) kringelen
Ringelnatter v^{21} ringslang
Ringelreigen, Ringelreihen m^{11} rondedans
Ringeltaube v^{21} houtduif
ringen^{224} I intr worstelen: nach Atem ~ naar adem
snakken; mit den Tränen ~ zijn tranen nauwelijks
kunnen bedwingen; II tr (handen)wringen: die
Hände ~ handenwringen
Ringer m^9 worstelaar
Ringfinger m^9 ringvinger
ringförmig ringvormig
Ringkampf m^6 1 worsteling; 2 worstelwedstrijd
Ringkämpfer m^9 worstelaar
ringlig krullend, gekruld
Ringrichter m^9 (sp) scheidsrechter (boksen)
rings, ringsherum rondom, in het rond, overal
Ringstraße v^{21} ringweg, rondweg
ringsum rondom, in de hele omgeving, overal
Rinne v^{21} 1 geul, greppel, goot; 2 (afvoer-, re-
gen)pijp; 3 gleuf, sleuf
rinnen^{225} vloeien, stromen, lopen
Rinnsal o^{29} 1 beekje, stroompje; 2 straaltje
Rinnstein m^5 1 (straat)goot; 2 stoeprand

Rippe v^{21} **1** rib; **2** bladnerf; **3** stukje van een reep

Rippenstoß m^6 stoot, por *(in de zij)*

Rippenstück o^{29} ribstuk

Risiko o^{36} *(mv ook Risiken)* risico, gevaar

riskant riskant

riskieren^{320} riskeren, wagen

Rispe v^{21} pluim *(bloeiwijze)*

Riss m^5 **1** scheur, barst, spleet, breuk; **2** schram *(in de huid)*; **3** scheuring, tweedracht; **4** *(techn)* schets, plan, tekening

rissig 1 gescheurd, gebarsten; **2** gesprongen *(lippen, handen)*

Rist m^5 **1** wreef; handrug; **2** schoft *(ve paard)*

Ritt m^5 rit, tocht te paard: *in einem* (of: *auf einen)* ~ in één ruk

Ritter m^9 ridder: ~ *des Pedals* wielrenner

ritterlich ridderlijk *(ook fig)*

Ritterlichkeit v^{28} ridderlijkheid

Rittersporn m^5 *(plantk)* ridderspoor

Rittertum o^{39} **1** ridderschap; **2** de ridders

rittlings schrijlings

Ritual o^{29} *(mv ook -ien)* ritueel, rite, ceremonie

rituell ritueel

Ritz m^5, **Ritze** v^{21} **1** kras, schram, snee; **2** spleet, naad, kier

ritzen 1 krassen; **2** schrammen, schaven

Ritzer m^9 schram, schaafwond

Rivale m^{15} rivaal, concurrent

rivalisieren^{320} rivaliseren, wedijveren

Rivalität v^{20} rivaliteit

Roastbeef o^{36} rosbief

Robbe v^{21} rob, zeehond

robben *(mil)* robben *(zich op zijn buik voortbewegen)*

Robe v^{21} **1** robe, kleed, (avond)japon; **2** toga

Roboter m^9 robot

robust robuust, stevig, sterk

röcheln rochelen, reutelen

Rochen m^{11} rog

Rock m^6 **1** rok; **2** *(regionaal)* jasje; **3** (uniform)jas

rocken 1 rocken, rock spelen; **2** op rockmuziek dansen

Rockschoß m^6 jaspand

Rockzipfel m^9 slip, tip van een rok

Rodel m^9 *(Z-Dui)* slee

Rodelbahn v^{20} *(sp)* rodelbaan

rodeln 1 *(sp)* rodelen; **2** sleetje rijden

Rodelschlitten m^{11} slee

roden 1 rooien; **2** ontginnen

Rodung v^{20} **1** (het) rooien; **2** ontginning; **3** ontgonnen land

Rogen m^{11} (vis)kuit

Roggen m^{19} rogge

roh 1 rauw; **2** ruw, onbewerkt; **3** ruw, grof, onbeschaafd; **4** niets ontziend

Rohbau m *(2e nvl -(e)s; mv -ten)* ruwbouw

Roheit *oude spelling voor* Rohheit, *zie* Rohheit

Rohertrag m^6 bruto-opbrengst

Rohheit v^{20} **1** rauwheid; **2** ruwheid, onbeschaafd-

heid, grofheid; *zie ook* roh

Rohkost v^{28} rauwkost

Rohling m^5 **1** ruwe kerel; **2** onbewerkt stuk ijzer

Rohmaterial o *(2e nvl -s; mv -ien)* ruw materiaal

Rohöl o^{29} ruwe olie

Rohprodukt o^{29} ruw product, grondstof

Rohr o^{29} **1** buis, pijp; **2** *(mil)* loop: *volles ~ fahren* plankgas rijden; **3** riet(stengel)

Rohrbruch m^6 leidingbreuk

Röhre v^{21} **1** buis, pijp, koker; **2** buisje, kokertje; **3** (bak)oven; **4** *(telecom)* buis, lamp; **5** neonbuis, tl-buis; **6** beeldscherm, beeldbuis: *vor der ~ sitzen* voor de buis zitten

röhren 1 *(mbt hert)* burlen; **2** brullen, huilen

Röhrenleitung v^{20} *(pijp)*leiding

Rohrflöte v^{21} rietfluit, schalmei, herdersfluit

Röhricht o^{29} riet, biezen *(mv)*, rietland

Rohrleitung v^{20} pijpleiding

Rohrnetz o^{29} buizennet

Rohrsänger m^9 karekiet, rietzanger

Rohrspatz m^{14}, m^{16} grote karekiet: *schimpfen wie ein ~ schelden als een viswijf*

Rohrstock m^6 rotting

Rohrstuhl m^6 rieten stoel, rotan stoel

Rohrzucker m^{19} rietsuiker

Rohstahl m^{19} ruw staal

Rohstoff m^5 grondstof

Rohstoffmangel m^{19} grondstoffenschaarste

Rohzucker m^{19} ruwe, ongeraffineerde suiker

Rokoko o^{39}, o^{39a} rococo

Rolladen *oude spelling voor* Rollladen, *zie* Rollladen

Rollbahn v^{20} **1** *(luchtv)* start- en landingsbaan; runway; **2** *(mil)* weg *(voor troepenverplaatsing)*

Rollbraten m^{11} rollade

Rollbrett o^{31} *(sp)* skateboard

Röllchen o^{35} rolletje; (garen)klosje

Rolle v^{21} **1** rol, lijst; **2** *(theat)* rol; **3** scheepsrol; **4** rol, klos(je); **5** wieltje; **6** katrol; **7** *(luchtv)* rolvlucht; **8** *(sp)* (kop)rol

rollen I *intr* **1** rollen, draaien; **2** donderen, dreunen, bulderen; **3** rijden; taxiën; **II** *tr* rollen, draaien, wentelen

Rollenbesetzung v^{20} *(theat)* rolbezetting

Rollenverteilung v^{20} rolverdeling

Roller m^9 **1** roller, breker *(zware golf)*; **2** autoped, step; **3** scooter; **4** *(sp)* rolsprong; **5** *(sp)* schuiver

Rollerbrett o^{31} skateboard

Rollfeld o^{31} *(luchtv)* landingsterrein, -banen

Rollfilm m^5 rolfilm

Rollgeld o^{31} vracht, transportkosten

Rollhockey o^{39} rolhockey

Rollkommando o^{36} **1** oproerpolitie; commando; **2** knokploeg

Rollkragen m^{11} rolkraag, col

Rollkragenpullover m^9 coltrui

Rollladen m^{12}, m^{11} **1** rolluik; **2** jaloezie

Rollo o^{36} rouleau, rolgordijn

Rollschuh m^5 rolschaats

Rollsplitt m^{19} steenslag, split

Ro

Rollstuhl *m*⁶ rolstoel
Rolltreppe *v*²¹ roltrap
Rom *o*³⁹ Rome
Roman *m*⁵ roman
Romancier *m*¹³, Romanschriftsteller *m*⁹ roman-
schrijver, romancier
Romantik *v*²⁸ romantiek
Romantiker *m*⁹ romanticus
romantisch romantisch
Römer *m*⁹ 1 Romein; 2 roemer *(wijnglas)*
Römerbrief *m*¹⁹ brief (van Paulus) aan de Romei-
nen
römisch 1 Romeins; 2 rooms
römisch-katholisch rooms-katholiek
Rondell *o*²⁹ 1 rond bloemperk; 2 rondeel
röntgen röntgenen, doorlichten
Röntgenaufnahme *v*²¹, Röntgenbild *o*³¹ röntgen-
foto
Röntgenologe *m*¹⁵ röntgenoloog
rosa, rosafarben, rosafarbig roze
Röschen *o*³⁵ 1 roosje; 2 rozet
Rose *v*²¹ 1 roos, rozet; 2 roosvenster; 3 windroos,
kompasroos; 4 wondroos
Rosenbeet *o*²⁹ rozenbed, rozenperk
rosenfarben, rosenfarbig rooskleurig, roze
Rosenkohl *m*¹⁹ spruitjes, spruitkool
Rosenmontag *m*⁵ carnavalsmaandag
rosenrot roze, rozenrood
Rosenstock *m*⁶ rozenstruik, stamroos
Rosenstrauch *m*⁸ rozenstruik, struikroos
Rosenstrauß *m*⁶ boeket rozen
Rosette *v*²¹ rozet, roos
rosig rooskleurig, roze, rozerood
Rosine *v*²¹ rozijn: *(große) ~n im Kopf haben* grote
plannen hebben
Rosinenbrot *o*²⁹ rozijnenbrood
Rosmarin *m*¹⁹ rozemarijn
Ross I *o*²⁹ rijpaard; II *o*³² 1 *(Z-Dui, Oostenr, Zwits)*
paard; 2 sukkel, rund
Rossapfel *m*¹⁰ paardenvijg
Rössel *o*³³ 1 paard(je); 2 paard *(schaken)*
Rösselsprung *m*⁶ paardensprong *(schaken)*
Rosskur *v*²⁰ paardenmiddel, paardenkuur
Rost I *m*¹⁹ roest; II *m*⁵ rooster
rostanfällig gauw roestend
rostbeständig roestvrij, roestvast
Rostbildung *v*²⁸ roestvorming
Rostbraten *m*¹¹ rosbief, roastbeef
rosten roesten
rösten 1 roosteren; 2 *(koffie)* branden
Röster *m*⁹ broodrooster
rostfarben, rostfarbig roestkleurig
rostfrei roestvrij
rostig roestig, verroest
Röstkartoffeln *mv v*²¹ gebakken aardappelen
Röstkastanien *mv v*²¹ gepofte kastanjes
Rostschutzmittel *o*³³ roestwerend middel
Röstung *v*²⁸ 1 (het) roost(er)en; 2 (het) branden
Röstzwiebeln *mv v*²¹ gefruite uitjes

rot⁵⁹ rood: *keinen ~en Heller* geen rooie cent; *~ wer-
den* rood worden, blozen
Rot *o*³⁹ 1 rood; 2 rouge
Rotang *m*⁵ rotan
Rotarmist *m*¹⁴ militair van het Rode Leger
Rotation *v*²⁰ rotatie, draaiing
rotbackig, rotbäckig roodwangig
Rotbarsch *m*⁵ roodbaars
rotblond rossig, roodblond
rotbraun roodbruin
Rotbuche *v*²¹ (gewone) beuk
Rotdorn *m*⁵ rode meidoorn
Röte *v*²⁸ 1 (rode) kleur, blos; 2 roodheid
Rötel *m*⁹ roodkrijt, roodaarde
Röteln *mv* rodehond
röten I *tr* rood kleuren; II *sich ~* rood worden
rotfleckig roodgevlekt, roodgespikkeld
Rotfuchs *m*⁶ 1 vos; 2 roodvos *(paard)*
rotieren³²⁰ roteren, ronddraaien
Rotkäppchen *o*³⁹ Roodkapje
Rotkehlchen *o*³⁵ roodborstje
Rotkohl *m*¹⁹, Rotkraut *o*³⁹ rodekool
rötlich roodachtig, rossig
Rotor *m*¹⁶ rotor
Rotschwänzchen *o*³⁵ roodstaartje
rotsehen²⁶¹ door het lint gaan
Rotstift *m*⁵ rood potlood: *den ~ ansetzen* geplande
uitgaven schrappen; bezuinigen
Rotte *v*²¹ 1 bende, horde, troep; 2 *(mil)* rot
Rötung *v*²⁸ roodkleuring, roodheid
rotwangig roodwangig, met rode wangen
Rotwein *m*⁵ rode wijn
Rotwelsch *o*³⁹, *o*³⁹ᵃ dieventaal, Bargoens
Rotwurst *v*²⁵ bloedworst
Rotz *m*¹⁹ snot ‖ *der ganze ~* de hele rotzooi
rotzen *(plat)* 1 zijn neus snuiten; 2 snot ophalen
Rotzgöre *v*²¹ snotaap, snotneus, blaag
rotzig 1 snotterig; 2 brutaal, onbeschoft
Rotzlöffel *m*⁹ snotneus, snotaap
Rotznase *v*²¹ snotneus *(ook fig)*
Roulade *v*²¹ rollade
Rouleau *o*³⁶ rouleau, rolgordijn
Roulett *o*²⁹, Roulette *o*³⁶ roulette
roulieren³²⁰ rouleren, in omloop zijn
Route *v*²¹ route
Routine *v*²⁸ routine
routiniert geroutineerd, ervaren
Rowdy [raudie] *m*¹³ rowdy, raddraaier
Rübe *v*²¹ 1 raap, knol: *Gelbe ~* wortel, peen; *Rote ~*
biet, kroot; 2 kop, kanis, raap ‖ *wie Kraut und ~n*
wanordelijk, door elkaar
Rubel *m*⁹ roebel
Rübenzucker *m*¹⁹ bietsuiker
rüber- *zie* herüber-, hinüber-
Rubin *m*⁵ robijn
Rubrik *v*²⁰ rubriek
rubrizieren³²⁰ rubriceren
ruchbar bekend, ruchtbaar, wereldkundig
ruchlos laag, snood, gewetenloos

Ro

Ruchlosigkeit v^{20} **1** laagheid, snoodheid; **2** gemene daad, gewetenloze daad
Ruck m^5 ruk: *mit einem ~* ineens, plotseling
Rückantwort v^{20} repliek; antwoord
ruckartig met een ruk, schokkend
Rückäußerung v^{20} antwoord, repliek
Rückbeförderung v^{20} terugzending
rückbezüglich wederkerend, reflexief
Rückbildung v^{20} verschrompeling, wegkwijning, degeneratie, atrofie
Rückblende v^{21} flashback, terugblik
Rückblick m^5 terugblik
rückdatieren ^{320} antidateren
rücken I *tr* rukken, (ver)zetten, (ver)plaatsen; (ver)schuiven; **II** *intr* **1** opschuiven, plaats maken, zich verplaatsen: *an jmds Stelle ~* iems plaats innemen; *in den Mittelpunkt ~* centraal komen te staan; **2** *(mil)* uitrukken, (op)trekken, gaan
Rücken m^{11} rug *(ook fig): sich den ~ freihalten* zijn rug vrijhouden; *(sp) 100 m ~* 100 m rugslag
Rückendeckung v^{28} rugdekking
Rückenflosse v^{21} rugvin
Rückenlage v^{21} rugligging
Rückenlehne v^{21} rugleuning
Rückenmark o^{39} ruggenmerg
Rückenschmerzen *mv* m^{16} rugpijn
rückenschwimmen ^{257} rugzwemmen
Rückenschwimmen o^{39} *(sp)* rugslag
Rückenwind m^{19} wind in de rug
Rückenwirbel m^9 rugwervel
Rückeroberung v^{20} herovering
Rückerstattung v^{20} teruggave, restitutie
Rückfahrkarte v^{21}, **Rückfahrschein** m^5 retourbiljet
Rückfahrt v^{20} terugtocht, -reis, -weg
Rückfall m^6 **1** terugval, (weder)instorting; **2** herhaling, recidive
rückfällig: *~ werden: a)* in de oude fout vervallen; *b) (jur)* recidiveren
Rückfälligkeit v^{28} recidive, recidief
Rückfalltäter m^9 recidivist
Rückflug m^6 retourvlucht
Rückfrage v^{21} **1** wedervraag; **2** vraag om nadere inlichtingen, navraag
rückfragen om nadere inlichtingen vragen, navraag doen
Rückfront v^{20} achterkant *(ve gebouw)*
Rückführung v^{28} **1** terugbrenging; **2** repatriëring
Rückgabe v^{21} **1** teruggave; **2** *(sp)* terugspeelbal
Rückgang m^6 **1** achteruitgang, teruggang, recessie; **2** daling, vermindering, afname
rückgängig achteruitgaand, dalend *(van prijs): eine Verlobung ~ machen* een verloving verbreken; *einen Kauf ~ machen* een koop ongedaan maken, annuleren; *einen Vertrag ~ machen* een contract ontbinden
Rückgrat o^{29} ruggengraat
Rückhalt m^5 **1** (ruggen)steun; **2** terughoudendheid, reserve: *ohne ~* zonder voorbehoud

rückhaltlos 1 zonder enige terughouding, openhartig, onverbloemd; **2** zonder voorbehoud
Rückhand v^{28} *(sp)* backhand
Rückkehr v^{28} terugkeer, terugkomst
rückkoppeln terugkoppelen
Rückkoppelung, Rückkopplung v^{20} terugkoppeling, feedback
Rückkunft v^{28} terugkeer, terugkomst
Rücklage v^{21} **1** reserve(fonds); **2** spaargeld
rückläufig teruglopend, achteruitgaand, dalend
Rücklehne v^{21} rugleuning
Rückleuchte v^{21}, **Rücklicht** o^{31} achterlicht
rücklings 1 ruggelings, achterover; **2** van achteren; **3** achterstevoren
Rücknahme v^{21} terugneming
Rückporto o^{36} porto voor antwoord
Rückprall m^{19} terugkaatsing, terugstoot
Rückreise v^{20} terugreis, thuisreis
Rückruf m^5 **1** terugroeping; **2** *(telecom)* (het) terugbellen
Rucksack m^6 rugzak
Rückschau v^{28} terugblik
Rückschlag m^6 **1** terugslag; **2** terugstoot; **3** (het) terugslaan; **4** tegenspoed
Rückschluss m^6 gevolgtrekking, conclusie
Rückschritt m^5 **1** stap achterwaarts; **2** achteruitgang
rückschrittlich reactionair
Rückseite v^{21} achterzijde, achterkant
Rücksicht v^{20} **1** consideratie, inachtneming, overweging: *~ nehmen auf* $^{+4}$ rekening houden met; *mit ~ auf seine Jugend* met het oog op zijn jeugd; *ohne ~ auf* zonder te letten op; **2** achting, eerbied, respect; **3** *(mv)* redenen
Rücksichtnahme v^{28} consideratie, respect
rücksichtslos 1 niets ontziend, onverbiddelijk, meedogenloos; **2** genadeloos, onbarmhartig; **3** grof
Rücksichtslosigkeit v^{20} **1** wijze van optreden, waarbij niets en niemand ontzien wordt; **2** onverbiddelijkheid, meedogenloosheid; **3** grofheid
rücksichtsvoll vol egards, kies, attent
rücksiedeln repatriëren
Rücksitz m^5 achterbank
Rückspiegel m^9 achteruitkijkspiegel
Rückspiel o^{29} *(sp)* return(wedstrijd)
Rücksprache v^{21} ruggespraak, overleg
Rückstand m^6 **1** achterstand: *im ~ sein: a)* een achterstand hebben; *b)* in gebreke zijn *(met betalingen); Rückstände* achterstallige schuld, schulden; **2** *(chem)* residu, rest, overblijfsel
rückständig 1 achtergebleven, onderontwikkeld; **2** achterhaald, verouderd, met ouderwetse opvattingen; **3** achterstallig
Rückständigkeit v^{28} **1** achterstand, (het) achterstallig zijn; **2** achterlijkheid
Rückstau m^{13}, m^5 **1** opstuwing; **2** verkeersopstopping, file
Rückstrahler m^9 reflector
Rücktritt m^5 **1** (het) aftreden, ontslagneming: *der Minister hat seinen ~ erklärt* (of: *angeboten, einge-*

Ru

reicht) de minister heeft zijn ontslag aangeboden; **2**
(het) zich terugtrekken *(bij contract);* **3** terugtraprem

Rücktrittbremse *v²¹* terugtraprem

Rücktrittsgesuch *o²⁹* ontslagaanvraag

rückversichern herverzekeren

Rückwanderer *m⁹* repatriant, remigrant

rückwärts 1 achterwaarts, achteruit; terug; **2** van
achteren naar voren, achterstevoren

Rückwärtsgang *m⁶* achteruit *(ve auto)*

Rückweg *m⁵* terugweg

ruckweise met rukken, met schokken, met horten
en stoten, met sprongen, bij vlagen

rückwirkend terugwerkend, met terugwerkende
kracht

Rückwirkung *v²⁰* terugwerking, terugwerkende
kracht; gevolg, reactie

Rückzieher *m⁹* **1** *(voetbalterm)* omhaal; **2** *(biljart-
term)* trekbal ‖ *(fig)* einen ~ *machen* terugkrabbe-
len

ruck, zuck in een mum van tijd, heel vlug

Rückzug *m⁶* terugtocht

rüde *bn* ruw, lomp, grof

Rüde *m¹⁵* reu, rekel

Rudel *o³³* roedel, kudde, troep; grote groep

Ruder *o³³* **1** riem, roeispaan; **2** roer, stuur

Ruderblatt *o³²* riemblad; roerblad

Ruderboot *o²⁹* roeiboot

rudern roeien

rudimentär rudimentair

Ruf I *m⁵* **1** roep, schreeuw, kreet, geroep, uitroep; **2**
benoeming, beroep, uitnodiging; **II** *m¹⁹* **1** roep, oproep; **2** reputatie, naam; **3** telefoonnummer

rufen²²⁶ 1 roepen; **2** noemen: *sie wird Spatz gerufen*
zij wordt Spatz genoemd; **3** (op)bellen: *ein Taxi ~*
een taxi (op)bellen

Rüffel *m⁹* standje, uitbrander

rüffeln een uitbrander, standje geven

Rufmord *m⁵ (ongev)* eerroof: *das ist ~* dat is dodelijk voor iems reputatie

Rufnummer *v²¹* telefoonnummer

Rufsäule *v²¹* praatpaal

Rufweite *v²⁸: in ~* op gehoorsafstand

Rüge *v²¹* berisping, standje

Rügefrist *v²⁰* reclametermijn

rügen 1 berispen, een standje geven, terechtwijzen;
2 laken, afkeuren

Ruhe *v²⁸* **1** rust, stilte: *angenehme ~!* welterusten!; **2**
kalmte, bedaardheid: *die ~ bewahren* de kalmte be-
waren; **3** rust, stilstand ‖ *ich möchte meine ~ haben*
ik wil met rust gelaten worden; *die öffentliche ~* de
openbare orde; *lassen Sie mich damit in ~* praat me
daar niet van; *immer mit der ~* kalmpjes aan; *sich
zur ~ begeben* (of: *legen)* naar bed gaan; *sich zur ~
setzen* stil gaan leven

Ruhegehalt *o³²* pensioen

Ruhegeld *o³¹* ouderdomspensioen, AOW

ruhelos rusteloos

ruhen 1 (uit)rusten; **2** rusten, steunen, liggen: *die*

Arbeit, der Verkehr ruht het werk, het verkeer ligt
stil

Ruhepause *v²¹* rustpauze

Ruhestand *m¹⁹* rust, stil leven, pensioen: *in den ~
gehen* (of: *treten, versetzt werden)* met pensioen
gaan; *jmdn in den ~ versetzen* iem pensioneren

Ruheständler *m⁹* gepensioneerde

Ruhestatt *v (mv -stätten),* **Ruhestätte** *v²¹* **1** rustplaats, rustoord; **2** graf

ruhestörend rustverstorend

Ruhestörung *v²⁰* rustverstoring, burengerucht:
~en ongeregeldheden

Ruhetag *m⁵* rustdag: *montags ~* maandags gesloten

ruhig I *bn* **1** rustig, stil, ongestoord: *~ stellen (med)*
fixeren; **2** kalm, bedaard; **3** kalm *(van markt);* **II** *bw*
rustig, gerust

Ruhm *m¹⁹* roem, glorie

rühmen roemen, prijzen: *sich einer Sache² ~* zich op
iets beroemen

rühmenswert prijzenswaardig

rühmlich 1 prijzenswaardig; **2** roemrijk

ruhmlos roemloos, oneervol

ruhmredig blufferig, grootsprekerig, snoevend

ruhmreich roemrijk

ruhmvoll roemvol, roemrijk

ruhmwürdig roemenswaardig

Ruhr *v²⁸ (med)* dysenterie

Rührei *o³¹ (zelden mv)* roerei

rühren I *intr* **1** voortspruiten, ontstaan; **2** (aan)ra-
ken: *(fig) rühre nicht daran!* praat er niet over!; **II** *tr*
1 (om)roeren, bewegen, verroeren: *keinen Finger ~*
geen hand uitsteken; **2** ontroeren, aandoen; **3** treffen, slaan: *der Schlag hat ihn gerührt* hij heeft een
beroerte gehad; **III** *sich ~* zich verroeren, zich bewegen: *(mil) rührt euch!* op de plaats rust!

rührend roerend, aandoenlijk

rührig druk, bedrijvig, actief

Rührlöffel *m⁹* pollepel

rührselig sentimenteel

Rührstück *o²⁹ (theat)* sentimenteel stuk

Rührung *v²⁸* ontroering, aandoening

Ruin *m¹⁹* ondergang, verderf

Ruine *v²¹* ruïne *(ook fig),* bouwval

ruinieren³²⁰ ruïneren, te gronde richten

ruinös 1 bouwvallig; **2** ruïneus

rülpsen oprispen, boeren

Rülpser *m⁹* **1** oprisping, boer; **2** iem die boert

rum(-) *zie* herum(-)

Rum *m¹³* rum

Rumäne *m¹⁵* Roemeen

Rumänien *o³⁹* Roemenië

rumänisch Roemeens

Rummel *m¹⁹* **1** drukte; **2** *(N-Dui)* kermis; **3** rommel
‖ *ich habe den ~ gründlich satt!* ik heb er schoon genoeg van!

rummeln rommelen, dof rollen

Rummelplatz *m⁶ (N-Dui)* kermis(terrein)

Rumor *m¹⁹* rumoer, lawaai

rumoren rumoer maken, lawaai maken

Rumpelkammer v^{21} rommelkamer
rumpeln 1 rommelen; **2** hotsen, hobbelen
Rumpf m^6 romp *(ook van schip, vliegtuig)*
rümpfen *(de neus)* optrekken
Rumpsteak o^{36} entrecote
rund I *bn* **1** rond: ~*e Augen machen* grote ogen opzetten; **2** mollig; **3** vol: *ein ~es Jahr* een vol jaar; **II** *bw* **1** rondom, in het rond; **2** circa, ongeveer
Rund o^{29} rond, kring
Rundbau *m (2e nvl -(e)s; mv -ten)* **1** rotonde; **2** rond gebouw
Rundblick m^5 panorama
Rundbrief m^5 rondschrijven, circulaire
Runde v^{21} **1** groep; **2** rondte, kring; **3** rondje: *eine ~ geben* (of: *ausgeben*) een rondje geven; **4** ronde: *die ~ machen* de ronde doen; **5** *(sp)* ronde, rondje; **6** *(handwerken)* toer ‖ *(fig) über die ~n kommen* het redden
runden (af)ronden, rond maken: *die Teile ~ sich zum Ganzen* de delen vormen een geheel
Rundenzeit v^{20} *(sp)* rondetijd
Rundfahrt v^{20} rondvaart, rondrit
Rundfrage v^{20} enquête
Rundfunk m^{19} **1** radio-omroep; **2** radio: *im ~ sprechen* voor de radio spreken; ~ *hören* naar de radio luisteren
Rundfunkansager m^9 radio-omroeper
Rundfunkanstalt v^{20} omroepvereniging
Rundfunkapparat m^5, **Rundfunkempfänger** m^9 radiotoestel
Rundfunkgebühr v^{20} luistergeld
Rundfunkgerät o^{29} radiotoestel
Rundfunkhörer m^9 luisteraar
Rundfunksender m^5 **1** radiozender; **2** omroepstation
Rundfunksendung v^{20} radio-uitzending
Rundfunksprecher m^9 radio-omroeper
Rundfunkwerbung v^{28} radioreclame
Rundfunkzeitschrift v^{20} omroepgids
rundheraus ronduit, rondweg
rundherum 1 rondom, in het rond; **2** helemaal
rundlich 1 enigszins rond; **2** gevuld, mollig
Rundreise v^{21} rondreis
Rundschau v^{28} panorama; rondblik
Rundschreiben o^{35} rondschrijven, circulaire
rundum 1 rondom; **2** helemaal
Rundung v^{20} ronding
Rundverkehr m^{19} verkeer op een, de rotonde
rundweg rondweg, ronduit: *etwas ~ ablehnen* iets onomwonden afwijzen
Rune v^{21} rune
runter(-) *zie* herunter(-), hinunter(-)
Runzel v^{21} rimpel, plooi
runzelig rimpelig, gefronst, gerimpeld
runzeln rimpelen, kreuken, plooien; *(het voorhoofd)* fronsen
runzlig *zie* runzelig
Rüpel m^9 lomperd, vlegel
Rüpelei v^{20} lompheid, onbehouwenheid

rüpelhaft lomp, onbehouwen, vlegelachtig
rupfen 1 uittrekken; **2** *(gevogelte)* plukken; **3** *(fig)* afzetten, plukken
ruppig 1 onbeschoft; **2** ruig, onverzorgd
Rüsche v^{21} ruche
Rush m^{13} *(sp)* rush; snelle ren
Ruß m^{19} roet
Russe m^{15} Rus
Rüssel m^9 **1** slurf; **2** snuit *(van varken)*; **3** *(inform)* neus; **4** roltong *(van insect)*
rußen roeten; walmen
rußig roetig, roetachtig, zwart van het roet
Russland o^{39} Rusland
Rüstbalken m^{11}, **Rüstbaum** m^6 steigerpaal
rüsten I *tr* gereedmaken, toebereiden; **II** *intr* zich bewapenen; **III** *sich* ~ toebereidselen maken, zich klaarmaken
Rüster v^{21} olm, iep
rüstig krachtig, kras
rustikal rustiek
Rüstung I v^{20} wapenrusting; **II** v^{28} bewapening
Rüstungsabbau m^{19} ontwapening
Rüstungsbegrenzung, **Rüstungsbeschränkung** v^{20} wapenbeperking
Rüstungskontrolle v^{21} (internationale) controle op de bewapening
Rüstungswettlauf m^{19} wapenwedloop
Rüstzeug o^{39} **1** gereedschap; **2** (vak)kennis
Rute v^{21} **1** twijg, teen; **2** roede, roe; **3** vishengel; **4** *(jagerstaal)* staart; **5** roede, penis *(van dieren)*
Rutengänger m^9 (wichel)roedeloper
Rutsch m^5 **1** (het) glijden, schuiven; **2** (aard)verschuiving; **3** uitstapje ‖ *in einem* (of: *auf einen*) ~ in één keer; *guten ~ ins neue Jahr!* gelukkig nieuwjaar
Rutschbahn v^{20} glijbaan *(in speeltuin)*
Rutsche v^{21} glijgoot
rutschen 1 schuiven, glijden: *das Essen rutscht schlecht* het eten wil niet zakken; **2** uitglijden, slippen; **3** *(inform)* opschuiven ‖ *mal nach Köln ~ even* overwippen naar Keulen
rutschfest antislip
Rutschgefahr v^{28} slipgevaar
rutschig glad
Rüttelbeton m^5, m^{13} trilbeton
rütteln 1 schudden, schokken; **2** *(aan een deur)* rukken, rammelen ‖ *daran ist nicht zu* ~ daar valt niet aan te tornen
Rüttelschwelle v^{21} verkeersdrempel

Ru

S

Saal *m*⁶ (*mv Säle*) zaal

Saat I *v*²⁸ 1 (het) zaaien; 2 zaad (*ook fig*); II *v*²⁰ pootgoed; gezaaide, gewas

Saatgut *o*³⁹ zaaigoed

Saatkartoffel *v*²¹ pootaardappel

Säbel *m*⁹ sabel

Säbelhieb *m*⁵ sabelhouw

säbeln snijden, hakken

Säbelrasseln *o*³⁹ (*fig*) wapengekletter

Sabotage *v*²¹ sabotage

Saboteur *m*⁵ saboteur

sabotieren³²⁰ saboteren

Sachbearbeiter *m*⁹ bevoegd ambtenaar, bevoegd
medewerker, contactpersoon

Sachbereich *m*⁵ gebied, terrein

Sachbeschädigung *v*²⁰ (*jur*) zaakbeschadiging

sachbezogen zakelijk, inhoudelijk

Sachbezüge *mv m*⁶ inkomsten in natura

Sachbuch *o*³² populair-wetenschappelijk boek

sachdienlich ter zake dienend, doelmatig

Sachdiskussion *v*²⁰ zakelijke discussie

Sache *v*²¹ zaak, ding: *es ist beschlossene ~ dat is afgesproken; seine ~n zijn spullen, zijn kleren; das
ist seine ~ nicht dat is niets voor hem; das ist nicht
jedermanns ~ dat valt niet bij iedereen in de smaak;
das ist so eine ~!* dat zijn zo van die dingen!; *ich
muss wissen, was an der ~ ist* ik moet weten hoe de
zaak zit; *bei der ~ bleiben* niet afdwalen; *er fuhr mit
100 ~n* hij reed (met een snelheid van) 100 km; *ge-
meinsame ~ mit jmdm machen* gemene zaak met
iem maken; *das tut nichts zur ~* dat doet er niet toe

Sachfrage *v*²¹ zakelijke kwestie

sachgemäß, sachgerecht 1 met de feiten overeenstemmend, objectief; 2 doelmatig, juist; 3 vakkundig, deskundig

Sachkenntnis *v*²⁴ kennis van zaken, deskundigheid

sachkundig ter zake kundig, deskundig

Sachlage *v*²⁸ 1 stand van zaken; 2 situatie

sachlich 1 zakelijk, objectief; 2 feitelijk

sächlich (*taalk*) onzijdig

Sachlichkeit *v*²⁸ zakelijkheid, objectiviteit

Sachschaden *m*¹² materiële schade

Sachse *m*¹⁵ Saks, Sakser

sacht zacht

sachte 1 zachtjes; 2 kalm aan, rustig

Sachverhalt *m*⁵ 1 stand van zaken; 2 toedracht, feiten

Sachversicherung *v*²⁰ schadeverzekering

Sachverstand *m*¹⁹ kennis van zaken, deskundigheid

sachverständig deskundig

Sachverständige(r) *m*⁴⁰ᵃ, *v*⁴⁰ᵇ deskundige, expert

Sachwalter *m*⁹ 1 zaakwaarnemer; 2 pleitbezorger

Sachwert I *m*¹⁹ reële waarde, zakelijke waarde; II *m*⁵
(*meestal mv*) waardevaste goederen, goederenka-
pitaal

Sachwörterbuch *o*³² encyclopedie

Sack *m*⁶ 1 zak; 2 wal, zak (*onder de ogen*)

sacken I *tr* in zakken doen; II *intr* zinken, zakken,
dalen

Sackgasse *v*²¹ doodlopende straat, doodlopende
weg: *in eine ~ geraten* in een impasse geraken

Sackhüpfen, Sacklaufen *o*³⁹ zaklopen

Sackpfeife *v*²¹ doedelzak

Sadismus *m*¹⁹ᵃ sadisme

Sadist *m*¹⁴ sadist

säen zaaien: *dünn gesät* dun gezaaid

Safe *m*¹³, *o*³⁶ 1 safe, kluis; 2 safeloket

Safran *m*⁵ saffraan

Saft *m*⁶ 1 sap; 2 vleesnat; 3 (*fig*) kracht, energie || (*in-
form*) *roter ~ bloed; ohne ~ und Kraft* zonder pit,
slap

saftgrün sappig groen

saftig 1 sappig; 2 flink, stevig; 3 pikant, schuin (*van
mop*)

saftlos 1 saploos, zonder sap, uitgedroogd; 2 krachteloos

sagbar zegbaar, te zeggen, uit te drukken

Sage *v*²¹ sage: *es geht die ~* men zegt

Säge *v*²¹ zaag

Sägemehl *o*³⁹ zaagsel

sagen zeggen: *lass dir das gesagt sein!* onthoud dat!;
gesagt, getan zo gezegd, zo gedaan; *wie gesagt* zoals
ik al zei

sägen 1 zagen; 2 (*iron*) snurken

Sagen *o*³⁹: *das ~ haben* het voor het zeggen hebben

sagenhaft 1 legendarisch; 2 ongelofelijk, geweldig,
fantastisch

sagenumwoben in het middelpunt van sagen
staand

Sägespäne *mv m*⁶ zaagsel

Sägewerk *o*²⁹ (hout)zagerij

Sahne *v*²⁸ 1 room; 2 slagroom

Sahneeis *o*³⁹ roomijs

sahnig met (slag)room, romig

Saison *v*²⁷ seizoen

saisonal seizoen-: *~e Arbeitslosigkeit* seizoenwerk-
loosheid

Saisonarbeit *v*²⁸ seizoenarbeid

Saisonausverkauf *m*⁶ seizoenopruiming

saisonbedingt afhankelijk van het seizoen, samenhangend met het seizoen

Saisonbetrieb I *m*⁵ seizoenbedrijf; II *m*¹⁹ seizoen-
drukte

Saite *v*²¹ snaar: (*fig*) *gelindere* (of: *mildere*) *~n auf-*

Sa

ziehen water in de wijn doen; *andere (of: strengere)* ~*n aufziehen* uit een ander vaatje tappen
Sakko *m*[13], *o*[36] colbert(jasje)
Sakrament *o*[29] sacrament
Sakristei *v*[20] sacristie
säkular 1 seculair, honderdjarig; **2** *(fig)* uniek, buitengewoon; **3** wereldlijk, seculier
Salamander *m*[9] salamander
Salami *v*[27] *(mv ook -)* salami
Salat I *m*[19] sla; **II** *m*[5] slaatje, salade || *der ganze* ~ de hele boel; *da haben wir den* ~ *(plat)* daar hebben we het gelazer
Salatbesteck *o*[29] slacouvert
Salatkopf *m*[6] krop sla
Salatplatte *v*[21] **1** slaatje, salade; **2** slabak
Salatsoße *v*[21] dressing, slasaus
Salbe *v*[21] **1** zalf; **2** smeersel
salben 1 zalven; **2** (in)smeren
Salbung *v*[20] zalving
Saldo *m*[13] *(mv ook Salden en Saldi)* saldo
Salm *m*[5] zalm
Salon *m*[13] salon
salonfähig beschaafd, met goede manieren
salopp 1 ongedwongen, nonchalant; **2** informeel
Salut *m*[5] saluut: ~ *schießen* saluutschoten lossen
salutieren[320] salueren
Salve *v*[21] salvo: *eine* ~ *abgeben* een salvo geven
Salz I *o*[39] zout *(ook fig);* **II** *o*[29] *(chem)* zout
Salzbad *o*[32] zoutbad
Salzbergwerk *o*[29] zoutmijn
Salzbrühe *v*[21] pekel
salzen[227] zouten
Salzfleisch *o*[39] pekelvlees
salzhaltig zouthoudend
Salzhering *m*[5] zoute haring, pekelharing
salzig zoutig, zilt
Salzkartoffel *v*[21] gekookte aardappel
salzlos zoutloos
Salznäpfchen *o*[35] zoutvaatje
Salzsäure *v*[21] zoutzuur
Salzstange *v*[21] zoute stengel
Salzstreuer *m*[9] zoutstrooier
Samen *m*[11] zaad
Samenbank *v*[20] spermabank
Samenerguss *m*[6] zaadlozing
Sämerei *v*[20] **1** *(mv)* zaadgoed; **2** zaadhandel
sämig gebonden *(van soep)*
Sammelband *m*[6] verzamelwerk
Sammelbecken *o*[35] vergaarbak, reservoir
Sammelbüchse *v*[21] collectebus
Sammelfahrschein *m*[5] **1** groepskaartje; **2** strippenkaart
Sammellager *o*[33] verzamelkamp
Sammelliste *v*[21] intekenlijst *(bij collecte)*
sammeln I *tr* **1** verzamelen, bijeenbrengen; **2** *(troepen)* concentreren, samentrekken; **3** *(geld)* collecteren, inzamelen; **II** *sich* ~ **1** bijeenkomen, zich verzamelen; **2** bedaren, tot kalmte komen, kalmeren; **3** zich beheersen, zich concentreren

Sammelplatz *m*[6] verzamelplaats
Sammelsurium *o* *(2e nvl -s; mv -surien)* mengelmoes, rommeltje, allegaartje
Sammler *m*[9] **1** verzamelaar; **2** hoofdriolering; **3** collectant; **4** accumulator; **5** vergaarbak
Sammlung *v*[20] **1** (het) verzamelen; **2** verzameling; **3** inzameling, collecte; **4** bundel *(gedichten);* **5** museum; **6** bloemlezing; **7** concentratie
Samstag *m*[5] *(Z-Dui, Oostenr, Zwits)* zaterdag
samstags zaterdags
samt I *vz*[+3] met, benevens; **II** *bw:* ~ *und sonders* allen zonder uitzondering
Samt *m*[5] fluweel
samtartig fluweelachtig
samten fluwelen
sämtlich[68] al, al de, al het, alle(n), allemaal
samtweich fluweelzacht
Sanatorium *o* *(2e nvl -s; mv -torien)* sanatorium
Sand I *m*[19] zand: *etwas in den* ~ *setzen* iets verknoeien; **II** *m*[5], *m*[6] zandbank || *im* ~ *verlaufen* op niets uitlopen
Sandale *v*[21] sandaal
Sandalette *v*[21] sandaaltje
Sandbank *v*[25] zandbank
Sandboden *m*[12] zandgrond
sandfarben, sandfarbig zandkleurig
Sandgrube *v*[21] zandgroeve, zandgat
sandig zandig, zanderig
Sandkasten *m*[12] zandbak
Sandkorn *o*[32] zandkorrel
Sandkuchen *m*[11] zandgebak
Sandmann *m*[8], **Sandmännchen** *o*[35] zandmannetje, Klaas Vaak
Sandpapier *o*[29] schuurpapier
sandreich rijk aan zand, veel zand bevattend
Sandsack *m*[6] **1** zandzak; **2** *(sp)* stootzak
sandstrahlen zandstralen
Sanduhr *v*[20] zandloper
sanft zacht: *eine* ~*e Steigung* een lichte helling; ~ *entschlafen* vredig sterven
Sänfte *v*[21] draagstoel
Sanftheit *v*[28] zachtheid; zachtmoedigheid
Sanftmut *v*[28] zachtmoedigheid, zachtaardigheid
sanftmütig zachtaardig, zachtmoedig
Sang *m*[19] zang, gezang
Sänger *m*[9] zanger
Sängerchor *m*[6] zangkoor
Sängerin *v*[22] zangeres
sanglos: *sang- und klanglos* met stille trom
sanieren[320] saneren
Sanierung *v*[20] sanering
sanitär sanitair
Sanitäranlagen *mv v*[21], **Sanitäreinrichtungen** *mv v*[20] sanitaire voorzieningen
Sanitäter *m*[9] **1** hospitaalsoldaat; **2** EHBO'er
Sanitätsauto *o*[36] *zie* Sanitätswagen
Sanitätsdienst *m*[19] geneeskundige dienst
Sanitätskasten *m*[12] verbandkist
Sanitätstruppe *v*[21] geneeskundige troepen

Sa

Sanitätswache v^{21} EHBO-post
Sanitätswagen m^{11} ziekenauto, -wagen
Sankt Sint: *Sankt Peter* Sint-Pieter
Sanktion v^{20} sanctie
sanktionieren ^{320} 1 sanctioneren; 2 bestraffen
Sardelle v^{21} ansjovis
Sardine v^{21} sardine
Sardinenbüchse v^{21} blikje sardines
Sarg m^6 doodkist, lijkkist
Sarkasmus I m *(2e nvl -; mv Sarkasmen)* sarcastische opmerking; II m^{19} sarcasme
sarkastisch sarcastisch
Satellit m^{14} satelliet
Satellitenbild o^{31} satellietfoto
Satellitenübertragung v^{20} *(telecom)* uitzending via een satelliet
Satin m^{13} satijn
Satire v^{21} satire
satt 1 zat, verzadigd: *etwas ~ bekommen* (of: *kriegen)* genoeg van iets krijgen; *~ sein* verzadigd zijn; dronken zijn; *sich ~ essen* zijn buikje rond eten; *sich an* $^{+3}$ *etwas nicht ~ sehen können* naar iets niet genoeg kunnen kijken; *ein ~es Lächeln* een zelfvoldaan lachje; 2 *(chem)* verzadigd ‖ *ich bin* (of: *habe) es ~* ik heb er genoeg van
sattblau diepblauw
Sattel m^{10} 1 zadel; 2 inzinking, pas *(in gebergte)*
satteln zadelen
Sattelschlepper m^9 truck, trekker
Sattelzug m^6 truck met oplegger
Sattheit v^{28} 1 verzadigdheid, zatheid; 2 zelfvoldaanheid; 3 volheid, intensiteit
sättigen 1 verzadigen; 2 *(honger)* stillen; 3 *(nieuwsgierigheid)* bevredigen
Sättigung v^{28} verzadiging
sattrot dieprood
sattsam voldoende, genoegzaam
Saturn m^{19} Saturnus *(planeet, god)*
Satz I m^6 1 *(taalk)* zin; 2 stelling, these; 3 deel *(van symfonie, sonate);* 4 *(muz)* zetting; 5 *(muz)* periode; 6 *(computer)* record; 7 nest *(schalen);* serie *(postzegels);* set *(gereedschap);* stel *(gewichten);* 8 sprong; 9 bezinksel; 10 *(sp)* set; 11 tarief, percentage; II m^{19} 1 *(typ)* (het) zetten; 2 *(typ)* zetsel
Satzanalyse v^{21} zinsontleding
Satzball m^6 setpoint *(tennis)*
Satzbau m^{19} zinsbouw
Satzteil m^5 zinsdeel
Satzung v^{20} statuut
satzungsgemäß volgens de statuten, statutair
Satzzeichen o^{35} leesteken
Sau I v^{25} 1 zeug; 2 *(fig)* zwijn, smeerlap; II v^{20} *(jagerstaal)* wild zwijn
Sauarbeit v^{28} 1 rotwerk; 2 knoeiwerk
sauber 1 schoon, proper: *~ halten* schoonhouden; *~ machen* schoonmaken; 2 zindelijk *(van kind);* 3 keurig, net, onberispelijk: *~ gekleidet* keurig gekleed ‖ *(iron) eine ~e Geschichte* een fraai verhaal; *(iron) ein ~er Bursche* een mooie kerel; *eine ~e Lö-*

sung een keurige oplossing
Sauberkeit v^{28} 1 properheid; 2 (het) zindelijk zijn *(van kind); zie* sauber
säuberlich net(jes), keurig, zorgvuldig
säubern 1 zuiveren; 2 reinigen, schoonmaken
Säuberung v^{20} 1 zuivering; 2 reiniging
saublöd, saublöde oerstom
Sauce v^{21} saus, jus
Saucischen o^{35} saucijsje
saudumm oliedom, oerstom
sauer 1 zuur: *(fig) das wird ihm ~ aufstoßen* dat zal hem opbreken; *in den sauren Apfel beißen* door de zure appel (heen) bijten; 2 zwaar, moeilijk: *es kam ihn ~ an* het viel hem zwaar; *das wird mir ~* dat valt me zwaar; 3 geërgerd, ontstemd; 4 *(sp)* uitgeput
Sauerbraten m^{11} gemarineerd gestoofd vlees
Sauerbrunnen m^{11} 1 koolzuurhoudende minerale bron; 2 koolzuurhoudend mineraalwater, bronwater
Sauerei v^{20} 1 zwijnerij, vuiligheid; 2 knoeiboel
Sauerkirsche v^{21} zure kers, morel
Sauerkraut o^{39} zuurkool
säuerlich zuurachtig, zurig; *(fig)* zuur
säuern I *tr* zuren, zuur maken; II *intr* zuur worden
Sauerstoff m^{19} zuurstof
sauerstoffhaltig zuurstofhoudend
sauersüß zoetzuur, zuurzoet
Sauerteig m^5 zuurdeeg, zuurdesem
Sauertopf m^6 zuurpruim
saufen ^{228} 1 zuipen, drinken; 2 *(mbt dieren)* drinken
Säufer m^9 zuiplap, dronkaard
Sauferei v^{20} zuiperij, (het) zuipen
Saufraß m^{19} varkenskost
saugen ^{229} zuigen
säugen zogen
Sauger m^9 1 zuiger; 2 speen; 3 stofzuiger
Säuger m^9, **Säugetier** o^{29} zoogdier
Saugfähigkeit v^{28} absorptievermogen
Saugflasche v^{21} zuigfles
Säugling m^5 zuigeling
Säuglingspflege v^{28} zuigelingenzorg
Säuglingsschwester v^{21} kraamverpleegster
Saugnapf m^6 zuignap
Sauhaufen m^{11} bende
Sauhund m^5 rotvent, rotzak
säuisch 1 smerig, schunnig; 2 enorm
saukalt beestachtig koud
Saukerl m^5 rotvent
Säule v^{21} 1 zuil, pilaar, kolom; 2 *(fig)* steunpilaar; 3 *(mil)* colonne; 4 benzinepomp
Saum m^6 zoom, rand
saumäßig 1 zeer slecht; 2 geweldig, enorm
säumen I *tr* 1 *(om)*zomen; 2 omz*om*en; II *intr* aarzelen, dralen
säumig langzaam, traag: *ein ~er Schuldner* (of: *Zahler)* een wanbetaler
Säumigkeit v^{28} 1 getalm; 2 nalatigheid
saumselig traag
Sauna v^{27} *(mv ook -nen)* sauna

Säure *v*²¹ **1** zuurheid *(ook fig)*; **2** *(chem)* zuur
säurebeständig, säurefest zuurbestendig, zuur-
　vast
Saus *m*¹⁹: *in ~ und Braus leben* een leventje van ple-
　zier leiden
sauschlecht bar slecht
säuseln 1 suizelen, ruisen; **2** *(iron)* fluisteren
sausen 1 suizen; gieren; **2** vliegen, rennen, hollen: *~*
　lassen opgeven
sausenlassen *oude spelling voor* sausen lassen, *zie*
　sausen 2
Sauwetter *o*³⁹ hondenweer, rotweer
sauwohl kiplekker
Saxofon, Saxophon *o*²⁹ saxofoon
SB *afk van* Selbstbedienung zelfbediening
S-Bahn 1 *verk van* Schnellbahn snelspoor; **2** *verk van*
　Stadtbahn stadsspoor
Schabe *v*²¹ **1** kakkerlak; **2** schaafmes
schaben 1 schrappen, schrapen; **2** raspen; **3** schu-
　ren; **4** schaven
Schaber *m*⁹ schraper, schrapper, schraapijzer
Schabernack *m*⁵ lelijke poets, (kwajongens)streek:
　jmdm einen ~ spielen iem een poets bakken
schäbig 1 kaal, sjofel, armzalig; **2** gemeen, laag; **3**
　gierig, kleinzielig
Schäbigkeit *v*²⁰ **1** kaalheid, sjofelheid, armzalig-
　heid; **2** gemeenheid; **3** gierigheid
Schablone *v*²¹ **1** sjabloon; **2** cliché, vast schema, vast
　patroon
Schach *o*³⁶ schaak(spel): *~ spielen* schaken; *~ bie-*
　ten, geben schaak zetten, geven; *jmdn im* (of: *in) ~*
　halten iem in toom houden; *jmdm ~ bieten* iem het
　hoofd bieden
Schachbrett *o*³¹ schaakbord
Schacherer *m*⁹ sjacheraar
Schachfeld *o*³¹ veld *(bij schaakspel)*
Schachfigur *v*²⁰ schaakstuk
schachmatt 1 schaakmat *(ook fig)*; **2** uitgeput
Schachmeister *m*⁹ **1** schaakmeester; **2** schaakkam-
　pioen
Schachspieler *m*⁹ schaakspeler, schaker
Schacht *m*⁶ schacht
Schachtel *v*²¹ doos, doosje: *(fig) alte ~* ouwe taart
schachteln in, over elkaar schuiven
Schachturnier *o*²⁹ schaaktoernooi
Schachzug *m*⁶ (schaak)zet *(ook fig)*
schade jammer: *~ um ihn* jammer voor, van hem;
　es ist ~ um die Zeit het is zonde van de tijd; *dafür ist*
　er mir zu ~ daarvoor acht ik hem te goed
Schädel *m*⁹ schedel
Schädelbasisbruch *m*⁶ schedelbasisfractuur
schaden⁺³ schaden, benadelen, schade toebrengen:
　das schadet nichts dat hindert niets
Schaden *m*¹² **1** schade, nadeel: *den ~ ersetzen, für*
　den ~ aufkommen de schade vergoeden; *~ erleiden*
　(of: *nehmen*) schade lijden; *jmdm ~ zufügen* iem
　schade berokkenen; **2** schade, beschadiging || *es soll*
　(of: *wird*) *dein ~ nicht sein* je zult er wel bij varen;
　zu ~ kommen: a) verlies lijden; *b)* gewond raken

Schadenersatz *m*¹⁹ schadevergoeding
Schadenersatzanspruch *m*⁶, **Schadenersatzkla-**
　ge *v*²¹ eis tot schadevergoeding
Schadenfreude *v*²⁸ leedvermaak
schadenfroh vol leedvermaak
Schadens- *zie* Schaden-
schadhaft 1 beschadigd, bedorven; **2** kapot, stuk; **3**
　slecht, aangestoken *(van tanden)*
Schadhaftigkeit *v*²⁸ slechte toestand
schädigen⁺⁴ **1** benadelen, schaden, schade toebren-
　gen; **2** duperen
Schädiger *m*⁹ veroorzaker van (de) schade
Schädigung *v*²⁰ schade; benadeling, (het) berokke-
　nen van schade
schädlich schadelijk, nadelig
Schädlichkeit *v*²⁸ schadelijkheid
Schädling *m*⁵ **1** schadelijk dier; **2** schadelijke plant;
　3 schadelijk individu
schadlos schadeloos: *sich ~ halten an*⁺³ zijn schade
　verhalen op
Schadstoff *m*⁵ schadelijke stof
Schadstoffemission *v*²⁰ uitstoot van schadelijke
　stoffen
Schaf *o*²⁹ schaap
Schafbock *m*⁶ ram
Schäfchen *o*³⁵ **1** schaapje; **2** schapenwolkje
Schäfer *m*⁹ **1** schaapherder; **2** herder
Schäferhund *m*⁵ herdershond
Schaffell *o*²⁹ schapenvel, schapenvacht
schaffen I *zw* **1** werken, bezig zijn; **2** brengen: *jmdn*
　ins Krankenhaus ~ iem naar het ziekenhuis vervoe-
　ren; **3** *(ook sterk)* zorgen voor, verschaffen: *Abhilfe*
　~ uitkomst brengen; **4** (iets) klaarspelen || *jmdn aus*
　dem Weg (of: *aus der Welt) ~* iem uit de weg rui-
　men; *ich habe nichts mit ihm zu ~* ik heb niets met
　hem te maken; *er macht mir viel zu ~* hij bezorgt
　me veel last; **II** *st*²³⁰ scheppen, maken, in het leven
　roepen: *er ist zum Lehrer wie geschaffen* hij is ge-
　knipt voor leraar
Schaffen *o*³⁹ **1** oeuvre, werk; **2** schepping
Schaffner *m*⁹ conducteur
Schaffnerin *v*²² conductrice
Schaffung *v*²⁸ (het) creëren, (het) scheppen
Schafherde *v*²¹ kudde schapen
Schafhirt *m*¹⁴, **Schafhirte** *m*¹⁵ schaapherder
Schafkäse *m*⁹ schapenkaas
Schafkopf *m*⁶ *zie* Schafskopf
Schafott *o*²⁹ schavot
Schafpelz *m*⁵ schapenvacht
Schafskopf *m*⁶ **1** schapenkop; **2** stommeling
Schafstall *m*⁶ schaapskooi, schapenstal
Schaft *m*⁶ **1** schacht; **2** lade, kolf *(van geweer)*; **3**
　steel; **4** stengel; **5** stam
Schaftstiefel *m*⁹ kaplaars
Schafwolle *v*²⁸ schapenwol
Schafzucht *v*²⁸ schapenfokkerij
Schafzüchter *m*⁹ schapenfokker
Schah *m*¹³ sjah
Schakal *m*⁵ jakhals

Sc

Schäker *m*[9] 1 grappenmaker; 2 flirt *(persoon)*
schäkern 1 gekheid maken; 2 flirten; 3 stoeien
schal 1 verschaald, flauw, laf; 2 *(fig)* flauw
Schal *m*[5], *m*[13] sjaal
Schale *v*[21] 1 schaal, schotel; 2 kom, beker; 3 schil *(van vrucht);* vel *(van worst);* dop, schaal *(van ei);* schelp *(van oester);* schaal *(van kreeft);* cup *(van bh);* 4 *(techn)* romp || *in ~ sein* er piekfijn uitzien
schalen bekisten
schälen I *tr* 1 schillen; 2 *(ei, noten)* pellen; 3 wegsnijden; II *sich ~* vervellen
Schalk *m*[5], *m*[6] schalk, grapjas
schalkhaft guitig, schalks
Schall *m*[5], *m*[6] 1 geluid; 2 galm *(van klok);* 3 geschal *(van trompet);* 4 klank
Schalldämmung *v*[20] geluidsisolatie
Schalldämpfer *m*[9] 1 geluiddemper; 2 knalpot
Schalldämpfung *v*[20] geluiddemping
schalldicht geluiddicht
schallen[231] klinken, (weer)galmen, schallen: *~der Beifall* daverend applaus; *~des Gelächter* schaterend gelach
Schallgeschwindigkeit *v*[20] geluidssnelheid
Schallisolation *v*[28] geluidsisolatie
Schallmauer *v*[21] geluidsbarrière
schallos zonder schaal, schelp, schil, dop
Schallplatte *v*[21] grammofoonplaat
Schallplattenhülle *v*[21] platenhoes
schallschluckend geluidsabsorberend, geluiddempend
Schallschutz *m*[19] geluidsisolatie, -wering
Schallwelle *v*[21] geluidsgolf
Schalotte *v*[21] *(plantk)* sjalot
Schaltanlage *v*[21] schakelinstallatie
Schaltbrett *o*[31] schakelbord
schalten schakelen *(ook elektr):* *(fig) schnell ~* vlug begrijpen; *(fig) nicht rechtzeitig ~* niet op tijd reageren
Schalter *m*[9] 1 loket; 2 schakelaar
Schalterbeamte(r) *m*[40a] loketbeambte
Schalterhalle *v*[21], **Schalterraum** *m*[6] loketruimte, hal *(waar de loketten zijn)*
Schalthebel *m*[9] 1 versnellingshendel *(in auto);* 2 schakelhefboom
Schaltier *o*[29] schaaldier
Schaltjahr *o*[29] schrikkeljaar
Schaltpult *o*[29] schakelpaneel
Schalttafel *v*[21] schakelbord
Schaltung *v*[20] 1 schakeling; 2 schakelschema; 3 versnelling *(auto);* 4 overschakeling
Schaltvorrichtung *v*[20] schakelaar
Schalung *v*[20] *(bouwk)* 1 bekisting; 2 formeel
Schaluppe *v*[21] sloep
Scham *v*[28] 1 schaamte; 2 schaamstreek
Schambein *o*[29] schaambeen
schämen, sich zich schamen: *sich vor jmdm ~* zich voor (tegenover) iem schamen; *sich für jmdn ~* zich voor *(wegens)* iem schamen; *sich einer Sache*[2] (of: *wegen einer Sache*) *~* zich over iets schamen

Schamgegend *v*[28] schaamstreek
schamhaft beschaamd; bedeesd; zedig
Schamhaftigkeit *v*[28] beschaamdheid; bedeesdheid; zedigheid
Schamlippe *v*[21] schaamlip
schamlos schaamteloos, onfatsoenlijk
Schampon *o*[36] shampoo
schamponieren[320] shampooën
Schampun *o*[36] shampoo
schampunieren shampooën
Schamröte *v*[28] schaamrood
schandbar 1 schandelijk; 2 heel slecht
Schande *v*[28] schande, oneer: *jmdm ~ machen* iem schande aandoen; *zu ~n* stuk, kapot
schänden 1 schenden, ontheiligen; 2 schandvlekken; 3 verkrachten; 4 ontsieren
Schänder *m*[9] 1 schender; 2 verkrachter
Schandfleck *m*[5] schandvlek
schändlich schandelijk, schandalig
Schandpfahl *m*[6] schandpaal
Schandtat *v*[20] schanddaad
Schändung *v*[20] 1 schennis; 2 schending; 3 verkrachting; *zie ook* schänden
Schänke *v*[21] café
Schankerlaubnis *v*[24], **Schankkonzession** *v*[20] tapvergunning
Schankraum *m*[6], **Schankstube**, **Schänkstube** *v*[21] 1 café; 2 gelagkamer
Schanktisch, **Schänktisch** *m*[5] buffet, tap
Schankwirt, **Schänkwirt** *m*[5] caféhouder
Schankwirtschaft, **Schänkwirtschaft** *v*[20] café
Schanze *v*[21] 1 schans; 2 *(sp)* springschans
Schar I *v*[20] schaar, groep, menigte; II *v*[20], *o*[29] ploegschaar
scharen scharen, verenigen
scharenweise in scharen, in drommen
scharf[58] 1 scherp *(ook fig):* *~ schießen* met scherp schieten; 2 fel *(van licht, discussie);* 3 sterk *(van bril, drank, geur);* 4 geweldig, fantastisch; 5 *(inform)* geil, zinnelijk, wellustig; 6 snel || *~ bremsen* krachtig remmen; *~ auf etwas sein* iets dolgraag willen hebben
Scharfblick *m*[19] scherpzinnigheid
Schärfe *v*[21] 1 scherpte *(van sabel, mes);* 2 doordringendheid *(van reuk);* 3 scherpheid *(van smaak);* 4 gestrengheid *(van wet);* 5 scherpte, scherpzinnigheid
schärfen 1 scherpen, slijpen; 2 *(het verstand)* scherpen; 3 scherpstellen *(munitie)*
Scharfmacher *m*[9] 1 ophitser; 2 scherpslijper
Scharfrichter *m*[9] scherprechter, beul
Scharfschießen *o*[39] (het) met scherp schieten
Scharfschütze *m*[15] scherpschutter
Scharfsinn *m*[19] scherpzinnigheid
scharfsinnig scherpzinnig
Scharlach I *m*[5], *o*[29] scharlaken; II *m*[19] roodvonk
Scharlatan *m*[5] charlatan
Scharm *m*[19] charme
scharmant charmant

Scharmützel *o*³³ schermutseling
Scharnier *o*²⁹ scharnier
Schärpe *v*²¹ sjerp
scharren 1 *(met poot)* graven, krabben; 2 scharrelen, wroeten; 3 *(van misnoegen)* schuifelen; 4 schrapen, schrappen
Scharte *v*²¹ 1 schaarde, kerf; 2 insnijding, inkeping; 3 schietgat
schassen *(inform)* 1 van school sturen; 2 ontslaan, zijn congé geven
Schatten *m*¹¹ schaduw: ~ *unter den Augen* kringen onder de ogen; *nicht der ~ eines Verdachts* niet de minste verdenking
Schattenbild *o*³¹ 1 schaduw(beeld), silhouet; 2 schaduw(beeld), schim
schattenhaft 1 schimmig; 2 vaag
schattenlos schaduwloos
schattenreich schaduwrijk, lommerrijk
Schattenriss *m*⁵ schaduwbeeld, silhouet
Schattenseite *v*²¹ schaduwzijde
schattieren³²⁰ 1 schaduwen; 2 schakeren, nuanceren; 3 tegen de zon beschermen
schattig schaduwrijk, lommerrijk
Schatulle *v*²¹ 1 bijouteriekistje; 2 geldkistje
Schatz *m*⁶ 1 schat *(ook fig)*; 2 vrijer; 3 liefje
schätzbar te schatten, te taxeren
Schätzchen *o*³⁵ schatje, liefje
schätzen 1 schatten, taxeren, waarderen; 2 achten, op prijs stellen; 3 denken, vermoeden
schätzenswert achtenswaardig
Schätzer *m*⁹ taxateur, schatter
Schatzgräber *m*⁹ schatgraver
Schatzmeister *m*⁹ 1 penningmeester; 2 schatbewaarder, thesaurier
Schätzung *v*²⁰ schatting, taxatie: *nach meiner ~* naar mijn mening
schätzungsweise volgens, naar schatting
Schätzwert *m*⁵ geschatte waarde
Schau *v*²⁰ 1 expositie, tentoonstelling: *zur ~ stellen: a)* tentoonstellen; *b)* tonen; *zur ~ tragen* tonen, tentoonspreiden; 2 show; 3 (het) schouwen, (het) geestelijk zien; 4 visie
Schaubude *v*²¹ kermistent, kijkspel
Schauder *m*⁹ huivering, rilling: *eine ~ erregende Gestalt* een huiveringwekkende gestalte
schaudererregend huiveringwekkend: *das Wimmern war äußerst ~* het gekerm was uiterst huiveringwekkend
schauderhaft huiveringwekkend; verschrikkelijk
schaudern huiveren, rillen
schaudervoll huiveringwekkend
schauen zien, kijken: *schau, schau!* kijk, kijk!
Schauer *m*⁹ 1 bui; 2 huivering, rilling
schauerartig in de vorm van een bui
Schauergeschichte *v*²¹ griezelverhaal
schauerlich 1 huiveringwekkend; 2 vreselijk
schauern huiveren, rillen: *es schauert mir* (of: mich), *ich schau(e)re, mir* (of: mich) *schauert* ik huiver, ik ril

Schauerroman *m*⁵ griezelroman
schauervoll ijzingwekkend, afgrijselijk
Schaufel *v*²¹ 1 schep, schop; 2 (vuilnis)blik; 3 schoep *(aan rad);* 4 blad *(van roeispaan)*
Schaufelbagger *m*⁹ graafmachine
schaufeln scheppen; graven, delven
Schaufenster *o*³³ etalage
Schaufensterscheibe *v*²¹ etalageruit
Schaugeschäft *o*³⁹ showbusiness
Schaukasten *m*¹² vitrine
Schaukel *v*²¹ schommel
schaukeln schommelen, dobberen, wiegen, hobbelen, waggelen, wippen
Schaukelpferd *o*²⁹ hobbelpaard
Schaukelstuhl *m*⁶ schommelstoel
Schaulust *v*²⁸ kijklust
schaulustig nieuwsgierig, kijklustig, kijkgraag
Schaum *m*⁶ 1 schuim; 2 illusie: *Träume sind Schäume* dromen zijn bedrog
schäumen schuimen, mousseren
Schaumgummi *m*¹³ schuimrubber
schaumig schuimend, vol schuim
Schaumlöscher *m*⁹, Schaumlöschgerät *o*²⁹ schuimblusser
Schaumschläger *m*⁹ 1 garde *(in keuken); 2 (fig)* opschepper, druktemaker
Schaumwein *m*⁵ 1 mousserende wijn; 2 *(inform)* champagne
Schaupackung *v*²⁰ lege etalageverpakking, dummy
Schauplatz *m*⁶ toneel, schouwplaats
Schauprozess *m*⁵ showproces
schaurig 1 ijselijk, griezelig, huiveringwekkend; 2 afschuwelijk, vreselijk
Schauseite *v*²¹ front, voorgevel, voorkant: *jmdm seine ~ zukehren* zich mooi voordoen
Schauspiel *o*²⁹ 1 toneelstuk; 2 schouwspel
Schauspieldichter *m*⁹ toneelschrijver
Schauspieler *m*⁹ toneelspeler, acteur
schauspielern *(ook fig)* toneelspelen, komedie spelen
Schauspielhaus *o*³² schouwburg
Schausteller *m*⁹ kermisreiziger, kermisklant
Schaustück *o*²⁹ pronkstuk
Scheck *m*¹³ cheque: *ein ~ über⁺⁴ 100 DM* een cheque van 100 DM; *mit⁺³ ~ bezahlen* per cheque betalen
Scheckbuch *o*³² chequeboek
Scheckkarte *v*²¹ betaalpas; *(Belg)* waarborgkaart
scheel 1 scheel; 2 afgunstig
scheffeln vergaren
Scheibe *v*²¹ 1 schijf, plak, snee; 2 (schiet)schijf; 3 (venster)ruit, raam(pje); 4 grammofoonplaat; 5 puck *(ijshockey);* 6 riemschijf; 7 draaischijf
Scheibenbremse *v*²¹ schijfrem
Scheibenwaschanlage *v*²¹, Scheibenwascher *m*⁹ ruitensproeier *(van auto)*
scheibenweise bij, in schijven, in sneetjes
Scheibenwischer *m*⁹ ruitenwisser *(van auto)*
Scheich *m*⁵, *m*¹³ 1 sjeik; 2 *(inform)* vrijer
Scheide *v*²¹ 1 schede; 2 scheiding, grens

Scheidelinie v^{21} scheidslijn, scheidingslijn

scheiden^{232} I *tr* scheiden: *wir sind geschiedene Leute* het is uit tussen ons; II *intr* scheiden, heengaan: *aus dem Amt* (of: *Dienst*) ~ ontslag nemen; *aus dem Leben* ~ sterven, overlijden; III *sich* ~ (zich) scheiden, uiteengaan

Scheidewand v^{25} scheidsmuur *(ook fig)*

Scheideweg m^5 tweesprong

Scheidung v^{20} scheiding

Scheidungsgrund m^6 reden tot echtscheiding

Scheidungsklage v^{21} eis, vordering tot echtscheiding

Schein m^5 1 schijnsel, licht; 2 schijn: *dem ~e nach* schijnbaar; 3 document, bewijsstuk, tentamenbriefje; 4 bankbiljet

Scheinangriff m^5 schijnaanval

scheinbar schijnbaar

Scheinehe v^{21} schijnhuwelijk

scheinen^{233} 1 schijnen, lichten; 2 blinken, schitteren; 3 schijnen, lijken

scheinfromm schijnvroom, schijnheilig

scheinheilig schijnheilig

scheintot schijndood

Scheinwerfer m^9 1 zoeklicht, schijnwerper; 2 koplamp

scheiß-, Scheiß- rot-, pokke-

Scheiß m^{19a} 1 troep, rotzooi, rommel; 2 onzin

Scheißding o^{31} rotding

Scheißdreck m^{19} *(inform)* 1 stront; 2 troep, rotzooi

Scheiße v^{28} *(inform)* schijt, stront: *in der ~ sitzen* (of: *stecken*) in de narigheid zitten; *~!* shit!; *alles ~!* het is allemaal niks!

scheißegal: *das ist mir ~!* dat kan me geen barst schelen!

scheißen^{234} *(plat)* schijten: *ich scheiße darauf!* ik heb er schijt aan!

Scheißkerl m^5 *(inform)*, **Scheißer** m^9 *(inform)* waardeloze vent, *(scheldw, inform)* zak

Scheißkram m^{19} troep, rotzooi

Scheißwetter o^{39} rotweer, pokkeweer

Scheitel m^9 1 kruin *(van berg, hoofd)*: *vom ~ bis zur Sohle* van top tot teen; 2 toppunt; 3 hoekpunt; 4 scheiding *(in het haar)*

scheiteln een scheiding maken

Scheiterhaufen m^{11} brandstapel

scheitern 1 schipbreuk lijden, stranden *(ook fig)*; 2 mislukken

Schelle v^{21} 1 schel, bel, klokje; 2 *(regionaal)* oorveeg; 3 *(mv)* boeien; 4 beugel, klem

schellen schellen, bellen

Schellfisch m^5 schelvis

Schelm m^5 1 schelm, schurk; 2 deugniet || *ihm sitzt der ~ im Nacken, er hat den ~ im Nacken* hij is een grappenmaker

schelmisch schelms, schalks, guitig

Schelte v^{21} standje: *~ bekommen* een standje krijgen

schelten^{235} schelden, tekeergaan: *~ über*$^{+4}$ (of: *auf*$^{+4}$) kankeren op; *jmdn ~* iem berispen; *jmdn ei-*

nen Dummkopf ~ iem voor ezel uitmaken

Schema o^{36} *(mv ook Schemata, Schemen)* 1 schema, overzicht; 2 model, voorschrift

schematisch schematisch; volgens voorschrift

Schemel m^9 1 kruk; 2 *(Z-Dui)* voetenbankje

Schemen m^{11}, o^{35} schim, schaduwbeeld

schemenhaft vaag, schimmig

Schenke v^{21} café

Schenkel m^9 1 dijbeen, dij; 2 been *(van hoek, magneet, passer)*

schenken 1 schenken: *etwas geschenkt bekommen* iets ten geschenke krijgen; 2 (in)schenken; 3 *(straf)* kwijtschelden

Schenkstube v^{21} 1 café; 2 gelagkamer

Schenktisch m^5 buffet, tap

Schenkung v^{20} schenking, gift, donatie

scheppern rammelen, rinkelen

Scherbe v^{21} scherf

Schere v^{21} schaar

scheren I st^{236} scheren, snoeien: *den Rasen ~ het gazon maaien*; II *zw* kunnen schelen: *es schert mich nicht* het kan me niet schelen; III *sich ~* 1 weggaan, verdwijnen: *scher dich zum Henker!* loop naar de maan!; 2 zich aantrekken, zich bekommeren: *er schert sich nicht um mich* hij trekt zich niets van mij aan

Scherenschleifer m^9 scharenslijper

Schererei v^{20} last, drukte, gezeur

Scherflein o^{35} steentje, kleine bijdrage

Scherge m^{15} 1 beulsknecht; 2 handlanger

Scherkopf m^6 scheerkop

Scherz m^5 scherts, grap, aardigheid: *ohne ~* (of: *~ beiseite*) zonder gekheid; *aus* (of: *zum, im*) *~* voor de grap

scherzen schertsen, gekheid maken

scherzhaft grappig, schertsend, komisch

Scherzname m^{18} spotnaam

Scherzwort o^{29} kwinkslag

scheu 1 schuw, vreesachtig, bang; 2 schichtig

Scheu v^{28} 1 schuwheid, vrees, schroom, angst; 2 ontzag, eerbied

Scheuche v^{21} vogelverschrikker

scheuchen opjagen, wegjagen, verjagen

scheuen I *tr* schuwen, vrezen: *keine Kosten, keine Mühe ~* geen kosten, geen moeite sparen; II *intr* *(mbt een paard)* schichtig worden; III *sich ~* terugschrikken: *sich ~ vor*$^{+3}$ terugschrikken voor

Scheuerlappen m^{11} dweil, poetslap

scheuern 1 schuren, wrijven: *die Haut wund ~* de huid stuk schuren; 2 *(vloer)* schrobben

Scheuertuch o^{32} dweil

Scheuklappe v^{21}, **Scheuleder** o^{33} oogklep

Scheune v^{21} schuur, loods

Scheusal o^{29}, o^{32} monster, gedrocht

scheußlich afschuwelijk, verschrikkelijk

Schi *zie* Ski

Schi- *zie* Ski-

Schicht v^{20} 1 laag; 2 laag, klasse; 3 ploeg *(groep arbeiders)*; 4 werktijd, dienst, ploegendienst

Schichtarbeit v^{28} ploegendienst
schichten in lagen leggen, opstapelen
Schichtung v^{20} 1 (het) in lagen leggen, (het) opstapelen; 2 gelaagdheid, stratificatie
Schichtwechsel m^9 ploegenwisseling
schichtweise 1 in lagen; 2 in ploegen
schick 1 chic, deftig; 2 knap, vlot; 3 *(inform)* te gek; geweldig
Schick m^{19} elegantie, chic: *diese Dame hat* ~ deze dame is zeer elegant
schicken I *tr* sturen, zenden: *nach dem Arzt* ~ de dokter laten halen; II *sich* ~ 1 passen, betamelijk zijn; 2 zich schikken, zich voegen
Schickeria v^{28} chic, jetset
schicklich passend, betamelijk, fatsoenlijk
Schicklichkeit v^{28} gepastheid, betamelijkheid
Schicksal o^{29} 1 lot; 2 noodlot; 3 *(mv)* lotgevallen
schicksalhaft 1 noodlottig; 2 beslissend
Schicksalsfrage v^{21} beslissende vraag
Schicksalsfügung v^{20} lotsbeschikking
Schicksalsgefährte m^{15} lotgenoot
Schickung v^{20} bestiering, (lots)beschikking
Schiebedach o^{32} schuifdak
Schiebefenster o^{33} schuifraam
schieben^{237} I *tr en intr* 1 schuiven, duwen; 2 knoeien, zwendelen, zwarte handel drijven || *(mil) Dienst* ~ dienst hebben; *Wache* ~ wacht kloppen; *Kegel* ~ kegelen; II *sich* ~ zich (langzaam) (voort)bewegen
Schieber m^9 1 schuiver; 2 duwer; 3 schuif; 4 afsluiter; 5 grendel; 6 knoeier, zwendelaar
Schiebetür v^{20} schuifdeur
Schiebewand v^{25} harmonicawand
Schiebung v^{20} bedrog, zwendel, knoeierij
Schiedsgericht o^{29} scheidsgerecht
schiedsgerichtlich door arbitrage
Schiedsrichter m^9 scheidsrechter, arbiter
Schiedsspruch m^6 scheidsrechterlijk vonnis, scheidsrechterlijke uitspraak, arbitrage
schief 1 scheef, schuin, krom; 2 verkeerd: ~ *gehen* mislopen, verkeerd lopen || *auf die* ~*e Bahn* (of: *Ebene) geraten* op het verkeerde pad raken
Schiefe v^{21} 1 scheefheid, schuinte; 2 helling, hellend vlak
Schiefer m^9 lei(steen)
Schieferdach o^{32} leiendak
schiefgehen *oude spelling voor* schief gehen, *zie* schief 2
schieflachen, sich zich krom lachen
schielen 1 scheel zien, loensen; 2 gluren
Schienbein o^{29} *(anat)* scheenbeen
Schienbeinschoner, Schienbeinschützer m^9 *(sp)* scheenbeschermer
Schiene v^{21} 1 rail, spoorstaaf; 2 *(med)* spalk; 3 geleider *(in machine)*; 4 tekenhaak
schienen spalken
Schienenfahrzeug o^{29} railvoertuig
Schienenstrang m^6 spoorlijn, spoorrails
Schienenverkehr m^{19} railverkeer
Schienenweg m^5 spoorweg

schier 1 rein, zuiver; 2 welhaast, bijna
Schießbefehl m^5 schietbevel
schießen^{238} I *tr* 1 schieten; 2 *(drugs)* spuiten; II *intr* 1 schieten, schoten lossen; 2 schieten, zich snel bewegen
Schießen o^{39} 1 (het) schieten; 2 schietwedstrijd
Schießerei v^{20} 1 geschiet; 2 schietpartij
Schießplatz m^6 schietterrein, schietbaan
Schießpulver o^{33} buskruit
Schießstand m^6 1 schietbaan; 2 schiettent
Schießübung v^{20} schietoefening
Schifahren *zie* Skifahren
Schiff o^{29} schip *(ook van kerk)*, schuit, boot
Schiffahrt *oude spelling voor* Schifffahrt, *zie* Schifffahrt
schiffbar bevaarbaar
Schiffbau m^{19} scheepsbouw
Schiffbruch m^6 schipbreuk
Schiffbrüchige(r) m^{40a}, v^{40b} schipbreukeling
Schiffchen o^{35} 1 scheepje, bootje; 2 *(mil)* veldmuts
schiffen pissen: *(inform) es schifft* het giet
Schiffer m^9 schipper
Schifffahrt v^{28} scheepvaart
Schiffsagent m^{14} cargadoor
Schiffsarzt m^6 scheepsarts
Schiffsbau m^{19} scheepsbouw
Schiffsbrücke v^{21} schipbrug
Schiffseigner m^9 scheepseigenaar
Schiffsfahrt v^{20} scheepsreis
Schiffsführer m^9 1 schipper; 2 kapitein
Schiffskatastrophe v^{21} scheepsramp
Schiffskörper m^9 scheepsromp
Schiffsladung v^{20} scheepslading
Schiffsmakler m^9 scheepsmakelaar
Schiffsmannschaft v^{20} (scheeps)bemanning
Schiffsraum m^6 1 scheepsruim; 2 scheepsruimte
Schiffsrumpf m^6 scheepsromp, casco
Schiffsschraube v^{21} scheepsschroef
Schiffsverkehr m^{19} scheepvaartverkeer
Schiffswerft v^{20} scheepswerf
Schigebiet *zie* Skigebiet
Schikane v^{21} chicane: *(fig) mit allen* ~*n* met alles wat erbij hoort, met de laatste snufjes
schikanieren^{320} 1 chicaneren; 2 treiteren, pesten
schikanös chicanerend, chicaneus
Schild I m^5 1 schild: *was führt er im* ~*e?* wat voert hij in zijn schild?; 2 wapenschild; II o^{31} 1 schild, uithangbord; 2 naamplaat *(op deur)*; 3 etiket, insigne; 4 label *(aan koffer)*
Schildbürger m^9 onnozele hals; bekrompen burgerman
Schilddrüse v^{21} schildklier
schildern schilderen, beschrijven
Schilderung v^{20} schildering, beschrijving
Schildknappe m^{15} schildknaap
Schildkröte v^{21} schildpad
Schildwache v^{21} schildwacht: ~ *stehen* op wacht staan
Schilf o^{29} riet

Schilfdach o^{32} rieten dak

schilfig 1 rietachtig; 2 met riet bedekt

Schilfrohr o^{29} riet

schillern een weerschijn vertonen, schitteren: ~de
Begriffe vage begrippen

Schilling m^5 1 schilling (Oostenrijkse munt); 2 shil-
ling (Engelse munt)

schilpen sjilpen

Schimäre v^{21} hersenschim, illusie

Schimmel m^9 (dierk, plantk) schimmel

schimmelig schimmelig, beschimmeld

schimmeln (be)schimmelen

Schimmelpilz m^5 schimmel

Schimmer m^9 schijnsel, matte glans || kein ~ von
Hoffnung geen sprankje hoop; keinen ~ von^{+3} etwas
haben geen flauw idee van iets hebben

schimmern (zwak) schijnen, zacht glanzen

schimmlig zie schimmelig

Schimpanse m^{15} chimpansee

Schimpf m^5 smaad, hoon, schande

schimpfen I intr schelden, kankeren; II uitmaken
voor: jmdn einen Feigling ~ iem voor lafaard uitmaken

schimpflich smadelijk, schandelijk, onterend

Schimpfname m^{18} scheldnaam, spotnaam

Schimpfwort o^{29}, o^{32} scheldwoord

schinden^{239} I tr 1 (dieren, mensen) afbeulen; 2 (motor) afjakkeren; 3 niet betalen: das Eintrittsgeld ~
geen entree betalen; II sich ~ zich afbeulen

Schinder m^9 uitzuiger, beul

Schinderei v^{20} (het) afbeulen

Schindluder o^{33}: ~ mit jmdm treiben iem schandelijk behandelen

Schinken m^{11} 1 ham; 2 (inform) bil; 3 dik boek;
groot (en lelijk) schilderij

Schinkenbrot o^{29} boterham met ham

Schinkenspeck m^{19} rauwe ham

Schippe v^{21} schop, schep: jmdn auf die ~ nehmen
iem voor de gek houden; eine ~ machen (of: ziehen)
de lip laten hangen

schippen scheppen, graven

Schirm m^5 1 paraplu; 2 parasol; 3 klep (van pet); 4
lampenkap; 5 scherm; 6 bescherming

schirmen beschermen, beschutten

Schirmherr m^{14} (2e, 3e, 4e nvl ev -n) beschermheer

Schirmherrschaft v^{20} beschermheerschap

Schirmständer m^9 paraplubak

schirren tuigen: ein Pferd an (of: vor) den Wagen ~
een paard voor de wagen spannen

Schiss m^5 (inform) 1 schijt, stront; 2 (het) schijten:
~ haben vor^{+3} bang zijn voor

schizophren schizofreen

Schizophrenie v^{21} schizofrenie

schlabbern 1 slurpen, smakken; 2 morsen; 3 kakelen, kletsen; 4 slobberen

Schlacht v^{20} (veld-, zee)slag

Schlachtbank v^{25} (ook fig) slachtbank

schlachten 1 slachten; 2 afmaken: eine Flasche
Wein ~ een fles wijn soldaat maken

Schlachtenbummler m^9 (sp) supporter, die zijn
ploeg overal volgt

Schlachter, Schlächter m^9 (N-Dui) slager

Schlachterei, Schlächterei v^{20} (N-Dui) 1 slagerij; 2
(fig) bloedbad, slachting

Schlachtfeld o^{31} slagveld

Schlachthaus o^{32}, Schlachthof m^6 slachthuis, abat-
toir

Schlachtopfer o^{33} slachtoffer, offerdier

Schlachtordnung v^{20} slagorde

Schlachtschiff o^{29} slagschip

Schlachttier o^{29} slachtdier: ~e slachtvee

Schlachtung v^{20} slachting, (het) slachten

Schlachtvieh o^{39} slachtvee

Schlacke v^{21} 1 slak (afval); 2 sintel; 3 harde lava; 4
(mv, med) ballaststoffen

schlackerig slobberig, slap hangend

schlackern fladderen, klapperen, slingeren, knikken

Schlaf m^{19} slaap

Schlafanzug m^6 pyjama

Schläfchen o^{35} slaapje, dutje

Schlafcouch v^{20} slaapbank

Schläfe v^{21} slaap (aan het hoofd)

schlafen^{240} slapen: ~ gehen, sich ~ legen naar bed
gaan

Schlafenszeit v^{20} bedtijd, tijd om te slapen

Schläfer m^9 slaper

schlaff 1 slap; 2 laks

Schlaffheit v^{28} 1 slapheid; 2 laksheid

schlaflos slapeloos

Schlaflosigkeit v^{28} slapeloosheid

Schlafmittel o^{33} slaapmiddel

schläfrig slaperig

Schläfrigkeit v^{28} slaperigheid (ook fig)

Schlafrock m^6 ochtendjas, peignoir

Schlafsaal m^6 (mv -säle) slaapzaal

Schlafsack m^6 slaapzak

schlaftrunken slaapdronken

Schlafwagen m^{11} slaapwagen

schlafwandeln slaapwandelen

Schlafzimmer o^{33} slaapkamer

Schlag m^6 1 slag, klap: mit einem ~ plotseling; ~
zwei (Uhr) klokslag twee; (fig) ein ~ ins Wasser een
slag in de lucht; 2 beroerte, attaque; 3 slag, soort:
ein Mann vom alten ~ een man van de oude stempel; 4 (het) portier (van auto); 5 blikseminslag; 6
(elektr) schok; 7 duiventil; 8 gekapt bos; 9 slag,
(het) slaan (van kanarie, vink); 10 (inform) schep:
ein ~ Suppe een schep soep

Schlagabtausch m^6 (boksen) serie slagen

Schlagader v^{21} slagader

Schlaganfall m^6 beroerte, attaque

schlagartig met één slag, plotseling

Schlagball m^{19} (sp) slagbal(spel)

Schlagbaum m^6 slagboom

Schlagbohrmaschine v^{21} klopboormachine

Schlägel m^9 1 sleg, slegge; 2 trommelstok

schlagen^{241} I tr 1 slaan; verslaan; vellen: Bäume ~

bomen vellen; *die Gitarre ~* de gitaar bespelen; *einen Kreis ~* een cirkel trekken; *sich den Leib voll ~* zijn buik vullen; *die Saiten ~* tokkelen; *Schaum ~:* a) schuim kloppen *(van eiwit);* b) *(fig)* dik doen, bluffen; *sich geschlagen geben* zich gewonnen geven; *schlage dir das aus dem Kopf* (of: *aus dem Sinn)!* zet dat maar uit je hoofd!; **2** toevoegen: *die Zinsen zum Kapital ~* de rente bij het kapitaal voegen; **II** *intr* slaan; inslaan; treffen: *mit dem Kopf auf einen Stein ~* met het hoofd op een steen terechtkomen; *der Blitz ist in das Haus geschlagen* de bliksem is in het huis geslagen; *das schlägt nicht in mein Fach* dat behoort niet tot mijn vak; *nach dem Vater ~* naar zijn vader aarden; **III** *sich ~* vechten, duelleren, strijden; zich weren || *er schlug sich zu uns* hij voegde zich bij ons

schlagend treffend, afdoend: *ein ~er Beweis* een afdoend bewijs

Schlager *m⁹* **1** *(muz)* schlager, hit, succesnummer; **2** bestseller, kasstuk, topper

Schläger *m⁹* **1** vechtersbaas; **2** rapier; **3** (tennis)racket; **4** (hockey)stick; **5** club, golfstok; **6** slaghout; **7** bat *(bij tafeltennis);* **8** *(sp)* slagman

Schlägerei *v²⁰* vechtpartij

Schlagerparade *v²¹* *(muz)* hitparade

Schlagerspiel *o²⁹* *(sp)* topwedstrijd

schlagfertig slagvaardig

Schlagfertigkeit *v²⁸* slagvaardigheid

Schlagholz *o³²* *(sp)* slaghout

Schlagkraft *v²⁸* **1** *(mil, sp)* stootkracht; **2** *(fig)* overtuigende kracht; **3** *(fig)* slagvaardigheid

schlagkräftig **1** *(mil, sp)* met grote stootkracht; **2** *(fig)* overtuigend; **3** *(fig)* slagvaardig

Schlaglicht *o³¹* slaglicht

schlaglichtartig als in een flits

Schlagloch *o³²* gat in het wegdek

Schlagring *m⁵* boksbeugel

Schlagsahne *v²⁸* slagroom

Schlagschatten *m¹¹* slagschaduw

Schlagseite *v²¹* slagzij

Schlagstock *m⁶* gummiknuppel, wapenstok

Schlagwort I *o²⁹* **1** leus, slagzin, slogan; **2** (loze) kreet; **II** *o³²* trefwoord, lemma

Schlagzeile *v²¹* vette kop *(in een krant)*

Schlagzeug *o³⁹* slagwerk, drumstel

Schlagzeuger *m⁹* drummer, slagwerker

schlaksig slungelig

Schlamassel *m⁹* ellende; penarie

Schlamm *m⁵, m⁶* **1** modder, slijk; **2** slib

schlammen slib afzetten

Schlampe *v²¹* **1** slons, sloddervos; **2** *(scheldw, inform)* slet

Schlamperei I *v²⁰* slordigheid; **II** *v²⁸* janboel

schlampig **1** slordig; **2** slonzig

Schlange *v²¹* **1** slang; **2** rij: *~ stehen* in de rij staan *(voor loket);* **3** file

schlängelig kronkelend, bochtig, slingerend

schlängeln, sich slingeren, kronkelen

schlangenartig slangachtig, als een slang

Schlangenbiss *m⁵* slangenbeet

Schlangenlinie *v²¹* kronkelende lijn

Schlangestehen *o³⁹* (het) in de rij staan

schlänglig *zie* schlängelig

schlank slank: *im ~en Trab* in snelle draf

Schlankheit *v²⁸* slankheid

Schlankheitskur *v²⁰* vermageringskuur

schlankweg **1** zonder meer; **2** gewoonweg

schlapp slap, krachteloos

Schlappe *v²¹* nederlaag, echec

schlappen **1** (lopen te) sloffen; **2** slobberen

Schlappen *m¹¹* *(inform)* pantoffel, slof

schlappmachen **1** flauwvallen; **2** (het) opgeven, *(sp)* uitvallen

Schlappschwanz *m⁶* slapjanus

Schlaraffenland *o³⁹* luilekkerland

schlau **1** slim, handig, leep; **2** sluw || *nicht ~ werden aus*⁺³ niet wijs kunnen worden uit

Schlauberger *m⁹* goochemerd, slimmerik

Schlauch *m⁶* **1** slang *(voor gas, water);* **2** binnenband; **3** (leren) zak

Schlauchboot *o³⁹* rubberboot

schlauchen **1** door een slang laten lopen; **2** (iem) afknijpen, afbeulen

schlauchlos tubeless, zonder binnenband

Schlauchreifen *m¹¹* tube, band met binnenband

Schläue *v²⁸* slimheid, sluwheid

Schlaufe *v²¹* **1** lus; **2** polsriem

Schlaufuchs *m⁶* slimmerd, leperd

Schlauheit *v²⁸* sluwheid, slimheid

Schlaukopf *m⁶*, **Schlaumeier** *m⁹* slimmerd

schlecht slecht: *ein ~er Witz* een misplaatste grap; *das ist nicht ~!* dat is niet gek!; *mir ist ~* ik voel mij niet goed; *~ gelaunt* slechtgehumeerd

schlechterdings 1 beslist; **2** gewoonweg

schlechtgelaunt *oude spelling voor* schlecht gelaunt, *zie* schlecht

schlechthin 1 eenvoudigweg, gewoon(weg), bepaald; **2** bij uitstek

Schlechtigkeit *v²⁸* slechtheid

schlechtweg *zie* schlechthin

schlecken 1 likken; **2** snoepen

Schlecker *m⁹* snoeper, lekkerbek

Schleckerei *v²⁰* snoep, lekkers

Schlegel *oude spelling voor* Schlägel, *zie* Schlägel

schleichen²⁴² sluipen; kruipen

schleichend sluipend, geniepig: *eine ~e Krankheit* een slepende ziekte

Schleicher *m⁹* gluiper, huichelaar

Schleicherei *v²⁸* gluiperigheid, huichelarij

Schleichhandel *m¹⁹* sluikhandel

Schleichweg *m⁵* sluipweg

Schleichwerbung *v²⁸* sluikreclame

Schleier *m⁹* sluier, voile: *einen ~ vor den Augen haben* een waas voor de ogen hebben

schleierhaft raadselachtig, duister

Schleifapparat *m⁵* slijpapparaat

Schleife *v²¹* **1** lus; **2** strik; **3** strikje, vlinderdasje; **4** wijde bocht, meander

Sc

schleifen I *st* **1** slijpen; **2** polijsten; **3** *(rekruten)* drillen; II *zw* **1** slepen, sleuren; **2** *(muz)* slepen; **3** slopen, slechten || *(techn) mit ~der Kupplung* met slippende koppeling

Schleifpapier *o*[29] schuurpapier

Schleifscheibe *v*[21] slijpschijf

Schleifstein *m*[5] slijpsteen

Schleim *m*[5] **1** slijm; **2** pap

Schleimabsonderung *v*[20] slijmafscheiding

schleimen 1 slijmen, flikflooien; **2** slijm vormen

Schleimhaut *v*[25] slijmvlies

schleimig 1 slijmerig, slijmig; **2** *(fig)* kruiperig

schlemmen smullen

Schlemmer *m*[9] smulpaap

Schlemmerei *v*[20] braspartij, smulpartij

schlendern kuieren, slenteren

Schlendrian *m*[19] sleur

Schlenker *m*[9] slingering, zwaai

schlenkern 1 slingeren, zwaaien; **2** bengelen

schlenzen *(sp)* een zacht tikje geven

Schlepp *m*[19]: *in ~ nehmen* op sleeptouw nemen; *im ~ haben* op sleeptouw hebben

Schleppdampfer *m*[9] sleepboot

Schleppe *v*[21] sleep *(aan japon)*

schleppen I *tr* **1** (voort)slepen; **2** smokkelen; II *sich ~* zich (voort)slepen

schleppend 1 slepend; **2** traag

Schlepper *m*[9] **1** sleepboot; **2** tractor, trekker; **3** runner; **4** mensensmokkelaar

Schleppkabel *o*[33], **Schleppseil** *o*[29] sleepkabel

Schlepptau *o*[29] sleeptouw: *ins ~ nehmen* op sleeptouw nemen

Schlesien *o*[39] Silezië

Schleuder *v*[21] **1** slinger, katapult; **2** centrifuge

schleudern I *tr* **1** slingeren, werpen; **2** centrifugeren; II *intr* slippen, slingeren: *ins Schleudern geraten* (of: *kommen*) beginnen te slippen

Schleuderpreis *m*[5] spotprijs, afbraakprijs

Schleudersitz *m*[5] *(luchtv)* schietstoel

Schleuderware *v*[21] heel goedkoop spul

schleunig snel, spoedig, vlug

schleunigst onmiddellijk; zo spoedig mogelijk

Schleuse *v*[21] sluis

schleusen 1 schutten; **2** *(fig)* loodsen

Schleusenkammer *v*[21] sluiskolk, schutkolk

Schlich *m*[5] kneep, truc, list: *er kennt alle ~e* hij kent alle kunstjes

schlicht 1 eenvoudig; **2** *(van haar)* glad, sluik; **3** gewoonweg, eenvoudig(weg)

schlichten 1 gladmaken, polijsten; **2** *(een strijd)* beslechten, bijleggen

Schlichter *m*[9] bemiddelaar

Schlichtung *v*[20] **1** (het) polijsten, (het) gladmaken; **2** beslechting, bemiddeling, bijlegging

schlichtweg gewoonweg, eenvoudigweg

Schlick *m*[5] slijk, slik

schließen[245] I *tr* sluiten: *ich schließe mit dem Wunsch …* ik eindig met de wens …; *daraus schließe ich* daaruit maak ik op, concludeer ik;

III *sich ~* **1** zich sluiten, dichtgaan; **2** zich aansluiten, volgen op: *sich ~ an*[+4] volgen op, aansluiten bij

Schließer *m*[9] **1** portier, conciërge; **2** huismeester; **3** cipier; **4** deursluiter

Schließfach *o*[32] **1** postbus; **2** safeloket

schließlich 1 eindelijk; **2** ten slotte

Schließmuskel *m*[17] sluitspier

Schließung *v*[20] (af)sluiting, beëindiging

Schliff I *m*[19] **1** (het) slijpen; **2** (het) geslepen zijn; **3** goede manieren; **4** *(mil)* (het) drillen; II *m*[5] slijpsel: *der letzte ~* de finishing touch

schlimm 1 erg, onaangenaam, vervelend, slecht: *eine ~e Lage* een netelige positie; **2** erg, ernstig, zwaar; **3** slecht, kwaad(willend), gemeen; **4** zeer, ontstoken, pijnlijk

schlimmstenfalls in het ergste geval

Schlinge *v*[21] **1** strik, lus, strop; **2** draagverband, mitella

Schlingel *m*[9] lummel, deugniet

schlingen[246] I *tr* **1** winden, slaan; vlechten; **2** schrokken, verslinden; II *intr* schrokken

schlingern *(mbt schepen)* slingeren

Schlingpflanze *v*[21] slingerplant, klimplant

Schlips *m*[5] das, zelfbinder: *(fig) jmdm auf den ~ treten* iem op z'n tenen trappen

Schlitten *m*[11] **1** slee: *~ fahren* sleeën; **2** *(techn, scheepv)* slede

schlittern glijden, uitglijden; slippen

Schlittschuh *m*[5] schaats: *~ laufen* (of: *fahren*) schaatsen

Schlittschuhläufer *m*[9] schaatser

Schlitz *m*[5] **1** spleet, split, sleuf; **2** gulp

Schlitzauge *o*[38] spleetoog

schlohweiß hagelwit, sneeuwwit

Schloss *o*[32] **1** slot; **2** kasteel, slot

Schlosser *m*[9] **1** bankwerker; **2** monteur; **3** slotenmaker

Schlosserei *v*[20] **1** bankwerkerij; **2** slotenmakerij

Schlot *m*[5], *m*[6] schoorsteen

schlotterig 1 bevend, bibberend; **2** slobberig

schlottern 1 beven, bibberen: *~de Knie* knikkende knieën; **2** *(mbt kleren)* slobberen

schlottrig *zie* schlotterig

Schlucht *v*[20] kloof, ravijn

schluchzen snikken

Schluchzer *m*[9] snik

Schluck *m*[5], *m*[6] **1** slok, teug; **2** borrel

Schluckauf *m*[19] hik

schlucken 1 slikken *(ook fig)*; **2** opslokken; **3** drinken: *das Auto schluckt Benzin* de auto zuipt benzine

Schlucken *m*[19] hik

schluckweise slok voor slok

schluderig slordig, slonzig

schludern 1 slordig werken; **2** slordig omgaan

schludrig slordig, slonzig

Schlummer *m*[19] sluimering, dutje

schlummern sluimeren *(ook fig)*, dutten

Schlund *m*[6] **1** keelgat; **2** muil; **3** afgrond

schlüpfen slippen, glippen, glijden: *in die Schuhe ~* de schoenen aantrekken

Schlüpfer m^9 slip, slipje

schlüpfrig 1 glad, glibberig; 2 dubbelzinnig

Schlupfwespe v^{21} sluipwesp

Schlupfwinkel m^9 schuilhoek, schuilplaats

schlurfen sloffen

schlürfen 1 slurpen; 2 met kleine slokjes drinken

Schluss I m^6 1 gevolgtrekking, conclusie; 2 besluit; II m^{19} slot, einde: *~ damit!* (of: *~ jetzt!*) afgelopen!, uit!; *kurz vor ~* vlak voor sluitingstijd

Schlussabstimmung v^{20} *(pol)* eindstemming

Schlussakkord m^5 *(muz)* slotakkoord

Schlüssel m^9 1 sleutel; 2 schroefsleutel

Schlüsselbein o^{29} sleutelbeen

Schlüsselbund m^5, o^{29} sleutelbos

Schlüsselfigur v^{20} sleutelfiguur

Schlüsselposition v^{20} sleutelpositie

Schlüsselroman m^5 sleutelroman

Schlüsselstellung v^{20} sleutelpositie

Schlussfolge v^{21} gevolgtrekking, conclusie

schlussfolgern concluderen

Schlussfolgerung v^{20} gevolgtrekking, conclusie

Schlussformel v^{21} slotformule

schlüssig overtuigend, dwingend, sluitend: *sich³ ~ sein* besloten hebben; *sich³ ~ werden* het met zichzelf eens worden

Schlussleuchte v^{21}, **Schlusslicht** o^{31} achterlicht

Schlusspfiff m^5 *(sp)* eindsignaal

Schlussphase v^{21} slotfase

Schlusspunkt m^5 1 punt; 2 einde

Schlussstrich m^5 streep *(aan het einde)*: *einen ~ ziehen unter*[+4] ... een streep zetten onder ...

Schlussverkauf m^6 opruiming

Schlusswort o^{29} slotwoord

Schmach v^{28} smaad, schande, hoon

schmachten smachten

schmächtig tenger

schmachvoll smadelijk, schandelijk

schmackhaft smakelijk, lekker; *(fig)* aanlokkelijk

schmähen smaden, honen, beschimpen

schmählich smadelijk, schandelijk, erg

Schmährede v^{21} smaadrede

Schmähschrift v^{20} smaadschrift

Schmähung v^{20} smaad, hoon, beschimping

schmal[59] 1 smal, nauw; 2 karig, gering, schraal; 3 mager

schmälern 1 verkleinen, verminderen; besnoeien; 2 benadelen, te kort doen

Schmälerung v^{20} 1 vermindering; 2 benadeling

Schmalheit v^{28} 1 smalheid, smalte; 2 schraalheid

Schmalz I o^{29} reuzel, vet, smout; II m^{19} *(inform)* 1 sentimentaliteit; 2 *(muz)* smartlap

schmalzen, schmälzen m^5 1 met reuzel, vet bereiden; 2 met boter bedruipen

schmalzig 1 vet, vettig; 2 sentimenteel

schmarotzen klaplopen, parasiteren

Schmarotzer m^9 klaploper, parasiet

Schmarre v^{21} 1 litteken; 2 schram; 3 striem

Schmarren m^{11} 1 *(Z-Dui)* pannenkoek; 2 waardeloos toneelstuk, waardeloos muziekstuk, waardeloos boek; 3 onzin

Schmatz m^5, m^6 zoen, klapzoen

schmatzen I *intr* smakken; II *tr* een klapzoen geven

schmauchen roken

Schmaus m^6 *(vero)* heerlijk maal, feestmaal

schmausen smullen

schmecken I *intr*[+3] smaken: *lassen Sie sich's gut ~!* eet smakelijk!; II *tr* proeven

Schmeichelei v^{20} vleierij, compliment

schmeichelhaft 1 vleiend; 2 geflatteerd

schmeicheln[+3] vleien, strelen: *dem Gaumen ~* het gehemelte strelen; *sich in jmds Gunst ~* zich door vleierij in iems gunst dringen; *mit jmdm ~* met een knuffelen

Schmeichler m^9 vleier

schmeichlerisch vleiend, vleierig

schmeißen[247] I *tr* 1 smijten, werpen, gooien; 2 opgeven, afbreken; 3 *(theat)* verknoeien: *eine Runde ~* een rondje geven; *die Sache* (of: *den Laden) ~ iets voor elkaar brengen; II *intr* smijten, werpen, gooien

Schmelz m^5 1 email; 2 glazuur; 3 welluidendheid; 4 zachte glans

Schmelze v^{21} 1 (het) smelten; 2 gesmolten massa

schmelzen[248] I *intr* smelten; II *tr* (doen) smelten, vloeibaar maken

Schmelzerei v^{20} 1 smelterij; 2 (het) smelten

Schmelzkäse m^9 smeerkaas

Schmelzofen m^{12} smeltoven

Schmelzpunkt m^5 smeltpunt

Schmelzsicherung v^{20} *(elektr)* smeltveiligheid, stop, zekering

Schmelztiegel m^9 smeltkroes

Schmelzung v^{20} (het) smelten

Schmerz m^{16} 1 pijn; 2 *(fig)* smart, leed, verdriet

schmerzen 1 pijn doen; 2 verdriet doen

Schmerzensgeld o^{39} smartengeld

Schmerzensschrei m^5 kreet van pijn

schmerzfrei zonder pijn, pijnloos

schmerzhaft pijnlijk, smartelijk

schmerzlich smartelijk, pijnlijk

schmerzlindernd pijnstillend

schmerzlos pijnloos

Schmerzmittel o^{33}, **Schmerztablette** v^{21} pijnstiller

schmerzvoll smartelijk, pijnlijk

Schmetterball m^6 *(sp)* smash

Schmetterling I m^5 vlinder; II m^{19} *(zwemmen)* vlinderslag

schmettern 1 smijten, gooien, kwakken; 2 slaan; 3 *(sp)* smashen; 4 *(mbt trompet)* schetteren; 5 *(mbt vogels)* zingen, kwetteren

Schmied m^5 smid

Schmiede v^{21} smederij, smidse

schmiedeeisern smeedijzeren

schmieden smeden *(ook fig)*

schmiegen I *tr* leunen, vlijen; II *sich ~* 1 zich vlijen;

2 zich voegen, als gegoten zitten
schmiegsam 1 buigzaam, soepel; 2 lenig; 3 *(fig)* meegaand
Schmiere I v^{21} 1 vet, smeer(middel); 2 blubber; II v^{28} *(inform):* ~ *stehen* op de uitkijk staan
schmieren 1 smeren; 2 omkopen; 3 kladden
Schmierer m^9 1 knoeier; 2 kladschrijver
Schmiererei v^{20} knoeiwerk, geknoei
Schmierfink m^{14}, m^{16} 1 smeerpoets; 2 knoeier
Schmiergelder *mv* o^{31} steekpenningen
schmierig 1 smerig, vuil; 2 vettig, glibberig
Schmieröl o^{29} smeerolie
Schminke v^{21} 1 grimeersel; 2 make-up
schminken 1 grimeren; 2 make-up gebruiken
schmirgeln schuren, polijsten
Schmiss m^5 litteken (van een duel) ‖ *die Musik hat* ~ het is pittige muziek; *diese Zeichnung hat* ~ deze tekening is knap werk
schmissig 1 vlot; 2 pittig *(van muziek)*
schmollen pruilen, mokken
Schmorbraten m^{11} gestoofd vlees
schmoren I *tr* smoren, stoven; II *intr* 1 stoven, sudderen; 2 *(elektr)* ongewenste hitte ontwikkelen
Schmorfleisch o^{39} gestoofd vlees
Schmortopf m^6 1 stoofpan; 2 gestoofd vlees
schmuck *bn* knap, mooi, keurig, fraai
Schmuck I m^{19} 1 sieraden *(mv)*, tooi; 2 versiering; II m^5 sieraad
schmücken 1 tooien, versieren, mooi maken; 2 *(ook fig)* opsmukken
Schmuckkästchen o^{35} bijouteriekistje
schmucklos onopgesmukt, eenvoudig
Schmucksachen *mv* v^{21} sieraden
Schmuckstück o^{29} sieraad, pronkstuk
schmuddelig vuil, smerig
schmuddeln knoeien
Schmuggel m^{19}, **Schmuggelei** v^{20} smokkel
schmuggeln smokkelen
Schmuggelware v^{21} smokkelwaar
Schmuggler m^9 smokkelaar
schmunzeln fijntjes lachen, gnuiven
Schmus m^{19} 1 mooie praatjes, mooipraterij; 2 geleuter, geklets
schmusen 1 vleien; 2 vrijen; 3 knuffelen
Schmuser m^9 1 knuffelaar, vrijkont; 2 vleier
Schmutz m^{19} vuil, smeerboel: *(fig) jmdn mit* ~ *bewerfen* iem uitschelden, belasteren
schmutzen vuil worden
Schmutzfink m^{14}, m^{16} smeerpoets, viezerik
Schmutzfleck m^5 vuile vlek
schmutzig 1 vuil, vies, smerig; 2 schunnig
Schmutzigkeit I v^{28} vuil(ig)heid; II v^{20} smeerlapperij
Schnabel m^{10} 1 snavel, bek; 2 *(muz)* mondstuk; 3 tuit; 4 mond ‖ *reden* (of: *sprechen*) *wie einem der ~ gewachsen ist* geen blad voor de mond nemen
Schnalle v^{21} gesp
schnallen gespen, losgespen, vastgespen: *den Gürtel enger* ~ de buikriem aanhalen

schnalzen 1 *(met de vingers)* knippen; 2 *(met de tong)* klakken
schnappen I *intr* 1 dichtvallen, dichtklappen; 2 openspringen; 3 snappen, happen; 4 snakken; II *tr* *(inform)* pakken, grijpen: *frische Luft* ~ een frisse neus halen
Schnaps m^6 1 jenever, brandewijn; 2 borrel
schnarchen snurken, ronken
schnarren *(mbt wekker)* ratelen, *(mbt telefoon)* rinkelen, *(mbt zoemer)* zoemen
schnattern 1 snateren; 2 *(inform)* babbelen
schnauben[249] snuiven, blazen, briesen
schnaufen snuiven, hijgen
Schnaufer m^9 ademhaling, ademtocht
Schnauzbart m^6 1 grote snor; 2 snorrenbaard
Schnauze v^{21} 1 snuit, snoet *(ve dier);* 2 bek, smoel; 3 tuit *(ve kan);* 4 neus *(ve auto)*
schnauzen 1 snauwen; 2 opspelen
schnäuzen I *tr* snuiten; II *sich* ~ zijn neus snuiten
Schnecke v^{21} 1 *(dierk)* slak; 2 slakkenhuis *(in oor);* 3 schroef zonder einde; 4 krul *(van strijkinstrument);* 5 haarvlecht; 6 bolus *(spiraalvormig gebak)*
Schneckengang m^6 *(ook fig)* slakkengang
Schneckengehäuse o^{33} slakkenhuis
Schneckentempo o^{39}: *im* ~ met een slakkengang(etje)
Schnee m^{19} 1 sneeuw; 2 stijf geklopt eiwit; 3 sneeuw, cocaïne
Schneeball m^6 sneeuwbal *(ook plantk)*
Schneebesen m^{11} garde *(keukengerei)*
schneeblind sneeuwblind
Schneedecke v^{21} sneeuwlaag
Schneefall m^6 sneeuwval
Schneeflocke v^{21} sneeuwvlok
Schneefräse v^{21} *(techn)* sneeuwfrees
Schneegestöber o^{39} sneeuwjacht
Schneeglätte v^{28} gladheid tengevolge van sneeuwval
Schneeglöckchen o^{35} sneeuwklokje
schneeig 1 sneeuwwit; 2 met sneeuw bedekt
Schneekette v^{21} sneeuwketting
Schneemann m^8 sneeuwpop, sneeuwman
Schneematsch m^{19} vuile, smeltende sneeuw
Schneepflug m^6 sneeuwploeg
Schneeräumer m^9, **Schneeräumgerät** o^{29} sneeuwploeg, sneeuwruimer
Schneereifen m^{11} sneeuwband, winterband
Schneeschauer m^9 sneeuwbui
Schneesturm m^6 sneeuwstorm
Schneetreiben o^{39} sneeuwjacht
Schneeverhältnisse *mv* o^{29} sneeuwomstandigheden
Schneewehe v^{21} hoop opgewaaide sneeuw
schneeweiß sneeuwwit
Schneewittchen o^{39} Sneeuwwitje
Schneid m^{19} 1 moed, durf; 2 energie
Schneide v^{21} 1 snede, scherp *(ve mes);* 2 lemmet, kling; 3 bergkam
schneiden[250] I *tr* 1 snijden; 2 maaien; 3 snoeien; 4

(haar, nagels, kleding) knippen; **5** *(dieren)* castreren; **6** zagen, vellen; **7** *(een film)* monteren; **8** *(gezicht)* trekken; **II** *intr* snijden

schneidend 1 snijdend, scherp *(van wind, kou)*; **2** bijtend *(van spot)*

Schneider m^9 **1** kleermaker; **2** snijapparaat

Schneiderei v^{20} kleermakerij

Schneiderin v^{22} naaister, coupeuse

schneidern *(kleding)* naaien, maken

Schneidezahn m^6 snijtand

schneidig 1 flink, kranig, energiek; **2** vlot, sportief; **3** *(muz)* pittig

schneien sneeuwen: *jmdm ins Haus ~* bij iem onverwachts komen binnenvallen

Schneise v^{21} **1** sleuf, tra *(in bos)*; **2** *(luchtv)* aanvliegroute; luchtcorridor

schnell snel, gauw, vlug: *mach ~!* maak voort!

Schnellbahn v^{20} snelspoor; sneltram

Schnellboot o^{29} motortorpedoboot

Schnelldrucker m^9 regeldrukker, printer

Schnelle I v^{28} snelheid: *auf die ~* heel vlug; **II** v^{21} (stroom)versnelling

schnellebig *oude spelling voor* schnelllebig, *zie* schnelllebig

schnellen I *tr* wegschieten; slingeren, keilen; **II** *intr* opspringen, schieten: *(fig) die Preise schnellten in die Höhe* de prijzen vlogen omhoog

schnellfüßig snelvoetig, lichtvoetig, vlug

Schnellgang m^6 overdrive *(van auto)*

Schnellgericht o^{29} **1** snelrecht, snelle berechting; **2** snel te bereiden gerecht

Schnellhefter m^9 opbergmap

Schnelligkeit v^{20} snelheid, vlugheid, vaart

Schnellimbiss m^5 **1** snelbuffet, snackbar, cafetaria; **2** snelle hap

Schnellkocher m^9, **Schnellkochtopf** m^6 snelkookpan

Schnellkurs m^5 stoomcursus, spoedcursus

schnelllebig 1 kort levend; **2** jachtig

schnellstens zo snel mogelijk, zo vlug mogelijk

Schnellstraße v^{21} snelweg, autoweg

Schnellverfahren o^{35} **1** snel procédé; **2** *(jur)* snelrechtprocedure, snelrecht

Schnellverkehr m^{19} snelverkeer

Schnellzug m^6 sneltrein

Schnepfe v^{21} *(dierk)* snip

schneuzen *oude spelling voor* schnäuzen, *zie* schnäuzen

Schnickschnack m^{19} **1** geleuter, gezwam, onzin; **2** tierelantijntjes, prullaria

schniegeln, sich zich piekfijn kleden

Schnippchen o^{35} knip *(met de vingers)*: *(fig) jmdm ein ~ schlagen* iem te slim af zijn

Schnippel m^9, o^{33} snipper

schnippeln 1 kleinsnijden; **2** knippen

schnippen 1 *(met de vingers)* knippen; **2** een knippend geluid maken; **3** tikken

schnippisch snibbig, bits, vinnig

Schnipsel m^9, o^{33} snipper

schnipseln *zie* schnippeln

Schnitt m^5 **1** snee; **2** (het) snijden, (het) snoeien, (het) maaien; **3** montage *(van film)*; **4** snit, coupe, vorm; **5** knippatroon; **6** doorsnede; **7** gemiddelde: *im ~* gemiddeld

Schnitte v^{21} *(regionaal)* sneetje *(brood)*, schijfje *(worst)*, plakje *(kaas)*

schnittfest goed te snijden

Schnittfläche v^{21} snijvlak

schnittig 1 sierlijk, rank, elegant; **2** rijp

Schnittkäse m^9 gesneden kaas

Schnittlauch m^{19} bieslook

Schnittlinie v^{21} snijlijn

Schnittmuster o^{33} **1** knippatroon; **2** raderblad

Schnittpunkt m^5 **1** *(meetk)* snijpunt; **2** kruispunt *(van wegen)*

Schnitzarbeit v^{20} (hout)snijwerk

Schnitzel I o^{33}, m^9 **1** snipper, afsnijsel; **2** spaan; **II** o^{33} schnitzel

schnitzeln 1 snipperen, klein snijden; **2** (hout)snijden

schnitzen (hout)snijden, beeldsnijden

Schnitzer m^9 **1** houtsnijder; **2** fout, blunder

Schnitzerei I v^{20} (hout)snijwerk; **II** v^{28} houtsnijkunst

schnöd *zie* schnöde

schnodderig brutaal, vrijpostig, onbeschoft

schnöde 1 snood, naar, laag, gemeen; **2** minachtend, smadelijk

schnorcheln snorkelen

Schnörkel m^9 krul(lijn), versiering

schnörkeln met krullen versieren

Schnüffler m^9 **1** snuffelaar; **2** *(politie)*spion

Schnuller m^9 **1** speen *(voor fles)*; **2** fopspeen

Schnulze v^{21} *(muz)* smartlap

schnupfen 1 snuiven; **2** snotteren

Schnupfen m^{11} verkoudheid

schnuppe: *es ist ihm ~* het laat hem koud

schnuppern snuffelen, opsnuiven

Schnur v^{25} touw; koord; snoer

Schnürchen o^{35} snoertje, koordje: *er kann es wie am ~* hij kent het op zijn duimpje; *das geht ~ (of: läuft, klappt) wie am ~* dat gaat van een leien dakje

schnüren 1 (vast)binden, (dicht)rijgen, snoeren; **2** vastmaken

schnurgerade lijnrecht, kaarsrecht

Schnurrbart m^6 snor

schnurren 1 snorren, gonzen, zoemen, brommen, ronken; **2** *(mbt katten)* spinnen

Schnurrhaare *mv* o^{29} snor *(van haas, kat)*

Schnürriemen m^{11} **1** schoenveter; **2** riem

Schnürsenkel m^9 *(regionaal)* schoenveter

schnurstracks lijnrecht, rechtstreeks

Schober m^9 **1** mijt *(van hooi, hout, ongedorst graan, stro)*; **2** veldschuur

Schock m^{13}, m^5 shock *(zenuwschok)*

schocken 1 *(sp)* werpen; **2** *(med)* shocktherapie toepassen; **3** choqueren

schockieren ^{320} aanstoot geven, choqueren

schofel 1 laag, min; 2 sjofel; 3 miezerig

Schöffengericht *o*[29] lekenrechtbank

Schofför *m*[5] *zie* Chauffeur

Schoko *v*[27], **Schokolade** *v*[21] chocolade

Schokoladenfabrik *v*[20] chocoladefabriek

Schokoladenseite *v*[21] beste, zonnige kant

Scholle *v*[21] 1 *(dierk, geol)* schol; 2 aardkluit, klomp aarde; 3 (stukje) grond; 4 ijsschots

schon 1 al, reeds: ~ *gut* okay; 2 wel: *das ist ~ möglich* dat is wel mogelijk; 3 nou, nu: *nun rede doch ~!* zeg toch eindelijk eens iets!; 4 alleen al: ~ *der Name genügte* alleen de naam al was voldoende; 5 ook weer: *wie hieß er ~?* hoe heette hij ook al weer?

schön mooi, schoon, knap: *die ~en Künste* de schone kunsten; *eines ~en Morgens* op een goede morgen; ~ *schmecken, riechen* lekker smaken, ruiken; *bitte ~!* alstublieft!; *danke ~!* dank u wel!; *er lässt ~ grüßen!* u moet de hartelijke groeten van hem hebben!; ~ *der Reihe nach* netjes op volgorde; *sich ~ wundern* erg verwonderd zijn

Schonbezug *m*[6] overtrek, hoes

Schöne *v*[40b] schoonheid, knap meisje

schonen sparen, ontzien, voorzichtig behandelen: *auf ~de Weise* (of: ~*d*) voorzichtig

Schoner *m*[9] hoes, beschermer

Schönfärberei *v*[20]: *ohne* ~ onopgesmukt

Schongang *m*[6] 1 programma voor de fijne was; 2 *(techn)* overdrive

Schönheit *v*[20] schoonheid

Schönheitsfehler *m*[9] schoonheidsfout(je)

Schönheitspflege *v*[28] schoonheidsverzorging

Schönheitssalon *m*[13] schoonheidssalon

Schonkost *v*[28] dieetvoeding

schönmachen I *intr* opzitten *(ook mbt hond);* **II** *tr* verfraaien; **III** *sich* ~ zich mooi maken

Schönrederei *v*[20] vleierij, mooipraterij

Schönredner *m*[9] mooiprater, vleier

Schönschrift *v*[20] 1 schoonschrift; 2 netschrift

Schöntuer *m*[9] mooiprater, vleier

schöntun[295] lief doen, vleien

Schonung *v*[20] 1 voorzichtigheid, zorg; 2 consideratie, toegeeflijkheid); 3 jonge aanplant

schonungslos meedogenloos, niets ontziend

Schönwetterlage *v*[21] aanhoudend mooi weer

Schopf *m*[6] 1 kuif *(ook van vogels);* 2 haardos, bosje *(haar)* || *jmdn beim* ~ *fassen* (of: *packen)* iem bij zijn kraag pakken

schöpfen 1 scheppen, putten: *Atem* ~ adem scheppen; *Verdacht* ~ verdenking opvatten; 2 hozen

Schöpfer *m*[9] 1 schepper; 2 schepvat

schöpferisch scheppend, creatief, vruchtbaar

Schöpfkelle *v*[21], **Schöpflöffel** *m*[9] scheplepel

Schöpfrad *o*[32] scheprad

Schöpfung *v*[20] schepping *(ook fig),* creatie

Schoppen *m*[11] 1 glas *(1/4 l wijn),* potje *(1/4 l bier);* 2 *(Z-Dui)* halve liter

Schorf *m*[5] korst, roof *(op wond)*

Schornstein *m*[5] schoorsteen

Schornsteinfeger *m*[9] schoorsteenveger

Schoss *m*[5] *(plantk)* loot, scheut

Schoß *m*[6] 1 schoot; 2 pand *(van jas)*

Schoßkind *o*[31] schootkind, troetelkind

Schössling *m*[5] scheut, loot, spruit

Schote *v*[21] 1 peul(vrucht); 2 *(regionaal)* (jonge, groene) erwt; 3 schoot *(touw aan zeil)*

Schotte *m*[15] Schot

Schotter *m*[9] 1 steengruis, split, steenslag; 2 grind

schottisch Schots: ~*es Zeug* Schotse stof

schraffieren[320] arceren

schräg 1 schuin, scheef; 2 hellend; 3 cursief

Schräge *v*[21] 1 schuinte; 2 schuine wand

schrägen schuin afwerken, afschuinen

Schrägheit *v*[28] schuinte, scheefheid

Schräglage *v*[21] schuine ligging, schuine stand

Schrägstrich *m*[5] slash, schuine streep.

Schramme *v*[21] schram; kras

schrammen schrammen, schampen, krassen

Schrank *m*[6] kast

Schranke *v*[21] 1 slag-, spoorboom; 2 balie *(van rechtbank):* *vor die ~n des Gerichts laden* voor het gerecht dagen; 3 *(fig)* barrière, grens; 4 *(mv)* hek *(om renbaan)* || *jmdn in die ~n fordern* iem uitdagen; *einer Sache ~n setzen* paal en perk stellen aan iets

schrankenlos grenzeloos, onbeperkt

Schrankenwärter *m*[9] baan-, overwegwachter

Schrankwand *v*[25] 1 kastenwand; 2 wandmeubel

Schraubdeckel *m*[9] schroefdeksel, -dop

Schraube *v*[21] schroef: *bei ihm ist eine ~ los* (of: *lose, locker)* aan hem is een steekje los

schrauben 1 schroeven: *die Preise in die Höhe* ~ de prijzen opdrijven; 2 draaien; *zie ook* geschraubt

Schraubenbolzen *m*[11] schroefbout

Schraubenfeder *v*[21] spiraalveer, schroefveer

Schraubengewinde *o*[33] schroefdraad

Schraubenschlüssel *m*[9] schroefsleutel

Schraubenwelle *v*[21] *(scheepv)* schroefas

Schraubenzieher *m*[9] schroevendraaier

Schraubstock *m*[6] bankschroef

Schrebergarten *m*[12] volkstuintje

Schreck *m*[5] schrik

Schreckbild *o*[31] schrikbeeld

schrecken I *st*[251] schrikken; **II** *zw* 1 doen schrikken, laten schrikken; 2 opschrikken

Schrecken *m*[11] 1 schrik; 2 verschrikking: *der ~ fuhr ihm in die Glieder* (of: *in die Knochen)* de schrik sloeg hem om het hart; *der ~ steckte* (of: *lag) ihm noch in den Gliedern* de schrik zat hem nog in de benen; *jmdn in ~ (ver)setzen* iem schrik aanjagen; *ein ~ erregender Vorfall* een schrikwekkend voorval

schreckenerregend schrikwekkend: *das war äußerst ~* dat was uiterst schrikwekkend

Schreckensherrschaft *v*[28] schrikbewind, terreur

Schreckensnachricht *v*[20] verschrikkelijke tijding

Schreckenstat *v*[20] verschrikkelijke daad, gruweldaad

Schreckenszeit *v*[20] verschrikkelijke tijd

Schreckgespenst *o*[31] schrikbeeld

schreckhaft schrikachtig, schichtig
schrecklich verschrikkelijk, vreselijk
Schrecknis o^{29a} verschrikking
Schrei m^5 schreeuw, kreet, gil: *der letzte* ~ de nieuwste mode
Schreibbedarf m^{19} schrijfbehoeften *(mv)*
Schreibblock m^6, m^{13} schrijfblok
schreiben[252] schrijven: *ins Konzept* ~ in het klad schrijven; *ins Reine* ~ in het net schrijven; *jmdm* (of: *an jmdn*) ~ iem schrijven; *auf* (of: *mit*) *der Maschine* ~ typen; *wie* ~ *Sie sich?* hoe is uw naam?
Schreiben o^{35} schrijven, brief
Schreiber m^9 schrijver *(ook apparaat)*
Schreiberei v^{20} schrijverij, geschrijf
schreibfaul: ~ *sein* een hekel hebben aan brieven schrijven
Schreibfehler m^9 schrijffout
Schreibgerät o^{29} schrijfgerei
Schreibheft o^{29} schrift
Schreibmaschine v^{21} typemachine
Schreibpapier o^{29} schrijfpapier
Schreibtisch m^5 bureau, schrijfbureau
Schreibung v^{20} schrijfwijze, spelling
Schreibzeug o^{39} schrijfgerei
schreien[253] 1 schreeuwen, roepen: *zum Schreien* om te gillen; 2 *(mbt een ezel)* balken
Schreier m^9 schreeuwer, schreeuwlelijk
Schreierei v^{20} geschreeuw, gegil
Schreihals m^6 schreeuwlelijk
Schrein m^5 schrijn, kist
Schreiner m^9 *(Z-Dui)* meubelmaker
schreiten[254] stappen, schrijden: *zum Angriff, zur Wahl* ~ tot de aanval, tot stemming overgaan
Schrift v^{20} 1 (hand)schrift; 2 schrift, lettertekens; 3 geschrift, publicatie
Schriftart v^{20} lettersoort
Schriftauslegung v^{20} exegese; bijbelverklaring
Schriftführer m^9 1 secretaris; 2 griffier
Schriftgelehrte(r) m^{40a} schriftgeleerde
schriftlich schriftelijk: *etwas* ~ *niederlegen* iets op schrift stellen; *das gebe ich Ihnen* ~! dat geef ik u op een briefje!
Schriftsprache v^{21} schrijftaal
Schriftsteller m^9 schrijver, auteur
schriftstellerisch als schrijver, schrijversschriftstellern** als schrijver werkzaam zijn, schrijven
Schriftstück o^{29} geschrift, stuk, akte, papier
Schrifttum o^{39} 1 literatuur; 2 geschriften
Schriftverkehr m^{19}, **Schriftwechsel** m^9 briefwisseling, correspondentie
Schriftzeichen o^{35} letter, letterteken
schrill schril, schel
schrillen 1 schel klinken, schril klinken; 2 *(mbt telefoon)* rinkelen, gaan
Schritt m^5 schrede, stap, pas: *die Hose kneift im* ~ de broek is in het kruis te nauw; *auf* ~ *und Tritt* overal; *mit jmdm* ~ *halten* gelijke tred houden met iem; ~ *fahren* (of: *im* ~ *fahren*) stapvoets rijden

Schrittempo *oude spelling voor* Schritttempo, *zie* Schritttempo
Schrittmacher m^9 1 *(sp)* gangmaker; 2 *(med)* pacemaker; 3 *(atletiek)* haas
Schrittempo o^{39}: *im* ~ stapvoets
schrittweise I *bn* geleidelijk; II *bw* stap voor stap, geleidelijk
schroff 1 steil, ontoegankelijk; 2 ruw, bars, stroef; 3 plotseling, bruusk: *ein* ~*er Übergang* een abrupte overgang
Schroffheit v^{20} 1 steilte; 2 ruwheid, barsheid, stroefheid; 3 barse opmerking; *zie ook* schroff
schröpfen bloed aftappen || *(fig)* jmdn ~ iem afzetten, laten bloeden
Schrot o^{29}, m^5 1 schroot, hagel; 2 grof gemalen koren
Schrotbüchse v^{21} jachtgeweer
schroten *(koren)* grof malen
Schrotflinte v^{21} jachtgeweer
Schrott m^5 schroot, schrot, oud ijzer: *zu* ~ *fahren* in de prak rijden
schrottreif rijp voor de schroothoop, sloopriijp: ~ *fahren* in de prak rijden
schrubben 1 schrobben; 2 schuren
Schrulle v^{21} gril, kuur, raar idee
schrullenhaft, schrullig grillig, zonderling
schrumpelig 1 rimpelig; 2 gekreukt
schrumpeln, schrumpfen 1 krimpen; 2 (ver)schrompelen, rimpelen; 3 slinken, dalen
Schrumpfung v^{20} inkrimping, (het) krimpen
Schrund m^6 *(Z-Dui)*, **Schrunde** v^{21} (gletsjer-, rots)spleet; scheur, kloof, barst
schrundig vol scheuren, vol kloven
Schub m^6 1 stoot, duw; 2 worp *(met kegelbal)*; 3 portie, partij, lading, vracht; 4 groep, drom; 5 *(techn)* voortstuwingskracht, stuwkracht; 6 *(med)* aanval
Schubfach o^{32} la(de)
Schubkarre v^{21}, **Schubkarren** m^{11} kruiwagen
Schubkasten m^{12}, **Schublade** v^{21} la(de)
Schubs m^5 duw, por
schubsen stoten, duwen, porren
schüchtern schuchter, verlegen, bedeesd
Schuft m^5 schoft, schurk
schuften zwoegen, hard werken, ploeteren
schuftig schofterig, gemeen
Schuh m^5 schoen
Schuhanzieher m^9 schoenlepel
Schuhcreme v^{27} schoensmeer
Schuhgeschäft o^{29} schoenenzaak
Schuhgröße v^{21} schoenmaat
Schuhlöffel m^9 schoenlepel
Schuhmacher m^9 schoenmaker
Schuhsenkel m^9 schoenveter
Schuhwerk o^{39} schoeisel, schoenen
Schulabgänger m^9 schoolverlater
Schulabschluss m^6 school-, einddiploma
Schularbeit v^{20}, **Schulaufgabe** v^{21} huiswerk
Schulbank v^{25} schoolbank: *(noch) die* ~ *drücken* (nog) op school zitten
Schulbehörde v^{21} 1 onderwijsinspectie; 2 school-

Sc

bestuur

Schulbildung v^{28} schoolopleiding

schuld schuldig: *ich bin nicht ~ daran* het is mijn schuld niet

Schuld v^{20} schuld: *die ~ liegt an* (of: *bei*) *ihm* het is zijn schuld; *ich habe nicht ~ daran* het is mijn schuld niet; *sich etwas zu ~en kommen lassen* zich aan iets schuldig maken

schulden 1 schuldig zijn, verschuldigd zijn; 2 te danken hebben (aan)

schuldenfrei 1 vrij van schulden; 2 onbelast

Schuldenlast v^{20} schuldenlast

schuldhaft 1 schuldig; 2 door eigen schuld, opzettelijk

schuldig schuldig, verschuldigd: *jmdm Dank ~ sein* iem dank verschuldigd zijn; *eines Verbrechens ~ sein* schuldig zijn aan een misdaad; *jmdn ~ sprechen* iem veroordelen

Schuldigkeit v^{28} plicht, verplichting

Schuldirektor m^{16} directeur, rector

schuldlos onschuldig

Schuldlosigkeit v^{28} onschuld

Schuldner m^9 schuldenaar

Schuldschein m^5 schuldbekentenis

Schuldspruch m^6 schuldigverklaring

Schule v^{21} 1 school *(ook van vissen)*: *höhere ~* middelbare school (vwo, havo); *konfessionelle ~* bijzondere school; *~ machen* navolging vinden; *bei jmdm in die ~ gehen* bij iem in de leer gaan; 2 boomkwekerij

schuleigen school-, bij de school behorend

schulen 1 scholen, opleiden; 2 dresseren

Schüler m^9 scholier, leerling

Schüleraustausch m^5 uitwisseling van scholieren

schülerhaft onvolwassen, schooljongensachtig

Schülerlotse m^{15} verkeersbrigadiertje

Schülermitverwaltung v^{20} 1 inspraak van de leerlingen; 2 leerlingenraad

Schülerschaft v^{28} (de) leerlingen

Schülerzeitung v^{20} schoolkrant

Schulferien *mv* schoolvakantie

Schulfreund m^5 schoolvriend, -kameraad

Schulfunk m^{19} schooluitzending, schoolradio

Schulhof m^6 speelplaats, schoolplein

schulisch school-, schools

Schuljahr o^{29} schooljaar

Schulleiter m^9 schoolleider

schulmäßig volgens de regels van de school, schools

Schulpflicht v^{28} leerplicht

schulpflichtig leerplichtig

Schulpraxis v *(mv -praxen)* schoolpraktijk

Schulter v^{21} schouder || *jmdm die kalte ~ zeigen* iem de rug toekeren; *etwas auf die leichte ~ nehmen* iets te licht opnemen

Schulterblatt o^{32} schouderblad

schultern *(geweer)* schouderen; op de schouders nemen

Schulterpolster o^{33} schoudervulling

Schulung v^{20} 1 oefening, scholing, training; 2 vaardigheid, geoefendheid; 3 cursus

Schulwesen o^{39} onderwijs(stelsel)

Schulzeit v^{20} schooltijd

Schulzimmer o^{33} schoollokaal

schummeln bedriegen, sjoemelen

schummerig schemerachtig, schemerdonker

schummern 1 *(regionaal)* schemeren; 2 arceren

Schund m^{19} bocht, uitschot, rommel, troep

schunkeln 1 schommelen, deinen; 2 arm in arm heen en weer deinen op de muziek

Schupo I v^{28} *verk van Schutzpolizei* politie; II m^{13} *verk van Schutzpolizist (vero)* politieagent

Schuppe v^{21} 1 schub; 2 schilfer *(op huid);* 3 *(mv)* roos op het hoofd

Schuppen m^{11} 1 loods; 2 schuur(tje); 3 garage; 4 (lelijk) gebouw; 5 danstent

schuppig geschubd

Schups m^5 *(Z-Dui)* duw, por

schupsen *(Z-Dui)* stoten, duwen, porren

Schur v^{20} 1 (het) scheren *(van schapen);* 2 (het) maaien; 3 (het) knippen *(van heg)*

Schüreisen o^{35} pook

schüren 1 oppoken; 2 *(fig)* aanwakkeren

schürfen 1 schrammen, schaven; 2 *(bruinkool)* winnen; 3 exploreren

Schürfung v^{20} 1 schaafwond; 2 *(mijnb)* exploratie

Schürfwunde v^{21} schaafwond, ontvelling

schurigeln sarren, treiteren

Schurke m^{15} schurk, schoelje

schurkisch schurkachtig; laaghartig

Schurwolle v^{21} scheerwol

Schurz m^5 voorschoot, schort

Schürze v^{21} 1 schort; 2 *(regionaal)* voorschoot

schürzen 1 opnemen, optillen; 2 *(de lip)* optrekken; 3 *(een knoop)* leggen

Schürzenjäger m^9 rokkenjager

Schuss m^6 1 schot; 2 schotwond, kogelwond; 3 *(mijnb)* explosie; 4 shot: *der goldene ~* de opzettelijke overdosis; 5 *(skiën)* volle vaart: *im* (of: *in*) *~ sein: a)* op dreef zijn, opschieten; *b)* gezond, actief, in orde zijn; 6 scheut: *Cola mit ~* cola met een tic

schussbereit 1 gereed om te schieten, te fotograferen; 2 schietklaar

Schüssel v^{21} 1 schotel, schaal; 2 schotel, gerecht

Schussfahrt v^{20} *(skiën)* snelle, rechte afdaling

Schussfeld o^{31} schootsveld

schussfertig *zie* schussbereit

Schusslinie v^{21} schiet-, vuur-, schootslijn

Schusswaffe v^{21} vuurwapen

Schussweite v^{28} draagwijdte, dracht, schootsafstand: *außer ~* buiten schot

Schusswunde v^{21} schotwond

Schuster m^9 1 schoenmaker; 2 prutser

schustern 1 schoenen maken; 2 prutsen

Schutt m^{19} 1 puin; 2 afval, vuilnis

Schuttabladeplatz m^6 vuilstortplaats

Schüttelfrost m^6 koude rillingen, koortsrillingen

schütteln I *tr* schudden; II *sich ~* huiveren

schütten storten, doen, gieten: *es schüttet* het giet

schütter 1 dun, ijl; **2** zwak, schamel

schüttern 1 schudden, schokken; **2** trillen

Schüttgut *o*³² stortgoed, bulk

Schutthalde *v*²¹ **1** steenberg; **2** puinhelling

Schutthaufen *m*¹¹ **1** puinhoop; **2** afvalberg

Schutz *m*¹⁹ **1** bescherming, hoede; **2** beschutting; **3** *(techn)* beveiliging(sinstallatie)

Schutzanzug *m*⁶ overall

Schutzblech *o*²⁹ **1** *(techn)* afschermkap; **2** spatbord

Schutzbrief *m*⁵ **1** vrijgeleide; **2** reis- en kredietbrief

Schutzbrille *v*²¹ veiligheidsbril

Schutzdamm *m*⁶ (binnen)dijk, keerdam

Schütze *m*¹⁵ schutter

schützen 1 (met *vor*⁺³) beschermen, beschutten (tegen): *gesetzlich geschützt* wettig gedeponeerd; **2** (op)stuwen

Schützenfest *o*²⁹ **1** schuttersfeest; **2** *(sp)* doelpuntenfestijn

Schützengraben *m*¹² loopgraaf

Schützenkönig *m*⁵ **1** schutterskoning; **2** *(sp)* topscorer

Schützenpanzer *m*⁹ gepantserd personeelsvoertuig

Schützer *m*⁹ beschermer

Schutzfarbe *v*²¹ schutkleur, camouflagekleur

Schutzfilm *m*⁵ beschermend laagje

Schutzgebiet *o*²⁹ beschermd gebied

Schutzgebühr *v*²⁰ prijs, bijdrage

Schutzhaft *v*²⁸ preventieve hechtenis

Schutzheilige(r) *m*⁴⁰ᵃ, *v*⁴⁰ᵇ beschermheilige

Schutzhelm *m*⁵ veiligheidshelm

Schutzhülle *v*²¹ beschermend omhulsel; hoes

Schutzhütte *v*²¹ schuilhut

Schutzimpfung *v*²⁰ preventieve inenting

Schützling *m*⁵ beschermeling; pupil

schutzlos onbeschermd, weerloos

Schutzmacht *v*²⁵ beschermende mogendheid

Schutzmann *m*⁸ *(mv ook Schutzleute)* politieagent

Schutzmaßnahme *v*²¹ veiligheidsmaatregel

Schutzpolizei *v*²⁸, **Schutzpolizist** *m*¹⁴ *zie* Schupo

Schutzraum *m*⁶ **1** schuilplaats; **2** schuilkelder

Schutzrecht *o*²⁹ octrooirecht

Schutzscheibe *v*²¹ schutglas; voorruit

Schutzumschlag *m*⁶ boekomslag

schwabbelig 1 drillerig, lillend; **2** vet

schwabbeln wiebelen, trillen, lillen

schwach⁵⁸ **1** zwak, teer, broos: *ein ~er Trost* een schrale troost; **2** dun, slap: *~er Tee* slappe thee; **3** flauw, matig, gering; **4** slap, toegevend || *mir wird ~* ik word niet goed

Schwäche *v*²¹ **1** zwakte, zwakheid, slapheid: *eine ~ für jmdn haben* een zwak voor iem hebben; **2** gebrek, zwak punt, tekortkoming

Schwächeanfall *m*⁶ aanval van zwakte

schwächen verzwakken; afbreuk doen aan

Schwachheit *v*²⁰ zwakheid

schwächlich zwakkelijk, teer, slap

Schwächling *m*⁵ zwakkeling

schwachsichtig slechtziend

Schwachsinn *m*¹⁹ **1** zwakzinnigheid; **2** onzin

schwachsinnig 1 zwakzinnig; **2** onnozel

Schwachstelle *v*²¹ zwakke plek

Schwachstrom *m*⁶ zwakstroom

Schwächung *v*²⁰ verzwakking, aantasting

Schwaden *m*¹¹ **1** damp, wasem, walm, rook; **2** sliert, flard

Schwadron *v*²⁰ *(mil)* eskadron

schwafeln bazelen, kletsen, zwammen

Schwager *m*¹⁰ zwager

Schwägerin *v*²² schoonzuster

Schwalbe *v*²¹ zwaluw

Schwall *m*⁵ stroom, (stort)vloed, golf, plens

Schwamm *m*⁶ **1** spons *(ook de diersoort): ~ drüber!* zand erover!; **2** *(Z-Dui, Oostenr)* paddestoel; **3** huiszwam, schimmel

schwammig 1 sponzig; voos; **2** vaag, onduidelijk; **3** (op)gezwollen; **4** schimmelig

Schwan *m*⁶ zwaan

Schwang *m*¹⁹: *im ~e sein* in zwang zijn; *in ~ kommen* in zwang komen

schwanger zwanger: *(fig) mit*⁺³ *etwas ~ gehen* iets van plan zijn

schwängern 1 zwanger maken; **2** bezwangeren

Schwangerschaft *v*²⁰ zwangerschap

Schwangerschaftsabbruch *m*⁶ abortus provocatus; zwangerschapsonderbreking

Schwängerung *v*²⁰ **1** (het) zwanger-maken; **2** bezwangering

Schwank *m*⁶ **1** klucht; **2** grappig verhaal

schwanken 1 schommelen, heen en weer bewegen; **2** wankelen, waggelen; **3** weifelen, aarzelen

Schwankung *v*²⁰ schommeling; veranderlijkheid, onbestendigheid

Schwanz *m*⁶ **1** staart; **2** sleep; **3** *(stud)* herexamen; **4** serie, reeks; **5** *(plat)* lul

schwänzeln 1 kwispelstaarten; **2** flikflooien

schwänzen spijbelen, verzuimen: *die Schule ~* spijbelen

Schwapp *m*⁵ **1** pets, klap; **2** plens, scheut

schwappen I *intr* klotsen; **II** *tr* morsen

Schwäre *v*²¹ zweer, verzwering

schwären zweren, etteren

Schwarm *m*⁶ **1** zwerm, vlucht; **2** school *(vissen);* **3** schaar, drom; **4** vlam, idool; **5** hartenwens

schwärmen 1 zwermen, uitzwermen; **2** dwepen: *~ für*⁺⁴ dwepen met

Schwärmer *m*⁹ **1** pijlstaartvlinder; **2** fantast, dromer; dweper; **3** voetzoeker

Schwärmerei *v*²⁰ gedweep, dweperij

schwärmerisch dweepziek, dweperig

Schwarmgeist *m*⁷ dweper, fantast

Schwarte *v*²¹ **1** zwoerd; **2** *(iron)* vel, huid; **3** oud dik boek, prulboek

schwarz⁵⁸ **1** zwart: *~ gekleidet* in het zwart gekleed; **2** zeer donker, duister: *~es Brot* roggebrood; **3** vuil, vies, smerig; **4** gemeen, slecht, laag; **5** zwart, verboden, clandestien, illegaal; **6** somber, duister: *~ ma-*

len somber afschilderen; ~ *sehen* pessimistisch zijn

Schwarzarbeit v^{28} zwartwerk

schwarzarbeiten zwartwerken

Schwarzarbeiter m^9 zwartwerker

Schwarzbrot o^{29} roggebrood

Schwärze I v^{21} zwartsel; **II** v^{28} zwart(heid), donkerheid, duisternis

schwärzen 1 zwart maken; **2** *(Z-Dui, Oostenr)* smokkelen

Schwarze(r) I m^{40a} neger; **II** v^{40b} negerin; **III** o^{40c} zwart(e), roos: *ins ~ treffen* in de roos schieten

schwarzfahren ^{153} zwartrijden

Schwarzfahrer m^9 zwartrijder

Schwarzfahrt v^{20} **1** clandestiene rit; **2** (het) rijden zonder rijbewijs

Schwarzhandel m^{19} zwarte handel

Schwarzhändler m^9 zwarthandelaar

Schwarzhörer m^9 clandestiene luisteraar

Schwarzkünstler m^9 tovenaar

schwärzlich zwartachtig, zwartig

schwarzmalen *oude spelling voor* schwarz malen, *zie* schwarz 6

Schwarzmarkt m^6 zwarte markt

schwarzsehen 1 zwartkijken; **2** *oude spelling voor* schwarz sehen, *zie* schwarz 6

Schwarzseher m^9 **1** zwartkijker, pessimist; **2** zwartkijker, iem die geen kijkgeld betaalt

Schwarzseherei v^{28} pessimisme

schwarzseherisch pessimistisch

Schwarzwald m^{19} Zwarte Woud

Schwatz m^5 praatje, babbeltje

Schwatzbase v^{21} kletstante

schwatzen, schwätzen 1 praten, babbelen, keuvelen; **2** zwammen; **3** kletsen

Schwätzer m^9 kletsmajoor, kletser

Schwätzerei v^{20} **1** gepraat; **2** geklets

Schwätzerin v^{22} kletskous

schwatzhaft praatziek, kletserig

Schwatzliese v^{21}, **Schwatzmaul** o^{32} kletskous

Schwebe v^{28} onzekerheid: *der Prozess ist noch in der ~* het proces is nog hangende; *das bleibt hier in ~* dat blijft nog open

Schwebebahn v^{20} zweefspoor; kabelbaan

Schwebebalken m^{11} *(sp)* evenwichtsbalk

schweben 1 zweven, drijven; **2** hangende zijn *(van proces): in Lebensgefahr ~* in levensgevaar verkeren

schwebend zwevend, hangend; *(van proces)* hangend: *die ~en Geschäfte* de lopende zaken

Schwede m^{15} Zweed: *alter ~* ouwe jongen

Schweden o^{39} Zweden

schwedisch Zweeds

Schwefel m^{19} zwavel

schwefelig zwavelachtig, zwavelig

Schwefelsäure v^{21} zwavelzuur

Schweif m^5 *(lange)* staart; *(fig)* sliert, staartje

schweifen I *tr* uitbuigen, welven; **II** *intr* zwerven, trekken, dolen, dwalen: *seine Gedanken ~ lassen* zijn gedachten laten gaan

schweifwedeln kwispelstaarten

Schweigegeld o^{31} zwijggeld

Schweigemarsch m^6 stille tocht

Schweigeminute v^{21} minuut stilte

schweigen ^{255} zwijgen

Schweigen o^{39} (het) zwijgen, stilte

Schweigepflicht v^{28} zwijgplicht

Schweiger m^9 zwijger

schweigsam zwijgzaam, stil

Schwein o^{29} zwijn, varken: *~ haben* boffen

Schweinebande v^{28} zwijnenboel, troep

Schweinebraten m^{11} (gebraden) varkensvlees

Schweinefleisch o^{39} varkensvlees

Schweinefraß m^{19} varkensvoer

Schweinegeld o^{39} smak geld

Schweinehackfleisch o^{39} varkensgehakt

Schweinehund m^5 smeerlap, zwijn

Schweinelende v^{21} varkenshaas

Schweinerei v^{20} **1** zwijnenboel, rotzooi; **2** gemene streek; **3** vuile praat; **4** smeerlapperij

Schweinestall m^6 **1** varkenshok; **2** troep

Schweinezucht v^{20} varkensfokkerij

schweinisch 1 smerig; **2** schunnig; **3** gemeen

Schweinshaxe v^{21} varkenspoot(je)

Schweiß m^5 zweet, transpiratie

Schweißapparat m^5 lasapparaat

Schweißband o^{32} zweetband

Schweißbrenner m^9 lasbrander

Schweißbrille v^{21} lasbril

Schweißdrüse v^{21} zweetklier

schweißen lassen

Schweißer m^9 lasser

schweißig bezweet, klam, transpirerend

Schweißnaht v^{25} lasnaad

schweißnass nat van het zweet, bezweet

schweißtriefend druipend van het zweet

Schweißtropfen m^{11} zweetdruppeltje

Schweißung v^{20} (het) lassen

Schweiz v^{28} Zwitserland

Schweizer I m^9 Zwitser; **II** *bn* Zwitsers: *~ (Käse)* Zwitserse kaas

Schweizerin v^{22} Zwitserse

schweizerisch Zwitsers

schwelen smeulen, broeien

schwelgen zwelgen, brassen

Schwelger m^9 zwelger, brasser

schwelgerisch zwelgend, overdadig

Schwelle v^{21} **1** drempel, dorpel; **2** dwarsligger, biel(s); **3** ligger, draagbalk

schwellen I st^{256} **1** zwellen, opzwellen, opzetten; **2** (aan)zwellen, wassen, stijgen; **II** *zw* doen zwellen

Schwellenangst v^{28} drempelvrees

Schwellung v^{20} zwelling; ronding, welving

Schwemme v^{21} **1** wed, drenkplaats; **2** overproductie, te groot aanbod, overvloed

schwemmen spoelen, drijven

Schwengel m^9 **1** zwengel; **2** klepel

Schwenk m^{13}, m^5 **1** zwenk(ing), ommezwaai; **2** *(foto)* draai, beweging *(vd camera)*

schwenken 1 zwenken, zwaaien, wuiven; **2** zwen-

ken, draaien, zwaaien; **3** *(glazen)* spoelen
Schwenker *m⁹* cognacglas
Schwenkung *v²⁰* zwenking, zwaai, draai
schwer 1 zwaar; **2** zwaar, lastig, moeilijk; moeizaam, hard: *~ erziehbar* moeilijk opvoedbaar; *~ fallen* zwaar vallen; *~ nehmen* zwaar opnemen, zwaar opvatten; *sich ~ tun* moeite hebben (met); moeilijk overweg kunnen (met); **3** zwaar, hevig, heftig, ernstig: *~ behindert* invalide; *~ beschädigt: a)* zwaar beschadigd; *b)* invalide; *~ verletzt, ~ verwundet* zwaargewond; *ich werde mich ~ hüten* ik kijk wel uit!
Schwerarbeit *v²⁸* zwaar werk; *(Belg)* labeur
Schwerathletik *v²⁸* krachtsport
schwerbehindert, schwerbeschädigt *oude spelling voor* schwer behindert, beschädigt, *zie* schwer 3
Schwere *v²⁸* **1** zwaarte, gewicht; **2** moeilijkheid; **3** sterkte, intensiteit, hevigheid; **4** ernst; **5** zwaartekracht
schwerelos gewichtloos
Schwerelosigkeit *v²⁸* gewichtloosheid
schwererziehbar *oude spelling voor* schwer erziehbar, *zie* schwer 2
schwerfallen *oude spelling voor* schwer fallen, *zie* schwer 2
schwerfällig onbeholpen, onhandig; sloom, traag: *~ sprechen* moeilijk spreken
Schwerfälligkeit *v²⁸* **1** traagheid van begrip; **2** onbeholpenheid, onhandigheid
Schwergewicht I *o²⁹* *(sp)* zwaargewicht *(persoon)*; II *o³⁹* **1** zwaargewicht(klasse); **2** zwaartepunt, nadruk
Schwergewichtler *m⁹* zwaargewicht *(persoon)*
schwerhörig hardhorend, hardhorig
Schwerindustrie *v²¹* zware industrie
Schwerkraft *v²⁸* zwaartekracht
schwerlich nauwelijks, amper, waarschijnlijk niet, wel niet, bezwaarlijk
Schwermut *v²⁸* zwaarmoedigheid
schwermütig zwaarmoedig
schwernehmen *oude spelling voor* schwer nehmen, *zie* schwer 2
Schweröl *o²⁹* zware olie
Schwerpunkt *m⁵* **1** zwaartepunt; **2** accent
schwerreich schatrijk
Schwert *o³¹* zwaard
schwertun *295*, *sich oude spelling voor* sich schwer tun, *zie* schwer 2
Schwerverbrecher *m⁹* gevaarlijk misdadiger
schwerverletzt, schwerverwundet *oude spelling voor* schwer verletzt, verwundet, *zie* schwer 3
schwerwiegend zwaarwegend, belangrijk
Schwester *v²¹* **1** zuster, zus; **2** non; **3** verpleegster
Schwiegereltern *mv* schoonouders
Schwiegermutter *v²⁶* schoonmoeder
Schwiegersohn *m⁶* schoonzoon
Schwiegertochter *v²⁶* schoondochter
Schwiegervater *m¹⁰* schoonvader
Schwiele *v²¹* **1** eelt(knobbel, -plek); **2** litteken

schwielig eeltig, vereelt
schwierig moeilijk, lastig, gecompliceerd
Schwierigkeit *v²⁰* moeilijkheid, probleem
Schwimmanzug *m⁶* zwempak
Schwimmbad *o³²* zwembad
Schwimmbassin *o³⁶*, **Schwimmbecken** *o³⁵* zwembassin
schwimmen²⁵⁷ **1** zwemmen; **2** drijven: *ein ~des Hotel* een drijvend hotel; **3** vervagen, vervloeien: *~die Konturen* vage contouren; **4** drijven, overstroomd zijn
Schwimmer *m⁹* **1** zwemmer; **2** dobber; **3** vlotter; **4** drijver
Schwimmerbecken *o³⁵* diepe, diep bassin
Schwimmflosse *v²¹* zwemvlies
Schwimmgürtel *m⁹* zwemgordel, reddingsboei
Schwimmhalle *v²¹* overdekt zwembad
Schwimmhose *v²¹* zwembroek
Schwimmmeister *m⁹* badmeester
Schwimmsand *m¹⁹* drijfzand
Schwimmsport *m¹⁹* zwemsport
Schwimmweste *v²¹* zwemvest
Schwindel *m¹⁹* **1** duizeling, duizeligheid; **2** bedrog, leugen; zwendel, oplichterij || *was kostet der ganze ~?* wat kost het hele zootje?; *in ~ erregender Höhe* op duizelingwekkende hoogte
Schwindelei *v²⁰* oplichterijtje; bedrog
schwindelerregend duizelingwekkend: *das ist äußerst ~* dat is buitengewoon duizelingwekkend
schwindelfrei vrij van hoogtevrees
Schwindelgefühl *o²⁹* gevoel van duizeligheid
schwindelig duizelig
schwindeln 1 bedriegen, oplichten, zwendelen; **2** liegen; **3** duizelen: *mir (of: mich) schwindelt* ik word duizelig
schwinden²⁵⁸ **1** slinken, verminderen, afnemen, krimpen; **2** verdwijnen; voorbijgaan
Schwindler *m⁹* **1** zwendelaar, oplichter, bedrieger; **2** fantast, leugenaar
schwindlig duizelig
Schwindsucht *v²⁸* tering, tbc
Schwinge *v²¹* vleugel, vlerk, wiek
schwingen²⁵⁹ I *tr* zwaaien (met); slingeren: *die Glocke ~* bellen; *Fahnen ~* vendelzwaaien; II *intr* **1** zwaaien, slingeren, schommelen; **2** trillen, vibreren; III *sich ~* (zich) slingeren: *sich aufs Pferd ~* te paard springen
Schwingtür *v²⁰* klapdeur
Schwingung *v²⁰* **1** (het) zwaaien, zwaai, (het) slingeren, slinger, schommeling; **2** trilling
Schwips *m⁵* lichte roes: *einen ~ haben* aangeschoten zijn
schwirren 1 zoemen, gonzen, brommen; **2** snorren, zoeven, suizen; **3** zwermen, fladderen
Schwitze *v²¹* roux
schwitzen I *intr* **1** transpireren, zweten, uitwasemen; **2** *(mbt muren)* uitslaan, zweten; **3** *(mbt ruiten)* beslaan; II *tr* **1** zweten, afscheiden; **2** fruiten
schwitzig bezweet, zweterig, zwetend

schwören[260] zweren, een eed afleggen
schwul homoseksueel
schwül zwoel, drukkend, benauwd
Schwüle *v*[28] zwoelte, drukkende hitte, benauwde atmosfeer
Schwule(r) *m*[40a], Schwuli *m*[13] homo(seksueel)
Schwulst *m*[6] bombast, gezwollenheid
schwulstig opgezwollen, opgezet
schwülstig hoogdravend, bombastisch
Schwund *m*[19] 1 (het) verdwijnen, wegvallen; (het) afnemen, vermindering; 2 krimp; 3 *(handel)* gewichtsverlies, verlies; 4 *(telecom)* sluiering, fading
Schwung I *m*[6] 1 zwaai, sprong, draai; 2 boog, welving, gebogen lijn; II *m*[19] 1 vaart, gang, beweging; 2 elan, vuur, gloed, bezieling, fut; 3 zwik, heleboel
schwunghaft krachtig, levendig, energiek
Schwungkraft *v*[25] veerkracht, energie, elan
schwunglos zonder elan, slap, futloos
schwungvoll 1 sierlijk, zwierig; 2 vurig, gloedvol, met verve, energiek
Schwur *m*[6] eed, belofte, gelofte
Schwurgericht *o*[29] juryrechtbank, rechtbank van gezworenen
sechs zes: *zu ~en* met z'n zessen
Sechs *v*[20] 1 *(het cijfer)* zes; 2 lijn zes *(van tram, bus)*; 3 *(als rapportcijfer)* zeer onvoldoende
sechsfach zesvoudig
sechsmonatig zesmaands
sechsmonatlich halfjaarlijks, zesmaandelijks
sechst: *zu ~* met z'n zessen
Sechstagerennen *o*[35] *(sp)* zesdaagse
sechste zesde: *der ~ Sinn* het zesde zintuig
Sechstel *o*[33] zesde (deel)
sechstens ten zesde
sechzehn zestien
sechzig zestig
sechziger 1 van (uit) het jaar zestig; 2 tussen '60 en '70: *die ~ Jahre* de jaren zestig
Sechziger *m*[9] zestiger
See I *m*[17] meer: *der Genfer ~* het meer van Genève; II *v*[21] 1 zee: *auf hoher* (of: *offener*) ~ in volle zee; *an die ~ fahren* naar zee gaan; 2 zeegang, deining; 3 golf, baar
Seeadler *m*[9] zeearend
Seebarsch *m*[5] zeebaars
Seefahrt I *v*[28] zeevaart; II *v*[20] zeereis
seefest 1 zeevast; 2 zeewaardig
Seefisch *m*[5] zeevis
Seehafen *m*[12] zeehaven
Seeherrschaft *v*[28] zeeheerschappij
Seehund *m*[5] zeehond, rob
Seejungfer *v*[21] 1 waterjuffer; 2 zeemeermin
Seejungfrau *v*[20] zeemeermin
seekrank zeeziek
Seeküste *v*[21] zeekust
Seele *v*[21] 1 ziel, gemoed, gevoel; psyche: *mit Leib und ~* met hart en ziel; 2 ziel; 3 mens: *eine ~ von Mensch* een edel mens; *keine ~* geen sterveling || *er hat mir aus der ~ geredet* (of: *gesprochen*) hij heeft

geheel naar mijn hart gesproken
Seelenarzt *m*[6] 1 psychiater; 2 psycholoog
seelenlos zielloos, gevoelloos
Seelenruhe *v*[28] gemoedsrust, zielenrust
seelenvergnügt zielsvergenoegd, zielsblij
Seelenzustand *m*[6] gemoeds-, zielstoestand
seelisch ziels-, innerlijk, psychisch
Seelsorge *v*[28] zielzorg, geestelijke verzorging
Seelsorger *m*[9] zielzorger
seelsorgerisch, seelsorgerlich, seelsorglich zielzorgelijk, pastoraal
Seeluft *v*[28] zeelucht
Seemacht *v*[25] zeemacht; zeemogendheid
Seemeile *v*[21] zeemijl
Seenot *v*[28] (het) in nood verkeren op zee
Seeräuber *m*[9] zeerover, piraat
Seereise *v*[21] zeereis
Seeschiff *o*[29] zeeschip
Seeschlacht *v*[20] zeeslag
Seestreitkräfte *mv v*[25] zeestrijdkrachten, marine
seetüchtig zeewaardig
Seeunfall *m*[6] scheepsongeval
seewärts zeewaarts
Seeweg *m*[5] zeeweg, scheepvaartroute
Seezunge *v*[21] (zee)tong
Segel *o*[33] zeil: *die ~ aufziehen* (of: *hissen, setzen*) de zeilen hijsen
Segelboot *o*[29] zeilboot
Segelfahrt *v*[20] zeiltocht
segelfliegen[159] zweefvliegen
Segelflug I *m*[6] zweefvlucht; II *m*[19] (het) zweefvliegen
Segelflugzeug *o*[29] zweefvliegtuig
Segeljacht *v*[20] zeiljacht
segellos zonder zeil(en)
segeln 1 zeilen, varen, stevenen; 2 vliegen, vallen; 3 zweven; 4 *(mbt wolken)* drijven; 5 sjezen, bakken
Segelregatta *v (mv -regatten)* zeilwedstrijd
Segelschiff *o*[29] zeilschip
Segeltuch *o*[29] zeildoek
Segen *m*[19] 1 zegen; 2 overvloed, boel
segensreich 1 zegenrijk; 2 heilzaam
Segler *m*[9] 1 zeiler; 2 zeilschip; 3 zweefvliegtuig
segnen zegenen
Segnung *v*[20] zegening, zegen
sehbehindert slechtziend
sehen[261] I *tr* zien: *siehe Seite 8* zie blz. 8; *bessere Zeiten gesehen haben* betere tijden gekend hebben; II *intr* zien, kijken: *sieh da!* zie daar!, kijk eens aan!; *sieh mal (einer) an!* nee maar!; *siehst du, siehste* zie je wel; *das Fenster sieht auf den Garten* het raam ziet op de tuin uit; *auf die Kinder ~* op de kinderen letten
sehenswert, sehenswürdig bezienswaardig
Sehenswürdigkeit *v*[20] bezienswaardigheid
Seher *m*[9] ziener, profeet
seherisch profetisch
Sehfehler *m*[9] oogafwijking
Sehkraft *v*[28] gezichtsvermogen

Sehne v^{21} **1** pees, zeen; **2** koord, boogpees
sehnen, sich verlangen, snakken, hunkeren
Sehnenriss m^5 gescheurde pees
Sehnerv m^{16} gezichtszenuw
sehnig 1 zenig, pezig; **2** gespierd, pezig
sehnlich vurig, hartstochtelijk, smachtend
Sehnsucht v^{25} (vurig, smachtend) verlangen
sehnsüchtig, sehnsuchtsvoll verlangend, smachtend, met smart, hunkerend
Sehorgan o^{29} gezichtsorgaan
sehr[65] zeer, erg, heel: *danke ~!* dank u zeer!; *bitte ~!: a)* tot uw dienst!; *b)* alstublieft!
Sehrohr o^{29} periscoop
Sehschärfe v^{21} gezichtsscherpte
sehschwach slechtziend
Sehstörung v^{20} gezichtsstoornis
Sehweite v^{28} gezichtsafstand
seicht 1 ondiep; **2** oppervlakkig, banaal
Seide v^{21} zijde
Seidel o^{33} bierglas, bierpul
seiden zijden, van zijde; zijdeachtig
seidenweich zo zacht als zijde
seidig zijdeachtig, zijig
Seife v^{21} zeep
seifen 1 inzepen, zepen; **2** (erts) uitwassen
Seifenblase v^{21} zeepbel
Seifenhalter m^9, **Seifennapf** m^6 zeepbakje
Seifenoper v^{21} soap
Seifenpulver o^{33} zeeppoeder
Seifenschaum m^{19} zeepschuim
seifig zepig, zeepachtig; met zeep bedekt
seihen filteren, filtreren
Seil o^{29} **1** touw, koord, lijn; **2** kabel
Seilbahn v^{20} kabelbaan, hangspoor
seilen 1 (met touw) vastbinden; **2** touw slaan
Seilschaft v^{20} **1** groep bergbeklimmers *(door touw verbonden);* **2** *(meestal ongunstig)* groep personen die (politiek) nauw samenwerken
Seilschwebebahn v^{20} kabelbaan
Seilspringen o^{39} (het) touwtjespringen
seiltanzen koorddansen
Seiltänzer m^9 koorddanser
sein I *vnw* zijn: *er tut das seine* (of: *das Seine*) hij doet het zijne; **II** *pers vnw (vero)* (van) hem; **III** *ww*[262] zijn, bestaan: *mir ist (es) warm* ik heb het warm; *was ist dir?* wat scheelt je?; *mir ist besser* ik voel me beter; *hier ist es gut sein* het is hier goed; *es sei denn, (dass)* tenzij; *dem ist nicht so* dat is niet zo; *wie dem auch sei* hoe het ook zij; *lass das ~!* laat dat!; *das darf nicht ~* dat mag niet; *das kann doch nicht ~!* dat kan toch niet!; *das wär's* dat is het; *die Waren sind sofort zu versenden* de goederen moeten onmiddellijk verzonden worden
Sein o^{39} zijn, bestaan: *~ oder Nichtsein* to be or not to be
seiner *pers vnw* (van) hem
seinerseits zijnerzijds, van zijn kant
seinerzeit destijds, indertijd
seinerzeitig toenmalig

seinesgleichen zijns gelijke(n): *~ nicht haben* ongeëvenaard zijn
seinethalben, seinetwegen ter wille van hem
seinetwillen: *um ~* om zijnentwil, voor hem
seinige *(der, die, das)* (de, het) zijne: *die Seinigen, die seinigen* de zijnen, zijn familie
seit I vz^{+3} sedert, sinds: *~ alters* (of: *~ jeher)* van oudsher; **II** *vw* sedert, sinds
seitab zijwaarts; terzijde
seitdem I *vw* sedert, sinds; **II** *bw* sedert die tijd
Seite v^{21} **1** zijde, kant: *auf der einen ~* aan de ene kant; *auf ~n des Parlaments* aan de kant van het parlement; *sich auf jmds ~ schlagen* zich aan iems zijde scharen; *jmdn auf die ~ nehmen* iem terzijde nemen; *jmdm nicht von der ~ gehen* (of: *weichen)* niet van iems zijde wijken; *zu beiden ~n des Tores* aan beide kanten van het doel; *jmdm zur ~ stehen* iem terzijde staan; **2** bladzijde: *gelbe ~n* Gouden Gids || *jmdn auf die ~ schaffen* iem uit de weg ruimen
Seitenansicht v^{20} zijaanzicht
Seitenblick m^5 zijdelingse blik
Seitendeckung v^{28} *(mil)* flankdekking
Seitendruck m^6 zijdelingse druk
Seitengewehr o^{29} bajonet
Seitenhieb m^5 steek onder water
Seitenlehne v^{21} zijleuning
Seitenlinie v^{21} **1** zijlijn, zijspoor; **2** zijlinie
seitens vz^{+2} van de kant van; door
Seitenschiff o^{29} zijbeuk *(van kerk)*
Seitensprung m^6 **1** zijsprong; **2** *(fig)* slippertje
Seitenstreifen m^{11} berm, vluchtstrook: *~ nicht befahrbar!* zachte berm!
Seitental o^{32} zijdal, dwarsdal
Seitenwagen m^{11} zijspan
Seitenwahl v^{20} *(sp)* toss
Seitenwechsel m^9 *(sp)* (het) wisselen van speelhelft
Seitenweg m^5 zijweg
Seitenzahl v^{20} **1** aantal bladzijden; **2** nummer van de bladzijde
seither sedert, sindsdien; tot nu toe
seitlich I *bn* zijdelings; zij-; **II** vz^{+2} naast
seitwärts zijwaarts; terzijde
Sekret o^{29} afscheiding
Sekretär m^5 **1** secretaris; **2** commies; **3** secretaire
Sekretariat o^{29} secretariaat, secretarie
Sekretärin v^{22} secretaresse
Sekt m^5 (Duitse) champagne
Sekte v^{21} sekte
Sektion v^{20} sectie
Sektkübel, Sektkühler m^9 champagnekoeler
Sektor m^{16} sector
sekundär secundair, ondergeschikt
Sekunde v^{21} seconde
Sekundenzeiger m^9 secondewijzer
sekundieren[320+3] **1** (iem) seconderen; **2** *(muz)* begeleiden
selber zelf
selbig dezelfde, hetzelfde; deze, die, dit, dat: *zu ~er*

se

Stunde (of: *zur ~en Stunde*) terzelfder ure

selbst 1 zelf: *um seiner ~ willen* in zijn eigen belang; *er hat's aus sich ~ getan* hij heeft het uit zichzelf gedaan; *~ gemacht* eigengemaakt; **2** zelfs

Selbstachtung *v²⁸* zelfrespect

selbständig, onafhankelijk: *sich ~ machen: a)* een eigen zaak beginnen; *b) (fig)* weglopen, ervandoor gaan

Selbständigkeit *v²⁸* zelfstandigheid

Selbstanklage *v²¹* zelfbeschuldiging

Selbstauslöser *m⁹ (foto)* zelfontspanner

Selbstbedienung *v²⁸* zelfbediening

Selbstbedienungsladen *m¹²* zelfbedieningswinkel

Selbstbeherrschung *v²⁸* zelfbeheersing

Selbstbeteiligung *v²⁰* eigen risico *(bij verzekering)*

selbstbewusst zelfbewust

Selbstbewusstsein *o³⁹* zelfbewustzijn

Selbstdisziplin *v²⁸* zelfdiscipline

Selbstentfaltung *v²⁸* zelfontplooiing

Selbsterhaltung *v²⁸* zelfbehoud

Selbsterkenntnis *v²⁸* zelfkennis

selbstgefällig zelfingenomen

Selbstgefühl *o³⁹* gevoel van eigenwaarde

selbstgemacht *oude spelling voor* selbst gemacht, *zie* selbst 1

selbstgenügsam zelfgenoegzaam, sober

selbstgerecht zelfingenomen

Selbstgespräch *o²⁹* monoloog, alleenspraak

selbstherrlich autoritair, eigenmachtig

Selbsthilfe *v²⁸* **1** eigen hulp; **2** *(jur)* eigenrichting

Selbstjustiz *v²⁸* eigenrichting

selbstklebend zelfklevend

Selbstkostenpreis *m⁵* kostende prijs, kostprijs

selbstlos onbaatzuchtig, belangeloos

Selbstlosigkeit *v²⁸* onbaatzuchtigheid

Selbstmord *m⁵* zelfmoord

Selbstmörder *m⁹* zelfmoordenaar

selbstmörderisch 1 tot zelfmoord leidend; **2** *(fig)* levensgevaarlijk

selbstsicher zelfverzekerd, assertief

selbstständig *zie* selbständig

Selbstständigkeit *zie* Selbständigkeit

Selbststeuerung *v²⁰* **1** automatische piloot; **2** *(techn)* geautomatiseerde bediening

Selbststudium *o (2e nvl -s; mv -studien)* zelfstudie

Selbstsucht *v²⁸* zelfzucht, egoïsme

selbstsüchtig zelfzuchtig, egoïstisch

selbsttätig 1 automatisch; **2** zelfstandig

Selbsttäuschung *v²⁰* zelfbedrog

selbstvergessen in zichzelf gekeerd

selbstverschuldet aan eigen schuld te wijten

selbstverständlich vanzelfsprekend

Selbstverständlichkeit *v²⁰* vanzelfsprekendheid

Selbstverständnis *o²⁹ᵃ (geen mv)* zelfbesef

Selbstverstümmelung *v²⁰* zelfverminking

Selbstverteidigung *v²⁰* zelfverdediging

Selbstvertrauen *o³⁹* zelfvertrouwen

Selbstverwaltung *v²⁰* zelfbestuur

Selbstwählferndienst *m⁵*, **Selbstwählfernverkehr** *m¹⁹* automatisch interlokaal telefoonverkeer

Selbstwertgefühl *o²⁹* gevoel van eigenwaarde

selbstzufrieden zelfvoldaan

Selbstzweck *m¹⁹* doel op zichzelf

selektieren³²⁰ selecteren

Selektion *v²⁰* selectie

selektiv selectief

selig zalig, gelukzalig: *Gott hab' ihn ~!* God hebbe zijn ziel!; *mein ~er Vater* (of: *mein Vater ~*) mijn vader zaliger

Seligkeit *v²⁰* (geluk)zaligheid, geluk

Sellerie *m¹³, v²¹ (mv ook Sellerie)* selderie, selderij

selten I *bn* **1** zeldzaam; **2** merkwaardig, raar; **II** *bw* **1** buitengewoon; **2** zelden

Seltenheit *v²⁰* **1** zeldzaamheid; **2** rariteit

seltsam vreemd, eigenaardig, zonderling

seltsamerweise vreemd genoeg, eigenaardig genoeg

Seltsamkeit *v²⁰* eigenaardigheid

Semester *o³³* semester, halfjaar: *ein älteres* (of: *ein höheres*) ~ een ouderejaars *(student)*

Seminar *o²⁹* **1** werkcollege; **2** instituut *(van universiteit)*; **3** seminar; **4** *(r-k)* seminarie

Seminarübung *v²⁰* werkcollege

Semmel *v²¹* kadetje, broodje

Senat *m⁵* **1** senaat; **2** regering *(van de deelstaten Bremen, Hamburg, Berlijn)*

Senator *m¹⁶* **1** senator; **2** minister *(Bremen, Hamburg, Berlijn)*

Sendeanlage *v²¹ (telecom)* zendinstallatie

Sendebereich *m⁵* zendbereik

Sendefolge *v²¹* **1** radioprogramma, tv-programma; **2** aflevering; **3** radioserie, tv-serie

senden I *st²⁶³* zenden, sturen; **II** *zw (telecom)* zenden, uitzenden

Sendepause *v²¹* zendpauze

Sender *m⁹* zender

Senderaum *m⁶* studio

Sendereihe *v²¹* reeks uitzendingen, serie

Sendeschluss *m⁶ (telecom)* einde van de uitzending(en)

Sendezeit *v²⁰* zendtijd

Sendung *v²⁰* **1** zending; **2** toezending; **3** *(telecom)* uitzending: *durch die ~ führt …* de uitzending wordt gepresenteerd door …

Senf *m⁵* mosterd

sengen zengen, schroeien, blakeren

senil seniel

senior senior

Senior *m¹⁶* **1** senior; **2** (vijfen)zestigplusser

Seniorenheim *o²⁹* bejaardentehuis

Seniorenpass *m⁶* vijfenzestigpluskaart, seniorenkaart, bejaardenpas

Seniorenwohnheim *o²⁹* bejaardentehuis

Senke *v²¹* laagte, inzinking, dal

Senkel *m⁹* veter, rijgsnoer

senken I *tr* **1** neerlaten, laten zakken, laten zinken: *die Augen ~* de ogen neerslaan; **2** verlagen, laten dalen: *Preise, Steuern* ~ ~ prijzen, belastingen verlagen; *die Stimme* ~ de stem laten dalen; **II** *sich* ~ **1** (ver)zakken, (neer)dalen; **2** afhellen

Senker *m*[9] *(plantk)* loot, stek

Senkfuß *m*[6] doorgezakte voet

Senkfußeinlage *v*[21] steunzool

Senkgrube *v*[21] zinkput, beerput

Senkkasten *m*[12] caisson

senkrecht loodrecht

Senkrechtstarter *m*[9] verticaal opstijgend vliegtuig; **2** iem met een bliksemcarrière

Senkung *v*[20] **1** inzinking; **2** (het) laten zakken, (het) neerlaten; **3** *(med)* verzakking; **4** verlaging; **5** bloedbezinking

Senn *m*[5] *(Oostenr, Z-Dui, Zwits)* alpenherder

Senne I *v*[21] alpenweide; **II** *m*[15] alpenherder

Senner *m*[9] alpenherder

Sennerei *v*[20] alpenboerderij

Sennhütte *v*[21] herdershut in de Alpen

Sensation *v*[20] sensatie

sensationell sensationeel, opzienbarend

Sense *v*[21] zeis

sensibel sensibel, (fijn)gevoelig

Sensibilität *v*[28] sensibiliteit

sensitiv sensitief, zeer gevoelig

Sensualität *v*[28] sensualiteit, zinnelijkheid

sensuell sensueel, zinnelijk

sentimental sentimenteel

separat separaat, afzonderlijk

Separatismus *m*[19a] separatisme

Separatist *m*[14] separatist

September *m*[9] *(2e nvl ook -)* september

septisch septisch, niet steriel, besmet

Serbe *m*[15] Serviër

Serbien *o*[39] Servië

serbisch Servisch

Serenade *v*[21] serenade

Serie *v*[21] serie, reeks

Serienbau *m*[19] seriebouw

serienmäßig 1 in serie; **2** tot de standaarduitrusting behorend, standaard-, standaard-

Serienproduktion *v*[20] serieproductie

serienweise 1 in serie; **2** massaal

seriös 1 serieus, ernstig; **2** degelijk; **3** plechtig

Serpentine *v*[21] haarspeldbocht

Server *m*[9] server

¹Service *m, o (2e nvl -; mv -s)* **1** service, dienstbetoon; **2** serviceafdeling; **3** *(sp)* service

²Service *o (2e nvl -(s); mv -)* servies

servieren[320] **1** serveren, opdienen; **2** *(sp)* serveren

Serviererin *v*[22] serveerster

Serviette *v*[21] servet

Servobremse *v*[21] (rem met) rembekrachtiging

Servolenkung *v*[20] stuurbekrachtiging

Servus *tw (Oostenr)* goedendag!

Sessel *m*[9] **1** zetel; **2** fauteuil, leunstoel

Sesselbahn *v*[20], **Sessellift** *m*[5] stoeltjeslift

sesshaft 1 woonachtig, gevestigd: *sich* ~ *machen* zich (metterwoon) vestigen; **2** honkvast

Session *v*[20] sessie, zitting(speriode)

setzen I *tr* **1** zetten, plaatsen, stellen; **2** poten; **3** *(jagerstaal)* jongen, werpen; **4** oprichten; **5** stellen, aannemen; **6** *(bij spel)* inzetten; **7** opstapelen; **8** *(zeilen)* hijsen; **II** *intr* **1** oversteken, springen; **2** gokken, inzetten, wedden || *gesetzt (den Fall), er kommt nicht* gesteld (het geval), dat hij niet komt; *jmdm eine Frist* ~ iem een termijn stellen; *es setzt Prügel* er vallen klappen; *sich ein Ziel* ~ zich iets ten doel stellen; *seine Hoffnung auf jmdn* ~ zijn hoop op iem vestigen; *jmdn instand* (of: *in Stand*) ~ iem in staat stellen; **III** *sich* ~ **1** gaan zitten, plaatsnemen; **2** *(mbt vloeistoffen)* neerslaan; **3** *(bouwk)* zich zetten, inklinken, verzakken

Setzerei *v*[20] zetterij

Setzfehler *m*[9] zetfout, drukfout

Setzling *m*[5] **1** pootplant; **2** pootvis

Setzwaage *v*[21] waterpas

Seuche *v*[21] besmettelijke ziekte, epidemie

Seuchenherd *m*[5] besmettingshaard

seufzen zuchten

Seufzer *m*[9] zucht

Sex *m*[19], *m*[19a] **1** seks; **2** sekse; **3** sex-appeal

sexual seksueel, geslachtelijk, geslachts-

Sexualität *v*[28] seksualiteit

Sexualkunde *v*[28] seksuele voorlichting

Sexualtäter *m*[9] zedendelinquent

Sexualtrieb *m*[5] geslachtsdrift

Sexualverbrechen *o*[35] zedenmisdrijf

sexuell seksueel, geslachtelijk, geslachts-

sezieren[320] opensnijden, ontleden *(ook fig)*

Shampoo, Shampoon *o*[36] shampoo

Show *v*[27] show

Showgeschäft *o*[39] showbusiness

sich[88] **1** zich: ~ *schämen* zich schamen; *er dachte bei* ~ hij dacht bij zichzelf; *an* ~ (of: *an und für* ~) op zichzelf (beschouwd); **2** elkaar || *die ist nicht bei* ~: *a)* die is er niet bij; *b)* die is niet goed snik; *an* ~ eigenlijk, als zodanig; *es hat nichts auf* ~ het heeft niets te betekenen

Sichel *v*[21] sikkel

sicher 1 zeker: *seiner Sache* ~ *sein* zeker van zijn zaak zijn; **2** veilig: ~ *vor*[+3] veilig voor; ~ *sein* in veiligheid zijn; **3** zelfbewust *(van gedrag)*; **4** vast *(van hand, blik)*; **5** betrouwbaar: *aus* ~*er Quelle* uit betrouwbare bron; **6** geoefend *(zwemmer, schutter)*

sichergehen[168] geen risico nemen

Sicherheit *v*[20] **1** veiligheid; **2** zekerheid; **3** betrouwbaarheid; **4** zelfbewustheid; **5** waarborg, garantie, borgstelling: ~ *leisten* zekerheid stellen

Sicherheitsabstand *m*[6] veilige afstand

Sicherheitsbindung *v*[20] veiligheidsbinding *(aan ski)*

Sicherheitsdienst *m*[5] *(mil)* veiligheidsdienst, bewakingsdienst

Sicherheitsglas *o*[32] veiligheidsglas

Sicherheitsgurt *m*[5], **Sicherheitsgürtel** *m*[9] veiligheidsgordel, -riem

sicherheitshalber veiligheidshalve

si

Sicherheitsleistung v^{20} waarborgsom
Sicherheitsmaßnahme v^{21} veiligheidsmaatregel
Sicherheitsrat m^{19} Veiligheidsraad *(UNO)*
Sicherheitsschloss o^{32} veiligheidsslot
Sicherheitsverwahrung v^{20} tbs
Sicherheitsvorkehrungen *mv* v^{20} veiligheidsmaatregelen
sicherlich zeker, vast en zeker
sichern 1 beveiligen; afsluiten; *(vuurwapen)* in de rust zetten: *das Fahrrad ~* de fiets op slot zetten; **2** waarborgen, verzekeren; *(bergbeklimmen)* zekeren; **3** vaststellen: *Spuren ~* sporen vaststellen ‖ *sich einen Sitzplatz ~* een zitplaats reserveren
sicherstellen 1 garanderen, waarborgen; **2** in veiligheid brengen; **3** bewijzen, aantonen
Sicherstellung v^{20} **1** beveiliging, vrijwaring; **2** waarborging; **3** inbeslagneming
Sicherung v^{20} **1** verzekering, garantie, (het) waarborgen; **2** *(elektr)* stop, smeltveiligheid; **3** zekerheid, cautie; **4** *(mil)* beveiliging; **5** veiligheidspal
Sicherungsverwahrung v^{20} tbs
Sicht v^{20} **1** zicht, uitzicht: *Politik auf lange ~* politiek op lange termijn; **2** standpunt, visie: *aus (of: in) unserer ~* in onze visie
sichtbar 1 zichtbaar; **2** duidelijk
sichten 1 in zicht krijgen, waarnemen; **2** *(papieren)* ordenen, selecteren
sichtlich zichtbaar, klaarblijkelijk, duidelijk
Sichtung v^{20} schifting, onderzoek, ordening
Sichtvermerk m^5 visum
Sichtweite v^{21} gezichtsafstand: *in, außer ~* in het, buiten het gezicht
sickern sijpelen, lekken; doorlekken
sie^{82} **1** zij, haar; **2** hen, hun; **3** men, ze
Sie I *pers vnw*^{82} u; **II** *zn, v*^{27} **1** zij; **2** vrouwtje, wijfje
Sieb o^{29} zeef, filter
sieben I *ww* zeven, ziften; **II** *telw* zeven
Sieben v^{21} *(mv ook Sieben)* **1** *(het cijfer)* zeven; **2** lijn zeven *(van tram, bus): eine böse Sieben* een feeks
siebengescheit betweterig, waanwijs
Siebenmeter m^9, **Siebenmeterwurf** m^6 *(sp)* strafworp
Siebensachen *mv* v^{21} boeltje, spullen
siebente, siebte zevende
siebzehn zeventien
siebzig zeventig
siech (voortdurend) ziek; ziekelijk
siechen sukkelen, (weg)kwijnen
Siechtum o^{39} langdurige ziekte
siedeheiß kokend heet, gloeiend heet
Siedehitze v^{28} kookpunt
siedeln 1 zich vestigen; **2** *(biol)* zich nestelen
sieden^{264} zieden, koken; *~d heiß* kokendheet
siedendheiß *oude spelling voor* siedend heiß, *zie* sieden
Siedepunkt m^5 kookpunt
Siedler m^9 kolonist, bewoner
Siedlung v^{20} **1** nederzetting, vestiging: *~ in Übersee* kolonie; **2** wijk

Sieg m^5 overwinning, zege: *einen ~ erringen* (of: *davontragen)* een overwinning behalen
Siegel o^{33} zegel, stempel
siegeln (ver)zegelen, waarmerken
Siegelring m^5 zegelring
siegen overwinnen, winnen: *~ über*$^{+4}$ zegevieren over, de overwinning behalen op
Sieger m^9 overwinnaar
Siegerehrung v^{20} *(sp)* cérémonie protocollaire
Siegesfeier v^{21}, **Siegesfeierlichkeit** v^{20}, **Siegesfest** o^{29} zege-, overwinningsfeest
siegesfroh zegepralend, triomfantelijk
siegesgewiss zeker van de overwinning
Siegestor o^{29} **1** winnend doelpunt; **2** triomfboog
Siegestreffer m^9 winnend doelpunt
siegestrunken in een overwinningsroes
siegreich zegevierend, (over)winnend
siezen met 'Sie' aanspreken
Signal o^{29} signaal, sein
Signalflagge v^{21} seinvlag, signaalvlag
signalisieren^{320} **1** signaleren; **2** seinen; **3** melden, aankondigen; **4** te verstaan geven
Signallampe v^{21} seinlamp, signaallamp
signifikant significant
Silbe v^{21} lettergreep, syllabe: *er hat keine ~ davon gesagt* hij heeft er geen woord van gezegd
Silber o^{39} zilver, zilverwerk
Silberbarren m^{11} staaf zilver, baar zilver
Silberfaden m^{12} zilverdraad
silberfarben, silberfarbig zilverkleurig
silberhaltig zilverhoudend
Silberhochzeit v^{20} zilveren bruiloft
silberig zilverachtig
Silberling m^5 zilverling
Silbermünze v^{21} zilveren munt
silbern zilveren, van zilver
Silbertanne v^{21} zilverspar
silbrig zilverachtig
Silhouette v^{21} silhouet
Silizium o^{39} silicium, kiezel
Silo m^{13}, o^{36} silo
Silvester o^{33}, m^9 oudejaar(sdag)
Silvesterabend m^5 oudejaarsavond
simpel 1 simpel; **2** eenvoudig; **3** onnozel
simplifizieren^{320} vereenvoudigen
Sims m^5, o^{29} lijst, kroonlijst
Simulation v^{20} simulatie
simulieren^{320} simuleren
simultan simultaan, gelijktijdig
Sinfonie v^{21} symfonie *(ook fig)*
Sinfonieorchester o^{33} symfonieorkest
Sinfoniker m^9 **1** componist van symfonieën; **2** *(mv)* leden van een symfonieorkest
sinfonisch symfonisch
singen^{265} **1** zingen; **2** doorslaan, bekennen
Single I m^{13} *(2e nvl ook -)* alleenstaande; **II** v^{27} *(mv ook -)* single *(grammofoonplaat);* **III** *o (2e nvl -(s); mv -(s)) (sp)* single
Singsang m^{19} **1** gezing, gezang; **2** liedje

Singstimme v^{21} 1 zangstem; 2 zangpartij
Singular m^{19} singularis, enkelvoud
Singvogel m^{10} zangvogel
sinken^{266} zinken, dalen, zakken, vallen: *vor jmdm auf* (of: *in die Knie*) ~ voor iem (neer)knielen; *zu Boden* (of: *zur Erde*) ~ ter aarde zinken; *den Mut ~ lassen* de moed laten zakken; *Kurse, Preise ~* koersen, prijzen dalen
Sinn m^5 1 zin, zintuig: *die fünf ~e* de vijf zintuigen; *seine fünf ~e nicht beisammenhaben* ze niet alle vijf op een rijtje hebben; *seine fünf ~e zusammennehmen* zich concentreren; 2 zin, waarnemingsvermogen, bewustzijn, (het) denken, verstand: *die ~e vergingen* (of: *schwanden*) *mir* ik verloor het bewustzijn; *er ist nicht bei ~en* hij is niet goed snik; *von ~en sein* buiten zichzelf zijn; 3 zin, lust, drift; 4 zin, gevoel, begrip: *keinen ~ für Humor haben* geen gevoel voor humor hebben; 5 zin, mening, gedachte, geest: *sein ~ ist auf* ^{14} *etwas gerichtet* zijn gedachten zijn op iets gericht; *anderen ~es sein* een andere mening hebben; *was hat er im ~?* wat is hij van plan?; *in jmds ~ handeln* in iems geest handelen; *das war nicht nach seinem ~* dat beviel hem niet; 6 gezindheid, aard, instelling, mentaliteit; 7 zin, betekenis, inhoud: *im ~e des Gesetzes* in de zin der wet
Sinnbild o^{31} zinnebeeld, symbool
sinnbildlich zinnebeeldig, symbolisch
sinnen^{267} (na)denken, peinzen: *auf Rache ~* op wraak zinnen
Sinnenfreude I v^{28} (zinnelijke) levensvreugde; II v^{21} (mv) zinnelijk genot
Sinnesänderung v^{20} verandering van mening
Sinnesart v^{20} gezindheid
Sinnesorgan o^{29} zintuig
Sinnestäuschung v^{20} zinsbedrog, zinsbegoocheling
sinnfällig duidelijk, aanschouwelijk, beeldend
sinngemäß 1 inhoudelijk; 2 zinvol
sinnieren^{320} peinzen, mijmeren, piekeren
sinnig 1 zinvol, zinrijk; 2 nuttig; 3 verstandig
sinnlich 1 zintuiglijk; 2 zinnelijk
Sinnlichkeit v^{28} zinnelijkheid
sinnlos 1 zinloos, nutteloos; 2 zinneloos: *~ betrunken* stomdronken
Sinnlosigkeit I v^{28} zinloosheid; II v^{20} zinloze daad
sinnreich 1 zinvol, doelmatig; 2 diepzinnig
Sinnspruch m^6 zinspreuk
sinnvoll 1 zinvol, nuttig; 2 doelmatig; 3 zinnig
sinnwidrig ongerijmd, onlogisch
Sintflut v^{28} 1 zondvloed; 2 *(fig)* stortvloed
sintflutartig als een zondvloed, enorm
Sippe v^{21} familie
Sippenforschung v^{28} genealogie
Sippschaft v^{20} 1 familie: *(min) die ganze ~* de hele familie; 2 *(min)* bende, gepeupel
sirren gonzen, zoemen, snorren
Sirup m^5 siroop, stroop
Sitte v^{21} 1 zede, gebruik, gewoonte: *andere Länder,*

andere ~n 's lands wijs, 's lands eer; 2 zedelijkheid, moraal, fatsoen; 3 gedrag, manieren: *gute ~n haben* goede manieren hebben
Sittenlehre v^{28} zedenleer, ethica, ethiek
sittenlos zedeloos, losbandig
Sittenlosigkeit v^{28} zedeloosheid
Sittenstrolch m^5 zedendelinquent
sittenwidrig in strijd met de goede zeden
Sittich m^5 parkiet
sittlich 1 zedelijk, moreel; 2 zedig, ingetogen
Sittlichkeit v^{28} zedelijkheid, moraal
Sittlichkeitsdelikt o^{29}, **Sittlichkeitsverbrechen** o^{35} zedendelict, zedenmisdrijf
Sittlichkeitsverbrecher m^9 zedendelinquent
sittsam 1 zedig, ingetogen, kuis; 2 welgemanierd, met goede manieren
Sittsamkeit v^{28} 1 zedigheid; 2 welgemanierdheid
Situation v^{20} situatie
situiert gesitueerd: *gut ~* goed gesitueerd
Sitz m^5 1 zitting *(van stoel)*; 2 (zit)plaats, stoel; 3 zetel: *seinen ~ haben* gevestigd zijn; 4 zit *(van ruiter)*; 5 *(techn)* houder, klem; 6 zitvlak *(van broek)* || *das Kleid hat einen guten ~* de japon zit goed
Sitzbad o^{32}, **Sitzbadewanne** v^{21} zitbad
Sitzbank v^{25} zitbank
Sitzecke v^{21} zithoek
sitzen^{268} zitten: *die Henne sitzt* de kip zit te broeden; *der Hieb, der Schuss hat gesessen* de slag, het schot was raak; *einem Maler ~* poseren; *~ bleiben* blijven zitten; *auf* ^{13} *etwas ~ bleiben* met iets blijven zitten; *~ lassen* laten zitten
sitzenbleiben *oude spelling voor* sitzen bleiben, *zie* sitzen
Sitzenbleiber m^9 zittenblijver
sitzenlassen *oude spelling voor* sitzen lassen, *zie* sitzen
Sitzfläche v^{21} 1 zitting; 2 *(iron)* zitvlak
Sitzplatz m^6 zitplaats
Sitzstreik m^{13} sit-downstaking
Sitzung v^{20} 1 zitting, vergadering; 2 (het) poseren *(voor schilder)*; 3 *(med)* behandeling
Sitzungsbericht m^5 notulen, verslag van de vergadering
Sitzverteilung v^{20} zetelverdeling
Sizilien o^{39} Sicilië
Skala v^{27} *(mv ook Skalen)* 1 schaal; 2 toonladder; 3 scala
skalpieren^{320} scalperen
Skandal m^5 schandaal
skandalös schandalig, schandelijk
Skandalpresse v^{28} sensatiepers
Skandinavien o^{39} Scandinavië
Skandinavier m^9 Scandinaviër
Skat m^{19} skaat *(kaartspel voor drie personen)*
Skateboard o^{36} *(sp)* skateboard
skaten skaat spelen
Skelett o^{29} skelet, geraamte
Skepsis v^{28} scepsis, twijfel
Skeptiker m^9 scepticus

skeptisch sceptisch
Ski *m (2e nvl -s; mv -(er))* ski: ~ *fahren* (of: *laufen*) skiën
Skifahren *o*[39] (het) skiën
Skigebiet *o*[29] skigebied
Skilauf *m*[19], **Skilaufen** *o*[39] (het) skiën
Skiläufer *m*[9] skiër
Skischuh *m*[5] skischoen
Skischule *v*[21] skischool
Skistiefel *m*[9] skischoen
Skistock *m*[6] skistok
Skitour *v*[20] skitocht
Skizze *v*[21] **1** schets; **2** concept
skizzenhaft schematisch, schetsmatig
skizzieren[320] **1** schetsen; **2** ontwerpen
Sklave *m*[15] slaaf
Sklavenarbeit *v*[20] slavenarbeid, slavenwerk
Sklavin *v*[22] slavin
sklavisch slaafs
Skonto *m*[13], *o*[36] *(mv ook Skonti)* korting (voor contant)
Skooter *m*[9] botsauto *(op kermis)*
Skorpion *m*[5] schorpioen
Skrupel *m*[9] scrupule, gewetensbezwaar
skrupellos gewetenloos
Skrupellosigkeit *v*[28] gewetenloosheid
Skulptur *v*[20] sculptuur
skurril zot, lachwekkend, potsierlijk
Slalom *m*[13], **Slalomlauf** *m*[6] *(sp)* slalom
Slawe *m*[15] Slaaf
slawisch Slavisch
Slip *m*[13] slipje, broekje
Smaragd *m*[5] smaragd
smaragden 1 smaragden; **2** van smaragd
Snobismus *m*[19a] snobisme
snobistisch snobistisch
so I *vnw* zo: ~ *ein Pech!* wat een pech!; ~ *hör doch!* luister dan toch!; *nein,* ~ *etwas!* nee maar!; **II** *vw* zo, als, hoe: *sie kamen zu spät,* ~ *dass sie nichts bekamen* ze kwamen te laat, zodat ze niets kregen; ~ *Leid es mir tut* hoezeer het me ook spijt; ~ *arm er auch ist* hoe arm hij ook is; *es dauerte nicht lange,* ~ *kam er* het duurde niet lang, of hij kwam; ~ *Gott will* als God wil; **III** *bw* zo: ~ *genannt* zogenaamd; *(iron)* ~ *siehst du aus!: a)* dat geloof je zelf toch niet!; *b)* dat had je gedacht!; *noch einmal* ~ *viel* nog eens zoveel; ~ *viel wie* (of: *als*) *möglich* zoveel mogelijk; ~ *oder* ~ in ieder geval; *ach* ~*!* zit dat zo!; ~ *der Minister* verklaarde de minister
s. o. *afk van sieh(e) oben* zie boven
sobald zodra
Socke *v*[21] sok: *(inform) sich auf die* ~*n machen* op weg gaan, vertrekken
Sockel *m*[9] **1** sokkel; **2** plint
Soda I *v*[28], *o*[39] soda; **II** *o*[39] sodawater
sodann dan, daarna, vervolgens
sodass, so dass zodat
Sodawasser *o*[34] sodawater, spuitwater
Sodbrennen *o*[39] maagzuur

soeben zoëven, zojuist
Sofa *o*[36] sofa, canapé
sofern als, wanneer, indien, voor zover
sofort dadelijk, onmiddellijk: *ab* ~ met ingang van heden; *per* ~ direct, onmiddellijk
Sofortbildkamera *v*[27] instantcamera
Soforthilfe *v*[28] onmiddellijke hulp
sofortig onmiddellijk, dadelijk, direct
Sofortprogramm *o*[29] urgentieprogramma
Software [softwε:r] *v*[27] software
sog. *afk van so genannt* zogenaamd
Sog *m*[5] **1** zog, kielzog, kielwater; **2** *(luchtv)* zuigkracht, zuiging; **3** *(fig)* aantrekkingskracht
sogar (ja) zelfs, nog wel
sogenannt *oude spelling voor* so genannt, *zie* so III
sogleich dadelijk, aanstonds, onmiddellijk
Sohle *v*[21] **1** (inleg-, schoen-, voet)zool: *vom Scheitel bis zur* ~ van top tot teen; **2** bodem *(van dal, schacht, rivier)*; **3** zoolplaat *(van strijkijzer)*
Sohn *m*[6] zoon
Sojabohne *v*[21] **1** sojaboon; **2** sojaplant
solang(e) zolang (als)
solar solair, zonne-
Solarenergie *v*[28] zonne-energie
Solarkollektor *m*[16] zonnecollector
Solarzelle *v*[21] zonnecel
solch[68] zulk, zo, zo een, zo'n: ~ *eine Tat* (of: *eine* ~*e Tat)* zo'n daad; ~*e Kraft* zulke, zo'n kracht; ~ *schönes Wetter* (of: ~*es schöne Wetter*) zulk mooi weer; *als* ~*e, als* ~*er, als* ~*es* als zodanig
solcherart I *bw* dusdanig, zodanig, aldus; **II** *aanw vnw* zulk, dergelijk
solcherlei zulk, dergelijk
solchermaßen, solcherweise zodanig, dusdanig, aldus
Soldat *m*[14] soldaat: *bei den* ~*en sein* in dienst zijn; ~ *auf Zeit* kortverbander
Soldatenfriedhof *m*[6] oorlogskerkhof
soldatisch van, als (een) soldaat, militair
Söldling *m*[5], **Söldner** *m*[9] huursoldaat
Sole *v*[21] water uit, van een zoute bron
solid solide, stevig, degelijk, betrouwbaar
solidarisch solidair, saamhorig, eensgezind: ~ *haftend* hoofdelijk aansprakelijk
solidarisieren[320], **sich** zich solidair verklaren
Solidarität *v*[28] solidariteit, saamhorigheid
solide *zie* solid
Solist *m*[14] solist
solistisch solistisch
Soll *o (2e nvl -(s); mv -(s))* **1** debet: *im* ~ *verbuchen* aan de debetzijde boeken; **2** verplichte productie, norm
sollen[269] **I** *hulpww* **1** moeten, zullen *(wil van een ander): er soll sofort kommen!* hij moet direct komen!; ~ *wir gehen?* zullen we gaan?; *du sollst nicht stehlen* gij zult niet stelen; **2** moeten, behoren: *er hätte das nicht tun* ~ hij had dat niet moeten doen; *ich sollte eigentlich böse sein* ik moest eigenlijk boos zijn; **3** zullen: *du sollst alles haben* je zult alles krijgen; **4**

zullen, mogen: *um sechs Uhr sollten wir uns treffen* om zes uur zouden we elkaar ontmoeten; *er weiß nicht, was er tun soll* hij weet niet, wat hij doen moet; *was soll das heißen?* wat heeft dat te betekenen?; *sollte er noch kommen, (dann)* ... mocht hij nog komen, dan ...; *man sollte glauben, sagen* ... men zou denken, zeggen ...; *niemals sollte er seine Heimat wieder sehen* nooit zou hij zijn vaderland terugzien; **5** moeten *(naar men zegt):* er soll gestern abgereist sein* hij moet gisteren vertrokken zijn; **II** zelfst ww: *du willst nicht? du sollst!* je wilt niet?, je moet!

Sollzinsen *mv m*[16] debetrente

Solo *o*[36] *(mv ook Soli)* solo

Sologesang *m*[6] solozang

solvent solvent, in staat om te betalen

somit, somit dus, bijgevolg

Sommer *m*[9] zomer

Sommerferien *mv* zomervakantie

Sommerfrische *v*[21] **1** zomervakantie: *sie ist hier zur ~ ze* is hier op zomervakantie; **2** vakantieoord *(in de zomer)*

Sommerhaus *o*[32] zomerhuis(je)

sommerlich zomers

Sommerpause *v*[21] *(pol)* zomerreces

Sommersprosse *v*[21] zomersproet

sommersprossig vol zomersproeten, sproet(er)ig

Sommertag *m*[5] zomerdag

Sommerwetter *o*[39] zomerweer

Sommerzeit *v*[20] zomertijd

sonach dus, derhalve, bijgevolg

Sonde *v*[21] sonde

Sonderabdruck *m*[5] overdruk(je)

Sonderangebot *o*[29] speciale aanbieding

Sonderausgabe *v*[21] **1** extra editie, extra nummer; **2** speciale uitgave *(van boek);* **3** *(mv)* buitengewone uitgaven, buitengewone lasten

sonderbar zonderling, vreemd, raar

sonderbarerweise vreemd genoeg

Sonderbeitrag *m*[6] extra bijdrage

Sonderberichterstatter *m*[9] speciale verslaggever

Sondererlaubnis *v*[24] speciale vergunning

Sonderfall *m*[6] bijzonder geval, speciaal geval

sondergleichen weergaloos, ongeëvenaard

Sonderinteressen *mv o*[38] particuliere belangen

sonderlich 1 *(met ontkenning)* bijzonder, veel: *ohne ~e Mühe* zonder veel moeite; **2** zonderling, raar, vreemd

Sonderling *m*[5] zonderling

Sondermeldung *v*[20] extra bericht

Sondermüll *m*[19] gevaarlijke afvalstoffen

sondern I *ww* scheiden, afzonderen; **II** *vw* maar: *nicht nur ..., ~ auch* niet alleen ..., maar ook

Sonderpreis *m*[5] speciale prijs

Sonderrabatt *m*[5] extra korting; speciale korting

Sonderrecht *o*[29] privilege, voorrecht

sonders: *samt und ~; zie* samt

Sonderschicht *v*[20] extra ploegendienst

Sonderschule *v*[21] school voor buitengewoon lager onderwijs

Sondersendung *v*[20] extra uitzending

Sonderung *v*[20] scheiding, afzondering

Sonderzug *m*[6] extra trein, speciale trein

sondieren[320] sonderen, polsen, peilen

Sonett *o*[29] sonnet

Sonnabend *m*[5] *(N-Dui)* zaterdag

Sonne *v*[21] **1** zon; *(fig)* zonnetje: *in (of: an) der ~ schmelzen* in de zon smelten; **2** straalkachel; **3** hoogtezon

sonnen, sich 1 *(fig)* zich koesteren; **2** zonnebaden, (zich) zonnen: *sich in der Hoffnung ~* de hoop koesteren

Sonnenanbeter *m*[9] *(iron)* zonaanbidder

Sonnenaufgang *m*[6] zonsopgang

Sonnenbad *o*[32] zonnebad

sonnenbaden zonnebaden

Sonnenbank *v*[25] zonnebank

Sonnenbrille *v*[21] zonnebril

Sonnenenergie *v*[28] zonne-energie

Sonnenfinsternis *v*[24] zonsverduistering

sonnengebräunt door de zon gebruind

Sonnenkollektor *m*[16] zonnecollector

Sonnenlicht *o*[39] zonlicht

Sonnenschein *m*[19] zonneschijn: *sie ist der ~ der Familie* ze is het zonnetje in huis

Sonnenschirm *m*[5] parasol

Sonnenseite *v*[21] zonzijde

Sonnenstrahl *m*[16] zonnestraal

Sonnenuhr *v*[20] zonnewijzer

Sonnenuntergang *m*[6] zonsondergang

sonnenverbrannt door de zon verbrand

Sonnenwärme *v*[21] zonnewarmte

Sonnenzelle *v*[21] zonnecel

sonnig 1 zonnig; **2** *(iron)* naïef

Sonntag *m*[5] zondag

sonntäglich 1 op, van zondag, zondags; **2** op zijn zondags

sonntags ('s) zondags

Sonntagsfahrer *m*[9] zondagsrijder

sonst 1 anders: *wer ~?* wie anders?; *wie ~?* hoe anders?; *~ nichts* verder niets; **2** vroeger, voorheen: *wie ~* zoals altijd; **3** anders, overigens, verder: *~ noch etwas?* anders nog iets?; *kommt ~ noch jemand?* komt er verder nog iemand?; *~ einer* (of: *~ jemand)* iemand anders; *~ was* iets anders; *~ wer* iemand anders; *~ wie* op een andere wijze; *~ wo* (heel) ergens anders; *~ wohin* ergens anders heen

sonsteiner *oude spelling voor* sonst einer, *zie* sonst 3

sonstig overig, verder, ander

sonstjemand, sonstwas, sonstwer, sonstwie, sonstwo, sonstwohin *oude spelling voor* sonst jemand, was, wer, wie, wo, wohin, *zie* sonst 3

sooft zo dikwijls, zo vaak (als)

Sopran *m*[5] sopraan

Sorbet *m*[13], *o*[36], **Sorbett** *m*[5], *o*[29] sorbet

Sorge *v*[21] zorg, bezorgdheid, ongerustheid: *keine ~!* wees maar niet bezorgd!; *das macht mir ernstlich ~* (of: *~n)* dat baart me grote zorgen; *~ tragen für*[+4]

sorgen

zorg dragen voor; *das ist meine geringste ~* daarover maak ik mij in het geheel niet ongerust; *lassen Sie das meine ~ sein!* laat dat maar aan mij over!

sorgen I *intr* zorgen, zorg dragen; II *sich ~* zich zorgen maken, bezorgd zijn

sorgenfrei vrij van zorgen, onbezorgd

sorgenlos onbezorgd, zonder zorgen

sorgenvoll 1 bezorgd, vol zorgen; 2 zorgelijk

Sorgfalt v^{28} 1 zorgvuldigheid, nauwgezetheid: *ohne ~* onzorgvuldig; 2 zorg: *~ auf*$^{+4}$ *etwas verwenden* zorg aan iets besteden

sorgfältig zorgvuldig, nauwkeurig

Sorgfältigkeit v^{28} *zie* Sorgfalt

sorglos 1 zorgeloos; 2 onbekommerd

Sorglosigkeit v^{28} zorgeloosheid

sorgsam zorgzaam, zorgvuldig

Sorgsamkeit v^{28} zorg(vuldigheid)

Sorte v^{21} 1 soort: *eine seltsame ~ (Mensch)* een vreemde figuur; 2 *(mv)* deviezen

sortieren^{320} sorteren

Sortierung v^{20} 1 assortiment; 2 sortering

Sortiment o^{29} 1 assortiment, keuze; 2 voorraad

sosehr hoezeer

soso zozo, niet erg best

SOS-Ruf m^5 SOS-bericht

Soße v^{21} 1 saus, jus; 2 *(inform)* vuil water

Soßenlöffel m^9 juslepel

soufflieren^{320} souffleren; *(fig)* voorzeggen

soundso zo en zo: *Herr Soundso* meneer Dinges; *~ viel* zo en zoveel; *~ oft* zo vaak

Souvenir o^{36} souvenir

souverän 1 soeverein; 2 *(fig)* superieur

Souveränität v^{28} 1 soevereiniteit; 2 superioriteit

soviel I *vw* 1 voor zoveel, (voor) zover: *~ ich weiß* voor zoveel, zover ik weet; 2 hoe(zeer) II *bw* oude spelling *voor* so viel, *zie* so III

soweit *vw* voor zoveel, (voor) zover, (in) zover: *~ ich weiß* voor zoveel, zover ik weet

sowenig *vw* hoe weinig … ook

sowie 1 evenals, zowel als, alsmede; 2 zodra

sowieso toch al, in elk geval

Sowjet, Sowjet m^{13} sovjet: *die ~s* de Russen

sowjetisch sovjet-, Sovjet-Russisch

Sowjetunion v^{28} Sovjet-Unie

sowohl zowel: *~ als (of: wie) (auch)* zowel … als (ook)

sozial sociaal, maatschappelijk

Sozialabgaben *mv* v^{21} sociale lasten

Sozialamt o^{32} gemeentelijke sociale dienst

Sozialarbeiter m^9 maatschappelijk werker

Sozialbeiträge *mv* m^6 *zie* Sozialabgaben

Sozialdemokrat m^{14} sociaal-democraat

Sozialgesetzgebung v^{28} sociale wetgeving

Sozialhilfe v^{28} (sociale) bijstand

Sozialhilfeempfänger m^9 bijstandstrekker

sozialisieren^{320} socialiseren

Sozialismus m^{19a} socialisme

Sozialist m^{14} socialist

sozialistisch socialistisch

Soziallasten *mv* v^{20} sociale lasten

Sozialleistungen *mv* v^{20} sociale uitkeringen

Sozialpartner m^9 sociale partner

Sozialplan m^6 sociaal plan

Sozialpolitik v^{28} sociale politiek

Sozialstaat m^{16} verzorgingsstaat, democratische staat met sociale voorzieningen

Sozialversicherung v^{20} sociale verzekering

Sozialwohnung v^{20} woningwetwoning

Sozaologe m^{15} socioloog

Soziologie v^{28} sociologie

Sozius I *m (2e nvl -; mv -se)* 1 duopassagier; 2 duozitting; II *m (2e nvl -; mv Sozii)* compagnon

Soziussitz m^5 duo(zitting)

sozusagen (om) zo te zeggen

Spachtel m^9, v^{21} 1 spatel; 2 plamuurmes; 3 plamuur

spachteln 1 spatelen; 2 plamuren; 3 smullen

Spagat m^5, o^{29} spagaat

spähen spieden, gluren, uitkijken: *nach*$^{+3}$ *etwas ~* naar iets speuren

Späher m^9 1 verspieder, spion; 2 verkenner

Spähtrupp m^{13} *(mil)* verkenningspatrouille

Spalier o^{29} 1 spalier, latwerk; 2 erehaag

Spalt m^5 spleet, reet, kier

spaltbar splijtbaar

Spalte v^{21} 1 kloof, spleet; 2 kolom *(in krant)*

spalten^{270} I *tr* 1 splijten, klieven, kloven; 2 scheiden, verdelen; 3 *(chem)* splitsen; *(olie)* kraken; *(atoomkernen)* splijten; II *sich ~* splijten, barsten, zich splitsen

Spaltpilz m^5 splijtzwam *(ook fig)*

Spaltung v^{20} 1 splijting; 2 *(fig)* scheuring *(in partij, kerk)*; 3 *(chem)* splitsing; *(het)* kraken *(van olie)*; *(nat)* splijting *(van atoomkernen)*

Span m^6 1 spaan(der): *wo gehobelt wird, (da) fallen Späne* waar gehakt wordt vallen spaanders; 2 (hout)krul

Spanferkel o^{33} speenvarken

Spange v^{21} 1 gesp, spang, sierspeld, haarspeld; 2 schoenriem; 3 armband

Spanien o^{39} Spanje

Spanier m^9 Spanjaard

spanisch Spaans: *~er Pfeffer* Spaanse peper

Spann m^5 wreef

Spannbetttuch o^{32} hoeslaken

Spanne v^{21} 1 spanne, tijdspanne: *eine kurze ~* een spanne tijds; 2 marge; 3 handbreedte

spannen I *tr* spannen; klemmen; II *intr* spannen; strak zitten, knellen; III *sich ~* 1 zich spannen; 2 zich welven; *zie ook* gespannt

Spanner m^9 1 spanner, klem; 2 gluurder; 3 uitkijk

Spannkraft v^{28} 1 spankracht; 2 *(fig)* veerkracht

Spannlaken o^{35} hoeslaken

Spannung v^{20} spanning

Spannweite v^{21} spanwijdte

Spanplatte v^{21} spaanplaat, spaanderplaat

Sparbetrag m^6 gespaard bedrag

Sparbuch o^{32} spaarbankboekje

Sparbüchse v^{21} spaarpot

Spareinlage v^{21} inleg

sparen I *tr* sparen: *die Mühe kannst du dir* ~ die moeite kun je je besparen; II *intr* sparen, bezuinigen; zuinig zijn: *mit*[+3] *etwas nicht* ~ royaal zijn met iets

Sparer m^9 spaarder

Sparflamme v^{28} spaarvlam: *auf* ~ op een laag pitje

Spargel m^9 asperge

Sparguthaben o^{35} spaartegoed

Sparkasse v^{21} spaarbank

Sparkassenbuch o^{32} spaarbankboekje

Sparkonto o^{36} *(mv ook -konten, -konti)* spaarrekening

spärlich karig, schaars, schraal; spaarzaam *(van verlichting)*; dun *(van haar)*

Spärlichkeit v^{28} schaarsheid; *zie ook* spärlich

Sparmaßnahme v^{21} bezuinigingsmaatregel

Sparprogramm 1 *(pol)* bezuinigingsbeleid; **2** *(elektr)* energiebesparend programma

Sparren m^{11} **1** dakspar; **2** eigenaardigheid

sparsam 1 spaarzaam, zuinig, economisch; **2** schaars, sober, karig

Sparsamkeit v^{28} **1** spaarzaamheid, zuinigheid; **2** soberheid, karigheid

Sparschwein o^{29} spaarvarken

Sparstrumpf m^6 *(fig)* oude sok

Sparte v^{21} **1** afdeling, tak; **2** rubriek, kolom

Spaß I m^6 scherts, grap, gekheid, aardigheid: *keinen* ~ *verstehen* niet tegen een grapje kunnen; II m^{19} plezier, pret: *aus* (of: *im, zum*) ~ voor de grap; *das macht mir* ~ dat vind ik leuk; *da hört (für mich) der* ~ *auf* dat gaat me te ver || ~ *beiseite!* zonder gekheid!

spaßen gekheid maken, schertsen: *damit ist nicht zu* ~ daarmee valt niet te spotten

spaßeshalber voor de grap

spaßhaft grappig

spaßig grappig, lollig

Spaßmacher m^9, **Spaßvogel** m^{10} grapjas

spät laat: *wir sind* ~ *dran* we zijn te laat

Spatel m^9, v^{21} **1** spatel; **2** plamuurmes

Spaten m^{11} spade, schop

später later: *früher oder* ~ vroeg of laat

späterhin later

spätestens op zijn laatst, uiterlijk: ~ *bis zum 22. Januar* uiterlijk (op) 22 januari

Spätherbst m^5 late herfst, naherfst

Spätlese v^{21} late oogst, late pluk

Spätling m^5 nakomertje

Spätnachrichten *mv* v^{20} late nieuwsberichten

Spätschicht v^{20} avondploeg

Spätsommer m^9 nazomer

Spätvorstellung v^{20} late voorstelling

Spatz m^{14} **1** mus; **2** *(inform)* vogeltje, tenger kind; **3** schatje, liefje

Spätzeit v^{20} late periode, nafase

Spätzle *(regionaal)*, **Spätzli** *mv (Zwits)* deegwaren, soort macaroni

Spätzünder m^9 *(fig)* laatbloeier

spazieren ^{320} wandelen: ~ *fahren* een tochtje maken, toeren; ~ *führen* gaan wandelen met; *den Hund* ~ *führen* de hond uitlaten; ~ *gehen* gaan wandelen

spazierenfahren, spazierenführen, spazierengehen *oude spelling voor* spazieren fahren, führen, gehen, *zie* spazieren

Spazierfahrt v^{20} tochtje, toertje

Spaziergang m^6 wandeling

Spaziergänger m^9 wandelaar

SPD *afk van Sozialdemokratische Partei Deutschlands*

Specht m^5 specht

Speck m^5 spek: ~ *ansetzen* dik worden

speckig 1 vettig; **2** dik, vet

Speckschwarte v^{21} spekzwoerd

Spediteur m^5 expediteur

Spedition v^{20} **1** expeditie; **2** expeditiebedrijf; **3** expeditieafdeling

Speer m^5 speer, spies

Speerwerfen o^{39} (het) speerwerpen

Speerwerfer m^9 speerwerper

Speiche v^{21} **1** spaak; **2** spaakbeen

Speichel m^{19} speeksel, spuug

Speichellecker m^9 hielenlikker, slijmbal

speicheln kwijlen

Speicher m^9 **1** opslagplaats, magazijn, pakhuis, entrepot; **2** voorraadschuur; **3** silo; **4** reservoir, spaarbekken; **5** *(comp)* geheugen

Speicherbecken o^{35} spaarbekken, reservoir

Speicherkapazität v^{20} **1** opslagcapaciteit; **2** *(comp)* geheugencapaciteit

speichern opslaan, bergen

Speicherwerk o^{29} *(comp)* werkgeheugen

speien ^{271} **1** spuwen, spugen; **2** overgeven

Speise I v^{21} spijs, eten, gerecht, maal, schotel; voedsel; **II** v^{28} mortel, specie

Speiseeis o^{39} consumptieijs

Speisegaststätte v^{21} restaurant

Speisekammer v^{21} provisiekamer

Speisekarte v^{21} spijskaart, menu(kaart): *nach der* ~ *essen* à la carte dineren

Speisekartoffel v^{21} consumptieaardappel

Speiselokal o^{29} restaurant

speisen I *intr* eten: *(ich) wünsche wohl zu* ~*!* eet smakelijk!; **II** *tr* voeden *(ook fig)*; spijzigen, te eten geven; *(techn)* voeden

Speiseöl o^{29} spijsolie, slaolie, tafelolie

Speisepilz m^5 eetbare paddestoel

Speiseröhre v^{21} slokdarm

Speisesaal m^6 *(mv -säle)* eetzaal

Speisewagen m^{11} restauratierijtuig

Speisezettel m^9 spijskaart, menu

Speisezimmer o^{33} eetkamer

Speisung v^{20} spijziging, voeding

speiübel kotsmisselijk

Spektakel m^9 **1** spektakel, lawaai; **2** ruzie

spektakulär spectaculair, opzienbarend

Spektrum o *(2e nvl -s; mv -tren en -tra)* spectrum

Spekulant m^{14} speculant

Spekulation v^{20} speculatie

Sp

Spekulatius *m (2e nvl -; mv -)* speculaas
spekulieren[320] speculeren
Spelunke *v*[21] **1** krot, hol; **2** kroeg
Spende *v*[21] gave, gift, schenking, donatie
spenden 1 geven, schenken: *Blut* ~ bloed geven; **2** uitdelen: *jmdm Lob* ~ iem lof toezwaaien
Spender *m*[9] **1** gever, schenker; **2** (bloed)donor
spendieren[320] trakteren, geven
Spendierhosen *mv: die* ~ *anhaben* een royale bui hebben
Sperber *m*[9] sperwer
Sperling *m*[5] mus
Sperma *o (2e nvl -s; mv Spermata, Spermen)* sperma, zaad
sperrangelweit wagenwijd
Sperrbaum *m*[6] slagboom, sluitboom
Sperre *v*[21] **1** afsluiting, sluitboom, versperring, hek; **2** toegang, controle; **3** blokkade; **4** (in-, uitvoer)verbod, embargo; **5** *(sp)* schorsing: *über jmdn eine* ~ *verhängen* iem schorsen
sperren I *tr* **1** (af)sluiten, versperren: *eine Straße* ~ een straat afzetten; **2** blokkeren: *jmdm das Gas* ~ bij iem het gas afsluiten; *gesperrt!* afgesloten rijweg!; **3** verbieden: *die Einfuhr* ~ de invoer verbieden; **4** *(typ)* spatiëren; **5** *(sp)* schorsen; **6** *(sp)* afhouden; **7** opsluiten; **II** *intr (regionaal)* klemmen: *die Tür sperrt* de deur klemt; **III** *sich* ~ zich verzetten, tegenstribbelen
Sperrfeuer *o*[39] *(mil)* spervuur
Sperrfrist *v*[20] schorsingstermijn
Sperrgebiet *o*[29] verboden gebied
Sperrgut *o*[32] goederen die veel ruimte innemen
Sperrholz *o*[39] triplex, multiplex
sperrig volumineus, veel ruimte innemend
Sperrkette *v*[21] sperketting, deurketting, sluitketting
Sperrmüll *m*[19] grofvuil
Sperrsitz *m*[5] *(theat)* stalles
Sperrstunde *v*[21] sluitingsuur
Sperrung *v*[20] **1** afsluiting; **2** sluiting; **3** (in- of uitvoer)verbod; **4** blokkering; *zie ook* sperren
sperrweit wagenwijd
Sperrzone *v*[21] verboden zone
Spesen *mv* (on)kosten
Spezialarzt *m*[6] specialist
spezialisieren[320] specialiseren: *sich* ~ *auf*[14] zich specialiseren in
Spezialisierung *v*[20] specialisering, specialisatie
Spezialist *m*[14] specialist *(ook med)*
Spezialität *v*[20] specialiteit
speziell speciaal, (in het) bijzonder
Spezies *v (mv -)* species, soort
Spezifikation *v*[20] specificatie
spezifisch specifiek: ~*es Gewicht* soortelijk gewicht
spezifizieren[320] specificeren
Sphäre *v*[21] **1** hemelbol; **2** sfeer
spicken I *tr* **1** larderen, (door)spekken; **2** rijkelijk voorzien: *eine mit Zitaten gespickte Rede* een speech vol met citaten; *eine gut gespickte Briefta-*

sche een goed gevulde portefeuille; **3** omkopen; **II** *intr (regionaal)* spieken
Spickzettel *m*[9] spiekbriefje
Spiegel *m*[9] spiegel
Spiegelbild *o*[31] spiegelbeeld
Spiegelei *o*[31] spiegelei
Spiegelglas I *o*[39] spiegelglas; **II** *o*[32] spiegel
spiegelig spiegelend, glanzend
spiegeln I *intr* spiegelen; schitteren; **II** *tr* **1** weerspiegelen; **2** *(med)* spiegelen
Spiegelreflexkamera *v*[27] spiegelreflexcamera
Spiegelung *v*[20] **1** spiegeling; **2** spiegelbeeld
Spiel *o*[29] **1** spel: *wie im* ~ spelenderwijs; *freies* ~ *haben* vrij spel hebben; *sein* ~ *mit jmdm treiben* iem voor de gek houden; *mit im* ~ *sein* meespelen; *(fig) ein gefährliches* ~ *treiben* een gevaarlijk spel spelen; **2** wedstrijd; **3** game *(bij tennis);* **4** *(techn)* speling; **5** spel, toneelstuk || *lass mich aus dem* ~ laat me erbuiten; *ein abgekartetes* ~ doorgestoken kaart; *gewonnenes* ~ *haben* vrij spel hebben
Spielart *v*[20] speling, variëteit
Spielautomat *m*[14] speelautomaat
Spielball *m*[6] **1** speelbal *(ook fig);* **2** matchbal
Spielbank *v*[20] casino, speelbank
Spielbeginn *m*[19] begin van de wedstrijd
Spielbrett *o*[31] **1** speelbord; **2** *(sp)* doelbord
spielen I *tr (toneel, viool, kaart)* spelen: *(fig) den feinen Mann* ~ de mooie meneer uithangen; **II** *intr* **1** spelen: *(sp) fair* ~ fair spelen; *seine Beziehungen* ~ *lassen* zijn connecties gebruiken; **2** glinsteren, fonkelen; **3** zwemen: *ins Rötliche* ~ naar rood zwemen; **III** *sich* ~ (zich) spelen
Spielende *o*[39] einde, slot van de wedstrijd
Spieler *m*[9] speler
Spielerei I *v*[28] gespeel, spel; **II** *v*[20] beuzelarij, spel(letje), aardigheidje
spielerisch speels, dartel, ludiek: *(sp)* ~*e Höchstleistung* topprestatie qua spel
Spielfeld *o*[31] speelveld, speelterrein
Spielfigur *v*[20] (schaak)stuk
Spielfilm *m*[5] speelfilm
Spielfläche *v*[21] speelveld, speelterrein
Spielhälfte *v*[21] speelhelft
Spielhalle *v*[21] speelhal
Spielhölle *v*[21] speelhal
Spielklasse *v*[21] *(sp)* klasse
Spielleiter *m*[9] **1** spelleider; **2** regisseur; **3** showmaster, quizmaster
Spielmacher *m*[9] *(sp)* spelbepaler
Spielmannszug *m*[6] *(mil)* tamboerkorps
Spielplan *m*[6] **1** *(theat)* speelplan, repertoire; **2** schouwburgagenda, toneelagenda; **3** *(sp)* speelplan
Spielplatz *m*[6] speelplaats, speeltuin
Spielraum *m*[6] **1** *(fig)* speelruimte; **2** *(techn)* speling
Spielregel *v*[21] spelregel
Spielsachen *mv v*[21] speelgoed
Spielstand *m*[19] *(sp)* stand *(van wedstrijd)*
Spielstein *m*[5] *(sp)* **1** damschijf; **2** steen, stuk
Spielverderber *m*[9] spelbederver, spelbreker

Spielvereinigung v^{20} sportclub
Spielwaren mv v^{21} speelgoed
Spielzeit v^{20} 1 speeltijd; 2 *(theat)* seizoen
Spielzeug o^{39} 1 speelgoed; 2 speeltje
Spieß m^5 1 spies, lans, speer, piek; 2 sergeant-majoor
Spießbürger m^9 bekrompen burgerman
spießbürgerlich bekrompen, kleinburgerlijk
Spießbürgertum o^{39} bekrompenheid
spießen 1 spietsen; 2 opprikken
Spießer m^9 bekrompen burgerman
spießerhaft, spießerisch, spießig bekrompen, kleinburgerlijk
Spießruten mv v^{21}: ~ *laufen* spitsroeden lopen
Spike [spajk] m^{13} 1 stalen nagel; 2 *(mv, sp)* spikes; 3 *(mv)* spijkerbanden
Spin m^{13} 1 spin, aswenteling; 2 *(sp)* effect
Spinat m^5 spinazie
Spind m^5, o^{29} kast
Spindel v^{21} 1 spindel, klos; 2 spil; 3 spilboom
spindeldürr mager als een lat
Spinne v^{21} *(dierk)* spin: *pfui* ~! bah!
Spinnefeind: *(mit) jmdm* ~ *sein* iem dodelijk haten
spinnen^{272} 1 spinnen; 2 fantaseren, kletsen: *du spinnst wohl!* je bent niet goed snik!
Spinnennetz o^{29} spinnenweb
Spinner m^9 1 spinner; 2 fantast; 3 gek, idioot
Spinnerei I v^{20} 1 spinnerij; 2 verzinsel; II v^{28} 1 gespin; 2 gefantaseer
Spinnerin v^{22} 1 spinster; 2 fantaste
spinnert *(Z-Dui)* geschift, gek
Spinngewebe o^{33} spinnenweb
Spinnrad o^{32} spinnewiel
spintisieren^{320} piekeren, mijmeren
Spion m^5 1 spion; 2 spionnetje, kijkglas
Spionage [spie.oonazjə] v^{28} spionage
spionieren^{320} spioneren
Spioniererei I v^{28} gespioneer; II v^{20} geval van spionage
Spionin v^{22} spionne
Spirale v^{21} spiraal
Spiritismus m^{19a} spiritisme
Spiritualismus m^{19a} spiritualisme
spirituell spiritueel, geestelijk
Spirituosen mv spiritualiën, sterkedrank
Spiritus m *(2e nvl -; mv -se)* spiritus, alcohol
Spirituskocher m^9 spiritus(toe)stel
Spital o^{32}, m^8 *(Zwits)* ziekenhuis
spitz 1 spits, puntig, scherp: *~er Ausschnitt* V-hals; 2 schril, schel: *ein ~er Schrei* een schrille kreet; 3 pips, smalletjes; 4 bits, spits, vinnig: *eine ~e Antwort* een scherp, snibbig antwoord
Spitz m^5 keeshond
Spitzbart m^6 puntbaard, sik
spitzbekommen^{193} *(inform)* doorhebben
Spitzbogen m^{11} spitsboog
Spitzbube m^{15} 1 schurk; 2 kwajongen
spitzbübisch 1 schurkachtig; 2 ondeugend
spitze *(inform)* geweldig, klasse

Spitze v^{21} 1 spits; 2 *(sp)* spitsspeler; 3 punt *(van mes, naald, neus, pen, sigaar)*: *(fig) die* ~ *des Eisbergs* het topje van de ijsberg; *etwas auf die* ~ *treiben* iets op de spits drijven; 4 top *(van berg, boom, driehoek, vinger, vleugel)*; 5 nok *(van dak)*; 6 hoofd, leiding, top: *die* ~*n der Behörden* de hoogste autoriteiten; *sein Name steht an der* ~ zijn naam staat bovenaan; *an der* ~ *marschieren* vooraan marcheren; *an der* ~ *stehen* aan het hoofd staan; *sich an die* ~ *setzen* de leiding nemen; *(sp) an der* ~ *liegen* op kop liggen; 7 steek, onaangename opmerking; 8 kant: ~*n klöppeln* kantklossen; *jmdm die* ~ *bieten* iem het hoofd bieden
Spitzel m^9 (politie)spion
spitzeln spioneren
spitzen I *tr* 1 *(oren)* spitsen, *(lippen)* tuiten; 2 slijpen, aanpunten; II *intr* gluren, kijken
Spitzenathlet m^{14} topatleet
Spitzenerzeugnis o^{29a} kwaliteitsproduct
Spitzengeschwindigkeit v^{20} topsnelheid
Spitzengruppe v^{21} 1 *(sp)* topklasse; 2 *(sp)* kopgroep
Spitzenkandidat m^{14} lijstaanvoerder, lijsttrekker
Spitzenklasse v^{20} 1 topklasse; 2 topkwaliteit
Spitzenkleid o^{31} kanten japon
Spitzenleistung v^{20} topprestatie
Spitzenmannschaft v^{20} topploeg
Spitzenreiter m^9 1 topper, succesnummer; 2 koploper, aanvoerder
Spitzenspiel o^{29} *(sp)* topper, topwedstrijd
Spitzensport m^{19} topsport
Spitzensportler m^9 topsporter
Spitzenzeit v^{20} 1 spitsuur; 2 *(sp)* recordtijd
spitzfindig spitsvondig
Spitzfindigkeit v^{20} spitsvondigheid
spitzig *(vero)* 1 spits, puntig; 2 vinnig, snibbig; 3 pips, smalletjes
Spitzkehre v^{21} 1 *(skiterm)* (het) omkeren op de plaats; 2 haarspeldbocht
Spitzkohl m^5 spitskool
spitzkriegen *(inform)* doorhebben
Spitzname m^{18} bijnaam
spitznasig met een spitse neus
spitzwinkelig, spitzwinklig scherphoekig
Spleen [sjplie:n] m^5, m^{13} vreemde inval, tic, gril
spleenig zonderling, raar, grillig
Splitt m^5 steenslag, split
Splitter m^9 1 splinter, schilfer; 2 scherf
splitterfasernackt spiernaakt
splitterig 1 splinterig; 2 vol splinters
splittern 1 splinteren; 2 versplinteren
splitternackt spiernaakt
Splitterpartei v^{21} splinterpartij
splittersicher 1 *(mil)* scherfvrij; 2 splintervrij
Spoiler m^9 spoiler
sponsern *(sp)* sponsoren
Sponsor m^{16}, m^{13} sponsor
Sponsoring o^{39}, **Sponsorschaft** v^{20} sponsoring
spontan spontaan
Spontaneität, Spontanität v^{28} spontaniteit

Sp

Sporn *m (2e nvl -(e)s; mv Sporen, (vaktaal) Spore)* **1**
spoor *(van haan, ruiter);* **2** (scheeps)ram
spornen de sporen geven
spornstreichs spoorslags
Sport *m⁵* sport, liefhebberij, hobby
Sportanlage *v²¹* sportcomplex
Sportart, Sportdisziplin *v²⁰* tak van sport
Sportfreund *m⁵* sportliefhebber; sportvriend
Sportgericht *o²⁹ (sp)* tuchtcommissie
Sportler *m⁹* sporter, sportbeoefenaar
Sportlerin *v²²* sportbeoefenaarster
sportlich sportief, sport-
Sportlichkeit *v²⁸* sportiviteit
sportmäßig sportief
Sportmedizin *v²⁸* sportgeneeskunde
Sportplatz *m⁶* sportterrein
Sportstudio *o³⁶ (telecom)* studio sport
Sportverein *m⁵* sportvereniging
Sportwagen *m¹¹* **1** sportwagen; **2** wandelwagentje
Spott *m¹⁹* spot, bespotting
Spottbild *o³²* spotprent
spottbillig spotgoedkoop
Spötterei I *v²⁰* spotternij; **II** *v²⁸* gespot
spötteln spotten: ~ *über⁺⁴* de draak steken met
spotten 1 spotten: *das spottet jeder Beschreibung*
dat is niet te beschrijven; **2** *(dierk)* nabootsen, na-
doen: ~⁺² (of: ~ *über⁺⁴*) de spot drijven met
Spötter *m⁹* spotter; spotvogel
Spötterei *v²⁰* spotternij, spot
Spottgeld *o³⁹* spotprijs
spöttisch spottend
Spottlust *v²⁸* spotlust
Spottpreis *m⁵* spotprijs
Sprache *v²¹* **1** taal: *in deutscher ~* in het Duits; **2**
spraak: *er rückt* (of: *will) mit der ~ nicht heraus* hij
wil niets zeggen; *heraus mit der ~!* voor de dag er-
mee!; *zur ~ bringen* ter sprake brengen; *zur ~ kom-
men* ter sprake komen
Sprachfähigkeit *v²⁸* spraakvermogen
Sprachfehler *m⁹* **1** taalfout; **2** spraakgebrek
Sprachfertigkeit *v²⁸* taalvaardigheid
Sprachführer *m⁹* taalgids
sprachgewandt welbespraakt
Sprachgewandtheit *v²⁸* **1** bespraaktheid; **2** taalvaardigheid
Sprachkenntnisse *mv v²⁴* talenkennis: *gute ~ haben* zijn talen kennen
sprachkundig verschillende talen beheersend
Sprachlabor *o³⁶, o²⁹* talenpracticum, *(Belg)* taalla-
boratorium
Sprachlehre *v²¹* spraakkunst, grammatica
sprachlich taalkundig, taal-
sprachlos sprakeloos
Sprachlosigkeit *v²⁸* sprakeloosheid
sprachrichtig taalkundig juist
Sprachrohr *o²⁹* megafoon, scheepsroeper; *(fig)*
spreekbuis
Sprachstörung *v²⁰* spraakgebrek
Sprachunterricht *m¹⁹* taalonderwijs

Spray *m¹³, o³⁶* spray
Spraydose *v²¹* spuitbus
sprayen sprayen, verstuiven, spuiten
Sprechanlage *v²¹ (telecom)* intercom
Sprechblase *v²¹* tekstballon
sprechen²⁷⁴ I *intr* spreken: *frei ~* uit het blote hoofd
spreken; *für jmdn ~: a)* voor iem opkomen; *b)* iem
vertegenwoordigen; *das spricht für, gegen ihn* dat
pleit voor, tegen hem; **II** *tr* **1** spreken; **2** uitspreken;
3 *(een gedicht)* voordragen
sprechend sprekend
Sprecher *m⁹* **1** spreker; **2** woordvoerder; **3** omroeper; **4** klassevertegenwoordiger
Sprechfunkgerät *o²⁹* portofoon, mobilofoon
Sprechkunst *v²⁸* retorica
Sprechmuschel *v²¹* microfoon, mondstuk
Sprechstunde *v²¹* spreekuur
Sprechverbot *o²⁹* spreekverbod
Sprechzimmer *o³³* spreekkamer
spreizbeinig wijdbeens
Spreize *v²¹* **1** stut, stempel; **2** *(sp)* spreidstand
spreizen I *tr* **1** *(techn)* uit elkaar trekken; **2** (wijd uit-
een)spreiden; **II** *sich ~* **1** dik doen, een hoge borst
opzetten, pronken; **2** tegenstribbelen; *zie ook* ge-
spreizt
sprengen I *tr* **1** opblazen, laten springen; **2** *(deur)*
forceren, openbreken; **3** *(boeien)* verbreken; **4**
sproeien, sprenkelen; **5** *(strijkgoed)* invochten ‖ *den
Rahmen ~* buiten het kader gaan; *eine Versammlung ~* een vergadering uiteendrijven; **II** *intr* galopperen
Sprenger *m⁹* tuinsproeier
Sprengkörper *m⁹* explosief
Sprengkraft *v²⁸* explosieve kracht
Sprengladung *v²⁰* springlading, explosieve lading
Sprengstoff *m⁵* springstof
Sprengstoffanschlag *m⁶* bomaanslag
Sprengung *v²⁰* **1** (het) opblazen; **2** (be)sprenkeling;
zie ook sprengen
Sprengwagen *m¹¹* sproeiwagen
sprenkeln (be)spikkelen
Spreu *v²⁸* kaf
Sprichwort *o³²* spreekwoord
sprichwörtlich spreekwoordelijk
Sprieße *v²¹* stut, stempel
sprießen I *st²⁷⁵* ontspruiten, ontkiemen; **II** *zw* steu-
nen, stutten
Springbrunnen *m¹¹* fontein
springen²⁷⁶ 1 springen; **2** (stuk)springen, barsten; **3**
(regionaal) hard lopen, rennen ‖ *ein paar Flaschen
~ lassen* op een paar flessen trakteren; *viel Geld ~
lassen* veel geld uitgeven; *der ~de Punkt* het punt,
waarom het gaat
Springer *m⁹* **1** springer; **2** paard *(een schaakstuk);* **3**
invaller: *junger ~* groentje
Springflut *v²⁰* springvloed
Springform *v²⁰* springvorm
Springseil *o²⁹* springtouw
Springstunde *v²¹* tussenuur

Springzeit v^{20} springtij

Sprint m^{13} *(sp)* sprint

sprinten 1 sprinten; **2** *(inform)* rennen

Sprit m^{19} **1** spiritus; **2** *(inform)* benzine

Spritze v^{21} **1** sproeier; spuit; **2** brandspuit; **3** injectie, spuitje: *(inform) an der ~ hängen* verslaafd zijn; **4** *(inform)* vuurwapen

spritzen I *intr* **1** spuiten; **2** *(inform)* met water spelen; **3** motregenen; **4** *(fig, inform)* rennen; **II** *tr* **1** (be)sproeien, (be)sprenkelen; **2** spuiten; **3** *(techn)* spuitgieten; **4** (be)spatten; **5** injecteren

Spritzer m^9 **1** spat; **2** scheutje; **3** spuiter; **4** junk

spritzig 1 prikkelend; **2** sprankelend, vlot || *ein ~er Sportwagen* een snelle sportwagen

spröd, spröde 1 bros; **2** ruw, droog en gesprongen *(van huid): sprödes Haar* stug haar; **3** rauw, hees, schor *(van stem);* **4** stug, niet gemakkelijk te bewerken

Sprödigkeit v^{28} **1** brosheid; **2** ruwheid; **3** rauwheid; **4** stugheid; *zie ook* spröde

Spross m^5 **1** spruit, telg; **2** *(plantk)* spruit, loot

Sprosse v^{21} **1** sport *(van ladder);* **2** sproet

sprossen ontspruiten, ontkiemen, uitlopen

Sprössling m^5 spruit, telg

Spruch m^6 **1** spreuk; **2** leus; **3** oordeel, vonnis

Spruchband o^{32} spandoek

Sprudel m^9 bronwater, mineraalwater

sprudeln I *(haben)* **1** (op)borrelen, schuimen: *das Wasser sprudelt im Topf* het water staat te borrelen in de pan; *vor Witz ~* sprankelen van geest; **2** ratelen, rebbelen; **II** *(sein)* klateren: *~ aus* borrelend komen uit

Sprudelwasser o^{34} bronwater, mineraalwater

Sprühdose v^{21} spuitbus

sprühen I *intr* spatten; *(fig)* fonkelen, tintelen; **II** *onpers ww: es sprüht* het motregent; **III** *tr* sproeien; schieten

Sprühregen m^{11} motregen

Sprung m^6 **1** sprong; **2** barst, scheur: *das Glas hat einen ~* het glas is gebarsten || *(fig) jmdm auf die Sprünge helfen* iem op weg helpen; *auf dem ~(e) sein* op het punt staan; *wir kommen auf einen ~* we komen eventjes overwippen

Sprungbrett o^{31} springplank *(ook fig)*

Sprungfedermatratze v^{21} springmatras

sprungfertig klaar om te springen

sprunghaft 1 met sprongen, sprongsgewijs; **2** abrupt, plotseling; **3** wispelturig

Sprungschanze v^{21} *(sp)* springschans

Sprungseil o^{29} springtouw

Sprungstab m^6 polsstok

Sprungtuch o^{32} **1** springzeil; **2** *(sp)* trampoline

Spucke v^{28} speeksel, spuug: *jmdm bleibt die ~ weg* iem is met stomheid geslagen

spucken 1 spuwen; **2** *(mbt motor)* sputteren

Spuk m^5 **1** spookbeeld; **2** gespook; **3** lawaai

spuken spoken, rondwaren *(ook fig)*

spukhaft spookachtig

Spülautomat m^{14} afwasmachine

Spülbecken o^{35} **1** spoelbak; **2** gootsteen

Spule v^{21} spoel, klos, filmspoel, haspel

Spüle v^{21} aanrecht met spoelbak

spulen opwinden, spoelen

spülen I *tr* **1** spoelen; **2** afwassen; **3** doorspoelen, doortrekken *(van wc);* **II** *intr* spoelen

Spüler m^9 **1** doorspoelknop *(van spoeling);* **2** bordenwasser

Spülgang m^6 (het) spoelen *(van wasmachine)*

Spülmaschine v^{21} vaatwasser

Spülmittel o^{33} afwasmiddel

Spülschüssel v^{21} afwasbak

Spültisch m^5 aanrecht

Spülwasser o^{34} spoelwater, vaatwater

Spur v^{20} spoor: *eine heiße ~* een veelbelovende tip; *die ~ wechseln* van rijstrook veranderen; *eine ~ Pfeffer* een snufje peper; *keine ~!* (of: *nicht die ~!)* geen zier

spürbar voelbaar, merkbaar, duidelijk

spuren 1 een spoor maken; **2** *(mbt auto, fiets)* sporen; **3** in het gareel lopen

spüren 1 bespeuren, gewaarworden, merken, voelen; **2** speuren, zoeken

Spurensicherung v^{28} **1** technische recherche; **2** (het) opnemen van de sporen

Spürhund m^5 speurhond *(ook fig)*

spurlos spoorloos

Spürnase v^{21} fijne neus, speurneus

Spurrille v^{21} spoor: *(op bord) ~n!* spoorvorming!

Spürsinn m^{19} speurzin, feeling

Spurt m^{13}, m^5 **1** *(sp)* spurt; **2** sprint, run, ren

Spurweite v^{21} spoorbreedte, spoorwijdte

sputen, sich zich haasten, zich spoeden

St. 1 *afk van Sankt* Sint *(afk* St.); **2** *afk van Stück* stuk; **3** *afk van Stunde* uur

Staat m^{16} **1** staat; **2** staatsie, praal, pracht; **3** *(biol)* staat, volk

Staatenbund m^6 statenbond

staatenlos staatloos, zonder nationaliteit

staatlich van de staat, van het rijk, staats-, rijks-, overheids-: *~ geprüft* rijksgediplomeerd; *~e Institutionen* rijksinstellingen; *~e Beihilfe* rijkssubsidie

Staatsangehörige(r) m^{40a}, v^{40b} staatsburger

Staatsangehörigkeit v^{20} nationaliteit

Staatsanwalt m^6 officier van justitie

Staatsanwaltschaft v^{20} Openbaar Ministerie

Staatsanzeiger m^9 Staatscourant

Staatsbeamte(r) m^{40a} rijksambtenaar

Staatsbürger m^9 staatsburger

Staatschef m^{13} staatshoofd, president

staatseigen (in het bezit) van de staat, staats-

Staatseinnahmen mv v^{21} staatsinkomsten

Staatsexamen o^{35} doctoraal examen: *medizinisches ~* artsexamen

Staatsfinanzen mv openbare middelen, staatsfinanciën

Staatsführung v^{20} staatsbestuur

staatsgefährdend staatsgevaarlijk

Staatsgewalt v^{20} staatsgezag

Staatshaushalt m^5 rijksbegroting

Staatshoheit v^{28} soevereiniteit

Staatshymne v^{21} volkslied

Staatsinteresse o^{38} staatsbelang

Staatskasse v^{21} staatskas, schatkist

Staatsmann m^8 staatsman

staatsmännisch staatsmans-

Staatsminister m^9 minister

Staatsoberhaupt o^{32} staatshoofd

Staatspräsident m^{14} president

Staatsrat m^6 1 Raad van State; 2 lid van de Raad van State; 3 staatsraad *(titel)*

Staatsrecht o^{39} staatsrecht

staatsrechtlich staatsrechtelijk

Staatssekretär m^5 staatssecretaris

Staatssicherheitsdienst m^{19} *(DDR)* binnenlandse veiligheidsdienst

Staatsstreich m^5 staatsgreep

Staatswohl o^{39} welzijn van de staat

Stab m^6 1 staf, stok, stang; *(sp)* estafettestokje; 2 staf, leiding; 3 polsstok; 4 dirigeerstok; 5 spijl; 6 balein *(van paraplu)*

Stabantenne v^{21} sprietantenne

Stäbchen o^{35} stokje, staafje

Stabhochsprung I m^{19} (het) polsstokhoogspringen; **II** m^6 polsstokhoogsprong

stabil stabiel, vast, standvastig

Stabilisator m^{16} stabilisator

stabilisieren ^{320} stabiliseren

Stabilisierung v^{20} stabilisatie

Stabilität v^{28} stabiliteit, standvastigheid

Stablampe v^{21} staaflamp

Stabreim m^5 stafrijm, alliteratie

Stabsoffizier m^5 hoofdofficier; stafofficier

Stachel m^{17} 1 stekel *(van plant, egel)*; 2 angel *(van bij)*; 3 tong *(van gesp)*; 4 punt; 5 prikkel

Stachelbeere v^{21} *(plantk)* kruisbes

Stacheldraht m^6 prikkeldraad

Stacheldrahtverhau m^5 prikkeldraadversperring

stachelig 1 stekelig; 2 vol stekels, vol prikkels; *(fig)* scherp, vinnig

stacheln 1 steken; 2 prikkelen, aansporen

Stachelschwein o^{29} *(dierk)* stekelvarken

stachlig *zie* stachelig

Stadion o *(2e nvl -s; mv Stadien)* stadion

Stadium o *(2e nvl -s; mv Stadien)* stadium

Stadt v^{25} 1 stad; 2 gemeente

Stadtbahn v^{20} stadsspoor

Stadtbewohner m^9 stadbewoner, stedeling

Stadtbummel m^9 wandeling door de stad

Stadtdirektor m^{16} gemeentesecretaris

Städtebau m^{19} stedenbouw

städtebaulich stedenbouwkundig

Städtepartnerschaft v^{20} jumelage, *(Belg)* verzustering

Städter m^9 stedeling, stadsmens

Stadtführer m^9 stadsgids

Stadtgemeinde v^{21} stedelijke gemeente

Stadthaus o^{32} 1 huis in de stad; 2 stadhuis

Stadtinnere(s) o^{40c} binnenstad, centrum

städtisch 1 steeds, stads-: *das ~e Leben* het stadsleven; 2 stedelijk, gemeentelijk, gemeente-: *~es Bauamt* gemeentewerken; *die ~en Behörden* het gemeentebestuur

Stadtkern m^5 binnenstad, centrum

stadtkundig goed bekend in de stad

Stadtlicht o^{31} stadslicht *(van auto)*, *(Belg)* standlicht

Stadtmauer v^{21} stadsmuur, stadswal

Stadtmitte v^{28} stadscentrum

Stadtparlament o^{29} gemeenteraad

Stadtplan m^6 (stads)plattegrond

Stadtplaner m^9 stedenbouwkundig planoloog

Stadtplanung v^{20} stedenbouwkundige planning

Stadtrat m^6 1 gemeenteraad; 2 gemeenteraadslid

Stadtteil m^5 (stads)wijk

Stadttheater o^{33} stadsschouwburg

Stadttor o^{29} stadspoort

Stadtväter mv m^{10} vroede vaderen

Stadtverordnete(r) m^{40a}, v^{40b} gemeenteraadslid

Stadtverwaltung v^{20} stadsbestuur; *(inform)* gemeenteambtenaren *(mv)*

Stadtviertel o^{33} (stads)wijk

Staffel v^{21} 1 *(Z-Dui)* trede, sport; 2 trap, graad; 3 *(sp)* estafetteploeg; *(sp)* team, ploeg; 4 squadron, eskader

Staffelei v^{20} (schilders)ezel

Staffellauf m^6 *(sp)* estafetteloop

staffeln I *tr* 1 *(boekh)* staffelen; 2 *(mil)* echelonneren; 3 formeren, opstellen; **II** *sich* ~ trapsgewijze oplopen || *gestaffelte Steuern* progressieve belastingen

Staffelung v^{20} 1 progressie, opklimming; 2 opstelling, inschaling

Stag o^{29}, o^{37} *(scheepv)* stag

Stagnation v^{20} stagnatie, stilstand

stagnieren ^{320} stagneren, stilstaan

Stahl m^6, m^5 staal

Stahlbeton m^{13}, m^5 gewapend beton

stahlblau staalblauw

Stahlblech o^{29} stalen plaat, staalplaat

stählen stalen, harden *(ook fig)*

stählern stalen, van staal

Stahlhelm m^5 stalen helm

Stahlwerk o^{29} staalfabriek

stakig, staksig 1 stijf; 2 houterig; 3 dun

Stall m^6 1 stal; 2 renstal

Stalldung, Stalldünger m^{19} stalmest

stallen stallen

Stamm I m^6 1 stam *(van boom, woord)*; 2 *(biol)* geslacht, stam; **II** m^{19} *(fig)* clientèle, (vaste) kern

Stammbaum m^6 stamboom

stammeln stamelen, stotteren

Stammeltern mv stamouders

stammen stammen, afkomen, afkomstig zijn

Stammgast m^6 stamgast

Stammgericht o^{29} dagschotel

Stammhalter m^9 stamhouder

stämmig stevig gebouwd, potig
Stammkneipe v^{21} stamkroeg
Stammkunde m^{15} vaste klant
Stammler m^9 stotteraar, stamelaar
Stammlokal o^{29} stamkroeg
Stammsitz m^5 **1** stamslot; **2** centrale *(van firma)*; moederbedrijf; **3** vaste plaats
Stammspieler m^9 basisspeler
Stammtisch m^5 **1** stamtafel *(in café)*; **2** clubje stamgasten; **3** vaste borrelmiddag, -avond
Stammwähler m^9 vaste kiezer
Stampfe v^{21} stamper, heiblok
stampfen I *intr* stampen *(ook van schip)*, klossen; II *tr* **1** aanstampen, fijnstampen; **2** stampen; heien
Stampfer m^9 stamper
Stand m^6 **1** stand *(van barometer, water, zon)*; **2** stand, staat, toestand *(van gezondheid, proces, vermogen, zaken)*: *gut im ~(e)* (of: *in gutem ~(e))* *sein* in goede staat verkeren; *etwas auf den neuesten ~ bringen* iets updaten; *außer ~(e) zie* außerstand(e): *im ~(e) zie* imstand(e): *in ~ zie* instand: *zu ~e zie* zustande **3** stand, klasse *(in maatschappij): der ~ der Ehe* de huwelijkse staat; *Name und ~* naam en burgerlijke staat; **4** standplaats *(van taxi)*; **5** stalletje, kraampje; **6** stand *(op jaarbeurs, tentoonstelling)*; **7** stuurcabine || *jmdn in den ~ setzen* iem in staat stellen; *den Motor im ~ laufen lassen* de motor stationair laten lopen
Standard m^{13} standaard, maat, richtsnoer
standardisieren^{320} standaardiseren
Standbild o^{31} standbeeld
Stander m^9 standaard, vaantje
Ständer m^9 **1** standaard, stander; **2** staander; **3** *(elektr)* stator; **4** poot *(van vogel)*
Standesamt o^{32} (bureau van de) burgerlijke stand
standesamtlich: *~ heiraten* voor de wet trouwen
Standesbeamte(r) m^{40a} ambtenaar van de burgerlijke stand
Standesbewusstsein o^{39} standsbesef
standesgemäß volgens, overeenkomstig de stand
Standesperson v^{20} iem van (voorname) stand
Standesregister o^{33} register van de burgerlijke stand
Standesunterschied m^5 standsverschil
standfest stabiel; duurzaam
Standgeld o^{31} staangeld, marktgeld
standhaft standvastig
Standhaftigkeit v^{28} standvastigheid
standhalten^{183} standhouden, doorstaan
ständig blijvend, vast, permanent
ständisch de standen betreffend; van de standen: *~e Gliederung* indeling in standen
Standlicht o^{39} stadslicht
Standort m^5 **1** standplaats; **2** plaats van vestiging; **3** *(mil)* garnizoen; **4** positie *(van schip, vliegtuig)*
Standortbestimmung v^{20} plaatsbepaling
Standpauke v^{21} strafpreek
Standpunkt m^5 standpunt
standrechtlich standrechtelijk

Standspur v^{20} vluchtstrook *(van autosnelweg)*
Standuhr v^{20} staande klok
Stange v^{21} **1** stang, staaf, staak: *eine ~ Zimt* een pijp kaneel; *eine ~ Zigaretten* een slof sigaretten; **2** bit *(mondstuk van paard)*; **3** roede *(van gordijn, op trap)*; **4** stok *(in kippenhok)* || *ein Anzug von der ~* een confectiepak; *(inform) eine ~ Geld* een hoop geld; *jmdm die ~ halten* het voor iem opnemen
Stängel m^9 stengel, steel
Stangenbohne v^{21} stokboon, klimboon
Stangenbrot o^{29} stokbrood
Stänkerei v^{20} ruzie, gekrakeel
stänkern **1** stoken, kankeren; **2** de lucht verpesten
stanzen **1** ponsen; **2** stansen; **3** stempelen
Stapel m^9 **1** stapelplaats; **2** stapel || *ein Schiff auf ~ legen* een schip op stapel zetten; *vom ~ lassen van* stapel laten lopen; *vom ~ laufen* van stapel lopen
Stapellauf m^6 tewaterlating
stapeln (op)stapelen
Stapelplatz m^6 stapelplaats
Stapelrecht o^{29} stapelrecht
Stapelware v^{21} stapelgoed, stapelproduct
Stapfe v^{21}, **Stapfen** m^{11} stap, voetstap
stapfen stappen
Stapler m^9 vorkheftruck
Star I m^5 **1** *(med)* staar; **2** *(dierk)* spreeuw; II m^{13} ster, star *(beroemdheid)*
stark^{58} **1** sterk, krachtig: *~ erkältet* snipverkouden; *jmdn ~ im Verdacht haben* iem ernstig verdenken; **2** flink, groot *(van omzet)*; **3** zwaar *(van sigaret, slaap)*; **4** hevig, intensief: *~er Verkehr* druk verkeer; *~e Schmerzen* hevige pijnen; **5** talrijk, groot: *~e Beteiligung* grote belangstelling; *~ bevölkert* dichtbevolkt; **6** goed, dik, ruim: *zwei ~e Stunden* ruim twee uur; **7** dik: *ein 20 cm ~er Balken* een 20 cm dikke balk; **8** groot *(van oplage, vraag, aanbod)*; **9** dik, zwaarlijvig: *schlanke und ~e Damen* slanke en gezette dames; **10** sterk, uitstekend; **11** *(pop)* blits, geweldig || *er geht ~ auf die Vierzig* hij is bijna veertig; *das ist aber ~* dat is te gek; *sich für*$^{+4}$ *etwas, jmdn ~ machen* zich sterk maken voor iets, iem
starkbevölkert oude spelling voor stark bevölkert, *zie* stark 5
Stärke v^{21} **1** sterkte, kracht, macht; *(chem)* concentratie; **2** dikte; **3** kracht, sterke zijde; **4** zetmeel; **5** stijfsel(pap); **6** drukte, intensiteit
Stärkekleister m^9 stijfselpap
Stärkemehl o^{29} maïzena, zetmeel
stärken I *tr* **1** sterken, versterken; **2** *(wasgoed)* stijven; II *sich ~* zich versterken
Stärkezucker m^{19} druivensuiker
starkleibig zwaarlijvig, corpulent
Starkstrom m^{19} sterkstroom
Stärkung v^{20} **1** (ver)sterking; **2** kleine maaltijd
Stärkungsmittel o^{33} versterkend middel
starr **1** star, stijf; **2** starend, strak *(van blik, oog)*; **3** onbeweeglijk; **4** verstijfd *(van kou, schrik)*; **5** onbuigzaam, onverzettelijk, koppig
Starre v^{28} *zie* Starrheit

St

starren 1 stijf staan: *vor (of: von) Schmutz ~* stijf staan van het vuil; **2** staren, turen; **3** oprijzen, omhoogrijzen
Starrheit v^{28} **1** stijfheid, onbeweeglijkheid; **2** strakheid; **3** koppigheid, onverzettelijkheid
Starrkopf m^6 stijfkop
starrköpfig koppig, eigenzinnig
Starrsinn m^{19} koppigheid, stijfhoofdigheid
starrsinnig koppig, eigenzinnig
Start m^{13}, m^5 **1** start, beginpunt; **2** lancering
Startautomatik v^{20} automatische choke
Startbahn v^{20} startbaan
startbereit startklaar
starten I *intr* starten, opstijgen *(mbt vliegtuig)*; **II** *tr* laten beginnen, starten: *eine Rakete ~* een raket lanceren
Starterklappe v^{21} choke
startklar *zie* startbereit
Startrampe v^{21} lanceerplatform
Startschuss m^6 startschot
Stasi I m^{19}, v^{28} *verk van* Staatssicherheitsdienst *(DDR)* binnenlandse veiligheidsdienst; **II** m^{13} *(DDR)* agent van de binnenlandse veiligheidsdienst
Statik v^{28} statica, evenwichtsleer
Station v^{20} **1** station, halte; **2** *(wetenschappelijk)* station; **3** afdeling *(in ziekenhuis)*; **4** statie *(vd kruisweg)*; **5** verblijfplaats; **6** zender
stationär 1 stationair; **2** klinisch
stationieren^{320} stationeren
Stationsarzt m^6 afdelingsarts *(in ziekenhuis)*
Stationspfleger m^9 hoofdverpleger
Stationsschwester v^{21} hoofdverpleegster
Statist m^{14} figurant
Statistik v^{20} statistiek
statistisch statistisch: *Statistisches Bundesamt* Centraal Bureau voor de Statistiek
Stativ o^{29} statief
statt vz^{+2} in plaats van: *~ dass* in plaats dat; *an Eides ~* plechtig; *Erklärung an Eides ~* belofte; *an Kindes ~ annehmen* adopteren; *an Zahlungs ~* bij wijze van betaling; *an meiner ~* in mijn plaats; *~ dessen* in plaats daarvan
Statt *oude spelling voor* statt, *zie* statt
stattdessen in plaats daarvan
Stätte v^{21} plaats: *heilige ~n* heilige plaatsen
stattfinden^{157} plaatshebben, plaatsvinden, gebeuren
stattgeben^{166}: *einer Bitte ~* een verzoek inwilligen, aan een verzoek voldoen
statthaben^{182} plaatshebben, plaatsvinden
statthaft geoorloofd, toegestaan
stattlich 1 fors, groot en sterk; **2** imposant, groot; **3** statig, deftig
Statue v^{21} (stand)beeld
Statur v^{20} gestalte, postuur
Status m *(2e nvl -; mv -)* status, staat, toestand
Statut o^{37} statuut, reglement
statutarisch, statutengemäß statutair, volgens de statuten

Stau m^5, m^{13} **1** doodtij; **2** verkeersopstopping, file; **3** *(med)* stuwing; **4** opstuwing
Stauanlage v^{21} stuw
Staub m^5, m^6 stof: *~ saugen* stofzuigen; *~ wischen* stof afnemen; *(fig) in den ~ ziehen* (of: *zerren*) door de modder halen; *sich aus dem ~ machen* zich uit de voeten maken
Staubecken o^{35} stuwbekken, stuwmeer
stauben stuiven
stäuben I *intr* stuiven; **II** *tr* **1** stoffen, stof afnemen; **2** strooien, fijn verdelen
staubig stoffig, vol stof
staubsaugen stofzuigen
Staubsauger m^9 stofzuiger
Staubschicht v^{20} stoflaag
staubtrocken kurkdroog
Staubtuch o^{32} stofdoek
Staubwedel m^9 plumeau
Staubwolke v^{21} stofwolk
Staudamm m^6 stuwdam, stuw
Staude v^{21} heester, struik
Staudensellerie v^{21} bleekselderij
stauen I *tr* **1** *(water)* stuwen, opstuwen; **2** *(scheepslading)* stouwen; **II** *sich ~* opgestuwd worden, samenpakken, een opstopping veroorzaken
Staumauer v^{21} stuwdam
staunen zich verbazen, zich verwonderen, verbaasd staan
Staunen o^{39} verbazing, verwondering
staunenswert bewonderenswaardig
Stausee m^{17} stuwmeer
Stauung v^{20} **1** filevorming; **2** stuwing, opstuwing
Stauwasser o^{34} doodtij
Stauwehr, Stauwerk o^{29} stuw
Steak o^{36} steak, biefstuk
stechen^{277} **I** *tr* **1** steken, prikken; **2** slachten; **3** graveren; **4** *(asperges, graszoden, turf)* steken; **5** slaan *(bij het kaartspel)*; **II** *intr* **1** steken; **2** *(sp)* een barrage rijden; **3** klokken
Stechfliege v^{21} steekvlieg
Stechmücke v^{21} steekmug, muskiet
Stechuhr v^{20} prikklok
Steckbrief m^5 bevel tot aanhouding en voorgeleiding *(met signalement van de gezochte)*
Steckdose v^{21} stopcontact
stecken I *tr, altijd zw* **1** steken, stoppen, doen: *die Hand in die Tasche ~* zijn hand in de zak steken; *~ bleiben* blijven steken; *~ lassen* laten zitten; **2** poten; **II** *intr, zw en st*^{278} steken, zitten: *der Schlüssel steckt im Schloss* de sleutel zit in het slot
steckenbleiben, steckenlassen *oude spelling voor* stecken bleiben, lassen, *zie* stecken 1
Steckenpferd o^{29} stokpaard: *sein ~ reiten* zijn stokpaardje berijden
Stecker m^9 *(elektr)* stekker, steker
Steckling m^5 *(plantk)* stek(je)
Stecknadel v^{21} speld
Steg m^5 **1** voetpad; **2** loopplank, vlonder, bruggetje;

3 kam *(van strijkinstrument)*

Stegreif: *aus dem* ~ onvoorbereid

Stehbierhalle v^{21} bierhal *(waar men het bier staande drinkt)*

stehen[279] **I** *intr* **1** staan: ~ *bleiben* blijven staan; *wo sind wir* ~ *geblieben? (met gesprek, les)* waar zijn wij gebleven?; ~ *lassen* laten staan; **2** stilstaan; **3** instaan: *~den Fußes* op staande voet; *~es Gewässer* stilstaand water; *die Uhr steht* de klok staat stil; *wie steht's?* hoe gaat het ermee?; *wie* ~ *Sie dazu?* hoe denkt u daarover?; *es steht bei dir* het hangt van jou af; *in der Ausbildung* ~ in opleiding zijn; *es steht schlecht um die Sache* de zaak staat er slecht voor; *(fig) zu jmdm* ~ achter iem staan; *zu seinem Wort* ~ zijn woord gestand doen; *es steht zu erwarten, dass ... het is te verwachten, dat ...; zum Stehen bringen* tot staan brengen; **II** *sich* ~ verdienen: *er steht sich auf ... Mark* hij heeft een inkomen van ... mark; *er steht sich gut* het gaat hem (financieel) goed

stehenbleiben, stehenlassen *oude spelling voor* stehen bleiben, lassen, *zie* stehen 1

Steher m^9 stayer

Stehlampe v^{21} staande lamp

Stehleiter v^{21} trapleer, trapladder

stehlen[280] **I** *tr* stelen; **II** *sich* ~ sluipen: *sich aus dem Hause* ~ het huis uit sluipen

Stehplatz m^6 staanplaats

steif **1** stijf: ~ *vor Kälte* stijf van de kou; *die Ohren* (of: *den Nacken*) ~ *halten* de moed niet verliezen; **2** sterk *(van grog)*; **3** stijf, gedwongen; stijfjes

Steife I v^{28} stijfheid, stijfte; **II** v^{21} *(bouwk)* stut

steifen **1** *(wasgoed)* stijven; **2** stutten, schoren

steifhalten *oude spelling voor* steif halten, *zie* steif 1

Steifheit, Steifigkeit v^{28} stijfheid; *(techn)* sterkte, stevigheid

Steig m^5 steil pad, bergpad

Steigbügel m^9 stijgbeugel *(ook anat)*

Steigeisen o^{35} klimspoor, klimijzer

steigen[281] **1** stijgen, toenemen, rijzen: *Drachen* ~ *lassen* vliegeren; **2** klimmen: *in ein Auto* ~ in een auto stappen; *auf einen Baum* ~ in een boom klimmen; **3** plaatsvinden || *auf die Bremse* ~ hard remmen; *ins Examen* ~ examen gaan doen

Steiger m^9 **1** mijnopzichter; **2** aanlegplaats

steigern I *tr* **1** vergroten, opvoeren; **2** *(huur)* verhogen; **3** *(taalk)* de trappen van vergelijking vormen; **4** op een veiling kopen; **II** *sich* ~ groter worden, stijgen, toenemen: *der Verkehr steigert sich immer mehr* het verkeer neemt steeds meer toe

Steigerung v^{20} **1** vergroting, opvoering; **2** verhoging; **3** *(taalk)* (het) vormen van de trappen van vergelijking; **4** *(sp)* geleidelijke opvoering van het tempo

Steigerungsrate v^{21} groeipercentage

Steigerungsstufe v^{21} *(taalk)* trap van vergelijking: *erste* ~ vergrotende trap; *zweite* ~ overtreffende trap

Steigfähigkeit v^{20} klim-, stijgvermogen

Steigung v^{20} **1** stijging; **2** helling

steil steil

Steilhang m^6 steile helling

Steilpass m^6 *(sp)* dieptepass

Stein m^5 **1** steen; **2** (bak)steen; **3** pit, steen *(van steenvrucht);* **4** steen, gal-, niersteen; **5** steen, damschijf; **6** schaakstuk || *mir fiel ein* ~ *vom Herzen* dat was een pak van mijn hart; *bei jmdm einen* ~ *im Brett haben* bij iem een wit voetje hebben

steinalt stokoud

Steinbruch m^6 steengroeve

Steinbutt m^5 *(dierk)* tarbot

steinern stenen, van steen

steinhart steenhard, keihard

Steinhauer m^9 steenhouwer

steinig steenachtig, vol stenen, stenig

Steinkohle v^{21} steenkool

Steinkohlenbergwerk o^{29} (steen)kolenmijn

Steinkohlenförderung v^{20} steenkoolwinning

Steinkohlenzeche v^{21} kolenmijn

Steinmetz m^{14} steenhouwer

¹steinreich vol stenen, stenig

²steinreich schatrijk, steenrijk

Steinschlag m^6 **1** steenslag, split; **2** vallend gesteente

Steinwüste v^{21} steenwoestijn

Steinzeit v^{28} stenen tijdperk, steentijd

Steiß m^5 **1** *(anat)* stuit; **2** zitvlak, achterste

Steißbein o^{29} stuitbeen

Steißlage v^{21} *(med)* stuitligging

Stelle v^{21} **1** plaats, plek: *an Ihrer* ~ in uw plaats; *an* ~$^{+2}$ (of: *an* ~ *von*$^{+3}$) in plaats van; *an erster* ~ in de eerste plaats; *zur* ~ *sein* aanwezig zijn; **2** betrekking, baan: *freie* ~ (of: *offene* ~) vacature; **3** instantie: *die zuständige* ~ de bevoegde instantie; *die militärischen* ~*n* de militaire autoriteiten; **4** passage *(in boek)* || *die Zahl 1000 hat vier* ~*n* het getal 1000 heeft vier cijfers; *nicht von der* ~ *kommen* niet opschieten; *auf der* ~ onmiddellijk; *er war auf der* ~ *tot* hij was op slag dood

stellen I *tr* **1** plaatsen, stellen, zetten: *die Uhr* ~ de klok gelijkzetten; *den Wecker* ~ de wekker zetten; *die Weiche* ~ de wissel omzetten; **2** zorgen voor, leveren: *einen Bürgen, einen Vertreter* ~ voor een borg, voor een plaatsvervanger zorgen; **3** arresteren, aanhouden: *einen Verbrecher* ~ een misdadiger arresteren || *einen Antrag* (of: *ein Gesuch*) ~ een verzoek indienen; *Bedingungen* ~ voorwaarden stellen; *eine Kaution* ~ een zekerheid stellen; *Speisen kalt* ~ gerechten laten afkoelen; *warm* ~ warm houden; *gut gestellt sein* in goeden doen zijn; *ein besser gestellter Arbeitnehmer* een beter verdienende werknemer; *jmdn an die Wand* ~ iem tegen de muur zetten; *(fig) ganz auf sich (selbst) gestellt sein* helemaal op zichzelf aangewezen zijn; *etwas zur Debatte* ~ iets ter discussie stellen; **II** *sich* ~ **1** gaan staan, zich plaatsen; **2** *(mil)* opkomen; **3** zich aangeven || *der Minister stellte sich der Presse* de minister stond de pers te woord; *der Preis stellt sich auf 10 Mark* de prijs bedraagt 10 mark; *sich mit jmdm gut*

st

~ het met iem kunnen vinden; *er wusste nicht, wie er sich dazu ~ sollte* hij wist niet welke houding hij daartegenover moest aannemen; *sich krank, taub ~* zich ziek, doof houden; *er stellt sich nur so* hij doet maar alsof

Stellenangebot *o²⁹* aangeboden betrekking(en), vacature

stellenlos zonder betrekking

Stellenmarkt *m⁵* arbeidsmarkt

Stellenvermittlung *v²⁰* arbeidsbemiddeling

Stellenwechsel *m⁹* verandering van betrekking

stellenweise hier en daar

Stellenwert *m⁵* betekenis, functie, waarde

-stellig van ... cijfers

Stellplatz *m⁶* **1** parkeerplaats; **2** verzamelplaats

Stellschraube *v²¹* *(techn)* stelschroef

Stellung *v²⁰* **1** stand, stelling, plaats, positie: *für jmdn ~ nehmen* voor iem partij kiezen; *gegen jmdn ~ nehmen* zich tegen iem keren; **2** positie, houding: *gesellschaftliche ~* maatschappelijke positie; **3** standpunt, houding: *zu⁺³ etwas ~ nehmen* zijn standpunt bepalen ten opzichte van iets; **4** positie, betrekking

Stellungnahme *v²¹* **1** standpunt, positiebepaling; **2** oordeel, mening

stellungslos zonder betrekking, werkloos

Stellungswechsel *m⁹* verandering van betrekking; *(mil)* verandering van positie

stellvertretend plaatsvervangend, waarnemend

Stellvertreter *m⁹* plaatsvervanger

Stellvertretung *v²⁰* plaatsvervanging

Stelze *v²¹* **1** stelt: *wie auf ~n gehen* stijf lopen; **2** houten been; **3** kwikstaart

stelzen 1 steltlopen; **2** stijf stappen

Stelzläufer *m⁹* steltloper

Stelzvogel *m¹⁰* *(dierk)* steltloper

Stemmeisen *o³⁵* breekijzer, breekbeitel

stemmen I *tr* **1** heffen, omhoogtillen: *Gewichte ~* gewichtheffen; **2** *(inform)* stelen; **3** duwen, drukken: *die Hände in die Seite ~* de handen in de zij zetten; **4** breken: *ein Loch in die Wand ~* een gat in de muur breken; **II** *intr* remmen *(bij het skiën)*; **III** *sich ~: sich gegen⁺⁴ etwas ~:* a) zich schrap zetten tegen iets; b) *(fig)* zich verzetten tegen iets

Stempel *m⁹* **1** stempel; **2** waarmerk; **3** keur; **4** zegel; **5** stamper *(van bloem)*; **6** stut, schoor

stempeln I *tr* **1** stempelen; **2** bestempelen, afstempelen; **II** *intr* in de steun lopen, stempelen

Stengel *oude spelling voor* Stängel, *zie* Stängel

Steno *v²⁸* steno, stenografie

Stenograf *zie* Stenograph

stenografieren *zie* stenographieren

Stenogramm *o²⁹* stenogram

Stenograph stenograaf

stenographieren³²⁰ stenograferen

Stenotypistin *v²²* stenotypiste

Steppdecke *v²¹* gestikte deken

Steppe *v²¹* steppe

steppen stikken, doorstikken

Sterbefall *m⁶* sterfgeval

Sterbehilfe *v²⁸* euthanasie

sterben²⁸² sterven, overlijden, doodgaan

Sterben *o³⁵* sterven, dood, sterfte: *im ~ liegen* op sterven liggen; *zum ~ langweilig* stomvervelend; *zum ~ müde* doodmoe

Sterbensangst *v²⁵* doodsangst

sterbenskrank doodziek

Sterbetag *m⁵* sterfdag

sterblich sterfelijk: *die ~en Überreste* (of: *die ~e Hülle*) het stoffelijk overschot

Sterblichkeit *v²⁸* **1** sterfelijkheid; **2** sterfte

Stereo *o³⁶* stereo

Stereoanlage *v²¹* stereo-installatie

Stereometrie *v²⁸* stereometrie

stereotyp stereotiep

steril steriel; onvruchtbaar

Sterilisation *v²⁰* sterilisatie

sterilisieren³²⁰ steriliseren

Stern *m⁵* **1** ster: *sein guter ~* zijn goed gesternte; **2** *(typ)* sterretje; **3** lieveling

Sternbild *o³¹* sterrenbeeld

Sternfahrt *v²⁰* *(sp)* rally, sterrit

sternhagelvoll stomdronken

Sternhimmel *m¹⁹* sterrenhemel

Sternschnuppe *v²¹* vallende ster

Sternstunde *v²¹* beslissend uur

Sternwarte *v²¹* sterrenwacht, observatorium

Sterz *m⁵* **1** ploegstaart; **2** *(regionaal)* staart; **3** *(Z-Dui, Oostenr)* polenta

stet, stetig gestaag, constant, continu

Stetigkeit *v²⁸* vastheid, bestendigheid, continuïteit

stets steeds, voortdurend, altijd

Steuer I *v²¹* belasting: *~n erheben* belastingen heffen; *etwas von der ~ absetzen* iets van de belasting aftrekken; *~n hinterziehen* belasting ontduiken; **II** *o³³* **1** stuur *(van auto)*: *am ~* (of: *hinter dem ~*) *sitzen* achter het stuur zitten; **2** roer

Steuerabzug *m⁶* belastingaftrek

Steueraufkommen *o³⁹* belastingopbrengst

steuerbegünstigt met belastingfaciliteiten, met belastingvoordeel, fiscaal voordelig

Steuerbegünstigung *v²⁰* belastingfaciliteit

Steuerbehörde *v²¹* belastingdienst

Steuerbemessungsgrundlage *v²¹* belastinggrondslag

Steuerberater *m⁹* belastingadviseur

Steuerbescheid *m⁵* aanslagbiljet

Steuerbord *o²⁹* *(scheepv)* stuurboord

Steuereinnehmer *m⁹* ontvanger der belastingen

Steuererklärung *v²⁰* belastingaangifte: *die ~ machen* het aangiftebiljet invullen

Steuererlass *m⁵* ontheffing van het betalen van belasting

Steuererleichterung *v²⁰* belastingfaciliteit

Steuerermäßigung *v²⁰* belastingverlaging

Steuerfahndung *v²⁰* fiscale opsporingsdienst

steuerfrei vrij van belasting, belastingvrij

Steuerfreibetrag *m⁶* belastingvrije voet

Steuergerät o^{29} tuner-versterker
Steuerhinterziehung v^{20} belastingontduiking
Steuerklasse v^{21} tariefgroep
Steuerknüppel m^9 *(luchtv)* stuurknuppel
Steuerlast v^{20} belastingdruk
steuerlich fiscaal, belasting-: *~e Belastung* belastingdruk
steuerlos stuurloos
Steuermann m^8 *(mv ook Steuerleute)* stuurman
steuern I *tr* 1 sturen, besturen: *ein Auto ~* een auto besturen; *eine Sache ~* een zaak beïnvloeden; **2** *(techn)* regelen; II *intr* 1 (aan)sturen; stevenen, varen: *nach England ~* koers zetten naar Engeland; **2** *(met 3e nvl)* optreden tegen, een eind maken aan
steuerpflichtig belastingplichtig
Steuerpflichtige(r) m^{40a}, v^{40b} belastingplichtige
Steuerrad o^{32} stuurrad; stuurwiel
Steuerreform v^{20} belastinghervorming
Steuersatz m^6 belastingtarief, -percentage
Steuerung v^{20} 1 (het) sturen, besturing; **2** (het) tegengaan, bestrijding; **3** stuurinrichting
Steuerveranlagung v^{20} belastingaanslag
Steuervergünstigung v^{20} belastingfaciliteit
Steuerzahler m^9 belastingbetaler
Steuerzettel m^9 belastingbiljet
Steven m^{11} *(scheepv)* steven
Steward [stjoe:ərt] m^{13} steward
Stewardess [stjoe:ərdɛs, -dɛs] v^{20} stewardess
stibitzen gappen, jatten, pikken
Stich m^5 1 steek *(ook fig)*: *~ halten* steekhoudend zijn; **2** gravure; **3** *(scheepv)* steek, knoop *(in touw)*; **4** slag *(in het kaartspel)*
Stichelei v^{20} hatelijke opmerking, hatelijkheid
sticheln 1 *(fig)* steken onder water geven, hatelijke toespelingen maken; **2** priegelen
Stichflamme v^{21} steekvlam
stichhaltig steekhoudend
Stichling m^5 stekelbaars
Stichprobe v^{21} steekproef
Stichtag m^5 1 teldatum, teldag; **2** peildatum
Stichwahl v^{20} beslissende herstemming
Stichwort I o^{32} trefwoord, lemma; II o^{29} 1 leus, parool; **2** *(theat)* wachtwoord, claus
Stichwunde v^{21} steekwond
Stickarbeit v^{20} borduurwerk
sticken borduren
Stickerei v^{20} borduurwerk
stickig verstikkend, om te stikken, benauwd
Stickmuster o^{33} borduurpatroon
Sticknadel v^{21} borduurnaald
Stickstoff m^{19} stikstof
stieben ^{283} stuiven, vliegen
Stiefbruder m^{10} stiefbroer
Stiefel m^9 1 laars; **2** hoge schoen; **3** bierglas: *einen guten* (of: *tüchtigen*) *~ vertragen* (of: *trinken*) *können* een stevige borrel lusten
stiefeln met grote stappen lopen, marcheren
Stiefeltern *mv* stiefouders
Stiefkind o^{31} stiefkind

Stiefmutter v^{26} stiefmoeder
Stiefmütterchen o^{35} driekleurig viooltje
Stiefschwester v^{21} stiefzuster
Stiefsohn m^6 stiefzoon
Stiefvater m^{10} stiefvader
Stiege v^{21} 1 steile trap; **2** *(Z-Dui)* trap; **3** kist, krat
Stiel m^5 1 steel: *Eis am ~* ijslolly; **2** stengel
Stielauge o^{38} steeloog: *~n bekommen* (of: *machen, kriegen*) grote ogen opzetten, zijn ogen uitkijken
stier strak, wezenloos
Stier m^5 stier
stieren staren
Stierkampf m^6 stierengevecht
Stierkämpfer m^9 stierenvechter
Stift I m^5 1 stift, pin, pen; **2** tong *(van gesp)*; **3** stift, potlood, pen; **4** dreumes; **5** leerling *(in hotel, zaak)*; II o^{29} 1 gesticht; **2** seminarie; **3** *(hist)* sticht, (vrouwen)stift; **4** *(Oostenr)* klooster
stiften 1 *(brand, kerk, vrede)* stichten; **2** *(vereniging)* oprichten; **3** *(verbond)* aangaan; **4** schenken, geven: *einen Preis ~* een prijs uitloven; *den Wein ~* de wijn ter beschikking stellen || *~ gehen* 'm smeren
stiftengehen *oude spelling voor* stiften gehen, *zie* stiften
Stifter m^9 1 stichter; **2** schenker, gever, donateur
Stiftung v^{20} 1 schenking, gift, donatie; **2** stichting; **3** inrichting, instelling
Stiftzahn m^6 stifttand
Stil m^5 stijl: *im großen ~* (of: *großen ~s*) groots (opgezet), op grote schaal
stilgerecht in stijl
stilisieren ^{320} stileren
still stil, stilletjes: *in ~er Trauer* diepbedroefd
Stille v^{28} stilte: *in der ~* (of: *in aller ~*) in (alle) stilte, stilletjes
stillegen *oude spelling voor* stilllegen, *zie* stilllegen
Stillegung *oude spelling voor* Stilllegung, *zie* Stilllegung
stillen 1 de borst geven; **2** *(honger, wraak)* stillen; **3** *(dorst)* lessen; **4** *(bloed)* stelpen; **5** *(tranen)* drogen; **6** *(nood, smart)* lenigen; **7** *(nieuwsgierigheid)* bevredigen
stillhalten ^{183} rustig blijven, zich stilhouden
stilliegen *oude spelling voor* stillliegen, *zie* stillliegen
stilllegen buiten bedrijf stellen, stilleggen
Stilllegung v^{20} stopzetting, stillegging
stillliegen ^{202} buiten bedrijf zijn, stilliggen
stillos stijlloos
stillschweigen ^{255} stilzwijgen
Stillschweigen o^{39} (het) stilzwijgen
Stillstand m^{19} stilstand
stillstehen ^{279} stilstaan
Stillung v^{20} (het) stillen; *zie ook* stillen
stilvoll stijlvol
Stimmabgabe v^{21} stemming
Stimmband o^{32} stemband
stimmberechtigt stemgerechtigd
Stimmberechtigung v^{20} stemrecht

St

Stimmbruch m^{19} stemwisseling

Stimme v^{21} 1 stem, *(muz ook)* partij; 2 stemrecht: *sich der ~ enthalten* zich van stemming onthouden

stimmen 1 *(mbt kas, rekening)* kloppen, in orde zijn: *stimmt so!* laat maar zitten! *(als men een fooi geeft);* 2 stemmen; 3 zijn stem uitbrengen

Stimmenanteil m^5 stemmenpercentage

Stimmengewirr o^{29} geroezemoes

Stimmengleichheit v^{28} staking van stemmen

Stimmenmehrheit v^{20} meerderheid van stemmen

Stimmenthaltung v^{20} onthouding *(bij stemming)*

Stimmenverhältnis o^{29a} stemverhouding

Stimmenverlust m^5 verlies aan stemmen

Stimmenzuwachs m^{19} stemmenwinst

stimmfähig stemgerechtigd

Stimmgabel v^{21} stemvork

Stimmlage v^{21} stemregister

stimmlos 1 *(fonetiek)* stemloos; 2 zonder stem

Stimmrecht o^{29} stemrecht

Stimmung v^{20} stemming: *jmdm die ~ verderben* iems humeur bederven; *in ~ sein* goed gehumeurd zijn; *ich bin nicht in der ~, etwas zu tun* ik ben niet in de stemming iets te doen

stimmungsvoll 1 vol stemming, sfeervol; 2 plechtig, stemmig

Stimmzettel m^9 stembriefje, stembiljet

stimulieren ^{320} stimuleren, prikkelen

stinken ^{284} stinken: *die Sache stinkt* er zit een luchtje aan; *~d faul* aartslui

stinkfaul aartslui

stinkig 1 stinkend; 2 rottig, smerig; 3 kwaad, boos: *~ sein* de pest in hebben

stinklangweilig stomvervelend

Stinkmarder m^9 bunzing

stinknormal doodnormaal

stinkreich stinkend rijk

stinksauer *(inform)* pisnijdig

Stinkwut v^{28} enorme woede: *eine ~ auf jmdn haben* laaiend op iem zijn

Stipendiat m^{14} stipendiaat, beursstudent

Stipendium o (2e nvl -s; mv -pendien) stipendium, (studie)beurs

stippen 1 dopen, dippen, soppen; 2 tikken, even aanraken, een tikje geven

Stirn v^{20} 1 voorhoofd; 2 *(bouwk)* front, voorzijde; 3 rand van een gletsjertong || *jmdm, der Konkurrenz die ~ bieten* iem, de concurrentie het hoofd bieden

Stirnhöhle v^{21} voorhoofdsholte

Stirnrunzeln o^{39} (het) fronsen van het voorhoofd

Stirnseite v^{21} voorzijde

Stirnwand v^{25} voorgevel

stöbern 1 *(mbt sneeuw)* stuiven: *es stöbert* er valt fijne droge sneeuw; 2 snuffelen: *in jmds Sachen ~* in iems zaken snuffelen; 3 *(regionaal)* grondig schoonmaken

Stocher m^9 1 pook; 2 tandenstoker

stochern 1 poken, porren; 2 peuteren

Stock I m^6 1 stok *(ook bij kaartspel);* stick *(bij hockey);* (biljart)keu; 2 boomstomp; 3 blok; 4 offer-blok; 5 bijenkorf; 6 *(Z-Dui)* bergmassief; II m^{19} verdieping, etage: *im zweiten ~ wohnen* op de tweede verdieping wonen; III m^{13} 1 stock, (goederen)voorraad; 2 stamkapitaal

stockbetrunken stomdronken

stockblind stekeblind

stockdumm aartsdom, oliedom

stockdunkel, stockduster stikdonker

Stöckel m^9 hoge hak

stocken I *(haben)* stokken, blijven steken, stilstaan, haperen: *ins Stocken geraten* (of: *kommen)* blijven steken; II h, s *(Z-Dui, Oostenr)* stremmen, stollen

stockfinster stikdonker, pikdonker

Stockfisch m^5 1 stokvis; 2 *(inform)* dooie pier

-stöckig met, van ... verdiepingen

stockkonservativ oerconservatief

stocksauer *(inform)* spinnijdig, pisnijdig

stocksteif stokstijf

stocktaub stokdoof

Stockung v^{20} 1 stilstand, stagnatie; 2 stremming *(van verkeer);* 3 hapering

Stockwerk o^{29} verdieping, etage

Stoff m^5 1 stof, materie; 2 alcohol, drank; 3 drugs, stuff; 4 benzine

Stoffadjektiv o^{29} stoffelijk bijvoeglijk naamwoord

stofflich 1 stoffelijk; 2 wat de stof betreft

Stoffwechsel m^9 stofwisseling

stöhnen steunen, kreunen, zuchten

Stolle v^{21} kerstbrood, stol

Stollen m^{11} 1 (mijn)gang, tunnel; 2 nop *(onder sportschoen);* 3 kerstbrood, stol

stolpern 1 struikelen; 2 strompelen; 3 tegen het lijf lopen

stolz 1 trots; 2 imposant; 3 fiks

Stolz m^{19} 1 trots, fierheid; 2 trots, hoogmoed

stolzieren ^{320} trots lopen, paraderen

stopfen 1 *(gat)* stoppen, dichtstoppen; 2 vullen, opvullen: *jmdm den Mund* (of: *das Mau)l ~* iem de mond snoeren; *gestopft voll* prop-, stampvol

Stopfgarn o^{29} stopgaren

Stopp m^{13} stop, (het) stoppen

Stoppel v^{21} stoppel

stoppelig stoppelig, borstelig

stoppen I *tr* 1 stoppen, stopzetten; 2 klokken, timen, opnemen; 3 *(een bal)* stoppen, tegenhouden; II *intr* stoppen

Stopplicht o^{31} remlicht, stoplicht

Stoppschild o^{31} stopbord

Stoppuhr v^{20} stopwatch

Stöpsel m^9 1 stop, kurk; 2 plug, stekker, stop

Stör m^5 steur

Störaktion v^{20} storende actie

störanfällig gevoelig voor storingen

Storch m^6 ooievaar

stören storen, verstoren

Störenfried m^5 rustverstoorder, spelbreker

Störer m^9 stoorder

Störfall m^6 *(techn)* storing

störfrei storingvrij, zonder storingen

St

stornieren[320] **1** storneren; terugboeken; **2** annuleren

störrig, störrisch koppig, weerbarstig, stug

Störsender *m*[9] stoorzender

Störung *v*[20] storing, verstoring, stoornis

störungsfrei storingvrij

Stoß *m*[6] **1** stoot *(ook med)*, schok, ruk, por, trap; **2** slag; **3** stapel, hoop; **4** slag, zwem-, roeislag; **5** wolk, vlaag

Stoßdämpfer *m*[9] schokbreker *(van auto)*

Stößel *m*[9] stamper

stoßen[285] **I** *tr* **1** stoten, duwen: *jmdn ins Elend* ~ iem in het ongeluk storten; **2** *(een bal)* schoppen, trappen; **3** fijnstampen; **II** *intr* **1** schokken, hobbelen; **2** botsen; **3** stuiten: *auf Widerstand* ~ op tegenstand stuiten; *auf jmdn* ~ iem tegen het lijf lopen; *zu jmdn* ~ zich bij iem voegen; ~ *an*[+4] grenzen aan; **III** *sich* ~: *sich an*[+3] *etwas* ~ zich aan iets stoten

Stößer *m*[9] stamper

stoßfest schokvrij, shockproof

Stoßgebet *o*[29] schietgebed

Stoßkraft *v*[25] stootkracht, stuwkracht

stoßsicher schokvrij, shockproof

Stoßstange *v*[21] bumper

Stoßtrupp *m*[13] stoottroep

Stoßverkehr *m*[19] grote verkeersdrukte, piekuur, spitsuur

stoßweise 1 schoksgewijs, met schokken, met horten en stoten; **2** bij stapels, in stapels

Stoßzahn *m*[6] slagtand

Stoßzeit *v*[20] piekuur, spitsuur

Stotterer *m*[9] stotteraar

stottern 1 stotteren, hakkelen; **2** *(mbt motor)* sputteren, onregelmatig lopen

stracks 1 onmiddellijk, dadelijk; **2** regelrecht

Strafanstalt *v*[20] strafinrichting

Strafantrag *m*[6] *(jur)* **1** klacht, aanklacht; **2** eis, requisitoir

Strafanzeige *v*[21] aangifte *(van een strafbaar feit)*: *gegen jmdn (eine)* ~ *erstatten* aangifte doen tegen iem

Strafarbeit *v*[20] strafwerk

Strafaufschub *m*[6], **Strafaussetzung** *v*[20] strafopschorting

strafbar strafbaar: ~*e Handlung* strafbaar feit; *sich* ~ *machen* zich aan een strafbaar feit schuldig maken

Strafbarkeit *v*[28] strafbaarheid

Strafbefehl *m*[5] boete, straf, vonnis

Strafe *v*[21] **1** straf, bestraffing: *etwas unter* ~ *stellen* iets strafbaar stellen; **2** vrijheidsstraf, hechtenis; **3** boete

Strafecke *v*[21] *(sp)* strafcorner

strafen (be)straffen

Strafentlassene(r) *m*[40a], *v*[40b] ontslagen gevangene, ex-gedetineerde

Straferlass *m*[5] kwijtschelding van straf

straferschwerend strafverzwarend

straff 1 strak, glad, gespannen; **2** rechtop, krachtig,

stevig; **3** *(fig)* straf, streng

straffällig crimineel, strafbaar: ~ *werden* zich aan een strafbaar feit schuldig maken

straffen I *tr* **1** strak maken, strak aantrekken, (strak) spannen; **2** stroomlijnen; **II** *sich* ~ **1** zich spannen, strak gaan staan; **2** zich oprichten

Straffheit *v*[28] **1** strafheid, strakheid, spanning; **2** gestrengheid

straffrei vrij van straf, ongestraft, straffeloos

strafgerichtlich strafrechtelijk, straf-

Strafgesetz *o*[29] strafwet

Strafgesetzbuch *o*[32] wetboek van strafrecht

sträflich laakbaar, onvergeeflijk, onverantwoord

Sträfling *m*[5] (straf)gevangene, gestrafte

straflos straffeloos, ongestraft

Straflosigkeit *v*[28] straffeloosheid

Strafmandat *o*[29] bekeuring, boete

strafmildernd strafverminderend; verzachtend

Strafraum *m*[6] *(sp)* strafschopgebied

strafrechtlich strafrechtelijk, *(Belg)* correctioneel

Strafsache *v*[21] strafzaak

Strafstoß *m*[6] *(sp)* penalty, strafschop

Straftat *v*[20] strafbaar feit, delict, misdrijf

Straftäter *m*[9] delinquent, dader

Strafversetzung *v*[20] overplaatsing als straf

Strafvollstreckung *v*[28] strafvoltrekking

Strafvollzug *m*[6] strafvoltrekking

Strafvollzugsanstalt *v*[20] strafinrichting

strafweise bij wijze van straf, als straf

strafwürdig strafwaardig, strafbaar

Strafzettel *m*[9] boete, bekeuring

Strahl *m*[16] straal

strahlen 1 stralen; **2** uitstralen

Strahlenbündel *o*[33] stralenbundel

strahlend stralend

Strahlenkrankheit *v*[20] *(med)* stralingsziekte

Strahlflugzeug *o*[29] straalvliegtuig

Strahlung *v*[20] (uit)straling

Strahlungsgefahr *v*[20] stralingsgevaar

Strähne *v*[21] **1** haarlok, piek; **2** periode, fase

strähnig sprietig, piekerig, in slierten

Stramin *m*[5] stramien

stramm 1 strak, gespannen; **2** stevig, potig, sterk; **3** energiek, flink: *eine* ~*e Haltung annehmen* in de houding gaan staan; **4** *(pol)* streng, radicaal, fel ‖ *ein* ~*er Max* een uitsmijter *(een gerecht)*

strammstehen[279] in de houding staan

strampeln 1 trappelen; **2** *(fietsen)* trappen; **3** zwoegen

Strand *m*[6] strand

Strandburg *v*[20] kuil, zandwal

stranden 1 stranden; **2** stranden, mislukken

Strandkorb *m*[6] strandstoel

Strandung *v*[20] stranding

Strandwache *v*[21] kustwacht, kustbewaking

Strang *m*[6] **1** koord, touw; **2** streng, knot; bundel; **3** gareel, streng; **4** strop: *zum* ~ *verurteilen* tot de strop veroordelen; **5** lijn: *(spoorw) toter* ~ dood spoor

St

Strapaze v^{21} vermoeienis, grote inspanning
strapazieren[320] 1 te veel vermoeien, afmatten, afbeulen, uitputten; 2 veel vergen, eisen (van), zwaar belasten; 3 niet ontzien, verslijten
strapazierfähig oersterk, onverslijtbaar
strapaziös vermoeiend, zwaar
Straps m^5 jarretel
Straße v^{21} 1 straat; 2 (grote) weg: *auf offener ~* op de openbare weg; 3 straat, zee-engte
Straßenarbeiten *mv* v^{20} werkzaamheden aan de openbare weg
Straßenarbeiter m^9 stratenmaker, wegwerker
Straßenbahn v^{20} tram
Straßenbahnfahrer m^9 1 trambestuurder; 2 trampassagier
Straßenbahnhaltestelle v^{21} tramhalte
Straßenbau m^{19} wegenbouw; stratenaanleg
Straßenbelag m^6 wegdek
Straßenbeleuchtung v^{20} straatverlichting
Straßenbenutzungsgebühr v^{20} tol, tolgeld
Straßenfahrer m^9 (sp) wegrenner
Straßenglätte v^{28} gladheid van de weg
Straßengraben m^{12} greppel
Straßenkampf m^6 straatgevecht
Straßenkarte v^{21} wegenkaart
Straßenkehrer m^9 straatveger
Straßenkreuzer m^9 slee (grote auto)
Straßenkreuzung v^{20} (weg)kruising, kruispunt
Straßenlage v^{21} wegligging
Straßenlaterne v^{21} straatlantaarn
Straßennetz o^{29} wegennet
Straßenpflaster o^{33} straatstenen, plaveisel
Straßenrand m^8 1 stoeprand; 2 berm
Straßenräuber m^9 straatrover
Straßenrennen o^{35} (sp) wegwedstrijd
Straßenschäden *mv* m^{12} slecht wegdek
Straßenschild o^{31} straatnaambord
Straßensperre v^{21} weg-, straatversperring
Straßenüberführung v^{20} viaduct, brug
Straßenunterführung v^{20} tunnel
Straßenverkehr m^{19} wegverkeer
Straßenwacht v^{20} wegenwacht, (Belg) pechdienst
Straßenzoll m^6 tol, tolgeld
Strategie v^{21} strategie
strategisch strategisch
Stratigraphie v^{28} 1 (geol) stratigrafie; 2 (med) tomografie
Stratosphäre v^{28} stratosfeer
sträuben I *tr* (manen, haren) overeind zetten, opzetten; II *sich ~* zich verzetten, tegenspartelen; overeind gaan staan
Strauch m^8 struik, heester
strauchartig struikachtig, heesterachtig
straucheln 1 struikelen; 2 (fig) mislukken
strauchig struikachtig; met struiken begroeid
Strauß I m^5 struisvogel; II m^6 1 boeket, ruiker; 2 strijd, gevecht
Strebe v^{21} 1 (mijnb) stut, schoor; 2 schoorbalk
Strebebalken m^{11} steunbalk, schoorbalk

streben 1 streven; 2 afstevenen, gaan naar
Streben o^{39} (het) streven
Streber m^9 streber, eerzuchtig iemand
streberisch eerzuchtig, ambitieus
strebsam ambitieus, ijverig, vlijtig
Strebsamkeit v^{28} ambitie, ijver
Strecke v^{21} 1 eind, afstand, stuk weg: *auf der ~ bleiben*: a) het loodje leggen; b) verloren gaan, (fig) sneuvelen; 2 traject, route, parcours; 3 (spoorw) baanvak, traject; 4 (meetk) lijnstuk: *zur ~ bringen*: a) doden, vellen; b) (fig) ten val brengen
strecken I *tr* 1 strekken, uitrekken, uitsteken: *den Kopf aus dem Fenster ~* zijn hoofd buiten het raam steken; 2 rekken; 3 aanlengen, verdunnen; 4 uitsmeren, zo lang mogelijk doen met; 5 (jagerstaal) vellen; II *sich ~* 1 zich neervlijen, zich uitstrekken; 2 zich (uit)rekken
Streckenarbeiter m^9 (spoorw) wegwerker
Streckennetz o^{29} luchtnet, spoorwegnet
Streckenwärter m^9 (spoorw) baanwachter
streckenweise 1 op bepaalde plaatsen; 2 hier en daar; 3 af en toe
Streckung v^{20} 1 (het) strekken; 2 (het) uitsmeren, verlenging; *zie ook* strecken
Streckverband m^6 (med) rekverband
Streich m^5 1 slag, houw: *auf einen ~* met één klap; 2 (fig) streek, geintje: *jmdm einen ~ spielen* iem een poets bakken
streicheln strelen, aaien
streichen[286] I *tr* 1 strijken; 2 smeren; 3 schilderen, verven; 4 doorstrepen, doorhalen, schrappen: *einen Auftrag ~* een order annuleren; II *intr* 1 dwalen, zwerven, trekken; 2 vliegen, scheren; 3 strijken ‖ *ein gestrichener Esslöffel* een afgestreken eetlepel
Streicher m^9 (muz) strijker
Streichholz o^{32} lucifer(shoutje)
Streichinstrument o^{29} strijkinstrument
Streichkäse m^9 smeerkaas
Streichorchester o^{33} strijkorkest, strijkje
Streichung v^{20} 1 (het) schrappen; 2 doorhaling; *zie ook* streichen
Streife v^{21} patrouille
streifen I *tr* 1 even aanraken, rakelings gaan langs: *er hat dieses Thema nur gestreift* hij heeft dit onderwerp maar even aangeroerd; 2 schampen; 3 schuiven: *die Ärmel nach oben ~* de mouwen opstropen; II *intr* 1 trekken, zwerven, dwalen, dolen; 2 grenzen: *das streift ans Unglaubliche* dat grenst aan het ongelofelijke
Streifen m^{11} 1 strook, reep; 2 banderol; 3 streep; 4 film
Streifendienst m^5 patrouilledienst, surveillance
Streifenwagen m^{11} surveillancewagen, patrouillewagen
streifenweise in strepen, in stroken, in repen
streifig streperig; gestreept
Streiflicht o^{31} 1 strijklicht; slaglicht; 2 schamplicht; 3 korte toelichting
Streifschuss m^6 schampschot

Streifzug m^6 zwerftocht, speurtocht

Streik m^{13}, m^5 staking: *in (den)* ~ *treten* in staking gaan

streiken 1 staken; **2** ophouden; **3** weigeren

Streikposten m^{11} poster, postende staker

Streikrecht o^{39} stakingsrecht

Streikwelle v^{21} stakingsgolf

Streit m^5 **1** ruzie, woordenstrijd, twist, geschil, conflict; **2** *(vero)* strijd, oorlog

streitbar strijdbaar, weerbaar, dapper

streiten^{287} **I** *intr* **1** ruzie maken, ruziën; **2** strijden, vechten; **II** *sich* ~ **1** ruzie maken; **2** strijden

Streiter m^9 **1** strijder; **2** *(vero)* krijger

Streiterei v^{20} geruzie, getwist, gekibbel

Streitfall m^6 geschil

Streitfrage v^{21} strijdvraag, kwestie, geschil

Streitgespräch o^{29} twistgesprek, discussie

streitig omstreden, betwist: *jmdm etwas* ~ *machen* iem iets betwisten

Streitigkeit v^{20} twist, onenigheid, geschil

Streitkräfte *mv* v^{25} strijdkrachten

streitlustig strijdlustig

Streitpunkt m^5 twistpunt, geschilpunt

Streitsache v^{21} **1** twist-, geschilpunt; **2** proces

streitsüchtig twistziek, strijdlustig

streng 1 streng: *aufs Strengste, aufs ~ste* zeer streng; **2** scherp, sterk; **3** streng, bar, ruw; **4** strikt, precies: ~ *genommen* strikt genomen

Strenge v^{28} **1** (ge)strengheid; **2** barheid, ruwheid; **3** scherpte; *zie ook* streng

strenggenommen *oude spelling voor* streng genommen, *zie* streng 4

Stress m^5 stress

stressen stressen, zwaar belasten

stressig enerverend

Streu v^{20} **1** stro, strooisel; **2** stroleger

Streubüchse, Streudose v^{21} strooibus

streuen I *intr* **1** strooien; **2** *(med)* zich verspreiden; **II** *tr* **1** strooien; **2** *(fig)* spreiden

Streuer m^9 strooier, strooibus

streunen struinen, zwerven

Streuner m^9 zwerver, landloper

Streusalz o^{39} strooizout

Streuselkuchen m^9 kruimeltaart

Streuung v^{20} **1** strooiing; **2** spreiding; **3** verstrooiing, verspreiding

Strich m^5 **1** streek *(met kwast, strijkstok):* *keinen* ~ *tun* (of: *machen*) geen klap uitvoeren; **2** streep, lijn, haal: *(fig) etwas in groben ~en umreißen* iets in grote lijnen schetsen; *einen* ~ *unter*$^{+4}$ *etwas machen* (of: *ziehen*) een streep onder iets zetten; *unter dem* ~ per saldo, uiteindelijk; **3** draad *(richting van weefsel):* *das geht mir gegen* (of: *wider*) *den* ~ dat staat mij tegen; **4** (land-, kust)streek, strook, zone; **5** (vogel)trek, vlucht; **6** zwerm *(vogels)*; **7** prostitutie: *auf den* ~ *gehen* tippelen

stricheln 1 stippelen; **2** arceren

Strichkode m^{13} streepjescode

Strichregen m^{11} plaatselijke bui

Strichvogel m^{10} zwerfvogel

strichweise *(weerk)* plaatselijk, hier en daar

Strick m^5 **1** (stuk) touw, koord, snoer; **2** strik, strop *(ook fig);* **3** deugniet, bengel

Strickarbeit v^{20} **1** tricot; **2** breiwerk

stricken breien: *(iron) an einem Roman* ~ aan een roman werken

Strickerei v^{20} **1** breiwerk; **2** breierij

Strickjacke v^{21} gebreid jasje, gebreid vest

Strickleiter v^{21} touwladder

Strickmaschine v^{21} breimachine

Stricknadel v^{21} breinaald, breipen

Strickzeug o^{39} breiwerk, breigoed

Striegel m^9 roskam

striegeln 1 roskammen; **2** kammen; **3** treiteren

Strieme v^{21}, **Striemen** m^{11} striem

striemig vol striemen, met striemen bedekt

strikt *bn, bw* **1** strikt; **2** uitdrukkelijk *(bevel)*

strikte *bw* strikt

Strippe v^{21} **1** touw(tje), koord, snoer; **2** veter; **3** (telefoon)lijn

strippen strippen

Stripperin v^{22} stripteasedanseres

strittig omstreden, betwist

Stroh o^{39} stro: *ein Ballen* ~ een strobaal

Strohbund o^{29} strobos, bos stro

Strohdach o^{32} strodak

strohern 1 strooien, van stro; **2** dor, droog

strohfarben, strohfarbig strokleurig

Strohhalm m^5 **1** strohalm; **2** rietje

Strohhut m^6 strohoed, strooien hoed

Strohkopf m^6 stommeling, ezel

Strohlager o^{33} stroleger, strobed

Strohmann m^8 **1** stropop; **2** *(fig)* stroman; **3** blinde *(bij het kaartspel)*

Strolch m^5 **1** landloper, schooier; **2** schurk

strolchen zwerven

Strom m^6 stroom: *mit dem* ~ *schwimmen* met de stroom mee gaan; *gegen* (of: *wider*) *den* ~ *schwimmen* tegen de stroom in zwemmen; *den* ~ *sperren* de elektriciteit afsluiten

stromab, stromabwärts stroomaf(waarts)

Stromabnehmer m^9 **1** stroomgebruiker, stroomafnemer; **2** stroomafnemer, beugel

stroman, stromauf, stromaufwärts stroomop(waarts), tegen de stroom in

strömen stromen

Stromerzeuger m^9 **1** dynamo, generator; **2** stroomproducent

Stromerzeugung v^{20} stroomproductie, -opwekking

Stromkreis m^5 *(elektr)* stroomkring, -keten

Stromlinie v^{21} stroomlijn

stromlinienförmig gestroomlijnd

Stromschnelle v^{21} stroomversnelling

Stromsperre v^{21} **1** stroomloze uren; **2** stroomafsluiting

Stromstärke v^{21} stroomsterkte

Stromstoß m^6 stroomstoot, impuls

Strömung v^{20} stroming, stroom
Stromverbrauch m^6 stroomverbruik
Stromversorgung v^{20} elektriciteitsvoorziening
Stromzähler m^9 elektriciteitsmeter
Strophe v^{21} strofe, couplet
strotzen (bom)vol zijn, uitpuilen: *der Aufsatz strotzt von* (of: *vor*) *Fehlern* het opstel wemelt van de fouten; *sie strotzt von* (of: *vor*) *Energie* zij barst van de energie; *~ vor Schmutz* stijf staan van het vuil
strubbelig woest, verward, ruig
Strubbelkopf m^6 1 woeste haardos; 2 iem met een woeste haardos
strubblig *zie* strubbelig
Strudel m^9 1 (draai)kolk, maalstroom; 2 (appel)gebak
strudeln draaien, wervelen, kolken
Struktur v^{20} structuur
Strumpf m^6 1 kous: *auf Strümpfen* op kousenvoeten; 2 gloeikousje
Strumpfband o^{32} 1 kousenband; 2 jarretelle
Strumpfhalter m^9 jarretelle
Strumpfhose v^{21} panty; maillot
Strunk m^6 1 boomstronk, stobbe; 2 stronk
struppig stoppelig, borstelig, ruig, verward
Struwwelpeter m^9 Piet de smeerpoets
Stübchen o^{35} kamertje
Stube v^{21} kamer, vertrek: *die gute ~* de pronkkamer; *rein in die gute ~!* kom maar binnen!
Stubenälteste(r) m^{40a}, v^{40b} kameroudste
Stubenarrest m^5 kamerarrest
Stubenhocker m^9 *(fig)* huismus
Stubenmädchen o^{35} kamermeisje
Stuck m^{19} 1 stuc, pleisterkalk; 2 stucwerk
Stück o^{29} 1 stuk: *zwei Gulden das ~* twee gulden per stuk; *zwei ~* (of: *~e*) *Torte* twee punten taart; *pro* (of: *je*) *~* per stuk; 2 muziek-, toneelstuk; 3 *(handel)* stuk, effect || *aus freien ~en* uit eigen beweging; *in einem ~* aan één stuk door; *große ~e auf jmdn halten* veel met iem op hebben; *das ist ein starkes ~* dat is een sterk staaltje
Stuckarbeit v^{20} stukadoorswerk, stucwerk
Stückarbeit v^{20} stukwerk
Stuckarbeiter m^9 stukadoor
Stuckdecke v^{21} gestukadoord plafond
Stückgut o^{32} stukgoed
stückweise 1 per stuk; 2 stuk voor stuk
Stückzahl v^{20} aantal stuks
Student m^{14} student: *~ der Medizin, der Rechte* student in de medicijnen, in de rechten
Studentenausweis m^5 collegekaart
Studentenbude v^{21} studentenkamer, kast
Studentenfutter o^{39} studentenhaver
Studentenheim o^{29} studentenhuis, -flat
Studentenschaft v^{20} studentengemeenschap, (de) studenten
Studentenverbindung v^{20} studentencorps
Studentin v^{22} studente
studentisch studentikoos, studenten-

Studie v^{21} studie
Studienanstalt v^{20} onderwijsinrichting, instituut
Studienassessor m^{16} aspirant-leraar bij het vwo
Studienberater m^9 decaan, *(Belg)* monitor
Studienberatung v^{20} studiebegeleiding, *(Belg)* monitoraat
Studiendirektor m^{16} conrector
Studiengang m^6 studierichting, opleiding
studienhalber vanwege de studie, voor de studie, om studieredenen
Studienplatz m^6 studieplaats
Studienrat m^6 docent, leraar bij het vwo
Studienreferendar m^5 kandidaat-leraar *(in proefjaar)*
Studienreise v^{21} studiereis
Studienzeit v^{20} studietijd
Studienzwecke mv m^5: *für ~* (of: *zu ~n*) voor studiedoeleinden
studieren ^{320} 1 studeren; 2 bestuderen; 3 instuderen, oefenen
Studierte(r) m^{40a}, v^{40b} academicus, intellectueel
Studierzimmer o^{33} studeerkamer
Studio o^{36} 1 studio; 2 atelier
Studium o (2e nvl -s; mv Studien) studie
Stufe v^{21} 1 (trap)trede, sport *(van ladder)*; 2 niveau, peil: *auf einer* (of: *auf der gleichen*) *~ stehen* op één lijn staan; 3 trap, graad, hoogte, rang; 4 nuance
stufen 1 trapsgewijs aanleggen; 2 rangschikken, classificeren, onderverdelen
stufenartig trapsgewijs
stufenförmig trapvormig
Stufenleiter v^{21} 1 (trap)ladder; 2 opeenvolgende stadia; 3 hiërarchie
stufenlos traploos
Stufenplan m^6 gefaseerd plan
stufenweise trapsgewijze, in etappes
Stuhl m^6 1 stoel; 2 stoelgang, ontlasting
Stuhlbein o^{29} stoelpoot
Stuhlentleerung v^{20}, **Stuhlgang** m^{19} stoelgang, ontlasting
Stulpe v^{21} 1 manchet; 2 omgeslagen rand, omslag; 3 kap *(van handschoen, laars)*
stülpen 1 stulpen, omkeren; 2 zetten, halen
Stulpenstiefel m^9 kaplaars
Stülpnase v^{21} wipneus
stumm 1 stom, zwijgend; 2 zwijgzaam, stil
Stummel m^9 1 stomp(je); 2 eindje; 3 peuk(je)
Stummfilm m^5 stomme film
Stummheit v^{28} 1 stomheid; 2 stilzwijgen
Stümper m^9 knoeier, klungel, prutser
Stümperei v^{20} prulwerk, knoeiwerk
stümperhaft slordig, stuntelig, prullig
stümpern klungelen, knoeien, stuntelen
stumpf 1 stomp, bot; 2 mat, dof: *ein ~er Mensch* een afgestompt mens
Stumpf m^6 stomp(je), eindje, stukje; (boom)stronk: *mit ~ und Stiel ausrotten* met wortel en tak uitroeien
Stumpfheit v^{28} 1 stompheid; 2 stompzinnigheid

Stumpfsinn m^{19} stompzinnigheid
stumpfsinnig 1 stompzinnig; **2** stupide
Stunde v^{21} **1** uur: *eine geschlagene ~* een vol uur; *zur ~* op dit ogenblik; **2** les: *~n geben* les geven || *(pol) aktuelle ~* vragenuurtje
stunden uitstel (van betaling) geven
Stundengeschwindigkeit v^{20} snelheid per uur
Stundenkilometer m^9 kilometer per uur
stundenlang urenlang, uren aaneen
Stundenlohn m^6 uurloon
Stundenplan m^6 lesrooster, rooster
stundenweise 1 per uur; **2** af en toe een uur
Stundenzeiger m^9 uurwijzer, kleine wijzer
stündlich 1 elk uur; **2** van uur tot uur
Stundung v^{20} uitstel (van betaling), respijt
Stunk m^{19} *(volkstaal)* ruzie, bonje, trammelant
Stupidität v^{20} stupiditeit, stompzinnigheid
Stups m^5 *(volkstaal)* stootje, duwtje
stupsen *(volkstaal)* een stootje, duwtje geven
Stupsnase v^{21} wipneus
stur *(N-Dui)* **1** stijf, stug, strak; **2** hardnekkig, onverzettelijk; **3** koppig, stijfhoofdig
Sturm m^6 **1** storm; **2** stormaanval; **3** *(sp)* voorhoede || *~ auf die Banken* run op de banken
Sturmangriff m^5 stormaanval, bestorming
stürmen I *intr* **1** stormen; **2** rennen, vliegen; **3** *(sp)* in de voorhoede spelen; **4** aanvallen; **II** *tr* bestormen
Stürmer m^9 *(sp)* voorhoedespeler, aanvaller
Sturmflut v^{20} stormvloed
stürmisch 1 stormachtig; **2** onstuimig
Sturmlauf m^6 stormloop
Sturmreihe v^{21} *(sp)* voorhoede
Sturmschritt m^5 stormpas: *im ~* in stormpas
Sturmspitze v^{21} *(sp)* aanvalsspits
Sturmtief o^{36} stormdepressie
Sturmwarnung v^{20} stormwaarschuwing
Sturz m^6 val: *~ der Kurse* (plotselinge) koersdaling
Sturzbach m^6 stortbeek
stürzen I *intr* **1** vallen, storten; **2** snellen, vliegen, stormen: *ins Zimmer ~* de kamer binnenstormen; **3** steil naar beneden lopen; **4** (plotseling) zakken, dalen *(mbt prijzen, temperatuur);* **II** *tr* **1** storten, gooien, werpen; **2** omkeren, kantelen; **3** ten val brengen; **III** *sich ~* zich gooien, zich werpen
Sturzflug m^6 duikvlucht
Sturzflut v^{20} stortvloed
Sturzgut o^{32} stortgoed, bulkgoed
Sturzhelm m^5 valhelm
Sturzregen m^{11} stortregen
Sturzsee, Sturzwelle v^{21} stortzee, breker
Stute v^{21} merrie
Stützbalken m^{11} steunbalk
Stutzbart m^6 kortgeknipte baard
Stütze v^{21} **1** stut, steun: *die ~n der Gesellschaft* de steunpilaren der maatschappij; **2** hulp, bijstand, ondersteuning: *~ der Hausfrau* hulp in de huishouding
stutzen I *tr* **1** *(boom, heg)* snoeien, *(wilg)* knotten; **2** *(oren, staart)* couperen; **3** *(vogel)* kortwieken; **4**

(baard) knippen; **II** *intr* **1** versteld staan, raar opkijken; **2** achterdocht krijgen; **3** plotseling (even) blijven staan
stützen I *tr* **1** stutten, steunen; **2** ondersteunen; **II** *sich ~* **1** steunen: *sich auf* $^{+4}$ *etwas ~: a)* op iets steunen; *b) (fig)* zich op iets baseren; **2** berusten op, gebaseerd zijn op
stutzig achterdochtig, wantrouwig: *jmdn ~ machen* iems achterdocht wekken
Stützpfeiler m^9 steunpilaar
Stützpunkt m^5 **1** steunpunt; **2** *(mil)* basis
Stützstrumpf m^6 steunkous
Stützung v^{20} steun
s.u. *afk van sieh(e) unten* zie beneden
Subjekt o^{29} **1** subject, onderwerp; **2** *(ongunstig)* subject, individu
subjektiv subjectief
sublim subliem; verfijnd, fijnzinnig
Submission v^{20} **1** aanbesteding; **2** inschrijving *(bij leveranties);* **3** gunning, (het) verstrekken
submittieren^{320} inschrijven *(bij aanbesteding)*
subsidiär, subsidiarisch subsidiair
subskribieren^{320} intekenen
Subskription v^{20} intekening; inschrijving
Subskriptionspreis m^5 intekenprijs
substantiell substantieel
Substantiv, Substantiv o^{29} *(taalk)* substantief, zelfstandig naamwoord
Substanz I v^{20} substantie, stof, materie; *(fil)* wezen; **II** v^{28} substantie, kern, hoofdzaak; *(handel)* kapitaal, vermogen, bezit: *von der ~ zehren* op het kapitaal interen
substanziell substantieel
substituieren^{320} substitueren, vervangen
subtil 1 subtiel, fijn; **2** moeilijk
subtrahieren^{320} aftrekken
Subtraktion v^{20} *(rekenk)* aftrekking
Subunternehmer m^9 onderaannemer; koppelbaas
Subvention v^{20} subsidie, *(Belg)* betoelaging: *staatliche ~* overheidssubsidie
subventionieren^{320} subsidiëren, *(Belg)* betoelagen
subversiv subversief
Suchaktion v^{20} zoekactie
Suchbohrung v^{20} proefboring
Suchdienst m^5 opsporingsdienst
Suche v^{21} (het) zoeken: *auf der ~ sein* op zoek zijn; *auf die ~ gehen* op zoek gaan
suchen 1 zoeken: *(in advertenties) gesucht* gevraagd; *Suchen spielen* verstoppertje spelen; **2** trachten, pogen: *jmdm zu helfen ~* iem proberen te helpen
Sucher m^9 zoeker *(ook van camera)*
Sucherei v^{20} gezoek
Suchhund m^5 speurhond
Suchmaschine v^{21} zoekmachine
Suchmeldung v^{20} opsporingsbericht
Sucht v^{25}, v^{20} **1** verslaving, verslaafdheid: *~ nach Drogen* verslaafdheid aan drugs; **2** zucht, ziekelijke neiging: *~ nach Geld* geldzucht

Su

Suchtgefahr v^{20} gevaar verslaafd te raken
süchtig, suchtkrank verslaafd
Sud m^5 1 kookvocht, nat; braadjus; 2 kooksel
Süd m^{19} zuiden, zuid
Sudelei v^{20} geknoei, knoeiwerk
sudelig knoeierig, slordig
sudeln 1 morsen; 2 knoeien, kliederen
Süden m^{19} zuiden
Südfrüchte mv v^{25} zuidvruchten
Südhang m^6 zuidelijke helling
südländisch zuidelijk, van zuidelijke landen
Sudler m^9 knoeier
südlich I bn zuidelijk: ~ von $Paris$ ten zuiden van
Parijs; II vz^{+2} ten zuiden van
sudlig knoeierig, slordig
Südost m^{19} zuidoost(en)
Südosten m^{19} zuidoosten
südöstlich I bn zuidoostelijk; II vz^{+2} ten zuidoosten
van
Südpol m^{19} zuidpool
Südsee v^{28} Zuidzee, Grote Oceaan, Stille Oceaan
Südseite v^{21} zuidzijde
Südstaaten mv m^{16} zuidelijke staten $(van$ $USA)$
Südwest m^{19} zuidwest(en)
Südwesten m^{19} zuidwesten
Südwester m^9 $(scheepv)$ zuidwester
südwestlich I bn zuidwestelijk; II vz^{+2} ten zuidwesten van
Südwestwind m^5 zuidwestenwind
Südwind m^5 zuidenwind
Suff m^{19} 1 dronkenschap; 2 drankzucht, (het) drinken: $sich$ dem ~ $ergeben$ aan de drank raken; 3 gezuip, gepimpel
süffig goed drinkbaar, lekker
süffisant 1 zelfgenoegzaam; 2 laatdunkend
Suffix o^{29} $(taalk)$ suffix, achtervoegsel
suggerieren^{320} suggereren
Suhle v^{21} plas, poel
Sühne v^{21} 1 boete(doening), verzoening; 2 vergelding: $Schuld$ und ~ schuld en boete
Sühnegeld o^{31} zoengeld, smartengeld
sühnen 1 boeten, boete doen; 2 bestraffen
Sühneopfer, Sühnopfer o^{33} zoenoffer
Sühnung v^{20} 1 verzoening; 2 boete
Sülze v^{21} 1 vlees in gelei, vis in gelei, zult, hoofdkaas; 2 gelei, aspic; 3 liksteen $(voor$ $vee)$
Summe v^{21} 1 som, bedrag; 2 uitkomst, totaal
summen I $intr$ zoemen: die $Bienen$ ~ de bijen gonzen; es $summt$ mir in den $Ohren$ mijn oren suizen; II tr neuriën: ein $Liedchen$ ~ een liedje neuriën
Summer m^9 $(elektr)$ zoemer
summieren^{320} I tr 1 optellen; 2 samenvatten; II $sich$ ~ oplopen, stijgen
Sumpf m^6 1 moeras; 2 poel van verderf
Sumpfboden m^{12} moerasgrond
Sumpffieber o^{39} moeraskoorts, malaria
sumpfig moerassig
Sünde v^{21} 1 zonde; 2 misstap, fout, flater
Sündenbock m^6 zondebok

sündenfrei vrij van zonde
Sündengeld o^{39} schandelijk veel geld
sündenlos zondeloos, vrij van zonde
Sünder m^9 zondaar
Sündflut v^{28} zondvloed
sündhaft zondig: ~ $teuer$ schandalig duur
Sündhaftigkeit v^{28} zondigheid
sündig zondig
sündigen zondigen
sündlos zondeloos, vrij van zonde
super geweldig, fantastisch, te gek
Super o^{39} superbenzine, super
Superding o^{31} 1 iets enorms; 2 kanjer, knaller
superfein superfijn, extra fijn
superklug superintelligent
Superlativ m^5 $(taalk)$ superlatief
Supermacht v^{25} supermogendheid
Supermarkt m^6 supermarkt
supermodern hypermodern
Superstar m^{13} superster, supervedette
Suppe v^{21} soep: ~ aus der $Tüte$ soep uit een pakje
Suppenfleisch o^{29} soepvlees
Suppengemüse o^{33}, **Suppengrün** o^{39} soepgroente
Suppentasse v^{21} soepkop
Suppenteller m^9 soepbord
Suppenwürfel m^9 soeptablet, bouillonblokje
Suppenwürze v^{21} soeparoma, soepextract
Surfbrett [su:fbrɛt] o^{31} surfplank
surfen [su:fon] surfen
Surfing [su:fing] o^{39} (het) surfen
Surrealismus m^{19a} surrealisme
surren snorren, gonzen, zoemen
Surrogat o^{29} surrogaat
Suse v^{21} $(inform)$ slome trien
suspendieren^{320} 1 suspenderen, schorsen; 2 vrijstellen, ontheffen; 3 opschorten
süß 1 zoet; 2 lief, liefelijk; 3 beeldig, snoezig, schattig; 4 zoetsappig
Süße v^{28} zoet, zoetheid, liefelijkheid
süßen zoeten, zoet maken
Süßigkeit v^{20} 1 zoetheid; 2 zoetigheid, lekkernij
süßlich 1 zoetig; 2 (fig) zoetsappig
süßsauer, süß-sauer zoetzuur; (fig) zuurzoet
Süßspeise v^{21} zoet dessert $(pudding,$ $vla)$
Süßstoff m^5 zoetstof
Süßwaren mv v^{21} zoetigheden, snoepgoed
Süßwasser o^{33} zoet water
SV afk van $Sportverein$ sportvereniging
Sweater m^9 sweater, wollen trui
Symbol o^{29} symbool
symbolhaft symbolisch
Symbolik v^{28} symboliek
symbolisch symbolisch
symbolisieren^{320} symboliseren
Symmetrie v^{21} symmetrie
symmetrisch symmetrisch
Sympathie v^{21} sympathie
Sympathisant m^{14} sympathisant
sympathisch sympathiek

Symptom o^{29} symptoom, (ziekte)verschijnsel
symptomatisch symptomatisch
Synagoge v^{21} synagoge
synchron synchroon, gelijktijdig
synchronisieren^{320} synchroniseren
synonym synoniem
Synonym o^{29} synoniem
Syntax v^{20} syntaxis
Synthese v^{21} synthese
synthetisch synthetisch
Syrien o^{39} Syrië
System o^{29} systeem, stelsel
Systemanalytiker m^9 systeemanalist
Systematik v^{20} systematiek
Systematiker m^9 systematicus
systematisch systematisch, stelselmatig
systematisieren^{320} systematiseren
Szenar o^{29}, **Szenarium** o *(2e nvl -s; mv -narien)*
  (theat) scenario
Szene v^{21} **1** *(theat)* toneel, scène: *Beifall bei offener*
  ~ een open doekje; *hinter der* ~ achter de coulissen;
  in ~ *setzen* ensceneren; **2** toneel, tafereel, scène; **3**
  ruzie, scène; **4** wereld *(van de drugsgebruikers);* **5**
  scene, wereld(je)
Szenenwechsel m^9 decorwisseling
Szenerie v^{21} **1** mise-en-scène, toneelschikking; **2**
  beeld, landschap
szenisch toneelmatig, scenisch
Szepter o^{33} scepter

Sz

t

Tabak m^5 tabak ‖ *das ist starker* ~ dat is kras, dat is sterk

Tabakgeruch m^6 tabaksgeur, tabakslucht

Tabakhändler m^9 1 tabakshandelaar; 2 sigarenwinkelier

Tabakschnupfer m^9 snuiver

Tabaksdose v^{21} tabaksdoos

Tabakspfeife v^{21} tabakspijp

Tabakwaren *mv* v^{21} tabaksartikelen

Tabelle v^{21} 1 tabel; 2 *(sp)* ranglijst, klassement

Tabellenführer m^9 *(sp)* koploper, lijstaanvoerder

Tablett o^{36}, o^{29} presenteerblad, dienblad

Tablette v^{21} tabletje, pil

tabu taboe: *das ist ~!* dat is taboe!

Tachograf, Tachograph m^{14} tachograaf

Tachometer m^9, o^{33} 1 snelheidsmeter; 2 kilometerteller

Tackling o^{36} *(sp)* tackle

Tadel m^9 1 berisping, standje, verwijt; 2 smet: *niemand ist ohne* ~ niemand is volmaakt

tadelfrei onberispelijk

tadelhaft laakbaar, afkeurenswaardig

tadellos 1 onberispelijk, keurig; 2 geweldig

tadeln laken, berispen, afkeuren

tadelnswert, tadelnswürdig laakbaar, afkeurenswaardig

Tafel v^{21} 1 plaat *(van hout, metaal, steen)*; 2 tablet, plak *(chocolade)*; 3 tabel; 4 bord; 5 paneel *(schilderstuk op hout)*; 6 lei; 7 diner, tafel, dis; 8 bedieningspaneel, schakelbord

Tafelbesteck o^{29} couvert, tafelbestek

tafelfertig gebruiksklaar, panklaar

Tafelgeschirr o^{29} eetservies, tafelservies

tafeln tafelen, dineren

täfeln betimmeren, lambriseren

Täfelung v^{20} lambrisering, betimmering

Tafelwasser o^{34} mineraalwater, tafelwater

Taft m^5 taf

Tag m^5 dag: ~ *der offenen Tür* open dag, open huis; *dieser* ~*e* een dezer dagen; *eines* ~*es* op zekere dag; *eines schönen* ~*es* op een goede dag; *an diesem* ~ (op) die dag; *am folgenden* ~ de volgende dag; *bei* ~*(e)* overdag; *bei hellem* ~*e* op klaarlichte dag; *zu Tage zie* zutage

tagaus: ~, *tagein* dag in, dag uit

Tagebau m^5 *(mijnb)* dagbouw

Tageblatt o^{32} dagblad

Tagebuch o^{32} 1 dagboek; 2 *(handel)* journaal

Tagedieb m^5 dagdief, lanterfanter

Tagegeld o^{31} onkosten-, dagvergoeding

tagein: ~, *tagaus* dag in, dag uit

tagelang dagenlang, dagen achtereen

Tagelohn m^6 dagloon

Tagelöhner m^9 dagloner

Tagemarsch m^6 dagmars

tagen 1 dagen, dag worden: *es tagt* het wordt dag; 2 vergaderen: *das Gericht tagt* de rechtbank vergadert

Tagereise v^{21} dagreis

Tagesanbruch m^{19} dageraad: *bei* ~ bij het aanbreken van de dag

Tagesarbeit v^{20} dagtaak, dagelijks werk

Tagesausflug m^6 dagtocht

Tagesbericht m^5 bulletin

Tageseinnahme v^{21} ontvangst(en) van één dag, dagopbrengst

Tagesfahrt v^{20} dagtocht; dagvaart

Tagesgericht o^{29} dagschotel

Tagesgespräch o^{29} gesprek van de dag

Tagesheim o^{29} kinderdagverblijf

Tageskarte v^{21} dagkaart

Tageslicht o^{39} daglicht: *ans* ~ *ziehen* (of: *bringen*) aan het licht brengen

Tagesordnung v^{20} agenda: *an der* ~ *sein: a)* aan de orde zijn; *b)* aan de orde van de dag zijn; *zur* ~ *übergehen* overgaan tot de orde van de dag

Tagespresse v^{28} dagbladpers

Tagesrückfahrkarte v^{21} dagretour

Tagesschau v^{28} *(telecom)* journaal

Tagesstätte v^{21} dagverblijf, crèche

Tagestour v^{20} dagtocht

Tageszeit v^{20} uur van de dag

Tageszeitung v^{20} dagblad

täglich dagelijks: *dreimal* ~ driemaal per dag

tags 1 daags: ~ *darauf* daags daarna; ~ *zuvor* (of: *davor*) daags tevoren; 2 overdag

Tagschicht v^{20} dagploeg

tagsüber 1 overdag; 2 de hele dag

tagtäglich dag aan dag; dag in, dag uit

Tagung v^{20} congres; vergadering, zitting

Tagungsort m^5 vergaderplaats

Taille v^{21} taille

Takel o^{33} 1 takel; 2 takelage, takelwerk

Takelage v^1 takelage, takelwerk

takeln takelen

Takt I m^5 1 *(muz)* maat: *den* ~ *(ein)halten* de maat houden; *im* ~ in de maat; 2 metrum, versmaat; 3 slag *(van motor)*; **II** m^{19} tact

taktfest 1 regelmatig; 2 *(muz)* maatvast

Taktgefühl o^{29} 1 *(muz)* maatgevoel; 2 tact, gevoel voor tact

taktieren[320] 1 de maat slaan; 2 tactisch te werk gaan

Taktik v^{20} tactiek

Taktiker m^9 tacticus

taktisch tactisch

taktlos tactloos
Taktstock m^6 *(muz)* maatstok, dirigeerstok
taktvoll tactvol, met veel tact
Tal o^{32} dal, vallei
talabwärts naar beneden; stroomafwaarts
Talar m^5 talaar, toga
talaufwärts naar boven; stroomopwaarts
Talbrücke v^{21} viaduct over een dal
Talent o^{29} talent
talentiert, talentvoll talentvol, begaafd
Talfahrt v^{20} **1** vaart stroomafwaarts; **2** tocht, rit
   bergafwaarts, afdaling; **3** inzinking, neergang
Talkpuder m^9, **Talkum** o^{39} talkpoeder
Talsohle v^{21} dalbodem, *(fig)* dieptepunt
Talsperre v^{21} stuwdam
Talstation v^{20} dalstation
Talüberführung v^{20} viaduct over een dal
talwärts naar beneden; stroomafwaarts
Tambour m^5 tamboer
Tambourmajor m^5 tambour-maître
Tamburin o^{29} tamboerijn
Tampon m^{13} tampon
Tand m^{19} prullaria, snuisterij(en), rommel
Tändelei v^{20} **1** gebeuzel; **2** geflirt
tändeln **1** klungelen; **2** flirten
tangieren^{320} raken, treffen
Tango m^{13} *(muz)* tango
Tank m^{13}, m^5 tank
tanken tanken *(ook fig)*
Tanker m^9 tankschip
Tankerflotte v^{21} tankvloot
Tankfahrzeug o^{29} tankwagen
Tankschiff o^{29} tankschip, tanker
Tankstelle v^{21} tank-, benzinestation
Tankwart m^5, **Tankwärter** m^9 pompbediende
Tanne v^{21} zilverspar; den
Tannenbaum m^6 **1** zilverden, spar; **2** kerstboom
Tannenholz o^{39} dennenhout
Tannennadel v^{21} sparrennaald
Tannenwald m^8 sparrenbos
Tannenzapfen m^{11} sparappel
Tante v^{21} **1** tante; **2** *(fig)* lastige tante
Tante-Emma-Laden m^{12} buurtwinkel
Tantieme v^{21} **1** tantième; **2** royalty
Tanz m^6 **1** dans; **2** dansavond; **3** *(inform)* gedonder
Tanzbar v^{27} dancing
Tanzbär m^{14} dansbeer
Tanzbein o^{39}: *das ~ schwingen* een dansje maken
Tanzboden m^{12} danszaal, dansvloer
Tanzdiele v^{21} dancing
tänzeln trippelen
tanzen dansen
Tänzer m^9 danser
Tänzerin v^{22} danseres
tänzerisch choreografisch, dans-
Tanzfläche v^{21} dansvloer
Tanzgarde, Tanzgruppe v^{21} dansgroep
Tanzkurs m^5 danscursus
Tanzlehrer m^9 dansleraar

Tanzlokal o^{29} dancing
tanzlustig danslustig
Tanzmariechen o^{35} majorette, dansmarieke
Tanzmusik v^{28} dansmuziek
Tanzorchester o^{33} dansorkest
Tanzschritt m^5 danspas
Tanzstunde v^{21} dansles
Tapet o^{29}: *aufs ~ bringen* te berde, ter sprake bren-
   gen; *aufs ~ kommen* ter sprake komen
Tapete v^{21} behang(sel)
Tapetenrolle v^{21} rol behang
Tapetenwechsel m^9 verandering (van omgeving,
   lucht, werk, woning)
tapezieren^{320} behangen
Tapezierer m^9 behanger
tapfer **1** dapper; **2** *(inform)* flink
Tapferkeit v^{28} dapperheid, moed
tappen **1** tasten; **2** (onzeker) lopen; **3** stappen
täppisch schutterig, stuntelig
Taps m^5 **1** klap, tik(je); **2** lomperd, lummel
tapsen **1** klossen, stappen; **2** (tastend) lopen
Tarif m^5 **1** tarief; **2** cao
Tarifabkommen o^{35} cao, cao-akkoord
Tariferhöhung v^{20} tariefverhoging
Tarifermäßigung v^{20} tariefverlaging
Tarifgruppe v^{21} loongroep
tarifisch, tariflich **1** volgens tarief; **2** volgens de cao
Tariflohn m^6 cao-loon
Tarifparteien *mv* v^{20} partijen in de cao-onderhan-
   delingen
Tarifpartner *mv* m^9 sociale partners
Tarifpolitik v^{20} loonpolitiek
Tarifrunde v^{21} loonronde
Tarifsatz m^6 **1** tarief; **2** loon(tarief)
Tarifverhandlungen *mv* v^{20} cao-onderhandelin-
   gen
Tarifvertrag m^6 collectieve arbeidsovereenkomst,
   cao
tarnen **1** camoufleren; **2** verhullen, maskeren
Tarnfarbe v^{21} **1** camouflagekleur; **2** camouflageverf
Tarnname m^{18} schuilnaam
Tarnnetz o^{29} camouflagenet
Tarnung v^{20} **1** camouflage; **2** vermomming
Tasche v^{21} **1** zak: *jmdm Geld aus der ~ ziehen* iem
   geld uit de zak kloppen; *jmdm auf der ~ liegen* op
   iems zak leven; *tief in die ~ greifen* diep in de beurs
   tasten; **2** handtasje, (boodschappen)tas
Taschenausgabe v^{21} pocketuitgave
Taschenbuch o^{32} **1** zakboekje; **2** pocketboek
Taschendieb m^5 zakkenroller
Taschengeld o^{31} zakgeld
Taschenlampe v^{21} zaklantaarn
Taschenmesser o^{33} zakmes
Taschenrechner m^9 zakrekenmachientje
Taschenspieler m^9 goochelaar
Taschentuch o^{32} zakdoek
Taschenuhr v^{20} zakhorloge
Taschenwörterbuch o^{32} zakwoordenboek
Tässchen o^{35} kopje, kommetje

Ta

Tasse v^{21} kopje: *nicht alle ~n im Schrank haben* niet goed snik zijn

Tastatur v^{20} toetsenbord, (de) toetsen

tastbar tastbaar, voelbaar

Taste v^{21} toets

tasten I *intr* tasten, voelen; II *tr* intoetsen; III *sich ~* op de tast lopen

Tastendruck m^{19} druk op de knop, toets

Tastentelefon o^{29} druktoetstelefoon

Tastsinn m^{19} tastzin

Tat v^{20} daad: *in der ~* inderdaad; *jmdn auf frischer ~ ertappen* iem op heterdaad betrappen

tatauieren^{320} tatoeëren

Tatbericht m^5 rapport, verslag, bericht

Tatbestand m^{19} **1** ware toedracht, feitelijke toestand; **2** elementen van een strafbaar feit: *den ~ aufnehmen* proces-verbaal opmaken

Tatbeweis m^5 feitelijk bewijs

Tatendrang m^{19} dadendrang, ondernemingslust

tatendurstig, tatenfroh vol ondernemingslust, actief, energiek

tatenlos werkeloos, passief

Tatenlust v^{28} dadendrang, ondernemingslust

Täter m^9 dader

tätig werkzaam, actief: *~e Hilfe* daadwerkelijke hulp; *~ sein* bezig zijn

tätigen doen, verwezenlijken, bewerkstelligen, uitvoeren: *Einkäufe ~* inkopen doen

Tätigkeit v^{20} **1** werk, activiteit, bezigheid: *in ~ setzen* in werking stellen; **2** werkzaamheden, functie

Tätigkeitsbereich m^5 arbeids-, werkterrein

Tatkraft v^{28} energie, wils-, werk-, daadkracht

tatkräftig daadkrachtig, energiek, actief

tätlich handtastelijk: *~ werden* handtastelijk worden; *jmdn ~ angreifen* iem te lijf gaan

Tätlichkeit v^{20} handtastelijkheid: *es kam zu ~en* het kwam tot een handgemeen

Tatort m^5 plaats van het misdrijf

tätowieren^{320} tatoeëren

Tatsache v^{21} feit: *vollendete ~* voldongen feit

Tatsachenbericht m^5 verslag, reportage

Tatsachenmaterial o^{39} feitenmateriaal

tatsächlich, tatsächlich 1 feitelijk; **2** werkelijk, echt; **3** in feite, inderdaad

tätscheln liefkozende tikjes geven, aaien

Tatverdacht m^{19} verdenking: *unter ~ stehen* verdacht worden

Tatze v^{21} klauw, poot *(ook van mens)*

Tatzeit v^{20} tijdstip van het misdrijf

Tau I o^{29} scheeps-, kabeltouw; II m^{19} dauw: *vor ~ und Tag* voor dag en dauw

taub 1 doof: *~ für* (of: *gegen*) *Bitten* doof voor verzoeken; **2** verdoofd, gevoelloos: *~e Finger* dode vingers

Taube v^{21} duif: *~n halten* duiven houden

Taubenschlag m^6 duiventil

Taubenzüchter m^9 duivenmelker

Taube(r) m^{40a}, v^{40b} dove

Taubheit v^{28} doofheid; *zie ook* taub

taubstumm doofstom

Taubstummheit v^{28} doofstomheid

Tauchboot o^{29} duikboot, onderzeeboot

tauchen I *intr* duiken; II *tr* dopen, dompelen

Taucher m^9 duiker

Taucheranzug m^6 duikerpak

Taucherausrüstung v^{20} duikersuitrusting

Taucherkrankheit v^{28} duikers-, caissonziekte

tauen I *intr* **1** dooien, smelten: *es taut* het dooit; **2** dauwen: *es taut* het dauwt; II *tr* doen smelten

Taufbecken o^{35} doopbekken, doopvont

Taufe v^{21} doop(sel)

taufen dopen

Täufer m^9 **1** doper; **2** doopsgezinde, baptist

Taufformel v^{21} doopformule

Taufkleid o^{31} doopjurk, doopkleed

Täufling m^5 dopeling

Taufname m^{18} doopnaam

Taufpate m^{15} peter, peetoom

Taufpatin v^{22} meter, peettante

taufrisch 1 bedauwd; **2** heerlijk fris; **3** heel vers

Taufschein m^5 doopbewijs, doopakte

taugen deugen: *zu*$^{+3}$ *etwas ~* voor iets geschikt zijn

Taugenichts m^5 (*2e nvl ook -*) nietsnut

tauglich deugdelijk, geschikt

Taumel m^{19} duizeligheid, duizeling

taumelig 1 duizelig, bedwelmd; **2** wankelend

taumeln 1 wankelen, waggelen, tuimelen; **2** slingeren, zwaaien; **3** dartelen

taumlig *zie* taumelig

Tausch m^5 ruil

tauschen ruilen, (om)wisselen

täuschen I *tr* bedriegen, misleiden, op een dwaalspoor brengen; II *sich ~* zich vergissen

täuschend bedrieglijk: *sie sind sich ~ ähnlich* ze lijken sprekend op elkaar

Täuscher m^9 bedrieger, misleider

Tauschgeschäft o^{29} ruil(transactie)

Tauschhandel m^{19} **1** ruil(transactie); **2** ruilhandel

Täuschung v^{20} **1** misleiding, bedrog; **2** vergissing: *sich der ~ hingeben* de illusie koesteren

Tauschvertrag m^6 ruilovereenkomst

Tauschwert m^{19} ruilwaarde

Tauschwirtschaft v^{28} ruilhandel

tausend duizend: *viele ~e* (of: *viele Tausende*) *Blumen* duizenden bloemen

Tausend I v^{20} (getal, cijfer) duizend; II o^{29} (*mv ook -*) duizend, duizendtal: *einige ~e, einige tausende* een paar duizend; *~e* (of: *tausende*) (*von*) *Menschen* duizenden mensen; *in die ~e* (of: *tausende*) *gehen* in de duizenden lopen; *fünf vom ~* vijf promille; *zu ~en, zu tausenden* met duizenden tegelijk

Tausender m^9 **1** duizendtal; **2** briefje van 1000; **3** berg van (meer dan) duizend meter

tausendfach duizendvoud(ig)

tausendste duizendste

Tausendstel o^{33} duizendste (deel)

Tautropfen m^{11} dauwdruppel

Tauwasser o^{33} smeltwater

Tauwerk o^{39} **1** touwwerk, touw; **2** want
Tauwetter o^{39} **1** dooiweer; **2** *(fig)* ontspanning
Tauziehen o^{35} (het) touwtrekken
Taxator m^{16} taxateur
Taxe v^{21} **1** taxi; **2** heffing, recht; **3** taxatie, schatting; **4** taxatieprijs
taxfrei vrij van kosten
Taxi o^{36} taxi
taxieren^{320} taxeren, (in)schatten
Taxierung v^{20} schatting, taxatie
Taxifahrer m^9 taxichauffeur
Taxifahrt v^{20} taxirit
Taxistand m^{19} taxistandplaats
Taxwert m^5 geschatte waarde, taxatiewaarde
Tb, Tbc *afk van Tuberkulose* tuberculose (*afk* tb, tbc)
Teak, Teakholz [tie:k-] o^{39} teak(hout)
Teamarbeit [tie:m-] v^{28} teamwork
Technik v^{20} techniek
Techniker m^9 technicus
Technikum *o (2e nvl -s; mv -niken, ook -ka)* hogere technische school, hts
technisch technisch: *eine höhere technische Lehranstalt* een hogere technische school, hts
Technologie v^{21} technologie
technologisch technologisch
Teckel m^9 dashond, teckel
Teddy m^{13}, **Teddybär** m^{14} teddybeer
Tee m^{13} **1** thee; **2** theevisite
TEE *m (2e nvl -(s); mv -(s)) afk van Trans-Europ-Express* Trans-Europa-expres (*afk* TEE)
Teebeutel m^9 theezakje
Teebutter v^{28} *(Oostenr)* kwaliteitsboter
Teekanne v^{21} theepot
Teelicht o^{31}, o^{29} theelichtje, waxinelichtje
Teelöffel m^9 theelepeltje
Teer m^5 teer
teeren 1 teren; **2** asfalteren
teerig 1 teerachtig; **2** geteerd, vol teer
Teeservice *o (2e nvl -(s); mv -)* theeservies
Teetasse v^{21} theekopje
Teewärmer m^9 theemuts
Teich m^5 vijver: *der große ~* de wijde plas *(Atlantische Oceaan)*
Teig m^5 deeg, beslag
teigig 1 deegachtig; **2** klef, pappig; **3** melig
Teigwaren *mv* v^{21} deegwaren, pasta
Teil I m^5 deel, gedeelte, stuk: *das ist für alle ~e peinlich* dat is voor alle partijen pijnlijk; *(jur) klagender ~* eisende partij; *zum ~* gedeeltelijk; *zum größten ~* voor het grootste deel; **II** m^5, o^{29} aandeel, deel, portie: *(fig) jmdm sein(en) ~ geben: a)* iem zijn portie geven; *b)* iem zeggen waar het op staat; **III** o^{29} **1** *(techn)* onderdeel; **2** stuk, deel: *ein gut ~* heel wat
teilbar deelbaar
Teilbereich m^5 deelgebied
Teilbetrag m^6 gedeeltelijk bedrag, gedeelte
Teilchen o^{35} **1** deeltje; **2** *(regionaal)* gebakje
teilen I *tr* delen, verdelen: *wir sind geteilter Ansicht*

(of: *Meinung)* wij verschillen van mening; **II** *sich ~* delen, zich splitsen: *sie ~ sich in den Gewinn* ze delen de winst (onder elkaar); *hier teilt sich der Weg* hier splitst de weg zich; *hier ~ sich die Ansichten* hier lopen de meningen uiteen
Teiler m^9 *(rekenk)* deler
Teilerfolg m^5 gedeeltelijk succes
Teilgebiet o^{29} deelgebied
teilhaben^{182} deelnemen, deel hebben: *~ an*$^{+3}$ deelnemen in
Teilhaber m^9 compagnon, firmant; vennoot
teilhaftig: *einer Sache*^{2} *~ werden* iets deelachtig worden
Teillösung v^{20} gedeeltelijke oplossing
Teilnahme v^{28} **1** deelname, deelneming; **2** deelneming, medeleven; **3** *(jur)* deelneming
teilnahmslos ongeïnteresseerd, onverschillig
teilnahmsvoll vol belangstelling, belangstellend; medelevend
teilnehmen^{212} deelnemen
teilnehmend belangstellend; medelevend
Teilnehmer m^9 **1** deelnemer; **2** abonnee
Teilnehmerzahl v^{28} aantal deelnemers
teils deels, ten dele: *teils ... teils ... deels ... deels ...*
Teilstrecke v^{21} **1** *(spoorw)* baanvak; **2** traject; **3** *(sp)* etappe; **4** sectie *(van bus, tram)*
Teilstück o^{29} **1** onderdeel; **2** gedeelte, stuk
Teilung v^{20} deling *(ook rekenk)*, verdeling
Teilungszeichen o^{35} afbrekingsteken
teilweise gedeeltelijk, ten dele
Teilzahlung v^{20} **1** betaling in termijnen, afbetaling; **2** termijn: *auf ~* op afbetaling
Teilzeitarbeit v^{20} parttimewerk, deeltijdwerk
Teilzeitbeschäftigte(r) m^{40a}, v^{40b} parttimer
Teilzeitbeschäftigung v^{20} parttimewerk, deeltijdwerk
Teint m^{13} teint, gelaatskleur
T-Eisen o^{35} T-balk
Telefax *o (2e nvl -; mv -(e))* **1** faxapparaat; **2** fax(bericht)
telefaxen faxen
Telefon o^{29} telefoon
Telefonanruf m^5 telefoongesprek
Telefonanschluss m^6 telefoonaansluiting
Telefonapparat m^5 telefoontoestel
Telefonat o^{29} telefoongesprek, telefoontje
Telefonbuch o^{32} telefoonboek, -gids
Telefongebühren *mv* v^{20} telefoonkosten
Telefongespräch o^{29} telefoongesprek
Telefonhörer m^9 telefoonhoorn
telefonieren^{320} telefoneren, opbellen
telefonisch telefonisch
Telefonist m^{14} telefonist
Telefonkarte v^{21} telefoonkaart
Telefonnetz o^{29} telefoonnet
Telefonnummer v^{21} telefoonnummer
Telefonseelsorge v^{28} telefonische hulpdienst, *(Belg)* teleonthaal
Telefonzelle v^{21} telefooncel

Telefonzentrale v^{21} telefooncentrale
Telegraf m^{14} telegraaf
Telegrafenamt o^{32} telegraafkantoor
Telegrafie v^{28} telegrafie
telegrafieren^{320} telegraferen
telegrafisch telegrafisch
Telegramm o^{29} telegram
Telegrammadresse v^{21} telegramadres
Telegrammgebühr v^{20} telegramkosten
Telegraph(-) *zie* Telegraf(-)
Telekommunikation v^{28} telecommunicatie
Telekonferenz v^{20} video-, teleconferentie
telekopieren^{320} faxen
Telekopierer m^9, **Telekopiergerät** o^{29} faxapparaat
Telephon *oude spelling voor* Telefon, *zie* Telefon
Teleskop o^{29} telescoop
Television v^{28} televisie
Telex I o *(2e nvl -; mv -(e))* telex; II o^{39a} telexnet
Teller m^9 **1** bord; **2** *(sp)* rozet, sneeuwkrans *(van skistok)*; **3** (hand)palm
Tempel m^9 **1** tempel; **2** paviljoen *(in tuin)*
Temperament o^{29} temperament
temperamentvoll temperamentvol, levendig
Temperatur v^{20} **1** temperatuur; **2** verhoging
Temperaturregler m^9 thermostaat
Temperaturschwankung v^{20} temperatuurschommeling
Temperatursturz m^6 plotselinge sterke daling van de temperatuur
temperieren^{320} **1** *(fig)* temperen, matigen; **2** op temperatuur brengen; **3** *(muz)* temperen
Tempo I o^{36} tempo, snelheid: *(inform) ein ~ draufhaben* hard rijden; II o *(2e nvl -s; mv Tempi) (muz)* tempo
Tempobegrenzung v^{20}, **Tempolimit** o^{29}, o^{36} snelheidsbeperking
Temposünder m^9 snelheidsovertreder
Tempus o *(2e nvl -; mv Tempora)* tempus, tijd
Tendenz v^{20} tendens
tendenziös tendentieus
tendieren^{320} tenderen, neigen
Tenne v^{21} dorsvloer, deel
Tennis o^{39a} tennis: *~ spielen* tennissen
Tennisball m^6 tennisbal
Tennisplatz m^6 tennisbaan
Tennisschläger m^9 tennisracket
Tennisspieler m^9 tennisser
Tennisturnier o^{29} tennistoernooi
¹Tenor m^{19} **1** teneur; **2** *(muz)* tenor
²Tenor m^6 tenor
Tentamen o *(2e nvl -s; mv -mina)* tentamen
Teppich m^5 tapijt, vloerkleed, wandkleed
Teppichboden m^{12} vast tapijt, vaste vloerbedekking
Teppichfliese v^{21} tapijttegel
Teppichkehrer m^9, **Teppichkehrmaschine** v^{21} rolveger
Teppichklopfer m^9 mattenklopper
Termin m^5 **1** datum; tijd, tijdstip; termijn; **2** *(jur)*

zittingsdag, rechtszitting; **3** afspraak
Terminal I m^{13}, o^{36} terminal *(op vliegveld, station)*; II o^{36} terminal *(van computer)*
termingemäß, **termingerecht** op het afgesproken tijdstip, volgens afspraak, op tijd
Terminkalender m^9 agenda
Terminologie v^{21} terminologie
Termite v^{21} termiet
Terpentin o^{29}, m^5 terpentijn
Terrain [tɛrɛ̃] o^{36} terrein; *(fig ook)* gebied
Terrasse v^{21} terras
terrassenförmig terrasvormig
territorial territoriaal
Territorialgewässer *mv* o^{33} territoriale wateren
Territorium o *(2e nvl -s; mv -torien)* territorium
Terror m^{19} **1** terreur; **2** grote angst; **3** heibel
Terrorakt m^5 terreurdaad
terrorisieren^{320} terroriseren
Terrorismus m^{19a} terrorisme
Terrorist m^{14} terrorist
terroristisch terroristisch
Terz v^{20} *(muz)* terts
Test m^5, m^{13} test, toets(ing)
Testament o^{29} testament: *das Alte und das Neue ~* het Oude en het Nieuwe Testament
testamentarisch testamentair, bij testament
Testamentseröffnung v^{20} opening van het testament
Testamentsvollstrecker m^9 executeur-testamentair
Testbild o^{31} testbeeld
testen testen
Testfahrer m^9 testrijder
Testfahrt v^{20} proefrit
Testfall m^6 testcase
Teststrecke v^{21} testbaan
Testverfahren o^{35} testmethode
teuer **1** dierbaar; **2** duur
Teuerung v^{20} **1** duurte; **2** prijsstijging
Teuerungswelle v^{21} duurtegolf
Teuerungszulage v^{21}, **Teuerungszuschlag** m^6 duurtetoeslag
Teufel m^9 duivel: *kein ~* geen mens, niemand; *ein armer ~* een arme drommel; *da ist der ~ los* de hele boel staat daar op stelten
Teufelin v^{22} **1** duivelin, helleveeg; **2** fel wijf
Teufelsbrut v^{28} hels gebroed, gespuis
Teufelskerl m^5 duivelse kerel
Teufelskreis m^5 vicieuze cirkel
Teufelszeug o^{39} gemeen spul
teuflisch **1** duivels; **2** geweldig; **3** *(plat)* verduiveld, erg
Text m^5 tekst: *weiter im ~!* (ga maar) verder!; *aus dem ~ kommen* in de war raken
Textautomat m^{14} tekstverwerker
Textbuch o^{32} tekstboek(je)
Textdichter, **Texter** m^9 tekstschrijver
Texterfassung v^{20} tekstverwerking
Textilfabrik v^{20} textielfabriek

Te

Textilien, Textilwaren *mv* textiel(waren)
Textkritik v^{28} tekstkritiek
Textprogramm o^{29} tekstverwerkingsprogramma
Textverarbeitung v^{20} tekstverwerking
Textverarbeitungsgerät o^{29} tekstverwerker
Theater I o^{33} theater, schouwburg, toneel; II o^{39} 1 toneel(voorstelling): *ins ~ gehen* naar de schouwburg gaan; 2 (schouwburg)publiek; 3 *(ongunstig)* drukte, gedoe: *so ein ~!* wat een drukte (om niets)!
Theateraufführung v^{20} toneelvoorstelling
Theaterbesuch m^5 schouwburgbezoek
Theaterdichter m^9 toneelschrijver
Theaterkritiker m^9 toneelcriticus, -recensent
Theaterraum m^6 schouwburgzaal
Theaterstück o^{29} toneelstuk
Theatervorstellung v^{20} toneelvoorstelling
theatralisch theatraal; overdreven
Theke v^{21} 1 toonbank; 2 buffet, tapkast, bar
Thema o *(2e nvl -s; mv Themen)* thema
Theologe m^{15} theoloog
Theologie v^{21} theologie
theologisch theologisch
Theoretiker m^9 theoreticus
theoretisch theoretisch; in theorie
theoretisieren[320] theoretiseren
Theorie v^{21} theorie
Therapeut m^{14} therapeut
Therapie v^{21} therapie
Thermalquelle, Therme v^{21} warmwaterbron
Thermik v^{28} thermiek
Thermosflasche v^{21} thermosfles
Thermostat m^{14}, m^{16} thermostaat
These v^{21} these, stelling
Thron m^5 troon
Thronanwärter m^9 kroonpretendent
Thronbesteigung v^{20} troonsbestijging
thronen tronen, zetelen
Thronerbe m^{15} erfgenaam van de troon, troonopvolger
Thronfolge v^{28} troonopvolging
Thronfolger m^9 troonopvolger
Thronrede v^{21} troonrede
Thunfisch m^5 tonijn
Thymian m^5 tijm
Tic m^{13} *(med)* tic *(onwillekeurige spiertrekking)*
Tick m^{13} 1 *(med)* tic; 2 tic, aanwensel; 3 tikje, heel klein beetje
ticken 1 tikken; 2 denken; 3 *(inform)* snappen
tief diep, laag: *~ bewegt* diep geroerd, diep bewogen; *~ dringend* doordringend, diepgaand; *~ gehend* diepgaand; *~ greifend* ingrijpend, diepgaand; *~ liegend: a)* diepgelegen, diepliggend *(ogen); b)* laag(gelegen); *~e Temperaturen* lage temperaturen; *~e Wolken* laaghangende wolken; *im ~en Winter* hartje winter
Tief o^{36} 1 diep, vaargeul; 2 *(weerk)* depressie, lagedrukgebied: *(fig) seelische ~s* depressies
Tiefausläufer m^9 *(weerk)* uitloper van een depressie
Tiefbau I m *(2e nvl -(e)s; mv -ten)* bouwwerken op

de grond, onder de grond; II m^{19} (het) bouwen op, onder de grond
Tiefbauamt o^{32} dienst publieke werken
tiefbewegt, tiefdringend *oude spelling voor* tief bewegt, dringend, *zie* tief
Tiefdruckgebiet o^{29} lagedrukgebied
Tiefe v^{21} diepte; *(fig ook)* diepgang
Tiefebene v^{21} laagvlakte
Tiefenmessung v^{20} dieptemeting
Tiefenpsychologie v^{28} dieptepsychologie
tiefernst zeer ernstig
Tiefflieger m^9 laagvliegend vliegtuig
Tiefflug m^6 *(luchtv)* scheervlucht
Tiefgang m^{19} diepgang
Tiefgarage v^{21} ondergrondse parkeergarage
tiefgehend, tiefgreifend *oude spelling voor* tief gehend, greifend, *zie* tief
tiefgründig *(fig)* diepzinnig, diepgaand
tiefkühlen diepvriezen, invriezen
Tiefkühlfach o^{32} diepvriesvakje
Tiefkühlkost v^{28} diepvriesproducten
Tiefkühltruhe v^{21} diepvrieskist
Tieflader m^9, **Tiefladewagen** m^{11} dieplader
Tiefland o^{29}, o^{32} laagland, laagvlakte
tiefliegend *oude spelling voor* tief liggend, *zie* tief
Tiefsee v^{21} diepzee
Tiefseeforschung v^{28} diepzeeonderzoek
Tiefsinn m^{19} 1 diepzinnigheid; 2 melancholie, zwaarmoedigheid
tiefsinnig 1 diepzinnig; 2 melancholiek, zwaarmoedig
Tiefstand m^6 *(fig)* dieptepunt, laag peil
tiefstapeln in understatements spreken
Tiefstpreis o^{29} bodemprijs
Tiefsttemperatur v^{20} minimumtemperatuur
tieftraurig diepbedroefd
Tiegel m^9 1 smeltkroes; 2 braadpan
Tier o^{29} dier, beest: *ein großes (of: hohes) ~* een hoge piet
Tierart v^{20} diersoort
Tierarzt m^6 dierenarts, veearts
Tierbändiger m^9 dierentemmer, dompteur
Tierchen o^{35} diertje
Tierepos o *(2e nvl -; mv -epen)* dierenepos
Tierfabel v^{21} dierenfabel
Tierfreund m^5 dierenvriend
Tiergarten m^{12} dierentuin
tierhaft dierlijk
Tierhaltung v^{28} (het) houden van (huis)dieren
Tierhandlung v^{20} dierenwinkel
Tierheilkunde v^{28} diergeneeskunde
Tierheim o^{29} dierenasiel
tierisch 1 dierlijk; 2 *(fig)* beestachtig
Tierkreis m^{19} *(sterrenk)* dierenriem
Tierkunde v^{28} dierkunde, zoölogie
Tierpark m^{13}, m^5 dierenpark
Tierpfleger m^9 dierenverzorger
Tierquäler m^9 dierenbeul
Tierreich o^{29} dierenrijk

Ti

Tierschau v^{20} **1** dierententoonstelling; **2** menagerie
Tierschutz m^{19} dierenbescherming
Tierschutzverein m^5 vereniging tot bescherming van dieren
Tierversuch m^5 dierproef
Tierwelt v^{28} dierenwereld
Tierzucht v^{28} dierenfokkerij
Tiger m^9 tijger
Tigerfell o^{29} tijgervel
tilgbar aflosbaar *(van schuld)*
tilgen 1 schrappen; **2** *(schande, sporen)* uitwissen; **3** *(schulden)* aflossen
Tilgung v^{20} aflossing; *zie ook* tilgen
Tinte v^{21} inkt: *er sitzt in der* ~ hij zit in de knoei; *das ist klar wie dicke* ~ dat is zo klaar als een klontje
Tintenfisch m^5 inktvis
Tintenfleck, Tintenklecks m^5 inktvlek
Tintenkuli m^{13} balpen met inktpatroon
Tippelbruder m^{10} *(iron)* landloper, zwerver
tippeln 1 lopen, tippelen; **2** trippelen
tippen I *intr* **1** tikken: ~ *an, auf, gegen*$^{+4}$ tikken aan, op, tegen; **2** typen: *mit zwei Fingern* ~ met twee vingers typen; **3** tippen, gokken, wedden; **II** *tr* **1** tikken, typen; **2** tippen, gokken, wedden
Tippfehler m^9 tikfout
Tippfräulein o^{35} *(vero)* typiste
Tisch m^5 **1** tafel: *am* ~ *sitzen* aan de tafel zitten; *(fig) reinen* ~ *mit*$^{+3}$ *etwas machen* met iets schoon schip maken; *jmdn zu* ~ *bitten* iem verzoeken aan tafel te gaan; **2** (het) eten, maaltijd, dis: *bei* ~ *sitzen* aan tafel zitten
Tischbein o^{29} tafelpoot
Tischcomputer m^9 personal computer
Tischdame v^{21} tafeldame
Tischdecke v^{21} tafelkleed
tischfertig kant-en-klaar
Tischgebet o^{29} tafelgebed
Tischgesellschaft v^{20} tafelgezelschap
Tischgespräch o^{29} tafelgesprek
Tischherr m^{14} *(2e, 3e, 4e nvl ev -n)* tafelheer
Tischlampe v^{21} tafellamp
Tischler m^9 schrijnwerker, meubelmaker
Tischordnung v^{20} tafelschikking
Tischplatte v^{21} tafelblad
Tischtennis o^{39a} tafeltennis
Tischtennisschläger m^9 bat, batje
Tischtuch o^{32} tafellaken
Titel m^9 titel *(ook jur, sp)*
Titelblatt o^{32} **1** titelblad; **2** frontpagina
Titelbogen m^{11} titelblad
Titelgeschichte v^{21} omslagverhaal
Titelkampf m^6 *(sp)* titelgevecht
Titelseite v^{21} frontpagina, voorpagina
Titelverteidiger m^9 *(sp)* kampioen, titelverdediger
Toast m^5, m^{13} **1** sneetje geroosterd brood; **2** toast *(heildronk)*
toasten I *intr* toasten; **II** *tr* roosteren
Toaster m^9 broodrooster
toben 1 tekeergaan, tieren; **2** *(mbt kinderen)* dollen,

ravotten; **3** *(mbt brand, oorlog)* woeden; *(mbt wind, zee)* razen
Tobsucht v^{28} razernij
tobsüchtig razend, dol
Tochter v^{26} **1** dochter; **2** dochtermaatschappij
Tochtergesellschaft v^{20} dochtermaatschappij
Tod m^5 dood, (het) overlijden: *eines natürlichen ~es sterben* een natuurlijke dood sterven; *auf den* ~ *krank sein* doodziek zijn; *auf den* ~ *verwundet sein* levensgevaarlijk gewond zijn; *etwas mit dem ~(e) bezahlen* iets met de dood bekopen; *sich zu ~e langweilen* zich doodvervelen; *zu ~e erschrocken* dodelijk verschrikt; *zu ~e fallen* (of: *stürzen*) een dodelijke val maken
todblass, todbleich doodsbleek
todbringend dodelijk
todernst doodernstig, bloedserieus
Todesahnung v^{20} voorgevoel van de (naderende) dood
Todesangst v^{25} doodsangst
Todesanzeige v^{21} **1** overlijdensadvertentie; **2** rouwkaart, overlijdensbericht
Todesfall m^6 sterfgeval
Todesfurcht v^{28} doodsangst
Todesgefahr v^{20} doodsgevaar, levensgevaar
Todeskampf m^6 doodsstrijd
Todeskandidat m^{14} iem die ten dode opgeschreven is
Todesnot v^{25} doodsangst, doodsnood
Todesopfer o^{33} slachtoffer, dode
Todesstoß m^6 doodsteek *(ook fig)*
Todesstrafe v^{21} doodstraf
Todesstunde v^{21} sterfuur, doodsuur
Todestag m^5 sterfdag
Todesursache v^{21} doodsoorzaak
Todesurteil o^{29} doodvonnis *(ook fig)*
Todesverachtung v^{28} doodsverachting
todfeind vijandig gezind: *sich* (of: *einander*) ~ *sein* doodsvijanden van elkaar zijn
Todfeind m^5 doodsvijand
todgeweiht ten dode opgeschreven
todkrank doodziek
tödlich dodelijk: *(jur) Körperverletzung mit ~em Ausgang* lichamelijk letsel de dood tot gevolg hebbend; *~er Unfall* ongeval met dodelijke afloop
todsicher absoluut zeker
Todsünde v^{21} doodzonde
Toilette [too.alɛtə] v^{21} toilet
Toilettenartikel m^9 toiletartikel
Toilettenbecken o^{35} closetpot
Toilettenfrau v^{20} toiletjuffrouw
Toilettenpapier o^{39} toiletpapier, closetpapier
Toilettenseife v^{21} toiletzeep
toi, toi, toi 1 veel succes!; **2** afkloppen!
tolerant tolerant
Toleranz v^{20} tolerantie
tolerieren^{320} tolereren, dulden
toll 1 geweldig, fantastisch; **2** gek, krankzinnig; **3** enorm

tollen uitgelaten zijn, stoeien; (wild) rennen, dartelen

tollkühn roekeloos, doldriest

Tollpatsch m^5 onhandig iem, sukkel

tollpatschig onhandig, sukkelig, stuntelig

Tollwut v^{28} hondsdolheid, rabiës

tollwütig dol, razend: *~er Hund* dolle hond

Tolpatsch *oude spelling voor* Tollpatsch, *zie* Tollpatsch

tolpatschig *oude spelling voor* tollpatschig, *zie* tollpatschig

Tölpel m^9 onhandig iem, sukkel

Tölpelei v^{20} onhandigheid

tölpelhaft onhandig, lomp

Tomate v^{21} tomaat

Tomatenmark o^{39} tomatenpuree

Tomatensoße v^{21} tomatensaus

Ton I m^6 1 toon, klank, geluid: *den richtigen ~ finden* de juiste toon weten te vinden; *den ~ steuern* het geluid regelen; 2 toon, wijze van spreken: *in leisem ~* op zachte toon; 3 toon, tint, schakering; 4 klemtoon || *große* (of: *dicke*) *Töne reden* pochen; *keinen ~ sagen* (of: *von sich geben*) geen kik geven; II m^5 klei, leem

tonangebend toonaangevend

Tonarm m^5 toonarm *(van platenspeler)*

Tonart v^{20} 1 toonaard, toonsoort; 2 kleisoort

Tonausfall m^6 (het) wegvallen van het geluid

Tonband o^{32} geluidsband

Tonbandaufnahme v^{21} bandopname

Tonbandgerät o^{29} bandrecorder

tönen I *intr* 1 luiden, klinken; 2 opscheppen; II *tr* verven, kleuren: *das Haar ~ lassen* het haar laten verven

tönern van klei, lemen, aarden

Tonfall m^6 1 stembuiging, intonatie; 2 toon

Tonfilm m^5 geluidsfilm

Tonhöhe v^{21} toonhoogte

Toningenieur m^5 geluidsingenieur, -technicus

Tonkrug m^6 aarden kruik

Tonleiter v^{21} toonladder

tonlos toonloos

Tonmeister m^9 geluidsingenieur, -technicus

Tönnchen o^{35} tonnetje, vaatje

Tonne v^{21} 1 ton, vat; 2 ton *(1000 kg);* 3 registerton; 4 boei; 5 dikzak

tonnenweise bij tonnen

Tonqualität v^{28} geluidskwaliteit

Tonspur v^{20} geluidsspoor

Tontaube v^{21} kleiduif

Tonträger m^9 geluidsdrager

Tönung v^{20} nuance, tint, schakering

Tonware v^{21} aardewerk

Tonzeichen o^{35} 1 *(muz)* noot; 2 (klem)toonteken, accent

Tonziegel m^9 stenen dakpan

Top o^{36} topje *(kledingstuk)*

Topf m^6 1 pot, pan; 2 po || *alles in einen ~ werfen* alles over één kam scheren

Töpfchen o^{35} 1 potje; 2 po, pootje

Töpfer m^9 pottenbakker

Töpferei I v^{20} pottenbakkerij; II v^{28} aardewerk

töpfern I *ww* aardewerk maken, pottenbakken; II *bn* aarden

Töpferware v^{21} aardewerk

Topfgucker m^9 pottenkijker

Topfkuchen m^{11} tulband

Topfpflanze v^{21} potplant

Tor I m^{14} dwaas, gek; II o^{29} 1 poort, hek, deur; 2 *(sp)* goal, doel: *ein ~ erzielen* (of: *schießen*) scoren, een doelpunt maken; 3 *(bij slalom)* doorgang, poortje

Torbogen m^{11} overwelfde poort, poortgewelf

Torchance v^{21} kans op een doelpunt

Tordifferenz v^{20} *(sp)* doelsaldo

Torf I m^5 turf; II m^{19} veengrond

Torflügel m^9 vleugel *(van poort)*

Torheit v^{20} dwaasheid, zotheid

Torhüter m^9 *(sp)* keeper, doelverdediger

töricht dwaas, zot

Torjäger m^9 *(sp)* topscorer

torkeln wankelen, waggelen

Torlatte v^{21} doellat

Torlauf m^6 slalom

Torlinie v^{21} doellijn

Tormann m^8 *(mv ook Torleute)* keeper, doelman

Tornister m^9 1 ransel; 2 *(op de rug gedragen)* schooltas

torpedieren^{320} torpederen

Torpedo m^{13} torpedo

Torpfosten m^{11} *(sp)* doelpaal

Torraum m^6 *(sp)* doelgebied

Torschuss m^6 *(sp)* doelschot

Torschütze m^{15} doelpuntenmaker, scorer

Torschützenkönig m^5 topscorer

Törtchen o^{35} taartje, gebakje

Torte v^{21} 1 taart; 2 meisje, grietje

Tortenboden m^{12} taartbodem

Tortenheber m^9 taartschep

Tortenplatte v^{21} gebakschaal

Tortur v^{20} tortuur, foltering, kwelling

Torverhältnis o^{29a} *(sp)* doelgemiddelde

Torwächter m^9, **Torwart** m^5 *(sp)* keeper

tosen razen, donderen, bruisen; loeien, gieren: *~der Beifall* daverend applaus

tot dood, overleden: *sich ~ stellen* zich dood houden; *(sp) ~es Rennen* onbesliste race

total totaal, helemaal, volledig

totalitär totalitair

Totalität v^{20} totaliteit, geheel

Totalschaden m^{12}: *~ haben* total loss zijn

töten doden

Totenbett o^{37} doodsbed, sterfbed

totenblass doodsbleek

Totenblässe v^{28} dodelijke bleekheid

totenbleich doodsbleek

Totenehrung v^{20} herdenking van een dode; dodenherdenking

Totenfeier v^{21} 1 begrafenisplechtigheid, rouw-

dienst; **2** herdenking van een dode; dodenherdenking

Totengräber m^9 doodgraver

Totenkopf m^6 doodshoofd, doodskop

Totenkult m^5 dodencultus

Totenmesse v^{21} *(r-k)* uitvaartdienst, requiem(mis)

Totenschein m^5 overlijdensakte

Totensonntag m^5 *(prot)* dodenherdenkingsdag
(laatste zondag van het kerkelijk jaar)

Totenstille v^{28} doodse stilte

Tote(r) m^{40a}, v^{40b} dode

totlachen, sich zich doodlachen

totmachen doodmaken, om zeep helpen

Toto m^{13}, o^{36} toto

Totoschein m^5 totoformulier

Totschlag m^{19} doodslag

totschlagen^{241} doodslaan: *die Zeit* ~ de tijd doden

Totschläger m^9 **1** moordenaar; **2** ploertendoder

totstellen, sich *oude spelling voor* sich tot stellen,
zie tot

Tötung v^{20} (het) doden; doding: *fahrlässige* ~ dood
door schuld

Tour v^{20} **1** uitstapje, tochtje: *auf* ~ *sein, gehen* op reis
zijn, gaan; **2** traject: *die* ~ *Kleve-Nimwegen radeln*
het stuk Kleef-Nijmegen fietsen; **3** figuur, draai *(bij
het dansen);* **4** *(techn)* omwenteling, toer: *auf* ~*en
bringen* op gang brengen || *etwas auf die krumme* ~
versuchen iets op slinkse wijze proberen

Tourenzahl v^{20} toerental

Tourenzähler m^{19a} toerenteller

Tourismus m^{19a} toerisme

Tourist m^{14} toerist

Touristik v^{28} toeristenindustrie, toerisme

Trab m^{19} draf: *jmdn auf* ~ *bringen* iem achter de
vodden zitten; *auf* ~ *sein: a)* druk bezig zijn; *b)*
haast hebben; *ein Pferd in* ~ *setzen* een paard in
draf zetten; *in scharfem* ~ in gestrekte draf

Trabant m^{14} maan; satelliet, kunstmaan

traben draven

Traber m^9 harddraver *(een paard)*

Trabrennbahn v^{20} drafbaan, renbaan

Trabrennen o^{39} harddraverij

Tracht v^{20} **1** kleding, klederdracht; **2** vracht, last ||
eine ~ *Prügel, eine* ~ een pak slaag

trachten trachten, streven: *jmdm nach dem Leben* ~
iem naar het leven staan

Trachtenfest o^{29} folkloristisch feest

trächtig drachtig

Tradition v^{20} traditie, overlevering

traditionell traditioneel

Trafik v^{20} *(Oostenr)* sigaren-, tabakswinkel

Tragbahre v^{21} draagbaar, brancard

tragbar 1 draagbaar, te dragen; **2** *(fig)* aanvaardbaar

träge traag, lui

Trage v^{21} **1** draagstel; **2** draagbaar, brancard

tragen^{288} **I** *tr en intr* **1** dragen: *für*$^{+4}$ *etwas Sorge* ~ ergens voor zorgen; *etwas immer bei sich* ~ iets altijd
bij zich hebben; **2** verduren, dragen: *an*$^{+3}$ *etwas zu*
~ *haben* onder iets lijden, gebukt gaan || *aus der*

Kurve getragen werden uit de bocht vliegen; **II** *sich*
~: *sich mit Plänen* ~ met plannen rondlopen; *der
Stoff trägt sich gut* de stof blijft goed in het dragen

Träger m^9 **1** drager: *die* ~ *der gesetzlichen Krankenversicherung* de uitvoerende organen van het ziekenfonds; *der* ~ *einer Schule* het bevoegd gezag van
een school; **2** *(bouwk)* draagbalk, ligger; **3** schou-
derbandje

tragfähig 1 sterk; **2** *(fig)* solide, draagkrachtig

Tragfähigkeit v^{28} draagvermogen; *(fig)* draagkracht

Tragfläche v^{21}, **Tragflügel** m^9 *(luchtv)* vleugel,
draagvlak

Tragflügelboot o^{29} draagvleugelboot

Traggestell o^{29} draagstel

Trägheit v^{28} traagheid *(ook nat)*

Tragik v^{28} tragiek

Tragiker m^9 treurspeldichter

Tragikomödie v^{21} tragikomedie

tragisch tragisch: *etwas* ~ *nehmen* ergens zwaar aan
tillen

Tragkraft v^{25} draagkracht

Tragödie v^{21} tragedie, treurspel

Tragtier o^{29} lastdier

Tragweite v^{28} draagwijdte; *(mil)* dracht

Trainer m^9 trainer

Trainerbank v^{25} dug-out

trainieren^{320} trainen, oefenen

Training o^{36} training

Trakt m^5 **1** vleugel, gedeelte (van een gebouw); **2**
complex gebouwen; **3** *(med)* tractus, kanaal

traktieren^{320} trakteren: *jmdn mit Kuchen* ~ iem op
gebak trakteren

trällern neuriën

Tramp m^{13} **1** zwerver, landloper; **2** tramp, schip van
de wilde vaart

trampeln 1 trappelen, stampvoeten; **2** stampen

trampen 1 liften; **2** zwerven

Tramper m^9 lifter

Trampfahrt v^{20} wilde vaart

Trampolin o^{29} trampoline

Trampschiff o^{29} tramp, schip van de wilde vaart

Tran m^5 (vis)traan

Träne v^{21} traan: ~*n der Freude* tranen van vreugde;
jmdm keine ~ *nachweinen* geen traan om iem laten;
zu ~*n gerührt* tot tranen bewogen

tränen tranen

Tränendrüse v^{21} traanklier

Tränengas o^{39} traangas

Trank m^6 drank

Tränke v^{21} drenkplaats, drinkplaats, wed

tränken 1 drenken, laten drinken; **2** doordrenken

Transaktion v^{20} transactie

Transfer m^{13} *(handel, sp)* transfer

Transferabkommen o^{35} transferovereenkomst

Transferliste v^{21} *(sp)* transferlijst

Transfersumme v^{21} *(sp)* transfersom

Transformator m^{16} transformator

transformieren^{320} transformeren

Transfusion v^{20} (bloed)transfusie
Transit, Transit m^5 transito, doorvoer
Transitgüter mv o^{32} doorvoerwaren
Transithafen m^{12} transitohaven
transitiv transitief, overgankelijk
Transitverkehr m^{19} transitoverkeer
transparent transparant
Transparent o^{29} 1 transparant; 2 spandoek
Transpiration v^{20} transpiratie
transpirieren^{320} transpireren
Transport m^5 transport
Transporter m^9 1 transportschip; 2 transportvliegtuig; 3 transportvoertuig
transportfähig transportabel, vervoerbaar
transportieren^{320} transporteren
Transportmittel o^{33} transport-, vervoermiddel
Transportunternehmen o^{35} transportonderneming
Trapez o^{29} 1 (meetk) trapezium; 2 trapeze
trappeln trippelen, trappelen
trappen, trapsen klossen
Trara o^{39} ophef, tamtam: *mit großem* ~ met veel tamtam
Trasse v^{21} tracé (van weg, leiding)
Tratsch m^{19} geroddel, geklets
tratschen roddelen, kletsen
Tratte v^{21} traite, getrokken wissel
Traube v^{21} 1 druiventros; 2 druif; 3 (plantk, fig) tros; 4 zwerm (bijen)
Traubenernte v^{21} druivenoogst, druivenpluk
Traubensaft m^6 druivensap
Traubenzucker m^{19} druivensuiker, glucose
trauen I intr^{+3} vertrouwen: *ich konnte meinen Augen kaum* ~ ik kon mijn ogen nauwelijks geloven; *jmdm* ~ iem vertrouwen; II tr in het huwelijk verbinden: *jmdn* ~ iem in de echt verbinden, iem trouwen; III *sich* ~ wagen, durven: *er traute sich in die Höhle des Löwen* hij waagde zich in het hol van de leeuw
Trauer v^{28} 1 rouw; 2 rouwkleding; 3 droefheid, verdriet
Traueranzeige v^{21} 1 overlijdensbericht; 2 overlijdensadvertentie
Trauerbrief m^5 rouwbrief
Trauerfall m^6 sterfgeval
Trauerfeier v^{21} rouwplechtigheid, rouwdienst
Trauergefolge o^{33}, **Trauergeleit** o^{29} rouwstoet
Trauergemeinde v^{21}, **Trauergesellschaft** v^{20} begrafenisgangers
Trauergottesdienst m^5 rouwdienst
Trauerhaus o^{32} sterfhuis
Trauermusik v^{28} treurmuziek
trauern 1 treuren, bedroefd zijn; 2 rouw dragen, rouwen
Trauernachricht v^{20} droevige tijding
Trauerrede v^{21} lijkrede
Trauerspiel o^{29} treurspel
Trauerweide v^{21} treurwilg
Trauerzug m^6 rouwstoet, lijkstoet

Traufe v^{21} dakgoot
träufeln, träufen I tr druppelen; II intr druipen, druppelen
traulich 1 gezellig, behaaglijk; 2 vertrouwd
Traum m^6 droom: *Träume sind Schäume* dromen zijn bedrog
Traumbild o^{31} droombeeld
Traumdeuter m^9 droomuitlegger
träumen 1 dromen; 2 mijmeren
Träumer m^9 dromer
Träumerei v^{20} (het) dromen, dromerij
träumerisch dromerig
Traumgesicht o^{29} droomgezicht, visioen
traumhaft fantastisch, als in een droom
traumwandeln slaapwandelen
Traumwelt v^{20} droomwereld, rijk der dromen
traurig 1 treurig, bedroefd, droevig; 2 triest
Traurigkeit v^{28} treurigheid, droefheid
Trauring m^5 trouwring
Trauschein m^5 huwelijksakte, trouwakte
traut lief, geliefd; intiem, gezellig
Trauung v^{20} huwelijksvoltrekking
Trauzeuge m^{15} getuige trouwgetuige
Trecker m^9 trekker, tractor
Treff m^{13} 1 ontmoeting, bijeenkomst; 2 trefpunt
treffen^{289} I tr en intr 1 treffen, raken: *du hast es getroffen!* jij hebt het geraden!; 2 treffen, ontmoeten || *Maßnahmen* ~ maatregelen nemen; *eine Wahl* ~ een keuze doen; II *sich* ~ elkaar treffen, elkaar ontmoeten: *es trifft sich gut, dass...* het komt goed uit, dat ...
Treffen o^{35} 1 ontmoeting, bijeenkomst; 2 (mil) gevecht, treffen; 3 (sp) wedstrijd, ontmoeting
treffend treffend, juist: *eine* ~*e Antwort* een raak antwoord
Treffer m^9 1 prijs (in loterij); 2 treffer (raak schot); 3 (sp) doelpunt
trefflich voortreffelijk
Treffpunkt m^5 1 plaats van samenkomst, ontmoetingspunt; 2 (wisk) snijpunt; raakpunt
treffsicher trefzeker
Treibeis o^{39} drijfijs
treiben^{290} I tr 1 drijven, opjagen; aanzetten, aandrijven: *jmdn zur Eile* ~ iem tot haast aanzetten; 2 drijven, slaan, boren; 3 doen aan, beoefenen, uitoefenen, uitvoeren: *Handel* ~ handel drijven; *ein Handwerk* ~ een ambacht uitoefenen; *Sport* ~ aan sport doen; 4 telen, kweken: *Pflanzen* ~ planten kweken; 5 (al groeiend) krijgen: *Knospen* ~ knoppen krijgen; II intr 1 drijven: *das Eis treibt auf dem Fluss* het ijs drijft op de rivier; 2 rijzen || *sie treibt es mit anderen Männern* zij houdt het met andere mannen; *jmdn zur Verzweiflung* ~ iem wanhopig maken; *Wucher* ~ woekeren
Treiben I o^{35} drijfjacht; II o^{39} 1 gedoe, bedrijvigheid, drukte; 2 (het) doen en laten, gedrag
Treiber m^9 1 (jagerstaal) drijver; 2 (vee)drijver; 3 (fig) doordrijver
Treibhaus o^{32} broeikas

Treibholz o^{39} drijfhout
Treibjagd v^{20} drijfjacht, klopjacht
Treiböl o^{29} olie *(als motorbrandstof)*
Treibstoff m^5 motorbrandstof *(benzine, olie)*
Treibstofftank m^{13}, m^5 brandstoftank
Trend m^{13} trend, tendens
trennbar scheidbaar
Trennbarkeit v^{28} scheidbaarheid
trennen I *tr* 1 scheiden: *ein Wort* ~ een woord afbreken; 2 lostornen; 3 *(telecom)* verbreken, onderbreken; II *sich* ~ 1 scheiden, uiteengaan; 2 afscheid nemen, verlaten, laten varen
Trennung v^{20} 1 scheiding; 2 *(telecom)* verbreking, onderbreking; 3 afbreking
Trennungsstrich m^5, **Trennungszeichen** o^{35} afbrekingsteken
Treppe v^{21} trap
Treppenabsatz m^6 overloop, trapportaal
Treppengeländer o^{33} trapleuning
Tresor m^5 1 kluis *(in bank)*; 2 brandkast, safe
Tresse v^{21} tres, galon
Tretauto o^{36} trapauto, trapautootje
Treteimer m^9 pedaalemmer
treten^{291} I *tr (een bal, de maat, het orgel, water)* trappen, treden: *einen Freistoß* ~ een vrije schop nemen; *(fig) jmdn in den Schmutz* ~ iem door de modder halen; *die Bremse* ~ op de rem trappen; II *intr* 1 stappen, treden: *zur Seite* ~ opzijgaan; 2 trappen: *gegen die Tür* ~ tegen de deur trappen, schoppen || *(fig) auf jmds Seite* ~ iems partij kiezen; *die Augen* ~ *aus ihren Höhlen* de ogen puilen uit de kassen; *die Tränen* ~ *ihm in die Augen* de tranen komen in z'n ogen
Tretmine v^{21} landmijn
Tretmühle v^{21} tredmolen
treu trouw, getrouw: ~ *ergeben* zeer toegenegen, innig verbonden
Treu v^{28}, **Treue** v^{28} trouw: *jmdm die* ~ *halten* iem trouw blijven
treugeben *oude spelling voor* treu ergeben, *zie* treu
Treuhandanstalt v^{28} beheersinstelling
Treuhänder m^9 trustee *(vertrouwensman)*
Treuhandgesellschaft v^{20} trustmaatschappij
treuherzig trouwhartig, oprecht, argeloos
treulich (ge)trouw, getrouwelijk
treulos trouweloos, ontrouw
Tribunal o^{29} tribunaal
Tribüne v^{21} tribune
Trichter m^9 trechter: *auf den (richtigen)* ~ *kommen* het doorhebben
trichterförmig trechtervormig
Trick m^5, m^{13} truc, handigheid, foefje
Trickaufnahme v^{21} trucopname
Trickfilm m^5 trucfilm
tricksen trucs gebruiken, handig opereren
Trieb m^5 1 (aan)drift, drang, neiging; 2 *(plantk)* loot, spruit; 3 aandrijving, voortstuwing
Triebachse v^{21} *(techn)* drijfas

Triebfeder v^{21} drijfveer *(ook fig)*
triebhaft instinctief, instinctmatig
Triebhandlung v^{20} instinctieve handeling
Triebkraft v^{25} 1 drijfkracht *(ook fig)*; impuls; 2 *(plantk)* groeikracht
Triebleben o^{39} *(psych)* driftleven
triebmäßig instinctmatig, instinctief, drift-
Triebrad o^{32} drijfwiel
Triebtäter m^9, **Triebverbrecher** m^9 seksuele misdadiger
Triebwagen m^{11} motorwagen
Triebwerk o^{29} *(techn)* drijfwerk
triefen^{292} druipen, druipnat zijn
triefnass druipnat
triezen plagen, treiteren, pesten
triftig overtuigend, steekhoudend
Trikot, Trikot I o^{36} 1 tricot, tricootje, maillot; 2 sportshirt: *(sp) das gelbe* ~ de gele trui; II m^{13}, o^{36} tricot *(weefsel)*
Trikotage v^{21} tricotage
Trikotwerbung v^{20} *(sp)* shirtreclame
trillern 1 zingen; 2 tierelieren; 3 fluiten
Trimester o^{33} trimester
Trimm-dich-Pfad m^5 trimbaan
trimmen 1 *(scheepv, luchtv)* stuwen, trimmen; 2 *(honden)* trimmen; 3 *(sp)* trimmen; 4 drillen, klaarstomen
Trinkbecher m^9 drinkbeker
trinken^{293} drinken: *gern Bier* ~ van bier houden; *abwarten und Tee* ~*!* maar rustig afwachten!
Trinker m^9 drinker, alcoholist
Trinkgeld o^{31} fooi
Trinkglas o^{32} drinkglas
Trinkhalle v^{21} 1 drinkhal *(voor bronwater in badplaats)*; 2 consumptietent, kiosk
Trinkhalm m^5 rietje *(voor limonade)*
Trinkmilch v^{28} consumptiemelk
Trinkschokolade v^{21} cacao
Trinkspruch m^6 toast
Trinkwasser o^{39} drinkwater
Trinkwasserschutzgebiet o^{29} waterwingebied
Trinkwasserversorgung v^{28} drinkwatervoorziening
Trio o^{36} trio
trippeln trippelen
trist triest, treurig, droevig
Tritt m^5 1 (voet)stap, pas; 2 voetspoor; 3 trede, opstapje *(van rijtuig)*; 4 trap, schop; 5 trapje || *(fig) einen* ~ *kriegen* (of: *bekommen*) ontslagen worden
Trittbrett o^{31} treeplank, opstapje *(van rijtuig)*
trittfest 1 stabiel; 2 sterk
Trittleiter v^{21} trapladder, trapleer
Triumph m^5 triomf, zege(praal)
triumphal triomfantelijk, triomfaal
Triumphator m^{16} triomfator
Triumphbogen m^{11} triomfboog, ereboog
triumphieren^{320} triomferen, zegevieren
Triumphzug m^6 triomftocht
trivial triviaal, alledaags

trocken 1 droog *(alle bet)*, saai; **2** droog, sec *(van wijn)*

Trockenautomat *m*¹⁴ droogtrommel

Trockenblume *v*²¹ droogbloem

Trockendock *o*³⁶, *o*²⁹ droogdok

trockenfallen¹⁵⁴ droogvallen

Trockenfutter *o*³⁹ droogvoer

Trockengemüse *o*³³ gedroogde groente

Trockenhaube *v*²¹ droogkap

Trockenheit I *v*²⁸ droogheid; **II** *v*²⁰ droogte

trockenlegen 1 droogleggen *(ook fig)*; **2** *(een baby)* een schone luier geven

Trockenmilch *v*²⁸ melkpoeder

Trockenobst *o*³⁹ gedroogd fruit

Trockenrasierer *m*⁹ **1** elektrisch scheerapparaat; **2** iem die zich droog scheert

Trockenschleuder *v*²¹ centrifuge; *(Belg)* droogzwierder

Trockenspinne *v*²¹ droogmolen

trocknen I *intr* drogen, opdrogen; **II** *tr* drogen, droogmaken

Trockner *m*⁹ **1** droogautomaat; **2** droogtrommel; **3** droogrek

Troddel *v*²¹ kwast

Trödel *m*¹⁹ **1** oude rommel; **2** rommelmarkt

Trödelei *v*²⁰ getreuzel

Trödelladen *m*¹² uitdragerij

Trödelmarkt *m*⁶ rommelmarkt

trödeln 1 teuten, treuzelen; **2** slenteren

Trödler *m*⁹ **1** uitdrager; **2** treuzelaar

Trog *m*⁶ trog, bak; *(aardr, weerk)* trog

trollen I *intr* slenteren; **II** *sich* ~ afnokken

Trolleybus *m*⁵ *(2e nvl -ses; mv -se)* trolleybus

Trombe *v*²¹ (wind-, zand-, water)hoos

Trommel *v*²¹ trommel; trom: *die* ~ *rühren* (of: *schlagen*): *a)* trommelen; *b) (fig)* de trom roeren

Trommelbremse *v*²¹ trommelrem

Trommelfell *o*²⁹ **1** trommelvel; **2** *(anat)* trommelvlies

trommeln trommelen, roffelen

Trommelschlag *m*⁶ trommelslag

Trommelwirbel *m*⁹ tromgeroffel

Trommler *m*⁹ tamboer, trommelaar

Trompete *v*²¹ *(muz)* trompet

trompeten 1 trompetten; **2** *(fig)* tetteren

Trompetengeschmetter *o*³⁹, **Trompetenschall** *m*¹⁹ trompetgeschal

Trompeter *m*⁹ **1** trompettist; **2** *(mil)* trompetter

Tropen *mv* tropen

Tropenfieber *o*³⁹ tropenkoorts

Tropenhelm *m*⁵ tropenhelm

Tropenklima *o*³⁹ tropisch klimaat

Tropenkrankheit *v*²⁰ tropenziekte

Tropenpflanze *v*²¹ tropische plant

Tropf I *m*⁶ *(inform)* sukkel, sul; **II** *m*⁵ *(med)* infuus: *am* ~ *hängen* aan het infuus liggen

tröpfeln, tropfen druppelen

Tropfen *m*¹¹ druppel: *steter* ~ *höhlt den Stein* de aanhouder wint

tropfenweise druppelsgewijs

Tropfsteinhöhle *v*²¹ druipsteengrot

Trophäe *v*²¹ trofee

tropisch tropisch

Tross *m*⁵ **1** *(mil)* trein, tros; **2** *(fig)* gevolg, meelopers; **3** stoet

Trost *m*¹⁹ troost: *ein schwacher* (of: *magerer*) ~ een schrale troost; *er ist nicht (recht) bei* ~*(e)* hij is niet goed snik

trostbedürftig troostbehoevend

trösten troosten

Tröster *m*⁹ **1** trooster; **2** *(fig)* troost

tröstlich troostend

trostlos troosteloos; ontroostbaar

Trostlosigkeit *v*²⁸ troosteloosheid

Trostpreis *m*⁵ troostprijs

trostreich troostrijk, troostvol

Trostspruch *m*⁶ troostwoord

Tröstung *v*²⁰ vertroosting, troost: *versehen mit den* ~*en der Kirche* voorzien van het sacrament der zieken

Trott *m*⁵ **1** sukkeldraf; **2** sleur: *alles geht seinen gewohnten* ~ alles gaat zijn gewone gangetje

Trottel *m*⁹ sukkel, sufferd, idioot

trotteln, trotten sjokken

trotz *vz*⁺²,soms⁺³ ondanks, trots: ~ *alledem* toch, nochtans, desondanks

Trotz *m*¹⁹ koppigheid, eigenzinnigheid: *jmdm* ~ *bieten* iem trotseren; *Ihnen zum* ~ u ten spijt

trotzdem, trotzdem I *bw* toch, nochtans, nriettemin: *er tat es* ~ hij deed het toch; **II** *vw* ofschoon: ~ *es schneite, fuhren sie ab* ofschoon het sneeuwde, vertrokken ze

trotzen⁺³ trotseren, het hoofd bieden aan

trotzig 1 koppig; **2** stug *(antwoord);* **3** tartend, uitdagend; **4** fier, trots

Trotzkopf *m*⁶ stijfkop, dwarskop

trotzköpfig stijfkoppig, dwars

trüb(e) 1 troebel *(water): ein trüber Blick* een omfloerste blik; **2** triest, droefgeestig *(weer)*, betrokken *(lucht)*, somber *(dag);* **3** wazig, dof: *trübe Augen* doffe ogen; **4** *(fig)* droevig, treurig, somber, droefgeestig

Trübe *v*²⁸ troebelheid, wazigheid, somberheid

Trubel *m*⁹ drukte, gedrang, gewoel

trüben I *tr* **1** troebel maken; **2** doen betrekken, dof maken, verdonkeren; **3** afbreuk doen aan, verstoren: *etwas trübt jmds Freude* iets verstoort iems vreugde; **4** *(blik, oordeel)* vertroebelen, benevelen; **II** *sich* ~ **1** *(mbt vloeistoffen)* troebel worden; **2** dof worden; **3** betrekken, *(mbt hemel, lucht)* donker worden; **4** *(mbt geest)* verward raken

Trübheit *v*²⁸ zie Trübe

Trübnis *v*²⁴ somberheid, neerslachtigheid

Trübsal *v*²³ **1** droefenis; **2** ellende

trübselig treurig, triest, somber, ongelukkig

Trübsinn *m*¹⁹ droefgeestigheid, zwaarmoedigheid

trübsinnig triest, droefgeestig, zwaarmoedig

Trübung *v*²⁰ **1** (ver)troebeling; **2** beneveling; **3** ver storing

trudeln 1 rollen; **2** slenteren, rondtuinen; *(met de auto)* rondtoeren

Trüffel v^{21}, m^9 truffel

Trug m^{19} bedrog, bedriegerij

Trugbild o^{31} drogbeeld, hersenschim

trügen[294] bedriegen, misleiden: *der Schein trügt* schijn bedriegt

trügerisch 1 bedrieglijk; **2** verraderlijk

Trugschluss m^6 **1** verkeerde gevolgtrekking; **2** drogreden

Truhe v^{21} kist, dekenkist, hutkoffer

Trümmer *mv* o^{32} overblijfselen, resten; *(ook fig)* puin, puinhopen: *die ~ eines Flugzeugs* de wrakstukken van een vliegtuig; *die Scheiben gingen in ~* de ruiten gingen aan diggelen

Trümmerfeld o^{31} puinhoop

Trümmerhaufen m^{11} puinhoop, ruïne

Trumpf m^6 troef: *~ sein* in zijn, in de mode zijn

trumpfen (af)troeven

Trumpfkarte v^{21} troefkaart

Trunk m^6 **1** dronk, teug, slok; **2** drankje, drank; **3** dronkenschap

trunken dronken

Trunkenbold m^5 dronkaard

Trunkenheit v^{28} dronkenschap; *(fig)* roes

Trunksucht v^{28} drankzucht

trunksüchtig drankzuchtig

Trupp m^{13} **1** groep; **2** *(mil)* afdeling

Truppe I v^{21} **1** *(mil)* troep, troepenafdeling; **2** *(theat)* gezelschap, troep; **II** v^{28} krijgsmacht

Truppenabbau m^{19} vermindering van de troepensterkte

Truppenbewegung v^{20} troepenbeweging

Truppenführer m^9 commandant

Truppenschau v^{20} militaire parade

Truppenstärke v^{28} troepensterkte

Truppenteil m^5 legeronderdeel

Truppenübungsplatz m^6 militair oefenterrein

truppweise troepsgewijze, troepsgewijs

Truthuhn o^{32} kalkoen

tschau *tw* ciao!, dag!, tot ziens!

tschüs, tschüss *tw* dag!, tot ziens!

T-Shirt [tiesjɔ:t] o^{36} T-shirt

TU *afk van technische Universität* technische universiteit (*afk* TU)

Tube v^{21} tube: *auf die ~ drücken: a)* ergens vaart achter zetten; *b)* plankgas geven

Tuberkulose v^{21} tuberculose

Tuch I o^{32} doek, das, sjaaltje; **II** o^{29} **1** laken *(weefsel)*; **2** *(scheepv)* zeildoek

tüchtig 1 bekwaam, knap; **2** degelijk; **3** flink: *~ arbeiten* flink, hard werken

Tüchtigkeit v^{28} bekwaamheid

Tücke I v^{28} arglist, boosaardigheid; **II** v^{21} **1** valse streek, geniepigheid; **2** nuk, kuur

tuckern tjoeken, puffen, tuffen

tückisch arglistig, geniepig, gevaarlijk: *~e Krankheit* verraderlijke ziekte

Tüftelarbeit v^{20} peuterwerk, knutselwerk

Tüftelei v^{20} peuterwerk

tüfteln sleutelen, peuteren, knutselen

Tüftler m^9 peuteraar, knutselaar

Tugend v^{20} deugd; goede eigenschap

Tugendbold m^5 toonbeeld van deugd

tugendhaft deugdzaam, braaf

Tüll m^5 tule *(een weefsel)*

Tulpe v^{21} **1** *(plantk)* tulp; **2** tulpvormig drinkglas

Tulpenfeld o^{31} **1** tulpenveld; **2** *(mv)* bloembollenvelden

Tulpenzwiebel v^{21} tulpenbol

tummeln 1 *intr* dartelen, fladderen; **II** *sich ~ 1* ravotten; **2** *(regionaal)* opschieten

Tummelplatz m^6 speelplaats, speelweide; *(fig)* trefcentrum

Tumor m^{16} tumor, gezwel

Tümpel m^9 plas, poel

Tumult m^5 tumult, rumoer; ongeregeldheid; opschudding, oploop

tun[295] **I** *tr en intr* doen: *er bekam es mit der Angst zu ~* hij werd bang; *alles an seinen Platz ~* alles op z'n plaats zetten, leggen; *einen Schrei ~* een gil geven; *das lässt sich nicht ~* dat gaat niet; *tu doch nicht so!* stel je niet zo aan!; *das hat mit dem Wetter zu ~* dat heeft met het weer te maken; *er hat es mit dem Herzen zu ~* hij heeft het aan het hart; *damit ist es nicht getan* dat helpt niet; **II** *sich ~* gebeuren, aan de gang zijn: *da tut sich was!* er is daar wat aan de hand!

Tun o^{39} doen: *sein verbrecherisches ~* zijn misdadige handelwijze

Tünche I v^{21} witkalk, kalk; **II** v^{28} *(fig)* vernisje

tünchen 1 witten, kalken; **2** sauzen

Tundra v *(mv Tundren)* toendra

Tunfisch m^5 tonijn

Tunichtgut m^5 *(2e nvl ook -)* kwajongen, deugniet

Tunke v^{21} jus, saus: *in der ~ sitzen* in de knoei zitten

tunken *(regionaal)* dopen, soppen

tunlich doenlijk, te doen, mogelijk: *~st zo mogelijk; ~st bald* zo spoedig mogelijk

Tunnel m^9, m^{13} tunnel

Tüpfchen o^{35}, **Tüpfel** m^9, o^{33}, **Tüpfelchen** o^{35} **1** stip, punt; **2** vlekje

tüpfeln (be)spikkelen, stippelen

tupfen I *intr* tikken, tippen; **II** *tr* **1** betten, deppen; **2** stippelen

Tupfen m^{11} stip, vlekje

Tupfer m^9 **1** stip, vlek; **2** propje, depper

Tür v^{21} deur, portier: *zwischen ~ und Angel* op de valreep, inderhaast; *offene ~en einrennen* open deuren intrappen; *jmdn vor die ~ setzen: a)* iem de deur uitzetten; *b)* iem ontslaan

Türangel v^{21} deurhengsel

Turban m^5 tulband

Turbine v^{21} turbine

Turbulenz v^{20} turbulentie

Türgriff m^5 deurknop, deurkruk

Türke m^{15} Turk

Türkei v^{28} Turkije

türkisch Turks
Türklinke v^{21} deurklink, deurkruk
Turm m^6 **1** toren; **2** toren, kasteel *(schaken)*
türmen I *tr* opstapelen, ophopen; **II** *intr* ervandoor
  gaan, 'm smeren; **III** *sich* ~ zich opstapelen
Turmfalke m^{15} *(dierk)* torenvalk
Turmhahn m^6 torenhaan
Turmuhr v^{20} torenklok
turnen turnen, gymmen
Turner m^9 turner, gymnast
Turngerät o^{29} turntoestel
Turnhalle v^{21} gymnastieklokaal, gymzaal
Turnier o^{29} *(hist, sp)* toernooi
Turnierplatz m^6 wedstrijdterrein
Turnlehrer m^9 gymnastiekleraar
Turnsaal m^6 *(mv -säle)* gymnastiekzaal
Turnschuh m^5 gymschoen
Turnstunde v^{21} gymnastiekles, gym
Turnübung v^{20} gymnastiekoefening
Turnunterricht m^{19} gymles
Turnus m *(2e nvl -; mv -se)* **1** periode, fase; **2** cyclus;
  3 rooster: *in dreijährigem* ~ om de drie jaar; *im* ~
  op de beurt, volgens rooster
turnusgemäß volgens rooster
turnusmäßig periodiek
Turnverein m^5 gymnastiekvereniging
Türöffnung v^{20} deuropening
Türpfosten m^{11} deurpost, deurstijl
Türrahmen m^{11} deurkozijn
Türspalt m^5, **Türspalte** v^{21} kier van de deur
Turteltaube v^{21} tortel(duif)
Tusch m^5 fanfare
Tusche v^{21} **1** tekeninkt; **2** mascara
tuscheln fluisteren, smoezen
Tüte v^{21} **1** zakje; **2** kwast, kwibus ‖ *in die* ~ *blasen*
  müssen de blaastest moeten doen
tuten blazen, toeteren
TÜV *afk van Technischer Überwachungsverein* tech-
  nische keuringsdienst *(voor o.a. auto's)*
TV 1 *afk van Television* televisie; **2** *afk van Turnver-*
  ein gymnastiekvereniging; **3** *afk van Tennisverein*
  tennisclub
Typ I m^{16} type; **II** m^{16}, m^{14} vent, figuur
Type v^{21} *(inform)* type, figuur
typisch typisch
typisieren^{320} **1** typeren; **2** indelen in typen
Typus m *(2e nvl -; mv Typen)* type
Tyrann m^{14} tiran, dwingeland
Tyrannei v^{20}, **Tyrannenherrschaft** v^{28} tirannie
tyrannisieren^{320} tiranniseren

u

u. *afk van und* en

u. a. 1 *afk van unter anderem, unter anderen* onder andere(n) (*afk* o.a.); **2** *afk van und andere(s)* en andere(n) (*afk* e.a.)

u. Ä. *afk van und Ähnliche(s)* en dergelijke(n) (*afk* e.d.)

u. A. w. g. *afk van um Antwort wird gebeten* verzoeke antwoord

U-Bahn v^{20} *verk van Untergrundbahn* ondergrondse, metro

übel 1 slecht, onaangenaam, kwalijk: *ein übler Bursche* een nare kerel, een gemene vent; *~ dran sein* er slecht aan toe zijn; *~ nehmen* kwalijk nemen; **2** onwel, naar, onpasselijk, misselijk: *mir wird ~* ik word niet goed

Übel o^{33} **1** kwaad; **2** kwaal; **3** euvel ‖ *zu allem ~* tot overmaat van ramp

Übelkeit v^{20} misselijkheid, onpasselijkheid

übelnehmen *oude spelling voor* übel nehmen, *zie* übel 1

Übeltat v^{20} misdrijf, euveldaad

Übeltäter m^9 boosdoener

Übelwollen o^{39} onwelwillendheid

üben 1 oefenen; **2** *(op piano)* studeren, *(een lied)* instuderen; **3** *(geduld, gerechtigheid)* oefenen; **4** *(zijn plicht)* betrachten ‖ *Kritik an jmdm ~* op iem kritiek uitoefenen

über I $vz^{+3, +4}$ **1** boven: *das Bild hängt ~ dem Schrank* het schilderij hangt boven de kast; *~ alles Erwarten* boven alle verwachting; **2** over: *die Brücke ~ den Rhein* de brug over de Rijn; *~s Jahr* over een jaar; **3** door, tengevolge van: *~ dem Lärm aufwachen* door het lawaai wakker worden; **4** aan: *~ der Arbeit sitzen* aan het werk zijn; **5** aan de overkant: *er wohnt ~ dem Flusse* hij woont aan de overzijde van de rivier; *~ den Bergen* aan de andere kant van de bergen; **6** op: *das Gesetz ~ …* de wet op …; *sie fielen ~ ihn her* ze vielen op hem aan; **7** tijdens, gedurende: *~ das Wochenende segeln* het weekend zeilen; *~ der Arbeit einschlafen* onder het werk in slaap vallen; *er fährt ~ Weihnachten in die Schweiz* hij gaat met Kerstmis naar Zwitserland ‖ *eine Rechnung ~ 20 Gulden* een rekening van 20 gulden; *einmal übers andere* steeds weer, keer op keer; **II** *bw* meer: *~ die Hälfte* meer dan de helft; *Kinder ~ sechs Jahre* kinderen boven de zes; *~ eine Woche (lang) dauern*

meer dan een week duren ‖ *es war ~ und ~ mit Schmutz bedeckt* het zat dik onder het vuil; *jmdm ~ sein* iem de baas zijn; *den ganzen Tag ~ fleißig arbeiten* de hele dag ijverig werken

überall overal: *sich ~ einmischen* zich overal mee bemoeien

überaltert 1 te oud; **2** vergrijsd; **3** verouderd

Überangebot o^{29} te groot aanbod

überanstrengen I *tr* te veel vergen van; **II** *sich ~* **1** zich te veel inspannen; **2** zich overwerken

Überanstrengung v^{20} te grote inspanning

überantworten 1 overdragen; **2** overleveren

¹überarbeiten overwerken, overuren maken

²überarbeiten I *tr* **1** opnieuw bewerken; **2** herzien, omwerken; **II** *sich ~* zich overwerken

Überarbeitung I v^{20} omwerking; **II** v^{28} overspanning, (het) overwerkt zijn

überaus zeer, bijzonder, buitengewoon

überbacken ^{121} even bakken, gratineren

überbeanspruchen 1 te veel vragen, vergen van; **2** overbelasten

Überbeanspruchung v^{20} overbelasting

überbekommen ^{193} zat worden, genoeg krijgen van

überbelasten overbelasten

überbelegen te veel mensen onderbrengen in

überbelegt: *~e Klassen* overvolle klassen

Überbeschäftigung v^{20} overemployment

überbevölkert overbevolkt

Überbevölkerung v^{28} overbevolking

überbewerten overwaarderen

Überbewertung v^{20} overwaardering

überbieten ^{130} **I** *tr* **1** hoger bieden dan, overbieden; **2** *(sp)* verbeteren; **3** *(een prestatie)* overtreffen; **II** *sich ~* met elkaar wedijveren

überbleiben ^{134} overblijven

Überbleibsel o^{33} overblijfsel, rest

überblenden faden, laten overlopen

Überblick m^5 overzicht

überblicken overzien

überbringen ^{139} overbrengen, overhandigen

Überbringer m^9 (over)brenger

überbrücken 1 *(fig)* overbruggen; **2** een brug bouwen over

Überbrückungskredit m^5 overbruggingskrediet

überbürden overladen, overbelasten

Überbürdung v^{20} overbelasting

Überdach o^{32} afdak, luifel

überdachen overkappen, overdekken

überdauern overleven, doorstaan, trotseren

überdenken ^{140} overdenken, overpeinzen

überdeutlich overduidelijk

überdies bovendien, daarenboven

Überdosierung v^{20} overdosering

Überdosis v *(mv -dosen)* overdosis

überdreht over zijn toeren, dolgedraaid

Überdruss m^{19} verveling, afkeer: *bis zum ~* tot vervelens toe

überdrüssig $^{+2, \text{ zelden } +4}$: *jmds, jmdn ~ sein* genoeg van iem hebben

übereignen in eigendom geven
Übereignung v^{20} eigendomsoverdracht
übereilen I *tr* overhaasten; II *sich* ~ zich overhaasten
übereinander 1 boven elkaar, boven op elkaar; 2 over elkaar: ~ *legen* over elkaar leggen
übereinanderlegen *oude spelling voor* übereinander legen, *zie* übereinander 2
übereinkommen[193] overeenkomen
Übereinkommen o^{35}, **Übereinkunft** v^{25} overeenkomst, contract
übereinstimmen overeenstemmen, overeenkomen: *ich stimme vollkommen mit Ihnen überein* ik ben het volkomen met u eens
übereinstimmend overeenstemmend, overeenkomstig, eensluidend
Übereinstimmung v^{20} overeenstemming
überempfindlich overgevoelig
¹überessen[152] tegeneten: *sich³ etwas* ~ zich iets tegeneten
²überessen[152], **sich** zich overeten, te veel eten
¹überfahren[153] I *tr* overvaren, overbrengen, overzetten; II *intr* overvaren, oversteken
²überfahren[153] 1 overrijden, overvaren; 2 negeren, over het hoofd zien; 3 passeren; 4 *(fig)* overdonderen; 5 *(sp)* inmaken
Überfahrt v^{20} overvaart, overtocht
Überfall m^6 overval, overrompeling
²überfallen[154] overvallen, overrompelen
überfällig 1 vervallen; 2 over tijd, te laat || *diese Maßnahme war seit langem* ~ deze maatregel was reeds lang noodzakelijk
überfein overdreven fijn, zeer fijn
überfliegen[159] 1 vliegen over; 2 zeer haastig lezen
¹überfließen[161] 1 overlopen; 2 overlopen, overvloeien
²überfließen[161] overstromen
überflügeln overvleugelen
Überfluss m^{19} overvloed: *in* (of: *im*) ~ in overvloed; *zu allem* ~ tot overmaat van ramp
überflüssig overbodig, overtollig
überfluten overstromen, overspoelen
überfordern te veel vragen van: *ein Kind* ~ te veel vergen van een kind
¹überführen overbrengen, transporteren
²überführen: *jmdn einer Schuld* ~ het overtuigend bewijs van iems schuld leveren
Überführung v^{20} 1 overbrenging; 2 (het) leveren van het overtuigend bewijs; 3 viaduct
überfüllt overvol, stampvol
Übergabe v^{21} 1 overgave *(van vesting);* 2 overhandiging; aflevering; overdracht
Übergang m^6 1 overgang; 2 (het) oversteken, overtocht; overschrijding; 3 oversteekplaats; rivierovergang; bergpas; 4 *(muz)* overgang; 5 overgangsperiode; 6 *(jur)* overdracht
Übergangsperiode v^{21} overgangsperiode
übergeben[166] I *tr* 1 overhandigen, overgeven; 2 *(aan iem iets)* opdragen, overlaten; 3 toevertrou-

wen, overdragen; 4 openstellen voor; II *sich* ~ overgeven, braken || *dem Betrieb* ~ in bedrijf stellen
¹übergehen[168] overgaan, overlopen: *zum Feind* ~ naar de vijand overlopen; *in Verwesung* ~ tot ontbinding overgaan
²übergehen[168] 1 over het hoofd zien, overslaan; 2 negeren, passeren
übergeordnet geplaatst boven, hoger, van hogere waarde, van hogere orde
Übergepäck o^{39} overbagage
übergeschnappt niet goed snik
Übergewicht o^{29} 1 overwicht; 2 hegemonie; overwicht, overhand
¹übergießen[175] 1 erover gieten, gieten over, begieten; 2 morsen
²übergießen[175] begieten, overgieten
überglücklich overgelukkig
übergreifen[181] *(sp, muz)* overslaan
Übergriff m^5 1 inbreuk, onrechtmatige ingreep; 2 inmenging
überhaben[182] *(de jas)* omhebben, aanhebben || *ich habe es über* ik ben het zat
überhand: ~ *nehmen* veld winnen, hand over hand toenemen
Überhandnahme v^{28} (te) sterke toename
überhandnehmen *oude spelling voor* überhand nehmen, *zie* überhand
Überhang m^6 1 overhangende; 2 overhangende rots; 3 overschot, teveel
¹überhängen[184] omslaan, omdoen, omhangen
²überhängen I *st* bedekken; II *zw* doen over
überhäufen overladen, overstelpen
Überhäufung v^{20} overlading, overstelping
überhaupt 1 over het algemeen: *die Mieten sind hier ~ niedriger* de huren zijn hier over het algemeen lager; 2 helemaal, hoegenaamd: *eine Änderung ist ~ nicht notwendig* een verandering is helemaal niet nodig; 3 trouwens: *worüber sollte er sich ~ ängstigen?* trouwens, waarover zou hij zich ongerust maken?; 4 vooral, (en) al helemaal || *wenn ich ~ reise* als ik al op reis ga; *was willst du ~* wat wil je eigenlijk; *wenn ~* als het dan al moet
überheblich aanmatigend, arrogant
Überheblichkeit v^{28} aanmatiging, arrogantie
überhitzen oververhitten: *(fig)* überhitzt verhit; *überhitzte Konjunktur* oververhitte conjunctuur
überhöhen ophogen, verhogen || *überhöhte Geschwindigkeit* te grote snelheid; *überhöhte Gewinne* al te grote winsten; *überhöhte Preise* te hoge prijzen
Überhöhung v^{20} 1 ver-, ophoging; 2 verheffing
überholen 1 inhalen, passeren: *das ist überholt: a)* dat is uit de tijd; *b)* dat is achterhaald; *jmdn* ~ iem voorbijstreven, overtreffen; 2 reviseren, grondig nakijken: *general überholt* geheel gereviseerd
Überholmanöver o^{33} inhaalmanoeuvre
Überholspur v^{20} inhaalstrook
Überholung v^{20} revisie
überhören niet horen: *den Vorwurf* ~ doen alsof

ub

men het verwijt niet gehoord heeft

überirdisch bovenaards

überjährig 1 (meer dan een jaar) oud; **2** overjarig

überkommen I *ww*[193] **1** aangrijpen, overvallen: *Angst überkommt jmdn* angst maakt zich van iem meester; **2** *(ambt, recht)* erven; **II** *bn* traditioneel, overgeleverd

überladen[196] **1** overladen; **2** te zwaar beladen

überlagern 1 liggen over, overdekken; **2** overlappen

Überlandbus *m*[5] (2e nvl -ses; mv -se) streekbus

überlassen[197] **I** *tr* **1** overlaten, afstaan; **2** toevertrouwen; **II** *sich ~* zich overgeven aan

überlasten overladen, overbelasten

¹überlaufen[198] overlopen

²überlaufen[198] **1** overvallen, aangrijpen: *es überläuft mich kalt* ik krijg er koude rillingen van; **2** *(sp)* lopen over(heen); **3** *(sp)* lopen door, breken door, passeren; **4** overlopen, de deur plat lopen: *der Arzt ist sehr ~* de dokter heeft een drukke praktijk; *dieser Beruf ist ~* te veel mensen oefenen dit beroep uit

Überläufer *m*[9] overloper

überlaut zeer luid, luidkeels

überleben overleven

Überlebende(r) *m*[40a], *v*[40b] overlevende

Überlebenschance *v*[21] overlevingskans

¹überlegen leggen over: *jmdn ~* iem over de knie leggen

²überlegen I *ww* overleggen, overwegen, overdenken; **II** *bn* **1** superieur, beter: *er ist ihm an Begabung ~* hij wint het van hem wat aanleg betreft; *jmdm ~ sein* iem overtreffen, de baas zijn; **2** uit de hoogte

Überlegenheit *v*[28] **1** superioriteit; **2** overwicht, overmacht, meerderheid

überlegt bedachtzaam, weloverwogen

Überlegung *v*[20] overleg, overweging

überleiten overgaan, een overgang maken

überlesen[201] **1** over het hoofd zien; **2** doorlezen, overlezen

überliefern overleveren

überlisten verschalken, te slim af zijn

überm *verk van über dem* over de, het; boven de, het

Übermacht *v*[28] overmacht

übermächtig overmachtig, oppermachtig

übermalen beschilderen, overschilderen

übermannen overmannen

Übermaß *o*[39] overmaat, teveel, overdaad

übermäßig overmatig, buitensporig

Übermensch *m*[14] Übermensch

übermenschlich bovenmenselijk

übermitteln zenden, doen toekomen

übermorgen overmorgen

Übermüdung *v*[20] oververmoeidheid

Übermut *m*[19] **1** uitgelatenheid, baldadigheid; **2** overmoed, vermetelheid

übermütig 1 uitgelaten; **2** overmoedig, vermetel

übern *verk van über den* over de, het; boven de, het

Übernachtung *v*[20] overnachting

Übernahme *v*[21] **1** overneming, overname; **2** aanvaarding *(ve ambt)*

übernatürlich bovennatuurlijk

¹übernehmen[212] omslaan, omdoen

²übernehmen[212] **I** *tr* **1** overnemen, aanvaarden; **2** zich belasten met, op zich nemen; **3** *(scheepv)* overnemen, aan boord nemen; **II** *sich ~* teveel op zich nemen, teveel van zichzelf vergen

überordnen stellen boven, plaatsen boven

überproportional buiten (alle) proportie

überprüfen 1 controleren, nazien; **2** herzien; **3** (opnieuw) overdenken

Überprüfung *v*[20] **1** controle; **2** herziening

überqueren 1 oversteken; **2** kruisen

überragen uitsteken boven: *jmdn an Verstand ~* iem qua verstand overtreffen

überragend buitengewoon, uitmuntend

überraschen verrassen

Überraschung *v*[20] verrassing

überreden overreden, overhalen

Überredung *v*[20] overreding

überregional landelijk

überreichen overhandigen, uitreiken

überreizen overprikkelen, overspannen

Überrest *m*[5] rest, overblijfsel: *die sterblichen ~e* het stoffelijk overschot

überrieseln overstromen, vloeien over

Überrock *m*[6] overjas

Überrollbügel *m*[9] rolbeugel *(in auto)*

überrollen 1 overrompelen; **2** bedelven, meesleuren

überrumpeln overrompelen, verrassen

überrunden overtreffen: *(sp) jmdn ~* een ronde voorsprong op iem krijgen, iem lappen

übers *verk van über das* over de, het; boven de, het

übersät: *~ von* (of: *mit*)[+3] bezaaid met

übersättigen oververzadigen

Überschallflugzeug *o*[29] supersonisch vliegtuig

Überschallgeschwindigkeit *v*[20] supersonische snelheid

überschätzen overschatten

überschaubar overzichtelijk, te overzien

überschauen overzien

überschäumen schuimend overlopen

überschießen[238] schieten over: *das Ziel ~* zijn doel voorbijschieten

Überschlag *m*[6] **1** overslag, berekening, raming; **2** *(sp)* overslag; **3** *(luchtv)* looping

¹überschlagen[241] overslaan, overspringen: *die Beine ~* de benen over elkaar slaan

²überschlagen[241] **I** *tr* **1** overslaan, over het hoofd zien; **2** ramen, begroten; **3** overwegen; **II** *sich ~* **1** *(mbt stem)* overslaan; **2** over de kop slaan; **3** snel op elkaar volgen

überschnappen 1 *(mbt een grendel)* uitschieten; **2** *(mbt de stem)* overslaan; **3** het verstand verliezen

überschneiden[250], *sich* **1** elkaar snijden, elkaar kruisen; **2** elkaar overlappen

überschreiben[252] **1** van een titel voorzien; **2** overschrijven: *jmdm* (of: *auf jmdn*) *etwas ~* iets op iems naam laten zetten

ub

überschreiten[254] **1** overschrijden, overtrekken; **2** *(de wet)* overtreden
Überschrift v^{20} opschrift, titel, kop
überschuldet diep in de schulden zittend
Überschuldung v^{20} te grote schuldenlast
Überschuss m^6 overschot
¹überschütten 1 overgieten; **2** morsen
²überschütten 1 overgieten, bedekken, bedelven; **2** overstelpen; *(met eer, geschenken)* overladen
Überschwang m^{19} overvloed, overdaad: *jugendlicher* ~ jeugdige overmoed
überschwänglich overdreven, uitbundig
überschwappen 1 slaan over; **2** overlopen
überschwemmen overstromen, overspoelen
Überschwemmung v^{20} overstroming
überschwenglich *oude spelling voor* überschwänglich, *zie* überschwänglich
Übersee v^{28} overzee: *nach* ~ naar overzee
überseeisch overzees
übersehbar overzienbaar, te overzien
übersehen[261] **1** overzien; **2** over het hoofd zien; **3** negeren
übersenden[263] toesturen, toezenden
übersetzbar vertaalbaar
¹übersetzen I *intr* overvaren, oversteken; **II** *tr* overzetten, overvaren
²übersetzen 1 vertalen; **2** omzetten
Übersetzer m^9 vertaler
Übersetzung v^{20} **1** vertaling; **2** (het) vertalen; **3** overbrenging; versnelling
Übersicht[20] overzicht
übersichtlich overzichtelijk, duidelijk, helder
übersiedeln, übersiedeln verhuizen
übersinnlich bovenzinnelijk, bovennatuurlijk
überspannen 1 te strak spannen, overspannen; **2** (uit)spannen over, bespannen; **3** *(bouwk)* overspannen, overwelven || *überspannte Forderungen* overdreven eisen
Überspanntheit v^{20} overdrevenheid, overspannenheid
Überspannung v^{20} overspanning
überspielen 1 trachten te verbergen; **2** kopiëren; **3** overnemen; **4** *(sp)* overklassen
überspitzt overdreven, overtrokken
übersprechen[274] *(een film)* nasynchroniseren
¹überspringen[276] overspringen
²überspringen[276] springen over: *eine Klasse* ~ een klas overslaan
übersprudeln overstromen, overlopen
überspülen overspoelen
überstehen[279] doorstaan, te boven komen
übersteigen[281] **1** klimmen over; **2** overtreffen, te boven gaan
überstellen overdragen, overleveren
überstimmen 1 overstemmen; **2** verwerpen
überstreifen aantrekken, aanschieten
überstreuen bestrooien, strooien op
¹überströmen overlopen, overstromen: *(fig) auf jmdn* ~ op iem overgaan

²überströmen overstromen: *er ist von Schweiß überströmt* hij baadt in het zweet
Überstunden *mv* v^{21} overuren, overwerk
überstürzen I *tr* overhaasten; **II** *sich* ~ **1** zich overhaasten; **2** over de kop slaan || *die Ereignisse* ~ *sich* de gebeurtenissen volgen (razend)snel op elkaar
Überstürzung v^{28} overijling, overhaasting
übertariflich boven de cao liggend
überteuert peperduur, zeer duur
übertönen overstemmen
Übertrag m^6 transport *(ve bedrag)*
übertragbar 1 overdraagbaar; **2** besmettelijk; **3** vertaalbaar
übertragen[288] **I** *tr* **1** overboeken, overschrijven, transporteren; **2** overdragen, opdragen, toewijzen; **3** *(iets op iem)* doen overgaan; **4** vertalen; **5** *(telecom)* uitzenden; **6** *(een ziekte)* overbrengen; **II** *sich* ~ overgaan, overgedragen worden, overslaan; **III** *bn* overdrachtelijk, figuurlijk
Übertragung v^{20} **1** overbrenging; **2** transport, overboeking; **3** overdracht; **4** vertaling; **5** *(telecom)* uitzending; **6** besmetting, infectie
übertreffen[289] overtreffen, te boven gaan
übertreiben[290] overdrijven
¹übertreten[291] **1** terechtkomen; **2** *(tot een andere godsdienst, partij)* overgaan; **3** buiten de oevers treden; **4** *(sp)* over de lijn gaan
²übertreten[291] *(een gebod, wet)* overtreden
Übertretung v^{20} overtreding
übertrieben overdreven
Übertritt m^5 overgang; *zie ook* übertreten
übertun[295] omdoen, omslaan
übervölkert overbevolkt, overvol
Übervölkerung v^{28} overbevolking
übervoll overvol, propvol, afgeladen vol
übervorteilen benadelen, afzetten, oplichten
Übervorteilung v^{20} afzetterij, oplichterij
überwachen bewaken, waken over, controleren: *jmdn* ~ iem observeren
Überwachung v^{20} **1** bewaking, toezicht, controle; **2** observering
überwältigen overmeesteren, overweldigen
überwechseln overgaan, wisselen: *auf die andere Straßenseite* ~ (een straat) oversteken
Überweg m^5 (voetgangers)oversteekplaats
überweisen[307] **1** overmaken, gireren; **2** verwijzen, doorsturen
Überweisung v^{20} **1** overschrijving, overmaking; **2** verwijzing
Überweisungsschein m^5 *(med)* verwijsbriefje
¹überwerfen[311] overgooien, omslaan, omdoen
²überwerfen[311], *sich* ruzie krijgen: *sich mit jmdm* ~ met iem in conflict komen
überwiegen[312] **I** *intr* overwegen, overheersen; **II** *tr* het winnen van
überwiegend I *bn* overgroot; **II** *bw* overwegend, voornamelijk, hoofdzakelijk
überwinden[313] **1** overwinnen; **2** *(hinderpalen)* uit de weg ruimen; **3** *(verlies)* te boven komen

ub

überwintern overwinteren
überwuchern overwoekeren
überzählig overtollig, overcompleet
überzeugen overtuigen
Überzeugung v^{20} overtuiging
überziehen[318] I tr 1 overtrekken, bekleden: *ein Bett frisch ~* een bed verschonen; 2 overschrijden: *sein Konto um 100 DM ~* 100 DM rood staan op zijn rekening; *seinen Kredit ~* zijn krediet overschrijden; II *sich ~* betrekken
Überzieher m^9 overjas
Überzug m^6 1 hoes, sloop; 2 laag, laagje
üblich gebruikelijk, gewoon
üblicherweise gewoonlijk, zoals gebruikelijk
U-Boot o^{29} *verk van Unterseeboot* onderzeeër, duikboot
übrig overig, over(blijvend): *alles Übrige* al het overige; *im Übrigen* voor het overige; *~ behalten* overhouden; *~ bleiben* overblijven
übrigbehalten, übrigbleiben *oude spelling voor* übrig behalten, bleiben, *zie* übrig
übrigens overigens, trouwens
Übung v^{20} oefening: *~ macht den Meister* oefening baart kunst; *aus der ~ kommen* de vaardigheid verliezen
Übungshang m^6 oefenhelling *(voor skiërs)*
Übungsmeister m^9 trainer, oefenmeester
u.dgl.(m.) *afk van und dergleichen (mehr)* en dergelijke(n) *(afk e.d.)*
u.E. *afk van unseres Erachtens* onzes inziens *(afk o.i.)*
Ufer o^{33} 1 oever, wal; 2 kust
uferlos 1 oeverloos; 2 *(fig)* onbegrensd, grenzeloos, eindeloos
Ufermauer v^{21} kademuur
Uferverbindung v^{20} oeververbinding
U-Haft *verk van Untersuchungshaft* voorarrest
Uhr v^{20} 1 uurwerk, horloge, klok: *rund um die ~* 24 uur, dag en nacht; 2 uur: *wie viel ~ ist es?* hoe laat is het?
Uhrmacher m^9 horlogemaker, klokkenmaker
Uhrzeiger m^9 wijzer *(van horloge, klok)*
Uhrzeigersinn m^{19}: *im ~* met (de wijzers van) de klok mee
Uhrzeit v^{20} tijd: *die genaue ~* de juiste tijd
Uhu m^{13} oehoe
UKW *afk van Ultrakurzwelle* ultrakorte golf
UKW-Sender m^9 ultrakortegolfzender, FM-zender
Ulk m^5 grap, gekheid, lol
ulken grappen maken, gekheid maken
ulkig 1 grappig, komiek; 2 eigenaardig, vreemd
Ulme v^{21} olm, iep
Ultimatum o^{36} *(mv ook -maten)* ultimatum
Ultrakurzwellensender m^9 ultrakortegolfzender, FM-zender
ultrarot infrarood, ultrarood
Ultraschallwellen *mv* v^{21} ultrasone golven
um I vz^{+4} 1 om, om ... heen, rond: *~ das Haus gehen* om het huis lopen; 2 rond, omtrent, omstreeks: *~ die Mittagszeit* rond het middaguur; 3 met: *~ die*

Hälfte teurer sein de helft duurder zijn; *~ 10 Prozent ermäßigen* met 10 procent verlagen; *~ zwei cm länger* twee cm langer || *es handelt sich ~ meine Erbschaft* het gaat om mijn erfenis; *wie steht es ~ Ihre Gesundheit?* hoe staat het met uw gezondheid?; *~ Lohn arbeiten* voor loon werken; *~ sein Geld kommen* zijn geld verliezen; *das hat er nicht ~ dich verdient* dat heeft hij niet aan jou verdiend; *es steht schlecht ~ ihn* het gaat slecht met hem; II *bw* om; *~ sein* om zijn, afgelopen zijn; III *vw* om, teneinde: *er kam, ~ mir zu gratulieren* hij kwam om mij te feliciteren; *~ so* oude spelling voor umso, *zie* umso
umändern (geheel) veranderen, vermaken
umarbeiten 1 omwerken; 2 veranderen
umarmen omarmen, omhelzen
Umbau m^5 *(mv ook -ten)* 1 verbouwing; 2 *(theat)* changement, verandering; 3 ombouw, omhulsel; 4 reorganisatie
¹**umbauen** verbouwen, ombouwen, veranderen
²**umbauen** inbouwen
umbehalten[183] omhouden
umbenennen[213] een andere naam geven
umbesetzen anders bezetten
umbetten 1 verbedden; 2 *(rivier)* verleggen
umbiegen[129] I tr ombuigen, verbuigen; II intr een bocht maken
umbilden veranderen, wijzigen, reorganiseren
umblasen[133] 1 omblazen; 2 neerknallen
umblättern ombladeren
umblicken, sich 1 omkijken; 2 rondkijken
¹**umbrechen**[137] I tr 1 omverhalen, omverwerpen, vellen; 2 *(veld)* omploegen; II intr 1 instorten, omvallen; 2 (af)breken
umbringen[139] doden, vermoorden
Umbruch m^6 1 omwenteling; 2 *(fig)* wijziging, ommekeer, ingrijpende verandering; 3 (het) omploegen
umbuchen overboeken; omboeken
umdenken[140] anders (gaan) denken, zich opnieuw bezinnen
umdrängen omstuwen, zich verdringen om
umdrehen omdraaien, omkeren
Umdrehung v^{20} omdraaiing, omwenteling
umeinander om elkaar (heen); rond elkaar
¹**umfahren**[153] I tr omverrijden; II intr omrijden, omvaren, een omweg maken
²**umfahren**[153] rijden om, varen om
umfallen[154] 1 omvallen: *tot ~* dood neervallen; *ohnmächtig ~* flauwvallen; 2 *(fig)* instorten; 3 van mening veranderen
Umfang m^6 1 omvang: *in gewissem ~* tot op zekere hoogte; *in vollem ~* in volle omvang; 2 omtrek
umfangen[155] 1 omhelzen, omarmen; 2 omvatten
umfänglich, umfangreich omvangrijk
umfassen 1 omhelzen; 2 omsingelen, omgeven, insluiten; 3 omvatten
umfassend 1 omvangrijk; 2 veelomvattend
Umfeld o^{31} 1 milieu; 2 omgeving
umfluten omspoelen, omgolven

umformen 1 omvormen, vervormen, veranderen; **2** *(elektr)* transformeren, omzetten
Umfrage v^{21} enquête, rondvraag: *eine ~ machen* (of: *veranstalten)* een enquête houden
umfrieden, umfriedigen omheinen
Umgang m^6 **1** omgang: *schlechten ~ haben* in slecht gezelschap verkeren; **2** *(bouwk)* omloop, omgang; **3** processie, omgang
umgänglich gezellig, prettig in de omgang
Umgangsformen *mv* v^{20} omgangsvormen
Umgangssprache v^{21} omgangstaal
¹umgeben^{166} omdoen
²umgeben^{166} omgeven, omringen
Umgebung v^{20} omgeving
Umgegend v^{20} omstreken, omgeving
¹umgehen^{168} **1** omgaan: *gut mit dem Geld ~* goed met zijn geld omspringen; **2** rondgaan; **3** rondwaren, rondspoken
²umgehen^{168} **1** lopen om, gaan om; **2** *(mil)* een omtrekkende beweging maken om; **3** ontwijken, mijden; **4** omzeilen, ontduiken
umgehend I *bw* omgaand; **II** *bn* onmiddellijk
Umgehung v^{20} **1** *(mil)* omtrekkende beweging; **2** vermijding, ontduiking: *unter ~ der Regierung* buiten de regering om
Umgehungsstraße v^{21} rondweg, ringweg
umgekehrt omgekeerd: *das ist gerade ~* dat is juist andersom
umgestalten wijzigen, veranderen, reorganiseren
umgießen^{175} overgieten
umgraben^{180} omspitten
umgrenzen 1 omgrenzen; **2** *(fig)* afbakenen
umgruppieren^{320} hergroeperen
umgucken, sich 1 omkijken; **2** rondkijken
umhaben^{182} omhebben, aanhebben
Umhang m^6 schoudermantel, cape
umhängen 1 omhangen, aandoen; **2** verhangen, anders hangen
umhauen^{185} **1** omhakken; **2** vloeren: *(fig) das haut einen um!* ik sta perplex!
umhegen 1 omheinen; **2** *(fig)* met zorgen omringen
umher rond, rondom, in het rond: *rings ~* rondom, in het rond
umherblicken rondkijken, rondzien
umherfahren^{153} **1** rondvaren; **2** rondrijden
umhergehen^{168} rondlopen
umherlaufen^{198} rondlopen, rondrennen
umherliegen^{202} rondslingeren
umherreisen rondreizen, rondtrekken
umherziehen^{318} rondzwerven, rondtrekken
umhinkommen^{193}, **umhinkönnen**^{194}: *nicht ~ er niet onderuit kunnen
umhören, sich zijn oor te luisteren leggen: *sich nach*$^{+3}$ *etwas ~* naar iets informeren
umhüllen omhullen, omwikkelen, inpakken
Umkehr v^{28} **1** terugtocht; **2** ommekeer
umkehren I *tr* **1** omkeren, omdraaien; keren; **2** binnenstebuiten keren; ondersteboven halen; **II** *intr* omkeren, terugkeren

umkippen I *tr* omkiepen, omgooien; **II** *intr* **1** omvallen, omkiepen; **2** flauwvallen; **3** door de knieën gaan; **4** omslaan
umklammern omklemmen, omknellen
umklappen I *tr* omklappen; **II** *intr* flauwvallen
Umkleidekabine v^{21} kleedhokje
umkleiden I *tr* omkleden; **II** *sich ~* zich omkleden
Umkleideraum m^6 kleedkamer
umkommen^{193} **1** om het leven komen; **2** sterven; **3** bederven, verloren gaan
Umkreis m^5 omtrek, omgeving
umkreisen draaien om, omcirkelen
umkrempeln 1 *(broekspijpen, mouwen)* omslaan, oprollen; **2** totaal veranderen; **3** binnenstebuiten keren
umladen^{196} overladen, overslaan
Umland o^{39} regio, omgeving
Umlauf m^6 omloop, circulatie, roulatie
Umlaufbahn v^{20} *(sterrenk)* omloopbaan, baan
umlaufen^{198} **I** *tr* om(ver)lopen; **II** *intr* **1** *(mbt gerucht)* de ronde doen; **2** *(mbt de wind)* draaien, omlopen; **3** *(sterrenk)* ronddraaien; **4** *(mbt geld)* in omloop zijn; *(mbt bloed)* circuleren
Umlaut m^5 *(taalk)* umlaut
umlegen 1 omdoen, omslaan; **2** omkeren, omslaan; **3** (hoofdelijk) omslaan; **4** vellen; **5** verplaatsen; **6** verleggen; **7** platslaan
Umlegung v^{20} **1** verplaatsing, verlegging; **2** (hoofdelijke) omslag; **3** moord; *zie umlegen*
umleiten *(het verkeer)* omleiden; *(een rivier)* omleggen
Umleitung v^{20} **1** omleiding; **2** wegomlegging
umliegend omliggend, omringend
ummodeln veranderen, omvormen
umnachten verduisteren: *geistig umnachtet sein* krankzinnig
Umnachtung v^{20} geestelijke gestoordheid
umorganisieren^{320} reorganiseren
umpacken 1 overpakken; **2** anders verpakken
umpflanzen over-, verplanten, verpoten
umrahmen omlijsten
umranken omranken
umrechnen omrekenen
Umrechnungskurs m^5 omrekeningskoers
¹umreißen^{220} **1** omrukken, omverhalen, omverlopen; **2** afbreken, slopen
²umreißen^{220} schetsen, in grote lijnen aangeven
umringen omringen, omgeven
Umriss m^5 omtrek, contour, lijn
umrühren omroeren
umrunden 1 rijden, lopen, varen om; **2** ronden
ums *verk van* **um das** om de, om het
umsatteln 1 omzadelen; **2** (van beroep, studierichting) veranderen
Umsatz m^6 **1** omzet; **2** *(med, chem)* omzetting
Umsatzsteuer v^{21} omzetbelasting
¹umsäumen omzomen
²umsäumen 1 omzomen; **2** omzomen
umschalten *(ook fig)* om-, overschakelen

um

Umschau *v²⁰* (het) rondkijken: ~ *halten* een kijkje nemen; *nach jmdm* ~ *halten* naar iem uitkijken

umschauen, sich 1 omkijken; 2 rondkijken

Umschlag I *m⁶* 1 enveloppe; 2 kaft, omslag *(van boek)*; 3 *(med)* kompres, omslag; II *m¹⁹* 1 (het) overladen, overslag *(van goederen)*; 2 omslag, plotselinge verandering; 3 *(econ)* omzet

umschlagen²⁴¹ I *tr* 1 omhakken; 2 omdoen, omslaan; 3 omslaan, omvouwen; 4 *(goederen)* overslaan, overladen; II *intr* 1 *(mbt het weer)* omslaan; 2 *(scheepv)* omslaan, kapseizen

umschließen²⁴⁵ 1 omsluiten; 2 omvatten

umschlingen²⁴⁶ 1 omhelzen; 2 omslingeren

umschnallen omgespen

¹umschreiben²⁵² 1 herschrijven; 2 overschrijven; 3 wijzigen

²umschreiben²⁵² 1 omschrijven, definiëren; 2 *(meetk)* schrijven om

umschulden *(leningen)* omzetten, converteren

umschulen 1 herscholen, omscholen; 2 op een andere school plaatsen

Umschulung *v²⁰* 1 herscholing, omscholing; 2 overplaatsing *(naar een andere school)*

umschütten 1 overgieten; 2 morsen

Umschweif *m⁵* omweg, omhaal: *ohne ~e* zonder omwegen, zonder omhaal

Umschwung *m⁶* 1 (om)draaiing, omwenteling; 2 ommekeer, kentering

umsehen²⁶¹, sich 1 omzien, omkijken: *sich ~ nach*⁺³ uitzien naar; 2 rondkijken

umsein *oude spelling voor* um sein, *zie* um II

umseitig, umseits aan de ommezijde

umsetzen 1 verzetten, verplaatsen; 2 verplanten, verpoten, verpotten; 3 omzetten

Umsicht *v²⁸* 1 omzichtigheid, voorzichtigheid; 2 tact

umsichtig 1 omzichtig, voorzichtig; 2 tactvol

umsiedeln I *tr* naar elders overbrengen; II *intr* verhuizen

Umsiedler *m⁹* 1 emigrant; 2 evacué

umso des te: ~ *besser* des te beter, zoveel te beter

umsonst 1 gratis, voor niets; 2 (te)vergeefs

umsorgen met zorgen omgeven, verzorgen

umspringen²⁷⁶ 1 omspringen, omgaan: *mit jmdm ~* met iem omspringen; 2 *(mbt de wind)* omslaan; 3 *(mbt verkeerslicht)* verspringen

Umstand *m⁶* 1 omstandigheid: *nähere Umstände* nadere bijzonderheden; *unter keinen Umstände* in geen geval; *unter Umständen* eventueel, misschien; 2 toestand: *Umstände machen* drukte maken; 3 omstandigheid, gesteldheid: *sie ist in anderen* (of: *in gesegneten*) *Umständen* ze is in verwachting

umständlich omstandig, omslachtig

umstandshalber wegens omstandigheden

Umstandskleid *o³¹* positiejapon

umstehend: *auf der ~en Seite* (of: ~) aan ommezijde; *die ~en Leute* de omstanders

Umstehende(r) *m⁴⁰ᵃ, v⁴⁰ᵇ* omstander, omstandster

umsteigen²⁸¹ *(ook fig)* overstappen

¹umstellen I *tr* 1 verzetten, verplaatsen; 2 *(sp)* de opstelling wijzigen; 3 reorganiseren; 4 verzetten, overschakelen, omschakelen; II *sich ~ (met auf*⁺⁴*)* zich aanpassen (aan)

²umstellen insluiten, omsingelen

Umstellung *v²⁰* 1 (het) verplaatsen; 2 reorganisatie; 3 omschakeling; *zie ook* umstellen

umstimmen 1 *(muz)* anders stemmen; 2 *(fig)* tot andere gedachten brengen

umstoßen²⁸⁵ 1 omgooien, omstoten; 2 *(een plan)* doen mislukken

umstritten omstreden, betwist

umstrukturieren³²⁰ herstructureren

Umstrukturierung *v²⁰* herstructurering

Umsturz *m⁶* 1 omverwerping; 2 *(ook fig)* omwenteling, revolutie

umstürzen I *tr* omgooien, om(ver)werpen; II *intr* omvallen

Umstürzler *m⁹* revolutionair

umtaufen herdopen, een andere naam geven

Umtausch *m⁵* 1 omruil, ruil; 2 (het) wisselen

umtauschen 1 (om)ruilen; 2 (om)wisselen

Umtrunk *m⁶* (gemeenschappelijke) borrel: *einen ~ halten* samen een borrel drinken

umwälzen 1 omwentelen; 2 doen circuleren

Umwälzpumpe *v²¹* circulatiepomp

Umwälzung *v²⁰* 1 omwenteling, revolutie; 2 circulatie

umwandeln I *tr* 1 veranderen; 2 omzetten; 3 *(handel)* converteren; II *sich ~* veranderen

Umwandlung *v²⁰* 1 verandering; 2 omzetting; 3 *(handel)* conversie

umwechseln omwisselen, wisselen

Umweg *m⁵* omweg *(ook fig)*

umwehen omwaaien

Umwelt *v²⁸* milieu, omgeving; *(Belg)* leefmilieu

umweltfreundlich milieuvriendelijk

Umweltkatastrophe *v²¹* milieuramp

Umweltschutz *m¹⁹* milieubescherming

Umweltverschmutzung *v²⁰* milieuvervuiling

umwenden³⁰⁸ I *tr* omwenden, omkeren; *(bladzijde)* omslaan; II *intr* draaien, wenden, keren; III *sich ~* zich omdraaien

umwerfen³¹¹ 1 omgooien; 2 omdoen; 3 (iem) van zijn stuk brengen

umwerten herwaarderen

Umwertung *v²⁰* herwaardering

umzäunen omheinen

¹umziehen³¹⁸ I *intr* verhuizen; II *sich ~* zich omkleden

²umziehen³¹⁸ I *tr* omgeven, omringen; II *sich ~* betrekken, bewolken

Umzug *m⁶* 1 verhuizing; 2 optocht; 3 *(r-k)* processie

UN *afk van* United Nations *(Vereinte Nationen)* Verenigde Naties *(afk* VN)

unabänderlich onveranderlijk, onherroepelijk

unabhängig onafhankelijk

Unabhängigkeitserklärung *v²⁰* onafhankelijkheidsverklaring

unabkömmlich onmisbaar

unablässig onophoudelijk, voortdurend

unabsehbar onafzienbaar

unabsetzbar onafzetbaar

unabsichtlich onopzettelijk, zonder opzet

unabweisbar, unabweislich onafwijsbaar, dwingend

unachtsam onachtzaam, slordig

Unachtsamkeit v^{20} onachtzaamheid

unähnlich ongelijk, niet gelijkend

unangebracht ongepast, misplaatst

unangemessen 1 ongepast, misplaatst; **2** niet passend (bij)

unangenehm onaangenaam, onplezierig

unannehmbar onaannemelijk, onaanvaardbaar

Unannehmlichkeit v^{20} onaangenaamheid

unansehnlich 1 onooglijk; **2** onaanzienlijk

unanständig onfatsoenlijk, onbehoorlijk

unappetitlich onappetijtelijk, onsmakelijk

Unart v^{20} **1** hebbelijkheid, nare gewoonte; **2** ondeugendheid

unartig stout, ondeugend

unaufdringlich 1 onopvallend; **2** beschaafd

unauffällig onopvallend

unaufgefordert 1 ongevraagd; **2** uit eigen beweging

unaufgeklärt onopgehelderd

unaufhaltbar, unaufhaltsam 1 gestaag; **2** onstuitbaar

unaufhörlich onophoudelijk, aanhoudend

unauflösbar, unauflöslich 1 (ook fig) onoplosbaar; **2** onontwarbaar

unaufmerksam 1 onoplettend; **2** onattent

unaufrichtig onoprecht

unausgefüllt 1 niet ingevuld, blanco; **2** (fig) leeg

unausgesetzt onafgebroken, onophoudelijk

unausstehlich onuitstaanbaar

unausweichlich onvermijdelijk

unbändig 1 onbeteugelbaar; onbedwingbaar, ontembaar; **2** buitensporig, enorm

unbar zonder contant geld

unbarmherzig onbarmhartig, meedogenloos

unbeabsichtigt onopzettelijk

unbeantwortet onbeantwoord

unbedenklich zonder bezwaar

unbedeutend onbeduidend, onbelangrijk

unbedingt I bn onvoorwaardelijk; **II** bw beslist, absoluut

unbefangen 1 onbevooroordeeld; **2** onbevangen, ongedwongen, spontaan

Unbefangenheit v^{20} **1** onbevooroordeeldheid; **2** onbevangenheid; zie unbefangen

unbefleckt 1 onbevlekt; **2** vlekkeloos

unbefristet voor onbepaalde tijd

unbefugt onbevoegd, illegaal

unbegrenzt onbegrensd, onbeperkt

unbegründet ongegrond, ongemotiveerd

Unbehagen o^{39} (gevoel van) onbehagen

unbehelligt ongehinderd, ongemoeid

unbeirrbar onverstoorbaar

unbeirrt onverstoorbaar, kalm

unbekannt onbekend

unbekleidet ongekleed, zonder kleren

unbekümmert onbekommerd, zorgeloos, onbezorgd

unbelebt levenloos, onbezield, doods

unbelehrbar niet voor rede vatbaar

unbeliebt niet geliefd, onbemind, impopulair

unbemittelt onvermogend, onbemiddeld

unbenutzt ongebruikt

unbeobachtet onopgemerkt: *in einem ~en Augenblick* in een onbewaakt ogenblik

unbequem 1 ongemakkelijk, ongeriefelijk; **2** lastig

Unbequemlichkeit I v^{20} ongemak; **II** v^{28} last

unberechenbar onberekenbaar

unberechtigt onbevoegd, onrechtmatig

unberücksichtigt buiten beschouwing gelaten: *etwas ~ lassen* iets buiten beschouwing laten

unberührt 1 onaangeroerd; **2** ongerept; **3** onberoerd: *das ließ ihn ~* dat maakte geen indruk op hem

unbeschädigt 1 onbeschadigd; **2** ongedeerd

unbescholten van onbesproken gedrag

Unbescholtenheitszeugnis o^{29a} bewijs van goed gedrag

unbeschrankt onbewaakt (van overweg)

unbeschränkt onbeperkt, onbegrensd

unbeschreiblich onbeschrijfelijk

unbeschützt onbeschut, onbeschermd

unbeschwert onbezorgd, onbekommerd

unbesetzt 1 onbezet; **2** vrij, vacant

unbesiegbar onoverwinnelijk

unbesiegt onoverwonnen

unbesonnen onbezonnen, onbesuisd

unbeständig onbestendig, wisselvallig

unbestechlich onomkoopbaar, integer

unbestimmt onbestemd, onbepaald, vaag, niet vast, onzeker

unbestritten onbetwist

unbeteiligt 1 niet betrokken; **2** ongeïnteresseerd

unbetont onbeklemtoond

unbeugsam onbuigzaam, halsstarrig

unbewacht onbewaakt

unbewaffnet ongewapend

unbeweglich 1 onbeweeglijk; **2** onbeweegbaar; **3** onroerend (van goederen)

unbewegt onbewogen (ook fig)

unbewohnbar onbewoonbaar

unbewohnt onbewoond

unbewusst 1 onbewust, instinctief; **2** onopzettelijk

unbezahlt onbetaald, niet betaald

Unbilden mv ongemakken, onaangenaamheid: *die ~ des Wetters* het barre weer

Unbill v^{28} **1** onrecht, krenking; **2** tegenspoed

unbotmäßig opstandig, weerspannig

unbrauchbar onbruikbaar

und en: *sie gingen zwei ~ zwei* zij liepen twee aan

twee; *na ~?* nou, en!; *du musst es tun, ~ ist es noch so schwer* je moet het doen, ook al is het nog zo moeilijk; *~ zwar* en wel

Undank *m*[19] ondank

undankbar ondankbaar

undenkbar ondenkbaar

undicht niet dicht, lek: *die ~e Stelle* het lek

Unding *o*[39] onding

unduldsam onverdraagzaam, intolerant

undurchdringlich 1 ondoordringbaar; 2 ondoorgrondelijk

undurchführbar onuitvoerbaar

undurchlässig ondoordringbaar: *ein für Wasser ~es Gefäß* een waterdichte bak

uneben oneffen, ongelijk

unecht onecht, nagemaakt, vals

unehelich onecht, onwettig, buitenechtelijk: *eine ~e Mutter* een ongehuwde moeder

Unehre *v*[28] oneer, schande

unehrlich oneerlijk

uneigennützig belangeloos, onbaatzuchtig

uneigentlich oneigenlijk

uneingeschränkt onbeperkt, onbegrensd

uneinig onenig, onderling verdeeld

uneins oneens, onderling verdeeld

unempfänglich (met *für*[+4]) onontvankelijk voor, onvatbaar voor

unempfindlich 1 ongevoelig; 2 niet vatbaar, immuun; 3 sterk, niet kwetsbaar

unendlich oneindig

unentbehrlich onmisbaar, onontbeerlijk

unentgeltlich kosteloos, gratis

unentrinnbar onontkoombaar

unentschieden 1 onbeslist; 2 besluiteloos

Unentschieden *o*[35] gelijk spel

unentschlossen besluiteloos, weifelend

unentwegt 1 onverzettelijk, vastberaden; 2 aanhoudend, onophoudelijk: *~ arbeiten* alsmaar werken

unerbittlich onverbiddelijk

unerfahren onervaren

unerforschlich ondoorgrondelijk

unerfreulich onaangenaam, onverkwikkelijk

unergiebig weinig opleverend, weinig vruchtbaar, *(fig)* onvruchtbaar

unerheblich onbelangrijk, onbeduidend, onbetekenend

¹unerhört niet verhoord, onverhoord

²unerhört 1 ongehoord, enorm; 2 schandalig

unerklärbar, unerklärlich onverklaarbaar

unerlässlich beslist nodig, beslist noodzakelijk

unerlaubt ongeoorloofd, ongepermitteerd

unerledigt onafgedaan, niet afgehandeld

unermesslich onmetelijk, immens, enorm

unermüdlich onvermoeibaar

unerquicklich onverkwikkelijk, onaangenaam

unerreichbar 1 onbereikbaar, ongenaakbaar; 2 niet te evenaren

unersättlich 1 onverzadelijk; 2 onverzadigbaar

unerschütterlich 1 onwankelbaar, onwrikbaar; 2 onverstoorbaar

unerschwinglich niet op te brengen, onbetaalbaar

unersetzbar, unersetzlich 1 onvervangbaar; 2 onherstelbaar

unerträglich 1 ondraaglijk; 2 onuitstaanbaar

unerwartet onverwacht

unerwünscht ongewenst

unfähig ongeschikt, onbekwaam: *er ist ~ zu dieser Tat* hij is niet in staat tot deze daad

Unfall *m*[6] ongeval, ongeluk

Unfallbeteiligte(r) *m*[40a], *v*[40b] bij een ongeval betrokkene

Unfallflucht *v*[28] (het) doorrijden na een ongeval; *(Belg)* vluchtmisdrijf

Unfallhilfe *v*[28] eerste hulp bij ongelukken

Unfallopfer *o*[33] slachtoffer van een ongeval

Unfallstelle *v*[21] plaats van het ongeval

unfassbar, unfasslich 1 onbegrijpelijk; 2 ongelofelijk

unfehlbar 1 onfeilbaar; 2 stellig, beslist

unfein 1 onelegant; 2 onbeschaafd, ordinair

unfern *vz*[+2] niet ver van

unflätig vuil, vies, obsceen, goor

unförmig wanstaltig, plomp, vormloos

unförmlich informeel

unfrei 1 onvrij; 2 geremd; 3 ongefrankeerd

unfreundlich 1 onvriendelijk; 2 onaangenaam

Unfriede *m*[18] *(geen mv)*, **Unfrieden** *m*[19] onvrede, tweedracht, onenigheid

Unfug *m*[19] 1 straatschenderij: *grober ~* verstoring van de openbare orde; 2 baldadigheid, kattenkwaad; 3 onzin; 4 misbruik: *mit*[+3] *etwas ~ treiben* misbruik van iets maken

Ungar *m*[15] Hongaar

ungarisch Hongaars

Ungarn *o*[39] Hongarije

ungastlich ongastvrij *(ook fig)*

ungeachtet I *vz*[+2] ondanks, niettegenstaande, in weerwil van; II *vw (vero)* niettegenstaande, ofschoon, hoewel

ungeahnt onvermoed, onverwacht

ungebärdig 1 wild; 2 onhandelbaar

ungebeten ongevraagd, ongenood

ungebildet 1 onbeschaafd; 2 onontwikkeld

ungebräuchlich ongebruikelijk

ungebührend, ungebührlich 1 onbetamelijk, onbehoorlijk, ongepast; 2 onredelijk

Ungeduld *v*[28] ongeduld

ungeduldig ongeduldig

ungeeignet ongeschikt

ungefähr I *bn* globaal, ruw; II *bw* ongeveer, circa, omstreeks: *von ~* bij toeval

ungefährlich niet gevaarlijk, ongevaarlijk

ungehalten boos, verstoord

ungehemmt 1 onbelemmerd, vrij; 2 ongeremd

ungeheuer reusachtig, ontzaglijk, enorm

Ungeheuer *o*[33] monster

ungeheuerlich 1 reusachtig; 2 ongehoord, schan-

Un

dalig

ungehobelt 1 ongeschaafd, ruw; **2** onbehouwen, lomp

ungehörig onbehoorlijk, ongepast

Ungehorsam m^{19} ongehoorzaamheid

ungeklärt 1 onopgehelderd; **2** ongezuiverd

ungekünstelt ongekunsteld

ungelegen ongelegen

ungelernt ongeschoold

Ungelernte(r) m^{40a}, v^{40b} ongeschoolde

ungemein ongemeen, buitengewoon (groot)

ungemütlich 1 ongezellig; **2** (fig) onbehaaglijk, onaangenaam; **3** kwaad, nijdig

ungenau onnauwkeurig

ungenießbar 1 ongenietbaar, oneetbaar, ondrinkbaar; **2** (fig) ongenietbaar

ungenügend onvoldoende

ungepflegt onverzorgd, slordig

ungeprüft 1 niet onderzocht; **2** niet beproefd; **3** niet geëxamineerd

ungerade oneven

ungerecht onrechtvaardig, onbillijk

ungereimt 1 rijmloos; **2** ongerijmd, dwaas

ungesalzen niet gezouten, flauw

Ungeschick o^{39}, **Ungeschicklichkeit** v^{20} onhandigheid

ungeschickt 1 onhandig; **2** niet erg tactisch

ungeschliffen 1 ongeslepen, ruw; **2** (fig) onbeschaafd, lomp

ungeschoren ongeschoren: *jmdn ~ lassen* iem met rust laten; *~ davonkommen* er zonder kleerscheuren afkomen

ungeschrieben ongeschreven

ungeschult 1 ongeschoold; **2** ongeoefend

ungesittet onbeschaafd, ongemanierd

ungestört ongestoord

ungestüm onstuimig, heftig, hevig, wild

Ungestüm o^{39} onstuimigheid

ungesund ongezond

ungetrübt ongestoord

Ungetüm o^{29} monster, gedrocht

ungeübt ongeoefend, onbedreven

ungewandt onhandig

ungewaschen ongewassen, vuil

ungewiss onzeker, ongewis

ungewöhnlich ongewoon, ongebruikelijk: *~ groß* buitengewoon groot

ungewohnt ongewoon

ungewollt ongewild, zonder het te willen

Ungeziefer o^{39} ongedierte

ungezogen stout, ondeugend

ungezwungen ongedwongen, natuurlijk

ungläubig ongelovig

Ungläubige(r) m^{40a}, v^{40b} ongelovige

unglaubwürdig ongeloofwaardig

ungleich ongelijk, verschillend: *~ besser* veel beter

ungleichartig ongelijksoortig

Ungleichheit v^{20} ongelijkheid

Unglück o^{29} **1** ongeluk, ongeval; **2** pech, tegenslag,

tegenspoed

unglücklich ongelukkig

unglücklicherweise ongelukkig(erwijze)

Unglücksbotschaft v^{20} ongeluks-, jobstijding

Unglücksfahrer m^9 bestuurder die een, het ongeluk veroorzaakt heeft

Unglücksfall m^6 **1** ongeluk, ongeval; **2** ongelukkig voorval

Unglücksort m^5 plaats van het ongeluk

Ungnade v^{28} ongenade

ungnädig 1 ongenadig, onbarmhartig; **2** wrevelig, slecht gehumeurd

ungültig ongeldig, nietig

Ungunst v^{28} **1** ongunst: *zu ~en^{+2}* ten nadele van; *zu meinen ~en* in mijn nadeel; **2** ruwheid, guurheid

ungünstig ongunstig

ungut 1 slecht, onbehaaglijk; **2** onaangenaam || *nichts für ~!* neem mij niet kwalijk!

unhaltbar onhoudbaar

Unheil o^{39} onheil, ramp, rampspoed

unheilbar ongeneeslijk

Unheilstifter m^9 onheilsstichter

unheilvoll rampzalig

unheimlich 1 akelig, griezelig, onheilspellend, naar, eng; **2** reusachtig, enorm

unhöflich onbeleefd, onheus

Unhold m^5 **1** boze geest, demon; **2** monster; **3** schurk

Uni v^{27} *verk van Universität* universiteit

Uniform v^{20} uniform

uniformieren^{320} **1** uniformeren, in uniform kleden; **2** uniformeren, eenvormig maken

uninteressant oninteressant, niet interessant

uninteressiert ongeïnteresseerd

Union v^{20} unie

universal universeel, algemeen

Universalmittel o^{33} universeel middel

Universität v^{20} universiteit

Unke v^{21} **1** (dierk) pad; **2** (fig) ongeluksprofeet

unkenntlich onherkenbaar

Unkenntlichkeit v^{28} onherkenbaarheid: *bis zur ~* onherkenbaar

Unkenntnis v^{28} onwetendheid

unklar 1 onduidelijk, vaag: *das ist mir völlig ~* dat is mij volkomen onbegrijpelijk; *sich³ über^{+4} etwas im Unklaren sein* niet weten wat men iets aan moet; **2** (van vloeistof) troebel

unklug onverstandig, niet slim

Unkosten *mv* (on)kosten

Unkraut o^{39} onkruid

unkündbar 1 onopzegbaar; **2** niet aflosbaar: *eine ~e Stelle* een vaste baan

unkundig 1 onkundig; **2** ondeskundig: *einer Sache ~ sein* iets niet machtig zijn

unlängst onlangs, kort geleden

unlauter 1 oneerlijk, onzuiver; **2** unfair

unleidlich 1 ondraaglijk; **2** onuitstaanbaar

unlesbar onleesbaar

unleserlich onleesbaar, niet te ontcijferen

un

unleugbar onloochenbaar, onbetwistbaar

unlieb ongelegen: *es ist mir nicht* ~ het komt me goed uit

unlogisch onlogisch

unlösbar, unlöslich 1 onoplosbaar; **2** onontbindbaar, onscheidbaar

Unlust v^{28} **1** onlust, onbehagen; **2** tegenzin; **3** lusteloosheid

Unmaß o^{39} overmaat, teveel

Unmasse v^{21} enorme massa

unmäßig 1 onmatig, buitensporig; **2** buitengewoon: ~ *schlau* buitengewoon slim

Unmenge v^{21} enorme hoeveelheid

Unmensch m^{14} onmens

unmenschlich 1 onmenselijk, barbaars; **2** enorm, buitengewoon

unmissverständlich niet mis te verstaan, duidelijk

unmittelbar onmiddellijk, rechtstreeks, direct

unmöbliert ongemeubileerd

unmöglich onmogelijk

unmoralisch immoreel, onzedelijk

Unmut m^{19} wrevel, ontstemming

unmutig, unmutsvoll wrevelig, ontstemd

unnachahmlich onnavolgbaar

unnachgiebig ontoegeeflijk; onverbiddelijk

unnachsichtig ontoegevend, onverbiddelijk

unnatürlich onnatuurlijk; gemaakt

unnötig onnodig, nodeloos

unnütz 1 nutteloos, waardeloos; **2** onnodig

unordentlich 1 wanordelijk; **2** ongeregeld; **3** slordig

Unordnung v^{28} wanorde: *in* ~ *geraten* in de war raken

unparteiisch onpartijdig

Unparteiische(r) m^{40a}, v^{40b} scheidsrechter

unpässlich onpasselijk, misselijk, niet lekker

Unpässlichkeit v^{20} onpasselijkheid

unpraktisch onpraktisch

unqualifiziert ongekwalificeerd

unrasiert ongeschoren

Unrast v^{28} onrust, rusteloosheid

Unrat m^{19} vuil, vuilnis, afval: ~ *wittern* onraad bespeuren

unrecht 1 verkeerd; **2** ongeschikt, ongelegen: *zur* ~*en Zeit* op een ongelegen tijdstip; **3** onrechtvaardig, verkeerd

Unrecht o^{39} **1** onrecht; **2** ongelijk: *er hat* ~ hij heeft ongelijk; ~ *geben* ongelijk geven; *im* ~ *sein* ongelijk hebben; **3** onrecht, onrechtvaardigheid

unredlich oneerlijk, onoprecht

unregelmäßig onregelmatig

unregierbar onbestuurbaar, onregeerbaar

unreif onrijp *(ook fig)*

unrein onrein, onzindelijk, onzuiver

unrentabel onrendabel

unrichtig onjuist, verkeerd, foutief

Unruhe I v^{28} **1** ongerustheid; **2** onrust; **II** v^{21} *(mv)* onlusten, troebelen

unruhig 1 onrustig; **2** ongerust; **3** druk

uns 1 ons: *sie kannten* ~ zij kenden ons; **2** elkaar:

wir treffen ~ we treffen elkaar

unsachgemäß ondeskundig, niet vakkundig

unsachlich onzakelijk, niet zakelijk

unsagbar, unsäglich onuitsprekelijk, onbeschrijfelijk

unsauber 1 vuil, vies *(ook fig)*; **2** slordig; **3** onzuiver; **4** *(sp)* unfair

unschädlich onschadelijk

unschätzbar onschatbaar

unscheinbar onopvallend, onooglijk

unschicklich ongepast, onbehoorlijk

unschlüssig besluiteloos, weifelend

unschön 1 lelijk, niet mooi; **2** onaardig

Unschuld v^{28} onschuld: *(volkstaal) eine* ~ *vom Lande* een onnozel meisje

unschuldig onschuldig

Unschuldige(r) m^{40a}, v^{40b} onschuldige

Unschuldsmiene v^{21} onschuldig gezicht

unser I *bez vnw*^{80} ons, onze: *die Unseren, die unseren* de onzen; **II** *pers vnw*^{82} (van) ons: *dieser Garten ist* ~ deze tuin is van ons

unsereiner, unsereins mensen als wij, iemand als wij

unserige *zie* unsrige

unsicher 1 onzeker, twijfelachtig; onbetrouwbaar; **2** onvast *(van hand)*; **3** onveilig

Unsicherheit v^{28} **1** onzekerheid; **2** onveiligheid

Unsinn m^{19} onzin, nonsens

unsinnig 1 onzinnig, bespottelijk, dwaas; **2** geweldig, ontzettend

Unsitte v^{21} slechte gewoonte

unsozial asociaal

unsportlich onsportief

unsrige: *(der, die, das)* ~ (de, het) onze; *die unsrigen, die Unsrigen* de onzen

unstatthaft ongeoorloofd, niet toelaatbaar

unsterblich onsterfelijk

unstet, unstetig 1 onrustig, rusteloos; **2** ongedurig

unstreitig onbetwistbaar, ontegenzeglijk

unstrittig onbetwist, ontegenzeglijk

Unsumme v^{21} enorme som, enorm bedrag

unsympathisch onsympathiek

untadelig, untadlig onberispelijk

Untat v^{20} wandaad, onmenselijke daad

untätig lijdzaam, lijdelijk, werkeloos

untauglich ondeugdelijk, ongeschikt

unteilbar ondeelbaar

unten beneden, onder, onderin, onderaan: *von* ~ van onder af *(ook fig)*; *bei jmdm* ~ *durch sein* bij iem eruit liggen; ~ *erwähnt,* ~ *stehend* onderstaand

untenan onderaan, aan het benedeneind

untendurch (er)onderdoor

untenerwähnt *oude spelling voor* unten erwähnt, *zie* unten

untenher van beneden

untenhin naar beneden

untenstehend *oude spelling voor* unten stehend, *zie* unten

unter I $vz^{+3,+4}$ **1** onder, beneden: *Kinder* ~ *10 Jahren* kinderen onder, beneden de 10 jaar; ~ *anderem* onder andere; ~ *anderen* onder anderen; ~ *sich* onder elkaar; **2** op: ~ *der Bedingung* op voorwaarde; **3** tussen: ~ *Mittag* tussen de middag; **4** aan: ~ *Kopfschmerzen leiden* aan hoofdpijn lijden; **5** tot: *ich rechne ihn ~ meine Freunde* ik reken hem tot mijn vrienden; **6** minder dan: *er verkauft es nicht ~ einer Mark* hij verkoopt het niet voor minder dan een mark; **II** *bn* onderste, laagste, lager: *die ~en Klassen* de lagere klassen; *das ~e Stockwerk* de benedenverdieping; *der ~e Teil* het onderste deel, het benedengedeelte; *zie ook* unterst; **III** *bw*: ~ *zwanzig (Jahre alt)* onder de twintig; *ein Kind von ~ 10 Jahren* een kind van onder de 10 jaar

Unterarm *m*[5] onderarm

unterbauen 1 funderen; **2** *(fig)* onderbouwen

Unterbekleidung *v*[20] onderkleding, ondergoed

unterbelegt, unterbesetzt onderbezet

unterbewerten onderwaarderen

unterbewusst onderbewust

Unterbewusstsein *o*[39] onderbewustzijn

unterbezahlen onderbetalen

unterbieten[130]: *einen Mitbewerber ~* een lagere prijs vragen dan een concurrent; *(sp) einen Rekord ~* onder een record blijven, een record verbeteren

unterbinden[131] **1** *(med)* afbinden; **2** *(fig)* tegengaan, verhinderen, belemmeren

unterbleiben[134] niet gebeuren, niet plaatshebben, achterwege blijven

unterbrechen[137] **1** onderbreken, in de rede vallen; **2** *(vergadering, zitting)* schorsen; **3** verbreken; **4** *(het verkeer)* stremmen

Unterbrechung *v*[20] **1** onderbreking; **2** schorsing; **3** verbreking; **4** stremming

unterbreiten voorleggen

unterbringen[139] **1** bergen, plaatsen; **2** huisvesten, onderbrengen, onder dak brengen; **3** aan een baan helpen; **4** *(een artikel)* geplaatst krijgen

Unterbringung *v*[20] **1** huisvesting; (het) onder dak brengen; **2** plaatsing; **3** onderdak; *zie* unterbringen

unterdrücken onderdrukken

Unterdrücker *m*[9] onderdrukker

Unterdrückung *v*[20] onderdrukking

untereinander onder elkaar, onderling

unterentwickelt onderontwikkeld, achtergebleven

Unterentwicklung *v*[20] onderontwikkeling

unterernährt ondervoed

Unterernährung *v*[28] ondervoeding

unterfangen[155], **sich** zich verstouten, zich vermeten, wagen, durven

Unterfangen *o*[35] waagstuk, gedurfde onderneming

unterfassen 1 een arm geven; **2** ondersteunen

unterführen onder (iets) door leiden

Unterführung *v*[20] onderdoorgang, tunnel

Untergang *m*[6] ondergang, val

untergeben *bn* ondergeschikt

Untergebene(r) *m*[40a], *v*[40b] ondergeschikte

untergefasst, untergehakt gearmd, arm in arm

untergehen[168] **1** ondergaan; **2** ten onder gaan, te

gronde gaan; **3** *(mbt schip)* vergaan

untergeordnet ondergeschikt, lager

Untergeschoss *o*[29] souterrain

untergliedern onderverdelen

¹untergraben[180] ondergraven, onderspitten

²untergraben[180] *(fig)* ondermijnen, ondergraven

Untergrenze *v*[21] ondergrens

Untergrund I *m*[6] **1** ondergrond; **2** *(fig)* fundament; **II** *m*[19] **1** *(pol)* underground; **2** ondergronds, illegaliteit, verzet(sbeweging)

Untergrundbahn *v*[20] ondergrondse, metro

Untergrundbewegung *v*[20] ondergrondse, verzet(sbeweging), illegaliteit

untergründig verborgen

unterhaken een arm geven; *zie ook* untergehakt

unterhalb I *vz*[+2] beneden, onder; **II** *bw* beneden, onder: ~ *von Köln* onder Keulen

Unterhalt *m*[19] **1** levensonderhoud: *seinen ~ bestreiten* in zijn onderhoud voorzien; **2** alimentatie; **3** onderhoud

¹unterhalten[183] houden onder, eronder houden

²unterhalten[183] **I** *tr* **1** onderhouden, verzorgen; **2** onderhouden, amuseren; **II** *sich ~* zich onderhouden; zich amuseren

unterhaltend, unterhaltsam onderhoudend, gezellig, amusant

Unterhaltsanspruch *m*[6] recht op alimentatie

Unterhaltsbeitrag *m*[6] **1** alimentatie; **2** toelage voor levensonderhoud

Unterhaltsberechtigte(r) *m*[40a], *v*[40b] wie recht heeft op alimentatie, op een toelage voor levensonderhoud

Unterhaltskosten *mv* onderhoudskosten

Unterhaltspflicht *v*[20] onderhoudsplicht

Unterhaltung I *v*[20] **1** conversatie, gesprek; **2** amusement, ontspanning; **II** *v*[28] onderhoud: *jmdm angenehme (of: gute) ~ wünschen* iem veel plezier wensen

Unterhaltungselektronik *v*[28] consumentenelektronica

Unterhaltungsfilm *m*[5] amusementsfilm

Unterhaltungsmusik *v*[28] amusementsmuziek

Unterhaltungsprogramm *o*[29], **Unterhaltungssendung** *v*[20] amusementsprogramma

unterhandeln onderhandelen: *über*[+4] *etwas ~* over iets onderhandelen

Unterhändler *m*[9] onderhandelaar

Unterhandlung *v*[20] onderhandeling

Unterhemd *o*[37] onderhemd

unterhöhlen ondermijnen

Unterhose *v*[21] onderbroek

unterirdisch 1 aardards, ondergronds; **2** *(fig)* ondergronds, in het geheim

Unterkiefer *m*[9] onderkaak

unterkommen[193] onderdak vinden; een baan krijgen

Unterkommen *o*[35] **1** onderkomen, onderdak; **2** *(vero)* betrekking

Unterkörper *m*[9] onderlichaam, onderlijf

unterkriegen *(fig)* eronder krijgen, kleinkrijgen
Unterkühlung v^{20} onderkoeling
Unterkunft v^{25} onderkomen, onderdak, logies: *freie ~* vrije huisvesting; *~ und Frühstück* logies met ontbijt; *~ und Verpflegung* kost en inwoning
Unterlage v^{21} **1** onderlegger; **2** ondergrond; *(fig)* basis; **3** *(mv)* (bewijs)stukken, bescheiden
Unterlass: *ohne ~* zonder ophouden
unterlassen[197] (na)laten, achterwege laten
Unterlassung v^{20} verzuim, (het) nalaten
Unterlauf m^6 benedenloop
unterlaufen[198] **I** *intr* **1** *(mbt fouten)* insluipen: *mir ist ein Fehler ~* ik heb een fout gemaakt; **2** tegenkomen; **II** *tr* omzeilen, ontwijken
¹unterlegen 1 leggen onder; **2** toedichten, toeschrijven
²unterlegen I *ww* **1** bekleden, voeren, stofferen; **2** voorzien van; **II** *bn* minder, zwakker: *jmdm ~ sein* iems mindere zijn
Unterlegene(r) m^{40a}, v^{40b} mindere, zwakkere
Unterlegenheit v^{28} (het) minder, zwakker zijn
unterliegen[202+3] **1** onderworpen zijn aan; **2** onderdoen voor, verliezen van || *Schwankungen ~* aan schommelingen onderhevig zijn; *es unterliegt keinem Zweifel* het lijdt geen twijfel; *zie ook* unterlegen II
Unterlippe v^{21} onderlip
unterm *verk van unter dem* onder de, onder het
untermalen *(een schilderij)* aanleggen, aanzetten: *mit Musik ~* muzikaal illustreren, begeleiden
Untermalung v^{20} grond, fond: *musikalische ~* muzikale illustratie, begeleiding
untermauern *(fig)* (met bewijzen) staven, onderbouwen
Untermensch m^{14} minderwaardig mens
Untermiete v^{21} onderhuur: *in* (of: *zur*) *~ wohnen* in onderhuur wonen
Untermieter m^9 onderhuurder
unternehmen[212] **1** ondernemen, maken, doen; **2** op zich nemen
Unternehmen o^{35} onderneming
Unternehmer m^9 ondernemer
Unternehmung v^{20} onderneming
Unteroffizier m^5 onderofficier
unterordnen 1 onderschikken, ondergeschikt maken; **2** stellen onder, plaatsen onder
Unterordnung v^{20} **1** (het) ondergeschikt maken, onderwerping; **2** *(dierk)* onderorde, suborde
Unterpfand o^{32} onderpand
Unterprima v *(mv -primen)* *(vero)* op een na hoogste klas *(van Duits gymnasium)*
Unterredung v^{20} gesprek, onderhoud
Unterricht m^5 onderwijs, onderricht; **2** les: *während des ~s* gedurende de les
unterrichten[+4] **1** onderwijzen, onderwijs geven, les geven: *in Französisch ~* Frans geven; **2** informeren, inlichten, op de hoogte brengen: *sich über*[+4] *etwas ~* zich van iets op de hoogte stellen
Unterrichtsanstalt v^{20} onderwijsinstelling

Unterrichtsfilm m^5 instructieve film
unterrichtsfrei vrij (van school)
Unterrichtung v^{20} (het) informeren, (het) op de hoogte brengen, (het) inlichten
unters *(inform)* verk van unter das onder de, onder het
untersagen verbieden
Untersagung v^{20} verbod
Untersatz m^6 **1** onderzetter, blad, treeftje; **2** voetstuk, voet
unterschätzen onderschatten
unterscheiden[232] **I** *tr* **1** onderscheiden, onderscheid maken: *die Mädchen sind kaum zu ~* de meisjes zijn haast niet uit elkaar te houden; **2** onderscheiden, waarnemen; **II** *sich ~* verschillen, zich onderscheiden
Unterscheidung v^{20} onderscheiding
Unterscheidungsvermögen o^{39} onderscheidingsvermogen
Unterschenkel m^9 onderbeen
Unterschicht v^{20} **1** onderlaag; **2** lagere klasse *(van de maatschappij)*
unterschieben[237] **1** *(kind, testament)* onderschuiven; **2** toedichten
Unterschied m^5 onderscheid, verschil
unterschieden verschillend, onderscheiden
unterschiedlich verschillend
¹unterschlagen[241] *(armen, benen)* over elkaar slaan
²unterschlagen[241] **1** verduisteren, achterhouden; **2** *(brief)* onderscheppen; **3** verzwijgen
Unterschlagung v^{20} **1** verduistering; **2** onderschepping; **3** verzwijging
Unterschlupf m^5 onderkomen, schuilplaats
unterschreiben[252] **1** ondertekenen; **2** *(fig)* onderschrijven
Unterschrift v^{20} handtekening, ondertekening: *eine ~ leisten* een handtekening zetten
unterschwellig onbewust, verborgen
Unterseeboot o^{29} duikboot, onderzeeboot
Unterseite v^{21} onderzijde, onderkant
Untersetzer m^9 onderzetter, treeftje
untersetzt gedrongen
unterst onderst, laagst: *das Unterste zuoberst kehren* alles ondersteboven gooien
Unterstand m^6 **1** *(mil)* ondergrondse bunker; **2** schuilplaats
unterstehen[279] **I** *intr*[+3] **1** staan onder, ressorteren onder; **2** onderworpen zijn aan; **II** *sich ~* wagen, durven
¹unterstellen I *tr* **1** zetten, plaatsen (onder); **2** stallen; **II** *sich ~* schuilen
²unterstellen 1 veronderstellen; **2** plaatsen onder
Unterstellraum m^6 stalling; berging
¹Unterstellung v^{28} plaatsing, stalling, (het) neerzetten
²Unterstellung v^{20} **1** (het) plaatsen onder; **2** verdachtmaking
unterstreichen[286] onderstrepen *(ook fig)*
Unterstufe v^{21} onderbouw, lagere klassen

unterstützen (onder)steunen, helpen
Unterstützung v^{20} steun, ondersteuning, hulp, bijstand: *staatliche ~* rijkssubsidie
Unterstützungsempfänger m^9 uitkeringsgerechtigde
Unterstützungsgeld o^{39} steun, uitkering
untersuchen onderzoeken, nagaan
Untersuchung v^{20} 1 onderzoek(ing): *ärztliche ~* geneeskundig onderzoek, keuring; 2 (het) doorzoeken; 3 (wetenschappelijk) onderzoek
Untersuchungsausschuss m^6 commissie van onderzoek
Untersuchungshaft v^{28} voorlopige hechtenis, voorarrest: *in ~ sitzen* in voorarrest zitten
Untersuchungsrichter m^9 rechter van instructie, rechter-commissaris
Untersuchungsverfahren o^{35} 1 onderzoekmethode; 2 gerechtelijk onderzoek
Untertan m^{14}, m^{16} onderdaan
untertänig onderdanig, onderworpen
Untertasse v^{21} schoteltje *(onder kopje): fliegende ~* vliegende schotel
untertauchen I *intr* onderduiken *(ook fig);* II *tr* onderdompelen
Unterteil o^{29}, m^5 onderste deel, onderste gedeelte, benedendeel
unterteilen indelen, onderverdelen
Untertitel m^9 ondertitel, *(Belg)* voettitel
untertiteln ondertitelen
Unterton m^6 ondertoon *(ook fig)*
untervermieten onderverhuren
unterwandern penetreren, infiltreren
Unterwanderung v^{20} penetratie, infiltratie
Unterwäsche v^{28} ondergoed: *die ~ wechseln* zich verschonen
unterwegs onderweg, op weg
unterweisen^{307} onderwijzen, onderrichten
Unterweisung v^{20} onderwijs, onderricht
Unterwelt v^{28} onderwereld
unterwerfen^{311} onderwerpen
unterwertig minderwaardig, van geringe waarde
unterwürfig onderworpen, onderdanig
unterzeichnen ondertekenen
Unterzeichnung v^{20} ondertekening, handtekening
Unterzeug o^{39} ondergoed
¹unterziehen^{318}: *jmdn einer Prüfung, einem Verhör ~* iem aan een examen, een verhoor onderwerpen; *sich einer Operation ~* een operatie ondergaan
²unterziehen^{318} 1 aandoen, aantrekken onder *(iets anders);* 2 mengen (door)
untief ondiep
Untiefe v^{21} 1 ondiepte; 2 zeer diepe plaats
Untier o^{29} ondier, monster
untilgbar 1 *(fig)* onuitwisbaar; 2 onaflosbaar
untreu ontrouw, trouweloos
Untreue v^{28} ontrouw, trouweloosheid
untröstlich ontroostbaar, troosteloos
untüchtig onbekwaam, ongeschikt
Untugend v^{20} slechte gewoonte, ondeugd

unüberlegt ondoordacht, onbezonnen
unübersehbar onafzienbaar
unübersichtlich onoverzichtelijk
unüblich ongebruikelijk
umgänglich onvermijdelijk
unverändert onveranderd, ongewijzigd
unverantwortlich 1 onverantwoordelijk; 2 onverantwoord
unverbindlich 1 vrijblijvend, niet bindend; 2 weinig toeschietelijk, gereserveerd
unverdaulich onverteerbaar *(ook fig)*
unverdient onverdiend
unverdorben onbedorven *(ook fig)*
unvereinbar onverenigbaar
unverfroren driest, brutaal, ijskoud
unverheiratet ongehuwd, ongetrouwd
unverhofft onverhoopt
unverhohlen onverholen, onomwonden
unverhüllt 1 onbedekt; 2 onverholen
unverkäuflich 1 onverkoopbaar; 2 niet te koop (zijnd)
unverkennbar onmiskenbaar, onloochenbaar
unverletzlich onschendbaar, onaantastbaar
unverletzt ongedeerd, heelhuids
unvermeidbar, unvermeidlich onvermijdelijk
unvermittelt opeens, plotseling, abrupt
Unvermögen o^{39} onvermogen, onmacht
unvermögend onbemiddeld, arm
unvermutet onvermoed, onverwacht
unvernünftig onverstandig, dom, dwaas
unverschämt 1 onbeschaamd, brutaal, onbeschoft; 2 *(inform)* schandalig
Unverschämtheit v^{20} brutaliteit, onbeschaamdheid
unversehens onvoorzien, onverwachts
unversehrt 1 ongedeerd; 2 ongeschonden
unversöhnlich onverzoenlijk
unversorgt onverzorgd
Unverstand m^{19} onverstand, domheid
unverständlich 1 onverstaanbaar; 2 *(fig)* onbegrijpelijk
Unverständnis o^{39} (2e nvl -ses) onbegrip
unverträglich 1 onverdraagzaam; 2 onverenigbaar (met); 3 *(spijzen)* onverteerbaar
unverwandt onafgewend, strak
unverwechselbar onmiskenbaar, typerend
unverwundbar onkwetsbaar
unverwüstlich 1 onverwoestbaar; 2 onverstoorbaar; 3 onverslijtbaar *(stof)*
unverzagt onversaagd, onverschrokken
unverzeihbar, unverzeihlich onvergeeflijk
unverzüglich onmiddellijk, onverwijld
unvollendet onvoltooid
unvollkommen onvolmaakt; 2 onvolledig
unvollständig onvolledig, incompleet
unvorhergesehen onvoorzien
unvorsichtig onvoorzichtig
unvorstellbar onvoorstelbaar, ondenkbaar
unvorteilhaft onvoordelig

un

unwahr onwaar, vals, onjuist
Unwahrheit v^{20} onwaarheid
unwahrscheinlich 1 onwaarschijnlijk; 2 enorm
unwegsam onbegaanbaar, ontoegankelijk
unweigerlich onvermijdelijk
unweit I vz^{+2} niet ver van; II bw niet ver: ~ *von hier* niet ver van hier
Unwesen o^{39} misstand, wantoestand: *sein* ~ *treiben: a)* huishouden; *b)* actief zijn
unwesentlich niet essentieel, onbelangrijk
Unwetter o^{33} noodweer
unwichtig onbelangrijk, onbeduidend
unwiderruflich onherroepelijk
Unwille m^{18} *(geen mv)*, **Unwillen** m^{19} misnoegen, ontstemming, wrevel
unwillig 1 misnoegd, wrevelig; 2 met tegenzin
unwillkürlich onwillekeurig
unwirklich onwerkelijk, onwezenlijk, irreëel
unwirksam 1 niet effectief; 2 ongeldig, nietig
unwirsch nors, stuurs
unwirtlich 1 ongastvrij; 2 onherbergzaam
unwissentlich onopzettelijk
unwohl 1 niet lekker, niet goed; 2 onbehaaglijk
Unzahl v^{28} zeer groot aantal
unzählbar, **unzählig** ontelbaar, talloos
unzerbrechlich onbreekbaar
unzerstörbar onverwoestbaar
Unzucht v^{28} ontucht
unzüchtig obsceen, ontuchtig, onkuis
unzufrieden ontevreden: ~ *mit*$^{+3}$ ontevreden over
unzugänglich 1 ontoegankelijk; 2 *(fig)* ongenaakbaar
unzulänglich ontoereikend, onvoldoende
Unzulänglichkeit I v^{28} ontoereikendheid; II v^{20} gebrek, tekort
unzulässig ontoelaatbaar, ongeoorloofd
unzurechnungsfähig ontoerekeningsvatbaar
unzutreffend onjuist, niet ter zake dienend
unzuverlässig onbetrouwbaar
unzweifelhaft 1 ontwijfelbaar; 2 ongetwijfeld
üppig 1 welig, weelderig; 2 overvloedig
Üppigkeit v^{28} weligheid, weelderigheid, luxe, overvloed
uralt oeroud, eeuwenoud
Uran o^{39} uranium
Uranerz o^{29} uraniumerts
uraufführen voor de allereerste maal opvoeren
Uraufführung v^{20} première, wereldpremière
urbar: ~ *machen* ontginnen
Urbarmachung v^{20} ontginning
Urbewohner m^9 oorspronkelijke bewoner
Ureltern mv voorouders, stamouders
Urenkel m^9 achterkleinzoon, achterkleinkind
Urenkelin v^{22} achterkleindochter
urgemütlich echt gezellig, oergezellig
Urgestein o^{29} oergesteente
Urgewalt v^{20} oerkracht
Urgroßeltern mv overgrootouders
Urgroßmutter v^{26} overgrootmoeder

Urgroßvater m^{10} overgrootvader
Urheber m^9 1 veroorzaker, dader, initiatiefnemer, aanstichter; 2 auteur, schrijver; 3 maker, schepper, geestelijke vader, uitvinder
Urheberrecht o^{29} auteursrecht
Urin m^5 urine
urinieren^{320} urineren
Urinstinkt m^5 oerdrift
Urkunde v^{21} oorkonde, document, akte
Urkundenfälschung v^{28} valsheid in geschrifte
urkundlich gedocumenteerd, met bewijzen gestaafd: *etwas* ~ *beweisen* iets met documenten staven
Urlaub m^5 vakantie, verlof *(ook mil): auf* (of: *in*) ~ *fahren* met vakantie gaan
Urlauber m^9 1 vakantieganger; 2 *(mil)* verlofganger
Urlaubsgeld o^{31} vakantiegeld
urlaubsreif: ~ *sein* aan vakantie toe zijn
Urne v^{21} 1 urn; 2 stembus
urplötzlich heel plotseling
Ursache v^{21} 1 oorzaak; 2 reden: *keine* ~*!* niets te danken!
ursächlich oorzakelijk, causaal
urspr. *afk van ursprünglich* oorspronkelijk
Ursprung m^6 oorsprong, herkomst
ursprünglich 1 oorspronkelijk; 2 echt
Ursprungszeugnis o^{29a} certificaat van oorsprong
Urteil o^{29} 1 *(jur)* vonnis, arrest, uitspraak; 2 oordeel, beoordeling; mening
urteilen oordelen
Urteilsbegründung v^{20} *(jur)* motivering van het vonnis
Urteilsspruch m^6 *(jur)* vonnis, uitspraak
Urteilsverkündung v^{20} *(jur)* uitspraak (van het vonnis)
Urteilsvermögen o^{39} oordeelsvermogen
Urteilsvollstreckung v^{20}, **Urteilsvollzug** m^{19} *(jur)* voltrekking, tenuitvoerlegging van het vonnis
Urtext m^5 oorspronkelijke tekst
urtümlich 1 oorspronkelijk, origineel, authentiek; 2 natuurlijk, onbedorven, ongerept
Ururenkel m^9 achterachterkleinkind
Ururgroßmutter v^{26} betovergrootmoeder
Ururgroßvater m^{10} betovergrootvader
Urwald m^8 oerwoud
urwüchsig 1 natuurlijk, onbedorven, ongerept; 2 oorspronkelijk, echt, origineel
Urzeit v^{20} oertijd
usw. *afk van und so weiter* enzovoort (*afk* enz.)
Utensilien mv benodigdheden
Utopie v^{21} utopie, droombeeld
UV-Strahlen mv m^{16} ultraviolette stralen
u. zw. *afk van und zwar* en wel

un

V

v [fau] *o (2e nvl -; mv -) (letter en klank)* v
vag vaag, onbepaald, onzeker, onduidelijk
Vagabund m^{14} vagebond, landloper
vage *zie* vag
Vagina *v (mv Vaginen) (anat)* vagina, schede
Vakanz v^{20} vacature, *(Belg)* werkaanbieding
Vakzination v^{20} vaccinatie, inenting
Vakzine v^{21} vaccin
vakzinieren[320] vaccineren, inenten
Valuta *v (mv Valuten)* valuta
Vanille v^{28} vanille *(plant en specerij)*
Vanillezucker m^{19} vanillesuiker
Variante v^{21} variant
Variation v^{20} variatie, afwisseling
Varietät v^{20} variëteit, verscheidenheid
variieren[320] variëren
Vasall m^{14} vazal, leenman
Vase v^{21} vaas
Vaselin o^{39}, **Vaseline** v^{28} vaseline
Vater m^{10} vader
Vaterland o^{32} vaderland
vaterländisch vaderlands
väterlich vaderlijk
Vaterschaft v^{20} vaderschap
Vaterstadt v^{25} vaderstad, geboortestad
Vaterstelle v^{21}: *bei* (of: *an) einem Kind ~ vertreten* bij een kind de plaats van de vader innemen
Vaterunser o^{33} onzevader
Vati m^{13} pappie, papa
Vatikan m^{19} Vaticaan
v. Chr. *afk van vor Christo, vor Christus* voor Christus *(afk* v.Chr.)
Vegetarier m^{9} vegetariër
Vegetation v^{20} vegetatie, plantengroei
vegetieren[320] vegeteren
Veilchen o^{35} *(plantk)* viooltje
veilchenblau 1 vioolblauw; **2** *(fig)* stomdronken
Vene v^{21} *(anat)* ader
Venedig o^{39} Venetië *(de stad)*
Ventil o^{29} ventiel, klep
Ventilation v^{20} ventilatie, luchtverversing
Ventilator m^{16} ventilator
ventilieren[320] ventileren
verabfolgen toedienen, geven
verabreden I *tr* afspreken; **II** *sich ~* afspreken, een afspraak maken

Verabredung v^{20} afspraak
verabreichen geven, toedienen
verabscheuen verafschuwen, verfoeien
verabscheuenswert afschuwelijk, verfoeilijk
verabschieden I *tr* **1** afscheid nemen van; **2** ontslaan, zijn ontslag geven; **3** *(mil)* demobiliseren; **4** *(wetsontwerp)* aannemen; **II** *sich ~* afscheid nemen
Verabschiedung v^{20} **1** afscheid; **2** ontslag; **3** aanvaarding *(van wetsontwerp)*
verachten verachten; versmaden
verachtenswert verachtelijk
verächtlich 1 verachtelijk, minachtend; **2** verwerpelijk
Verachtung v^{28} verachting, minachting
veralbern voor de gek houden
verallgemeinern generaliseren
Verallgemeinerung v^{20} generalisering
veralten verouderen
veraltet verouderd, ouderwets, uit de tijd
veränderbar veranderbaar
veränderlich 1 veranderlijk, onbestendig, wispelturig; **2** veranderbaar
verändern I *tr* veranderen, wijzigen; **II** *sich ~* **1** veranderen, anders worden; **2** van betrekking veranderen
Veränderung v^{20} **1** verandering, wijziging; **2** (het) veranderen van baan
verängstigen bang maken, angstig maken
verankern verankeren
veranlagen *(belastingen)* aanslaan
veranlagt aangelegd: *künstlerisch veranlagt sein* artistiek aangelegd zijn
Veranlagung v^{20} **1** (belasting)aanslag; **2** aanleg, talent
veranlassen 1 aanleiding geven tot, noodzaken; **2** zorgen voor: *das Nötige ~* de nodige maatregelen nemen; *jmdn ~, etwas zu tun* iem ertoe brengen iets te doen
Veranlassung v^{20} **1** aanleiding, reden; **2** initiatief, instigatie, toedoen
veranschaulichen aanschouwelijk voorstellen
veranschlagen ramen, schatten, begroten
Veranschlagung v^{20} raming, taxatie
veranstalten op touw zetten, organiseren: *eine Umfrage ~* een enquête houden
Veranstalter m^{9} organisator
Veranstaltung v^{20} **1** organisatie, (het) organiseren; **2** manifestatie
verantworten verantwoorden, rechtvaardigen
verantwortlich verantwoordelijk, aansprakelijk
Verantwortung I v^{20} verantwoording; **II** v^{28} verantwoordelijkheid
Verantwortungsbewusstsein o^{39} verantwoordelijkheidsbesef
verantwortungslos onverantwoordelijk
veräppeln in de maling nemen
verarbeiten 1 verwerken *(ook geestelijk): ein gut verarbeiteter Anzug* een goed gemaakt kostuum; **2** verdragen

Verarbeitung v^{20} 1 verwerking; 2 afwerking
verargen kwalijk nemen
verärgern nijdig maken, kwaad maken
Verärgerung v^{28} ergernis
verarzten (medisch) behandelen
verästeln, sich zich vertakken
verausgaben I *tr* uitgeven; II *sich* ~ 1 al zijn geld uitgeven; 2 zich tot het uiterste inspannen
verauslagen *(geld)* voorschieten
veräußern 1 verkopen; 2 overdragen, vervreemden
Verb o^{37} werkwoord
verbal verbaal
Verband m^6 1 verband, zwachtel; 2 bond, federatie,
unie; 3 verbinding; 4 *(mil)* formatie
Verbandkasten m^{12} verbandtrommel
Verbandmull m^5 verbandgaas
Verbands- *zie* Verband-
Verbandzeug o^{39} verbandmateriaal
verbannen (ver)bannen
Verbannte(r) m^{40a}, v^{40b} banneling, balling
Verbannung v^{20} verbanning, ballingschap
verbarrikadieren ^{320} barricaderen
verbauen 1 verbouwen; 2 verkeerd bouwen; 3 *(fig)*
onmogelijk maken
verbeißen ^{125} I *tr* 1 stukbijten; 2 bijten *(op iets): die
Lippen* ~ op zijn lippen bijten; 3 verbijten; II *sich* ~
zich vastbijten
verbergen ^{126} verbergen, verstoppen
verbessern I *tr* verbeteren, corrigeren: *seine Noten*
~ zijn cijfers ophalen; II *sich* ~ 1 zich verbeteren; 2
zichzelf corrigeren; 3 beter worden
Verbesserung v^{20} 1 verbetering; 2 vooruitgang
verbesserungsfähig voor verbetering vatbaar
verbeugen, sich buigen, een buiging maken
Verbeugung v^{20} buiging, nijging
verbeulen deuken: *verbeult* vol deuken
verbiegen ^{129} I *tr* ombuigen, verbuigen, krombui-
gen; II *sich* ~ kromtrekken
verbieten ^{130} 1 verbieden; 2 ontzeggen
verbilden 1 misvormen; 2 verkeerd opvoeden
verbilligen I *tr* goedkoper maken, in prijs doen dalen; II *sich* ~ goedkoper worden
Verbilligung v^{20} prijsverlaging
verbinden ^{131} I *tr* verbinden *(ook med, telecom): ich
verbinde* ik verbind u door; *ich bin Ihnen sehr verbunden* ik ben u zeer dankbaar; II *sich* ~ zich verbinden: *sich zu* $^{+3}$ *etwas* ~ zich tot iets verplichten;
zie ook verbunden
verbindlich 1 beleefd, vriendelijk; ~*en* (of: ~*sten)
Dank!* dank u zeer!; 2 bindend
Verbindlichkeit I v^{20} 1 verplichting; 2 vriendelijke
uiting, vriendelijkheid; 3 *(mv, handel)* verplichtingen, schulden; II v^{28} 1 vriendelijkheid; 2 (het) bindend zijn
Verbindung v^{20} 1 verbinding; contact: *sich mit
jmdm in* ~ *setzen* zich met iem in verbinding stellen; 2 studentencorps; 3 relatie, connectie; 4 verbinding, combinatie; 5 verband
Verbindungsbruder m^{10} *(stud)* corpslid

Verbindungsstudent m^{14} corpsstudent
verbissen 1 verbeten; 2 bekrompen
Verbissenheit v^{28} verbetenheid
verbitten ^{132}, **sich**: *sich etwas* ~ dringend verzoeken
van iets verschoond te blijven; *das verbitte ich mir!*
dat neem ik niet!
verbittern I *tr* bitter maken, vergallen; II *intr* bitter
worden, verbitteren
Verbitterung v^{20} verbitterdheid
verblassen verbleken *(ook fig)*
verbläuen afranselen
Verbleib m^{19} 1 verblijfplaats; 2 (het) verblijven
verbleiben ^{134} 1 verblijven, blijven; 2 resteren, overblijven; 3 *(ergens bij)* blijven; 4 afspreken, overeenkomen
verbleichen ^{135} verbleken, bleek worden
verbleien lood toevoegen aan: *Super verbleit* gelo-
de superbenzine
verblenden 1 verblinden; 2 *(bouwk)* blinderen
verbleuen *oude spelling voor* verbläuen, *zie* verbläuen
verblichen 1 verbleekt; 2 overleden
Verblichene(r) m^{40a}, v^{40b} overledene
verblöden I *intr* 1 dement worden; 2 geestelijk aftakelen; II *tr* afstompen
verblühen 1 verwelken; 2 'm smeren
verblümt verbloemd, in bedekte termen
verbluten doodbloeden
verbohren, sich 1 zich vastbijten; 2 koppig blijven
bij
verbohrt stijfhoofdig, halsstarrig
verborgen I *ww* uitlenen; II *bn* verborgen: *im Ver-
borgenen bleiben* geheim blijven
Verbot o^{29} verbod
verboten *(inform)* onmogelijk
Verbotsschild o^{31}, **Verbotstafel** v^{21} verbodsbord
Verbrauch m^{19} verbruik, consumptie
verbrauchen I *tr* 1 verbruiken, opmaken; 2 verslijten: *verbrauchte Luft* bedompte lucht; II *sich* ~ zijn
krachten uitputten
Verbraucher m^9 verbruiker, consument
Verbraucheraufklärung v^{28}, **Verbraucherbera-
tung** v^{20} consumentenvoorlichting
Verbraucherverband m^6, **Verbraucherzentrale**
v^{21} consumentenbond
Verbrauchsgüter *mv* o^{32} consumptiegoederen
Verbrauchssteuer, Verbrauchsteuer v^{21} ver-
bruiksbelasting, accijns
verbrechen ^{137} misdoen, misdrijven
Verbrechen o^{35} misdrijf, misdaad, *(Belg)* wanbe-
drijf
Verbrecher m^9 misdadiger
verbrecherisch misdadig
verbreiten I *tr* 1 *(een bericht, gerucht, pamfletten)*
verspreiden; 2 *(denkbeelden)* verbreiden; II *sich* ~ 1
uitweiden; 2 zich verspreiden; 3 zich uitbreiden
verbreitern verbreden
Verbreiterung v^{20} verbreding
Verbreitung v^{28} verspreiding

verbrennen[138] verbranden
Verbrennung v^{20} verbranding
verbriefen schriftelijk vastleggen, beschrijven
verbringen[139] **1** doorbrengen, slijten; **2** overbrengen
verbrüdern verbroederen
verbrühen, sich (ver)branden
verbuchen boeken
verbummeln I *tr (zijn tijd)* verlummelen; **II** *intr* aan lager wal raken
Verbund m^5 **1** eenheid; **2** *(techn)* verbinding
verbunden *zie* verbinden
verbünden, sich een verbond sluiten
Verbundenheit v^{28} verbondenheid
Verbündete(r) m^{40a}, v^{40b} bondgenoot, bondgenote
Verbundglas o^{32} gelaagd glas, veiligheidsglas
verbürgen I *tr* waarborgen, garanderen; **II** *sich* ~ instaan, zich borg stellen
verbüßen *(een straf)* ondergaan, uitzitten
Verdacht m^5, m^6 verdenking, argwaan: ~ *hegen* verdenking koesteren; ~ *schöpfen* argwaan krijgen; *jmdn in* (of: *im*) ~ *haben* iem verdenken; *in* ~ *geraten* (of: *kommen*) onder verdenking komen te staan
verdächtig verdacht: *des Diebstahls* ~ verdacht van diefstal
verdächtigen verdenken, verdacht maken: ~[+2] verdenken van
Verdächtigte(r) m^{40a}, v^{40b} verdachte
Verdächtigung v^{20} verdachtmaking
verdammen 1 verdoemen; **2** veroordelen; **3** vervloeken, verwensen
Verdammnis v^{28} verdoemenis
verdammt *(inform)* verdomd, vervloekt: ~*er Idiot!* stomme idioot!; ~ *noch mal!* verdorie!
Verdammung v^{20} verdoemenis
verdampfen I *tr* laten verdampen; **II** *intr* verdampen
verdanken te danken hebben: *jmdm sein Leben* ~ aan iem zijn leven te danken hebben
verdaten *(comp)* in data omzetten
verdattert beteuterd, bedremmeld
verdauen 1 *(spijzen)* verteren; **2** *(geestelijk)* verwerken
verdaulich verteerbaar, te verteren
Verdauung v^{28} spijsvertering
Verdauungsbeschwerden *mv* v^{21} gestoorde spijsvertering, indigestie
Verdeck o^{29} **1** dek *(van schip)*; **2** kap *(van auto)*
verdecken 1 bedekken; **2** toedekken; **3** verbergen
verdenken[140] kwalijk nemen
Verderb m^{19} **1** ondergang, verderf; **2** bederf
verderben[297] **I** *tr* **1** *(maag, ogen, de stemming)* bederven; **2** (iem, iets) kapot maken: *jmdn* ~ iem te gronde richten; *es mit jmdm* ~ het bij iem verbruien; **II** *intr* bederven, tot bederf overgaan
verderblich 1 bederfelijk, aan bederf onderhevig; **2** verderfelijk, fataal
verderbt 1 bedorven, verdorven; **2** *(mbt tekst)* onleesbaar

verdeutlichen verduidelijken
verdeutschen 1 in het Duits vertalen; **2** verduitsen; **3** *(inform)* uitleggen
verdichten I *tr (damp, gas)* verdichten, samenpersen: *das Straßennetz* ~ het wegennet dichter maken; **II** *sich* ~ **1** dichter worden; **2** *(fig)* sterker worden, toenemen
Verdichtung v^{20} verdichting, compressie
verdienen verdienen
Verdienst I m^5 verdienste *(loon, winst)*; **II** o^{29} verdienste, verdienstelijkheid
Verdienstausfall m^6 derving van inkomsten
verdienstvoll (zeer) verdienstelijk
verdient 1 *(sp)* verdiend; **2** verdienstelijk
verdingen[141] aanbesteden
Verdingung v^{20} aanbesteding
verdonnert onthutst
verdoppeln verdubbelen
verdorben *zie* verderben
Verdorbenheit v^{28} verdorvenheid
verdorren verdorren, verdrogen
verdrängen 1 verdringen, wegdringen; **2** *(scheepv)* een waterverplaatsing hebben van
Verdrängung v^{20} **1** verdringing; **2** *(scheepv)* waterverplaatsing
verdrecken vervuilen
verdrehen verdraaien: *die Augen* ~ met de ogen rollen; *jmdm den Kopf* ~ iem het hoofd op hol brengen
verdreht 1 gek, overspannen; **2** verward: *er ist ganz* ~ hij is stapelgek
Verdrehung v^{20} verdraaiing
verdreifachen verdrievoudigen
verdreschen afranselen
verdrießen[298] ergeren, verdrieten, ontstemmen
verdrießlich 1 nors, korzelig, wrevelig, ontstemd; **2** onaangenaam, naar, vervelend
Verdrießlichkeit I v^{20} onaangenaamheid; **II** v^{28} ontstemming
verdrossen 1 lusteloos; **2** ontstemd
verdrücken I *tr (inform)* verorberen, naar binnen werken; **II** *sich* ~ 'm smeren
Verdruss m^5 ergernis, narigheid
verduften *(inform)* 'm smeren
verdunkeln 1 donker maken; verduisteren; **2** *(jur)* maskeren, verbergen
verdünnen verdunnen
verdunsten verdampen
verdursten verdorsten, versmachten
verdüstern I *tr* verduisteren, donker maken; **II** *sich* ~ donker worden
verdutzt verbouwereerd, verbluft
verebben wegebben, langzaam verminderen
veredeln veredelen
verehren 1 vereren; **2** eren, hoogachten: *unser verehrter Direktor* onze geachte directeur
Verehrer m^9 **1** vereerder; **2** aanbidder
Verehrung v^{28} **1** verering; **2** bewondering
verehrungsvoll eerbiedig

verehrungswürdig eerbiedwaardig
vereidigen beëdigen
Vereidigung v^{20} beëdiging
Verein m^5 vereniging
vereinbar verenigbaar
vereinbaren 1 afspreken, overeenkomen; 2 *(met z'n geweten)* overeenbrengen
Vereinbarung v^{20} overeenkomst, afspraak
vereinen verenigen: *mit vereinten Kräften* met vereende krachten; *die Vereinten Nationen (VN)* de Verenigde Naties (VN)
vereinfachen vereenvoudigen
vereinheitlichen eenheid brengen in
vereinigen I *tr* verenigen; II *sich* ~ 1 zich verenigen; 2 bij elkaar komen
Vereinigung v^{20} vereniging
vereinsamen vereenzamen
Vereinshaus o^{32} verenigingsgebouw
vereinzelt afzonderlijk, sporadisch
vereisen I *intr* bevriezen, met een ijslaag bedekt worden; II *tr (med)* bevriezen
vereiteln verijdelen, doen mislukken
vereitern veretteren
verelenden tot armoede vervallen, verpauperen
Verelendung v^{28} verpaupering
verenden creperen, ellendig omkomen
verengen, verengern vernauwen
vererben I *tr* vermaken, nalaten: *jmdm etwas ~, etwas an jmdn ~* iem iets vermaken; II *sich* ~ overgaan op
vererblich (over)erfelijk
Vererbung v^{28} overerving, erfelijkheid
verewigen 1 vereeuwigen; 2 bestendigen
verfahren[153] I *tr (benzine, geld)* verrijden; II *intr* 1 handelen, te werk gaan; 2 bejegenen, behandelen; III *sich* ~ verkeerd rijden, verkeerd varen; IV *bn* vastgelopen
Verfahren o^{35} 1 handelwijze, werkwijze, methode, procédé; 2 *(jur)* proces, rechtsgeding, zaak
Verfall m^{19} 1 verval; 2 *(bankwezen)* vervaldag
verfallen[154] 1 vervallen, terechtkomen in; 2 in verval geraken; 3 verlopen; 4 vervallen, verzwakken; 5 verslaafd raken aan; 6 komen op: *auf eine Idee ~* een inval krijgen; 7 vervallen, toevallen aan
verfälschen vervalsen
verfangen[155] I *intr* helpen, baten; II *sich* ~ verward, verstrikt raken
verfänglich netelig, pijnlijk, lastig
verfärben I *tr* verkleuren; II *sich* ~ verkleuren
verfassen schrijven
Verfasser m^9 schrijver, auteur
Verfassung I v^{28} 1 gesteldheid, toestand; 2 stemming; II v^{20} 1 grondwet, constitutie; 2 statuten, reglement
verfassunggebend constituerend
verfassungsgemäß 1 grondwettig, constitutioneel; 2 volgens de statuten
Verfassungsgericht o^{29} constitutioneel hof
verfassungsmäßig *zie* verfassungsgemäß

verfassungsrechtlich staatsrechtelijk
Verfassungsschutz m^{19} *(ongev)* Binnenlandse Veiligheidsdienst
verfaulen verrotten, vergaan
verfechten[156] voorstaan, bepleiten, verdedigen
Verfechter m^9 verdediger, voorvechter, pleitbezorger
verfehlen *(doel, trein)* missen; (iem) mislopen: *seinen Beruf ~* zijn roeping mislopen; *ein verfehltes Leben* een mislukt leven; *den Weg ~* de verkeerde weg nemen
Verfehlung v^{20} misstap, fout
verfeinden, sich vijanden worden, ruzie krijgen
verfeinern I *tr* verfijnen; II *sich* ~ meer verfijnd worden
verfertigen vervaardigen, maken, fabriceren
Verfertigung v^{20} vervaardiging
verfestigen I *tr* verstevigen, versterken; II *sich* ~ harder worden, vaster worden
verfilmen 1 verfilmen; 2 microfilmen
verfilzen vervilten, viltig worden
verfinstern I *tr* donker maken; II *sich* ~ 1 donker worden; 2 versomberen
Verfinsterung v^{20} 1 (het) duister worden; 2 duisternis
verflachen I *tr* vlak maken, plat maken; II *intr* vlak worden, vervlakken; III *sich* ~ 1 vlak worden; 2 *(fig)* vervlakken
verflechten[158] ineenvlechten, samenvlechten
Verflechtung v^{20} verstrengeling, samenhang
verfließen[161] 1 verlopen, verstrijken; 2 vervloeien; 3 *(grenzen)* vervagen
verflixt *(inform)* 1 vervelend, rot, naar; 2 *(plat)* verdomd, vervloekt
verflossen vroeger, gewezen; *zie* verfließen
verfluchen vervloeken, verwensen
verflüchtigen I *tr* doen vervliegen; II *sich* ~ 1 vervliegen; 2 (stilletjes) verdwijnen
Verfluchung v^{20} vervloeking
verflüssigen I *tr* vloeibaar maken; II *sich* ~ vloeibaar worden
verfolgen 1 *(een vijand, zijn weg)* vervolgen; 2 *(een weg)* volgen; 3 *(gebeurtenissen)* volgen, nagaan; 4 *(een doel)* op het oog hebben, beogen
Verfolger m^9 vervolger, achtervolger
Verfolgung v^{20} vervolging, achtervolging
verformen I *tr* 1 vervormen; 2 vormen; II *sich* ~ een andere vorm aannemen
verfrachten vervrachten, transporteren
verfressen I *tr*[162] *(zijn geld)* opmaken aan eten; II *bn* gulzig, vraatzuchtig
Verfressenheit v^{28} vraatzucht
verfroren 1 verkleumd; 2 kouwelijk
verfrühen, sich vroeger komen
verfügbar beschikbaar, ter beschikking
verfügen I *tr* bepalen, vaststellen, beschikken; II *intr: über Geld ~* over geld beschikken; III *sich* ~ zich begeven, zich vervoegen
Verfügung v^{20} beschikking, maatregel, besluit: *zur*

~ *stehen* ter beschikking staan
verführen verleiden
Verführer m^9 verleider
verführerisch verleidelijk
Verführung v^{20} verleiding, verlokking
Vergabe v^{21} gunning, toewijzing: *die ~ eines Stipendiums* het verstrekken van een beurs
vergällen vergallen, bederven
vergammeln I *tr* verlummelen; II *intr (mbt voedsel)* bederven
vergangen *zie* vergehen 1
Vergangenheit v^{20} **1** verleden; **2** *(taalk)* verleden tijd
vergänglich vergankelijk, voorbijgaand
vergasen vergassen
Vergaser m^9 carburateur, vergasser
vergeben[166] **1** vergeven, vergiffenis schenken; **2** *(sp)* weggeven: *einen Elfmeter ~* een strafschop missen; **3** geven, gunnen, toekennen: *der Saal ist ~* de zaal is niet meer vrij || *~e Mühe* vergeefse moeite
vergebens (te)vergeefs
vergeblich vergeefs, nutteloos, vruchteloos
Vergebung v^{20} **1** vergeving, vergiffenis; **2** gunning, verstrekking, (het) geven
vergegenwärtigen, sich zich voorstellen, zich voor de geest halen
vergehen[168] I *intr* **1** *(mbt tijd)* voorbijgaan, verlopen: *vergangene Woche* afgelopen, verleden week; **2** vergaan; *(van droefenis, verdriet)* verteerd worden, *(van angst)* vergaan; II *sich ~* zondigen: *sich an fremdem Eigentum ~* zich aan andermans eigendom vergrijpen
Vergehen o^{35} vergrijp; *(jur)* misdrijf
vergelten[170] vergelden: *vergelt's Gott!* God lone het u!, dank u wel!
Vergeltung v^{20} vergelding
vergesellschaften socialiseren
vergessen[299] I *tr* vergeten; II *sich ~* zijn zelfbeheersing verliezen
Vergessenheit v^{28} vergetelheid: *in ~ geraten* in het vergeetboek raken
vergesslich vergeetachtig
Vergesslichkeit v^{28} vergeetachtigheid
vergeuden verkwisten, verspillen, verdoen
vergeuderisch verkwistend
Vergeudung v^{20} verkwisting, verspilling
vergewaltigen **1** geweld aandoen, onderdrukken; **2** verkrachten
Vergewaltigung v^{20} **1** geweldpleging, onderdrukking; **2** verkrachting
vergewissern, sich zich vergewissen: *sich der Hilfe ~* zich van hulp verzekeren
vergießen[175] morsen; *(bloed, tranen)* vergieten
vergiften vergiftigen
Vergiftung v^{20} vergiftiging
vergilben geel worden, vergelen
Vergissmeinnicht o^{29} vergeet-mij-nietje
vergittern traliën
verglasen beglazen: *die Tür neu ~* een nieuwe ruit in de deur zetten
Verglasung v^{20} beglazing
Vergleich m^5 **1** vergelijking: *im ~ mit (of: zu)* in vergelijking met; **2** vergelijk, schikking; **3** compromis, akkoord
vergleichbar vergelijkbaar, te vergelijken
vergleichen[176] I *tr* vergelijken; II *sich ~* het eens worden, tot overeenstemming komen
Vergleichskampf m^6 *(sp)* vriendschappelijke wedstrijd
vergleichsweise betrekkelijk, relatief
verglimmen[179] langzaam uitdoven
verglühen uitgloeien, ophouden te gloeien
vergnügen I *tr* vermaken, amuseren; II *sich ~* zich vermaken, zich amuseren
Vergnügen o^{35} genoegen, plezier: *~ an*[+3] *etwas finden* plezier in iets hebben; *ich finde kein ~ daran* ik heb er geen plezier in
vergnügenshalber voor het plezier, voor de lol
vergnüglich **1** genoeglijk, plezierig; **2** vrolijk
vergnügt vergenoegd, blij, vrolijk
Vergnügung v^{20} vermaak, amusement
Vergnügungsfahrt v^{20} uitstapje
Vergnügungspark m^{13}, m^5 pretpark
Vergnügungsreise v^{20} plezierreisje
vergolden vergulden
Vergoldung v^{20} **1** (het) vergulden; **2** verguldsel
vergönnen vergunnen, toestaan; **2** gunnen
vergöttern verafgoden
vergraben[180] **1** *(schat)* begraven; **2** verbergen
vergrämen ontstemmen, ergeren
vergrämt verbitterd, door verdriet verteerd
vergreifen[181], **sich 1** misgrijpen; **2** verkeerd kiezen: *sich ~ an*[+3] zich vergrijpen aan
vergriffen uitverkocht
vergröbern vergroven, grover maken
vergrößern vergroten
Vergrößerung v^{20} vergroting
Vergrößerungsglas o^{32} vergrootglas
Vergünstigung v^{20} **1** gunst, voordeel; **2** korting
vergüten 1 vergoeden; **2** *(metaal)* veredelen
Vergütung v^{20} vergoeding
verhaften arresteren, in hechtenis nemen
verhaftet verbonden: *einer Idee ~ sein* innig verbonden zijn met een idee
Verhaftete(r) m^{40a}, v^{40b} gearresteerde, arrestant
Verhaftung v^{20} arrestatie
verhallen *(mbt geluid)* wegsterven
verhalten[183] I *tr* **1** *(zijn adem, lachen, woede, tranen)* inhouden; *(urine)* ophouden; **2** *(een zucht)* onderdrukken; **3** *(zijn hartstochten)* beteugelen; II *sich ~* **1** zich gedragen, zich houden; **2** gesteld zijn: *die Sache verhält sich so* de zaak zit zo; **3** zich verhouden; III *bn* **1** ingehouden; **2** gereserveerd, terughoudend; **3** *(geluid)* gedempt
Verhalten o^{39} gedrag, houding
Verhaltensregel v^{21} gedragsregel
Verhaltensweise v^{21} gedrag
Verhältnis o^{29a} **1** verhouding: *im ~ zu früher* in ver-

houding tot vroeger; *im umgekehrten ~ zu*[+3] *etwas stehen* omgekeerd evenredig zijn aan iets; *sie ist sein ~* hij heeft een verhouding met haar; **2** *(mv)* omstandigheden, toestand: *er stammt aus einfachen ~sen* hij komt uit een eenvoudig milieu

verhältnismäßig 1 evenredig, naar verhouding; **2** betrekkelijk

Verhältniswahl *v*[20] evenredige verkiezing

Verhältniswort *o*[32] voorzetsel

verhandeln 1 onderhandelen (over); **2** versjacheren, verkopen; **3** *(een zaak)* behandelen

Verhandlung *v*[20] **1** onderhandeling; **2** *(jur)* behandeling van een zaak, zitting: *(jur) zur ~ stehen* behandeld worden

Verhandlungstag *m*[5] zittingsdag

Verhandlungstisch *m*[5] onderhandelingstafel

verhangen 1 bewolkt, bedekt; **2** afgedekt

verhängen 1 uitvaardigen, opleggen: *die Sperre ~* de blokkade gelasten; *(sp) einen Elfmeter ~* een strafschop toekennen; *Hausarrest ~* huisarrest opleggen; *eine Strafe über jmdn ~* iem een straf opleggen; **2** afdekken: *ein Fenster ~* het gordijn voor een raam dichtdoen

Verhängnis *o*[29a] (nood)lot, ongeluk

verhängnisvoll noodlottig, fataal

Verhängung *v*[20] afkondiging, uitvaardiging; *zie* verhängen

verharmlosen bagatelliseren

verhärmt door verdriet getekend

verharren 1 stil blijven staan; **2** volharden

verharschen *(mbt wond)* droog worden: *der verharschte Hang* de verijsde sneeuwhelling; *der Schnee verharscht* de sneeuw wordt hard

verhärten I *tr* verharden; **II** *sich ~* hard worden, ongevoelig worden

verhaspeln, sich in de war raken

verhasst gehaat

verhätscheln vertroetelen, verwennen

Verhau *m*[5], *o*[29] versperring

verhauen I *tr* **1** afranselen; **2** *(geld)* erdoor jagen; **3** verknoeien; **II** *sich ~* zich vergissen

verheddern I *tr* in de war maken; **II** *sich ~* **1** verward raken; **2** in de war raken

verheeren verwoesten

verheerend 1 verwoestend, vernietigend; **2** vreselijk, afschuwelijk

Verheerung *v*[20] verwoesting

verhehlen verbergen, verhelen

verheilen helen, genezen

verheimlichen verzwijgen, geheimhouden

verheiraten, sich trouwen, huwen

Verheiratete(r) *m*[40a], *v*[40b] gehuwde

verheißen[187] toezeggen, (vast) beloven

Verheißung *v*[20] toezegging, belofte

verheißungsvoll veelbelovend

verheizen 1 verstoken; **2** uitputten, afbeulen

verhelfen[188]: *jmdm zu*[+3] *etwas ~* iem aan iets helpen

verherrlichen verheerlijken

verhetzen ophitsen, aanhitsen

verheult behuild

verhexen beheksen, betoveren

verhindern verhinderen, beletten

verhohlen *bn* verholen; *zie ook* verhehlen

verhöhnen bespotten, beschimpen, uitjouwen

verhökern verpatsen, verkopen

Verhör *o*[29] verhoor: *ein ~ mit jmdm anstellen, jmdn ins ~ nehmen, jmdn einem ~ unterziehen* iem een verhoor afnemen

verhören I *tr* verhoren, ondervragen; **II** *sich ~* verkeerd horen, verkeerd verstaan

verhüllen bedekken, omhullen, hullen in

verhungern verhongeren

verhunzen verknoeien, bederven

verhüten verhoeden, verhinderen, voorkomen

Verhütung *v*[20] voorkoming

Verhütungsmittel *o*[33] voorbehoedmiddel

verhutzelt verschrompeld, rimpelig

verifizieren[320] verifiëren

verinnerlichen verinnerlijken

verirren, sich verdwalen

Verirrung *v*[20] dwaling

verjagen verjagen, wegjagen, verdrijven

verjähren verjaren

Verjährungsfrist *v*[20] verjaringstermijn

verjubeln *(geld)* erdoor jagen, verkwisten

verjüngen I *tr* verjongen; **II** *sich ~* **1** jonger worden; **2** *(mbt zuil)* geleidelijk dunner worden

verjuxen 1 verkwisten; **2** voor de gek houden

verkabeln 1 kabels leggen (voor); **2** op een kabelnet aansluiten

verkalken 1 *(med)* verkalken; **2** geestelijk aftakelen: *total verkalkt sein* helemaal dement zijn

verkalkulieren[320]**, sich** zich verrekenen

Verkalkung *v*[20] **1** verkalking; **2** seniele aftakeling

verkannt miskend; *zie ook* verkennen

Verkauf I *m*[6] verkoop: *etwas zum ~ anbieten* iets te koop aanbieden; **II** *m*[19] afdeling verkoop

verkaufen I *tr* verkopen: *zu ~* te koop; **II** *sich ~* verkopen, verkocht worden: *diese Platte verkauft sich gut* deze plaat wordt goed verkocht

Verkäufer *m*[9] verkoper

verkäuflich 1 verkoopbaar; **2** te koop

Verkaufsbedingungen *mv v*[20] verkoopvoorwaarden

Verkaufsleiter *m*[9] verkoopleider, salesmanager

Verkaufspreis *m*[5] verkoopprijs

Verkaufsschlager *m*[9] verkoopsucces, topper

Verkaufsstand *m*[6] stalletje

Verkaufstisch *m*[5] toonbank

Verkehr *m*[19] **1** verkeer: *starker* (of: *reger*) *~* druk verkeer; **2** omgang, verkeer: *der geschäftliche ~* het handelsverkeer; *gesellschaftlicher ~* maatschappelijk verkeer; **3** circulatie, omloop; **4** geslachtsverkeer

verkehren I *intr* **1** verkeren, omgaan; **2** *(mbt bus, trein)* rijden; **II** *tr* veranderen, verdraaien: *Worte ~* woorden verdraaien; **III** *sich ~* veranderen, omslaan

Verkehrsader v^{21} verkeersader
Verkehrsampel v^{21} verkeerslicht
Verkehrsamt o^{32} VVV-kantoor
Verkehrsaufkommen o^{39} verkeersaanbod
Verkehrsbetrieb m^{5} vervoerbedrijf
Verkehrsbüro o^{36} VVV-kantoor
verkehrsgünstig gunstig ten opzichte van het verkeer
Verkehrshindernis o^{29a} verkeersobstakel
Verkehrsinsel v^{21} vluchtheuvel
Verkehrsmeldung v^{20} verkeersinformatie
Verkehrsnetz o^{29} verkeersnet
Verkehrsopfer o^{33} verkeersslachtoffer
Verkehrsordnung v^{28} verkeersregels
Verkehrspolizei v^{28} verkeerspolitie
verkehrsreich druk
Verkehrsschild o^{31} verkeersbord
Verkehrsstau m^{5}, m^{13} file
Verkehrssteuer v^{28} wegenbelasting
Verkehrsstockung v^{20} verkeersopstopping
Verkehrsstraße v^{21} verkeersweg
Verkehrssünder m^{9} verkeersovertreder
Verkehrsteilnehmer m^{9} weggebruiker
Verkehrsverein m^{5} vereniging voor vreemdelingenverkeer, VVV-kantoor
Verkehrsvorschriften mv v^{20} verkeersregels
verkehrswidrig: ~es Verhalten (het) zich gedragen in strijd met de verkeersregels
Verkehrszeichen o^{35} verkeersteken, verkeersbord
verkehrt verkeerd, omgekeerd, averechts: ~ herum: a) op zijn kop; b) achterstevoren; c) binnenstebuiten
verkennen[189] miskennen: den Ernst der Lage ~ de ernst van de situatie niet inzien
Verkennung v^{20} miskenning
verketten I tr 1 met kettingen, een ketting vastmaken; 2 (fig) verbinden; II sich ~ 1 zich verbinden; 2 verbonden zijn
Verkettung v^{20} verbinding; samenloop
verketzern verketteren
Verketzerung v^{20} verkettering
verkitten met kit dichtmaken, kitten
verklagen aanklagen: jmdn ~ auf[+4] ... een eis tot ... tegen iem instellen
verklammern klampen, krammen: eine Wunde ~ een wond hechten
verklären I tr 1 verheerlijken, met een bovenaardse glans omgeven; 2 (van geluk) doen stralen; 3 idealiseren; II sich ~ van vreugde, geluk stralen
verklärt gelukzalig, verheerlijkt
verklauseln, verklausulieren[320] door clausules beperken
verkleben I tr dichtplakken; II intr vastplakken
verkleckern 1 verspillen; 2 morsen
verkleiden 1 verkleden, vermommen; 2 (een oppervlak) bekleden; 3 (fig) omschrijven
Verkleidung v^{20} 1 verkleding, vermomming; 2 bekleding; zie verkleiden
verkleinern I tr 1 verkleinen (ook foto); 2 (iems ver-

diensten, werk) kleineren; II sich ~ 1 kleiner worden; 2 (fig) inkrimpen
Verkleinerungsform v^{20} verkleinwoord
verkleistern 1 (met plaksel) dichtplakken; 2 (fig) verdoezelen, maskeren
verklemmen, sich klem (gaan) zitten
verklemmt (psych) geremd, verkrampt
verklingen[191] 1 wegsterven; 2 (fig) voorbijgaan
verkloppen 1 (iem) een pak slaag geven; 2 (iets) verpatsen
verknacken veroordelen
verknacksen verstuiken
verknallen I tr (munitie) verschieten; II sich ~ (met in[+4]) verliefd worden op
verknappen I tr schaars maken, beperken; II sich ~ schaars worden
Verknappung v^{20} (het) schaars worden
verkneifen[192] I tr samenknijpen; II sich ~ 1 verbijten, onderdrukken; 2 zich ontzeggen
verknöchern 1 verbenen, tot been worden; 2 (fig) verstarren
verknoten I tr met een knoop vastmaken; II sich ~ in de knoop raken
verknüpfen I tr 1 (fig) verbinden; 2 vastknopen; II sich ~ gepaard gaan, verbonden zijn
verkochen I intr verkoken; II tr laten verkoken
verkommen[193] 1 verkommeren, in verval raken: ~ lassen verwaarlozen; 2 verlopen, aan lager wal geraken; 3 (mbt levensmiddelen) bederven
Verkommenheit v^{28} 1 verdorvenheid; 2 verval, verwaarlozing
verkoppeln (vast)koppelen, verbinden
verkorksen bederven, verknoeien
verkörpern belichamen, personifiëren
verköstigen de kost geven, onderhouden
verkrachen I intr over de kop gaan: eine verkrachte Existenz een mislukkeling; II sich ~ ruzie krijgen: verkracht sein ruzie hebben
verkraften (fig) aankunnen, opgewassen zijn tegen
verkrampfen, sich zich krampachtig samentrekken
verkrampft: ~es Fäuste krampachtig gebalde vuisten; ein ~es Gesicht een verwrongen gezicht
Verkrampfung v^{20} 1 krampachtige samentrekking; 2 (fig) krampachtigheid
verkratzen bekrassen
verkriechen[195], **sich** wegkruipen, zich verbergen
verkrümeln I tr verkruimelen; II sich ~ stilletjes vertrekken
verkrümmen I tr krom buigen; II intr krom worden; III sich ~ krom worden
verkrüppeln I intr vergroeien, kromgroeien; II tr verminken
verkrüppelt 1 invalide; 2 kromgegroeid, misvormd
verkümmern verkommeren; wegkwijnen
verkünden 1 verkondigen; 2 afkondigen; 3 bekendmaken
verkündigen 1 verkondigen; 2 bekendmaken
Verkündigung v^{20} verkondiging

Ve

verkupfern verkoperen
verkuppeln koppelen
Verkuppelung, Verkupplung v^{20} **1** koppeling; **2** koppelarij
verkürzen korter maken, verkorten: *die Zeit* ~ de tijd korten
verlachen uitlachen
Verladebahnhof m^6 goederenstation
verladen[196] **1** inladen; **2** inschepen; **3** *(inform, fig)* verlakken, *(plat)* belazeren
Verladerampe v^{21} laadperron
Verladung v^{20} **1** (het) inladen; **2** inscheping
Verlag m^5 uitgeverij, uitgeversmaatschappij
verlagern I *tr* verplaatsen; **II** *sich* ~ zich verplaatsen
Verlagsrecht o^{29} auteursrecht, copyright
verlanden verlanden, tot land worden
Verlandung v^{20} verlanding, (het) tot land worden
verlangen I *intr* verlangen: *nach Wasser* ~ graag water willen hebben; **II** *tr* **1** verlangen, eisen, willen hebben; **2** verlangen, vereisen, vragen; **3** verlangen, willen zien; **4** wensen
Verlangen o^{35} verlangen: *auf* ~ *vorzeigen* desgevraagd tonen
verlängern 1 verlengen, langer maken; **2** *(verblijf)* verlengen; **3** *(met water)* aanlengen
Verlängerung v^{20} **1** verlenging; **2** verlengstuk; **3** aanlenging
Verlängerungsschnur v^{25} verlengsnoer
verlangsamen verlangzamen, vertragen
verläppern verknoeien, verspillen
Verlass m^{19}: *auf ihn ist kein* ~ op hem kun je niet vertrouwen
verlassen[197] **I** *tr* **1** verlaten; **2** in de steek laten; **II** *sich* ~ zich verlaten, vertrouwen: *sich* ~ *auf jmdn* op iem vertrouwen; **III** *bn* verlaten, eenzaam, afgelegen
Verlassenheit v^{28} verlatenheid, eenzaamheid
verlässlich betrouwbaar
Verlässlichkeit v^{28} betrouwbaarheid
verlästern belasteren
Verlaub m^{19}: *mit* ~ met (uw) permissie
Verlauf m^6 verloop, ontwikkeling
verlaufen[198] **I** *intr* **1** *(mbt grens, lijn)* lopen, zich uitstrekken; **2** *(mbt feest, ziekte)* verlopen, aflopen; **3** *(mbt tijd)* verlopen, voorbijgaan; **II** *sich* ~ **1** verkeerd lopen, verdwalen; **2** doodlopen; **3** uiteengaan
verlaust vol luizen
verlautbaren (officieel) bekendmaken
verlauten 1 bekendmaken; **2** verluiden: *wie verlautet* naar verluidt; **3** *(onpers) es verlautet* men zegt, beweert
verleben doorbrengen
verlebendigen 1 verlevendigen; **2** tot leven brengen
verlegen I *tr* **1** verleggen, verplaatsen, elders vestigen; **2** *(een feest, zitting)* uitstellen, verplaatsen; **3** (iets) ergens neerleggen, waar men het niet meer kan terugvinden; **4** *(weg)* versperren, blokkeren; **5** *(buizen, rails, parket, tapijt)* leggen; **6** *(boeken)* uitgeven; **II** *sich* ~ *(met auf*[+4]*)* **1** zich toeleggen (op); **2**

het proberen (met); **III** *bn* verlegen, bleu
Verlegenheit v^{20} verlegenheid
Verleger m^9 uitgever
Verlegung v^{20} **1** verlegging, verplaatsing; **2** uitstel; **3** (het) leggen; **4** versperring
verleiden *(iems plezier)* bederven, vergallen
Verleih I m^{19} (het) uitlenen, (het) verhuren; **II** m^5 verhuur-, uitleenbedrijf
verleihen[200] **1** verlenen; **2** uitlenen, verhuren
Verleiher m^9 verhuurder, uitlener
Verleihung v^{20} **1** uitleen, verhuur; **2** verlening
verleimen lijmen
verleiten 1 verleiden; **2** verlokken
verlernen verleren
verlesen[201] **1** voorlezen; **2** uitzoeken, selecteren
verletzbar kwetsbaar
verletzen I *tr* **1** verwonden, blesseren; **2** krenken, beledigen, kwetsen; **3** *(z'n plicht)* verzaken; **4** *(een wet)* overtreden; **5** *(grens, luchtruim, verdrag)* schenden; **II** *sich* ~ zich bezeren, zich verwonden
verletzlich kwetsbaar, gevoelig
Verletzte(r) m^{40a}, v^{40b} gewonde
Verletzung v^{20} **1** verwonding, blessure; **2** schending *(van grens, luchtruim, verdrag);* **3** krenking, belediging; *zie* verletzen
verleugnen verloochenen
verleumden (be)lasteren, kwaadspreken van
Verleumder m^9 lasteraar, kwaadspreker
verleumderisch lasterlijk
Verleumdung v^{20} laster, belastering
verlieben, sich verliefd worden: *sich in jmdn* ~ op iem verliefd worden
Verliebte(r) m^{40a}, v^{40b} verliefde
Verliebtheit v^{28} verliefdheid
verlieren[300] **I** *intr* verliezen; **II** *tr* verliezen: *die Fassung* ~ van streek raken; *(fig) die Nerven* ~ de zenuwen krijgen; **III** *sich* ~ **1** verdwijnen: *er verlor sich in der Menge* hij verdween in de menigte; **2** verdwalen; **3** zich verliezen: *sich in Einzelheiten* ~ zich in details verliezen; *zie ook* verloren
Verlierer m^9 verliezer
Verlies o^{29} (onderaardse) kerker
verloben, sich zich verloven
Verlobte(r) m^{40a}, v^{40b} verloofde
Verlobung v^{20} **1** verloving; **2** verlovingsfeest
verlocken verlokken, verleiden
verlockend verlokkend, verleidelijk
verlogen 1 leugenachtig; **2** onoprecht
verloren 1 verloren: *du hast hier nichts* ~ je hebt hier niets te zoeken; **2** vergeefs, nutteloos: *~e Mühe* vergeefse moeite; **3** verloren, niet te redden: *jmdn* ~ *geben* iem opgeven; *~ gehen* verloren gaan || *~e Eier* gepocheerde eieren
verlorengehen *oude spelling voor* verloren gehen, *zie* verloren 3
verlöschen I *st, intr*[301] (uit)doven, uitgaan; **II** *zw, tr* doven, uitmaken
verlosen verloten
Verlosung v^{20} verloting, loterij

verlöten solderen
verlottern, verludern I *intr* verloederen; **II** *tr* er-door jagen, verkwisten
verlumpt haveloos
Verlust *m⁵* verlies
vermachen vermaken, nalaten
Vermächtnis *o²⁹ᵃ* **1** nalatenschap; **2** testament
vermählen, sich trouwen
Vermählung *v²⁰* **1** huwelijk; **2** huwelijksfeest
vermarkten 1 commercialiseren; **2** op de markt brengen
vermasseln 1 bederven; **2** verprutsen
vermassen I *tr* massificeren; **II** *intr* in de massa op-gaan
vermauern 1 vermetselen; **2** dichtmetselen
vermehren I *tr* vermeerderen, vermenigvuldigen; **II** *sich ~* **1** toenemen; **2** zich voortplanten
vermeidbar te vermijden, vermijdbaar
vermeiden²⁰⁶ (ver)mijden, voorkomen
vermeidlich te vermijden, vermijdbaar
vermeinen menen, denken
vermeintlich vermeend, verondersteld
vermengen 1 (ver)mengen; **2** *(fig)* door elkaar ha-len, verwarren
vermenschlichen 1 vermenselijken; **2** personifië-ren
Vermerk *m⁵* aantekening, notitie
vermerken 1 noteren, aantekenen: *(fig) das sei nur am Rande vermerkt* dat zij slechts terloops opge-merkt; **2** kennis nemen van: *(jmdm) etwas übel ~* (iem) iets kwalijk nemen
vermessen I *tr*²⁰⁸ meten, opmeten; **II** *sich ~* **1** ver-keerd meten; **2** zich verstouten, het wagen; **III** *bn* vermetel, stoutmoedig
Vermessenheit *v²⁰* vermetelheid
Vermesser *m⁹* opmeter, landmeter
Vermessung *v²⁰* (op)meting
vermiesen verpesten, bederven
vermieten verhuren: *zu ~* te huur
Vermieter *m⁹* verhuurder; huisbaas
vermindern I *intr* verminderen; **II** *tr (prijzen)* verla-gen; **III** *sich ~* afnemen, minder worden
verminen: *einen Hafen ~* in een haven mijnen leg-gen
vermischen I *tr* vermengen, dooreenmengen; **II** *sich ~* zich vermengen: *Vermischtes* gemengde be-richten
vermissen missen, vermissen
vermitteln I *intr* bemiddelen; **II** *tr* tot stand bren-gen: *jmdm Arbeit ~* iem aan werk helpen || *ein ge-treues Bild ~* een getrouw beeld geven; *Wissen ~* kennis overdragen
Vermittler *m⁹* bemiddelaar, tussenpersoon
Vermittlung *v²⁰* **1** bemiddeling; **2** (het) helpen (aan); **3** telefooncentrale
Vermittlungsamt *o³²* **1** telefooncentrale; **2** bemid-delingsinstantie
Vermittlungsgebühr *v²⁰* courtage, provisie
vermöbeln afranselen

vermodern vergaan, verrotten
vermöge *vz⁺²* krachtens, door
vermögen²¹⁰ **1** vermogen, kunnen, in staat zijn; **2** weten te bereiken
Vermögen *o³⁵* vermogen
vermögend vermogend, welgesteld
Vermögenssteuer, Vermögensteuer *v²¹* vermo-gensbelasting
Vermögensverwaltung *v²⁰* vermogensbeheer
vermorschen vermolmen, vergaan, verrotten
vermummen 1 vermommen; **2** *(een kind)* inpakken
vermurksen bederven, verknoeien
vermuten vermoeden
vermutlich vermoedelijk, waarschijnlijk
Vermutung *v²⁰* vermoeden, veronderstelling
vernachlässigen verwaarlozen
vernageln dichtspijkeren
vernagelt *(fig)* kortzichtig, bekrompen
vernähen 1 dichtnaaien; **2** *(een wond)* hechten
vernarben 1 helen; **2** een litteken worden
vernarbt met littekens, vol littekens
vernarren: *sich ~ in*⁺⁴: *a)* verliefd worden op; *b)* he-lemaal weg raken van; *vernarrt sein in*⁺⁴ weg zijn van
vernaschen 1 versnoepen; **2** *(een meisje)* versieren; **3** *(sp) (de tegenstander)* inmaken
vernehmbar verneembaar, verstaanbaar
vernehmen²¹² **1** vernemen, horen; **2** verhoren, on-dervragen
Vernehmen *o³⁹*: *allem* (of: *dem) ~ nach* naar ver-luidt, naar men zegt
vernehmlich verstaanbaar, duidelijk hoorbaar
Vernehmung *v²⁰* verhoor, ondervraging
vernehmungsfähig in staat om verhoord te wor-den
Vernehmungsrichter *m⁹* rechter van instructie
verneigen, sich een buiging maken, buigen
verneinen 1 ontkennen; **2** afwijzen
verneinend ontkennend *(ook taalk)*
vernetzen verbinden *(ook chem, techn)*
vernichten vernietigen, verdelgen, verwoesten
Vernichtung *v²⁰* vernietiging, verdelging, verwoes-ting
Vernichtungskrieg *m⁵* vernietigingsoorlog
vernickeln vernikkelen
verniedlichen bagatelliseren, onschuldig voorstel-len
vernieten *(techn)* klinken
Vernunft *v²⁸* verstand, rede, ratio: *jmdn zur ~ brin-gen* iem tot rede brengen; *gegen alle ~* tegen het ge-zond verstand in
vernunftbegabt met rede begaafd, redelijk
vernünftig 1 verstandig; **2** behoorlijk
vernünftigerweise redelijkerwijs
veröden 1 verstommen; **2** onvruchtbaar worden
veröffentlichen 1 publiceren, bekendmaken; **2** *(boek)* uitgeven
Veröffentlichung *v²⁰* **1** publicatie, bekendmaking; **2** (het) uitgeven *(van boeken)*

Ve

verordnen 1 *(med)* voorschrijven; 2 verordenen, gelasten
Verordnung v^{20} 1 verordening, overheidsbesluit; 2 *(med)* voorschrift
verpachten verpachten
Verpachtung v^{20} verpachting
verpacken verpakken, inpakken
Verpackung v^{20} verpakking
verpäppeln verwennen, in de watten leggen
verpassen 1 *(de trein)* missen; 2 *(de gelegenheid, een kans)* laten voorbijgaan; 3 *(een injectie, klap)* geven
verpatzen bederven, verknoeien, verprutsen
verpesten verpesten
verpetzen verraden, verklikken
verpfänden verpanden, belenen
verpfeifen[214] verraden, aangeven, verlinken
verpflanzen 1 verplanten; 2 *(med)* transplanteren
verpflegen te eten geven
Verpflegung v^{28} kost, eten, maaltijden: *mit voller ~* met vol pension
Verpflegungssatz m^6 rantsoen
verpflichten I *tr en intr* 1 verplichten: *ich bin Ihnen zu Dank verpflichtet* ik ben u dank verschuldigd; 2 *(theat)* engageren; 3 plechtig laten beloven, beëdigen; 4 *(sp)* contracteren; II *sich ~* zich verbinden, zich verplichten
Verpflichtung v^{20} 1 verplichting; 2 verbintenis: *eine ~ eingehen* een verbintenis aangaan
verpfuschen verknoeien, bederven, verprutsen
verplappern, sich zijn mond voorbijpraten
verplaudern verpraten, met praten doorbrengen
verplempern verknoeien, verkwisten
verplomben verzegelen
verpönt ontoelaatbaar, verboden
verprassen verbrassen
verprügeln een pak slaag geven, afranselen
verpuffen 1 met een doffe knal ontploffen; 2 *(fig)* mislukken, geen effect sorteren
verpulvern *(fig)* verkwisten, verspillen
verpuppen, sich zich verpoppen
Verputz m^{19} pleisterlaag
verputzen 1 *(een muur)* berapen, bepleisteren; 2 *(inform)* eten, opeten; 3 *(geld)* opmaken, verkwisten; 4 *(sp)* inmaken
verquasseln, verquatschen verpraten
verquicken innig verbinden, samensmelten
verquirlen klutsen, door elkaar roeren
verquollen (op)gezwollen, opgezet
verrammeln, verrammen barricaderen
verramschen verramsjen, tegen afbraakprijzen verkopen
Verrat m^{19} verraad
verraten[218] I *tr* verraden; II *sich ~* 1 zich verraden; 2 duidelijk worden
Verräter m^9 verrader
verräterisch verraderlijk
verrauchen I *tr* verroken; II *intr* 1 vervliegen, wegtrekken; 2 *(fig)* bekoelen

verrauschen wegebben, langzaam afnemen
verrechnen verrekenen, vereffenen
Verrechnung v^{20} verrekening, vereffening
verrecken *(mbt dieren)* verrekken, creperen
verregnen I *intr* verregenen; II *tr* sproeien
verreiben[219] uitsmeren, inwrijven
verreisen op reis gaan
verreißen[220] 1 afkraken, afmaken; 2 *das Steuer ~* het stuur omgooien
verrenken verzwikken, verrekken, ontwrichten: *sich³ den Hals ~, um alles zu sehen* zijn hals uitrekken om alles te zien
Verrenkung v^{20} verzwikking; *zie* verrenken
verrennen[222], **sich** 1 *(fig)* vastlopen; 2 *(fig)* zich vastbijten
verrichten verrichten, doen, uitvoeren
Verrichtung I v^{28} verrichting, uitvoering; II v^{20} bezigheid, werkzaamheid
verriegeln grendelen
verringern verkleinen, verminderen; *(prijs, tempo)* verlagen
verrinnen[225] 1 wegsijpelen, wegstromen; 2 *(mbt tijd)* verstrijken, vergaan
Verriss m^5 vernietigende kritiek
verrohen I *tr* verruwen, ruwer maken; II *intr* verruwen, ruwer worden
verrosten verroesten
verrotten verrotten, vergaan
verrucht 1 laaghartig, snood; 2 zondig
verrücken verplaatsen, verschuiven, verzetten
verrückt 1 gek, krankzinnig; 2 bespottelijk, mal, dwaas; 3 buitengewoon, enorm
Verrückte(r) m^{40a}, v^{40b} gek
Verrücktheit v^{20} gekheid, dwaasheid, idioterie
Verrücktwerden o^{39}: *das ist zum ~* dat is om gek van te worden
Verruf m^{19} slechte naam, kwade reuk: *in ~ kommen* (of: *geraten*) een slechte reputatie krijgen
verrufen *bn* slecht bekend staand, berucht
verrußen onder het roet komen te zitten
verrutschen verschuiven
Vers m^5 1 vers, versregel; 2 vers, couplet
versachlichen verzakelijken
versacken 1 wegzakken; 2 *(mbt schip)* zinken; 3 *(mbt fundamenten)* verzakken; 4 *(fig)* doorzakken
versagen I *intr* 1 falen, tekortschieten, mislukken; 2 weigeren; II *tr* weigeren, niet toestaan; III *sich ~* zich ontzeggen
Versager m^9 1 nul, mislukkeling; 2 flop, fiasco
Versagung v^{20} 1 weigering; 2 ontzegging
versalzen[227] I *intr* verzouten, zout worden; II *tr* verzouten, te zout maken; *(fig)* bederven
versammeln I *tr* verzamelen, bijeenbrengen, bijeenroepen; II *sich ~* bijeenkomen
Versammlung v^{20} vergadering, bijeenkomst
Versand m^{19} 1 verzending; 2 expeditieafdeling; 3 postorderbedrijf
versandbereit gereed voor verzending
versanden verzanden

vers<u>a</u>ndfertig gereed voor verzending

Vers<u>a</u>ndgeschäft o^{29}, **Vers<u>a</u>ndhaus** o^{32} postorderbedrijf

Vers<u>a</u>ndung v^{28} verzanding

vers<u>au</u>en 1 smerig maken; **2** bederven

vers<u>au</u>ern verzuren

vers<u>au</u>fen^{228} verzuipen, verdrinken

vers<u>äu</u>men verzuimen, missen: *den Zug* ~ de trein missen; *eine Gelegenheit* ~ een gelegenheid voorbij laten gaan

Vers<u>äu</u>mnis o^{29a} verzuim, nalatigheid

versch<u>a</u>chern versjacheren, verkwanselen

versch<u>a</u>chtelt 1 in elkaar geschoven: *~e Häuser* dicht op elkaar gebouwde huizen; **2** gecompliceerd

versch<u>a</u>ffen verschaffen, bezorgen

versch<u>a</u>len 1 bekisten; **2** betimmeren

versch<u>ä</u>mt 1 beschaamd; **2** verlegen

versch<u>a</u>ndeln bederven; ontsieren

versch<u>a</u>nzen verschansen

versch<u>ä</u>rfen I *tr* **1** verscherpen; **2** *(het tempo)* versnellen, opvoeren; **II** *sich* ~ verscherpen, scherper worden, zich toespitsen

versch<u>a</u>rren onder de grond stoppen, haastig begraven

versch<u>ä</u>tzen I *tr* verkeerd schatten; **II** *sich* ~ verkeerd schatten

versch<u>au</u>keln bedriegen, *(plat)* belazeren

versch<u>ei</u>den^{232} overlijden, sterven

versch<u>e</u>nken weggeven, schenken

versch<u>e</u>rzen, sich verliezen, verspelen

versch<u>eu</u>chen verjagen, verdrijven, wegjagen

versch<u>eu</u>ern verpatsen, versjacheren

versch<u>i</u>cken versturen, verzenden

versch<u>ie</u>bbar verplaatsbaar, verschuifbaar

Versch<u>ie</u>bebahnhof m^6 rangeerstation

versch<u>ie</u>ben^{237} **I** *tr* **1** verschuiven, verplaatsen; **2** uitstellen, opschorten; **3** clandestien verkopen; **II** *sich* ~ **1** verschuiven; **2** uitgesteld worden

versch<u>ie</u>den 1 verschillend; **2** verscheidene, enige, enkele

versch<u>ie</u>denartig verschillend, uiteenlopend

versch<u>ie</u>denerlei verschillend, allerlei

Versch<u>ie</u>denheit v^{20} verscheidenheid, verschil

versch<u>ie</u>dentlich meermalen, herhaaldelijk

versch<u>ie</u>ßen^{238} **I** *tr* **1** *(munitie)* verschieten; **2** *(sp)* misschieten: *einen Elfmeter* ~ een strafschop missen; **II** *intr* verschieten, verkleuren

versch<u>i</u>ffen verschepen

versch<u>i</u>mmeln beschimmelen

versch<u>a</u>fen I *tr*^{240} verslapen; **II** *sich* ~ zich verslapen; **III** *bn* **1** slaperig; **2** dromerig

Versch<u>a</u>g m^6 **1** afschutting, schot; **2** afgeschoten ruimte, kamertje; schuur, hok

versch<u>a</u>gen^{241} **I** *tr* **1** dichtspijkeren; **2** *(een ruimte)* afschieten; **3** *(sp)* misslaan, verkeerd slaan; **4** benemen, beroven van; **5** uit de koers drijven; **6** terecht (doen) komen; **7** *(cul)* erdoor kloppen, mengen; **II** *intr* helpen, baten; **III** *bn* sluw, listig, geraffineerd, geslepen

Verschl<u>a</u>genheit v^{28} sluwheid

verschl<u>a</u>mmen dichtslibben

verschl<u>a</u>mpen I *tr* **1** kwijtraken, laten slingeren; **2** vergeten; **II** *intr* verslonzen, verwaarlozen

verschl<u>e</u>chtern verslechteren, verergeren

verschl<u>ei</u>ern 1 sluieren *(ook foto)*; **2** bemantelen; **3** versluieren, verhullen, camoufleren

verschl<u>ei</u>ert 1 gevoileerd *(van stem)*; **2** omfloerst, wazig *(van blik)*; **3** gecamoufleerd

Verschl<u>ei</u>ß m^5 slijtage, (het) slijten

verschl<u>ei</u>ßen^{244} **I** *intr* slijten, verslijten; **II** *tr* verslijten

verschl<u>ei</u>ßfest slijtvast, duurzaam

verschl<u>e</u>ppen 1 wegvoeren; **2** wegslepen; **3** zoekmaken; **4** *(een ziekte)* verspreiden; **5** onnodig rekken, traineren ‖ *eine verschleppte Grippe* een verwaarloosde griep

Verschl<u>e</u>ppte(r) m^{40a}, v^{40b} gedeporteerde

verschl<u>eu</u>dern 1 verkwisten, verspillen; **2** *(waren)* onder de prijs verkopen

verschl<u>ie</u>ßbar (af)sluitbaar

verschl<u>ie</u>ßen^{245} **I** *tr* sluiten, af-, wegsluiten; **II** *sich* ~ zich afsluiten, ontoegankelijk zijn voor

verschl<u>i</u>mmbessern (door correcties) verslechteren in plaats van verbeteren

verschl<u>i</u>mmern verergeren, verslechteren

verschl<u>i</u>ngen^{246} **1** ineenstrengelen, verstrengelen; **2** verslinden, opslokken

verschl<u>i</u>ssen versleten

verschl<u>o</u>ssen 1 gesloten, op slot; **2** gesloten, in zichzelf gekeerd

verschl<u>u</u>cken I *tr* **1** doorslikken, inslikken; **2** *(woorden)* inslikken; **3** onderdrukken, inhouden; **4** *(geluid)* dempen; **5** opslokken, kosten; **II** *sich* ~ zich verslikken

Verschl<u>u</u>ss m^6 **1** afsluiting; **2** sluiting, slot; **3** grendel, slot *(van geweer)*; **4** *(med)* afsluiting; **5** *(foto)* sluiter

verschl<u>ü</u>sseln coderen

verschm<u>a</u>chten versmachten: ~ *vor*$^{+3}$ versmachten van

verschm<u>ä</u>hen versmaden, verachten

verschm<u>e</u>lzen^{248} versmelten, samensmelten

verschm<u>ie</u>ren 1 versmeren; **2** insmeren, besmeren; **3** volsmeren; **4** *(een gat)* dichtsmeren; **5** uitlopen

verschm<u>i</u>tzt slim, schalks, ondeugend

verschm<u>u</u>tzen I *tr* bevuilen, verontreinigen; **II** *intr* vervuilen, vuil worden

Verschm<u>u</u>tzung v^{28} bevuiling, vervuiling

verschn<u>au</u>fen, sich uitblazen, op adem komen

Verschn<u>au</u>fpause v^{21} adempauze

verschn<u>ei</u>den^{250} **1** *(een boom, heg)* snoeien; **2** verknippen; **3** aanlengen; **4** castreren

verschn<u>ei</u>en besneeuwen, ondersneeuwen

verschn<u>ö</u>rkeln met krullen versieren

verschn<u>u</u>pft 1 verkouden; **2** gepikeerd

verschn<u>ü</u>ren 1 vast-, dichtbinden; **2** dichtsnoeren

Verschn<u>ü</u>rung v^{20} snoer, koord, touw

Ve

verschollen spoorloos verdwenen, vermist
verschonen sparen, ontzien
verschönen veraangenamen
verschönern verfraaien
Verschönerung v^{20} verfraaiing
Verschonung v^{20} (het) sparen, (het) ontzien
verschrammen schrammen
verschränken kruisen, over elkaar slaan
verschrauben vastschroeven, dichtschroeven
verschrecken schrik aanjagen, bang maken
verschreiben[252] I tr 1 (medicijnen) voorschrijven; 2 bij testament vermaken; 3 (inkt) verschrijven, (papier) volschrijven; II sich ~ zich verschrijven || sich ganz der Musik ~ zich met hart en ziel aan de muziek wijden
verschreibungspflichtig (apoth) alleen op recept verkrijgbaar
verschreien[253] (ongunstig) in opspraak brengen, in diskrediet brengen
verschroben vreemd, zonderling, eigenaardig
verschroten, verschrotten tot schroot verwerken
verschrumpeln, verschrumpfen verschrompelen
verschüchtern bang maken, intimideren
verschüchtert bedeesd, schuw, angstig
verschulden I tr 1 de schuld hebben van; 2 (een ongeluk) veroorzaken; II intr in de schulden raken; III sich ~ zich in de schuld steken
Verschulden o^{39} schuld: ohne mein ~ buiten mijn schuld
Verschuldung v^{20} 1 schuldenlast; 2 (het) schulden maken; 3 schuld
verschütten 1 bedelven, bedekken, overdekken; 2 dichtgooien, dempen; 3 morsen
verschwägern verzwageren
verschweigen[255] verzwijgen, verheimelijken
verschweißen aan elkaar lassen
verschwelen 1 versmeulen; 2 smeulend uitgaan
verschwenden verkwisten, verspillen
Verschwender m^9 verkwister
verschwenderisch 1 verkwistend; 2 kwistig, overdadig
Verschwendung v^{20} verkwisting, verspilling
Verschwendungssucht v^{28} spilzucht
verschwiegen 1 zwijgzaam, gesloten, discreet; 2 heimelijk, verborgen; 3 stil, afgelegen
Verschwiegenheit v^{28} 1 geheimhouding, stilzwijgendheid; discretie; 2 (het) stilzwijgen
verschwimmen[257] 1 vervagen; 2 (tinten) vervloeien, in elkaar overgaan
verschwinden[258] 1 verdwijnen; 2 naar achteren gaan, naar de wc gaan || ~d klein uiterst klein
verschwistern nauw verbinden: verschwistert nauw verwant
verschwitzen 1 doorzweten, natzweten: verschwitzt bezweet; 2 (volkstaal) vergeten
verschwollen (op)gezwollen
verschwommen vaag, wazig, onduidelijk
verschwören[260] I tr afzweren; II sich ~ samenzweren, samenspannen

Verschworene(r) m^{40a}, v^{40b}, **Verschwörer** m^9 samenzweerder
Verschwörung v^{20} samenzwering
versehen[261] I tr 1 vervullen, uitoefenen, waarnemen; 2 voorzien, verzorgen; ~ mit[+3] voorzien van; 3 verzuimen, nalaten; II sich ~ 1 zich vergissen; 2 zich verkijken
Versehen o^{35} vergissing, abuis, fout: aus ~ bij vergissing, per ongeluk
versehentlich I bw bij vergissing; II bn onopzettelijk
Versehrte(r) m^{40a}, v^{40b} invalide
versenden[263] verzenden, versturen
Versender m^9 verzender
Versendung v^{20} verzending, transport
versenken I tr 1 doen zinken, laten zakken; 2 (schepen) in de grond boren; II sich ~ in[+4] zich verdiepen in
Versenkung v^{20} 1 (het) laten zakken; 2 (het) in de grond boren
versessen (met auf[+4]) verzot, dol, gek op
versetzen I tr 1 verplaatsen, verzetten; 2 verpoten, verplanten; 3 overplaatsen; 4 antwoorden; 5 mengen, aanlengen; 6 belenen, verpanden; 7 bevorderen; 8 geven, toedienen: jmdm einen Schlag ~ iem een klap geven || jmdn in Erstaunen ~ iem versteld doen staan; jmdn in Wut ~ iem woedend maken; jmdn in die Lage ~ iem in staat stellen; II sich ~ zich verplaatsen
Versetzung v^{20} 1 verplaatsing; 2 overplaatsing; 3 bevordering; zie ook versetzen
verseuchen 1 besmetten; 2 (fig) verpesten
Verseuchung v^{20} 1 epidemie; 2 besmetting
Versfuß m^6 versvoet
Versicherer m^9 verzekeraar, assuradeur
versichern I tr verzekeren; II sich ~ zich verzekeren: sich ~[+2] zich verzekeren van
Versicherte(r) m^{40a}, v^{40b} verzekerde
Versicherung v^{20} verzekering
Versicherungsanspruch m^6 schadeclaim
Versicherungsbeitrag m^6 verzekeringspremie
Versicherungsgesellschaft v^{20} verzekerings-, assurantiemaatschappij
Versicherungskarte v^{21} 1 verzekeringsbewijs, -kaart; 2 groene kaart
versicherungspflichtig verzekeringsplichtig, verplicht verzekerd
Versicherungspolice v^{21}, **Versicherungsschein** m^5 verzekeringspolis
versickern wegdruppelen, wegsijpelen
versiegeln (ver)zegelen
versiegen op-, uitdrogen; uitgeput raken: nie ~der Humor onverwoestbare humor
versiert bedreven, ervaren
versilbern verzilveren
versimpeln versimpelen
versinken[266] 1 zinken, verzinken, wegzinken, wegzakken; 2 (fig) opgaan in
versinnbilden, versinnbildlichen verzinnebeel-

den, symboliseren
versinnlichen verzinnelijken, zinnelijk waarneembaar maken, aanschouwelijk voorstellen
Version v^{20} versie
versippen verzwageren, vermaagschappen
versitzen[268] 1 *(zijn tijd)* verzitten, zittend doorbrengen; **2** stukzitten
Verslehre v^{28} versleer, leer van de versbouw
versoffen verzopen, aan de drank verslaafd
versohlen afranselen
versöhnen verzoenen
versöhnlich 1 verzoenlijk; **2** verzoenend
Versöhnung v^{20} verzoening
versonnen in gedachten verzonken, dromerig
versorgen 1 verzorgen, zorgen voor; **2** voorzien: *eine Stadt mit Gas ~* een stad van gas voorzien; **3** ravitailleren
Versorger m^9 verzorger, kostwinner
Versorgung v^{28} 1 verzorging; **2** (het) voorzien van; **3** voorziening, sociale voorzieningen
versorgungsberechtigt 1 uitkeringsgerechtigd; **2** recht op bijstand hebbend
Versorgungslage v^{21} ravitaillering: *die ~ ist schlecht* de voedselvoorziening is slecht
verspäten, sich 1 te laat komen; **2** vertraging hebben
Verspätung v^{20} vertraging
verspeisen opeten, oppeuzelen
versperren 1 versperren, barricaderen; **2** *(kasten, deuren)* afsluiten; **3** *(iem het uitzicht)* benemen
verspielen verspelen || *bei jmdm verspielt haben* het bij iem verbruid hebben
verspielt speels
verspotten bespotten, bespottelijk maken
Verspottung v^{20} bespotting, spotternij
versprechen[274] I *tr* 1 beloven, toezeggen; **2** doen verwachten; II *sich ~* zich verspreken
Versprechen o^{35} belofte, toezegging
Versprecher m^9 verspreking
Versprechung v^{20} belofte, toezegging
versprengen *(troepen)* uit elkaar slaan || *viel Wasser ~* veel water met sproeien gebruiken
verspritzen 1 versproeien, verstuiven; **2** verspuiten; **3** volspatten
versprochenermaßen zoals beloofd
verspüren (be)speuren, (ge)voelen
verstaatlichen nationaliseren
verstädtern verstedelijken, urbaniseren
Verstädterung v^{20} verstedelijking, urbanisatie
Verstand m^{19} verstand
verstandesmäßig verstandelijk
verständig verstandig, bezonnen
verständigen I *tr* op de hoogte brengen, informeren: *die Polizei ~* de politie waarschuwen; II *sich ~* 1 zich verstaanbaar maken; **2** het (met elkaar) eens worden
Verständigung v^{20} 1 (het) zich verstaanbaar maken; **2** vergelijk, overeenkomst; **3** verwittiging
verständlich 1 begrijpelijk, duidelijk: *das ist mir*

nicht ~ dat begrijp ik niet; **2** verstaanbaar
Verständlichkeit v^{28} 1 duidelijkheid, begrijpelijkheid; **2** verstaanbaarheid
Verständnis o^{29a} begrip; gevoel
verständnislos niet begrijpend
verständnisvoll begrijpend, vol begrip
verstärken I *tr* versterken; intensiveren; II *sich ~* sterker worden
Verstärker m^9 versterker
verstauben verstoffen: *verstaubt: a)* stoffig, met stof bedekt; *b)* ouderwets, achterhaald
verstäuben verstuiven, vernevelen
verstauchen verstuiken
Verstauchung v^{20} verstuiking
verstauen 1 verstouwen; **2** opbergen
Versteck o^{29} schuilplaats, schuilhoek
verstecken I *tr* verbergen, verstoppen; II *sich ~* zich verbergen: *(fig) sich vor* (of: *neben) jmdm ~ müssen* (of: *können)* niet in iems schaduw kunnen staan
versteckt 1 verborgen; **2** bedekt; **3** heimelijk
verstehen[279] I *tr* 1 verstaan; **2** begrijpen; **3** verstaan, beheersen; **4** opvatten, verstaan; **5** goed kunnen; II *sich ~* 1 elkaar verstaan, met elkaar overweg kunnen; **2** gelden || *sich auf*[+4] *etwas ~* verstand van iets hebben; *das versteht sich (von selbst)* dat spreekt (vanzelf)
versteifen I *intr* verstijven, stijf worden; II *tr* stijf maken, (ver)stijven; III *sich ~* 1 verstijven, stijf worden; **2** sterker worden
versteigen[281]**, sich** 1 te hoog, te ver klimmen; **2** zich verstouten; *zie ook* verstiegen
Versteigerer m^9 veiling-, vendumeester
versteigern veilen, bij opbod verkopen
Versteigerung v^{20} verkoping, veiling
versteinern 1 verstenen; **2** verstijven
verstellen I *tr* 1 verplaatsen; **2** verstellen, (anders, verkeerd) instellen; **3** versperren; **4** *(gezicht, stem)* veranderen; **5** *(deur, uitgang)* versperren; II *sich ~* veinzen, simuleren, doen alsof
Verstellung v^{20} 1 verplaatsing; **2** versperring; **3** veinzerij, huichelarij
versteuern belasting betalen over
verstiegen overdreven, overspannen
Verstiegenheit v^{20} overdrevenheid
verstimmen ontstemmen: *sein Magen ist verstimmt* zijn maag is van streek
verstockt 1 koppig; **2** verstokt, hardnekkig
verstohlen verstolen, heimelijk, steels
verstopfen I *tr* 1 dichtstoppen, toestoppen: *die Straßen sind verstopft* het verkeer zit vast; **2** *(scheuren)* stoppen; II *intr* verstopt raken
Verstopfung v^{20} 1 (het) dichtstoppen, toestoppen; **2** verstopping; **3** verkeersopstopping
verstorben overleden: *der ~e König* wijlen de koning
Verstorbene(r) m^{40a}, v^{40b} overledene
verstört ontsteld, ontdaan, overstuur
Verstörtheit v^{28} ontsteltenis
Verstoß m^6 1 fout; **2** overtreding, vergrijp

Ve

verstoßen[285] I *tr* verstoten; II *intr* zondigen: ~ *gegen*[+4] handelen in strijd met, zondigen tegen; overtreden

verstreichen[286] I *tr* 1 dichtsmeren, dichtstrijken; 2 gebruiken; *(boter)* versmeren; II *intr* verstrijken, verlopen, voorbijgaan

verstreuen ver-, uit-, rondstrooien, verspreiden: *verstreut liegende Häuser* her en der verspreid liggende huizen

verstricken I *tr* 1 *(wol)* opbreien; 2 verstrikken, verwarren, verwikkelen; II *sich* ~ zich verstrikken: *sich ~ in*[+4] verstrikt raken in

verströmen verspreiden, afgeven

verstümmeln verminken

verstummen 1 verstommen; 2 ophouden

Versuch *m*[5] 1 poging; 2 proef(neming), test

versuchen 1 proberen, trachten, pogen: *versuchter Mord* poging tot moord; 2 *(drank, spijzen)* proeven, proberen; 3 *(een middel)* beproeven; 4 in verzoeking brengen, verleiden, bekoren

Versuchsanstalt *v*[20] proefstation

Versuchsperson *v*[20] proefpersoon

versuchsweise bij wijze van proef, op proef

Versuchung *v*[20] 1 verzoeking, verleiding, bekoring; 2 beproeving

versumpfen 1 moerassig worden; 2 (geestelijk) afstompen; 3 aan lager wal raken

versündigen, sich zondigen: *sich ~ an*[+3] zich bezondigen aan

versunken verzonken; *zie ook* versinken

versüßen 1 verzoeten; 2 veraangenamen

vertäfeln betimmeren, lambriseren

vertagen verdagen, uitstellen

vertändeln verbeuzelen, verlummelen

vertauschen 1 verwisselen; 2 verruilen

verteidigen verdedigen

Verteidiger *m*[9] verdediger

Verteidigung *v*[20] 1 verdediging; 2 *(sp)* achterhoede; 3 defensie

Verteidigungsminister *m*[9] minister van Defensie

verteilen I *tr* 1 verdelen, uitdelen; 2 indelen; II *sich* ~ 1 zich verdelen; 2 (zich) verspreiden

Verteiler *m*[9] 1 verdeler; 2 verkoper; 3 dealer

Verteilung *v*[20] 1 verdeling; 2 distributie

verteuern I *tr* duurder maken, in prijs doen stijgen; II *sich* ~ duurder worden

Verteuerung *v*[20] prijsverhoging; prijsstijging

verteufeln verketteren, zwart maken

verteufelt *(plat)* verduiveld; enorm, ontzettend

Verteufelung *v*[20] verkettering

vertiefen I *tr* 1 verdiepen, dieper maken, uitdiepen; 2 *(fig)* dieper ingaan op, vergroten; II *sich* ~ dieper worden, intenser worden

vertilgen 1 verdelgen, uitroeien; 2 opeten

vertippen, sich verkeerd typen

vertonen toonzetten, op muziek zetten

Vertonung *v*[20] compositie, toonzetting

vertrackt 1 moeilijk, ingewikkeld; 2 ellendig

Vertrag *m*[6] 1 verdrag; 2 overeenkomst; 3 contract

vertragen[288] I *tr* 1 (iets) verdragen, kunnen tegen; 2 dulden; II *sich* ~ 1 elkaar verdragen; 2 goed bij elkaar passen; 3 verenigbaar zijn; 4 overweg kunnen

verträglich contractueel

verträglich 1 verdraagzaam, meegaand, inschikkelijk; 2 goed te verdragen

vertragsgemäß, vertragsmäßig volgens contract, contractueel

Vertragsspieler *m*[9] contractspeler

vertrauen vertrouwen: *jmdm* ~ iem vertrouwen; *auf jmdn* ~ op iem vertrouwen

Vertrauen *o*[39] vertrouwen: ~ *zu jmdm haben* iem vertrouwen

Vertrauensarzt *m*[6] 1 controlerend geneesheer; 2 vertrouwensarts

Vertrauenssache *v*[21] kwestie van vertrouwen

vertrauenswürdig vertrouwenswaardig

vertraulich vertrouwelijk

verträumen verdromen

verträumt 1 dromerig; 2 idyllisch

vertraut 1 vertrouwelijk; 2 vertrouwd, intiem

Vertraute(r) *m*[40a], *v*[40b] vertrouweling

Vertrautheit *v*[20] vertrouwdheid

vertreiben[290] 1 verdrijven, verjagen, wegjagen; 2 *(waren)* verkopen, verhandelen

vertretbar 1 vervangbaar; 2 verdedigbaar: *wirtschaftlich* ~ economisch verantwoord

vertreten[293] I *tr* 1 vertegenwoordigen; 2 vervangen; 3 *(een mening)* verdedigen, voorstaan; 4 *(een standpunt)* innemen; 5 *(belangen)* behartigen; 6 *(schoenen)* aftrappen, *(hakken)* scheeflopen; II *sich* ~ zich verstappen: *sich den Fuß* ~ zijn voet verstuiken; *sich die Beine* ~ zich vertreden

Vertreter *m*[9] 1 vertegenwoordiger, agent, (handels)reiziger; 2 (plaats)vervanger, waarnemer; 3 aanhanger, verdediger, voorvechter

Vertretung *v*[20] 1 vertegenwoordiging; 2 vervanging, waarneming: *in* ~ namens, voor

vertretungsweise als waarnemer, als invaller

Vertrieb *m*[5] verkoop, omzet, debiet

Vertriebene(r) *m*[40a], *v*[40b] verdrevene, ontheemde

vertrinken[293] verdrinken

vertrocknen verdrogen, uitdrogen

vertrödeln *(zijn tijd)* verknoeien, verbeuzelen

vertrösten aan het lijntje houden, paaien

Vertröstung *v*[20] mooie belofte, zoethoudertje

vertun[295] I *tr* verdoen, verspillen, verkwisten; II *sich* ~ zich vergissen

vertuschen verheimlijken, verdoezelen

verübeln *(iem iets)* kwalijk nemen

verüben plegen, begaan: *Selbstmord* ~ zelfmoord plegen

verulken voor de gek houden, bespotten

verunglimpfen belasteren, zwart maken

Verunglimpfung *v*[20] laster, smaad

verunglücken 1 verongelukken; 2 mislukken

Verunglückte(r) *m*[40a], *v*[40b] slachtoffer

verunreinigen 1 verontreinigen; 2 bevuilen

verunsichern onzeker maken, verontrusten

Ver\underline{u}nsicherung v^{20} verontrusting
verunstalten misvormen, ontsieren
veruntreuen verduisteren, ontvreemden
verunzieren[320] ontsieren, lelijk maken
verursachen veroorzaken, teweegbrengen
verurteilen veroordelen
Verurteilte(r) m^{40a}, v^{40b} veroordeelde
Verurteilung v^{20} veroordeling
vervielfachen I *tr* **1** *(wisk)* vermenigvuldigen; **2** sterk uitbreiden, sterk vergroten; **II** *sich* ~ sterk toenemen
vervielfältigen I *tr* vermenigvuldigen, reproduceren; **II** *sich* ~ talrijker worden
Vervielfältigung v^{20} **1** reproductie; **2** vermenigvuldiging
vervollkommnen vervolmaken, perfectioneren
vervollständigen volledig maken, aanvullen
Vervollständigung v^{20} aanvulling
verwachsen[302] **I** *intr* **1** vergroeien, aan elkaar groeien; **2** dichtgroeien; *(mbt wond)* dichtgaan; **II** *sich* ~ vergroeien; **III** *bn* vergroeid, misvormd
verwackeln *(foto)* bewegen
verwählen, sich *(telecom)* een verkeerd nummer draaien
verwahren I *tr* zorgvuldig bewaren; **II** *sich* ~ van de hand wijzen, protesteren tegen
verwahrlosen verwaarlozen
Verwahrung v^{28} **1** *(jur)* bewaring, hechtenis; **2** bewaring: *in* ~ *geben* in bewaring geven; *in* ~ *haben* onder zijn berusting hebben; **3** protest, verzet: ~ *gegen*[+4] *etwas einlegen* verzet, protest tegen iets aantekenen
verwaisen wees worden: *verwaist* verweesd; *ein verwaistes Dorf* een verlaten dorp
verwalten 1 administreren; **2** *(gemeente, staat)* besturen; **3** beheren; **4** *(ambt)* bekleden
Verwalter m^9 **1** administrateur; **2** rentmeester *(van landgoed);* **3** beheerder, bewindvoerder; **4** gerant, leider, chef
Verwaltung v^{20} **1** administratie; **2** bestuur, directie; **3** bureau, kantoor; **4** beheer; **5** overheid, bestuur, bestuursorganen
Verwaltungsapparat m^5 bestuursapparaat
verwaltungsmäßig bestuurlijk
Verwaltungsorgan o^{29} bestuursorgaan
Verwaltungsrat m^6 **1** raad van beheer; **2** lid van de raad van beheer
verwandeln I *tr* **1** veranderen; **2** *(sp)* *(een strafschop)* benutten; **II** *sich* ~ veranderen
Verwandlung v^{20} **1** verandering; **2** gedaanteverwisseling
verwandt verwant: *er ist mit mir* ~ hij is familie van mij; *eng* (of: *nahe)* ~ nauw verwant
Verwandte(r) m^{40a}, v^{40b} bloedverwant, familielid
Verwandtschaft I v^{20} verwantschap *(ook fig);* **II** v^{28} familie
verwandtschaftlich verwantschaps-, familie-
verwarnen vermanen, waarschuwen
Verwarnung v^{20} vermaning, waarschuwing

Verwarnungsgeld o^{31} (geld)boete
verwaschen 1 in de was verkleurd; **2** vervaagd, uitgewist; **3** flets, bleek; **4** *(fig)* vaag
verwässern verwateren *(ook fig)*
verwechseln verwisselen, verwarren
Verwechselung, Verwechslung v^{20} verwisseling, verwarring
verwegen vermetel, stout(moedig), roekeloos
Verwegenheit v^{28} vermetelheid
verwehen I *tr* **1** wegwaaien, wegblazen; **2** *(al waaiende)* uitwissen, bedekken; **II** *intr* ver-, wegwaaien, uiteenwaaien
verwehren *(iem iets)* beletten, verbieden
Verwehung v^{20} (hoop) opgewaaide sneeuw
verweichlichen verwekelijken
verweigern weigeren
Verweigerung v^{20} weigering, ontzegging
Verweigerungsfall m^{19}: *im* ~ bij weigering
verweilen blijven, verblijven, vertoeven
verweint behuild, betraand
Verweis m^5 **1** terechtwijzing, standje, berisping, vermaning; **2** verwijzing
verweisen[307] **1** wegsturen: *jmdn des Landes* ~ iem uitwijzen, verbannen; *(sp) einen Spieler des Feldes* (of: *vom Feld)* ~ een speler het veld uitsturen; **2** verwijzen; **3** terechtwijzen, een standje geven; **4** wijzen: *auf die Vorschriften* ~ op de voorschriften wijzen
verwelken verwelken, verleppen
verweltlichen I *tr* verwereldlijken; **II** *intr* werelds worden
verwendbar bruikbaar, dienstig
verwenden[308] **I** *tr* gebruiken; **II** *sich* ~ zich inzetten, opkomen
Verwendung v^{20} gebruik, toepassing: ~ *finden* gebruikt worden
verwendungsfähig bruikbaar
verwerfen[311] verwerpen, afwijzen
verwerflich verwerpelijk
verwerten 1 gebruiken, verwerken; **2** productief maken, te gelde maken
verwesen vergaan, verrotten
Verwesung v^{28} bederf, verrotting, ontbinding
verwetten verwedden
verwickeln I *tr* **1** verwikkelen; **2** in de war brengen; **II** *sich* ~ **1** in de war raken; **2** verward raken
verwickelt ingewikkeld, gecompliceerd
verwildern verwilderen
verwinden[313] te boven komen, over iets heenkomen, verkroppen
verwirken verbeuren, verspelen
verwirklichen I *tr* verwezenlijken, realiseren; **II** *sich* ~ **1** zich ontplooien; **2** in vervulling gaan
verwirren I *tr* in de war brengen, verwarren; **II** *sich* ~ in de war raken
Verwirrung v^{20} verwarring, warboel
verwischen I *tr* uitwissen, wegwissen; **II** *sich* ~ vervagen
verwittern verweren

ve

verwitwet weduwnaar geworden, weduwe geworden

Verwitwete(r) m^{40a}, v^{40b} **1** weduwnaar; **2** weduwe

verwöhnen verwennen

verwöhnt verwend, veeleisend, kieskeurig

verworfen laag, verdorven

verworren verward: ~*es Zeug reden* wartaal uitslaan

Verworrenheit v^{28} verwarde toestand, verwarring

verwundbar kwetsbaar *(ook fig)*

Verwundbarkeit v^{28} kwetsbaarheid

verwunden 1 wonden, verwonden; **2** kwetsen

verwunderlich (ver)wonderlijk

verwundern verwonderen, verbazen

Verwunderung v^{28} verwondering, verbazing

Verwundete(r) m^{40a}, v^{40b} gewonde

Verwundung v^{20} verwonding, kwetsuur

verwünschen verwensen, vervloeken

verwüsten verwoesten, vernielen

verzagen versagen, de moed verliezen

Verzagtheit v^{28} moedeloosheid

verzählen, sich zich vertellen

verzapfen 1 *(drank)* tappen; **2** *(onzin)* verkopen, uitkramen

verzärteln vertroetelen, verwennen

verzaubern betoveren

verzäunen omheinen, afschutten

verzehnfachen vertienvoudigen

Verzehr m^{19} consumptie

verzehren I *tr* **1** (op)eten, consumeren, verorberen; **2** *(geld)* verteren, opmaken; **3** verteren, slopen, uitputten; **II** *sich* ~ verteerd worden

verzeichnen 1 vertekenen; **2** registreren; **3** noteren, aantekenen; **4** *(succes)* boeken

Verzeichnis o^{29a} lijst, register, index, tabel

verzeihen[317] vergeven: ~ *Sie!* neemt u mij niet kwalijk!

verzeihlich vergeeflijk

Verzeihung v^{28} vergeving, vergiffenis: ~*!* neemt u mij niet kwalijk!, pardon!

verzerren 1 vertrekken, verwringen; **2** *(geluid)* vervormen; **3** *(beeld)* vertekenen

verzetteln I *tr* **1** op kaartjes zetten; **2** versnipperen, verspillen; **II** *sich* ~ zijn tijd verknoeien

Verzicht m^5 (het) afstand doen (van): ~ *üben* (of: *leisten)* afstand doen van, berusten

verzichten 1 afzien, afstand doen: ~ *auf*[+4] afzien van, afstand doen van; **2** berusten

verziehen[318] **I** *tr* **1** vertrekken; **2** verwennen: *ein verzogener Bengel* een verwende deugniet; **3** *(bal)* verkeerd plaatsen; **II** *intr* verhuizen; **III** *sich* ~ **1** vertrekken; **2** scheef-, kromtrekken; **3** wegtrekken

verzieren[320] versieren, opsieren, garneren

Verzierung v^{20} **1** versiering; **2** ornament, versiersel; **3** garnering

verzinnen vertinnen

verzinsbar rentegevend, rentedragend

verzinsen I *tr* rente betalen; **II** *sich* ~ rente geven, rente opbrengen

verzinslich rentegevend, rentedragend

Verzinsung v^{20} **1** rente(betaling); **2** rendement

verzögern I *tr* **1** vertragen; **2** uitstellen; **II** *sich* ~ vertraagd worden

Verzögerung v^{20} vertraging

Verzögerungszinsen *mv* rente wegens te late betaling

verzollen 1 invoerrechten betalen; **2** aangeven

Verzollung v^{20} betaling van de invoerrechten, inklaring, (het) aangeven

verzücken verrukken, in vervoering brengen

verzückt in vervoering, in extase

Verzückung v^{20} vervoering, extase

Verzug m^{19} vertraging, achterstand, verzuim: *ohne* ~ onverwijld; *im* ~ *sein* in gebreke zijn, achter zijn

Verzugszinsen *mv* m^{16} rente wegens te late betaling

verzweifeln vertwijfelen, wanhopig worden: ~ *an*[+3] wanhopen aan

verzweifelt I *bn* **1** hopeloos; **2** vertwijfeld, wanhopig; **II** *bw* zeer, uiterst

verzweigen, sich zich vertakken

Verzweigung v^{20} vertakking

verzwickt gecompliceerd, lastig

Vestibül o^{29} vestibule, hal

Veteran m^{14} **1** veteraan; **2** oldtimer

Veterinär veterinair, veeartsenijkundig

Veterinär m^5 veterinair, veearts, dierenarts

Veterinärmedizin v^{28} diergeneeskunde

Veto o^{36} veto

Vetter m^{17} neef *(zoon van oom of tante)*

vgl. *afk van vergleiche* vergelijk *(afk* verg.)

v. H. *afk van vom Hundert* ten honderd, procent

via vz^{+4} **1** via, over, langs; **2** via, door

vibrieren[320] vibreren, trillen

Video o^{36} video

Videoband o^{32} videoband

Videoclip m^{13} videoclip

Videofilm m^5 videofilm

Videogerät o^{29} video, videorecorder

Videokamera v^{27} videocamera

Videokassette v^{21} videocassette

Videoplatte v^{21} videoplaat, beeldplaat

Videorecorder, Videorekorder m^9 videorecorder

Videotext m^5 teletekst

Viech o^{31} *(inform, ongunstig)* beest

Vieh o^{39} **1** vee; **2** dier, beest; **3** schoft, ploert

Viehbestand m^6 veestapel

Viehzucht v^{28} veeteelt

Viehzüchter m^9 veehouder, veefokker

viel I *telw* **1** veel, talrijk; **2** veel, velerlei: *um* ~*es jünger sein als ...* veel jonger zijn dan ...; **3** veel, een hoop, een heleboel: *(haben Sie)* ~*en Dank!* dank u wel!; *zu* ~ te veel; **II** *bw* **1** veel, beduidend, zeer: ~ *beschäftigt* druk bezet, druk; **2** veel, vaak, dikwijls: ~ *befahren* druk bereden, druk; ~ *besucht* druk bezocht; ~ *gereist* bereisd

vielbefahren, vielbeschäftigt, vielbesucht *oude spelling voor* viel befahren, beschäftigt, besucht, *zie* viel II

vieldeutig 1 voor velerlei uitleg vatbaar; **2** dubbelzinnig

vielerlei 1 velerlei; **2** veel, allerlei dingen

vielerorts op veel plaatsen

vielfach I *bn* veelvoudig, veelvuldig; **II** *bw* vaak

Vielfache(s) o^{40c} veelvoud

Vielfalt v^{28} diversiteit, variatie

vielfältig zeer gevarieerd, afwisselend

vielfarbig veelkleurig, bont

Vielfraß m^5 *(ook fig)* veelvraat

vielgereist *oude spelling voor* viel gereist, *zie* viel II

Vielheit v^{28} veelheid, veelvuldigheid, menigte

vielleicht 1 misschien, wellicht; **2** ongeveer || *(volkstaal)* ich war ~ aufgeregt! ik was me toch opgewonden!

vielmals 1 zeer, hartelijk: *danke ~!* dank u zeer!; **2** vaak, vele malen

vielmehr, vielmehr 1 veeleer, integendeel; **2** liever gezegd

vielseitig veelzijdig

vielsprachig veeltalig

vielstimmig 1 veelstemmig; **2** *(muz)* polyfoon

Vielwisser m^9 veelweter

Vielzahl v^{28} groot aantal

vier vier: *wir waren unser ~* wij waren met zijn, met ons vieren; *alle ~e von sich strecken: a)* languit gaan liggen; *b) (mbt dieren)* creperen; *auf allen ~en* op handen en voeten

Vier v^{20} **1** *(het cijfer)* vier; **2** lijn vier *(van tram, bus);* **3** *(als rapportcijfer)* voldoende

vierblätterig, vierblättrig vierbladig

Viereck o^{29} **1** vierhoek; **2** *(inform)* vierkant

viereckig 1 vierhoekig; **2** *(inform)* vierkant

Vierer m^9 **1** *(kansspel)* vier winnende cijfers; **2** *(sp)* vier *(boot met vier roeiers);* **3** *(regionaal) (als rapportcijfer)* voldoende

vierfach viervoudig, viermaal

Vierfüßer m^9 viervoeter

Viergespann o^{29} vierspan

vierhändig vierhandig

vierkantig vierkant, met vier kanten

Vierling m^5 **1** vierling; **2** vierloopsgeschut

viermal viermaal

Vierradantrieb m^5 vierwielaandrijving

vierräderig, vierrädrig vierwielig

vierschrötig robuust, potig

vierseitig 1 vierzijdig; **2** van vier pagina's

viersilbig vierlettergrepig

Viersitzer m^9 **1** vierpersoonsauto; **2** vierzitsbank

vierspurig vierbaans: *~e Straße* vierbaansweg

vierstellig van vier cijfers

vierstöckig met, van vier verdiepingen

viert: *zu* ~ met z'n vieren

viertel vierde, kwart: *um ~ eins* (om) kwart over twaalf; *um drei ~ eins* (om) kwart voor een

Viertel o^{33} **1** vierde, vierde deel, kwart: *ein ~ Schinken* 125 gram ham; *ein ~ Wein* een kwart liter wijn; **2** kwartier: *es ist (ein) ~ nach zwölf* het is kwart over twaalf; **3** wijk, buurt

Vierteldrehung v^{20} kwartslag

Vierteljahr o^{29} kwartaal, trimester

vierteln in vieren delen

Viertelpfund o^{29} 125 gram

Viertelstunde v^{21} kwartier *(15 minuten)*

viertens ten vierde

vierzehn veertien

vierzehnte veertiende

vierzig veertig

vierziger 1 van (uit) het jaar veertig; **2** tussen '40 en '50: *die ~ Jahre* de jaren veertig

Vierziger m^9 veertiger: *er is in den ~n* hij is in de veertig

Vierzigerjahre *mv* o^{29}: *die ~* de jaren veertig

vierzigste veertigste

vif levendig, vief

Vignette v^{21} vignet

Vikar m^5 vicaris

Villa v *(mv* Villen*)* villa

Villengegend v^{20}, **Villenviertel** o^{33} villawijk

Vinyl o^{39} vinyl

Violine v^{21} viool

Viper v^{21} adder

viril viriel, mannelijk

Virtuose m^{15} virtuoos

Virus o en m *(2e nvl -; mv* Viren*)* virus

Vision v^{20} visioen

Visitation v^{20} visitatie, controle, onderzoek

Visite v^{21} *(med)* visite

Visitenkarte v^{21} visitekaartje

visitieren^{320} **1** visiteren; **2** inspecteren

Visum o *(2e nvl -s; mv* Visa en Visen*)* visum

Visumzwang m^6 visumplicht

vital vitaal

Vitalität v^{28} vitaliteit

Vitamin o^{29} vitamine

vitaminarm vitaminearm

Vitrine v^{21} vitrine

Vize m^{13} plaatsvervanger

Vizekanzler m^9 vice-kanselier

Vizekonsul m^{17} vice-consul

Vizemeister m^9 nummer 2 *(bij een kampioenswedstrijd)*

Vizepräsident m^{14} vice-president

v. J. *afk van* vorigen Jahres van het vorige jaar

VN *afk van* Vereinte Nationen Verenigde Naties *(afk* VN*)*

Vogel m^{10} **1** vogel; **2** snuiter, knakker: *ein komischer ~* een rare snuiter; **3** vliegtuig || *er hat einen ~* hij is niet goed snik

vogelfrei vogelvrij: *jmdn für ~ erklären* iem vogelvrij verklaren

Vogelhaus o^{32} vogelhuis, volière

vögeln *(plat)* naaien, neuken

Vogelperspektive v^{21} vogelperspectief: *aus der ~ betrachten* in vogelvlucht bekijken

Vogelscheuche v^{21} *(ook fig)* vogelverschrikker

Vogel-Strauß-Politik v^{28} struisvogelpolitiek

Vogelzug m^{19} vogeltrek

Vo

Vogt *m*⁶ voogd
Voicemail *v*²⁷ voicemail
Vokabel *v*²¹ woordje
Vokabular *o*²⁹ **1** vocabulaire, woordenlijst; **2** vocabulaire, woordenschat
vokal *(muz)* vocaal
Vokal *m*⁵ klinker, vocaal
Vokativ *m*⁵ *(taalk)* vocatief
Volk I *o*³² **1** volk; **2** *(jagerstaal)* vlucht, koppel *(patrijzen);* **3** volk, zwerm *(bijen);* **II** *o*³⁹ menigte, volk, mensen
Völkerkunde *v*²⁸ volkenkunde
Völkermord *m*⁵ genocide, volkenmoord
Völkerrecht *o*³⁹ volkenrecht
völkerrechtlich volkenrechtelijk
Völkerschaft *v*²⁰ volk, volksstam, volksgroep
Völkerverständigung *v*²⁸ beter begrip tussen de volkeren
Völkerwanderung *v*²⁰ volksverhuizing
Volksabstimmung *v*²⁰ volksstemming
Volksbefragung *v*²⁰ referendum
Volksbegehren *o*³⁵ verzoek een referendum te houden
Volksbelustigung *v*²⁰ volksvermaak
Volksbewegung *v*²⁰ massabeweging
Volksbücherei *v*²⁰ openbare bibliotheek
Volkseinkommen *o*³⁵ nationaal inkomen
Volksentscheid *m*⁵ referendum
Volksfeind *m*⁵ volksvijand
Volksgruppe *v*²¹ nationale minderheid
Volksherrschaft *v*²⁸ volksheerschappij, democratie
Volkshochschule *v*²¹ volkshogeschool
Volksküche *v*²¹ gaarkeuken
Volkskunde *v*²⁸ volkskunde
Volksmusik *v*²⁸ volksmuziek
Volkstracht *v*²⁰ volksdracht, nationale dracht
Volkstum *o*³⁹ volksaard, volkskarakter
volkstümlich 1 populair; **2** volks-, overeenkomstig de volksaard: *~er Brauch* volksgebruik
Volkswirt *m*⁵ econoom
Volkswirtschaft *v*²⁰ economie
Volkswirtschaftler *m*⁵ econoom
volkswirtschaftlich economisch
Volkswirtschaftslehre *v*²⁸ staathuishoudkunde
Volkszählung *v*²⁰ volkstelling
voll vol: *ein ~er Erfolg* een volledig succes; *ein ~es Haus* een volle zaal; *den Kopf ~ haben* veel aan het hoofd hebben; *~ (von) Menschen* vol mensen; *fünf nach ~* vijf over het hele uur; *(sp) nicht ~ spielen* niet met volle inzet spelen; *er ist ~* hij is dronken; *jmdn nicht für ~ nehmen* (of: *ansehen*) iem niet voor vol aanzien; *~ besetzt* geheel bezet, vol; *~ machen* vol maken, vullen; *~ machen (inform)* vol maken, vullen; *die Hose ~ machen* het in de broek doen; *~ pfropfen* volproppen, volstoppen; *aus dem Vollen schöpfen* niet op geld hoeven te kijken; *aus dem Vollen leben* royaal leven; *~ und ganz* geheel en al
Vollakademiker *m*⁹ afgestudeerd academicus

vollauf volop, volledig, ten volle
vollautomatisch volautomatisch
Vollbart *m*⁶ volle baard
vollbeschäftigt 1 volop werk hebbend; **2** een volledige betrekking hebbend
Vollbeschäftigung *v*²⁸ volledige werkgelegenheid
vollbesetzt *oude spelling voor* voll besetzt, *zie* voll
Vollbesitz *m*¹⁹: *im ~* in het volle bezit
Vollblut *o*³⁹, **Vollblüter** *m*⁹ volbloed(paard)
vollblütig 1 volbloed; **2** *(fig)* vitaal
vollbringen¹³⁹ volbrengen, volvoeren, doen
vollenden voltooien, voleindigen
vollendet 1 voltooid; **2** volmaakt
vollends 1 volkomen, geheel, totaal; **2** ook nog
Vollendung I *v*²⁰ **1** voltooiing, voleindiging; **2** bekroning; **II** *v*²⁸ volmaaktheid
voller vol
Volleyball I *m*¹⁹ volleybal; **II** *m*⁶ volleybal
vollführen volbrengen, volvoeren, uitvoeren
Vollgas *o*³⁹ plankgas: *~ geben* vol gas geven
Vollgefühl *o*³⁹: *im ~ seiner Würde* in het volle besef van zijn waardigheid
vollgültig ten volle geldig, volledig geldig
Vollgummireifen *m*¹¹ massieve rubberband
Vollidiot *m*¹⁴ volslagen idioot
völlig volledig, volkomen, geheel, totaal
volljährig meerderjarig, mondig
Volljährigkeit *v*²⁸ meerderjarigheid
Volljurist *m*¹⁴ meester in de rechten
Vollkasko *v*²⁸, **Vollkaskoversicherung** *v*²⁰ all-risk-verzekering, *(Belg)* omniumverzekering
vollkommen 1 volkomen, volmaakt; **2** volledig, totaal
Vollkommenheit *v*²⁸ volmaaktheid
Vollmacht *v*²⁰ volmacht: *in ~* bij volmacht
Vollmilch *v*²⁸ volle melk
Vollmilchschokolade *v*²¹ melkchocolade
Vollmond I *m*¹⁹ vollemaan; **II** *m*⁵ kale knikker
Vollnarkose *v*²¹ *(med)* volledige narcose
Vollpension *v*²⁸ volledig pension
vollpfropfen *oude spelling voor* voll pfropfen, *zie* voll
Vollreifen *m*¹¹ massieve band
vollschlank volslank
vollständig volledig, compleet, helemaal
Vollständigkeit *v*²⁸ volledigheid
vollstreckbar *(jur)* uitvoerbaar
vollstrecken 1 *(jur)* voltrekken, ten uitvoer leggen; **2** *(sp)* *(strafschop)* benutten
Vollstrecker *m*⁹ voltrekker, uitvoerder
Vollstreckung *v*²⁰ voltrekking, executie
Volltreffer *m*⁹ voltreffer
Vollverpflegung *v*²⁸ volledig pension
Vollversammlung *v*²⁰ plenaire vergadering
vollwertig volwaardig
vollzählig voltallig
vollziehen³¹⁸ **I** *tr* voltrekken, uitvoeren, ten uitvoer brengen: *die ~de Gewalt* de uitvoerende macht; **II**

sich ~ plaatshebben
Vollzug *m*[19] **1** voltrekking, uitvoering; **2** strafvoltrekking; **3** gevangenis
Vollzugsanstalt *v*[20] gevangenis
Volontär *m*[5] volontair
Volumen I *o (2e nvl -s; mv Volumina)* boekdeel; II *o*[35] **1** volume; **2** omvang
vom *verk van von dem* **1** van de, van het; **2** door de, door het
von *vz*[+3] **1** van: ~ *dem Tage an* vanaf die dag; ~ *seiner Wohnung aus* vanuit zijn woning; ~ *allein(e)* vanzelf; **2** door: ~ *einem Auto angefahren werden* door een auto aangereden worden; **3** over: *reden* ~ praten over; **4** op: *eine Ausnahme* ~ *der Regel* een uitzondering op de regel; ~ *neuem* opnieuw || ~ *mir aus!* voor mijn part!
voneinander van elkaar, vaneen
vonnöten: ~ *sein* (dringend) nodig zijn
vonstatten: ~ *gehen* plaatsvinden; *gut* ~ *gehen* goed vorderen, opschieten
vor I *vz*[+3, +4] **1** voor: ~ *allen Dingen*, ~ *allem* voor alles, in de eerste plaats; ~ *sich hin weinen* alsmaar huilen; **2** boven: *Gewalt geht* ~ *Recht* geweld gaat boven recht; **3** buiten: *er wohnt* ~ *der Stadt* hij woont buiten de stad; **4** door: *(fig) er sieht den Wald* ~ *lauter Bäumen nicht* hij ziet door de bomen het bos niet meer; **5** van: *er starb* ~ *Hunger* hij stierf van honger; **6** in aanwezigheid van: ~ *einer großen Menge* in aanwezigheid van een grote menigte || ~ *drei Tagen* drie dagen geleden; II *bw: nach wie* ~ nog steeds
vorab vooraf, van tevoren, eerst
Vorabend *m*[5] vooravond
voran **1** vooraan, voorop, aan het hoofd; **2** *(inform)* vooruit, voorwaarts
voranbringen[139] vooruithelpen, bevorderen
vorangehen[168] **1** vooropgaan, vooroplopen, voorgaan; **2** opschieten: *die Arbeit geht gut voran* het werk schiet goed op; **3** voorafgaan
vorankommen[193] vooruitkomen, vorderen
voranmelden *(telecom)* een voorbericht geven
Voranmeldung *v*[20]: *Telefongespräch mit* ~ telefoongesprek met voorbericht
Voranschlag *m*[6] kostenraming, schatting
voranstellen vooropzetten, vooropstellen
vorantreiben[290] bespoedigen
Vorarbeit *v*[20] voorbereidend werk
vorarbeiten **1** vooruitwerken; **2** voorbereidend werk doen
Vorarbeiter *m*[9] voorman, ploegbaas
vorauf **1** voorop; **2** vooruit; **3** vooraf
voraufgehen[168] **1** vooropgaan; **2** voorafgaan
voraus vooruit; voor; van tevoren: *seiner Zeit* ~ *sein* zijn tijd vooruit zijn; *im* (of: *zum*) *Voraus* bij voorbaat
vorauseilen haastig vooruitlopen
vorausfahren[153] vooruitrijden
vorausgehen[168] **1** vooruitgaan, vooruitlopen; **2** voorafgaan

vorausgesetzt: ~, *dass* aangenomen dat, mits
voraushaben[182]: *jmdm* (of: *vor jmdm*) *etwas* ~ iets op iem voor hebben
Vorauskasse *v*[21] vooruitbetaling
Voraussage *v*[21] voorspelling
voraussagen voorspellen
vorausschauen vooruitzien, voorzien
vorausschicken **1** vooruitzenden, vooruitsturen; **2** vooraf laten gaan aan, vooropstellen
voraussehen[261] voorzien, vooruitzien
voraussetzen veronderstellen, vereisen
Voraussetzung *v*[20] **1** voorwaarde; **2** veronderstelling: *unter der* ~, *dass* mits
Voraussicht *v*[20] vooruitziende blik; vermoeden: *aller* ~ *nach* naar alle waarschijnlijkheid
voraussichtlich vermoedelijk, waarschijnlijk
vorauszahlen vooruitbetalen
Vorauszahlung *v*[20] vooruitbetaling
Vorbau *m (2e nvl -(e)s; mv -ten)* uitbouw
vorbauen I *tr* uitbouwen, aanbouwen; II *intr* (tijdig) maatregelen nemen, (iets) voorkomen
Vorbedacht *m*[19] opzet, overweging: *mit* ~ weloverwogen; *ohne* ~ onopzettelijk
Vorbedingung *v*[20] (eerste) voorwaarde
Vorbehalt *m*[5] voorbehoud, beperking
vorbehalten[183] I *tr* voorbehouden; II *sich* ~ zich voorbehouden
vorbei **1** voorbij, langs; **2** voorbij, afgelopen: *es ist 6 Uhr* ~ het is over zessen; *mit ihm ist es* ~ het is met hem gebeurd
vorbeibringen[139] aanreiken
vorbeifahren[153] langsrijden, voorbijrijden
vorbeigehen[168] **1** voorbijgaan, langsgaan: *bei jmdm* ~ bij iem langsgaan, aangaan; **2** *(mbt een klap, schot)* langsgaan, missen, niet raken; **3** *(mbt pijn)* overgaan; **4** *(sp)* passeren
vorbeikommen[193] voorbijkomen, langskomen: *bei jmdm* ~ bij iem langsgaan, aanlopen
vorbeilassen[197] voorbijlaten, laten passeren
Vorbeimarsch *m*[6] defilé
vorbeireden langs iets (iem) heen praten
vorbeischauen langskomen
vorbeiziehen[318] **1** langstrekken, voorbijtrekken; *(fig)* voorbijgaan; **2** *(sp)* passeren
vorbelastet belast
Vorbemerkung *v*[20] inleidende opmerking
Vorberatung *v*[20] voorafgaand overleg
vorbereiten voorbereiden, prepareren
Vorbereitung *v*[20] voorbereiding
Vorbericht *m*[5] voorlopig verslag
vorbeten **1** voorbidden; **2** *(inform)* oplepelen
vorbeugen I *intr* voorkomen, verhinderen; II *tr* vooroverbuigen; III *sich* ~ naar voren buigen
Vorbeugung *v*[20] voorkoming, verhindering
Vorbeugungsmaßnahme *v*[21] preventieve maatregel
Vorbild *o*[31] voorbeeld
vorbilden **1** een vooropleiding geven; **2** voorbereidend vormen

vorbildhaft, **vorbildlich** voorbeeldig
Vorbildung v^{28} vooropleiding
Vorbote m^{15} 1 voorbode; 2 voorteken
vorbringen^{139} naar voren brengen, te berde brengen, aanvoeren, uiten
Vordach o^{32} luifel, afdak
vordem 1 eerder, voorheen; 2 vroeger
vorder voor-, voorste, eerste: *die ~en Räder* de voorwielen
Vorderachse v^{21} vooras
Vordergrund m^6 voorgrond: *im ~ stehen* op de voorgrond staan
vordergründig oppervlakkig
vorderhand voorshands, voorlopig
Vorderhand v^{28} voorhand
Vordermann m^8 1 voorman *(in het gelid);* 2 voor iem rijdende auto || *jmdn auf ~ bringen* iem scherp terechtwijzen
Vorderpfote v^{21} voorpoot
Vorderradantrieb m^{19} voorwielaandrijving
Vorderteil o^{29}, m^5 voorste deel
vordrängen I *intr* naar voren dringen; **II** *sich ~* 1 zich op de voorgrond dringen; 2 voordringen
vordringen^{143} doordringen
vordringlich 1 urgent, dringend; 2 met voorrang
Vordruck m^5 formulier
vorehelich voorechtelijk
voreilig voorbarig, overhaast
voreinander voor elkaar
voreingenommen vooringenomen
Voreingenommenheit v^{28} vooringenomenheid
vorenthalten^{183} onthouden, niet geven
Vorentscheid m^5, **Vorentscheidung** v^{20} voorlopige beslissing
vorerst m^5 vooreerst
vorerwähnt bovengenoemd
vorerzählen wijsmaken
Vorfahr m^{14}, **Vorfahre** m^{15} voorvader
vorfahren^{153} 1 *(een paar meter)* naar voren rijden; 2 voorrijden; 3 vooruitrijden: *jmdn ~ lassen* iem voorrang geven
Vorfahrt v^{28} 1 voorrang: *(die) ~ haben* voorrang hebben; 2 (het) voorrijden
Vorfahrtsrecht o^{39} voorrang
Vorfahrtsstraße v^{21} voorrangsweg
Vorfall m^6 voorval, gebeurtenis
vorfallen^{154} voorvallen, gebeuren
Vorfeld o^{31} *(mil)* voorterrein: *im ~ der Wahlen* in de periode voor de verkiezingen
Vorfilm m^5 voorfilm
vorfinden^{157} aantreffen, vinden
Vorfreude v^{21} voorpret
vorfristig voor de gestelde termijn, vervroegd
vorfühlen: *bei jmdm ~* iem polsen
vorführen 1 *(arrestant)* voorleiden; 2 demonstreren, showen, laten zien; 3 *(film)* vertonen, *(toneelstuk)* opvoeren
Vorführung v^{20} 1 voorgeleiding; 2 demonstratie; 3 vertoning, opvoering, (het) optreden

Vorgabe v^{21} 1 *(sp)* voorgift; 2 richtlijn
Vorgang m^6 1 gebeurtenis, voorval; 2 proces
Vorgänger m^9 voorganger
vorgaukeln voorspiegelen, voortoveren
vorgeben^{166} 1 naar voren doorgeven; 2 *(sp)* voorgeven, een voorsprong geven; 3 voorwenden, voorgeven; 4 vastleggen, vaststellen
Vorgebirge o^{33} 1 voorgebergte; 2 kaap
vorgeblich zogenaamd, beweerd
vorgefasst vooropgezet: *~e Meinung* vooropgezette mening; *~es Urteil* vooroordeel
vorgehen^{168} 1 naar voren gaan, vooropgaan; 2 voorgaan, voorrang hebben; 3 *(mbt klok)* voorlopen; 4 *(mil)* aanvallen, oprukken; 5 gebeuren, zich afspelen; 6 handelen, optreden, te werk gaan: *energisch ~* krachtig optreden || *gerichtlich gegen jmdn ~* gerechtelijke stappen tegen iem ondernemen
Vorgehen o^{39}, **Vorgehensweise** v^{21} (het) handelen, handelwijze; *zie ook* vorgehen
Vorgelände o^{33} voorterrein
Vorgelege o^{33} *(techn)* overbrenging
vorgenannt voornoemd, bovengenoemd
Vorgeschmack m^{19} voorproefje, voorsmaak
vorgeschritten *zie* vorschreiten
Vorgesetzte(r) m^{40a}, v^{40b} meerdere, chef
Vorgespräch o^{29} gesprek vooraf
vorgestern eergisteren
vorgestrig van eergisteren; *(fig)* ouderwets
vorgreifen^{181} vooruitlopen op: *einem Urteil ~* op een vonnis vooruitlopen; *jmdm ~: a)* iem voor zijn; *b)* iems beslissing niet afwachten
Vorgriff m^5 (het) vooruitlopen: *im (of: in, unter) ~ auf* vooruitlopend op
vorhaben^{182} 1 van plan zijn; 2 *(een schort)* voorhebben; 3 (iem) onder handen nemen
Vorhaben o^{35} plan, voornemen
vorhalten^{183} 1 *tr* 1 voorhouden; 2 voorhouden, verwijten; **II** *intr* voldoende zijn
Vorhaltung v^{20} verwijt
vorhanden voorhanden, voorradig, aanwezig
Vorhang m^6 1 gordijn; 2 *(theat)* doek, scherm
vorhängen hangen voor
Vorhängeschloss o^{32} hangslot
Vorhaut v^{25} *(anat)* voorhuid
vorher (van) tevoren, vooraf, eerst
vorherberechnen vooraf berekenen
vorherbestimmen 1 vooraf bepalen; 2 voorbeschikken, voorbestemmen
vorhergehen^{168} voor(af)gaan: *am ~den Tag* de vorige dag
vorherig voor(af)gaand, vorig
Vorherrschaft v^{28} hegemonie, overwicht, leidende rol, suprematie
vorherrschen 1 de hegemonie bezitten; 2 overheersen, de overhand hebben
Vorhersage v^{21} voorspelling
vorhersagen voorspellen
vorhersehen^{261} voorzien
vorhin zoëven, zojuist, net

Vorhinein: *im Vorhinein* bij voorbaat, vooraf

Vorhof *m*[6] 1 *(med)* hartboezem; **2** voorhof, voorportaal, voorplein

Vorhut *v*[20] voorhoede

vorig vorig, voorgaand

Vorjahr *o*[29] vorig jaar

vorjährig van het vorig jaar, in het vorig jaar

Vorkammer *v*[21] **1** *(med)* hartboezem; **2** voorkamer *(van dieselmotor)*

Vorkämpfer *m*[9] voorvechter, kampioen

Vorkasse *v*[21] vooruitbetaling

vorkauen voorkauwen *(ook fig)*

Vorkaufsrecht *o*[29] optie, recht van voorkoop

Vorkehrung *v*[20] (voorzorgs)maatregel: *~en treffen* maatregelen nemen

Vorkenntnis *v*[24] vooropleiding, basiskennis

vorknöpfen *(inform): sich jmdn* ~ iem onder handen nemen

vorkommen[193] **1** naar voren komen; **2** voorkomen, gebeuren, zich voordoen; **3** voorkomen, aangetroffen worden; **4** voorkomen, toeschijnen

Vorkommen I *o*[39] (het) voorkomen, aanwezigheid; **II** *o*[35] **1** vindplaats *(van mineralen)*; **2** aanwezige hoeveelheid, voorraad

Vorkommnis *o*[29a] voorval, gebeurtenis

Vorkriegs- vooroorlogs, van voor de oorlog

vorladen[196] *(jur)* dagvaarden

Vorladung *v*[20] *(jur)* dagvaarding

Vorlage I *v*[28] **1** (het) overleggen, (het) tonen, (het) aanbieden: *gegen* (of: *bei) ~*[+2] op vertoon van; **2** voorovergebogen houding *(bij roeien, skiën);* **II** *v*[21] **1** *(typ)* origineel; **2** (wets)ontwerp; **3** voorbeeld, model, patroon; **4** *(sp)* voorzet

vorlagern liggen voor

Vorland *o*[39] **1** voor iets *(bijv de Alpen)* gelegen land; **2** buitendijks land

vorlassen[197] **1** voor laten gaan; **2** binnenlaten

Vorlauf *m*[6] **1** *(chem)* voorloop; **2** *(sp)* serie

vorlaufen[198] **1** naar voren lopen; **2** vooruitlopen

vorläufig voorlopig

vorlaut vrijpostig

vorleben voorleven, voordoen

vorlegen **1** *(een vraag)* voorleggen; **2** op de deur doen, *(een slot)* erop doen; **3** *(spijzen)* serveren; **4** *(een ontwerp)* indienen; **5** *(pas)* tonen, laten zien; *(diploma's)* overleggen; **6** *(sp)* een pass geven; **7** voorschieten ‖ *(sp) ein scharfes Tempo* ~ het tempo snel opvoeren

Vorleger *m*[9] kleedje, mat *(voor bed, deur)*

vorlehnen, sich vooroverleunen

vorlesen[201] voorlezen

Vorlesung I *v*[20] college: *~en hören* college lopen, colleges volgen; **II** *v*[28] (het) voorlezen

vorletzt voorlaatst

vorlieb: *mit*[+3] *etwas ~ nehmen* iets voor lief nemen, tevreden zijn met iets

Vorliebe *v*[21] voorliefde

vorliebnehmen *oude spelling voor* vorlieb nehmen, *zie* vorlieb

vorliegen[202] aanwezig zijn, (er) zijn: *es liegen keine Gründe dazu vor* daarvoor zijn geen redenen aanwezig; *es liegt gegen ihn nichts vor* hij wordt nergens van verdacht; *es liegt ein Irrtum vor* er is sprake van een vergissing

vorliegend voorliggend, onderhavig, dit, deze: *der ~e Roman* deze roman

vorlügen[204] voorliegen

vorm *verk van vor dem* voor de, voor het

vormachen 1 *(iem iets)* voordoen, demonstreren; **2** wijsmaken

Vormacht, Vormachtstellung *v*[28] hegemonie, overwicht, leidende rol, suprematie

vormalig *bn* voormalig, vroeger

vormals *bw* 1 vroeger, eertijds; **2** voorheen

Vormarsch *m*[6] opmars: *im ~ sein* oprukken

vormerken 1 noteren; **2** *(bestelling)* opnemen: *sich ~ lassen* zich laten inschrijven

Vormerkung *v*[20] **1** aantekening, notitie; **2** (het) opnemen *(van bestelling)*; **3** reservering

Vormittag *m*[5] voormiddag, morgen, ochtend

vormittags 's morgens, 's ochtends

Vormonat *m*[5] vorige maand

Vormund *m*[5], *m*[8] voogd; curator

Vormundschaft *v*[20] voogdij(schap); curatele

vorn *bw* voor(aan), (van) voren: *wieder von ~ anfangen* weer van voren af aan beginnen; *das Zimmer liegt nach ~* de kamer ligt aan de voorkant

Vorname *v*[28] (het) verrichten, (het) aanbrengen, uitvoering *(ve werk)*

Vorname *m*[18] voornaam

vornan, vornan vooraan, voorop

vorne *zie* vorn

vornehm 1 voornaam, aanzienlijk; **2** deftig, chic; **3** voornaam, belangrijk; **4** nobel, edel

vornehmen[212] **I** *tr* **1** *(schort)* voordoen; **2** doen, verrichten, uitvoeren: *eine Berichtigung ~* een correctie aanbrengen; *eine Untersuchung ~* een onderzoek instellen; **3** voor zijn beurt helpen; **II** *sich ~* zich voornemen: *sich*[3] *jmdn ~* iem onder handen nemen

Vornehmheit *v*[28] voornaamheid, deftigheid

vornehmlich voornamelijk, vooral

vornherein: *von ~* van het begin af aan

vornüber voorover, naar voren

vornweg zie verweg

Vorort *m*[5] voorstad

Vorortverkehr *m*[19] lokaal verkeer, lokaal vervoer

vorprogrammieren[320] voorprogrammeren

Vorrang *m*[19] prioriteit, voorrang

vorrangig 1 belangrijker; **2** met voorrang

Vorrat *m*[6] voorraad

vorrätig voorradig, in voorraad

Vorratskammer *v*[21], **Vorratsraum** *m*[6] voorraadkamer, provisiekamer

Vorraum *m*[6] vestibule, hal; voorzaal

vorrechnen 1 voorrekenen; **2** *(fig)* voorhouden

Vorrecht *o*[29] voorrecht, privilege

Vorrede *v*[21] **1** woord vooraf; **2** inleiding

Vorredner m^9 vorige spreker

vorrennen[222] naar voren rennen, vooruitrennen

Vorrichtung v^{20} apparaat, toestel, installatie

vorrücken I *tr* vooruitschuiven, naar voren schuiven; **II** *intr* **1** vorderen: *in vorgerücktem Alter* op gevorderde leeftijd; **2** *(mil)* oprukken; **3** vooruitgaan *(mbt wijzer)*

Vorruhestand m^{19} vervroegde uittreding, VUT

Vorruheständler m^9 vutter

vorsagen voorzeggen

Vorsatz m^6 **1** voornemen, plan, bedoeling; **2** opzet; **3** *(techn)* voorzetapparaat, hulpstuk

vorsätzlich opzettelijk, expres: *~er Mord* moord met voorbedachten rade

Vorschau v^{20} **1** *(telecom)* overzicht van het komende programma; **2** *(film)* trailer

Vorschein m^{19}: *zum ~ kommen, bringen* te voorschijn komen, brengen

vorschicken 1 vooruitzenden; **2** naar voren sturen

vorschieben[237] **1** ervoor schuiven; **2** naar voren schuiven; **3** voorwenden, voorgeven

Vorschlag m^6 **1** *(muz)* voorslag; **2** voorstel

vorschlagen[241] **1** voorstellen; **2** (iem) voordragen

vorschnell voorbarig, overhaast

vorschreiben[252] voorschrijven

vorschreiten[254] voortschrijden, vorderen: *im vorgeschrittenen Alter* op gevorderde leeftijd; *zu vorgeschrittener Stunde* laat op de avond

Vorschrift v^{20} voorschrift, instructie: *Dienst nach ~* stiptheidsactie

vorschriftsgemäß, vorschriftsmäßig volgens voorschrift, reglementair

Vorschub m^6: *einer Sache ~ leisten* iets bevorderen, begunstigen, in de hand werken

Vorschulung v^{28} voorbereidende scholing

Vorschuss m^6 voorschot

vorschützen voorgeven, voorwenden

vorschweben voor de geest staan

vorschwindeln wijsmaken

vorsehen[261] **I** *intr* zichtbaar zijn; **II** *tr* **1** op het oog hebben, bestemmen; **2** van plan zijn, beogen, plannen; **3** rekening houden met, voorzien in: *das war nicht vorgesehen* daar was niet op gerekend; **III** *sich ~* op zijn hoede zijn, uitkijken

Vorsehung v^{28} voorzienigheid

vorsetzen 1 naar voren zetten, naar voren plaatsen, vooruitzetten; **2** zetten, plaatsen voor

Vorsicht v^{28} voorzichtigheid: *~ üben* (of: *walten lassen)* voorzichtig te werk gaan; *~!* pas op!, voorzichtig!

vorsichtig voorzichtig, behoedzaam

vorsichtshalber voorzichtigheidshalve

Vorsilbe v^{21} *(taalk)* voorvoegsel, prefix

vorsingen[265] voorzingen

vorsintflutlich 1 van voor de zondvloed; **2** *(fig)* volkomen verouderd

Vorsitz m^5 voorzitterschap: *den ~ haben* voorzitter zijn

vorsitzen[268] voorzitten, presideren: *einer Ver-*

sammlung ~ een vergadering voorzitten

Vorsitzende(r) m^{40a}, v^{40b} voorzitter, president; voorzitster, presidente: *Vorsitzender des Aufsichtsrates* president-commissaris

Vorsorge v^{28} voorzorg: *zur ~* uit voorzorg

vorsorgen van tevoren zorgen voor, voorzieningen treffen voor, zich indekken

vorsorglich uit voorzorg, voorzichtigheidshalve

Vorspann m^5 **1** voorspan; **2** *(film)* titelrol; **3** inleiding *(van een krantenartikel)*

Vorspeise v^{21} voorgerecht, voorspijs

vorspiegeln voorspiegelen

Vorspiegelung v^{20} voorspiegeling

Vorspiel o^{29} **1** voorspel; **2** *(sp)* voorwedstrijd

vorspielen 1 voorspelen; **2** bedotten, voor de gek houden

vorsprechen[274] **1** voorzeggen; **2** *(als voorbeeld)* voorspreken || *bei jmdm ~* iem bezoeken om iets te bespreken

vorspringen[276] **1** naar voren springen; **2** verder springen; **3** (voor)uitsteken

Vorsprung m^6 **1** voorsprong: *einen ~ vor jmdm gewinnen* een voorsprong op iem krijgen; **2** (voor)uitstekend gedeelte

Vorstand m^6 **1** bestuur, directie; **2** bestuurslid, directielid, directeur

Vorstandsmitglied o^{31} bestuurslid, directielid

Vorstandssitzung v^{20} bestuursvergadering

vorstecken 1 opspelden, voordoen; **2** vooruitsteken

Vorstecknadel v^{21} **1** broche; **2** dasspeld

vorstehen[279] **1** (voor)uitsteken, uitspringen; *(mbt tanden)* naar voren staan; **2** aan het hoofd staan van: *einem Heim ~* aan het hoofd staan van een tehuis

vorstehend bovenstaand

Vorsteher m^9 directeur, hoofd, chef, leider

vorstellen 1 zetten voor, plaatsen voor; **2** naar voren zetten, schuiven; **3** *(een klok)* voorzetten; **4** voorstellen; **5** *(theat)* de rol spelen van, uitbeelden; **6** introduceren, presenteren, voorstellen

vorstellig: *bei jmdm ~ werden* zich tot iem wenden, bij iem bezwaar aantekenen

Vorstellung I v^{20} **1** (het) voorstellen, presentatie, introductie; **2** voorstelling, denkbeeld; **3** *(theat)* voorstelling; **4** vermaning, bezwaar, protest; **II** v^{28} verbeelding, fantasie

Vorstoß m^6 **1** aanval, actie, (het) binnendringen; **2** uitsteeksel, uitstekende rand *(aan wiel)*; **3** boordsel, passement

vorstoßen[285] **I** *tr* naar voren stoten; **II** *intr* **1** aanvallen; **2** doordringen, binnendringen

Vorstrafe v^{21} vroegere straf

vorstrecken 1 uitsteken; naar voren steken; **2** *(geld)* voorschieten

Vorstudie v^{21} voorstudie

vorstülpen tuiten

vorstürmen naar voren stormen

Vortag m^5 dag tevoren

vortäuschen 1 voorspiegelen; **2** voorwenden

Vo

Vorteil m^5 voordeel, winst, profijt: *(sp)* ~ *gelten lassen* de voordeelregel toepassen

vorteilhaft 1 voordelig, winstgevend; **2** gunstig

Vortrag m^6 **1** voordracht, lezing, referaat; **2** transport, overboeking; **3** mondeling verslag

vortragen[288] **1** naar voren brengen, naar voren dragen; **2** voordragen, ten gehore brengen; **3** verslag uitbrengen; **4** (iets) uiteenzetten; **5** transporteren, overboeken

vortrefflich voortreffelijk, uitstekend

vortreiben[290] naar voren drijven

vortreten[291] **1** naar voren treden; **2** *(mbt ogen)* uitpuilen; *(mbt jukbeenderen)* uitsteken

Vortritt m^5 voorrang: *jmdm den* ~ *lassen* iem voor laten gaan

vorüber 1 voorbij, afgelopen; **2** langs: *an Schlössern* ~ langs kastelen

vorüberfahren[153] passeren, voorbijrijden

vorübergehen[168] voorbijgaan: *an jmdm* ~ iem voorbijgaan, voorbijlopen

Vorübergehen o^{39}: *im* ~: *a)* in het voorbijgaan; *b)* en passant, terloops

vorübergehend voorbijgaand, tijdelijk

Vorübergehende(r) m^{40a}, v^{40b} voorbijganger

vorüberziehen[318] voorbijtrekken, langstrekken

Vorurteil o^{29} vooroordeel

vorurteilsfrei, vorurteilslos onbevooroordeeld, onbevangen

Vorväter *mv* m^{10} voorvaderen

Vorverhandlung v^{20} vooroverleg

vorverlegen naar voren verplaatsen

vorwagen, sich zich naar voren wagen

Vorwahl v^{20} **1** voorverkiezing; **2** *(telecom)* (het) draaien van het netnummer; **3** *(telecom)* kengetal, netnummer; **4** voorselectie

vorwählen het netnummer draaien

Vorwählnummer v^{21} netnummer, kengetal

Vorwand m^6 voorwendsel, uitvlucht

vorwärmen voorverwarmen

vorwarnen vroegtijdig waarschuwen

Vorwarnung v^{20} **1** waarschuwende hint; **2** tijdige waarschuwing

vorwärts voorwaarts, naar voren

Vorwärtsgang m^{19} vooruit *(versnellingsstand)*

Vorwäsche v^{21} voorwas

vorwaschen[304] voorwassen

vorweg 1 vooraf, om te beginnen; **2** bij voorbaat; **3** vooruit, voorop; **4** vooral, speciaal

Vorwegnahme v^{21} anticipatie, (het) vooruitlopen op

vorwegnehmen[212] anticiperen op, vooruitlopen op: *gleich das Wichtigste* ~ meteen het belangrijkste maar zeggen

vorweisen[307] tonen, laten zien, overleggen

Vorweisung v^{20} vertoon: *gegen* ~ op vertoon

Vorwelt v^{28} voorwereld, oertijd

vorwerfen[311] **1** toewerpen, toegooien; **2** *(fig)* verwijten; **3** *(mil)* inzetten, in de strijd werpen

vorwiegen[312] overheersen, prevaleren

vorwiegend overwegend, voornamelijk

Vorwissen o^{39} voorkennis

Vorwitz m^5 **1** eigenwijsheid; **2** vrijpostigheid; **3** nieuwsgierigheid

vorwitzig 1 eigenwijs; **2** vrijpostig; **3** nieuwsgierig

Vorwoche v^{21} vorige, voorafgaande week

Vorwurf m^6 **1** verwijt; **2** thema, onderwerp

vorwurfsvoll verwijtend

vorzählen voortellen

Vorzeichen o^{35} voorteken

vorzeichnen 1 voortekenen; **2** *(fig)* uitstippelen

vorzeigen tonen, laten zien

Vorzeit v^{20} voortijd, oertijd, prehistorie

vorzeiten eens, lang geleden

vorzeitig voortijdig, te vroeg

vorzeitlich uit de voortijd, oertijd, prehistorisch

vorziehen[318] **1** naar voren trekken: *Truppen* ~ troepen naar het front sturen; **2** te voorschijn halen; **3** *(een gordijn)* dichttrekken; **4** vervroegen: *vorgezogene Wahlen* vervroegde verkiezingen; **5** de voorkeur geven aan: *Wein dem Bier* ~ wijn boven bier verkiezen; *jmdn* ~ iem voortrekken

Vorzimmer o^{33} voorvertrek, wachtkamer

Vorzug I m^6 **1** *(spoorw)* extra trein, voortrein; **2** voordeel; **3** voorrecht; **II** m^{19} voorkeur

vorzüglich voortreffelijk, uitstekend: *mit ~er Hochachtung* met de meeste hoogachting

Vorzugsaktie v^{21} preferent aandeel

Vorzugspreis m^5 speciale prijs

Vorzugsstellung v^{20} bevoorrechte positie

vorzugsweise bij voorkeur, vooral

votieren[320] voteren, stemmen

Vulkan m^5 vulkaan

Vulkanausbruch m^6 vulkaanuitbarsting

VW *afk van Volkswagen* Volkswagen

W

Waage v^{21} 1 weegschaal; 2 *(astrol)* Weegschaal; 3 *(sp)* zweefstand; 4 waterpas

waagerecht, waagrecht horizontaal, waterpas

Waagschale v^{21} waagschaal: *das fällt in die ~* dat legt gewicht in de schaal

wabbelig slap, lillend, trillend

Wabe v^{21} raat, honingraat

wach 1 wakker: ~ *halten* in stand houden; 2 levendig, alert, helder, pienter

Wachdienst m^5 1 wacht(dienst); 2 bewakingsdienst; 3 personeel van de wacht

Wache v^{21} 1 wacht: ~ *haben* waken; ~ *halten* de wacht houden; 2 politiebureau

wachen waken

Wachhund m^5 waakhond

Wachmann m^8 *(mv ook -leute)* bewaker

Wacholder m^9 1 jeneverbes, -struik; 2 jenever

Wacholderbeere v^{21} jeneverbes

Wachposten m^{11} wachtpost

wachrufen^{226} 1 wakker maken; 2 oproepen

wachrütteln wakker schudden

Wachs o^{29} was

wachsam waakzaam, oplettend

Wachsamkeit v^{28} waakzaamheid

wachsbleich wasbleek, doodsbleek

wachsen I st^{302} groeien, wassen; groter worden, stijgen, toenemen: *der Mond wächst* het is wassende maan; *jmdm, einer Sache gewachsen sein* tegen iem, iets opgewassen zijn; II *zw* wassen, in de was zetten

Wachsfigur v^{20} wassen beeld

Wachskerze v^{21}, Wachslicht o^{31} waskaars

Wachstation v^{20} intensive care

Wachstube v^{21} wachtlokaal

Wachstuch I o^{29} wasdoek; II o^{32} tafelzeil

Wachstum o^{39} wasdom, groei, stijging

Wachstumsbranche v^{21} groeisector

Wachstumsrate v^{21} groeipercentage, groeicijfer

Wacht v^{20} wacht

Wächte *oude spelling voor* Wechte, *zie* Wechte

Wachtel v^{21} *(dierk)* kwartel

Wächter m^9 bewaker, oppasser, suppoost

Wachtmeister m^9 agent, wachtmeester

Wachtposten m^{11} wachtpost

Wachtturm, Wachturm m^6 wachttoren

Wach- und Schließgesellschaft v^{20} nachtveilig-heidsdienst

wackelig 1 wankel: *ein ~er Stuhl* een gammele stoel; *ein ~er Zahn* een loszittende tand; 2 zwak, slap; 3 onzeker, bedreigd

wackeln 1 wankelen; 2 loszitten; 3 trillen; 4 waggelen; 5 schudden: *mit den Hüften ~* heupwiegen; 6 er slecht voor staan; 7 rammelen

wacker *bn* 1 wakker, dapper; 2 *(iron)* stevig, flink

wacklig *zie* wackelig

Wade v^{21} kuit *(van het been)*

Wadenbein o^{29} *(anat)* kuitbeen

Wadenkrampf m^6 kuitkramp

Waffe v^{21} 1 wapen; 2 *(jagerstaal)* klauw; 3 *(jagerstaal)* slagtand *(van everzwijn)*

Waffel v^{21} wafel

Waffeleisen o^{35} wafelijzer

Waffenbesitz m^{19} wapenbezit

Waffenbruder m^{10} wapenbroeder, strijdmakker

Waffengattung v^{20} wapen, onderdeel

Waffengeklirr o^{39} wapengekletter

Waffengewalt v^{28} wapengeweld

Waffenlager o^{33} wapenmagazijn, wapendepot

Waffenruhe v^{28} tijdelijke wapenstilstand, bestand, staakt-het-vuren

Waffenschein m^5 wapenvergunning

Waffenstillstand m^6 wapenstilstand

waffnen I *tr* (be)wapenen; II *sich ~* zich wapenen

Wagehals m^6 waaghals

wagehalsig waaghalzig

Wagemut m^{19} moed, durf, lef

wagemutig moedig, stoutmoedig

wagen wagen, durven, riskeren

wägen^{303} 1 *(vaktaal)* wegen; 2 overwegen

Wagen m^{11} wagen

Wagenführer m^9 1 trambestuurder; 2 treinbestuurder

Wagenheber m^9 (auto)krik

Wagenladung v^{20} wagenlading, wagonlading

Wagenpark m^{13}, m^5 wagenpark

Wagenpflege v^{28} onderhoud van de, een auto

Wagenwäsche v^{28} (het) wassen van de auto

Waggon m^{13} wagon

waghalsig waaghalzig

Wagnis o^{29a} 1 waagstuk; 2 risico

Wagon *zie* Waggon

Wahl v^{20} 1 keus, keuze: *eine gute ~ treffen* een goede keus doen; 2 verkiezing: *sich zur ~ stellen* zich kandidaat stellen; 3 stemming

Wahlausgang m^6 uitslag van de verkiezing(en)

wählbar verkiesbaar

wahlberechtigt kies-, stemgerechtigd

Wahlberechtigung v^{28} kiesrecht, kiesgerechtigdheid

Wahlbeteiligung v^{28} opkomst *(bij de verkiezingen)*

Wahlbezirk m^5 kiesdistrict

wählen I *tr* 1 kiezen, uitzoeken; 2 *(telefoonnummer)* draaien; II *intr* stemmen: ~ *gehen* gaan stemmen

Wähler m^9 kiezer

Wahlergebnis o^{29a} verkiezingsuitslag

wählerisch kieskeurig, veeleisend
Wählerliste v^{21} kiezerslijst, kiezersregister
Wählerschaft v^{20} kiezers, kiezerskorps
Wahlfach o^{32} keuzevak, *(Belg)* basisoptie
Wahlfeldzug m^6 verkiezingscampagne
Wahlgang m^6 stemming, verkiezing
Wahlkabine v^{21} stemhokje
Wahlkampf m^6 verkiezingsstrijd
Wahlkreis m^5 kiesdistrict, kieskring, *(Belg)* kiesarrondissement
Wahlkundgebung v^{20} verkiezingsbijeenkomst
Wahlliste v^{21} kandidatenlijst
Wahllokal o^{29} stembureau, stemlokaal
wahllos in het wilde weg, willekeurig
Wahlmann m^8 kiesman
Wahlpflicht v^{28} opkomstplicht, stemplicht
Wahlplakat o^{29} verkiezingsaffiche
Wahlprogramm o^{29} verkiezingsprogramma, *(Belg)* kiesplatform
Wählscheibe v^{21} kiesschijf *(van telefoon)*
Wahlspruch m^6 devies, zinspreuk, leus
Wahlsystem o^{29} kiesstelsel
Wahlurne v^{21} stembus
Wahlverfahren o^{35} stem(mings)procedure
wahlweise naar keuze, naar eigen keuze
Wahlzettel m^9 stembiljet, stembriefje, *(Belg)* kiesbrief(je)
Wahn m^{19} waan, dwaling, illusie, zelfbedrog
Wahnbild o^{31} waanidee, waanvoorstelling
wähnen wanen, menen, geloven
Wahnidee v^{21} waanidee, waandenkbeeld
Wahnsinn m^{19} waanzin
wahnsinnig waanzinnig
Wahnwitz m^{19} waanzin
wahnwitzig waanzinnig
wahr waar, juist, werkelijk, echt
wahren 1 behartigen, zorgen voor: *jmds Interessen* ~ iems belangen behartigen; 2 *(een geheim, stilte)* bewaren, in acht nemen; 3 *(zijn rechten)* verdedigen, handhaven
währen duren, voortduren, aanhouden
während I $vz^{+2, soms +3}$ gedurende, tijdens; II vw terwijl
währenddem, währenddes, währenddessen ondertussen, onderwijl, intussen
wahrhaben: *etwas nicht* ~ *wollen* iets niet willen toegeven, iets niet willen bekennen
wahrhaft waarachtig, echt, werkelijk: *ein* ~*er Freund* een echte vriend
wahrhaftig I *bn* oprecht, waarachtig; II *bw* 1 inderdaad; 2 echt, werkelijk
Wahrheit v^{20} waarheid: *in* ~ *verhält es sich so* in werkelijkheid is het zo
wahrheitsgemäß, wahrheitsgetreu waarheidsgetrouw, naar waarheid
wahrlich waarlijk, voorwaar
wahrnehmbar waarneembaar
wahrnehmen^{212} 1 waarnemen, (be)merken; 2 behartigen: *jmds Interessen* ~ iems belangen behartigen; 3 waarnemen, gebruiken, benutten
Wahrnehmung v^{20} 1 waarneming, gewaarwording; 2 behartiging; *zie ook* wahrnehmen
Wahrnehmungsvermögen o^{39} waarnemingsvermogen
wahrsagen waarzeggen, voorspellen
Wahrsagerin v^{22} waarzegster
Wahrsagung v^{20} waarzegging, voorspelling
wahrscheinlich waarschijnlijk
Wahrscheinlichkeit v^{20} waarschijnlijkheid
Wahrung v^{28} zorg, behartiging, handhaving; *zie ook* wahren
Währung v^{20} 1 valuta *(betaalmiddel, munteenheid);* 2 monetair stelsel, standaard
Währungseinheit v^{20} munteenheid
Währungsfonds m *(2e nvl -; mv -)* monetair fonds
Währungskrise v^{21} valutacrisis
Währungspolitik v^{28} monetaire politiek
Währungsreform v^{20} geldzuivering
Währungssystem o^{29} monetair stelsel
Wahrzeichen o^{35} karakteristiek bouwwerk, symbool
Waise v^{21} wees
Waisenhaus o^{32} weeshuis
Waisenkind o^{31} weeskind
Waisenrente v^{21} wezenpensioen
Wal m^5 walvis
Wald m^8 bos, woud
Waldbeere v^{21} bosbes
Waldbestand m^6 1 houtopstand; 2 bosareaal
Waldbrand m^6 bosbrand
Waldbrandgefahr v^{20} bosbrandgevaar
Walderdbeere v^{21} bosaardbei, wilde aardbei
Waldgebiet o^{29} bosgebied, boszone
Waldhorn o^{32} waldhoorn
waldig bosrijk, met bos begroeid, bebost
Waldkauz m^6 bosuil
Waldlichtung v^{20} open plek (in het bos)
waldreich bosrijk
Waldsaum m^6 zoom van het bos
Waldsterben o^{39} (het) afsterven van de bossen
Waldtaube v^{21} houtduif, bosduif
Waldung v^{20} bos, woud
Waldweg m^5 bosweg
Walfang m^{19} walvisvangst
Walfänger m^9 1 walvisjager; 2 walvisvaarder
Walfisch m^5 walvis
Wall m^6 wal, vestingmuur
wallen 1 koken, borrelen; 2 golven
wallfahren een pelgrimstocht maken, op bedevaart gaan
Wallfahrer m^9 bedevaartganger, pelgrim
Wallfahrt v^{20} pelgrimstocht, bedevaart
wallfahrten *zie* wallfahren
Wallfahrtsort m^5 bedevaartplaats
Wallone m^{15} Waal
Wallonien o^{39} Wallonië
wallonisch Waals
Wallung v^{20} 1 (het) koken, (het) zieden; 2 *(med)* op-

vlieging, bloedaandrang; **3** opwinding

Walnuss v^{25} **1** walnoot; **2** walnotenboom

Walross o^{29} **1** *(dierk)* walrus; **2** os, rund

walten 1 heersen, besturen, beschikken; **2** *(fig)* heersen: *seines Amtes ~* zijn ambt uitoefenen; *Gnade ~ lassen* clementie betrachten; *Vorsicht ~ lassen* voorzichtig te werk gaan

Walze v^{21} **1** wals; **2** walswerk, walserij; **3** cilinder

walzen I *tr* walsen, pletten; **II** *intr* walsen *(een wals dansen)*

wälzen I *tr* **1** wentelen, rollen; **2** *(dossiers, boeken)* bestuderen; **II** *sich ~* zich wentelen: *sich vor Lachen ~* dubbel liggen van het lachen

Walzer m^9 wals

Wälzer m^9 dik boek, pil

Walzstahl m^{19} gewalst staal, plaatstaal

Walzwerk o^{29} walserij

Wams o^{32} wambuis

Wand v^{25} **1** wand, muur: *die (eigenen) vier Wände* het eigen huis; **2** rotswand; **3** wolkenbank

Wandalismus m^{19a} vandalisme

Wandel m^{19} **1** verandering, wijziging: *im ~ der Zeiten* in de wisseling der tijden; **2** levenswandel

wandelbar veranderlijk, onstandvastig

wandeln I *tr* veranderen, wijzigen; **II** *intr* lopen, wandelen: *die ~de Güte* de goedheid in eigen persoon; **III** *sich ~* veranderen

Wanderausstellung v^{20} reizende tentoonstelling

Wanderbühne v^{21} rondreizend toneelgezelschap

Wanderdüne v^{21} stuifduin

Wanderer m^9 trekker, wandelaar

Wanderfahrt v^{20} trektocht

Wanderkarte v^{21} wandelkaart

Wanderleben o^{39} zwervend leven

Wanderlied o^{31} trekkerslied

Wanderlust v^{28} treklust, reislust

wanderlustig reislustig, treklustig

wandern 1 een trektocht maken, trekken; **2** wandelen, slenteren, kuieren; **3** trekken; **4** *(mbt blikken, gedachten)* dwalen ‖ *in den Papierkorb ~* in de prullenmand verdwijnen

Wanderschaft v^{20} **1** (het) rondtrekken als handwerksgezel; **2** leertijd (van een rondtrekkende handwerksgezel); **3** trektocht: *er ist immer auf ~* hij is altijd onderweg

Wandersport m^{19} wandelsport

Wandertrieb m^{19} **1** treklust, zwerflust; **2** *(biol)* trekdrift; **3** *(med)* zwerfdrang

Wanderung v^{20} **1** trektocht, voetreis; **2** trek, (het) trekken; **3** omzwerving, migratie

Wanderweg m^5 wandelpad

Wandkarte v^{21} wandkaart

Wandlampe v^{21}, **Wandleuchte** v^{21} wandlamp

Wandlung v^{20} verandering, ommekeer

Wandmalerei v^{20} muurschildering

Wandschrank m^6 muurkast, ingebouwde kast

Wandspiegel m^9 wandspiegel

Wandtafel v^{21} (school)bord

Wandteller m^9 wandbord

Wandteppich m^5 wandtapijt

Wandverkleidung v^{20} wandbekleding, wandbetimmering

Wandzeitung v^{20} **1** muurkrant; **2** prikbord

Wange v^{21} **1** wang; **2** *(bouwk)* wang, zijkant

Wankelmut m^{19} besluiteloosheid, wankelmoedigheid

wankelmütig besluiteloos, wankelmoedig

wanken 1 wankelen, waggelen; **2** *(fig)* weifelen

Wanken o^{39} **1** (het) wankelen, (het) waggelen; **2** weifeling, onzekerheid

wann *bw* wanneer: *dann und ~* nu en dan

Wanne v^{21} **1** (bad)kuip; **2** tobbe, bak; **3** *(techn)* carter; **4** politieauto

Wannenbad o^{32} **1** kuipbad; **2** badhuis

Wanst m^6 **1** pens, (dikke) buik; **2** vetbuik

Want v^{20} *(scheepv)* (scheeps)want, takelage

Wanze v^{21} **1** wandluis, weegluis; **2** *(biol)* wants; **3** verborgen microfoon, afluisterapparatuur

Wappen o^{35} wapen, blazoen

Wappenschild m^5 wapenschild

Wappenspruch m^6 wapenspreuk, devies

wappnen I *tr* wapenen; **II** *sich ~* zich wapenen, zich voorbereiden

Ware v^{21} (koop)waar, waren, goed, goederen

Warenaufzug m^6 goederenlift

Warenbestand m^6 (goederen)voorraad

Warenhaus o^{32} warenhuis

Warenkorb m^6 goederenpakket

Warenlager o^{33} pakhuis, magazijn

Warenmuster o^{33}, **Warenprobe** v^{21} monster, *(textielbranche)* staal(tje)

Warentausch m^5 ruilhandel, goederenruil

Warenverkehr m^{19} goederenverkeer

Warenverzeichnis o^{29a} goederenlijst

Warenzeichen o^{35} handels-, fabrieksmerk

warm ^{58} **1** warm: *mir ist (es) ~* ik heb het warm; **2** hartelijk, vriendelijk, warm; **3** homoseksueel

warmblütig warmbloedig

Wärme v^{28} warmte

wärmebeständig tegen warmte bestand

Wärmedämmung v^{20} warmte-isolatie

Wärmeeinheit v^{20} warmte-eenheid, calorie

Wärmelehre v^{28} warmteleer

Wärmeleiter m^9 warmtegeleider

wärmen I *tr* **1** verwarmen, warmen; **2** opwarmen, verhitten; **II** *intr* warmte geven

Warme(r) m^{40a} *(inform)* flikker, nicht, *(scheldw, inform)* poot

Wärmeregler m^9 thermostaat

Wärmeschutz m^{19} warmte-isolatie

Wärmflasche v^{21} (bed)kruik

Warmfront v^{20} warmtefront

Warmhalteflasche v^{21} thermosfles

warmherzig warm, hartelijk

Warmluft v^{28} warme lucht, hete lucht

Warmluftheizung v^{20} heteluchtverwarming

Warmwasserbereiter m^9 boiler, geiser

Warmwasserspeicher m^9 boiler

Warnanlage v^{21} alarminstallatie, verklikker

Warnblinkanlage v^{21} knipperlichtinstallatie

Warnblinker m^9 knipperlicht

Warndreieck o^{29} gevarendriehoek

warnen waarschuwen: *ich warne dich vor dem Mann* ik waarschuw je voor die man; *vor⁺³ Taschendieben wird gewarnt!* pas op voor zakkenrollers!

Warnlampe, Warnleuchte v^{21} waarschuwingslampje

Warnruf m^5 waarschuwende kreet, alarmkreet

Warnschild o^{31} waarschuwingsbord

Warnschuss m^6 waarschuwingsschot

Warnsignal o^{29} waarschuwingssein

Warnstreik m^{13}, m^5 prikactie

Warntafel v^{21} waarschuwingsbord

Warnung v^{20} waarschuwing

Warnzeichen o^{35} **1** waarschuwingsteken, -sein, -signaal; **2** waarschuwingsbord

Warte v^{21} **1** wachttoren, uitkijk(toren); **2** sterrenwacht, observatorium; **3** *(fig)* visie

Wartehäuschen o^{35} **1** wachthuisje; **2** abri

Warteliste v^{21} wachtlijst

warten I *intr* wachten; **II** *tr* **1** onderhouden; **2** verzorgen

Wärter m^9 **1** wachter, oppasser, opzichter, suppoost; **2** cipier; **3** verpleger, verzorger

Warteraum m^6 wachtkamer

Wärterin v^{22} **1** bewaakster, oppas; **2** verzorgster, verpleegster

Wartesaal m^6 *(mv -säle)* wachtkamer

Wartezimmer o^{33} wachtkamer

Wartung v^{20} **1** *(techn)* onderhoud, service; **2** verzorging

wartungsfrei *(techn)* geen onderhoud(sbeurten) nodig hebbend

wartungsfreundlich gemakkelijk te onderhouden

warum waarom: *~ nicht gar?* welja!

Warze v^{21} **1** wrat; **2** tepel

was wat?, wat, hetgeen, hetwelk: *~ für ein?* wat voor een?; *~ lachen Sie?* waarom lacht u?; *~ weiter?* hoe verder; *ach ~!* kom nou!; *~ weiß ich?* weet ik veel!

Waschanlage v^{21} **1** wasstraat; **2** wasinrichting

Waschautomat m^{14} wasmachine

Waschbär m^{14} *(dierk)* wasbeer

Waschbecken o^{35} (vaste) wastafel

Wäsche v^{21} **1** was, wasgoed; **2** ondergoed, lingerie: *die ~ wechseln* zich verschonen; **3** (het) wassen

waschecht 1 wasecht; **2** *(fig)* rasecht

Wäscheklammer v^{21} wasknijper

Wäschekorb m^6 wasmand

Wäscheleine v^{21} waslijn

waschen³⁰⁴ 1 wassen: *Geschirr ~* de vaat doen; *Wäsche ~* de was doen; **2** wit maken, witten *(van geld)*

Wäscherei v^{20} wasserij

Wäscheschleuder v^{21} centrifuge, *(Belg)* droogzwierder

Wäscheschrank m^6 linnenkast

Wäschespinne v^{21} droogmolen

Wäschetrockner m^9 **1** droogrek; **2** (was)droger, droogtrommel

Waschhandschuh m^5 washandje

Waschkorb m^6 wasmand

Waschküche v^{21} washok, waskeuken

Waschlappen m^{11} **1** washandje; **2** slappeling

Waschmaschine v^{21} wasmachine

Waschmittel o^{33} wasmiddel

Waschpulver o^{33} waspoeder

Waschraum m^6 waslokaal, wasruimte

Waschsalon m^{13} wasserette

Waschung v^{20} wassing, (het) wassen

Waschwasser o^{39} waswater

Wasser I o^{33} water: *~ lassen, sein ~ abschlagen* wateren; *(fig) ein Schlag ins ~* een slag in de lucht; *mit allen ~n gewaschen sein* uitgekookt zijn; *zu ~ und zu Land* te land en te water; *~ treten* watertrapp(el)en; **II** o^{34} water(soorten): *kölnisch(es) ~* eau de cologne; *wohlriechende Wässer* welriekende wateren

Wasserarm m^5 rivierarm

Wasserbad o^{32} waterbad, bain-marie: *im ~ kochen* au bain-marie koken

Wasserball m^{19} waterpolo

Wasserbau m^{19} waterbouwkunde

Wasserbecken o^{35} waterbekken, bassin

Wasserbehälter m^9 waterreservoir

Wasserbett o^{37} waterbed

Wasserdampf m^6 waterdamp

wasserdicht waterdicht, waterproof

Wasserdruck m^6, m^5 waterdruk

Wasserenthärtung v^{20} waterontharding

Wasserfall m^6 waterval

Wasserfarbe v^{21} waterverf

Wasserfläche v^{21} watervlakte, wateroppervlak

Wasserflugzeug o^{29} watervliegtuig

Wasserflut v^{20} **1** overstroming; **2** stortvloed

Wassergehalt m^5 watergehalte

wassergekühlt met water gekoeld

Wasserglätte v^{28} aquaplaning

Wassergraben m^{12} greppel, sloot, gracht

Wasserhahn m^6 waterkraan

Wasserhaushalt m^5 waterhuishouding

Wasserhuhn o^{32} meerkoet

wässerig waterig, waterachtig: *~e Augen* fletse ogen

Wasserjungfer v^{21} libel

Wasserkanne v^{21} waterkan, lampetkan

Wasserkessel m^9 waterketel

wasserklar zuiver als water; kristalhelder

Wasserklosett o^{29}, o^{36} watercloset, wc

Wasserkraftwerk o^{29} waterkrachtcentrale

Wasserkühlung v^{28} waterkoeling

Wasserlache v^{21} plas water

Wasserlauf m^6 waterloop

Wasserleitung v^{20} waterleiding

Wassermangel m^{19} watergebrek, watertekort

Wassermelone v^{21} watermeloen

Wassermenge v^{21} watermassa

Wassermühle v^{21} watermolen

wässern I *intr* wateren, waterachtig vocht afscheiden; II *tr* 1 sproeien, besproeien, bevloeien, irrigeren; 2 *(haring)* in het water leggen

Wasserpflanze v^{21} waterplant

Wasserpfütze v^{21} plas water

Wasserpistole v^{21} waterpistool

Wasserpolizei v^{20} rivierpolitie, waterpolitie

Wasserpumpe v^{21} waterpomp

Wasserquelle v^{21} wel, bron

Wasserrad o^{32} waterrad

Wasserratte v^{21} waterrat *(ook fig)*

Wasserrohr o^{29} waterbuis, waterleidingbuis

Wassersäule v^{21} waterkolom, waterzuil

Wasserschaden m^{12} waterschade

wasserscheu bang voor water, waterschuw

Wasserschi *zie* Wasserski

Wasserschlauch m^6 1 waterslang; 2 waterzak *(van leer)*; 3 *(plantk)* blaasjeskruid

Wasserschutzgebiet o^{29} 1 waterwingebied; 2 beschermd watergebied

Wasserschutzpolizei v^{20} rivier-, waterpolitie

Wasserski I o^{39} (het) waterskiën, waterskisport; II *m (2e nvl -s; mv -skier en -)* waterski: ~ *fahren* waterskiën

Wassersportler m^9 watersporter

Wasserstand m^6 waterstand, waterpeil

Wasserstandsmeldung v^{20} *(telecom)* opgave van de waterstand(en)

Wasserstoff m^{19} *(chem)* waterstof

Wasserstoffbombe v^{21} waterstofbom, H-bom

Wasserstrahl m^{16} waterstraal

Wasserstraße v^{21} waterweg

Wassertier o^{29} waterdier

Wassertropfen m^{11} waterdruppel

Wasserturm m^6 watertoren

Wasseruhr v^{20} 1 wateruurwerk; 2 watermeter

Wasserverdrängung v^{28} waterverplaatsing

Wasserversorgung v^{28} watervoorziening

Wasserwaage v^{21} waterpas

Wasserweg m^5 waterweg: *auf dem* ~ te water

Wasserwelle v^{21} watergolf *(in het haar)*

Wasserwerfer m^9 waterkanon

Wasserwerk o^{29} waterleidingbedrijf

Wasserwirtschaft v^{28} waterhuishouding

Wasserzähler m^9 watermeter

Wasserzeichen o^{35} watermerk

wässrig *zie* wässerig

waten waden

watscheln waggelen, schommelen

Watt I o *(2e nvl -s; mv -)* (elektr) watt; II o^{37} wad

Watte v^{21} watten *(mv)*, watje: *(fig) jmdn in ~n packen* iem in de watten leggen

Wattebausch m^6 dot watten

Wattenmeer o^{29} Waddenzee

wattieren^{320} watteren

WC o^{36} *(2e nvl ook -; mv ook -)* afk van *Wasserklosett* watercloset *(afk* wc)

WDR *afk van Westdeutscher Rundfunk*

weben I *zw* weven; II *st*^{305} 1 *(dichterlijk)* zich bewegen; 2 *(fig)* weven; III *sich* ~ ontstaan

Weber m^9 wever

Weberei v^{20} 1 weverij; 2 weefsel

Webfehler m^9 weeffout

Webseite v^{21} website

Website v^{27} website

Webstuhl m^6 weefstoel, weefgetouw

Wechsel m^9 1 wisseling, verwisseling, afwisseling, verandering; 2 *(handel)* wissel; 3 wissel *(vast pad van wild)*

Wechselbeziehung v^{20} wederzijdse, onderlinge betrekking; wederzijdse, onderlinge relatie

Wechselfälle *mv* m^6 wisselvalligheden

Wechselgeld o^{31} wisselgeld

Wechseljahre *mv* o^{29} overgangsjaren

Wechselkurs m^5 wisselkoers

wechseln wisselen, ver-, afwisselen, omwisselen: *Öl* ~ olie verversen; *den Platz* ~ van plaats verwisselen; *die Schule* ~ naar een andere school gaan; *die Stelle* ~ van baan veranderen

Wechselschicht v^{20} wisselende ploegendienst

wechselseitig wederzijds, wederkerig, onderling

Wechselsprechanlage v^{21} *(telecom)* intercom

Wechselstelle v^{21} wisselkantoor

Wechselstrom m^6 *(elektr)* wisselstroom

Wechselstube v^{21} wisselkantoor

wechselweise afwisselend, beurtelings

Wechte v^{21} overhangende sneeuwmassa

wecken 1 wekken, wakker maken; 2 *(fig)* opwekken, wekken, doen ontstaan

Wecker m^9 wekker: *jmdm auf den gehen* (of: *fallen)* op iems zenuwen werken

Wedel m^9 1 plumeau; 2 bosje stro, bosje takken; 3 *(plantk)* waaiervormig blad

wedeln 1 kwispelen, kwispelstaarten; 2 waaieren, wapperen, wuiven; 3 *(skiën)* wedelen, korte slalombewegingen maken

weder noch: ~ *Geld noch Gut* geld noch goed

weg [wɛk] *bw* weg, heen, verloren: *Hände* (of: *Finger)* ~! afblijven!; ~ *hier!* maak dat je weg komt!; *nichts wie weg!* wegwezen!; *in einem* ~ aan één stuk door

Weg [wek] m^5 1 weg, baan, pad: *seines ~es* (of: *seiner ~e) gehen* zijns weegs gaan; *Waren auf den* ~ *bringen* goederen verzenden; *er war auf dem besten* ~(*e), sich zu ruinieren* hij was aardig op weg om zich te ruïneren; *auf dem* ~ *der Besserung* aan de beterende hand; *etwas in die ~e leiten* iets aanzwengelen; *jmdm nicht über den* ~ *trauen* iem voor geen cent vertrouwen; 2 manier, mogelijkheid, oplossing: *zu ~e zie* zuwege

wegarbeiten wegwerken

wegbekommen^{193} 1 weg krijgen; 2 eruit krijgen; 3 *(fig)* begrijpen; 4 zich op de hals halen

Wegbereiter m^9 wegbereider, baanbreker

wegbleiben^{134} 1 wegblijven; 2 stagneren

wegblicken de andere kant opkijken

Wegegeld o^{31} kilometervergoeding

Wegekarte v^{21} wegenkaart, wandelkaart
Wegelagerer m^9 struikrover, straatrover
wegen $vz^{+2,\,soms\,+3}$ **1** wegens, vanwege: ~ *Geschäften* wegens zaken; **2** omwille van: *von Rechts* ~ van rechtswege; ~ *mir* wat mij betreft; *von* ~! geen sprake van!, helemaal niet!
wegfahren^{153} vertrekken, wegrijden, wegvaren
wegfallen^{154} wegvallen, vervallen
wegfegen 1 wegvegen; **2** wegvagen
weggehen^{168} **1** weggaan, heengaan; **2** *(mbt waren)* van de hand gaan
Weggenosse m^{15} reisgenoot, metgezel
weghaben^{182} **1** weg hebben, weg krijgen; **2** krijgen: *(inform)* er hat sein Fett (of: *sein(en) Teil, seine Strafe) weg* hij heeft zijn verdiende loon; *einen* ~: *a)* hem om hebben; *b)* gek zijn; **3** begrijpen, doorhebben
wegholen weghalen
weghören niet luisteren
wegkommen^{193} **1** wegkomen, afkomen; **2** weggaan; **3** weg-, zoekraken; **4** (over iets) heenkomen, (iets) te boven komen: *er ist gut dabei weggekommen* hij is er goed van afgekomen
wegkriegen *zie* wegbekommen
weglassen^{197} **1** weglaten, achterwege laten; **2** (weg) laten gaan
weglaufen^{198} weglopen
weglegen wegleggen, opruimen
wegmachen I *tr* wegmaken, wegnemen, verwijderen; **II** *sich* ~ zich uit de voeten maken, verdwijnen
wegnehmen^{212} **1** wegnemen, weghalen: *(das) Gas* ~ gas terugnemen; **2** afpakken; **3** wegnemen, ontvreemden; **4** *(veel plaats)* innemen
wegpacken wegpakken, opruimen
wegradieren^{320} uitgommen, uitvlakken
wegräumen 1 wegruimen, opruimen; **2** *(fig)* uit de weg ruimen
wegreißen^{220} **1** wegrukken, afrukken; **2** slopen
wegschaffen wegdoen, wegbrengen
wegscheren^{236}, **sich** ophoepelen
wegschicken wegsturen
wegschieben^{237} wegschuiven, wegduwen
wegschmeißen^{247} wegsmijten, weggooien
wegschütten weggieten, weggooien
wegschwimmen^{257} **1** wegzwemmen; **2** wegdrijven
wegsehen^{261} de blik afwenden, de andere kant opkijken
wegsetzen I *tr* **1** wegzetten, ergens anders neerzetten; **2** opbergen; **II** *intr* springen; **III** *sich* ~ ergens anders gaan zitten
wegstecken 1 wegdoen, opbergen, wegstoppen; **2** *(fig)* incasseren
wegstehlen^{280}, **sich** wegsluipen
wegstellen wegzetten
wegstoßen^{285} **1** wegduwen, wegstoten; **2** *(een bal)* wegtrappen
Wegstrecke v^{21} weggedeelte, traject
wegstreichen^{286} **1** wegstrijken; **2** schrappen
wegtreten^{291} **1** wegtrappen, wegschoppen; **2** *(mil)*

inrukken: *weg(ge)treten!* ingerukt, mars!
wegtun^{295} **1** wegdoen; **2** opbergen
Wegweiser m^9 wegwijzer
wegwenden^{308} afwenden, afkeren
wegwerfen^{311} wegwerpen, weggooien
wegwerfend geringschattend, minachtend
Wegwerfware v^{21} wegwerpartikel
wegwischen wegvegen
Wegzehrung v^{20} proviand, mondvoorraad
wegziehen^{318} **I** *tr* wegtrekken; **II** *intr* wegtrekken, weggaan, verhuizen
weh pijnlijk: *ein* ~*er Finger* een zere vinger; ~ *tun* oude spelling voor wehtun, *zie* wehtun
Weh o^{29} **1** pijn, leed; **2** verdriet, smart
Wehe v^{21} **1** opgewaaide sneeuw; **2** opgewaaid zand, zandverstuiving; **3** wee
wehen 1 waaien; **2** waaien, wapperen
Wehgeschrei o^{39} gejammer, geweeklaag
Wehklage v^{21} weeklacht, jammerklacht
wehklagen weeklagen, jammeren
wehleidig 1 huilerig; **2** kleinzerig, overgevoelig
Wehmut v^{28} weemoed
wehmütig weemoedig
Wehr I v^{28} weerstand: *sich zur* ~ *setzen* zich te weer stellen; **II** o^{29} waterkering, stuw, dam
Wehrdienst m^5 militaire dienst
wehrdienstpflichtig dienstplichtig
wehrdiensttauglich goedgekeurd voor de militaire dienst
Wehrdienstverweigerer m^9 dienstweigeraar
wehren I *tr* weren, tegenhouden, beletten; **II** *sich* ~ **1** zich verdedigen, zich (ver)weren; **2** tegenstribbelen
Wehrersatzdienst m^5 vervangende dienstplicht
wehrlos weerloos
Wehrlosigkeit v^{28} weerloosheid
Wehrpflicht v^{28} dienstplicht, *(Belg)* militieplicht
wehtun pijn doen
Wehwehchen o^{35} *(iron)* pijn(tje)
Weib o^{31} **1** *(vero)* vrouw; **2** *(inform)* wijf
Weibchen o^{35} vrouwtje, wijfje
weibisch verwijfd, wekelijk
weiblich vrouwelijk
Weiblichkeit v^{28} vrouwelijkheid
Weibsbild o^{31} wijf, mens
weich 1 zacht: ~*e Drogen* softdrugs; ~*es Fleisch* mals vlees; ~*es Leder* soepel leer; **2** zachtmoedig, (teer)gevoelig; **3** week, slap: *jmdn* ~ *machen* iem murw maken
Weiche v^{21} **1** *zie* Weichheit **2** zijde, flank; **3** *(spoorw)* wissel
weichen I *zw* weken; **II** *st*^{306} **1** wijken, weggaan; **2** wijken, zwichten
Weichensteller, Weichenwärter m^9 wisselwachter
Weichheit v^{21} **1** zachtheid, weekheid, malsheid; **2** zachtmoedigheid; *zie ook* weich
weichherzig weekhartig, teerhartig
Weichkäse m^9 zachte kaas
weichlich zacht; wekelijk, slap, verwijfd
Weichling m^5 wekeling, slappeling

Weichspüler m^9, **Weichspülmittel** o^{33} wasverzachter

Weichteile *mv* m^5 weke delen

Weichtier o^{29} weekdier

Weide v^{21} 1 wilg(enboom); 2 weide, weiland

Weideland o^{39} weiland, weidegrond

weiden I *tr* weiden, hoeden; **II** *intr* grazen; **III** *sich ~* zich verlustigen (in): *sich ~ an*$^{+3}$ *etwas* zich in iets verlustigen

Weidenkätzchen o^{35} wilgenkatje

Weidenkorb m^6 tenen mand

Weideplatz m^6 weide, weiland, weideplaats

weidlich flink, behoorlijk, geducht, danig

Weidwerk o^{29} jacht(bedrijf)

weigern, sich weigeren

Weigerung v^{20} weigering

Weigerungsfall m^{19}: *im ~* in geval van weigering

Weihe v^{21} 1 (in)wijding, consecratie *(van kerk)*; 2 wijding *(van priester)*; 3 plechtige ingebruikneming

weihen 1 wijden; 2 inwijden, consacreren; 3 prijsgeven, overleveren

Weiher m^9 vijver

weihevoll plechtig, vol wijding

weihnachten: *es weihnachtet* het loopt tegen Kerstmis

Weihnachten *o* (2e nvl -; mv -) Kerstmis: *schöne* (of: *fröhliche, frohe*) *~!* vrolijk kerstfeest!; *zu ~* met Kerstmis

Weihnachtsabend m^5 kerstavond

Weihnachtsbaum m^6 kerstboom

Weihnachtsbescherung v^{20} 1 (het) geven van cadeaus op kerstavond; 2 kerstcadeaus

Weihnachtsfeier v^{21} kerstviering

Weihnachtsfest o^{29} kerstfeest

Weihnachtsmann m^8 1 kerstman; 2 sukkel

Weihnachtsmarkt m^6 kerstmarkt

Weihnachtsstolle v^{21}, **Weihnachtsstollen** m^{11} kerststol, kerstbrood

Weihnachtstag m^5 kerstdag

Weihrauch m^{19} wierook

Weihung v^{20} wijding

Weihwasser o^{39} wijwater

weil omdat, daar, aangezien

Weilchen o^{35} poosje, tijdje

Weile v^{28} poos, tijd, tijdje

weilen vertoeven, verblijven, verwijlen

Weiler m^9 gehucht

Wein I m^5 wijn; **II** m^{19} 1 wijn(stok); 2 druiven

Weinbau m^{19} wijnbouw

Weinbauer m^9 wijnboer, wijnbouwer

Weinberg m^5 1 wijnberg; 2 wijngaard

Weinbergschnecke v^{21} wijngaardslak

Weinbrand m^6 Duitse cognac, brandewijn

weinen huilen, schreien, wenen

weinerlich huilerig, jammerend

Weinernte v^{21} wijnoogst

Weinessig m^5 wijnazijn

Weingarten m^{12} wijngaard

Weingeist m^{19} spiritus, wijngeest

Weinglas o^{32} wijnglas

Weingut o^{32} (bezitting met) wijngaard(en)

Weinhändler m^9 wijnkoper, wijnhandelaar

Weinhandlung v^{20} wijnhandel

Weinjahr o^{29} wijnjaar

Weinkarte v^{21} wijnkaart

Weinkeller m^9 wijnkelder

Weinkrampf m^6 zenuwachtige huilbui

Weinkühler m^9 wijnkoeler

Weinlese v^{21} wijnoogst, druivenpluk

Weinranke v^{21} wijnrank

Weinrebe v^{21} 1 wijnstok; 2 *(zelden)* wijnrank

Weinstube v^{21} wijnlokaal, bodega

Weintraube v^{21} wijndruif

weise I *bn* wijs, verstandig; **II** *bw* wijselijk

Weise v^{21} 1 manier, wijze: *auf diese* (of: *in dieser*) *~* op deze wijze; *in der ~, dass … zodanig dat …*; 2 *(muz)* wijs, melodie

weisen^{307} 1 wijzen: *etwas von sich ~* iets afwijzen; 2 wegsturen, verwijderen: *jmdn von der Schule ~* iem van school verwijderen

Weise(r) $m^{40a, 40b}$ wijs iem, wijze

Weisheit I v^{28} wijsheid, verstand; **II** v^{20} wijsheid, wijze raad

Weisheitszahn m^6 verstandskies

weismachen *(iem iets)* wijsmaken

weiß wit, blank: *einen Weißen trinken* een glas witte wijn drinken

weissagen voorspellen, profeteren

Weissagung v^{20} voorspelling, profetie

Weißbrot o^{29} wittebrood

Weiße(r) m^{40a}, v^{40b} blanke

Weißfisch m^5 witvis

Weißkohl m^{19}, **Weißkraut** o^{39} wittekool

weißlich witachtig

Weißling m^5 1 koolwitje; 2 wijting; 3 albino

Weißwein m^5 witte wijn

Weisung v^{20} 1 instructie, richtlijn, opdracht, order, *(mil)* consigne; 2 *(jur)* voorwaarde

weit 1 wijd, ruim, uitgestrekt: *ein ~es Gewissen* een ruim geweten; *im ~esten Sinne* in de ruimste zin; *~ und breit* wijd en zijd; *~ bekannt* alom bekend; 2 ver: *~ gereist* bereisd; *~ reichend: a)* verreikend; *b)* verstrekkend *(gevolgen)*, uitgebreid; *~ verbreitet: a)* wijdverspreid, wijdverbreid; *b)* veel gelezen *(van boeken, krant); c)* op veel plaatsen voorkomend *(planten); eine ~ verbreitete Meinung* een veel voorkomende mening; 3 veel: *~ besser* veel beter; *das ist ein ~es Feld* daar ben je niet gauw over uitgepraat; *bei ~em der Beste sein* verreweg de beste zijn; *bei ~em besser* veel beter; *bei ~em nicht so gut* lang niet zo goed

weitab veraf: *~ vom Dorf* ver van het dorp

weitaus verreweg, veruit, veel

weitbekannt *oude spelling voor* weit bekannt, *zie* weit 1

Weitblick m^{19} 1 verziende blik; 2 vooruitziende blik

Weite v^{21} 1 uitgestrektheid; 2 wijdte, diameter: *lich-*

te ~: *a)* inwendige diameter, binnenwerkse breedte; *b)* doorrijbreedte; **3** verte, afstand *(ook sp)*

weiten I *tr* wijder maken, verwijden; **II** *sich ~* zich verwijden, uitzetten, ruimer, wijder worden

weiter 1 verder; **2** wijder, uitgestrekter, ruimer; **3** verder, voorts: *niemand ~, nichts ~* niemand meer, niets meer; *~ nichts?* anders niets?; *was ~?* en toen?; *bis auf ~es* voorlopig, tot nader order; *ohne ~es* zonder meer; *und so ~* enzovoort

weiterarbeiten doorwerken

weiterbefördern doorsturen; verder vervoeren

weiterbilden I *tr* verder ontwikkelen, bijscholen; **II** *sich ~* zich verder ontwikkelen

Weiterbildung *v*[28] bijscholing, verdere ontwikkeling

weiterempfehlen[147] bij anderen aanbevelen

weiterentwickeln verder ontwikkelen

Weiterentwicklung *v*[28] verdere ontwikkeling

weitererzählen 1 verder vertellen *(doorgaan);* **2** doorvertellen, rondvertellen

weiterfahren[153] verder rijden, verder varen; doorrijden, doorvaren

Weiterfahrt *v*[28] voortzetting van de reis

weiterführen 1 verder voeren, verder brengen; **2** *(de zaken)* voortzetten

weitergeben[166] **1** doorgeven; **2** *(kosten)* doorberekenen

weitergehen[168] **1** verder gaan, voortgaan: *~!* doorlopen!; **2** voortduren: *so kann es nicht ~!* zo kan het niet langer!

weiterhelfen[188] vooruithelpen, verder helpen

weiterhin 1 verder, voorts, voortaan; **2** nog steeds, aanhoudend; **3** bovendien

weiterkommen[193] **1** verder komen; **2** vooruitkomen

weiterkönnen[194] verder, vooruit kunnen

weiterlaufen[198] **1** doorlopen; **2** doorgaan

weiterleiten 1 verder leiden; **2** doorzenden

weitermachen doorgaan, doorwerken

weiterreisen doorreizen

weitersagen *(aan anderen)* verder vertellen

weiterschicken 1 doorsturen; **2** wegsturen

weitersenden[263] doorzenden, doorsturen

weiterverbreiten verder verspreiden

weitgehend I *bn* verstrekkend, omvangrijk; uitgebreid; **II** *bw* zoveel mogelijk

weitgereist *oude spelling voor* weit gereist, *zie* weit 2

weither ver weg, van verre

weithin 1 ver, in de wijde omtrek; **2** in belangrijke mate

weitläufig 1 breedvoerig, omstandig; **2** groot, ruim; **3** ver: *~e Verwandte* verre bloedverwanten

Weitläufigkeit *v*[28] omhaal

weiträumig zeer ruim

weitreichend 1 verreikend; **2** verstrekkend *(gevolgen),* uitgebreid

Weitschuss *m*[6] *(sp)* afstandsschot

weitschweifig omstandig, omslachtig

Weitsicht *v*[28] **1** verziende blik; **2** vooruitziende blik

weitsichtig 1 verziend; **2** *(fig)* vooruitziend

Weitsprung I *m*[19] *(sp)* (het) verspringen; **II** *m*[6] sprong

weitverbreitet 1 wijdverspreid, wijdverbreid; **2** veel gelezen *(boeken, krant);* **3** op veel plaatsen voorkomend *(planten): eine ~e Meinung* een veel voorkomende mening

Weitwinkelobjektiv *o*[29] groothoeklens

Weizen *m*[9] tarwe

Weizenbrot *o*[29] tarwebrood

Weizenmehl *o*[39] tarwemeel

welch[68] **I** *vrag vnw* welke, welk, wat: *~ schönes Wetter!* wat een mooi weer!; **II** *betr vnw (vero)* welke, die, dat: *der Mann, welcher das sagt* de man die dat zegt; **III** *onbep vnw* sommige, een paar, enige: *ich habe kein Geld, hast du welches?* ik heb geen geld, heb jij wat?

welk 1 verwelkt; **2** rimpelig *(van huid);* **3** dor

welken *(sein)* **1** verwelken; **2** rimpelig worden, dor worden; **3** verleppen

Wellblech *o*[29] gegolfd plaatstaal, golfplaat

Wellblechbaracke *v*[21] barak van golfijzer

Welle *v*[21] **1** golf, deining: *~n schlagen: a)* golven; *b)* opzien baren; *c)* deining veroorzaken; **2** *(mil)* aanvalsgolf; **3** *(sp)* zwaai *(aan rek);* **4** *(techn)* as

wellen 1 golven: *gewellt* gegolfd, golvend; **2** onduleren: *gewelltes Haar* gewatergolfd haar

Wellenbad *o*[32] golfslagbad

Wellenbereich *m*[5] *(telecom)* golfbereik

Wellenbrecher *m*[9] golfbreker

wellenförmig golvend, golfvormig

Wellengang *m*[19] golfslag

Wellenlänge *v*[21] golflengte

Wellenreiten *o*[39] *(sp)* (het) surfen

Wellenreiter *m*[9] surfer

Wellensittich *m*[5] parkiet

wellig golvend

Wellpappe *v*[21] golfkarton

Welschkohl *m*[5] savooiekool

Welt *v*[20] wereld: *die Dritte ~* de derde wereld; *alle ~* iedereen; *auf die ~ kommen* ter wereld komen; *aus aller ~* uit de hele wereld, overal vandaan; *jmdn aus der ~ schaffen* iem naar de andere wereld helpen; *etwas aus der ~ schaffen* iets uit de weg ruimen

Weltall *o*[39] wereldruim, heelal, kosmos

weltanschaulich wereldbeschouwelijk

Weltanschauung *v*[20] wereldbeschouwing

weltbekannt 1 overal bekend; **2** in de hele wereld bekend, alom bekend

weltberühmt wereldberoemd

Weltbestleistung *v*[20] wereldrecord

Weltbestzeit *v*[20] wereldrecordtijd

weltbewegend wereldschokkend

Weltbild *o*[31] wereldbeeld

Welterfolg *m*[5] wereldsucces

welterschütternd wereldschokkend

weltfremd wereldvreemd

Weltgeschichte *v*[28] wereldgeschiedenis: *da hört doch die ~ auf!* dat is toch al te gek!

We

Welthandel m^{19} wereldhandel
Weltherrschaft v^{28} wereldheerschappij
Weltkarte v^{21} wereldkaart
Weltklasse v^{28} topformaat, wereldtop, wereldklasse
weltklug wereldwijs
Weltkrieg m^5 wereldoorlog
Weltkugel v^{21} wereldbol
weltlich 1 werelds *(eer, genot);* **2** wereldlijk *(macht, vorst)*
weltmännisch als (van een) man van de wereld, vlot (in zijn manieren)
Weltmarkt m^6 wereldmarkt
Weltmeer o^{29} wereldzee, oceaan
Weltmeister m^9 wereldkampioen
Weltmeisterschaft v^{20} wereldkampioenschap
weltoffen 1 met open oog voor de dingen van de wereld; **2** internationaal ingesteld
Weltrang m^{19} wereldniveau: *ein Künstler von ~* een kunstenaar van wereldnaam
Weltraum m^{19} wereldruim, kosmos
Weltraumfahrer m^9 ruimtevaarder
Weltraumfahrt v^{20} ruimtevaart
Weltraumflug m^6 ruimtevlucht
Weltraumforschung v^{28} ruimteonderzoek
Weltraumkapsel v^{21} ruimtecapsule
Weltreich o^{29} wereldrijk
Weltreise v^{21} wereldreis
Weltrekord m^5 wereldrecord
Weltrekordler m^9 wereldrecordhouder
Weltruf m^{19} wereldfaam, wereldreputatie
Weltstadt v^{25} wereldstad
Weltteil m^5 werelddeel, continent
Weltuntergang m^6 einde van de wereld
Weltverbesserer m^9 wereldhervormer
weltvergessen, weltverloren 1 in zichzelf gekeerd; **2** eenzaam
weltweit wereldwijd, mondiaal, wereldomvattend; over de hele wereld
Weltwirtschaft v^{28} wereldeconomie
Weltwunder o^{33} wereldwonder
wem^{85} wie
wen^{85} wie
Wende v^{21} **1** wending, (omme)keer, keerpunt, draai, kentering; **2** keerpunt, (het) keren
Wendekreis m^5 **1** keerkring; **2** draaicirkel *(van auto)*
Wendeltreppe v^{21} wenteltrap
wenden^{308} **I** *tr* keren, wenden, draaien: *seine Aufmerksamkeit auf*$^{+4}$ *etwas ~* zijn attentie op iets richten; *jmdm den Rücken ~* iem de rug toekeren; *bitte wenden!* zie ommezijde!; **II** *sich ~* zich omdraaien, zich wenden, zich keren: *der Wind hat sich gewendet* de wind is gedraaid; *sich an jmdn ~* zich tot iem wenden
Wendepunkt m^5 **1** keerpunt; **2** buigpunt
wendig 1 beweeglijk, goed manoeuvreerbaar, gemakkelijk bestuurbaar; **2** *(fig)* vlot, behendig, plooibaar
Wendung v^{20} **1** wending, (omme)keer, draai, krom-

ming; **2** (zins)wending, zegswijze
wenig^{60} weinig: *mit ~en Worten* met een paar woorden; *ein ~* een beetje; *~es genügt* weinig is voldoende; *zu ~* te weinig; *zie ook* weniger, wenigste
weniger minder: *er ist nichts ~ als dumm* hij is allesbehalve dom; *neun ~ zwei* negen min twee
Wenigkeit v^{20} **1** geringheid, kleine hoeveelheid; **2** kleinigheid, bagatel: *meine ~* mijn persoontje
wenigste *(der, die, das)* minste: *das wird in den ~n Fällen gelingen* dat zal in de meeste gevallen niet lukken; *die ~n Menschen denken an so etwas* slechts heel weinig mensen denken aan zoiets
wenigstens 1 minstens; **2** tenminste, althans
wenn als, wanneer, indien: *~ möglich* zo mogelijk; *~ auch* (of: *~ gleich, ~ schon*) ofschoon, hoewel, ook al, al; *wie ~* alsof; *~ auch noch so wenig* hoe weinig ook; *~ er doch käme!* kwam hij maar!
wenngleich, wennschon hoewel, ofschoon, al
wer^{85} **1** wie: *~ war das?* wie was, wie waren dat?; *~ alles ist dabei gewesen?* wie zijn er allemaal bij geweest?; *~ da?* wie daar?; **2** iemand: *der Hund bellt, wenn ~ kommt* de hond blaft als er iem komt; *er ist ~* hij is iem
Werbeabteilung v^{20} reclameafdeling
Werbeagentur v^{20} reclamebureau
Werbeangebot o^{29} reclameaanbieding
Werbeberater m^9 reclameadviseur
Werbebüro o^{36} reclamebureau
Werbefachman *m (2e nvl -(e)s; mv -fachleute)* reclame-expert
Werbefeldzug m^6 reclamecampagne
Werbefernsehen o^{39} reclametelevisie
Werbefilm m^5 reclamefilm
Werbegeschenk o^{29} relatiegeschenk
Werbekosten *mv* reclamekosten
werben^{309} **I** *tr* werven, aanwerven; **II** *intr* reclame, propaganda maken: *~ um*$^{+4}$ dingen naar
Werbeslogan m^{13} reclameslogan, slagzin
Werbespot m^{13} *(telecom)* reclamespot
Werbespruch m^6 reclameslogan, slagzin
Werbetätigkeit v^{20} propaganda, reclame
Werbetrommel v^{28}: *die ~ rühren* (of: *schlagen*) reclame maken
Werbezwecke *mv* m^5 reclamedoeleinden
Werbung v^{20} **1** (aan)werving; **2** reclame, propaganda; **3** reclameafdeling
Werbungskosten *mv* verwervingskosten
Werdegang m^6 **1** ontwikkeling(sgang), wordingsproces; **2** loopbaan
werden^{310} **1** worden, ontstaan: *der Kuchen wird* de cake lukt; *wird's bald?* komt er nog iets van?; **2** zullen: *er wird morgen zahlen* hij zal morgen betalen
Werden o^{39} (het) worden, ontwikkeling(sgang), (het) ontstaan
werfen^{311} **I** *tr* **1** werpen, gooien, smijten: *(worstelterm) jmdn ~* iem leggen; **2** *(dierk) (jongen)* werpen; **II** *sich ~* **1** zich werpen, zich gooien; **2** *(mbt hout)* kromtrekken
Werfer m^9 werper, *(honkbal)* pitcher

Werft v^{20} (scheeps)werf, helling

Werk o^{29} **1** werk, arbeid: *sich ans ~ machen* aan het werk gaan; *ins ~ setzen* in het werk stellen; **2** kunstwerk, boek; **3** fabriek, bedrijf; **4** vestingwerk

Werkarzt m^6 bedrijfsarts

werkeln knutselen, klussen, druk bezig zijn

werken werken, bezig zijn

Werken o^{39} handvaardigheid *(een schoolvak)*

Werkgelände o^{33} fabrieksterrein

Werkhalle v^{21} fabriekshal

Werksarzt m^6 bedrijfsarts

Werkschule v^{21} bedrijfsschool

Werkspionage v^{28} bedrijfsspionage

Werkstatt v *(mv -stätten)*, **Werkstätte** v^{21} **1** werkplaats; **2** garage *(voor reparaties)*; **3** atelier

Werkstilllegung v^{28} sluiting van een fabriek

Werkstoff m^5 grondstof, ruw materiaal

Werkstudent m^{14} werkstudent

werktags op werkdagen

werktätig werkend, in een beroep werkzaam

Werktätige(r) m^{40a}, v^{40b} werkende, werknemer

Werkunterricht m^{19} handvaardigheid *(een schoolvak)*

Werkzeug o^{39} **1** werktuig; **2** gereedschap; **3** *(fig)* instrument

Werkzeugkasten m^{12} gereedschapskist

Wermut m^{19} **1** *(plantk)* alsem; **2** vermout *(een drank)*

wert *bn* waard, geacht, dierbaar

Wert m^5 **1** (markt)waarde, prijs: *im ~ von* ter waarde van; **2** *(handel, mv)* effecten

Wertangabe v^{21} **1** aangifte van de waarde; **2** aangegeven waarde

Wertarbeit v^{20} kwaliteitswerk

wertbeständig waardevast

Wertbeständigkeit v^{28} waardevastheid

Wertbestimmung v^{20} waardebepaling, taxatie

Wertbrief m^5 brief met aangegeven waarde

werten 1 waarderen, schatten, taxeren; **2** beoordelen, beschouwen; **3** (mee)tellen

Wertgegenstand m^6 voorwerp van waarde

wertlos waardeloos

wertmäßig wat de waarde betreft, waarde-

Wertpapier o^{29} waardepapier; *(mv)* effecten, waardepapieren

Wertsachen *mv* v^{21} voorwerpen van waarde

wertschätzen (hoog)achten

Wertschätzung v^{28} hoogachting, aanzien

Wertstück o^{29} waardevol stuk

Wertung v^{20} **1** waardering, schatting; **2** beoordeling; **3** *(sp)* klassement

Werturteil o^{29} waardeoordeel

wertvoll kostbaar, waardevol

Wertzeichen o^{35} frankeerzegel, postzegel

Wesen o^{35} **1** wezen, essentie, kern: *das ~ der Sache* de kern van de zaak; **2** natuur, aard, inborst; **3** aard, manier van doen, gedrag; **4** wezen, schepsel || *sein ~ treiben* huishouden, tekeergaan

Wesensart v^{20} aard, karakter

wesensfremd wezensvreemd

Wesenszug m^6 karakteristieke trek

wesentlich 1 essentieel, wezenlijk: *das Wesentlichste* de kern, het voornaamste; **2** aanmerkelijk, belangrijk: *die Lage hat sich ~ gebessert* de toestand is aanzienlijk verbeterd; *im Wesentlichen: a)* in de grond van de zaak; *b)* kort samengevat, kort gezegd

weshalb waarom, om welke reden

Wespe v^{21} wesp

wessen[85] **1** wiens; **2** welks, waarvan, waarover

Wessi m^{13} West-Duitser

Weste v^{21} vest: *eine reine* (of: *saubere, weiße*) *~ haben* van onbesproken gedrag zijn

Westen m^{19} westen

Westentasche v^{21} vestzak: *etwas wie seine ~ kennen* iets als zijn broekzak kennen

westlich 1 westelijk; **2** westers

Westmächte *mv* v^{25} westerse mogendheden

westwärts westwaarts

Westwind m^5 westenwind

weswegen waarom, om welke reden

Wettbewerb m^5 **1** concurrentie, mededinging: *mit jmdm in ~ treten* met iem gaan concurreren; **2** wedstrijd, concours: *außer ~ teilnehmen* buiten mededinging deelnemen

Wettbewerber m^9 concurrent, mededinger

wettbewerbsfähig concurrerend

Wettbewerbsverzerrung v^{20} concurrentievervalsing

Wette v^{21} weddenschap: *ich gehe jede ~ ein, dass …* ik verwed er alles onder dat …; *was gilt die ~?* waarom wedden we?; *um die ~ schreien* om het hardst schreeuwen

Wetteifer m^{19} wedijver

wetteifern wedijveren

wetten (ver)wedden

Wetter I o^{33} **1** weer; **2** onweer, noodweer; **II** m^9 wedder, iem die wedt || *alle ~! (inform)* drommels!, nee maar!

Wetteramt o^{32} meteorologisch instituut

Wetteransage v^{21} weerbericht

Wetteraussichten *mv* v^{20} weersverwachting

Wetterbericht m^5 **1** weeroverzicht; **2** weerbericht

wetterbeständig weerbestendig, weervast

Wetterfahne v^{21} windwijzer, weerhaan *(ook fig)*

wetterfest weerbestendig, weervast

Wetterhahn m^6 weerhaan

Wetterkarte v^{21} weerkaart

Wetterkunde v^{28} meteorologie, weerkunde

Wetterlage v^{21} weersgesteldheid

wetterleuchten weerlichten

wettern 1 onweren; **2** tekeergaan, razen, tieren

Wetterprognose v^{21} weersvoorspelling

Wetterseite v^{21} windkant, regenkant

Wetterstation v^{20} weerstation

Wettersturz m^6, **Wetterumschlag** m^6, **Wetterumschwung** m^6 plotselinge weersverandering

Wetterverhältnisse *mv* o^{29a} weersomstandigheden

Wettervoraussage, **Wettervorhersage** v^{21} weers-

voorspelling
Wetterwarte v^{21} meteorologisch station
wetterwendisch wispelturig, grillig
Wettfahrt v^{20} race *(bij kanoën, roeien, zeilen)*
Wettkampf m^6 wedstrijd
Wettkämpfer m^9 deelnemer aan een wedstrijd
Wettlauf m^6 wedloop
wettlaufen[198] wedlopen
Wettläufer m^9 hardloper
wettmachen 1 goedmaken, compenseren; **2** iets terugdoen voor, zich revancheren voor
Wettrennen o^{35} **1** wedren, wedloop; **2** race
Wettrüsten o^{39} bewapeningswedloop
Wettsegeln o^{39} zeilwedstrijd
Wettspiel o^{29} wedstrijd, spel(letje), match
wetzen I *tr* wetten, slijpen, scherpen; **II** *intr (inform)* hollen, rennen
Wichse v^{21} **1** schoensmeer; **2** boenwas; **3** klappen, slaag
wichsen 1 *(schoenen)* poetsen; **2** *(vloer)* boenen
Wicht m^5 **1** wicht, peuter; **2** dwerg, kabouter; **3** schurk
Wichtelmännchen o^{35} kabouter, dwerg
wichtig gewichtig, belangrijk: *etwas ~ nehmen* iets au sérieux nemen; *sich ~ nehmen* een hoge dunk van zichzelf hebben
Wichtigkeit v^{28} gewicht, belang
Wichtigtuerei v^{20} gewichtigdoenerij
wichtigtuerisch gewichtigdoenerig
Wickel m^9 **1** kluwen *(garen)*, wikkel, rolletje *(tabak)*, knot *(wol)*; **2** krulspeld; **3** luier; **4** *(med)* kompres, omslag; **5** *(plantk)* schicht ‖ *jmdn am* (of: *beim*) *~ kriegen* iem te pakken krijgen, iem bij de lurven pakken
Wickelkommode v^{21} babycommode
wickeln 1 (in)wikkelen; **2** zwachtelen; **3** *(een kind)* een luier omdoen; **4** *(garen)* opwinden, op een kluwen winden: *die Haare ~* krulspelden zetten
Wickeltisch m^5 babycommode
Wickler m^9 krulspeld
Widder m^9 **1** *(dierk)* ram; **2** *(astrol)* Ram
wider vz^{+4} tegen, in strijd met: *~ Erwarten* tegen de verwachting in
widerfahren[153] **1** wedervaren, overkomen, gebeuren; **2** te beurt vallen
widergesetzlich strijdig met de wet, onwettig, illegaal
Widerhaken m^{11} weerhaak
Widerhall m^5 weerklank, weergalm, echo
widerhallen weerklinken, weergalmen
widerlegen weerleggen
Widerlegung v^{20} weerlegging, dementi
widerlich 1 weerzinwekkend, afschuwelijk, walgelijk; **2** laag, gemeen; **3** ontzettend, vreselijk
widernatürlich tegennatuurlijk
widerrechtlich onrechtmatig, wederrechtelijk
Widerrede v^{21} tegenspraak
Widerruf m^5 herroeping, opzegging: *(bis) auf ~* tot wederopzeggens

widerrufen[226] **1** *(bevel)* herroepen; **2** *(beschuldiging)* terugnemen; **3** *(bericht)* tegenspreken; **4** *(order)* annuleren, herroepen
Widersacher m^9 **1** tegenstander; **2** vijand
Widerschein m^5 weerschijn, weerkaatsing
widersetzen, sich zich verzetten: *sich jmdm ~* zich tegen iem verzetten
widersetzlich weerspannig
Widersinn m^{19} onzin, absurditeit
widersinnig onzinnig, absurd
widerspenstig weerspannig, weerbarstig
widerspiegeln weerspiegelen
widersprechen[274] **1** tegenspreken; **2** afkeuren, zich verzetten tegen; **3** in strijd zijn met
Widerspruch m^6 **1** tegenspraak; verzet, protest: *sich in Widersprüche verwickeln* tegenstrijdige verklaringen afleggen; *~ erheben gegen*[+4] protest aantekenen tegen; **2** tegenspraak, tegenstrijdigheid
widersprüchlich tegenstrijdig
widerspruchslos zonder tegenspraak
widerspruchsvoll vol tegenstrijdigheden
Widerstand I m^6 tegenstand, weerstand, verzet; **II** m^{19} *(elektr)* weerstand
Widerstandsbewegung v^{20} verzetsbeweging
widerstandsfähig 1 in staat weerstand te bieden; **2** taai
Widerstandsfähigkeit v^{28} weerstandsvermogen
Widerstandsgruppe v^{21} verzetsgroep
Widerstandskämpfer m^9 verzetsstrijder
Widerstandskraft v^{25} weerstandsvermogen
widerstandslos 1 zonder tegenstand te bieden; **2** ongehinderd
widerstehen[279] **1** weerstaan, weerstand bieden; **2** tegenstaan; **3** doorstaan
widerstreben 1 weerstreven, weerstaan; **2** tegenstaan
Widerstreit m^5 **1** tweestrijd; **2** conflict; **3** tegenstelling
widerwärtig walgelijk, afschuwelijk; uiterst onaangenaam
Widerwärtigkeit I v^{28} walgelijkheid; **II** v^{20} tegenslag; afschuwelijke aangelegenheid
Widerwille m^{18}, *alleen ev* weerzin, hekel
widerwillig 1 onwillig; **2** met tegenzin
Widerwort o^{29} weerwoord, tegenspraak
widmen I *tr* (toe)wijden, opdragen; **II** *sich ~* zich bezighouden met, zich wijden aan
Widmung v^{20} **1** opdracht; **2** schenking; **3** openstelling
widrig 1 ongunstig: *~es Schicksal* ongunstig lot; **2** naar, akelig, weerzinwekkend
wie I *bw* **1** hoe: *~ viel* hoeveel; **2** wat: *~ bitte?* wat zegt u?; *~ schade!* wat jammer!; **II** *vw* zoals, evenals, als: *~ man sagt* naar men zegt; *~ wenn* alsof
wieder weer, wederom, nog eens, opnieuw: *~ und ~* steeds weer, steeds opnieuw; *hin und ~* nu en dan, af en toe; *nie ~* nooit meer; *~ aufnehmen: a)* hervatten; *b) (jur)* heropenen; *~ beleben: a)* doen herleven; *b)* reanimeren; *~ erkennen* herkennen; *~ er-*

öffnen heropenen; ~ *finden* terugvinden, hervinden; ~ *kennen* herkennen; ~ *sehen* weerzien, terugzien; ~ *vereinigen* herenigen; ~ *verwenden* hergebruiken; ~ *wählen* herkiezen
Wiederanpfiff m^5 *(sp)* hervattingssignaal
Wiederaufbau m^{19} wederopbouw, herbouw
Wiederaufbereitung v^{20} opwerking *(van splijtstof)*
Wiederaufnahme v^{21} **1** hervatting; **2** *(jur)* revisie; **3** heropening *(van faillissement)*
wiederaufnehmen *oude spelling voor* wieder aufnehmen, *zie* wieder
Wiederaufrüstung v^{28} herbewapening
wiederbeleben *oude spelling voor* wieder beleben, *zie* wieder
Wiederbelebungsversuch m^5 reanimatiepoging
Wiedereinführung v^{20} herinvoering
wiedererkennen *oude spelling voor* wieder erkennen, *zie* wieder
wiedererobern heroveren
wiedereröffnen *oude spelling voor* wieder eröffnen, *zie* wieder
wiedererstatten vergoeden, restitueren
wiederfinden *oude spelling voor* wieder finden, *zie* wieder
Wiedergabe v^{21} **1** teruggave; **2** weergave; **3** vertolking; **4** reproductie
wiedergeben[166] **1** teruggeven; **2** weergeven; **3** vertolken; **4** reproduceren
Wiedergeburt v^{20} wedergeboorte
Wiedergutmachung v^{20} **1** schadeloosstelling, vergoeding; **2** herstelbetaling
wiederherstellen 1 herstellen; **2** genezen; **3** repareren, restaureren
Wiederherstellung v^{20} herstel, reparatie, restauratie
¹wiederholen terughalen
²wiederholen herhalen; doubleren: *eine Klasse ~* blijven zitten
wiederholt herhaald, herhaaldelijk
Wiederholung v^{20} herhaling
wiederkäuen herkauwen *(ook fig)*
Wiederkäuer m^9 herkauwer
Wiederkehr v^{28} terugkeer, terugkomst
wiederkehren 1 terugkeren, terugkomen; **2** zich herhalen
wiederkennen *oude spelling voor* wieder kennen, *zie* wieder
wiederkommen[193] terugkomen
wiedersehen *oude spelling voor* wieder sehen, *zie* wieder
Wiedersehen o^{39} weerzien: *(auf) ~!* tot ziens!
Wiedertäufer m^9 wederdoper
wiederum 1 opnieuw, nog eens; **2** anderzijds
wiedervereinigen *oude spelling voor* wieder vereinigen, *zie* wieder
Wiederverkäufer m^9 wederverkoper
Wiederverkaufswert m^{19} inruilwaarde
wiederverwenden *oude spelling voor* wieder verwenden, *zie* wieder

Wiederwahl v^{20} herverkiezing: *auf eine ~ verzichten* zich niet herkiesbaar stellen
wiederwählen *oude spelling voor* wieder wählen, *zie* wieder
Wiege v^{21} **1** wieg; **2** *(fig)* wieg, bakermat
wiegen I *zw* **1** wiegen; schommelen; **2** *(peterselie)* fijnhakken; **II** st^{312} wegen: *der Koffer wog schwer* de koffer was zwaar
wiehern 1 hinniken; **2** *(van het lachen)* schateren, gieren
Wien o^{39} Wenen
Wiese v^{21} weide
Wiesel o^{33} *(dierk)* wezel
wieselflink watervlug, pijlsnel
Wiesenblume v^{21} weidebloem
Wiesenland o^{39} weide-, grasland
wieso hoezo, waarom; hoe komt het, dat …
wieviel, wieviel *oude spelling voor* wie viel, *zie* wie **1**
wievielt, wievielt hoeveelste
wieweit in hoever(re)
wiewohl ofschoon, hoewel
wild 1 wild; **2** woest *(niet in cultuur gebracht):* *~es Land* woeste gronden; **3** onstuimig, woest: *~e Fantasie* (of: *Phantasie)* ongebreidelde fantasie; *~ werden* woest worden; **4** wild, ongeregeld
Wild o^{39} **1** wild; **2** wildbraad, wild
Wildbach m^6 stortbeek, bergbeek
Wildbestand m^6 wildstand
Wildbraten m^{11} wildbraad
Wilddieb m^5 stroper, wilddief
Wildente v^{21} wilde eend
Wilde(r) m^{40a}, v^{40b} **1** wilde; **2** dolleman
Wilderer m^9 stroper
wildern stropen
Wildgans v^{25} wilde gans, grauwe gans
Wildhüter m^9 jachtopziener
Wildnis v^{24} wildernis
Wildpark m^{13}, m^5 wildpark, reservaat
Wildschwein o^{29} wild zwijn
Wildwuchs m^6 wildgroei
Wille m^{18}, **Willen** m^{11} wil: *aus freiem Willen* vrijwillig, uit vrije wil; *beim besten Willen nicht* met de beste wil van de wereld niet
willen *vz*[+2]: *um des lieben Friedens ~* ter wille van de lieve vrede; *um Gottes ~* om godswil; *um Himmels ~ (inform)* in hemelsnaam; *um seiner selbst ~* ter wille van hemzelf
willenlos willoos
willens: *~ sein* van plan zijn, voornemens zijn
Willensäußerung v^{20} wilsuiting
Willenserklärung v^{20} wilsverklaring
Willenskraft v^{28} wilskracht
willensschwach wilszwak
willensstark wilskrachtig, energiek
willfahren, willfahren: *einer Bitte ~* een verzoek inwilligen; *einem Wunsch ~* aan een wens voldoen; *jmdm ~* iems zin doen
willfährig, willfährig gewillig, gedwee, volgzaam: *jmdm ~ sein* iems zin doen

wi

willig gewillig, bereidwillig, inschikkelijk: *ein ~es Kind* een meegaand kind

willigen *in*[+4] *etwas ~* in iets toestemmen

willkommen *bn* welkom

Willkommen *o*[35], *m*[11] welkom, welkomstgroet, verwelkoming, ontvangst

Willkommensgruß *m*[6] welkomstgroet

Willkür *v*[28] willekeur

willkürlich 1 willekeurig; 2 eigenmachtig

wimmeln wemelen, krioelen

wimmern klagen, jammeren, kermen

Wimper *v*[21] wimper, ooghaar: *mit der ~ zucken* met de ogen knipperen; *(fig) er zuckte mit keiner ~* (of: *nicht mit der ~*) hij vertrok geen spier

Wimperntusche *v*[21] mascara

Wind *m*[5] wind: *~ machen* opscheppen; *viel ~ um etwas machen* een hoop drukte over iets maken; *(fig) jmdm ~ vormachen* iem iets wijsmaken; *(fig) ~ von*[+3] *etwas bekommen* de lucht van iets krijgen

Windbüchse *v*[21] windbuks

Winde *v*[21] 1 windas, lier; 2 *(plantk)* winde

Windel *v*[21] luier

Windelhöschen *o*[35] luierbroekje

windeln een luier aandoen

winden[313] I *tr* 1 winden, ophijsen; 2 winden, wikkelen; 3 wringen; 4 vlechten; II *sich ~* (zich) kronkelen, zich krommen, zich wringen: *er wand sich durch die Menge* hij baande zich een weg door de menigte; *er wand sich vor Schmerzen* hij kromp in een van de pijn

Windenergie *v*[28] windenergie

Windhose *v*[21] windhoos

Windhund *m*[5] 1 windhond; 2 oppervlakkige vent

windig 1 winderig; 2 onbetrouwbaar: *eine ~e Ausrede* een flauw smoesje

Windjacke *v*[21] windjak

Windkanal *m*[6] windtunnel

Windmacher *m*[9] opschepper, opsnijder

Windmühle *v*[21] windmolen

Windrichtung *v*[20] windrichting

Windschatten *m*[19] 1 luwte; 2 slipstream

windschief 1 scheef, krom; 2 windscheef

Windschirm *m*[5] windschut, windscherm

windschlüpfig, windschnittig gestroomlijnd

Windschutzscheibe *v*[21] voorruit

Windstärke *v*[21] windkracht

windstill windstil

Windstille *v*[28] windstilte

Windstoß *m*[6] 1 windvlaag; 2 rukwind

Windsurfing *o*[39] (het) windsurfen

Windung *v*[20] 1 slingering, kromming, kronkel; 2 kronkeling; 3 bocht

Wink *m*[5] wenk, teken

Winkel *m*[9] 1 hoek; 2 stil hoekje; 3 hoekmeetinstrument, geodriehoek; 4 *(mil)* chevron, armstreep

Winkeladvokat *m*[14] advocaat voor kwade zaken

Winkeleisen *o*[35] hoekstaal, hoekijzer

winkelförmig hoekvormig

winkelig 1 hoekig; 2 *(van stad)* met veel kronkelige straatjes; 3 *(van huis)* met veel hoeken

Winkelmaß *o*[29] 1 geodriehoek; 2 hoekmaat

Winkelzug *m*[6] 1 draaierij; 2 slinkse streek

winken 1 wenken, een teken geven: *dem Kellner ~* de kelner een teken geven; 2 zwaaien, wuiven; 3 wachten, te wachten staan

Winker *m*[9] richtingaanwijzer *(van auto)*

winke, winke: *mach mal ~!* zwaai eens (met je handje)!

winklig *zie* winkelig

winseln 1 *(mbt hond)* janken, huilen; 2 kermen

Winter *m*[9] winter

Winterabend *m*[5] winteravond

winterfest 1 geschikt voor winters weer; 2 *(plantk)* winterhard

winterhart *(plantk)* winterhard

winterlich winterachtig, winters, winter-

Wintermantel *m*[10] winterjas

Winterreifen *m*[11] winterband

Winterschlaf *m*[19] winterslaap

Winterschlussverkauf *m*[6] winteropruiming

Wintersport *m*[5] wintersport

Wintersportler *m*[9] wintersporter

Winzer *m*[9] wijnboer, wijnbouwer

winzig heel klein, piepklein, nietig

Wipfel *m*[9] top, kruin *(van boom)*

Wippe *v*[21] wip

wippen wippen

wir wij, we

Wirbel *m*[9] 1 werveling, draaiing, (d)warreling; 2 draaikolk; 3 roffel *(op de trom)*; 4 *(anat)* wervel; 5 kruin *(vh hoofd)*: *vom ~ bis zur Zehe* van top tot teen; 6 *(fig)* drukte; maalstroom

Wirbelknochen *m*[11] *(anat)* wervel

wirbellos ongewerveld

wirbeln 1 draaien, (d)warrelen, wervelen; 2 *(mbt danseres)* wervelen, in het rond tollen; 3 roffelen, een roffel slaan

Wirbelsäule *v*[21] *(anat)* wervelkolom

Wirbelsturm *m*[6] wervelstorm

Wirbeltier *o*[29] gewerveld dier

Wirbelwind *m*[5] wervelwind

wirken I *intr* 1 werken, een (bepaalde) uitwerking hebben; 2 werken, werkzaam zijn; 3 er uitzien; II *tr* 1 weven *(van wandkleden)*, machinaal breien; 2 tot stand brengen || *Wunder ~* wonderen doen

wirklich I *bn* echt, werkelijk; II *bw* inderdaad; echt, werkelijk

Wirklichkeit *v*[20] werkelijkheid, realiteit

wirklichkeitsfern, wirklichkeitsfremd irreëel, onwerkelijk, onwezenlijk

wirklichkeitsgetreu realistisch, overeenkomstig de werkelijkheid, natuurgetrouw

wirklichkeitsnah de werkelijkheid benaderend, natuurgetrouw, realistisch

wirksam doeltreffend, effectief: *~ werden* van kracht worden

Wirksamkeit *v*[28] doeltreffendheid, effectiviteit

Wirkung *v*[20] werking, uitwerking, invloed: *mit ~*

vom 1. März met ingang van 1 maart

Wirkungsbereich *m⁵* 1 ambtsgebied, ressort; 2 werkkring, werkterrein

Wirkungskreis *m⁵* werkkring; invloedssfeer

wirkungslos zonder effect, zonder uitwerking

Wirkungslosigkeit *v²⁸* gemis aan uitwerking

wirkungsvoll indrukwekkend

wirr verward, rommelig: *mir ist ganz ~ im Kopf* ik ben helemaal in de war; *~es Zeug reden* wartaal spreken

Wirren *mv v²¹* troebelen, onlusten

Wirrkopf *m⁶* warhoofd, chaoot

Wirrnis *v²⁴*, **Wirrsal** *o²⁹*, *v²³* chaos, verwarring

Wirrwarr *m¹⁹* warboel, janboel, troep, wirwar

Wirsing, **Wirsingkohl** *m¹⁹* savooiekool

Wirt *m⁵* 1 gastheer; 2 café-, hotel-, pensionhouder, waard; 3 hospes

Wirtin *v²²* 1 gastvrouw; 2 café-, hotel-, pensionhoudster, waardin; 3 hospita

wirtlich 1 gastvrij; 2 vriendelijk

Wirtschaft *v²⁰* 1 economie; 2 bedrijfsleven; 3 café; 4 huishouding, huishouden; 5 boerenbedrijf || *eine heillose ~* een vreselijke janboel; *das ist ja eine schöne* (of: *saubere*) *~* dat is een mooie boel

wirtschaften 1 *(in het huishouden)* bezig zijn; 2 economisch handelen, huishouden; 3 boeren: *gut ~ goed boeren*

Wirtschafter *m⁹* 1 beheerder, rentmeester; 2 ondernemer; leidende figuur uit het bedrijfsleven

Wirtschafterin *v²²* huishoudster

Wirtschaftler *m⁹* 1 econoom; 2 ondernemer

wirtschaftlich 1 economisch; 2 financieel; 3 spaarzaam, zuinig, economisch

Wirtschaftlichkeit *v²⁸* 1 zuinigheid; 2 rentabiliteit

Wirtschaftsabkommen *o³⁵* handelsverdrag

Wirtschaftsasylant *m¹⁴* economische vluchteling

Wirtschaftsaufschwung *m⁶* economische opleving

Wirtschaftsberater *m⁹* economisch adviseur

Wirtschaftsblock *m⁶*, *m¹³* economisch blok

Wirtschaftsgemeinschaft *v²⁰* economische gemeenschap

Wirtschaftshochschule *v²¹* economische hogeschool

Wirtschaftsjahr *o²⁹* boekjaar

Wirtschaftskrise *v²¹* economische crisis

Wirtschaftslage *v²¹* economische toestand

Wirtschaftslehre *v²⁸* economie *(als vak)*

Wirtschaftsministerium *o (2e nvl -s; mv -rien)* ministerie van Economische Zaken

Wirtschaftspolitik *v²⁸* economisch beleid

wirtschaftspolitisch met betrekking tot, op het gebied van de economische politiek

Wirtschaftsprüfer *m⁹* accountant

Wirtschaftsraum *m⁶* 1 economisch gebied; 2 keuken, waskeuken, schuur

Wirtschaftszweig *m⁵* bedrijfstak

Wirtshaus *o³²* 1 café; 2 herberg

Wirtsleute *mv* 1 hospes en hospita; 2 caféhouder en diens vrouw

Wirtsstube *v²¹* gelagkamer

Wisch *m⁵* prul, waardeloos geschrift

wischen I *tr* (af)vegen, wissen; **II** *intr* 1 wissen, vegen, wrijven; 2 schieten, stuiven

Wischer *m⁹* 1 ruitenwisser; 2 *(mil)* schampschot; 3 schrammetje

Wischiwaschi *o³⁹* geleuter, kletskoek

wispern fluisteren, smiespelen

Wissbegier, **Wissbegierde** *v²⁸* weetgierigheid

wissbegierig weetgierig

wissen³¹⁴ weten: *weiß Gott!* (of: *weiß der Himmel!*) God mag het weten!; *jmdn etwas ~ lassen* iem iets laten weten; *nicht dass ich wüsste* niet dat ik weet; *was weiß ich?* weet ik veel?

Wissen *o³⁹* weten, kennis: *nach bestem ~ und Gewissen* naar eer en geweten; *meines ~s* voor zover ik weet, bij mijn weten; *wider* (of: *gegen*) *besseres ~* tegen beter weten in

Wissenschaft *v²⁰* 1 wetenschap; 2 kennis

Wissenschaftler *m⁹* wetenschapper

wissenschaftlich wetenschappelijk

Wissensdrang, **Wissensdurst** *m¹⁹* weetgierigheid, dorst naar kennis

Wissensgebiet *o²⁹* gebied, terrein (van kennis)

wissenswert wetenswaardig

wissentlich welbewust, willen en wetens

wittern I *intr* ruiken, snuffelen; **II** *tr* 1 ruiken; 2 *(fig)* de lucht krijgen van, vermoeden; 3 *(gevaar)* bespeuren

Witterung *v²⁰* 1 weersgesteldheid, weer; 2 reuk, lucht; 3 neus, reukzin: *~ von⁺³ etwas haben* de lucht van iets hebben, iets vermoeden

Witterungsverhältnisse *mv o²⁹ᵃ* weersgesteldheid

Witwe *v²¹* weduwe

Witwengeld *o³¹*, **Witwenrente** *v²¹* weduwenpensioen

Witwer *m⁹* weduwnaar

Witz *m⁵* 1 mop: *~e reißen* moppen tappen; *ein fauler ~* een flauwe mop; *ein schlechter ~* een misplaatste grap; 2 geestigheid; 3 verstand, geest, esprit || *mach keine Witze!* vertel nou geen onzin!; *das ist (ja) gerade der ~!* dat is het hem nou net!

Witzbold *m⁵* grappenmaker

witzeln grapjes maken, spotten

witzig 1 geestig, humoristisch; 2 eigenaardig

WM *afk van Weltmeisterschaft* wereldkampioenschap *(afk* WK)

wo 1 waar; 2 waarop, toen: *am Tage, ~* op de dag, dat; 3 indien, zo: *~ möglich* indien mogelijk; 4 ergens || *ach ~!* (of: *i ~!*) kom nou!

woanders ergens anders

woandershin ergens anders heen

wobei waarbij

Woche *v²¹* week

Wochenbett *o³⁷* kraambed

Wochenblatt *o³²* weekblad

Wochenende *o³⁸* weekend, weekeinde: *übers ~* in het, met het weekend

Wochenendhaus o^{32} weekendhuis(je)

wochenlang wekenlang

Wochenlohn m^6 weekloon

Wochentag m^5 weekdag, werkdag

wochentags doordeweeks

wöchentlich wekelijks

Wochenzeitung v^{20} weekblad

Wöchnerin v^{22} kraamvrouw

wodurch waardoor

wofür waarvoor

Woge v^{21} golf

wogegen I *bw* waartegen; II *vw* terwijl

wogen 1 golven, deinen; 2 *(mbt boezem)* op en neer gaan; 3 *(mbt strijd)* heen en weer gaan

woher vanwaar, waarvandaan: ~ *weißt du das?* hoe weet je dat?

wohin 1 waar(heen); 2 ergens heen

wohingegen terwijl

wohinter waarachter

wohl wel: *mir ist nicht* ~ ik voel me niet goed; *ihm ist nicht* ~ *bei der Sache* hij vertrouwt het zaakje niet; *sich* ~ *fühlen* zich prettig voelen; *lebe* ~! vaarwel!; *er tut* ~ *daran …* hij doet er goed aan …; *schlaf* ~! welterusten!; ~ *bekomm's!* proost!; ~ *oder übel* goedschiks of kwaadschiks; *du bist* ~ *krank?* ben je soms ziek?; *er hat Sie* ~ *nicht verstanden* hij heeft u zeker niet verstaan; ~ *bekannt* welbekend; ~ *tun: a)* weldoen, weldaden bewijzen; *b)* weldadig werken; ~ *überlegt* weloverwogen; ~ *unterrichtet* goed geïnformeerd; *jmdm* ~ *wollen* iem toegenegen zijn

Wohl o^{39} welzijn: *auf Ihr* ~!, *zum* ~! op uw gezondheid!, proost!; *das allgemeine* (of: *das öffentliche*) ~ het algemeen welzijn

wohlan welaan, welnu

wohlauf 1 gezond: *Mutter und Kind sind* ~ moeder en kind maken het goed; 2 komaan!

Wohlbefinden o^{39} welzijn, goede gezondheid

Wohlbehagen o^{39} welbehagen, welgevallen, genoegen

wohlbehalten 1 behouden; 2 onbeschadigd

wohlbekannt *oude spelling voor* wohl bekannt, *zie* wohl

wohlbeleibt corpulent, zwaarlijvig

Wohlergehen o^{39} welzijn, welbevinden

Wohlfahrt v^{28} 1 welvaart, welzijn; 2 (dienst voor) sociale zaken

Wohlfahrtsamt o^{32} bureau, dienst voor sociale zaken

Wohlfahrtspflege v^{28} sociale zorg, maatschappelijk werk

Wohlfahrtspflegerin v^{22} sociaal werkster

Wohlfahrtsstaat m^{16} verzorgingsstaat

Wohlgefallen o^{39} welgevallen, welbehagen: *sein* ~ *an*[+3] *etwas haben* genoegen in iets scheppen

wohlgefällig met welgevallen, zelfgenoegzaam

wohlgemerkt wel te verstaan, let wel

wohlgemut welgemoed, opgeruimd

wohlgeraten 1 goed gelukt, (wel)geslaagd; 2 welop-

gevoed, welgemanierd

Wohlgeruch m^6 aangename geur

Wohlgeschmack m^{19} aangename smaak

wohlgesinnt welgezind

wohlhabend welgesteld

wohlig behaaglijk, aangenaam, weldadig

Wohlklang m^6 welluidendheid

wohlklingend, wohllautend welluidend

Wohlsein o^{39} welzijn: *(zum)* ~! gezondheid!

Wohlstand m^{19} welvaart, welstand

Wohlstandsgesellschaft v^{20} welvaartsstaat

Wohltat v^{20} weldaad

Wohltäter m^9 weldoener

wohltätig 1 liefdadig; 2 heilzaam, weldadig

Wohltätigkeit v^{28} liefdadigheid

Wohltätigkeitsverein m^5 liefdadigheidsvereniging

Wohltätigkeitszweck m^5 liefdadig doel

wohltuend weldadig, aangenaam

wohltun *oude spelling voor* wohl tun, *zie* wohl

wohlüberlegt, wohlunterrichtet *oude spelling voor* wohl überlegt, unterrichtet, *zie* wohl

Wohlverhalten o^{39} goed gedrag

wohlwollen *oude spelling voor* wohl wollen, *zie* wohl

Wohlwollen o^{39} welwillendheid, welgezindheid

wohlwollend welwillend, goedgunstig

Wohnanhänger m^9 caravan

wohnen 1 wonen; 2 logeren; 3 *(fig)* huizen

Wohngebäude o^{33} woongebouw

Wohngeld o^{31} huursubsidie

Wohngemeinschaft v^{20} woongemeenschap, commune

wohnhaft woonachtig

Wohnhaus o^{32} woonhuis

Wohnlage v^{21} ligging van een huis: *gute* ~ goed gesitueerd; *in ruhiger* ~ rustig gelegen

wohnlich gerieflijk, behaaglijk, comfortabel

Wohnlichkeit v^{28} gerieflijkheid, comfort

Wohnmobil o^{29} kampeerwagen, camper, *(Belg)* mobilhome

Wohnort m^5 woonplaats

Wohnraum I m^6 woonvertrek; II m^{19} woonruimte

Wohnsitz m^5 woonplaats, domicilie: ~ *N.* gevestigd te N.; *seinen* ~ *in A. nehmen* (of: *aufschlagen)* zich in A. vestigen; *den* ~ *wechseln* van woonplaats veranderen; *seinen* ~ *nach Köln verlegen* in Keulen gaan wonen

Wohnstube v^{21} huiskamer, woonkamer

Wohnturm m^6 woontoren, torenflat

Wohnung v^{20} 1 woning; 2 logies

Wohnungsamt o^{32} (gemeentelijk) huisvestingsbureau

Wohnungsmangel m^{19} woningtekort

Wohnungsmiete v^{21} huishuur

Wohnungsschlüssel m^9 huissleutel

Wohnungssuche v^{28} (het) zoeken naar een woning

Wohnungstausch m^{19} woningruil

Wohnungswesen o^{39} volkshuisvesting

Wohnviertel o^{33} woonwijk

Wohnwagen m^{11} **1** caravan; **2** woonwagen

Wohnzimmer o^{33} huiskamer, woonkamer, *(Belg)* living

wölben welven: *sich ~ über*$^{+3}$ zich welven boven; *sich ~ über*$^{+4}$ zich welven over

Wölbung v^{20} **1** welving; **2** kromming, boog

Wolf m^6 **1** wolf; **2** vleesmolen

Wolke v^{21} wolk: *er war wie aus allen ~n gefallen* hij was geheel ontnuchterd

wölken, sich betrekken

Wolkenbruch m^6 wolkbreuk

Wolkenhimmel m^9 bewolkte hemel

Wolkenkratzer m^9 wolkenkrabber

wolkenlos wolkeloos, onbewolkt

wolkig 1 bewolkt, betrokken, wolkig; **2** *(fig)* onduidelijk, vaag; **3** *(fig)* verward

Wolldecke v^{21} wollen deken

Wolle v^{21} wol: *reine ~* (of: *garantiert ~*) zuiver wol *(100% wol)* || *(warm) in der ~ sitzen* er warmpjes bij zitten; *jmdn in die ~ bringen* iem op de kast jagen

wollen I *bn* wollen, van wol; **II** *tr*^{315} **1** willen: *er will uns morgen besuchen* hij is van plan ons morgen te bezoeken; **2** zullen: *das will ich meinen* dat zou ik ook zo zeggen; **3** beweren: *er will es nicht gewesen sein* hij zegt dat hij het niet geweest is; **4** moeten: *so etwas will gelernt sein* zoiets moet je leren || *das will mir nicht gefallen* dat bevalt me niet; *das will mir nicht einleuchten* dat is me niet duidelijk

Wollkleid o^{31} wollen jurk, wollen japon

Wollust v^{28} **1** wellust, zingenot; **2** genot, lust

wollüstig wellustig

womit 1 waarmee; **2** ergens mee

womöglich misschien, wellicht

wonach 1 waarnaar; **2** waarna, waarop

woneben waarnaast

Wonne v^{21} zaligheid, genot, verrukking

wonnevoll 1 uiterst gelukkig; **2** verrukkelijk

wonnig 1 heerlijk, gelukzalig; **2** schattig

woran waaraan

worauf 1 waarop; **2** waarna

woraus waaruit

worein waarin

worin waarin

Wort *losse woorden* o^{32}, *in zinsverband* o^{29} **1** woord: *~e des Dankes* woorden van dank; *mir fehlen die ~e* ik ben sprakeloos; *jmdm das ~ abschneiden* iem in de rede vallen; *das große ~ haben* (of: *führen*) het hoogste woord voeren; *jmdm das ~ reden* voor iem opkomen; *auf ein ~!* kan ik u even spreken?; *~ für ~* woord voor woord; *in ~en* voluit, in letters; *jmdm ins ~ fallen* iem in de rede vallen; *mit einem ~ in één* woord; *ums ~ bitten* het woord vragen; *nicht zu ~ kommen* niet aan het woord komen; *sich zu ~ melden* het woord vragen; **2** citaat, uitspraak: *geflügelte ~e* gevleugelde woorden; **3** *(godsd)* Woord

Wortakzent m^5 woordaccent

Wortart v^{20} woordsoort

Wortbedeutung v^{20} woordbetekenis

Wortbildung v^{20} woordvorming

Wortbruch m^6 woordbreuk

wortbrüchig ontrouw: *~ werden* (of: *sein*) zijn woord breken

Wörtchen o^{35} woordje

Wörterbuch o^{32} woordenboek

Wörterverzeichnis o^{29a} woordenlijst

Wortfolge v^{21} woordschikking, -volgorde

Wortführer m^9 woordvoerder

wortgetreu woordgetrouw, letterlijk

wortgewandt welbespraakt

wortkarg 1 stil, zwijgzaam; **2** kort

Wortklauber m^9 woordenzifter

Wortlaut m^{19} woordelijke inhoud, tekst

wörtlich woordelijk: *~e Rede* directe rede

wortlos 1 woordloos, sprakeloos; **2** zwijgend

wortreich 1 woordenrijk; **2** breedsprakig

Wortschatz m^6 woordenschat, vocabulaire

Wortschwall m^{19} woordenvloed

Wortsinn m^{19} woordbetekenis

Wortspiel o^{29} woordspeling

Wortstellung v^{20} woordschikking

Wortstreit m^5 woordenstrijd, woordentwist

Wortverzeichnis o^{29a} woordenlijst

Wortwahl v^{28} woord(en)keus

Wortwechsel m^9 woordenwisseling, discussie

wortwörtlich woordelijk, letterlijk

worüber 1 waarover; **2** waarboven

worum om wat, waarom

worunter waaronder, waarbeneden

wovon waarvan

wovor waarvoor

wozu waartoe, waarvoor

wozwischen waartussen

wrack *bn* wrak, onbruikbaar; slecht

Wrack o^{29}, o^{36} wrak

Wucher m^{19} woeker

Wucherei v^{28} woeker

Wucherer m^9 woekeraar

wucherisch woekerachtig, woeker-

wuchern 1 woekeren; **2** (voort)woekeren

Wucherung v^{20} (med) woekering, gezwel

Wucherzinsen *mv* m^{16} woekerrente

Wuchs m^6 **1** groei; **2** aanplant; **3** gestalte, bouw

Wucht v^{28} **1** kracht, gewicht, zwaarte, last, druk || *das ist eine ~!* dat is fantastisch!

wuchten I *tr* **1** tillen, zeulen; **2** (ergens in) slaan: *den Ball ins Tor ~* de bal in het doel knallen; **II** *intr* **1** zich verheffen, staan; **2** bewegen, razen, woeden

wuchtig 1 zwaar, massaal; **2** hard *(van klap)*; **3** imposant, indrukwekkend; **4** krachtig *(van persoonlijkheid)*

wühlen woelen, wroeten, graven

Wühler m^9 **1** opruier, agitator; **2** harde werker

Wühlerei v^{20} **1** gewoel, gewroet; **2** opruiing; **3** (het) harde werken

Wulst m^6, m^5, v^{25} **1** dikte, verdikking; **2** rol(letje)

wulstig opgezwollen, opgezet, opgeblazen, dik

wu

wund 1 gewond, gekwetst: *eine ~e Stelle* een ontstoken plek; **2** stuk: *sich ~ die Füße ~ laufen* zijn voeten doorlopen; *sich ~ liegen* doorliggen; *(fig) der ~e Punkt* het tere punt

Wunde *v²¹* wond *(ook fig)*, kwetsuur

Wunder *o³³* wonder: *die Arznei wirkt ~* de medicijn doet wonderen

wunderbar 1 wonderbaar; **2** wonderbaarlijk; **3** prachtig mooi, heerlijk, geweldig, fantastisch

Wunderding *o²⁹* wonder

Wunderdoktor *m¹⁶* wonderdokter

wunderhübsch alleraardigst, allerliefst

Wunderkind *o³¹* wonderkind

wunderlich 1 wonderlijk, vreemd, zonderling: *ein ~er Heiliger* (of: *ein ~er Kauz*) een rare snuiter; **2** grillig

wundern I *tr* verwonderen, verbazen: *es wundert mich* (of: *mich wundert*), *dass ...* het verbaast me, dat ...; **II** *sich ~* **1** zich verwonderen, zich verbazen; **2** benieuwd zijn

wundernehmen²¹² verwonderen, verbazen

wundersam wonderlijk, mysterieus

wunderschön wondermooi, prachtig

Wundertäter *m⁹* wonderdoener

wundervoll 1 wonderbaarlijk; **2** prachtig

Wundfieber *o³⁹* wondkoorts

Wundpflaster *o³³* wondpleister

Wunsch *m⁶* **1** wens, verlangen: *auf ~* desgewenst, op aanvraag; **2** gelukwens

Wunschbild *o³¹* ideaal, wens-, droombeeld

wünschen wensen, verlangen

wünschenswert wenselijk, te wensen

wunschgemäß overeenkomstig uw wens

Wunschkonzert *o²⁹* verzoekprogramma

Wunschliste *v²¹* verlanglijstje

wunschlos zonder wensen: *(inform) ~ glücklich* volmaakt gelukkig

Wunschtraum *m⁶* wensdroom

Wunschzettel *m⁹* verlanglijstje

Würde *v²¹* waardigheid, rang: *das ist unter aller ~* dat is beneden peil

Würdenträger *m⁹* waardigheidsbekleder

würdevoll waardig, statig, deftig

würdig waardig, plechtig, statig: *sie ist seines Vertrauens ~* zij is zijn vertrouwen waard

würdigen waarderen, naar waarde schatten, appreciëren: *jmdn keines Blickes ~* iem geen blik waardig keuren

Würdigkeit *v²⁸* waardigheid

Würdigung *v²⁰* **1** waardering, appreciatie; **2** waarderende bespreking; **3** erkenning

Wurf *m⁶* **1** worp; **2** gooi; **3** val, plooi; **4** succes, geslaagd (kunst)werk

Würfel *m⁹* **1** dobbelsteen; **2** kubus; **3** blokje; **4** klontje *(suiker);* **5** vierkant, ruit *(als dessin)*

würfeln I *intr* dobbelen; **II** *tr* in vierkantjes, in blokjes snijden

Würfelspiel *o²⁹* dobbelspel

Würfelzucker *m¹⁹* klontjessuiker

Wurfsendung *v²⁰* door de post huis aan huis verspreid drukwerk

würgen I *tr* wurgen; **II** *intr* kokhalzen

Wurm I *m⁸* **1** worm, made; **2** houtworm: *da ist* (of: *sitzt) der ~ drin!* daar klopt iets niet!; **II** *o³²* wurm, kind

wurmen hinderen, kwellen: *es wurmt mich* het ergert me, het zit me dwars

wurmig, wurmstichig wormstekig, wormig

Wurscht, Wurst *v²⁵* worst: *das ist mir ~* dat laat me koud; *Wurst wider Wurst* leer om leer

Wurstbrot *o²⁹* boterham met worst

Würstchen *o³⁵* **1** worstje; **2** *(fig)* slappeling

Würstchenbude *v²¹*, **Würstchenstand** *m⁶* worstkraampje, worststalletje

wursteln klungelen

Wursthaut *v²⁵* vel(letje) van de worst

Würze *v²¹* **1** kruiderij, specerij; **2** aroma, smaak, boeket; **3** *(fig)* aantrekkelijkheid, bekoring

Wurzel *v²¹* wortel: *~ schlagen* wortel schieten

wurzeln wortelen, geworteld zijn, wortel schieten; **2** zijn oorsprong vinden

Wurzelstock *m⁶* wortelstok

Wurzelziehen *o³⁹* (het) worteltrekken

würzen kruiden *(ook fig)*

würzig kruidig, gekruid, geurig, pikant, pittig

Würzmischung *v²⁰* kruidenmix

Wuschelhaar *o²⁹* verwarde haardos

wuschelig krullig, verward

Wuschelkopf *m⁶* krullenkop, verwarde haardos

wüst 1 woest, leeg, onherbergzaam; **2** ordeloos, wanordelijk, verward: *ein ~es Durcheinander* een chaos; **3** liederlijk, wild, losbandig; **4** verschrikkelijk

Wust *m⁵* warboel, rommel, chaos, zootje

Wüste *v²¹* **1** woestijn; **2** woestenij

Wüstenei *v²⁰* woestenij

Wüstensand *m¹⁹* woestijnzand

Wüstenschiff *o²⁹* schip der woestijn, kameel

Wüstling *m⁵* losbol, liederlijk iem

Wut *v²⁸* **1** woede, razernij, drift: *in ~ geraten* (of: *kommen)* in woede ontsteken; *~ auf jmdn haben* woedend op iem zijn; *mit ~ arbeiten* verwoed werken; *die ~ packte ihn* hij werd woedend; **2** hondsdolheid

Wutanfall *m⁶* woedeaanval

wüten 1 woeden, razen, tieren; **2** tekeergaan

wütend woedend, razend, woest; **2** heel erg

Wüterich *m⁵* **1** woesteling; **2** wreedaard

Wutgeschrei *o³⁹* woedend geschreeuw

wutschäumend ziedend van woede

wutschen flitsen, glippen

wutschnaubend ziedend van woede

wutverzerrt van woede verwrongen

X

X: *jmdm ein ~ für ein U vormachen* iem knollen voor
citroenen verkopen
X̱-Beine *mv o*[29] x-benen
x̱-beliebig willekeurig
x̱-fach veelvuldig, heel vaak
x̱-mal ontelbare malen, tig keer
X̱-Strahl *m*[16] röntgenstraal
x̱-te zoveelste: *das ~ Mal* de zoveelste keer; *zum ~n
Mal* voor de zoveelste keer

y

Yacht v^{20} *(scheepv)* jacht
Yen *m (2e nvl -(s); mv -(s))* yen
Ypsilon o^{36} *(2e nvl ook -)* ypsilon *(een letter)*
Yuppie m^{13} yuppie

Z

Z. 1 *afk van Zahl* getal; **2** *afk van Zeile* regel

zack *tw* vlug!, schiet op!: *alles muss immer ~, ~ gehen* alles moet altijd vlug, vlug gaan

Zacke v^{21} **1** tand *(van vork, kam, kroon, zaag)*; **2** piek, punt, spits; **3** kanteel, tinne

Zackenlinie v^{21} zigzaglijn

zackig 1 puntig, getand; 2 *(mil)* stram; 3 energiek, kranig; 4 *(muz)* pittig

zag 1 schuchter, bedeesd; 2 weifelend

zagen schromen, weifelen, aarzelen

zaghaft 1 schuchter, bedeesd; 2 weifelend

Zaghaftigkeit, Zagheit v^{28} schuchterheid, bedeesdheid

zäh 1 taai; 2 dikvloeibaar, stroperig; 3 *(fig)* taai, volhardend, hardnekkig; 4 traag, stroef

Zäheit *oude spelling voor* Zähheit, *zie* Zähheit

zähflüssig dikvloeibaar, stroperig: *~er Verkehr* langzaamrijdend (tot stilstaand) verkeer

Zähheit v^{28} taaiheid, stroperigheid

Zahl v^{20} 1 getal, cijfer: *in die roten ~en geraten* in de rode cijfers komen; 2 aantal, hoeveelheid: *zwanzig an der ~* met z'n twintigen; *in großer ~* in groten getale; *ohne ~* talloos, ontelbaar

zahlbar betaalbaar, te betalen

zählbar telbaar

zählebig taai, resistent, sterk

zahlen betalen, afrekenen

zählen tellen, rekenen: *wir ~ auf dich* we rekenen op je; *~ zu^{+3}* behoren tot; *jmdn ~ zu^{+3}* iem rekenen tot

Zahlenfolge v^{21} getallenreeks

zahlenmäßig getalsmatig, numeriek

Zahlenmaterial o^{39} cijfermateriaal

Zahlenschloss o^{32} cijferslot

Zahler m^9 betaler: *schlechter ~* wanbetaler

Zähler m^9 1 teller *(ook van breuk)*; 2 (gas-, elektriciteits)meter, teller; 3 *(sp)* treffer; punt

Zahlkarte v^{21} stortingsformulier

zahllos talloos, ontelbaar

zahlreich 1 talrijk; 2 in groten getale

Zahlstelle v^{21} 1 betaalkantoor; 2 *(bankwezen)* domicilie

Zahltag m^5 1 betaaldag; 2 vervaldag

Zahlung v^{20} betaling

Zählung v^{20} telling: *eine ~ durchführen* een telling houden

Zahlungsanweisung v^{20} betalingsopdracht

Zahlungsaufschub m^6 uitstel van betaling

Zahlungsbedingung v^{20} betalingsvoorwaarde

Zahlungsbefehl m^5 dwang-, betalingsbevel

Zahlungsbilanz v^{20} betalingsbalans

Zahlungseinstellung v^{20} staking van de betalingen

Zahlungsempfänger m^9 begunstigde

Zahlungserleichterung v^{20} gemakkelijke betalingsvoorwaarde

zahlungsfähig solvent, betaalkrachtig

Zahlungsfähigkeit v^{28} solvabiliteit

Zahlungsfrist v^{20} betalingstermijn

zahlungskräftig betaalkrachtig

Zahlungsmittel o^{33} betaalmiddel

Zahlungstermin m^5 vervaldag, vervaldatum

zahlungsunfähig insolvent, niet in staat om te betalen

Zahlungsverkehr m^{19} betalingsverkeer: *bargeldloser ~* giroverkeer

Zahlungsverzug m^{19} achterstallige betaling, te late betaling: *in ~ geraten sein* met de betaling ten achter raken

Zahlungsweise v^{21} wijze van betaling

Zählwerk o^{29} telwerk

Zahlwort o^{32} telwoord

zahm 1 tam, mak, bedaard; 2 *(fig)* gedwee

zähmbar tembaar

zähmen 1 temmen, tam maken; 2 beteugelen

Zahmheit v^{28} tamheid, makheid; bedaardheid

Zähmung v^{28} 1 (het) temmen; 2 beteugeling

Zahn m^6 tand: *(fig)* *jmdm auf den ~ fühlen* iem aan de tand voelen; *die dritten Zähne* het kunstgebit ‖ *einen ~ draufhaben* zeer hard rijden; *einen ~ zulegen* er een schepje bovenop doen

Zahnarzt m^6 tandarts

Zahnarzthelferin v^{22} tandartsassistente

Zahnbelag m^6 tandaanslag, plaque, plak

Zahnbürste v^{21} tandenborstel

Zahncreme v^{27} tandpasta

Zähneklappern o^{39} (het) klappertanden

Zähneknirschen o^{39} tandengeknars

zähneknirschend tandenknarsend

zahnen tanden krijgen

zähnen tanden, van tanden voorzien

Zahnersatz m^{19} prothese, kunstgebit

Zahnfäule v^{28} tandbederf, cariës

Zahnfleisch o^{39} tandvlees

zahnig getand, puntig

Zahnlücke v^{21} opening, gat tussen de tanden

Zahnmedizin v^{28} tandheelkunde

Zahnpasta *v (mv -pasten)*, **Zahnpaste** v^{21} tandpasta

Zahnpflege v^{28} tandverzorging

Zahnrad o^{32} tandrad

Zahnradbahn v^{20} tandradbaan

Zahnschmelz m^{19} tandemail, tandglazuur

Zahnschmerzen *mv* m^{16} kiespijn, tandpijn

Zahntechniker m^9 tandtechnicus

Zahnweh o^{39} tandpijn, kiespijn

Zange v^{21} 1 tang; 2 *(dierk)* schaar

Zank m^{19} twist, ruzie, onenigheid
Zankapfel m^{10} twistappel
zanken I *intr* **1** ruzie maken; **2** *(regionaal)* mopperen, schelden: *mit jmdm ~* iem op zijn kop geven; **II** *sich ~* ruzie hebben, ruzie maken
Zänker m^9 ruziemaker
Zankerei v^{20} gekibbel, geruzie, getwist
Zänkerei v^{20} ruzietje
zänkisch twistziek
Zanksucht v^{28} twistzucht
zanksüchtig twistziek
Zäpfchen o^{35} **1** kegeltje, pegeltje; **2** *(anat)* huig; **3** *(med)* zetpil; **4** stop, prop, tap
zapfen tappen, tanken
Zapfen m^{11} **1** *(techn)* pen- en gatverbinding; **2** kegel, pegel, dennenappel; **3** tap, spon, stop; **4** ashals
zapfenförmig kegelvormig, pegelvormig
Zapfenstreich m^5 **1** *(mil)* taptoe; **2** bedtijd
Zapfsäule v^{21} benzinepomp
zappeln spartelen, trappelen
Zar m^{14} tsaar
zart teer, zwak, tenger; zacht, fijn, teder, gevoelig: *~e Farben* zachte kleuren; *eine ~e Gestalt* een tengere gestalte; *eine ~e Gesundheit* een zwakke gezondheid; *auf ~e Weise* tactvol; *~es Fleisch* mals vlees; *~es Gemüse* jonge groente
Zartgefühl o^{39} **1** teerheid; **2** tact
Zartheit v^{20} teerheid, tederheid; *zie ook* zart
zärtlich **1** liefkozend; **2** liefdevol; **3** teer, teder, innig; **4** aanhalig
Zärtlichkeit I v^{28} tederheid; **II** v^{20} liefkozing
Zäsur v^{20} **1** cesuur; **2** wending, keerpunt
Zauber m^{19} **1** toverij: *~ treiben* aan toverij doen; **2** betovering; **3** bekoring, betovering, charme
Zauberei I v^{28} toverij, tovenarij, toverkunst; **II** v^{20} goochelkunst, goochelkunstje
Zauberer m^9 **1** tovenaar; **2** goochelaar
Zauberflöte v^{21} toverfluit
Zauberformel v^{21} toverformule
zauberhaft betoverend, prachtig
Zauberin v^{22} **1** tovenares; **2** goochelaarster
zauberisch betoverend, sprookjesachtig
Zauberkunst I v^{28} **1** toverkunst; **2** goochelkunst; **II** v^{25} goochelkunstje
Zauberkünstler m^9 goochelaar
Zauberkunststück o^{29} goocheltoer
zaubern **1** toveren; **2** goochelen
Zaubertrick m^{13} goocheltoer
Zauderer m^9 draler, talmer, treuzelaar
zaudern dralen, aarzelen, talmen
Zaum m^6 toom, hoofdstel
zäumen tomen
Zäumung v^{20} (het) optuigen, (het) tomen
Zaun m^6 heining, hek, schutting, afrastering: *lebender ~* heg, haag
Zaungast m^6 niet betalend toeschouwer; *(fig)* buitenstaander, toekijker
Zaunkönig m^5 winterkoninkje
zausen trekken, plukken: *jmdm das Haar ~* iems

haren in de war brengen
z. B. *afk van zum Beispiel* bijvoorbeeld (*afk* bijv.)
ZDF *afk van Zweites Deutsches Fernsehen*
Zebra o^{36} zebra
Zebrastreifen m^{11} zebra, oversteekplaats voor voetgangers
Zechbruder m^{10} drinkebroer
Zeche v^{21} **1** vertering, gelag, rekening: *(fig) die ~ bezahlen* het gelag betalen; **2** mijn
zechen drinken, pimpelen
Zechenstilllegung v^{20} mijnsluiting
Zechkumpan m^5 kroegkameraad
Zecke v^{21} teek
Zeder I v^{21} ceder; **II** v^{28} cederhout
Zeh m^{16}, **Zehe** v^{21} teen: *eine Zehe Knoblauch* een teen(tje) knoflook
Zehenspitze v^{21} punt van de teen: *auf ~n gehen* op zijn tenen lopen
zehn tien
Zehn v^{20} **1** *(het cijfer)* tien; **2** lijn tien *(tram, bus)*
Zehner m^9 **1** tiental; **2** munt van tien pfennig; biljet van tien mark
zehnfach tienvoudig
Zehnkampf m^6 *(sp)* tienkamp
Zehnmarkschein m^5 biljet van tien mark
Zehnpfennigstück o^{29} tienpfennigstuk
zehnte tiende
Zehntel o^{33} tiende (deel)
zehren teren: *(fig) von seinen Erinnerungen ~* op zijn herinneringen teren; *Fieber zehrt* koorts ondermijnt het lichaam; *(fig) der Kummer zehrt an ihrem Herzen* het verdriet knaagt aan haar hart
Zeichen o^{35} **1** teken, merk: *das ~ des Löwen* het sterrenbeeld Leeuw; *unser ~* ons kenmerk *(boven brief)*; **2** leesteken
Zeichenblock m^6, m^{13} tekenblok
Zeichenfilm m^5 tekenfilm
Zeichensetzung v^{28} interpunctie
Zeichensprache v^{21} gebarentaal
Zeichenstift m^5 tekenstift, tekenpotlood
Zeichentrickfilm m^5 tekenfilm
zeichnen 1 tekenen; *(fig)* beschrijven, schetsen; **2** (onder)tekenen: *einen Betrag von hfl 10,- ~* voor f 10,- intekenen; *eine Anleihe ~* inschrijven op een lening
Zeichner m^9 **1** tekenaar; **2** ondertekenaar; **3** intekenaar
zeichnerisch wat het tekenen betreft, grafisch
Zeichnung v^{20} **1** tekening; *(fig)* beschrijving; **2** ondertekening; **3** intekening, inschrijving
Zeigefinger m^9 wijsvinger
zeigen I *intr* wijzen, aanwijzen: *er zeigte auf mich* hij wees naar mij; **II** *tr* laten zien, tonen, wijzen: *die Ampel zeigte Grün* het verkeerslicht stond op groen; *die Uhr zeigt halb drei* de klok staat op half drie; **III** *sich ~* **1** zich (ver)tonen; verschijnen; **2** blijken: *er zeigte sich als guter Spieler* hij bleek een goed speler te zijn; *es zeigte sich, dass ...* het bleek dat ...

Zeiger m^9 **1** wijzer *(ve klok e.d.)*; **2** naald *(ve meetinstrument)*
zeihen[317] betichten: *jmdn eines Vergehens* ~ *iem van een vergrijp betichten*
Zeile v^{21} **1** regel; **2** rij *(huizen, planten)*
Zeilenabstand m^6 regelafstand
zeilenweise per regel, regel voor regel
Zeisig m^5 sijsje: *ein lockerer* ~ een losbol
zeit vz^{+2} gedurende: ~ *meines Lebens* zo lang ik leef
Zeit v^{20} tijd: *es ist hohe* (of: *die höchste, allerhöchste*) ~ *het* is hoog tijd; *er lässt sich*[3] ~ hij neemt de tijd; *eine* ~ *lang* een tijdlang; *es ist an der* ~ *zu handeln* het is tijd om te handelen; *auf* ~ tijdelijk; *(sp) auf* ~ *spielen* het spel vertragen; *in dieser* ~ ondertussen; *in letzter* ~ in de laatste tijd; *in nächster* ~ binnenkort; *mit der* ~ *gehen* met zijn tijd meegaan; *mit der* ~ mettertijd; *zur* ~ *Luthers* in de tijd van Luther; *zur* ~ *oude spelling voor* zurzeit, *zie* zurzeit: *zu der* ~ in die tijd, toen; *zu gegebener* ~ te zijner tijd; *zur gleichen* ~ tegelijkertijd; *zur rechten* ~ op het juiste moment
Zeitabschnitt m^5 tijdperk, periode
Zeitalter o^{39} tijdperk
Zeitangabe v^{21} opgave van de tijd
Zeitansage v^{21} *(telecom)* tijdmelding
Zeitarbeit v^{28} (het) werken als uitzendkracht, tijdelijk werk
Zeitaufnahme v^{21} *(foto)* tijdopname
Zeitaufwand m^6 besteding van tijd, bestede tijd
zeitaufwendig tijdrovend
zeitbedingt met de tijd(somstandigheden) samenhangend
Zeitbombe v^{21} tijdbom
Zeitdauer v^{28} tijdsduur
Zeitersparnis v^{24} tijdsbesparing
Zeitfahren o^{39} *(sp)* tijdrit
Zeitfrage v^{21} **1** actuele kwestie; **2** kwestie van tijd
zeitgemäß **1** bij een bepaalde tijd passend; **2** van deze tijd, actueel, modern
Zeitgenosse m^{15} tijdgenoot
zeitgenössisch **1** van tijdgenoten; **2** hedendaags
Zeitgeschehen o^{39} actuele gebeurtenis
Zeitgeschmack m^{19} smaak van de tijd
Zeitgewinn m^{19} tijdwinst, tijdsbesparing
zeitgleich gelijktijdig, synchroon
zeitig vroegtijdig, vroeg, bijtijds
zeitigen opleveren, ten gevolge hebben
Zeitkarte v^{21} *(spoorw)* abonnement(skaart)
Zeitlang *oude spelling voor* Zeit lang, *zie* Zeit
zeitlebens het hele leven lang
zeitlich 1 vergankelijk, tijdelijk; **2** wat de tijd betreft, tijdelijk; chronologisch
zeitlos tijdloos, niet aan mode onderhevig
Zeitlupe v^{28} vertraagde weergave, slow motion
Zeitmangel m^{19} tijdgebrek
Zeitmesser m^9 tijdmeter, chronometer
zeitnah(e) actueel, van deze tijd
Zeitnehmer m^9 *(sp)* tijdopnemer
Zeitplan m^6 tijdschema

Zeitpunkt m^5 tijdstip, moment, ogenblik
Zeitraffer m^{19} versnelde weergave *(van film)*
zeitraubend tijdrovend
Zeitraum m^6 tijdsbestek, periode
Zeitrechnung v^{20} **1** tijdrekening, jaartelling; **2** tijdberekening
zeitschnell snel
Zeitschrift v^{20} tijdschrift
Zeitspanne v^{21} periode
zeitsparend tijdsbesparend
Zeitung v^{20} krant, nieuwsblad
Zeitungsartikel m^9 krantenartikel
Zeitungsausschnitt m^5 krantenknipsel
Zeitungsausträger m^9 krantenbezorger
Zeitungsbericht m^5, **Zeitungsmeldung**, **Zeitungsnotiz** v^{20} krantenbericht
Zeitungsträger m^9 krantenbezorger
Zeitunterschied m^5 tijdsverschil
Zeitvergeudung v^{28} tijdverspilling
Zeitverlust m^5 tijdverlies
Zeitverschwendung v^{28} tijdverspilling
Zeitvertreib m^5 tijdverdrijf: *zum* ~ als tijdverdrijf
zeitweilig **I** *bn* tijdelijk; **II** *bw* zo nu en dan
zeitweise *bw* **1** tijdelijk; **2** zo nu en dan
Zeitwert dagwaarde
Zeitwort o^{32} werkwoord
Zeitzeichen o^{35} tijdsein
zelebrieren[320] **1** vieren; **2** *(een mis)* opdragen
Zelle v^{21} cel
Zellteilung v^{20} celsplitsing, celdeling
Zelt o^{29} tent
Zeltbahn v^{20} tentdoek, tentzeil
zelten kamperen
Zeltlager o^{33} tentenkamp
Zeltler m^9 kampeerder
Zeltplatz m^6 kampeerplaats, camping
Zeltstange v^{21}, **Zeltstock** m^6 tentstok
Zement m^5 cement
zensieren[320] **1** beoordelen, een cijfer geven; **2** censureren
Zensor m^{16} censor, beoordelaar
Zensur I v^{20} **1** cijfer *(op rapport e.d.)*; **2** *(mv)* rapportcijfers, rapport; **II** v^{28} censuur
Zentimeter m^9, o^{33} centimeter
Zentner m^9 centenaar *(50 kg)*
zentnerschwer *(fig)* loodzwaar
zentral centraal
Zentralbank v^{20} centrale bank
Zentrale v^{21} **1** centrale, centrum, hoofdkantoor; **2** as; **3** telefooncentrale
Zentralheizung v^{28} centrale verwarming
zentralisieren[320] centraliseren
Zentralkomitee o^{36} centraal comité
Zentralstelle v^{21} hoofdkantoor, centrale
Zentralverband m^6 overkoepelende organisatie
zentrieren[320] centreren
zentrifugal centrifugaal, middelpuntvliedend
Zentrifuge v^{21} centrifuge
zentrifugieren[320] centrifugeren

ze

Zentrum *o (2e nvl -s; mv Zentren)* centrum
Zeppelin *m⁵* zeppelin
Zepter *o³³, m⁹* scepter
zerbeißen¹²⁵ (stuk)bijten
zerbeulen deuken
zerbomben (plat)bombarderen
zerbrechen¹³⁷ I *intr* breken, stukgaan: *eine zerbro-
chene Ehe* een stukgelopen huwelijk; II *tr* breken:
(fig) seine Ketten ~ zijn ketens verbreken
zerbrechlich 1 breekbaar; 2 *(fig)* broos, zwak
zerbröckeln I *intr* afbrokkelen; II *tr* verkruimelen
zerdrücken 1 platdrukken, fijndrukken; 2 kreuken
|| *Tränen ~* tranen wegpinken
Zeremonie *v²¹* ceremonie, plechtigheid
zeremoniell *bn* ceremonieel, vormelijk
Zerfall *m¹⁹* 1 verval; 2 verwering; 3 afbrokkeling; 4
(nat) splijting; 5 ontbinding
zerfallen¹⁵⁴ 1 uiteenvallen; *(mbt lichaam)* vergaan;
2 vervallen, verweren, afbrokkelen
zerfasern rafelen, uiteenrafelen
zerfetzen aan flarden scheuren
zerfleischen verscheuren
zerfließen¹⁶¹ 1 smelten; 2 *(mbt inkt)* uitvloeien; 3
(mbt contouren) vervagen
zerfransen (uit)rafelen
zerfressen¹⁶² 1 wegvreten, aanvreten; 2 aantasten
zerfurchen doorploegen
zerfurcht doorgroefd
zergehen¹⁶⁸ smelten, oplossen
zergliedern 1 ontleden; 2 *(fig)* analyseren
zerhauen¹⁸⁵ stukslaan, doorslaan
zerkleinern kleinmaken, fijnmaken, prakken
zerklüftet gespleten, vol spleten
zerknautschen kreuken, verfrommelen
zerknirscht berouwvol
zerknittern, zerknüllen verkreuken, verfrommelen
zerkochen I *intr* kapotkoken, te lang koken; II *tr* te
lang laten koken
zerkratzen (be)krassen: *zerkratzt* vol krassen
zerkrümeln verkruimelen
zerlassen¹⁹⁷ *(boter, vet)* laten smelten
zerlegbar ontleedbaar, demontabel
zerlegen 1 uit elkaar halen, demonteren; 2 ontleden, analyseren; 3 in stukken verdelen
zerlöchert vol gaten; doorzeefd
zerlumpt 1 haveloos, in lompen gehuld; 2 afgedragen, versleten
zermahlen²⁰⁵ fijnmalen, vermalen
zermalmen verbrijzelen, vermorzelen
zermürben murw maken, afmatten
zerpflücken uit elkaar plukken
zerplatzen uit elkaar barsten; exploderen
zerpulvern verpulveren, tot poeder maken
zerquetschen fijndrukken, verbrijzelen
Zerrbild *o³¹* karikatuur
zerreden *(een onderwerp)* doodpraten
zerreiben²¹⁹ 1 fijnwrijven, stukwrijven; 2 *(fig)* in de
pan hakken; 3 afmatten, uitputten

zerreißen²²⁰ I *tr* verscheuren, stukscheuren; II *intr*
scheuren: *der Nebel zerreißt* de mist trekt op; *zie
ook* zerrissen
Zerreißprobe *v²¹* 1 *(techn)* trekproef; 2 *(fig)* beproeving, vuurproef
zerren 1 rukken, hard trekken; 2 sleuren: *sich³ eine
Sehne ~* een pees verrekken
zerrinnen²²⁵ 1 smelten, wegsmelten; 2 *(fig)* verlopen, vergaan, vervliegen
zerrissen 1 gescheurd, verscheurd, stuk, kapot; 2
ontreddered; 3 *(fig)* verscheurd, verdeeld
Zerrissenheit *v²⁸* verscheurdheid
Zerrspiegel *m⁹* lachspiegel
Zerrung *v²⁰* verrekking *(van pees, spier)*
zerrütten 1 schokken, ondermijnen; 2 ontredderen,
ontwrichten
Zerrüttung *v²⁰* ontreddering, ondermijning
zersägen in stukken zagen, doorzagen
zerschellen 1 te pletter slaan; 2 *(fig)* schipbreuk lijden
zerschießen²³⁸ stukschieten, kapotschieten
zerschlagen²⁴¹ I *tr* 1 stukslaan, kapotslaan: *ich bin
wie ~* ik ben doodop; 2 *(mil)* vernietigen; II *sich ~*
mislukken, schipbreuk lijden
zerschmettern verbrijzelen, verpletteren
zerschneiden²⁵⁰ doorsnijden, stuksnijden
zerschunden ontveld, geschaafd
zersetzen I *tr* 1 aantasten; 2 *(fig)* ondermijnen, ontwrichten; II *sich ~* uiteenvallen, vergaan
zerspalten²⁷⁰ 1 splijten, kloven; 2 *(fig)* verdelen
zersplittern versplinteren; *(fig)* versnipperen
zersprengen 1 opblazen; 2 *(fig)* uiteenslaan
zerspringen²⁷⁶ springen, barsten
zerstampfen 1 (fijn)stampen; 2 vertrappen
zerstäuben verstuiven, sproeien
Zerstäuber *m⁹* verstuiver
zerstieben²⁸³ 1 uiteenstuiven; 2 *(fig)* vervliegen
zerstören verwoesten, vernielen, vernietigen
Zerstörer *m⁹* 1 verwoester; 2 *(mil)* torpedojager
zerstörerisch vernietigend
Zerstörung *v²⁰* verwoesting; *zie ook* zerstören
zerstreuen I *tr* 1 verstrooien, verspreiden; 2 verstrooien; afleiding bezorgen; 3 *(menigte)* uiteendrijven; 4 *(bezwaren)* uit de weg ruimen, *(angst)*
wegnemen, *(twijfel)* opheffen; II *sich ~* 1 zich amuseren; 2 uiteengaan
Zerstreuung I *v²⁰* verstrooiing, afleiding; II *v²⁸* 1
(het) verspreiden; 2 verstrooidheid
zerstückeln in stukjes breken, snijden
zerteilen I *tr* 1 verdelen, in stukken snijden; 2
(scheepv) doorklieven; II *sich ~* 1 *(mbt wolken)* breken; 2 *(mbt mist)* optrekken
Zertifikat *o²⁹* certificaat
zertrampeln stuktrappen, vertrappen
zertreten²⁹¹ 1 vertrappen; 2 doodtrappen
zertrümmern verbrijzelen, vernielen, kort en klein
slaan
zerwühlen omwoelen, omwroeten
zerzausen 1 in de war brengen; 2 toetakelen

zetern jammeren, tieren, tekeergaan

Zettel *m*⁹ 1 briefje, blaadje, papiertje; 2 formulier; 3 folder; 4 kaart, fiche

Zeug I *o*²⁹ stof, goed; II *o*³⁹ 1 kleren, kleding; 2 gereedschap, gerei; 3 spullen, boel, dingen; 4 troep, bocht, rommel; 5 *(scheepv)* tuigage ‖ *albernes* (of: *dummes) ~ reden* onzin verkopen; *sich ins ~ legen* z'n uiterste best doen

Zeuge *m*¹⁵ getuige

zeugen I *tr (kinderen)* verwekken; II *intr* getuigen

Zeugenaussage *v*²¹ getuigenverklaring

Zeugenvernehmung *v*²⁰ getuigenverhoor

Zeugin *v*²² getuige

Zeugnis *o*²⁹ᵃ 1 getuigenis; 2 attest; 3 (school)rapport; 4 diploma; 5 getuigschrift

Zeugungsakt *m*⁵ geslachtsdaad

z. H., z.Hd. *afk van zu Händen, zuhanden* ter attentie van (*afk* t.a.v.)

Zicke *v*²¹ 1 geit; 2 *(inform)* trut

zickig 1 preuts; 2 hysterisch

Zickzack *m*⁵ zigzag

Ziege *v*²¹ 1 geit; 2 *(inform)* trut

Ziegel *m*⁹ 1 baksteen; 2 dakpan

Ziegeldach *o*³² pannendak

Ziegelei *v*²⁰ 1 steenfabriek; 2 pannenbakkerij

ziegelrot steenrood

Ziegelstein *m*⁵ baksteen

Ziegenkäse *m*⁹ geitenkaas

Ziegenpeter *m*¹⁹ *(med)* bof

Zieheltern *mv (regionaal)* pleegouders

ziehen³¹⁸ I *tr* 1 trekken: *die Aufmerksamkeit auf sich ~* de aandacht trekken; 2 halen: *jmds Zorn auf sich ~* zich iemands woede op de hals halen; 3 *(kippen, varkens)* fokken; 4 *(bloemen, groente)* kweken; 5 opvoeden ‖ *einen Graben ~* een sloot graven; *Wein auf* ⁴ *Flaschen ~* wijn bottelen; *eine Lehre aus etwas ~* lering uit iets trekken; *Vorteil aus etwas ~* voordeel uit iets trekken; *jmdn ins Gespräch ~* iem in het gesprek betrekken; *in die Länge ~* slepende houden, rekken; *nach sich ~* tot gevolg hebben; II *intr* 1 verhuizen, gaan wonen, (ver)trekken; 2 trekken: *der Film zieht* de film trekt volle zalen; *in den Krieg ~* ten strijde trekken; *der Wagen zieht gut* de auto trekt goed op; 3 tochten, trekken: *Tür zu, es zieht* deur dicht, het tocht; III *sich ~* lopen, verlopen: *die Grenze zieht sich quer durchs Land* de grens loopt dwars door het land

Ziehharmonika *v*²⁷ trekharmonica

Ziehung *v*²⁰ trekking

Ziel *o*²⁹ 1 doel, doelwit, bestemming: *ans ~ gelangen* (of: *kommen)* zijn doel bereiken; *sich ein ~ setzen* (of: *stecken)* zich een doel stellen; 2 *(sp)* finish, *(Belg)* eindmeet; 3 betalingstermijn

zielbewusst doelbewust

Zieldatum *o (2e nvl -s; mv -daten)* streefdatum

zielen mikken, richten: *~ auf* ⁴ mikken, richten op; *das zielt auf ihn* dat slaat op hem

Zielgerade *v*²¹ *(sp)* laatste rechte deel van de baan voor de finish

Zielgruppe *v*²¹ doelgroep

Ziellinie *v*²¹ finish, eindstreep; *(Belg)* eindmeet

ziellos doelloos

Zielscheibe *v*²¹ 1 schietschijf; 2 mikpunt, doelwit *(ook fig)*

Zielsetzung *v*²⁰ doelstelling

zielsicher 1 doelbewust; 2 trefzeker

Zielsprache *v*²¹ doeltaal

zielstrebig doelbewust, vastberaden

Zielverkehr *m*¹⁹ bestemmingsverkeer

ziemen, sich passen, gepast zijn

ziemlich I *bn* 1 tamelijk, vrij; 2 aanzienlijk; II *bw: ich bin ~ fertig* ik ben zo goed als klaar

Zierat *oude spelling voor Zierrat, zie Zierrat*

Zierde *v*²¹ sieraad, verfraaiing, versiering

zieren I *tr* sieren, tooien, versieren; II *sich ~* zich aanstellen

Ziererei *v*²⁰ aanstellerij, gemaaktheid

Zierleiste *v*²¹ 1 sierlijst; 2 sierstrip

zierlich 1 tenger, rank; 2 sierlijk, elegant

Zierpflanze *v*²¹ sierplant

Zierrat *m*⁵ versiersel, versiering

Ziffer *v*²¹ cijfer, getal

Zifferblatt *o*³² wijzerplaat

zig tig, zeer veel: *~ Kinder* tig kinderen

Zigarette *v*²¹ sigaret

Zigarettenkippe *v*²¹ sigarettenpeuk

Zigarettenpapier *o*²⁹ vloeitje

Zigarettenpause *v*²¹ rookpauze

Zigarettenstummel *m*⁹ sigarettenpeukje

Zigarre *v*²¹ 1 sigaar; 2 *(fig)* berisping

Zigeuner *m*⁹ zigeuner

zigeunern rondzwerven

zigfach veelvuldig, veelvoudig

zigmal vaak, dikwijls, tig keer

Zimmer *o*³³ kamer, vertrek: *das ~ hüten müssen* binnen moeten blijven *(wegens ziekte)*

Zimmerbrand *m*⁶ binnenbrand

Zimmerei I *v*²⁰ timmermanswerkplaats; II *v*²⁸ *(inform)* timmermansvak

Zimmereinrichtung *v*²⁰ kamerinrichting

Zimmerer *m*⁹ timmerman

Zimmerhandwerk *o*³⁹ timmermansvak

Zimmermädchen *o*³⁵ kamermeisje

Zimmermann *m (2e nvl -(e)s; mv -leute)* timmerman

zimmern 1 timmeren; 2 bouwen

Zimmernummer *v*²¹ kamernummer

Zimmerpflanze *v*²¹ kamerplant

Zimmerwerkstatt *v (mv -stätten)* timmermanswerkplaats

zimperlich 1 overgevoelig, kleinzerig; 2 preuts

Zimt I *m*⁵ kaneel; II *m*¹⁹ 1 onzin; 2 rommel, spul

Zimtstange *v*²¹ kaneelpijp, pijp kaneel

Zink *o*³⁹ zink

Zinke *v*²¹ tand *(van hark, kam, vork)*

zinken *bn* zinken, van zink

Zinn *o*³⁹ tin

Zinnbecher *m*⁹ tinnen beker

Zi

Zinne v^{21} **1** tinne, kanteel; **2** piek, spits

zinnern tinnen, van tin

Zinnsoldat m^{14} tinnen soldaat

Zins I m^{16} *(meestal mv)* rente, interest; **II** m^5 **1** *(Z-Dui)* pacht, huur; **2** heffing

Zinseszins m^{16} samengestelde interest, rente op rente

Zinsfuß m^6, **Zinssatz** m^6 rentevoet

Zionismus m^{19a} zionisme

Zipfel m^9 **1** punt, slip, tip; **2** eindje, stukje

Zipfelmütze v^{21} puntmuts, slaapmuts

zirka circa, ongeveer

Zirkel m^9 **1** passer; **2** kring, cirkel; **3** gezelschap

zirkeln I *tr* nauwkeurig uitmeten; **II** *intr* passen en meten: *den Ball ins Tor* ~ de bal afgepast in het doel leggen

Zirkular o^{29} circulaire, rondschrijven

Zirkulation v^{20} **1** circulatie; **2** bloedsomloop

zirkulieren^{320} circuleren

Zirkus *m (2e nvl -; mv -se)* **1** circus; **2** ophef

Zirpe v^{21} krekel, cicade

zirpen tjirpen

zischeln 1 sissen, fluisteren; **2** mompelen

zischen 1 sissen; **2** *(mbt gans)* blazen

Zischlaut m^5 *(fonetiek)* sisklank

Zitadelle v^{21} citadel

Zitat o^{29} **1** citaat; **2** gevleugeld woord

zitieren^{320} **1** citeren; **2** ontbieden

Zitronat o^{29} sukade

Zitrone v^{21} citroen

Zitrusfrucht v^{25} citrusvrucht

zitterig beverig

zittern sidderen, trillen; rillen; beven

Zitze v^{21} *(ongunstig)* tepel, mem

zivil 1 civiel, burgerlijk; **2** redelijk, billijk

Zivil o^{39} **1** burgerstand; **2** burgerkleding

Zivilbevölkerung v^{28} burgerbevolking

Zivildienst m^{19} *(mil)* vervangende dienst(plicht)

Zivildienstleistende(r) $m^{40a \cdot 40b}$ iem die vervangende dienstplicht verricht

Zivilehe v^{21} burgerlijk huwelijk

Zivilflugzeug o^{29} verkeersvliegtuig

Zivilisation v^{20} civilisatie, beschaving

zivilisieren^{320} civiliseren

Zivilist m^{14} burger, niet-militair

Zivilkleidung v^{20} burgerkleding

Zivilperson v^{20} burger

Zivilprozess m^5 civiel proces

Zivilrecht o^{39} burgerlijk recht, civiel recht

Zofe v^{21} kamermeisje, kamenier

zögerlich afwachtend, voorzichtig

zögern talmen, dralen, aarzelen

Zögling m^5 leerling, pupil *(van een internaat)*

Zölibat o^{39}, m^{19} celibaat

Zoll I m^6 **1** invoerrecht; **2** tol; **3** douane; **II** *m (2e nvl -(e)s; mv -)* duim, inch

Zollabfertigung v^{20} **1** douanecontrole, visitatie *(aan grens)*; **2** inklaring, uitklaring

Zollamt o^{32} douanekantoor

Zollbeamte(r) m^{40a} douanebeambte

Zollbehörde v^{21} douane(autoriteiten)

Zollbreit *m (2e nvl -; mv -): keinen* ~ *weichen* geen duimbreed wijken

zollen betuigen, betonen: *jmdm Achtung* ~ achting voor iem hebben

Zollerklärung v^{20} douaneverklaring

zollfrei vrij van (invoer)rechten, tolvrij

Zollgrenzbezirk m^5 douanezone

Zollgut o^{32} aan (invoer)rechten onderhevig goed

Zollhinterziehung v^{20} smokkelarij

zollhoch een duim hoog

Zollkontrolle v^{21} douanecontrole

zollpflichtig aan (invoer)rechten onderworpen

Zollstock m^6 duimstok

Zolltarif m^5 **1** douanetarief; **2** toltarief

Zone v^{21} **1** zone: *(hist) die* ~ Oost-Duitsland, de DDR; **2** zone, luchtstreek, gebied

Zonengrenze v^{21} zonegrens

Zoo m^{13} dierentuin

Zoologe m^{15} zoöloog, dierkundige

zoologisch zoölogisch: ~*er Garten* dierentuin

Zopf m^6 **1** (haar)vlecht; **2** gevlochten brood

Zorn m^{19} toorn, drift, woede

Zornausbruch m^6 uitbarsting van woede

zornig woedend, toornig, verbolgen

Zote v^{21} schuine mop

zotig vuil, schunnig, obsceen

Zottel v^{21} **1** bosje (verward) haar, lok; **2** kwast

zottelig, zottlig ruig; verward

z. T. *afk van zum Teil* ten dele, gedeeltelijk

zu I vz^{+3} **1** te: ~ *Fuß* te voet; **2** om te: *es ist* ~*m Rasendwerden* het is om gek te worden; **3** ten: ~*m Vorteil der Kunden* ten voordele van de klanten; **4** ter: *sich etwas* ~ *Herzen nehmen* zich iets ter harte nemen; **5** tot: *von Haus* ~ *Haus* van huis tot huis; **6** aan: *jmdm* ~ *Füßen liegen* aan iems voeten liggen; **7** bij: ~*r Hand* bij de hand; **8** in: ~ *Anfang* in het begin; **9** met: ~ *Weihnachten* met kerst; **10** naar: ~*m Direktor gehen* naar de directeur gaan; **11** op: ~ *Boden stürzen* op de grond vallen; **12** per: ~ *Schiff* per schip; **13** tegen: ~ *2 Mark das Dutzend* tegen 2 mark per dozijn; **14** voor: *aus Liebe* ~ *dir* uit liefde voor jou || ~ *Hause sein* thuis zijn; ~ *ebner Erde* gelijkvloers; ~*r Not* desnoods; **II** *bw* toe, te: *ab und* ~ af en toe; *nur* (*of: immer*) ~*!* vooruit maar!; ~ *groß* te groot; **III** *vw* te: *das Haus ist* ~ *verkaufen* het huis is te koop

zuallererst in de (aller)eerste plaats

zuallerletzt in de (aller)laatste plaats

zuallermeist het allermeest

zuarbeiten helpen bij het werk

Zubehör o^{29}, m^5 **1** toebehoren: *mit allem* ~ met alles wat erbij hoort; **2** onderdelen *(van machine)*; **3** accessoires

zubereiten (toe)bereiden

zubilligen toekennen, toestaan

zubinden^{131} toebinden, dichtbinden

zublinzeln knipoogjes geven

zubringen[139] **1** *(tijd)* doorbrengen; **2** *(koffer, raam)* dicht krijgen; **3** *(bezit, kinderen)* ten huwelijk meebrengen

Zubringer *m*[9] **1** brenger; **2** transportband; **3** pendelbus; **4** verbindingsweg (tussen stad en autosnelweg), invalsweg, toegangsweg

Zubringerdienst *m*[5] lijndienst, pendeldienst

Zubringerstraße *v*[21] *zie* Zubringer 4

Zucht *v*[20] **1** teelt, (het) fokken, (het) kweken, kweek: *das ist eine gute* ~ dat is een goede soort; **2** discipline, tucht

Zuchtbulle *m*[15] fokstier, dekstier

züchten fokken, kweken, telen

Züchter *m*[9] fokker, kweker

Zuchthaus *o*[32] **1** tuchthuis; **2** tuchthuisstraf

Zuchthengst *m*[5] dekhengst, fokhengst

züchtig zedig, ingetogen, kuis

züchtigen tuchtigen, kastijden

Züchtigung *v*[20] tuchtiging, kastijding

zuchtlos tuchteloos, ongedisciplineerd

Zuchttier *o*[29] fokdier

Züchtung *v*[20] teelt, (het) fokken, (het) kweken

Zuchtvieh *o*[39] fokvee

zuck *tw* vlug!, vooruit!, hup!

Zuck *m*[5] ruk, snelle beweging

zuckeln 1 sukkelen; **2** sjokken

zucken 1 *(de schouders)* ophalen; **2** *(stuip)*trekken, trillen; **3** *(mbt bliksem)* flitsen, schieten ‖ *es zuckte ihr in den Fingern (fig)* haar vingers jeukten; *um ihren Mund zuckte es* er kwam een pijnlijke trek om haar mond; *es zuckt mir in den Gliedern* ik heb pijn in mijn ledematen

zücken 1 *(pistool, zwaard)* trekken; **2** voor de dag, te voorschijn halen

Zucker *m*[9] suiker

Zuckerdose *v*[21] suikerpot

Zuckererbse *v*[21] peultje *(een groentesoort)*

Zuckergehalt *m*[19] suikergehalte

zuckerhaltig suikerhoudend

zuckerkrank suikerziek

Zuckerkrankheit *v*[28] suikerziekte, diabetes

zuckern suikeren, zoeten

Zuckerplätzchen *o*[35] borstplaatje; suikerkoekje

Zuckerrohr *o*[29] suikerriet

Zuckerrübe *v*[21] suikerbiet

Zuckung *v*[20] (stuip)trekking, trekje

zudecken 1 toedekken, afdekken; **2** *(mil)* bestoken, beschieten; **3** *(fig)* overladen

zudem bovendien, daarenboven

zudenken[140] toedenken, bestemmen voor

zudrehen toedraaien, dichtdraaien: *jmdm den Rücken* ~ iem de rug toekeren

zudringlich opdringerig

zudrücken dichtdrukken, toedrukken, dichtduwen, toeduwen: *(fig) ein Auge* ~ een oogje dichtknijpen

zueignen I *tr* opdragen, toewijden; **II** *sich* ~ zich toe-eigenen

zueinander naar, bij, tegen, tot, voor elkaar

zuerkennen[189] **1** toekennen; **2** *(jur)* toewijzen

zuerst 1 eerst; **2** aanvankelijk; **3** voor het eerst

zufahren[153] sneller rijden, doorrijden: *auf jmdn* ~: *a)* op iem af rijden; *b)* op iem afvliegen

Zufahrt *v*[20] weg ergens naar toe, toegangsweg

Zufahrtsstraße *v*[21] toerit, toegangsweg

Zufall *m*[6] toeval: *durch* ~ toevallig, bij toeval

zufallen[154] **1** toe-, dichtvallen; **2** ten deel vallen

zufällig toevallig

zufälligerweise toevallig, toevalligerwijs

Zufälligkeit *v*[20] toevalligheid, toeval

Zufallstreffer *m*[9] toevalstreffer

zufassen 1 meehelpen; **2** toegrijpen

zufliegen[159] **1** *(mbt deur, raam)* dichtslaan; **2** toevliegen, vliegen naar; aanwaaien

zufließen[161] **1** toestromen, toevloeien; **2** ten goede komen

Zuflucht *v*[25] toevlucht

Zufluchtsort *m*[5], **Zufluchtsstätte** *v*[21] toevluchtsoord

Zufluss *m*[6] **1** (het) binnenstromen, toevloed; **2** watertoevoer

zuflüstern toefluisteren

zufolge *vz*[+3,+2] volgens, op grond van

zufrieden tevreden: ~ *sein mit*[+3] tevreden zijn met, over; *sich* ~ *geben* tevreden zijn, vrede hebben met; *sich mit seinem Schicksal* ~ *geben* in zijn lot berusten; ~ *lassen* met rust laten; ~ *stellen* tevredenstellen

zufriedengeben, sich *oude spelling voor* sich zufrieden geben, *zie* zufrieden

Zufriedenheit *v*[28] tevredenheid

zufriedenlassen[197], **zufriedenstellen** *oude spelling voor* zufrieden lassen, stellen, *zie* zufrieden

zufrieren[163] toevriezen, dichtvriezen

zufügen 1 (er) bijvoegen; **2** *(verliezen)* toebrengen; **3** *(schade)* berokkenen

Zufuhr *v*[20] aanvoer, toevoer, levering

zuführen I *tr* toevoeren, aanvoeren, brengen, leveren; **II** *intr* lopen, leiden: ~ *auf*[+4] lopen naar, leiden naar

Zuführung *v*[20] toevoer, aanvoer

Zug *m*[6] **1** trein; **2** stoet, optocht, stroom; **3** (krijgs-, roof)tocht; **4** tocht *(luchtstroom);* **5** trek *(van vissen, vogels);* **6** (het) trekken *(vd wolken);* **7** lijn, (gezichts-, karakter)trek; **8** trek *(met net);* **9** *(mil)* peloton, sectie; **10** school *(vissen),* koppel *(ossen),* vlucht *(vogels);* **11** haal *(met pen),* streek *(met penseel);* **12** zet *(bij dammen, schaken);* **13** teug, slok; **14** trek *(bij het roken);* **15** slag *(bij het roeien);* **16** afdeling, richting, stroom *(van onderwijs)* ‖ *dem* ~ *der Zeit folgen* zich aanpassen de de tijdgeest; *in* ~ *kommen* op slag, op dreef komen; *in den letzten Zügen liegen* op sterven liggen; *in großen* (of: *in groben) Zügen* in grote trekken; ~ *um* ~ zonder onderbreking; *zum* ~*(e) kommen* aan bod komen

Zugabe *v*[21] **1** *(handel)* cadeau, geschenk; **2** *(muz)* toegift; **3** toevoeging

Zugabteil *o*[29] treincoupé

Zugang m^6 **1** toegang; **2** ingang; **3** toename: *Zugänge: a)* nieuwe aanschaffingen; *b)* nieuw binnengekomen patiënten

zugänglich 1 toegankelijk; **2** voor anderen openstaand; **3** goed te begrijpen

Zugangsstraße v^{21} toegangsweg

Zugbrücke v^{21} ophaalbrug

zugeben[166] **1** toegeven; **2** toestaan; **3** toegeven, bekennen, erkennen

zugegen aanwezig, tegenwoordig

zugehen[168] **1** toegaan, dichtgaan; **2** toegaan, verlopen; **3** *(op iem)* toegaan, afgaan: *auf jmdn, auf etwas ~* op iemand, op iets toelopen; *spitz ~* spits toelopen || *jmdm etwas ~ lassen* iem iets doen toekomen; *tüchtig ~* stevig doorstappen

zugehören toebehoren

zugehörig bijbehorend, toebehorend

Zugehörigkeit v^{28} **1** (het) toebehoren; **2** lidmaatschap

zugeknöpft 1 toegeknoopt; **2** *(fig)* gesloten

Zügel m^9 teugel, toom: *am ~ führen* bij de teugel voeren; *die ~ kurz halten* de teugel(s) kort houden

zügellos 1 zonder teugel; **2** *(fig)* teugelloos

zügeln 1 de teugel aandoen; **2** *(fig)* beteugelen, intomen

Zugereiste(r) m^{40a}, v^{40b} vreemdeling

zugesellen: *sich jmdm ~* zich bij iem voegen

Zugeständnis o^{29a} concessie

zugestehen[279] **1** erkennen; **2** toegeven, toestaan; **3** *(korting)* verlenen; **4** toekennen

zugetan toegedaan, genegen

Zugewinn m^5 aanwas, groei

Zugführer m^9 **1** *(spoorw)* hoofdconducteur; **2** *(mil)* pelotonscommandant

zugießen[175] bijgieten, bijschenken

zugig tochtig

zügig snel, vlot

Zugkraft v^{25} **1** trekkracht; **2** aantrekkingskracht

zugkräftig in trek (zijnde), in de smaak vallend

zugleich tegelijk(ertijd), gelijktijdig, tevens

Zugluft v^{28} tocht

Zugmaschine v^{21} **1** tractor, trekker; **2** truck

Zugmittel o^{33} *(fig)* trekpleister

Zugnetz o^{29} treknet, sleepnet

Zugnummer v^{21} **1** treinnummer; **2** publiekstrekker

Zugpferd o^{29} trekpaard; *(fig)* trekpleister

Zugpflaster o^{33} *(med)* trekpleister

zugreifen[181] **1** toegrijpen, toetasten; **2** ingrijpen; **3** aanpakken; **4** zijn slag slaan

Zugriff m^5 **1** greep, (het) toegrijpen; **2** (het) aanpakken

zugrunde: *~ gehen* te gronde gaan; *~ richten* ruïneren; *~ legen* als grondslag nemen; *~ liegen* ten grondslag liggen

Zugtier o^{29} trekdier

zugucken toekijken

Zugunglück o^{29} spoorwegongeluk

zugunsten vz^{+2} ten gunste van

zugute: *~ halten* niet kwalijk nemen; *~ kommen*

van pas komen; *sich etwas ~ tun* zich een plezier doen; *sich viel auf*[+4] *etwas ~ halten* (of: *tun)* zich veel op iets laten voorstaan

Zugverbindung v^{20} treinverbinding

Zugverkehr m^{19} treinverkeer

Zugvogel m^{10} trekvogel

Zugwind m^5 tocht, trek

zuhaben[182] *(mbt zaak)* gesloten zijn

zuhalten[183] toehouden, dichthouden: *auf*[+4] *etwas ~* op iets afgaan, aanhouden

Zuhälter m^9 souteneur

zuhängen *zw* dichthangen, bedekken

zuhauen[185] **1** behouwen; **2** toeslaan

zuhauf massaal, in massa, te hoop

Zuhause o^{39} thuis

zuheilen *(mbt wonden)* dichtgaan

Zuhilfenahme v^{28}: *unter ~ von* met behulp van

zuhinterst helemaal achteraan, het laatst

zuhöchst helemaal bovenaan, het hoogst

zuhören luisteren, toehoren

Zuhörer m^9 toehoorder, luisteraar

Zuhörerkreis m^5 gehoor, publiek

Zuhörerschaft v^{28} toehoorders, publiek

zuinnerst in zijn binnenste

zujauchzen, zujubeln toejuichen, toejubelen

zukehren keren naar: *jmdm den Rücken ~* iem de rug toekeren

zukitten *(met kit)* dichten, dichtkitten

zukleben 1 dichtplakken; **2** volplakken

zuklinken *(deur)* met de klink sluiten

zuknallen hard dichtslaan

zukneifen[192] dichtknijpen

zuknöpfen dichtknopen; *zie ook* zugeknöpft

zuknoten toeknopen, dichtknopen

zukommen[193] toekomen: *jmdm etwas ~ lassen* iem iets doen toekomen

zukriegen dicht krijgen

Zukunft v^{25} *(meestal ev)* **1** toekomst: *in ~* in de toekomst, in het vervolg, voortaan; *in naher ~, in nächster ~* in de nabije toekomst; *mit, ohne ~* met, zonder toekomstperspectief; **2** *(taalk)* toekomende tijd

zukünftig toekomstig

Zukünftige(r) m^{40a}, v^{40b} aanstaande, verloofde

Zukunftsaussichten *mv* v^{20} toekomstperspectieven

Zukunftshoffnung v^{20} hoop op de toekomst

zukunftsträchtig veelbelovend

zukunftsweisend progressief

zulächeln: *jmdm ~* tegen iem glimlachen

zulachen: *jmdm ~* iem toelachen

Zulage v^{21} toelage, toeslag, tegemoetkoming

zulangen 1 toetasten, zich bedienen; **2** flink aanpakken, hard werken

zulänglich toereikend, genoeg, voldoende

zulassen[197] **1** toelaten, toestaan, tolereren: *ein Kraftfahrzeug ~* een kenteken afgeven voor een motorvoertuig; **2** toelaten, dichtlaten

zulässig toelaatbaar, toegestaan

Zu

Zulassung v^{20} **1** toelating, toestemming, vergunning; **2** *(inform)* kentekenbewijs
Zulassungspapier o^{29} kentekenbewijs
Zulassungsverfahren o^{35} toelatingsprocedure
zulasten spellingsvariant voor *zu Lasten; zie* Last
Zulauf m^6 toeloop
zulaufen ^{198} **1** toelopen, aanlopen: *der Hund ist uns zugelaufen* de hond is bij ons komen aanlopen; *auf jmdn ~* naar iem toelopen; **2** doorlopen
zulegen I *tr* erbij doen, toevoegen: *sich etwas ~* iets aanschaffen; **II** *intr* doorwerken, voortmaken: *der Läufer hat tüchtig zugelegt* de loper heeft het tempo flink verhoogd
zuleid(e) $:$ *jmdm etwas ~ tun* iem kwaad doen
zuleiten 1 leiden naar, toevoeren; **2** toezenden, doen toekomen
zuletzt 1 (het) laatst; ten slotte: *er kam ~* hij kwam als laatste; **2** de laatste keer, voor het laatst
zulieb(e) $:$ *mir ~* ter wille van mij
Zulieferant m^{14}, **Zulieferer** m^9 toeleverancier
zuliefern 1 toeleveren; **2** leveren; **3** uitleveren
zum *verk van zu dem; zie* zu
zumachen toedoen, dichtdoen, sluiten
zumal 1 vooral, bovenal; **2** temeer daar
zumauern toemetselen, dichtmetselen
zumeist 1 meestal; **2** voor het merendeel
zumessen ^{208} toemeten, toekennen, doseren
zumindest 1 op z'n minst; **2** tenminste, althans
zumutbar wat gevergd kan worden, redelijk
zumute te moede: *mir war nicht wohl ~* ik voelde me niet prettig
zumuten eisen van, vergen van
Zumutung v^{20} onbehoorlijke eis, ongerechtvaardigd verlangen
zunächst I *bw* **1** in de eerste plaats, voor alles; **2** eerst, aanvankelijk; **3** voorlopig; **II** vz^{+3} vlakbij
zunageln dichtspijkeren
zunähen dichtnaaien
Zunahme v^{21} toename, stijging
Zuname m^{18} **1** achternaam, familienaam; **2** bijnaam
Zündanlage v^{21} ontsteking *(van auto)*
zündbar ontbrandbaar, ontvlambaar
Zündblättchen o^{35} klappertje
zünden I *intr* **1** ontbranden, ontsteken; **2** inslaan, aanslaan, succes hebben: *bei jmdm hat es gezündet* iemand heeft het eindelijk begrepen; **II** *tr* aan-, ontsteken
Zunder m^9 tonder, tondel
Zünder m^9 *(mil)* ontsteking
Zündholz o^{32} lucifer
Zündhütchen o^{35}, **Zündkapsel** v^{21} slaghoedje
Zündkerze v^{21} bougie
Zündschlüssel m^9 contactsleuteltje
Zündschnur v^{25} lont
Zündspule v^{21} bobine
Zündstoff m^5 **1** ontvlambare stof; **2** *(fig)* conflictstof
Zündung v^{20} ontsteking: *die ~ einstellen* het contact aanzetten
zunehmen ^{212} **I** *intr* **1** toenemen, *(mbt dagen)* len-

gen, *(mbt maan)* wassen; **2** dikker worden, aankomen; **II** *tr* **1** erbij nemen; **2** *(bij het breien)* meerderen
zunehmend in toenemende mate, steeds meer
zuneigen I *intr* neigen naar, overhellen naar; **II** *sich ~* neigen naar, overhellen naar: *sich dem Ende ~* ten einde lopen; *sich jmdm ~* zich tot iem aangetrokken voelen
Zuneigung v^{20} genegenheid, sympathie
Zunft v^{25} gilde
zünftig 1 tot een gilde behorend, gilde-; **2** behoorlijk, flink; **3** professioneel
Zunge v^{21} tong *(alle bet)*: *es brennt mir auf der ~* het brandt mij op de lippen
züngeln 1 de tong snel heen en weer bewegen; **2** *(vlammen)* lekken
zungenfertig welbespraakt, rad van tong
Zungenschlag m^6 **1** tongslag; **2** tongval, accent
Zungenspitze v^{21} punt van de tong
Zungenwurst v^{25} tongenworst
Zünglein o^{35} tongetje: *das ist das ~ an der Waage* dat geeft de doorslag
zunichte teniet: *~ machen* tenietdoen, vernietigen, te gronde richten, verijdelen; *~ werden* tenietgaan, op niets uitlopen
zunicken $:$ *jmdm ~* iem toeknikken
zunutze $:$ *sich etwas ~ machen* zich iets ten nutte maken
zuoberst bovenaan, geheel boven, bovenop
zuordnen indelen bij
zupacken 1 beetgrijpen, vastpakken; **2** (flink) aanpakken
zuparken blokkeren, versperren
zupass, zupasse: *jmdm ~ kommen* iem van pas, te pas komen
zupfen 1 trekken; **2** plukken; **3** tokkelen op
zupressen dichtdrukken, dichtknijpen
zuprosten: *jmdm ~* op iems gezondheid drinken, op iem toasten
zur *verk van zu der; zie* zu
zurechnen 1 rekenen tot; **2** aanrekenen, toerekenen: *jmdm etwas ~* iem iets toeschrijven
zurechnungsfähig toerekeningsvatbaar
zurechtbasteln in elkaar zetten
zurechtbringen ^{139} in orde brengen
zurechtfinden ^{157}, *sich* **1** de weg vinden, zich oriënteren; **2** wennen
zurechtkommen ^{193} **1** klaarkomen: *mit^{+3} etwas ~* met iets klaarkomen; *mit jmdm ~* met iem overweg kunnen; **2** op tijd komen
zurechtlegen 1 klaarleggen; **2** bedenken
zurechtmachen 1 klaarmaken, gereedmaken; *(salade)* aanmaken; *(bed)* opmaken; **2** opmaken, netjes aankleden
zurechtrücken 1 goed zetten, op zijn plaats zetten; *(bril, pet)* rechtzetten; *(das)* goed doen; **2** in orde brengen
zurechtsetzen I *tr* goed zetten; **II** *sich ~* goed gaan zitten

zurechtweisen[307] terechtwijzen, berispen

zureden: *jmdm ~: a)* iem toespreken; *b)* er bij iem op aandringen; *c)* iem trachten te overreden

Zureden *o*[39] aandrang; overreding

zureichen 1 *(regionaal)* voldoende zijn; **2** aanreiken

zureichend toereikend, voldoende

zureiten[221] **I** *tr (paard)* afrijden, africhten; **II** *intr (op iem, iets)* toerijden

zurichten 1 klaarmaken, gereedmaken, bereiden; **2** toetakelen

zuriegeln (ver)grendelen

zürnen: *jmdm, mit jmdm ~* boos op iem zijn

zurück terug; achteruit: *hinter anderen ~ sein* bij anderen achter zijn; *hin und ~* heen en weer

zurückbehalten[183] **1** (in)houden, achterhouden; **2** overhouden

zurückbekommen[193] terugkrijgen

zurückbeordern, **zurückberufen**[226] terugroepen

zurückbleiben[134] achterblijven: *hinter den Erwartungen ~* niet aan de verwachtingen beantwoorden; *hinter jmdm ~* bij iem achterblijven

zurückbringen[139] **1** terugbrengen; **2** achterop doen raken, een achterstand bezorgen

zurückdrängen terugdringen

zurückdrehen terugdraaien

zurückeilen terugsnellen

zurückerobern heroveren

zurückerstatten 1 terugbetalen; **2** vergoeden

zurückfahren[153] **I** *tr* **1** terugbrengen; **2** *(techn)* de productie verminderen; **II** *intr* **1** terugrijden, terugvaren; **2** terugdeinzen

zurückfallen[154] **1** terugvallen; **2** neervallen

zurückfinden[157] **I** *tr* terugvinden; **II** *intr* de terugweg vinden: *zu sich selbst ~* weer zichzelf worden

zurückfliegen[159] terugvliegen

zurückführen **I** *tr* terugbrengen, terug(ge)leiden; **II** *intr* terugvoeren

zurückgeben[166] **1** teruggeven; **2** antwoorden, beantwoorden; **3** *(sp)* terugspelen

zurückgeblieben 1 achtergebleven; **2** geestelijk gehandicapt

zurückgehen[168] **1** teruggaan, teruglopen: *~ lassen (een zending)* terugsturen; *~ auf*[+4] afkomstig zijn van, afstammen van; **2** achteruitgaan, achteruitwijken; **3** *(mbt koersen, prijzen)* zakken, dalen; *(mbt export, omzet)* verminderen; **4** *(mbt hoog water)* vallen, zakken; **5** *(mbt gezwel)* slinken

zurückgezogen teruggetrokken

zurückgreifen[181] teruggrijpen, teruggaan

zurückhalten[183] **I** *tr* **1** tegenhouden, weerhouden; **2** *(z'n tranen)* inhouden; **3** achterhouden; **II** *intr* terughoudendheid betrachten; **III** *sich ~* zich bedwingen, zich inhouden

zurückhaltend terughoudend, gereserveerd

Zurückhaltung *v*[28] terughoudendheid

zurückkehren terugkeren

zurückkommen[193] terugkomen: *auf ein Thema ~* op een onderwerp terugkomen

zurückklassen[197] **1** achterlaten; **2** terug laten gaan

Zurücklassung *v*[28] achterlating

zurücklegen I *tr* **1** terugleggen; **2** opzijleggen, sparen; **3** opzijleggen, apart houden; **4** *(een weg)* afleggen; **5** achteroverbuigen; **II** *sich ~* achterover gaan liggen, achteroverleunen

zurücklehnen I *tr* achterover laten leunen; **II** *sich ~* achteroverleunen

zurückliegen[202] **1** geleden zijn; **2** *(sp)* achterliggen, achterstaan

Zurücknahme *v*[21] **1** (het) terugnemen, terugnemming; **2** herroeping, intrekking

zurücknehmen[212] **1** terugnemen; **2** herroepen, intrekken; **3** *(troepen)* terugtrekken; **4** verminderen

zurückpfeifen[214] terugfluiten *(ook fig)*

zurückprallen 1 terugspringen, terugkaatsen; **2** *(mbt golven)* terugslaan; **3** *(fig)* terugdeinzen

zurückrufen[226] **1** terugroepen; **2** *(telecom)* terugbellen

zurückschalten terugschakelen

zurückschauen 1 omkijken; **2** terugblikken

zurückschicken terugzenden, terugsturen

zurückschieben[237] **1** terugduwen, terugschuiven; **2** opzijduwen, opzijschuiven

zurückschlagen[241] **I** *tr* **1** *(een bal, de vijand)* terugslaan; **2** *(een gordijn)* openschuiven: *die Bettdecke ~* het bed openslaan; **II** *intr* terugslaan

zurückschrecken I *st, ook zw*[251] terugschrikken, terugdeinzen; **II** *zw* afschrikken

zurücksehnen: *sich ~ nach*[+3] (of: *zu*[+3]) terugverlangen naar

zurücksenden[263] terugzenden

zurücksetzen I *tr* **1** naar achteren verplaatsen; **2** (iem) achterstellen; **II** *intr* achteruitrijden; **III** *sich ~* **1** meer naar achteren gaan zitten; **2** weer gaan zitten

Zurücksetzung *v*[20] **1** terugplaatsing; **2** achterstelling; **3** krenking, benadeling

zurücksinken[266] **1** achteroverzakken, terugzakken; **2** *(in ondeugd)* weer vervallen

zurückspielen terugspelen

zurückspringen[276] terugspringen

zurückstecken I *tr* **1** naar achteren zetten, plaatsen; **2** terugstoppen; **II** *intr (fig)* zijn eisen matigen

zurückstehen[279] **1** *(mbt een huis)* naar achteren staan; **2** *(bij iem)* achterblijven, *(voor iem)* onderdoen; **3** achterblijven; **4** wachten

zurückstellen 1 opzijzetten; **2** terugplaatsen; **3** *(verwarming)* lager zetten; *(klok)* terugzetten; **4** achteruitzetten; **5** uitstellen

zurückstrahlen I *intr* terugstralen; **II** *tr* terugkaatsen, reflecteren

zurücktreten[291] **1** terugtreden, achteruitgaan; **2** *(mbt water)* zakken; **3** aftreden, z'n ontslag nemen; **4** op de achtergrond raken, aan betekenis inboeten

zurücktun[295] terugdoen, terugbrengen, terugzetten

zurückweichen[306] **1** terugwijken; **2** ontwijken

zurückweisen[307] **1** van de hand wijzen, afwijzen; **2** terugsturen; **3** naar achteren wijzen

zurückwenden[308] omdraaien

zurückwerfen[311] **1** terugwerpen, teruggooien; **2**

weerkaatsen, terugkaatsen, reflecteren

zurückzahlen terugbetalen

zurückziehen[318] **I** *tr* **1** terugtrekken; **2** annuleren, intrekken, terugnemen; **II** *intr* terugtrekken, weer verhuizen; **III** *sich* ~ zich terugtrekken

Zuruf *m*[5] kreet, schreeuw

zurufen[226] toeroepen

zurzeit thans, op het ogenblik

Zusage *v*[21] toezegging, belofte

zusagen 1 beloven, toezeggen; **2** bevallen

zusammen 1 samen, tezamen, gezamenlijk; **2** in totaal

Zusammenarbeit *v*[28] samenwerking

zusammenarbeiten samenwerken

zusammenballen, sich *(mbt onweerswolken)* zich samenpakken; *(mbt menigte)* zich ophopen; zich concentreren

Zusammenballung *v*[20] concentratie

Zusammenbau *m*[5] montage, assemblage

zusammenbauen monteren, assembleren

zusammenbeißen[125] op elkaar bijten

zusammenbekommen[193] bijeenkrijgen

zusammenbrechen[137] **1** instorten, bezwijken, in elkaar zakken; **2** ineenstorten: *das Geschäft brach zusammen* de zaak ging te gronde; *der Verkehr brach zusammen* het verkeer kwam tot stilstand

Zusammenbruch *m*[6] **1** ineenstorting, ondergang; **2** krach; **3** mislukking; **4** *(med)* inzinking

zusammendrängen 1 samendringen, opeendringen; **2** samenvatten

zusammenfahren[153] **I** *tr* in de prak rijden *(van auto)*; **II** *intr* **1** (tegen elkaar) botsen; **2** *(van schrik)* ineenkrimpen

zusammenfallen[154] **1** instorten, in elkaar zakken; **2** samenvallen; **3** vermageren

zusammenfalten samenvouwen, opvouwen

zusammenfassen 1 samenvatten; **2** samenvoegen

zusammenfinden[157]**, sich** elkaar ontmoeten

zusammenflicken 1 oplappen; **2** in elkaar flansen

zusammenfügen I *tr* samenvoegen; **II** *sich* ~ een geheel vormen

zusammenführen bijeenbrengen

zusammengehen[168] **1** samengaan; **2** samenkomen

zusammengehören bijeenhoren, bij elkaar horen

Zusammengehörigkeit *v*[28] saamhorigheid

Zusammenhalt *m*[19] **1** samenhang; **2** verbondenheid, solidariteit

zusammenhalten[183] **I** *tr* **1** samenhouden, bij elkaar houden; **2** tegen elkaar houden; **II** *intr* **1** houden; **2** elkaar trouw blijven

Zusammenhang *m*[6] samenhang, verband: *in (of: im)* ~ *mit*[+3] in verband met

zusammenhängen[184] **1** aan elkaar hangen; **2** *(fig)* samenhangen, verband houden

zusammenhängend samenhangend

zusammenhanglos onsamenhangend

zusammenhauen[185] **1** kort en klein slaan; **2** in elkaar flansen

zusammenklappen I *tr* **1** dichtklappen, samen-

klappen; **2** *(de hakken)* tegen elkaar slaan; **II** *intr* afknappen, instorten

zusammenkleben I *intr* aan elkaar vastkleven; **II** *tr* aan elkaar plakken

zusammenkommen[193] samenkomen

Zusammenkunft *v*[25] samenkomst, bijeenkomst

zusammenläppern, sich bij stukjes en beetjes bijeenkomen

zusammenlaufen[198] **1** samenlopen; **2** samenkomen, samenstromen, samenvloeien; **3** *(mbt kleuren)* in elkaar lopen, doorlopen; **4** *(mbt stof)* krimpen; **5** *(mbt melk)* schiften

zusammenleben samenleven

zusammenlegbar opvouwbaar

zusammenlegen 1 bij elkaar leggen; **2** geld bij elkaar leggen, lappen; **3** opvouwen; samenvouwen; **4** combineren

zusammenliegen[202] naast elkaar liggen

zusammennehmen[212] **I** *tr* bij elkaar nemen, vergaren; **II** *sich* ~ **1** zich beheersen, zich vermannen; **2** opletten, zich concentreren

zusammenpferchen op elkaar proppen

Zusammenprall *m*[5] botsing

zusammenprallen botsen, op elkaar vliegen

zusammenpressen samenpersen

zusammenraffen I *tr* **1** *(geld)* vergaren; **2** snel bij elkaar pakken; **II** *sich* ~ zich vermannen

zusammenrechnen optellen

zusammenreimen, sich verklaren

zusammenreißen[220]**, sich** zich vermannen

zusammenrotten, sich samenscholen

zusammenrücken I *tr* bij elkaar schuiven, zetten; **II** *intr* dichter bij elkaar gaan zitten

zusammenschießen[238] **1** in puin schieten; **2** neerschieten

zusammenschlagen[241] **I** *tr* **1** in elkaar slaan; kort en klein slaan; **2** oprollen, opvouwen; **3** tegen elkaar slaan; **II** *intr* (met *über*[+3]) zich sluiten boven

zusammenschließen[245] **I** *tr* aan elkaar vastmaken; **II** *sich* ~ zich aaneensluiten, zich verenigen; fuseren

Zusammenschluss *m*[6] **1** samengaan, vereniging; **2** samensmelting, fusie

zusammenschmelzen[248] **I** *tr* samensmelten; **II** *intr* wegsmelten, slinken

zusammenschnüren 1 bundelen; **2** samenbinden; **3** *(de keel)* dichtsnoeren

zusammenschrauben aan elkaar schroeven

zusammenschrecken[251] ineenkrimpen van de schrik

zusammenschreiben[252] **1** aan elkaar schrijven; **2** neerpennen; **3** bij elkaar schrijven

zusammenschrumpfen slinken, krimpen

zusammensetzen I *tr* in elkaar zetten, monteren; **II** *sich* ~ **1** bij elkaar gaan zitten; **2** elkaar ontmoeten ‖ *sich* ~ *aus*[+3] bestaan uit

Zusammensetzung I *v*[20] samenstelling, bouw; **II** *v*[28] (het) in elkaar zetten

zusammensinken[266] in elkaar zakken

zusammenstecken I *tr* aan elkaar spelden: *(fig) die*

Köpfe ~ de hoofden bij elkaar steken; **II** *intr* bij elkaar zitten

zus$\underline{a}$mmenstehen²⁷⁹ **1** bij elkaar staan; **2** één front vormen, elkaar helpen

zus$\underline{a}$mmenstellen **1** *(lijst, menu)* samenstellen, opmaken; **2** *(feiten)* op een rijtje zetten; **3** bij elkaar plaatsen

Zus$\underline{a}$mmenstellung *v²⁰* **1** (het) samenstellen, samenstelling, samenvoeging; **2** overzicht

zus$\underline{a}$mmenstimmen overeenstemmen

Zus$\underline{a}$mmenstoß *m⁶* **1** botsing; **2** *(scheepv)* aanvaring; **3** *(fig)* botsing, conflict

zus$\underline{a}$mmenstoßen²⁸⁵ **1** botsen, in botsing komen, *(scheepv)* in aanvaring komen: *mit jmdm* ~ met iem in conflict komen; **2** aan elkaar grenzen

zus$\underline{a}$mmenstreichen²⁸⁶ **1** sterk bekorten; **2** bezuinigen op

Zus$\underline{a}$mmensturz *m⁶* ineenstorting

zus$\underline{a}$mmenstürzen instorten, ineenstorten

zus$\underline{a}$mmensuchen bij elkaar zoeken

zus$\underline{a}$mmentragen²⁸⁸ bijeenbrengen, vergaren

zus$\underline{a}$mmentreffen²⁸⁹ *(mbt gebeurtenissen)* samenvallen: *mit jmdm* ~ iem ontmoeten

Zus$\underline{a}$mmentreffen *o³⁹* **1** ontmoeting; **2** (het) samenvallen; **3** samenloop

zus$\underline{a}$mmentreten²⁹¹ **I** *tr* stuktrappen; **II** *intr* bij elkaar komen, bijeenkomen

Zus$\underline{a}$mmentritt *m⁵* samenkomst, bijeenkomst

zus$\underline{a}$mmentrommeln optrommelen

zus$\underline{a}$mmentun²⁹⁵ **I** *tr* bij elkaar doen; **II** *sich* ~ zich verenigen

zus$\underline{a}$mmenwachsen³⁰² **1** aan elkaar groeien; **2** *(fig)* naar elkaar toe groeien

zus$\underline{a}$mmenwerfen³¹¹ **1** op een hoop gooien; **2** *(geld)* bij elkaar leggen

zus$\underline{a}$mmenwickeln inpakken, inwikkelen

zus$\underline{a}$mmenwirken samenwerken

zus$\underline{a}$mmenzählen optellen

zus$\underline{a}$mmenziehen³¹⁸ **I** *tr* **1** samentrekken: *die Augenbrauen* ~ de wenkbrauwen fronsen; **2** *(getallen)* optellen; **II** *intr* gaan samenwonen; **III** *sich* ~ **1** krimpen; **2** *(mbt wolken)* zich samenpakken; **3** *(mbt onweer)* komen opzetten

zus$\underline{a}$mmenzucken ineenkrimpen

Zus$\underline{a}$tz *m⁶* **1** toevoeging; **2** toevoegsel; **3** naschrift; **4** bijvoegsel, bijlage, aanhangsel

zus$\underline{a}$tzlich bijkomend, extra, aanvullend

Zus$\underline{a}$tzzahl *v²⁰* reservegetal *(bij lotto)*

zusch$\underline{a}$nden stuk, kapot: *sich* ~ *arbeiten* zich doodwerken

zusch$\underline{a}$uen toezien, toekijken

Zusch$\underline{a}$uer *m⁹* toeschouwer

Zusch$\underline{a}$uerraum *m⁶* *(theat)* zaal

zusch$\underline{i}$cken toezenden, toesturen

zusch$\underline{i}$eben²³⁷ **1** dichtschuiven; **2** *(iem iets)* toeschuiven: *jmdm die Schuld* ~ iem de schuld in de schoenen schuiven

zusch$\underline{i}$eßen²³⁸ **I** *tr* **1** *(geld)* bijpassen, bijleggen; **2** *(de bal)* toeschieten; **II** *intr* *(op iem)* afschieten

Zuschlag *m⁶* **1** toeslag, bijbetaling; **2** toeslagbiljet, toeslagkaartje; **3** toewijzing, toeslag *(op veiling)*; **4** gunning *(bij aanbesteding)*; **5** *(belasting)* opcenten; **6** *(mbt mortel, erts)* toeslag

zuschlagen²⁴¹ **I** *tr* **1** *(een boek, deur)* dichtslaan; **2** *(een kist)* dichttimmeren; **3** toeslaan; **4** optellen bij; **5** *(op veiling)* toewijzen; **6** *(bij aanbesteding)* gunnen; **7** verhogen; **8** behouwen *(van stenen)*; **II** *intr* **1** toeslaan, dichtslaan, dichtklappen; **2** toeslaan

zuschließen²⁴⁵ op slot doen, afsluiten

zuschmeißen²⁴⁷ dichtsmijten

zuschnallen dichtgespen

zuschnappen **I** *(haben)* toehappen, bijten; **II** *(sein)* **1** *(mbt knipmes)* dichtslaan; **2** in het slot vallen

zuschneiden²⁵⁰ **1** *(kleding)* snijden, knippen; **2** *(fig)* afstemmen (op)

zuschneien dichtsneeuwen, insneeuwen

zuschnüren **1** dichtrijgen; **2** dichtbinden

zuschrauben dichtschroeven

zuschreiben²⁵² **1** overschrijven naar, overboeken naar; **2** *(bezit)* op iems naam zetten; **3** *(een werk aan iem)* toeschrijven

zuschreien²⁵³ toeschreeuwen, toeroepen

zuschreiten²⁵⁴ **1** doorstappen; **2** toelopen

Zuschrift *v²⁰* schrijven, brief

zuschulden: *sich etwas* ~ *kommen lassen* zich aan iets schuldig maken

Zuschuss *m⁶* subsidie; hulp

zuschütten **1** erbij gieten; **2** dichtgooien

zusehen²⁶¹ **1** toekijken, gadeslaan; **2** zien, er voor zorgen

zusehends zichtbaar, zienderogen

zusenden²⁶³ toezenden

zusetzen **I** *tr* **1** toevoegen; **2** *(geld)* er op toeleggen, er bij inschieten; **II** *intr* **1** druk uitoefenen, aandringen: *jmdm mit Bitten* ~ iem met verzoeken lastig vallen; **2** aangrijpen

zusichern verzekeren, vast beloven

Zusicherung *v²⁰* verzekering, toezegging

zuspielen *(de bal)* toespelen, passen

zuspitzen **I** *tr* **1** toespitsen; **2** *(fig)* nauwkeurig formuleren; **II** *sich* ~ *(fig)* zich toespitsen

zusprechen²⁷⁴ **I** *tr* **1** toespreken: *jmdm Mut* ~ iem moed inspreken; **2** *(jur)* toewijzen; **3** toeschrijven; **II** *intr* **1** toespreken; **2** gebruiken

Zuspruch *m¹⁹* **1** goede raad, troost, vriendelijke woorden; **2** toeloop; **3** weerklank, bijval: ~ *finden* weerklank, bijval vinden

Zustand *m⁶* toestand, staat: *in gut gepflegtem* ~ in goede staat

zustande: ~ *kommen* tot stand komen; *etwas* ~ *bringen* iets tot stand brengen

zuständig **1** bevoegd, competent; **2** verantwoordelijk

Zuständigkeit *v²⁰* bevoegdheid, competentie

zustatten: ~ *kommen* van pas komen

zustecken **1** dichtspelden; **2** toestoppen

zustehen²⁷⁹ **1** recht hebben op, toekomen; **2** passen, betamen

zusteigen[281] onderweg instappen
zustellen 1 afsluiten, barricaderen; **2** bezorgen, bestellen *(van post)*
Zusteller *m*[9] postbode
Zustellgebühr *v*[20] porto, port
Zustellung *v*[20] bezorging, bestelling
zusteuern I *tr* bijdragen *(in de kosten);* II *intr* aansturen, afstevenen
zustimmen instemmen met: *jmdm* ~ het met iem eens zijn; *einer Sache* ~ met iets instemmen
Zustimmung *v*[20] 1 instemming; **2** goedkeuring
zustoßen[285] I *tr* dichtstoten; II *intr* 1 overkomen, gebeuren; **2** toestoten
zustreben afstevenen op
Zustrom *m*[19] 1 toevloed, toestroom; **2** *(weerk)* aanvoer
zuströmen 1 stromen naar; **2** *(fig)* toestromen
zutage: ~ *kommen* (of: *treten)* aan het licht komen
zutanken bijtanken
Zutat *v*[20] 1 ingrediënt; **2** toevoeging
zuteil: ~ *werden* ten deel vallen
zuteilen 1 opdragen, geven; **2** distribueren, uitdelen; **3** toewijzen
Zuteilung I *v*[20] rantsoen, portie; II *v*[28] distributie, toewijzing
zutiefst diep, ten zeerste, buitengewoon
zutragen[288] I *tr* 1 dragen naar; **2** overbrengen; II *sich* ~ gebeuren
zuträglich nuttig, bevorderlijk
zutrauen verwachten van, in staat achten tot: *jmdm einen Mord* ~ iem tot een moord in staat achten
Zutrauen *o*[39] vertrouwen
zutraulich 1 vol vertrouwen; **2** vertrouwelijk, niet eenkennig, niet schuw *(van dier)*
zutreffen[289] 1 kloppen, juist zijn; **2** slaan *(op)*, van toepassing zijn *(op)*
zutreffend juist, raak
Zutritt *m*[19] toegang, entree: *vor* ~ *von Luft schützen* niet aan lucht blootstellen
zutun[295] 1 toedoen, dichtdoen, sluiten; **2** toevoegen, erbij doen, bijvoegen
Zutun *o*[39] toedoen
zuungunsten *vz*[+2] ten nadele van
zuverlässig betrouwbaar
Zuverlässigkeit *v*[28] betrouwbaarheid
Zuversicht *v*[28] (vast) vertrouwen: *die feste* ~ *haben, dass …* er vast op vertrouwen dat …
zuversichtlich vol vertrouwen
Zuversichtlichkeit *v*[28] (vast) vertrouwen
zuviel *oude spelling voor* zu viel, *zie* viel 3
zuvor eerst, vooraf; van tevoren: *im Jahr* ~ in het voorgaande jaar
zuvorderst helemaal vooraan
zuvorkommen[193] 1 voorkomen; **2** vóór zijn
zuvorkommend voorkomend, hulpvaardig
zuvortun[295] overtreffen
Zuwachs *m*[6] 1 toename, groei; **2** vermeerdering *(van bezit);* **3** gezinsuitbreiding
zuwachsen[302] 1 dichtgroeien; **2** ten deel vallen, toevallen

Zuwachsrate *v*[21] groei, groeipercentage
Zuwanderer *m*[9] nieuwe inwoner, immigrant
zuwandern 1 immigreren; **2** zich als nieuwkomer vestigen
Zuwanderung *v*[20] 1 immigratie; **2** vestiging
zuwege: *etwas* ~ *bringen* iets tot stand brengen
zuwehen I *tr* toewaaien; II *intr* dichtwaaien
zuweilen af en toe, soms
zuweisen[307] opdragen, toewijzen
Zuweisung *v*[20] (het) opdragen, toewijzing
zuwenden[308] 1 toekeren, toewenden: *sich einem Problem* ~ zich met een probleem gaan bezighouden; **2** doen toekomen, geven; **3** *(iem zijn vertrouwen, liefde)* schenken
Zuwendung I *v*[20] schenking, gift, bijdrage; II *v*[28] zorg, aandacht
zuwenig *oude spelling voor* zu wenig, *zie* wenig
zuwerfen[311] 1 *(deur)* dichtgooien; **2** dempen; **3** *(iem een bal)* toegooien; **4** toewerpen
zuwider I *vz*[+3] tegen, in strijd met: *dem Verbot* ~ tegen het verbod in; II *bw* tegen: *er ist mir* ~ ik heb een hekel aan hem
zuwiderhandeln handelen in strijd met
Zuwiderhandlung *v*[20] overtreding
zuwiderlaufen[198+3] indruisen tegen, niet stroken met
zuwinken toezwaaien, toewuiven
zuzahlen bijbetalen
zuzählen 1 erbij tellen; **2** rekenen tot
zuzeiten soms, af en toe
zuziehen[318] I *tr* 1 raadplegen, erbij halen; **2** *(een gordijn, deur)* dichttrekken; II *intr* 1 zich vestigen, ergens komen wonen; **2** trekken naar: *sich*[3] *eine Krankheit* ~ zich een ziekte op de hals halen
Zuzug *m*[6] toeloop, toestroom, toevloed
Zuzügler *m*[9] nieuwe inwoner
zuzüglich *vz*[+2] vermeerderd met, plus
Zwang *m*[6] 1 dwang, druk, geweld; **2** noodzaak
zwängen persen, dringen
zwanghaft dwangmatig, gedwongen
zwanglos ongedwongen, informeel
Zwangsarbeit *v*[28] dwangarbeid
Zwangsernährung *v*[28] dwangvoeding
Zwangsherrschaft *v*[28] dwingelandij
Zwangsjacke *v*[21] dwangbuis
zwangsläufig onvermijdelijk, noodzakelijk
Zwangsmaßnahme *v*[21] dwangmaatregel
Zwangsräumung *v*[20] gedwongen ontruiming
zwangsversteigern openbaar verkopen
Zwangsversteigerung *v*[20] openbare verkoping
zwangsweise 1 gedwongen; **2** onvermijdelijk
zwanzig twintig
zwanziger 1 uit het jaar twintig; **2** tussen '20 en '30: *die* ~ *Jahre* de jaren twintig
Zwanziger *m*[9] twintiger
zwar weliswaar, wel: *und* ~ en wel
Zweck *m*[5] doel, doeleinde: *zu diesem* ~ met dat doel; *zum* ~*e*[+2] ten behoeve van; *zu welchem* ~? met welk

vallen

doel?, waartoe?; *das hat keinen ~* dat heeft geen zin

Zweckbau *m (2e nvl -(e)s; mv -ten)* utiliteitsbouw, utiliteitsgebouw

zweckdienlich ter zake dienend, nuttig

zweckentsprechend doelmatig

zwecklos doelloos, zinloos, nutteloos

zweckmäßig doelmatig; zinvol

Zweckmäßigkeit *v28* doelmatigheid; zinvolheid

zwecks *vz+2* ten behoeve van, voor

zwei twee: *alle ~ Tage* om de andere dag; *einer von euch ~en* een van jullie tweeën; *ein Vater ~er Kinder* een vader van twee kinderen; *zu ~en* met z'n tweeën

Zwei *v20* **1** *(cijfer)* twee; **2** lijn twee *(van tram, bus);* **3** *(als rapportcijfer)* goed

zweiarmig tweearmig

Zweibettzimmer *o33* tweepersoonskamer

zweideutig dubbelzinnig

zweieinhalb tweeëneenhalf

Zweier *m9* **1** tweepfennigstuk; **2** *(bus, tram)* lijn twee; **3** boot voor twee roeiers

zweierlei tweeërlei, van twee soorten

zweifach tweevoudig, dubbel

Zweifel *m9* twijfel: *eine Behauptung in ~ stellen* (of: *setzen, ziehen)* een bewering in twijfel trekken; *~ hegen* twijfel koesteren; *das unterliegt keinem ~* dat staat buiten kijf; *ohne ~* ongetwijfeld

zweifelhaft **1** twijfelachtig, onzeker; **2** verdacht, dubieus

zweifellos ongetwijfeld, zonder twijfel

zweifeln twijfelen

Zweifelsfall *m6: im ~* in geval van twijfel

zweifelsfrei ongetwijfeld, zonder twijfel

zweifelsohne zonder twijfel, ongetwijfeld

Zweifler *m9* twijfelaar

Zweig *m5* **1** twijg, tak; **2** tak, afdeling; **3** aftakking; **4** zijtak, zijlinie *(van familie)*

Zweiggeschäft *o29* filiaal, *(Belg)* bijhuis

zweigleisig dubbelsporig

zweigliederig, zweigliedrig tweeledig

Zweigstelle *v21* filiaal, *(Belg)* bijhuis

Zweikampf *m6* tweegevecht, duel

zweimal tweemaal

zweimalig tweemaal herhaald

Zweimarkstück *o29* tweemarkstuk

zweimonatlich tweemaandelijks

zweimotorig tweemotorig

Zweirad *o32* tweewieler, fiets, rijwiel

zweiräderig, zweirädrig tweewielig

zweischneidig **1** tweesnijdend; **2** *(fig)* dubieus

zweiseitig tweezijdig, bilateraal

zweisilbig tweelettergrepig

Zweisitzer *m9* tweezitter; tweepersoons auto

zweisitzig met twee zitplaatsen

zweisprachig tweetalig

zweispurig **1** dubbelsporig; **2** tweebaans

zweistellig van twee cijfers

zweistimmig tweestemmig

zweistöckig van twee verdiepingen, met twee eta-

ges

zweistündig twee uur durend

zweit: *zu ~* met z'n tweeën

zweite tweede: *aus ~r Hand* tweedehands; *(fig) aus ~r Hand kennen* uit de tweede hand hebben

Zweiteilung *v20* verdeling in tweeën

zweitens ten tweede, op de tweede plaats

zweitgrößt op één na de grootste

zweithöchst op één na de hoogste

zweitklassig tweederangs

zweitletzt op één na de laatste, voorlaatst

Zweitschrift *v20* **1** doorslag; **2** afschrift, kopie

Zweitwagen *m11* tweede auto

zweizeilig tweeregelig

Zwerchfell *o29 (anat)* middenrif

Zwerg *m5* dwerg

zwergartig, zwergenhaft dwergachtig

Zwerghuhn *o32* krielkip

Zwetsche, Zwetschge *v21 (Z-Dui, Zwits)* **1** kwets *(een blauwe pruim);* **2** pruimenboom

zwicken **1** knijpen; **2** knellen, pijn doen

Zwickmühle *v21: in einer ~ sein* (of: *sitzen)* in de knoei, in de knel zitten

Zwieback *m5, m6* beschuit

Zwiebel *v21* **1** ui; **2** *(bloem)*bol; **3** knol *(groot horloge);* **4** haarknoet, knotje

Zwiebelgewächs *o29* bolgewas

zwiebeln treiteren, pesten

Zwiebelsuppe *v21* uiensoep

Zwiebelturm *m6* toren met uivormige koepel

Zwiegespräch *o29* dialoog, tweegesprek

Zwielaut *m5* tweeklank

Zwielicht *o39* schemering, halfdonker

zwielichtig duister, dubieus, louche

Zwiespalt *m5, m6* **1** tweespalt, verdeeldheid; **2** tweestrijd

zwiespältig verdeeld: *~e Gefühle* tegenstrijdige gevoelens; *ein ~er Mensch* een gespleten iem

Zwietracht *v28* tweedracht, onenigheid

Zwilling *m5* tweeling

Zwillingsbruder *m10* tweelingbroer

Zwillingsschwester *v21* tweelingzuster

Zwinge *v21* **1** *(techn)* klemschroef; **2** stalen ring, beslagring; **3** rubberdop; **4** stalen punt

zwingen³¹⁹ dwingen: *~de Gründe* dringende redenen

Zwinger *m9* **1** kooi; **2** kennel

zwinkern met de ogen knipperen

Zwirn *m5* (getwijnd) garen

Zwirnsfaden *m12* garen, draad

zwischen *vz+3, +4* tussen

Zwischenbemerkung *v20* interruptie

Zwischenbericht *m5* tussenrapport, voorlopig verslag

Zwischenbilanz *v20 (handel)* tussenbalans

zwischendurch **1** (er)tussendoor; **2** ondertussen

Zwischenergebnis *o29a* voorlopig resultaat

Zwischenfall *m6* **1** voorval; **2** incident

Zwischenfrage *v21* tussenvraag, interruptie

Zwischengeschoss o^{29} tussenverdieping
zwischenlanden een tussenlanding maken
Zwischenlandung v^{20} tussenlanding
Zwischenlösung v^{20} voorlopige oplossing
zwischenmenschlich intermenselijk
Zwischenpause v^{21} kleine pauze
Zwischenprüfung v^{20} tentamen
Zwischenraum m^6 **1** tussenruimte; **2** interval
Zwischenruf m^5 interruptie
Zwischenrunde v^{21} *(sp)* tussenronde
Zwischenspiel o^{29} intermezzo, tussenspel
zwischenstaatlich internationaal
Zwischenstufe v^{21} tussentrap, tussenstadium
Zwischenstunde v^{21} tussenuur *(op school)*
Zwischenzeit v^{20} tussentijd
zwischenzeitlich intussen, ondertussen
Zwist m^5, **Zwistigkeit** v^{20} twist, onenigheid, geschil
zwitschern tjilpen, kwinkeleren
zwo twee
zwölf twaalf
Zwölf v^{20} **1** *(het cijfer)* twaalf; **2** lijn twaalf *(van tram, bus)*
Zyankali o^{39} *(chem)* cyaankali
Zyklon m^5 cycloon, wervelstorm
Zyklus m *(2e nvl -; mv Zyklen)* cyclus
Zylinder m^9 **1** cilinder; **2** hoge hoed
Zyniker m^9 cynicus
zynisch cynisch
Zynismus m^{19a} cynisme
Zypresse v^{21} cipres
Zyste v^{21} cyste
zz., zzt. *afk van zurzeit* thans, op het ogenblik
z. Z., z.Zt. *afk van zur Zeit* ten tijde van, in de tijd van, *oude spelling voor zz., zzt.*

Inhoudsopgave supplement

Grammaticaal overzicht 413
Naamvallen
Verbuigingstabellen van het zelfstandig naamwoord
Het zelfstandig naamwoord
Het bijvoeglijk naamwoord
Het bijwoord
Het lidwoord
Het telwoord
Het voornaamwoord
Het voorzetsel
Het werkwoord

Lijst van sterke en onregelmatige werkwoorden 430

Grammaticaal overzicht

Toelichting
Het volgende grammaticaal overzicht bevat de hoofdzaken van de Duitse grammatica, waarbij aan
de structurele verschillen tussen het Nederlands en het Duits ruime aandacht wordt besteed.
Bij de opbouw van het overzicht is uitgegaan van de traditionele – ook in het woordenboek onderscheiden – woordsoorten: zelfstandig naamwoord, bijvoeglijk naamwoord, bijwoord, lidwoord, telwoord, voornaamwoord, voorzetsel en werkwoord. De informatie die bij elke woordsoort gegeven
wordt, is in kleinere doorlopend genummerde eenheden ingedeeld. Vanuit het woordenboek wordt
waar nodig door middel van een hoog gezet cijfer naar deze kleinere eenheden verwezen. Dit ge-
beurt consequent bij elk als trefwoord opgenomen zelfstandig naamwoord en bij elk sterk of onregelmatig werkwoord. Maar ook in andere gevallen waarin de gebruiker met informatie uit het
grammaticaal overzicht gebaat is, vindt een rechtstreekse verwijzing plaats. Dit is bijvoorbeeld het
geval bij de verbuiging van het lidwoord of het optreden van de umlaut in de vergrotende en overtreffende trap. Op deze manier functioneert het overzicht als een verlengstuk van het woordenboek.
Het overzicht kan echter ook dienen als zelfstandig naslagwerk bij grammaticale problemen.

Naamvallen

In het Duits regeren veel voorzetsels en werkwoorden een naamval. In het woordenboek wordt deze
door middel van een hoog gezet cijfer aangeduid. De betreffende cijfertjes worden hieronder verklaard. Een plustekentje voor het cijfer betekent dat het desbetreffende voorzetsel of werkwoord de
aangegeven naamval regeert. Een cijfer zonder plustekentje betekent dat het desbetreffende woord
in de aangegeven naamval staat.

1 1e naamval, nominatief
   (deze komt als verwijzing niet in het woordenboek voor; het cijfer 1 wordt hier alleen volledigheids-
   halve gegeven)

2 2e naamval, genitief
   Statt[+2] *eines Kuchens*[2] *hätte ich gerne einen Strudel*[4].

3 3e naamval, datief
   Kommst du mit[+3] *mir*[3]?

4 4e naamval, accusatief
   Der Hund und die Katze rannten um[+4] *den Baum*[4].

Verbuigingstabellen van het zelfstandig naamwoord

Mannelijke zelfstandige naamwoorden

5 *-e*

	enkelvoud	meervoud
1	der Tag	die Tage
2	des Tag(e)s	der Tage
3	dem Tag(e)	den Tagen
4	den Tag	die Tage

7 *-er*

	enkelvoud	meervoud
1	der Geist	die Geister
2	des Geist(e)s	der Geister
3	dem Geist(e)	den Geistern
4	den Geist	die Geister

Mannelijke zelfstandige naamwoorden

6 *-e + umlaut*

	enkelvoud	meervoud
1	der Baum	die Bäume
2	des Baum(e)s	der Bäume
3	dem Baum(e)	den Bäumen
4	den Baum	die Bäume

8 *-er + umlaut*

	enkelvoud	meervoud
1	der Wald	die Wälder
2	des Wald(e)s	der Wälder
3	dem Wald(e)	den Wäldern
4	den Wald	die Wälder

9 onveranderd (zelfstandige naamwoorden op -el, -er)

	enkelvoud	meervoud
1	*der Onkel*	*die Onkel*
2	*des Onkels*	*der Onkel*
3	*dem Onkel*	*den Onkeln*
4	*den Onkel*	*die Onkel*

10 *umlaut* (zelfstandige naamwoorden op -el, -er)

	enkelvoud	meervoud
1	*der Apfel*	*die Äpfel*
2	*des Apfels*	*der Äpfel*
3	*dem Apfel*	*den Äpfeln*
4	*den Apfel*	*die Äpfel*

11 onveranderd (zelfstandige naamwoorden op -en)

	enkelvoud	meervoud
1	*der Posten*	*die Posten*
2	*des Postens*	*der Posten*
3	*dem Posten*	*den Posten*
4	*den Posten*	*die Posten*

12 *umlaut* (zelfstandige naamwoorden op -en)

	enkelvoud	meervoud
1	*der Hafen*	*die Häfen*
2	*des Hafens*	*der Häfen*
3	*dem Hafen*	*den Häfen*
4	*den Hafen*	*die Häfen*

13 -s

	enkelvoud	meervoud
1	*der Chef*	*die Chefs*
2	*des Chefs*	*der Chefs*
3	*dem Chef*	*den Chefs*
4	*den Chef*	*die Chefs*

14 7 × -en

	enkelvoud	meervoud
1	*der Mensch*	*die Menschen*
2	*des Menschen*	*der Menschen*
3	*dem Menschen*	*den Menschen*
4	*den Menschen*	*die Menschen*

15 7 × -n

	enkelvoud	meervoud
1	*der Junge*	*die Jungen*
2	*des Jungen*	*der Jungen*
3	*dem Jungen*	*den Jungen*
4	*den Jungen*	*die Jungen*

16 4 × -en

	enkelvoud	meervoud
1	*der Staat*	*die Staaten*
2	*des Staat(e)s*	*der Staaten*
3	*dem Staat(e)*	*den Staaten*
4	*den Staat*	*die Staaten*

17 4 × -n

	enkelvoud	meervoud
1	*der Muskel*	*die Muskeln*
2	*des Muskels*	*der Muskeln*
3	*dem Muskel*	*den Muskeln*
4	*den Muskel*	*die Muskeln*

18 7 × -n + -s in 2e naamval enkelvoud

	enkelvoud	meervoud
1	*der Name*	*die Namen*
2	*des Namens*	*der Namen*
3	*dem Namen*	*den Namen*
4	*den Namen*	*die Namen*

19 alleen enkelvoud

1	*der Stahl*
2	*des Stahl(e)s*
3	*dem Stahl(e)*
4	*den Stahl*

19a alleen enkelvoud

1	*der Luxus*
2	*des Luxus*
3	*dem Luxus*
4	*den Luxus*

Vrouwelijke zelfstandige naamwoorden

20 -en

	enkelvoud	meervoud
1	*die Frau*	*die Frauen*
2	*der Frau*	*der Frauen*
3	*der Frau*	*den Frauen*
4	*die Frau*	*die Frauen*

Vrouwelijke zelfstandige naamwoorden

21 -n

	enkelvoud	meervoud
1	*die Lampe*	*die Lampen*
2	*der Lampe*	*der Lampen*
3	*der Lampe*	*den Lampen*
4	*die Lampe*	*die Lampen*

22 -nen

	enkelvoud	meervoud
1	die Freundin	die Freundinnen
2	der Freundin	der Freundinnen
3	der Freundin	den Freundinnen
4	die Freundin	die Freundinnen

23 -e

	enkelvoud	meervoud
1	die Mühsal	die Mühsale
2	der Mühsal	der Mühsale
3	der Mühsal	den Mühsalen
4	die Mühsal	die Mühsale

24 -se

	enkelvoud	meervoud
1	die Wildnis	die Wildnisse
2	der Wildnis	der Wildnisse
3	der Wildnis	den Wildnissen
4	die Wildnis	die Wildnisse

25 -e + umlaut

	enkelvoud	meervoud
1	die Angst	die Ängste
2	der Angst	der Ängste
3	der Angst	den Ängsten
4	die Angst	die Ängste

26 umlaut

	enkelvoud	meervoud
1	die Mutter	die Mütter
2	der Mutter	der Mütter
3	der Mutter	den Müttern
4	die Mutter	die Mütter

27 -s

	enkelvoud	meervoud
1	die Kamera	die Kameras
2	der Kamera	der Kameras
3	der Kamera	den Kameras
4	die Kamera	die Kameras

28 alleen enkelvoud

1	die Milch
2	der Milch
3	der Milch
4	die Milch

Onzijdige zelfstandige naamwoorden

29 -e

	enkelvoud	meervoud
1	das Brot	die Brote
2	des Brot(e)s	der Brote
3	dem Brot(e)	den Broten
4	das Brot	die Brote

Onzijdige zelfstandige naamwoorden

29a -se

	enkelvoud	meervoud
1	das Verhältnis	die Verhältnisse
2	des Verhältnisses	der Verhältnisse
3	dem Verhältnis(se)	den Verhältnissen
4	das Verhältnis	die Verhältnisse

30 -e + umlaut

	enkelvoud	meervoud
1	das Floß	die Flöße
2	des Floßes	der Flöße
3	dem Floß(e)	den Flößen
4	das Floß	die Flöße

31 -er

	enkelvoud	meervoud
1	das Bild	die Bilder
2	des Bild(e)s	der Bilder
3	dem Bild(e)	den Bildern
4	das Bild	die Bilder

32 -er + umlaut

	enkelvoud	meervoud
1	das Bad	die Bäder
2	des Bad(e)s	der Bäder
3	dem Bad(e)	den Bädern
4	das Bad	die Bäder

33 onveranderd (zelfstandige naamwoorden op -el, -er, Ge-e)

	enkelvoud	meervoud
1	das Mittel	die Mittel
2	des Mittels	der Mittel
3	dem Mittel	den Mitteln
4	das Mittel	die Mittel

34 *umlaut*

enkelvoud	meervoud
1 das Kloster	die Klöster
2 des Klosters	der Klöster
3 dem Kloster	den Klöstern
4 das Kloster	die Klöster

35 onveranderd (zelfstandige naamwoorden op -en, -chen, -lein)

enkelvoud	meervoud
1 das Mädchen	die Mädchen
2 des Mädchens	der Mädchen
3 dem Mädchen	den Mädchen
4 das Mädchen	die Mädchen

36 *-s*

enkelvoud	meervoud
1 das Auto	die Autos
2 des Autos	der Autos
3 dem Auto	den Autos
4 das Auto	die Autos

37 *-en*

enkelvoud	meervoud
1 das Hemd	die Hemden
2 des Hemd(e)s	der Hemden
3 dem Hemd(e)	den Hemden
4 das Hemd	die Hemden

38 *-n*

enkelvoud	meervoud
1 das Auge	die Augen
2 des Auges	der Augen
3 dem Auge	den Augen
4 das Auge	die Augen

39 alleen enkelvoud

1 das Leid
2 des Leid(e)s
3 dem Leid(e)
4 das Leid

39a alleen enkelvoud

1 das Ethos
2 des Ethos
3 dem Ethos
4 das Ethos

40 Zelfstandig gebruikte bijvoeglijke naamwoorden (▶ 56)

	na bepalend woord van de der -groep		na bepalend woord van de ein -groep		zonder bepalend woord	
	enkelvoud	meervoud	enkelvoud	meervoud	enkelvoud	meervoud
40a mnl. 1	der Kranke	die Kranken	ein Kranker	keine Kranken	Kranker	Kranke
2	des Kranken	der Kranken	eines Kranken	keiner Kranken	Kranker	Kranker
3	dem Kranken	den Kranken	einem Kranken	keinen Kranken	Krankem	Kranken
4	den Kranken	die Kranken	einen Kranken	keine Kranken	Kranken	Kranke
40b vrl. 1	die Kranke	die Kranken	eine Kranke	keine Kranken	Kranke	Kranke
2	der Kranken	der Kranken	einer Kranken	keiner Kranken	Kranker	Kranker
3	der Kranken	den Kranken	einer Kranken	keinen Kranken	Kranker	Kranken
4	die Kranke	die Kranken	eine Kranke	keine Kranken	Kranke	Kranke
40c onz. 1	das Kranke	die Kranken	ein Krankes	keine Kranken	Krankes	Kranke
2	des Kranken	der Kranken	eines Kranken	keiner Kranken	Kranken	Kranker
3	dem Kranken	den Kranken	einem Kranken	keinen Kranken	Krankem	Kranken
4	das Kranke	die Kranken	ein Krankes	keine Kranken	Krankes	Kranke

41 Namen van de talen (▶ 56)

onz. 1 das Englische — mein Englisch
2 des Englischen — meines Englisch(s)
3 dem Englischen — meinem Englisch
4 das Englische — mein Englisch

42 Het zelfstandig naamwoord

Het zelfstandig naamwoord, dat met een hoofdletter geschreven wordt, komt in drie geslachten (mannelijk, vrouwelijk en onzijdig) voor en wordt verbogen.
▶ Voor het verbuigingsoverzicht zie 5-41.

43 De vormen van het enkelvoud

Vrouwelijke zelfstandige naamwoorden blijven in het enkelvoud in alle naamvallen onveranderd.
De mannelijke zelfstandige naamwoorden vallen uiteen in twee groepen:
- woorden die in de 2e, 3e en 4e naamval enkelvoud (en in het meervoud) de uitgang *-en* of *-n* krijgen (de zwakke zelfstandige naamwoorden; ▶ 14 en 15);
- woorden die in de 2e naamval *-(e)s* krijgen.

Een bijzondere groep vormt groep 18 die in de 2e naamval *-ns* en in de 3e en de 4e naamval een *-n* krijgt.
De onzijdige zelfstandige naamwoorden krijgen in de 2e naamval *-(e)s*.
De uitgang *-es* wordt altijd gebruikt bij Duitse mannelijke en onzijdige zelfstandige naamwoorden die eindigen op *-s, -ss, -ß, -x, -z*:
des Loses – des Bisses – des Fußes – des Nixes – des Kitzes
De uitgang *-s* wordt altijd gebruikt bij woorden op: *-el, -em, -en, -er*:
des Esels – des Atems – des Besens – des Leders
Voor de rest varieert het gebruik van *-(e)s*, waarbij meerlettergrepige woorden meestal een *-s* hebben:
des Anstrich(e)s – des Erfolg(e)s
De uitgang *-e* in de 3e naamval wordt behalve in een aantal vaste uitdrukkingen (bijv. *in etwas zu Hause sein*) bijna altijd weggelaten. De *-e* kan in ieder geval niet gebruikt worden:
• na woorden op *-el, -em, -en, -er*:
dem Esel – dem Atem
• na woorden op een klinker:
dem Tabu – dem Auto
Vreemde zelfstandige naamwoorden op een sisklank hebben in de 2e naamval vaak geen uitgang:
des Passus

44 De vormen van het meervoud

Zelfstandige naamwoorden die in het meervoud niet op een *-n* of een *-s* eindigen, krijgen in de 3e naamval een *-n*:
den Kindern – den Wildnissen, maar: *den Mädchen – den Kameras*
Veel zelfstandige naamwoorden krijgen in het meervoud een umlaut. Daarbij verandert *a* in *ä*, *o* in *ö*, *u* in *ü* en *au* in *äu*.

45

Woorden die **vrouwelijke personen, titels, beroepen en dieren** aanduiden, worden vaak van de mannelijke afgeleid door middel van de uitgang *-in*:
der Däne → *die Dänin*
der Schwimmer → *die Schwimmerin*
der Sportler → *die Sportlerin*
der Professor → *die Professorin*
der Schaffner → *die Schaffnerin*
Vaak krijgt het vrouwelijke woord een umlaut:
Arzt → *Ärztin*
Gott → *Göttin*
Om ruimte te besparen zijn vrouwelijke afleidingen die geen problemen bieden in het woordenboek vaak niet apart vermeld.

46 Het bijvoeglijk naamwoord

Het bijvoeglijk naamwoord dat vóór een zelfstandig naamwoord staat, wordt verbogen:
der gute Junge – reines Wasser

47 Er zijn drie mogelijkheden.
a) Het bijvoeglijk naamwoord staat na:
der, dieser, jener, jeder, mancher, solcher, welcher, aller, sämtlicher, beide.
De verbuiging luidt dan:

	mannelijk	vrouwelijk	onzijdig	meervoud
1	*der gute Mann*	*die junge Frau*	*das kleine Kind*	*die alten Leute*
2	*des guten Mann(e)s*	*der jungen Frau*	*des kleinen Kind(e)s*	*der alten Leute*
3	*dem guten Mann(e)*	*der jungen Frau*	*dem kleinen Kind(e)*	*den alten Leuten*
4	*den guten Mann*	*die junge Frau*	*das kleine Kind*	*die alten Leute*

48 b) Het bijvoeglijk naamwoord staat na:
ein, kein, mein, dein, sein, ihr, unser, euer, ihr, Ihr.
De verbuiging luidt dan:

	mannelijk	vrouwelijk	onzijdig	meervoud
1	*ein guter Mann*	*eine junge Frau*	*ein kleines Kind*	*keine alten Leute*
2	*eines guten Mann(e)s*	*einer jungen Frau*	*eines kleinen Kind(e)s*	*keiner alten Leute*
3	*einem guten Mann(e)*	*einer jungen Frau*	*einem kleinen Kind(e)*	*keinen alten Leuten*
4	*einen guten Mann*	*eine junge Frau*	*ein kleines Kind*	*keine alten Leute*

49 c) Het bijvoeglijk naamwoord heeft **geen voorafgaand bepalend woord.**
De verbuiging luidt dan:

	mannelijk	vrouwelijk	onzijdig	meervoud
1	*deutscher Wein*	*kalte Milch*	*kühles Bier*	*alte Leute*
2	*deutschen Wein(e)s*	*kalter Milch*	*kühlen Bier(e)s*	*alter Leute*
3	*deutschem Wein(e)*	*kalter Milch*	*kühlem Bier(e)*	*alten Leuten*
4	*deutschen Wein*	*kalte Milch*	*kühles Bier*	*alte Leute*

50 Twee of meer bijvoeglijke naamwoorden hebben dezelfde uitgang:
der gute, alte Mann – ein liebes, kleines Kind – erstklassiger, deutscher Wein – gute, alte, freundliche Menschen
Woorden als
einige, mehrere, verschiedene, viele, wenige, zahllose, zahlreiche
worden als bijvoeglijke naamwoorden beschouwd. Een volgend bijvoeglijk naamwoord heeft dus dezelfde uitgangen:
mehrere kleine Kinder
mehrerer kleiner Kinder
mehreren kleinen Kindern
mehrere kleine Kinder

51 Bijvoeglijk gebruikte **voltooide deelwoorden** op *-en* **van sterke werkwoorden** worden in het Duits verbogen:
verdorbenes Fleisch – bedorven vlees

52 **Stoffelijke bijvoeglijke naamwoorden** worden in het Duits verbogen:
ein hölzerner Stuhl – een houten stoel

53 Bij bijvoeglijke naamwoorden op *-el* vervalt in de verbuiging en in de vergrotende trap de *-e* voor de *-l*:
dunkel → *ein dunkler Anzug* → *ein dunklerer Anzug*

54 Bij bijvoeglijke naamwoorden op *-er* na *-au* of *-eu* vervalt in de verbuiging en in de vergrotende trap de *-e* voor de *-r*:
teuer → *ein teurer Wagen* → *ein teurerer Wagen*

55 Van **aardrijkskundige namen** afgeleide bijvoeglijke naamwoorden op *-er* worden met een hoofdletter geschreven en blijven onverbogen:
die Frankfurter Buchmesse

56 **Het zelfstandig gebruikt bijvoeglijk naamwoord**
Een bijvoeglijk naamwoord kan zelfstandig gebruikt worden, d.w.z. zonder een volgend zelfstandig
naamwoord. Het wordt dan met een hoofdletter geschreven, maar verbogen als een gewoon bijvoeglijk naamwoord:
der unglückliche Mann –der Unglückliche
eine arme Frau – eine Arme
ein helles Bier – ein Helles
reiche Leute – Reiche
▶ Voor de volledige verbuiging zie 40, a, b, c.
De **namen van de talen** zijn zelfstandig gebruikte bijvoeglijke naamwoorden.
Ze zijn onzijdig:
das Englische – das Französische – das Deutsche
Ze worden alleen verbogen als het bepaalde lidwoord (*das*) direct voor de naam van de taal staat en
er geen nadere bepaling volgt:
Er übersetzte den Text aus dem Deutschen ins Französische.
▶ Voor de verbuiging van de namen van de talen zie 41.

57 De **trappen van vergelijking**
De stellende trap is het gewone bijvoeglijk naamwoord:
schön – klein – breit enz.
De vergrotende trap wordt gevormd met *-er:*
schön → schöner / klein → kleiner / breit → breiter (Zie ook 53 en 54.)
De **overtreffende trap** wordt meestal gevormd met *-st:*
schön → schönst / klein → kleinst
• Als het bijvoeglijk naamwoord echter eindigt op *-d, -t* of sisklank (*-s, -ß, -sch, -x, -z*) en de laatste
lettergreep heeft de klemtoon, dan wordt de overtreffende trap met *-est* gevormd:
gesund → gesundest / breit → breitest /süß → süßest / frisch → frischest
• Heeft de laatste lettergreep echter niet de klemtoon, dan wordt de overtreffende trap met *-st* gevormd:
gebildet → gebildetst / komisch → komischst

58 De volgende bijvoeglijke naamwoorden krijgen in de vergrotende en overtreffende trap een **umlaut**
op de klinker: *alt (älter, ältest)*
alt, arg, arm, dumm, grob, hart, jung, kalt, klug, krank, kurz, lang, scharf, schwach, schwarz, stark,
warm

59 De volgende bijvoeglijke naamwoorden komen zowel **met als zonder umlaut** in de vergrotende en
in de overtreffende trap voor: *bang (bänger, bängst – banger, bangst)*
bang, blass, fromm, gesund, glatt, karg, krumm, nass, rot, schmal

60 Enkele bijvoeglijke naamwoorden hebben **onregelmatige vormen:**
groß → größer → größt / gut → besser → best / hoch → höher → höchst / nah → näher →
nächst / viel → mehr → meist / wenig → weniger → wenigst en *wenig → minder → mindest*

61 Het bijvoeglijk naamwoord *hoch* verandert in verbogen vormen en in de vergrotende trap in *hoh-:*
das Gebäude ist hoch – ein hohes Gebäude – ein höheres Gebäude

62 Het Nederlandse *dan* na een vergrotende trap wordt in het Duits weergegeven door *als:*
hij is groter dan ik – *er ist größer als ich*

63 Als de overtreffende trap betrekking heeft op een **werkwoord**, gebruikt men *am* + overtreffende
trap + *en:*
Die Preise sind im Sommer am niedrigsten.
Sie schreit am lautesten.

64   Het bijwoord

Bijwoorden zijn onveranderlijk, ze worden niet verbogen:
das Kind da – ich komme gern – eine sehr gute Antwort

65   Van de volgende bijwoorden komen trappen van vergelijking voor:
oft → öfter → am öftesten
bald → eher → am ehesten
gern(e) → lieber → am liebsten
sehr → mehr → am meisten
wohl → besser → am besten.

Het lidwoord

en de woorden die als het lidwoord verbogen worden
Bepaald lidwoord (*der, die, das, die*) en onbepaald lidwoord (*ein, eine, ein*) begeleiden een zelfstandig naamwoord, waarmee ze in geslacht, getal en naamval overeenkomen.

66   Verbuiging van het bepaald lidwoord

	mannelijk	vrouwelijk	onzijdig	meervoud
1	der Mann	die Frau	das Kind	die Leute
2	des Mann(e)s	der Frau	des Kind(e)s	der Leute
3	dem Mann(e)	der Frau	dem Kind(e)	den Leuten
4	den Mann	die Frau	das Kind	die Leute

67   Verbuiging van het onbepaald lidwoord

	mannelijk	vrouwelijk	onzijdig	meervoud
1	ein Mann	eine Frau	ein Kind	ein komt
2	eines Mann(e)s	einer Frau	eines Kind(e)s	in het
3	einem Mann(e)	einer Frau	einem Kind(e)	meervoud
4	einen Mann	eine Frau	ein Kind	niet voor

68

Zoals het bepaald lidwoord *der* worden ook verbogen
dieser, jener, jeder, mancher, solcher, welcher, aller, sämtlicher, beide:

	mannelijk	vrouwelijk	onzijdig	meervoud
1	dieser Mann	diese Frau	dieses Kind	diese Leute
2	dieses Mann(e)s	dieser Frau	dieses Kind(e)s	dieser Leute
3	diesem Mann(e)	dieser Frau	diesem Kind(e)	diesen Leuten
4	diesen Mann	diese Frau	dieses Kind	diese Leute

69

Zoals het onbepaald lidwoord *ein* worden ook verbogen
kein, mein, dein, sein, unser, euer, ihr, Ihr:

	mannelijk	vrouwelijk	onzijdig	meervoud
1	kein Mann	keine Frau	kein Kind	keine Leute
2	keines Mann(e)s	keiner Frau	keines Kind(e)s	keiner Leute
3	keinem Mann(e)	keiner Frau	keinem Kind(e)	keinen Leuten
4	keinen Mann	keine Frau	kein Kind	keine Leute

70   Het telwoord

Hoofdtelwoorden zijn onveranderlijk.
null, ein(s), zwei, drei, vier, fünf, sechs, sieben, acht, neun, zehn, elf, zwölf, dreizehn, vierzehn, fünfzehn, sechzehn, siebzehn, achtzehn, neunzehn, zwanzig, dreißig, vierzig, fünfzig, sechzig, siebzig,

achtzig, neunzig, hundert, hundert(und)eins, hundert(und)zwei, zweihundert, dreihundert, tausend, siebentausendachthundertsiebenunddreißig

71 *Die Million, die Milliarde, die Billion* enz. zijn vrouwelijke zelfstandige naamwoorden.

72 *Eins* wordt gebruikt:
als het alleen staat:
eins und zwei ist drei
na *hundert, tausend* enz.:
hundert(und)eins

73 Het onveranderlijke *ein* wordt gebruikt:
in samenstellingen als:
einundzwanzig – einunddreißig – einhundert
als teller van breuken:
ein Viertel – ein Achtel
voor het woord *Uhr:*
kurz nach ein Uhr
in *ein paar* en *ein wenig:*
mit ein paar Gulden – mit ein wenig Mühe

74 De **rangtelwoorden** van 1 tot en met 19 worden gevormd door achter het hoofdtelwoord een *-t* te plaatsen:
zweit – viert – fünft – neunzehnt
Vanaf 20 worden de rangtelwoorden gevormd door achter het hoofdtelwoord *-st* te plaatsen:
zwanzigst – einundzwanzigst – hundertst – fünftausendst
De rangtelwoorden worden als **bijvoeglijke naamwoorden** gebruikt en verbogen:
der zweite Schüler – die vierte Frage – das fünfte Kind – mein zwanzigstes Buch
Bij de hoofdtelwoorden *eins – drei – sieben* en *acht* horen de onregelmatig gevormde rangtelwoorden *erste – dritte – siebte* en *achte.*
Als rangtelwoorden in **cijfers** worden weergegeven staat er achter het cijfer een punt:
Wir haben heute den 4. Mai (den vierten Mai).

75 **Breuken** zijn onzijdige zelfstandige naamwoorden en worden dus met een hoofdletter geschreven:
ein Drittel – zwei Viertel – sechs Neuntel
De teller van een breuk wordt weergegeven door het hoofdtelwoord. De noemer van een breuk wordt gevormd door het rangtelwoord + *el:*
drei Viertel – sechs Neuntel

Het voornaamwoord

Voornaamwoorden zijn verbuigbare woorden. Een voornaamwoord begeleidt het zelfstandig naamwoord of staat hiervoor in de plaats.

76 **Het aanwijzend voornaamwoord**
De belangrijkste aanwijzende voornaamwoorden zijn:
der, dieser, jener en *solcher.*

77 *Der, dieser, jener* en *solcher* worden verbogen als het bepaald lidwoord *der* (▶ 66).

78 **Het betrekkelijk voornaamwoord**
Het belangrijkste betrekkelijk voornaamwoord is *der.*
Der heeft altijd betrekking op een antecedent. Dit is een woord of een woordgroep in de zin waarvan de betrokken bijzin afhankelijk is. Het antecedent bepaalt het geslacht en het getal (enkelvoud of meervoud) van het betrekkelijk voornaamwoord. De naamval van het betrekkelijk voornaamwoord hangt af van de functie (onderwerp, lijdend voorwerp enz.) die het in de afhankelijke zin vervult:
Der Mann, den ich gerade grüßte, ist mein Nachbar.
Die Leute, denen ich das Paket brachte, kannte ich nicht.

79   Het betrekkelijk voornaamwoord *der* wordt als volgt verbogen:

	mannelijk	vrouwelijk	onzijdig	meervoud
1	*der*	*die*	*das*	*die*
2	*dessen*	*deren*	*dessen*	*deren*
3	*dem*	*der*	*dem*	*denen*
4	*den*	*die*	*das*	*die*

80   Het bezittelijk voornaamwoord
De bezittelijke voornaamwoorden zijn:
   mein (mijn), *dein* (jouw), *sein* (zijn), *ihr* (haar), *unser* (ons, onze), *euer* (jullie), *ihr* (hun, haar), *Ihr* (uw).
   ▶ Voor de verbuiging zie 69.

81   **Het persoonlijk voornaamwoord**
De persoonlijke voornaamwoorden zijn:
   ich (ik), *du* (jij), *er* (hij), *sie* (zij), *es* (het), *wir* (wij), *ihr* (jullie), *sie* (zij), *Sie* (u, de beleefdheidsvorm voor enkelvoud en meervoud). De verbuiging is als volgt:

82   Enkelvoud

	1e persoon	2e persoon vertrouwelijk	beleefd	3e persoon mnl.	vrl.	onz.
1	*ich*	*du*	*Sie*	*er*	*sie*	*es*
2	*meiner*	*deiner*	*Ihrer*	*seiner*	*ihrer*	*seiner*
3	*mir*	*dir*	*Ihnen*	*ihm*	*ihr*	*ihm*
4	*mich*	*dich*	*Sie*	*ihn*	*sie*	*es*

Meervoud

	1e persoon	2e persoon vertrouwelijk	beleefd	3e persoon
1	*wir*	*ihr*	*Sie*	*sie*
2	*unser*	*euer*	*Ihrer*	*ihrer*
3	*uns*	*euch*	*Ihnen*	*ihnen*
4	*uns*	*euch*	*Sie*	*sie*

83   De beleefdheidsvorm *Sie* en het bijbehorende bezittelijke voornaamwoord *Ihr* en de daarvan afgeleide vormen schrijft men altijd met een hoofdletter.

84   **Het vragend voornaamwoord**
De vragende voornaamwoorden zijn:
   wer (wie), *was* (wat), *welcher* (welk(e)), *was für* (wat voor) en *was für ein* (wat voor een).

85   *Wer* wordt als volgt verbogen:

1	*wer*
2	*wessen*
3	*wem*
4	*wen*

Wer vraagt naar personen en heeft geen aparte vormen voor enkelvoud en meervoud en voor de verschillende geslachten:
   Wer ist dieser Junge? – Wer ist diese Frau? – Wer ist dieses Mädchen? – Wer sind diese Leute?

86   *Was* wordt als volgt verbogen:

1   *was*
2   *wessen*
3   -
4   *was*

De 3e naamval ontbreekt. Deze wordt bij werkwoorden met de 3e naamval, bijvoorbeeld *verdanken* omschreven met constructies als
    welchem Umstand – welcher Tatsache – welchem Glück:
    Welchem Umstand (welcher Tatsache / welchem Glück) verdanke ich diese Belohnung?

87   *Welcher* wordt verbogen als *dieser* (▶ 68).

88   **Het wederkerend voornaamwoord**
    Het wederkerend voornaamwoord slaat meestal terug op het onderwerp (*a*), soms op het (meewerkend of lijdend) voorwerp (*b*) van de zin:
a   *Er wäscht sich.*
b   *Ich bitte Sie, sich zu gedulden.*
    Het wederkerend voornaamwoord komt bijna alleen maar in de 3e of de 4e naamval voor:
    Ich hatte mir (3e naamval) *das anders vorgestellt.*
    Ich habe mich (4e naamval) *nicht geirrt.*

De vormen van het enkelvoud

| 1e persoon | 2e persoon | | 3e persoon | | |
	vertrouwelijk	beleefd	mnl.	vrl.	onz.
3 *mir*	*dir*	*sich*	*sich*	*sich*	*sich*
4 *mich*	*dich*	*sich*	*sich*	*sich*	*sich*

De vormen van het meervoud

| 1e persoon | 2e persoon | | 3e persoon |
	vertrouwelijk	beleefd	mnl.
3 *uns*	*euch*	*sich*	*sich*
4 *uns*	*euch*	*sich*	*sich*

De vorm *sich* wordt altijd met een kleine letter geschreven.

89   **Het voorzetsel**

De meeste voorzetsels regeren een bepaalde naamval, dat wil zeggen dat het van het voorzetsel afhankelijke woord in een bepaalde naamval staat. In het woordenboek staat achter elk voorzetsel de naamval vermeld.

90   **Voorzetsels met de tweede naamval**
    De tweede naamval regeren o.a.:
    abseits, abzüglich, angesichts, anhand, anlässlich, anstatt, aufgrund (ook: *auf Grund*)*, ausschließlich, außerhalb, betreffs, bezüglich, diesseits, einschließlich, exklusive, halber, hinsichtlich, infolge, inklusive, inmitten, innerhalb, jenseits, kraft, laut, mangels, oberhalb, seitens, statt, trotz, um... willen, unterhalb, unweit, vermöge, während, wegen, zugunsten* (ook: *zu Gunsten*)*, zuzüglich, zwecks*

91   In plaats van de 2e naamval wordt na bovengenoemde voorzetsels de derde naamval gebruikt:
    • als het voorzetsel gevolgd wordt door een zelfstandig naamwoord in het meervoud en de 2e naamval niet via de uitgangen van het begeleidende woord zichtbaar gemaakt kan worden.

Vergelijk:
innerhalb weniger Monate[2] – *innerhalb zweier Monate*[2] – *innerhalb vier Monaten*[3]
• als het voorzetsel betrekking heeft op een persoonlijk voornaamwoord:
Wegen ihr tue ich es nicht.

92 Voorzetsels met de derde naamval
De belangrijkste voorzetsels met de 3e naamval zijn:
ab, aus, außer, bei, binnen, dank, entgegen, entsprechend, gegenüber, gemäß, mit, nach, nächst, nebst, samt, seit, von, zu, zuwider.

93 *Bei, von, zu* worden meestal met *dem* samengetrokken tot:
beim, vom, zum
Zu wordt ook met *der* samengetrokken tot *zur.*

94 *Entgegen, gegenüber, gemäß, zuwider* staan meestal achter het woord waarop ze betrekking hebben:
meinem Wunsch gemäß

95 Voorzetsels met de vierde naamval
De belangrijkste voorzetsels met de 4e naamval zijn:
bis, durch, entlang, für, gegen, ohne, per, pro, um, wider

96 *Durch, für* en *um* kunnen met *das* worden samengetrokken tot: *durchs, fürs, ums*

97 Als *entlang* achter het zelfstandig naamwoord staat, regeert het de 4e naamval, als het er vóór staat, regeert het de 3e naamval:
den Wald entlang – entlang dem Wald
daarnaast:
am Wald entlang

98 Voorzetsels met de derde of de vierde naamval
De voorzetsels
an, auf, hinter, in, neben, über, unter, vor, zwischen
regeren de 3e of de 4e naamval.
Als ze een **plaats** aanduiden regeren ze:
- de 3e naamval bij een rust of bij een beweging in een beperkte ruimte:
Er sitzt auf einem Stuhl – sie ging im Zimmer auf und ab.
- de 4e naamval bij een verandering van plaats of een beweging gericht op een doel:
Sie setzte sich auf den Stuhl – er trat ins Zimmer.

99 Ook als het voorzetsel niet letterlijk maar figuurlijk wordt gebruikt gelden deze regels.
Letterlijk:
Der Nebel liegt über der Stadt.
Wir legen das Buch auf den Tisch.
Figuurlijk:
Der Preis liegt über dem üblichen Niveau.
Wir legen Wert auf Ihre Mitarbeit.

100 Als ze **geen plaats** aanduiden, wordt na *auf* en *über* de 4e naamval gebruikt:
Auf welche Weise hast du das erfahren?
Sie freute sich über seine Antwort.
Na andere voorzetsels staat in dit geval de 3e naamval:
In einer Stunde bin ich wieder da.

101 *An, auf, hinter, in, neben, über, unter, vor, zwischen,* voorafgegaan door *bis,* regeren de 4e naamval:
Er fuhr bis in (bis hinter, bis vor) die Garage.
Maar *bis vor* in een tijdsbepaling heeft de 3e naamval:
Bis vor einer Woche war sie krank.

102 Als er van een werkwoord **samengestelde en niet-samengestelde vormen** naast elkaar voorkomen, dan hebben de niet-samengestelde werkwoorden vaak de *4e* en de samengestelde werkwoorden de *3e* naamval:

Wir kommen in die Stadt.
Wir kommen in der Stadt an.
Wir kommen in der Stadt zusammen.

103 Ook bij de voorzetsels met de *3e* of de *4e* naamval vinden samentrekkingen met het bepaald lidwoord plaats:

An en *in* worden met *dem* samengetrokken tot *am* en *im*.
An, *in*, *auf* worden met *das* samengetrokken tot *ans*, *ins* en *aufs*.

104 Het werkwoord

De onregelmatige werkwoorden *haben*, *sein* en *werden*

105 onbep. wijs: *haben* (hebben)

o.t.t.	o.v.t.	volt. deelw.
ich habe	*hatte*	*gehabt*
du hast	*hattest*	
er hat	*hatte*	
wir haben	*hatten*	
ihr habt	*hattet*	
sie/Sie haben	*hatten*	

gebiedende wijs	enkelv.	*hab(e)*
	meerv.	*habt*
beleefdheidsvorm		*haben Sie*

106 onbep. wijs: *sein* (zijn)

o.t.t.	o.v.t.	volt. deelw.
ich bin	*war*	*gewesen*
du bist	*warst*	
er ist	*war*	
wir sind	*waren*	
ihr seid	*wart*	
sie/Sie sind	*waren*	

gebiedende wijs	enkelv.	*sei*
	meerv.	*seid*
beleefdheidsvorm		*seien Sie*

107 onbep. wijs: *werden* (zullen)

o.t.t.	o.v.t. (zou)	volt. deelw.
ich werde	*würde*	ontbreekt
du wirst	*würdest*	
er wird	*würde*	
wir werden	*würden*	
ihr werdet	*würdet*	
sie/Sie werden	*würden*	

onbep. wijs: *werden* (worden)

o.t.t.	o.v.t. (werd)	volt. deelw.
ich werde	*wurde*	1 *geworden*
du wirst	*wurdest*	2 *worden*
er wird	*wurde*	
wir werden	*wurden*	
ihr werdet	*wurdet*	
sie/Sie werden	*wurden*	

gebiedende wijs	enkelv.	*werd(e)*
	meerv.	*werdet*
beleefdheidsvorm		*werden Sie*

108   *Werden* heeft twee voltooide deelwoorden: *geworden* en *worden*.
Geworden wordt gebruikt als *werden* koppelwerkwoord is:
   Er ist Arzt geworden – sie sind glücklich geworden
Worden wordt gebruikt als *werden* hulpwerkwoord van de lijdende vorm is:
   Er ist von einem Hund gebissen worden.

109   Het gebruik van *haben* en *sein* bij het vormen van een voltooide tijd komt in het Nederlands en het Duits over het algemeen overeen.

110
- Afwijkend van het Nederlands gebruikt men *haben* o.a. bij:
  anfangen, beginnen, fortfahren, abnehmen, nachlassen, zunehmen, aufhören, enden, endigen, gefallen, heiraten, promovieren, vereinbaren:
  Wer hat angefangen?
  Wann habt ihr geheiratet?
- *Sein* wordt o.a. gebruikt bij:
  begegnen (ontmoeten), *eingehen, folgen.*
  Wir sind ihm gestern begegnet.

111   De hulpwerkwoorden
Dürfen, können, mögen, müssen, sollen, wollen en het werkwoord *wissen*.

onbep. wijs

dürfen	*können*	*mögen*	*müssen*	*sollen*	*wollen*	*wissen*

o.t.t.

dürfen	*können*	*mögen*	*müssen*	*sollen*	*wollen*	*wissen*
ich darf	*kann*	*mag*	*muss*	*soll*	*will*	*weiß*
du darfst	*kannst*	*magst*	*musst*	*sollst*	*willst*	*weißt*
er darf	*kann*	*mag*	*muss*	*soll*	*will*	*weiß*
wir dürfen	*können*	*mögen*	*müssen*	*sollen*	*wollen*	*wissen*
ihr dürft	*könnt*	*mögt*	*müsst*	*sollt*	*wollt*	*wisst*
sie/Sie dürfen	*können*	*mögen*	*müssen*	*sollen*	*wollen*	*wissen*

o.v.t.

ich durfte	*konnte*	*mochte*	*musste*	*sollte*	*wollte*	*wusste*
du durftest	*konntest*	*mochtest*	*musstest*	*solltest*	*wolltest*	*wusstest*
er durfte	*konnte*	*mochte*	*musste*	*sollte*	*wollte*	*wusste*
wir durften	*konnten*	*mochten*	*mussten*	*sollten*	*wollten*	*wussten*
ihr durftet	*konntet*	*mochtet*	*musstet*	*solltet*	*wolltet*	*wusstet*
sie/Sie durften	*konnten*	*mochten*	*mussten*	*sollten*	*wollten*	*wussten*

volt. deelw.:

gedurft	*gekonnt*	*gemocht*	*gemusst*	*gesollt*	*gewollt*	*gewusst*

gebiedende wijs	enkelv.	*wisse*
	meerv.	*wisst*
beleefdheidsvorm		*wissen Sie*

112 De zwakke werkwoorden

I	II	III
Normale vervoeging	Stam op sisklank	Stam op -*d* of -*t*

onbep. wijs

mach -en	*reis -en*	*meld -en*

o.t.t.

ich mach-e	*reis-e*	*meld-e*
du mach-st	*reis-t*	*meld-est*
er mach-t	*reis-t*	*meld-et*
wir mach-en	*reis-en*	*meld-en*
ihr mach-t	*reis-t*	*meld-et*
sie/Sie mach-en	*reis-en*	*meld-en*

o.v.t.

ich mach-te	*reis-te*	*meld-ete*
du mach-test	*reis-test*	*meld-etest*
er mach-te	*reis-te*	*meld-ete*
wir mach-ten	*reis-ten*	*meld-eten*
ihr mach-tet	*reis-tet*	*meld-etet*
sie/Sie mach-ten	*reis-ten*	*meld-eten*

volt. deelw.

ge-mach-t	*ge-reis-t*	*ge-meld-et*

gebiedende wijs enkelv.

mach-(e)	*reis-(e)*	*meld-e*

gebiedende wijs meerv.

mach-t	*reis-t*	*meld-et*

beleefdheidsvorm

mach-en Sie	*reis-en Sie*	*meld-en Sie*

113 **Kolom I**: deze vervoeging is de meest gangbare. Alle werkwoorden die niet volgens een van de andere kolommen vervoegd worden, hebben de onder I vermelde uitgangen. Deze uitgangen worden geplaatst achter de stam. De stam is de onbepaalde wijs van het werkwoord met weglating van -*en*: *machen*, stam: *mach*

Bij werkwoorden op -*eln* of -*ern* wordt de stam gevormd door -*n* weg te laten: *wandeln*, stam: *wandel* *zittern*, stam: *zitter*

Kolom II: volgens deze kolom worden de werkwoorden vervoegd waarvan de stam op een van de sisklanken -*s*, -*ss*, -*ß*, -*x* of -*z* eindigt.

Kolom III: volgens deze kolom worden de werkwoorden vervoegd:
- waarvan de stam eindigt op een -*d* of een -*t*;
- waarvan de stam eindigt op een -*m* of een -*n* met voorafgaande medeklinker, mits dit geen *h*, *m*, *n*, *r*, of *l* is: *du atmest* – *du rechnest* – *er leugnet*, maar: *du rühmst* – *du brummst*

114

• De volgende zwakke werkwoorden hebben in de onvoltooid verleden tijd en in het voltooid deelwoord **klinkerverandering**:

onbep. wijs	o.v.t.	volt. deelw.
brennen	*brannte*	*gebrannt*
kennen	*kannte*	*gekannt*
nennen	*nannte*	*genannt*
rennen	*rannte*	*gerannt*
senden	*sandte/sendete*	*gesandt/gesendet*
wenden	*wandte/wendete*	*gewandt/gewendet*
bringen	*brachte*	*gebracht*
denken	*dachte*	*gedacht*

115 **De sterke werkwoorden**

	I	II	III	IV	V	
	Normale vervoeging	Stam op sisklank (*-s, ss, ß, of -z*)	Stam op *-d* of *-t*	Stamklinker *a* (*Umlaut*)	Stamklinker *e* (*e-i Wechsel*)	
					Kort	Lang
onbep. wijs	*komm-en*	*weis-en*	*find-en*	*fall-en*	*treff-en*	*stehl-en*
o.t.t.						
ich komm-e	*weis-e*	*find-e*	*fall-e*	*treff-e*	*stehl-e*
du komm-st	*weis-t* (zelden: *weis-est*)	*find-est*	*fäll-st*	*triff-st*	*stiehl-st*
er komm-t	*weis-t*	*find-et*	*fäll-t*	*triff-t*	*stiehl-t*
wir komm-en	*weis-en*	*find-en*	*fall-en*	*treff-en*	*stehl-en*
ihr komm-t	*weis-t*	*find-et*	*fall-t*	*treff-t*	*stehl-t*
sie/Sie komm-en	*weis-en*	*find-en*	*fall-en*	*treff-en*	*stehl-en*
o.v.t.						
ich kam	*wies*	*fand*	*fiel*	*traf*	*stahl*
du kam-st	*wies-est* (zelden *wies-t*)	*fand-(e)st*	*fiel-st*	*traf-st*	*stahl-st*
er kam	*wies*	*fand*	*fiel*	*traf*	*stahl*
wir kam-en	*wies-en*	*fand-en*	*fiel-en*	*traf-en*	*stahl-en*
ihr kam-t	*wies-t*	*fand-et*	*fiel-t*	*traf-t*	*stahl-t*
sie/Sie kam-en	*wies-en*	*fand-en*	*fiel-en*	*traf-en*	*stahl-en*
volt. deelw.						
ge-komm-en	*ge-wies-en*	*ge-fund-en*	*ge-fall-en*	*ge-troff-en*	*ge-stohl-en*
geb. wijs enkelv.						
komm-(e)	*weis-(e)*	*find-(e)*	*fall-(e)*	*triff*	*stiehl*
geb. wijs meerv.						
komm-t	*weis-t*	*find-et*	*fall-t*	*treff-t*	*stehl-t*
bel. vorm						
komm-en Sie	*weis-en Sie*	*find-en Sie*	*fall-en Sie*	*treff-en Sie*	*stehl-en Sie*

116 Werkwoorden die een lijdend voorwerp bij zich kunnen hebben, worden **transitieve** of **overganke-
lijke werkwoorden** genoemd:
   Wir trinken Wasser.
   Werkwoorden die geen lijdend voorwerp bij zich kunnen hebben, worden **intransitieve** of **onover-
gankelijke werkwoorden** genoemd:
   Sie spazieren.

117 **De Konjunktiv**

Evenals in het Nederlands komen ook in het Duits vormen van de aanvoegende wijs voor. De aanvoegende wijs heet in het Duits Konjunktiv. Om een vervulbare wens of een raad uit te drukken gebruikt men vormen van de Konjunktiv I:

Er lebe hoch! – Lang zal hij leven!
Man nehme drei Eier. – Men neme drie eieren.
Man sei auf der Hut. – Men zij op zijn hoede.

118 De Konjunktiv II wordt onder andere gebruikt
- bij een onvervulbare wens:
   Wäre er nur geblieben. – Was hij maar gebleven.
- bij een niet-werkelijkheid
   Wenn du hier gewesen wärest, hätte ich das mit dir besprechen können. – Als jij hier geweest was, had ik dat met jou kunnen bespreken.

119 Ook in de indirecte rede wordt in het Duits vaak de Konjunktiv gebruikt:
Er erzählte, dass er einige Verwandte in Österreich habe – Hij vertelde dat hij enige familieleden in Oostenrijk had.

120 De vormen van de Konjunktiv

De Konjunktiv I (= o.t.t. van de Konjunktiv) wordt bij alle werkwoorden (met uitzondering van sein (▶ 262) op dezelfde wijze gevormd, namelijk door achter de stam van het werkwoord de volgende uitgangen te plaatsen:

ich [stam]	*-e*
du	*-est*
er	*-e*
wir	*-en*
ihr	*-et*
sie / Sie	*-en*

De vormen van de Konjunktiv II (= o.v.t. van de Konjunktiv) zijn bij zwakke werkwoorden gelijk aan die van de normale o.v.t. De uitgangen van de Konjunktiv II bij sterke en onregelmatige werkwoorden zijn gelijk aan de uitgangen van de Konjunktiv I.

Voor de vormen van de Konjunktiv II bij deze werkwoorden, zie de kolom Konjunktiv II in de lijst van sterke en onregelmatige werkwoorden.

Lijst van sterke en onregelmatige werkwoorden

	Onbepaalde wijs	Onvoltooid tegenwoordige tijd 1e, 2e,3e persoon enkelvoud	Onvoltooid verleden tijd 1e en eventueel 2e persoon enkelvoud
121	backen	backe, bäckst, bäckt	buk, backte
122	befehlen	befehle, befiehlst, befiehlt	befahl
123	befleißen	befleiß/e, -(es)t, -t	befliss, beflissest/ beflisst
124	beginnen	beginn/e, -st, -t	begann
125	beißen	beiß/e, -(es)t, -t	biss, bissest/bisst
126	bergen	berge, birgst, birgt	barg
127	bersten	berste, birst, birst	barst
128	bewegen	beweg/e, -st, -t	bewegte (bewog)
	bewegen is sterk in de betekenis 'ertoe brengen'		
129	biegen	bieg/e, -st, -t	bog
130	bieten	biet/e, -est, -et	bot, -(e)st
131	binden	bind/e, -est, -et	band, -(e)st
132	bitten	bitt/e, -est, -et	bat, -(e)st
133	blasen	blase, bläst, bläst	blies, -(es)t
134	bleiben	bleib/e, -st, -t	blieb
135	bleichen	bleich/e, -st, -t	bleichte (blich)
	de sterke vormen van bleichen zijn tamelijk verouderd		
136	braten	brate, brätst, brät	briet, -(e)st
137	brechen	breche, brichst, bricht	brach
138	brennen	brenn/e, -st, -t	brannte
139	bringen	bring/e, -st, -t	brachte
140	denken	denk/e, -st, -t	dachte
141	dingen	ding/e, -st, -t	dang (dingte)
142	dreschen	dresche, drischst, drischt	drosch, -(e)st
143	dringen	dring/e, -st, -t	drang
144	dünken	mich dünkt (deucht)	dünkte (deuchte)
145	dürfen	darf, -st, -; dürfen	durfte
146	empfangen	empfange, empfängst, empfängt	empfing
147	empfehlen	emp/fehle, -fiehlst, -fiehlt	empfahl
148	erbleichen	erbleich/e, -st, -t	erbleichte (erblich)
149	erkiesen	erkies/e, -(es)t, -t	erkor (erkieste)
150	erlöschen	erlösche, erlischst, erlischt	erlosch, -(e)st
151	erschrecken	erschrecke, erschrickst, erschrickt	erschrak
	het transitieve erschrecken is zwak		
152	essen	esse, isst, isst	aß, -(es)t
153	fahren	fahre, fährst, fährt	fuhr
154	fallen	falle, fällst, fällt	fiel
155	fangen	fange, fängst, fängt	fing
156	fechten	fechte, fichtst, ficht	focht, -(e)st
157	finden	find/e, -est, -et	fand, -(e)st
158	flechten	flechte, flichtst, flicht	flocht, -(e)st
159	fliegen	flieg/e, -st, -t	flog
160	fliehen	flieh/e, -st, -t	floh
161	fließen	fließ/e, -(es)t, -t	floss, flossest/flosst
162	fressen	fresse, frisst, frisst	fraß, -(e)st
163	frieren	frier/e, -st, -t	fror
164	gären	gär/e, -st, -t	gor (gärte)
	gären is zwak in overdrachtelijke betekenis		
165	gebären	gebäre, gebärst (gebierst), gebärt (gebiert)	gebar

Konjunktiv II 1e persoon enkelvoud	Gebiedende wijs enkelvoud	Voltooid deelwoord	
büke, backte	back(e)	gebacken	121
beföhle (befähle)	befiehl	befohlen	122
beflisse	befleiß(e)	beflissen	123
begönne (begänne)	beginn(e)	begonnen	124
bisse	beiß(e)	gebissen	125
bürge (bärge)	birg	geborgen	126
börste (bärste)	birst	geborsten	127
bewegte (bewöge)	beweg(e)	bewegt (bewogen)	128
böge	bieg(e)	gebogen	129
böte	biet(e)	geboten	130
bände	bind(e)	gebunden	131
bäte	bitte	gebeten	132
bliese	blas(e)	geblasen	133
bliebe	bleib(e)	geblieben	134
bleichte (bliche)	bleich(e)	gebleicht (geblichen)	135
briete	brat(e)	gebraten	136
bräche	brich	gebrochen	137
brennte	brenn(e)	gebrannt	138
brächte	bring(e)	gebracht	139
dächte	denk(e)	gedacht	140
dingte (dünge, dänge)	ding(e)	gedungen (gedingt)	141
drösche	drisch	gedroschen	142
dränge	dring(e)	gedrungen	143
dünkte (deuchte)	-	gedünkt (gedeucht)	144
dürfte	-	gedurft	145
empfinge	empfang(e)	empfangen	146
empföhle (empfähle)	empfiehl	empfohlen	147
erbleichte (erbliche)	erbleich(e)	erbleicht (erblichen)	148
erköre (erkieste)	erkies(e)	erkoren	149
erlösche	erlisch	erloschen	150
erschräke	erschrick	erschrocken	151
äße	iss	gegessen	152
führe	fahr(e)	gefahren	153
fiele	fall(e)	gefallen	154
finge	fang(e)	gefangen	155
föchte	ficht	gefochten	156
fände	find(e)	gefunden	157
flöchte	flicht	geflochten	158
flöge	flieg(e)	geflogen	159
flöhe	flieh(e)	geflohen	160
flösse	fließ(e)	geflossen	161
fräße	friss	gefressen	162
fröre	frier(e)	gefroren	163
göre (gärte)	gär(e)	gegoren (gegärt)	164
gebäre	gebäre, gebier	geboren	165

	Onbepaalde wijs	Onvoltooid tegenwoordige tijd 1e, 2e,3e persoon enkelvoud	Onvoltooid verleden tijd 1e en eventueel 2e persoon enkelvoud
166	*geben*	*gebe, gibst, gibt*	*gab*
167	*gedeihen*	*gedeih/e, -st, -t*	*gedieh*
168	*gehen*	*geh/e, -st, -t*	*ging*
169	*gelingen*	*es gelingt*	*es gelang*
170	*gelten*	*gelte, giltst, gilt*	*galt, -(e)st*
171	*genesen*	*genes/e, -(es)t, -t*	*genas, -(es)t*
172	*genießen*	*genieß/e, -(es)t, -t*	*genoss, genossest/genosst*
173	*geschehen*	*es geschieht*	*es geschah*
174	*gewinnen*	*gewinn/e, -st, -t*	*gewann*
175	*gießen*	*gieß/e, -(es)t, -t*	*goss, gossest/gosst*
176	*gleichen*	*gleich/e, -st, -t*	*glich*
177	*gleißen*	*gleiß/e, -(es)t, -t*	*gleißte (gliss), glissest/glisst*
178	*gleiten*	*gleit/e, -est, -et*	*glitt, -(e)st*
179	*glimmen*	*glimm/e, -st, -t*	*glomm (glimmte)*
	de sterke vormen overheersen in overdrachtelijke betekenis		
180	*graben*	*grabe, gräbst, gräbt*	*grub*
181	*greifen*	*greif/e, -st, -t*	*griff*
182	*haben*	*habe, hast, hat*	*hatte*
183	*halten*	*halte, hältst, hält*	*hielt, -(e)st*
184	*hängen*	*häng/e, -st, -t*	*hing*
	het transitieve *hängen* is zwak		
185	*hauen*	*hau/e, -st, -t*	*hieb (haute)*
186	*heben*	*heb/e, -st, -t*	*hob (hub)*
187	*heißen*	*heiß/e, -(es)t, -t*	*hieß, -(es)t*
188	*helfen*	*helfe, hilfst, hilft*	*half*
189	*kennen*	*kenn/e, -st, -t*	*kannte*
190	*klimmen*	*klimm/e, -st, -t*	*klomm*
191	*klingen*	*kling/e, -st, -t*	*klang*
192	*kneifen*	*kneif/e, -st, -t*	*kniff*
193	*kommen*	*komm/e, -st, -t*	*kam*
194	*können*	*kann, -st, -; können*	*konnte*
195	*kriechen*	*kriech/e, -st, -t*	*kroch*
196	*laden*	*lade, lädst, lädt*	*lud, -(e)st*
197	*lassen*	*lasse, lässt, lässt*	*ließ, -(es)t*
198	*laufen*	*laufe, läufst, läuft*	*lief*
199	*leiden*	*leid/e, -est, -et*	*litt, -(e)st*
200	*leihen*	*leih/e, -st, -t*	*lieh*
201	*lesen*	*lese, liest, liest*	*las, -(es)t*
202	*liegen*	*lieg/e, -st, -t*	*lag*
203	*löschen*	*lösche, lischst, lischt*	*losch, -(e)st*
204	*lügen*	*lüg/e, -st, -t*	*log*
205	*mahlen*	*mahl/e, -st, -t*	*mahlte*
206	*meiden*	*meid/e, -est, -et*	*mied, -(e)st*
207	*melken*	*melk/e, -st, -t*	*melkte (molk)*
208	*messen*	*messe, misst, misst*	*maß, -(es)t*
209	*misslingen*	*es misslingt*	*es misslang*
210	*mögen*	*mag, -st, -; mögen*	*mochte*
211	*müssen*	*muss, -t, -; müssen, müsst, müssen*	*musste*
212	*nehmen*	*nehme, nimmst, nimmt*	*nahm*
213	*nennen*	*nenn/e, -st, -t*	*nannte*
214	*pfeifen*	*pfeif/e, -st, -t*	*pfiff*
215	*pflegen*	*pfleg/e, -st, -t*	*pflegte (pflog)*
	pflegen is bijna altijd zwak		
216	*preisen*	*preis/e, -(es)t, -t*	*pries, -(es)t*
217	*quellen*	*quelle, quillst, quillt*	*quoll*
	het transitieve *quellen* is zwak		
218	*raten*	*rate, rätst, rät*	*riet, -(e)st*
219	*reiben*	*reib/e, -st, -t*	*rieb*

Konjunktiv II 1e persoon enkelvoud	Gebiedende wijs enkelvoud	Voltooid deelwoord	
gäbe	*gib*	*gegeben*	166
gediehe	*gedeih(e)*	*gediehen*	167
ginge	*geh(e)*	*gegangen*	168
es gelänge	-	*gelungen*	169
gölte (gälte)	*gilt*	*gegolten*	170
genäse	*genes(e)*	*genesen*	171
genösse	*genieß(e)*	*genossen*	172
es geschähe	-	*geschehen*	173
gewönne (gewänne)	*gewinn(e)*	*gewonnen*	174
gösse	*gieß(e)*	*gegossen*	175
gliche	*gleich(e)*	*geglichen*	176
gleißte (glisse)	*gleiß(e)*	*gegleißt (geglissen)*	177
glitte	*gleit(e)*	*geglitten*	178
glömme (glimmte)	*glimm(e)*	*geglommen (geglimmt)*	179
grübe	*grab(e)*	*gegraben*	180
griffe	*greif(e)*	*gegriffen*	181
hätte	*hab(e)*	*gehabt*	182
hielte	*halt(e)*	*gehalten*	183
hinge	*häng(e)*	*gehangen*	184
hiebe (haute)	*hau(e)*	*gehauen*	185
höbe (hübe)	*heb(e)*	*gehoben*	186
hieße	*heiß(e)*	*geheißen*	187
hülfe (hälfe)	*hilf*	*geholfen*	188
kennte	*kenn(e)*	*gekannt*	189
klömme	*klimm(e)*	*geklommen*	190
klänge	*kling(e)*	*geklungen*	191
kniffe	*kneif(e)*	*gekniffen*	192
käme	*komm(e)*	*gekommen*	193
könnte	-	*gekonnt*	194
kröche	*kriech(e)*	*gekrochen*	195
lüde	*lad(e)*	*geladen*	196
ließe	*lass (lasse)*	*gelassen*	197
liefe	*lauf(e)*	*gelaufen*	198
litte	*leid(e)*	*gelitten*	199
liehe	*leih(e)*	*geliehen*	200
läse	*lies*	*gelesen*	201
läge	*lieg(e)*	*gelegen*	202
lösche	*lisch*	*geloschen*	203
löge	*lüg(e)*	*gelogen*	204
mahlte	*mahl(e)*	*gemahlen*	205
miede	*meid(e)*	*gemieden*	206
melkte (mölke)	*melk(e)*	*gemolken (gemelkt)*	207
mäße	*miss*	*gemessen*	208
es misslänge	-	*misslungen*	209
möchte	-	*gemocht*	210
müsste	-	*gemusst*	211
nähme	*nimm*	*genommen*	212
nennte	*nenn(e)*	*genannt*	213
pfiffe	*pfeif(e)*	*gepfiffen*	214
pflegte (pflöge)	*pfleg(e)*	*gepflegt (gepflogen)*	215
priese	*preis(e)*	*gepriesen*	216
quölle	*quill*	*gequollen*	217
riete	*rat(e)*	*geraten*	218
riebe	*reib(e)*	*gerieben*	219

	Onbepaalde wijs	Onvoltooid tegenwoordige tijd 1e, 2e,3e persoon enkelvoud	Onvoltooid verleden tijd 1e en eventueel 2e persoon enkelvoud
220	*reißen*	*reiß/e, -(es)t, -t*	*riss, rissest/risst*
221	*reiten*	*reit/e, -est, -et*	*ritt, -(e)st*
222	*rennen*	*renn/e, -st, -t*	*rannte*
223	*riechen*	*riech/e, -st, -t*	*roch*
224	*ringen*	*ring/e, -st, -t*	*rang*
225	*rinnen*	*rinn/e, -st, -t*	*rann*
226	*rufen*	*ruf/e, -st, -t*	*rief*
227	*salzen*	*salz/e, -(es)t, -t*	*salzte*
228	*saufen*	*saufe, säufst, säuft*	*soff*
229	*saugen*	*saug/e, -st, -t*	*sog (saugte)*
230	*schaffen*	*schaff/e, -st, -t*	*schuf*
	schaffen is zwak in de betekenis 'werken' en 'klaarspelen' en in *anschaffen* en *verschaffen*		
231	*schallen*	*schall/e, -st, -t*	*schallte (scholl)*
232	*scheiden*	*scheid/e, -est, -et*	*schied, -(e)st*
233	*scheinen*	*schein/e, -st, -t*	*schien*
234	*scheißen*	*scheiß/e, -(es)t, -t*	*schiss, schissest/schisst*
235	*schelten*	*schelte, schiltst, schilt*	*schalt, -(e)st*
236	*scheren*	*scher/e, -st, -t*	*schor (scherte)*
	scheren is zelden zwak		
237	*schieben*	*schieb/e, -st, -t*	*schob*
238	*schießen*	*schieß/e, -(es)t, -t*	*schoss, schossest/schosst*
239	*schinden*	*schind/e, -est, -et*	*schindete, (schund, -(e)st)*
240	*schlafen*	*schlafe, schläfst, schläft*	*schlief*
241	*schlagen*	*schlage, schlägst, schlägt*	*schlug*
242	*schleichen*	*schleich/e, -st, -t*	*schlich*
243	*schleifen*	*schleif/e, -st, -t*	*schliff*
	zwak in de betekenis 'slepen', 'sleuren', 'slopen', 'slechten'		
244	*schleißen*	*schleiß/e, -(es)t, -t*	*schliss, schlissest/schlisst*
245	*schließen*	*schließ/e, -(es)t, -t*	*schloss, schlossest/schlosst*
246	*schlingen*	*schling/e, -st, -t*	*schlang*
247	*schmeißen*	*schmeiß/e, -(es)t, -t*	*schmiss, schmissest/schmisst*
248	*schmelzen*	*schmelze, schmilzt, schmilzt*	*schmolz, -(es)t*
249	*schnauben*	*schnaub/e, -st, -t*	*schnob (schnaubte)*
	zwakke vormen in informele taal		
250	*schneiden*	*schneid/e, -est, -et*	*schnitt, -(e)st*
251	*schrecken*	*schrecke, schrickst, schrickt*	*schrak*
	Ook in samengestelde werkwoorden *(zurückschrecken* e.d.) bij intransitief gebruik sterk. Bij transitief gebruik (ook bij samengestelde werkwoorden) zwak.		
252	*schreiben*	*schreib/e, -st, -t*	*schrieb*
253	*schreien*	*schrei/e, -st, -t*	*schrie*
254	*schreiten*	*schreit/e, -est, -et*	*schritt, -(e)st*
255	*schweigen*	*schweig/e, -st, -t*	*schwieg*
256	*schwellen*	*schwelle, schwillst, schwillt*	*schwoll*
	het transitieve *schwellen* is zwak		
257	*schwimmen*	*schwimm/e, -st, -t*	*schwamm*
258	*schwinden*	*schwind/e, -est, -et*	*schwand, -(e)st*
259	*schwingen*	*schwing/e, -st, -t*	*schwang*
260	*schwören*	*schwör/e, -st, -t*	*schwor*
261	*sehen*	*sehe, siehst, sieht*	*sah*
262	*sein*	*bin, bist, ist; sind, seid, sind*	*war*
	Konjunktiv I: *sei, sei(e)st, sei; seien, seiet, seien*		
263	*senden*	*send/e, -est, -et*	*sandte (sendete)*
	zwak in de betekenis 'uitzenden van radio, televisie'		
264	*sieden*	*sied/e, -est, -et*	*sott, -(e)st*
	komt ook zwak voor		
265	*singen*	*sing/e, -st, -t*	*sang*
266	*sinken*	*sink/e, -st, -t*	*sank*
267	*sinnen*	*sinn/e, -st, -t*	*sann*

Konjunktiv II 1e persoon enkelvoud	Gebiedende wijs enkelvoud	Voltooid deelwoord	
risse	reiß(e)	gerissen	220
ritte	reit(e)	geritten	221
rennte	renn(e)	gerannt	222
röche	riech(e)	gerochen	223
ränge	ring(e)	gerungen	224
ränne (rönne)	rinn(e)	geronnen	225
riefe	ruf(e)	gerufen	226
salzte	salz(e)	gesalzen	227
söffe	sauf(e)	gesoffen	228
söge (saugte)	saug(e)	gesogen (gesaugt)	229
schüfe	schaff(e)	geschaffen	230
schallte (schölle)	schall(e)	geschallt	231
schiede	scheid(e)	geschieden	232
schiene	schein(e)	geschienen	233
schisse	scheiß(e)	geschissen	234
schölte	schilt	gescholten	235
schöre	scher(e)	geschoren	236
schöbe	schieb(e)	geschoben	237
schösse	schieß(e)	geschossen	238
schindete (schünde)	schind(e)	geschunden	239
schliefe	schlaf(e)	geschlafen	240
schlüge	schlag(e)	geschlagen	241
schliche	schleich(e)	geschlichen	242
schliffe	schleif(e)	geschliffen	243
schlisse	schleiß(e)	geschlissen	244
schlösse	schließ(e)	geschlossen	245
schlänge	schling(e)	geschlungen	246
schmisse	schmeiß(e)	geschmissen	247
schmölze	schmilz	geschmolzen	248
schnöbe (schnaubte)	schnaub(e)	geschnoben	249
schnitte	schneid(e)	geschnitten	250
schräke	schrick	geschrocken	251
schriebe	schreib(e)	geschrieben	252
schriee	schrei(e)	geschrien	253
schritte	schreit(e)	geschritten	254
schwiege	schweig(e)	geschwiegen	255
schwölle	schwill	geschwollen	256
schwömme (schwämme)	schwimm(e)	geschwommen	257
schwände	schwind(e)	geschwunden	258
schwänge	schwing(e)	geschwungen	259
schwüre (schwöre)	schwör(e)	geschworen	260
sähe	sieh, bij verwijzing: siehe	gesehen	261
wäre	sei; seid	gewesen	262
sendete	send(e)	gesandt, gesendet	263
sötte	sied(e)	gesotten	264
sänge	sing(e)	gesungen	265
sänke	sink(e)	gesunken	266
sänne (sönne)	sinn(e)	gesonnen	267

	Onbepaalde wijs	Onvoltooid tegenwoordige tijd 1e, 2e,3e persoon enkelvoud	Onvoltooid verleden tijd 1e en eventueel 2e persoon enkelvoud
268	*sitzen*	*sitz/e, -(es)t, -t*	*saß, -(es)t*
269	*sollen*	*soll, -st, -; sollen*	*sollte*
270	*spalten*	*spalt/e, -est, -et*	*spaltete*
271	*speien*	*spei/e, -st, -t*	*spie*
272	*spinnen*	*spinn/e, -st, -t*	*spann*
273	*spleißen*	*spleiß/e, -(es)t, -t*	*spliss, splissest/splisst*
274	*sprechen*	*spreche, sprichst, spricht*	*sprach*
275	*sprießen*	*sprieß/e, -(es)t, -t*	*spross, sprossest/sprosst*
276	*springen*	*spring/e, -st, -t*	*sprang*
277	*stechen*	*steche, stichst, sticht*	*stach*
278	*stecken*	*steck/e, -st, -t*	*stak*
	het transitieve *stecken* is zwak		
279	*stehen*	*steh/e, -st, -t*	*stand, -(e)st*
280	*stehlen*	*stehle, stiehlst, stiehlt*	*stahl*
281	*steigen*	*steig/e, -st, -t*	*stieg*
282	*sterben*	*sterbe, stirbst, stirbt*	*starb*
283	*stieben*	*stieb/e, -st, -t*	*stob*
284	*stinken*	*stink/e, -st, -t*	*stank*
285	*stoßen*	*stoße, stößt, stößt*	*stieß, -(es)t*
286	*streichen*	*streich/e, -st, -t*	*strich*
287	*streiten*	*streit/e, -est, -et*	*stritt, -(e)st*
288	*tragen*	*trage, trägst, trägt*	*trug*
289	*treffen*	*treffe, triffst, trifft*	*traf*
290	*treiben*	*treib/e, -st, -t*	*trieb*
291	*treten*	*trete, trittst, tritt*	*trat, -(e)st*
292	*triefen*	*trief/e, -st, -t*	*troff (triefte)*
293	*trinken*	*trink/e, -st, -t*	*trank*
294	*trügen*	*trüg/e, -st, -t*	*trog*
295	*tun*	*tu(e), tust, tut; tun*	*tat, -(e)st*
296	*verbleichen*	*verbleich/e, -st, -t*	*verblich*
297	*verderben*	*verderbe, verdirbst, verdirbt*	*verdarb*
298	*verdrießen*	*verdrieß/e, -(es)t, -t*	*verdross, verdrossest/verdrosst*
299	*vergessen*	*vergesse, vergisst, vergisst*	*vergaß, -(es)t*
300	*verlieren*	*verlier/e, -st, -t*	*verlor*
301	*verlöschen*	*verlösche, verlischst, verlischt*	*verlosch, -(e)st*
302	*wachsen*	*wachse, wächst, wächst*	*wuchs, -(es)t*
303	*wägen*	*wäg/e, -st, -t*	*wog (wägte)*
304	*waschen*	*wasche, wäschst, wäscht*	*wusch, -(e)st*
305	*weben*	*web/e, -st, -t*	*webte (wob)*
	overdrachtelijk en plechtig sterk, anders zwak		
306	*weichen*	*weich/e, -st, -t*	*wich*
307	*weisen*	*weis/e, -(es)t, -t*	*wies, -(es)t*
308	*wenden*	*wend/e, -est, -et*	*wandte (wendete)*
	zwak in de betekenis 'keren', 'omkeren', 'omdraaien'		
309	*werben*	*werbe, wirbst, wirbt*	*warb*
310	*werden*	*werde, wirst, wird*	*wurde, (verouderd) ward*
311	*werfen*	*werfe, wirfst, wirft*	*warf*
312	*wiegen*	*wieg/e, -st, -t*	*wog*
313	*winden*	*wind/e, -est, -et*	*wand, -(e)st*
314	*wissen*	*weiß, -t, -; wissen, wisst, wissen*	*wusste*
315	*wollen*	*will, -st, -; wollen*	*wollte*
316	*wringen*	*wring/e, -st, -t*	*wrang*
317	*zeihen*	*zeih/e, -st, -t*	*zieh*
318	*ziehen*	*zieh/e, -st, -t*	*zog*
319	*zwingen*	*zwing/e, -st, -t*	*zwang*
320	Werkwoorden op *-ieren* hebben een voltooid deelwoord zonder *ge-*: *kondolieren, kondolierte, kondoliert / gratulieren, gratulierte, gratuliert*		

Konjunktiv II 1e persoon enkelvoud	Gebiedende wijs enkelvoud	Voltooid deelwoord	
säße	*sitz(e)*	*gesessen*	268
sollte	-	*gesollt.*	269
spaltete	*spalt(e)*	*gespalten (gespaltet)*	270
spiee	*spei(e)*	*gespien*	271
spönne (spänne)	*spinn(e)*	*gesponnen*	272
splisse	*spleiß(e)*	*gesplissen*	273
spräche	*sprich*	*gesprochen*	274
sprösse	*sprieß(e)*	*gesprossen*	275
spränge	*spring(e)*	*gesprungen*	276
stäche	*stich*	*gestochen*	277
stäke	*steck(e)*	*gesteckt*	278
stände (stünde)	*steh(e)*	*gestanden*	279
stöhle (stähle)	*stiehl*	*gestohlen*	280
stiege	*steig(e)*	*gestiegen*	281
stürbe	*stirb*	*gestorben*	282
stöbe	*stieb(e)*	*gestoben*	283
stänke	*stink(e)*	*gestunken*	284
stieße	*stoß(e)*	*gestoßen*	285
striche	*streich(e)*	*gestrichen*	286
stritte	*streit(e)*	*gestritten*	287
trüge	*trag(e)*	*getragen*	288
träfe	*triff*	*getroffen*	289
triebe	*treib(e)*	*getrieben*	290
träte	*tritt*	*getreten*	291
tröffe (triefte)	*trief(e)*	*getroffen (getrieft)*	292
tränke	*trink(e)*	*getrunken*	293
tröge	*trüg(e)*	*getrogen*	294
täte	*tu(e)*	*getan*	295
verbliche	*verbleich(e)*	*verblichen*	296
verdürbe	*verdirb*	*verdorben*	297
verdrösse	*verdrieß(e)*	*verdrossen*	298
vergäße	*vergiss*	*vergessen*	299
verlöre	*verlier(e)*	*verloren*	300
verlösche	*verlisch*	*verloschen*	301
wüchse	*wachs(e)*	*gewachsen*	302
wöge (wägte)	*wäg(e)*	*gewogen (gewägt)*	303
wüsche	*wasch(e)*	*gewaschen*	304
webte (wöbe)	*web(e)*	*gewebt (gewoben)*	305
wiche	*weich(e)*	*gewichen*	306
wiese	*weis(e)*	*gewiesen*	307
wendete	*wend(e)*	*gewandt (gewendet)*	308
würbe	*wirb*	*geworben*	309
würde	*werd(e)*	*geworden* (als hulpwerk- woord van de lijdende vorm: *worden*)	310
würfe	*wirf*	*geworfen*	311
wöge	*wieg(e)*	*gewogen*	312
wände	*wind(e)*	*gewunden*	313
wüsste	*wisse*	*gewusst*	314
wollte	-	*gewollt*	315
wränge	*wring(e)*	*gewrungen*	316
ziehe	*zeih(e)*	*geziehen*	317
zöge	*zieh(e)*	*gezogen*	318
zwänge	*zwing(e)*	*gezwungen*	319